中共寻甸回族彝族自治县委
寻甸回族彝族自治县人民政府　主办

寻甸年鉴

XUNDIAN YEARBOOK

2011

寻甸年鉴编辑委员会　编

云南德宏出版社

图书在版编目（CIP）数据

寻甸年鉴. 2011 / 寻甸县史志办公室编. — 潞西: 德宏民族出版社， 2011.12

ISBN 978-7-80750-593-8

Ⅰ. ①寻… Ⅱ. ①寻… Ⅲ. ①寻甸县 - 2011 - 年鉴 Ⅳ. ①Z527.44

中国版本图书馆CIP数据核字（2011）第250051号

书　　名	寻甸年鉴.2011		
作　　者	寻甸县史志办公室　编		
出版·发行	德宏民族出版社	**责任编辑**	方　萍
社　　址	芒市勇罕街1号	**责任校对**	银传秀
邮　　编	678400	**封面设计**	卢树民
电话·传真	0692-2124877　2112886	**制　　作**	深圳市濠江实业有限公司昆明工作室
网　　址	www.dmpress.cn	**印　　刷**	深圳市濠江实业有限公司
开　　本	大16	**版　　次**	2011年12月第1版
印　　张	26	**印　　次**	2011年12月第1次
字　　数	800千	**印　　数**	1-1000
书　　号	ISBN 978-7-80750-593-8/Z·175	**定　　价**	160.00元

《寻甸年鉴》编辑委员会

（2007～2010年）

《寻甸年鉴》编辑部

（2007～2010年）

《寻甸年鉴》编辑说明

一、《寻甸年鉴》是寻甸回族彝族自治县委、县人民政府主办的综合性地方年鉴，是系统反映寻甸县情的大型年刊，是集知识、信息、资料为一体的具有公报性、资料性、权威性的工具书。

二、本年鉴的编辑出版，旨在逐年全面系统地记载寻甸县社会主义现代化建设的历史进程，为社会各界了解寻甸、建设寻甸提供信息，也为编纂与续修地方志书积累资料。

三、本年鉴主要反映2007～2010年寻甸回族彝族自治县广大干部群众进一步解放思想、深化改革、扩大开放的历史足迹，国民经济和社会发展各项事业的主要成绩和不足，以及其他方面的情况。

四、全书设新闻图片、特载、大事记、概况、政治、军事、法制、经济管理、农林水利、工业、旅游、财税、金融·保险、交通邮电、建设·环保、贸易、科学技术、教育、卫生、文化体育、社会、人物、乡镇概况、附录23个部类。

五、本年鉴采用分类编辑法，以条目为主体例分一、二、三级目。一级目为大类，如特载、军事等，二级目排在一级目与三级目（条目）之间，三级目为撰写单元（条目），用粗体字加【】号作标题。特载、大事记、人物、附录四个部类不采用条目体编纂方法。

六、因篇幅及表达的需要，本年鉴中名称首次出现为全称，之后为简写，"寻甸县"等同于"寻甸回族彝族自治县"。

七、本年鉴采用的稿件均由县属各乡镇、各有关单位专人撰写，并经各单位主管领导审核。所用数据以县统计局公布的为准，未例入国家统计的数据使用部门统计资料。

八、本年鉴在编纂的过程中，得到各级领导和县内各部门（单位）、社会各界的大力支持，在此谨表谢忱。

《寻甸年鉴》编辑部

提升开来促崛起 承前启后谋跨越

中共寻甸回族彝族自治县第十次代表大会第二次全体会议

中共寻甸回族彝族自治县第十次代表大会第四次全体会议

寻甸回族彝族自治县第十四届人民代表大会第一次会议

政协寻甸回族彝族自治县第七届委员会第四次会议

党代表投下自己庄严的一票

县党代会现场观摩

团结务实开拓进取的县领导集体

县乡领导深入工业园区调研

县委罗书记指导工作

争科学发展之先　创和谐社会之优

省委白书记视察寻甸工业

白恩培王学仁调研“引清济昆”工程

王学仁仇和深入工地调研

仇和刘荣等市县领导慰问农村老党员

市长张祖林到寻甸农村考察

2008市委工作会在寻甸

仇和书记指导工作

仇和视察河滨公园

2007年引清济昆工程开工典礼

2008年寻甸民族体育中心开工仪式

25万吨干粉灭火剂项目投产

创建文明县城启动仪式签名活动

2009年1月11日，部省市县“三下乡”活动

红土情　丹桂香

建设中的河滨公园

居民住宿条件得到较大改善

金所工业园区远眺

先锋煤矿

建设中的褐煤气化项目

移民新村

便捷的交通

引牛补滇工程入水口

南磷产品

钟灵山农业生态观光园

连片稻子

优质烤烟

特色养殖——大雁

规模化种植

科学发展建设富裕甸沙

甸沙乡是寻甸县五个扶贫攻坚乡之一，位于寻甸县中部，地处东经103° 00′ -103° 10′ ，北纬25° 33′ -25° 54′ ，距昆明110千米，距县城35千米，东接功山镇，南倚金所乡，北邻金源乡、凤仪乡，西靠六哨乡,国土面积206.3平方千米。全乡海拔在1640～2896米之间，乡政府驻地海拔1965米， 属亚热带季风气候，年平均气温为14.5℃。1980年，划板桥、金源、功山、金所四个公社的部分地区成立甸沙公社；1984年改称甸沙区；全乡辖甸沙、海尾、鲁六、苏撒坡、麦地心、兴隆、红果树、老村、治租9个村委会，80个自然村，90个村民小组,居住着汉、回、彝、苗4种民族。

党委书记　杨朝云

乡长　李学武

团结务实的甸沙乡领导班子

关爱支持

2010年底,全乡总户数5301户，总人口19171人，其中农业人口4825户18674人，占总人口的97.4%，有劳动力12899人，有农业从业人员10488人，占劳动力人口的81.4%。有少数民族1249户4918人，占总人口的25.7%，其中彝族997户3850人，苗族137户539人，回族115户482人。

甸沙乡是典型的集山区、民族、农业为一体的贫困乡，经济结构单一，以农业为主，有耕地26835亩，人均占有耕地1.4亩。其中水田2715亩，旱地24120亩。主要有大白河和鲁六河水系2条，冬春两季流量小，夏秋两季流量大。通乡油路已建成多年，截止2010年底已对全乡9个村委会进行路基改扩建，90%的自然村公路已通达。森林面积8861.7亩，覆盖率为31.5%。主要粮食作物有水稻、玉米、马铃薯、小麦、荞子；经济作物有烤烟、油菜籽。

2010年底，完成招商引资

诗意甸沙

6870万元，粮食产量完成8911吨,人均有粮478千克,农业总产值8378万元,同比增8%,农村经济总收入达6232万元，城镇居民可支配收入1.8万元，人均纯收入1405元,同比增8%,畜牧业产值3800万元。乡财政收入完成785万元，同比增长41%,城镇固定资产投资完成6548万元。集镇已基本形成“三纵三横”的格局,有占地10000余平方米集休闲、娱乐、健身为一体的小广场一个,有占地1000平方米的农贸市场和占地900平方米的粮食、牲畜市场各一个；2009年，1万平方米的治租集贸市场正式投入使用。完成各类农作物、畜牧业、林业生成计划，城乡园林绿化等生成任务，林业产值1000万元。“红大”烤烟种植10075亩，收购29605担,148.025万千克,总产值达2535万元，实现税金457.67万元。

阿老表喜欢不喜欢都要喝

位于甸沙乡制高点的通讯机站

做优一产业 做强二产业 做大三产业

三大经济发展区域统筹协调发展

先锋镇地处寻甸县城西南部，是寻甸县典型的矿产资源大镇，也是寻甸实施“工业强县”重要的原料供给基地。辖区内共有13家工业企业（5个煤矿、1个磷矿、3个砖厂、2个采砂场、2个采石场）和一个运输企业（龙华公司）。先锋境内储有丰富的褐煤、磷矿、硅藻土三大资源。其中：褐煤储量达2.9亿吨，平均发热量3700卡/千克；磷矿储量5000万吨，平均品位30%；硅藻土储量1.9亿吨，平均品位28%。近年来，先锋镇党委政府紧紧抓住寻甸实施“工业强县”的战略机遇，依托资源丰富优势，按照“做优一产业，做强二产业，做大三产业，三大区域统筹协调发展”的发展思路和镇党委提出的“一二三四五”工作思路，即：紧紧围绕加快经济发展这一目标，突出资源开发和烤烟生产两个重点，培育运输业、特色种植和规模养殖三项产业，强化党的基层组织、为民服务体系标准化学校和发展软环境四项建设，抓好创先争优活动开展，维护社会稳定、搞好资源开发、抓好安全生产和稳步推进重大项目工程建设五项工作。

党委书记　李兴学

镇长　马兴祥

2010年，全镇人民总体生活水平大幅提高，实现农业总产值9458万元，同比增长25%，农村经济总收入达15352万元，同比增长12%，农民人均收入达2450元，同比增长12%；栽种烤烟4560亩，收购74.08万斤，产值达1063.24万元，圆满完成烤烟收购任务，均价名列全县第二名；种植经济作物13700亩，实现产值4831万元，种植粮食作物16300亩，产量达6358.6吨，实现产值2207万元；畜牧业健康发展，实现畜牧产值4280万元；继续深化林权制度改革，实现林业产值908万元；现已建成大竹箐无公害蔬菜基地，虽然目前经济发展较为缓慢，但潜力很大。完成烤烟种植5000亩，完成脱毒马铃薯推广种植6000亩，特色蔬菜种植8650亩，花卉750亩，无公害绿色、有机农产品产地认定面积600公顷，流转土地3787亩，占耕地面积15897亩的23.82%。

随着寻甸“工业强县”战略的稳步实施，先锋褐煤、磷矿和硅藻土三大资源得到有效开发。其中褐煤开发力度较大，属露天开采，安全系数高。目前，正稳步推进先锋煤业公司300万吨改扩建项目，该项目被列为云南省重点项目之一，属褐煤洁净化项目的配套项目，主要为褐煤洁净化项目建设提供原料保障。2008年3月由先锋煤业公司整合了原松富煤矿和且买姑煤矿，先后组织实施大岭岗村易地搬迁和代理堡箐村易地搬迁，实施了自来水厂、矿部

李书记与柯渡等镇领导共谋发展

李书记等镇领导在煤矿调研

开采中的先锋褐煤

新农村建设

大竹箐生菜

建设、公益性公墓建设。2010年产量达200万吨，至2012年原煤产量可达300万吨。磷矿开发稳步推进，龙蟒集团先锋没租哨磷矿开发，现已开采矿井5口，2010年矿产达35万吨。硅藻土研制开发初现成效，年产2万吨的硅藻土沥青改性剂项目稳步推进，科技创新成果获省级认证，2010年，完成招商引资实际到位资金21032.66万元，占任务的110.7%；2010年完成工业总产值35658万元，同比增长25%；实现工业增加值13020万元，同比增长28.4%。

依托矿产资源开发，以龙华公司为龙头，发展壮大运输产业，带动境内餐饮、汽修等服务业发展。目前，先锋境内大型运输车辆已达1400余辆（其中龙华公司煤炭运输车辆680辆，磷矿运输120辆），2010年运输产值达14824万元。积极培育税源，加大财税征收力度，切实做到应收尽收，2010年完成地方一般预算收入4161.7万元，同比增长30.1%，超额完成县下达的目标任务，是2007年的2.8倍。

2005年至2010年，筹集资金1000余万元，完成了25个自然村整村推进及白子村行政村整村推进新农村建设项目；二是人畜饮水困难及人饮安全问题得到解决。在逐年解决全镇部分自然村人畜饮水困难的基础上，2009年筹资800余万元组织实施了先锋工业片区及集镇供水工程，解决了先锋工业片区、两个集镇、4个村委、5所学校合计16125人的饮水困难和饮水安全问题，同时，按市场运作的原则，组建龙潭自来水公司；

在大力发展经济的同时，深入开展社会治安综合整治，严厉打击各种违法犯罪活动，积极推行人民调解“以奖代补”制度，全力化解各种矛盾纠纷，努力创建“平安先锋”，构建“和谐先锋”。2009年被省报业集团评选为云南首届“和谐乡镇”，2010年被评为市级“平安乡镇”。勤劳朴实的先锋人民将在党委政府的带领下，将以更开放的姿态，更完善的服务，更优越的投资环境，聚天下有识之士，共同谱写先锋光辉灿烂的新篇章。

总之，先锋镇紧紧抓住寻甸实施“工业强县”战略发展机遇，依托资源开发，统筹协调发展，经济社会步入了发展的黄金时期，全镇呈现出经济发展、民族团结、社会稳定、人民群众生活水平大幅度提高的良好局面。

先锋镇全景

加强文明建设 促进文化繁荣

昆明市第九届民运会盛大开幕式

昆明市第九届民运会盛大开幕式——入场式

庆祝国庆60周年明星演唱会

庆祝国庆60周年明星演唱会——陈坤

庆祝国庆60周年明星演唱会——陈好

花灯小戏《恩怨情怀》参加全省首届星耀杯电视大赛获银奖

获全国少数民族曲艺展演金奖节目《糠萝萝·米萝萝》剧照

展示民族风采 促进民族团结

悄悄话

赶秋场

甸沙苏撒坡密枝林

回族舞蹈《圣洁》

秋场上的撒米箩少女

彝家抢亲

幸福织

民族文艺汇演艺术游演

立秋节舞蹈

盛装赶秋场

立秋节斗牛

吹笙苗族老人

倡导生态和谐 打造活力导甸

北大营高尔夫球场

乡村秋色

北大营草场

横河梁子黑颈鹤

和谐家园

星河温泉景观

凤梧山雪景

凤梧山草场

樱花大道

县城老巷

休闲广场

凤龙湾石板河瀑布

村前池塘

广场建设

凤龙湾

凤龙湾景区

冰瀑

新建小区绿化

钟灵山塔林

牛栏江即景

寻甸明天更美好

目　录
CONTENTS

特　载
SPECIAL ISSUE

大事记
MAJOR EVENTS

县域概况
COUNTY PROFILES

政　治
POLITICS

中国共产党寻甸县纪律检查委员会

Xundian County Discipline Inspection Committee of CPC

寻甸县人民代表大会

Xundian County People's Congress Standing Committee

寻甸县人民政府

Xundian County People’s Government

县人民政府办公室

Xundian County People's Government Office

信访工作

Petition Work

政务服务管理

Administrative service and management

军 事
MILITARY AFFAIRS

法 制
LEGAL SYSTEM

公安
Police

检 察
Procuratorial

法 院
Court

司法行政
Judicial

经济管理
ECONOMIC ADMINISTRATION

发改委
Economic and Social Development and Administration

价格管理

Price Management

国土资源管理

Land and Resources Management

工商行政管理局

Administration for Industry and Commerce

质量技术监督局

Quality and Technology Supervision

安全生产监督管理局

Administration of Work Safety

食品药品监督管理
Administration for Food and Medicine Supervision

统　计
Statistics

审　计
Auditing

农林水利
AGRICULTURE . FORESTRY. WATER CONSERVANCY

农　业
Agriculture

建设·环保
CONSTRUCTION AND ENVIRONMENTAL PROTECTION

城乡住房建设与管理
Urban and Rural Construction and Administration

寻甸凤梧城镇开发有限公司
Fengwu House Property Development and Investment Company

环境保护
Environmental Protection

旅　游
TOURISM

旅游产业
Tourism Industry

财政·税务
FINANCE AND TAXATION

财　政
Finance

国　税
National Taxation

地　税
Local Taxation

金融·保险
BANKING AND INSURANCE

人民银行寻甸支行
The People's Bank of China Xundian Branch

寻甸银监办
Bank Supervision

中国农业银行寻甸县支行
Agricultural Bank of Bank xundian Branch

寻甸县农村信用合作联社
Rural Credit Cooperatives

中国农业发展银行寻甸县支行
Agricultural Development Bank of China

财产保险
Property and Casualty Company Limited

中国人寿保险股份有限公司寻甸支公司
China Life Insurance Company Limited

贸 易
TRADE

供销合作社
Supply and Marketing Cooperatives

粮食局
Grain Bureau

科学技术
SCIENCE AND TECHNOLOGY

科技管理
Science and Technology management

知识产权保护与管理
Intellectual Property protection and management

防震减灾
Earthquake Precaution and Disaster Relief

气 象
Meteorology

教　育
EDUCATION

文化·体育
CULTURE AND SPORTS

寻甸回族彝族自治县文学艺术界联合会
Xundian Hui and Yi Nationality Autonomous Literature and Arts Association

卫　生
HEALTH

医疗卫生管理
Medical and Health Management

新型农村合作医疗
New Rural Cooperative Medical Care

食品卫生监管
Food Hygiene Management

甸沙乡
Dian Sha

羊街镇
Yang jie

先锋镇
Xian Feng

柯渡镇
Ke Du

六哨乡

Liu shao

鸡街镇

Ji jie

倘甸镇

Tang Dian

凤合镇
Feng He

联合乡
Lian He

金源乡
Jin Yuan

附　录
APPENDIX

特　载

振奋精神　狠抓落实
以优异的成绩迎接党的十七大胜利召开

——在县委十届四次全体(扩大)会议结束时的讲话

(2007年8月31日)

县委书记　刘　荣

各位委员，同志们：

县委十届四次全体(扩大)会议经过大家的共同努力，圆满完成了预定的各项任务。会议深入学习了胡锦涛总书记“6·25”重要讲话和省委、省政府第五次现代新昆明建设调研会及市委九届三次全会精神，听取并审议通过了县委常委会工作报告，审议通过了《中共寻甸回族彝族自治县委十届四次全体(扩大)会议决议》。这次会议开得很好，大家进一步统一了思想，坚定了信心，鼓足了干劲，是一次团结、鼓劲的会议，是一次求实、创新的会议，对于进一步增强我们加快发展的意识，提高我们抓落实的能力，实现年初确定的各项目标任务，必将起到重要的推动作用。全县各级各部门和广大党员领导干部要及时把会议精神学习好、传达好、贯彻落实好。

一、要把思想进一步统一到加快寻甸发展上来

今年上半年，我县经济社会发展取得了很大的成绩，但同时也要看到我们与其它县区之间差距还很大、发展中的困难和问题还很多。如何保证今年各项目标任务的圆满实现，如何保持全县经济社会的持续、快速、健康发展，是一个需要各级党员干部深入思考的问题。各级各部门和广大党员干部必须以求真务实的态度，真抓实干的作风，克难攻坚的精神，把思想进一步统一到加快寻甸发展上来。

首先要自加压力。各级各部门和广大党员干部要抱着对党负责、对人民负责、对事业负责的态度，自我加压，提高工作标准，谋求更大发展。抓住今年最后四个月的时间，对上半年工作进行回头看，认真查找问题，仔细分析根源，瞄准全年目标，强措施，抢进度，抓落实，确保项目建设、招商引资、农村发展、城市建设、旅游开发等各项工作取得突破性进展。

其次要集中精力。在推进寻甸经济社会又好又快发展过程中，各级干部凝心聚力、真抓实干，付出了大量的心血和

汗水。但也有少数干部没有把主要精力放到谋创业、促发展上，与承担的职责和任务极不相称。贯彻落实十届四次全会精神，要求各级干部必须把全部精力用到干工作上、干事业上，抓住寻甸当前的良好发展势头，集中精力，乘势奋进，干事创业，服务发展。

第三要激发活力。各级党员干部是推动寻甸又好又快发展的组织者、推动者和参与者，务必以一种只争朝夕、锐意进取的拼搏精神，生机勃勃、热火朝天的高昂士气，切实把全会精神落实在具体工作中，抓住着力点，找准突破口，做给群众看，带着群众干，迅速在全县掀起学习贯彻全会精神的热潮，形成各行业齐头并进，三个板块竞相发展的良好态势。

第四要增强动力。工作的力度决定着发展的速度。干工作、做事情，难免会遇到困难和问题，各级领导干部要勇于和敢于正视现实，承认差距，把差距看成压力，把压力转化为动力，把压力当成挑战，齐心协力，想方设法，千方百计促进发展。各级各部门要增强工作动力，围绕工作目标，拿出百分之百的努力，咬住不放，一抓到底，确保落实。

二、要围绕目标抓好全会精神的贯彻落实

抓全会精神的贯彻落实，是继续保持我县经济社会持续、快速、健康发展的必然要求，是全面完成今年各项目标任务的迫切需要。全县广大党员干部特别是领导干部一定要从讲政治和全局的高度，充分认识贯彻落实全会精神的极端重要性和紧迫性，切实增强推动工作落实的自觉性和主动性，以良好的作风推动各项工作，努力使全县经济社会发展在“好”字上有更多的起色，在“快”字上有更大的进步。

一要以奋发有为的精神状态抓落实。我们的任务很艰巨，要真正做到不辱使命，必须保持奋发有为的精神状态。当前，全县各级各部门和广大党员干部要深入学习胡锦涛总书记“6·25”重要讲话精神，树立理论联系实际、学以致用的良好学风，始终保持蓬勃朝气和昂扬锐气，始终保持奋发有为的精神状态，进一步增强深入贯彻落实科学发展观的自觉性和坚定性，进一步增强加快寻甸经济社会又好又快发展的责任感、使命感和紧迫感，把智慧和力量凝聚到共同构建和谐寻甸上来，把学习的成果体现到促进寻甸又好又快发展上来，体现到做好本单位、本部门的工作上来。今年10月，中央将召开党的第十七次全国代表大会，这是全党、全国各族人民政治生活中的一件大事。各级各部门要用市委九届三次全会和县委十届四次全会精神凝聚人心、鼓舞斗志，动员和组织广大党员干部，转变作风、真抓实干，用实实在在的工作成效迎接党的十七大的胜利召开。

二要以真抓实干的工作作风抓落实。推动科学发展，构建和谐寻甸，必须从确保党的路线方针政策全面贯彻执行、确保经济社会发展各项任务目标顺利实现的高度，把抓落实的问题摆在重要位置。各级领导干部要把抓落实作为一种强烈的自我要求和工作态度，在思想上时时想着抓落实，在工作上处处带头抓落实，真正做到察实情、讲实话、办实事、求实效，定下来的事情就要雷厉风行，抓紧实施；部署了的工作就要督促检查，一抓到底；领导干部要身先士卒，靠前指挥。要加强督促检查，严肃追究不落实的责任，确保各级干部在转变作风、狠抓落实上有明显起色，一步一个脚印地把各项工作抓出成效。

三要以作风过硬的干部队伍抓落实。一支作风过硬、工作扎实，特别能吃苦、特别能战斗的高素质干部队伍，是我县顺利推进各项改革发展任务的决定性因素。今年底到明年2月份，县乡人大、政府将同步换届，各级各部门要高度重视，精心组织，确保换届工作圆满完成。对那些长期在条件艰苦、工作困难地方工作的干部要格外关注，对那些不图虚名、踏实干事的干部要多加留意，对那些埋头苦干、注重为长远发展打基础的干部不能亏待。坚持正确的选人用人导向，做到用好的作风选好的人，选作风好的人。注重培养那些胸怀大局、淡泊名利，干实事、谋长远的干部，注重培养那些勇挑重担、不畏艰难的干部，注重培养那些长期在任务重、矛盾多、困难大的地方干事创业的干部，真正把自觉坚持科学发展、善于领导科学发展的优秀干部选拔到各级领导班子中来。不断提高各级领导班子的执行力、创新力、凝聚力，努力把各级领导班子建设成为朝气蓬勃、奋发有为、团结和谐、狠抓落实的坚强集体。

四要以基层组织建设的成效抓落实。要确保全会各项要求真正落到实处，必须抓好党的基层组织建设这个重要环节。要认真落实保持共产党员先进性长效机制，切实加强对基层党员的教育培训和管理工作。要做好新当选的村“两委”干部的培训工作，促进他们懂政策、熟业务、强本领，不折不扣地贯彻落实党在农村的各项支农惠农政策。要切实发挥好基层党组织在引导农民依靠科技、培植产业、搞活流通、提高效益、促进增收中的重要作用。要认真做好党员发展工作，切实加强对党员的监督和管理，纯洁党员队伍，永葆党组织的先进性。

五要以风清气正的良好氛围抓落实。各级党组织要把反腐倡廉工作摆在更加突出的位置，坚持标本兼治、惩防并举、注重预防的方针，建立健全教育、制度、监督并重的惩治和预防腐败体系。在坚决惩治腐败的同时，要更加注重治本，更加注重预防，更加注重制度建设，在全县领导干部中深入开展警示教育，筑牢思想道德防线。要大力推进廉政文化建设，促进党员干部为民、务实、清廉。要强化党内监督、社会监督和舆论监督，严格执行“四大纪律八项要求”和领导干部廉洁从政的各项规定，坚决纠正损害群众利益的不正之风，严厉查处各种以权谋私行为。要坚决贯彻落实《中共中央纪委关于严格禁止利用职务上的便利谋取不正当利益的若干规定》，促进各级干部廉洁自律，以风清气正的良好氛围，保证我县经济社会发展目标的顺利实现。

六要以团结干事的强大合力抓落实。全县各级领导干部要始终坚持讲团结，不利于团结的话不说，不利于团结的事不做，不断营造想干事、敢干事、能干事、会干事、干成事的创业环境，不断营造团结实干比贡献，开拓拼搏创一流的良好氛围。班子成员之间，要真正成为政治上志同道合的同志，思想上肝胆相照的知己，工作上密切配合的同事，生活上相互关心的挚友，以全县领导干部团结的榜样力量，凝聚全县干部群众的力量，形成团结干事的良好局面，形成加快寻甸发展的强大合力。

三、要抓好各项具体工作

在今年最后四个月的时间里，要重点抓好以下15项具体工作：

1．做好矛盾纠纷排查调处工作。要深入贯彻落实全国信访电视电话会议和全市信访工作会议精神，把矛盾纠纷排查、维护社会稳定作为当前一项重要工作来抓。广大干部群众要

在进一步提高思想认识上下功夫，在总结经验、完善机制上下功夫，在取得排查化解实效上下功夫，在检查落实政策上下功夫，在积极预防、妥善处置上下功夫，在加强正面宣传和舆论指导上下功夫。各乡镇各部门要进一步明确自身职责，真正重视矛盾纠纷排查调处工作，不能仅仅挂在嘴上，写在文件上，而必须体现在行动上，落实到工作中，切实看好自己的门，管好自己的人。特别是在十七大召开之前，要对农村土地征用、集体经济管理、村级换届、企业破产以及民办教师、复转军人等热点问题，进行一次拉网式排查，真正把矛盾纠纷排查清楚，做到情况清、底子明。对个别老上访户要安排专人做好思想稳定工作，对一些违法犯罪分子要依法严厉打击，努力把矛盾解决在基层，化解在萌芽状态，对排查出的矛盾纠纷，做到件件有落实，事事有回音，为十七大的胜利召开，为寻甸经济社会健康发展营造良好环境。绝不允许出现到中央和省、市上访的事情。

2. 快速推进新农村试点建设。当前，各乡镇只完成了今年试点村的规划，还没有进入实施阶段，要完成48个试点村的建设任务，时间紧，任务重，各乡镇务必要以更加务实的工作作风，采取更加扎实的举措，加大工作力度，加快推进速度。要明确职责，落实责任，做到县、乡、村“三级联动”，一级抓一级，层层抓落实。相关部门要积极筹措资金，落实项目；各乡镇、试点村要精心组织，切实抓好各项建设项目的实施，要坚持农民为主体，充分发挥农民群众在新农村建设中的主力军作用；县新村办要加强督促指导，及时分析研究建设中遇到的困难和问题。

3. 抓好大春生产、烤烟收购和晚秋作物种植。大春生产要以中后期管理和收割为重点，确保大春粮食增产增收。要集中力量抓好烤烟收购。切实把烟农的利益放在首位，按照“坚持国标、下限收购”原则，采取更加扎实的措施，全力抓好收购工作，不断提高烤烟生产水平，促进农民增收、财政增收。要抓好晚秋作物种植，充分发挥晚秋种植“最后一道防线”的作用，扩种、大种、补种晚秋粮食，提高复种指数，增加粮食产量。

4. 推进重点工业项目建设。要加快推进工业重点项目建设。今年我县工业经济发展速度放慢，最直接的原因就是南磷、龙蟒两家企业未能按期投产，要完成年初确定的目标任务，面临很多困难，要严格落实领导干部服务联系企业的制度，金所乡和环保局、经济商务局等职能部门，要切实履行职责，全面兑现服务承诺，帮助南磷集团尽快通过环评，督促龙蟒集团尽快完成试车，力争两企业在9月份投入正常生产。

5. 抓好土地开发整理工作。要积极争取上级支持，大力推进土地开发整理工作，为全县工业发展和城市建设用地提供更大空间，同时也为现代新昆明建设提供支持。要按照中央关于守住18亿亩耕地红线的要求，加强基本农田保护，围绕工业园区规划和建设，作好土地修编工作，为我县重大工业项目落地和工业经济大发展打下基础。

6. 抓好交通设施建设。在上级的关心支持下，我县今年在路面硬化和路基改造等公路建设方面的投资将达上亿元。现在，大多工程项目已完成投标工作，进入了全面实施阶段。各乡镇要积极配合交通部门，做好协调服务工作，加快工程进度，加强工程监管，确保项目推进，确保工程质量，抓住市委、市政府实施通村公路建设的重大机遇，努力解决乡村群众出行难的问题，改善群众生产生活条件。

7. 全力推进教育卫生事业改革。一要推进教育改革与发展，按照“巩固基础，突破瓶颈，推进改革，统筹发展”的思路，立足实际，真抓实干，加快全县教育事业发展。要建立和落实党政“一把手”亲自抓、分管领导具体抓、职能部门直接抓、相关部门配合抓的工作制度，形成全社会共同关心、帮助、理解、支持、推进教育改革的合力。要抓住农村中小学标准化建设机遇，加强教育基础设施建设，推进义务教育均衡发展。

二要推进卫生改革与发展。要以满足广大人民群众基本医疗卫生需求为根本目的，优化整合县级卫生资源，抓好县第二人民医院建设项目，建立健全卫生服务网络。抓住村级卫生所建设机遇，切实抓好村级卫生所的规范化建设工作，充分发挥其在疾病预防、妇幼保健、健康教育、常见病的一般诊治和转诊等工作中的作用，切实解决群众看病难的问题。进一步深化卫生体制改革，建立精干高效的卫生队伍，提高各级医疗机构的服务质量和水平。进一步推进药品集中招标采购统一配送工作，科学管理，规范运作，切实解决群众看病贵的问题。

8. 抓好平安创建工作。平安创建工作关系到全县的稳定和发展，必须抓紧抓好。在十七大即将召开之际，平安建设尤为重要，要从讲政治、保稳定、促和谐的高度来认识平安创建的重要性和紧迫性，要像抓仁德综合整治一样，抓好全县的社会治安，树立良好的对外形象，创造良好的发展环境。今年，我县将被列为省级平安创建重点县，要达到省级创建标准，还有很多工作要做。已被命名的县级“平安乡镇”、“平安单位”要继续发扬成绩、巩固成果，查缺补漏，做好迎接验收的准备。还未达标的乡镇和单位，必须采取切实有效的措施，对照平安创建的各项目标，认认真真加以落实。政法各部门要继续坚持严打方针，始终保持对各类犯罪的高压态势，为全县的经济社会发展和人民群众安居乐业创造良好的环境。

9. 做好防灾减灾工作。今年7月以来，我县降雨较为集中，其中鸡街、柯渡等乡镇在近十天的时间里，降雨量近500毫米，达到了年平均降雨量的一半，导致各地不同程度地发生洪涝和地质等灾害。各级各部门决不可掉以轻心，要以中小河流及水库安全度汛、城市防洪和地质灾害防御为重点，进一步落实应急措施和对策，切实做好防洪度汛和防灾救灾工作。民政部门要积极调集物资，妥善安排受灾群众的生产生活，确保人民群众生命财产安全，确保受灾群众有饭吃、有衣穿、有干净水喝，安全过冬。

10. 启动北城新区开发。加快北城新区开发步伐，符合中央及省、市委关于加快城镇化建设的总体要求，有利于进一步扩大投资，拉动县域经济增长；有利于优化经济运行环境，扩大就业面，增加群众收入；有利于改善城市面貌，提升城市品位，提高群众生活水平。经过长期的调查研究，我们已经在思想、舆论和规划设计方面为北城新区开发作了非常充分的准备，目前，各种基础条件已经成熟，必须立即启动建设。要及时做好土地收储、项目报批等工作，积极引进开发商对北城新区进行整体开发。要整合教育、卫生资源，加快北城新区公共设施建设。

11. 及早安排冬春农田水利建设。现在已进入初秋时节，雨季就要过去，各乡镇及水务等相关部门要早谋划、早筹备冬春农田水利建设，抓住冬春雨水稀少的时机，扎实推进农田水利建设，力争在明年春耕生产中全面投入使用。

12. 控制价格总体水平过快上涨。切实采取有效措施，保证群众的“米袋子”和“菜篮子”。完善价格应急反应机制，防范价格总体水平过快上涨。加强重要商品和生活必需品市场调查、监管和调控，保证猪肉等副食品供应充足，做到不断档、不脱销，落实对城市低收入群体的补助措施。整顿和规范市场价格秩序，抓好教育、医疗、农资等直接关系群众生产生活的价格监督检查工作。加强正确舆论引导，坚决制止和打击各种散布虚假信息、扰乱市场的行为。

13．抓好县乡换届工作。广大党员领导干部要严格按照上级党委要求，进一步统一思想，坚定信心，扎扎实实做好自己份内的各项工作，要以工作为重，以全县的发展为重，正确对待个人的进退流转。我们将按照胡锦涛总书记及各级党委的要求，对那些长期在条件艰苦、工作困难地方工作的干部格外关注，对那些不图虚名、踏实干事的干部多加留意，对那些埋头苦干、注重为长远发展打基础的干部决不亏待。同时，各乡镇要按规定和程序，全面做好人大代表选举的各项工作，为在明年2月前全面完成县乡换届工作打下基础。

14．要抓好集体林权制度改革。集体林权制度改革是党中央、国务院和省、市委的一项重大决策，是农村实行家庭承包责任制的延伸、深化和完善，是建设社会主义新农村的一项战略任务，是发展现代林业、提高林业生产力水平的重要途径，是广大农民群众的迫切需要，是持续改善生态环境的重要举措和保障，进一步坚定推进集体林权制度改革的信心和决心，扎扎实实地推进集体林权制度改革。今年5月，县委召开了全县集体林权制度改革工作会，全面传达了中央及省、市委的具体要求，并在塘子、七星两乡镇进行试点，同时要求其它各乡镇学习经验，同步推进。到目前为止，各乡镇林改工作推进顺利，都做了很多基础性工作，但是部分领导干部对林改工作重视不够，措施不力的问题仍然存在。在下步的工作中，大家必须坚持以“兴林富民”为目标，进一步统一思想，提高认识，积级动员，广泛宣传，采取扎实有力的措施，切实加大林改工作力度，努力在年内全面完成摸底调查和确定发证工作，为推进其它配套改革打下基础。

15．做好工作目标督促检查工作。今年的时间只有四个月了，各乡镇要按照年初与县委政府签订的目标责任书，以及县委对十届三次全会各项目标任务分解立项督查的通知要求，仔细对照检查，认真查找问题和差距，进一步强化工作责任，落实工作措施，加大工作力度，确保各项目标任务的全面完成。

各位委员，同志们，贯彻落实好这次全会精神，关键在各级领导班子，关键在各级领导干部。县委希望大家始终保持开拓进取、奋发有为的精神状态，始终坚持加强学习、与时俱进的优良传统，始终弘扬求真务实、真抓实干的工作作风，始终维护清正廉洁、团结为民的自身形象，解放思想，开拓创新，扎实苦干，狠抓落实，推进寻甸经济社会又好又快发展，以优异的成绩迎接党的十七大胜利召开！

（刘　荣）

求真务实　开拓创新
为开创寻甸科学发展新局面而努力奋斗

——在县第十次党代表大会第四次全体会议结束时的讲话

（2011年1月8日）

罗永斌

各位代表，同志们：

县第十次党代表大会第四次全体会议，经过大家的共同努力，已经圆满完成了大会预定的各项任务，现在就要闭幕了。在此，我代表县委，向出席大会的全体代表、列席人员，以及为大会付出辛勤劳动的全体工作人员，致以诚挚的问候和衷心的感谢！

县第十次党代会第四次全体会议，是在为“十二五”谋篇布局的关键时刻召开的一次十分重要的会议。大会全面总结了我县五年来取得的成绩和经验，深刻分析了全县跨越发展面临的机遇和挑战，确定了今年的奋斗目标和工作措施，会议还审议通过了十二五规划建议。会议期间，与会同志认真讨论了《县委工作报告》，围绕报告提出的总体思路、目标任务和工作措施，畅所欲言，各抒己见，提出了很多宝贵的意见和建议。对于这些意见建议，我们将认真研究，充实到报告中，并在今后的工作中抓好落实。应该说，这是一次解放思想、开拓创新的大会，是一次求真务实、团结鼓劲的大会。这次会议时间虽短，但主题鲜明、重点突出，达到了统一思想、振奋精神的目的。

五年看头年，开局最关键。今年是“十二五”的“开局年”，做好今年的各项工作，对“十二五”经济社会发展有着至关重要的作用。我们必须牢记职责使命，以开拓创新的精神，以求真务实的作风，全力以赴地抓好各项工作落实，把本次党代会精神贯彻到努力开创寻甸科学发展新局面的具体行动中。下面，我就如何抓好大会精神的贯彻落实，讲几点意见。

一、开创科学发展新局面，要求我们必须进一步解放思想，改革创新

解放思想、改革创新是推动发展的不竭动力。寻甸的发展，过去得益于解放思想、改革创新，现在和今后仍需进一步解放思想、改革创新。当前，我县正处于两个五年规划交替的关键节点上，这就要求我们在深入学习理论、认真审视县情的基础上，从冲破旧思想观念的束缚中汲取新的理论知识，形成新的发展思路，获得新的发展动力。因此，我们一定要按照科学发展观的要求，用实际行动，加大解放思想力度，保持锐意改革、大胆创新的胆识和气魄，着力转变不适应形势发展、不符合科学发展要求的思想观念，进一步提升科学发展的信念、理念、观念，统一科学发展的思想、思维、思路；进一步树立永不满足、争创一流的雄心壮志，积极鼓励一切有利于发展的新生事物，坚决支持一切有利于发展的工作举措，充分认可一切有利于发展的劳动价值，尊重一切为我县作出贡献的社会各界人士，真正让发展的活力竞相迸发，让财富的源泉充分涌流，以思想的大解放谋求全县经济社会的大发展、大跨越；进一步坚持把矛盾突出、问题较多，社会关心、群众关注，事关全局、影响长远的领域，作为改革的重点，创新体制机制，增强发展活力；进一步增强开拓创新意识，敢想前人所未想的问题，敢作前人所未作的决策，敢干前人所未干的事业，打破条条框框的束缚，在深入调研、认真思考的基础上，大胆地闯、大胆地试、大胆地干。

二、开创科学发展新局面，要求我们必须进一步坚定信心，抢抓机遇

十七届五中全会在全面分析国际国内形势的基础上，作出了“中国发展仍处于可以大有作为的重要战略机遇期”的科学判断。市委也指出，“十二五”时期必须抓住机遇推动发展，在激烈的区域竞争中赢得主动、赢得优势、赢得未来。在这次党代会上，我们也判断，未来五年，寻甸发展所面临

的形势，仍然是机遇和挑战并存，但总体上机遇大于挑战。我县是贫困县，基础弱、底子薄，前进的道路上必然面临更多困难、充满更多艰辛，我们在困难面前不但不能退缩，反而要更加坚定信念，抢抓机遇，加快发展。在追赶发展的进程中，树立不甘落后、后来居上的必胜信心，彰显自强不息、顽强拼搏的精神气质。实践证明，发展道路从来都不会一帆风顺，只有树立必胜信心，才能抓住机遇，战胜困难，实现跨越；只有树立必胜信心，才能高点定位，进位争先，走入前列。当前，寻甸正处在发展的关键时期，面临着新一轮西部大开发、云南省“两强一堡”建设、昆明市建设区域性国际城市和“加速北部崛起”及加快少数民族地区跨越式发展战略等千载难逢的发展机遇，能否抓住并用好这些机遇，加快我县发展步伐，是上级党委对我们的要求，也是广大人民群众的热切期盼，更是我们每位领导干部肩负的历史责任。在这样一个关键时期，我们如果不能抓住机遇，将落于人后；如果不加快发展，将成为历史的罪人。各级领导干部一定要坚定信念，进一步增强发展的机遇意识，在其位谋其政，谋其政尽其责，把工作标准调到最高，精神状态调到最佳，工作干劲调到最大，抢抓发展机遇，抢占发展先机，全力推进寻甸科学发展新跨越。

三、开创科学发展新局面，要求我们必须进一步团结拼搏，合力攻坚

全力加快发展步伐，努力开创科学发展新局面，必须依靠各级领导干部团结协作、同心协力，依靠广大人民群众团结拼搏、艰苦奋斗。全县各级各部门要大力弘扬团队精神，通过“一班人”，带动“一层人”，影响“一群人”，努力在全县营造“大合唱”的氛围，形成“一盘棋”的局面。党员干部要争做加快寻甸发展、建设全面小康的参与者、实践者和推动者。各部门要正确处理好条与块的关系、对上负责与对下负责的关系、部门利益与整体利益的关系，心往一处想，劲往一处使，自觉服从大局、服务大局、维护大局。真正做到，各尽其能、各负其责，对职责范围内的事情，不折不扣落实到位，决不推诿扯皮；对需要部门配合的事情，相互支持，形成合力，决不各行其是；对县委、县政府交办的事情，全力以赴，尽心尽责，决不敷衍塞责。当前，我县加快发展的任务相当繁重，各级各部门一定要按照市委和县委的工作部署及要求，勇于探索，创新实践，注重对接联系，强化整体联动，调动一切可以调动的因素，团结一切可以团结的力量，努力形成抓落实、求发展、促跨越的强大合力，确保各项目标任务顺利完成。

四、开创科学发展新局面，要求我们必须进一步转变作风，苦干实干

工作作风的好坏事关落实的成效。各级干部必须始终坚持“两个务必”，进一步转变工作作风，切实增强实干精神。近年来，面对改革发展的艰巨任务，市委、市政府采取了一系列措施，狠抓作风建设，出重拳、治顽症，成效显著，全市上下作风实现了大转变，效能实现了大提升，经济社会发展取得了明显成效。但是，我们也要清醒地认识到，我们的工作作风、拼搏精神和当前的经济社会发展形势、人民群众期望及党组织要求相比还存在一定差距和不足，还需要继续努力。今年的目标任务已经确定，措施部署已经明确，各级党员干部首先要做的就是进一步转变作风，真抓实干，狠抓落实。要提倡“先试不争论，先干不议论，时间作结论”的理念，牢固树立“敢抢不犹豫、敢干不争论、敢争不满足、敢闯不言败”的实干精神；要始终保持奋发有为的精神状态，把满腔热情投入到自己所从事的工作中，排除干扰，消除杂念，一门心思干工作，把每一项工程、每一件事情都做实做精，不留遗憾；要始终坚持“一线工作法”，从我做起，置身一线，深入调研，靠前指挥，多到乡镇、部门和企业调查了解情况，切实解决好基层干部和广大群众遇到的各种困难和问题，做到情况在一线了解、感情在一线融合、措施在一线落实、问题在一线解决。对重要工作、重大项目、重点问题，主要领导要亲自谋划研究、亲自组织部署、亲自推动落实，以实实在在的举措，谋实实在在的发展，求实实在在的效果。

五、开创科学发展新局面，要求我们必须进一步健全机制，落实责任

责任心成就事业，责任感关系成败。面对新形势、新任务、新要求，只有全县广大党员干部切实增强责任感和使命感，把强化责任作为推进发展的首要前提，把全部心智用在干事创业上，用在抓落实促发展上，县委的决策部署才能贯彻执行，科学发展新跨越的奋斗目标才能实现。要优化目标倒逼机制，做到目标、重点、措施、进度、责任“五明确”。要优化交办跟进机制，完善交办、催办、督办、查办“四办”跟进制度，以督查推动责任落实。要进一步健全完善干部目标考核责任体系，把关系全县发展大局的大事难事、涉及群众切身利益的好事实事、影响社会稳定的急事特事层层细化量化，分解到每一个部门和乡镇，落实到每一名领导干部，做到事有专管之人、人有明确之责、责有限定之期，形成人人身上有压力、件件工作有着落的责任氛围和一级抓一级、层层抓落实的工作格局。要做到奖惩分明，对于任务完成好，在招商引资、重大项目建设、企业发展、工业突破、园区建设、税源引进等方面做出突出贡献的要给予表彰奖励，提拔重用；对于工作没有思路、没有举措，完不成任务的要给予提醒警告、限期改正；对于不作为、乱作为，甚至影响寻甸发展、损害群众利益的，要坚决予以严肃处理。全县各级各部门要结合各自工作实际，尽快将党代会确定的各项目标任务，分解到具体责任领导和责任人员，做到早谋划、早部署，早行动、早见效，抓好开局之年的主动权，实现“十二五”经济社会发展“开门红”。

六、开创科学发展新局面，要求我们必须进一步立足当前，抓好开局

新的目标催人奋进，新的开始更需要我们加倍努力。岁首年初各项工作任务十分繁重，各级各部门在把本次党代会精神及时准确地传达到每一个党员和干部，迅速掀起学习贯彻党代会精神热潮的同时，更要全力以赴抓好当前各项工作，使今年工作有一个良好开端，跨越式发展有一个良好开局。一要抓好年终目标管理考核工作，把一年的成绩全面真实地反映出来，努力向市委、市政府和全县广大干部群众交出一份满意的答卷。二要认真筹备好即将召开的县“两会”，确保县“两会”取得圆满成功。三要抓住冬春旱季施工的大好时机，抓紧重点基础设施项目和农田水利建设，做好春耕备耕、护林防火、动物疫病防治等各项工作。四要确保春节期间的祥和安宁。要组织安排好节日市场供应，加强市场监管，做好重要商品的供给和价格稳定工作；要加强城乡交通运输管理、环境综合整治、安全生产和食品药品监督管理工作，确保春节公共安全；要认真排查社会矛盾纠纷，妥善化解社会热点、难点问题，着力解决好拖欠工程款、拖欠农民工工资、拖欠征地补偿款、拖欠拆迁安置补偿款等突出问题，防止群体性事件发生；要严厉打击严重违法犯罪活动，把各种违法犯罪行为消灭在萌芽状态，切实维护社会稳定；要组织开展好走访慰问、扶贫济困和拥军优属工作，安排好群众生产生活，把党和政府的温暖送到千家万户；要积极营造节日气氛，烘托节日氛围，精心安排寓教于乐的文体活动，丰富群众业余文体生活；要加强节日期间廉洁自律工作，严格执行中央、省市委和省市纪委有关规定，年关把好“廉关”，切实做到“十二个严禁”。

各位代表，同志们，新年伊始，万象更新，新的一年期待新的跨越，新的一年孕育新的希望。让我们以这次党代会的召开为契机，以饱满的热情、务实的作风、创新的举措，加压奋进，提速发展，为开创寻甸科学发展新局面而努力奋斗！

新春佳节就要到了，借此机会，我谨代表县委，向各位代表、同志们，并通过你们向全县广大干部群众、社会各界人士拜个早年，祝大家新春快乐，身体健康，工作顺利，万事如意！

谢谢大家！

罗永斌

寻甸回族彝族自治县人大常委会工作报告

——在寻甸回族彝族自治县第十四届人民代表大会第三次会议上

(2010年1月23日)

寻甸回族彝族自治县人大常委会主任　张正良

各位代表：

我受县第十四届人民代表大会常务委员会的委托，向大会报告常委会2009年的主要工作和2010年的工作意见，请予审查。

2009年的主要工作

2009年，是新世纪以来我国经济发展最为困难的一年。受国际金融危机的影响，我县经济社会发展也遇到严重困难。面对异常复杂的经济形势，县委、县人民政府团结带领全县各族人民坚定信心、迎难而上，实现经济快速发展，社会事业扎实推进。常委会各项工作也取得新进展。常委会坚持以科学发展观为指导，深入贯彻党的十七大和十七届三中、四中全会精神，紧扣全县发展主题，突出监督重点，围绕县十四届人大二次会议确定的目标任务，紧紧依靠全体代表，把实现好、维护好、发展好最广大人民群众的根本利益作为一切工作的出发点和落脚点，认真履行宪法和法律赋予的各项职责，在充分发挥代表作用、增强监督实效、帮助和支持“一府两院”推进工作、加强自身建设等方面做了大量工作，为促进我县经济社会跨越式发展发挥了应有的作用。

一年来，筹备召集了县十四届人大二次会议，召开常委会会议8次。听取和审议常委会执法检查报告12个、专项检查报告3个、视察报告10个、调研报告1个、“一府两院”专项工作报告23个。依法作出决议15个、决定5个、审议意见32个。组织执法检查13次、专项工作检查3次、工作视察10次、专题调研1次。完成了省、市人大常委会委托的各项工作，配合省、市人大常委会在我县的各项检查视察。

一、紧扣发展主题，依法加强监督工作

对“一府两院”实施法律监督和工作监督是宪法和法律赋予人大常委会的重要职责。常委会紧紧围绕贯彻落实科学发展观，推动经济又好又快发展，把事关改革发展稳定大局、事关人民群众切身利益、社会普遍关注的重大问题、热点难点问题作为监督重点。把确保宪法和法律法规在全县范围内的遵守和执行，确保公民、法人和其他组织合法权益得到尊重和保护作为监督目的，把听取和审议专项工作报告与检查视察结合起来，把跟踪监督与推进“一府两院”工作结合起来，使监督工作的针对性和实效性进一步增强。

(一)围绕促进经济社会全面发展，切实加强工作监督

加强对经济运行的监督。常委会组织检查组对2008年上级财政补助资金安排使用情况、2009年上半年地方财政预算执行情况、我县非税收入管理办法执行情况、凤梧城镇开发有限公司贷款使用情况进行检查。并听取和审议了县人民政府关于2008年地方财政决算、审计工作的报告和2009年上半年计划执行情况、地方财政预算执行情况的报告、2009年地方财政预算调整方案。常委会会议审查并作出了批准2008年县级财政决算、2009年地方财政预算调整方案的决议。针对我县财政经济工作中存在的问题，会议作出加大招商引资力度，积极培育新财源，加强财税票据监管、加大税收征管和非税收入管理力度、努力增加财政收入，完善管理机制、优化支出结构，健全财政监督机制，提高资金使用效益；抓好对重大建设项目和人民群众普遍关注的重点项目的资金审计，加强专款使用情况的检查等审议意见。县人民政府认真研究办理，确保了财政资金的正常运行，发挥财政资金效益的最大化。常委会受市人大常委会委托，对我县2008年招商引资项目落地情况进行检查，促进了招商工作的有效开展。

常委会还按照《监督法》的规定，在《寻甸人大信息网》上向社会公开公布了县人民政府的上述专项工作报告和常委会的决议、审议意见，增强工作的透明度和公开性，接受社会监督。

加强对社会事业工作的监督。常委会组织视察组对水资源管理、县城北城区主干道建设、创建省甲级卫生县城、“全面禁养”、教育综合改革、承办昆明市第九届少数民族传统体育运动会筹备等工作进行视察。常委会会议听取和审议了县人民政府相关工作报告和常委会视察组的视察报告，并作出审议意见，要求县人民政府积极向市政府反映，切实解决清水海水源替代问题；加强牛栏江环保工作；统一企业水价，促进节约用水；治理三月三水库水质污染；城市道路建设要严格执行规划，加强工程质量监管，严格按照设计标准施工；抓紧县城创卫基础设施建设，加大“创卫”宣传力度，提高市民素质；切实落实有关全面禁的各项政策措施和后续工作；遵守和执行我县《自治条例》，确保高中阶段在校生比例达到各民族的人口比例；认真实施好中小学标准化学校建设，加强教师队伍建设，加强对职业学校的管理等。县人民政府对常委会审议意见高度重视，认真研究办理，教育资源配置进一步优化、教师队伍建设进一步加强、经费配套政策进一步落实。少数民族教育得到重视，采取特殊措施解决了少数民族地区“双语”教师10名，在县民族中学单列了100名招生名

额，录取少数民族考生，基本实现了高中阶段在校学生达到各民族人口比例。

加强对民生保障工作的监督。常委会组织视察组对城镇居民最低生活保障、农村民居防震安全工程、地质灾害防治、农村土地流转、城乡公交一体化、流通领域食品安全监督管理、少数民族专项扶持资金安排使用等事关民生保障的工作进行视察。常委会会议听取和审议了县人民政府的相关工作报告和常委会视察组的视察报告。作出城镇居民最低生活保障工作要高度重视，加强管理；农村民居防震安全工程要加大地震科普知识宣传，积极争取项目和资金支持，实施更多防震工程；地质灾害防治工作要以防为主，加大治理力度，最大限度减少灾害造成的损失；农村土地流转工作要认真落实中央关于农村土地承包经营权长期不变和农业用地性质不变的政策要求，规范农村土地承包经营权流转程序，加大农业招商和农业专业生产合作社发展力度等审议意见，交县人民政府研究办理，促进了民生问题的解决。受市人大常委会的委托对涉农重点项目在我县完成情况、廉租房建设情况进行检查，并将检查情况书面报市人大常委会。

为解决我县机动车辆在本县检审，减轻车主负担，增加县级财政收入的问题。在2007年、2008年的市人代会期间组织我县的市人大代表连续两年提出的建议未果的情况下，常委会在2009年市人代会闭会期间又组织部分代表联名向上级领导和有关部门反映，经过多方的共同努力，寻甸吉安机动车检测站最终于2009年7月13日开展对我县机动车辆进行检审工作。

（二）围绕实施依法治县，切实加强法律监督

确保宪法和法律在本行政区域内的遵守和执行，是地方各级人大常委会的首要职责。常委会致力民主法制建设，加强法律监督，促进“一府两院”依法行政、公正司法，为不断推进依法治县进程作出积极努力。

加强执法检查。常委会组织检查组对《义务教育法》、《农业机械化促进法》、《就业促进法》、《矿产资源法》、《消防法》实施情况进行检查。常委会会议听取了检查组的检查报告，对县人民政府遵守和执行上述法律法规情况进行审议，并作出审议意见。要求县人民政府加大上述法律法规宣传力度，合理配置教育资源，加强教师队伍建设，促进义务教育均衡发展，加强教育经费监管；落实农机推广培训经费，确保农业机械化水平逐步提高；强化就业培训，建立就业扶持基金；严格收缴资源税和资源补偿费，抓好矿山生态保护和环境治理工作；加强农村公共消防基础设施建设，争取组建驻倘甸消防中队，解决西部乡镇消防减灾基础设施问题。受省、市人大常委会委托，对“云南省民族立法中存在的新问题”进行了调研、对《养犬管理条例》进行了执法检查，提出改进工作的意见建议，为维护法律法规的严肃性和法制的统一性，促进政府依法行政作出积极努力。

加强普法监督。建立社会主义法制国家，立法是基础、普法是关键、执法是根本。常委会组织检查组对县人民政府执行县第十三届人大常委会第二十九次会议作出的《关于寻甸回族彝族自治县法制宣传教育与依法治县第五个五年规划的决议》情况进行检查，常委会会议听取和审议了检查组的检查报告，作出审议意见，要求县人民政府做到“三个进一步”，即进一步提高广大干部群众对“五五”普法和依法治县意义的认识，认真做好“五五”普治后期工作；进一步促进普法与依法治县的有机结合，增强普法的实效性；进一步拓展普法工作的广度和深度，确保法制宣传教育不留空白。县人民政府认真落实常委会审议意见，全县法制宣传教育和依法治县工作进一步加强。

加强司法监督。常委会会议通过听取和审议县人民政府公安工作、县人民检察院侦察监督工作的报告，作出审议意见。要求县人民法院要进一步创新案件执行方式，努力破解执行难问题；县人民检察院要积极落实刑事司法宽严相济政策，推进检察工作改革；公安机关要以维护社会公平正义为目标，从提高干警素质入手，优化和充实办案力量，不断提高办案效率和水平，真正做到严格执法和公正司法。通过加强司法监督，促进司法为民、司法公开公正。

二、紧扣重大事项，依法作出决议决定

决定重大事项是宪法和法律赋予人大及其常委会的重要职责。常委会坚持服从和服务于全县工作大局，围绕经济社会建设的重大问题，广泛听取意见，通过法定程序，适时作出决议决定，为促进经济社会全面发展作出了积极的努力。

依法审议政府投融资事项。常委会会议根据我县超常规、跨越式发展和“543倍增”计划的需要，先后作出批准县人民政府关于将寻甸一中新校区、仁德镇东发村至张家村等四条道路、金所工业园区污水处理厂、县自来水厂及北城新区供排水管网、全县农村中小学标准化等重大建设工程项目贷款资金列入财政预算的议案的决议。这些决议的作出，对促进教育事业的发展、市政基础建设、金所工业园区污水处理工程项目落地开工起到了重要作用。

依法审议区划调整事项。常委会会议根据县人民政府的提请，通过认真审议，作出了批准县人民政府关于撤销金所乡、塘子镇并入仁德镇议案的决议和凤仪乡撤乡设镇更名为凤合镇议案的决议。作出了关于重新确定新建置仁德镇人民代表大会代表名额的决定、关于任命新建置仁德镇选举委员会组成人员的决定。以上决议决定，为强力推进城镇化、奋力拓展市场化奠定了坚实的基础。

根据县人民政府的提请，常委会会议还作出了批准县人民政府关于县城区机动车停放服务收费暂行办法议案、县城污水处理服务费差额部分列入财政年度预算支付议案的决议，将对规范县城机动车辆停放，实现我县“四创两争”起到了积极地促进作用。

三、坚持党管干部原则，认真做好人事任免工作

任免地方国家机关工作人员是宪法和法律赋予各级人大常委会的一项重要职权。常委会始终坚持党管干部与依法任免的有机统一，按照县人大常委会《人事任免办法》、《任命国家机关工作人员法律知识考试办法》，人事任免工作始终做到“四个坚持”：一是坚持提请机关或提名人提请任免案；二是坚持拟任命人员任前法律考试；三是坚持党委组织部门负责人到会向组成人员介绍拟任免人员的基本情况，说明任免理由；四是坚持任后履职发言，且履职发言在《寻甸人大信息网》上公开，接受社会监督。进一步增强了被任命人员的法律意识、责任意识和自觉性接受监督意识。一年来，先后任免常委会机关和“一府两院”组成人员43人，其中：决定任命30人，免职12人，接受辞职1人。通过法定程序，县委的人事安排意图圆满实现，为我县的改革发展稳定和科学发展新跨越提供了组织保障。

四、围绕发挥代表作用，努力提高服务质量

人大代表是人民代表大会的主体，做好代表工作是做好人大及其常委会工作的基础和前提。做好代表工作，充分发挥代表作用，是常委会工作的出发点和落脚点。常委会着力提高服务质量，支持和保障代表依法执行职务，充分发挥代表作用。

认真督办代表议案建议。常委会坚持把督促办好代表议案建议，提高办理质量作为一项重要工作。按照《县人民代表大会代表议案、建议、批评和意见办理办法》，对县十四届人大二次会议期间代表提出的2件议案、103件建议及时交办督办，并两次组织部分组成人员对县人民政府办理情况进行检查，对逾期未办复的单位反复催办督办，对代表反映比较集中的突出问题，作为重点建议，由人事代表工作委员会负责

督办。通过认真督办，2件议案、103件建议全部办结，所提问题已解决或部分解决的有49件，占46.7%；列入部门工作计划或规划逐步解决的有47件，占44.8%；因条件限制或其它原因暂不能解决的有9件，占8.6%。代表建议解决率较上年提高了17个百分点。代表提出的议案、建议、批评和意见，体现了广大人民群众的愿望和要求，通过办理和落实，促进了改革发展和稳定，推动了国家机关工作的开展，调动了代表参与管理地方国家事务和社会事务的积极性。

拓宽代表知情知政渠道。常委会始终重视落实和保障代表的知情知政权和监督权。邀请代表参与常委会检查、视察和调研活动52人(次)，列席常委会会议150余人(次)，为促进"一府两院"工作反映民愿、建言献策。常委会通过《寻甸人大信息网》、《常委会会刊》、《人大工作通报》、召开代表小组座谈会等形式向代表通报常委会履职和"一府两院"工作的情况，为代表知情知政服务。征求代表对常委会和"一府两院"工作的意见建议，充分发挥代表在闭会期间的作用。

为代表履职提供服务和保障。常委会十分重视代表的学习和履职能力的提高。通过坚持为224名代表订送《中国人大》、《云南人大》、《昆明人大》，为25名组成人员订送《地方人大常委会组成人员必读》。定期向17个代表小组寄送《人大工作通报》、《人大学习交流》等资料供代表学习，促进了代表履职能力的提高，为代表依法执行职务打下了良好基础。坚持主任会议组成人员联系委员、组成人员分组联系代表活动制度。一年来，主任会议成员联系委员50余人(次)，组成人员联系代表224人(次)，广泛听取代表意见和建议。组织创建"人大代表之家"15个，并统一制作牌匾、配置电脑、代表意见箱，为代表履职活动搭建了平台。争取为县人大代表解决了履职津贴，调动了代表履职的积极性。常委会根据代表出缺情况，补选了昆明市人大代表1名，县人大代表2名。

认真做好信访工作。常委会把信访工作作为联系群众、倾听民意、维护民利、化解矛盾、促进稳定的重要渠道。认真落实常委会主任会议成员接待日制度。一年来，接待来信来访45件77人(次)，通过自办、转办、督办、办理结果反馈，基本做到了"件件有着落、事事有回音"。既化解了人民内部矛盾，也维护了代表和人民群众的合法权益，促进了社会和谐稳定。

五、围绕县委中心，狠抓工作落实

按照县委要求，常委会组织调研组对我县矿产资源整合情况进行专题调研，形成专题调研报告提交县委。并提出加大法律法规宣传力度，加强对煤磷资源税收征管，建立矿山环境治理和生态恢复责任制等建议。常委会落实县委指示，对全县8个方面60项重点工作目标任务完成情况进行了3次检查，每次检查都组成四各组，深入乡(镇)、园区、企业、项目地实地看、查台账，力求指标数据详实、存在问题找准、提出建议可行。通过认真检查，客观反映实情，从常委会履行监督职责的角度向县委、县政府提出工作意见和建议，为县委、县政府决策提供参考。认真落实县委关于常委会领导挂钩联系乡(镇)、企业，积极参与招商引资、纠纷调处、社会维稳、承办昆明市第九届少数民族传统体育运动会筹备、常委会机关牵头县直5家单位挂钩金源乡扶贫等工作，各项工作都取得了新的成效。指导新建置仁德镇人大代表重新选举和召开仁德镇第二届人民代表大会第一次会议。指导河口、先锋2个镇补选县人大代表，指导14个乡(镇)建立代表活动"十项制度"等工作。

六、围绕提高履职能力，加强自身建设

自身建设，事关人大及其常委会职权的正确行使和职能的充分发挥。常委会高度重视自身建设，把思想政治建设放在首位，坚持正确政治方向，并以此引领人大及其常委会各项工作。

坚持正确政治方向。常委会始终坚持在县委的领导下依法开展工作。将县委关于地方国家事务的决策部署通过人大的法定程序变为全县人民的共同意志；坚持重要工作安排和重大事项决定及年度工作要点等，事先及时向县委请示报告，经县委批准再进入法定程序，认真组织实施。

加强机关党的建设。常委会党组始终围绕加强和改进机关党的建设，为常委会依法履职提供根本保证。围绕建设学习型党组、学习型机关，加强机关思想政治建设。机关坚持周一学习制度，把政治理论、法律知识和人大业务学习放在首位。常委会主任会议成员坚持参加市委每周4课专题讲座培训，云南省领导干部前沿知识讲座学习，促进了机关干部职工的政治素质和业务素质的提高。以开展"学习实践科学发展观"活动为契机，推进机关作风建设。明确把"服务大局意识有新增强、监督工作有新成效、代表工作有新起色、自身建设有新加强"作为机关学习实践活动的目标。坚持和完善党员学习、民主生活会制度和党风廉政建设责任制。重视老干部和工青妇工作，切实保障老干部的政治和生活待遇。组织开展"敬老节"、"建军节"、"三八妇女节"、法律知识竞赛、"送温暖献爱心"、对口帮扶帮困、捐献一个月党费救助贫困老党员等活动。机关干部职工的凝聚力和向心力不断得到提升、集体主义精神得到进一步发扬。

加强人大宣传工作。人大宣传工作是常委会工作的重要组成部分。常委会重视加强人大宣传工作，突出对人民代表大会制度、民主法制建设、常委会依法履职和代表履职情况的宣传报道，增强了人大工作的透明度，促进人民代表大会制度的不断完善。常委会以《寻甸人大信息网》、《人大工作通报》、《人大学习交流》为载体，加强对人民代表大会制度的宣传。全年编发《人大工作通报》13期信息70条、《人大学习交流》8期学习体会24篇。在国家和省、市级人大报刊发稿11篇、工作信息发稿35条，在昆明市第十七届宣传人民代表大会制度好新闻、好文章评选中，常委会荣获"先进单位"称号，1篇作品获好文章一等奖，2篇作品获好文章二等奖，1篇作品获好新闻二等奖。为寻甸人大常委会赢得了荣誉，树立了寻甸人大应有的良好形象。

加强对外交往。注重与市内其他县(市)区人大常委会的联系与交往。2009年成功承办了昆明市十四县(市)区人大工作联系会第五十次会议，共同交流探讨了做好新形势下人大工作的宝贵经验；先后组织常委会组成人员、乡(镇)人大主席等60余人(次)参加3次县(市)区人大工作联系会。在交流中相互学习、借鉴经验，取人之长、补己之短。

各位代表，过去的一年，常委会取得的这些成绩，都是县委的坚持领导、全体人大代表共同努力、常委会机关全体工作人员辛勤服务的成果；也是"一府两院"、县直各部门，各乡(镇)党委、人大主席团、政府，各驻寻部队、单位和企业密切配合，全县各族干部群众大力支持的结果。在此，我谨代表县第十四届人大常委会表示衷心的感谢！

各位代表，过去的一年，常委会各项工作虽然取得新进展，但与形势的发展和全县人民的期望仍然存在着差距。主要是：监督工作需要进一步完善；创新意识需要进一步增强，重大事项决定需要进一步探索；代表主体作用需要一步发挥；常委会自身建设需要进一步加强。这些差距都需要在今后工作中努力改进。

2010年主要工作意见

2010年是全面完成"十一五"规划的攻坚之年，蓄势冲刺"十二五"规划的关键之年，也是县人大常委会设立30周年。做好今年的工作，对于促进我县经济社会科学发展跨越、启动实施"十二五"规划奠定良好基础具有十分重要的意义。常委会工作的总体要求是：高举中国特色社会主义伟大旗帜，以邓小平理论和“三个代表”重要思想为指导，深入贯彻落实科学发展观，全面贯彻落实党的十七大和十七届四中全会、中央经济工作会、市委九届六次全会和县第十次党代会第三次全体会议精神，在中共寻甸县委的领导下，紧紧围绕县十四届人大三次会议通过的决议，紧扣发展主题，认真履行宪法和法律赋予的各项职责，充分发挥代表作用，突出监督工作重点，协助“一府两院”推进工作，促进经济社会更好更快发展，确保宪法和法律的遵守和执行，努力推进依法治县进程。

一、依法决定重大事项

按照县委的决策部署，围绕全县工作大局，对涉及改革发展稳定和关系人民群众切身利益的重大事项，在充分调研、广泛听取意见、认真审议的基础上，及时列入常委会会议议题，依法适时作出决议决定，将县委科学发展、跨越发展、和谐发展的重大决策转变为全县各族人民的共同意志，转化为干部群众的自觉行动。坚持党管干部原则与人大常委会依法任免的有机统一，确保县委人事安排意图通过法定程序圆满实现。依法监督和指导村民委员会换届选举工作，确保村民委员会换届选举工作顺利进行。

二、做好监督工作

常委会将围绕县委“强工业、兴城镇、筑基础、活商贸、稳农业、重民生、保稳定、抓党建”八大工作重点。把推动县委重大决策部署的贯彻落实作为人大监督工作的重点，运用多种监督形式，督促和支持“一府两院”按照各自的职能职责，抓好各项目标任务的实施，确保县委重大决策部署的贯彻落实，确保全县各项经济社会发展目标任务的圆满完成。

一要加强对计划和预算执行情况的监督。听取和审议县人民政府关于2009年地方财政决算、上级财政补助资金安排使用情况和审计工作的报告，审查批准2009年地方财政决算。听取和审议县人民政府关于2010年上半年计划、国民经济和社会发展、地方财政预算执行情况、地方财政预算调整方案以及凤梧城镇开发有限公司贷款使用情况的报告。审查批准2010年地方财政预算调整方案。努力促进经济更好更快发展。

二要加强对法律法规实施情况的监督。对县人民政府遵守和执行《公路法》、《城乡规划法》、《国务院矿产资源税征收管理条例》、《昆明市清真食品管理办法》情况进行检查。听取县人民法院执行积案清理和县人民检察院预防职务犯罪工作的报告，积极配合省、市人大常委会在我县进行的法律法规执法检查和立法调研，促进“一府两院”依法行政、公正司法。

三要加强对解决民生问题的监督。听取和审议县人民政府关于办理代表建议、水库管理、中低产田改造、农村文化站(室)建设、实施降低孕产妇死亡率和消除新生儿破伤风项目、安全生产、创建环境优美乡镇、交通安全管理、扶贫工作、近三年国家公务员和事业单位用人招录、国有土地储备交易、计划生育、秋季招生等专项工作的报告。积极配合省、市人大常委会在我县的工作视察和调研，促进城乡统筹发展，维护社会和谐稳定。

四要加强规范性文件备案审查工作。按照监督法的规定，认真落实好《县人大常委会关于规范性文件备案审查的规定》，依法开展规范性文件备案审查工作，加强对县人民政府规范性文件的审查监督，发现不适当问题及时依法纠正。

五要做好监督计划的公布和监督情况的公开工作。按照监督法的规定，及时将常委会监督工作年度计划和监督工作情况向代表通报并向社会公布，自觉接受代表和人民群众的监督。

六是加强跟踪督查。适时对常委会作出的决定、决议和审议意见的落实情况，加大跟踪力度，完善报告制度，督促整改落实。

三、做好代表工作

常委会将严格执行代表工作相关法律法规，选好活动主题，提高代表活动质量。进一步加强主任会议成员联系委员、组成人员分组联系代表，代表联系选民工作。要充分发挥“人大代表之家”的作用，以代表之家为依托，丰富闭会期间活动内容，多形式多渠道倾听民声、集中民智、反映民意、落实民愿。坚持重点建议督办制度，对事关全县改革发展稳定、事关人民群众切身利益的代表议案和重点建议，要加大督办力度，确保问题得到及时有效解决。围绕广大群众关心的难点、热点问题，组织好代表持证视察，并做好组织协调、服务保障、意见反馈、跟踪落实。要高度重视代表和人民群众来信来访工作，进一步完善常委会领导接待日制度，畅通民意诉求渠道。通过坚持向代表寄送学习资料、通报情况、邀请列席常委会、参与工作视察等活动，拓宽代表知情知政渠道，努力把代表依法履职的积极性保护好、引导好、发挥好。

四、加强自身建设

常委会将按照党的十七届四中全会、中央经济工作会、市委九届六次全会和县第十次党代会第三次全体会议精神的要求，把加强自身建设，提高履职能力和服务水平放在突出位置，开展“创建学习型党组、学习型机关、打造能干事队伍、构建和谐团队”活动。以科学发展观统领人大工作，牢牢把握人大工作正确的政治方向。加强常委会和机关政治理论、宪法和法律法规、方针政策、人大业务等知识的学习。坚持周一集中学习制度，增强学习的针对性和实效性。健全学习考核激励制度，把学习能力、创新能力和理论素养作为学习考核的主要内容。完善常委会议事程序和工作规则，推进工作的法制化、程序化和规范化。完善机关管理制度，坚持按制度管人、管事、管物。加强制度落实情况的监督检查，努力把执行制度的理念渗透到每一位干部职工的行为准则和道德标准之中，不断增强机关全体人员贯彻执行制度的自觉性和坚定性。深入推进机关反腐倡廉建设。严格执行党风廉政建设责任制，加强反腐倡廉宣传教育，加强对领导干部廉洁自律的监督。

五、搞好县人大常委会设立30周年纪念活动

以回顾历程、展示成就、总结经验、宣传人民代表大会制度、增强依法履职的责任感和使命感为目标，认真开展好“五个一”系列纪念活动。即：召开一次纪念座谈会、出版一本县人民代表大会志、组织一次法律知识竞赛、举办一次人大工作征文活动、制作一套人大工作纪实光盘。要不断创新宣传方式，拓宽宣传深度，健全激励机制，充分利用广播电视、报刊杂志和网络媒体，深入宣传人民代表大会制度、常委会和代表依法履职情况。

各位代表，责任和使命激励着我们，挑战和机遇考验着我们。在新的形势下，我们肩负的使命更加光荣、任务更加艰巨，让我们高举中国特色社会主义伟大旗帜，深入贯彻落实科学发展观，在中共寻甸县委的坚强领导下，围绕本次大会通过的各项目标任务，开拓创新、攻坚克难、扎实工作，为实现寻甸科学发展新跨越而努力奋斗！

张正良

政府工作报告

——2007年3月7日在寻甸回族彝族自治县第十三届人民代表大会第五次会议上

县长　孔贵华

各位代表：

我代表县人民政府，向大会作政府工作报告，请予审查，并请县政协各位委员和列席人员提出意见。

一、务实创新，艰苦奋战，“十一五”开局良好

2006年，在市委、市政府和县委的正确领导下，县人民政府认真贯彻落实科学发展观，团结和依靠全县各族人民，锐意进取，真抓实干，全面完成和超额完成了县十三届人大四次会议确定的各项目标任务，经济社会发展又上了一个新的台阶。县内生产总值突破20亿元，工业总产值突破10亿元，固定资产投资突破10亿元，地方财政收入继烤烟双控后首次过亿元，社会各项事业跃上新水平，全县民族团结、经济发展、社会和谐。

一年来，我们突出抓了6个方面的工作：

（一）突出科学发展，规划立县取得成效。牢固树立规划立县的思想，高度重视规划在国民经济和社会发展中的重要作用。认真调查研究，结合实际，组织编制了“十一五”经济社会发展规划及相关配套规划，理清了思路，明确了目标。注重产业规划，编制完成了《寻甸工业产业发展规划》、《金所工业园区发展规划》、《塘子工业片区规划》、《农业产业发展规划》、《红色旅游项目发展总体规划》；注重城镇规划，确定了县城“十一五”发展规划，开展了县城控制性详细规划，编制完成了《倘甸村镇建设规划》、《柯渡旅游集镇总体规划》；注重专项规划，编制完成了《城市消防专业规划》、《柯渡丹桂村红色旅游修建性详细规划》、《县城河滨公园规划》。规划涵盖农业、工业、旅游、商业、城镇、村镇、消防等各个领域，规划成果取得历史性突破。坚持用科学的规划指导建设与发展，经济社会不断步入规范化、科学化的发展轨道。首家在昆明举办县区规划成果展，得到了市委、市政府的充分肯定和社会各界的好评。

（二）突出产业培育，经济发展提速增效。按照“三次产业齐头并进，重点突破第二产业”的思路，大力促进产业发展和结构优化。全县生产总值达到20.3亿元，比上年增长14.2%，是近10年来增幅最快的一年。其中：一产业实现增加值7.5亿元，增长4.6%；二产业实现增加值4.6亿元，增长38%；三产业实现增加值8.2亿元，增长12.8%。经济结构进一步优化，三次产业的比重由上年的40：19：41调整为37：23：40，非公经济占国民经济的比重由上年的39.6%提高到45.7%。

农业农村经济稳步发展。农业总产值11.8亿元，增长7.4%。粮食继续保持稳定增长，总产量19万吨，增长0.92%；科技兴烟取得成效，收购总量和产值居全市第一，荣获省“烟叶工作先进县”、“十·五科技创新先进集体”和市“烤烟生产收购先进县”。畜牧业发展形势喜人，出栏牲畜77万头，实现产值5.4亿元，增长11.1%。农机事业成效显著，建成农机培训中心，农机化水平进一步提高。种植结构不断优化，脱毒马铃薯、蔬菜、干果、中药材等经济作物发展较快。新农村建设有序推进，25个试点村建设取得阶段性成效。

工业速度效益同步提高。实现总产值13.1亿元，增长30.2%，增加值3.9亿元，增长39.5%，规模以上工业实现利税1.6亿元。完成工业投资8.2亿元，占全县固定资产投资的68.5%，创历史最高水平。南磷集团二期项目、龙蟒集团一期项目即将投产。工业园区建设力度加大，道路、供水、电力等基础设施建设进展顺利。寻甸被列为全省40个发展工业重点县，金所工业园区列为全省8个特色工业园区。工业经济步入发展快车道，呈现出速度快、质量好、后劲足的良好势头。

第三产业平稳较快发展。全年社会消费品零售总额5.9亿元，增长23%。红色旅游、温泉旅游、生态旅游项目建设速度加快，发展空间不断拓展。全年接待游客21.4万人次，旅游业收入1690万元，分别增长15.7%和14.2%。实施“万村千乡市场工程”，建成农家标准店50个。交通运输、邮电通信、餐饮娱乐等服务业迅速发展。银行、保险对地方经济社会发展提供了有力支持。房地产业开发建设势头良好，居住环境进一步改善。

财税工作取得显著成效。完成财政总收入1.8亿元，增长21%，地方财政收入1.2亿元，增长22.4%，突破近十年来的低速增长局面。收入结构逐步改善，工商业已成为新兴的财源支柱。地方财政支出5.5亿元，比上年增支1.2亿元，增长27%，加上直拨资金8396万元，财政总支出达到6.3亿元，增支1.3亿元，增长26%。支出结构更加合理，公共财

政框架基本形成。在保工资发放、机构运转、社会稳定和重点支出需要的基础上，县乡两级共偿还历史欠账2498万元。

（三）突出招商引资，改革开放成效明显。始终把招商引资作为经济工作的“生命线”，改进招商方式，拓展招商领域，招商引资实现新突破。全年引进项目9个，协议引资32.2亿元，增长113%，实际到位国内资金5.5亿元，增长52%。引进到位外资300万美元，实现了零的突破。成功举办县城及重点集镇开发建设招商项目推介会。积极“走出去，请进来”，强化对外交流与合作，外来客商明显增多，招商活力日益增强。外事、侨务和对台工作取得新成绩。

各项改革深入推进。农村税费改革得到巩固，减轻农民负担400万元。启动新一轮国有企业三年改革，完成了汽修厂、收费站和7户基层供销社的改革改制。农村信用社改革全面完成。高中教育改革稳步推进，仁德、甸沙、鸡街、六哨“九年一贯制”管理体制改革试点取得成效。财税体制改革不断深化，政府采购进一步规范。价格听证和公示制度积极推行，公共事业收费等价格改革稳步推进。乡镇机构改革基本完成。积极探索城市管理体制改革，下放了县城绿化、环卫管理职能。

（四）突出基础建设，发展环境不断改善。基础设施建设力度加大。全县完成固定资产投资11.9亿元，增长30%。建成各类水利工程546件，磨洛河水库主体工程进展顺利，前进河一期治理初见成效，完成金所大麦地、七星戈壁、羊街十里箐等小<二>型水库除险加固工程，水利化程度达55.1%。投资1487万元，建设基本烟田3.2万亩。投入资金5170万元，改造农村公路里程87公里，实现了乡乡通油路的目标。建成倘甸、河口、功山蒲草塘3个4级客运站，启动了金源大桥建设。寻甸变电站、三月三变电站增容改造、县城电网入地工程基本结束。金凤电站投产运行。通讯网络不断完善。法院办公用房竣工投入使用。武装部建设基本完成。

城镇建设管理扎实有效。重点推进了以“二纵四横”为骨干的新区开发，基本完成了主轴大街、月秀路路面铺筑和绿化工程，广场北路顺利贯通，河滨公园、园丁小区、信合小区启动建设。改造了东门街、青龙路、文苑路，建成了文苑广场。完成了凤梧路、旭东路、翠苑路、北营街、玉屏街、月甲路、镇中路等县城主次干道的绿化亮化。投入资金1380万元，实施了县城供水工程，日供水能力由1.2万方增加到3.2万方。加大了城市环境整治力度，市容市貌明显改观。小集镇建设取得新成绩。

服务能力进一步增强。坚持依法行政，自觉接受人大的法律监督、工作监督和政协的民主监督。广泛听取工会、共青团、妇联、工商联等群团组织的意见。转变政府职能，建立和完善了政府工作制度。认真落实便民热线和县长接待日制度，畅通反映社情民意的渠道。转变工作作风，深入开展机关行风评议，大力推行政务公开，开通了寻甸政务公众信息服务网。认真贯彻实施《公务员法》，基本完成公务员登记和工资套改工作，开展了以MPA为核心课程的“8+X”培训。加强行政监察和审计监督。廉政建设取得新成绩。

公共安全得到强化。切实加强社会治安综合治理，突出抓好重点整治，学校、企业周边环境明显好转。坚持“严打”方针，刑事犯罪得到有效遏制。禁毒、防艾工作不断加强。大力整顿和规范经济秩序，市场环境进一步改善。制定了《突发公共事件总体应急预案》和专项预案，防灾减灾救灾体系逐步完善。强化安全监管，杜绝了重特大安全事故的发生。加强法制宣传教育，全民的法律意识有新提高。重视信访工作，积极化解社会矛盾。民族宗教工作取得新进展。

（五）突出和谐发展，社会事业全面进步。科技教育卫生事业蓬勃发展。科技推广得到加强，实用技术广泛应用。实施科技入户工程，建设水稻良种繁育基地500亩，杂交玉米制种基地3000亩，优质马铃薯种薯基地12300亩。推广水稻生物多样性种植3.9万亩。完成肉牛冻精改良1.6万头。工业发展的科技含量不断提高。教育发展实现新突破，基本完成第一轮城区教育资源整合和高中发展工程，新增校舍面积2万多平方米，高中瓶颈制约得到初步缓解。完成民中综合楼建设，新征用地50亩。整合资源，拓宽了一中发展空间。成功组建县第三中学。建成仁德二小、县幼儿园。职业中学顺利搬迁。加大农村中小学校的投入力度，办学条件逐步改善。教育教学水平进一步提高，高考上线率达85.7%，位居全市前列。卫生事业健康发展，公共卫生体系不断加强，重点传染病得到有效控制。新型农村合作医疗深入人心，参合率达98.33%，全年为23.9万农民报销医药费1540万元。启动了县第二人民医院建设。食品、药品监管进一步强化。

人口资源环境协调发展。认真落实“奖优免补”政策，人口自然增长率控制在4.1‰，人口素质不断提高。国土资源管理进一步规范，在节约用地的同时，积极推进土地资源的有效开发，通过土地储备经营和多渠道筹措资金，偿还银行贷款4000万元。依法报批供地2904亩，为经济发展和城市建设提供了有力保障。出台了磷矿资源整合方案，矿产资源管理得到加强。重点水源区得到较好保护。切实加强森林管护，森林覆盖率达41.63%。推进农村能源建设，建成沼气池2160口，节柴改灶1945户。认真开展环保专项整治行动，重点污染源得到有效监管。

文体事业繁荣活跃。以创新的精神推进文化建设，成功举办首届民族文艺汇演暨第27届少数民族传统体育运动会和红军长征胜利70周年文艺晚会。积极组团参加省第八届民运会，表演项目取得1金2银的好成绩。成立民族文化研究会，加强了传统民族文化的挖掘、整理、保护和开发利用。认真开展文物清理、认定和保护工作。群众性精神文明创建活动深入开展，全民思想道德素质不断提高。广播电视、档案、史志工作得到加强。第二次全国农业普查登记工作有序进行。国防动员、双拥共建、民兵预备役和优抚安置工作成效显著。驻寻人民解放军和武警部队官兵在全县经济社会发展中作出了新贡献。

（六）突出关注民生，人民生活明显提高。始终坚持以人为本，关注民生，把实现好、维护好、发展好最广大人民群众的根本利益作为政府工作的出发点和落脚点，努力让全县人民共享改革和发展的成果。

人民生活不断改善。城镇居民人均可支配收入9929元，增长8.5%。农民人均纯收入2096元，增长10.9%。全县金融机构各项存款余额21.8亿元，增长22.3%。城乡居民人均储蓄存款2395元，比年初增长15%。切实做好扶贫开发，全面实施整村推进工程，巩固和解决了3.5万贫困人口的温饱问题。城镇登记失业率控制在3.9%。各类社会保险覆盖面进一步扩大，失业人员的失业保险待遇和退休人员养老金按时足额发放。3804人纳入城市低保，社会化发放覆盖面达100%。实施廉租房建设工程，44户困难职工迁入新居。组织劳务输出12000多人。社会救助和福利事业不断加强。老龄、妇女儿童、残疾人事业进一步发展。

八件实事全面完成。投资2600多万元，完成了113个自然村整村推进工程，受益农户7940户32000多人。7000名特困群众纳入农村低保。投资635万元，实施旧城改造，安装路灯695盏，改建绿化带7800多平方米；组建市容整治综合执法队，城市管理长效机制初步建立。顺利开通县城公交车。全面实施并提高了乡镇干部职工住房公积金，启动了公务员补充医疗保险。解决了农村14600人的饮水困难和饮水安全问题。34966名农村贫困中小学生享受“两免一补”政策；改造中小学危房1.1万平方米，新建校舍9352平方米。投资626万元，修建村级组织活动场所83个；村委会公用经费纳入县乡财政预算，保障了基层政权的有效运转。

各位代表：过去一年所取得的成绩，是市委、市政府和县委正确领导的结果，是县五机关团结奋斗的结果，是广大干部群众辛勤努力的结果。在这里，我代表县人民政府向全县各族干部群众，向大力支持政府工作的人大代表、政协委员、离退休老同志和社会各界人士，向驻寻单位、驻寻部队和所有关心支持寻甸发展的同志们、朋友们表示诚挚的感谢！

在看到成绩的同时，我们也清醒地认识到，经济社会生活中的困难和问题还不少：一是农民增收渠道单一，扶贫开发任务繁重，新农村建设任重道远；二是财政收支矛盾依然突出，“两基”制约尚未从根本上解决；三是改善发展环境还有许多工作要做，招商引资力度需要进一步加大；四是政府职能亟待转变，一些工作落实不够，办事效率有待提高等等。综合分析，既有客观原因，也有主观因素，但最根本的问题还是发展不足。在今后的工作中，我们必须增强紧迫感和责任感，更加积极主动地做好工作，齐心协力加快发展步伐。

二、坚定信心，开拓奋进，推进经济社会又好又快发展

今年，是深入贯彻落实科学发展观、积极推进和谐社会建设的重要一年。做好今年的各项工作，保持经济社会发展良好势头，以优异的成绩迎接党的十七大召开，意义十分重大。政府工作的总体要求是：以邓小平理论和“三个代表”重要思想为指导，全面深入落实科学发展观，按照国家、省、市的重大部署，坚持以发展为第一要务，着力推进产业培育，调整经济结构；着力加强资源节约和环境保护，转变经济增长方式；着力扩大对外开放，强化招商引资；着力加强基础设施建设，改善发展环境；着力提高人民生活，促进社会和谐安康，努力实现经济社会又好又快发展。

全县经济社会发展的主要预期目标建议为：生产总值增长15%以上；固定资产投资增长20%以上；地方财政收入增长14%以上；社会消费品零售总额增长16%以上；城镇居民人均可支配收入增长8%以上；农民人均纯收入增长10%以上；城镇登记失业率控制在4%以内；人口自然增长率控制在7‰以内；规模以上工业万元增加值能耗下降5%。

为实现上述目标，我们必须抓好8个方面的工作：

（一）坚持以发展农村经济为重点，扎实推进新农村建设。坚持把解决好“三农”问题作为工作的重中之重丝毫不动摇，促进农业稳定发展、农民持续增收的各项措施丝毫不放松，扎实推进新农村建设的工作力度丝毫不减弱。

提升农业发展水平。围绕提质增效，巩固提高粮、烟、畜、薯、果五大主导产业。认真执行粮食直补和良种补贴政策，全面推行“一折通”，实施“优质粮食工程”，促进粮食生产优质高效，保障粮食安全。坚持“双控”，强化科技，主攻质量，杜绝非指定性品种，做强做大烤烟产业，努力实现产值2亿元，烟叶税4400万元。提升畜牧业发展水平，推进规模养殖，加大品种改良，强化疫病防治。稳定生猪生产，发展肉牛规模养殖户50户，完成冻精改良1.8万头，大力推广水奶牛养殖。基本建成羊街大牲畜交易市场和屠宰加工项目。建设10万亩加工型马铃薯和13000亩优质种薯基地，推进商品薯小包装上市。做好板栗低产林改造，试种“云农”早熟泡核桃1000亩。积极培育蔬菜、小春洋芋、中药材、蓝莓、葡萄、蚕桑等新兴特色产业，推进农业产业结构调整。

大力推进农业产业化。制定扶持政策，着力培育一批辐射面广、带动能力强的龙头企业，发展一批专业村、专业大户和农民合作经济组织，提高农民进入市场的组织化程度。采取有效措施，大力推进以肉牛、马铃薯、板栗为重点的农副产品深加工，开拓市场，打造品牌。重视农产品安全。进一步完善农科、供销、农机、气象等社会化服务体系。做好农村土地承包经营权证补换发工作。积极稳妥推进集体林权制度改革试点。完成第二次全国农业普查。

夯实农业发展基础。全面完成摩洛河水库和鸡街黑山水库建设。争取实施三月三、军民、小河箐、邓家村水库除险加固工程。完成柯渡河一期治理。修复功山河等一批水毁工程。建设高稳产农田地5000亩。投资1300多万元，实施烟水配套工程2.2万亩。搞好农村五小水利建设。做好“引清济昆”前期准备工作，抓住机遇，力争开工新建一批小〈一〉型、小〈二〉型水库。

加大扶贫开发力度。坚持以整村推进、产业扶贫和劳务输出为重点，着力解决5300名绝对贫困人口和32000名低收入人口的温饱问题。组织实施好整村推进和易地搬迁工程，增强贫困地区的发展能力。大力发展劳务经济，实施“民工培训”工程，做好外出务工人员的前期、中期、后期服务，组织劳务输出11000人。完善小额信贷管理办法和运行机制。

扎实推进新农村建设。坚持分类指导，突出产业发展和基础设施建设，巩固提升试点成效，整合各类支农资金，组织实施好30个新农村试点建设。加强村务公开，强化民主管理。鼓励条件好的农村在发展新产业、营造新环境、培育新农民和建设新村寨等方面实现突破。充分调动农民群众的积极性，尊重农民意愿，使农民真正成为新农村建设的主体。

（二）坚持对外开放，加快工业强县步伐。继续把发展工业摆在突出的位置，集中抓园区，重点抓项目，全力抓招商，力争工业总产值增长50%，达到20亿元，初步形成重化工业与能源基地的雏形。

抓好园区建设。按照发展特色工业的要求，继续推进金所、塘子、先锋三个工业片区的建设。完成园区发展规划和可行性研究报告省级评审论证。积极探索建立投融资平台，吸纳社会资金加快园区基础设施和公用设施建设。完成金所工业片区南北主干道和东西次干道工程，加快片区商业服务中心、污水处理厂及排污管网规划建设。组建工业园区管委会，建成管委会办公用房。

强化企业服务。进一步改善投资环境，落实招商引资目标责任制和项目推进责任制，强化跟踪服务，努力解决好企业在建设和发展中遇到的困难和问题。积极协调煤、电、油、运等生产要素，促进企业正常运营。抓好纤维板项目和电力器材厂建设，力争当年建成，当年见效。积极推进南磷三期、龙蟒二期和金鸿水泥项目开工建设。抓紧做好褐煤气化和燃料乙醇两个重大项目前期准备工作，力争早日实施。

深化企业改革。坚持“一企一策，灵活多样”的原则，通过租赁、兼并、出让等多种形式，千方百计搞好企业改革改制，努力完成县砖瓦厂、建筑公司、印刷厂、先锋磷矿等企业的改制。规范国有企业改制和国有产权转让，妥善解决已改制企业的后续遗留问题，促进国有资产保值增值。支持企业加大技术改造和技术创新力度，调整优化产业产品结构，

提升发展水平。

强化招商引资。努力转变招商方式，提高招商成效。建立招商项目储备库，提高招商引资的针对性和实效性。放宽市场准入，鼓励非公经济参与国企改革、公用事业、社会事业、城镇建设和基础设施建设。着力营造体制、信用、服务环境比较优势，增强投资吸引力，逐步实现资源招商、政策招商向服务招商、环境招商转变。完成实际利用外资100万美元、实际引进内资6亿元。

（三）坚持旅游活县，加快第三产业发展。以市场为导向，以资源为依托，培育特色，打造品牌，提升以旅游业为龙头的第三产业整体发展水平。

加速发展旅游业。继续围绕打造红色、温泉、生态三大旅游品牌，以大项目带动大发展。完成塘子温泉一期工程。积极推进北大营草山生态旅游开发，力争温泉酒店、生态运动项目"十·一"黄金周对外迎客。启动实施柯渡红色旅游项目，着力抓好景区基础设施和纪念馆保护维修。完成凤龙湾景区和三月三市民休闲森林公园规划，加快旅游资源整合，促进规范有序开发。大力发展乡村旅游，启动丹桂村市级乡村旅游示范点建设。推进文化与旅游的结合，不断提升产业水平和文化内涵。今年，要制定方案，全面启动旅游对外宣传，提高旅游知名度。

大力发展服务业。改造提升交通运输、商贸流通、餐饮服务业，积极发展金融、信息、现代物流、物业管理、家政服务和社区服务等现代服务业。加强调控，促进房地产业健康发展。启动县城商业特色街的规划建设。继续实施"万村千乡市场工程"，新建农家标准店50个，改善农村消费环境。强化价格监督检查，完善价格决策听证制度。加大城乡市场整治力度，规范市场交易秩序，确保市场繁荣稳定。推进乡镇集贸市场建设。构建社会信用体系，规范个人信用和消费信贷制度，增强金融服务经济社会的能力。

（四）坚持以县城建设为龙头，推进城镇化进程。按照"政府主导，市场运作"的思路，多渠道融资，掀起新一轮城镇开发建设高潮。

坚持规划立县。编制完成《寻甸县城控制性详细规划》、《寻甸土地利用总体规划修编》、《寻甸物流发展规划》、《县城水景规划》和《金所工业区商业服务区修建性详细规划》等重要规划，开展民族特色街区规划，全面启动城镇体系规划。强化规划审批后的管理，严肃查处违法建设行为。

加快城市建设。按照"围绕主轴大街，南北延伸，以北延为主；东西拓展，以西拓为主，重点打造北城、月秀两个片区，完善城市功能，提升城市品位，改善人居环境，建设繁荣、文明、和谐的新县城"的总体思路，继续推进"二纵四横"建设，全面完成月秀路、主轴大街油路铺设和绿化亮化，打通"四横"道路，建成河滨公园、园丁小区、信合小区。推进河滨公园周边土地开发和南磷小区建设。实施老城区部分道路修缮改造。做好北城中心区开发和民族文化体育活动中心建设的前期准备工作，按照成片开发的思路，继续搞好对外招商，力争早日启动行政中心搬迁、机关事业单位和乡镇干部职工住宅小区建设。完成县城供水工程和管网配套工程。积极推进县城垃圾清运处置项目。

加强城市管理。围绕争创省甲级卫生县城的目标，坚定不移地巩固提高城市环境综合整治成果，广泛开展爱国卫生运动，继续下大力整治乱停乱放、乱搭乱建、乱摆摊点等行为，营造良好的市容环境。进一步建立健全城市管理体制，组建城市综合执法管理常设机构。按照城市管理重心下移的思路，进一步调动社区居委会参与城市管理的积极性。坚持软件硬件一起抓，完善城市环卫、交通、市政、市场等基础设施，增强城市载体功能，为管理奠定良好的物质基础。在县城人口密集区域安装交通信号灯，完善城区交通标识标牌，改善交通秩序。

推进集镇开发。按照"集镇建设与产业发展相结合"的原则和"政府主导、市场运作、企业开发、经营集镇"的路子，多渠道、多层次、多形式筹集建设资金，全力推进小集镇开发。重点抓好倘甸、柯渡、塘子、金所、羊街、河口等中心集镇建设，逐步形成县城、中心镇、一般乡镇梯度推进的城镇发展格局，带动区域经济发展。

加强城乡基础设施建设。完成省市下达的行政村道路硬化和路基改造工程，建成凤仪至甸沙通达公路，实施国道213至功山杨柳通达工程，启动鸡街至富民东村县际联网工程，切实改善交通条件。建成金源大桥和金所客运站，争取立项建设七星桥、县城至道院过境路和丹桂至松林路面改造。大力推进电力建设，完成2000户西部农村电网完善工程。力争启动金所工业园区110千伏变电站等重点项目，努力缓解电力对经济社会发展的制约。继续实施村村通电话工程，加强通信网络建设，促进信息化进程。

（五）坚持增收节支，努力确保财政收支平衡。强化开源节流，巩固支柱财源，培植新兴财源，加强税收征管，深化财政改革，优化支出结构，确保财政收支平衡。

加强税收征管。严格依法治税，完善税源控管机制和非税收入管理机制，堵塞税收漏洞，拓宽增收渠道，做到应收尽收。进一步健全完善财税考核奖惩机制，充分调动组织收入的积极性。确保地方财政收入完成13680万元，力争达到1.5亿元。

优化支出结构。按照以收定支，保障重点的原则，在保工资发放、机构运转、政策性支出的基础上，重点向农业、工业、城市建设和教育、社会保障倾斜，构建公共财政体系。继续加大力度偿还历史欠帐，防范和化解债务风险。强化财政资金监管，提高资金使用效益。树立过紧日子的思想，严格控制支出规模，确保收支平衡。

深化财政改革。完善乡镇财政管理体制，推行"乡财县管乡用"的财政管理新模式。深化国库集中收付制度改革，积极稳妥推进国库单一帐户的建立。启动部门预算试点，增强预算执行的约束力。强化政府采购，节约财政资金。

（六）坚持节约资源和环境保护，促进可持续发展。按照建设资源节约型、环境友好型社会的要求，搞好资源科学利用与生态环境建设，努力实现经济效益、生态效益和社会效益协调统一。

重视资源节约利用。强化土地监督管理，完善土地储备制度，严格经营性用地招拍挂，认真执行工业用地供地政策，把最严格的土地管理制度落到实处。切实加强基本农田保护。完成鸡街泽河土地开发整理项目。清理盘活存量土地，提高土地集约利用效率。建立完善资源有偿使用制度，依法加强矿产资源的管理与开发。大力发展循环经济，广泛开展节地、节能、节水、节材活动，增强全民节约意识。

加强生态环境保护。巩固退耕还林成果，强化天然林保护，加快林产业发展。加强自然保护区建设，搞好野生动植物资源的管理。以饮用水源地为重点，加大水环境保护力度。搞好清洁生产审核，促进企业抓好清洁生产。加大环保执法力度，强化对重点污染源的监控，依法从严查处环保违法行为，严格控制污染。

做好人口和计划生育工作。加强计划生育法制宣传教育，严格控制政策外生育。搞好流动人口计划生育的管理与服务。

落实“奖优免补”政策，强化利益导向机制，推行优生优育，改善人口结构，提高人口素质。

（七）坚持协调发展，加强社会事业建设。按照科学发展观的要求，更加注重发展社会各项事业，努力提高社会发展水平。

重视科技教育事业。发挥科技对经济社会发展的引领和支撑作用，争取实施一批工业技改项目，提高产业科技水平。加大农业科技推广力度，扶持发展一批以种养业为重点的科技示范村、示范户。抓好科普宣传，提高全民科普意识。重视人才培养，促进各类人才队伍协调发展。按照“巩固基础，突破瓶颈，推进改革，统筹发展”的思路，提升“两基”成果，推进素质教育。启动实施农村中小学标准化建设，努力改善办学条件，促进义务教育均衡发展。推进新一轮教育资源整合，拓展一中发展空间，抓好民中扩建工程，完善二中、三中配套设施建设，筹划建设第四中学，努力提高高中毛入学率。深化教育综合体制改革，在民中、二中、三中推行以校长年薪制、聘用制和绩效分配制为主要内容的高中教育改革。大力发展职业教育，组建职业教育中心。全面完成义务教育“九年一贯制”管理体制改革。加强师资队伍建设，提高教育教学质量。规范发展学前教育。加强继续教育和成人教育。

积极发展文体事业。开展文化研究，挖掘文化内涵，提升文化品位，发展文化产业。加强社区、村镇、企业文化建设，改善公共文化服务条件。抓好2009年市民运会各项筹备工作。启动新一轮广播电视“村村通”工程。努力提高电视收视质量。做好文物保护、开发与利用。进一步规范文化市场。大力发展体育事业，广泛开展全民健身运动。继续推进第二轮县志续修，启动《寻甸年鉴》编撰。做好档案工作。

强化公共卫生服务。搞好城乡医疗基础设施建设，完成县第二人民医院一期工程。完善城镇职工医疗保险制度和新型农村合作医疗制度，着力解决干部群众看病难、看病贵的问题。抓好第二轮初级卫生保健工作。强化对医疗机构运作的规范管理，全面推行“食品药品放心工程”，确保群众食品、药品和医疗安全。搞好重点传染病的预防和控制，遏制重大疫情的发生。

加强精神文明建设。树立以“八荣八耻”为主要内容的社会主义荣辱观，大力弘扬和实践“昆明精神”。以开展创建“文明县城”为主题，加强职业道德教育、诚信教育和文明教育，提高市民文明素质和城市文明程度。重视青少年思想道德建设。深入开展群众性精神文明创建活动，倡导和谐理念，培育和谐精神。关心和支持妇女儿童工作。发展老龄事业。加强基层民主建设，完成村委会换届选举工作。广泛开展双拥共建活动。完成消防大队搬迁建设。积极开展国防教育，加强国防动员工作和民兵预备役建设。

（八）坚持以人为本，努力促进社会和谐。始终坚持人民的利益高于一切，落实惠民之策，多办利民之事，加快和谐社会建设。

积极做好就业再就业工作。大力发展非公企业和劳动密集型产业，增加就业机会，千方百计扩大就业，努力解决零就业家庭和就业困难人员的就业问题。购买公益性岗位110个，收集开发有效就业岗位950个，城镇新增就业人员650人。加强职业培训和就业服务体系建设，完成职业技能培训1200人。认真落实就业再就业优惠政策，引导下岗失业人员自谋职业、灵活就业和自主创业。做好大中专毕业生就业指导和退役军人的安置工作。加强劳动保障监察，促进劳动关系和谐，维护劳动者合法权益。

健全完善社会保障体系。以私营企业、个体运输户及其他个体工商户为重点，做好养老和失业保险扩面工作。稳步推进工伤、生育保险。完善城市低保制度，努力做到应保尽保。在仁德镇开展失地农民社会保障试点。继续抓好农村低保工作，逐步扩大覆盖面。加快社区平台建设，搞好企业退休人员社会化管理服务工作。

关心群众生活。健全社会救助机制，发展互助帮困和社会慈善事业，开展多种形式的捐助和帮扶活动，努力解决群众的特殊性、突发性困难。发展残疾人事业，保障残疾人合法权益。落实军烈属优抚政策。继续搞好廉租房建设，逐步解决下岗失业人员和城镇低收入家庭的住房困难。关心关爱农民工，继续做好建设领域拖欠工程款清欠工作，保护农民工的合法权益。巩固“两免一补”成果，完善贫困学生救助制度，努力解决农村、城镇贫困家庭子女以及外来务工人员子女就学问题。

营造良好社会环境。继续开展平安创建工作，力争进入省级“平安县”行列。加强社会治安综合治理，着力整治治安重点地区和犯罪突出地区，增强人民群众安全感。继续依法严厉打击刑事犯罪和强买强卖、敲诈勒索、寻衅滋事等严重损害对外形象和干扰企业发展、阻碍重大项目建设的违法犯罪行为。强化堵源截流，切实做好艾滋病防治和禁吸戒毒工作。开展普法教育，推进依法治县。抓好司法行政和公安政法队伍建设，提高执法效能。认真解决群众来信来访，及时化解矛盾，有效防范和处置群体性事件。认真贯彻党的民族政策，增进民族团结，实现共同繁荣。依法管理宗教事务，积极引导宗教与社会主义社会相适应。进一步做好新形势下的外事、侨务和对台工作。

高度重视安全生产。严格落实“一把手”责任制，完善监管体制机制，层层落实安全生产防范措施。认真组织开展交通安全、防火安全、煤矿及非煤矿山安全、企业生产安全等各类专项整治，坚决遏制重特大安全事故的发生。启动寻甸防震减灾中心建设，落实各类突发事件应急处置预案，提高预警和处置能力。

三、强化服务，狠抓落实，努力提高执行力

当前，寻甸正处在加快发展、富民强县的关键时期。新的形势和任务对政府工作提出了新的更高的要求。各级政府和全体公务员必须进一步增强紧迫感和责任感，以提高执行力和行政效能为主题，切实加强自身建设，狠抓各项工作的落实，以实实在在的成效，取信于民，服务于民。

（一）转变观念提高执行力。加快发展的实践，需要我们破除安于现状的思想；富民强县的重任，需要我们抛弃因循守旧的观念。我们必须加强学习，提高素质，以新的思想和新的举措推进工作的落实，着力树立四种观念：树立“职能有限，服务第一”的观念，健全制度、机制和办法，强化公共服务职能，打造服务型政府；树立“用发展来解决问题”的观念，克服等、靠、要思想，改进工作方式，提高工作效率，切实解决工作中畏难不前、不问不动、不促不进的问题；树立“细节决定成败”的观念，从小事做起，从细节入手，克服布置工作大而化之、检查工作一浮而过的不良倾向；树立“争创一流”的观念，比创新、比实效、比业绩，始终以开拓创新的进取精神、奋发有为的拼搏精神、求真务实的敬业精神，克服困难，自加压力，努力开创各项工作的新局面。

（二）依法行政提高执行力。各级政府、各部门必须切实

维护宪法和法律的权威，按照《监督法》的要求，主动向人大及其常委会报告工作，自觉接受人大及其常委会的法律监督、工作监督。积极支持政协履行政治协商、民主监督、参政议政职能。切实办理好人大代表议案、建议和政协委员提案。认真听取工会、共青团、妇联、工商联等群众团体的意见。自觉接受新闻舆论和社会公众监督。进一步规范审批程序，推行"阳光"政务。完善科学决策、民主决策和依法决策机制，重大事项坚持咨询、论证、听证审查制度，提高决策透明度和公众参与度。支持检察机关和审判机关严格执法，维护社会公平与正义。

（三）勤政廉政提高执行力。大力倡导勤奋好学、学以致用，心系群众、服务人民，真抓实干、务求实效，艰苦奋斗、勤俭节约，顾全大局、令行禁止，发扬民主、团结共事，秉公用权、廉洁从政，生活正派、情趣健康等八个方面的良好风气。大兴求真务实之风，坚决反对弄虚作假和作风漂浮，力戒形式主义和官僚主义。改进会风文风，注重调查研究，集中精力抓好各项工作的落实。坚持廉洁从政，从严治政，全面落实党风廉政建设责任制。深入开展反腐倡廉工作，严肃查处各类违纪违法案件。注重从源头上防治腐败，做好社保、农保资金审计和领导干部离任经济责任审计工作，规范建设工程招投标、经营性土地使用权出让、医药购销和产权交易行为，切实纠正部门和行业不正之风。大力推进政务公开和村务公开。

（四）强化效能提高执行力。今年，要围绕"行政问效年"，强化效能监察，进一步完善目标管理机制，成立县政府目标管理督查办公室，制订工作目标管理考核细则，对已经落实的问效果，正在落实的讲进度，尚未落实的查原因，落实不力的严肃问责，促进政府执行力的提高。进一步简化办事程序，提高办事效率，促进政府工作规范有序、高效运转。加强电子政务建设，完善政务网站，为群众提供透明、高效的公共服务。积极推进政务诚信。深入贯彻《公务员法》，依法规范公务员的教育、管理和监督，增强办事能力和服务能力。继续深入开展机关行风评议，建立明察暗访长效机制，大力整治办事拖拉、工作推诿、敷衍了事、纪律涣散、服务意识差等现象，确保政令畅通，促进工作落实。

维护好、实现好、发展好人民群众的根本利益，是政府一切工作的出发点和落脚点。在全面完成各项工作的基础上，今年，县人民政府将着力办好10件实事：一是完成126个整村推进工程和3个自然村易地开发，努力改善贫困地区生产生活条件；二是完成河滨公园一期工程建设和县城通站路维修改造，进一步提升县城人居环境；三是建设廉租房55套，解决部分下岗失业人员的住房困难问题；四是免费实施白内障复明手术500例；五是解决30000人饮水困难和饮水安全问题；六是下决心解决部分农户不通电的问题，投资280万元，实施无电村通电工程，解决86户402人的用电问题；七是安排资金70万元，对500名下岗失业人员再就业援助对象进行社会保险补贴；八是投资320万元，建设109个村级卫生所，改善农村基层医疗卫生条件；九是投资200余万元，建设沼气池1700口，新型节能灶3000口，解决农村生活用能问题；十是新建县城图书馆，提升城市品位，为人民群众创造一个良好的学习环境。

各位代表：立足今天的起点，开创明天的辉煌。让我们更加紧密地团结在以胡锦涛同志为总书记的党中央周围，坚持邓小平理论和"三个代表"重要思想为指导，深入落实科学发展观，在市委、市政府和县委的正确领导下，求真务实，埋头苦干，励精图治，奋发有为，为实现全县经济社会又好又快发展而努力奋斗，以优异的成绩迎接党的十七大胜利召开！

孔贵华

政府工作报告

——2009年1月10日在寻甸回族彝族自治县第十四届人民代表大会第二次会议上

县长　马慈明

各位代表：

我代表县人民政府，向大会报告县人民政府2008年的主要工作和2009年的工作意见，请予审查，并请县政协委员和列席人员提出意见。

一、2008年工作回顾

2008年，是本届政府开局之年，也是我县科学发展、和谐发展的重要一年。一年来，在市委、市政府和县委的正确领导下，在县人大和县政协的监督支持下，县人民政府坚持以邓小平理论和"三个代表"重要思想为指导，深入贯彻党的十七大精神，全面落实科学发展观，团结和依靠全县各族人民，克服自然灾害、国际金融危机等不利因素的影响，抢抓机遇，开拓创新，苦干实干，全面完成了县第十四届人大一次会议确定的各项目标任务，全县呈现出经济发展、社会稳定、民族团结的大好局面。

(一)狠抓产业培育，经济发展取得新成绩。我们始终把加快发展作为政府工作的首要任务，强化政府对经济工作的组织、协调和服务，突出发展二产业，实现三次产业协调发展，经济发展速度加快，质量明显提高。全年实现生产总值29.85亿元，比上年增长16%，其中一产业增长7.7%，二产业增长34.25%，三产业增长13.89%；人均生产总值由4715元提高到5899元，增长15.58%。经济结构进一步优化，三次产业结构由上年的36.7：20.8：42.5调整为32.9：28：39.1。

农业经济稳步发展。实现农业生产总值17.5亿元，增长9.56%。粮食生产再获丰收，达到19.5万吨，增长1.3%，县级储备粮食400万公斤，有效保障了粮食安全；烤烟产值首次突破3亿元，增长34.1%，均价达14.51元，比上年提高2.02元，实现税收6638万元；畜牧业产值达7.4亿元，增长19.4%；林业产值达2亿元，增长14.3%；花卉、蔬菜、中药材、干果等特色产业发展迅猛，种植业结构进一步优化。

工业发展提速增质。促进企业扩大生产规模，推进新建项目投产见效。工业总产值由去年的21.5亿元增加到30亿元，同比增长39.5%；实现工业增加值7.54亿元，同比增长34.4%，工业增加值在GDP中的比重由上年的23.3%上升到25.26%。其中规模以上工业企业实现增加值6.64亿元，同比增长40.1%。

第三产业活力增强。实现增加值11.67亿元，增长13.89%，社会消费品零售总额达8.67亿元，增长15.4%。旅游业稳步发展，共接待游客26.7万人次，实现旅游收入2075万元。金融机构各项存款余额达32亿元，增长37.53%，各项贷款余额达18.96亿元，增长22.32%。

固定资产投资加大。完成固定资产投资20.97亿元，同比增长34.8%，其中工业投资10.7亿元，增长100.4%，工业固定资产投资核心地位进一步显现；房地产业发展迅速；农田水利、交通、市政、教育卫生等基础设施建设形成新的投资亮点，增强了经济发展后劲。

财税收支大幅增长。财政总收入完成3.78亿元，增长33%，其中地方财政一般预算收入突破2亿元，达2.12亿元，比上年增收5803万元，增长38%，"十一五"规划奋斗目标提前2年实现，为地方财政3年倍增奠定了坚实基础。地方财政支出完成9.24亿元，比上年增支2.1亿元，增长29.39%。

(二)狠抓招商引资，发展活力进一步增强。围绕"工业强县"战略，强化招商引资，搭建引资平台，落实重大项目，增强发展后劲。

招商引资全力推进。实施招商引资"一把手"工程，将招商任务纳入年度目标管理，分解细化招商任务，定期公布工作进度。成立了一、二、三产业招商工作组，落实工作经费，精心包装项目，强化对外宣传推介，积极与市35个招商分局沟通对接，采取上门招商、以商招商和节会招商等灵活方式，大力度、宽领域、深层次开展招商引资。全年引进重大项目16个，协议引进内资93亿元、外资1.52亿美元，实际到位市外资金10.9亿元、外资635万美元。

园区建设迈上新台阶。组建特色产业园区管委会，规范园区建设和管理机制；启动特色产业园区总体规划修编，完成金所片区3平方公里核心区控制性详规的编制；投资3398万元，对金所片区内1号道路进行了路基改造和延伸、2号道路路面硬化、4号道路路基改造、4条主干道路绿化美化；完成南磷集团17公里排污管线建设、龙蟒集团14公里渣管及渣场工程；完成2平方公里的土地收储，其中1.5平方公里实现"五通一平"。

重大项目落实力度加大。积极推行县级领导联系重大项目推进责任制，切实为企业解决困难，搞好服务，有力推进了项目建设。南磷二期、龙蟒集团年产30万吨饲料级磷酸盐项目已竣工投产；年产25万吨磷酸铵盐（ABC）干粉灭火剂、年产2万吨硅藻土沥青改性剂、年产20万方加气增压混凝土、腐殖酸开发及褐煤洁净化利用试验示范等项目稳步推进；北大营草山旅游综合开发一期项目实现试运行，星河温泉一期项目即将投入使用，丹桂红色旅游综合开发、白石岩溶洞群－凤龙湾景区旅游开发项目已完成各项前期准备工作；县城农贸市场和新型建材市场、金所2.4万头仔猪繁育场和七星年出栏120万羽肉鸡养殖基地、河口羊角水草场综合开发等项目积极推进。

（三）狠抓生态建设，城乡环境明显改善。按照“大搞生态建设，偿还绿化欠账”的要求，全县上下掀起了园林绿化及城乡生态建设热潮，全面启动“四创两争”、“四全”工作及“环境优美乡镇”创建，城乡面貌大为改观，人居环境明显改善。

掀起绿化环卫高潮。按照科学规划、分步实施，突出重点、全面推进的思路，县乡共投入绿化资金1475.12万元，对城市和交通沿线面山、道路、河堤、集镇、村庄等进行绿化，植树195.65万株。拆临拆违10.1万平方米，建绿透绿12.81万平方米。绿地率指标由22.75%增长到25.78%，绿地覆盖率指标由26.61%增长到30.74%。完成县城户外广告设置详细规划编制，加大“六乱”行为整治力度，全面清理规范县城石材加工、汽车修理、废品收购等经营行为，推进县城建材市场、水果市场建设，做到划行入市，县城管理逐步规范。启动乡镇集镇环卫“2131”工程和32个环卫示范村“四个一”工程，城乡环境卫生状况进一步改善。

落实环保节能举措。认真落实环境保护目标责任制，加大污染防治力度。完成特色产业园区总体规划和县城总体规划的环境影响评价、县城和园区污水处理厂的可研和环评、生态县建设规划和县城集中式饮用水源地保护规划。在县城建成区和清水海库区周边200米范围内启动实施全面禁养，清理关停公路沿线面山及城市面山的砂石采矿点5个。完成第一次污染源普查数据上报工作，组织开展环保整治、环境安全隐患排查、违法违规排污零申报专项行动，查处环境污染投诉案件55件。督促企业进行技术改造，完成7户规模以上工业企业的清洁生产审核。全县单位GDP能耗下降5%，规模以上企业万元增加值能耗同比下降6.5%，完成主要污染物排放总量削减任务。推广节能灯33万只，建成沼气池1800口，节能灶2800眼，农村能源结构逐步优化。

（四）狠抓基础建设，发展条件进一步改善。城镇建设、农田水利、道路交通等基础设施建设投资势头强劲，人民群众生产生活条件有效改善。

城镇建设步伐明显加快。继续落实“规划立县”思想，初步完成县城总体规划修编，启动了县城控制性详细规划、县域城镇体系规划，完成县城照明、绿地系统专项规划。强势推进县城建设，完成月华路油路建设及屏江南路、县城至道院公路路基工程，打通广场西路，城市路网微循环明显改善；河滨公园初具雏形，启动公园尚居二期、尚居商业中心、南磷小区、都市名苑小区建设及县城南、北两片区拆迁工作；融资1.1亿元，县财政投入5000万元，全面启动县城北片区开发，收储土地1530亩，完成3条主干道路基工程，启动了县民族文化体育中心建设。提高县城供水能力，新增日供水2万方，新建老城区排污管道2.8公里。完成七星等7个乡（镇）集镇规划，其余乡（镇）集镇规划全面启动；以倘甸镇计施宽村为试点，积极探索村庄规划编制。

农田水利基础不断夯实。投资5993万元实施各类水利工程572件，建成纳郎水库，启动三月三、白龙箐和军民小〈一〉型水库除险加固工程；修复水毁工程73处，建设了一批“五小”水利工程；投资388万元完成以工代赈项目3件；积极配合省、市做好“引清济昆”工程的推进和“引牛入滇”工程的前期工作。大力实施土地开发整理项目，投资4275万元完成6个乡（镇）3.26万亩土地开发整理工作。

交通电力通讯逐步完善。投资1.01亿元完成274公里路基改造、89公里路面硬化，启动六哨至倘甸公路油路建设；全面启动城乡公交一体化，开通县城出租车和第3路公交车，完成六哨、鸡街、联合3个四级客运站建设，启动建设县城二级客运站。完成517户中西部农网改造工程、12个乡（镇）电力线路抗冰加固工程、河口和马街35KV变电站改造工程，先锋220KV、金所110KV输变电工程通过立项审批和选址工作，供电公司整体上划工作圆满完成。邮电、通讯设施进一步改善。

（五）狠抓社会事业，和谐建设迈出新步伐。围绕构建和谐寻甸，切实加强各项社会事业建设，经济社会协调发展。

各项社会事业健康发展。教育改革力度不断加大，组建县教育人才分中心，全面推行中学校长公选制度；大力推进学前教育民办化，学前教育民办率达62%；投资5421万元完成5所农村中小学标准化学校建设，启动18所农村中小学标准化学校建设，促进义务教育均衡发展；积极推进对外合作办学，全面实施“两后双百”工程；积极扩大高中教育规模，投资2110万元对县民族中学进行改扩建，启动县一中、二中教育资源整合；狠抓高中教育教学质量，高中毛入学率由62.7%提高到63.7%。深化卫生管理体制改革，成立县卫生人才分中心，完成功山、羊街、凤仪卫生院改革，对全县医院院长进行公推直选，实现医疗服务和公共卫生的分设；启动实施县第一人民医院医技楼、县中医院住院楼、县妇幼保健院整体搬迁、柯渡和甸沙卫生院住院楼国债项目建设，建成县第二人民医院门诊大楼；疾病预防控制和妇幼保健工作不断加强；新型农村合作医疗保障体制继续完善，参合率达99%，累计为参合农民报销医药费2540.33万元，群众因病致贫、因病返贫问题得到缓解。良种良法等农业农村科技实用技术推广运用步伐加快，科技培训形式多样、内容丰富。文体事业健康发展，完成6个乡（镇）文化站、57个村级文化室建设及文笔塔恢复重建设计；启动第三次全国文物普查工作；群众性文体活动广泛开展；寻甸籍运动员在北京残奥会上取得好成绩。人口和计划生育工作稳步发展，人口自然增长率控制在3.04‰，同比下降0.98个千分点，“奖优免补”等各项计生服务工作得到加强。完成10个行政村通光缆、71座农村广播电视村村通工程，广播电视工作逐步规范。组建16个乡（镇）统计站，启动第二次全国经济普查工作；数字乡村系统进一步完善；工商、质监维护市场经济秩序的作用得到发挥；殡葬改革稳步推进；人防、双拥、民兵预备役、人事、档案、史志、国土资源管理、供销、粮食、气象、老龄、工青妇、残联等各项工作取得新成绩。

平安创建成果进一步巩固。完成26个农村（社区）警务室和3个无危房派出所建设，城市报警监控系统投入使用，“三基”工程建设得到加强；严厉打击刑事犯罪、毒品犯罪和其他违法犯罪活动，社会治安形势良好；加大消防、道路交通、食品药品、煤矿和非煤矿山、危险化学品等安全检查力度，安全生产工作不断加强；强势推进打击非法营运和各类综合整治行动，全面取缔三轮摩托非法载客行为。大力加强公益法律服务体系建设，深入开展“五五”普法和“四五”依法治县工作，完成乡镇法律援助窗口和6个司法所规范化建设，法律服务水平进一步提高。加强民族宗教工作，坚持和完善民族区域自治制度，依法管理宗教事务，维护民族团结，宗教领域和谐稳定。高度重视信访工作，深入开展大接访、大下访活动，积极开展矛盾纠纷排查化解工作。

（六）*狠抓为民服务，人民群众得到更多实惠*。从解决群众关心的热点、难点问题入手，着力保障和改善民生，人民生活水平不断提高，实现农民人均纯收入2795元，同比增长7.13%，城镇居民人均可支配收入达12989元，同比增长12.5%。

新农村建设扎实推进。围绕“九有”目标，突出农村基础设施、生态环境、公共事业建设，启动甸沙乡整乡推进和其余乡(镇)15个行政村整村推进项目，实施了5个自然村村容村貌整治工程，下派170名新农村指导员驻村开展帮扶工作。小额信贷、产业扶贫、挂钩帮扶工作稳步推进；扶贫开发成效明显，5300名绝对贫困人口基本解决温饱，32400名低收入人口稳定解决温饱。

民生得到进一步改善。支农惠农政策全面落实，共发放农业综合补贴、能繁母猪补贴、退耕还林、农机具等各类补贴5488万元。社会保障体系逐步完善，3.6万名贫困居民、五保对象、高龄老人、优抚对象享受定期定量补助；农村房屋纳入火灾保险；养老、失业、医疗、工伤、生育保险参保人数大幅增加，启动实施了被征地人员养老保险；投资1250万元完成2434户农村民居抗震安全工程，其中拆除重建1498户，加固936户。社会救灾救济措施更加有力，受灾群众得到有效救助，社会各界捐资331万元支援汶川灾区抗震救灾。免费实施白内障复明术248例。清欠工作有效开展。完成县砖瓦厂、焦化厂、五金厂改革改制。

八件实事圆满完成。一是启动建设县民族文化体育活动中心，可确保市第九届民运会如期举行；二是投资1119万元解决了3.5万余人饮水不安全问题；三是搬迁县中心敬老院暨社会福利院，五保人员供养条件得到改善；四是完成88套廉租房建设；五是投资4249万元完成了145个自然村整村推进和7个自然村异地搬迁项目，受益群众8902户35615人；六是落实城镇低保对象2351户4617人，农村低保对象20136人；七是完成嵩待高速公路县城连接线6.7公里绿化亮化工程；八是组织劳务输出13659人，完成年初计划的105%，收集提供有效就业岗位1161个，城镇新增就业人员1486人，落实了800名下岗失业人员的社会保险补贴，为1529名农民工开展职业技能培训。

（七）*狠抓软环境，政府自身建设不断加强*。围绕打造诚信政府，在抓经济发展的同时，切实增强政府服务意识，行政机关行政问责制、服务承诺制、首问首办责任制、限时办结制得到有效贯彻落实，机关作风建设得到加强，经济社会发展软环境明显优化。

软环境建设扎实有效。全面开展行政审批制度改革，将原有155项行政许可事项压减为49项，行政审批时限在规定时限内压缩1/2至2/3，原有的106项行政事业性收费项目保留了71项，免收35项。大力推行“一线工作法”，积极倡导“五办”作风，88个单位“一把手”在电视台向社会公开承诺，全面推行挂牌上岗制。认真贯彻落实“四项制度”，切实加强行政审批服务中心建设，25个部门进入中心办理行政许可事项和管理服务事项，做到“一窗式受理”、“一站式办结”。建成行政审批电子监察系统，推动行政效能工作透明化。围绕重大项目、重点工作、重要事项，加大督查督办工作力度，落实成效明显。

民主法制建设稳步推进。认真落实行政执法责任制，自觉接受县人大及其常委会的监督，严格执行人大及其常委会的决议、决定；自觉接受县政协的民主监督，支持政协履行职能。认真做好建议提案办理工作，办结县人大代表建议和政协委员提案346件。对部分与现行法律法规和政策不符的规范性文件进行了清理废止。健全法律顾问制度，聘请8名法律顾问对政府重大决策提供法律咨询。改造电子政务网络，实现市县公文交换网络化。进一步完善民主决策机制，切实落实决策听证，强化审计和经济监督，规范经济秩序。更加注重廉政建设，政务环境进一步改善。

一年来取得的成绩，是市委、市政府和县委正确领导的结果，是全县广大干部群众齐心协力、顽强拼搏的结果。在此，我谨代表县人民政府，向全县人民和驻寻部队、武警官兵、公安干警和驻寻企业，向给予政府工作支持和监督的人大代表、政协委员、无党派人士、工商联和各人民团体，向广大老干部、老同志和关心寻甸发展的各界朋友，向在寻甸创业的投资者和建设者，表示衷心的感谢！

总结过去一年的工作，我们也清醒地认识到，全县经济社会发展中仍然存在不容忽视的困难和问题，主要表现在：一是县域经济总量较小，应对市场变化能力不强，调整产业结构的任务仍然艰巨；二是农民增收渠道仍需拓宽，统筹城乡发展的工作还需进一步加强；三是工业发展后劲不足，工业经济结构相对单一，优势产业链不长，抗风险能力弱，土地报批、环保节能等制约因素较多；四是干部思想有待进一步解放，工作作风仍需改进，发展环境不够理想。这些问题我们将予以高度重视，在今后的工作中采取有效措施，认真研究解决。

二、2009年工作安排

2009年，是全面贯彻落实党的十七届三中全会精神，加快发展步伐的重要一年。政府工作的基本思路是：坚定不移地践行科学发展观，深入贯彻党的十七大和十七届三中全会精神，坚持改革开放，继续解放思想、改革创新，以经济建设为中心，坚持“工业强县、农业富民”战略，大力发展县域经济。积极应对经济形势的变化，着力优化经济结构，提升经济发展质量，加大投资力度，扩大内需，寻找新的经济增长点；更加关注民生，全面建设社会各项事业；艰苦奋斗，奋力拼搏，促进全县经济平稳较快发展。2009年经济社会发展主要预期目标建议为：

生产总值增长10%以上；

固定资产投资增长30%以上；

地方财政收入增长9%以上；

社会消费品零售总额增长16%以上；

城镇居民人均可支配收入增长8%以上；

农民人均纯收入增长7%以上；

城镇登记失业率控制在4%以内；

人口自然增长率控制在6.5‰以内；

规模以上工业万元增加值能耗下降4%以上。

为确保上述目标的实现，2009年我们要着力抓好以下八个方面的工作：

（一）*切实抓好农业农村工作，促进农业健康发展*。深入贯彻落实党的十七届三中全会精神，创新体制机制，夯实农业基础，增加农民收入，保障农民权益，促进农村和谐，推动农村社会全面进步。实现农业总产值18.7亿元，增7%以上。

1. 加大农业农村投入力度。以新农村建设为统领，扩大公共财政覆盖农村范围，创新投入机制，统筹扶贫、交通、水利、生态建设、“一事一议”财政奖补、农村住房抗震安全等项目建设，整合资金，集中力量，突出加强农村道路交通、农田水利、教育文化、医疗卫生等基础建设，争取新启动一批行政村整村推进项目。加大扶贫开发力度，围绕解决农村5300名绝对贫困人口温饱问题、稳定提高32400名低收入人口收入水平的目标，加大产业扶贫、小额信贷、社会扶贫力度，进一步提高贫困人口的发展能力。

2. 抓好农业产业培育。紧紧围绕农业增效、农民增收的目标，搞活农村经济，促进农业发展。一要稳粮促烟。认真落实各项支农惠农政策，严格落实基本农田保护制度，稳定粮食种植面积，扩大优质高产粮食作物种植，确保粮食总产量达19.75万吨，增1.3%，完善粮食储备体系，保障粮食安全；继续巩固烤烟支柱地位，扩大烤烟种植面积，做优烤烟产业，种植14.52万亩，收购43万担，均价达15元以上，实现产值3.2亿元以上。继续发挥气象部门在预测预报和防灾减灾中的重要作用，促进粮烟双丰收。二要壮大畜牧业。抓好动物疫病防治，实施肉牛冻精改良2.1万头，扶持发展规模养殖50户，建成标准化、规模化养猪小区15个、肉牛羊养殖小区3个，确保大小牲畜存栏83万头(匹、只)、出栏93.8万头(匹、只)，积极推进畜产品精深加工，实现畜牧业产值8亿元，增长8%。三要大力发展特色种养业。建立健全农村土地承包经营权流转制度，促进土地集约经营，培育专业大户、农村专业合作社、农机作业服务队等经营主体，推动供销社“二次创业”；发展特色产业，种植泡核桃10万亩、蚕桑1万亩、中药材5000亩、花卉2500亩、蓝莓100亩、浅水藕1000亩、臭参1000亩，新增奶水牛养殖500头。

3. 着力改善生态环境。加强生态文明建设，再掀城乡园林绿化热潮，完成绿化城镇面山及公路沿线面山4800亩、“五采区”50亩、县乡公路110公里、河道4公里、农田机耕道20公里，实施以银杏为主题的“五个一”工程，大力开展县城及乡(镇)集镇绿化，加强绿化管理，绿化率达28.8%，绿地覆盖率达34.8%。继续深化集体林权制度改革，加强天然林保护和公益林建设，巩固退耕还林成果；加强地质灾害防治，加大水土流失治理和水毁工程修复力度。

(二)全力推进工业突破，增强经济综合实力。树立主攻工业思想，大力推进新型工业化进程，实现工业总产值36亿元，增长20%以上；实现工业增加值8.7亿元，增长15%以上；规模以上工业企业实现增加值7.6亿元，增长15%；工业企业主营业务收入达30.5亿元，增长15%；利税总额达2.56亿元，增长18%。

1. 加大招商引资力度。切实调整招商思路，把招商引资与产业结构调整相结合，围绕改造提升传统产业，延伸产业链，从“招商引资”向“招商选商”转变，从“招企业”向“招产业”转变，从数量型向规模质量并重型转变，着力引进一批与现有工业互补性较强的项目，形成抗风险能力强、体系相对完备的工业发展格局。进一步挖掘潜力，做好招商项目的整理和筛选，完善充实招商引资项目库和信息网络；加大节会招商、园区招商、以商招商和主动上门招商的力度，创新招商方式，实现全方位招商。确保引进内资12亿元以上，外资600万美元以上。

2. 加快推进园区建设。充分发挥特色产业园区管委会职能作用，多方筹集资金，加快基础设施建设步伐，提升园区品位，增强服务企业和招商引资的能力。建成金所片区商贸服务区，全面完成南磷集团安全防护区搬迁工作，完成1号、4号道路路面硬化，完成1平方公里的土地收储、0.5平方公里的“五通一平”，加大收储土地的用地手续报批力度，完成规划、地勘等前期工作，探索用地网格化挂牌招商，做到项目引进即可开工建设；完成金所片区污水处理厂建设并投入使用；启动先锋220KV、金所110KV输变电工程建设；扩大金所片区供水规模，提高工业用水保障能力；加大塘子、先锋工业片区规划建设力度。

3. 积极推进重大项目建设。围绕项目落地、开工和建设，继续落实好县级领导联系重大项目推进责任制。牢固树立亲商、爱商、护商思想，从企业生产生活中最需要、最迫切的问题着手，加大跟踪协调服务力度。加强与在谈项目的衔接，争取项目尽快落实；千方百计创造条件，为具备开工条件的项目搞好服务，启动建设投资38.9亿元的先锋褐煤洁净化利用试验示范项目和投资1亿元的生态文化艺术陵园项目，完成仁德新型建材市场、县城农贸市场二期、县城污水处理厂、年产25万吨磷酸铵盐(ABC)干粉灭火剂项目建设；全力推进南磷三期13万吨PVC及10万吨烧碱、先锋年产300万吨褐煤改扩建、年产20万方加气增压混凝土、硅藻土综合开发利用、腐殖酸开发项目；积极促进邦立圣电力器材厂、褐煤蜡项目改扩建工程。

4. 切实抓好环保节能。树立前瞻思维和长远眼光，坚持既要金山银山更要绿水青山，既要经济效益更要生态效益，切实抓好资源节约和综合利用，大力发展循环经济，淘汰落后产能，充分利用国家优惠政策，推进企业技术改造，完成南磷集团2.5万吨黄磷生产尾气净化利用项目。按照县内企业需求量统筹县内资源供给，促使资源就地转化升值，实现资源配置合理化、效益最大化。把节能减排作为调整经济结构、转变发展方式的突破口，强化源头控制，确保二氧化硫、化学需氧量排放控制在总量范围内。完成节能灯推广20万只。

(三)加快推进旅游开发，带动第三产业发展。加快旅游、房地产等行业发展，扩大内需，发挥第三产业对经济发展的拉动作用。实现三产业增加值13.3亿元，增长14%。

1. 推动旅游业提速发展。继续按照“旅游活县”的思路，加快发展旅游业，实现旅游业总收入2500万元，增长20%以上。做好旅游规划，加大旅游资源整合力度，集中打造红色旅游和生态旅游，形成独具特色的品牌。抓好旅游项目建设，继续推进北大营草山综合开发旅游项目，启动投资1.52亿美元的白石岩溶洞群－凤龙湾景区旅游开发、投资1亿元的丹桂村红色旅游综合开发项目及塘子星河温泉二期开发项目，完成塘子星河温泉开发项目一期建设并实现开门迎客。围绕提升旅游服务质量，改善设施，提高接待能力，加大以农家乐为主的乡村旅游开发力度。

2. 推动房地产、商贸等行业快速发展。抓住城镇化突破发展的机遇，采取市场化运作的方式，加大投融资力度，做大做强房地产业；加快发展商贸流通业，积极拓展新兴服务业，合理安排商贸、餐饮、娱乐、住宿等服务业布局；大力发展金融保险业，促进服务业发展壮大；推进农村集贸市场规划建设，建成20个“万村千乡”市场工程农家店；实施“家电下乡进农户”工程。

(四)强力推进城镇建设，提升载体功能。抓好城镇规划设计，建设功能完善、特色鲜明、环境优美的宜居城镇，为更好地承载工业、带动农村奠定基础。

1. 突出城镇规划建设。坚持按高起点、高标准、高品位的要求做好城镇规划，实现城镇规划全覆盖。力争完成县城控制性详细规划、县域城镇体系规划；全面完成乡(镇)集镇总体规划编制；启动部分重点村庄规划的编制。加快县城北片区建设，完成部分主要道路的路面硬化、绿化亮化和水电通讯基础设施建设，启动公安科技大楼、公务员小区建设。加速推进县城东片区建设，完成公园尚居二期、南磷小区建设，建成县城污水处理厂。加紧打通龙泉路南端，新建月中路，力争建成华隆商贸城、都市名苑小区，推进县城南片区建设。加强对老城区的改造，争取启动37公里的老城区雨污分流管网建设，新建11个绿地小广场。

2. 切实抓好城镇管理工作。按照精心、精细、精品的思路，强化县城管理，改善市容市貌。推进"数字城管"工作；完善街道路名路牌及环卫设施，新建一批公厕及设置街道果皮箱；规范畜牧、建材、农产品交易市场，完成县城户外广告、店牌设置的整治和规范；健全完善市容综合执法管理长效机制，加强老城区民居乱拆乱建的管理。扎实开展乡镇集镇管理工作，完成城乡环境两年突破工程，积极推进环境优美乡镇建设。

3. 扎实开展"四创两争"及"四全"工作。全面推进"四创两争"工作，对照各项创建标准，努力实现创建省级园林县城、省甲级卫生县城的目标，加快推进争创国家生态县、争创昆明市文明县城各项工作步伐。全力实施"四全"工作，巩固县城建成区及清水海水源保护区全面禁养工作，大力开展环境卫生整治，强化水资源保护，加大增殖放流力度，改善县城周边、饮用水源地、主要河流水环境质量。

（五）加强基础设施建设，实现固定资产投资持续增长。紧紧抓住中央、省、市扩大内需、促进经济增长一系列政策措施的机遇，争项目、抓投入，扩内需、保增长，大力加强基础设施建设力度，实现固定资产投资27.3亿元，增长30%以上。

1. 加大农田水利设施建设力度。投资1.29亿元完成河口、七星、塘子、鸡街、倘甸、凤仪、联合、金源、甸沙9个乡（镇）的15个土地开发整理项目，投资2600万元，建成农业综合开发项目4件，建设高稳产农田1500亩，投资3020万元实施烟水配套工程2.8万亩，投资303万元完成以工代赈沟渠配套项目3个；力争启动木戛利中型水库建设，做好新建河底、老山箐水库，全面完成三月三、军民、白龙箐、邓家村、小海、大梨树、大岔路水库除险加固工程建设，争取实施路则冲、李家箐、南海、十里箐、水草凹、龙潭箐、二龙池水库除险加固工程；力争立项治理前进河、马街河；实施一批"五小"水利工程；积极配合、支持做好"引清济昆"和"引牛入滇"工程建设。

2. 加强交通电力通讯建设。继续加大投入力度，投资1亿元实施路基改造170公里、路面硬化131公里；完成六哨至倘甸公路油路建设；规范完善城乡公交一体化，强力推进县城二级客运站建设，建成2个乡（镇）四级客运站；争取七星大桥、天生桥至易隆二级路改造、轿子雪山旅游环线道路立项建设。完成35KV寻板线改造工程，提高西片区9个乡（镇）的供电能力。全面完成上级下达的"村村通"工程和行政村通光缆工程，启动数字电视整体转换工作。加强信息网络建设，进一步完善通讯基础。

（六）狠抓增收节支，确保财政收支平衡。着力在"改善环境、培育税源、壮大总量、加强管理、服务发展"上下功夫，提升财政供给能力，提高资金使用效率。

1. 强化税收征管。继续加强对重点行业、重点税源的监控，大力清缴欠税，做到应收尽收，千方百计增加财政收入。强化非税收入监管，加强对土地、矿产等政府公共资源经营收益的管理，及时转化为财政收入。进一步完善激励机制，调动各级增收积极性。多渠道争取上级部门支持，增大财政收入总量，缓解财政困难。

2. 严格支出管理。树立勤俭办事的思想，权衡轻重缓急，在保工资、保运转、保稳定的前提下，加大融资力度，加强银政银企合作，强化对"三农"、中小企业和重点项目建设的支持，积极推进各项事业发展。完善专项资金的审核、监督和管理，及时纠正资金浪费和效益低下的问题。加大国库集中支付改革力度，提高资金使用效率及透明度，促进财税工作健康发展。

（七）抓好和谐社会建设，推进各项事业全面发展。按照构建和谐社会的要求，更加注重各项社会事业的发展，高度重视社会稳定和安全生产，让广大人民群众共享改革发展的成果。

1. 加强文体科技工作。承办昆明市第九届民运会，是今年我县政治经济文化生活中的大事，要切实做好节目编排、文艺汇演、竞技项目等各项筹备工作，确保此项盛会取得圆满成功。认真筹备30周年县庆活动。继续做好少数民族文化的挖掘、整理、保护和开发，打造民族文艺、清真饮食等文化品牌。完成第三次全国文物普查第一阶段工作；力争启动县民族图书馆、柯渡红军长征博物馆建设。强化科技培训，加大以良种良法为主的农业实用技术推广力度；引导企业自主研发，积极组织科技成果的推荐、上报，加快科技成果的转化与利用，提高科技对经济增长的贡献率；抓好科技进村"绿色光亮工程"，加强知识产权保护工作。

2. 强化教育卫生事业。积极鼓励社会办学，促进学前教育民办化率稳步提高；着力改善教育基础设施，启动13所农村中小学标准化学校建设，实施中小学危房改造4000平方米，促进义务教育均衡发展；大力发展高中教育，整合高中教育资源，继续推进县民族中学的改扩建，扩大高中招生规模，高中毛入学率达到65%以上；强势推进职业教育发展，积极开展对外合作办学，启动建设职业教育中心，扩大职教办学规模，努力提高中等职业学校与普通高中在校生比例，大力实施"两后双百"工程。积极稳妥推进医疗卫生改革，提高公共卫生服务水平。完成县第一人民医院医技楼、中医院住院楼、县妇幼保健院搬迁、柯渡、金所、六哨和甸沙卫生院住院楼国债项目建设；整合城乡卫生资源，健全农村三级医疗卫生服务网络，争取县第一人民医院住院楼、中医院门诊医技楼、第二人民医院住院楼和社区卫生服务中心立项建设；继续巩固和发展新型农村合作医疗，提高筹资标准和医疗保障水平；完善农村医疗救助，健全药品配送和监管制度，强化卫生执法，加大传染病防治力度，广泛开展爱国卫生运动。

3. 重视安全生产和社会稳定。切实加强安全生产，强化安全生产政府监管责任和企业主体责任，突出抓好重点行业、重点领域的专项整治；进一步健全应急管理机制，完善应急预案，提高应急处置能力；及时排查和消除重大安全隐患，加强道路交通、消防、食品药品、危险化学品、煤矿及非煤矿山等安全防控工作；切实抓好防汛、地质灾害防治和森林防火。加大社会治安综合治理力度，巩固"三基"工程建设成果，完善社会治安综合防控体系，着力推进平安创建；深入开展对突出治安问题的专项整治，全面推进新一轮禁毒人民战争，重点打击黑恶势力、两抢一盗，依法打击邪教组织，切实维护社会公共安全。加强信访工作，继续开展大接访大下访活动，加大矛盾纠纷排查调处力度，将社会不稳定因素化解在基层和萌芽状态。加强民族团结，依法管理宗教事务，深入贯彻落实《云南省寻甸回族彝族自治县自治条例》。完成7个司法所规范化建设的申报立项工作，继续抓好"五五"普法，强化法律援助和人民调解工作。

扎实推进人口和计划生育工作，全面推行村民自治，强化流动人口计划生育管理，稳定低生育水平。切实抓好第二次全国经济普查工作。做好人事、档案、史志、地质和防震减灾工作。提高工商、质监、食品药品监管力度。支持工青妇等群团组织工作，切实维护妇女、儿童、老年人、残疾人合法权益。重视外事、侨务、对台工作。加强国防动员和人防建设，提高预备役部队和民兵建设质量，做好双拥优抚工作。

（八）坚持以人为本，切实保障和改善民生。民生是经济发展的出发点和落脚点，坚持把民生工作摆在全局工作的重要位置，努力为群众办实事、解难题、做好事。

1. 切实抓好就业和社会保障工作。突出就业再就业，鼓励自主创业和自谋职业，积极开发就业岗位，购买公益性岗位110个，收集提供有效就业岗位800个，城镇新增就业人员600人，组织劳务输出13000人，为800名农民工开展职业技能培训，实现1200名“两后生”的就业培训；力争全面完成国有企业改革改制任务，做好下岗失业和改制企业人员再就业工作，积极帮助零就业家庭和就业困难人员就业。建立健全社会保障体系，进一步扩大养老、失业、工伤、生育、医疗保险的覆盖面，提高大病统筹保障能力，推进被征地人员养老保险扩面工作，启动机关、事业单位工伤生育保险；强化社保、医保、住房公积金等保障资金的监管；加强劳动监察和劳动仲裁，规范企业用工行为，切实维护劳动者合法权益，营造和谐稳定的劳动关系。

2. 切实抓好社会救助工作。关心困难群众生产生活，扩大城镇和农村最低生活保障覆盖面；改善社会福利中心基础条件，提高农村五保对象集中供养率；落实好优抚政策，妥善解决优抚对象的实际困难；切实抓好防灾减灾和救灾工作，完善灾害临时救助制度，提高对受灾群众的救助能力；大力发展残疾人事业，加大困难残疾人家庭帮扶力度。

3. 切实办好10件实事。2009年县人民政府承诺将继续为人民群众办好10件实事：一是投资4000余万元解决8.6万人饮水不安全问题；二是实施好24个行政村新农村建设、122个自然村整村推进和3个自然村异地搬迁项目；三是投资6000余万元完成县民族文化体育活动中心建设；四是投资540万元新建廉租住房60套，投入1300万元完成16个乡（镇）2500户农村民居抗震安全工程；五是完成6024户农网改造工程；六是投资8000余万元新建一所高中，投资1.5亿元完成13所标准化学校建设；七是加大农村能源建设力度，建设沼气池1800口，节柴改灶2000眼；八是完成6个乡镇文化站、60个村级文化室建设；九是投资200万元完成中心敬老院二期工程建设，实施白内障复明手术200例；十是继续实施12万3000多户农村房屋火灾保险。

三、加强政府自身建设，努力提高行政效能

做好今年的政府工作，我们必须深入贯彻落实科学发展观，以提高政府行政能力为着力点，以建设法治、务实、服务、廉洁政府为目标，进一步加强政府自身建设。

（一）建设法制政府。强化法制意识，贯彻依法治县，注重依法行政，建立健全重大事项决策程序规定、法律顾问室工作规则等制度。继续推进“阳光政务”和规范行政处罚自由裁量权工作，不断完善和改进政府工作运行机制和流程，严格实行社情民意反映制度和重大事项社会公示制度，提高政府民主决策、科学决策水平；自觉接受县人大及其常委会的法律监督和县政协的民主监督，认真听取工商联、无党派人士和各人民团体的意见，接受新闻舆论和社会公众监督，重视人民群众通过行政复议、行政诉讼等法定渠道，对政府机关及其工作人员的监督。

（二）建设务实政府。进一步完善各项工作制度，健全决策公示、督查督办、定期通报、绩效考核、行政问责等制度；落实“一线工作法”，深入基层、深入企业、深入群众，倾听民声，熟悉下情，解决难题，做到领导靠前指挥，决策在一线落实，问题在一线解决，创新在一线体现，成效在一线检验；强化目标管理督查，严格责任追究，确保各项重大决策和部署得到不折不扣的执行、各项工作任务得到及时高效的完成，做到政令畅通、有令必行、有禁必止，坚决杜绝拖延、推诿现象。

（三）建设服务政府。树立一切服从发展、一切服务发展的意识，以打造优质发展环境为目标，高效率、快节奏，无条件、无阻力、无障碍地为群众、企业、基层服务，形成诚心诚意办实事、尽心竭力解难事、坚持不懈做好事的良好风气。强化政府信用，提高公信力，发挥政府在维护社会信用中的重要作用，对确定的工作和向群众、企业承诺的事项，做到言必行、行必果，确保政策的连续性。完善行政审批电子监察系统建设，加大政务公开力度，推进阳光政务，提高透明度。

（四）建设廉洁政府。不断加强反腐倡廉建设，健全廉政监督机制，坚持靠制度管权、用制度管人、按制度办事，从源头上预防和惩治腐败。加强对工程建设、土地出让、政府采购、产权交易、资源开发等环节的监督，坚决纠正损害群众利益的不正之风，继续开展明察暗访，注重发挥监察、审计的职能作用，规范权利运行，强化资金监管，严厉查处各类违法违纪案件。

各位代表！党的十七届三中全会和市委九届五次全会为我们下一步的发展指明了方向，形势催人奋进，发展任重道远，让我们在县委的正确领导下，紧紧依靠全县各族人民，万众一心，开拓奋进，共同创造寻甸更加美好的未来！

马慈明

政府工作报告

——2010年1月22日在寻甸回族彝族自治县第十四届人民代表大会第三次会议上

县 长 唐 琪

各位代表：

我代表县人民政府，向大会报告政府工作，请予审议，并请县政协委员和列席会议的同志提出意见。

一、拼搏2009成果丰硕，经济社会实现快速健康发展

2009年，在市委、市政府和县委的正确领导下，在县人大常委会和县政协的监督支持下，县人民政府团结和依靠全县各族人民，坚持以科学发展观为指导，认真贯彻党的十七大、十七届三中、四中全会精神，紧紧围绕县第十次党代会第二次全体会议的部署和要求，全面落实县十四届人大二次会议确定的各项目标任务，积极应对国际金融危机、自然灾害、甲型H1N1流感等不利因素的影响，团结拼搏，务实苦干，实现了经济发展、民族团结、社会稳定。全年实现生产总值32.47亿元，比上年增长13.2%，其中一产业增长6.9%，二产业增长18.9%，三产业增长14.9%；完成地方财政一般预算收入27096万元，增长28%；全社会固定资产投资累计完成30.07亿元，同比增长43.3%；城镇居民人均可支配收入14132元，增长8.8%，农民人均纯收入3058元，增长8.11%。

（一）统筹发展，农业农村展现新气象。实现农业总产值18.84亿元，增8.46%。粮食总产量达19.81万吨，增1.52%，肉类总产7.8万吨，畜牧业产值9.23亿元；烤烟生产战胜干旱等不利因素实现提值增效，总产值达3.29亿元，税收7240万元；建设沼气池2249口，节柴改灶2625眼；发展泡核桃5.3万亩，建设公益林2.5万亩，集体林权确权到户率99.07%，林业产值2.24亿元。优质粮食、蔬菜、花卉、水产、蚕桑、种子、中药材等产业稳步发展，农业结构进一步优化，实现农村经济总收入18.58亿元。完成15个土地开发整理项目，新增耕地1291.98公顷。完成三月三、白龙箐、军民3座小（一）型水库和邓家村、十里箐、大岔路、大梨树、小海5座小（二）型水库除险加固，启动木戛利水库建设，修复水毁工程43处，摩洛河水库建设全面竣工，配合省、市全力推进“引牛补滇”和“引清济昆”工程建设。

（二）攻坚克难，工业经济取得新突破。实现工业总产值36.94亿元，同比增长21.68%；实现工业增加值7.17亿元，同比增长16%，其中规模以上工业企业实现增加值6.1亿元，同比增长17.2%，规模以上工业企业万元增加值能耗下降6.61%。全力推进节能降耗工作，对规模以上企业强制实施清洁生产审核和能源审计，按时淘汰三条立窑水泥生产线；招商引资工作得到全面加强，成立62个招商分局，实行全民招商，全县实职副科以上领导干部进行风险抵押挂钩招商，招商引资实际到位市外资金15.39亿元，完成任务数的153.9%，实际利用外资240万美元，完成任务数的240%。加强园区基础设施建设，收储土地2918亩，完成“五通一平”1250亩，完成园区1号、4号道路路面硬化、绿化、亮化和1号道路向北延伸2公里路基工程、商贸服务区“一横三纵”道路路基及排水工程。积极推进重大项目建设，褐煤洁净化利用试验示范项目开工建设并完成投资5.2亿元，南磷三期13万吨PVC及10万吨烧碱项目、日产1000吨水泥熟料项目、云南固磊材料公司年产20万方加气增压混凝土项目和泰康消防器材公司年产25万吨干粉灭火剂项目顺利投产，云南东源先锋科技公司年产2万吨硅藻土沥清改性剂项目进入试生产阶段。

（三）强势推进，城乡建设呈现新面貌。启动“十二五”规划编制，完成县城总体规划修编、14个乡（镇）集镇规划编制、部分重点村庄规划编制。全面完成县城北片区3条主干道硬化、绿化、亮化工程；完成“两纵四横一场一带”建设，仁德一小分校建设进展顺利；南片区完成仁德镇回迁安置小区主体工程，龙泉路、屏江南路南延拆迁安置工作有序开展。垃圾填埋场建设完成进场道路施工和招投标，完成县城污水处理厂一期工程建设。全面完成建制村142公里路面硬化、171公里路基改造、县城二级客运站主体站房及塘子、羊街、联合3个四级客运站建设，建成8个农村公路养护管理所及金所治超检测站，七星大桥建设进展顺利。对哦嘎、马街、清水海、板桥35KV变电站和寻板线清水海至板桥段线路进行改造，220KV清水海和110KV金所输变电工程进展顺利，投资1550万元，完成13个乡（镇）33个村委会94个自然村4051户农网改造工程。邮政、通讯设施进一步完善。城乡园林绿化取得新进展，“四创两争”工作有序推进，县城新建8个绿化小广场，安装路灯157盏，设置果皮箱449组，建成公厕7座。爱国卫生工作得到加强，农村改厕58660座，卫生厕所普及率达49.25%。成功创建云南省甲级卫生县城。实施银杏“五个一”工程，县城四条入城主干道绿化效果明显。加强环保监管工作，环评执行率100%。

（四）活跃三产，财税金融再创新业绩。第三产业实现增加值13.36亿元，增长14.9%，社会消费品零售总额达10.22亿元，增长18.06%。旅游开发建设取得新成效，共接待游客29.4万人次，实现旅游收入2560万元；北大营天湖岛国际生态旅游度假区、塘子星河温泉两个重大旅游项目一期建成营业；完成凤龙湾—白石岩和三月三两个旅游开发项目的规划和前期工作，并分别与香港环球卓越、河南天创签订了开发合作协议。房地产业蓬勃发展，龙苑尚居、南磷小区、灵秀苑有序推进，亚兴都市名苑基本建成，华隆商贸城进展顺利，凤梧佳苑启动建设。商贸、物流、服务等市场更加繁荣。财税收支大幅增长，完成财政总收入4.5457亿元，增长20%，地方财政收入3.1199亿元，增长42%；地方财政支出11.4319亿元，同比增支2.1948亿元，增长24%，保证了工资发放、增资政策兑现、机构运转和重点项目建设，其中安排6425万元实施教师绩效工资改革和发放事业单位职工生活补助。融资工作扎实开展，共争取贷款2.3767亿元。金融运行平稳有序，存贷款持续增加，金融机构人民币各项存款余额达40.85亿元，同比增长23.5%，贷款余额达25.33亿元，同比增长41%。

（五）多方兼顾，社会事业开创新局面。加快科技创新步伐，投入1291万元，组织实施科技创新项目35个，科学技术对工业、农业等领域的推动作用日益显现。优先发展教育事业，引资1.2亿元建成昆明机电工程学校暨寻甸职业教育中心，民办中等职业学校在校生达4000余人，中等职业教育民办化率达90%；民办幼儿园89所，在园幼儿10853人，学前教育民办化率达71%；教育质量稳步提高，高中毛入学率达63.12%，高考上线率达93.78%；投资1.3亿元的新一中建设进展顺利，17所农村中小学标准化学校建设可确保今年春季学期投入使用；排除中小学危房16302平方米。投资4000余万元，实施县第一人民医院医技楼、住院楼和县中医院住院大楼建设，完成县第二人民医院、妇幼保健院整体搬迁和柯渡、甸沙、金所、六哨、羊街5个卫生院建设，招商引进投资600万元的德慧、投资1300余万元的嘉华、投资3000万元的祥和民营医院投入运营，卫生基础设施和医疗条件不断改善；疾病预防控制基础进一步夯实，甲型H1N1流感疫情得到有效防控，卫生执法和食品药品监管得到加强，新型农村合作医疗保障水平明显提高，累计为53.9万人次参合农民报销医药费4967.41万元。妇幼保健工作取得长足发展，孕产妇死亡率18.34/10万，计生工作得到切实加强，人口自然增长率为3.66‰，完成16个生育文化示范村建设。广播电视事业发展快速，服务水平不断提升。

同时，组建民兵多样化应急分队，圆满完成征兵任务，成功创建省级双拥先进县，监察审计监督职能有效发挥，气象服务水平进一步提升，第二次全国经济普查完成入户登记、数据录入、处理等工作，统计、地震、工商、粮食、工青妇、老龄、残疾人、档案、人事、史志、侨务等工作得到加强。

（六）借力民运，文体事业跃上新台阶。投资6000余万元完成县民族文化体育活动中心建设，为承办民运会奠定了基础。以“当好东道主，办好民运会”为宗旨，成功承办昆明市第九届少数民族传统体育运动会，坚持“隆重、热烈、节俭、务实、安全”的原则，克服困难、精心组织，圆满完成民运会开闭幕式、建国六十周年庆典等大型活动。积极组团参加民运会，寻甸代表团参加了11个大项、99个小项全部项目的比赛，获得16金22银15铜，取得团体总分第二名的好成绩。会议服务、安全保卫等各项工作扎实有效开展，为我县组织大型活动积累了成功经验。民运会的圆满成功举办，得到了省、市的充分肯定，受到了社会各界的普遍赞誉，实现了展示风貌、提升实力、扩大影响、凝聚人心和促进民族团结的目标。完成6个乡（镇）文化站、65个村级文化室建设，群众性文体活动丰富多彩，广场文化更加繁荣。完成仁德镇张家村背来头古墓葬遗址的勘探，并将其列为县级文物保护单位；完成红军长征柯渡纪念馆修缮，文物陈列布展工作有序推进；第三次全国文物普查深入开展。

（七）关注民生，和谐社会迈出新步伐。完成2008年启动的24个行政村新农村建设、122个自然村整村推进和3个自然村易地搬迁项目，实施了96个自然村整村推进和4个自然村易地搬迁项目建设，5300名绝对贫困人口基本解决温饱，3.24万名低收入人口稳定解决温饱；投资2879.36万元解决了6万余人饮水安全问题；发放小额信贷2000万元，受益贫困农户1万户38000人；60套廉租房建设全部竣工并能够确保春节前入住；收集提供有效就业岗位879个，开发公益性岗位169个，城镇新增就业682人，组织“两后生”培训1410人，农村富余劳动力转移就业13930人，城镇登记失业率控制在4%以内；国有、集体企业改革改制基本完成；启动工伤、生育保险，养老、失业、基本医疗等社会保险覆盖面进一步扩大；认真落实“贷免扶补”政策，共为266人发放贷款1330万元；为528名农民工追讨工资516万元，切实维护农民工的合法权益；投入资金357万元完成中心敬老院二期工程建设，免费实施白内障复明手术202例；殡葬改革强势推进，云南凤龙山生命文化艺术陵园项目建设进展顺利，殡仪馆建成投入使用，完成4个农村公益性公墓建设，符合火化规定的死亡人口火化率达40%，“三沿五区”和“活人墓”整治工作成效明显，文明丧葬之风逐步形成；良种补贴、农资直补、农机补贴、家电下乡等惠农资金兑补到位；救灾救济、民居安全、优抚安置工作得到全面落实。全力推进领导干部大接访、机关干部大下访和矛盾纠纷排查化解工作，妥善处置群体性事件和涉及群体利益的疑难信访问题，集体上访事件得到及时稳控，有效维护了社会和谐稳定。完成7个基层司法所规范化建设的申报立项，法制宣传教育和法治寻甸建设扎实开展。禁毒防艾工作稳步推进，强势开展环境秩序综合整治，严厉打击各类违法犯罪行为，打黑除恶斗争取得实效，刑事发案比去年下降8%，命案综合破案率达93.3%，成功争创“省级先进平安县”。民族宗教工作成绩突出，第三次被国务院授予全国“民族团结进步模范集体”荣誉称号。持续开展火灾隐患排查治理工作，农村房屋火灾保险投保率达100%，狠抓化学灾害事故防范，强化道路交通和农机安全监管，安全生产工作得到加强。

（八）改革创新，行政能力得到新提升。深入开展“行政效能提升年”和“干部作风改进年”活动，政府行政能力得到加强，工作作风进一步转变，公共服务水平和行政效能明显提高。认真落实市级下放的56项行政审批事项工作，清理规范县政府规范性文件175件；阳光政府四项制度有序开展，举行重大决策听证事项10项，发布重要事项公示81项，发布重点工作通报162项，全县52家单位和乡（镇）开通了“96128”政务信息查询专线电话和政务信息网上查询系统；电子公文交换系统全面开通，单位之间实现无纸化办公，政府机关行政事务处理效率明显提高。民主法制建设加快推进，“五五”普法和“四五”依法治县工作深入开展；自觉接受县人大及其常委会的法律监督和县政协的民主监督，办理人大代表议案2件，建议103件，政协提案120件，回复率100%，满意率98%。政府机构改革顺利推进，政府工作部门由27个精减到24个；新招录公务员62人，事业岗位70人，大学生村官146人；乡镇机构改革进一步深化，完成仁德镇、金所乡、塘子镇区划调整工作。认真落实党风廉政建设和纠风目标管理责任制，领导干部履行“一岗双责”意识进一步加强。

各位代表！过去的一年，大事多、喜事多，困难和压力也不小，成绩来之不易。在此，我谨代表县人民政府，向奋斗在各条战线的全县广大干部群众，向各驻寻部队、武警官兵和驻寻企业，向给予政府工作支持和监督的人大代表、政协委员、无党派人士、工商联和各人民团体，向广大老干部、老同志，向在寻甸投资的各位企业主和广大建设者，向所有关心支持寻甸发展的各界朋友，表示崇高的敬意和衷心的感谢！

二、明确经济社会发展的总体要求和目标任务

回顾过去的一年，我们倍感欣慰，但也清醒地认识到，全县经济社会发展中仍然存在不容忽视的困难和问题，主要表现在：一是经济总量较小，人均收入水平较低，财政收支矛盾突出，县域经济整体质量不高；二是工业经济增幅放缓，节能减排任务繁重，招商引资难度大，新引进的大项目少，企业投资力度减弱，产业链延伸困难，带动性仍然不强；三是“三农”工作较为薄弱，城乡、区域发展不平衡问题依然突出，基础设施滞后，城乡规划建设管理水平不高；四是政府自身建设、民主法制建设仍需加强，机关效能有待进一步提升。这些问题我们将予以高度重视，在今后的工作中采取有效措施，认真研究解决。

2010年是攻坚之年，也是“十一五”规划的最后一年，做好今年各项工作，继续保持全县经济社会的快速健康发展，圆满完成“十一五”的各项目标任务，为“十二五”打下坚实的发展基础显得至关重要。当前，国际国内经济形势尚有一些不确定的因素，全国经济回升的基础还不牢固，经济下行风险并未完全消除，全县经济运行中体制性、结构性的矛盾短时间内难以改变和解决。我们要正视困难，充满信心，充分认识到发展也面临着前所未有的机遇，国家经济发展势头良好，全市正处于快发展、大发展的大好时期，我们要紧紧抓住现代新昆明建设的重大机遇，把思想和行动统一到科学发展观的要求上来，与市委、市政府和县委保持高度一致，把握自身发展优势，创造发展条件，齐心协力，攻坚克难，开拓进取，奋力拼搏，实现经济社会全面快速健康发展。

今年政府工作的总体思路是：坚持以邓小平理论和“三个代表”重要思想为指导，深入贯彻落实科学发展观，全面落实党的十七届三中、四中全会和中央经济工作会、省委八届八次、市委九届六次和县第十次党代会第三次全体会议精神，紧紧抓住昆明市“加速北部崛起”的机遇，大力解放思想、锐意改革创新，实施“东西并进”战略，加快“三化”进程，促进城乡统筹发展，推进“543倍增计划”全面实施，调整优化产业结构，壮大工业经济，加快城镇发展步伐，加大投融资力度，重视和改善民生，加强资源节约和环境保护，全力维护社会稳定，推动科学发展，促进社会和谐，增强县域经济发展活力，加强政府自身建设，促进寻甸科学发展新跨越。

今年经济社会发展的主要指标建议为：

地区生产总值增长12%以上；

全社会固定资产投资增长35%以上；

地方财政一般预算收入增长12%以上；

社会消费品零售总额增长18%以上；

城镇居民人均可支配收入增长8%以上；

农民人均纯收入增长8%以上；

城镇登记失业率控制在4%以内；

人口自然增长率控制在6.5‰以内；

规模以上工业企业万元增加值能耗下降9%以上。

三、攻坚2010再创佳绩，实现经济社会跨越发展

着力抓好以下七个方面的工作：

（一）发挥特色优势，推进农业农村发展。坚持“三化”化“三农”的思路，发挥区位、特色、资源等优势，推进农业产业化，发展农村经济，实现农业总产值20.36亿元，增长8%。

大力优化农业产业结构。围绕市级农业产业园区建设，加大农业科技推广和成果转化力度，引导适度的土地规模经营，大力发展农产品信息物流和精深加工，走“突出特色，一乡一品”的路子，形成一批规模大、带动强、效益好的种、养殖及农产品加工园区，全力推进云南农大都市型现代农业研发示范基地建设。确保粮食生产安全，实现粮食总产21.79万吨，增1%；规划种植烤烟15.1万亩，实现产值3.37亿元，税收7400万元。加大产业结构调整力度，发展杂交玉米制种5000亩、优质脱毒马铃薯种薯繁殖18000亩、外销型蔬菜40000亩、蚕桑5000亩、花卉2500亩、中药材5000亩、泡核桃种植20000亩。大力发展绿色、无公害、有机农业，提高农业可持续发展能力。做大做强做优畜牧产业，建设养殖小区2个，突破发展畜产品深加工，实现畜牧业产值9.3亿元；发展水产品精养7950亩，肉牛冻精改良22000头，加快奶水牛产业发展。

大力实施新农村建设。统筹城乡发展，整合各种资源和力量，形成支持和参与新农村建设的强大合力，确保项目进展与资金到位同步。认真做好项目规划，发挥群众在新农村建设中的主体作用，加大监管指导力度，确保项目按质、按量、按时推进，通过整乡推进、整村推进等项目的实施，实现农村基础设施改善、人居环境提升、文明程度提高。完成六哨乡整乡推进项目，实施好145个自然村的项目建设和810人的易地搬迁任务，确保省市验收合格。继续加大农村能源建设力度，完成沼气池建设1800口，节柴改灶2000眼。加大扶贫开发力度，深入落实挂钩扶贫、结对帮扶制度，争取发放小额信贷3000万元；加大农民科技培训力度，建设农业科技示范基地10个，培养农技人员100名、科技示范户1000户；充分发挥各类培训机构的作用，提高劳动者素质，扩大农村劳动力就业范围，转移农村富余劳动力12000人；解决4100名绝对贫困人口的温饱问题，稳定提高28200名低收入人口的收入水平。进一步完善供销、农机、气象等社会化服务体系建设，更好地服务“三农”。

（二）坚持工业强县战略，优化经济发展结构。今年将集中精力实施“五大行动”强工业，全力加速工业化，做大做强工业经济，工业总产值实现42.5亿元，增长15%以上；工业增加值达到7.84亿元，增长10%以上；规模以上工业企业实现增加值6.63亿元，增长10%。

全力抓好招商引资。实施“扩规模行动”，继续坚持“内培外引、多策并举”的招商方式，探索组建专业招商队伍，做到专业招商和全民招商相结合，政府招商和以商招商相结合，采取会展招商、外出招商、以商招商、网络招商等方式，

高招商引资的质量和水平，依托资源优势和产业优势，打造磷煤化工、硫化矿冶、新型能源、建筑建材、装备制造、农业资源加工、现代物流七大特色产业，扩张工业总量。积极引进科技含量高、低耗能、高产出并与现有工业互补性较强的项目，突出产业链延伸，不断形成抗风险能力强、体系相对完备的集群化工业发展格局。密切关注省、市和其他发达地区产业项目转移的动态，认真研究、筛选，做好项目包装和储备，提高项目成熟度。积极做好新引进项目的服务工作，实现招进来、快落地、早见效，并为现有企业创造优质的发展环境。严格落实招商引资责任制，完善考核办法，实现新开工亿元以上项目2个，新增规模以上企业2户，确保引进市外资金30亿元、县外市内8亿元以上，实际利用外资600万美元以上。

全力抓好园区建设。实施"壮园区行动"，全面加强工业园区规划建设，切实推进特色产业园区'一园五片'建设，积极配合东川做好天生桥特色产业园一期5000亩建设用地的收储及前期工作。实施"东西并进"战略，启动以倘甸为中心的旅游和工业规划，促进西部与东部协调发展。多渠道筹措园区建设资金，加快金所、塘子、羊街、先锋四个片区基础设施建设，加大土地收储和用地手续报批力度，完成金所片区"一纵两横"路网建设，推进商贸服务区建设，强化园区软环境建设，认真落实"一站式办结"、"一条龙服务"制度，切实为企业排忧解难，进一步提升园区工作效率、服务水平和项目承载能力，启动园区管委会行政商务中心建设。特色产业园区完成土地收储2000亩、新增建成区1000亩、实现"五通一平"1000亩。

全力抓好重大项目推进。继续落实好县级领导联系重大项目推进责任制，实行项目推进专人负责制，按照签约项目抓落地、落地项目抓服务、建设项目抓投产的要求，加大跟踪协调和服务力度。努力争取中国西南信息通讯技术交流中心和森仕集团服装项目落实，启动建设塘子烟花爆竹基地、装备制造园项目，全力推进褐煤洁净化利用试验示范项目、先锋煤矿300万吨改扩建项目和龙蟒33万吨硫磺制酸项目，全面服务好中缅石油管道建设工程，建成县城和金所工业园区污水处理厂并投入使用。

全力抓好企业服务和节能减排。实施"优服务行动"，建立融资担保体系，健全挂钩联系企业制度，保障矿产资源供给，支持企业上市融资，为企业提供优质服务，认真落实省、市加快非公经济发展的相关政策，引导中小企业参与重点企业产品配套生产，建立完善支持创业、融资担保、技术创新、信用体系等社会化服务平台，促进非公经济加快发展，新增中小企业（含个体工商户）300户，从业人员增长4%，非公经济在国民经济中的比重显著提高，增加值和税收增长15%以上。实施"促创新行动"，鼓励和支持企业技术创新改造，强化节能减排各项措施，大力发展循环经济，确保工业以上企业万元增加值能耗下降9%以上。加大对高耗能高污染、低附加值低产出企业的监测和控制，建立健全节能减排监测和节能效能监察制度，确保全县GDP能耗、规模以上企业万元增加值能耗、化学需氧量、二氧化硫排放量控制在市政府下达的指标内。强化耗能在1000吨标煤以上企业的节能效能监察力度，对节能效能不达标的企业实行差别电价、煤价，必要时停产整顿，确保产值与能耗匹配和节能减排目标任务的完成。同时，实施"严征管行动"，强化企业营业税和矿产资源税征管，着力提高工业对地方财政的贡献率，奠定财政倍增基础。

（三）加强基础设施建设，增强经济发展后劲。积极向上争取资金和项目，努力扩大投融资渠道，竭力加大县级财政的投入力度，多力并举，充分发挥投资对拉动经济增长的作用，加快基础设施建设步伐，增强发展后劲。

狠抓城乡建设。继续推进城乡规划工作，力争年内完成174个行政村规划编制，积极开展集镇专项规划，实现城乡规划全覆盖，无死角。加强市政基础设施建设，完善城市管理，全方位提升城镇化水平，紧紧围绕"四创两争"的目标要求，实现争创市文明县城，启动国家卫生县城创建工作，完成老城区污水管网改造，建成县城两个垃圾中转站，全面启动垃圾填埋场建设；继续加大城乡园林绿化工作力度，完成3个绿地小广场建设，科学规划选址并启动建设县城园博园；推进龙泉路南延建设，打通断头路，增强道路微循环；推进凤梧商务中心、公安科技大楼建设；大力支持经营性房地产业发展，完成凤梧佳苑、龙苑小区、文苑华庭、温商财富广场等建设；突出区域特色，着力打造乡（镇）集镇，提升集镇开发水平，增强小集镇的聚集、辐射和带动功能。加大城乡环境整治力度，认真开展整治违法加层、拆临拆违拆迁、建绿透绿补绿等工作，实现11个"零申报"；完善城市管理体制，建立部门协同、公众参与和社会监督机制，整合现有城镇管理资源，建立联动机制，推动城市管理由县城向乡镇、村社拓展，以市场秩序整治、交通秩序整治、违规建设整治和环境卫生整治为重点，完善数字城管，切实提升县城综合管理水平和形象。稳步推进国家生态县创建各项工作，全力推进乡（镇）生态环境建设，完成七星、柯渡、联合、六哨4个环境优美乡（镇）创建，坚定不移地推进"四全"工作，加强水源区治理保护，治理水土流失45平方公里。

狠抓交通建设。继续加大农村公路建设力度，完成路面硬化74公里，路基改造250公里；做好天生桥—倘甸一级公路、昆明—轿子山旅游专线二级公路、倘甸—东川二级公路建设的前期工作；完成县城二级客运站、七星和先锋四级客运站建设，确保七星大桥建成通车。进一步完善交通标志标牌建设，完成县城建成区主要路口的交通信号灯及电子监察系统建设。

狠抓农田水利建设。实施"五小"水利工程450件，进行中低产田地改造42580亩；全力推进木戛利水库建设；启动南海、李家箐、路则冲等水库除险加固并完成主体工程，做好大坝河等水库除险加固项目前期准备工作；继续配合省、市抓好"引清济昆"、"引牛补滇"工程建设。实施土地整理项目9个4.85万亩，烟水配套工程25174亩，农业综合开发项目优质稻基地建设3000亩、优质饲料粮基地3000亩，以工代赈项目基本口粮田建设1800亩，增强农业发展后劲。

狠抓电力通讯建设。做好220KV清水海输变电工程和110KV金所输变电工程建设，确保今年3月底前投入使用；启动110KV德卡输变电工程建设，完成10KV古城线、10KV哨上线、35KV三月三线改造；完成35KV功山变电站、牛街变电站技改工程项目，完成2193户的农网改造工程，使全县农网改造覆盖率达到100%。加强通讯网络建设，切实提高通讯服务质量和水平。

（四）突出抓好社会建设，努力构建和谐社会。在加快经济发展的同时，扩大公共财政对社会事业的投入，更加关注民生，全力维护社会稳定，促进社会全面和谐发展。

进一步加强社会事业建设。加大科技创新力度，强化以企业为主体的技术创新体系建设，加大科技普及和农业科技实用技术推广力度，强化知识产权工作。全面实施素质教育，深化教育改革，大力发展职业教育和学前教育，突破发展民办教育，努力提高办学水平；完成新一中、仁德一小分校和

2009年启动的15所农村中小学标准化学校建设，启动14所农村中小学标准化学校建设，实施中小学校危房改造2万平方米，促进义务教育均衡发展。稳步提升公共卫生服务水平，完成县第一人民医院医技楼、住院楼、县中医院住院楼、卫生执法监督局业务用房和功山中心卫生院建设；大力发展民营医院，实现医疗投资多元化，推动医疗服务市场合理竞争；加强食品药品监督管理和疾病预防控制工作，巩固和发展农村药品“两网”建设；认真开展新型农村合作医疗，确保农民群众参合率达95%以上；全力推进中国发展研究基金会婴幼儿早期发展项目试点县有关工作。精心组织自治县成立三十周年系列庆典活动，加强公共文体设施建设，力争启动县城图书馆和博物馆建设，完成6个乡镇文化站和52个村级文化室建设；引导和鼓励社会资金进入文化产业领域，努力培育民营文化企业。加强流动人口计划生育服务管理，开展计划生育基层协会评估认定工作，积极争创“省级计划生育优质服务先进县”。完成20户以下自然村广播电视“村村通”工程，启动数字电视整体转换工作。

进一步重视和关注民生。始终坚持以人为本，关注民生，把实现好、维护好、发展好最广大人民群众的根本利益作为政府工作的出发点和落脚点，努力让全县人民共享改革发展成果。继续实施农村饮水安全工程，解决5万人饮水安全问题。加强社会保障能力建设，用好用活各项惠民利民政策，新建60套廉租房缓解城镇低收入家庭住房困难问题，扩大失地农民养老保险覆盖面，进一步提高城乡低保覆盖面，收集提供有效就业岗位1500个，努力促进应届高校毕业生登记就业率达90%，加强劳动监察和劳动仲裁工作，切实维护劳动者合法权益。抓好社会救助和防灾减灾工作，继续实施好农村房屋火灾保险和1500户农村民居抗震安全工程，不断提高农村民居抗震安保能力。继续加大殡葬改革工作力度，加快生命文化艺术陵园项目建设，努力推进农村公益性公墓和殡葬改革配套设施建设，确保符合火化规定的死亡人口火化率达100%。

进一步维护社会稳定。深入开展平安和谐寻甸建设，以村两委换届、殡葬改革、林权制度改革等工作为重点，围绕征地拆迁、资源开发、涉法涉诉等问题切实加强信访工作，深入落实维稳措施，全力预防和妥善处置群体性事件。加强应急准备工作，提高公共突发事件的处置能力。加强公安科技强警工程建设，加大社会治安综合治理力度，深入开展各类治安专项整治，掀起打黑除恶新高潮，深入推进禁毒人民战争，不断增强人民群众安全感。完成7个司法所规范化建设，继续推进“五五普法”和“四五”依法治县，强化社会矛盾纠纷排查化解，努力提升法律服务工作水平。高度重视民族宗教工作，促进少数民族和民族地区经济社会全面发展，全力维护宗教领域的团结稳定。以遏制重特大事故和减少一般性事故为目标，扎实抓好安全生产、道路交通、消防、农机和食品药品安全工作。

全面启动第六次全国人口普查工作，关心支持老龄事业，加强对工青妇的联系，重视残疾人工作，做好人民武装、双拥、国防动员、外事、侨务、对台、人事、档案、史志、人防、地震和防灾减灾等工作。

（五）加速旅游发展，全面提升第三产业发展水平。加快推进旅游资源开发，加大旅游基础设施建设力度，提升旅游业档次和服务质量，带动商贸、餐饮、住宿、服务等第三产业发展。

着力提升旅游综合竞争力。按照整合资源、合理布局、科学规划的原则，高起点、高标准、高质量完成寻甸县旅游发展规划修编及各旅游项目的发展规划，重点打造北大营生态运动观光、塘子温泉休闲度假和柯渡红色旅游三大品牌，提升旅游景点规模、档次和文化内涵，增强旅游综合服务功能。完善旅游基础设施，加强旅游环线及景点附属设施建设，强化对外宣传，拓展昆明及周边地州市场，逐步推向省外市场，促进旅游业加速发展。加快推进三月三生态旅游、凤龙湾—白石岩溶洞群和钟灵山森林公园等项目开发，全面增强旅游综合竞争力。

着力推进商贸服务业。依托县城和重点集镇，加快建设一批规模适度、辐射带动强的综合市场和专业市场，完善县、乡、村三级销售网络，规范和繁荣商贸市场；积极推进餐饮、住宿等服务业的规范化、特色化和产业化，全面提升餐饮、住宿等服务业的质量和水平；培育引导开发牛干巴、马铃薯、板栗、少数民族服饰等极富浓郁地方特色的品牌商品，鼓励全县企业和个体工商户争创“三级名牌”和“三级名品”，申报名优品牌3个；结合交通网络和城镇网点，规划建设布局合理的物流区域，推进物流业发展；抓住加大县城开发建设力度的有利时机，引进和培育一批房地产开发企业，加强房地产市场的监管，提高物业管理水平，促进房地产业健康快速发展；积极鼓励发展中介机构与家政服务业。

（六）抓好财税金融工作，促进经济健康运行。深化财政管理体制改革，严格执行部门预算，深入推进国库集中支付制度改革，不断提高预算管理水平；推进乡（镇）财政预算管理方式改革，规范乡（镇）财政收支行为，实现乡（镇）财权和事权的合理匹配，提高公共财政资金的使用效益。加强财税收支管理，努力培育财源，建立健全激励机制，帮助企业做强做大做优，增强财源发展后劲；切实加强税收征管，建立健全征管体系，改进方式，强化手段，加大对重点行业、重点企业、重点税种的监管力度，积极为税务部门创造便利条件，全面推进依法治税，严厉打击各种偷税、漏税、骗税和逃税行为，大力清理欠税，堵塞税收流失漏洞，确保应收尽收；牢固树立过紧日子的思想，严格控制行政事业经费支出，杜绝铺张浪费，在保工资、保运转、保稳定和保重点工作推进的前提下，加大对重点项目建设、社会事业和农业产业发展等方面的投入，促进县域经济协调发展。提高金融服务能力和水平，坚持金融工作为经济建设服务，用足用活金融政策，加大金融业对农业产业和民营经济发展的支持力度。充分发挥金融办和5个国有公司投融资载体作用，创新设置投融资公司模式，加强银政银企合作，进一步扩大信贷规模，拓宽投融资渠道，鼓励金融资金参与社会建设，强化对政府投资项目的管理，完善政府债务偿还机制，提高公共投资的经济效益，有效防范和化解政府债务风险。

（七）树立规划立县思想，认真作好“十二五”规划。规划是未来发展的蓝图，具有指导性、前瞻性、延续性和可操作性，牢固树立规划立县的思想，精心组织好“十二五”规划编制工作。在编制修订中，既充分结合县情，又与省、市“十二五”规划相衔接，与国家、省、市的经济增长目标相衔接，与各级的重大项目相衔接，争取把我县带动性强、潜力大、影响广泛的事项纳入上级规划盘子。一产业的规划，突出重点农产品产区和基地建设，打造农副产品加工区和农业生态园区，着力发展具有明显竞争优势的种养殖业和加工业，用市场化的理念引导和促进一产业由大变优；二产业的规划，依托特色产业园区“一园五片”发展基础，完成园区的规划修编，并将东川再就业特区天生桥工业园纳入规划，整合资源，发挥优势，错位发展，转变粗放型发展方式，走精深加工路子，促进二产业由粗变精；三产业的规划，核心是城乡规划和旅游规划，城乡规划围绕县城、集镇和乡村一体化布局，旅游规划围绕生态、温泉、红色旅游三大品牌进行布局，促进三产业由弱变强。

四、加强政府自身建设，全面提升落实力和执行力

在新一年的政府工作中，继续开展“行政效能提升年”、“干部作风改进年”活动，增强效率意识，推行“五办作风”、“一线工作法”、“工作成果倒逼法”、“三最三严”等制度，进一步提高执行力，打造服务型、法治型、创新型、廉洁型、阳光型政府。

打造服务型政府。继续深化干部作风建设和机关行政效能建设，加快政府职能转变，深化行政审批制度改革，进一步减少和规范行政审批事项，完善运行机制和督查机制。切实加强机关作风建设，坚持讲实话、办实事、求实效，力戒官僚主义、形式主义和衙门作风，积极开展争做“人民满意的公务员”活动。降低行政成本，提高行政效率和服务水平。继续办好为民服务中心，着力推进政务公开。实行主动为基层搞好服务，为企业排忧解难，为群众多办实事。

打造法治型政府。认真遵守和执行《行政许可法》等法律法规，贯彻落实好《云南省寻甸回族彝族自治县自治条例》。自觉接受县人大及其常委会的法律监督、工作监督和县政协的民主监督，高度重视社会公众和新闻舆论监督。着力推进依法行政，加强行政执法监督，推进综合行政执法改革，做到严格执法、公正执法、文明执法。认真开展普法教育，增强全民法制意识，加快建设法治寻甸。

打造创新型政府。坚持以解放思想为先导，切实营造敢于创新、勇于创业的良好氛围。只要有利于加快寻甸发展，有利于促进人民致富，就要大胆探索、勇于实践，敢担责任、敢冒风险。努力推进观念创新，使政府各项工作体现时代性、把握规律性、富于创造性。推进体制创新，深化政府机构改革，切实解决“缺位”、“越位”和“不到位”的问题。推进方法创新，运用经济、法律和行政的手段调控经济社会事务，加快电子政务建设。

打造廉洁型政府。健立健全监督机制，把行政问责与行政监察、审计监督结合起来，做到有权必有责、用权受监督、侵权要赔偿、违法须追究。严格执行领导干部廉洁从政的各项规定，加强对权力运行的制约和监督。注重发挥监察、审计的职能作用，严厉查处各类违纪违法腐败案件，坚决惩治腐败分子。厉行节约，反对铺张浪费，以节约型政府带动节约型社会建设。

打造阳光型政府。建立健全重大事项集体决策、科学决策、专家咨询、社会公示、公众听证、决策评估，重要事项向社会公示，重点工作向社会通报的制度，深入推进阳光政府四项制度工作的开展，认真受理来自群众和新闻舆论的批评意见建议，自觉接受新闻媒体、社会各界的监督，切实改进政府工作，建设阳光透明的政府。

各位代表，寻甸的发展面临难得的历史机遇，我们立于新的起点，时代的要求召唤我们奋勇进取，各县(市)区争相发展不允许我们有丝毫懈怠，人民群众的殷切希望敦促我们要倍加努力，让我们在市委、市政府和县委的正确领导下，团结和依靠全县各族人民，扬起希望的风帆，融入现代新昆明建设大发展、快发展的激越洪流中，为开创寻甸的美好明天而努力奋斗！

唐　琪

中国人民政治协商会议 寻甸回族彝族自治县委员会常务委员会 工 作 报 告

——在政协寻甸回族彝族自治县第七届委员会第三次会议上

(2010 年 1 月 21 日)

张国友

各位委员：

我受中国人民政治协商会议寻甸回族彝族自治县第七届委员会常务委员会的委托，向大会作工作报告，请予审议。

一、围绕中心，服务大局，2009 年各项工作取得新成效

2009 年是深入学习贯彻落实党的十七大、十七届三中、四中全会精神，全面贯彻落实科学发展观的重要一年。在县委的领导下，县政协高举中国特色社会主义伟大旗帜，以邓小平理论和“三个代表”重要思想为指导，学习实践科学发展观，认真贯彻落实县第十次党代会第二次会议精神，解放思想，创新工作，紧紧围绕全力加速工业化、强力突破城镇化、奋力拓展市场化和“543 倍增计划”的全面实施，履行好政治协商、民主监督、参政议政职能。

(一)学习实践科学发展观，用科学发展观统揽政协工作

常委会始终坚持把学习实践科学发展观作为首要任务，认真开展学习实践科学发展观活动。按照县委的统一部署，县政协以高度的政治责任感，饱满的精神状态和良好的工作作风，扎实有效地开展深入学习实践科学发展观活动，把学习实践活动贯穿于政协各项工作。力求做到：把握方向，抓住关键；结合实际，突出重点；注重实践，务求实效；丰富内容，体现特色。通过深入学习调研、分析检查、整改落实、总结测评等工作，进一步加深对科学发展观的科学内涵、精神实质、根本要求的认识，把科学发展观转化为人民政协服务科学发展的坚强信念，谋划科学发展的正确思路，促进科学发展的实际能力，把思想认识从不符合科学发展要求的观念和做法中解放出来。在学习中做到学习实践科学发展观与学习贯彻落实党的十七届四中全会精神相结合；学习实践科学发展观与学习贯彻落实胡锦涛总书记在庆祝人民政协成立 60 周年纪念大会上的讲话精神相结合；学习实践科学发展观与学习贯彻落实市委政协工作会议精神相结合。通过开展深入学习实践科学发展观活动，在加强理论武装，提高思想认识上有新进步；在服务大局，促进科学发展上有新作为；在以人为本，服务人民上有新举措；在开拓创新，健全机制上有新突破；在加强自身建设，提高政协工作水平上有新成效。县政协始终坚持用科学发展观统领政协工作，切实把科学发展观作为谋划工作的指导思想、推进工作的强大动力、检验工作的根本标准，更加自觉地把各项工作放到促进全县经济社会发展的大局中去思考和谋划，坚决把县委政府推动科学发展的总体思路和重大部署贯彻到政治协商、民主监督、参政议政的全过程，落实到经常性工作的各个方面，努力推动科学发展、和谐发展。

(二)学习实践科学发展观，切实履行政协职能

常委会始终坚持把推动全县经济社会又好又快发展作为履行职能的第一要务。努力做到“从党政决策中找工作思路，从群众呼声中找工作重点”，政协各项工作部署与党委政府同心、同向、同步。注重把履行职能的着力点放在经济社会发展的前瞻性、全局性问题思考上，放在改革、发展、稳定深层次矛盾的分析上，放在县委政府关心的大事对策研究上，放在促进人民群众关注的重点问题的解决上。围绕县第十次党代会第二次会议和县政府工作报告提出的全县经济社会发展目标任务，结合政协工作实际，在向县委政府征求工作意见，在乡(镇)和县直部门中广泛征集县政协调研视察课题的基础上，制定《县政协 2009 年工作要点》，报请县委批转下发，作为指导县政协年度工作的纲领性文件。

1、促进科学发展，齐心协力保增长

去年以来，面对全球金融危机给寻甸发展带来的压力，县政协紧紧抓住保持经济平稳较快发展这一首要任务，围绕保增长、扩内需、调结构中的重大问题，结合宏观经济形势的发展变化，精心组织协商议政，加大民主监督力度，深入开展调研视察，努力使提出的意见建议对扩大内需更有帮助，对加快发展方式转变和结构调整更有参考价值，对深化改革

和提高对外开放水平更有促进作用。

政治协商更加规范有序。认真贯彻"三在前，三在先"的要求，年初召开不同层次会议，组织县政协常委、委员对《县第十次党代会第二次会议工作报告》进行协商；在县政协七届二次会议期间，组织委员对《政府工作报告》及计划、财政、法检"两院"工作报告等进行协商。同时，还紧紧围绕寻甸的跨越发展、和谐发展、科学发展、率先发展以及全县经济、政治、文化和社会建设中的重大决策、重要工作和制定地方性法规、重要规章等开展协商活动，提出意见建议，积极建言献策。

民主监督更加务求实效。着力在把握民主监督内容、监督形式、监督效果上下功夫。为充分发挥政协民主监督职能，促进经济社会发展，拟定了《县政协对政府部门实行民主监督推动工作落实的意见》。县政协七届二次会议期间，委员们共商全县经济社会发展大计，做好全面监督；组织政协常委对重要工作进行调研视察，做好重点监督；专委会、委员组按照"六个一"活动要求，开展经常性的调查视察活动，做好专题监督；县政协领导参与全县的中心工作，在议事机构中积极发挥作用、全力推进联系重大项目的落实、加强对联系单位的工作检查指导，专委会加强与党政部门的对口联系，积极参加有关检查活动，做好例行监督；选派政协委员为特邀监察员、机关作风明察暗访员，做好专项监督；参加机关作风评议、县直机关人员调动、公务员面试、有关听证会、工程招投标等监督工作，做好日常监督。按照县委安排，两次开展对2009年全县主要工作目标任务完成情况进行视察检查，加大民主监督力度，推动全县主要工作目标任务的落实。

参政议政更加扎实有力。充分发挥政协人才荟萃、智力雄厚的优势，就全局问题、重大问题、关键问题和热点问题，提出具有针对性、科学性、前瞻性的意见建议，参政参到点子上，议政议到关键处。提案工作重质量，提案从数量型向质量型转变。县政协七届二次会议以来提案共立案120件，其中，经济建设方面49件，科教文卫体方面17件，城镇建设管理方面33件，政法人事统战方面19件，其他方面2件。政府提案交办会后，县政协高度重视提案的督办工作，主席、副主席亲自督办重点提案，强化经常性检查工作，提案办理质量不断提高，提案在促进经济社会又好又快发展中的作用日益彰显。广泛征集提案线索，提交省政协《关于立项实施寻甸县"引清济民"、"引牛补滇"水源替代项目的提案》，提交市政协《关于上级专项资金县级实行零配套政策的提案》、《关于加快寻甸工业产业培育和发展的提案》、《关于调整公务员津补贴和事业单位绩效工资标准的提案》、《关于在公务员和事业单位专业人员招录(招聘)中对民族自治地区适当给予政策倾斜的提案》等。调研视察工作做到把握全局性、突出针对性、注重监督性、发挥实效性。按照"精心准备—组织实施—征求意见建议—修改完善"流程，开展好调研视察活动，提高调研视察报告质量。在过去的一年，常委会对全县安全生产与节能减排、工业发展、新农村建设、城乡规划建设、乡村规划等工作进行专题调研，对全县新型农村合作医疗、"四创两争"、清水海水源替代项目、中小学标准化学校建设和危房改造、"五五"普法与"四五"依法治县等工作进行专项视察活动，组织政协有关常委赴省外对农业产业化、土地流转等工作进行考察学习，共形成调研视察考察报告共12个，针对工作中存在的困难和问题，共提出意见建议56条，党委政府高度重视，有的意见建议得到了采纳。文史工作进一步加强，以新中国成立60周年、人民政协成立60周年、改革开放30周年为主线，编辑出版15万余字的《寻甸文史资料》第十四辑。积极参与全县的招商引资工作，县政协领导牵头、县政协委室积极参与县乡招商责任单位赴省内外开展招商引资活动，推介招商引资项目，千方百计促成项目落地资金到位。全力支持市民运会在我县的举办，县政协领导各司其职，县政协机关全体总动员提供服务保障。

2、突出为民发展，群策群力保民生

切实把保障民生、改善民生作为履行职能的重要内容，急群众所急、想群众所想、办群众所需，关注群众的生产生活，关注群众的安危冷暖，关注群众的权益与诉求，促进不同社会阶层、不同利益群体的和谐，积极协助党委和政府把惠民、富民的各项举措落到实处。关注热点，广聚贤言，为保障民生、改善民生献计出力。县政协领导及政协机关加强对挂钩乡(镇)工作的经常性检查指导，帮助谋划"三农"问题的破解。县政协七届二次会议期间，委员们围绕民生问题积极建言献策，以委员界别用书面交流材料形式，对城镇民生琐碎问题、财政工作科学和谐可持续发展问题、思想解放问题、科技发展问题、构建平安和谐寻甸问题、妇联在参与和谐社会建设问题、非公经济发展问题、残疾人事业问题等提出了真知灼见。扶贫济困，为群众办实事做好事。通过不懈努力，引入云南潮汕商会50万元用于甸沙乡发展教育事业，引入省政协办公厅智力支边办10万元帮助解决甸沙乡红果树村的引水问题，争取省红十字会在甸沙乡捐赠价值5.2万元的棉被、衣服等物资，邀请省政协委员中的专家教授为甸沙乡群众开展义诊600余人次和种养殖订单培训300余人次，争取到省市财政建房补贴资金180万元。广泛征集扶贫项目，加强扶贫项目的储备，做好引资扶贫的牵线搭桥工作，积极争取省政协在我县实施300万元的民生项目。引导从事实业的县政协委员致富不忘家乡，积极开展捐资助学等惠民活动。认真落实县规委会决定，按照"五个一点"筹资方式，广泛宣传发动社会各族各界踊跃捐资，积极推进文笔塔恢复重建工作。

3、推动和谐发展，同心同德保稳定

牢牢把握团结和民主两大主题，不断扩大团结面、增强包容性，积极做好协调关系、增进团结、凝聚力量、鼓舞人心的工作，进一步营造广开言路、广求良策的宽松氛围，最广泛、最充分地调动一切维护稳定、促进和谐的积极因素，努力为保持社会稳定、建设和谐寻甸作贡献。认真做好协调关系、化解社会矛盾工作，对人民群众反映的教育改革、看病难看病贵、非公经济发展、社会治安、企业改制、房屋拆迁等热点问题，有针对性地开展调研、走访座谈，及时化解了一些社会矛盾。认真做好群众来信来访工作，耐心细致地倾听群众的诉求，释惑解疑，化解矛盾。畅通社情民意渠道，广泛收集和反映社情民意，编写《政协工作动态》20期，报送信息100余条。加强联谊，不断增强各族各界的团结合作，密切与县三个宗教爱国团体的联系。专委会、委员组利用各种形式，加强与委员的联系，扩大与各族各界人士的交往，加深了解，增进友谊，同时积极搭建平台，为政协委员和各界人士建言献策提供方便快捷的渠道，团结各族各界群众为建设和谐寻甸献计出力。加强对民族宗教工作的经常性调研，深入宗教活动场所，积极宣传党的民族宗教政策，促进各民族共同团结奋斗、共同繁荣发展。召开"迎民运、促和谐、保稳定"座谈会，为市第九届少数民族传统体育运动会在我县成功举办营造氛围。召开"庆国庆、迎中秋"座谈会，回顾新中国成立60年来不平凡的光辉历程，增强做好人民政协工作的责任感和使命感。扩大交流，积极推进县政协的对外交往。组织县政协有关常委、委员到省内外学习交流政协工作经验，接待省内外政协组织的来访，联谊交往不断扩大。协助和配合好省市政协在我县开展的各项调研视察活动。

(三)学习实践科学发展观，推进政协自身建设

常委会始终坚持把加强自身建设摆在重要议事日程，常抓不懈。围绕素质培养一流、工作争创一流、管理创建一流、作风树立一流、服务打造一流的目标，积极推进政协自身建设。重视学习，提升自身素质。认真参加省市县组织的学习培训活动，狠抓政协干部队伍和广大政协委员对党的路线方针政策、统战知识、政协理论、时事政治、法律法规以及经济、文化、科学等方面的学习，不断提升政协工作队伍的整体素质。强化管理，提高工作水平。围绕县政协年度工作要点，制定"一岗双责"责任书、主要工作目标责任书和经济社会发展软环境建设责任书，县政协主席与各位副主席、各委室分别签订；专委会、委员组积极开展"六个一"活动，充分发挥委员的主体作用，政协工作水平不断提高。转变作风，提升效能。在开展"行政效能提升年"和"干部作风改进年"活动中，结合"加强作风建设，促进科学发展"主题教育活动，提高思想认识和工作效能，政协活力进一步增强。政协机关全体干部职工进一步增强大局意识、纪律意识、服务意识，领导干部身体力行，模范遵守各项规定，积极营造风清气正、奋发有为的团结干事氛围，政协组织的执行力、凝聚力和创新力进一步增强。

县政协七届委员会两年来的工作实践，得到五点启示：

一是必须始终坚持党的领导。这是做好新形势下政协工作的根本保证。二是必须始终把促进发展作为履行职能的第一要务。这是人民政协履行职能的根本需要。三是必须始终坚持团结和民主两大主题。这是人民政协性质的集中体现。四是必须始终坚持实现和维护最广大人民的根本利益。这是做好新形势下政协工作的出发点和落脚点。五是必须始终坚持加强自身建设。这是人民政协适应新形势、新任务和新要求，不断开创工作新局面的需要。

要在经济社会发展中扎实有效地履行政协职能，在协调关系、汇集力量、建言献策、服务大局上有新作为，政协还要发挥好四个方面的作用：一是充分利用人才荟萃、智力密集的优势，积极发挥参谋智囊作用；二是充分利用凝聚人心、汇集力量的优势，积极发挥团结聚集作用；三是充分利用包容各界、联系广泛的优势，积极发挥桥梁纽带作用；四是充分利用位置超脱、亦官亦民的优势，积极发挥创新发展作用。

各位委员，一年来，县政协认真履职，各项工作都取得了一些成绩。这是在县委的正确领导下，县政协团结拼搏、努力工作的结果，是社会各族各界关心支持的结果。在此，我代表县政协常委会向关心支持政协工作的各位领导、同志们、朋友们表示崇高的敬意和衷心的感谢！在总结成绩的同时，我们也清醒的看到，我们的工作还有许多薄弱环节有待加强：对人民政协的地位认识还不够到位，围绕科学发展建言献策的质量还不够高，专委会的基础作用、委员组的纽带作用、委员主体作用发挥还不够好，政协机关的服务保障还不够强。在今后的工作中，我们要认真研究这些存在问题，切实加以改进。

二、团结拼搏，求实创新，全力做好2010年各项工作

2010年是深入学习贯彻落实党的十七大、十七届三中、四中全会精神，深入贯彻落实科学发展观的重要一年，是实施"十一五"规划的最后一年，也是我县推进改革开放和社会主义现代化建设的关键一年。国际金融危机的严重影响还难以在短期内完全消除，保增长、保民生、保稳定的任务仍然十分艰巨。面对新的历史时期和新的历史任务，我们要牢记使命，勇担责任，不断开创政协工作新局面。县政协工作的总体思路是：高举中国特色社会主义伟大旗帜，以邓小平理论和"三个代表"重要思想为指导，深入贯彻落实科学发展观，认真贯彻落实县第十次党代会第三次会议精神，维护好核心，围绕好中心，凝聚好人心，认真履行政治协商、民主监督、参政议政职能，为加快转变经济发展方式、促进经济平稳较快发展、维护社会和谐稳定作出新的更大贡献。

(一)加强思想理论学习，保持正确的政治方向

始终把思想理论建设摆在首位。坚持以科学发展观为统领，加强对中国特色社会主义理论体系的学习，着力提高把握政治方向的能力。坚持不懈地用毛泽东思想、邓小平理论和"三个代表"重要思想武装头脑，深入实践科学发展观，坚定不移地贯彻党的路线、方针、政策，自觉维护和接受县委的领导，在政治上、思想上、行动上与县委保持高度一致，始终做到在政治上同向、思想上同心、工作上同步，对重大事项、重要问题及时向县委请示汇报，切实把县委对政协工作的要求以及县政协党组的重大决定，体现到政协的各个方面。坚持以学习中共十七大对人民政协工作的重要论述为重点，加强对人民政协理论的学习，着力提高运用理论和规律创新工作的能力。深刻理解党对新时期政协工作提出的新要求，积极推进政协工作的制度化、规范化、程序化建设，进一步完善政治协商的程序，加大民主监督的力度，提高参政议政的成效。坚持以提高履行职责的能力为目标，加强对政协基本知识和各方面知识的学习，着力提高参政议政能力。认真学习贯彻落实十七届四中全会精神，准确把握当前的形势和任务。认真学习胡锦涛总书记在庆祝人民政协成立60周年大会上的重要讲话精神，进一步明确新时期新阶段人民政协的历史使命。

(二)牢牢抓住第一要务，有效推动科学发展

面对当前复杂的经济形势，要更加自觉、更加坚定地把推动科学发展作为履行职责的第一要务，充分发挥人民政协人才荟萃、智力密集的优势，既立足当前，紧紧围绕县委县政府重大决策部署和重点工作安排，积极开展调研视察、协商议政，为推动工作的落实谏诤言、献良策、办实事；又着眼长远，紧紧围绕关系寻甸经济社会发展全局性、战略性、前瞻性的问题，以更加宽广的眼界进行研究，以更加宏观的思维进行分析，多建睿智之言、多献务实之策，更加有力地推动党委政府各项决策部署的贯彻落实，更加有效地服务全县工作大局、服务科学发展。要重点围绕强工业、兴城镇、筑基础、活商贸、稳农业、重民生、保稳定等方面积极建言献策。常委会要组织好对城镇化、产业结构调整等课题外出考察学习，对工业产业培育发展、少数民族地区经济社会发展、乡(镇)规划建设等课题进行调研，对"双引"工程(引清济昆、引牛补滇)水源替代项目、"四创两争"、社会维稳等课题进行视察，对县"十二五"规划的编制进行专题协商，对全县主要工作目标任务完成情况进行视察检查。加强领导，积极推进文笔塔恢复重建步伐。认真落实"河长制"，努力做好中桥河的治理工作。发挥县政协领导在议事机构中的作用，为加快"三化"进程，促进城乡统筹发展，推进"543倍增计划"的全面实施献计出力。

(三)坚持团结和民主主题，主动维护社会和谐稳定

充分发挥联系面广和包容性强的独特优势，突出团结和

民主两大主题，努力把全体政协委员和各族各界人士的思想统一到县委县政府抓发展的总体部署上来，把各方面的智慧和力量凝聚到推动寻甸发展上来，积极在应对挑战中增进共识，不断巩固发展和衷共济、共同奋斗的生动局面。坚持把维护社会和谐稳定作为政协履行职能的重要政治责任，要以团结协调促进和谐，要以有效监督促进和谐，要以密切联系群众促进和谐，更加主动地协助党委政府做好协调关系、理顺情绪、化解矛盾的工作，密切关注复杂形势下可能引发的各种矛盾问题，高度重视特殊时期的民情民意，及时反映苗头性、倾向性问题，努力促进民族团结进步，积极献长久之策、谋固本之举，进一步发挥人民政协在维护改革发展稳定大局上的特殊作用。努力为改进政党关系、民族关系、宗教关系、阶层关系、海内外同胞关系的和谐发挥作用。要认真贯彻党的民族政策和宗教政策，充分发挥民族和宗教界人士在人民政协中的作用，协助党委政府做好民族工作和宗教工作，促进民族团结、宗教和谐、社会稳定。要重视不同阶层的利益诉求，协助党委政府妥善处理好各方面利益关系，团结和鼓励各阶层人士共同致力于全县经济社会发展。要进一步加强与各群团组织的联系，团结一切可以团结的力量，积极构建和谐社会。要重点围绕自治县成立30周年庆祝活动，积极营造和谐稳定氛围。

（四）高度关注民生，实现和维护人民群众的根本利益

始终坚持以人为本，牢记人民利益高于一切，把人民群众利益作为政协工作的出发点和落脚点，努力把关注民生、发展社会事业落实到县政协工作的各个环节，切实把关系群众切身利益的重大民生问题，作为政治协商、民主监督、参政议政的重要内容，真心实意为群众做好事、办实事、解难事。要深入基层、深入群众，了解民情，真情倾听民声，真实反映民意，积极推动民生改善。要协助党委政府做好排民忧、解民难的工作，加强与上级政协组织的联系，积极为扶贫济困做好牵线搭桥工作，认真实践人民政协为人民的宗旨。要在促进实现人民群众学有所教、劳有所得、病有所医、老有所养、住有所居，进一步完善社会保障体系，提高社会保障水平，推动形成社会和谐人人有责、和谐社会人人共享的生动局面积极建言献策。广大政协委员要珍惜荣誉，认真履行职责，增强社会责任，力所能及地为发展社会事业献计出力。

（五）弘扬开拓创新精神，全面加强自身建设

根据新形势新任务的要求，要不断深化对新的历史条件下政协工作特点和规律的认识，切实把继承优良传统与勇于开拓结合起来，积极探索履行职能的新形式、新载体，进一步形成服务发展、推动工作的新思维、新机制，以更高的标准来推进县政协自身建设。要立足围绕促进发展，改进政协活动方式；要立足提高参政议政实效，创新协商议政方式；要立足激发委员主体作用，强化科学管理和制度化建设；要立足发挥界别优势，探索界别优势的有效途径。要加强政协委员队伍建设，强化委员培训，提高委员整体素质。要充分发挥政协委员的主体作用、界别的纽带作用、专委会的基础作用和政协机关的保障作用，进一步提高履行职能的科学化、制度化、规范化和程序化水平。要加强专委会、委员组建设，配强配齐缺额人员，确保工作的正常开展。县政协机关干部要积极参加“三普”教育活动，提高普通话、计算机、外语应用水平，增强履职能力。要深入开展“一面旗、一团火、一盘棋”主题实践活动，切实加强思想、组织和作风建设，努力建设一支政治坚定、作风优良、学识丰富、业务熟练的高素质政协干部队伍。

各位委员，新的一年，新的起点，新的希望。让我们紧密团结在以胡锦涛同志为总书记的党中央周围，在中共寻甸县委的领导下，高举中国特色社会主义伟大旗帜，全面贯彻落实科学发展观，坚定信心，团结一致，开拓创新，求真务实，为推动寻甸经济社会的平稳较快发展，不断谱写人民政协的新篇章作出新的更大贡献！

张国友

学习实践科学发展观　开创反腐倡廉新局面

——中共寻甸回族彝族自治县纪律检查委员会向县第十次党代会第三次全体会议的工作报告

（2010 年 1 月 8 日）

鲁再国

各位代表，同志们：

我代表县纪委常委会，向中共寻甸回族彝族自治县第十次党代会第三次全体会议报告工作，请予审议。

一、拼搏2009，纪检监察工作扩容强力推进

2009 年，在县委和市纪委的正确领导下，我县党风廉政建设和反腐败工作坚持以邓小平理论和“三个代表”重要思想为指导，以科学发展观为统领，认真贯彻落实党的十七大和中央、省、市、县纪委全会精神，坚持“党委统一领导，党政齐抓共管，纪委组织协调，部门各负其责，依靠群众支持和参与”的领导机制和工作机制，以深入学习实践科学发展观活动和开展“行政效能提升年”、“干部作风改进年”活动为契机，深入推进反腐倡廉建设，以深化教育和强化监督有效预防腐败，以纠风治乱和查办案件坚决惩治腐败，以制度建设和改革创新贯穿各项工作始终，为实现寻甸经济社会跨越发展提供了有力的政治保证。

（一）践行科学发展观，推动重大决策部署贯彻落实

在广大党员干部中深入开展科学发展观学习实践活动、“行政效能提升年”和“干部作风改进年”活动，开展理想信念和党性党风党纪教育，在领导干部中深入开展权力观和政绩观教育，引导党员干部特别是领导干部树立马克思主义的世界观、人生观、价值观和正确的权力观、地位观、利益观，筑牢拒腐防变的思想道德防线。各级党员干部牢固树立“个人形象一面旗，工作热情一团火，谋事布局一盘棋”的意识，带头讲党性、重品行、做表率，大力弘扬一心为民、求真务实、艰苦奋斗、清正廉洁的优良作风，集中精力推动各项工作。

强化督查督办，全力促进工作落实。认真落实领导批示件的督查督办工作，下发了监察建议书 28 份，办理上级领导批示件 38 次，县委、县政府交办件 76 次，本级立项督办 5 次。认真开展专项监督检查工作。切实加强对中央、省、市县扩大内需新增投资项目的监督检查，按照“四抓一化三促进”的要求，组织协调发改、财政、审计等部门，对全县扩大内需项目的开工和进度、资金管理使用、执行法定建设程序及质量等开展了专项检查，及时发现并解决项目实施中遇到的困难和问题，确保扩大内需项目按中央和省市的要求认真实施。围绕县委、县政府中心工作开展监督检查。对全县重点项目建设情况及落实“八个百分之百”情况、烤烟生产收购、民运会筹办、拆临拆违、建绿透绿、整治违法加层无序建房工作等进行了专项督查；对廉租房建设、招商引资项目落地、“四创两争”工作等开展了重点检查。围绕重点行业、重点领域开展监督检查。进一步加强对土地市场秩序整顿、矿产资源开发、房地产市场，以及政府信贷资金和国债、扶贫、救灾、社保专项资金管理使用等方面情况的监督。加大节能减排和环境保护的监督检查，检查和清理新开工项目 4 项，纠正违法违规问题 2 项，提出检查建议 31 项，立案查处 2 起。

严肃查处损害软环境行为。全县各级各部门共查办各种损害软环境的问题和案件 25 件，先后对 52 人（其中科级干部 9 人，一般干部 33 人，其他人员 10 人）进行了问责和责任追究。其中，诫勉谈话 15 人、取消评优评先资格 4 人、责令作出书面检查 11 人、通报批评 22 人、调整工作岗位 3 人，停职检查 3 人，免职 7 人。全年对县直各单位干部职工在岗情况、服务态度、工作效率等开展 4 次机关作风明察暗访活动，3 名违反工作纪律的职工分别受到作出书面检查和取消当年评优评先资格的问责处理。

（二）贯彻落实责任制，形成齐抓共管良好局面

坚持党政领导班子是党风廉政建设的责任主体，一把手是第一责任人，对职责范围内的党风廉政建设负总责，党政班子其他成员根据分工，对分管、联系部门和挂钩单位负直接领导责任的领导体制和工作机制。把党风廉政建设责任制纳入全县共性责任目标管理，与经济建设和党的建设工作一起部署、一起落实、一起考核。贯彻落实市县委要求，安排部署党风廉政建设和反腐败工作任务。县、乡、村各级各部门层层签订了领导干部“一岗双责”责任书和党风廉政建设责任书。对党风廉政建设和反腐败工作主要任务进行了分解安排，明确牵头部门，实行牵头部门责任制。实行县委、县政

府领导挂钩联系基层党风廉政建设工作制度。年终组织12个考核组对14个乡(镇)和51个县直党委(党组)落实惩防体系建设、党风廉政建设责任制和领导干部勤廉公示工作情况进行了考核。

把加强领导干部廉洁自律与专项治理、建章立制结合起来，强化监督检查，使廉洁自律各项规定落到实处。强化廉洁自律，促进领导干部廉洁从政。节假日期间，要求各级各部门加强廉洁自律工作，大力发扬勤俭节约、艰苦奋斗作风，坚决制止奢靡之风和铺张浪费行为，贯彻落实中办国办关于党政机关厉行节约若干问题和关于坚决制止公款出国(境)旅游两个文件。对全县2006年至2008年公款出国(境)费用、车辆购置及运行费用、公务接待费、用电用油用水支出进行统计并公示其情况。突出预算控制、制度控制和进度控制，严格控制公务接待费和一般性支出。深入开展“小金库”专项治理回头看工作，签订防范“小金库”承诺书109份，制定防治“小金库”内控制度77项。对全县各单位实职副科级及其以上干部在昆明市主城区“城中村”的房产情况进行清理登记。

(三)深化软环境建设，扎实推进行政效能和作风建设

认真贯彻落实市委、市政府关于开展“行政效能提升年”和“干部作风改进年”的安排部署，26名县级领导和400余名科级领导干部积极参加学习活动。采取设置意见箱、开通热线电话、走访服务对象等方式，深入查找在行政效能和干部作风方面存在的突出问题。参与开展“千名客商”评价昆明软环境活动。组织开展“百名企业代表”评价寻甸软环境活动，采取问卷调查、上门走访座谈的方式，向100家企业发放问卷调查表200份，走访座谈企业18家64名代表，并形成专题评价报告，对收集到的意见建议进行整理、归类，分解到相关部门，督促整改落实。组织全县16个乡镇和69家单位的一把手在县电视台就提升部门行政效能，改进干部作风，进一步深化经济社会发展软环境建设作出公开服务承诺，公开效能监督投诉电话，接受社会各界的监督。

逐步建立软环境建设长效机制。制定下发了关于在全县实施“治庸计划”的意见和寻甸县领导干部问责办法实施细则，进一步深化软环境建设，做到“四个一”。每月对科级领导干部接听电话情况、接听电话办理情况进行一次抽查和跟踪督查；每季度开展一次明察暗访；每年对84个单位(部门)开展一次民主评议机关作风；年终开展一次软环境建设考核工作。全县领导干部接听群众电话4414件，其中投诉举报168件，建议类168件，求助类986件，咨询类2478件，其他类664件。已办结4392件，正在办理22件，办结率99%。

对全县城乡园林绿化和生态建设工作及“3331”付款方式落实情况进行全面督查，督促有关单位进行认真整改；采取查阅台帐资料、实地查看等方式，深入开展政府性投资建设工程“八个百分之百”督查，对工程手续不全，台帐资料管理不规范，工程监理履职不到位等问题现场提出整改意见，明确整改要求和时限。

坚持以制度建设为前沿，构建良好运行机制。继续深入推进经济社会制度创新工作，年初制定了经济社会制度创新工作计划，下达制度创新任务分解122项，各乡镇、县直各单位共完成制度创新任务198项。县党代表提案制度获昆明市2008年度经济社会制度创新成果三等奖。

(四)突出重点谋创新，细化惩防体系建设工作

牢固树立统筹兼顾的观念，扎实推进惩治和预防腐败体系建设。始终把科学发展观的要求贯穿于反腐倡廉建设的各个环节，体现在惩治与预防腐败体系建设的各项措施中。制定了《贯彻落实<建立健全惩治和预防腐败体系2008—2012年工作规划>的实施方案》。开展惩防体系建设问卷调查活动，广泛征求社会各界对推进惩防体系建设的意见建议。

坚持用身边的案例教育身边的人，5次邀请县人大代表、县政协委员、党员干部群众300余人到法院旁听典型案例审判。分三批组织县直单位和乡镇办公室主任、教育卫生系统所属单位负责人、乡镇站所负责人、村(居)委会支部书记和主任共600多人，到昆明监狱开展警示教育活动，收到了良好的教育效果。全县16个乡(镇)、174个村(居委会)、县直84个单位，开展了专题教育学习活动，参学人员达16200余人。全县各级党组织共征订《高墙悲歌》、《沉重的代价》、《慎交友警示录》等警示教育电教片251碟，学习读本500本，为基层开展经常性的廉政教育提供了素材、丰富了内容。坚持每季度给全县正科级领导干部发一封公开信，不定时发送廉洁自律方面的短信。组织29人参加法律法规、廉政任前考试。深入推进廉政文化“六进”活动，明确了具有特色、代表性、典型性、行业特点强的6家单位，作为廉政文化“六进”示范点，以典型示范先行全力推进廉政文化工作。在省、市的支持下，把柯渡红军长征纪念馆确定为党风廉政建设教育基地，进一步增强全社会的反腐倡廉意识，形成以廉为荣、以贪为耻的良好社会风尚。

加强对重点领域和关键环节权力运行的监督检查及领导干部对执行政治纪律和重大决策部署情况的监督检查。先后两次开展乡镇和县直单位党风巡查工作，有力地推动了各单位的党风廉政建设责任制工作，促进了县委、县政府各项工作的落实。认真落实市委、市政府重申加强公车管理严禁公车私用的要求，加强督促检查和明查暗访，促进各级各部门建立健全管理制度，切实加强公车管理。对全县公务用车配备、使用和管理情况进行登记排查，共登记排查公务用车624辆。落实县纪委领导同下级党政主要负责人谈话制度，县纪委领导同乡(镇)、县直单位负责人谈话97人(次)。

(五)关注民生求实效，认真解决损害群众利益的突出问题

进一步规范建设工程行政监察行为，认真贯彻落实县政府制定的建设工程招标投标监督暂行办法。继续对建设工程招投标实施监督，并严格执行建设单位、中标单位和监察局签订《廉政合同》的规定；开展工程建设领域突出问题专项治理工作，督促有关单位认真开展自检自查。牵头开展打击私挖乱采矿产资源专项行动，对矿业权招拍挂出让制度执行情况进行了专项清理。

着力解决损害群众利益的突出问题。巩固完善公办高中招收择校生“三限”政策，加大对义务教育经费保障机制改革各项措施落实和“两免一补”经费使用情况的监督检查，推进义务教育均衡发展，兑现义务教育阶段寄宿生补助资金1008万元。从源头解决药品购销领域不正之风，督促各医院严格完善药品集中招标采购工作，全县药品集中招标或跟标采购金额3256万元，占医院用药总金额的92%，全县药品总让利金额达100万余元。严厉打击药械违法案件，立案调查处理药械违法案件86件，涉及物品总价值1.56万元。继续做好减轻农民负担工作，认真落实支农惠农政策，对涉及农民工、乡镇企业、农村义务教育、农民建房、农产品流通、农产品检验检疫、农用机动车以及村委会组织的相关收费情况进行专项检查。通过加强对中央和省、市各项支农惠农政策落实情况的监督检查，全县共兑现惠农政策补贴资金6380.7万元。加大对拖欠农民工工资问题的查处力度，为158名农民工追回拖欠工资50.4万元。组织开展2007年以来涉农、扶贫和救灾经费管理及社保基金使用情况专项检查工作。加强

涉农价格和收费监督检查，确保清理整顿涉农价格和收费有关政策的落实，查处价格违法案件7件，查处价格违法所得94．6万元。深入开展“红盾护农”活动，整顿农资市场，严肃查处制售假劣农资行为，立案查处农资案件9件，处罚金额9．2万元，为消费者挽回经济损失11万元。行业协会和市场中介组织的服务和收费行为进一步规范。治理公路“三乱”成果进一步巩固。

(六)重心下移抓基层，全面加强农村党风廉政建设

全面推进村级财务委托代管制度。各乡镇成立财务管理中心，或由财政所(农经站)代管村级财务；加强对村集体三资(集体资产、资源、资金)的监管；加强和规范乡镇站所财务管理，推行政府收支分类改革，将非税收入全部纳入财政预算。加强村务公开工作，采取张贴、广播、黑板报等形式，定期公开村务特别是村级财务、国家各项支农惠农资金物资。

深入开展农村基层干部党风廉政教育。全县开展农村基层干部反腐倡廉教育培训7212人(次)。农村基层干部勤廉双述748人(次)，基层干部任前谈话189人(次)，诫勉谈话62人(次)。组织开展“群众满意站所”行风评议活动，评议基层站所192个。推行村级事务流程化管理，建立决策群众参与机制和决策失误责任追究机制，实行“四议两公开”规定程序进行决策。有针对性的引导、推动村民落实“一事一议”制度，充分发挥村民代表及广大农民群众的主动性和积极性，参与村务管理，推进新农村建设。各乡镇认真落实工程质量义务监督员制度，在实施新农村建设、整乡推进、烟水工程、农田水利建设等工程项目的村社，每个工程聘请3至5名有一定觉悟、责任心强的党员、村组干部或群众为工程质量义务监督员，切实加强工程质量监督。推进村级纪检工作深入开展，设立乡镇监察室，配备专职监察室主任16名，配备行政村村级纪检委员174名，组建农村基层党风廉政建设巡查组，配备党风廉政建设义务监督员206名。落实基层领导班子民主生活会、党组织生活会、农村基层干部任前谈话、诫勉谈话等制度。注重农村信访工作，畅通群众诉求渠道，及时化解基层矛盾纠纷，通过干部下访、干部串门活动，及时解决热点和难点问题，全县受理涉农信访257件。

(七)惩治腐败出重拳，进一步加大查办案件工作力度

从源头上预防和治理腐败，坚持案件查办联系会议制度，落实纪检监察与公、检、法、审计等部门相互移送案件和协调办案的工作机制，充分发挥职能部门在查办违纪违法案件中的作用。认真贯彻落实中纪委、省市纪委关于查办案件工作的要求，紧紧围绕县委、县政府的中心工作，着力查处了一批群众反映强烈、关系民生民本建设、发生在重点领域和关键环节的热点案件。今年以来，县纪委监察局共受理群众来信来访、电话举报136件(次)，办结136件(次)。信访直接查办26件，责成说明问题2件，跟踪反馈17件，办理了市、县领导信访批示件37件，经初核转立案案件10件12人，移送问责案件4件。为58名干部澄清了举报失实的问题。全县纪检监察系统立案查处违纪违法案件20件27人，其中涉及副科级以上干部4人，村委会人员10人，站所长5人，学校校长5人(其中1人犯两次错误)，其他人员3人；开除党籍10人(其中2人又受开除公职处分)，留党察看3人，撤销党内职务3人，严重警告5人，警告处分6人，办理恢复党员权利2人，认真开展受处分党员回访工作。3个乡镇主动立案办案，实现了近五年来乡镇自办案件零突破。通过执纪办案，为国家和集体挽回经济损失141．37万元。充分体现了查办案件的社会效果、政治效果、经济效果、以案促教效果。

(八)深化改革强队伍，纪检监察机关建设得到进一步加强

全县各级纪检监察机关深入开展学习实践科学发展观活动，与“做党的忠诚卫士、当群众的贴心人”主题实践活动相结合，同贯彻落实中纪委、省市纪委部署的反腐倡廉工作任务相结合，召开各种形式的讨论会、组织生活会，召开行政办公会40次。聘请县内外专家学者到县纪委机关进行授课，组织开展“机关学习讲坛”活动49次，有效提高了纪检监察业务知识、法律、经济、金融、科技和社会管理等方面的知识学习。通过学习实践活动，切实提高党性修养，努力做到对党和国家无限忠诚、对腐败分子和消极腐败现象坚决斗争、对广大干部和群众关心爱护，达到了提高素质、增强本领、改进作风、树立形象的目的。

加强推进县级纪检监察机关建设工作。贯彻落实中纪委、省市纪委《关于加强县级纪检监察机关建设工作的实施意见》，从思想政治建设、领导班子组织建设、干部队伍建设、机关经费和装备设施保障等四方面切实推进县级纪检监察机关建设。充实和配备了部分纪工委干部，纪工委监察分局实行集中统一办公，加强了管理，形成了合力，强化了监督。

加大对纪检干部队伍的培训力度。组织全县纪检监察系统干部近200人(次)进行业务培训，邀请市纪委领导进行专题授课。21人参加中纪委、省市纪委组织的业务培训，提高了干部队伍的业务素质。信息和调研工作取得了新的突破，撰写纪检监察调研文章14篇。采编信息20期，全年上报信息350条(篇)，连续三年被考核为省纪委信息直报点。

在看到反腐倡廉工作取得阶段性成效的同时，我们也必须清醒地认识到，党风廉政建设和反腐败工作离中央和省、市、县委的要求，离人民群众的愿望，还存在一定差距，主要表现在：少数单位的领导干部抓构建惩防体系建设工作的责任意识不强、重视不够；督查督办工作力度还需加强，督查督办机制还不够完善；在制度创新上还有待深化，在坚持和执行制度方面还有待于加大力度等。对这些问题，我们务必高度重视，采取有力措施，认真加以解决。

同志们，我县党风廉政建设和反腐败工作取得了一定成绩，这是上级纪委和县委正确领导的结果，是各级领导干部和广大群众关心支持的结果，是全县纪检监察工作者勤奋工作的结果，在此，我代表县纪委常委会表示衷心的感谢和崇高的敬意！

二、任重2010，围绕中心深化反腐倡廉建设

2010年党风廉政建设和反腐败工作的总体要求是：坚持以邓小平理论和“三个代表”重要思想为指导，深入贯彻落实科学发展观，按照党的十七届四中全会和十七届中纪委四次全会提出的要求，坚持从严治党，坚持标本兼治、综合治理、惩防并举、注重预防的方针，努力拓展从源头上防治腐败的工作领域，以党风廉政建设责任制为龙头，深化软环境建设，关注民生民本建设，加大查办案件工作力度，以党风廉政建设和反腐败工作的实际成果取信于民，为实现县第十次党代会第三次全体会议提出的目标和任务提供坚强的政治保证。

(一)以十七届四中全会为指导，深入贯彻落实科学发展观

要深入学习和领会党的十七届四中全会和十七届中央纪委四次全会精神。要把学习领会和贯彻落实全会精神作为

项重要政治任务抓紧抓好，紧密结合纪检监察工作实际，在武装头脑、指导实践、推动工作上下功夫，切实把思想统一到全会精神上来，把力量凝聚到实现全会确定的各项任务上来，推动十七届四中全会和十七届中央纪委四次全会重大部署和各项任务的贯彻落实。要按照科学发展观的要求认真谋划反腐倡廉建设。结合我县党风廉政建设和反腐败工作实际，牢牢把握深入推进反腐倡廉建设的总体要求，立足全县跨越式发展的实际，紧紧围绕县委、县政府的中心工作，使反腐倡廉建设更好地融入大局，服务大局，为促进全县经济社会又好又快发展提供有力保证。加强对各级各部门贯彻落实科学发展观情况的监督检查，着力解决影响和制约科学发展的突出问题。加强对扩大内需促进经济增长政策措施落实情况的监督检查，督促各级各部门扎实做好保增长、保民生、保稳定的各项工作。

（二）全面加强领导干部作风建设，大力弘扬新风正气

紧密结合实际，切实解决领导干部作风方面存在的突出问题，推动机关作风明显转变，以优良的党风促政风带民风，形成凝聚党心民心的强大力量。要大力弘扬理论联系实际的学风，引导党员干部把学习理论同研究解决人民群众最关心最直接最现实的利益问题、本地区本部门改革发展稳定和党的建设的重大问题等结合起来，增强学习的针对性和工作的有效性；要大兴密切联系群众之风，坚持问政于民、问需于民、问计于民、问策于民，妥善协调和处理不同方面群众的利益关系，多办顺民意、解民忧、增民利的实事。大兴求真务实之风，坚持察实情、出实招、办实事，引导党员干部树立和弘扬改革创新、求真务实、真抓实干的作风，把心思用到干事业上，把功夫下到多做打基础利长远的事上。要大兴艰苦奋斗之风，督促各级领导干部严格执行中央有关厉行节约、反对铺张浪费的规定，严格执行财经制度和经济工作纪律，严肃查处铺张浪费、奢靡享乐、挥霍公款行为。大兴批评和自我批评之风，切实增强党内生活的原则性和时效性，坚决反对上下级和干部之间逢迎讨好、相互吹捧，坚决反对党内生活庸俗化。

（三）深入开展专项治理，着力解决损害群众利益的突出问题

继续开展工程建设领域突出问题专项治理工作，认真贯彻执行国家有关法律法规，以政府投资和使用国有资金项目特别是扩大内需项目为重点，以规范项日决策行为，规范招标投标活动为抓手，紧扣建设工程“八个百分之百”要求，加强城乡规划管理，规范土地使用权、矿业权审批和出让行为，加强工程建设实施和工程质量安全管理，加强政府采购和资金安排使用管理，推进建设项目信息公开和诚信体系建设。继续治理教育收费、医药购销和医疗服务、涉农负担中的突出问题。继续治理公共服务行业侵害群众消费权益等问题。切实加强对行业协会、市场中介组织的监管，规范其服务和收费行为。认真查处侵害农民和进城务工人员权益的问题，注意维护破产企业职工的利益。继续清理规范评比达标表彰活动。继续开展民主评议机关作风工作。

（四）加强教育和监督，切实加强领导干部廉洁自律工作

按照为民、务实、清廉的要求，在全县深入开展党性党风党纪教育，把廉政教育列入干部教育培训规划，有针对性地开展廉政文化建设；重点开展示范教育、警示教育、岗位廉政教育，改进教育方式，提高教育实效。领导干部要严格遵守廉洁自律各项规定，管好自己和配偶子女、身边工作人员。依纪依法查处和整治领导干部利用职务便利为本人或特定关系人谋取不正当利益等问题。按照中央和省市要求，继续完善党员领导干部报告个人有关事项制度，把住房、投资、配偶子女从业等情况列入报告内容。

强化监督，确保权力正确行使。认真贯彻党内监督条例，加强对民主集中制、民主生活会、述职述廉、诫勉谈话、函询、党员领导干部报告个人有关事项、地方党委委员（纪委委员）开展党内询问和质询等制度执行情况的监督检查。创新党风巡查工作方式方法，整合监督力量，形成监督合力，拓展巡查领域、做好回访巡查、形成注重成果运用机制。积极推进党政领导干部经济责任审计工作。开展领导干部任期制执行情况的监督检查。全面推行党的基层组织党务公开，深化政务公开，加强对政府信息公开条例实施情况的监督检查，不断拓展公共企业事业单位办事公开工作领域。继续抓好领导干部公务工作电话接听工作，全面推行领导干部勤政廉政公示制度，把党内监督、人大监督、行政监督、政协监督、群众监督和舆论监督有机结合起来，形成监督合力，提高监督效果。

（五）严肃查办违纪违法案件，坚决惩治腐败

牢固树立“有案不查是失职、不查有影响的大案要案是不尽职、查办案件不促进经济社会发展是不称职”的观念，始终保持惩治腐败高压态势，坚决遏制一些领域腐败现象易发多发势头，决不允许腐败分子有藏身之地。按照“两个必须、三个提高”的要求，切实加强基层查办案件工作，加大对基层纪委查办案件的督促检查、业务指导。着力改善纪检监察机关办公办案工作条件，逐步实现办案笔录电子化和谈话全程录音录像，进一步提高办案工作水平。严肃查办发生在领导机关和领导干部中滥用职权、贪污贿赂、腐化堕落、失职渎职案件，严肃查办商业贿赂案件和严重侵害群众利益案件，严肃查办群体性事件和重大责任事故背后的腐败案件。健全反腐败协调工作机制，加强查办大案要案组织协调，形成整体合力。坚持依纪依法办案，完善举报人和证人保护制度，保障被调查人合法权益，依法追究诬告陷害行为。完善重大案件剖析制度和通报制度，发挥查办案件惩戒功能和治本功能。

（六）深化改革和创新制度，进一步加大从源头上防治腐败工作力度

以贯彻落实《建立健全惩治和预防腐败体系 2008 - 2012 年工作规划》为主线，坚持“标本兼治、综合治理、惩防并举、注重预防”的方针，在坚决惩治腐败的同时，更加注重治本，更加注重预防，更加汴重制度建设，完善防治腐败体制机制，充分发挥制度在预防腐败中的保证作用，提高反腐倡廉制度化、法制化水平。切实加强对领导班子和主要领导干部的监督，建立健全决策权、执行权、监督权既相互制约又相互协调的运行机制，推进权力运行程序化和公开透明。严格执行和不断完善领导干部述职述廉、诫勉谈话、函询、质询、罢免或撤换等制度。加强和改进对政府投资活动、预算内外资金收支的制度管理和监督。针对在工程建设、土地出让、产权交易、医药购销、政府采购等领域的突出问题，有针对性地通过制度加以治理和防范；认真开展工程建设领域突出问题及“小金库”专项治理工作，加强对财政资金和重大投资项目审计；继续深入推进行政审批制度改革；进一步规范建设工程招投标制度、产权交易市场制度、土地征收和使用权出让制度和政府采购制度；继续完善党务、政务、厂务、村务公开形式和内容，打造“阳光政务”，让人民群众共享改革发展成果。

三、坚持公正清廉提素质，切实加

强纪检监察系统自身建设

面对反腐倡廉工作的新形势、新任务，全县各级纪检监察机关要继续开展“做党的忠诚卫士、当群众的贴心人”主题实践活动，切实把加强纪检监察机关自身建设这项基础工程抓紧抓好，努力建设一支政治坚强、公正廉洁、纪律严明、业务精通、作风优良的纪检监察干部队伍。

一是加强学习型机关建设。加强对十七届三中、四中全会、十七届中央纪委三次、四次全会和省市纪委全会精神的学习，不断提高以科学发展观统领反腐倡廉工作的本领；深入开展学习实践科学发展观活动，加强纪检监察干部党性修养，树立和弘扬优良作风。健全完善机关内部学习制度，要坚持“走出去”与“请进来”相结合的培训教育方式，大力开展纪检监察业务培训，不断提升干部队伍整体素质。

二是加强领导班子和干部队伍建设。选好配强纪检监察机关领导班子，提高领导班子整体素质，着力提升领导班子和领导干部的执行能力和创造性工作能力。深化干部人事制度改革，做好纪检监察干部公开选拔和竞争上岗工作。注重从基层选拔优秀干部，着重选调和录用一批熟悉经济、法律、审计等专业的干部。认真贯彻落实《关于加强地方县级纪检监察机关建设的若干意见》，切实加强纪检监察机关建设。

三是建立健全纪检监察工作组织机制。进一步加强全县纪检监察机关自身建设，加大纪检监察干部的轮岗和交流力度，保持纪检监察干部队伍旺盛的生机和活力。进一步加强纪工委监察分局建设。建立健全派出(驻)机构管理制度和工作机制，强化对负责或联系单位领导班子和领导干部的监督。按照“先调研、后决策”的原则，围绕上级纪委全会以及我县反腐倡廉建设中存在的突出问题，深入开展调查研究，不断提高纪检监察干部调查研究的能力和水平，以更加敏锐的工作思路、更加扎实的工作方法和更加有效的工作措施来推进各项工作。

四是加强对纪检监察干部的管理和监督。强化政治纪律、办案纪律和保密纪律，加强内部管理，完善监督约束机制。坚持“高进、严管、优出”的原则，努力为他们创造良好的干事环境。广大纪检监察干部要继续保持开拓创新、敬业奉献精神，牢固树立光荣感和使命感，努力成为学习进取、务实创新、团结干事、遵纪守法、勤政廉洁的表率。

同志们，中共寻甸回族彝族自治县第十次代表大会第三次全体会议进一步指明了我县未来的努力方向，鼓舞人心，催人奋进。我们要以邓小平理论和“三个代表”重要思想为指导，全面贯彻落实科学发展观，解放思想，实事求是，与时俱进，不断开创我县党风廉政建设和反腐败工作的新局面，为完成县第十次党代会第三次全体会议确定的目标任务而努力奋斗！

鲁再国

加强制度建设　构建惩防体系 为寻甸科学发展新跨越提供有力保证

——中共寻甸回族彝族自治县纪律检查委员会向县第十次党代会第四次全体会议的工作报告

（2011 年 1 月 8 日）

吴忠林

各位代表：

我代表县纪委常委会，向中共寻甸回族彝族自治县第十次党代会第四次全体会议报告工作，请予审议。

一、2010 年主要工作回顾

在县委、县政府和市纪委、市监察局的正确领导下，全县各级党委、政府和纪检监察机关深入学习实践科学发展观，开展“创先争优”活动，认真执行党风廉政建设责任制，全面落实《建立健全惩治和预防腐败体系 2008 - 2012 年工作规划》及我县实施办法，贯彻落实十七届中央纪委五次全会、省纪委八届五次全会、市纪委九届五次全会精神，紧紧围绕“争先进位、富民强县”的跨越式发展目标，以改革创新精神深入开展党风廉政建设和反腐败工作，为全县经济社会发展提供了坚强的政治和纪律保证。

（一）强化督促检查，全力确保跨越式发展目标任务的落实。全县各级纪检监察机关共组织 90 个督查组，对扩大内需新增投资建设项目、“十一五”期间的重点项目、2009 年春节前后开工未完工的项目、垃圾填埋场工艺变更项目及 2010 年招商引资等工作进行专项督查；对违法加层、无序建房、拆临拆违拆迁、建绿透绿补绿和环境卫生整治，烤烟移栽、烟叶收购，昆明机电工程学校招生、县城雨污分流等工作进行了监督检查。办理县委、县政府主要领导批示件 67 件，上报督查报告 70 份，提出意见建议 107 条。

工程建设领域突出问题专项治理工作取得初步成效。按照中央和省、市的部署，会同发改、住建、环保、国土、财政、审计等部门，紧扣建设工程“八个百分之百”的相关要求，对 2008 年以来在建、竣工的政府投资和使用国有资金总投资额在 50 万元（含）以上的 120 个项目进行了排查，发现在环境影响评价、用地手续、城乡规划、工程建设实施和质量管理环节等方面存在 95 个问题，发出《工程建设项目整改通知书》111 份，发出建设行政责令暂停施工决定书 33 份。针对存在问题，下发了督办通知 15 份，督促有关部门严肃整改，21 个项目已按照要求整改到位。

（二）加大整治力度，着力创优经济社会发展软环境。开展“效能寻甸”建设专题学习教育活动，组织全县 93 个单位的主要领导在县电视台进行“效能寻甸——我们在行动”公开承诺，公布效能投诉电话接受社会监督。精简行政审批事项，压缩行政审批时限，全县 240 项行政审批事项精简为 49 项，所有行政审批时限都在规定时限内压缩 2/3。按照行政审批制度改革“两集中、两到位”的要求，对政务管理服务中心进行了进一步改革和规范，25 个行政审批和管理服务事项业务量较大的部门按要求整建制纳入政务管理服务中心受理，各单位编制了办事须知手册，严格执行“两次办结制”，基本上做到了“一窗式受理、一站式办结、一条龙服务”。深入推进制度创新工作，围绕“三农”、“工业化”、“城镇化”等重点工作进行任务分解 133 项，完成制度创新 160 项，申报制度创新成果奖 26 项。加大机关作风整治力度，开展了 5 次机关作风明查暗访工作，在全县 69 个单位和 7 个公共服务行业单位及乡（镇）站所服务窗口开展了行风评议。严肃查处损害软环境的行为，查办损害软环境案件 13 件，先后对 48 人进行了问责和责任追究。其中，科级干部 16 人，一般干部 31 人，其他人员 1 人；诫勉谈话 10 人，责令作出书面检查 4 人，通报批评 25 人，调整工作岗位 5 人，停职检查 1 人，免职 3 人。

（三）健全惩防体系，进一步完善党风廉政建设责任制。坚持党政领导班子是党风廉政建设的责任主体，“一把手”是第一责任人，对职责范围内的党风廉政建设负总责，党政班子其他成员根据分工，对分管部门和挂钩单位负直接领导责任的领导体制和工作机制。认真研究部署 2010 年全县反腐倡廉各项工作，把党风廉政建设纳入全县责任目标中，与经济建设和党的建设一起部署、一起检查、一起落实。组织召开县纪委十届五次全会和全县党风廉政建设工作会，安排部署 2010 年党风廉政建设和反腐败工作。县委书记与 14 个乡（镇）党委、51 个县直单位党委（党组）签订了 2010 年党风廉政建设责任书，同时与县委常委班子成员及县人大、县政府、县政协、县法院、县检察院主要领导签订了领导干部“一岗双责”责任书。各级各部门也层层签订了领导干部“一岗双责”责任书和2010年党风廉政建设责任书，对2010年党风廉政建设和反腐败工作主要任务及纠风工作任务进行了分解安排，明确了牵头部门，实行牵头部门责任制。

全面推进农村基层党风廉政建设。调整充实县农村基层党风廉政建设联席会议成员单位，建立相互配合、齐抓共管的工作机制；健全县、乡（镇）、村、组齐抓农村基层党风廉政建设的工作体系，形成“横向到边，纵向到底”的监督网络体系。建立农村基层党风巡查制度和村干部个人廉政档案，落实基层干部勤政廉政公示制度，积极开展村（居）委干部、站所负责人“勤廉双述”活动和民主评议乡（镇）基层站所工作。推进农村集体“三资”管理的制度化、民主化、规范化建设，建立农村“三资”监管的长效机制。深入推进“阳光政务”，编制村务公开目录，不断充实村务公开内容，规范公开程序，创新公开方式。完善村务公开质询制度，每半年召开一次会议，接受村民的质询和监督，做到“日常事务定期公开、重大事务随时公开、热点问题及时公开”。

（四）严格教育监督，切实抓好领导干部廉洁自律工作。在全县党员干部中开展《中国共产党党员领导干部廉洁从政若干准则》学习宣传教育活动，组织417名领导干部进行《廉政准则》相关知识测试。坚持每季度发一封廉政公开信制度，分四批（次）组织全县副科级以上领导干部、县直机关企事业党员干部、乡（镇）村两级干部、离退休老干部共计2050人参加反腐倡廉警示教育活动；对49名新任领导干部进行廉政法规考试。在14个乡（镇）、65个县直单位科级领导班子和党员领导干部中召开反腐倡廉警示教育专题民主生活会。依托“红军长征柯渡纪念馆”抓好县级党风廉政教育基地建设，积极创建具有地方特色的廉政文化“七进”示范点，巩固廉政文化成果。结合党风巡查，在全县开展2010年度领导干部勤政廉政公示工作。认真落实纪委负责人同下级党政主要负责人谈话制度，全县各级纪委负责人同下级党政主要负责人进行谈话335人（次）。认真开展社会团体、国有及国有控股企业“小金库”专项治理工作。严格执行公务用车管理规定，在清明节、五一节期间组织开展明查暗访，查访封存车辆及值班车辆450多辆（次）。继续从严控制一般性公务用车的购置审批，落实市委、市政府“无车年”的规定。

（五）关注民生民本，着力解决损害群众利益的突出问题。组织开展了2007－2009年强农惠农资金专项检查，确保资金管理使用安全有效。加大食品药品市场整治力度，认真排查食品药品安全事故的各类隐患，切实加强食品药品市场安全监管。进一步完善和规范药品集中招标采购工作，强化监督管理，严格规范采购行为。加强对新型农村合作医疗资金监管，确保资金安全和使用效率。巩固完善公办高中招收择校生“三限”政策，加大对义务教育经费保障机制改革各项措施落实和“两免一补”经费使用情况的监督检查，兑现义务教育阶段教育保障经费2831万元，清退收费金额47.48万元。继续做好减轻农民负担工作，健全关注民生民本的长效机制。进一步巩固和扩大治理公路“三乱”成果，聘请义务监督员15名，设置电话举报点19个，对4个收费站、2个超载监测站、1个测速点进行检查。加强环境违法违规行为专项整治，立案查处违法排污企业单位3个。开展涉农收费、客运票价、成品油价格等专项检查，共受理各类价格投诉案件4件，办结率100%。

（六）严肃党纪政纪，加大查办案件工作力度。注重发挥信访主渠道作用，严肃查处违纪违法案件。坚持信访例会和案件分析会制度，完善纪检监察机关与法院、检察院、公安、审计等部门相互移送案件和联合办案协调机制，建立基层纪检监察组织办案互助工作机制，形成办案合力。县纪检监察机关共受理群众来信来访、电话举报105件（次），办结105件。立案查处10件11人，办结10件11人，结案率100%。其中，开除党籍8人，留党察看二年2人，行政撤职1人，行政记过1人；正科级干部1人，一般干部2人，村委会人员7人，站所长1人，共挽回经济损失84.94万元。办理恢复党员权利1人，回访教育16人。

（七）加强队伍建设，为党风廉政建设和反腐败工作提供组织保障。在全县纪检监察机关深入开展“做党的忠诚卫士、当群众的贴心人”主题实践活动、创先争优活动、向刀会祥同志先进事迹学习活动，严格遵守纪检监察干部“五严守、五禁止”，进一步解决思想、作风等方面存在的突出问题。通过召开各种形式的讨论会、组织生活会、行政办公会等活动，扎实抓好纪检监察业务知识、法律、经济、金融、科技和社会管理等方面的知识学习，切实提高党性修养。组织全县纪检监察系统干部近200人（次）进行业务培训，邀请市纪委领导对案件查办、督查督办、信息写作工作进行专题授课。围绕纪检监察各个时期的中心工作开展专题调研，印发《寻甸纪检监察调研》4期，采编《寻甸县纪检监察信息》12期，上报信息126条（篇）。选派3名干部参加中纪委、省市纪委业务培训。交流了4名领导到其他岗位任职，充实和配备了纪工委副书记6名，副科级纪检监察员2名，县监察局非党副局长1名，公选了9名年轻干部到县纪委机关工作。进一步规范县纪委派出机构的管理运行机制，坚持每周行政办公会纪工委报告工作制度，信息考核等制度，积极调动各派出机构履行工作职责的积极性和主动性，充分发挥派出机构参与监督检查的职能作用。

回顾一年来的工作，我们深深体会到，反腐倡廉建设要紧贴、融入、服务党委和政府的中心工作，就必须以最严格的监督检查保证党委、政府决策部署的贯彻落实；必须以最严厉的问责制促进工作作风转变和行政效能提升；必须紧紧围绕群众反映强烈的突出问题加大专项整治力度；必须盯住重点领域和关键环节坚决查处腐败案件；必须加强反腐倡廉制度创新，推进从源头上治理腐败工作；必须从思想、组织、作风、能力等方面大力加强纪检监察队伍建设等。这些做法和体会，我们要在今后的工作实践中不断总结和深化，积极探索与寻甸科学发展新跨越要求相适应的反腐倡廉建设新路子。

同时我们还清醒地看到，当前我县反腐倡廉形势依然严峻，任务仍然艰巨。一些地方和部门的党政领导干部对反腐倡廉建设的重要性认识不足，党风廉政建设责任制落实得还不够好；少数机关和干部不作为、乱作为、慢作为等效能低下情况依然存在；少数干部的思想观念、能力水平与形势任务还不完全适应；一些重点领域和关键环节以权谋私、失职渎职案件时有发生，农村基层的党风廉政建设需进一步加强等。对此，我们必须高度重视，以更加坚决的态度、更加有力的措施、更加务实的作风，在今后的工作中切实加以解决，把全县反腐倡廉建设进一步引向深入。

二、2011年主要工作任务

2011年是“十二五”规划的开局之年，必须把反腐倡廉建设摆在更加突出的位置，更加扎实有力地推进反腐倡廉工作工作。全县各级党组织和广大党员要高举中国特色社会主义伟大旗帜，以邓小平理论和"三个代表"重要思想为指导，深入学习实践科学发展观，全面贯彻落实党的十七届五中全会精神，严格执行党风廉政建设责任制，坚持标本兼治、综合治理、惩防并举、注重预防的方针，加强以保持党同人民群众血肉联系为重点的作风建设，扎实推进惩治和预防腐败体系建设为重点的反腐倡廉建设，着力推进制度创新，抓紧解决反腐倡廉建设中人民群众反映强烈的突出问题，围绕中心、服务大局，突出重点、整体推进，改革创新、狠抓落实，不断提高反腐倡廉建设的科学化水平，以党风廉政建设和反腐败斗争的新成效迎接中国共产党成立90周年。

(一)认真学习贯彻党的十七届五中全会精神，为寻甸科学发展新跨越提供有力的政治和纪律保证

全县各级纪检监察机关要把深入学习贯彻党的十七届五中全会精神放在加强纪检监察干部思想理论建设的重要位置，全面把握党的十七届五中全会精神，抓住实施西部大开发战略和推进桥头堡建设的重大机遇，紧紧围绕把昆明建设成为中国面向西南开放的区域性国际城市的战略目标，进一步明确任务，抓好贯彻落实。要坚持以科学发展观统领全县反腐倡廉工作，以促进科学发展为主题，以加快转变经济发展方式为主线，把以人为本、执纪为民，惩防并举、标本兼治，统筹兼顾、协调发展等理念，体现到反腐倡廉工作思路谋划、任务部署和措施落实等各个方面，服务、保障和促进科学发展。

要把保证县委重大决策部署的落实作为一项重要职责。严明党的四大纪律特别是政治纪律。教育广大党员干部在政治上、思想上、行动上与党中央保持高度一致。采取定期检查、专项督查等方式，加强对扩大内需、调整结构、"三农"工作、保障和改善民生、重点项目进展、招商引资等政策落实情况的监督检查。重点要加大对在建、续建重大项目的监督检查力度，及时发现问题，督促整改，确保工程及时完工。督促有关部门分解和落实责任，抓紧做好一批"十二五"建设项目的前期准备工作并限期开工；要加强对招商引资项目落地以及工程进度的监督检查，对服务不到位、措施不得力、影响项目推进的进行严厉问责。

要加大经济建设领域反腐败力度。加强对投融资体制改革各项重点工作和制度建设任务的监督检查，对拖着不办、盯着不干、落实不力的严厉问责；积极配合有关部门，进一步整顿土地市场秩序；对建设工程项目落实"八个百分之百"情况进行专项检查，盯住不落实的事，追究不落实的人，查办权钱交易和商业贿赂行为，确保项目成为优质、高效、安全、廉洁工程。

(二)坚持服务大局，优化经济发展环境

环境就是资本，环境就是效益，环境就是生产力。创造一个"安全、宽松、规范、高效"的发展环境，是寻甸实现追赶型、跨越式、超常规发展的关键所在。其中，干部的奉公守法、清正廉洁，又是一个地方最为重要的软环境。外商投资、百姓创业最怕懒官、庸官，最恨昏官、贪官。要围绕加快发展，继续深入开展"效能寻甸"建设活动，进一步规范政府职能，使政府职能向创造良好发展环境，提供优质公共服务、维护社会公平正义转变。继续推进"责任政府、法制政府、阳光政府、效能政府四项制度"规范化建设，对行政审批项目精简、"流程再造"、"两集中两到位"、"四进中心"、电子监察等工作开展"回头看"，进一步规范行政处罚自由裁量权。完善行政绩效管理、行政能力提升制度、行政成本控制制度、行政行为监督制度。要加大党风巡查、执法监察、效能监察、廉政监察、机关行业作风明查暗访等工作力度。更加严厉问责违反规定乱作为、消极怠工不作为、推诿扯皮慢作为等行为，促进各级机关和干部进一步改进工作作风，提升行政效能。

(三)切实抓好领导干部廉洁自律工作，促进领导干部廉洁勤政

认真贯彻落实《关于实行党风廉政建设责任制的规定》，全面开展廉政风险防范管理工作，深化公务用车专项治理。重点巩固廉政文化"七进"活动成果，把廉政文化建设与社会公德、职业道德、家庭美德、个人品德和法制教育结合起来，扩大廉政文化的覆盖面和影响力。严格执行领导干部不准收送现金、有价证券、支付凭证和收受干股的规定，禁止以赌博和交易等形式收受财物，不准用公款为个人购买商业保险。坚决查处领导干部放任、纵容配偶、子女和身边工作人员利用其职权和职务影响违纪违规经商办企业等行为；治理领导干部违规插手招投标、土地出让、产权交易、政府采购等市场交易活动谋取私利的问题。结合即将开展的县、乡(镇)党委换届工作，严格执行"十个严禁"、"五个一律"，匡正选人用人风气，坚决整治跑官要官、买官卖官、拉票贿选等问题，严肃查处违规违纪用人问题及背后隐藏的腐败问题，弘扬新风正气，抵制歪风邪气，为换届工作营造风清气正的环境，切实维护党的形象和团结统一。严格执行外出学习考察备案、领导干部重大事项报告制度，充分发挥自律和他律作用，防范不廉洁行为的发生。要加强党内民主监督，严格执行民主集中制、述职述廉、诫勉谈话、函询质询和党员领导干部报告个人有关事项等制度。要加强对重点部门、重点岗位、重要职能、重点资金和重大事项的监督，深入推进领导干部经济责任审计工作。要不断拓展监督渠道，把党内监督与人大监督、政协民主监督、司法监督、群众监督结合起来，努力形成权力运行的监督机制。全县各级党员领导干部要严格执行《中国共产党党员领导干部廉洁从政若干准则》，带头执行党风廉政建设的各项规定，自觉接受党内外监督，模范遵守廉洁从政各项规定，率先垂范，从我做起，向我看齐，以人格的力量和风范影响周围其他人，树立勤政廉政的好榜样。

(四)切实解决损害群众利益的突出问题，促进"和谐寻甸"建设

深入开展纠风专项治理工作。要加大纠风工作力度，创新纠风工作机制，实现"五个转变、五个突破"：从事后监督为主向全过程监督转变，在解决苗头性倾向性问题上取得新突破；从注重刹风整纪向源头治理转变，在增强工作实效上取得新突破；从开展创建活动为主向纠建并举、制度创新转变，在体制机制制度建设上取得新突破；从扩大工作覆盖面为主向规范运作转变，在发挥治本功能上取得新突破；从搭建平台、委托办理为主向拓宽群众诉求渠道、主动解决问题转变，在创新工作载体上取得新突破。积极探索纠风工作新路子，当前要着力健全"三个机制"：及时发现问题机制，快速处理问题机制，源头预防问题机制。重点开展"五项治理"：一是严厉打击制售假劣药品行为，严肃查处食品药品安全事故，确保群众用药安全。二是集中整治危害群众健康的环境问题，严肃查处环境保护方面的违纪违法行为。三是加强对安全生产法律法规和安全生产责任制落实情况的监督检查，进一步加大责任事故调查处理力度，坚决查处失职渎职问题和事故背后的腐败行为。四是加强对征地拆迁行为的监管，督促落实被征地农民补偿费用和安置措施，探索完善相关社会保障机制。五是加强对社保基金、住房公积金、扶贫资金和救灾救济资金等专项资金管理使用情况的监督检查，

加强对大额资金的实时监控，严明财经纪律，严肃处理违纪违规问题。同时要加强政风行风建设，继续深入开展民主评议机关作风活动，充分发挥党风巡查员和特邀监察员的积极作用，健全完善行风建设监督体系，巩固行评工作取得的成效。

继续开展工程建设领域突出问题和“小金库”专项治理工作。认真落实工程建设领域突出问题专项治理各项要求，督促有关单位切实完成八个方面56项工作任务，着力解决工程造价高的问题，坚决查办和纠正领导干部违规插手工程建设、在工程建设招投标中规避招标、围标串标等违法违规行为。严厉查处党政机关和事业单位私设“小金库”行为，并将专项整治向社会团体和国有企业延伸。

（五）强力推进基层党风廉政建设，着力解决发生在群众身边的腐败问题

一要抓宣传教育，以教育引导人。切实加强对基层干部的廉政教育，筑牢服务群众、廉洁自律的思想基础，努力营造“廉洁可敬、腐败可耻”的社会氛围，努力建设一支“守信念、讲奉献、有本领、重品行”的农村党员干部队伍；二要抓制度创新，以制度规范人。完善农村基层党风廉政建设制度体系，建立村干部个人廉政档案制度；积极开展“勤廉双述”活动，村两委班子主要负责人和基层站所主要负责人每年进行一次述职述廉；要深化农村集体“三资”管理，实现资金管理公开化、资源管理市场化、资产管理规范化，从源头上预防腐败问题的发生；三要抓监督检查，以监督制约人。构建农村基层党风廉政建设监督网络，推进农村改革发展方针政策有效贯彻落实。要发挥群众的监督作用，畅通群众监督投诉渠道；四要抓政务公开，以民主取信人。深入推进“阳光政务”，按照“公开为原则、不公开为例外”的要求，凡是涉及群众利益、群众关注的事项，群众应该掌握的政策，凡是应该告知群众的事项全部公开。做好基层党组织党务公开的探索工作，凡是党员、群众关注的重大事项和热点问题，除涉及党内和国家秘密外，都必须公开，征求党员、群众意见，接受党员、群众质询和监督；五要抓案件查处，以惩处警示人。严惩“村官腐败”，达到查处一案，教育一片的效果，有效遏制村官违纪违法问题的滋生和蔓延。

（六）继续保持查办案件强劲势头，坚决维护党纪政纪的严肃性

进一步强化“有案不查是失职、不查有影响的大案要案是不尽职、查办案件不促进经济社会发展是不称职”的观念，继续加大查办违纪违法案件力度，突出办案重点、拓宽案源渠道，强化办案措施，坚持做到“五个严肃查办”：一是严肃查办发生在领导机关和领导干部中滥用职权、贪污贿赂、腐化堕落、失职渎职的案件，严厉惩处利用人事权、司法权、行政执法权、行政审批权谋取非法利益的行为；二是严肃查办商业贿赂案件，在坚决惩处受贿行为的同时，加大对行贿行为的查处力度，对有行贿记录的单位和个人，在市场准入、经营资质、贷款审批、投标资格等方面加以严格限制；三是严肃查办严重侵害群众利益案件、群体性事件和重大责任事故背后的腐败案件，对造成群众生命财产重大损失的地方和单位要严肃追究有关人员的责任；四是严肃查办工程建设、房地产开发、土地管理和矿产资源开发等腐败现象易发多发领域的案件；五是严肃查办为黑恶势力充当“保护伞”的案件。要高度重视信访工作，畅通信访渠道，及时解决群众反映的合理合法问题。进一步完善查办案件组织协调机制，充分发挥县委反腐败工作协调领导小组职能，整合办案力量，提高办案能力。要加强对典型案件的剖析，发挥查办案件的惩戒和治本作用，利用典型案件开展警示教育，查找管理和制度上的问题与漏洞，有针对性地预防腐败案件的发生。

（七）适应新形势新任务的需要，大力加强纪检监察机关自身建设

始终坚持抓班子，带队伍。班子强则队伍强，队伍强则事业兴。坚持从严管干部、从严带队伍，提高纪检监察机关的整体功能；始终坚持抓作风，树形象。纪检监察干部要勇于负责、敢担责任、秉公执纪、一身正气。要严于律已、率先垂范，做党的忠诚卫士，当群众的贴心人；坚持抓教育、强素质。着眼于建设学习型机关，通过深入学习中国特色社会主义理论体系，不断增强政治意识、表率意识、法治意识、创新意识和宗旨意识，增强政治敏锐性和政治鉴别力；始终坚持抓业务、提能力。加强业务能力建设，不断拓宽理论视野，完善知识结构，提高工作创新能力，争创一流。提高调查研究能力，破解难题；提高文字写作能力，多出精品；始终坚持抓制度，促规范，使制度更带有根本性、全局性、稳定性和长期性，要完善定期通报、督查调研、检查考核等工作制度；加强对派出机构的管理，充分发挥乡（镇）纪委、县直各部门纪委、纪检组的作用，不断提高组织协调反腐败工作的能力和水平；始终坚持抓纪律，促团结。要坚决执行“五严守、五禁止”，严守党的政治纪律，维护队伍的团结和统一，增强凝聚力，提高战斗力。

全县各级党政领导班子及其成员特别是主要领导，要认真执行党风廉政建设责任制，认真履行“一岗双责”，高度重视并自觉承担起推进反腐倡廉建设的政治责任和领导责任，推动科学发展，促进社会和谐，提高党的执政能力，保持和发展党的先进性。要加强组织领导，健全工作机构，完善配套制度，推动工作落实；要定期召开专题工作会议，及时掌握和全面分析管辖范围内的党风廉政建设情况，切实解决存在的突出问题；坚持将执行责任制情况定期向上级党委、纪委报告；县直各部门要紧密结合业务工作，认真抓好本部门、本系统、本行业的党风廉政建设工作。部门之间要建立健全联席会议制度，经常通报情况、交换意见，密切配合、优势互补，共同推进反腐倡廉建设。

同志们，反腐倡廉建设使命光荣、责任重大。让我们高举中国特色社会主义伟大旗帜，深入贯彻落实科学发展观，在县委和市纪委的坚强领导下，认真履行党章赋予的职责，锐意进取，真抓实干，努力开创全县反腐倡廉建设工作新局面，为加快实现寻甸科学发展新跨越提供坚强的政治和纪律保证。

吴忠林

大 事 记

2007 年

1月

10日　县委十届三次全体(扩大)会议召开，全会听取和审议了县委书记刘荣代表县委常委会所作的题为《坚持科学发展，构建和谐寻甸，为实现全县经济社会又好又快发展而努力奋斗》的报告，审议通过了《中共寻甸回族彝族自治县委关于构建和谐寻甸的实施意见》及《中国共产党寻甸回族彝族自治县第十届委员会第三次全体(扩大)会议决议》。会议由县委副书记、县长孔贵华主持。

14日　寻甸县公开选拔科级领导干部和副科级后备干部笔试考试在寻甸县一中举行，900余名考生参加了考试。

19日　寻甸县县城公交车正式开通。

2月

8日　寻甸县2007年度文化、科技、卫生“三下乡”活动启动仪式在鸡街乡举行。

3月

2日　中国共产党寻甸回族彝族自治县纪律检查委员会十届二次全体会议召开。

5日至11日　中国人民政治协商会议寻甸回族彝族自治县第六届委员会第五次会议召开。

3月6日—11日　县第十三届人民代表大会第五次会议在寻甸县城举行。并通过了6个工作报告的决议。

11日下午　召开创建昆明市文明县城动员大会，举行文明县城创建启动仪式。

4月

4月　仁德镇第一小学晋升为云南省一级三等小学，17日举行授牌仪式。

8月

8日　寻甸县正式启动首批下岗失业人员小额担保贷款工作，全年共向小额担保贷款102户发放贷款306万元。

31日　寻甸县召开中国共产党寻甸回族彝族自治县第十届委员会第四次全体(扩大)会议。全会听取和审议了县委书记刘荣同志代表县委常委会所作的题为《统一思想，坚定信心，为实现今年各项目标任务而努力奋斗》的报告，审议通过了《中国共产党寻甸回族彝族自治县第十届委员会第四次全体(扩大)会议决议》。

8月　县纪委、县监察局对县直部门实行派驻纪检组统一管理，对15个部门派驻纪检组(监察室)，对24个部门派驻纪检组(监察室)。

9月

9月　彝族山歌说唱《糠箩箩，米箩箩》获第三届全国少数民族曲艺展演一等奖、最佳作品奖。

9月　经中国绿色食品发展中心审核，倘甸镇2万亩冬马铃薯获得农业部绿色食品证书，该产品符合绿色食品A级标准，同时被中华人民共和国国家工商行政管理总局商标局商标注册为《雄甸牌》。

10月

12日　寻甸凤梧城镇开发有限公司注册登记，注册资金1亿元。县人民政府授权县财政局全额出资，出资总额1亿元，占注册资本的100%。

26日　省委、省政府在甸沙乡海尾村举行引板入清，引清济昆工程大坝枢纽开工仪式，省委书记白恩培、省长秦光荣、省政协主席王学仁、省委副书记李纪恒、市委书记杨崇勇参加开工仪式。整个工程总投资18亿元，每年向昆明供水1.73亿方。29日，昆明市清水海供水及水源环境管理项目开工。该项目主要是通过工程措施将清水海、板桥河、石桥河、新田河水库、塌鼻子龙潭、清水河左右支、恩则河及罗白河等水源的部分水量调往昆明，供呈贡新城和空港经济区的工业及城市生活用水。

11月

15日　寻甸县正式启动县城区生猪定点屠宰管理工作

20日—22日　寻甸县第十三届人民代表大会第六次会议在寻甸县城举行。会议审议和通过了《云南省寻甸回族彝族自治县自治条例》。

11月　寻甸县人民政府将“粮食收购许可”由“行政审批”改为“管理服务”。

12月

24—25日　寻甸县青年联合会成立大会暨第一届委员会第一次全体会议在寻甸召开。

2007年开始　连续5年从省、市、县、乡四级机关中选派素质好、能力强、作风硬的干部派驻到各村(社区)担任社会主义新农村建设工作指导员。2007年至2009年以乡(镇)为单位组成新农村建设工作队。2010年以县为单位组建新农村建设工作总队1个，以乡镇为单位组建新农村建设工作队，总队队长挂任县委副书记，乡镇工作队长挂任乡镇党政副职。

2007年　实行药品集中招标采购，2010年全面实施国家基本药物制度，实行药品零差率销售。

2007年　寻甸县成立县委行政效能问责委员会。

2007年　寻甸县正式成立非物质文化遗产保护中心

2008 年

1月

25日至29日　中国人民政治协商会议寻甸回族彝族自治县第七届委员会第一次会议召开。

25日—31日　寻甸县第十四届人民代表大会第五次会议在县城举行。并通过了6个工作报告的决议。

31日　县委十届五次全体（扩大）会议在县城召开。会议传达学习了省委常委、市委仇书记在昆明市城乡建设、滇池治理、工业突破及城中村改造工作机构成立动员大会上的讲话精神和市委九届四次全会精神；听取和讨论了县委书记刘荣同志代表县委常委会向全会作的报告；审议并通过《中国共产党寻甸回族彝族自治县第十届委员会第五次全体（扩大）会议决议》。

2月

27日　中国共产党寻甸回族彝族自治县纪律检查委员会十届三次全体会议召开。

3月

15日　县十四届人民政府第一次全体会议在县政府四楼会议室召开。

13日至14日　寻甸县第十四届人民代表大会常务委员会第一次会议在县人大常委会会议室举行。会议分别审议通过了《寻甸回族彝族自治县人大常委会2008年度工作要点及议题分解》和《寻甸回族彝族自治县第十四届人民代表大会常务委员会代表资格审查委员会名单》，听取和审议了县人大常委会执法检查组对县人民政府遵守和执行《排污费征收使用管理条例》情况的检查报告，听取和审议《县人民政府关于提请审议寻甸回族彝族自治县矿产资源管理办法的议案》，会议还对新一届人大常委会委（室）负责人和新一届人民政府组成部门负责人进行表决任命。

4月

2日　县政协召开第七届委员会第一次常委会。

21日　寻甸县召开全县“解放思想、深化改革、扩大开放、科学发展”大讨论动员大会。

30日　寻甸县正式成立园区管理委员会，管委会为县委、县人民政府派出机构，采取以实体化管理为主。

同日　寻甸县仁德镇学府社区工作站正式挂牌成立。

5月

18日　成立寻甸县首家残疾人协会——倘甸镇马街村委会残疾人协会。

9月

成立县招商引资考核办公室，负责全县招商引资考核工作，人员从相关单位抽调。2010年12月，县编委明确考核办为招商引资工作指挥部议事协调专项办事机构，机构规格正科级，归口组织部管理。

10月

8日　在县城规划区、流经县域的河流及河流两侧200米范围内、集中式饮水水源地、一级水源保护区、所有湖泊及水库等按政策实行禁养，禁止新建、扩建畜禽养殖场。实现禁养区养殖业零申报。

16日　寻甸县举行社会福利院挂牌仪式。

10月　中国邮政储蓄银行寻甸西门街支行成立，开办小额信贷、对公结算等业务，结束了邮政储蓄“只存不贷”的历史。

11月

11月　县纪委成立9个派出纪工委（监察分局），实行“集中派出，分类归口”管理。

2008年　寻甸县开展选聘高校毕业生到村任职工作。

2008年　寻甸县启动实施“评聘分开”职称评聘工作。

2009 年

1月

7日　中国共产党寻甸回族彝族自治县第十届委员会第六次全体会议召开。会议传达学习了市委九届五次全体（扩大）会议精神；听取了中国共产党寻甸回族彝族自治县第十次代表大会第二次全体会议筹备工作情况报告；审议通过了县委工作报告，寻甸回族彝族自治县党代表大会代表任期制和党代表大会常任制实施办法（试行）（草案）；通过了中国共产党寻甸回族彝族自治县第十次代表大会第二次全体会议各代表团团长、副团长、列席人员、提案审查委员会名单（草案），通过中国共产党寻甸回族彝族自治县第十次代表大会第二次全体会议代表提案截止时间（草案）、大会议程（草案）、大会日程；并递补了十届县委委员。

7日　中国共产党寻甸回族彝族自治县纪律检查委员会十届四次全体会议召开。

8日—12日　寻甸县第十四届人民代表大会第二次会议在县城举行。并通过了6个工作报告的决议。

9日至11日　中国人民政治协商会议寻甸回族彝族自治县第七届委员会第二次会议召开。

5月

8日　寻甸县青年创业就业“贷免扶补”工作启动。

7月

7月　寻甸县“十二五”编制启动。

9月

27日　寻甸县在民族文化体育中心举行“唱响国歌、爱我家乡”万人歌咏晚会，庆祝新中国60华诞。

9月至2010年3月　寻甸县出现了百年不遇的秋、冬、春、初夏连旱，造成全县人畜饮水困难85500人，大牲畜87500头，农作物受灾316261亩，成灾230581亩，绝收134431亩。牧区受旱面积135km^2。

9月　油画《余晖下的红土地》获第三届全国少数民族曲艺展演一等奖、最佳作品奖。

10月

1日　中国联通寻甸分公司3G正式投入商用。

10月14日—20日　寻甸县举办昆明市第九届少数民族传统体育运动会。

11月

8日　撤销原塘子镇、金所乡、并入仁德镇，统称仁德镇。

2009年　寻甸县在全县机关事业单位中全面推行机构编制实名制管理，下发了319个单位机构编制管理证，对9159名在职人员颁发了编制实名证。实现了机构编制实名制和工资基金管理月审制度。

12月　启动78个村级组织活动场所建设，2010年8月完成建设任务，全县实现村级组织活动场所全覆盖。

2009 年　网络舆论宣传舆情监测从 2009 年开始。

2009 年　寻甸县人民政府获国务院"全国民族团结进步模范集体"称号。

2009 年　寻甸县人民政府开通 96128 政务查询专线。

2009 年　寻甸县农业科技示范园启动。

2010 年

1 月

7—8 日　中国共产党寻甸回族彝族自治县第十次代表大会第三次全体会议隆重召开。会议审议通过了县委工作报告和《决议》、县纪委工作报告和《决议》，审议了县党代表提案办理情况报告、2009 年党费收缴、使用、管理情况报告。

1 月 8 日　中国共产党寻甸回族彝族自治县纪律检查委员会十届五次全体会议召开

21 日至 25 日　中国人民政治协商会议寻甸回族彝族自治县第七届委员会第三次会议召开。

21 日—26 日　县第十四届人民代表大会第二次会议在寻甸县城举行。并通过了 6 个工作报告的决议。唐琪当选为县人民政府县长。

4 月

14 日　寻甸县按照"高中集中到县城，初中集中到乡镇和逐步集中到县城，小学五、六年级分片集中或集中到乡镇，一至四年级分区域集中，一师一校点向完小或初小撤并"的原则科学布局中小学校。

19 日　寻甸县第一家小额贷款公司——寻甸县益鑫小额贷款有限公司正式营业。

5 月开始　全县 24 个党委，171 个党总支，836 个党支部，20434 名党员深入开展创建先进基层党组织、争当优秀共产党员活动。活动共分四个阶段：2010 年 5 月至 6 月为动员部署、强化学习阶段；2010 年 7 月至 2011 年 6 月为突出实践、扎实推进阶段；2011 年 7 月至 2012 年 6 月为树立典型、评选表彰阶段；2012 年 7 月至党的十八大召开前为总结提升、完善机制阶段。

7 月

15 日　中国农业银行寻甸支行成为上市银行

7 月　县委、县政府组织实施政府机构改革工作。将科学技术局、经济和商务局、投资促进局、政府信息产业办公室整合组建科学技术和工业经贸信息化局，加挂中小企业局、投资促进局牌子；将人事局、劳动和社会保障局整合组建人力资源和社会保障局；在规划建设局基础上组建住房和城乡规划建设局，加挂城市管理综合行政执法局、园林绿化局牌子；将文化体育局、旅游局、广播电视局整合组建文体广电旅游局；将畜牧局、农业机械化管理局并入农业局，加挂畜牧兽医局牌子；将交通局更名为交通运输局；将粮食局并入发展和改革局；将煤炭行业管理办公室并入安全生产监督管理局；将政府扶贫开发办公室调整为政府工作部门；将政府便民服务领导小组办公室更名为政府政务服务管理办公室并入政府办公室；上级下划 1 个省垂直管理的食品药品监督管理局交由县管理后，列为政府工作部门；保留设置政府工作部门 18 个，即：政府办公室、发展和改革局、教育局、民族宗教事务局、公安局、监察局（与纪委机关合署，不计数）、民政局、司法局、财政局、国土资源局、环境保护局、农业局、林业局、水务局、卫生局、人口和计划生育局、审计局、统计局、安全生产监督管理局，保留部门管理机构 1 个（人民政府法制办公室）。通过改革至 2010 年 10 月，政府机构由 37 个（县政府工作部门 27 个、议事协调机构 2 个、部门管理机构 1 个、政府直属事业机构 7 个）调整整合设置政府工作部门 25 个、部门管理机构 1 个，政府直属事业机构 3 个，共计精简机构 11 个，精减率 29.73%。

11 月

4 日　成立"寻甸食品行业商会"、"寻甸浙江商会"。

12 月

21 日　中共中央组织部表彰寻甸七星镇江格村党总支书记梅阳林为防汛抗洪救灾的优秀共产党员。

30 日　市委常委、组织部部长郭红波代表市委到寻甸县宣布：罗永斌同志任中共寻甸县委委员、常委、副书记，主持县委工作。刘荣同志任市委副秘书长，不再履行寻甸县委书记职责。

12 月　倘甸镇、凤合镇、联合乡、金源乡托管倘甸产业园区管理委员会和轿子旅游开发区管理委员会（简称"两区"管委会）管理。

2010 年　寻甸县被云南省列为全省优质马铃薯种薯基地县和优质加工型马铃薯原料薯基地县。

2010 年　六哨乡建成 1.2 万平方米脱毒马铃薯种薯示范园区，共建设马铃薯规范性交易市场 5 个。

2010 年　寻甸回族彝族自治县人民政府便民服务领导小组办公室更名为"寻甸回族彝族自治县人民政府政务服务管理办公室"，其职责划入县人民政府办公室。

县域概况

【行政区划、人口】 寻甸回族彝族自治县地处云南省东北部、昆明市东部，县城距昆明市区90千米，全县总面积3588平方千米，最高海拔3294.8米，最低海拔1480米。2007—2009年，全县辖14个乡(镇)，170个村委会，3个社区。2010年，全县辖14个乡(镇)，167个村委会，7个居民委员会。全县户籍总人口，2007年末514792人，2008年末523394人，2009年末530697人。2010年末全县户籍总人口538998人。其中，非农业人口35949人，占总人口的6.67%；农业人口503049人，占总人口的93.33%；少数民族人口122143人，占总人口的22.66%。其中，回族65632人，占总人口的12.17%；彝族48850人，占总人口的9.06%；苗族6371人，占总人口的1.18%。全县人口出生率为8.66‰，死亡率为5.04‰，人口自然增长率为3.62‰。

【经济综述】 全县生产总值(GDP)2007年完成23.76亿元，2008年完成29.99亿元，2009年完成32.47亿元。2010年，全县生产总值(GDP)完成38.42亿元，比上年增长11.6%。其中，第一产业完成增加值11.6亿元，比上年增长7.1%；第二产业完成增加值11.12亿元，比上年增长12.9%，其中工业实现增加值9.58亿元，比上年增长10.1%；第三产业完成增加值15.69亿元，比上年增长13.5%。三次产业结构由上年的33.3：25.6：41.1调整为30.2：29.0：40.8。人均GDP达7901元(按常住平均人口计算)，比上年增长17.2%。非公经济创造增加值18.45亿元，占全县生产总值的比重达48%。

【农业】 全县实现农村牧渔总产值2007年完成14.62亿元，2008年完成17.12亿元，2009年完成18.84亿元。2010年，全县实现农林牧渔总产值完成20.33亿元，比上年增长8.0%。其中，农业总产值完成9.01亿元，比上年增长8.5%；林业总产值完成1.06亿元，比上年增长12.3%；农林牧渔增加值完成11.6亿元，比上年增长7.1%。主要农产品产量：粮食总产量19.57万吨，比上年减少1.2%，其中玉米5.63万吨，比上年增长28.9%；稻谷4.83万吨，比上年减少9.3%；小麦0.13万吨，比上年减少68.9%；蚕豆0.28万吨，比上年增长8.7%；烤烟产量2.5万吨，比上年增长17.0%；蔬菜6.33万吨，比上年增长0.2%；油料0.45万吨，比上年减少4.6%。

【畜牧业】 畜牧业总产值2007年完成7.35亿元，2008年完成8.80亿元，2009年完成9.23亿元。2010年牧业总产值完成9.54亿元，比上年增长7.0%；渔业总产值4667万元，比上年增长7.0%。其中，肉类总产量达8.36万吨，比上年增长7.2%。其中禽蛋产量达到0.71万吨，比上年增长21.1%。年末，大牲畜存栏22.65万匹(头)只，比上年增4.9%；大牲畜出栏11.68万匹(头)只，比上年增长6.3%；牛存栏17.36万头，比上年增长7.9%；牛出栏11.58万头，比上年增长7.2%；猪存栏44.12万头，比上年增10.5%；猪出栏69.64万头，比上年增长8.45%；羊存栏24.72万只，比上年增3.6%；羊出栏20.22万只，比上年增长8.9%。

【工业、建筑业】 全县工业总产值2007年完成21.5亿元，2008年完成30.36亿元，2009年完成36.94亿元。2010年全县工业完成总产值38.80亿元，比上年增长5.5%(现价)；工业增加值2007年完成4.35亿元，2008年完成7.62亿元，2009年完成7.17亿元。2010年，完成工业增加值9.58亿元，比上年增10.1%。其中，规模以上工业完成总产值33.80亿元，比上年增长4.6%，占全县工业总产值的87.1%；规模以上工业完成增加值8.51亿元，比上年增长11.8%。实现利税3.14亿元，比上年增长79.37%。主要工业产品产量：黄磷3.28万吨，比上年减少4.9%；原煤253.64万吨，比上年减少18.9%；水泥48.11万吨，比上年减少21.17%；磷肥(折纯)4.99万吨，比上年增加103.7%；硫酸(折100%)14.2万吨，比上年减少4.9%。发电量59979万千瓦时，比上年减少8.9%；聚氯乙烯(PVC)8.33万吨，比上年减少27.0%。2010年全县建筑业总产值4.35亿元，比上年增46.27%(现价)，实现增加值1.54亿元，比上年增长31.1%；建筑业营业利润7121万元，比上年增长56.35%，其中总承包和专业承包建筑业企业实现营业利润6289万元，比上年增长55.55%。

【交通、旅游】 2010年末，公交车营运线路总长4710千米。全年客运量399.95万人次；完成货运量619.63万吨，减少28.54%；完成货运周转量6.19亿吨千米，增长6.17%。完成292.5千米路基改造、77千米行政村路面硬化。实现旅游业总收入2007年库1860万元，2008年2075万元，2009年

2560万元。2010年，全年接待游客34.6万人次，实现旅游业总收入3806万元，分别比上年增长17.69%和48.67%。

【固定资产投资】 全年固定资产投资规模2007年15.55亿元，2008年20.99亿元，2009年30.07亿元，2010年全社会固定资产投资41.23亿元，比上年增长38.6%。其中：城镇社会固定资产投资完成38.23亿元，比上年增长41.19%；城镇投资中，工业投资完成23.73亿元，比上年增长35.0%；全年房地产业完成投资3.81亿元，比上年增长36.16%。其中，商品住宅投资2.63亿元，比上年增长23.07%；办公楼投资960万元，比上年下降66.22%；商业营业用房投资3826万元，比上年增长27.49%。商品房销售面积29.98万平方米，比上年增长2.68倍。

【贸易、招商引资】 实现社会消费零售总额2007年为7.52亿元，2008年为8.65亿元，2009年为10.22亿元。2010年，全年实现社会消费品零售总额12.81亿元，比上年增长20.89%。其中，批发零售业零售额9.35亿元，比上年增长18.28%；住宿餐饮业零售额3.46亿元，比上年增长28.57%。招商引资实际到位市外资金2007年6.48亿元，2008年10.9亿元，2009年15.39亿元，2010年18.48亿元，外资2007年388.9万美元，2008年635万美元，2009年240万美元，2010年234.12万美元。

【财政、金融】 全县完成财政总收入2007年17853万元，2008年3.78亿元，2009年4.55亿元，2010年5.68亿元。地方财政收入2007年完成15374万元，2008年完成2.20亿元，2009年完成3.12亿元。2010年，地方财政收入完成4.70亿元，比上年增长50.54%，其中地方一般预算收入3.42亿元，比上年增长26.3%；地方财政支出完成14.37亿元，比上年增长25.13%，其中地方一般预算支出13.04亿元，比上年增长了20.06%。2010年全县金融机构人民币各项存款余额45.51亿元，比上年增长11.39%。其中储蓄存款余额27.18亿元，比上年增长25.59%。各项贷款余额31.32亿元，比上年增长23.68%。其中短期贷款余额19.44亿元，比上年增长17.12%；中长期贷款余额11.88亿元，比上年增长37.71%。全县金融机构现金累计收入94.79亿元，比上年增长24.89%；现金累计支出96.01亿元，比上年增长18.89%，收支相抵，现金净投放比上年同期下降了74.85%。

【科、教、文、卫】 截止2010年全县共有普通中学21所，其中普通高中4所，初级中学17所。小学136所。幼儿园135所，独立设置学前班31所，其中民办164所。职业中学2所。年末普通中学在校学生36173人，其中，高中在校生8233人，初中在校生27940人。小学在校学生45338人。幼儿园在园幼儿13518人。职业中学在校生1995人。全县共有专任教师5323人，其中，高中专任教师530人，初中专任教师1541人，小学专任教师2713人，幼儿园专任教师337人，职业中学专任教师202人。小学适龄儿童入学率99.58%，初中毛入学率105.62%，高中毛入学率60.5%。

文体事业健康发展，截止2010年全县共有艺术表演团体1个，文化馆1个，公共图书馆1个，民族文化体育活动中心1个。建成6个乡镇文化站，78个村级活动场所，54个村级文化室，33个农家书屋，完成2个农民体育健身工程。广播电视人口覆盖率达到93%，有线电视覆盖率24%。

深化卫生管理体制改革，截止2010年全县共有卫生机构21个，其中医院、卫生院17个，妇幼保健院1个。病床床位1093张，卫生技术人员619人，其中执业医师和执业助理医师299人，注册护士198人。疾病预防控制中心1个，卫生技术人员41人。新型农村合作医疗参合率99.8%，累计为参合农民报销医药费6103.82万元；婴儿死亡率20.41‰，孕产妇死亡率控制在17.74/10万以内。

【人民生活】 2010年末，城镇居民人均可支配收入1.53万元，比上年增长8.1%，人均消费支出1.12万元，比上年下降4.84%。农民人均纯收入为3497元，比上年增长14.4%，扣除物价因素，实际增长8.1%；农民人均生活消费支出2502元，比上年增长6.48%。城镇居民家庭居民食品消费支出占生活消费支出的比重为37.1%。农村居民家庭食品消费支出占生活消费支出的比重为53.31%。

【社会保障】 2010年末，全县参加基本养老保险参保1.14万人，其中参保职工数9408人。失业保险参保1.69万人，城镇职工基本医疗保险参保2.13万人，城镇居民基本医疗保险参保1.91万人。新启动了机关事业单位工伤、生育保险，参保人数为9149人。企业工伤保险参保1.03万人，其中农民工参保3885人；全县生育保险参保7208人。农村养老保险参保5417人，失地农民保险参保5149人。

政　　治

编辑：盛有文

中共寻甸回族彝族自治县委员会

【概述】 5年来取得成绩：（一）经济实力显著增强。2005—2010年，全县地区生产总值从17.62亿元增加到38.32亿元，年均增长12.7%；人均国民生产总值从3559元增加到7901元，年均增长13.3%；地方财政一般预算收入从0.98亿元增加到3.42亿元，年均增长28.3%；全社会固定资产投资从9.19亿元增加到41.23亿元，年均增长35%；社会消费品零售总额从4.85亿元增加到12.81亿元，年均增长21.5%；城镇居民人均可支配收入从9152元增加到15324元，年均增长10.9%；农民人均纯收入从1890元增加到3497元，年均增长8.8%；三次产业结构比由40：19：41调整为30.3：29：40.7，产业结构进一步优化。

（二）工业发展成果丰硕。大力实施工业强县战略，举全县之力加强园区水、电、路、管网等基础设施建设。完成园区总体规划修编及各片区的控制性详规编制，园区规划面积由23.21平方公里扩展到71.45平方公里，形成了“一园五片”的发展格局，被列为全省8个特色产业园区之一。招商引资成效显著，五年累计到位市外资金50.9亿元，实际利用外资1114万美元。云南煤化、国电云南电力公司等一批实力强、规模大的企业集团入驻寻甸，工业企业发展到79户，其中规模以上工业企业达20户，初步形成了以煤化工、磷化工、氯碱化工、新型建材等为主导的工业产业体系，工业总产值从2005年的9.74亿元增加到2010年的38.8亿元，年均增长31.8%；工业增加值从2.72亿元增加到9.58亿元，年均增长20.1%。

（三）城镇建设快速推进。坚持规划立县，完成县城总体规划修编和乡镇总体规划编制工作，村庄规划编制全面启动。加快县城开发建设，北城新区开发初具规模，东城区、南城区开发快速推进，房地产业发展迅速，网格化、块状城市开发格局基本形成，县城建成区面积由3.87平方公里扩大到4.8平方公里，人口达6万人，城镇化率达18.3%。建成河滨公园、体育中心、县城二级客运站和污水处理厂等市政公用设施，城市服务功能逐步完善。大力开展城乡园林绿化，强力推进“四创两争”，成功创建云南省甲级卫生县城，城市品位不断提升。集镇开发建设步伐加快，功能日趋完善，辐射、带动作用明显增强。

（四）农业基础不断夯实。全面落实各项支农惠农政策，农业综合生产能力显著增强，粮食产量稳步增长，烤烟恢复性增长战略目标顺利实现，畜牧产业不断壮大，农民持续增收，农业基础地位更加巩固。“引清济昆”、“引牛入滇”等项目建设进展顺利，农村基础设施不断改善，实现乡乡通油路，行政村道路硬化率达65%，水利化程度达58%，农村电网户表改造率、通讯网络覆盖率均达98%以上。新农村建设全面推进，扶贫开发成效显著。农村综合改革稳步推进，集体林权制度主体改革全面完成。

（五）社会事业协调发展。大力实施科教兴县战略，科技进步对经济增长的贡献率明显提高。全面推进农村中小学标准化建设，教育基础设施进一步改善。教育综合改革不断深化，民办教育、职业教育和学前教育迅猛发展。积极推进医疗卫生体制改革，大力发展民营医院，城乡医疗卫生条件明显改善。新型农村合作医疗参合率稳定保持在98%以上，荣获全国新型农村合作医疗先进试点县称号。人口和计划生育工作不断加强，低生育水平进一步巩固。成功承办昆明市第九届少数民族传统体育运动会，群众性精神文明活动广泛开展，文体广电事业蓬勃发展。就业再就业工作成效显著，城镇登记失业率始终控制在4%以内。社会保障体系更加健全，保障标准持续提高。旅游产业发展提速，知名度和吸引力明显增强。全面推进社会矛盾化解，深入开展平安寻甸建设，人民群众安全感大幅提升，社会更加和谐稳定，荣获全国民族团结进步模范集体、省级平安县等称号。

（六）党的建设全面加强。深入开展科学发展观、解放思想大讨论、创先争优和“三个一”等学习实践活动，党员干部的信念、理念、观念不断提升，发展意识、竞争意识、创新意识明显增强。宣传思想文化和文明创建工作扎实推进，舆论引导能力不断提升。基层党组织设置方式不断优化，县、乡、村三级为民服务体系更加健全，大学生村官培养选拔机制不断完善，村级组织活动场所实现全覆盖，工作经费逐步得到保障，基层党组织的战斗堡垒作用和广大党员的先锋模范作用得到充分发挥。深化干部人事制度改革，公推公选、竞争上岗等干部选拔任用力度不断加大，领导班子和干部队伍建设不断加强。严格执行党风廉政建设责任制和《廉政准则》，深入开展反腐倡廉，惩治和预防腐败体系不断健全。扎实推进"效能寻甸"建设和制度创新，行政效能明显提升，发展环境不断优化。人大、政协依法依章履行职能，民主政治建设不断加强。统一战线、民族宗教、人民武装、双拥、老干部等工作进一步加强，工青妇等群团组织作用得到充分发挥。

【2007 年工作】　主要工作：一、积极发展现代农业，扎实推进新农村建设。在完善巩固 06 年试点村的基础上，抓好 30 个新农村建设点；二、构建县域经济发展新格局，形成特色鲜明的产业支撑体系。三、深入实施工业强县战略，着力提高工业经济发展水平。四、加强城镇规划、建设和管理，实现城镇面貌和品位的新提升。五、加强基础设施建设，增强可持续发展后劲。六、加大改革力度，加快形成落实科学发展的体制机制保障。七、坚持以人为本，把构建和谐寻甸提高到一个新水平。八、全面加强党的建设，为实现又好又快发展提供坚强保证。

工作重点：在市委的正确领导下，县委班子坚持以科学发展观统揽工作全局，在谋全局、抓重点、促落实上狠下功夫，坚持在继承中发展，在发展中创新，不断深化对县域经济发展规律、发展方向、发展路径的认识和实践，紧紧抓住现代新昆明建设和加快北部县区发展等重大历史机遇，主动将寻甸置于全省、全市发展的大格局中进行审视，"紧紧围绕又好又快发展这个主题，坚持以经济建设为中心，以提高人民生活水平为根本出发点，着力抓好新农村建设、工业经济发展、产业培育、城镇建设管理、基础设施建设、体制机制改革、和谐寻甸建设七项重点工作。全面加强党的建设，不断开创全县经济建设、政治建设、文化建设和社会建设的新局面。"同时，为适应县域经济发展的新形势、新特点和新任务，提出全县按中部、东部、西部三个区域板块来谋划发展布局的战略思想。为推进上述目标任务和发展战略的全面落实，县委成立了工业发展及园区管理委员会、城乡规划建设委员会、环境保护委员会、国土资源管理委员会和行政效能问责委员会，充分发挥县委总揽全局、协调各方的作用，进一步加强对各项重点工作的领导，做到层层有任务，级级有压力，人人有指标，在全县上下形成同喊一个号，同挑一副担的生动局面，县域经济、社会各项事业均取得了新进展。充分发挥党委统揽全局、协调各方的作用，促进人大、政府、政协职能作用的发挥。支持和保证县人大及其常委会依法行使职权；支持政府依法行政，促进政府职能转变，提高驾驭和服务经济社会发展的能力；支持政协充分履行政治协商、民主监督、参政议政的职能，调动社会各界参与全面建设小康社会的积极性。同时，加强党对人民武装工作的领导，高度重视双拥工作，增强国防意识，积极推进县人武部、消防大队整体搬迁工程建设；加强对统战、工青妇、残联等群团组织的领导，发挥其直接联系群众的桥梁和纽带作用，动员各方积极为全县改革发展稳定大局服务。

【2008 年工作】　主要工作：一、继续大力解放思想各级各部门务必坚持解放思想，克服弱者必受照顾的思维定势，破除"等、靠、要"的思想观念，进一步转变工作作风，切实解决"慢、懒、滑、拖、飘"等行政效能低下的问题，树立"比、学、赶、帮、超"的良好风气，以全新的思想、观念和方式来推动寻甸跨越发展，真正使解放思想成为实现科学发展的强大动力源。二、培育大项目和大产业采取多种招商方式，引进一批产业链长、带动力强、辐射面广的基地型、龙头型企业，确保全年实际利用外资 600 万美元以上，实际到位市外资金 12 亿元以上。对列入省"双百工程"的重大项目，要主动做好服务，确保全面开工，快速推进；对已储备的精细磷化工基地项目、硅藻土综合利用项目、硫酸项目、海绵钛项目做好前期准备工作。

工作重点：一、巩固农业基础地位，加快农业产业化发展。二、实施工业强县战略，推进工业经济快速发展。三、加强县城规划、建设、管理，提升城镇化水平。四、加快旅游业开发步伐，带动第三产业发展。五、改善基础设施，切实增强发展后劲。六、优化发展环境，增强发展动力和活力。七、加强民主法制建设，维护社会公平正义。八、着力保障和改善民生，扎实推进社会和谐发展。九、加强和改进党的建设，为圆满完成各项目标任务提供坚强保障。

【2009 年工作】　主要工作：一、拼搏 2009，加快项目建设，夯实跨越发展的基础。二、加大投融资力度，拉动经济增长。三、加大招商力度，富集发展要素。四、加快园区建设，筑牢工业发展平台。园区建设是招商引资的主阵地、产业集聚的新高地、工业经济的增长极。五、加强节能降耗，大力发展循环经济。六、加快财源建设，确保财政增收目标实现。七、统筹协调，促进各项工作扎实开展。

工作重点：一、采取多种招商方式，引进一批产业链长、带动力强、辐射面广的基地型、龙头型企业，确保全年实际利用外资 600 万美元以上，实际到位市外资金 12 亿元以上。二、加大基础建设投入。三、加大城镇开发建设力度，以县城总体规划控制面积 20 平方公里、人口规模 15 万为总目标，加快县城规划建设工作。进一步加强乡镇中心集镇规划编制和建设管理工作，实施小城镇"1 +4 工程"，充分发挥规划设计引领作用，统筹城乡集镇建设发展。

【2010 年工作】　主要工作：一、狠抓工业突破，加快推进新型工业化进程。强力推进重大项目，拉动工业经济强势发展；强力推进招商引资，增强经济发展活力；强力推进园区建设，实现经济发展量质并举；强力推进节能降耗，加快发展循环经济。二、加快城镇建设，全面提升县域城镇化水平。完善基础设施，拓展城镇发展新空间；强化城镇管理，树立城镇新形象；树立经营理念，拓宽城镇发展新渠道。三、狠抓财源建设，确保财政倍增目标实现。把培植财源作为财政工作最根本、最核心、最紧要的任务来抓，紧扣发展主题，促进经济发展，增强"造血"功能，做大财源"蛋糕"，确保财政倍增计划顺利实现。四、高度重视民生，努力构建平安和谐寻甸。民生高于一切。统筹兼顾好发展经济与改善民生的关系，关注民生，保护民利，促进和谐。五、强化效能建设，不断提高抓落实的能力。提效能、抓落实始终保持矢志跨越、创先争优的精神状态；始终保持苦干实干、紧张快干的工作作风；始终坚持督查问责、上下联动的工作机制；始终坚持党建为先、党员带头的优良传统。

工作重点：一、强力推动工业发展。二、全面加快城镇规划建设。三、大力推进基础设施建设。四、大力发展旅游商贸。五、扎实做好"三农"工作。六着力夯实民生基础。七、全力维护社会稳定。八、全面加强党的建设。

中共寻甸县委办公室

【秘书工作】　2007 年，县委办公室充分发挥在全县各级各部门办公机构中牵头抓总、综合协调的作用，围绕县委中心工作，在工作中精心组织，周密安排，及时联系，不断了解新情况，把握新动向。以提高办会质量、办事效率为目标，保证上下之间、部门之间、工作之间的有机联系和合理衔接。在文件处理上，及时传阅处理各类文件和领导批示件，全年共办理各类文件材料200余件。在会务上，精心组织，严格把关，确保会务组织严密。全年共承办县委全会、县委常委会、全县干部大会等重要会议20余(次)，配合服务各级领导来寻甸调研、检查指导工作30余(次)。

2008年，共办理机要文件、明传电报、领导传阅件300余件，编发县委大事记、县委常委会议纪要等文件30余期，接待上访群众40余批、100余人(次)，组织各类会议80余(次)，参与30余(次)领导视察考察服务活动，参与服务领导工作调研和走访慰问20余(次)。

2009年，共办理各类传真电报220余件，办理上级机要件80余件，进一步规范会议服务，对承办的每次会议都周密安排，精心组织，责任到人，搞好会前、会中、会后各个环节的衔接，努力做到严谨细致，一丝不苟，不出纰漏，共组织各类会议100余次；建立文印工作台帐，严把文印工作质量，确保在规定时限内将各种文件及时分发到位，提供更高水平的文印服务；进一步规范办事制度。无论是接听电话、接待来人来访，下发通知文件，还是协调部门、县级领导，领导安排工作，都做到不推不拖、热情周到，快速高效办理，有效地维护了办公室的良好形象；进一步规范工作制度。修改完善了办公室《考勤制度》、《查岗制度》、《会议审批登记制度》、《印鉴使用制度》、《秘密文件传阅制度》、《办公室工作人员联系服务常委制度》等工作制度、把每一项工作都纳入科学化、规范化的运行轨道，确保各项工作有章可循、衔接紧密，科学合理、高效运转。

2010年，坚持为基层服务、为机关服务、为领导服务，充分发挥参谋助手、督促检查、综合协调、后勤保障等职能作用，各项工作取得明显成效。通过文稿起草、信息报道、调查研究等形式，创造性地为领导决策提供参考，通过办文、办会、办事等日常工作的高效运行，及时向各乡镇和县直各单位传达县委的工作意图，使县委的决策部署得以迅速贯彻落实，有力地促进了行政效能的提升；加强对全县各乡(镇)、部门办公室工作的指导和服务，形成上下贯通、左右衔接、协调联动的工作格局；突出会务服务和重大活动的周密性、科学性和实效性，圆满完成了县委十届四次全会等20多次全县性重要会议的组织筹备，综合协调和服务保障工作，接待领导视察和各类考察团30多次，安排县委领导工作调研和走访慰问80余次。高度重视信访维稳工作，认真对待群众反映的问题，来人热情接待、耐心疏导，来信及时办理、跟踪督查，全年共接来信来访50余人(件)，办理上级批转件30余件，均做到了事事有回音，件件有结果。

【办文工作】 2007年，进一步规范公文签收、起草、校核、审批、印制及分发等程序，严把文件形成过程的各个环节，确保公文办理准确、及时、无误，2007年共制发各类文件327个。年初，为便于县直各单位间的文件传递和交换，建立了文件交换制度，成立了县委、县政府文件交换中心，杜绝了文件传递过程中存在的“慢”、“错”、“漏”等问题，确保文件传递的及时畅通，节约了行政成本，提高了文件传递的准确性，促进行政效率大幅提高。

2008年共发文405个，文件数量得到有效控制，文件质量明显提高，同时，没有出现影响文件内容的严重差错。

2009年，办文科按照“政治强、业务精、纪律严、作风实、服务好”的总体要求，努力提升“三服务”工作水平，较好地完成了各项工作任务。电子公文交换系统自年初正式运行，电子公文的签收严格执行网上收文制度，确保文件不延误。严格执行保密规定，确保电子公文交换系统终端不接入互联网，传输文件不涉密。全年共制发文件405个，收文2800多份。为进一步规范公文处理程序，加强电子公文交换系统的使用与管理，县委办、县政府办下发了《关于进一步规范公文处理程序和加强电子公文交换系统使用与管理的通知》，公文处理更加规范化、制度化、科学化。

2010年，办文科始终围绕县委的中心工作，从强化办文工作机制入手，进一步完善制度，办文质量和效率有了明显提高，在政令传递中发挥了积极的作用。

在巩固“无差错”活动成果的基础上，扎实推进规范化建设，坚持精心、精细、精品的“三精”标准，力求新突破，不断总结工作中成功的经验和失败的教训，及时提炼好的做法，反馈工作中存在的不足，不断创新思维理念，创新工作方式，探索和掌握办文工作规律，提高办文质量和效率，全力做好对来文来信来电的收、发、传、办等工作，在制发公文特别是县委各类文件的办理上，坚持严把起草关、审核关、收发关，党的路线方针政策及上级的各项决策方针得到及时传达贯彻，确保了政令畅通，全年共发文456个，收文4000余份。

【督查工作】 2007，认真抓好领导批示事项的督查督办工作，全年共办理领导批示9件，编印督查专报16期，督查反馈11期，督查通报3期。根据昆明市机构编制委员会《关于成立中共寻甸回族彝族自治县委、寻甸回族彝族自治县人民政府目标管理督查办公室的批复》(昆编〔2007〕54号)和寻甸回族彝族自治县机构编制委员会《关于中共寻甸回族彝族自治县委目标管理督查办公室机构编制事项的通知》(寻编〔2007〕13号)文件，2007年7月17日，成立中共寻甸回族彝族自治县委目标管理督查办公室，加挂中共寻甸回族彝族自治县委督查室牌子，县委办公室督查科继续保留，与县委目督办合署办公。县委目标管理督查办公室机构规格为副科级(领导高配)，隶属于县委办公室，列为县委办公室其他机构系列，核定行政编制5名，领导职数2名，其中主任1名(正科级，由县委办副主任1名专任)，副主任1名(副科级)。

2008年根据县委、县政府《进一步加强和改进督查督办工作的意见》和《关于在全县建立目标管理机制的决定》文件精神，首次在全县各乡(镇)、各部门实行统一的目标管理考核。实行目标归口管理，明确16个乡(镇)和县委系列18个部门的工作目标归口县委目督办管理，制定印发了34家目标责任单位的《年度主要工作目标》，协同县政府目督办，组织实施了全县78家责任单位的年度考核工作。创建目标督促检查、定期反馈、公开通报制度，对全县主要工作目标进行逐月收集、整理和反馈，对主要经济指标完成进展实行季度通报，创新并形成以目标倒逼进度、时间倒逼程序、社会倒逼部门、督查倒逼落实的目标管理机制。结合全县试行党代表常任制，创新办理党代表提案督查工作，全年督促各部门共办理反馈党代表提案108件。对《县委十届五次全体(扩大)会议确定的工作任务》、《寻甸县2008年主要工作目标及2008年全县重点工作》进行分解立项督查，全年以“寻办通”文件发出分解立项督查通知共5份，发出县委督促检查通知“寻督通”9份，专项督查通知“寻督字”37份。建立完善重点工作月、旬通报制度，全年发出督查通报10期，编印督查专报14期，其中有两篇督查专报被市委目督办采用，在全市转发借鉴。全年共收到市委主要领导批示件73件(是上年批示件的8倍)，办结70件(跨年度办理3件)，批交办回复率达100%。针对领导批交办工作，上报督查专项反馈97期(是上年反馈件的9倍)。

2009年，紧紧围绕党委、政府的中心工作加强督查工作，对县委全会报告、县政府工作报告中明确的工作任务和要求(共计186项)，以及市委下达寻甸县的年度主要工作目标(共计46项)进行了分解落实，明确了责任领导、责任单位及责任人员。每月定期对两个文件的落实进展情况进行收集整理，形成综合《督查反馈》向县级领导专题报告，为领导决策提供参考；每季度编印《督查通报》推动各单位的工作落实。会同县政府目督办对全县78家责任单位实施年度目标管理考核，认真落实党代表提案督查工作，全年督促各部门办理反馈党代表提案85件。创新督查机制，建立并规范督查工作台帐制度，全年共计181项批示件和督查通知均达到百分之百办理落实和按时反馈；建立并规范常委会议决定事项督办制度，全年共制发县委督查通知(寻督通)文件34份，共涉及督查事项287件；制发督促检查事项通知(寻督字)文件24份，共涉及督促检查事项200件。全年共制发各类《督查通报》9期，编印《督查反馈》81期，单项反馈48件，撰写《督查专报》16期，其中获市委目督办转发5期，获县委专题印发全县参考3期。因督查工作业绩突出，经昆明市委目督办推荐，寻甸县委目督办被列为省委督查室县(市)区级督查直报点。

2010年，全县目标责任单位由78个优化整合为71个，结合各部门的工作实际，差别化、科学化制定各部门的年度工作目标，通过目标分值的多少及权重来突出各责任单位的重点工作、中心工作。每项具体工作目标均根据《年度目标考核办法》明确了相应的目标监测单位，将目标的日常过程监督与年终集中考核有效对接，确保了各级、各行业任务目标的全面落实。全年发出专项督办通知36份，发出单项工作督办通知90余件，参与和组织各种专项督查活动8次，办理领导批示件128件，编印督查反馈82期，各种单项反馈48件；向省、市上报《督查专报》17期，获市委目督办全文转发6期。因2009年度督查直报工作业务突出，被省委督查室表彰为全省督查直报点二等奖单位。继续认真落实党代表提案督查、常委会议决定事项立项督查工作，进一步完善了目标任务分解、定期反馈汇报、公示通报、目标考核奖励等制度，规范督查工作流程，使督查工作走向规范化、制度化。在健全督查工作日常事务的基础上，积极整合县人大、县政协、县纪委的督查力量和资源，尝试构建“大督查”工作格局。

【信息工作】　2007年，紧紧围绕县委的中心工作和领导需求，坚持把“无差错”的理念和要求贯穿于为领导、为机关、为基层服务的各项工作中，抓住全县工作重点和社会热点、难点问题，及时、准确、全面地收集整理上报信息。2007年，共编辑印发《寻甸信息》26期，《信息专报》11期；向省、市委办公厅编辑报送各类信息1288篇，被中办采用40篇，采用率为3.11%；省办采用183篇，采用率为14.21%；市委办公厅采用358篇，采用率为27.8%，信息报送量和采用率大幅提升，信息量化目标考核居全市前列。成功承办了全市党委系统省办信息直报点工作座谈会。

2008年全面推行定期通报、信息稿酬和重大紧急信息协调报送等制度，深入推进信息工作科学化、规范化和制度化。以加强信息服务能力建设为主线，坚持不懈地加大信息报送力度，2008年，共编辑印发《寻甸信息》33期，《信息专报》12期；向省、市委办公厅编报各类信息1747篇，被中办采用26篇，采用率为1.49%；省办采用117篇，采用率为6.70%；市委办公厅采用279篇，采用率为15.97%，信息量化目标考核居全市第二。

2009年，共编辑印发《寻甸信息》33期，《信息专报》8期；向省、市委办公厅编报各类信息1887篇，被中办采用26篇，采用率为1.38%；省办采用139篇，采用率为7.37%；市委办公厅采用220篇，采用率为11.66%，荣获全省党委系统信息工作二等奖、全市党委系统信息工作一等奖。有2名信息工作人员被评为省、市党委系统优秀信息员。

2010年，共编辑印发《寻甸信息》24期。向省、市委办公厅编报各类信息1561篇，被中办采用47篇，采用率为3.01%；省办采用137篇，采用率为8.78%；市委办公厅采用252篇，采用率为16.14%。荣获全省党委系统信息工作二等奖、全市党委系统信息工作一等奖。有2名信息工作人员被评为省、市党委系统信息工作先进工作者。

【行政工作】　2007年投入资金5万余元，对县委机关房屋和办公楼设施进行维护改造，新增电脑、录音笔、沙发、茶机、办公桌椅等设备以满足正常的办公需要。认真执行车辆管理制度。争取资金，与相关部门协调对县委机关的用水、用电进行了改造，实现一户一表，把水和电交给水厂和电管所管理。在县委机关主要部位安装了10个摄像头，对机关安全进行监控。对机关路灯进行更换，完成机关内部绿化和亮化工作，使机关的办公条件和生活条件得到了明显的改善。2007年，县委机关被评为省级“文明单位”；被县委政府命名为“平安”单位。全年服务好各类大小会议60余次，使每个会议都圆满顺利地完成了各项议程。全年完成各类接待110余次，树立“接待无小事，接待树形象”的理念，切实搞好公务接待工作。在扶贫工作中，为挂钩点协调资金5万余元，购买大米3吨、送现金3400元，送被子46套，努力为当地群众解决生产生活中的实际困难。

2008年，严格财经纪律，加强财物管理，为办公室运转提供基础性保障，继续深入落实车辆管理、安全管理等各项制度，全年没有安全事故发生，很好保证了领导和办公室用车安全；认真履行职责，严格执行纪律，加大工作力度，机关内部安全工作没出现任何问题，再次被县委政府命名为“平安”单位。服务、布置好各类大小会议50余次，使每个会议都圆满顺利地完成了各项议程。在体现节约效能的前提下，热情、高质量、高效益的开展接待工作，完成各类公务接待100余次。在扶贫工作中，积极为挂钩点协调资金2万余元，送化肥厂9吨、送现金1.41万元，送被子39套，为当地群众解决了生产生活中的困难。

2009年，主要完成了昆明市第九届少数民族传统体育运动会的账务管理。同时，完成县委12个部门的会计工作，办公室财务管理和办公物资采购、更新补充和管理工作。与供电公司技术部协商达成互发信息掌握供电动向共识，同时，定期对相关设施进行日常检查维护，保障水、电供应正常。按照有关规定，与供电公司合作，共同完成架设自备电源设施初步方案制订。办公设施、车辆使用效率进一步提高，管理日趋规范。2009 年，县委机关获得市级“文明单位”称号，完成了县委机关“卫生单位”和县委小区“卫生小区”申报工作。全年服务好各类大小会议 40 余次，做到了精心筹划，细致准备，合理安排，使每个会议都圆满成功。完成市委工作会寻甸观摩点近 500 人的餐饮接待，昆明市第九届少数民族传统体育运动会报到和嘉宾接待等大型接待任务 4 次，完成重点接待任务 10 余次，日常接待 100 余次。全体职工为挂钩点捐资 4000 元，帮助该村实施公共场院硬化；协调资金购买化肥 10 吨，为当地群众解决实际困难。

2010 年，办公室承担了县委 12 个部门会计和出纳业务。同时，积极配合市审计部门顺利通过县委书记任期审计。《车辆管理制度》深入落实，车辆保障及时高效，运行中无任何安全事故发生。水、电供给渠道畅通。大院的安全保卫继续加强，机关安全监控系统、围墙等设施得到较好的维护，门卫值班、机关安全、防火检查制度、节假日(重大节日)值班和夜间巡查制度全面落实。投资 23 万全面完成大院和小区雨污分流改造工程；完成大院绿化节水置换喷灌改造。大院绿化、美化工作取得不俗成绩：县委机关获得省级“园林单位”称号；市级“爱国卫生运动先进单位”、“无吸烟先进单位”通过验收；县委小区县级“卫生小区”通过市、县爱卫办的顺利验收。会务服务和接待水平稳步提升。成功筹办服务各类大小会议 34 次。高质量完成县第十次党代会第三次全体会议、30 年县庆筹备、县委工作会议、上级指导和巡查工作组、友好县(区)党政考察团来访等 20 余次较大规模的接待任务和日常接待任务 90 余次。在扶贫工作中全体职工为挂钩点六哨乡树花箐村捐资 8000 元，帮助该村实施公共场院硬化；协调资金购买化肥 10 吨、大米 800 千克，大衣 30 件，为当地群众解决了生产生活困难。

【总值班室工作】 2007 年，县委总值班室积极参与处置突发事件和群体性事件 4 起，共接待来访 46 批 140 余人(次)。对来电、来访需要答复的问题，做到件件有着落，事事有回音，为全县社会稳定作出了积极贡献。接收各单位来电来文，分送相关科室，确保不延误工作。对于重要的文电，根据来电内容按“一般情况、重要情况、突发事件”分别作处理。积极作好反馈工作，及时并督促有关承办单位按办理期限将办理结果向来电人进行反馈。对于领导的批示件，进行跟踪催办，及时掌握办理情况，并向当事人进行反馈。在来访接待中本着宜疏不宜堵的原则，多做疏导、解释工作，努力按政策办事，不让来访者影响办公室及其它部门工作，保证机关正常工作秩序。

2008 年，县委总值班室坚持 24 小时值班制度，共有效处置突发事件和群体性事件 14 起，共接待来访 36 批 120 余人(次)。对来电、来访需要答复的问题，做到件件有着落，事事有回音，确保了全县社会稳定。接收各单位来电来文，分送相关科室，确保不延误工作。对于重要的文电，根据来电内容按“一般情况、重要情况、突发事件”分别作处理。积极作好反馈工作，及时并督促有关承办单位按办理期限将办理结果向来电人进行反馈。对于领导的批示件，进行跟踪催办，及时掌握办理情况，并向当事人进行反馈。在来访接待中本着宜疏不宜堵的原则，多做疏导、解释工作，努力按政策办事，不让来访者影响办公室及其它部门工作，保证机关正常工作秩序。

2009 年，县委总值班室共有效处置突发事件和群体性事件 12 起，共接待来访 56 批 200 余人(次)。对来电、来访需要答复的问题，做到件件有着落，事事有回音，确保了全县社会稳定

2010 年，县委总值班室坚持 24 小时值班制度，全年共有效处置突发事件和群体性事件 10 起，共接待来访 60 批 210 余人(次)。对来电、来访需要答复的问题，做到件件有着落，事事有回音，确保了全县社会稳定。接收各单位来电来文，分送相关科室，确保不延误工作。对于重要的文电，根据来电内容按“一般情况、重要情况、突发事件”分别作处理。积极作好反馈工作，及时并督促有关承办单位按办理期限将办理结果向来电人进行反馈。对于领导的批示件，进行跟踪催办，及时掌握办理情况，并向当事人进行反馈。在来访接待中本着宜疏不宜堵的原则，多做疏导、解释工作，努力按政策办事，不让来访者影响办公室及其它部门工作，保证机关正常工作秩序。

【机要工作】 2007 年，县委机要局贯彻党的密码工作方针、政策，为党中央、国务院及地方各级党政领导机关翻译、传输、办理、递送密码电报和内部普通电报；管理和使用各级党政领导机关的机要密码通信网；承办党政领导机关交给的有关信息加密任务；确保密码和秘密信息的安全；对县乡传真网络进行维护、管理和业务指导；对使用商用密码和普通密码的单位进行监督、指导和检查；完成好县委和县委办公室领导交办的各项工作任务。2007 年度机要局经中共昆明市委机要局量化目标考评，考评分为 98.5 分，被昆明市密码工作领导小组评为先进集体。

2008 年，7 月 30 日，成立寻甸回族彝族自治县密码管理局，机构名称为“寻甸回族彝族自治县密码管理局”。县密码管理局与县委机要局一个机构、两块牌子，归口县委办公室管理，依法履行本县密码管理职能。县委机要局，机构规格正科级，人员编制按有关规定由县委办在其总编内定编定员。核定领导职数 3 名，其中：局长 1 名、副局长 2 名(其中 1 名副局长专职负责密码管理工作)。12 月 3 日，市委机要局局长杜临昆、副局长贺如全、业务处长刘友洲、技术处长房文利到寻甸县进行 2008 年度机要工作量化考核，最终评分 96.4 分。

2009 年 2 月 11 日，启用寻甸回族彝族自治县国家密码管理局印章。11 月 23 日，召开县密码领导小组会议，专题研究县乡商用计算机密码网络建设工作，同意由县财政统一承担建网费用，共建 44 个网点，服务器设在县信息产业办公室。12 月 16 日，省委机要局张总工程师一行三人在市局的陪同下到寻甸县检查考评工作。12 月 18 日，举办全县乡商用密码培训会，县直有关单位、各乡镇分管领导和业务技术人员参加培训，12 月 22 日，全县商用密码网络组建完毕。

2010 年 7 月 26 日，北京中安网脉有限公司张捷到进行县乡商密验收。11 月 12 日，县电信公司安装电子政务内网光缆，12 月 23 日到市委机要局领取电子政务内网相关设备，24 日完成联结，27 日试通。

【保密工作】 2007 年，制定了寻甸县“五五”保密普法教育规划。组织征订《保密工作》111 份。根据市委办公厅通知要求，下发文件清退通知 14 份，做好文件清退工作，并同有关人员一起送交市委办公厅保密室。8 月征集保密工作论文 6 篇，宣传画 4 幅，报送昆明市国家保密局，参加全国保密工作宣传展。12 月组织全县 2000 多人开展保密知识竞赛，公务员参与面达 85%。

2008 年下发了《关于开展 < 中华人民共和国保守国家秘密法 > 颁布 20 周年纪念活动的通知》在县城主要街道悬挂了布标，发放《国家公务员保密知识

100条》等宣传资料122份；组织县委、政府机关及部分单位的400余人观看《信息化条件下的主要窃密手段及其防范》等两部保密警示教育片；邀请省市保密局领导赴寻甸为公务员8+x培训班讲授保密知识；组织了寻甸县26名涉密人员参加市保密局培训班；追缴清退中央文件一份，组织销毁各种废旧文件资料4吨；对国税局等16家单位涉密计算机进行了检查和抽查。

2009年，在全县范围内开展了保密承诺书的签订工作。按市保密局的安排和要求，向全县副科级以上领导下发了《致全县国家机关工作人员的保密提醒信》400余份。11月30日至12月4日，保密局全体干部参加了省保密局组织的执法换证培训；按市县保密委的安排，于6月22—30日重点开展了党政机关计算机保密检查工作，分别从县政府办公室和县公安局抽调了两位领导配合，组成两个检查组，对全县党政机关计算机保密管理情况进行了认真的检查，实地检查了24家县直单位及5个乡(镇)，电话或问卷调查了30个单位，对全县计算机的使用情况基本做到底子清、情况明。继续做好文件资料的清退和销毁工作。6月以寻保委发文追缴清退中央文件两份，组织销毁各种文件资料约4吨，通过这些措施，确保了国家秘密的安全；上报市局信息8条，完成了市局下达的任务；配合相关部门做好政府信息公开的保密审核把关工作。

2010年5月4日“两办”下发《关于调整部分议事协调机构的通知》，县委保密委主任由县委副书记肖正坤同志兼任、副主任分别由两办主任及保密局长兼任，保密委下设办公室在县国家保密局，由保密局长兼任办公室主任，负责全县保密日常业务工作的开展，其他成员分别由县纪委副书记(监察局长)、人大办、政协办主任及县委办一位副主任等相关领导组成。10月18日与县委宣传部、县普法办、县司法局等单位联发了《关于开展保密法学习宣传活动的通知》，在全县掀起学习宣传保密法活动新高潮。并组织开展保密知识竞赛活动，全县825名干部参加了知识竞赛；9月13日与县科工贸局、县公安局、县工商局等转发《关于进一步做好清理取缔涉密文件资料非法交易的通知》，全体保密专干积极参加县委及县委办公室组织的政治理论学习，参加省、市保密局组织的保密业务培训，通过各种形式的培训学习，不断拓宽视野和工作思路；按市县保密委的安排，开展了党政机关计算机保密检查工作。配合教育部门做好全县中考、高考、自考、特岗教师招聘选调，配合组织、人事部门公务员事业单位考调等考务保密工作；配合纪检监察等部门做好每年一次的行风评议工作；配合市保密局做好秘密载体复制许可证的换发工作，定期或不定期对打字复印店及废品收购点进行检查，同时做好备案证的换发工作；继续做好文件资料的清退和销毁工作；配合相关部门做好政府信息公开的保密审核把关工作。

【重要会议】

(一)县委全会

2007年1月10日，中国共产党寻甸回族彝族自治县第十届县委第三次全体(扩大)会议在县城召开。

2007年8月29日，中国共产党寻甸回族彝族自治县第十届县委第四次全体(扩大)会议在县城召开。

2008年1月31日，中国共产党寻甸回族彝族自治县第十届县委第五次全体(扩大)会议在县城召开。

2009年1月7日，县委十届六次全会召开。

2009年1月8日，中共寻甸回族彝族自治县第十次代表大会第二次全体会议召开。

2010年1月7—8日，中国共产党寻甸回族彝族自治县第十届县委第四次全体(扩大)会议在县城召开。

(二)县委常委会：2007年召开13次常委会，研究了党建、经济、新农村建设、县乡两级人民代表大会换届选举相关工作、教育等重大事项，并作出了重要决策；

2008年召开24次常委会，研究了关于《党员代表旁听县委全委会议制度》和《全委会议票决重大问题制度》、党风廉政建设、教育、卫生、政法、经济、特色产业园区、县城建设、安全生产、招商引资、旅游、国防等重大事项，并作出了重要决策；

2009年召开14次常委会，研究了招商引资、县庆、干部人事、县城建设、经济、工业、民运会、教育、司法行政工作、土地收储、财政、政府机构改革等重大事项，并作出了重要决策；

2010年召开14次常委会，研究了目标管理考核、招商引资、干部人事、四创两争、烤烟生产收购、打黑除恶、寻甸县国民经济和社会发展第十二个五年规划的建议、2010年财政收支预算方案等重大事项，并作出了重要决策。

【重要文件】 2007年：2007年1月12日 关于印发刘荣同志在县委十届三次全体(扩大)会议上的工作报告的通知

2007年1月19 关于构建和谐寻甸的实施意见

2007年4月4日 关于进一步加强和改进政法工作的决定

2007年5月17日 于印发创建昆明市文明县城工作方案的通知

2007年5月21日 关于深化集体林权制度改革的意见

2007年6月8日 关于积极发展现代农业扎实推进社会主义新农村建设的实施意见

2007年6月27日 关于加强人民政协工作的实施意见

2007年7月31日 关于推进依法治县建设法治寻甸的实施意见

2007年8月31日 关于印发刘荣同志在县委十届四次全体(扩大)会议上的工作报告的通知

2007年11月1日 关于认真学习宣传贯彻党的十七大精神的通知

2007年12月14日 于印发《寻甸回族彝族自治县2007年－2010年干部教育培训规划》的通知

2007年12月28日 关于印发《寻甸回族彝族自治县党代表提案制度(试行)》的通知

2007年7月11日 关于进一步加强和推进平安创建工作的通知

2007年7月15日 关于进一步加快旅游业发展的决定

2007年11月18日 关于调整和理顺县直部门党组织关系的通知

2008年：2008年1月23日 关于印发县委全会讨论决定重大问题票决制度和党员代表旁听县委全会制度的通知

2008年2月13日 关于印发刘荣同志在县委十届五次全体(扩大)会议上的工作报告的通知

2008年2月15日 关于在全县开展经济社会发展软环境建设活动的实施意见

2008年2月25日 关于在全县建立目标管理机制的决定

2008年4月28日 关于推进经济社会制度创新工作的实施意见

2008年4月28日 关于印发加快非公有制经济发展实施细则的通知

2008年5月19日 关于进一步加强依法治县工作的意见

2008年6月2日 关于印发《寻甸特色产业园区实体化管理办法(试行)》的通知

2008年8月8日 关于加快教育改革与发展的决定

2008年8月8日 印发关于加快推进医疗卫生事业改革与发展和进一步加快民营医院发展两个文件的通知

2008年8月21日 关于加快推进“四创两争”工作的实施意见

2008年8月22日 关于进一步加强山体林地资源保护管理的意见

2008年12月11日 关于进一步推进党务公开工作的意见

2008年12月11日 关于进一步加强党的基层组织建设的意见

2008年6月24日 关于印发加强机关作风建设实施细则的通知

2008年10月6日 印发县纪委和县监察局《关于对纪检监察派出(驻)机构实行统一管理体制改革的实施方案》的通知

2008年12月1日 关于加强经济领域统战工作的意见

2008年12月1日 关于推行领导干部勤政廉政公示制度的实施意见

2008年12月4日 关于进一步加强人才引进培养使用工作和加快人力资源服务体系建设两个意见的通知

2008年12月18关于贯彻中央和省市委开展学习实践科学发展观活动重要精神的通知

2008年12月23日 关于印发《创建云南省甲级卫生县城规划实施方案》的通知

2008年12月30日关于印发创建省级园林县城实施方案的通知

2008年12月31日 关于强化流动人口计划生育现居住地管理工作的意见

2009年：2009年1月20日 关于印发刘荣同志在县第十次党代会第二次全体会议上的工作报告以及会议结束时讲话的通知

2009年3月19日 关于深入贯彻落实科学发展观切实做好新形势下群众工作的实施意见

2009年4月9日 关于印发《贯彻落实〈建立健全惩治和预防腐败体系2008－2012年工作规划〉的实施方案》的通知

2009年6月10日 关于贯彻落实党的十七届三中全会精神加快推进农村改革发展的实施意见

2009年6月30日 关于构建大调解工作体系的实施意见

2009年8月19日 关于印发《寻甸回族彝族自治县推进依法治县建设法治寻甸工作规划(2009－2014年)》的通知

2009年1月15 关于创建学习型机关加强和改进干部学习制度建设的实施意见

2009年2月3日 关于进一步深化打黑除恶专项斗争的工作意见

2009年2月20日 关于印发《寻甸回族彝族自治县党代表大会代表任期制和党代表大会常任制实施办法(试行)》的通知

2009年3月31日 关于进一步完善我县城乡低收入群体生活保障制度的实施意见

2009年5月13日 关于进一步加强集中式饮用水源保护的实施意见

2009年6月18 关于印发署名推荐领导干部人选暂行办法等七项干部人事制度的通知

2009年7月9日 关于印发深化集体林权制度配套改革实施方案的通知

2009年7月27日 关于创建和谐企业的实施意见

2009年8月17日 关于县政府驻地镇新政区划调整工作的实施意见

2009年10月10日 关于加快推进社会信用体系建设的意见

2009年11月14日 关于印发《关于建立健全各级党委抓基层党建工作责任制的意见》的通知

2009年11月28日 关于第二次修订印发《县委常委会议事规则(试行)》的通知

2009年12月15日 关于印发《关于加强县级纪检监察机关建设工作的实施方案》的通知

2009年12月15日 关于进一步加强新时期科协工作的决定

2010年：2010年1月12日 关于印发刘荣同志在县第十次党代会第三次全体会议上工作报告的通知

2010年3月15日 关于印发《寻甸县纪检监察机关经费保障标准》的通知

2010年4月14日 关于建立健全县级领导干部“九个一”联系点制度的实施意见

2010年4月21日 关于2010年经济社会制度创新工作安排意见

2010年7月7日 关于开展向梅阳林同志学习活动的通知

2010年7月19日 关于在机构改革中调整县直有关部门党组织设置的通知

2010年8月20日 关于创新社会管理体制深化基层为民服务体系建设的通知

2010年9月19日 关于印发《寻甸回族彝族自治县加强生态文明建设实施方案》的通知

2010年12月14日 关于进一步建立完善党管人才工作

【领导名录】

县委书记：刘　荣(—2010.12)
罗永斌(主持工作2010.12—)

县委副书记：孔贵华(—2007.07)
马慈明(2007.7—2009.11)
肖正坤(2008.01—)
唐　琪(2009.11—)
马林奎(2010.03挂职)

县委常委：刘　荣
孔贵华(—2007.07)
马慈明(2007.07—2009.11)
肖正坤(2008.01—)
唐　琪(2009.11—)
马林奎(2010.03—挂职)
鲁再国(—2010.06)
蔡　刚
张国柱
李贵林(2010.02)
黄宝金(彝族)
何云虹(女、白族—2010.06)
朱家健(—2010.09)
林克俭(2008.01)
王　琳(2009.06—挂职)
姚海利(2009.07—挂职)
李　祥(2009.08—)
孙晓强(2010—)
吴忠林(2010.06—)
高建明(2010.06—)

县委委员：

2007年：马兴留(回族)　马明润(回族)　马明锋(回族)　马金华(回族)　马慈明(回族)　朱家健　刘　荣　孔贵华(回族，7月调出)　李贵林　李顺华　杨妙福(彝族)　杨劲松　杨瑞云　肖正坤　张国友　何云虹(女、白族)　徐　林　徐正权　徐正雄　张正良(彝族)　张永萍(女、彝族)　蔡　刚　张国柱　周开荣　赵春宝(彝族)　黄宝金(彝族)　鲁再国

2008年：刘　荣　马慈明(回族)　肖正坤　鲁再国　蔡　刚　张国柱　李贵林　黄宝金(彝族)何云虹(女、白族)朱家健　林克俭　张正良(彝族)　张国友　马金华(回族，5月调出)　李顺华　杨妙福(彝族)　杨劲松　杨瑞云　张永萍(女、彝族)　周开荣(10月调出)　赵春宝(彝族，8月调出)　徐　林　徐正权　徐正雄　马明润(回族)　马兴留(回族)　马明锋(回族)　陈元飞　方正平　梁　永　张国昌

2009年：刘　荣　马慈明(回族，11月调出)　唐琪　肖正坤　鲁再国　蔡　刚　张国柱　李贵林　黄宝金(彝族)何云虹(女、白族)　朱家健　林克俭　王　琳(6月挂职)姚海利(7月挂职)　李　祥(8月任职)张正良(彝族)

张国友　李顺华　杨妙福(彝族)　杨劲松　杨瑞云　张永萍(女、彝族)　徐　林　徐正权　徐正雄　马明润(回族)　马兴留(回族)　马明锋(回族)　陈元飞　方正平　梁　永　张国昌

2010年：刘　荣　唐　琪　肖正坤　鲁再国(6月调出)　蔡　刚　张国柱　李贵林(2月调出)　黄宝金(彝族)　何云虹(6月调出)　朱家健(9月调出)　林克俭　王　琳(挂职)　姚海利(挂职)　李　祥　孙晓强　张正良(彝族)　张国友　李顺华(4月调出)　杨妙福(彝族，1－7月)　杨劲松(1－4月)　杨瑞云　张永萍(女、彝族)　徐　林　徐正权　徐正雄　马明润(回族)　马兴留(回族)　马明锋(回族)　陈元飞　方正平　梁　永　张国昌

候补委员：

2007年：陈元飞　方正平　梁　永　张国昌　李学枝(8月调出)

组织工作

【党组织情况】　2007年，全县共有党组47个，党委22个，党总(支)部49个，党支部550个，共有党员19657名。2008年，全县共有党组47个，党委23个，党总(支)部50个，党支部554个，共有党员20016名。2009年，全县共有党组47个，党委21个，党总支部85个，党支部701个，共有党员20434名。2010年，全县共有党组35个，党委21个，党总支部182个，党支部924个。共有党员21149名，其中，女党员4145名，占19.6%；少数民族党员4445名，占21.02%；大专及以上学历党员4826名，占22.8%；35岁及以下党员4839名，占22.9%，60岁及以上党员6311名，占29.8%；农牧渔民党员12573名，占59.5%。

【干部队伍】　2007年12月，全县共有领导干部429人，其中，正县8人，副县23人，正科163人，副科235人。2008年12月，全县共有领导干部418人，其中，正县6人，副县20人，正科154人，副科238人。2009年月，全县共有领导干部434人，其中，正县5人，副县28人，正科155人，副科247人。2010年8月，倘甸、凤合、金源、联合4个乡镇由"两区"管委会托管，干部人事关系整体移交。2010年12月，全县共有领导干部392人，其中，正县6人，副县26人，正科142人，副科218人。县级领导干部中，女干部6人，占18.8%；少数民族9人(回族5人、彝族3人、苗族1人)，占28.1%。最大年龄56.7岁，最小年龄28.8岁，平均年龄44.7岁。科级领导干部中，女干部68人，18.9%；少数民族干部91人(回族59人、彝族28人、苗族3人、白族1人)，占25.3%；非中共党员干部23人(正科级4人，副科级19人)，占6.4%；平均年龄40.7岁(其中：30岁以下干部26人，31岁至35岁干部47人，36岁至40岁干部81人，41岁至45岁干部112人，46岁至50岁干部93人，51岁以上1人)。

【学习实践科学发展观活动】　2009年3月至2010年3月，在全县范围内分两批开展深入学习实践科学发展观活动，参加第二批学习实践活动的单位以县直机关党员干部为主，涉及单位66个，参加党组织222个，党员3063名。参加第三批学习实践活动的单位以乡镇、村(社区)、学校、"两类"组织为主，涉及单位532个，参加党组织414个，参学人数16501人。活动围绕"党员干部受教育、人民群众得实惠、科学发展上水平"的总体目标开展，共废止阻碍科学发展的各种制度537项，修改不适应科学发展的制度797项，新建有利于促进和保障科学发展的制度541项。全县科学发展水平进一步提升。

【创先争优活动】　从2010年5月开始，按照"建设效能寻甸，推动科学发展、促进社会和谐、加强基层组织、服务人民群众"的总体要求，全县24个党委，171个党总支，836个党支部，20434名党员深入开展创建先进基层党组织、争当优秀共产党员活动。活动围绕中国共产党成立90周年和迎接党的十八大召开两个节点进行，共分四个阶段：2010年5月至6月为动员部署、强化学习阶段；2010年7月至2011年6月为突出实践、扎实推进阶段；2011年7月至2012年6月为树立典型、评选表彰阶段；2012年7月至党的十八大召开前为总结提升、完善机制阶段。以抓好党组织和党员"授旗评星"活动、窗口单位及服务行业"四亮四评"活动为重点，在全县上下形成学习先进、争当优秀的良好风气，为推进寻甸科学发展新跨越增添了强大动力。活动中涌现出的先进典型—原七星镇江格村党总支书记梅阳林同志被中组部追授为"防汛抗洪救灾优秀共产党员"。

【党代表大会常任制探索实践】　2008年，寻甸在昆明市率先选择部分乡镇党委探索实践党代表大会常任制，并在县乡两级全面推行。按照《寻甸回族彝族自治县党代表大会代表任期制和党代表大会常任制实施办法(试行)》的规定，党代表在中国共产党寻甸回族彝族自治县第十次代表大会第二次全体会议委员会任期内每年举行一次代表会议，行使党的代表大会职权。党代表大会代表每届任期与同级党代表大会当届届期相同。2009年1月8日，召开中国共产党寻甸回族彝族自治县第十次代表大会第二次全体会议，审议了全县经济社会发展等重大事项以及全县党费收缴使用管理情况报告，组织党代表开展视察调

2010年5月24日，寻甸县召开深入开展创先争优活动动员部署会

研，并开展了代表提案工作。大会的胜利召开，全面激发了党代表参政热情，在全县营造了良好的民主氛围。昆明市委常委、市委组织部部长郭红波同志到会指导。

【公推公选】 2007年以来，我县加大竞争性选拔干部工作力度。2007年面向昆明地区公开选拔9名副科级干部、1名中学校长，在全县范围内公开选拔产生93名副科级后备干部。2008年开展两次中层干部竞争上岗，产生29名副科级干部，连续公开推荐产生5名法检中层干部。2010年参加全省统一公推公选优秀村（社区）党组组织书记任乡（镇）领导2名，参加全省统一公选正科级领导干部2名，参加全市面向全国公开选拔乡（镇）党委副职12名。公开推荐提名产生乡（镇）党委书记5名、乡（镇）长1名、纪工委书记3名、县直综合部门党政正职6名。

【干部教育培训】 坚持围绕中心、服务大局的原则，制定并组织实施《寻甸县2007－2010年干部教育培训规划》，采取“走出去”和“请进来”相结合的方式，大规模培训干部。依托中央党校优质教学课件资源，在县委党校开设“每月一课·周末课堂”45期，培训干部5400余人（次）。2008年建立“领导干部集体学习制度”，至2010年12月共举办专题讲座49讲，培训干部2.1万人（次）。2007年组织294名科级干部到江西赣州参加社会主义新农村建设“带头人”专题培训班。2010年组织村（社区）党组织书记、优秀大学生村官共122人到重庆、成都开展统筹城乡发展专题培训。从2008年开始，每年举办1期村干部培训班，对支书、主任进行为期1周的理论培训。2008年举办第四期中青年干部培训班，培训副科级后备干部50人。

【干部监督工作】 坚持完善干部选拔任用考察预告制、考察责任制、干部任前公示制，建立健全干部监督信息沟通联系、内部监督、部内自查、诫勉谈话等制度，干部选拔监督体系逐步健全。坚持和完善个人收入申报、重大事项报告、诫勉谈话、函询等制度，主要领导干部、人财物管理使用等关键岗位监督得到加强。充分利用“12380”举报电话、干部监督联席会议等平台，健全举报受理机制，干部选拔任用工作社会监督得到强化，选人用人公信度不断提高。2010年1月开展的“一报告两评议”工作中，2007年以来干部选拔任用工作评议满意度为87.24%，2007年以来新提拔任用的部门正职和下一级党政正职评议满意度为92.41%。把处理来信来访与新时期干部监督工作紧紧结合，4年共受理来信、来访260件（次），均按照《信访条例》和相关政策进行了妥善处理。坚持原则，严格程序，清理因私出国证件118本，办理因公出国（境）人员审批57人（次），特定岗位工作人员因私出国审批15人（次）。

【村级组织活动场所建设】 2009年12月启动78个村级组织活动场所建设，2010年6月完成建设任务，全县实现村级组织活动场所全覆盖。78个活动场所建筑总面积为14268平方米，各级补助资金1652.43万元，其中：中央资金178.2万元，省级资金616.23万元，市级资金390万元，县级资金468万元。78个活动场所除5个采取整合资源建设外，73个活动场所均按照抗震加固九度设防标准全框架结构设计建盖。

2009年1月8日，召开中国共产党寻甸回族彝族自治县第十次代表大会第二次全体会议

2008年5月16日，寻甸县举行县五机关内设机构中层干部竞争上岗考试（笔试）

【新农村指导员】　按照省委统一部署，从2007年开始，连续5年从省、市、县、乡四级机关中选派素质好、能力强、作风硬的干部派驻到各村（社区）担任社会主义新农村建设工作指导员。2007年至2009年以乡（镇）为单位组成新农村建设工作队。2010年加大工作力度，以县为单位组建新农村建设工作总队1个，以乡镇为单位组建新农村建设工作队，总队队长挂任县委副书记，乡镇工作队长挂任乡镇党政副职。各派员单位把下派新农村建设指导员与挂钩扶贫结合，利用单位资源为新农村建设争取资金、引进项目、培植产业，做了大量实事，加快了新农村建设的步伐。

【大学生村官】　为加强农村基层组织建设，培养具有坚定理想信念和奉献精神，对人民群众有深厚感情的党政干部后备人才，从2008年起开展选聘高校毕业生到村任职工作，至2010年12月共选聘和补录村官224名，其中因另行择业等原因解聘96名，实际在岗128名。2010年村（居）"两委"换届，党员大学生村官选任党组织副书记，非党大学生村官选任村（社区）副主任。

【共产党员抗旱先锋行动】　2009年秋至2010年5月，寻甸遭遇严重干旱。面对灾情，全县各级党组织和党员共捐"特别捐献"款524万元，城乡党组织结成抗旱帮扶对子126对，抽调2753名骨干党员组建"共产党员抗旱先锋队"167支。严格管理使用"特别捐献"资金，共发放关爱资金625万元，对1.25万户因灾生活困难群众进行慰问；下拨资金310万元，建成"共产党员爱心水窖"1550个。河口镇党委、功山镇以则村党总支等基层党组织和党员在抗旱先锋行动中受到省、市委表彰。

【村（社区）"两委"换届】　2010年1月启动全县村（社区）党组织和第四届村（居）委员会换届选举工作，4月30日全面结束。新一届"两委"班子成员交叉任职比例达55%，党组织书记与村委会主任"一肩挑"达到125人，占71.8%。"两委"班子成员平均年龄37.6岁，高中（中专）以上文化达50%，文化程度和年龄结构均有较大改善。

【党员关爱】　按照"财政拔付一点、社会捐献一点、党费划拨一点"的办法多渠道筹集"关爱党员资金"。2007年至2010年，"七一"、"春节"走访慰问贫困党员、基层干部、大学生村官2737人（次），发放慰问金36.82万元；70岁以上农村困难老党员每月发给20元生活补助，共发放226.95万元；1949年前入党的农村老党员每月发给250元生活补助，共发放7.82万元；资助因灾致贫、返贫的党员130户，共7.55万元。

【党员干部现代远程教育】　2007年以来，切实加大党员远程教育终端接收站点建设力度。2007年6月，各乡（镇）党委试点安装结束并投入使用。至2010年底，全县共建成电信模式接收站点98个、卫星模式接收站点51个、依托中小学校模式接收站点40个，实现县、乡、村三级党员干部现代远程教育网络全覆盖，为广大党员群众学习党的路线、方针、政策及科学文化知识提供了平台。

【人才工作】　2007年以来，坚持党管人才原则，先后出台了《中共寻甸回族彝族自治县委关于进一步建立完善党管人才工作格局的意见》、《寻甸回族彝

2010年4月25日，在河口镇双龙村委会举行"共产党员抗旱救灾特别捐款"关爱资金发放仪式

人大机关开展流动课堂

族自治县人民政府关于进一步加强人才引进培养使用工作的实施意见》、《寻甸回族彝族自治县关于加快人力资源服务体系建设的实施意见》等指导性意见，建立健全了《人才工作重要事项报告制度》等九项人才工作服务管理制度，调整充实了县人才工作领导小组成员单位，形成了组织部门牵头抓总，相关部门密切配合，社会力量广泛参与的人才工作格局。围绕培养、使用、激励三个环节，制定了《寻甸回族彝族自治县人才柔性引进暂行办法》和《寻甸县"凤梧人才奖"评选奖励办法(试行)》，坚持春节、中秋走访慰问优秀人才，营造了尊重知识、尊重人才的良好氛围。建立高层次人才和优秀人才资源信息库，针对我县高层次人才缺乏、人才结构不合理的现状，积极引进各领域紧缺急需人才。依托省市人才资源，组织开展"科技之光"工程活动10期，发挥县内优秀科技人才作用，开展"科技之光"工程活动60余期，服务基层人民群众4000余人(次)。

【招商引资考核】 机构设置：2008年9月成立县招商引资考核办公室，负责全县招商引资考核工作，人员从相关单位抽调。2010年12月，县编委明确考核办为招商引资工作指挥部议事协调专项办事机构，机构规格正科级，归口组织部管理。制度建设：2009年，实施招商引资风险抵押金责任制，将招商引资任务落实到责任单位、责任人，实现权利责任相统一；试行寻甸县招商引资第一责任人"代理负责"制度，强化各级领导干部特别是招商引资第一责任人的责任。年度招商引资完成情况：2008年全县实际完成外资635.06万美元，引进市外项目46个，实际完成市外资金10.93亿元；引进市内县外项目20个，实际完成市内资金1.59亿元。2009年实际完成外资240万美元，引进市外项目103个，实际完成市外资金15.39亿元，同比增长44.6%；引进市内县外项目29个，实际完成市内资金2.01亿元。2010年实际完成外资234.12万美元，引进市外项目121个，实际完成市外资金18.48亿元，同比增长20.08%；引进市内县外项目23个，实际完成市内资金2.71亿元。

【领导名录】

部　　长：何云虹(～2010.06)
　　　　　高建明(2010.06～)
常务副部长：徐　林(～2008.02)
　　　　　艾树祥(2010.02～)
副　部　长：徐　林(2008.02～)
　　　　　郭嘉森(～2008.02)
　　　　　艾树祥(～2010.02)
　　　　　张海英(2007.09～)
部 务 委 员：张海英(～2007.09)
　　　　　丁喜飞(2007.08～)
　　　　　代满宁(2008.05～)
　　　　　吴仕贤(2010.11～)
　　　　　袁兴虎(2010.11～)
办公室主任：丁喜飞(～2007.09)
　　　　　吴仕贤(2007.09～)
组织科科长：袁兴虎(2007.09～)
干部科科长：赵洪钟(～2010.02)
干部教育科科长：邱　芬(～2007.09)
　　　　　李红松(2008.05～2010.11)
　　　　　李双红(2010.11～)
干部监督科科长：朱文华(～2007.09)
　　　　　马希志(2009.06～)
人才科科长：杨艳福(2007.09～)
电教中心主任：周彦林(2007.08～)
远教办副主任：李双红(2009.06～2010.11)
老 干 局 长：张海英(～)
老干局副局长：张永明(～2010.11)

(撰稿人：陈国斌)

老干部工作

【县委老干部局】 县委老干部局，设局长1人，兼县委组织部副部长，工作人员2人，在编1人。下设县老年人老干部活动中心、县老年大学和老干部党校3个机构，参照公务员管理。活动中心编制4人，在职2人；老年大学编制1人，在职1人。县直机关单位和乡镇分别明确有分管领导，指定兼职人员负责老干部日常工作。

【离退休老干部情况】 截止2010年12月，全县健在离休干部71人，其中：中共党员42人；抗战时期参加革命1人；解放战争时期70人；行政机关39人，事业单位17人，企业22人；79岁以下22人，80岁以上49人；副县级待遇18人，乡科级及以下待遇53人；生活长期不能自理2人。代管易地安置离休干部1人。全县共有退休干部1801人，其中：中共党员662人；行政机关540人，事业单位1125人，企业136人；正县级5人，享受正县级待遇7人；副县级7人，享受副县级待遇84人；正(副)科级121人，一般干部1577人。

【开展节日走访慰问活动】 每年重大节日，县委老干部局坚持走访慰问老干部活动。春节前夕，由县委老干部局牵头，以县委组织部、人事局、劳动局、财政局联合发文，对全县做好春节走访慰问工作作出具体安排和要求，以县委、政府的名义制作慰问信，坚持对全县离休干部、副县级以上待遇和五机关退休干部职工及上述人员的遗属近600人开展走访慰问活动。县五班子领导走访看望各自的联系对象；委托各单位走访慰问居住县城的离退休干部和遗属；组成四个慰问小组，分别对居住乡镇和县外的老干部进行慰问活动；建党节期间和建国60周年之际，分别对建国前

县十届四次党代会期间，县委领导和老干部代表亲切交谈

入党的老党员、离休干部进行登门走访看望，送去纪念品和慰问金。敬老节主动与县老龄委联系，组织各种敬老活动。长期坚持对全县离休干部开展政治生日慰问和生日祝寿活动，对生病住院老干部进行探视，对有特殊困难的离退休干部特事特办，开展帮扶解困送温暖活动。

【县离退休干部工作领导小组会议】

2007年1月30日，县委常委、组织部长、县离退休干部工作领导小组组长何云虹主持召开领导小组会议，听取老干局全年工作汇报，研究部署2007年春节慰问工作，联系老干部工作的副县长姜彩云出席会议并讲话。

8月25日，再次召开领导小组成员会议，研究县老年大学第二届校务委员会换届工作。会议讨论通过了第三届县老年大学常务副校长人选，增加肖正坤(县委常委、办公室主任)，鲁在国(县委常委、纪委书记)、蔡刚(县委常委、宣传部长)、朱家建(县委常委、政法委书记)、姜彩云(县政府副县长)为第三届县老年大学副校长；马崇仓继任第三届常务副校长，增加张兴智为专职副校长。第三届县老年大学校务委员会由老干局报县委审批发文。

2008年1月4日，县离退休干部工作领导小组研究2008年春节慰问工作方案。2月26日，领导小组学习传达关于转发省委组织部等六部门<关于建立特困老干部帮扶解困办法的通知>等三个文件的通知》精神，讨论研究特困老干部帮扶解困办法和落实调整提高无固定收入的已故离休干部配偶生活补助标准，进一步加强“双高期”离休干部管理服务工作。8月13日，第三次领导小组会议，讨论研究建立中共寻甸县老干部党校方案及有关工作。

2009年1月12日，召开领导小组会议，研究部署2009年春节慰问工作。10月13日，召开领导小组第二次会议，研究2009年敬老节活动方案，拟定召开敬老节座谈会，对50年婚龄以上离休干部赠送金婚照，同时研究创建“五好”离退休干部党支部表彰工作。10月22日，再次召开领导小组会议，讨论评比“五好”离退休党支部和老有所为先进个人表彰工作。10月26日，县敬老节座谈会召开，县委组织部表彰了县人大、教育局、粮食局等6个“五好”老干部党支部；县委老干局表彰了31位老有所为离退休干部，为22对离退休干部颁发金婚纪念照。

2010年1月20日，领导小组会议讨论研究春节慰问工作方案。10月9日，领导小组会传达贯彻省委、省政府办公厅、省委组织部、省委老干局关于进一步加强新形势下老年大学工作的意见》文件精神。县委常委、组织部长何云虹要求成员单位每年为老年大学办一件实事、好事；没有建立老年学校的乡镇要积极创造条件，尽快建立乡镇老年学校，争取2011年实现全覆盖。

【落实老干部政治待遇】　县委老干局以老干部工作“八项制度”为重点，认真按照政治上尊重、思想上关心、生活上照顾老干部的要求，结合寻甸实际，完善各项制度，创新工作思路，丰富工作内容，坚持组织广大离退休干部开展阅读文件、理论学习、通报工作、参加重要会议、重大活动、开办读书班、参观考察、节日走访慰问和在职领导联系同级老干部等老干部工作“十个一”活动，切实落实好老干部政治待遇。为认真落实好中组部和人力资源社会保障部《关于进一步加强新形势下老干部工作意见的通知》精神，创建了离退休干部党支部流动课堂，聘请党校教员，对县直机关22个离退休干部党支部开展流动课堂学习活动，为老干部就近学习送学上门；在坚持县级29位在职领导每月一次定期轮流向老干部通报工作的基础上，建立了乡镇和县直部门主要领导每半月一次轮流通报工作制度；建立老干部党支部联系会议制度，每半年召开一次老干部党支部书记联系会议，总结交流支部工作经验，互相学习、相互促进、共同提高，切实加强老干部党支部建设。2008年9月22日，经十届县委第32次常委会议讨论同意成立寻甸老干部党校，与县老年大学合署办公，实行一套班子、两块牌子，建立“四个一”学习培训制度，每年开展一次县情或相关政策通报，开设一场专家讲坛，开办一堂理论辅导，举行一次学习心得交流和研讨。坚持每年举办一期老干部读书班，组织2－3次参观考察全县工农业生产情况和重大项目建设，丰富学习活动内容。2007－2010年，共组织流动课堂29期，1290余人(次)；老干部党校培训党员干部10期，1000余人(次)；开办老干部流动课堂4期，1500余人(次)；开展春节等重大节日走访慰问老干部2000余人(次)。

【离休干部生活待遇】　离休干部生活待遇“三个保障机制”，即社会保障机制、财政支持机制、医疗保障机制。足额发放离休干部离休金、专项经费落实到位，医疗费每年按1.2万元标准统筹，时报实销。建立特困离休干部帮扶解困机制以来，县财政每年安排专项经费对有特殊困难离休干部和遗属开展帮扶解困送温暖活动。

【发挥老干部作用】　通过县乡两级领导参加老干部学习活动通报工作，组织老干部参加人代会、政协会等重要会议，动员引导老干部参加各行业的工作，拓宽了老干部向县委政府建言献策，发挥作用的渠道。有40位老干部参加全县民主评议行风活动，12位老干部受聘担任党风巡查员，参加机关作风明察暗访和党风巡察工作，3位老干部为干部监督工作出力献策，8位老干部受聘担任仁德镇环境卫生监督员，积极参加卫生城市创建工作。3位老干部受聘在关工委工作为关心下一代出力，20余位老干部分别在老干部党支部、各老年社团任职义务服务的同时，用自己的言行影响带动老干部老年人为社会再做奉献。广大离退休干部力所能及献爱心，为恢复重建历史文化古迹文笔塔慷慨解囊，捐款1万余元。心系灾区，广大老干部积极加入到“共产党员抗旱先锋行动”中，仅老年大学、离休协会和老干部书画诗词协会学员、会员就为灾区捐款9500余元。

【老年人老干部活动中心】　县老干部老年人活动中心始建于1997年，中心占地面积11.86亩，7858.8平方米，总建筑面积1000余平方米，中心共有室内活动室12间，其中，活动室、办公室8间、老年大学教室4间；装有一套健身器材，室外活动场地有8块门球场、一个露天舞台，一块操场，一套健身路径，长廊113米。近年来，按照省市进一步加强活动中心工作的要求，积极争取上级支持，加大中心改造和建设，对中心避雨长廊、露天舞台、电路等进行了改造，新增强化木坐椅30条。中心积极开展绿化美化争创“园林绿化单位”工作，植树60余棵，增加绿地面积，创造条件为老干部老年人活动提供优美环境和优质服务，2010年5月，被评为昆明市“园林绿化单位”。

中心先后举办党的知识竞赛、纪念改革开放30周年、学习“十七大”喜迎奥运会知识竞赛、开展文艺演出；举行拳剑、门球，乒乓球、象棋、扑克、游园活动，丰富老干部老年人活动内容，充实老干部精神文化生活。

【老年大学】　县老年大学始终坚持以

政治建校、文化兴校、特色立校的办学方针，根据老干部、老年人的爱好、需求设置课程，提高广大老干部老年人精神文化生活质量。先后组织学员自编自创小戏小品《恩怨情怀》、《恩仇人家》等节目，参加昆明老干部文艺调研演出比赛，参加云南省星耀杯花灯电视大奖赛，获得名次；先后到东川、石林、嵩明、禄劝等县区老年大学进行校际联欢活动；先后深入羊街老年学校、仁德镇襄阳村和县敬老院等进行慰问演出，为县敬老院孤寡老人捐款捐物。县老年大学目前已成为老干部、老年人精神文化生活的重要阵地，成为县委、政府联系老干部、老年人的桥梁。

2007年9月4日，县委常委、组织部长任老年大学校长，县委办主任、县纪委书记、县委宣传部长、县委政法委书记、县政府副县长、组织部常务副部长、老干局长七位同志任老年大学兼职副校长。县人事、党校、财政、规划、卫生等二十四个单位主要负责人任老年大学校务委员的校务委员会。因工作需要，2009年6月29日，增补李菲亚为县老年大学专职副校长。

2007～2010年，开办声乐、保健、器乐、舞蹈、书画诗词、家政、苗族文化、电子琴、二胡、葫芦丝等专业共60个班次，聘请教员36人，共计招收学员3987人（次）。2007年、2008年、2009年被云南省老年大学协会评为老年教育先进单位。2007年10月被县委老干部局评为老有所为先进集体。2009年10月老年大学常务副校长马崇仓同志被中国老年大学协会评为全国老年教育先进工作者。

2010年8月，报经直属机关党委批准，成立县老年大学临时党总支，下设2个党支部，为进一步发挥老党员在学员中的先锋模范作用，提供了坚强的组织保障。

【自身建设】 坚持开展政治理论学习和党的老干部政策工作业务知识学习，进一步推进学习型老干部工作队伍自身建设。按照县委改进和转变机关工作作风、提升行政效能、创先争优、效能寻甸建设以及组织系统开展的“讲党性、重品行、做表率”等活动要求，认真组织干部职工学习党的十七大精神，深入贯彻落实科学发展观，把思想和行动统一到县委各项部署和中心工作上来。通过坚持每周政治学习制度，做到政治学习经常化、思想教育制度化；坚持开展老干部工作业务知识学习，进一步提高个人工作能力和素质，坚持每周一上午职工干部会议，总结回顾上周工作，落实本周任务，明确责任和时限，全面推进各项工作的有序开展；坚持参加组织部门机关讲坛学习活动，积极开展工作和学习体会交流。加强老干部队伍建设，先后培养输送2名专职干部经县委考察进行任职交流，认真落实老干局长与组织部副部长相兼的规定，增强老干部工作的权威性，积极组织参加多种学习培训活动，提高老干部工作队伍自身素质。2010年在参加全市老干部工作业务知识学习竞赛活动中，单位获组织奖、1人获优胜奖。

（撰稿人：樊元庆）

政法工作

【县委政法委】 1980年设立县政法委领导小组。1982年成立县委政法委员会。1989年8月，撤销县政法委，成立中国共产党寻甸回族彝族自治县委政法领导小组。1990年，恢复设立中共寻甸回族彝族自治县政法委员会。2002年2月县综治办、县“610”办与政法委机关合署办公。内设机构为办公室、政治部、执法监督室。县铁路护路办、禁毒办、打黑办。截止2010年12月底，有干部职工12人。

【平安创建工作】 2007年，全县顺利通过省委、省政府平安县（市、区）创建考核验收，被命名为“省级平安县”。2008年，为进一步巩固平安创建成果，寻甸县委、县政府按照省委、省政府《关于在全省开展争创先进平安县（市、区）活动的意见》要求，以创建“平安村（组）”、“平安社区”、“平安学校”、“平安单位”、“平安家庭”为载体，创新工作方法、强化工作举措，扎实开展新一轮平安建设工作。2009年，进一步强化平安建设组织领导，健全完善创建工作机制，加大基层基础建设力度，加强社会稳定防线体系建设，为成功争创省级先进平安县奠定了坚实基础。2010年，面对全国上下大事多、要事多、敏感时期多、重点节点多、矛盾隐患多的社会复杂形势。县委、县政府高度重视，坚持高起点谋划、高强度工作、高效率落实，以创平安、保稳定、促和谐为目的，平安创建工作成绩突出，积极开展“省级先进平安县”创建相关工作，2010年底通过省、市初步验收。

【反邪防邪工作】 全县防范和处理邪教问题工作紧紧围绕反邪教警示教育和“无邪教”乡（镇）创建两个工作重点，加大防范控制、宣传揭批、打击处理、教育转化力度。2007年成功取缔了“主神教”、“门徒会”两个邪教组织，捣毁8个邪教窝点。全县各级共组织巡回宣讲团7个77人，深入到96个村委和205个自然村巡回宣讲；进村入户发放宣传资料共计8000余份；利用有线电视播放反邪教VCD教育光盘119场（次），观看人数约15万余人（次）；在96个村委会和205个自然村挂图讲解邪教危害803场（次），进村入户张贴挂图197份；在全县中小学上德育课和反邪教警示教育课56场（次），受教育师生达7万余人。2008年全面贯彻落实好中央、省、市委610办关于防范和处理邪教问题工作的实施意见的有关精神文件，深入贯彻落实全国防范“法轮功”捣乱破坏、保卫奥运安全的工作要求。深入到全县16个乡（镇）排查分析，严防境外敌对势力对贫困边远地区借送“福音工程”、“讲经传道”争夺人心，提高宗教管理队伍的防御、抵制渗透的能力。强化打击手段，根据市委610办的要求，组建了一支信息员队伍，做到了每个乡（镇）有一名信息员。2009年是新中国成立60周年，也是中央取缔打击“法轮功”第10个年头。确保了全县17个乡（镇）无邪教创建全覆盖并继续巩固无邪教乡（镇）创建成果，连续五年实现反邪教三零目标。同时，为推动反邪教警示教育向纵深发展。2010年以来，积极构建反邪教警示教育示范基地，初步建成南磷集团寻甸磷电有限公司、寻甸第一中学、七星镇江外村委会和仁德镇东发社区4个反邪教警示教育示范基地。

【铁路护路工作】 建立健全了铁路护路联防领导机构和工作机构。县委常委、政法委书记任县铁路护路领导小组组长、县人民政府副县长任副组长、成员由县公安局、县司法局、县委宣传部、县广电局、县综治办及铁路等相关部门负责人组成，并成立办公室负责日常工作。领导小组及办公室人员由12人组成。领导小组狠抓责任落实，2007年初，寻甸县召开了铁路护路联防工作会议，县护路领导小组与有护路任务的仁德镇、功山镇签定了年度护路承包责任书。2008年有护路任务的2个乡（镇）与铁路沿线的16个村（居）委会签定了年度目标责任书。开展铁路“五查五整治”百日专项整治行动，出动车辆10余辆/（次）、人员200余人/（次），排查废品收购站点6个，依法取缔2

个，停业整顿1个，依法处理非法建筑1幢，清运3处侵线垃圾问题，确保铁路安全畅通。2009年有护路任务的16个村(居)委会分别与16名专职护路队员签定了护路联防责任书。经过层层签定目标责任书，铁路护路任务明确细化到基层各级组织和护路队员，充分调动了各级组织和护路队员的工作责任心和积极性。2010年召开铁路护路联防工作会议4次；铁路护路联防工作领导小组组长、副组长带领护路办人员分别于3月、6月、9月、12月四次深入铁路沿线检查指导铁路护路工作。年内没有发生危及行车安全的“五类”案件，破坏铁路设施、掀盗运输物资案件没有发生，盗割通讯线案件得到有效控制。年内未发生因治安问题造成的重大、较大行车事故。年内未发生群体性上路拦停列车事故。认真落实路外安全管理措施。年内无一般路外伤亡、重大路外伤亡事故和大牲畜上道与列车相撞事故发生。辖区内全年没有发生聚众扰乱站、车秩序，哄抢运输物资及石击列车等事件，有效维护了铁路安全畅通。

【禁毒工作】 2008年7月县禁毒办设立于县委政法委，负责牵头、组织、协调、推动全县禁毒人民战争。严厉打击毒品犯罪，推动禁毒人民战争深入开展。全县禁毒工作以全市禁毒人民战争为契机，紧紧围绕“七七工程”目标任务，深入开展“天网四号”扫毒行动，严打犯罪，戒吸禁毒，强化监管，逐步建立形成“预防教育、打击犯罪、禁吸戒毒、身心康复、社区矫助”五位一体的禁毒长效机制。2007年，破获涉毒刑事案件42件，抓获涉毒违法犯罪嫌疑人43名，缴获精制毒品10069.17克。送强制隔离戒毒190人，争创巩固8个市级无毒乡(镇)，命名25个无毒村(居)委会(社区)。2008年破获涉毒刑事案件31件，抓获涉毒违法犯罪嫌疑人37名，缴获精制毒品7353克。送强制隔离戒毒132人，命名132个无毒村(居)委会(社区)。2009年破获涉毒刑事案件30件，抓获涉毒违法犯罪嫌疑人31名，缴获精制毒品10166克。送强制隔离戒毒67人，社区康复试点戒毒204人，提前超额完成收戒率和康复率达到85%的标准，巩固创建无毒乡(镇)10个。2010年破获涉毒刑事案件57件，抓获涉毒违法犯罪嫌疑人59名，缴获精制毒品17887克。送强制隔离戒毒112人，铲除毒品原植物罂粟571株，大麻6052株，创建和巩固无毒乡(镇)10个。

【打黑除恶】 2008年开展打黑除恶工作，县打黑办设立于县委政法委，负责牵头、组织、协调、推动全县打黑除恶工作，2008年11月召开了全县打黑除恶工作动员大会，寻甸严格按照中央、省、市关于打黑除恶工作的要求，按照“保增长、保民生、保稳定”的总体要求，坚持“有黑打黑、无黑除恶、无恶治邪、无邪治乱”的工作思路，严格按照“打黑务清、除恶务尽”的方针，依法严厉打击各类黑恶势力违法犯罪，全力维护社会稳定，不断增强人民群众安全感，促进全县经济社会快速、健康、持续发展，做到了组织领导到位、动员部署到位、宣传动员到位、线索摸排到位、督导检查到位、人员设备到位，确保了全县打黑除恶工作的正常开展。2009年，查获80起团伙性犯罪，抓获犯罪嫌疑人256人，依法逮捕109人，刑事拘留24人，治安处罚2112人。县打黑办按照“一月一重点、一月一高潮”的工作要求，先后与烟草专卖局、规划建设局、工商管理局、市容执法大队等部门联合开展专项治理行动，在烟草专卖整治行动中，依法取缔非法生产、加工烟丝窝点2个，非法囤积、收购烟叶窝点1个，现场查获烟叶约1.9吨、制烟设备5台，缴获假劣成品卷烟1万余条，缴获赃款、赃物折价64.54万元；在城市规划治理行动中，依法对北营街、青龙路的占道经营、占道修建等违法违规行为进行清理整治，责令关闭7个占道经营宰鸡店，强制拆除违规占道修建设施10余处；在规范市场秩序整治工作中，执法检查619人次，分别对22家企业、1534家个体商铺、141个无证销售摊点进行检查，综合行政执法处罚11.9万元。寻甸县成为全市打黑除恶工作先进单位并受到表彰奖励。截止2010年底，全县共查获各类刑事、治安违法犯罪团伙79个，破获案件数174件，涉案359人，抓获违法犯罪嫌疑人356人，在逃2人，死亡1人。刑拘、逮捕135人，行政处罚212人，其它处理9人。以“金鑫、徐克继”为首的恶势力团伙涉案5件7人，受到了法律的审判和制裁。以张晓东为首的“洪兴帮”黑社会团伙在移交西山区办理前，县公安局机关抓获其团伙犯罪嫌疑人83人，涉案55件。在“打黑除恶”过程中，通过宣传活动动员群众、震慑犯罪，效果明显。5月26日及时邀请昆明电视台街头巷尾栏目组、春城晚报等多家新闻媒体，对案件情况和犯罪现场指认过程进行了采访报道。制作发放了2500份《致寻甸人民群众的一封信》，设置举报箱19个，积极动员社会力量，有效震慑违法犯罪，为平安寻甸、法治寻甸创建工作营造了良好的社会环境。

【政法基层基础工作】 创新机制体制，切实加强基层基础建设。外派政法干部充实基层一线，推动基层综治维稳措施落在实处。2008年，经县委政府研究决定，全县政法部门中层以上所有领导干部对应挂钩联系到67个治安重点村(居)委和18家治安重点企业指导基层综治维稳工作，收效良好，有效促进了群体性事件成功处置、社会稳定隐患有效整治、重访缠访案件大量化解。筹建成立乡(镇)政法委，加大政法基层基础建设力度。2008年，在全县各乡(镇)设立由党委书记兼任政法委书记的乡(镇)党委政法委，公安派出所长进入乡(镇)党委班子，任副书记和政法委副书记，成立综治维稳协调中心，形成以政法委为核心、以基层政法综治组织为骨干、以村(居)两委为基础的政法、综治、维稳、禁毒、反邪教、国家安全的工作网络体系，筑牢基层维护稳定的第一道防线。2009年，以文件的形式确定各乡镇由1名副乡(镇)长主抓综治工作。

【综合治理工作】 2010年，针对校园安全问题，全县政法机关始终坚持“抓安全就是抓教学，抓安全就是抓稳定，抓安全就是抓和谐，抓安全就是抓发展”的指导思想，立足于“平安和谐校园”建设，多管齐下、多措并举，狠抓中小学、幼儿园安全管理。先后召开3次相关会议安排部署学校安全工作，并结合实际，制定了《寻甸县教育局学校安全管理制度》、《寻甸县教育系统安全工作管理方案》、《寻甸县教育局校园暴力事件应急处置预案》等一系列制度。下发了《关于进一步加强学校及周边治安综合治理 预防和打击校园暴力事件的紧急通知》、《关于开展校园安全大检查的通知》、《关于做好秋季开学学校安全工作的通知》等文件，修改、完善了消防、防汛、森林火灾、抗旱保教、防控甲型H1N1流感、防控手足口病、预防道路交通安全事故等各类应急预案。对全县22所中学、159所完小、104个校点，89所民办幼儿园，开展安全专项检查2次；县教育局、公安、工商、卫生、安监等部门开展联合检查2次；签订安全责任书402份、制定应急预案学校402所、组织开展各类应急演练400余场(次)、重点时段常态开展巡逻学校40所；有专职保安数91人、有

12名专职负责人。全县学校共投入200万余元用于安装视频监控系统。通过以上工作切实维护全县中小学、幼儿园正常的教育教学秩序，有效地保持了全县教育系统安全稳定的良好局面。

2010年，在全县范围内深入开展严打整治，在仁德镇、先锋镇、羊街镇3个乡(镇)集中开展社会治安综合整治。一年来在3个社会治安重点整治地区共召开综合整治动员大会3次，专题会议8次，制定出台相关文件5份；共破获刑事案件29件，刑事拘留30人，逮捕15人，起诉9人、打掉违法犯罪团伙7个、收容教育2人，追逃2人；受理行政案件241件，查处241件，行政拘留61人，罚款251人、强制隔离戒毒14人；摧毁破坏公用电信设施犯罪团伙1个、盗窃团伙3个，共计涉案9人。收缴违法运营车辆30余辆，其中取缔违法运营三轮摩托车15辆；收缴枪支4支。通过集中整治，有效扭转了集中整治地区的社会治安，基本实现基层政权组织和管理力量充实加强，各类治安和安全隐患明显减少，常态化管理制度逐步健全，长效工作机制进一步完善的工作机制。

【队伍建设】 全县政法系统持续开展社会主义法治理念教育活动，以依法治国、执法为民、公平正义、服务大局、党的领导5个专题为主要内容。坚持把政法机关领导班子建设作为政法队伍建设重点来抓，以提高政治素质和领导能力为核心，切实加强领导班子思想政治建设、作风建设、党风廉政建设。坚持把政法干警政治思想建设作为队伍建设的主要任务来抓，以提高队伍执法为民意识和执法能力为重点，加大政法队伍的监管力度，着力建设"政治坚定、作风优良、纪律严明、恪尽职守、勤政为民、清正廉洁"的政法队伍。按照中央和省、市、县委的部署要求，全面开展创先争优活动。在创先争优活动中，全县政法系统结合实际，组织开展了"规范执法行为、提高执法水平"专题教育实践活动，"人民法官为人民"，"恪守检察职业道德、促进公正廉洁执法"，"践行人民警察核心价值观"，"作中国特色社会主义法律工作者"，"忠诚教育"等主题活动，教育引导干警树立"公正、廉洁、为民"执法价值观。通过抓思想强政治，抓组织强班子，抓作风强纪律，抓保障强服务，班子的执政能力明显提升，对法队伍的整体素质明显提高。

【矛盾纠纷排查化解】 全县综治维稳部门紧紧围绕"大调解工作体系"建设，进一步完善县乡村级矛盾纠纷排查化解网络，建立诉调对接、检调对接、公调对接、访调对接"四位一体"大调解工作格局。全县基层司法所、人民调解组织充分发挥"身在基层、贴近群众"的工作优势，以维护特殊节日、敏感时段的安全稳定为重点，积极开展矛盾纠纷排查化解工作，按照"教育疏导、预防为主、调防结合、严防激化"的工作方针，集中开展矛盾纠纷大排查大调处活动。2007年，全县共排查各类矛盾纠纷806起，调处806件，调处成功765件，成功率达95%。2008综治维稳办督导各乡(镇)综治维稳办梳理矛盾纠纷242件，化解232件，督办重复信访21件；执法监督室对6件涉法涉诉类重信重访、缠访闹访进行化解；联席会议办对全县18件重点信访事项进行分解落实，分别由县委政府班子成员组织相关部门实行"一对一"包案化解；深入开展"大接访大下访"活动，全年共接待群众来访163件511人(次)，当场解决57件，批转督办106件，排查群体性矛盾纠纷10件，党政领导干部大下访活动3件211人(次)，排查稳定隐患3件，化解矛盾纠纷8起。2009年全县各部门排查调处矛盾纠纷2475件，化解2428件；联席会议办对51件重点矛盾实行"一件矛盾、一名领导、一套班子、一个方案、一抓到底"的"五个一"方法包案化解；政法委组织政法和综治维稳部门依法成功处置具有群体性倾向的稳定隐患17起，全县没有影响大局的群体性事件发生。2010年全县共受理群众来信来访1984件(次)，其中交(督)办重要信访事项198件；排查化解影响社会稳定的矛盾纠纷9件；组织领导干部9批83人(次)，赶赴昆明做好劝返处置工作，及时劝返越级上访群众7批117人(次)；县级领导带案下访6批38人。

【执法监督】 进一步在加强执法司法监督、确保执法办案质量、维护公民合法权益等方面进行了积极探索。按照全国和省、市政法工作会议关于对涉法涉诉信访积案"力争明后两年基本消化掉"的要求，2010组织政法各部门对涉法涉诉信访积案进行全面梳理，以赴省进京重信重访案件为重点，逐案进行复查复核，逐案落实包案领导、办案单位、承办人员、明确办结时限和结案要求，选择一批久访不息的重点案件进行挂牌督办，切实做到诉求合理的解决到位，诉求无理的思想教育到位，生活困难的帮扶救助到位，行为违法的依法处理到位，着力化解一批，依法终结一批，教育稳控一批，把矛盾化解在基层，把群众吸附在当地。同时，着眼于源头治理，进一步健全长效机制建设，提高初信初访办结率，全力引导涉法涉诉信访下移，确保赴省进京非正常访持续下降，实现全县涉法涉诉信访形势明显好转。2010年清理涉法涉诉信访积案29件，现已成功化解14件，建立了涉诉特困群体帮扶救助机制和信访案件终结机制。积极开展案件评查工作，评查案件100件。

平安建设暨政法工作会议

【领导名录】　政法委书记：朱加健(2006.06—2010.08)
副书记：韩会荣(2005.07—2010.01)
副书记：马顺芬(2010.01—)
副书记：马良能（2010.02—）
副书记：尹才能(2010.10—)
（撰稿人：罗佩尧）

宣传工作

【县委宣传部】　1950年3月成立寻甸县委宣传部。1956年12月改称为中共寻甸回族自治县委宣传部。1979年12月改称为中共寻甸回族彝族自治县委宣传部。2002年8月，县社会主义精神文明建设指导委员会办公室职能并入宣传部，保留牌子。2003年6月成立《昆明日报·寻甸版》编辑部，2004年11月更名为"中共寻甸回族彝族自治县委对外宣传办公室"、"寻甸回族彝族自治县人民政府新闻办公室"，实行两块牌子，一套人员的管理体制。2004年12月成立县文化体制改革和文化产业发展办公室。2008年2月，县委外宣办参照公务员法管理。县委宣传部内设办公室、理论教育科、社会宣传科3个职能科室，设置县文明办、县文产办2个其它机构。县委宣传部行政编制14名。其中，部长1名，副部长2名，部务委员2名，内设机构和其它机构负责人5名。机关工勤人员编制2名。下设事业单位县委外宣办，事业编制5名(参照国家公务员管理)。

【理论教育】　建立健全寻甸县领导干部集体学习制度、领导干部学习考核激励制度、领导干部述学评学考学机制和科级领导干部学分管理制度等一批学习制度，逐步强化和规范学习，形成了学习的长效机制。以提升党员干部素质为目标，以创新机制和强化落实为突破，突出教育、指导、推动，切实加强和改进党员干部理论学习。组织开展解放思想大讨论活动，推动干部思想解放。大力开展"读好书，求新知"学习活动，促进干部"爱读书、善读书、读好书"习惯养成。以学习型党组织建设为抓手，丰富学习内容，拓宽学习渠道，力求使学习体现时代特点、贴近干部需求、富有实际成效。以"云南省领导干部时代前沿知识讲座"、"昆明市领导干部培训日"为依托，以寻甸县"领导干部集体学习"、党员干部"每月一课"学习平台为载体，大力开展党员干部理论学习。2007－2010年，组织各种重点理论学习培训达10.1万人(次)，其中，参加各级党委(党组)理论中心组学习达3128人(次)、"四个一"学习活动达1.02万人(次)、领导干部集体学习达1.68万人(次)。理论教育紧扣中国特色社会主义理论体系的学习，扎实开展党委(党组)中心组学习，学习人次达600余人(次)，"四个一"学习是指每天学习一小时，每月熟读一本书，每月安排一次集中学习，每季组织一次讲座的要求，认真组织"四个一"学习，做到学习定时间、定任务、定内容、定要求，每年学习人次达2000余人(次)，集体学习以拓展领导干部思想、思维、思路，提升信念、观念、理念为目标，组织领导干部学习市场经济、工业发展、园区建设、招商引资、城市化等知识。

【舆论宣传】　深入开展"三下乡"活动，2009年，精心组织好国家计生委到寻甸县开展"三下乡"暨寻甸县2009年"三下乡"活动启动仪式。充分利用寻甸政务信息网平台，精心办好《今日寻甸》专栏，每年上传各类宣传稿件70篇以上。2009年，以"唱响国歌、爱我家乡"为主题，成功举办庆祝新中国成立60周年大型文艺晚会和昆明市第九届少数民族传统体育运动会开幕式；以"喜迎国庆、唱响寻甸"为主题，政府搭台、企业唱戏，举办了寻甸县历史上第一次大型明星演唱会；2010年，协办了以"红土地、丹桂情"为主题的省委、省政府"云之南"艺术团赴寻甸县慰问演出活动。加强网络信息安全，做好网络舆情监测。提出舆情处置意见和建议，有效化解了网络舆情。

【网络舆论宣传】　从2009年开始舆情监测。围绕党的路线方针政策的贯彻落实，县委、县政府的中心工作和重大部署，牢牢把握正确的舆论导向，努力形成以宣传部门为主导、实际工作部门紧密配合、各类网络媒体齐心协力的舆论引导工作局面；批驳谣言、澄清不实报道。对歪曲事实、诋毁寻甸形象、影响全县改革发展稳定大局的谣言、不实报道和言论，及时开展有针对性的舆论斗争和引导，澄清事实真相，驳斥错误言论，努力稀释和消除各种谣言、攻击性言论产生的不良影响；积极应对突发性、群体性事件。建立突发性、群体性事件网络舆论处置机制，根据权威信息，明确宣传口径，及时披露事实真相，阐明各级党委、政府和主管部门的态度，平息各种谣言，稳定群众情绪，维护社会安定。加强网络信息安全，做好网络舆情监测。提出舆情处置意见和建议，有效化解了网络舆情，共印发了舆情专报16期，舆情关注6期。

【对外宣传】　紧紧围绕加快实现寻甸科学发展新跨越这个主题，以全县招商引资、软环境建设、工业经济发展、城镇化建设和管理、新农村建设、农业产业培育发展、扶贫攻坚、旅游业发展、和谐寻甸建设等重点工作，开展声势浩大的主题宣传活动。通过精心策划，邀请媒体进行深入采访，组织刊发系列专题、新闻稿件，从多方位、多角度进行宣传。四年累计在《经济日报》、《云南日报》、《昆明日报》、《云南经济日报》、《云南法制日报》、《香港文汇报》、《春城晚报》、《都市日报》、《生活新报》等报刊上发表各类新闻稿件1200余篇，其中各类重大专题、系列宣传报道300余篇。2007年，推出了张家营先进事迹，人民日报、中央电视台等作了采访报道；2010年深入挖掘了在防汛抗洪救灾中被中共中央组织部追授为全国"防汛抗洪救灾优秀共产党员"的梅阳林同志先进事迹，收到了"树起一个、带动一批、影响一片、教育一方"的良好效果。2008年出台了《关于加强网上舆论引导工作的实施方案》；2009年出台了《寻甸回族彝族自治县突发公共事件新闻报道应急预案》、《新闻发布制度》、《新闻发言人制度》、《新闻联系制度》、《舆情监管制度》、《寻甸回族彝族自治县新闻监督事项督查实施办法(试行)》。各乡镇(街道)、县直各部门均明确了新闻发言人，建立了70多人的新闻发言人队伍。

【文明创建】　按照"突出质量抓创建、突出规范抓管理、突出主题抓教育、突出重点抓示范"的工作思路，以创建省级文明县城为龙头，以社会主义核心价值体系为根本，以加强公民和未成年人思想道德建设为支撑，以提高市民素质和城乡文明程度为出发点，深入开展精神文明建设。2007年，全县共组织申报创建市级文明单位(村)29个，市级文明小城镇1个，县级文明单位(村)111个。开展"十星级"文明户评比活动，全年共计参评4500户。2008年，全县共组织申报创建市级文明单位15个、文明村5个，文明小城镇1个，命名县级文明单位42个、文明村31个，文明社区2个。开展"十星级"文明户评比活动，全年共挂牌10050户。2009年，全县共组织申报创建省级文明单位8个，市级文明单位(村)19个，文明小城镇1个，县级文明单位(村)72个。开展“十星级文明户”评比，全年共挂牌10923户。2010年，共组织申报创建市级文明单位15个、文明村5个，县级文明单位46个、文明村16个。开展“十星级文明户”评比，全县共挂牌10946户。

【文化体制改革和文化产业发展】 按照“实施项目带动，突出文化旅游，挖掘民族特色，推动产业发展”的思路，积极稳妥推进文化体制改革，增强文化发展活力，繁荣文化事业，促进文化产业发展，努力增强县域经济文化产业支撑力，坚持把文化发展与旅游业发展相结合，全力打造以天湖岛、凤龙湾、白石岩溶洞、钟灵山开发为主的“生态旅游”、以星河温泉小镇为主的“温泉旅游”和以红军长征柯渡纪念馆为主的“红色旅游”。加大对县民族文化研究会的指导力度，编辑出版《寻甸民族文化》14期，出版了《寻甸小说作品选》、《寻甸散文作品选》、《寻甸诗歌作品选》、《寻甸舞台作品选》、《寻甸史迹拾遗》等民族文化系列丛书和《寻甸风情物语》宣传画册。

【自身建设】 按照“理清思路促发展、突出重点抓落实、虚功实做树形象”和“个人形象一面旗、工作热情一团火、谋事布局一盘棋”的要求，着力培育和打造“包容友爱政治强，和谐奉献纪律严，敬业创新业务精，严谨务实作风正”的团队精神，部门形成了以“立说立行的态度、只争朝夕的精神和雷厉风行的作风”抓落实的氛围，自身建设得到全面加强。

【表彰奖励】 2009年被县委政府评为双拥工作先进单位；2009年被县委政府评为承办昆明市第九届少数民族传统体育运动会先进集体；2010年被县委政府评为目标任务完成先进集体。

部门民主评议行风情况：2006年，第六名；2007年，第六名；2008年，第二名；2009年，第一名；2010年，第六名。

年度目标责任考核：2008年，全县县直单位第一；2009年，无招商引资任务单位第一；2010年，无招商引资任务单位第二。

【领导名录】

部　　长：蔡　刚
常务副部长：张丽君
副　部　长：马媛琳
部务委员：舒余庆(2007.09—2009.06)
　　　　　李艳梅(2008.06—)
　　　　　赛普磊(2009.06—)
文明办副主任：张勇军(2009.06—)

(撰稿人：李　丽)

统战工作

【县委统战部】 寻甸县委统战部成立于1955年2月，2010年内设办公室(干部科)、民族宗教科、工商经济科、县委台湾工作办公室(县政府台湾事务办公室)，总编制13名，其中行政编制11名、工勤编制2名。年底有干部职工10人，其中行政编制9人，工勤编制1人。

【经济统战工作】 2008年制定了《加快非公经济发展的实施意见》，建立县级领导联系非公企业及重大项目推进制度，做到“一个项目，一个领导，一套班子，一个方案”，切实提高招商引资及重大项目的落实率、推进率；建立党委统一领导，统战部门牵头协调，有关部门、人民团体、协会等各负其责、密切协作的经济统战工作机制；建立信息收集和反馈机制，切实做好非公经济人士的培养工作；建立联络和联谊机制，为招商引资搭建非公经济发展良好平台。6月26日，指导工商联召开县工商联第五届会员大会，选举产生了新一届工商联领导班子。2009年建立了《中共寻甸回族彝族自治县委统战部班子成员联系非公经济代表人士制度》，加强与非公经济人士的联系、沟通和交流。2010年落实统战部长兼任工商联党组书记，加强对工商联党组的领导和对工商联工作的指导，推动工商联工作有效开展。在全县396户非公企业中开展了非公有制经济人才问题研究问卷调查，并对67名非公经济代表人士进行了综合评价，通过问卷调查和综合评价，掌握全县非公经济人士的基础资料。指导工商联做好异地商会和行业商会发展工作，成立寻甸县浙江商会和食品行业商会，实现了寻甸行业商会和异地商会零的突破。

【宗教工作】 在全县宗教领域开展爱国主义和法制宣传教育活动，教育引导宗教人士爱国爱教。2007年3月，组织全县30所佛教寺院的60余名专兼教职人员在三月三海会寺进行培训，7月举办80余人参与的基督教教牧人员普法培训班。2009年9月，由县委统战部牵县委宣传部、县民宗局、县司法局4家单位组建宣讲团，对全县191个宗教活动场所的教职人员、管理人员、信教群众和14个乡(镇)分管领导、统战委员、部分村委会干部近5万人进行了爱国主义、形势教育、法律法规、宗教场所管理等知识的培训。建立《中共寻甸回族彝族自治县委统战部班子成员联系宗教界人士制度》，定期、不定期地与宗教人士交流交往，通过中秋座谈、春节慰问和日常走访看望，进一步加强与宗教代表人士的联系，切实掌握情况、化解矛盾。依法管理宗教事务，做好宗教活动场所的管理工作，依法打击利用宗教

统战成员座谈会

进行的各种违法犯罪活动，坚决抵御境外宗教渗透。积极争取上级支持，改善宗教活动场所硬件设施。2010年争取省、市资金20万元支持宗教活动场所建设。于2007、2010年分别组织全县20余名宗教界人士外出考察学习，并于2010年将宗教界人士每两年外出考察一次由县委发文将其制度化。

【民族工作】 大力宣传党的民族工作方针政策，强化民族团结宣传教育，妥善解决民族工作中的困难和问题，有力地维护了全县民族团结的良好局面。2009年建立了《中共寻甸回族彝族自治县委统战部班子成员联系民族干部制度》，将党与少数民族干部的联系制度化，切实加强与少数民族干部的联系沟通、交流交往。2010年争取海外资金21.5万元、中央资金5万元、省级资金15万元、市级资金73万元，帮助民族贫困地区加快发展步伐。积极配合组织、人事等相关部门，加强少数民族干部的教育、培养、推荐和考察工作，全县回族、彝族、苗族等少数民族领导干部比例均超过本民族人口占全县总人口的比例。2010年底，寻甸全县人口531697人，其中少数民族118050人，占总人口的22.4%。在全县410名副科级以上领导干部中，少数民族领导干部共有121名，占29.5%其中：回族64339人，占总人口的12.1%，回族领导干部占18.04%；彝族46708人，占8.8%，彝族领导干部占9.02%；苗族5993人，占1.17%，苗族领导干部占1.95%。少数民族领导干部均高于三个民族占全县总人口的比例。

【党外人士工作】 2009年制定了《关于建立健全无党派人士政治引导长效机制实施细则》、《中共寻甸回族彝族自治县委统战部班子成员联系党外人士制度》和完成党外代表人士、党外干部档案信息资料建设，2010年制定了《党外人士外出参访学习制度》，使工作更加制度化、规范化和程序化。2007年增加了12名党外人士每人每月175元的生活费。每年均对黄埔同学、起义投诚人员及眷属进行走访慰问。积极配合组织、人事等部门做好党外干部的教育、培养和选拔工作。至2010年底，全县共有党外领导干部27名，其中副县级领导干部5名、正科级领导干部3名、副科级领导干部19名，副科级党外后备干部30名，县法院、县检察院领导班子中各有1名党外干部，44%的政府部门领导班子中配备了党外干部；非党县人大代表59名，占26.8%；非党县政协委员113名，占54.1%，其中：非党政协常委10名，占66.7%）；乡（镇）非党人大代表401名，占38.7%。

【海外统战工作】 以政协委员为主体，以座谈会、调查研究、联系交友、集体学习、工作通报为平台，以“三联”（联系在寻眷属、动员在寻眷属与其亲属联系、创造机会与港澳台及海外同胞联系）为主要方式，引导台侨属积极为寻甸的经济社会发展出谋划策，为港澳台及海外同胞参与家乡建设奠定了基础。2009年建立了《中共寻甸回族彝族自治县委统战部班子成员联系港澳台侨属制度》，切实加强与侨属的联系，并通过他们做好其在港澳台和海外亲属的思想政治工作。2008年，帮组办理台胞全子才遗产继承相关事宜。2009年，组织寻甸台属台联代表，参加昆明市台联、台盟总支委员会共同举办的“昆明市台胞台属庆祝祖国60周年文艺汇演”联谊会，由寻甸台属代表自编自导的文艺节目哑剧《盖章》，体裁新意、内容丰富，展现出台属尽情欢庆新中国60华诞的喜悦心情和对祖国的美好祝愿，哑剧荣获了本次参赛项目的优秀表演奖项。

【重要会议】 2007年3月28日，寻甸县统战工作会议暨统战先进集体和个人表彰会召开。全县16个乡（镇）党委副书记，联系统战工作的副乡（镇）长，统战委员兼民族宗教工作助理员，县直各部、委、办、局党委（党组）、总支（支部）的分管领导和兼职统战委员，受表彰的先进集体和个人以及统战部、民宗局、工商联、侨办等单位的干部职工170人参加了会议，市委统战部副部长贾天鹏到会指导，县委常委、县委办主任肖正坤，县人大副主任马桂英应邀到会，副县长林克俭主持会议。会上，分管统战工作的县委副书记马慈明作了《充分发挥统一战线的优势和作用，凝心聚力促进全县经济发展和社会和谐》的讲话，统战部长马世贵作了题为《立足新起点，适应新形势，努力开创全县统战工作新局面》的工作报告。

2007年4月24日下午，寻甸县委政府召开宗教界人士座谈会。县委书记刘荣、县人大主任张正良、县委副书记、县长孔贵华、县委副书记马慈明、县委常委、纪委书记鲁再国、县委常委、县委办主任肖正坤、县政府副县长、公安局长赵春宝、县政协副主席马仁龙、县政协副主席、统战部长马世贵等五机关领导，县委统战部、县民宗局、三个宗教团体负责人以及县城清真寺、教堂、寺院的管事，执事、主持共35人参加了座谈会，会议由县委副书记马慈明主持。

2009年9月18日，寻甸县在红色庄园召开党外人士、非公经济人士、民族宗教界人士和台侨属代表联谊会。县委书记刘荣，县政协主席张国友，县人大副主任马世贵，县政府副县长陈垠宏、徐郑锋，县政协副主席马桂英，县委统战部、县台办、县公安局、县民宗局、县工商联、县公安局国保大队和县侨办的相关领导参加了联谊会。县委常委、统战部长王琳主持会议。

2010年9月20日，寻甸召开统战成员“迎中秋？庆国庆”座谈会，县委、人大、政府、政协主要领导和部分离退休老领导，党外人士、非公经济人士、民族宗教界人士和台侨属的代表以及县委统战部、县民宗局、县工商联、县公安局国保大队、县侨办等部门的相关领导参加了会议。会议由县委常委、统战部部长王琳主持。

【领导名录】

部　　长：马世贵（~2008.01）
　　　　　林克俭（2008.02—2009.05）
　　　　　王　琳（2009.09—）
常务副部长：范一平（~2009.02）
　　　　　马加仁（2010.02—）
副部长：苏海燕（~2007.11）
　　　　马卫林（2007.11—2010.02）
　　　　朱其祥（2010.02—）
部务委员：秦　玮（2007.08—2009.06）
　　　　　张国军（2007.08—）
　　　　　戍丽琴（2009.06—）
台办副主任：马丽苹（2007.11—）

（撰稿人：桂俊高）

政策研究

【调查研究】 寻甸县委政策研究室紧紧围绕县委、政府的中心工作和决策意向，把握事关全县的重点问题，紧扣经济社会发展的难点问题，深入开展调查研究，努力办好《寻甸政研通讯》，为领导决策提供咨询和参考，为全县经济社会又好又快发展献计献策。

2007年，完成春耕备耕情况，林权制度改革，寻甸生态环境与农业可持续发展，农村最低生活保障工作，提高执行力，城市建设与第三产业发展等专题调研。根据县委领导的要求，开展了寻甸县推进土地规模经营发展租地经济情况，寻甸县小春马铃薯产业发展情况，北部县区社会经济发展对比分析，寻甸县户籍制度改革，建立公务员交流激励机制和建设生态宜居城市等专题调研，共编发《政研通讯》8 期，《领导参考》6 期。

2008 年，完成县经济社会发展软环境建设，推进现代农业建设，农村土地流转，济社会制度创新，实施“两后双百”工程，农村人力资源开发等专题调研，共编发《政研通讯》10 期。其中：农村土地流转，实施“两后双百”工程，制度创新等调研成果转化为县委、政府的实施意见，充分发挥了决策咨询作用。

2009 年，完成关于寻甸县统筹城乡发展推进城乡一体化的思考，2009 年春耕备耕调研报告，创新土地流转模式、促进“四个集中”，对寻甸城乡一体商贸网络体系建设的思考，对全县农村专业合作经济组织发展情况的调查，对县养老服务业发展的思考，建立健全工业园区的协调机制和关于寻甸基层政务、村务公开情况的调查与思考等专题调研，共编发《政研通讯》10 期。

2010 年，完成统筹城乡发展，集中安置农民(仁德镇农民安置的调查与思考)，关于加强社会建设、构建和谐寻甸的意见，寻甸县生态建设与环境保护研究，建立“两大机制”、实施“四个集中”，推进寻甸城乡一体化进程，实施工业强县战略，加快经济结构调整等专题调研，寻甸县小水利工程建设探讨和改善寻甸投资环境的思考等专题调研，共编发《政研通讯》8 期。

【服务工作】 县委政研室始终保持“常学习、深调研、广协调、强服务”的工作标准，坚持“高标准、高质量、高效益”的要求，按照县委、政府的安排部署，认真组织开展调研，服务领导，服务大局，认真履行工作职责，充分发挥职能作用。

2007 年，为县委、政府领导起草各类文稿，先后完成了全县农村工作暨春耕生产动员会，下派社会主义新农村建设工作队动员培训会，全市新农村建设村容村貌整治工作会，新农村建设试点工作会等多个重要会议的主题讲话材料，并协助做好各个会议的筹备和服务工作；撰写各种汇报材料。先后撰写了市委领导到寻甸调研北部县区发展情况，寻甸县贯彻落实昆明市第三板块政策情况，统筹城乡区域发展情况，农业农村工作情况和 2007 年社会主义新农村建设情况等 20 多篇汇报材料。起草县委、政府重要文件，先后完成《关于构建和谐寻甸的实施意见》、《关于积极发展现代农业扎实推进新农村建设的实施意见》、关于加强 2007 年农业和农村工作的通知》、《关于开展深入学习贯彻“6.25”讲话和县委十届四次全会精神专题调研的通知》等一系列重要文件的起草、修改工作。

2008 年，完成了全县农村工作暨春耕生产动员会，下派社会主义新农村建设工作队动员培训会，新农村建设试点工作会等重要会议的主题讲话材料，并协助做好会议的筹备和服务工作；撰写了贯彻落实全市县域经济发展工作会议精神，寻甸县实施“四进村”、实现“五个有”推进“新网工程”建设，新农村建设视察，寻甸“543 倍增计划”行动方案，农口部门上报数据等汇报材料；完成《关于加强 2008 年农业和农村工作的通知》、《关于推进经济社会制度创新工作的实施意见》等一系列重要文件的起草、修改工作。

2009 年，完成《寻甸县关于加快昆玉一体化发展的意见》，上报市政府研究室；根据县委宣传部的安排，完成《马克思主义民族理论在云南的实践——云南民族区域自治 60 年(云南省昆明市寻甸回族彝族自治县)引言》的起草；完成“十二五”经济社会发展战略研究专项课题研究。完成《关于上报 2009 年度昆明市社会科学规划课题的请示》的上报。

2010 年，按照县委、政府领导的批示，完成《寻甸县生态文明建设总结及计划》，《寻甸县城乡基础设施建设 2009 年工作总结及 2010 年工作计划》、《寻甸县(第三板块)城乡一体化拟定政策和措施》、《关于上报 2010 年度昆明市社会科学规划课题的请示》、《寻甸县县域经济 2009 年工作情况及 2010 年工作计划》等文稿的起草上报工作。

【专题调研】 2007－2010 年完成多项专题的调研。2008 年 6 月牵头完成《寻甸县全面建设小康社会指标体系研究》。12 月按照寻办通《关于对全县农村工作重大问题进行专题调研的通知》，政研室负责组织实施，完成 15 个专题的调研。牵头对农业产业结构调整，烤烟恢复性增长，社会主义新农村建设等方面进行调研，并完成调研报告。同月完成《寻甸县统筹城乡一体化的实施方案》的起草，并转化为县委的决策文件。

【农业农村工作】 2006 年为进一步加强县委对农业和农村工作的领导，统筹城乡经济社会发展，加快农村全面建设小康社会进程，县委决定成立农村工作领导小组，领导小组下设办公室在县委政研室。四年来，县委农办全力抓好农业、农村、农民工作，促进农业增效、农民增收、农村发展。传达宣传、贯彻落实中央、省、市、县委关于农业农村工作的方针政策；每年负责全县农村工作会议的各项筹备工作，起草领导讲话稿；对全县“三农”问题进行调研，2008 年完成农口资金整合、农村土地流转、城乡经济社会一体化发展和山区综合开发等调研报告；收集、整理、上报农业农村工作方面的经验和做法；2010 年按照昆明市委农办的要求，每月按时收集上报我县 2010 年“三农”工作主要目标任务和重点建设项目进展情况。

【新农村建设】 党的十六届五中全会提出了推进社会主义新农村建设的重大历史任务，按照“生产发展、生活宽裕、乡风文明、村容整洁、管理民主”的要求，坚持从实际出发，尊重农民意愿，扎实稳步推进新农村建设。

寻甸县于 2006 年 4 月正式启动新农村建设工作，成立了建设社会主义新农村工作协调领导小组，领导小组下设办公室在县委政策研究室，新村办全面负责全县新农村建设工作。2007 年先行试点，共建设了 48 个试点村，涉及 7058 户 2.81 万人，共调入资金 1849.4 万元，其中市级补助 272.5 万元，整合项目及争取社会各界支持 1576.9 万元。群众投工投劳 1.56 万个。

2008 年新农村建设在面上推开，采取整村推进的方式进行，把新农村建设与扶贫整村推进相结合，全县共实施 24 个行政村的整村推进(其中甸沙乡为整乡推进)，涉及 233 个自然村、1.7 万农户、6.77 万人。共投入建设资金 6945.04 万元，其中：市级补助 1920 万元，县级配套 100 万元，乡级投入 85 万元，整合资金 2204.10 万元，群众自筹 2635.94 万元。

2009 年，实施 20 个省级重点建设村项目。累计投入资金 534.66 万元，其中：省级专项补助资金 300 万元，整合市级财政资金 20 万元，整合县级各部门资金 57.54 万元，群众自筹 157.12 万元。

2010 年，实施 12 个省级重点建设村项目。省级专项补助资金 180 万元，市级配套资金 240 万元，此项目将于 2011 年检查验收。

通过全县各级各部门和试点村广大群众的共同努力，新农村建设取得了明显成效，农村公共设施明显改善、村庄环境规范整洁、农村发展后劲增强、乡风文明得到提升、民主管理制度建立健全。

【村容村貌整治工程】　为了扎实、稳步地推进新农村建设工作，加大对新农村建设的调入力度，县新村办积极争取云南省村容村貌整治工程项目资金。四年来，寻甸县共争取实施省级村容村貌整治工程项目21个，其中：2007年5个，2008年5个，2009年5个，2010年6个。涉及仁德、塘子、河口、七星、倘甸、柯渡、羊街、金所等乡（镇）。共投入资金310.41万元，其中：省级专项资金210万元，整合资金57.81万元，群众自筹42.6万元。通过道路硬化、修建垃圾收集点和公厕、村庄绿化美化等环境整治项目的实施，使21个建设点的村容村貌焕然一新，为新农村建设发挥积极作用。

【新农村工作队指导员】　2007年按照省、市安排部署和具体要求，成立建设社会主义新农村工作队领导小组及办公室（办公室与建设新农村工作领导小组办公室合署办公）。四年来共组建和下派社会主义新农村建设工作队62支，下派指导员685名，其中：省派24名，市派113名，县派306名，乡（镇）派242名。各年度指导员先后分别奔赴全县16个乡镇，173个村委，为推动全县社会主义新农村建设，促进农村经济发展、构建和谐社会、维护农村稳定发挥了积极作用。

【全域城镇化建设】　2010年为深入贯彻落实市、县委工作会议精神，加快推进全县全域城镇化进程，成立了县全域城镇化建设工作委员会，下设办公室在县委农办，具体承担落实全县全域城镇化各项工作任务。结合县科学发展新跨越的形势和任务需要，于2010年10月25日召开全县全域城镇化建设推进工作会暨县全域城镇化建设工作委员会第一次（扩大）会议。会后县直各部门、各乡镇积极传达学习和宣传贯彻市、县全域城镇化建设工作会议精神，在全县形成了加快推进全域城镇化的良好氛围。

【挂钩扶贫工作】　2007－2010年，县委政策研究室挂钩羊街镇长冲村委会牛屡冲村。按照单位帮到村、个人扶到户的要求，想办法、出实招、办实事。针对该村的实际情况，领导带领党员干部职工90余人（次）深入挂钩点，走进结对帮扶户，帮助制定发展规划，研究脱贫对策，宣传科技知识和党的富民政策。先后共投入扶贫资金3万余元，捐物折币2万余元，捐资近1万元帮扶50户贫困户，帮助解决生产生活中的困难和问题。协调争取省财政厅资金20万元，修通进村水泥道路。积极与相关部门协调，把牛屎冲列入地震安居工程项目，改善了村民住房条件。自2007年每年派住一名新农村建设指导员，对村委会的工作给予指导和服务，帮助协调省级村容村貌整治工程项目资金10万元，对村庄道路进行硬化。扎实有效的扶贫挂钩及结对帮扶工作不仅完成了县委、政府下达的任务，而且得到了当地老百姓的肯定和赞扬。

【自身建设】　2007－2010年，县委政策研究室结合部门实际和各个时期的新形势、新任务，积极研究措施，主动应对新的形势和要求，建立健全了工作管理制度和科室工作职责，促进机关作风建设。以开展“行政效能提升年”和“干部作风改进年”、创先争优等活动为契机，从强化思想教育入手，着力完善内部管理制度，以“转变思想观念、转变服务态度、转变机关作风、规范行政行为”为重点，以“办事高效、公开透明、廉洁行政、优质服务”为目标，着力解决机关效能建设方面存在的突出问题，进一步解放思想、转变作风、提高办事效率。一是建立科学规范的管理机制。进一步修改完善部门规章制度，力求用制度管人、用制度规范办事行为、用制度约束干部职工的行政行为和工作行为。努力造就一支“讲团结、讲奉献、识大体、顾大局”的团队。二是实行最严厉的问责制、最严格的限时办结制、最严肃的服务承诺制，细化岗位职责，把工作任务明确到个人，提高机关效能和办事效率。三是树立优质服务的机关形象。进一步增强服务意识，创新服务手段，拓宽服务领域，提高服务效率，为领导、为基层、为决策、为群众提供更加优质高效的服务。以过硬的作风、实干的精神和人格的力量凝聚人心、推动工作。

【领导名录】
主　任：张光富（2003.04－2009.06）
　　　　张应良（2009.06－2010.02）
　　　　赵　洋（2010.11－）
副主任：王永元（2004年－）
　　　　杨正福（2007.3－2009.06）

（撰稿人：潘丽英）

机关党委

【县机关党委】　1986年9月县委批准成立县直属机关党委，直属机关党委下辖局级党总支（支部）49个。2007—2010年，直属机关党委全面加强机关党的思想、组织、作风、制度和党风廉政建设，落实党建目标管理责任制，不断提高机关党建工作科学化水平，班子结构更加优化，组织设置更加合理，工作内容更加丰富，活动方式更加灵活，机关党组织的活力和党员队伍素质进一步提高，机关党员干部作风进一步转变，为全县的经济发展、民族团结和社会稳定提供了坚强的政治保障、精神动力和智力支持。

【实行党建目标管理责任制】　建立机关党建工作长效机制。认真落实县直机关各部门党委（党组）书记是党建工作第一责任人的要求，形成部门党组书记带头抓、总支（支部）书记直接抓、一级抓一级、层层抓落实的领导机制和工作机制，为机关党建工作提供组织保证。从2007年起，直属机关党委坚持每年与所属总支（支部）签订了《党建工作目标管理责任书》，总支（支部）将党建工作目标责任进一步细化量化分解到党小组和每一名党员，层层抓落实，严格考核。通过年终考核，对先进党组织进行表彰，授予流动红旗。

【组织建设】　加强领导班子思想政治和作风建设。坚持民主集中制原则，加强领导班子建设。对任期届满或班子成员空缺的总支（支部），采取公推直选方式，及时进行换或补选，配齐配强党组织领导班子，为党建目标的全面落实提供了组织保证。2007年，开展创建“五型班子”活动，大力开展领导班子“三力建设”主题实践活动。配合机构改革，及时调整机关党组织设置。2007年，县卫生局党总支改设党委，从直属机关党委划出；县供销社撤消党委，成立党总支隶属直属机关党委。2010年，全县机构改革后，文体局党总支、广电局党支部、旅游局党支部撤成立文体广电旅游局党委；农业局党总支、农机局党总支、畜牧局党总支撤并成立农业局党委；规划建设局党总支改设住建局党委；文体广电旅游局党委、农业局党委、住建局党委由县委直接管理。人事局党总支和劳动社会保障局党总支合并为人力资源和劳动保障局党总支。

2008年，推行党员活动积分管理

制度，对党员参加组织生活、服务群众、落实工作等情况进行量化管理；2010年，推行机关党员不作为告戒制，对机关党员在工作中出现拖沓散漫、吃拿卡要等不作为、慢作为现象，经明察暗访发现被通报的，或被服务对象举报查实的，由所在机关党组织或上级党委进行告诫。该制度荣获昆明市经济社会制度创新三等奖。加强党员发展工作，落实党员发展预审制、介绍人资格审查制、公示制和票决制。

2009年建立党建示范点，直属机关党委委员分别联系1－2个示范点，对示范点建设进行联系指导。先后建立林业局党总支、交通局党总支、国税局党总支、地税局党支部、检察院党总支、劳动和社会保障局党总支等6个党建示范点，其中林业局党总支被命名为市级党建示范点。

2010年5月起，根据中央和省市县委的要求，在直属机关中深入开展了创先争优活动。在活动中，结合机关实际，开展了创建“五型机关”、“四亮四评”、学习杨善洲、梅阳林先进事迹等活动，进行党员进行承诺，各级党员领导干部进行了点评，有效地促进中心工作深入开展。

【党风廉政建设】 认真贯彻县委对党风廉政建设的部署，坚持标本兼治、综合治理、惩防并举、注重预防的方针，实行“一岗双责”，全面落实党风廉政建设责任制。2007年，深入学习《中共中央关于加强和改进党的作风建设的决定》、《中共中央纪委关于严格禁止利用职务上的便利谋取不正当利益的若干规定》，结合软环境建设，落实“八个坚持，八个反对”，加强机关作风建设。开展廉政文化进机关工作。2008年，开展了社会主义荣辱观教育，深入贯彻学习、宣传、执行《中国共产党党内监督条例(试行)》和《中国共产党纪律处分条例》，进一步加强领导干部廉洁勤政教育。2010年，认真学习《领导干部廉洁从政若干准则》，开展“行政效能提升年”和“干部作风改进年”系列主题活动；开展“效能寻甸”建设，召开专题民主生活会抓整改。

【精神文明建设】 以建设社会主义核心价值体系为根本，以创建昆明市文明县城为龙头，深入开展形式多样的群众性精神文明创建活动和丰富多彩的思想道德教育活动，着力做好文明县城创建、文明单位创建工作，2009年，县委机关、政府机关、国税局、地税局、检察院、电信局6个单位创省级文明单位通过验收。开展关爱困难党员活动，2007－2010年，坚持每年元旦、春节期间走访慰问困难党员，使困难党员感受到党的温暖。广大党员在“爱心助你上大学”、汶川地震特别党费，抗旱和扶贫挂钩中都积极捐资奉献爱心，体现社会主义良好风尚。

2010年，在县直机关中开展创建“低碳机关和低碳家庭”活动，通过机关党组织大力宣传和普及低碳知识，突出理念形成、习惯养成和监督促成，引导广大机关党员干部从自己做起、从点滴做起、从家庭做起，自觉形成节约能源资源，保护生态环境的工作习惯和生活方式，为发展绿色经济、低碳经济和循环经济，推动全县科学发展、和谐发展。创建“低碳机关和低碳家庭”活动荣获昆明市2010年度经济社会制度创新特等奖。

【领导目录】

党委书记：保　荣

熊世梅(2008.05－2010.03)

丁喜飞(2010.03－)

副 书 记：何金燕(2008.05－)

（机关党委供稿）

党校工作

【党建工作】 紧紧围绕全面建设平安、和谐寻甸及小康社会的工作大局，贯彻落实科学发展观，结合部门工作实际和职能特点，切实加强党员队伍的思想、组织、作风和纪律建设，强化内部管理，完善相关制度，并结合文明单位的创建和巩固工作，有效推动部门工作的全面开展。2007年2月，召开机关党支部、退休老党员党支部党员大会，选举产生新一届机关党支部、退休老党员党支部委员会。2007年经请示县直属机关党委同意，补充总支委员1人。

【行政管理】 在强化“三力建设”的基础上，突出“抓学习，带队伍；抓民主，聚人心；抓团结，树新风；抓自律，促廉政”，保持“善于筹划、团结协作、公正民主、清廉干事”的良好形象。凡重大决策都按照“集体领导、民主集中、个别酝酿、会议决定”的原则进行。领导成员开展工作时大胆探索，勇于突破，充分激发教职工的积极性和创造性。根据寻甸干部教育培训的实际情况，实现了工作重心由学历培训向能力培训的转移。

【干部培训】 函授教育是党校教育的重要组成部分，是提升干部学历层次、提高干部素质的一条有效途径，它有效地解决了工学矛盾。县委党校于2008年12月顺利完成函授教育，共有1042名学员取得本科或大专学历，圆满完成学历教育。

【干部培训】 率先开办“每月一课。”按照科级领导干部教育培训学分制要求，充分利用中央党校远程教育资源，办好“每月一课”周末课堂。“每月一课”周末课堂的开展在全省党校系统是一大创新，得到了县委、政府以及上级党校的一致肯定。自2007年3月以来，县委党校利用每月第一个周五对全县干部进行培训，开展“菜单式选学”，有效解决干部的工学矛盾，节约培训经费，优化教学资源，先后共培训干部4700人(次)。

积极办好主体班次。2007年党校在认真组织学习胡锦涛同志“六．二五”讲话精神的基础上，校领导先后到县委办等单位作专题辅导，同时利用中央党校远程教学网，为全县党员干部直播胡锦涛同志“六．二五”讲话精神专题讲座，共培训1540人(次)。

2008年按照县委的要求，党校承办了寻甸县领导干部学习实践科学发展观培训班暨老干部党校学习培训班，共培训700多人。开办寻甸县第四期中青年干部培训班，共培训50人。

2009年按照县委的要求，承办学习贯彻党的十七届三中、四中全会精神培训班，共培训650人。

2010年按照省、市、县对村“两委”换届工作相关要求，举办2010年村委会(社区)支书、主任、大学生村官培训班，共培训370人。

承接部门培训。2007年县委党校配合县委组织部采用异地培训的办法，组织全县副科级以上领导干部先后分三批到成都、赣州等地进行异地培训；协助县妇联举办“妇女干部培训班”、团县委举办“团干部培训班”、机关党委举办“入党积极分子培训班”、组织部举办“组织工作干部培训班”、“全县素质教育培训班”及“县非公经济党组织党务工作者培训班”。

2008年与县纪委、审计局、财政局联办400多人的“县财务管理培训班”。协助统计局举办“统计员培训班”及组织部门开办了“组织工作业务培训班”和“全县素质教育培训班”。

2009年协助组织部举办了“全县流动党员培训暨座谈会议”、城建局举办了“寻甸县建设工程评标专家培训会”、统计局举办了“寻甸县统计局经济普查录入培训”、老干局举办了“老干部党校第一、二、三期学习培训班”、“敬老节座谈会”、机关党委举办了“入党积极分子培训班”、质量技术监督局举办了“特殊装备作业人员培训班”以及协助人事局举办了“事业单位人员信息管理库培训会”，共计培训人数620人。

2010年协助组织部举办了“全县非公有制经济组织和新社会组织党建工作培训班”、统战部举办“非公经济组织人事培训班”、城建局举办了“寻甸县建设工程评标专家培训会”、统计局举办了“寻甸县统计局经济普查录入培训”、老干局举办了“老干部党校学习培训班”、“敬老节座谈会”、质量技术监督局举办了“特殊装备作业人员培训班”，共计培训人数650人。

开展“送课上门”活动。在经济社会制度创新工作中，党校提出了创新教学理念，拓展教学空间的思路，由原来组织党员干部到党校学习向把课堂延伸到各县直各单位、厂矿、乡镇及农村，同时尽力采用案例教学等手段，充分发挥党校干部教育的职能作用。2007年以来，共派出骨干教师深入机关、乡镇、厂矿、学校、医院宣讲党的十六大、十七大精神等专题内容，共计送课到80多家单位，培训人数达4950多人(次)。

【创建工作】　共投入7万余元，种植香樟树150余株、种植灌木林面积200平方米，2010年已通过上级部门验收，荣获昆明市政府授予的“园林小区”称号。

2007年度党校第二次被昆明市委，市政府评为“市级文明单位”，被县人民政府评为“平安单位”。2009年届满重新申报创建，2010年已通过上级部门验收。2010年开展创建卫生先进单位(小区)工作，通过努力，创建工作已通过上级相关部门的验收。

【督查调研】　2007年11月15日，中共云南省委、市委督查调研组到寻甸督查调研县级党校工作情况，对寻甸县贯彻《中国共产党党校工作暂行条例》的实施意见和中共云南省委关于贯彻《中共中央关于面向21世纪加强和改革党校工作的决定》的实施意见落实的基本情况进行调研。县委副书记、党校校长、县长马慈明同志就我县党校的基本建设及加强和改进党校工作的情况进行了汇报。12月，省委党校函授学院副院长一行3人，就函授教学及招生工作到党校进行调研。

【重要文献及事件】

2008年中共中央印发了《中国共产党党校工作条例》。2009年12月国务院公布《行政学院工作条例》

2010年中共中央印发了《2010—2020年干部教育培训改革纲要》。

2009年10月中共昆明市委办公厅印发了《昆明市市、县(市)区委党校资源整合实施方案》。

2010年，昆明市市、区、县党校进行资源整合，形成“1+9”新格局，并实施了全市、县区党校教学“五统筹”方案。寻甸县委党校加挂了“中共昆明市委党校寻甸分校”牌子。

【理论学习】　2007年4月，县委党校组织教师认真学习马克思主义中国化的最新成果。7月，学习和研究6月25日，胡锦涛总书记在中央党校的讲话精神。先后6次派出教师参加上级党校学习，并同周边县级党校进行交流学习。11月，党校选派骨干教师到北京大学马列主义学院和省委党校参加“十七大”精神的学习培训。2008年按照县委的关于学习宣传贯彻十七大精神安排，把专题安排到各位教师，每月第一周学习一个专题，由教师讲解，其它人员讨论，同时为服务全县干部学习培训做好准备。组织教师外出学习，参加全省反邪教教育师资培训班、第四期全省党校系统师资培训班和市保密局举办的保密知识培训班。

【理论研讨】　2007年度昆明市哲学科学社会主义学会举行年会，寻甸县委党校参加研讨论文5篇，其中1篇在大会上交流。1篇调查报告刊登在《寻甸县文史资料》上。

2008年为纪念改革开放30周年，党校全体教员围绕全县改革开放30年取得巨大成就，积极参与县里的征文活动，撰写论文5篇。

2009年校领导带队到乡镇、企业调研，主题围绕《用科学发展观来指导寻甸工业经济的健康发展》，形成针对性强的调研报告。在《云南省委党校学报》上发表论文2篇；《昆明市委党校学报》发表论文1篇；《昆明社会科学》发表论文1篇。

2010年党校围绕“少数民族地区经济发展研究及县域经济发展”两个课题进行调研，完成市委党校立项科研课题。同时结合全县的中心工作和昆明市科学社会主义哲学协会征文要求，围绕低碳经济、招生引资等专题开展调研，撰写论文，在《云南省委党校学报》和《云南行政学院学报》发表论文7篇；《昆明市委党校学报》发表论文1篇；《昆明社会科学》发表论文4篇。

【新农村建设】　2007－2010年以来党校每年派出1名新农村建设指导员到挂钩点指导工作。

2007年4月，党校3位教师参加市委党校举办的“新农村建设师资培训班”，参观学习了呈贡县斗南镇梅子社区、沾益县许家山、娄家山，麒麟区三宝镇等云南新农村建设典型，江西省赣州市全国新农村建设的典型。五月至六月，县委党校领导分2批到江西省赣州市学习赣州市新农村建设的先进经验。学校领导多次陪同上级领导到我县新农村建设示范点小坝者和象鼻岭进行调查研究。

【数字乡村工程】

2007年，县委党校组织精干力量对凤仪乡合理、龙池、发来古共3个村委会的24个自然村进行照片资料采集，圆满完成了“数字乡村”工程建设照片采集工作。

【老干部工作】　认真落实老干部的政治、生活待遇。利用节假日，以召开座谈会及个别走访看望等形式对老干部进行慰问，并建立了退休干部活动室，丰富老干部的文化生活。

【扶贫工作】　2007年以来在扶贫工作中，党校校领导在农忙时节，带领相关人员多次下到扶贫点指导生产，并为当地解决7000元的“三栽一种”工作经费；在机关党员干部中开展“捐出一月党费，救助困难党员”活动；组织为汶川地震、玉树地震、文笔塔建设、抗旱救灾、贫困大学生捐款活动，共计捐款2万多元；在发来古村委会罗则纯白彝族村重建小学校舍及发来古村委会完小基础设施建设中共投入资金2万元。

【表彰奖励】

2007年，县委政府授予1人为“民族团结先进个人”、1人被评为“统战工作先进个人”；2人被省委党校函授学院评为“优秀教师”；1人被省委党校函授学院评为“先进教育工作者”；1人被县委政府评为“扶贫先进个人”。

2008年，1人被昆明市委、市政府评为2008年度“昆明市新农村建设优秀指导员”。

2009年，1人被省委党校函授学院评为“优秀教师”。

2010年，1人被昆明市委党校评为“昆明市委党校优秀教师”。

【领导名录】
校　长：马慈明(兼)(2007.01—2007.12)
　　　　肖正坤(兼)(2008.01—2010.12)
副校长：吕云先(主持工作)(2007.01—2008.02)
　　　　郭嘉森(常务副校长)(2008.03—2010.06)
　　　　朱宇周(2005.03—2010.12)

（撰稿：县委党校）

党史征研及地方志编纂

党史和地方志成果是党和国家的精神财富，以史鉴今，可知兴替。加强和改进新形势下党史和地方志工作是落实中共中央、国务院、省市县委、省市县政府关于加强和改进新形势下史志工作的迫切要求。加强领导，提高认识，科学规划，依法修史对于推动寻甸史志事业又好又快的发展，为寻甸县委、县政府的中心工作做好“存史、资政、育人”服务发挥应有的作用。

【党史资料编辑】 党史研究是党史部门的主要职责，是党史工作实现科学发展的基础。为此，党史工作强调立足长远打算，力戒心浮气躁；抓住主业不放，兢兢业业做好党史工作。2007-2010年，《中共寻甸党史大事记》如期按季度征集、编纂。4年累计编辑上报市委党史研究室8万余字。

【党史专题资料调研】 抓研究，出成果，是党史工作者始终抓住不放的基础工作。结合新时期寻甸党的建设，构建和谐社会的目标要求，从历史和现实中选题立项，开展相关专题调研及资政课题研究。2007年开展“抗损”课题、进行寻甸“三反”、“五反”2年专题资料编辑工作。中共寻甸回族彝族自治县县委执政纪要(2007年)1个资政课题；2008年完成寻甸民族区域自治60年重大成就(1949—1978)1个资政课题；2009年，完成《社会主义时期党史专题文集》组稿，寻甸“四清”运动概述，寻甸县内外“知识青年上山下乡”概略3个专题；2010年，完成寻甸县13个革命遗址普查工作，《土地改革综述》2个专题。

【二轮修志稳步推进】 2007年，收资验资近50余个单位和部门，完成初稿校对工作。2008年，完成编纂出版前500万字资料的收编任务。2009年按照续修《寻甸县志》篇目、章节和内容要求，将所需资料分解落实到各有关部门负责完成撰稿，县史志办为部门提供编写提纲，写作要求和写作范例，并进行认真指导。二是落实责任，认真编审。为确保《寻甸县志》按要求圆满完成编纂任务，结合本单位的实际，实行编辑岗位责任制，把各篇章编辑任务落实到个人，做到职责清楚，任务明确，奖惩分明，充分调动修志人员的积极性。三是督促检查，重点指导。按照编辑岗位责任制的分工，加强与部门的联系，督促检查部门志书撰写情况，协调有关部门做好资料的征集。对重点部门和有困难的单位，深入实际认真帮助指导编撰工作。四是认真审阅，反复修改。2010年5—8月，县志编纂委员会集中各级各部门的修改意见，及时召开修改工作专题会议，分析研究，制定了修改方案，组织编纂人员进行修改和资料补充。完成修改工作后，于9月初将初稿送印刷厂排版出样稿，并对初稿样稿进行了校核工作，至12月底，先后二次进行了初稿样稿的修改、校核，形成送审稿。

【年鉴资料征编】 指定专人按时按质完成了《云南年鉴》、《云南小康年鉴》、《昆明年鉴》等资料的收编上报工作，2007—2010年，完成收资和编写共计6万余字。

【领导名录】
主　任：马东和(—2010.06)
副主任：刘国清(2010.06后主持工作)

（撰稿人：丁　慧）

中国共产党寻甸县纪律检查委员会

【县纪委、县监察局】 1950年10月成立县委纪律委员会。1954年8月更名为寻甸县委监察委员会(简称监委)。1979年7月恢复县委纪律检查委员会，作为县委工作部门。1984年1月，县委纪委升格为中共寻甸回族彝族自治县纪律检查委员会(副县级)。1988年1月成立寻甸县监察局，内设办公室、监察股、案审股。1993年4月，县纪委、县监察局合署办公，实行“一套工作机构，两个机关名称”的体制，同时履行纪检、监察职能。2003年12月，县纪委监察局内设办公室、信访室、纪检监察室、案件审理室、宣传教育室、执法监察室、党风廉政建设室、政策法规研究室及县政府议事协调机构的常设机构纠风办，各室配备室主任1名(副科级)。此外，各乡(镇)、县直各党委亦分别设置纪律检查委员会，各党总支(支部)设有纪检委员，负责纪检工作。2007年8月，县纪委、县监察局对县直部门实行派驻纪检组统一管理，对15个部门派驻纪检组(监察室)，对24个部门派驻纪检组(监察室)。按照省纪委、省监察厅和市纪委、市监察局的部署和要求，2008年11月成立9个派出纪工委(监察分局)，实行“集中派出，分类归口”管理。2010年，县纪委(监察局)机关、派出纪工委(监察分局)核定编制83人，其中行政编制79人，工勤编制4人。领导职数51人，县纪委常委9人。

重要会议

【县纪委十届二次全会】 2007年3月2日，中国共产党寻甸回族彝族自治县纪律检查委员会十届二次全体会议召开。县纪委委员23人参加会议，县五机关党员领导，调研员、助理调研员出席会议。各乡(镇)党委书记、乡(镇)长、纪委书记，县直各部、委、办、局级单位党员党政正职、纪委书记(纪检组长)，居住县城担任过五机关实职正职和正县实职的离退休干部列席会议。全会传达中纪委七次全会、省纪委二次全会、市纪委二次全会精神和总结2006年党风廉政建设和反腐败工作，研究部署2007年工作任务；审议通过了县纪委书记鲁再国同志代表县纪委常委会所作的《加强惩防体系建设，推进反腐倡廉工作，为寻甸经济社会又好又快发展提供坚强有力的政治保证》的工作报告。县委书记刘荣作了题为《切实加强领导干部作风建设，深入推进我县反腐倡廉工作开展》的重要讲话。

【县纪委十届三次全会】 2008年2月27日，中国共产党寻甸回族彝族自治县纪律检查委员会十届三次全体会议召开。县纪委委员21人出席会议，县五机关党员领导，助理调研员出席会议。各乡(镇)党委书记、乡(镇)长、纪委书记，县直各部、委、办、局级单位党政正职、纪委书记（纪检组长），居住县城担任过五机关实职正职和正县实职的离退休干部列席会议。全会总结2007年工作，部署2008年全县党风廉政建设和反腐败任务；审议通过了县委常委、县纪委书记鲁再国同志代表县纪委常委会所作的《加强惩防体系建设 优化县域发展环境 为实现寻甸经济社会发展新跨越提供政治保证》的工作报告。县委书记刘荣作了题为《深入贯彻落实党的十七大精神 奋力夺取党风廉政建设和反腐败斗争的新胜利》的重要讲话。

【县纪委十届四次全会】 2009年1月7日，中国共产党寻甸回族彝族自治县纪律检查委员会十届四次全体会议召开，县纪委委员21人出席会议。会议总结了县十次党代会以来的纪检监察工作，对2009年全县党风廉政建设和反腐败工作任务进行部署；审议通过了县委常委、县纪委书记鲁再国同志代表县纪委常委会所作的《贯彻落实科学发展观，全力推进反腐倡廉建设》的工作报告。

【县纪委十届五次全会】 2010年1月8日，中国共产党寻甸回族彝族自治县纪律检查委员会十届五次全体会议召开，县纪委委员18人出席会议。会议总结了我县2009年以来的党风廉政建设和反腐败工作，全面部署了2010年的工作任务。县委常委、县纪委书记鲁再国同志代表县纪委常委会作了题为《学习实践科学发展观 开创反腐倡廉新局面》的工作报告。会议要求，2010年重点抓好六个方面工作：一是以十七届四中全会为指导，深入贯彻落实科学发展观；二是全面加强领导干部作风建设，大力弘扬新风正气；三是深入开展专项治理，着力解决损害群众利益的突出问题；四是加强教育和监督，切实加强领导干部廉洁自律工作；五是严肃查办违纪违法案件，坚决惩治腐败；六是深化改革和创新制度，进一步加大从源头上防治腐败工作力度。

纪检监察

【党风廉政建设】 2006年建立领导干部党风廉政建设“一岗双责”制度。2007年全面推进农村基层党风廉政建设，成立县农村基层党风廉政建设联席会议制度，建立相互配合、齐抓共管的工作机制；逐步健全县、乡（镇）、村、组齐抓农村基层党风廉政建设的工作体系，形成“横向到边，纵向到底”的监督网络体系。2008年建立县委县政府领导挂钩联系基层党风廉政建设工作和县纪委常委联系基层工作等制度。每年初，召开县纪委全会和党风廉政建设工作会议，安排部署全年党风廉政建设和反腐败工作任务。县委主要领导与班子成员及县人大、县政府、县政协、县法院、县检察院、县公安局主要领导签订“一岗双责”责任书，与各乡镇、县直党委（党组）签订党风廉政建设责任书。召开县人民政府廉政工作会，安排部署全县廉政工作，县政府与纠风责任单位签订《纠风目标管理责任书》。各乡镇、各单位也分别与村（居）委会、站办所、科室签订责任书，主要领导和班子成员签订了“一岗双责”责任书，做到一级抓一级，层层抓落实。推进农村集体“三资”管理的制度化、民主化、规范化建设，建立农村“三资”监管的长效机制。深入推进“阳光政务”，编制村务公开目录，不断充实村务公开内容，规范公开程序，创新公开方式。

2009年以来逐步完善村务公开质询制度，每半年召开一次会议，接受村民的质询和监督，做到“日常事务定期公开、重大事务随时公开、热点问题及时公开”。

2010年建立农村基层党风巡查制度，加强村干部个人廉政档案建设，落实基层干部勤政廉政公示制度，积极开展村（居）委干部、站所负责人“勤廉双述”活动和民主评议乡（镇）基层站所工作。2009年以来逐步完善村务公开质询制度，每半年召开一次会议，接受村民的质询和监督，做到“日常事务定期公开、重大事务随时公开、热点问题及时公开”。

【宣传教育】 自2006年开始，以学习实践科学发展观为契机，结合专题调研、理论探讨、机关讲坛、警示教育，将工作经验、实践探索、心得体会进行认真整理，2007—2010年共编辑纪检监察调研20期，征集专题调研文章65篇，筛选17篇上报市纪委参加评选；2010年积极参加“推进反腐倡廉科学化理论研讨活动”，组织论文34篇，筛选5篇上报市纪委参加评选；2008—2010年完成经济社会制度创新性文件486项，15项获昆明市经济社会制度创新成果奖；2008年完成《惩防体系2008—2012年工作规划》的文本编制和发文工作。

2007年开展“加强领导干部作风建设，进一步提高执行力”为主题的党风廉政教育月活动。组织全县科级领导、退休老干部、县直部门一般党员干部2000人次参加了以案为鉴、遵守准则、远离腐败、廉洁勤政为主题的反腐倡廉警示教育专题讲座。并分多次组织县级领导配偶、正科级领导及配偶、副科级领导、重点领域及行业办站所负责人、村两委会支书及主任、县直机关办公室主任共计1330人（次）先后到昆明监狱、云南省反腐倡廉警示教育基地、五华监狱开展警示教育活动；坚持每季度致正科级领导一封公开信。深入开展廉政文化“七进”工作，牵头组织8家党总支（支部）书记到外地参观学习廉政文化“六进”先进经验；每年在各部门开展读书思廉、展示廉政文化宣传图片、发送廉政短信和格言、撰写廉政公开信、制作廉政台历、建设廉政文化走廊等活动。2009年开展“全县经济社会软环境建设”专题教育活动，举办廉洁从政专题讲座。组织全县科级以上领导干部、各单位和部门办公室主任分3次共计1300多人（次）参加了“行政效能提升年和干部作风改进年”双年活动、邀请市纪委领导专题授课；2009年把具有特色、代表性、典型性、行业特点强的8个单位作为示范点，进行推广学习，并依托柯渡红军长征纪念馆的教育资源，列为寻甸县廉政建设教育基地。2010年认真组织《廉政准则》学习宣传贯彻活动，提供《领导干部廉政准则法规》280本，《廉政准则》500本，420名科级领导撰写了学习心得体会。组织对全县实职副科级以上417名领导干部进行学习贯彻《廉政准则》相关知识的测试。

【行政效能工作】 2007年组建行政效能问责机构，成立县委行政效能问责委员会，按照行政效能问责的工作目标、工作程序、工作原则扎实开展工作。一是加大机关作风明查暗访工作力度，在全市首家出台《机关作风明查暗访工作制度》，自2007年以来先后组织开展了21次机关作风明查暗访活动，分别对科级领导在岗情况、干部职工上下班情况、干部职工服务态度情况、办事效率情况和公务用车接送子女上学情况、清明节公务用车扫墓情况等公务用车管理使用情况进行广泛深入的明查暗访，对24名违反工作纪律的干部职工进行了严肃处理，有效促进了机关和行业工作作风的改进。二是创新民主评议机关作风工作，从10个层面产生1000余名评议代表，开展千人评议活动，从落实责任、依法行政、服务态度、行政效率、廉洁勤政等五个方面对74家参评单位进行全方位的评价。评议结果作为组织考核、考察及领导干部表彰、晋级和干部使用的重要依据。

【案件查办】 2007年全县各级纪检监察机关共受理群众来信来访和电话举报65件(次)，涉及乡科级19件，一般干部11件，其它人员29件，已办结65件(次)，办结率达100%。办理信访案件10件，已结案10件，结案率达100%。为举报失实的9人澄清了是非，对举报属实的2件4人转纪检室进行立案查处。属于纪检监察业务范围内应跟踪反馈的信访问题有8件，已跟踪反馈8件，跟踪反馈率达100%；共受理案件6件9人，其中乡科级1人，其它人员8人。给予9人党纪处分，其中开除党籍6人，留党察看2人，党内警告1人。回访教育1人，恢复党员权利2人。挽回经济损失95.13万元。

2008年全县各级纪检监察机关共受理群众来信来访和电话举报89件(次)，涉及乡科级22件，一般干部29件，其它人员27件，已办结89件(次)，办结率达100%。办理信访案件15件，已结案15件，结案率达100%。为举报失实的11人澄清了是非，对举报属实的2件2人转纪检室立案查处。属于纪检监察业务范围内应跟踪反馈的信访问题有24件，已跟踪反馈24件，跟踪反馈率达100%。共受理案件9件11人，其中一般干部1人，其它人员10人。给予11人党纪处分，其中开除党籍10人，党内警告1人。回访教育1人，挽回经济损失86.61万元。

2009年全县各级纪检监察机关共受理群众来信来访和电话举报136件(次)，涉及乡科级61件，一般干部45件，其它人员17件，已办结136件(次)，办结率达100%。办理信访案件35件，已结案35件，结案率达100%。为举报失实的25人澄清了是非，对举报属实的10件12人转纪检室进行立案查处。属于纪检监察业务范围内应跟踪反馈的信访问题有17件，已跟踪反馈17件，跟踪反馈率达100%。2009年共受理案件20件27人，其中乡科级4人，其它人员23人。给予27人党纪处分，其中开除党籍10人，留党察看3人，撤销党内职务3人，党内严重警告5人，党内警告6人；给予2人行政处分，其中行政开除2人(党政纪双处)，回访教育14人，恢复党员权利3人。挽回经济损失95.13万元。

2010年全县各级纪检监察机关共受理群众来信来访和电话举报105件(次)，涉及乡科级26件，一般干部25件，其它人员37件，已办结105件(次)，办结率达100%；办理信访案件43件，已结案43件，结案率达100%。为举报失实的26人澄清了是非，对举报属实的5件5人转纪检室进行立案查处。属于纪检监察业务范围内应跟踪反馈的信访问题有26件，已跟踪反馈26件，跟踪反馈率达100%。共受理案件10件11人，其中乡科级1人，一般干部1人，其它人员9人。给予10人党纪处分，其中开除党籍8人，留党察看2人；给予2人行政处分，其中行政开除1人(党政纪双处)，行政记过1人。恢复党员权利2人，行政解除1人。挽回经济损失84.94万元。

【执法监察及纠风】 对招生考试、公选干部、公选校长、建设工程招投标、土地征用、企业改制、城镇房屋拆迁等工作实施监督，全面清理和规范评比达标表彰活动，进一步巩固和扩大治理公路“三乱”成果。对党政机关楼堂馆所建设项目、超标准配备使用小汽车和“私贷公用”进行了专项清理。加大贯彻落实《环境保护法》的监督检查。自2008年开展软环境活动以来，全县共查办各种损害软环境的问题和案件38件，先后对110人进行了问责和追究。其中：诫勉谈话12人，取消评优评先资格4人、责令作出书面检查20人、通报批评52人、免职10人，调整工作岗位8人，停职检查4人。

组织开展对城乡低保、雨雪冰冻救灾款物、扶贫专项资金、涉农惠农资金、抗旱救灾款物管理使用、社保基金使用情况专项检查，追收缴各项社保基金639万元。加强对义务教育“两免一补”经费、服务性代收费的监督检查，清退违规收费金额50.48万元；认真落实药品集中招标采购，着力解决群众看病难、看病贵的问题，严肃查处套取新型农村合作医疗资金的问题，让利给患者600余万元。加强涉农价格和收费监督检查，确保涉农价格和收费有关政策的落实，查处价格违法所得185万元；深入开展“红盾护农”活动，整顿农资市场，严肃查处制售假劣农资坑农害农的行为，为消费者挽回经济损失162万元；加大对拖欠农民工工资问题的查处力度，为2580名农民工追回拖欠工资2100万元。认真治理公路“三乱”，聘请义务监督员15名，设置电话举报点19个，定期和不定期对4个收费站、2个超载监测站、1个测速点进行专项检查，进一步巩固和扩大治理公路“三乱”的成果。加强对全县减轻农民负担工作的专项督查，推进农村“一事一议”长效机制的落实。积极推行与群众利益密切相关的重大事项的社会听证等制度，切实维护了群众的知情权、参与权和监督权。

【队伍建设】 2007年组织开展“机关学习讲坛”活动，举办纪检监察业务培训班，培训干部332人(次)。提拔了4名优秀年轻干部到其他岗位任职，交流了8名领导到其他岗位任职，公选了9名年轻干部到纪委机关工作。按照中央、省、市的规定，结合县乡实际，研究制定了县纪委、县监察局派驻机构实行统一管理的实施意见，对县级38家派驻纪检监察机构统一管理，配齐配强纪委书记(纪检组长)26人。2009年成立9个派出纪工委(监察分局)，实行“集中派出，分类归口”管理，充实和配备了纪工委副书记24名，2010年配备了副科级纪检监察员2名。规范管理力度加大，建立健全纪检监察工作月报制度等13项工作制度；2007年选派17名、2008年选派16名、2009年选派21名、2010年选派15名干部参加中纪委、省、市纪委组织的纪检监察业务培训和江西赣州市新农村建设培训。

【表彰奖励】 2名纪检干部分别被评为省、市纪检监察系统先进个人，县纪委监察局被评为全市纪检监察系统先进集体。

【领导名录】

纪委书记：

鲁再国（2006.06—2010.06）

吴忠林（2010.06—）

纪委副书记、监察局局长：朱选高(—2007.09)

杨建伟(2007.11—)

纪委副书记：朱富强（2005.04—2007.11)

蒋儒坤(2007.11—2010.05)

鲁培光(2007.11—)

监察局副局长：余兴梅(—2010.11)

郑世兴(2010.03—)

办公室主任：杨庆国（2007.11—2010.11)

信访室主任：马卫林(—2007.11)

李奎阳(2008.05—)

案审室主任：张学礼

纪检室主任：夏　芳(—2010.05)

党风室主任：罗飞鹏(2007.11—)

宣教室主任：陈洪章（2008.06—2010.12)

调研室主任：李毅梅

执法监察室主任：马全克

寻甸县纪委2010年担任副科级以上领导干部名单

姓　名	职　务	任职时间	离职时间	备注
吴忠林	县委常委、县纪委书记	2010.06		
杨建伟	纪委副书记、监察局长	2007.11		
鲁培光	纪委副书记	2007.11		
郑世兴	监察局副局长	2010.03		
张学礼	案审室主任	2004.01		
马全亮	执法监察室主任	2005.03		
罗飞鹏	党风室主任	2007.11		
杨福春	县政府纠风办副主任	2007.11		
李奎阳	信访室主任	2008.06		
李毅梅	调研室主任	2005.04		
林祖文	第一纪工委书记	2008.11		
杨培映	第一纪工委副书记	2009.06		
李晓兰	第一纪工委副书记	2010.02		
徐显科	第二纪工委副书记	2008.11		
马世富	第二纪工委副书记	2008.11		
王明昌	第二纪工委副书记	2009.11		
姚克荣	副科级纪检监察员	1993.08		
高加能	第三纪工委副书记	2008.11		
秦　玮	第三纪工委副书记	2009.06		
陈柯辅	第四纪工委副书记	2008.11		
张　然	第四纪工委副书记	2008.11		
范天明	第四纪工委副书记	2009.11		
顾金义	副科级纪检监察员	2005.08		
张瑞德	第五纪工委副书记	2008.11		
裴绍俊	第五纪工委副书记	2009.06		
李翠芝	第五纪工委副书记	2009.11		
周庆红	第六纪工委副书记	2008.11		
李秀兰	第六纪工委副书记	2010.02		
金正高	第六纪工委副书记	2010.10		
马连升	第七纪工委副书记	2008.11		
陆慧琼	第七纪工委副书记	2008.11		
黄必强	第七纪工委副书记	2010.02		
迟乔忠	第八纪工委书记	2010.02		
袁增宝	第八纪工委副书记	2008.11		
杨永昆	第八纪工委副书记	2008.11		
张国娅	第八纪工委副书记	2010.02		
高永莲	第九纪工委书记	2010.02		
鲁再国	县委常委、县纪委书记	2006.06	2010.06	调市教育局

续表

姓 名	职 务	任职时间	离职时间	备注
蒋儒坤	县纪委副书记	2007.11	2010.05	调"两区"管委会
余兴梅	监察局副局长	2005.04	2010.11	调县卫生局
杨庆国	纪委办公室主任	2007.11	2010.11	调县教育局
夏 芳	纪检监察室主任	2006.03	2010.05	调河口镇
陈洪章	宣教室主任	2008.06	2010.12	调省纪委
舒余庆	第六纪工委副书记	2009.06	2010.12	调"两区"管委会
杨正福	第三纪工委副书记	2010.10	2011.03	调鸡街镇

（撰稿人：刘 俊）

寻甸县人民代表大会

【重要会议】

县第十三届人民代表大会第五次会议：县第十三届人民代表大会第五次会议于2007年3月6—11日在县城举行。会议出席代表217名，共313人列席会议。会议审查了县长孔贵华作的《政府工作报告》和《寻甸回族彝族自治县2006年国民经济和社会发展计划执行情况的报告与2007年国民经济和社会发展计划草案的报告》、《寻甸回族彝族自治县2006年地方财政预算执行情况的报告和2007年地方财政预算草案的报告》、县人大常委会主任张正良作的《县人大常委会工作报告》、县人民法院院长桂明兴作的《县人民法院工作报告》、县人民检察院代理检察长杨瑞云作的《县人民检察院工作报告》，并通过了6个工作报告的决议。会议还补选杨瑞云为县人民检查院检察长，送市中级人民检查院并报市人大常委会通过。

会议共收到10名以上代表联名提交的议案29件，建议、批评和意见107件。经大会主席团决定将议案全部转为建议办理。作为按建议程序提出的107件建议，加上议案转办的29件，会议共有136件建议，其中，农田水利基础设施方面的39件，占总件数的28.7%；道路交通建设方面的23件，占总件数的16.7%；科教文卫方面的16件，占总件数的11.8%；城镇规划建设方面的9件，占总件数的6.7%；财政税收金融方面的11件，占总件数的8%；社会治安方面的5件，占总件数的3.7%；农村电力建设方面的4件，占总件数的3%；烤烟生产收购方面的3件，占总件数的2%，农林畜方面的8件，占总件数的5.9%；另外还有干部职工住房、组织人事、民政、环境保护、新农村建设、矿产资源、旅游等方面的18件，占总件数的13%。按照《寻甸回族彝族自治县人民代表大会常务委员会办理县人大代表建议、批评和意见的规定》，根据建议涉及的内容全部交由有关机关分别承办。

县第十三届人民代表大会第六次会议 县第十三届人民代表大会第六次会议于2007年11月20—22日在寻甸县城举行。会议出席代表215名，不是县第十三届人大代表的寻甸县选举产生的昆明市十二届人大代表，县委有关部门负责人，县政府法检两院有关领导、部门负责人，部分人民团体负责人，部分驻寻单位负责人共267人列席会议。会议审议和通过了《云南省寻甸回族彝族自治县自治条例》。

县第十三届人民代表大会常务委员会第三十一次会议 寻甸回族彝族自治县第十三届人民代表大会常务委员会第三十一次会议，于2007年1月18－19日在县人大常委会会议室举行。出席会议的有县人大常委会主任张正良，副主任陈寿礼、鲁德贵、马桂英、李国兴、张文新，委员陈瑞云、张金平、王高潮、李光凤、马丽仙、朱家相、朱明旺、张永萍、朱富强、黄必强、方文伟、李兴德、金林森、艾树祥、马福才。会议由常委会主任张正良，副主任张文新分别主持。会议听取和审议了县人民政府关于水利重点工程实施情况的报告、关于2006年县级地方财政收支变更情况的报告，听取和审议了县人民法院关于刑事审判工作的报告，听取和审议了县人民检察院关于公诉工作的报告，决定了县第十三届人大五次会议召开时间及有关事项，审议和通过了先进代表小组、优秀人大代表、先进人大工作者名单，审议和通过了《寻甸回族彝族自治县人大常委会关于接受胡舜荣代表辞去县第十三届人民代表大会代表职务的决定》，审议和通过了《寻甸回族彝族自治县人大常委会关于余绍留代表暂时停止执行代表职务的决定》，听取和审议了县人大常委会代表资格审查委员会关于县第十三届人民代表大会代表变动情况的报告，会议还决定免去张彦华寻甸回族彝族自治县统计局局长职务、决定任命王元圆为寻甸回族彝族自治县人民政府副县长。

县人民政府、县人民法院、县人民检察院负责同志，县人民政府相关组成部门负责人，各乡（镇）人大主席，县人大常委会助理调研员、主任科员、各委（室）领导列席了会议。

县第十三届人民代表大会常务委员会第三十二次会议 寻甸回族彝族自治县第十三届人民代表大会常务委员会第三十二次会议，于2007年3月2日在县人大常委会会议室举行。出席会议的有县人大常委会主任张正良，副主任陈寿礼、鲁德贵、马桂英、李国兴、张文新，委员陈瑞云、张金平、王高潮、李光凤、马丽仙、朱家相、张永萍、李兴德、李国能、朱富强、马福才、艾树祥、金林森、朱明旺、黄必强、方文伟。会议由常委会主任张正良，副主任鲁德贵分别主持。会议分别审议和通过了《寻甸回族彝族自治县第十三届人民代表大会第五次会议主席团和秘书长建议名单》、《寻甸回族彝族自治县第十三届人民代表大会第五次会议列席人员名单》、《寻甸回族彝族自治县第十三届人民代表大会第五次会议议案审查委员会名单（草案）》、《寻甸回族彝族自治县第十三届人民代表大会第五次会议计划和财政预决算审查委员会名单（草案)》、《寻甸回族彝族自治县人民代表大会常务委员会工作报告(稿)》并决定了报告人，会议还决定免去满黎琴县审计局局长职务、免去王云光县人民法院执行局局长职务。

县人民政府、县人民法院、县人民检察院负责同志，县人民政府相关组成部门负责人，各乡(镇)人大主席，县人大常委会助理调研员、主任科员、各委(室)领导列席了会议。

县第十三届人民代表大会常务委员会第三十三次会议　寻甸回族彝族自治县第十三届人民代表大会常务委员会第三十三次会议，于2007年3月30－31日在县人大常委会会议室举行。出席会议的有县人大常委会主任张正良，副主任陈寿礼、鲁德贵、马桂英、李国兴、张文新，委员陈瑞云、张金平、王高潮、李光凤、马丽仙、朱家相、张永萍、李兴德、李国能、朱富强、马福才、艾树祥、金林森、朱明旺、黄必强、方文伟。会议由常委会主任张正良，副主任马桂英分别主持。会议分别审议和通过了《寻甸回族彝族自治县人民代表大会常务委员会议事规则》和《寻甸回族彝族自治县人民代表大会常务委员会关于规范性文件备案审查的规定》，听取和审议了县人民政府关于科技项目管理工作情况的报告、关于农业普查工作进展情况的报告、关于村民委员会换届工作情况的报告、落实县人大常委会《关于〈中华人民共和国工业产品生产许可证管理条例〉执行情况报告的审议意见》的情况报告、关于创建"平安寻甸"工作情况的报告，审议和通过了《云南(寻甸)北大营草原旅游区总体规划》。

县人民政府、县人民法院、县人民检察院负责同志，县人民政府相关组成部门负责人，各乡(镇)人大主席，县人大常委会助理调研员、主任科员、各委(室)领导列席了会议。

县第十三届人民代表大会常务委员会第三十四次会议　寻甸回族彝族自治县第十三届人民代表大会常务委员会第三十四次会议，于2007年5月24—25日在县人大常委会会议室举行。出席会议的有县人大常委会主任张正良，副主任陈寿礼、马桂英、李国兴、张文新，委员陈瑞云、张金平、王高潮、李光凤、马丽仙、朱家相、李兴德、朱富强、马福才、艾树祥、朱明旺、黄必强、方文伟。会议由常委会主任张正良，副主任陈寿礼分别主持。会议分别听取和审议了县人民政府关于遵守和执行《中华人民共和国动物防疫法》情况的报告、关于2006年上级财政补助资金的安排和使用情况报告、关于我县网吧经营管理情况的报告、关于环境监测监察能力建设情况的报告，会议还决定任命王智升为县人民法院执行局局长，免去刑事其第二庭庭长职务。

县人民政府、县人民法院、县人民检察院负责同志，县人民政府相关组成部门负责人，各乡(镇)人大主席，县人大常委会助理调研员、主任科员、各委(室)领导列席了会议。

县第十三届人民代表大会常务委员会第三十五次会议　寻甸回族彝族自治县第十三届人民代表大会常务委员会第三十五次会议，于2007年7月24－25日在县人大常委会会议室举行。出席会议的有县人大常委会主任张正良，副主任陈寿礼、鲁德贵、马桂英、李国兴、张文新，委员陈瑞云、张金平、王高潮、朱家相、马丽仙、李光凤、朱明旺、李兴德、金林森、马福才、艾树祥、李国能、朱富强、张永萍、黄必强、方文伟。会议由常委会主任张正良，副主任鲁德贵分别主持。会议分别听取和审议了县人民政府关于办理县第十三届人大五次会议代表建议情况的报告、关于县城建设情况的报告、关于流动人口计划生育工作情况的报告、关于2006年地方财政预算执行情况和其他财务收支的审计报告、关于2007年上半年国民经济和社会发展计划执行情况的报告、2007年上半年地方财政预算执行情况的报告，审查和批准寻甸回族彝族自治县2006年县级财政决算，听取和审议了县人民政府落实县人大常委会《关于〈我县少数民族学生高中入学情况的报告〉的审议意见》的情况报告、县人民政府关于金所乡撤乡设镇的议案。

县人民政府、县人民法院、县人民检察院负责同志，县人民政府相关组成部门负责人，各乡(镇)人大主席，县人大常委会助理调研员、主任科员、各委(室)领导列席了会议。

县第十三届人民代表大会常务委员会第三十六次会议　寻甸回族彝族自治县第十三届人民代表大会常务委员会第三十六次会议，于2007年9月20－21日在县人大常委会会议室举行。出席会议的有县人大常委会主任张正良，副主任陈寿礼、鲁德贵、马桂英、李国兴、张文新，委员陈瑞云、张金平、李光凤、马丽仙、朱家相、李兴德、朱富强、马福才、艾树祥、张永萍、金林森、朱明旺、黄必强、方文伟。会议由常委会副主任陈寿礼、李国兴分别主持。会议分别听取和审议县人大常委会检查组对县人民政府关于遵守和执行《中华人民共和国治安处罚法》、《中华人民共和国环境保护法》情况的检查报告，听取和审议县人民政府关于社会主义新农村建设情况的报告、关于工业园区建设情况的报告、关于旅游项目建设工作情况的报告、关于2007年秋季招生工作情况的报告，会议还决定接受孔贵华辞去县人民政府县长职务、接受陈瑞云辞去县第十三届人大常委会委员职务，决定免去陈瑞云县人大常委会办公室主任职务、免去王高潮县人大常委会法制工作委员会主任职务、免去周开荣县人民政府办公室主任职务、免去陈加宏县安全生产监督管理局局长职务、免去李学枝县农业局局长职务、免去马留安县规划建设局局长职务、免去曹全科县卫生局局长职务、免去朱选高县监察局局长职务、任命姚仁安为县人大常委会法制工作委员会主任、任命朱其祥为县人大常委会信访办公室主任、任命马希贤为县人民政府办公室主任、任命卯应征为县农业局局长、任命赵德伟为县统计局局长、任命马留安为县审计局局长、任命朱选高为县卫生局局长、任命张海涛为县规划建设局局长。

县人民政府、县人民法院、县人民检察院负责同志，县人民政府相关组成部门负责人，各乡(镇)人大主席，县人大常委会助理调研员、主任科员、各委(室)领导列席了会议。

县第十三届人民代表大会常务委员会第三十七次会议　寻甸回族彝族自治县第十三届人民代表大会常务委员会第三十七次会议，于2007年10月17日在县人大常委会会议室举行。出席会议的有县人大常委会主任张正良，副主任陈寿礼、鲁德贵、马桂英、李国兴、张文新，委员张金平、李光凤、马丽仙、朱家相、李兴德、朱富强、马福才、艾树祥、张永萍、金林森、朱明旺、黄必强、方文伟。会议由常委会主任张正良主持。会议分别审议和通过了寻甸回族彝族自治县县、乡两级人民代表大会换届选举委员会名单，审议和通过寻甸回族彝族自治县各乡(镇)人民代表大会换届选举委员会名单。

县人民政府、县人民法院、县人民检察院负责同志，县人民政府相关组成部门负责人，各乡(镇)人大主席，县人大常委会助理调研员、主任科员、各委(室)领导列席了会议。

县第十三届人民代表大会常务委员会第三十八次会议　寻甸回族彝族自治县第十三届人民代表大会常务委员会第

三十八次会议，于2007年11月15－16日在县人大常委会会议室举行。出席会议的有县人大常委会主任张正良，副主任陈寿礼、鲁德贵、马桂英、李国兴、张文新，委员张金平、李光凤、马丽仙、朱家相、朱明旺、王高潮、李兴德、朱富强、马福才、艾树祥、张永萍、金林森、朱明旺、黄必强、方文伟。会议由常委会主任张正良，副主任鲁德贵分别主持。会议分别听取和审议了县人大常委会检查组关于对县人民政府遵守和执行《中华人民共和国职业病防治法》、《寻甸回族彝族自治县预算外资金管理办法》情况的检查报告，听取和审议了县人民政府关于我县乡村道路建设情况的报告、关于解决人饮困难和饮水安全工作情况的报告，审查和批准了2007年地方财政预算调整方案，决定了县第十三届人大六次会议召开时间及有关事项，听取和审议了县人大常委会代表资格审查委员会关于我县第十三届人民代表大会代表变动情况的报告，审议和通过了《寻甸回族彝族自治县第十三届人民代表大会第六次会议主席团和秘书长建议名单》、《寻甸回族彝族自治县第十三届人民代表大会第六次会议列席人员名单》，会议还决定任命马慈明为寻甸回族彝族自治县人民政府副县长、代理县长，任命何敬中为寻甸回族彝族自治县人民政府副县长，任命朱朝清为寻甸回族彝族自治县人民法院审判员，任命陈劲松为寻甸回族彝族自治县人民法院审判员。

县人民政府、县人民法院、县人民检察院负责同志，县人民政府相关组成部门负责人，各乡（镇）人大主席，县人大常委会助理调研员、主任科员、各委（室）领导列席了会议。

【人大工作】 2007年执法检查5次，工作视察8次，作出决议3个，作出审议意见15个，作出决定5个，作出人事任免决定12个。

突出重点，依法适时作出决议决定。2007年，为适应形势发展需要，常委会根据县人民政府提请审议的议案作出了《关于批准金所乡撤乡设镇议案的决议》、《关于批准云南（寻甸）北大营草原旅游区总体议案的决议》和《关于批准将仁德镇镇村道路建设资金列入财政预算议案的决议》。通过以上决议的作出，既履行常委会对经济社会重大事项进行审议决定的职责，又积极有效地支持和帮助县人民政府推进工作。

围绕难点，认真组织执法检查。2007年，常委会围绕人民群众普遍关注的难点问题，对县人民政府执行《治安管理处罚法》、《环境保护法》、《动物防疫法》、《职业病防治法》、《寻甸回族彝族自治县预算外资金管理办法》等法律法规的情况进行检查，并按《监督法》的要求，听取和审议了常委会执法检查报告，针对存在问题作出审议意见，转交县人民政府研究处理。同时，跟踪检查县人民政府关于落实常委会2006年《关于〈工业产品生产许可证管理条例〉执行情况报告审议意见》研究处理情况。通过执法检查和跟踪检查，促进县人民政府依法行政，有效地推进我县依法治县进程，确保法律法规在本区域内的遵守和执行。

关注热点，积极开展工作视察。2007年，常委会紧紧围绕广大群众关注的热点问题，积极组织视察组对县城建设、社会主义新农村建设、解决人畜饮水困难和饮水安全、网吧经营管理、乡村道路建设、工业园区建设、环境监测监察能力建设、旅游项目建设等方面的工作进行视察，并在常委会会议上听取和审议上述视察报告和政府的工作报告。常委会还听取和审议了县人民政府关于创建“平安寻甸”工作、村民委员会换届工作、2007年秋季招生工作和落实常委会2006年《关于我县少数民族学生高中入学情况报告的审议意见》情况等专项工作报告。常委会通过组织代表视察、召开会议听取和审议专项工作报告，作出审议意见交县人民政府研究处理等形式，积极有效地支持和帮助县人民政府推进工作。

依法任免，确保县委人事安排意图圆满实现。常委会坚持党管干部原则与常委会依法任免地方国家机关工作人员有机结合。2007年，共依法任免地方国家机关工作人员31人（次），其中：任命代理县长1人、副县长2人、政府组成部门局长（主任）7人、人大常委会委（室）主任4人、法院执行局局长1人、法院审判员2人。接受辞去县长职务1人、县人大常委会委员职务1人，免去县人大常委会委（室）主任3人、政府组成部门局长（主任）8人、法院执行局局长1人。圆满实现了县委的人事安排意图。

加强指导，圆满完成县乡人民代表大会换届选举。2007年县乡人大任期已满，并进行同步换届选举。县乡人大换届选举从2007年7月至12月。常委会认真履行领导和指导县乡换届选举工作职责，按照法定时限、严格法定程序，精心谋划、认真组织。一是制定换届选举工作实施意见，明确换届选举工作的指导思想、目的意义、时间要求和方法步骤。二是召开培训会，对县乡（镇）选举委员会主要成员、选区领导小组主要成员和换届选举工作业务骨干进行培训。三是为相关人员配备了换届选举指导手册和资料。四是成立换届选举业务指导组，实行常委会领导分片联系、专职委员定点指导乡（镇）和县直机关各选区的换届选举工作。五是适时检查和听取换届选举各阶段工作进展情况汇报，确保换届选举工作坚持党的领导、充分发扬民主和严格依法办事。六是利用新闻媒体对换届选举进行宣传报道，既宣传了社会主义民主法制建设，也宣传了人民代表大会制度和换届选举的重大意义。按照法定时间和程序，历时3个月共选出县第十四届人大代表226名，乡级人大代表919名，圆满地完成县乡人大换届选举任务。

加强立法工作，适时修定《自治条例》。2007年11月22日召集了寻甸回族彝族自治县第十三届人民代表大会第六次会议，审议和通过《云南省寻甸回族彝族自治县自治条例》（修订稿）。

【代表工作】 加强与代表的联系。一是常委会组成人员联系代表，参与和指导代表小组活动，组织代表学习人大理论、交流履职经验。二是坚持为各代表小组订阅和寄送《中国人大》、《云南人大》、《县人大常委会会刊》和《县人大工作通报》等学习资料，做好代表服务工作。三是邀请代表参与检查、视察和列席常委会会议，充分发挥代表在大会闭会期间的作用，让代表在闭会期间也能知情知政和参与督政。一年来，共组织市人大代表小组活动4次，邀请38名代表参与“三查（察）”活动和列席常委会会议。

【信访工作】 常委会根据《信访条例》、《云南省县级以上地方各级人民代表大会常务委员会监督条例》和《寻甸县人大常委会人民群众来信来访工作办法》，热情接待、认真处理代表和群众来信来访，密切常委会与人大代表和人民群众的联系，督促解决一些事关人民群众切身利益和合法权益的纠纷和问题。一年来，常委会机关共接待代表、群众来信来访243件，属于常委会职权范围的及时研究处理，属于“一府两院”职责范围的及时转交相关部门研究处理，并要求常委会有关委室加强联系和跟踪督办，做到件件有落实，事事有回音。为维护全县社会稳定、促进社会和谐作出了不懈的努力。

2007 年领导名录：

【常委会组成人员】

主　任：张正良

副主任：陈寿礼、鲁德贵、马桂英、李国兴、张文新

委　员：陈瑞云、张金平、王高潮、李光凤、马丽仙、朱家相、张永萍、李兴德、李国能、朱富强、马福才、艾树祥、金林森、朱明旺、黄必强、方文伟

【常委会机关领导】

张正良　常委会主任
陈寿礼　常委会副主任
鲁德贵　常委会副主任
马桂英　常委会副主任
李国兴　常委会副主任
张文新　常委会副主任
曹所培　县人大机关助理调研员
李廷系　县人大机关主任科员
杨金权　县人大机关主任科员
马献奇　县人大机关主任科员
刘正文　县人大机关主任科员
陈瑞云　县人大常委会办公室主任(2007.09)
张金平　县人大常委会民族工作委员会主任
王高潮　县人大常委会法制工作委员会主任(—2007.09)
姚仁安　县人大常委会法制工作委员会主任(2007.09—)
李光凤　县人大常委会人事代表工作委员会主任
马丽仙　县人大常委会主任
朱家相　县人大常委会财政经济工作委员会主任
朱明旺　县人大常委会城乡建设环境资源保护工作委员会主任
朱其祥　县人大常委会信访办公室主任(2007.09—)
杜尧春　县人大常委会办公室副主任
高建新　县人大常委会办公室副主任
马文泽　县人大常委会城乡建设环境资源保护工作委员会副主任
李潜智　县人大常委会人事代表工作委员会副主任
沐兴英　县人大常委会教科文卫工作委员会副主任
陶梅花　县人大常委会法制工作委员会副主任

【重要会议】

县第十四届人民代表大会第一次会议　县第十四届人民代表大会第五次会议于 2008 年 1 月 25—31 日在寻甸县城举行。会议出席代表 226 名，不是县第十三届人大代表的寻甸县选举产生的昆明市十二届人大代表，县委有关部门负责人，县政府法检两院有关领导、部门负责人，部分人民团体负责人，部分驻寻单位负责人共 229 人列席会议。会议审查了代理县长马慈明作的《政府工作报告》和《寻甸回族彝族自治县 2007 年国民经济和社会发展计划执行情况的报告与 2008 年国民经济和社会发展计划草案的报告》、《寻甸回族彝族自治县 2007 年地方财政预算执行情况的报告和 2008 年地方财政预算草案的报告》、县人大常委会主任张正良作的《县人大常委会工作报告》、县人民法院院长桂明兴作的《县人民法院工作报告》、县人民检察院代理检察长杨瑞云作的《县人民检察院工作报告》，并通过了 6 个工作报告的决议。会议还选举出县第十四届人大常委会主任、副主任、委员、县第十四届人民政府县长、副县长及县人民法院院长、县人民检察院检察长。县第十四届人民代表大会第一次会议共收到 10 人以上代表联名提出的议案 63 件，建议 111 件。并通过将七星代表团提出的“关于建设县城污水处理厂的议案”立为议案，交由县规划建设局规划、论证、筹集资金建设，县环保局监督管理。其它方面的 62 件根据议案的立案标准和条件转为建议办理，加上本次大会作为按建议程序提出的 111 件建议，此次会议共有 173 件建议，在 173 件建议中，农田水利基础建设方面的 45 件，占件数的 26%；道路交通建设方面的 34 件，占总件数的 19.6%；城镇规划建设方面的 13 件，占总件数的 7.5%；教育基础建设方面的 12 件，占 6.8%；土地矿产资源方面的 11 件，占 6.3%；烤烟生产收购方面的 5 件，占 2.8%；财政税收、公安工作、工业方面的各有 4 件，分别占 2.2%；扶贫、文化体育、煤业方面的各有 3 件，分别占 1.7%；其它方面的 33 件，占 18.9%。以上建议，按照《寻甸回族彝族自治县人民代表大会常务委员会办理县人大代表建议、批评和意见的规定》，根据建议涉及的内容拟定由县直机关的 28 家单位分别主办，14 家单位协办。

县第十四届人民代表大会常务委员会第一次会议　寻甸回族彝族自治县第十四届人民代表大会常务委员会第一次会议，于 2008 年 3 月 13 - 14 日在县人大常委会会议室举行。出席会议的有县人大常委会主任张正良，副主任张文新、马世贵、姜彩云、赵文富，委员简金、艾树祥、鲁培光、白当权、张金平、朱明旺、朱其祥、朱家相、马丽仙、李光凤、张永萍、方文伟、李国能、马顺芬、朱志祥、孙志映、李玉成、戴汝辉、徐正凭、毕昌友、杨正芬、王家文。会议由常委会主任张正良，副主任张文新分别主持。会议分别审议通过了《寻甸回族彝族自治县人大常委会 2008 年度工作要点及议题分解》和《寻甸回族彝族自治县第十四届人民代表大会常务委员会代表资格审查委员会名单》，听取和审议了县人大常委会执法检查组对县人民政府遵守和执行《排污费征收使用管理条例》情况的检查报告，听取和审议《县人民政府关于提请审议寻甸回族彝族自治县矿产资源管理办法的议案》，会议还对新一届人大常委会委（室）负责人和新一届人民政府组成部门负责人进行了表决任命，决定任命胡永庚为县交通局局长、任命李伟恒为县水务局局长、任命徐林为县人事局局长、任命李顺华为县民政局局长、任命李建忠为县财政局局长、任命马希贤为县人民政府办公室主任、任命徐正雄为县发展和改革局局长、任命梁永为县经济和商务局局长、县乡镇企业局局长、任命马金华为县教育局局长、任命刘德正为县科技局局长、任命马加仁为县民族宗教事务局局长、任命赵春宝为县公安局局长、任命马成云为县司法局局长、任命吴芝环为县劳动和社会保障局局长、任命张海涛为县规划建设局局长、任命卯应征为县农业局局长、任命金正标为县林业局局长、任命范克有为县文化体育局局长、任命朱选高为县卫生局局长、任命王云辉为县人口与计划生育局局长、任命马留安为县审计局局长、任命赵德伟为县统计局局长、任命刘嘉喜为县旅游局局长、任命杨建伟为县监察局局长、任命周利辉为县投资促进局局长、任命李胜林为县环境保护局局长；决定任命李潜智为县人大常委会农业工作委员会副主任、任命杜尧春为县人大常委会法制工作委员会副主任、任命陶梅花为县人大常委会人事代表工作委员会副主任；决定免去李潜智县人大常委会人事代表工作委员会副主任职务、免去杜尧春县人大常委会办公室副主任职务、免去陶梅花县人大常委会法制工作委员会副主任职务、免去赵文富县交通局局长职务、免去杨朝旺县水务局局长职务、免去郭嘉森县人事局局长职务、免去李孝伟县民政局局长职务、免去李顺华县财政局局长职务。会议最后还对新一届人大常委会组成人员

和新一届人民政府组成部门负责人进行人大知识培训。

县人民政府、县人民法院、县人民检察院负责同志，县人民政府相关组成部门负责人，各乡（镇）人大主席，县人大常委会机关调研员、副调研员、主任科员、各委（室）领导列席了会议。

县第十四届人民代表大会常务委员会第二次会议 寻甸回族彝族自治县第十四届人民代表大会常务委员会第二次会议，于2008年5月28－29日在县人大常委会会议室举行。出席会议的有县人大常委会主任张正良，副主任张文新、马世贵、姜彩云、赵文富，委员艾树祥、鲁培光、白当权、张金平、朱明旺、朱其祥、朱家相、马丽仙、李光凤、方文伟、马顺芬、朱志祥、孙志映、李玉成、戴汝辉、徐正凭、毕昌友、杨正芬、王家文。会议由常委会主任张正良，副主任马世贵分别主持。会议分别听取和审议了县人大常委会执法检查组关于对县人民政府遵守和执行《中华人民共和国药品管理法》情况的检查报告，听取和审议了县人民政府关于2007年上级财政补助资金安排使用情况的报告、关于劳务输出工作情况的报告、关于开展土地整理开发利用工作情况的报告、关于村级卫生室建设情况的报告、关于县城建设管理工作情况的报告、关于贯彻落实县人大常委会《关于＜动物防疫法＞执法情况审议意见》的情况报告，审议通过了《寻甸回族彝族自治县人大常委会行使监督职权情况向社会公开的办法（试行）》、县人民政府《关于提请审议＜寻甸回族彝族自治县非税收入管理办法（试行）＞的议案》，会议还依法审议决定接受简金辞去寻甸回族彝族自治县第十四届人民代表大会常务委员会委员职务，决定免去李胜林县环保局局长职务、免去马金华县教育局局长职务、任命张正喜为县安全生产监督管理局局长、任命马明锋为县环境保护局局长。

县人民政府、县人民法院、县人民检察院负责同志，县人民政府相关组成部门负责人，各乡（镇）人大主席，县人大常委会机关调研员、副调研员、主任科员、各委（室）领导列席了会议。

县第十四届人民代表大会常务委员会第三次会议 寻甸回族彝族自治县第十四届人民代表大会常务委员会第三次会议，于2008年7月29—30日在县人大常委会会议室举行。出席会议的有县人大常委会主任张正良，副主任张文新、马世贵、姜彩云、赵文富，委员艾树祥、鲁培光、白当权、张金平、朱明旺、朱其祥、朱家相、马丽仙、李光凤、张永萍、方文伟、马顺芬、朱志祥、孙志映、李玉成、戴汝辉、李国能、毕昌友、杨正芬、王家文。会议分别由常委会主任张正良、副主任姜彩云主持。会议分别听取和审议了县人民政府关于对县第十四届人民代表大会第一次会议代表建议、批评和意见办理情况的报告、关于扶贫工作情况的报告、关于非煤矿山安全生产工作情况的报告、关于社区和农村警务工作情况的报告、关于2008年秋季招生工作计划的报告、关于2008年上半年国民经济和社会发展计划执行情况的报告、关于2007年地方财政预算执行情况和财务收支的审计工作报告、关于2007年地方财政预算执行和2008年上半年地方财政预算执行情况的报告，审查和批准2007年县级财政决算，听取和审议了县人民政府关于落实县人大常委会解决人饮困难和饮水安全情况的审议意见的情况报告，听取和审议了县人民法院关于民事审判工作情况的报告，听取了寻甸龙泉矿业开发有限公司关于执行《寻甸回族彝族自治县矿产资源管理办法》情况的报告，审议和通过了《县人大常委会主任会议关于提请许可县人民检察院对县第十四届人大代表姚仁安采取强制措施的议案》。会议还依法审议决定免去马丽仙县人大常委会教科文卫工作委员会主任职务、任命陈巧武为县人大常委会办公室副主任、任命季光明为县教育局局长、任命李廷系为县人民检察院人民监督员、任命李冬梅为县人民检察院人民监督员、任命康旭阳为县人民检察院人民监督员、任命王永祥为县人民检察院人民监督员、任命张波为县人民检察院人民监督员。

县人民政府、县人民法院、县人民检察院负责同志，县人民政府相关组成部门负责人，各乡（镇）人大主席，县人大常委会机关调研员、副调研员、主任科员、各委（室）领导列席了会议。

县第十四届人民代表大会常务委员会第四次会议 寻甸回族彝族自治县第十四届人民代表大会常务委员会第四次会议，于2008年9月19－20日在县人大常委会会议室举行。出席会议的有县人大常委会主任张正良，副主任张文新、马世贵、赵文富，委员艾树祥、鲁培光、白当权、张金平、朱明旺、朱其祥、朱家相、马丽仙、李光凤、张永萍、方文伟、马顺芬、朱志祥、孙志映、李玉成、戴汝辉、徐正凭、李国能、王家文。会议由常委会主任张正良主持。会议主要议程是审议和通过了《寻甸回族彝族自治县人民政府关于提请审议撤销金所乡、塘子镇并入仁德镇的议案》。

县人民政府、县人民法院、县人民检察院负责同志，县人民政府相关组成部门负责人，各乡（镇）人大主席，县人大常委会机关调研员、副调研员、主任科员、各委（室）领导列席了会议。

县第十四届人民代表大会常务委员会第五次会议 寻甸回族彝族自治县第十四届人民代表大会常务委员会第五次会议，于2008年9月27－28日在县人大常委会会议室举行。出席会议的有县人大常委会主任张正良，副主任张文新、马世贵、赵文富，委员艾树祥、鲁培光、白当权、张金平、朱明旺、朱其祥、朱家相、马丽仙、李光凤、张永萍、方文伟、马顺芬、朱志祥、孙志映、李玉成、戴汝辉、徐正凭、毕昌友、杨正芬、王家文。会议分别由常委会主任张正良、副主任赵文富主持。会议分别听取和审议县人大常委会执法检查组关于县人民政府遵守和执行《中华人民共和国劳动合同法》情况的检查报告，听取和审议县人民政府关于扶持种植泡核桃工作情况的报告、关于农村中小学标准化建设工作情况的报告、关于税收征管工作情况的报告、关于落实县人大常委会《关于执行＜寻甸回族彝族自治县预算外资金管理办法＞的审议意见》的情况报告、落实县人大常委会《关于环境监测监察能力建设情况的审议意见》的情况报告，听取和审议了县人民检察院关于反贪污贿赂工作情况的报告，审议通过了《寻甸回族彝族自治县人工草场管理暂行办法》废止案、《寻甸回族彝族自治县林业管理办法》废止案、《寻甸回族彝族自治县道路交通管理办法》废止案。会议还依法审议决定免去赵春宝县人民政府副县长、公安局局长职务，任命张宁为县人民政府副县长、公安局局长。

县人民政府、县人民法院、县人民检察院负责同志，县人民政府相关组成部门负责人，各乡（镇）人大主席，县人大常委会机关调研员、副调研员、主任科员、各委（室）领导列席了会议。

县第十四届人民代表大会常务委员会第六次会议 寻甸回族彝族自治县第十四届人民代表大会常务委员会第六次会议，于2008年11月20－21日在县人大常委会会议室举行。出席会议的有县人大常委会主任张正良，副主任张文新、马世贵、姜彩云、赵文富，委员艾树祥、鲁培光、白当权、张金平、朱明旺、朱其祥、朱家相、马丽仙、李光凤、张永萍、方文伟、马顺芬、朱志祥、孙志映、李玉成、戴汝辉、李国能、徐正凭、毕昌友、杨正芬、王家文。会议分别由常委会主任张正良、副主任张文新主持。会议分别听取和审议了县人大常委会执法检查组关于县人民政府遵守和执行《云南省寻甸回族彝族自治县自治条例》情况的检查报告，听取和审议了县人民政府关于文化体育中心建设工作情况的报告、关于廉租房建设工作情况的报告、关于实施农村居民最低生活保障工作情况的报告、关于2008年农村公路路基改造路面硬化建设情况的报告、关于新型农村合作医疗实施情况的报告、关于2008年1—10月份地方财政预算执行情况及财政预算调整(草案)的报告，审查和批准2008年地方财政预算调整方案，审议和通过了《寻甸回族彝族自治县人大常委会人事任免办法》。会议还依法审议决定免去黄克伟县人民法院副院长职务，审判委员会委员职务。

县人民政府、县人民法院、县人民检察院负责同志，县人民政府相关组成部门负责人，各乡(镇)人大主席，县人大常委会机关调研员、副调研员、主任科员、各委(室)领导列席了会议。

县第十四届人民代表大会常务委员会第七次会议 寻甸回族彝族自治县第十四届人民代表大会常务委员会第七次会议，于2008年12月12日在县人大常委会会议室举行。出席会议的有县人大常委会主任张正良，副主任张文新、马世贵、姜彩云、赵文富，委员艾树祥、鲁培光、白当权、张金平、朱明旺、朱其祥、朱家相、马丽仙、李光凤、张永萍、方文伟、马顺芬、朱志祥、孙志映、李玉成、戴汝辉、李国能、徐正凭、毕昌友、杨正芬、王家文。会议由常委会主任张正良主持。会议分别审议决定了寻甸回族彝族自治县第十四届人民代表大会第二次会议召开时间及有关事项，审议和通过了《寻甸回族彝族自治县第十四届人民代表大会第二次会议主席团和秘书长建议名单》、《寻甸回族彝族自治县第十四届人民代表大会第二次会议列席人员名单》。

县人民政府、县人民法院、县人民检察院负责同志，县人民政府相关组成部门负责人，各乡(镇)人大主席，县人大常委会机关调研员、副调研员、主任科员、各委(室)领导列席了会议。

县第十四届人民代表大会常务委员会第八次会议 寻甸回族彝族自治县第十四届人民代表大会常务委员会第八次会议，于2008年12月30日在县人大常委会会议室举行。出席会议的有县人大常委会主任张正良，副主任张文新、马世贵、姜彩云、赵文富，委员艾树祥、鲁培光、白当权、张金平、朱明旺、朱其祥、朱家相、马丽仙、李光凤、张永萍、方文伟、马顺芬、朱志祥、孙志映、李玉成、戴汝辉、李国能、徐正凭、毕昌友、杨正芬、王家文。会议由常委会主任张正良、副主任马世贵分别主持。会议分别听取和审议了县人民政府关于办理县第十四届人大一次会议代表建议情况的报告，审议和通过了《寻甸回族彝族自治县生态县建设规划》，听取和审议了县公共投资建设管理中心关于凤梧公司贷款使用情况的报告，听取和审议了县第十四届人大常委会代表资格审查委员会关于县第十四届人民代表大会代表变动情况的报告，审议和通过了《寻甸回族彝族自治县第十四届人民代表大会第二次会议议案审查委员会名单(草案)》、《寻甸回族彝族自治县第十四届人民代表大会第二次会议计划和财政预决算审查委员会名单(草案)》、《寻甸回族彝族自治县人民代表大会常务委员会工作报告(稿)》并决定了报告人。

县人民政府、县人民法院、县人民检察院负责同志，县人民政府相关组成部门负责人，各乡(镇)人大主席，县人大常委会机关调研员、副调研员、主任科员、各委(室)领导列席了会议。

人大工作：

2008年，常委会认真行使宪法和法律赋予的各项职权，确定了"围绕中心、突出重点、注重实效"的工作思路，按照坚持党的领导、依法实施监督、集体行使职权的原则，紧紧围绕县委和全县工作大局，把关系改革发展稳定大局和事关人民群众切身利益、社会普遍关注的重大问题、热点难点问题作为监督重点；把确保宪法和法律法规在全县范围内的遵守和执行，确保公民、法人和其他组织合法权益得到尊重和保护作为监督目的。全年共组织执法检查4次、工作视察16次，举行常委会会议8次、听取和审议"一府两院"专项工作报告33个，作出决议9个、审议意见26个。

【作出决议决定】

常委会对县人民政府关于国民经济和社会发展计划执行情况、上级财政补助资金安排使用情况、地方财政预算执行情况和其他财政收支审计的报告进行了审议，对县人民政府2007年县级财政决算、2008年县级财政预算调整方案进行了审查，作出了关于批准2007年县级财政决算、2008年县级财政预算调整方案的决议。在批准2007年县级财政决算时，针对审计报告指出的问题，作出加大预算执行审计，开展重点领域、专项资金审计等审议意见。在审查2008年县级财政预算调整方案时，加强对资金的来源、用途和分配情况的监督力度，提高了审议质量，促进县十四届人大一次会议决议的落实。

审议并作出了批准县人民政府《关于提请审议<寻甸回族彝族自治县矿产资源管理办法>的议案》的决议、《关于提请审议<寻甸回族彝族自治县非税收入管理办法(试行)>的议案》的决议，决定废止《寻甸回族彝族自治县预算外资金管理办法》。常委会审议并作出了批准县人民政府《关于提请审议<寻甸回族彝族自治县生态县建设规划>的议案》的决议。常委会分别审议并批准县人民政府提请审议废止《人工草场管理办法》、《林业管理暂行办法》、《道路交通管理办法》议案的决议。

【开展法律监督和工作监督】 常委会对县人民政府遵守和执行《云南省寻甸回族彝族自治县自治条例》情况、遵守和执行《排污费征收使用管理条例》、遵守和执行《药品管理法》情况、遵守和执行《劳动合同法》情况进行了执法检查，并听取和审议了县人大常委会检查组的检查报告。

组织视察组对土地开发整理、标准化学校、文化体育中心、农村公路路基改造和路面硬化等重点建设项目推进情况进行了视察。对存在的问题提出意见和建议，并听取和审议了县人民政府的专项工作报告；组织视察组对泡核桃种植、税收征管、劳务输出、非煤矿山安全生产、县城建设管理、社区和农村警务建设等重点工作落实情况进行了视察和跟踪监督，并听取和审议了县人民政府的专项工作报告；针对全县绝对贫困人口多、扶贫任务重、需求矛盾突出等问题，对扶贫工作进行了视察；为改善农村医疗条件，方便农民就医，对农村卫生室建设工作进行了视察；为巩固新型农村合作医疗实施成果，第三次对新型农村合作医疗实施情况进行了视察；为推进廉租房建设，解决"双困"家庭住房，对廉租房建设工作进行了视察；为落实县委"教育兴县"战略，听取和审议了县人民政府关于2008年秋季招生工作计划的报告。此外，还听取和审议了县人民法院民事审判工作情况报告、听取和审议了县人民检察院反贪污贿赂工作情况报告。组织对2007年作出的关于县人民政府执行《动物防疫法》、《寻甸回族彝族自治县预算外资金管理办法》审议意见的研究处理情况，解决人饮困难和饮水安全、环境监测监察能力建设等审议意见落实情况和凤梧公司贷款使用情况进行跟踪监督，并听取了县人民政府的落实情况报告，促进审议意见的落实。

【任免国家机关工作人员】 常委会坚持党管干部与依法任免相统一原则，严格按照法律程序和《县人大常委会议事规则》的规定，坚持对拟任命人员任前法律知识考试、在常委会会议上与组成人员见面，任后在常委会会议上作表态发言、颁发任命书制度，并将已任命人员的表态发言刊登在《人大工作通报》和寻甸人大信息网上向社会公开，接受全县人民的监督，进一步增强了已任命人员的法律意识、公仆意识和大局意识。一年来，共任免国家机关工作人员56人(次)。

【发挥代表作用】 加强对代表议案和建议办理的督促检查。对县十四届人大一次会议上代表提出的1件议案，174件建议，认真组织好交办督办，先后两次对县人民政府承办单位的建议办理工作进行检查，所有建议已全部办理完毕并答复代表，其中已解决或基本解决的41件，占建议总数的24%；列入部门工作计划或规划逐步解决的99件，占建议总数的57%；因条件限制或其他原因暂不能解决的34件，占建议总数的19%。

积极为代表履职做好服务工作。一是做好代表履职培训。在县十四届人大一次会议召开前对226名代表进行了人民代表大会制度和宪法、监督法、代表法和地方组织法等法律法规知识培训，为代表征订了《全国人大》、《云南人大》和《昆明人大》等刊物，为代表依法履职奠定了基础。二是扩大代表对常委会活动的参与。共邀请了128名代表列席常委会会议、参与常委会检查、视察等活动。

坚持常委会组成人员联系代表小组制度。常委会组成人员编为5个组联系代表小组，召开了17个代表小组座谈会，传达学习党的十七届三中全会精神，通报全县2008年度经济社会发展情况，听取代表对常委会工作、对县人民政府办理代表建议情况的意见建议，征求常委会2009年度工作议题，听取代表和人民群众对热点难点问题的反映。

【重视信访工作】 常委会十分重视信访工作，把代表和人民群众来信来访作为了解社情民意、把握监督重点，关心群众疾苦、帮助群众解决困难的重要渠道。建立了“主任接待日”制度，常委会领导亲自接待处理。采取“耐心听明情况，讲清政策法规，指点办理途径，帮助协调解决”的工作方法，对每件信访件做到及时交办，跟踪督办。一年来，共接待群众来信来访70件(次)，来信来访处理(转办)率达100%，维护了代表和人民群众的合法权益，化解了人民内部矛盾，促进了社会和谐稳定。

【开展帮带扶贫工作】 扎实有效地开展帮带扶贫工作。常委会各位领导带领机关干部职工深入所联系的挂钩点，帮助谋思路，想出路，找门路，并多方协调解决资金和物资，帮助发展生产，改善人居环境。一年来，共协调和落实帮扶资金、物资价值40余万元。35名党员对口帮扶60户贫困户，捐款7500元。

【开展“抗震救灾”活动】 常委会组织机关干部职工开展“抗震救灾”活动，捐款、缴纳“特殊党费”6.92万元；开展爱心助你上大学和送温暖献爱心活动，捐款4350元。

【加强自身建设】 注重提高干部职工的综合素质，坚持抓政治和业务学习，注重加强党的建设，坚持抓责任制落实，全面落实党建工作责任制和党风廉政建设责任制。完善常委会监督工作制度，制定了《县人大常委会行使监督职权情况向社会公开办法》、《县人大常委会人事任免办法》、《县人大常委会任命国家机关工作人员法律知识考试办法》等，使常委会工作制度化、规范化、程序化。完善机关管理制度，制定了《机关工作绩效考核办法》、《机关公文处理办法》、《机关车辆使用管理制度》。注重人大宣传工作，开通了寻甸人大信息网，编发常委会会刊7期、《人大工作通报》22期，省、市新闻媒体和人大刊物采用稿件44篇，3篇稿件被评为市人大常委会2007年度宣传人大制度好新闻、好文章三等奖，常委会表彰了3名人大宣传工作先进个人，完成了《寻甸回族彝族自治县人民代表大会志》稿终审工作，即将印刷出版。注重学习外地经验，坚持参与县外人大工作联系活动，参加昆明市十四县(市)区人大工作的3次联系会议，增进与兄弟县区之间的相互学习、交流和经验借鉴，拓宽了工作思路。

2008年领导名录：

【常委会组成人员】

主　任：张正良

副主任：张文新、马世贵、姜彩云、赵文富

委　员：马丽仙、马顺芬、王家文、方文伟、艾树祥、白当权、毕昌友、朱志祥、朱其祥、朱明旺、朱家相、孙志映、李玉成、李光凤、李国能、杨正芬、张永萍、张金平、徐正凭、鲁培光、简金(—2008.05)、戴汝辉

【常委会机关领导】

张正良　常委会主任

张文新　常委会副主任

马世贵　常委会副主任

姜彩云　常委会副主任

赵文富　常委会副主任

鲁德贵　县人大机关正县级老领导

曹所培　县人大机关助理调研员

李廷系　县人大机关主任科员

杨金权　县人大机关主任科员

王高潮　县人大机关主任科员

马献奇　县人大机关主任科员

刘正文　县人大机关主任科员

白当权　县人大常委会办公室主任

张金平　县人大常委会农业工作委员会主任

姚仁安　县人大常委会法制工作委员会主任

李光凤　县人大常委会人事代表工作委员会主任

马丽仙　县人大常委会教科文卫工作委员会主任(—2008.07)

朱家相　县人大常委会财政经济工作委员会主任

朱明旺　县人大常委会城乡建设环境资源保护工作委员会主任

朱其祥　县人大常委会信访办公室主任

高建新　县人大常委会办公室副主任

马文泽　县人大常委会城乡建设环境资源保护工作委员会副主任

陶梅花　县人大常委会人事代表工作委员会副主任

沐兴英　县人大常委会教科文卫工作委员会副主任

杜尧春　县人大常委会法制工作委员会副主任

李潜智　县人大常委会农业工作委员会副主任

陈巧武　县人大常委会办公室副主

任(—2008.07)

【重要会议】

县第十四届人民代表大会第二次会议　县第十四届人民代表大会第二次会议于2009年1月8—12日在寻甸县城举行。会议出席代表224名，不是县第十四届人大代表的寻甸县选举产生的昆明市十二届人大代表，县委有关部门负责人，县政府法检两院有关领导、部门负责人，部分人民团体负责人，部分驻寻单位负责人共142人列席会议。会议，审查了县长马慈明作的《政府工作报告》和《寻甸回族彝族自治县2008年国民经济和社会发展计划执行情况的报告与2009年国民经济和社会发展计划草案的报告》、《寻甸回族彝族自治县2008年地方财政预算执行情况的报告和2009年地方财政预算草案的报告》、县人大常委会主任张正良作的《县人大常委会工作报告》、县人民法院院长桂明兴作的《县人民法院工作报告》、县人民检察院代理检察长杨瑞云作的《县人民检察院工作报告》，并通过了6个工作报告的决议。

会议共收到10人以上代表联名提出的议案38件，建议66件。根据议案的立案标准和条件，经大会将河口代表团提出的《关于提高村民小组长待遇的议案》、功山代表团提出 的《关于提高村民委员会公务经费列入县财政预算的议案》立为议案，交由县财政局办理。其它方面的36件根据议案的立案标准和条件转为建议办理，加上本次大会按建议要求提出了66件建议，本次会议共有建议102件，其中：农田水利方面的29件，占总件数的28.4%；道路交通方面的17件，占16.7%；城镇规划建设方面的10件，占9.8%；教育方面的6件，占5.9%；土地矿产资源方面的5件，占4.9%；烤烟生产方面的3件，占2.9%；财政税收10件，占9.9%；工业方面的4件，占3.9%；其它方面的18件，占17.6%。以上建议，按照《寻甸回族彝族自治县人民代表大会常务委员会办理县人大代表议案、建议、批评和意见的规定》，根据建议涉及的内容拟定由县直22个单位分别主办和协办。

县第十四届人民代表大会常务委员会第九次会议　寻甸回族彝族自治县第十四届人民代表大会常务委员会第九次会议，于2009年2月13日在县人大常委会会议室举行。出席会议的有县人大常委会主任张正良，副主任张文新、马世贵、姜彩云、赵文富，委员艾树祥、鲁培光、白当权、张金平、朱明旺、朱其祥、朱家相、马丽仙、李光凤、张永萍、方文伟、马顺芬、朱志祥、孙志映、李玉成、戴汝辉、李国能、徐正凭、毕昌友、杨正芬、王家文。会议由常委会主任张正良、副主任姜彩云分别主持。会议分别审议和通过了《寻甸回族彝族自治县人大常委会2009年度工作要点及议题安排》，听取和审议了县人大常委会关于2008年代表工作情况的报告，会议还依法审议决定免去李正洪县人民法院立案庭庭长职务、免去韩华云县人民法院柯渡法庭庭长职务、免去阮云坤县的人民法院执行局副局长职务、免去陈世龙县人民法院金所法庭庭长职务、免去杜建华县人民法院审判监督庭庭长职务、免去范天赋县人民法院民事审判第一庭副庭长职务、免去王琼芬县人民法院民事审判第二庭副庭长职务、任命姜禹传为县人民法院审判委员会专职委员、任命杜建华为县人民法院审判委员会专职委员、任命谭继林为县人民法院审判委员会委员、任命王智升为县人民法院审判委员会委员、任命张维顺为县人民法院审判委员会委员、任命陈世龙为县人民法院审判委员会委员、审判监督庭庭长、任命韩华云为县人民法院立案庭庭长、任命舒应亮为县人民法院刑事审判第二庭庭长、任命朱朝清为县人民法院柯渡法庭庭长、任命范天赋为县人民法院金所法庭副庭长、任命王琼芬为县人民法院审判监督庭副庭长、任命艾国兰为县人民法院立案庭副庭长、任命李丽为县人民法院刑事审判第一庭副庭长、任命李国英为县人民法院刑事审判第二庭副庭长、任命丁恒玉为县人民法院民事审判第一庭副庭长、任命林建勇为县人民法院民事审判第二庭副庭长、任命陈劲松为县人民法院行政审判庭副庭长、任命龙正勇为县人民法院金所法庭副庭长、任命范丽琼为县人民检察院检察委员会委员、任命丁建勇为县人民检察院检察委员会委员、任命舒余魁为县人民检察院检察委员会委员。张正良传达了昆明市第十二届人民代表大会第五次会议精神。

县人民政府、县人民法院、县人民检察院负责同志，县人民政府相关组成部门负责人，各乡(镇)人大主席，县人大常委会机关调研员、副调研员、主任科员、各委(室)领导列席了会议。

县第十四届人民代表大会常务委员会第十次会议　寻甸回族彝族自治县第十四届人民代表大会常务委员会第十次会议，于2009年4月9-10日在县人大常委会会议室举行。出席会议的有县人大常委会主任张正良，副主任马世贵、姜彩云、赵文富，委员艾树祥、鲁培光、白当权、张金平、朱明旺、朱其祥、朱家相、马丽仙、李光凤、张永萍、方文伟、马顺芬、朱志祥、孙志映、李玉成、戴汝辉、李国能、徐正凭、毕昌友、杨正芬、王家文。会议由常委会主任张正良、副主任赵文富分别主持。会议分别：听取和审议了县人大常委会执法检查组关于县人民政府遵守和执行《中华人民共和国义务教育法》情况的检查报告，听取和审议了县人民政府关于实施城镇居民最低生活保障工作情况的报告、关于农村居民地震安全工程情况的报告、关于水资源管理使用情况的报告，听取和审议了县人大常委会调研组关于矿产资源整合调研情况的报告，听取和审议了县人民检察院关于侦察监督工作的报告，审议和通过了县人民政府关于寻甸一中新校区项目建设贷款资金列入财政预算的议案、关于将仁德镇东发村至张家村道路建设工程等4个项目贷款资金列入财政预算的议案、关于将金所工业园区污水处理厂建设项目贷款资金列入财政预算的议案、关于将县自来水厂改扩建及北城新区供排水管网工程建设项目贷款资金列入财政预算的议案、关于推迟举办自治县成立30周年庆祝活动的议案，书面审议了县人大常委会检查组对市2009年涉农重点工作在我县完成情况的检查报告。

县人民政府、县人民法院、县人民检察院负责同志，县人民政府相关组成部门负责人，各乡(镇)人大主席，县人大常委会机关调研员、副调研员、主任科员、各委(室)领导列席了会议。

县第十四届人民代表大会常务委员会第十一次会议　寻甸回族彝族自治县第十四届人民代表大会常务委员会第十一次会议，于2009年6月22-23日在县人大常委会会议室举行。出席会议的有县人大常委会主任张正良，副主任马世贵、姜彩云、赵文富，委员艾树祥、鲁培光、白当权、张金平、朱明旺、朱其祥、朱家相、马丽仙、李光凤、张永萍、方文伟、马顺芬、朱志祥、孙志映、李玉成、戴汝辉、徐正凭、毕昌友、杨正芬、王家文。会议由常委会主任张正良、副主任马世贵分别主持。会议分别听取和审议了县人大常委会执法检查组关于县人民政府遵守和执行《中华人民共和国农业机械化促进法》情况的执法检查报告，听取和审议了县人民政府关于办理县第十四届人民代表大会第二次会议代表建议情况的报告、关于地质灾害防治工作情况的报告、关于少数民族专项扶持资金安排使用情况的报告、关于提请审议凤仪乡撤乡设镇的议案，审议和通过了县人大常委会主任会议《关于提请确认许可县人民检察院对县第十四届人大代表王兴文采取强制措施的议案》、县第十四届人大常委会代表资格审查委员会名单，会议还依法审议决定免去王元圆县人民政府副县长职务、免去陈巧武县人大常委会办公室副主任职务、任命郑波为县人民政府副县长、任命陈垠宏为县人民政府副县长、任命杨万林为县人民政府副县长、任命付文刚为县人大常委会办公室副主任、任命杨永升为县人大常委会信访办公室副主任、任命锁良艳为县人民法院审判员、任命舒迎东为县人民法院审判员。

县人民政府、县人民法院、县人民检察院负责同志，县人民政府相关组成部门负责人，各乡（镇）人大主席，县人大常委会机关调研员、副调研员、主任科员、各委（室）领导列席了会议。

县第十四届人民代表大会常务委员会第十二次会议 寻甸回族彝族自治县第十四届人民代表大会常务委员会第十二次会议，于2009年8月25－26日在县人大常委会会议室举行。出席会议的有县人大常委会主任张正良，副主任马世贵、姜彩云、赵文富，委员艾树祥、鲁培光、白当权、张金平、朱明旺、朱其祥、朱家相、马丽仙、李光凤、张永萍、方文伟、马顺芬、朱志祥、孙志映、李玉成、戴汝辉、徐正凭、毕昌友、杨正芬、王家文。会议由常委会主任张正良、副主任马世贵、姜彩云分别主持。会议分别听取和审议了县人大常委会关于对县人民政府2008年上级财政补助资金安排和使用情况的检查报告，听取和审议了县人民政府关于2009年上半年国民经济和社会发展计划执行情况的报告、关于2008年地方财政预算执行情况和其他财政收支情况的审计工作报告、关于2009年上半年地方财政预算执行情况的报告，审查和批准2008年县级财政决算，听取和审议了县人民政府关于县北城区主干道建设及绿化情况的报告、关于创建省甲级卫生县城情况的报告、关于落实县第十四届人大常委会第六次会议对《县人民政府遵守和执行＜云南省寻甸回族彝族自治县自治条例＞的审议意见》情况的报告、关于全面禁养情况的报告、关于承办昆明市第九届少数民族传统体育运动会筹备情况的报告、关于2009年秋季招生计划的报告、关于2009年上半年公安工作情况的报告，听取和审议了县人大常委会主任会议《关于撤销金所乡和塘子镇并入仁德镇重新确定代表名额的议案》，审议和通过了仁德镇选举委员会组成人员名单，听取和审议了县人大常委会主任会议《关于提请确认许可昆明市公安局经侦支队对县第十四届人大代表秦彦祥采取强制措施的议案》，听取和审议了县人民政府《关于全县农村中小学标准化建设配套资金融资问题的议案》，书面审议了2009年度我县60套廉租住房建设工作进展情况的视察报告，会议还依法审议决定任命徐郑锋为县人民政府副县长。

县人民政府、县人民法院、县人民检察院负责同志，县人民政府相关组成部门负责人，各乡（镇）人大主席，县人大常委会机关调研员、副调研员、主任科员、各委（室）领导列席了会议。

县第十四届人民代表大会常务委员会第十三次会议 寻甸回族彝族自治县第十四届人民代表大会常务委员会第十三次会议，于2009年10月26－27日在县人大常委会会议室举行。出席会议的有县人大常委会主任张正良，副主任马世贵、姜彩云、赵文富，委员艾树祥、鲁培光、白当权、张金平、朱明旺、朱其祥、朱家相、马丽仙、李光凤、张永萍、方文伟、马顺芬、朱志祥、孙志映、李玉成、戴汝辉、徐正凭、毕昌友、杨正芬、王家文。会议由常委会主任张正良、副主任马世贵分别主持。会议分别听取和审议了县人大常委会执法检查组关于县人民政府遵守和执行《中华人民共和国就业促进法》、《中华人民共和国矿产资源法》、《寻甸回族彝族自治县非税收入管理办法》情况的执法检查报告，听取和审议了县人大常委会执法检查组关于县人民政府落实和执行县人大常委会《关于＜寻甸回族彝族自治县法制宣传教育与依法治县的第五个五年规划＞的决议》情况的执法检查报告，听取和审议了县人民政府关于农村土地流转情况的报告、关于教育综合改革情况的报告，会议还补选了赵文富为昆明市第十二届人民代表大会代表。

县人民政府、县人民法院、县人民检察院负责同志，县人民政府相关组成部门负责人，各乡（镇）人大主席，县人大常委会机关调研员、副调研员、主任科员、各委（室）领导列席了会议。

县第十四届人民代表大会常务委员会第十四次会议 寻甸回族彝族自治县第十四届人民代表大会常务委员会第十四次会议，于2009年11月27日下午在县人大常委会会议室举行。出席会议的有县人大常委会主任张正良，副主任马世贵、姜彩云、赵文富，委员艾树祥、鲁培光、白当权、张金平、朱明旺、朱其祥、朱家相、李光凤、张永萍、马顺芬、朱志祥、孙志映、李玉成、戴汝辉、徐正凭、毕昌友、杨正芬、王家文。会议由常委会主任张正良主持。会议依法审议决定接受马慈明辞去县人民政府县长职务，任命唐琪为县人民政府副县长、代理县长职务，免去何敬中县人民政府副县长职务。

县人民政府、县人民法院、县人民检察院负责同志，县人民政府相关组成部门负责人，各乡（镇）人大主席，县人大常委会机关调研员、副调研员、主任科员、各委（室）领导列席了会议。

县第十四届人民代表大会常务委员会第十五次会议 寻甸回族彝族自治县第十四届人民代表大会常务委员会第十五次会议，于2009年12月8－9日在县人大常委会会议室举行。出席会议的有县人大常委会主任张正良，副主任马世贵、姜彩云、赵文富，委员艾树祥、鲁培光、白当权、张金平、朱明旺、朱其祥、朱家相、马丽仙、李光凤、张永萍、马顺芬、朱志祥、孙志映、李玉成、戴汝辉、毕昌友、杨正芬、王家文。会议由常委会主任张正良、副主任赵文富分别主持。会议分别听取和审议了县人大常委会执法检查组关于县人民政府遵守和执行《中华人民共和国消防法》情况的执法检查报告，听取和审议了县人民政府关于办理县第十四届人民代表大会第二次会议代表建议情况的报告、关于推进城乡公交一体化工作情况的报告，审查和批准了2009年地方财政预算调整方案，听取和审议了县人民政府《关于提请审议寻甸回族彝族自治县城区机动车停放服务收费暂行规定的议案》，听取和审议了县第十四届人大常委会代表资格审查委员会关于县第十四届人民代表大会代表变动情况的报告，审议和通过了《关于召开寻甸回族彝族自治县第十四届人民代表大会第三次会议的决定》，会议还依法审议免去陶梅花县人大常委会人事代表工作委员会副主任职务。

县人民政府、县人民法院、县人民检察院负责同志，县人民政府相关组成部门负责人，各乡（镇）人大主席，县人大常委会机关调研员、副调研员、主任科员、各委（室）领导列席了会议。

人大工作

2009年，县人大常委会筹备召集了县十四届人大第二次会议，召开常委会会议8次。听取和审议常委会执法检查报告12个、专项检查报告3个、视察报告10个、调研报告1个、"一府两院"专项工作报告23个。依法作出决议15个、决定5个、审议意见32个。组织执法检查13次、专项工作检查3次、工作视察10次、专题调研1次。完成了省、市人大常委会委托的各项工作，配合省、市人大常委会在我县的各项检查视察。

【加强监督工作】

加强对经济运行的监督。常委会组织检查组对2008年上级财政补助资金安排使用情况、2009年上半年地方财政预算执行情况、全县非税收入管理办法执行情况、凤梧城镇开发有限公司贷款使用情况进行检查。并听取和审议了县人民政府关于2008年地方财政决算、审计工作的报告和2009年上半年计划执行情况、地方财政预算执行情况的报告、2009年地方财政预算调整方案。审查并作出了批准2008年县级财政决算、2009年地方财政预算调整方案的决议。受市人大常委会委托，对全县2008年招商引资项目落地情况进行检查，促进了招商工作的有效开展。

常委会还按照《监督法》的规定，在《寻甸人大信息网》上向社会公开公布了县人民政府的上述专项工作报告和常委会的决议、审议意见，增强工作的透明度和公开性，接受社会监督。

加强对社会事业工作的监督。常委会组织视察组对水资源管理、县城北城区主干道建设、创建省甲级卫生县城、"全面禁养"、教育综合改革、承办昆明市第九届少数民族传统体育运动会筹备等工作进行视察。

加强对民生保障工作的监督。常委会组织视察组对城镇居民最低生活保障、农村民居防震安全工程、地质灾害防治、农村土地流转、城乡公交一体化、流通领域食品安全监督管理、少数民族专项扶持资金安排使用等事关民生保障的工作进行视察。。

为解决我县机动车辆在本县检审，减轻车主负担，增加县级财政收入的问题。在2007年、2008年的市人代会期间组织我县的市人大代表连续两年提出的建议未果的情况下，常委会在2009年市人代会闭会期间又组织部分代表联名向上级领导和有关部门反映，经过多方的共同努力，寻甸吉安机动车检测站最终于2009年7月13日开展机动车辆检审工作。

围绕实施依法治县，切实加强法律监督。常委会组织检查组对《义务教育法》、《农业机械化促进法》、《就业促进法》、《矿产资源法》、《消防法》实施情况进行检查。受省、市人大常委会委托，对"云南省民族立法中存在的新问题"进行了调研、对《养犬管理条例》进行了执法检查。

加强普法监督。组织检查组对县人民政府执行县第十三届人大常委会第二十九次会议作出的《关于寻甸回族彝族自治县法制宣传教育与依法治县第五个五年规划的决议》情况进行检查。

加强司法监督。听取和审议县人民政府公安工作、县人民检察院侦察监督工作的报告，作出审议意见。

【作出决议决定】　依法审议政府投融资事项。先后作出批准县人民政府关于将寻甸一中新校区、仁德镇东发村至张家村等四条道路、金所工业园区污水处理厂、县自来水厂及北城新区供排水管网、全县农村中小学标准化等重大建设工程项目贷款资金列入财政预算的议案的决议。

依法审议区划调整事项。通过认真审议，作出了批准县人民政府关于撤销金所乡、塘子镇并入仁德镇议案的决议和凤仪乡撤乡设镇更名为凤合镇议案的决议。作出了关于重新确定新建置仁德镇人民代表大会代表名额的决定、关于任命新建置仁德镇选举委员会组成人员的决定。

作出了批准县人民政府关于县城区机动车停放服务收费暂行办法议案、县城污水处理服务费差额部分列入财政年度预算支付议案的决议。

【人事任免工作】　常委会始终坚持党管干部与依法任免的有机统一，按照县人大常委会《人事任免办法》、《任命国家机关工作人员法律知识考试办法》，人事任免工作始终做到"四个坚持"。2009年先后任免常委会机关和"一府两院"工作人员43人，其中：决定任命30人，免职12人，接受辞职1人。通过法定程序，县委的人事安排圆满实现，为全县的改革发展稳定和科学发展新跨越提供了组织保障。

【提高代表服务质量】　认真督办代表议案建议。对十四届人大第二次会议期间代表提出的2件议案、103件建议及时交办督办，并两次组织部分组成人员对县人民政府办理情况进行检查，对逾期未办复的单位反复催办督办，对代表反映比较集中的突出问题，作为重点建议，由人事代表工作委员会负责督办。通过认真督办，2件议案、103件建议全部办结，所提问题已解决或部分解决的有49件，占46.7%；列入部门工作计划或规划逐步解决的有47件，占44.8%；因条件限制或其它原因暂不能解决的有9件，占8.6%。代表建议解决率较上年提高了17个百分点。

拓宽代表知情知政渠道。邀请代表参与常委会检查、视察和调研活动52人(次)，列席常委会会议150余人(次)。通过《寻甸人大信息网》、《常委会会刊》、《人大工作通报》、召开代表小组座谈会等形式向代表通报常委会履职和"一府两院"工作的情况，为代表知情知政服务。征求代表对常委会和"一府两院"工作的意见建议，充分发挥代表在闭会期间的作用。

为代表履职提供服务和保障通过坚持为224名代表订送《中国人大》、《云南人大》、《昆明人大》，为25名组成人员订送《地方人大常委会组成人员必读》。定期向17个代表小组寄送《人大工作通报》、《人大学习交流》等资料供代表学习。坚持主任会议组成人员联系委员、组成人员分组联系代表活动制度。一年主任会议成员联系委员50余人(次)，组成人员联系代表224人(次)，广泛听取代表意见和建议。组织创建"人大代表之家"15个，并统一制作牌匾、配置电脑、代表意见箱，为代表履职活动搭建了平台。争取为县人大代表解决了履职津贴，调动了代表履职的积极性。常委会根据代表出缺情况，补选了昆明市人大代表1名，县人大代表2名。

认真做好信访工作。一年接待来信来访45件77人(次)，通过自办、转办、督办、办理结果反馈，基本做到了"件件有着落、事事有回音"。

【围绕中心抓落实】　按照县委要求，常委会组织调研组对全县矿产资源整合情况进行专题调研，形成专题调研报告提交县委。对全县8个方面60项重点工作目标任务完成情况进行了3次检查，认真落实县委关于常委会领导挂钩联系乡(镇)、企业，积极参与招商引资、纠纷调处、社会维稳、承办昆明市第九届少数民族传统体育运动会筹备、常委会机关牵头县直5家单位挂钩金源乡扶贫等工作，各项工作都取得了新的成效。指导新建置仁德镇人大代表重新选举和召开仁德镇第二届人民代表大会第一次会议。指导河口、先锋2个镇补选县人大代表，指导14个乡(镇)建立代表活动"十项制度"等工作。

【加强自身建设】 机关坚持周一学习制度，把政治理论、法律知识和人大业务学习放在首位。以开展"学习实践科学发展观"活动为契机，推进机关作风建设。坚持和完善党员学习、民主生活会制度和党风廉政建设责任制。重视老干部和工青妇工作，切实保障老干部的政治和生活待遇。组织开展"敬老节"、"建军节"、"三八妇女节"、法律知识竞赛、"送温暖献爱心"、对口帮扶帮困、捐献一个月党费救助贫困老党员等活动。

加强人大宣传工作。以《寻甸人大信息网》、《人大工作通报》、《人大学习交流》为载体，加强对人民代表大会制度的宣传。全年编发《人大工作通报》13期信息70条、《人大学习交流》8期学习体会24篇。在国家和省、市级人大报刊发稿11篇、工作信息发稿35条，在昆明市第十七届宣传人民代表大会制度好新闻、好文章评选中，常委会荣获"先进单位"称号，1篇作品获好文章一等奖，2篇作品获好文章二等奖，1篇作品获好新闻二等奖。

加强对外交往。2009年成功承办了昆明市十四县（市）区人大工作联系会第五十次会议；先后组织常委会组成人员、乡（镇）人大主席等60余人（次）参加3次县（市）区人大工作联系会。

2009年领导名录：

【常委会组成人员】

主　任：张正良

副主任：张文新（—2009.03）、马世贵、姜彩云、赵文富

委　员：马丽仙、马顺芬、王家文、方文伟、艾树祥、白当权、毕昌友、朱志祥、朱其祥、朱明旺、朱家相、孙志映、李玉成、李光凤、李国能、杨正芬、张永萍、张金平、徐正凭、鲁培光、戴汝辉

【常委会机关领导】

张正良　常委会主任
张文新　常委会副主任
马世贵　常委会副主任
姜彩云　常委会副主任
赵文富　常委会副主任
鲁德贵　县人大机关正县级老领导
曹所培　县人大机关助理调研员
李廷系　县人大机关主任科员
杨金权　县人大机关主任科员
王高潮　县人大机关主任科员
马献奇　县人大机关主任科员
刘正文　县人大机关主任科员
马丽仙　县人大机关主任科员
白当权　县人大常委会办公室主任
张金平　县人大常委会农业工作委员会主任
姚仁安　县人大常委会法制工作委员会主任
李光凤　县人大常委会人事代表工作委员会主任
朱家相　县人大常委会财政经济工作委员会主任
朱明旺　县人大常委会城乡建设环境资源保护工作委员会主任
朱其祥　县人大常委会信访办公室主任
高建新　县人大常委会办公室副主任
马文泽　县人大常委会城乡建设环境资源保护工作委员会副主任
陶梅花　县人大常委会人事代表工作委员会副主任（—2009.12）
沐兴英　县人大常委会教科文卫工作委员会副主任
杜尧春　县人大常委会法制工作委员会副主任
李潜智　县人大常委会农业工作委员会副主任
陈巧武　县人大常委会办公室副主任（—2009.06）
付文刚　县人大常委人办公室副主任（—2009.06）
杨永升　县人大常委会信访办公室副主任（2009.06—）

【重要会议】

县第十四届人民代表大会第三次会议 县第十四届人民代表大会第二次会议于2010年1月21—26日在寻甸县城举行。会议出席代表220名，不是县第十四届人大代表的寻甸县选举产生的昆明市十二届人大代表，县委有关部门负责人，县政府法检两院有关领导、部门负责人，部分人民团体负责人，部分驻寻单位负责人共150人列席会议。会议审查了代理县长唐琪作的《政府工作报告》和《寻甸回族彝族自治县2009年国民经济和社会发展计划执行情况的报告与2010年国民经济和社会发展计划草案的报告》、《寻甸回族彝族自治县2009年地方财政预算执行情况的报告和2010年地方财政预算草案的报告》、县人大常委会主任张正良作的《县人大常委会工作报告》、县人民法院院长桂明兴作的《县人民法院工作报告》、县人民检察院代理检察长杨瑞云作的《县人民检察院工作报告》，并通过了6个工作报告的决议。会议还补选唐琪为县人民政府县长，补选李孝伟为县人大常委会副主任。

会议共收到10人以上代表联名提出的议案50件，建议72件。根据议案的立案标准和条件，经会议决定将金源代表团马顺芬等11名代表提出的《关于加大殡葬改革投资力度及健全相关配套措施的议案》、柯渡代表团陈学院等12名代表提出的《关于进一步落实和完善殡葬改革相关政策的议案》、羊街代表团刘彦宏等14名代表提出的《关于明确2010年殡葬改革政策与落实2009年殡葬改革经费的议案》内容基本相同，列为议案；功山代表团朱正全等10名代表提出的《关于提高"村两委"干部待遇的议案》列为议案，交由县人民政府办理。其它方面的46件根据议案的立案标准和条件转为建议办理，加上本次大会按建议要求提出了72件建议，本次会议共有建议118件，其中：农田林业水利方面的33件，占总件数的28.2%；道路交通方面的15件，占12.8%；城镇规划建设方面的8件，占6.8%；教育卫生方面的13件，占11.1%；土地矿产资源方面的7件，占6.3%；烤烟生产方面的4件，占3.4%；财政税收12件，占10.3%；工业方面的3件，占2.6%；其它方面的23件，占19.6%。以上建议，按照《寻甸回族彝族自治县人民代表大会常务委员会办理县人大代表建议、批评和意见的规定》，交由县人民政府办理。

县第十四届人民代表大会常务委员会第十六次会议 寻甸回族彝族自治县第十四届人民代表大会常务委员会第十六次会议，于2010年1月11日下午在县人大常委会会议室举行。出席会议的有县人大常委会主任张正良，副主任马世贵、姜彩云、赵文富，委员艾树祥、鲁培光、白当权、张金平、朱明旺、朱其祥、马丽仙、李光凤、张永萍、马顺芬、朱志祥、孙志映、李玉成、戴汝辉、毕昌友、杨正芬、徐正凭、王家文。会议由常委会主任张正良、副主任马世贵分别主持。会议分别听取和审议了县人民政府关于流通领域食品安全监督管理情况的报告、关于寻甸凤梧城镇开发有限公司贷款使用情况的报告，审议和通过了《寻甸回族彝族自治县人民政府关于提请审议同意县城污水处理厂污水处理服务费差额部分列入财政预算支付的议案》、《寻甸回族彝族自治县第十四届人民代表大会第三次会议主席团和秘书长建议名单》、《寻甸回族彝族自治县第十四届人民代表大会第三次会议议案审查委员会名单（草案）》、《寻甸回族彝族自治县第十四届人民代

表大会第三次会议计划和财政预决算审查委员会名单(草案)》、《寻甸回族彝族自治县第十四届人民代表大会第三次会议列席人员名单》、《寻甸回族彝族自治县人民代表大会常务委员会工作报告(稿)》并决定了报告人。

县人民政府、县人民法院、县人民检察院负责同志，县人民政府相关组成部门负责人，各乡(镇)人大主席，县人大常委会机关调研员、副调研员、主任科员、各委(室)领导列席了会议。

县第十四届人民代表大会常务委员会第十七次会议 寻甸回族彝族自治县第十四届人民代表大会常务委员会第十六次会议，于2010年2月11日上午在县人大常委会会议室举行。出席会议的有县人大常委会主任张正良，副主任马世贵、姜彩云、赵文富、李孝伟，委员艾树祥、鲁培光、白当权、张金平、朱明旺、朱其祥、马丽仙、李光凤、张永萍、马顺芬、朱志祥、孙志映、李玉成、戴汝辉、毕昌友、杨正芬、徐正凭、王家文。会议由常委会主任张正良、副主任姜彩云分别主持。会议依法审议决定接受朱其祥辞去县人大常委会委员职务。免去李贵霖县人民政府副县长职务、免去朱其祥县人大常委会信访办公室主任职务、免去马希贤县人民政府办公室主任职务、免去马加仁县民宗局局长职务、免去金正标县林业局局长职务、免去李顺华县民政局局长职务，任命孙晓强为县人民政府副县长、任命李东华为县人民政府办公室主任、任命马良友为县民宗局局长、任命陈元飞为县林业局局长、任命方正平为县民政局局长。

县人民政府副县长黄宝金，县人民法院副院长杨爱群，县人民检察院副检察长谢勇，县人民政府办公室副主任杨奎云，县人民政府法制办公室主任马成刚，各乡(镇)人大主席，县人大常委会机关调研员、副调研员、主任科员、各委(室)副主任列席了会议。

县第十四届人民代表大会常务委员会第十八次会议 寻甸回族彝族自治县第十四届人民代表大会常务委员会第十八次会议，于2010年3月9日在县人大常委会会议室举行。出席会议的有县人大常委会主任张正良，副主任马世贵、姜彩云、赵文富、李孝伟，委员艾树祥、鲁培光、白当权、张金平、朱明旺、朱其祥、马丽仙、李光凤、张永萍、马顺芬、朱志祥、孙志映、李玉成、戴汝辉、毕昌友、杨正芬、徐正凭、王家文。会议由常委会主任张正良、副主任赵文富分别主持。会议依法审议通过了《寻甸回族彝族自治县人大常委会2010年度工作要点》、《寻甸回族彝族自治县人大常委会2010年度议题分解》、《寻甸回族彝族自治县人民代表大会常务委员会执法检查办法》，会议还依法审议决定免去周莉辉县投资促进局长职务、免去马成云县司法局局长职务，撤销姚仁安县人大常委会法制工作委员会主任职务，决定任命马克凯为县投资促进局局长、任命马铭为县人大常委会法制工作委员会主任、任命周昌莉为县人大常委会教育科学文化卫生工作委员会主任、任命马顺升为县人大常委会财政经济工作委员会副主任、任命王家文为县人大常委会人事代表工作委员会副主任、任命韩会荣为县人民法院副院长、审判委员会委员、审判员。

县人民政府、县人民法院、县人民检察院负责同志，县人民政府相关组成部门负责人，各乡(镇)人大主席，县人大常委会机关调研员、副调研员、主任科员、各委(室)领导列席了会议。

县第十四届人民代表大会常务委员会第十九次会议 寻甸回族彝族自治县第十四届人民代表大会常务委员会第十九次会议，于2010年5月30日在县人大常委会会议室举行。出席会议的有县人大常委会主任张正良，副主任马世贵、姜彩云、赵文富、李孝伟，委员艾树祥、鲁培光、白当权、张金平、朱明旺、李光凤、张永萍、马顺芬、朱志祥、孙志映、李玉成、戴汝辉、毕昌友、杨正芬、徐正凭、王家文。会议由常委会主任张正良、副主任李孝伟分别主持。会议分别听取和审议了县人民政府关于2009年上级财政补助资金安排使用情况的报告、关于安全生产监督管理工作情况的报告水库管理情况的报告、关于实施"降低孕产妇死亡率和消除新生儿破伤风"项目情况的报告、关于交通安全管理工作情况的报告，会议还依法审议决定免去郑波县人民政府副县长职务。

县人民政府、县人民法院、县人民检察院负责同志，县人民政府相关组成部门负责人，各乡(镇)人大主席，县人大常委会机关调研员、副调研员、主任科员、各委(室)领导列席了会议。

县第十四届人民代表大会常务委员会第二十次会议 寻甸回族彝族自治县第十四届人民代表大会常务委员会第二十次会议，于2010年7月29日上午在县人大常委会会议室举行。出席会议的有县人大常委会主任张正良，副主任马世贵、姜彩云、赵文富、李孝伟，委员艾树祥、鲁培光、白当权、张金平、朱明旺、朱其祥、马丽仙、李光凤、张永萍、马顺芬、朱志祥、孙志映、李玉成、戴汝辉、毕昌友、杨正芬、徐正凭、王家文。会议由常委会主任张正良、副主任马世贵分别主持。会议分别听取和审议了县人民政府关于办理县第十四届人民代表大会第三次会议代表议案建议情况、农村文化站室建设情况、国有土地储备交易情况、2010年上半年国民经济和社会发展计划执行情况、2009年地方财政预算执行和2010年上半年地方财政预算执行情况、2009年地方财政预算执行情况和其他财政收支审计工作，县人民法院关于执行积案清理工作情况等七项专项工作报告和县人大常委会检查组对县人民政府办理县第十四届人民代表大会第三次会议代表议案建议情况的检查报告、视察组对县人民政府农村文化站室建设、国有土地储备交易等两项工作的视察报告；听取了县人民政府关于《寻甸回族彝族自治县人民政府机构改革方案》的报告；会议还依法审议决定接受马丽仙辞去县人大常委会委员职务，决定任命徐正雄为县发展和改革局局长、任命梁永为县科学技术和工业经贸信息局局长、任命徐林为县人力资源和社会保障局局长、任命卯应征为县农业局局长、任命范克有为县文体广播旅游局局长、任命张海涛为县住房和城乡规划建设局局长、任命胡永庚为县交通运输局局长、任命尹正贤为县食品药品监督管理局局长、任命刘德正为县司法局局长、任命许加龙为县扶贫办主任、任命张高燕、丁路祥为县人民法院审判员、任命舒超群、周敏、舒余魁、彭朝柱为县人民检察院检察员、任命马世文、朱绍贤、丁世云、马光新、严怀义、沈忠存、李寿章、李云武为县人民法院陪审员。

县人民政府、县人民法院、县人民检察院负责同志，县人民政府相关组成部门负责人，各乡(镇)人大主席，县人大常委会机关调研员、副调研员、主任科员、各委(室)领导列席了会议。

县第十四届人民代表大会常务委员会第二十一次会议 寻甸回族彝族自治县第十四届人民代表大会常务委员会第二十一次会议，于2010年9月29日在县人大常委会会议室举行。出席会议的有县人大常委会主任张正良，副主任马世贵、姜彩云、赵文富、李孝伟，委员艾树祥、鲁培光、白当权、张金平、朱明旺、朱其祥、马丽仙、李光凤、张永萍、马顺芬、朱志祥、孙志映、李玉成、戴汝辉、毕昌友、杨正芬、徐正凭、王家文。会议由常委会主任张正良、副主任赵文富分别主持。会议分别听取和审议县人民政府遵守和执行《中华人民共和国公路法》情况、《中华人民共和国资源税暂行条例》情况、开展创建环境优美乡镇工作情况、关于2010年秋季招生工作情况的报告、、扶贫工作情况的报告、2009年财政预算调整后收支变化情况、审查和批准2009年县级财政决算、县人民检察院关于预防职务犯罪工作情况的报告；会议还依法审议决定免去杨万林县人民政府副县长职务。

县人民政府、县人民法院、县人民检察院负责同志，县人民政府相关组成部门负责人，各乡（镇）人大主席，县人大常委会机关调研员、副调研员、主任科员、各委（室）领导列席了会议。

县第十四届人民代表大会常务委员会第二十二次会议 寻甸回族彝族自治县第十四届人民代表大会常务委员会第二十二次会议，于2010年11月29—30日在县人大常委会会议室举行。出席会议的有县人大常委会主任张正良，副主任马世贵、姜彩云、赵文富、李孝伟，委员艾树祥、鲁培光、白当权、张金平、朱明旺、朱其祥、马丽仙、李光凤、张永萍、马顺芬、朱志祥、孙志映、李玉成、戴汝辉、毕昌友、杨正芬、徐正凭、王家文。会议由常委会主任张正良、副主任李孝伟分别主持。会议分别听取和审议了县人大常委会执法检查组关于对县人民政府遵守和执行《中华人民共和国城乡规划法》、《昆明市清真食品管理办法》情况的检查报告，听取和审议县人民政府关于中低产田改造情况的报告、关于近三年国家公务员和事业单位用人招录情况的报告、关于计划生育工作情况的报告，审查和批准了2010年地方财政预算调整方案，审议和通过了县人大常委会《关于召开县第十四届人民代表大会第四次会议的决定》，会议还依法审议决定接受方文伟辞去县人大常委会委员职务。

县人民政府、县人民法院、县人民检察院负责同志，县人民政府相关组成部门负责人，各乡（镇）人大主席，县人大常委会机关调研员、副调研员、主任科员、各委（室）领导列席了会议。

县第十四届人民代表大会常务委员会第二十三次会议 寻甸回族彝族自治县第十四届人民代表大会常务委员会第二十三次会议，于2010年12月14日上午在县人大常委会会议室举行。出席会议的有县人大常委会主任张正良，副主任马世贵、姜彩云、赵文富、李孝伟，委员艾树祥、鲁培光、白当权、张金平、朱明旺、朱其祥、马丽仙、李光凤、张永萍、马顺芬、朱志祥、孙志映、李玉成、戴汝辉、毕昌友、杨正芬、徐正凭、王家文。会议由常委会主任张正良主持。会议分别听取和审查了县人民政府2010年地方财政预算调整方案，审议和通过了寻甸回族彝族自治县第十四届人大常委会代表资格审查委员会关于代表变动情况和补选代表的代表资格审查报告、《寻甸回族彝族自治县第十四届人民代表大会第四次会议主席团和秘书长建议名单（草案）》、《寻甸回族彝族自治县第十四届人民代表大会第四次会议法定列席人员名单》，会议还依法审议决定接受朱家相辞去县人大常委会委员职务，决定免去朱家相县人大常委会财政经济工作委员会主任职务、免去付文刚县人大常委会办公室副主任职务。

县人民政府、县人民法院、县人民检察院负责同志，县人民政府相关组成部门负责人，各乡（镇）人大主席，县人大常委会机关调研员、副调研员、主任科员、各委（室）领导列席了会议。

人大工作

2010年，常委会筹备召集了县第十四届人民代表大会第三次、第四次会议。举行常委会会议7次，听取和审议常委会执法检查报告4个、专项检查报告4个、视察报告22个、“一府两院”专项工作报告23个。依法作出决议2个、决定20个、审议意见29个。完成和配合省、市人大常委会委托的各项工作，为保障和促进全县经济社会又好又快发展作出了新贡献。

【强化监督】 强化法律监督，确保法律法规得到有效实施。组织检查组对县人民政府遵守和执行《公路法》、《城乡规划法》、《资源税暂行条例》、《昆明市清真食品管理办法》情况进行了执法检查，听取和审议了检查组对上述法律法规的检查报告，并作出审议意见。积极配合省人大常委会对拟制定的《云南省林地管理条例》、市人大常委会拟制定的《昆明市户外广告管理条列》等法律法规草案进行调研，广泛征求意见，及时综合上报修改情况，为省、市的立法工作提供了有价值的意见和建议。

强化工作监督，推动经济社会又好又快发展。加强对经济工作的监督。常委会按惯例听取和审议2010年上半年国民经济和社会发展计划执行情况报告外，组织检查组对2009年上级财政补助资金安排使用情况、凤梧城镇开发有限公司贷款使用情况进行了检查，听取和审议了县人民政府专项工作报告。加强减灾防灾，协调烤烟购调，服务工业企业，加大招商引资力度，优化投资环境等审议意见。常委会会议听取和审议了县人民政府2009年地方财政预算执行情况报告和审计工作报告、2010年上半年地方财政预算执行情况报告。审查并作出了关于批准2009年地方财政决算的决议。加强对民生保障工作的监督。组织视察组对安全生产、交通安全管理、扶贫、水库管理、中低产田改造等工作进行视察，并听取和审议了县人民政府专项工作报告以及常委会视察组的视察报告。加强对社会事业工作的监督。对实施降低孕产妇死亡率和消除新生儿破伤风项目进行视察在2009年对《就业促进法》开展执法检查的基础上，常委会会议又听取和审议了县人民政府近三年国家公务员和事业单位用人招录工作报告，听取和审议了县人民政府秋季招生工作报告，组织视察组对创建环境优美乡镇工作进行视察，并听取和审议了县人民政府的专项工作报告。

加强司法监督，促进公平正义与社会和谐。常委会会议听取和审议了县人民法院执行积案清理、县人民检察院预防职务犯罪等专项工作报告。着力提高信访工作办理质量和水平。一年来，收受涉法涉诉信访1件，召开法院、检察院联系会议研究，按程序转办，督促司法机关启动内部监督机制，依法进行复核、回复。接待来信来访75件（次），处理（转办）率达100%。

【作出决议决定】 对县十四届人大三次会议批准的2010年地方财政预算的调整变更，听取和审议了县人民政府关于2010年地方财政预算调整方案的报告，常委会会议审查并作出了关于批准2010年财政预算调整方案的决议。

【任免地方国家机关工作人员】 2010年，常委会会议补选市人大代表1名，任免和决定任免国家机关工作人员51人（次）、人民陪审员8人。

【发挥人大代表主体作用】 指导学习，提升依法履职能力。坚持每年为代表订送《全国人大》、《云南人大》和《昆明人大》等刊物，为代表寄送《人大工作通报》、《人大学习交流》等资料学习。扩大参与，拓宽知情知政渠道。全年组织140余人（次）代表列席常委会会议，参与常委会检查、视察、调研活动。召开14个代表小组座谈会。注重督办，提高议案建议办理质量。组织检查组两次对县人民政府承办单位办理议案建议情况进行检查。加强指导，推进乡镇人大工作。分批组织乡镇人大主席参加昆明市十四县(市)区人大工作联系会，指导乡镇选举委员会依法罢免县人大代表2名、补选县人大代表11名。

【加强自身建设】 加强思想政治建设，加强履职学习，坚持周一学习制度，加强制度建设，结合工作实际，制定了《县人大常委会执法检查办法》，发挥委室作用，加强机关建设，围绕"提高履职水平，加强依法监督，推动科学发展"这一实践载体，以开展"效能寻甸"建设、创先争优活动为契机，以加强机关党的建设为抓手，全面加强机关建设加强人大宣传工作，编发《常委会会刊》6期、《人大工作通报》8期、《人大学习交流》14期，向国家级、市级新闻媒体和人大刊物采用稿件61篇(条)，其中国家级采用1篇，市级采用60篇(条)，1篇稿件获云南省第十九届宣传人民代表大会制度好作品优秀奖、2篇稿件分别获昆明市第十八届宣传人民代表大会制度好文章一、二等奖，县人大常委会被评为昆明人大信息工作先进单位。

2010年领导名录：

【常委会组成人员】

主　任：张正良

副主任：马世贵、姜彩云、赵文富李孝伟(2010.01—)

委　员：马丽仙(—2010.07)、马顺芬、王家文、方文伟(—2010.11)、艾树祥、白当权、毕昌友、朱志祥、朱其祥(—2010.02)、朱明旺、朱家相(—2010.12)、孙志映、李玉成、李光凤、李国能、杨正芬、张永萍、张金平、徐正凭、鲁培光、戴汝辉

【常委会机关领导】

张正良　常委会主任

张文新　常委会副主任

马世贵　常委会副主任

姜彩云　常委会副主任

赵文富　常委会副主任

鲁德贵　县人大机关正县级老领导

曹所培　县人大机关助理调研员

李廷系　县人大机关主任科员

杨金权　县人大机关主任科员

王高潮　县人大机关主任科员

马献奇　县人大机关主任科员

刘正文　县人大机关主任科员

马丽仙　县人大机关主任科员

白当权　县人大常委会办公室主任

张金平　县人大常委会农业工作委员会主任

姚仁安　县人大常委会法制工作委员会主任(—2010.03)

马　明　县人大常委会法制工作委员会主任(2010.03—)

周昌莉　县人大常委会教科文卫工作委员会主任(2010.03—)

李光凤　县人大常委会人事代表工作委员会主任

朱家相　县人大常委会财政经济工作委员会主任(—2010.12)

朱明旺　县人大常委会城乡建设环境资源保护工作委员会主任

朱其祥　县人大常委会信访办公室主任(—2010.02)

高建新　县人大常委会办公室副主任

马文泽　县人大常委会城乡建设环境资源保护工作委员会副主任

王家文　县人大常委会人事代表工作委员会副主任(2010.03—)

马顺升　县人大常委会财政经济工作委员会副主任(2010.03—)

沐兴英　县人大常委会教科文卫工作委员会副主任

杜尧春　县人大常委会法制工作委员会副主任

李潜智　县人大常委会农业工作委员会副主任

付文刚　县人大常委人办公室副主任(—2010.12)

杨永升　县人大常委会信访办公室副主任

（撰稿人：王家文）

寻甸县人民政府

【县人民政府】 2007—2010年是寻甸县发展进程中很不平凡的四年，县人民政府在市委、市政府和县委的坚强领导下，紧紧围绕"工业强县、农业富民、旅游活县"的发展思路，团结带领全县各族人民，求真务实，锐意进取，圆满完成了"十一五"规划期的主要目标任务。

全县综合实力显著提高，三次产业比例由32∶24∶44调整为30.3∶29∶40.7。地区生产总值由24.98亿元增长到38.32亿元，地方财政一般预算收入由1.54亿元增长到3.42亿元，城镇居民人均可支配收入由10870元增长到15324元，农民人均纯收入由2318元增长到3497元。社会消费品零售总额由7.52亿元增长到12.81亿元；全县金融机构存款余额由26.3亿元增加到45.5亿元，贷款余额由14.8亿元增加到31.3亿元；旅游业发展较快，4年来累计接待游客135.6万人次，2010年实现旅游总收入3806万元，比2007年增2116万元。

城乡面貌极大改善。注重用科学的规划指导建设与发展，先后编制完成各产业、专项及城镇建设规划，规划立县全面实施。各项基础设施投入力度不断加大，4年来，累计完成电力、交通、市政、社会事业等投资累计达107.85亿元，年均增长30.6%。投资新建110KV以上变电站2个，新建35KV以上输电线路256千米，改造35KV变电站6个，发展基础进一步夯实。深入推进以金所、塘子、先锋为主的"一园三片"特色产业园区建设，招商引资成效突显。完成七星大桥、县城二级客运站和13个乡(镇)四级客运站建设，行政村城乡公交通达率达90.2%；完成西部7个乡镇通乡油路建设，实施行政村路面硬化427千米和路基改造1076.5千米，行政村路面硬化率达65%，基本实现乡乡通油路、村村通公路；启动建设中型水库1座，新建小(一)型水库3座和小(二)型水库3座，完成水库除险加固11座；实施城乡园林绿化、生态建设工程，县城建成区绿化覆盖率由25%上升到40.7%，全县森林覆盖率由31.5%上升到41.63%；县城垃圾、污水处理设施逐步完善，生活垃圾无害化处置率达20%；完成县城"两纵四横"、民族体育文化中心、河滨公园、北城新区主次干道等市政建设。房地产业迅猛发展，县城建成区面积由4.5平方公里扩展到4.8平方公里，城镇化率由8.95%提高到18.3%，城镇人口由4.5万人增加到9.46万人；顺利完成县城驻地镇区划调整工作。

社会事业发展全面进步。教育投入大幅增加，累计投入资金6.3亿元，扩建了县民族中学，建成新一中和昆明机电工程学校，实施了53所农村中小学标准化学校建设，完成2所中西部农村初中校舍改造和5.48万平方米中小学校舍安全工程建设，义务教育发展更加均衡；民办教育快速发展，幼儿教育民办化率达91.2%；办学质量明显提高，创建省一级学校3所，市级示范初中8所。医疗条件不断改善，完成县疾控中

心检验综合楼、7个乡镇卫生院业务用房改造、117个村卫生室等工程建设，县、乡、村三级医疗预防保健网络不断健全。文体事业发展加快，投资942万元，完成11个乡镇文化站、176个村级文化室、105个农家书屋、35个农民体育健身工程等文体设施建设，实施了柯渡红军长征纪念馆主体修缮工程并重新开放，成功承办昆明市第九届少数民族传统体育运动会。科技创新和推广应用力度不断加大，实施科技示范项目87项，专利申请38件，专利授权25件，获得县级以上科技成果奖5项，科技对经济增长的贡献率进一步提高。全面落实计划生育奖励扶助政策，人口自然增长率控制在较低水平。

和谐寻甸建设取得显著成效。社会保障体系进一步健全，新型农村合作医疗逐步规范，累计报销医药费1.87亿元；农村、城镇低保标准不断提高，覆盖面进一步扩大，共支付低保金3029万元；建成县中心敬老院，社会养老体系进一步健全；双拥工作扎实开展，荣获“云南省第八届双拥先进县”称号；启动并强力推进殡葬改革；累计建设廉租房278套、实施农村民居抗震安居工程9180户；共开发提供有效就业岗位4976个，培训转移农村剩余劳动力84170人次，转移65939人；城镇登记失业率控制在3.5%以内；城乡收入差距比由4.84：1下降到4.38：1；贫困人口由18.8万人减少为7万人，其中，相对贫困人口由15万人减少为5.2万人，绝对贫困人口由3.8万人减少为1.8万人；“五五普法”和“四五依法治县”顺利通过考核验收；第三次被国务院表彰为“全国民族团结进步模范集体”；妇女、儿童、老年人、残疾人等事业稳步发展，广大人民群众的合法权益得到充分保障；安全生产及社会稳定的各项措施得到有效落实，和谐文明的社会局面得到巩固提升。政府自身建设得到加强，全县行政审批事项由240项压缩至49项，行政事业性收费项目由63项减少至45项。

【表彰奖励】

2007—2010年，县人民政府多次荣获国家、省、市相关荣誉称号：2007年度荣获市委“先进基层党组织”、市政府“爱国卫生先进单位”、市政协“提案办理先进单位”等荣誉称号；2008、2010年分别荣获“云南省甲级卫生县城”称号；2008年荣获市政府“烤烟生产收购先进县”、“教育工作先进集体”和省委、省政府“2006－2008文明单位”称号；2009年荣获国务院“全国民族团结进步模范集体”称号，2010年成功创建“省级先进平安县”，荣获省“烟叶生产抗大灾保增收工作突出贡献奖”和市“烤烟生产收购先进县”荣誉称号。

【重要会议】

县人民政府常务会议：

2007年共召开8次县十三届人民政府第32—39次常务会议，分别是：

2007年1月8日，县第十三届人民政府第32次常务会议主要研究了2007年经济社会发展指标、农业农村工作、提高原村公所(办事处)离职干部定期生活补助等问题。

2007年2月27日，县第十三届人民政府第33次常务会议主要研究了2007年地方财政收支预算、2006年经济社会发展目标责任制兑现与2007年责任书签订、县城原水及自来水价格调整、政府领导分工等问题。

2007年3月23日，县第十三届人民政府第34次常务会议主要研究了企业改制、医疗机构药品集中采购和统一配送、仁德农贸市场建设、仁德镇失地农民保障机制试点方案和仁德镇社区建设等问题。

2007年5月18日，县第十三届人民政府第35次常务会议主要研究了经营性公墓建设、集体林权制度改革、行政效能监察、广播电视工作、新农村建设等问题。

2007年5月31日，县第十三届人民政府第36次常务会议主要研究了昆交会筹展工作、旅游资源整合、1至4月份全县经济运行分析等。

2007年6月26日，县第十三届人民政府第37次常务会议主要研究了合同制消防员招收、金所乡撤乡设镇、县城图书馆建设、土地储备交易管理办法、便民中心窗口单位及业务调整、中心敬老院建设、金石有限公司改制遗留问题。

2007年9月18日，县第十三届人民政府第38次常务会议主要研究了城镇土地使用税税额调整、清水海供水及水源环境管理项目移民安置补偿标准、寻甸凤梧城镇开发有限公司组建、县城垃圾处理收费管理、七星乡卫生院原址处置、2006年特岗教师待遇所需资金配套等问题。

2007年11月2日，县第十三届人民政府第39次常务会议主要研究了2007年县财政收支预算调整进行专题研究。

2008年共召开15次：县十三届人民政府第40—41次，县十四届人民政府第1—13次常务会议，分别是：

2008年1月7日，县第十三届人民政府第40次常务会议主要研究了2008年及未来5年全县经济社会发展指标、农业农村工作及烤烟工作、目标责任考核、解决民办教师遗留问题、乡镇统计体制改革等问题。

2008年1月16日，县第十三届人民政府第41次常务会议主要研究了2008年度县财政收支预算(草案)和党风廉政建设工作进行专题研究。

2008年3月12日，县第十四届人民政府第1次常务会议主要研究了召开县政府全会、县城垃圾处理收费、功山卫生院交县医院托管、加强政府非税收入管理、财税国库改革、仁德镇区域扩大、县城畜产品批发市场处置、云牧畜产品开发公司处置、加快特色产业园区发展和园区管委会建立、企业改革改制、羊街火灾李文富的处理意见、行政审批制度改革等问题。

2008年4月15日，县第十四届人民政府第2次常务会议主要研究了全县园林绿化及生态建设、全县拆危(围)拆临透绿、2008年新型农村合作医疗实施方案、县妇幼保健院搬迁建设、县医院医技楼和中医院住院楼建设、2008年城镇退役士兵安置、扶贫开发整乡推进、户藉制度改革实施方案、“两案”人员有关问题处理、便民服务中心窗口设置及行政审批事项进出管理办法等问题。

2008年6月2日，县第十四届人民政府第3次常务会议主要研究了昆交会签约项目、县城规划区拆临拆违透绿、2008年廉租房建设和城镇最低收入家庭租房补贴、农村房屋火灾保险实施方案、合同制专职消防员招收工作方案、乡镇统计站人员选调、被征地人员基本养老保险实施方案等问题。

2008年7月2日，县第十四届人民政府第4次常务会议主要研究了听取2008年上半年财政运行、县城建设、工业发展、招商引资、企业改革改制、教育卫生改革、全县生态建设和城乡园林绿化、凤龙湾及白石岩溶洞开发等重点工作的进展情况汇报，对2007年度财政预算执行情况审计报告、凤梧路及广场补绿、非领导职务正常晋升、“两案”人员上访、电影公司改制方案等问题。

2008年7月23日，县第十四届人民政府第5次常务会议主要研究了对农业技术推广体系改革、增加动物疫病防治经费及提高村级防疫员待遇、县城面山退耕还林、县城户外广告设置、公开招考高中教师和幼儿教师、独生子女保健费、农村80岁以上老年人保健费、社会福利院(中心)搬迁配套设施经费及增加管理人员等问题。

2008年8月20日，县第十四届人民政府第6次常务会议主要研究了对创建省级园林城市和优美乡镇、创建省甲级卫生县城实施方案、县第二人民医院离退休职工历史遗留问题、入城主要道路及牛栏江沿岸绿化用地方案、畜产品批发市场处置方案、"全面禁养"实施方案、清水海供水方式整合方案、改制企业新增遗属生活补助、建设生态文化艺术陵园、召开教师节表彰大会、规范性文件清理、城乡公交一体化实施方案等问题。

2008年9月28日，县第十四届人民政府第7次常务会议主要研究了县城建设拆迁安置试行办法、打击非法营运车辆专项整治实施方案、机关干部考调方案、事业单位专业技术职务评聘方案、提高农村五保对象生活补助标准、县建设工程招投标监督暂行办法、泡核桃种植、入城主要道路沿线绿化、全面禁养、县电力公司整体上划、县城污水处理厂建设、与天大集团有限公司合作等问题。

2008年11月4日，县第十四届人民政府第8次常务会议主要研究了对县殡葬改革实施方案、2009新型农村合作医疗实施方案、成立县金融办、教育资源整合方案及职业教育中心项目协议、以银杏为主题的"五个一工程"实施方案、创省级园林县城实施方案、冬春季植树造林实施方案等问题。

2008年11月10日，县第十四届人民政府第9次常务会议主要研究了就2008年县财政收支预算调整进行专题研究。

2008年12月2日，县第十四届人民政府第10次常务会议主要研究了就新农村建设、教育卫生改革、农村中小学标准化学校建设进展、县城客运出租汽车运营实施方案、近两年农村公路建设欠帐、加强县城绿化站管理机构、2008年冬春季城乡园林绿化工作进展、我县扩大内需上报项目争取中央资金、县民族文化体育中心建设、2008年廉租房建设等问题。

2008年12月8日，县第十四届人民政府第11次常务会议主要研究了就《政府工作报告》(讨论稿)、贯彻全省供销社二次创业实施意见、西拉龙矿泉水厂公开拍卖、病险水库除险加固和人饮工程建设、水管单位体制改革、清水海渡假村关闭、县城集中式饮用水源地环境保护规划、生态县建设规划、义务植树工作实施细则等问题。

2008年12月19日，县第十四届人民政府第12次常务会议主要研究了就2009年《政府工作报告》(讨论稿)、农村医疗救助暂行办法、粮食局2008年免提固定资产原值折旧费、成立城乡园林绿化和环境卫生管理机构方案、加强县招待所管理、金源乡龙潭村委会糯勒村易地搬迁实施方案、环境优美乡镇规划方案、召开十四届人民政府第二次全体会议等问题。

2008年12月24日，县第十四届人民政府第13次常务会议主要研究了就2009年度县财政收支预算(草案)工作进行专题研究。

2009年共召开14次县十四届人民政府第14—27次常务会议，分别是：

2009年2月17日，县第十四届人民政府第14次常务会议主要研究了就招商引资、安全工作、企业改制、政府投资建设项目审计监督管理办法、县凤梧公司定向开发公务员小区方案、挂牌出让龙泉路以东部分土地、城乡公交一体化及县城出租车、农村五保供养工作实施办法、党风廉政建设等问题。

2009年4月2日，县第十四届人民政府第15次常务会议主要研究了就寻甸凤梧城镇开发有限公司6个贷款项目、金泰公司贷款项目、增加民族文化体育中心建设资金及其他问题。

2009年5月4日，县第十四届人民政府第16次常务会议主要研究了就清理整顿县内矿产资源开采市场、城市综合执法实施方案、全县教育系统借调到县内其他系统人员、全县教育系统2009年在职教师考试调动实施方案、2009年退役士兵安置、农村公益性公墓建设资金补助、嵩待路东侧羊街境内坟地集中区进行绿化、县中心敬老院搬迁工作、干部职工小区建设、参加昆明市第九届民运会、县科技局债务、传达市政府第四次廉政工作暨纠风工作会议精神等问题。

2009年6月1日，县第十四届人民政府第17次常务会议主要研究了就县城开发建设、县城总体规划西过境干道调整、全县旅游发展、凤梧城镇开发公司贷款1.3亿元安排使用等问题。

2009年6月22日，县第十四届人民政府第18次常务会议主要研究了就全县农村中小学标准化学校建设、解决村委会办公经费及提高村民小组长待遇、上半年经济运行分析、2008年度行政村整村推进工作、夏季植树、民运会筹备和"四创两争"工作、建盖县卫生执法监督业务用房等问题。

2009年7月24日，县第十四届人民政府第19次常务会议主要研究了就县政府驻地镇行政区划调整实施意见等问题。

2009年8月3日，县第十四届人民政府第20次常务会议主要研究了就2008年度财政预算及其他财政财务收支审计报告、计划生育服务站建设配套资金、机关事业单位工伤和生育保险、民兵多样化分队建设、事业单位义务教育学校绩效工资改革、生源地助学贷款风险补偿金等问题。

2009年8月27日，县第十四届人民政府第21次常务会议主要研究了就政府机构改革、县民族文化体育中心建设、农村中小学标准化学校建设、全县中小学校舍安全工程、县森林公安建设重点工作、县城基础设施建设等有关问题。

2009年9月22日，县第十四届人民政府第22次常务会议主要研究了就村干部岗位补贴、乡镇财政预算管理方式改革方案、县城垃圾填埋场建设、县城道路交通监控系统建设、民运会筹备工作、工业发展情况等问题。

2009年9月24日，县第十四届人民政府第23次常务会议主要研究了就殡葬改革、"四全"工作、扩大内需项目实施、土地收储开发建设、县城机动车停放服务收费管理等问题。

2009年11月2日，县第十四届人民政府第24次常务会议主要研究了2009年1-9月份经济运行及工业经济发展、昆明市第三届园博园建设、新增中央投资建设项目、2010年《政府工作报告》起草工作、实施县城集中式饮用水源地环境保护规划等问题究。

2009年11月25日，县第十四届人民政府第25次常务会议主要研究了就财政预算调整方案问题。

2009年12月2日，县第十四届人民政府第26次常务会议主要研究了就突破性发展民办教育整体推进工作、全县职业教育"十一五"攻坚方案、2010年度矿业权出让计划、金源乡龙潭村委会糯勒村易地搬迁方案等问题。

2009年12月30日，县第十四届人民政府第27次常务会议主要研究了就2010年《政府工作报告》(讨论稿)、2010年主要经济社会发展指标、通过水价改革促进节约用水、河口镇白石岩村委会干河村搬迁方案、县文体局原职工妥国权善后处理、2010年新型农村合作医疗实施方案等问题。

2010年共召开11次县十四届人民政府第28—37次常务会议，分别是：

2010年1月12日，县第十四届人民政府第28次常务会议主要研究了就2010年财政收支预算进行专题研究。

2010年2月23日，县第十四届人民政府第29次常务会议主要研究了就《寻甸回族彝族自治县优抚对象医疗保障实施细则（试行）》、增加森林防火队员、2010年招商引资工作、涉矿乡（镇）设立综合检查站、2010年固定资产投资计划编制、寻甸县水价改革实施意见等问题。

2010年3月15日，县第十四届人民政府第30次常务会议主要研究了就参公管理单位工勤人员工资执行及事业单位被判刑人员处理、成立烟叶烘烤公司等问题。

2010年4月21日，县第十四届人民政府第31次常务会议主要研究了就2010年以来3次政府常务会议题落实情况、组建县工业园区供水公司、新高中教师配备及校长选聘方案、全县创“三级名牌”和“三级名品”战略工作奖励经费、轿子山公路建设寻甸段征地拆迁补偿标准、2009年矿权出让有关问题。

2010年6月28日，县第十四届人民政府第32次常务会议主要研究了就31次政府常务会议题落实情况、全县扩大内需促进经济增长政策落实暨工程建设领域突出问题专项治理监督检查情况、全县土地收储出让情况、投融资体制改革方案、2010年城镇退役士兵安置、村干部岗位补贴、村级党组织工作经费和村级组织活动场所建设资金等有关问题。

2010年8月20日，县第十四届人民政府第33次常务会议主要研究了就2010年历次政府常务会议题落实情况、民族团结示范区建设方案、机关事业单位职工基本医疗保险缴费基数、2010年招收合同制专职消防员及所需经费、城乡医疗救助实施细则、教育“两基”迎国检等有关问题。

2010年9月26日，县第十四届人民政府第34次常务会议主要研究了就化解农村义务教育债务、河口等3个建制镇组建专职消防队、殡葬改革经费补助、公共卫生及基层医疗卫生事业单位实施绩效工资、基层医药卫生体制综合改革试点、金所卫生院改革等问题。

2010年10月25日，县第十四届人民政府第35次常务会议主要研究了就全县扩大内需项目执行情况、全县固定资产投资情况、梅阳林同志申报革命烈士等3个问题进行了研究，并对国务院关于进一步加强企业安全生产工作有关会议精神进行了传达学习。

2010年11月10日，县第十四届人民政府第36次常务会议主要研究了就县城出租汽车经营权有偿出让、仁德镇征地拆迁补偿标准调整、划拨老足球场建设2011年廉租房等问题进行研究，并听取了河口镇征地补偿标准的情况通报。

2010年11月24日，县第十四届人民政府第37次常务会议主要研究了就县一中教育设施设备采用BT模式配置及2010年财政预算调整等问题进行研究，并听取了我县第六次全国人口普查工作进展情况通报。

县人民政府全体会议：

2008年1月12日上午召开县十三届人民政府第六次全体会议，主要总结2007年政府工作，部署2008年和当前主要工作任务。

2008年3月15日上午召开县十四届人民政府第一次全体会议，主要安排部署2008年主要工作任务。

2008年12月22日上午召开县十四届人民政府第二次全体会议，主要总结2008年工作，安排部署2009年和当前主要工作任务。

2010年12月31日上午召开县十四届人民政府第三次全体会议，主要总结“十一五”期间的工作，安排部署“十二五”及2011年主要工作任务。

【重要文件】

寻政发

2007年：

2007年1月5日，印发了《关于加强2007年农业和农村工作的通知》（寻政发〔2007〕1号）；

2007年1月5日，印发了《关于命名2005－2006年度守合同重信用企业的决定》（寻政发〔2007〕2号）；

2007年1月19日，印发了《关于抓好2007年烤烟生产工作的通知》（寻政发〔2007〕3号）；

2007年1月22日，印发了《关于印发寻甸县2007年新型农村合作医疗实施方案（试行）的通知》（寻政发〔2007〕4号）；

2007年2月5日，印发了《关于做好农村土地承包经营权证补换发工作的通知》（寻政发〔2007〕5号）；

2007年2月19日，印发了《关于印发寻甸县财政支农专项资金县级报帐制实施办法（试行）的通知》（寻政发〔2007〕6号）；

2007年2月25日，印发了《关于2006年工作总结的通知》（寻政发〔2007〕7号）；

2007年2月28日，印发了《关于调整县政府领导工作分工的通知》（寻政发〔2007〕8号）；

2007年3月11日，印发了《关于金所张所村老海场土地纠纷的处理决定》（寻政发〔2007〕9号）

2007年3月12日，印发了《关于认真抓好2007年安全生产工作的通知书》（寻政发〔2007〕10号）；

2007年3月12日，印发了《关于印发2007年10件实事分解立项方案的通知》（寻政发〔2007〕11号）；

2007年3月12日，印发了《关于印发2007年政府工作报告主要任务分解立项督办方案的通知》（寻政发〔2007〕12号）；

2007年3月12日，印发了《关于学习贯彻孔贵华同志在县十三届人大五次会议上所作政府工作报告的通知》（寻政发〔2007〕13号）；

2007年3月17日，印发了《关于大中型水库移民后期扶持登记工作情况的报告》（寻政发〔2007〕14号）；

2007年3月17日，印发了《关于柯渡白牡丹易地扶贫开发项目进展情况的报告》（寻政发〔2007〕15号）；

2007年4月5日，印发了《关于“十一五”期间森林采伐限额管理的通知》（寻政发〔2007〕16号）；

2007年4月6日，印发了《关于转发昆明市公路路政管理办法的通知》（寻政发〔2007〕17号）；

2007年5月24日，印发了《关于大中型水库移民后期扶持人口核定登记工作情况的报告》（寻政发〔2007〕18号）；

2007年5月24日，印发了《关于认真做好2006年度冬季退役救死扶伤的报告》（寻政发〔2007〕19号）；

2007年6月4日，印发了《关于金所工业片区区域环境评价工作承诺的报告》（寻政发〔2007〕20号）；

2007年6月5日，印发了《关于摆宰磷矿区相关情况的报告》（寻政发〔2007〕21号）；

2007年6月13日，印发了《关于2007年度森林防火工作工作责任制执行情况的报告》（寻政发〔2007〕22号）；

2007年6月14日，印发了《关于县民族中学扩招少数民族初中生的通知》（寻政发〔2007〕23号）；

2007年6月14日，印发了《关于对云南南磷集团寻甸磷电有限公司环境污染纠纷进行督促整改的决定》（寻政发

〔2007〕24 号）；

2007 年 6 月 20 日，印发了《关于 2008 年易地扶贫搬迁项目实施方案的审查意见》（寻政发〔2007〕25 号）；

2007 年 7 月 2 日，印发了《关于进一步加强行政效能监察工作的通知》（寻政发〔2007〕26 号）；

2007 年 7 月 24 日，印发了《关于凤龙湾水库区和移民安置区基础设施建设和经济发展规划的报告》（寻政发〔2007〕27 号）；

2007 年 8 月 1 日，印发了《关于印发寻甸回族彝族自治县土地储备交易管理暂行办法的通知》（寻政发〔2007〕28 号）；

2007 年 8 月 2 日，印发了《关于认真抓好 2007 年烤烟收购工作的通知》（寻政发〔2007〕29 号）；

2007 年 8 月 10 日，印发了《关于昆明市清水海引水工程寻甸移民安置实施方案的报告》（寻政发〔2007〕30 号）；

2007 年 8 月 16 日，印发了《关于开展整治非法用工打击违法犯罪行为专项行动的工作总结》（寻政发〔2007〕31 号）；

2007 年 8 月 27 日，印发了《关于加强森林资源保护管理工作的通知》（寻政发〔2007〕32 号）；

2007 年 8 月 31 日，印发了《关于印发寻甸回族彝族自治县农村居民最低生活保障暂行办法的通知》（寻政发〔2007〕33 号）；

2007 年 9 月 4 日，印发了《关于“数字乡村”工程建设的通知》（寻政发〔2007〕34 号）；

2007 年 9 月 13 日，印发了《关于认真做好 2007 年冬季农业开发工作的通知》（寻政发〔2007〕35 号）；

2007 年 9 月 13 日，印发了《关于清水海规划大纲的评审报告》（寻政发〔2007〕36 号）；

2007 年 10 月 8 日，印发了《关于大中型水库移民后期扶持规划的报告》（寻政发〔2007〕37 号）；

2007 年 10 月 8 日，印发了《关于开展产品质量和食品安全专项整治工作的通知》（寻政发〔2007〕38 号）；

2007 年 10 月 16 日，印发了《关于 2007 年度第一批次城镇建设用地补偿安置情况的报告》（寻政发〔2007〕39 号）；

2007 年 10 月 31 日，印发了《关于 2007 年度天然林资源保护工程寻甸县公益林建设作业设计的报告》（寻政发〔2007〕40 号）；

2007 年 11 月 7 日，印发了《关于 2007 年度第二至第五批次城镇建设用地补偿安置情况的报告》（寻政发〔2007〕41 至 44 号）；

2007 年 11 月 7 日，印发了《关于公布县直行政执法单位行政许可事项的通知》（寻政发〔2007〕45 号）；

2007 年 11 月 29 日，印发了《关于授予无毒社区无毒单位无毒村居委会无毒学校的通知》（寻政发〔2007〕46 号）；

2007 年 11 月 30 日，印发了《关于做好今冬明春森林防火工作的通知》（寻政发〔2007〕47 号）；

2007 年 12 月 4 日，印发了《关于实施县城供水工程项目的决定》（寻政发〔2007〕48 号）；

2007 年 12 月 4 日，印发了《关于实施县城至道院村公路工程项目的决定》（寻政发〔2007〕49 号）；

2007 年 12 月 4 日，印发了《关于实施仁德北观村和中桥村道改扩建工程项目的决定》（寻政发〔2007〕50 号）；

2007 年 12 月 4 日，印发了《关于实施七星至北大营工程项目的决定》（寻政发〔2007〕51 号）；

2008 年：

2008 年 1 月 15 日，印发《关于加强 2008 农业农村工作的通知》；

2008 年 1 月 15 日，印发《关于加强 2008 烤烟工作的通知》；

2008 年 2 月 1 日，印发《关于学习贯彻马慈明同志在县十四届人大一次会议上所作政府工作报告的通知》；

2008 年 2 月 2 日，印发《关于 2007 年工作总结的报告》；

2008 年 2 月 2 日，印发《关于 2008 年政府领导分工的通知》；

2008 年 2 月 15 日，印发《关于印发 2008 年 8 件实事分解立项的通知》；

2008 年 2 月 18 日，印发《关于印发寻甸回族彝族自治县城市医疗救助暂行办法的通知》；

2008 年 2 月 23 日，印发《关于清水海调水工程移民后期扶持人口核定的情况报告》；

2008 年 3 月 3 日，印发《关于巩固退耕还林成果专项规划编制方案的报告》；

2008 年 3 月 4 日，印发《关于 2008 年度第一批次城镇建设用地征补偿安置报告》；

2008 年 3 月 5 日，印发《关于印发寻甸回族彝族自治县乡镇统计体制改革工作实施方案的通知》；

2008 年 3 月 11 日，印发《关于 2008 年度第二批次城镇建设用地征补偿安置报告》；

2008 年 3 月 17 日，印发《关于公布县级行政审批项目的通知》；

2008 年 3 月 17 日，印发《关于废止部分规范性文件的通知》；

2008 年 3 月 17 日，印发《关于 2008 年度第三批次城镇建设用地征补偿安置报告》；

2008 年 3 月 18 日，印发《关于退耕还林生态移民专项规划的报告》；

2008 年 3 月 31 日，印发《关于印发寻甸县非税收入管理办法（试行）的通知》；

2008 年 3 月 31 日，印发《关于印发县财政专项支农资金县级报帐制度实施办法的通知》；

2008 年 4 月 3 日，印发《关于清水海及水源环境管理项目被征地人员社会保障方案的报告》；

2008 年 4 月 8 日，印发《关于印发 2008 年度全县统一组织审计项目计划的通知》；

2008 年 4 月 10 日，印发《关于进一步加强节能减排工作的实施意见》；

2008 年 4 月 11 日，印发《关于加强便民服务中心建设的通知》；

2008 年 5 月 7 日，印发《关于做好 2006 年北部五县区经济社会发展专项资金管理使用及效果情况审计调查整改建议的报告》；

2008 年 5 月 8 日，印发《关于认真做好 2007 年冬季退役士兵接收安置工作的通知》；

2008 年 5 月 14 日，印发《关于 2008 年第一年批次城镇建设用地被征地人员社会保障措施落实的工作方案》；

2008 年 5 月 28 日，印发《关于 2009 年易地扶贫搬迁项目实施方案的审查意见》；

2008 年 5 月 29 日，印发《关于实施联合国人居署支持的昆明城郊社区结合环境项目机构变更的报告》；

2008 年 6 月 6 日，印发《关于寻甸宾馆建设有关情况的报告》；

2008 年 6 月 11 日，印发《关于 2008 年度森林防火工作责任制执行情况的报告》；

2008 年 6 月 16 日，印发《关于印发寻甸县 2008 年第二三批次城镇建设用地被征地人员社会保障措施落实工作方案的通知》；

2008 年 6 月 23 日，印发《关于推进年产 3000 吨多晶硅项目有关问题的报告》；

2008 年 6 月 26 日，印发《关于认真做好第二次全国经济普查工作的通知》；

2008 年 6 月 26 日，印发《关于认真做好第二次全国经济普查工作的通知》；

2008年7月1日，印发《关于清水海供水及水源环境管理项目建设用地的审查报告》；

2008年7月7日，印发《关于对武装部旧址闲置库房及部分场地进行处置的通知》；

2008年7月29日，印发《关于认真抓好2008年烤烟收购工作的通知》；

2008年8月1日，印发《关于印发加快民办教育发展的实施意见等到五个文件的通知》；

2008年8月26日，印发《关于印发县防治艾滋病工作实施方案(2008－2010)》的通知》；

2008年9月2日，印发《关于命名2007年度守合同重信用企业的决定》；

2008年9月5日，印发《关于切实加强重大疾病预防控制工作的通知》；

2008年9月15日，印发《关于成立县城总规修统计工作小组的通知》；

2008年10月7日，印发《关于2008年度天然林资源保护工程寻甸县公益林建设作业统计的通知》；

2008年10月7日，印发《关于清水海引水工程寻甸县移民后期扶持规划的报告》；

2008年10月8日，印发《关于聘任张建华等8名同志为政府法律顾问的通知》；

2008年10月13日，印发《关于推进“两后双百”工程的实施意见》；

2008年10月24日，印发《关于废止部分规范性文件的通知》；

2008年10月28日，印发《关于进一步加强畜牧业发展的通知》；

2008年10月31日，印发《关于云南泰康消防化工集团寻甸有限公司年产25吨磷酸氨盐(ABC)干粉灭火剂项目建设用地被征地人员社会保障措施落实工作方案的通知》；

2008年11月3日，印发《关于省审计厅对寻甸县2007年度新型农村合作医疗基金管理使用效益情况审计报告征求意见书的回复报告》；

2008年11月3日，印发《关于印发寻甸回族彝族自治县矿产资源管理办法的通知》；

2008年11月12日，印发《关于进一步加快奶水牛产业化发展的意见》；

2008年11月17日，印发《关于马街河小流域治理项目建设用地征地安置情况的报告》；

2008年11月17日，印发《关于倘甸镇马街中小学标准化项目建设用地征地补偿安置情况的报告》；

2008年11月17日，印发《关于红军长征柯渡纪念馆景区基础设施建设项目用地征地补偿安置情况的报告》；

2008年11月17日，印发《关于云南泰康消防化工集团有限公司年产25万吨ABC干粉灭火剂项目用地征地补偿安置情况的报告》；

2008年11月28日，印发《关于调整县政府领导工作分工的通知》；

2008年12月1日，印发《关于农业有害生物预警与控制区域站寻甸站建设项目用地征地补偿安置情况的报告》；

2008年12月2日，印发《关于2008年两基年审复核情况的报告》；

2008年12月2日，印发《关于农业有害生物预警与控制区域站寻甸站建设项目用地被征地人员社会保障措施落实工作方案的报告》；

2008年12月4日，印发《关于煤炭资源整合工作的意见》；

2008年12月9日，印发《关于进一步加强安全生产工作的意见》；

2008年12月11日，印发《关于收回寻甸县烟叶复烤厂闲置土地的通知》；

2008年12月16日，印发《关于大中型水库区和移民安置区基础设施建设及经济发展项目规划的报告》；

2008年12月23日，印发《关于加强今冬明春森林防火工作的通知》；

2008年12月30日，印发《关于协调解决云广直流输电工程楚雄接地工程施工情况的报告》；

通告：

2008年9月10日，颁布《关于主城鸣放防空警报的通告》；

2009年：

2009年1月6日，印发《关于落实县城污水处理厂项目配套资金的决定》；

2009年1月8日，印发《关于南磷集团化工有限公司卫生防护区内居民搬迁工作情况的报告》；

2009年1月8日，印发《关于南磷集团化工有限公司卫生防护区内居民搬迁工作情况的报告》；

2009年1月8日，印发《关于南磷集团化工有限公司卫生防护区内居民搬迁工作情况的报告》；

2009年2月13日，印发《关于加强农业和农村工作的通知》；

2009年2月13日，印发《关于抓好2009年烤烟生产工作的通知》；

2009年2月13日，印发《关于学习贯彻马慈明在十四届人大二次全体会议上所作政府工作报告的通知》；

2009年2月18日，印发《关于2008年工作总结的报告》；

2009年2月23日，印发《关于十一五后两年(2009－2010)公共机构节能规划的报告》；

2009年3月11日，印发《关于2008年查处违法违规行为实施环境违法违规排污作专项检查申请验收的报告》；

2009年3月18日，印发《关于印发寻甸回族彝族自治县政府投资建设项目审计监督管理办法的通知》；

2009年3月23日，印发《关于印发县农村五保供养工作实施办法的通知》；

2009年3月24日，印发《关于2009年水泥淘汰落后产能目标任务的通知》；

2009年3月25日，印发《关于2009－2012年主要经济工作计划的报告》；

2009年3月25日，印发《关于印发2009年度全县统一组织审计项目计划的通知》；

2009年4月1日，印发《关于2008年教育工作自评情况的报告》；

2009年4月1日，印发《关于上报开展深入学习实践科学发展活动实施方案的报告》；

2009年4月10日，印发《关于落实县一中新校区建设项目资金落实有关问题的决定》；

2009年4月15日，印发《关于印发深化改革加强基层农业技术推广体系建设实施方案的通知》；

2009年4月17日，印发《关于推行安全生产一岗双责进一步强化安全生产责任制的实施意见》；

2009年4月23日，印发《关于核定铁路安全保护区有关事宜的通知》；

2009年5月6日，印发《关于2009年第一批次城镇建设用地被征地人员社会保障措施落实工作方案的通知》；

2009年5月6日，印发《关于寻甸县公安科技业务用房建设用地被征地人员社会保障措施落实工作方案的通知》；

2009年5月6日，印发《关于印发寻甸回族彝族自治县财政资金管理办法的通知》；

2009年5月8日，印发《关于做好甲型H1N1流感防控工作的通知》；

2009年5月11日，印发《关于失地农民社会保障征管情况的报告》；

2009年5月14日，印发《关于印发安全生产年活动实施方案的通知》；

2009年5月14日，印发《关于县一中新校区建设用地补偿安置情况的报告》；

2009年5月14日，印发《关于

2009年第一批次城镇建设用地征地补偿安置情况的报告》；

2009年5月14日，印发《关于2009年第一批次城镇建设用地征地告之及听证有关情况的报告》；

2009年5月22日，印发《关于2008年以来单位GDP能耗完成情况及整改措施的报告》；

2009年5月26日，印发《关于印发生态县建设规划实施方案的通知》；

2009年5月26日，印发《关于认真做好2008年冬季退役博士兵接收安置工作的通知》；

2009年6月3日，印发《关于七星乡等五乡撤乡设镇的通知》；

2009年6月5日，印发《关于2009年度森林防火工作责任制执行情况的报告》；

2009年6月5日，印发《关于先锋褐煤洁净化利用试验示范工程一大型褐煤洁净化项目建设用地征地补偿安置情况的报告》；

2009年6月23日，印发《关于寻甸公安科技业务用房建设用地征在补偿安置情况的报告》；

2009年6月25日，印发《关于批转寻甸回族彝族自治县2009年纠风工作任务责任分解实施意见的通知》；

2009年6月25日，印发《关于印发法制政府八项制度的通知》；

2009年6月30日，印发《关于政府领导工作分工的通知》；

2009年7月13日，印发《关于2009年度的第二批次城镇建设用地征地补偿安置情况的报告通知》；

2009年7月15日，印发《关于成立重大决策听证委员会的通知》；

2009年7月23日，印发《关于认真抓好2009年烤烟收购工作的通知》；

2009年7月25日，印发《关于2009年度的第二批次城镇建设用地被征地人员社会保障措施落实工作方案的通知》；

2009年8月4日，印发《关于印发寻甸回族彝族自治县人民政府工作制度的通知》；

2009年8月4日，印发《关于印发寻甸经济和社会发展十二五规划编制工作方案的通知》；

2009年9月10日，印发《关于命名2008年度守合同重信用企业的决定》；

2009年9月27日，印发《关于60周年国庆和市第九届少数民族传统体育运动会期间周边民兵协助安全保卫工作的通知》；

2009年10月13日，印发《关于命名2009年度食品安全示范店的通知》；

2009年10月14日，印发《关于撤销原仁德镇与原金所乡塘子镇行政区域界线的通知》；

2009年10月15日，印发《关于2009年度天然林资源保护工程寻甸县公益林建设作业统计的报告》；

2009年10月20日，印发《关于调整县征兵工作领导小组的通知》；

2009年10月27日，印发《关于2009年度第二批次城镇建设用地征地补偿安置情况的报告》；

2009年10月27日，印发《关于2009年度第二批次城镇建设用地被征地人员社会保障措施落实工作方案的通知》；

2009年11月24日，印发《关于印发深化财政综合改革制度管理制度若干意见及五个配套实施办法的通知》；

2009年12月2日，印发《关于做好今冬明春护林防火工作的通知》；

2009年12月2日，印发《关于撤销原塘子镇政府会议纪要的决定》；

2009年12月8日，印发《关于印发寻甸回族彝族自治县对乡镇财政管理体制暂行办法的通知》；

2009年12月8日，印发《关于印发寻甸回族彝族自治县财政预算管理方式改革实施方案的通知》；

2009年12月9日，印发《关于两基年审复核的情况报告》；

2009年12月10日，印发《关于印发寻甸回族彝族自治县职业教育十一五攻坚方案的通知》；

2009年12月31日，印发《关于印发寻甸回族彝族自治县集合应急救援队伍组建方案的通知》；

2010年

2010年1月6日，印发《关于清水海引水工程农村移民后期扶持人口核定情况的报告》；

2010年1月11日，印发《关于创建计划生育优质服务达标单位工作情况的报告》；

2010年1月27日，印发《关于2009年工作总结的报告》；

2010年2月1日，印发《关于开展第六次全国人口普查的通知》；

2010年2月3日，印发《关于表彰2009年度安全工作先进集体和先进个人的通知》；

2010年2月11日，印发《关于印发2010年度全县统一组织审计项目计划的通知》；

2010年2月21日，印发《关于加强2010年农业农村工作的通知》；

2010年2月21日，印发《关于抓好2010年烤烟生产工作的通知》；

2010年2月25日，印发《关于表彰2009年度农村移动信息富民工程先进单位的通知》；

2010年3月3日，印发《关于做好全县2010年教育工作督导评估的通知》；

2010年3月16日，印发《关于深化水价改革促进节约用水保护水资源的实施意见书》；

2010年3月31日，印发《关于确认牛栏江滇池补水工程建设征在实物指标的意见》；

2010年4月2日，印发《关于县土地利用总体规划各类用地成果规划的审查意见》；

2010年4月2日，印发《关于寻甸县土地利用总体规划修编2006－2020专题研究及三张图成果的备案报告》；

2010年4月8日，印发《关于基层就业和社会保障服务设施建设前期工作情况的报告》；

2010年4月10日，印发《关于基层就业和社会保障服务设施建设配套资金承诺的报告》；

2010年4月19日，印发《关于同意张宁同志赴巴阿根延学习考察的意见》；

2010年4月20日，印发《关于加强整治违法排污行为的实施意见》；

2010年4月22日，印发《关于批转寻甸回族彝族自治县2010年纠风工作任务责任分解实施意见的通知》；

2010年4月26日，印发《关于批转寻甸回族彝族自治县清理和处置土地等三个工作方案的通知》；

2010年5月4日，印发《关于整顿煤炭经营秩序的实施的意见》；

2010年5月5日，印发《关于印发轿子山旅游专线寻甸境内公路工程建设征地拆迁补偿方案的通知》；

2010年5月10日，印发《关于用寻甸凤梧城镇开发有限公司资产向中国农业发展银行寻甸回族彝族自治县支行抵押贷款的通知》；

2010年5月14日，印发《关于再次延期举办30周年县庆活动的报告》；

2010年5月24日，印发《关于220KV清水海（先锋）输变电工程建设用地征在补偿标准及人员安置情况的报告》；

2010年5月24日，印发《关于开展打击非法开采矿产资源专项行动工作总结》；

2010年5月25日，印发《关于寻甸

县功山镇寄宿制完小建设项目被征地人员社会保障措施落实的工作方案的通知》；

2010年5月31日，印发《关于加快推进农业生产废弃物综合利用的实施意见》；

2010年5月31日，印发《关于三级联动便民服务体系建设工作情况的报告》；

2010年6月1日，印发《关于印发寻甸回族彝族自治县农村环境综合整治实施方案的通知》；

2010年6月1日，印发《关于贯彻落实安全生产一岗双责责任和安全生产监管县域全覆盖制度的实施意见》；

2010年6月1日，印发《关于甸沙九年制学校标准化建设项目用地征地补偿安置情况的报告》；

2010年6月10日，印发《关于印发2010年度第一批次城镇建设用地被征地人员社会保障措施落实工作方案的通知》；

2010年6月13日，印发《关于两基迎国检自检自查报告》；

2010年6月25日，印发《关于2010年度森林防火工作责任制执行情况的报告》；

2010年6月30日，印发《关于委托寻甸县国土资源局公开交易G2010007地块的通知》；

2010年6月30日，印发《关于委托寻甸县国土资源局公开交易G2010006地块的通知》；

2010年7月6日，印发《关于命名2010年食品安全星级示范店的通知》；

2010年7月26日，印发《关于认真抓好2010年烤烟收购工作的通知》；

2010年8月2日，印发《关于对国家审计署专项审计调查有关问题进行整改落实的情况报告》；

2010年8月5日，印发《关于先锋褐煤洁净化利用试验示范工程液化天然气项目建设用地征地补偿安置情况的报告》；

2010年8月9日，印发《关于2010年度天然林资源保护工程寻甸县公益林建设作业设计的报告》；

2010年8月9日，印发《关于做好2009年冬季退役士兵接收安置工作的通知》；

2010年8月11日，印发《关于土地开发整理项目立项资金保障等有关情况的报告》；

2010年8月26日，印发《关于寻甸公安科技业务用房建设用地补偿安置情况的报告》；

2010年9月19日，印发《关于工业用地商业用地住宅用地出让最低标准执行情况的报告》；

2010年9月21日，印发《关于增加部分乡镇集市贸易的通知》；

2010年9月30日，印发《关于寻甸县国土资源局公开交易G20100015地块的通知》；

2010年10月14日，印发《关于进一步深化丘北经验推广工作的实施意见》；

2010年10月19日，印发《关于调整县征兵工作领导小组的通知》；

2010年10月21日，印发《关于进一步推进重大决策听证工作的通知》；

2010年10月27日，印发《关于委托寻甸县国土资源局公开交易G2010008地块的通知》；

2010年10月29日，印发《关于对中国扶贫基金会曹德旺曹晖扶贫善款资助项目抽查存在问题进行整改的通知》；

2010年11月2日，印发《关于印发寻甸回族彝族自治县突发公共事件总体应急预案的通知》；

2010年11月23日，印发《关于印发寻甸回族彝族自治县加强非法超限超载车辆治理工作实施方案的通知》；

2010年11月24日，印发《关于昆明市轿子山旅游专线寻甸境内公路工程建设项目征地补偿安置程序履行情况的报告》；

2010年11月24日，印发《关于轿子山旅游专线寻甸境内公路工程建设用地被征地人员社会保障措施落实工作方案的通知》；

2010年11月25日，印发《关于将仁德镇北营街清真寺学府街青石板路公布为县级文物保护单位的通知》；

2010年11月30日，印发《关于印发仁德镇征地拆迁补偿标准指导意见的通知》；

2010年12月3日，印发《关于委托寻甸县国土资源局公开交易G2010001地块的通知》；

2010年12月13日，印发《关于委托寻甸县国土资源局公开交易云南先锋化工有限公司用地地块的通知》；

2010年12月15日，印发《关于规范殡葬服务标准及相关要求的通知》；

2010年12月22日，印发《关于教育工作督导评估自评报告》；

2010年12月27日，印发《关于表彰2010年烤烟生产收购工作先进集体和先进个人的决定》。

【领导名录】

县　长：孔贵华(2004.05～2007.11)
马慈明(2008.02～2009.11)
唐　琪(2009.11～)
常务副县长：李贵林(2006.08～2010.01)
孙晓强(2010.02～)
副县长：黄宝金(2003.03～)
李贵林(2003.03～2006.08)
姜彩云(2003.03～2008.02)
林克俭(2005.06～2008.)
赵加洪(2006.07～)
赵春宝(2006.12～2008.08)
周利辉(2008.02～)
张　宁(2008.09～)
王元圆(2006.12～2008.12)
何敬忠(2008.10～)
郑　波(2009.04～2010.04)
杨万林(2009.06～2010.06)
陈垠宏(2009.06～)
徐郑锋(2009.08～)
县长助理：陈垠宏(2008.06～2009.06)
张　豫(2008.06～)
徐正权(2005.12～)
助理调研员：马兴毅(2003.08～)
陈文祥(2003.08～)

县人民政府办公室

【机构】 根据《寻甸回族彝族自治县人民政府机构改革实施意见》(寻办发[2010]8号)和《寻甸回族彝族自治县机构编制委员会办公室关于启用政府机构改革中调整单位有关事项的通知》寻编办[2010]18号要求，经县人事和编制部门审核同意，县人民政府办公室内设科室6个，分别为：秘书科、办文科、信息科、协办科(审计科)、机关事务管理科和组织人事科；有其他机构2个：县政府目督办和县长热线办(县政府总值班室、县应急管理办公室)；有管理部门2个：县政府法制办和县电子政务网络管理服务中心。截止2010年12月底，全办公室共有编制91名，其中行政编制66名，实有35名，事业编制10名，实有8名，工勤编制15名，实有15名。

【办文办会】 认真做好办文工作。发文程序遵循秘书拟稿—科长核稿—分管副主任审稿—政府分管领导审核签—政府文件县长签发(办公室文件主任签发)五个环节。以严谨的态度把好政策、体例、格式、内容、文字和程序关，使每个环节严密有序。严格控制发文，努力压缩公文数量，2007至2010年共审核、登记、制发各类公文2045件，领导讲话817件，其它材料423件，办理省、市及县乡文件材料16903件。其中，2007年制发各类公文412件、领导讲话稿189件、其他材料190件，处理省、市、县文件1738份；2008年制发各类公文561件、领导讲话稿156件、其他材料79件，处理省、市、县文件3203份；2009年制发各类公文527件、领导讲话稿208件、其他材料75件，处理省、市、县文件4227份；2010年制发各类公文545件、领导讲话稿264件、其他材料79件，处理省、市、县文件7735份。全面提高办会水平，做到会前充分准备，会中精心组织，会后及时总结，保证会务组织工作井然有序，会议质量和效率逐步提高。4年来共承办各类会议1481次，其中，2007年承办286次、2008年承办356次、2009年承办451次、2010年承办388次。

【信息工作】 紧紧围绕县委、政府的中心工作和重大部署，参照省市信息采编要点，关注热点、难点、焦点、亮点，积极赋予新形势下新的内容，努力体现时效性、特色性、针对性，反映基层实践，服务领导决策，制订完善了全员参与的政务信息考核激励机制，不断提高政务信息工作水平。2007—2010年，共编制《政务要情》112期、《政务信息》108期，向省、市各报送信息2294条和2363条，分别被采用305条和428条。其中，2007年共编制《政务要情》25期、《政务信息》35期，向省、市各报送信息640条和673条，分别被采用65条和79条；2008年共编制《政务要情》30期、《政务信息》28期，向省、市各报送信息676条和688条，分别被采用91条和110条；2009年共编制《政务要情》38期、《政务信息》25期，向省、市各报送信息472条和490条，分别被采用81条和138条；2010年共编制《政务要情》19期、《政务信息》20期，向省、市各报送信息506条和512条，分别被采用68条和101条。

【督办工作】 2007年6月，成立寻甸回族彝族自治县人民政府目标管理督查办公室，隶属县政府办公室，由政府办公室增设1名副主任兼任目督办主任，原政府办督查科取消。政府目督办成立以来，高度重视建议议案的督查和办理。2008年督促、检查和协调相关单位办理县十四届人大一次会议期间代表提出的建议113件，议案62件(其中61件议案转为建议办理)共174件，面商率、回复率均达到了100%，满意率达98.8%。2009年，办理县十四届人大二次会议期间代表提出的建议67件，议案38件(其中36件议案转为建议办理)，共103件，面商率、回复率均达到100%，满意率达到了98%。2010年，办理县第十四届人民代表大会第三次会议期间代表提出的建议72件，议案转为建议46件，共118件，面商率、回复率、满意率达均达到了100%；认真履行督查督办工作。积极建立健全督查工作制度、进一步完善督查工作程序、探索创新督查工作方法、加强督查工作组织领导，逐步构建出运转高效、督促有力的督查工作格局。2008年共下发《督办通知》49期，《政务督办》12期，《督办简报》8期；2009年督促有关单位办理市委、市政府督查督件153件，下发《督办通知》33期，《督办通报》8期；2010年共完成市委、市政府专项督查督办件160件，下发《督查通知》31期，《督查通报》8期，《督查反馈》17期，有力地推动了市、县政府决策和重要工作部署的贯彻落实。

【便民热线】 便民热线电话日趋贴心。2007年，受理群众来电共95件，办结率为100%，群众满意率达91%。接处昆明市“12345”市长热线转办件共56件；2008年，受理“2662345”便民热线群众来电共151件，与上年相比增加56件，办结率为100%，群众满意率达98%。接处昆明市“12345”市长热线转办件共110件；2009年受理“2662345”便民热线群众来电共155件，与上年相比增加4件，办结率为100%，群众满意率达98%。接处“12345”市长热线转办件共131件；2010年，受理“2662345”便民热线群众来电共126件，与上年相比减少29件，办结率为100%，群众满意率达98%。接处“12345”市长热线转办件共228件。

【应急处置】 坚持24小时和节假日专人值班制度，确保突发公共事件得到快速有效处理。4年来，共接处突发公共事件166件。其中，自然灾害34件，事故灾难71件，社会安全事件51件，公共卫生事件10件。至2007年底，共制定总体应急预案44个，分别为部门预案9个、企业预案12个、学校(医院)7个，16个乡(镇)编制专项应急预案17个，分别为自然灾害应急预案6个，事故灾难应急预案4个，社会专项应急预案3个，公共卫生事件专项应急预案4个。全县已基本建立全县应急预案体系。2010年，各相关部门对已制定的应急预案进一步进行修订和完善，不断增强了预案的针对性、实用性和可操作性。

【96128政务查询专线】 自2009年开通96128政务查询专线以来，全县共有53家单位相继开通了96128政务查询专线。2009年受理“96128”专线21件，其中，政策回复10件，解决求助11件，办结21件，办结率为100%。2010年专线接听96128政务信息68件(政策回复32件，解决求助36件)，办结68件，办结率为100%。

【机关事务管理】 2007—2010年，逐步建立起县(乡)公共机构能耗统计与管理体系，实现了“十一五”期间节水、节电、节油、节材、单位建筑能耗和人均能耗的节能降低总体水平降低20%的目标任务。超额完成8000支节能灯推广使用任务，实现了县级公共机构办公区域节能灯使用率达达100%的目标；加强对办公室国有资产、经费、车辆、花木、路灯、门卫等的管理，促进机关大院的绿化、美化、净化和亮化工作。积极参与市第九届少数民族传统体育运动会接待方案的拟定和会务服务工作；加强全县公务用车管理，严格执行公务用车更新审批程序，杜绝出现超标车，截至2009年底，全县共有公务用车520辆。

全面加强政府机关财物、房产和水电管理，不断降低行政成本。完成县政府机关大院和老武装部两院合一的联通工程及县政府机关大院、政府小区的雨污管网改造及电改，水改工程，圆满完成县政府及政府办公室各项活动的协调和接待工作；高度重视政府大院安保工作，积极探索小区物业管理方式，不断增强对政府机关及政府小区的防火、防盗及其他不安全因素的日常检查、巡查，确保政府大院及居民区环境的优美、和谐。

【电子政务网络管理服务】 积极做好电子政务网络服务工作，配合省、市加强对无线电进行管理维护。4年来，较好地保障电子政务网络畅通，圆满完成省、市421次视频会议的接转工作。坚持政务公开制度，维护管理好寻甸县政务公众信息服务网及寻甸县政府信息公开门户网，确保网站健康有序运行，信息及时更新，累计发布、更新信息1920条。2009年9月，县电子公文交换系统及电子签章系统建成并投入使用，共覆盖县、乡113个单位，启用电子签章156枚。截止2010年12月20日，累计发送接收电子公文22.5万份，全面实现了与省、市无纸化办公系统的良好对接。

【政府法制建设】 紧紧围绕全县经济社会发展的中心任务，认真贯彻落实各项规章制度和有关工作精神要求，先后制定了《寻甸回族彝族自治县人民政府行政复议工作规则》、《寻甸回族彝族自治县行政执法责任制实施细则》、《寻甸回族彝族自治县人民政府行政执法评议考核办法》、《寻甸回族彝族自治县重大决策听证实施细则》、《寻甸回族彝族自治县重大决策听证材料目录规范》等相关规定和工作办法，切实加强政府法制建设，优化法制管理环境。全面开展"阳光政务"，强化行政执法监督，着力建设服务型机关，切实提高行政行为透明度和办事效率。进一步简化审批流程，压缩审批时限，精简调整行政审批项目200余项，并按照"流程最短、效率最高"的要求，着力实现"一窗式"受理、"一站式"办结、"一条龙"服务。努力发挥行政复议在裁决纠纷争议中的准司法救济作用，依法审理行政复议案件，及时化解行政争议，解决社会矛盾，为全县经济社会发展营造了和谐环境。加强对行政执法人员（证件）的规范性化管理，建立行政执法人员数据库，清理统计各类行政执法人员1000余人，开展行政执法人员的学习培训工作，促进依法行政，规范执法。持续做好规范性文件制定、登记、备案和年度清理工作，并积极推进政府法律顾问室工作。推进实施重大决策听证工作，共组织举行重大决策听证事项20余项，范围涉及土地、林业、教育、水务、规划、价格、民政、卫生等方面。

【精神文明建设】 大力开展思想道德教育与实践活动，以争创文明单位活动为载体，利用各种节假日定期不定期开展"创先争优"和"文明创建"等形式多样、生动活泼、健康有益的精神文明创建活动。积极组织参加"四创两争"及"一湖两江"环境治理工作，每年定期或不定期参与全县性的植树造林及相关县域环境修复活动。2009年县政府机关大院顺利通过"省级文明单位"评审验收；2010被市政府授予"市级园林单位"称号。县政府办公室在全县机关单位行风评议中，2007获得第一名，2008年获得第七名，2009年获得第五名，2010年获得第三名。2008年12月县政府住宅小区被昆明市政府授予"三星级园林住宅小区"称号、2009年12月被省建设厅授予"省级园林住宅小区"称号。

【帮扶救助工作】 4年来，深入挂钩扶贫点河口乡水冒田村委会鲁纳村民小组开展帮扶救助活动，共向80余户贫困户捐资3.44万元，赠送化肥348袋（折合人民币8.6万元）；认真开展"爱心救助"活动，2007至2010年开展"爱心助你上大学"活动，4年共捐款2.12万元救助贫困学生上大学；2008年开展"汶川抗震救灾"交纳特殊党费8.69万元；2010年，为抗击西南地区百年一遇旱灾，共产党员交纳抗旱特殊党费8.09万元，全体干部共自愿捐款1.9万元，同年，为重建文笔塔，全体干部职工捐款6.42万元。

【自身建设】 按照建设法治政府、服务型政府的要求，坚持从创新管理模式、管理方法入手，不断改进工作作风，提高办事效率，全面推进政府办公室自身建设。调整科室结构，整合人力资源，优化配置，深入开展"创先争优"活动，加强队伍建设，提高干部素质；建立健全办文办会、学习交流、服务承诺、勤政廉政、财务管理、车辆管理、档案资料、文印管理等二十多项制度，从制度管理上提效率、强素质、正作风，调动了全办人员的积极性，增强了办公室的凝聚力和战斗力。

【领导名录】

主　任：周开荣（2005.08～2007.08）
主　任：马希贤（2007.10～2010.02）
主　任：李东华（2010.02～）
副主任：宋晓林（2003.04～2007.08）
　　　　毕虎国（2003.04～2009.11）
　　　　曾　华（2005.03～2007.09）
　　　　李　刚（2005.03～2007.09）
　　　　周利辉（兼任）（2005.08～2008.02）
　　　　张光富（兼任）（2008.09～）
　　　　吕肇翥（兼任）（2007.08～）
　　　　张建华（2006.02～2010.02）
　　　　高　文（2007.11～）
　　　　孙永春（2007.10～2010.02）
　　　　杨奎云（2009.07～）
法制办主任：马成刚（2005.08～）
法制办副主任：吕南佚（2008.06～）
目督办主任：吕肇翥（2007.08～）
目督办副主任：朱石祥（2007.08～）
督办科长：朱石祥（2006.03～2007.08）
协办科长：马　乐（2010.09～）
总值班室主任：鲁兴慧（2008.06～）
秘书科长：马汝恒（2005.03～2008.10）
　　　　　朱龙强（2009.06～）
机要文书科科长：马超功（2005.03～2010.10）
信息科科长：廖国良（2008.06～）
机关事务管理科科长：冯玉泉（2004.01～）
信息产业办主任：鲁兴宇（2006.02～2007.09）
　　　　　　　　丁恒春（2008.05～2010.07）
人事教育科科长：马克军（2006.02～2009.07）
组织人事科科长：马东纯（2009.09～）

（撰稿人：马朴仙）

信访工作

【信访局】 2010年7月机构改革，设立中共寻甸回族彝族自治县委寻甸回族彝族自治县人民政府信访局（简称"县委政府信访局"），正科级。县信访局职责调整了两项，一是增加网上信访事项受理办理的职责；二是加强对县委、县人民政府领导批示件和重要信访件的督查、督办和信访信息综合分析、预测预报的职责。县信访局管理体制不变，归口县人民政府办公室管理，其工作经费和人员编制单列管理。县信访局内设办公室、处置科2个职能机构，人员编制调整和增加至行政编制10名（含领导控制数4名）；其中：局长1名（正科级，兼县委办副主任、县政府办副主任）、副局长2名（副科级）、县联席会议办公室专职副主任1名（副科级），内设机构负责人2名。县信访局在对外开展工作时，可以使用"寻甸回族彝族自治县处理信访突出问题及群体性事件联席会议办公室"的名义和印章。

【来信来访】 2007－2010年，全县乡（镇）以上机关、部门共受理群众来信来访25822件（次），年均受理6456件（次）。县信访局受理群众来信来访情况：2007年，受理2345件（次），同比上升12.6%。其中：来信536件，同比下降4.5%，来访466批1809人（次），同比下降17.4%，人（次）上升18.9%；来信中有联名信134件，同比上升45.6%，来访中有集体访80批1237人（次），同比批次和人次分别上升53.8%、56.4%。越级到省、市党政机关集体上访14批296人（次）。2008年，受理2301件（次），同比下降2%，其中：来信429件，同比下降20%，来访483批1872人(次)，同比批次上升3.6%，人(次)上升3.5%；来信中有联名信70件，同比下降47.8%，来访中有集体访40批1237人(次)，同比批次和人次分别下降50%、23.6%。2009年，受理1906件(次)，同比下降17.2%，其中：来信481件，同比上升12.1%，来访378批1425人(次)，同比批次下降21.7%，人次下降23.9%；来访中有集体访54批1027人(次)，同比批次上升35%，人次下降17%。越级到省、市党政机关集体上访15批(次)193人(次)，进京上访4批8人(次)。2010年，受理1771件(次)，同比下降7.1%，其中：来信376件，同比下降21.8%，来访352批1395人(次)，同比批次下降6.9%，人(次)下降2.1%；来访中有集体访69批962人(次)，同比批次上升27.8%，人(次)下降6.3%。越级到省、市党政机关集体上访14批(次)212人(次)，进京上访3批7人(次)。

【案件办理】 2007年，排查调处矛盾纠纷101件，县级领导包案化解16件，调处98件，调处率为97%。受理群众初信初访550件，其中：转办238件，交办134件，96人(次)跟踪督办和协调办理信访事项31件，办结反馈市级交办重要信访案件17件。2008年，排查调处矛盾纠纷242件，专项治理重信重访案件13件，县级领导包案下访化解重要信访事项18件。领导干部带案下访127人(次)，57人(次)跟踪督办和协调办理信访事项。10批121人(次)赴昆明劝返处置集体上访9批137人(次)，县内协调处置非正常上访5件。受理群众初信初访665件，其中：转办361件，交办182件，督办反馈市级交督办重要信访案件90件，网上信访事项32件。2009年，清理排查信访积案31件，对17件复杂、疑难信访积案实行县级领导挂牌包案督办。领导干部带案下访11批125人(次)，信访专项督促检查工作3次。10批145人(次)赴昆明上北京劝返处置集体上访15批次193人(次)，进京上访4批8人(次)。受理群众初信初访618件，转办338件，交办139件，督办反馈市级交督办重要信访案件110件，网上信访事项31件。2010年，排查调处影响社会稳定的矛盾纠纷9件。领导干部带案下访6批38人，47人(次)跟踪督办和协调办理信访事项。9批83人(次)赶赴昆明上北京劝返集体上访9批168人(次)，进京上访3批7人(次)。受理群众初信初访494件，转办信访事项296件，交督办重要信访事项198件。

四年来共排查调处各类矛盾纠纷和安全隐患382件，其中落实县级领导包案64件，调处363件，调处率为95%。专项治理突出重信重访案件13件，清理排查信访积案31件。组织相关部门领导干部41批444人(次)赴昆明上北京劝返处置集体上访47批794人(次)，进京上访7批15人(次)。受理群众初信初访2327件，其中：转办信访事项1411件，交(督)办县级领导批示件、上级交督办重要信访案件和网上信访事项916件。231人(次)深入乡(镇)、县直单位督促办理信访事项。

【信访特点】 来信来访总量持续下降，群体性信访量上升，群体性上访串联苗头更加明显、手段更加多样、途径更加隐蔽，部分上访人员法制观念淡薄，思想偏执，坚持过高要求，企图采取过激行为制造影响，抱着大闹大解决、小闹小解决，不闹不解决的错误思想不断重复信访。

【热点难点问题】 特殊群体持续上访反映的民生保障问题：“揭批查”和“两案”审理中被处理人员晚年生活保障问题，原城区合作商店职工社会养老保险统筹问题，被辞退民办代课教师生活补助待遇问题，原村(办)离职干部生活补助问题；惠民利民政策实施过程中引发的攀比问题：七星乡必寨村委会大塘、老湾地、老长地村，江外村委会可格村村民希望享受到大中型水库移民后期扶持待遇问题，参加战备建设和支前建设民兵要求解决生活补助问题，原清水海度假村企业关停后的职工安置问题；县域经济发展过程中难以避免的问题：北城区、南城区开发建设过程中的拆迁安置和补偿问题，特色产业园区周边环境整治、拆迁补偿和安置问题，城乡公交一体化推进工作中，三轮摩托车停止客运的有关补偿问题，微型客运车辆在“两化”改造实施过程中的出路问题；资源开发利用过程中引发的矛盾纠纷：功山镇纲纪村委会沙沟村集体林权(山权)开发利用过程中承包户与村民间难以调和的纠纷问题，功山镇白龙石膏矿厂与白龙箐村民之间的权益纠纷问题，云南姜氏科技有限公司与草海子村委会兴隆村租赁合同和经济补偿争议问题，金所村委会哨上村因治理整顿小片开荒罚款和村务财务问题引发群众越级上访问题，丹彤公司开发塘子温泉引发塘子村民上访问题，柯渡镇新沙村委会新沙村未搬迁村民反映的异地搬迁补偿标准低、被停电等方面的问题。五是缠访、闹访和越级上访中比较突出的土地纠纷、涉法涉诉、医患纠纷问题。

【涉信重要文件目录】 2008年3月5日，印发《寻甸回族彝族自治县处理信访突出问题及群体性事件应急预案》。对处理信访突出问题及群体性事件的指导思想、目标任务、工作原则、适用范围、组织体系、预警和预防机制、应急处置步骤等作出明确规定。4月12日，印发《关于成立处置群体性和集体上访事件应急指挥部及有关事项的通知》。对应急指挥部及其工作机制和应急工作要求作出明确规定。7月7日，印发《关于迅速开展县委书记大接访和党政领导干部大下访活动的通知》。对开展活动的指导思想、目标任务、工作原则、工作步骤、组织领导、有关要求等作出明确规定。9月18日，印发《关于县级党政领导干部大下访活动包案化解矛盾的通知》。对全县排查出来的18件重要信访事项实行县级党政领导干部包案化解。10月23日，印发《关于深入推进党政领导干部大接访大下访活动的通知》。对深入推进党政领导干部“大接访、大下访”活动作出明确规定。

2009年1月21日，印发《关于落实党政领导班子成员“一岗双责”信访维稳工作责任制的通知》。对党政领导班子成员“一岗双责”信访维稳工作责任制和责任追究作了明确规定。4月21日，印发《关于进一步加强处置集体上访和群体性事件工作的通知》。对处置办法(现场处置和善后处置)、通报制度、责任追究等作出明确规定。4月21日，印发《关于开展农村矛盾纠纷集中排查化解工作的通知》。对开展农村矛盾纠纷集中排查化解工作的指导思想、工作目标、工作步骤、工作要求等作了明确规定。7月3日，印发《关于对信访积案实行县级领导挂牌包案督办的通知》。对我县清理排查出的17件复杂、疑难信访积案实行县级领导挂牌包案督办。12月10日，印发《关于调整县联席会议专项工作小组的通知》。在原有11个专项工作小组的基础上，撤销民办代课教师上访问题工作小组，增设基层组织建设问题工作小组、金融问题工作小组、医疗卫生问题工作小组、教育问题工作小组等4个专项工作小组，对新增4个专项工作小组组成人员及其职能职责作了明确规定。原民办代课教师上访问题工作小组职能职责由教育问题工作小组履行。

2010年1月20日，印发《关于进一步加强和改进信访维稳工作体制机制制度建设的意见》。对指导思想、基本原则、基本框架、工作要求等提出了具体意见。3月8日，印发《关于落实信访维稳工作“一岗双责”责任制妥善处置集体上访有关问题的通知》。对处置集体上访的工作原则、现场处置办法、后续处置办法、工作要求作出明确规定。12月13日，印发《关于开展矛盾纠纷排查化解专项活动的通知》。对即日起在全县范围内开展为期四个月的矛盾纠纷大排查、大化解专项活动作出明确规定。

【大接访大下访工作】 2008年7月7日起开展的县委书记大接访和党政领导干部大下访活动，至2010年12月20日，县委、县政府班子成员共105人(次)定期到信访接待大厅接待来访群众，其中：县委书记6次，县长6次，其他县级党政领导93人(次)；接待来访群众404批1491人(次)，其中：县委书记、县长接待73批323人(次)，其他县级党政领导接待331批1168人(次)；当场解决121批368人(次)，领导包案化解26批186人，落实责任单位、责任人化解257批937人。领导干部带案下访活动24批290人(次)。

【表彰奖励】 寻甸选手廖红梅在昆明市信访系统“创建杯”演讲比赛中荣获专业组二等奖。县信访局、县教育局被评为昆明市2002—2006年信访工作先进集体，4人被评为先进个人。2人分别荣获第三批、第四批新农村建设省、市、县级优秀指导员。

【领导名录】

局　长：栾开益(—2010.03)

副局长：周兴良

（撰稿人：木正德）

政务服务管理

【县人民政府政务服务管理办公室】

2008年4月18日，县委第23次常委会决定，将“县人民政府便民服务中心”更名为“县人民政府为民服务中心”；5月县人民政府决定将“县人民政府便民服务领导小组办公室职务”更名为“人民政府为民服务中心领导职务；9月5日县第十届委员会第34次常委会议决定将“有人民政府为民服务中心”更名为“县人民政府行政审批服务中心”。

2010年7月将“寻甸回族彝族自治县人民政府行政审批服务中心”更名为“寻甸回族彝族自治县人民政府政务服务中心”。

2010年，根据寻甸回族彝族自治县人民政府办公室关于印发寻甸回族彝族自治县人民政府政务服务管理办公室主要职责内设机构和人员编制规定的通知》精神，“寻甸回族彝族自治县人民政府便民服务领导小组办公室”更名为“寻甸回族彝族自治县人民政府政务服务管理办公室”，其职责划入县人民政府办公室。

寻甸回族彝族自治县人民政府政务服务管理办公室内设两个科室，即综合科和信息技术科。人员编制为7名(含领导控制数3名)。其中：主任1名(正科级，兼政府办副主任)、副主任2名(副科级)；内设机构负责人2名。

【管理、监督和协调服务】 政务服务管理办公室认真贯彻落实县委、县政府和县人民政府办公室的决定，搞好政务服务中心的建设，不断完善政务服务中心的运行机制，建立健全政务服务管理的各项规章制度；加强县人民政府各部门在政务服务中心设置“窗口”、行政审批和服务事项进入的管理和监督；建立健全联合审批制度，组织协调需多个部门“窗口”联合办理的事项及各单位“窗口”上报上级有关部门审批的事项；加大政务服务中心的对外宣传与联系，提高政务服务中心的影响力和吸引力，不断完善各单位“窗口”的办公条件，优化政务服务环境，为服务对象提供优质服务；加强和提高各单位“窗口”工作人员的日常管理和服务工作；组织开展各类学习和业务培训，提高“窗口”工作人员的综合业务素质，搞好政务服务中心的信息化建设、网络管理和维护，及时向县委、县人民政府领导及县人民政府办公室报送政务服务的有关信息资料；完成县委、县人民政府和上级机关及县人民政府办公室交办的其它工作任务。

【两集中两到位和四进中心】 为进一步改善寻甸县经济社会发展软环境，2008年3月，开展行政审批制度改革工作，主要进行了两个方面的工作：一方面，深入推动和促进“两集中、两到位”和“四进中心”工作。按照“应进必进、进必授权”的原则，彻底改变在中心挂号、在部门办事的“体外循环”模式。两集中：即将部门的审批服务职能向一个处室集中，成立集中行使审批服务职能的行政服务处室；行政服务处室向便民服务中心集中，整建制进入中心运作。两到位：即所有审批服务项目进中心到位，中心窗口成为部门实施行政审批的唯一窗口；审批权限到位，对窗口首席代表充分授权，使“接待型窗口”成为“审批服务窗口”。“四进中心”，即人进中心、公章进中心、值班领导进中心、所有手续进中心。为推动和促进“两集中、两到位”改革工作的落实，按照“三不增”原则，即不增设内设机构、不增加中层领导职数、不增加人员编制。在“三不增”前提下，整建制进入中心运作。通过单位行政授权决定书和在中心取用行政审批专用章，解决了充分授权问题。

另一方面，县人民政府对县级240项行政审批项目进行全面的清理、精简、合并，经县第十四届人民政府第1次常务会议研究，决定保留县级行政许可项目49项，转为管理服务项目116项。按照《甸回族彝族自治县人民政府关于加强便民服务中心建设的通知》要求，县直26个部门(县安全生产监督管理局、县财政局、县公安局、县广播电视局、县规划建设局、县国土资源局、县环境保护局、县交通局、县教育局、县劳动和社会保障局、县林业局、县民政局、县农业局、县农业机械化管理局、县水务局、县卫生局、县文化体育局、县畜牧局、县发展和改革局、县人口和计划生育局，县司法局、县工商行政管理局、县地方税务局、县质量技术监督局、县监察局、县农业银行)的行政许可项目和管理服务项目整建制进入县便民服务中心办理。

【业务办理】 为提升寻甸县对外开放的良好形象和提高中心窗口的服务质量，中心按照“公平、公正、公开”的原则，以“一厅式”服务群众、服务社会为宗旨，做好“两个服务”工作。实行“一窗式受理、一站式办结、一条龙服务”运作模式，以提高办事效率为核心，大力推行“五办”作风，实行服务内容、办理程序、申报材料、承诺时限、收费标准“五公开”服务，建立最严厉的问责制度、最严格的限时办结制度和最严肃的服务承诺制度，实行即办件、承诺件、联办件、退回件、补办件“五件”管理。通过开展“软环境建设”和“行政效能提升年”活动；通过“两集中、两到位”改革工作，中心由原来的咨询窗口变为了审批服务窗口，中心服务工作不断得到提升，工作效率不断得到提高，受到了外来办事群众和投资客商的一致好评。

2007－2010年，政务服务中心共接待外来办事群众和投资客商16万人（次），受理各类审批服务事项141338件。

附：政务服务中心年办理审批服务事项分年度统计表

2007年		2008年		2009年		2010年	
即办件	8113	即办件	21482	即办件	23972	即办件	25246
承诺件		承诺件	1113	承诺件	1198	承诺件	1378
咨询件	4885	咨询件	15475	咨询件	18857	咨询件	19619
办结件	12998	办结件	38070	办结件	44027	办结件	46243
合计	12998	合计	38070	合计	44027	合计	46243

【制度建设】　结合中心工作实际，2008年制定了《关于印发寻甸县政府便民服务中心窗口设置和行政审批事项进出管理办公室的通知》，加强了窗口设置和行政审批事项进出管理，优化中心窗口结构，规范行政审批行为，建立了局长（主任）接待日制度。为规范管理、提升服务质量、提高行政效率，树立县政府对外开放的良好形象，中心办公室先后出台了《县行政审批服务中心服务承诺制规定》、《县行政审批服务中心限时办结制规定》、《县行政审批服务中心行政问责制规定动作》、《县行政审批服务中心首问首办责任制规定》、《县行政审批服务中心投诉件受理制度》、《县行政审批服务中心联合办理事项暂行办法》、《县行政审批服务中心窗口行政审批工作制度及责任追究暂行办法》、《寻甸县重点项目和招商引资项目快速通道实施细则》、《县人民政府政务服务中心管理制度（试行）》《县政务服务中心关于建立日常巡查、督查检查的通知》、《县政务服务中心窗口工作人员服务规范》。

【其它工作】　2007年度为“爱心助你上大学”捐款300元、扶贫挂钩600元。

2008年度为“爱心助你上大学”捐款300元、扶贫挂钩600元，为汶川大地震捐款5000元。

2009年度为“爱心助你上大学”捐款300元、扶贫挂钩600元。

2010年度为“爱心助你上大学”捐款300元、扶贫挂钩600元，为抗旱救灾捐款8000元。

【领导名录】

主　任：熊世梅

副主任：张兴丽

（撰稿人：康显旺）

档　　案

【全县档案工作会议】　2007年，县政府办于3月22日召开了全县档案工作“八项工程”实施动员会，安排部署了档案工作的各项任务，县政府办公室印发了《寻甸回族彝族自治县档案工作八项工程实施计划》，县档案局业务指导人员对与会部门的106人进行了档案工作八项工程建设业务培训。通过动员培训，使全县各乡镇、县直各单位明确了各项工作任务，为档案工作“八项工程”建设的开展奠定了基础。

2010年，为了继续巩固《档案工作八项工程》的实施，不断完善档案管理的转星和升星工作，在县政府领导的关心和支持下，通过县档案局领导和职工的共同努力，3月15日在政府四楼会议室以会代训的形式，对全县106名与会人员进行了为期一天的业务培训，取得了较好的培训效果。

【档案行政执法依据图表】

序号	法律、法规、规章和“三定”方案名称	制定机关	生效时间	文　号
1	《中华人民共和国档案法》	全国人大常委会	1988.1.1施行1996.7.5修正	国家主席令1996年第71号
2	《中华人民共和国档案法实施办法》	国务院	1990.11.19公布，1999.6.7修正	1999年国家档案局令第5号
3	《云南省档案条例》	省人大常委会	1997年5月28日	省八届人大常委会公告第79号
4	《档案执法监督检查工作暂行规定》	国家档案局	1992.3.30发布实施	国家档案局［1992］第4号令
5	《档案行政许可程序规定》	国家档案局	2005.7.1施行	国家档案局2005年第7号令
6	《档案行政处罚程序暂行规定》	国家档案局	2000.5.10颁布、实施	档发［2000］4号

【转星升级工作】　2007年，1—12月由县档案局组织考评：晋升为四星级管理的部门是地税局；由C1级转为三星级管理的部门是宣传部、县委政研室、畜牧局、法院、农行，乡镇机关是羊街镇人民政府；由C2级转为二星级管理的部门是信访局、公安局、农发行，乡镇机关是六哨乡人民政府、金源乡人民政府；以上部门分别由县政府兑现了目标管理责任奖。

2008年，由县档案局组织考评：县地税局从四星级管理晋升为五星级管理，县检察院从C2级直接晋升为四星管理；由C1级转为三星级管理的部门是民政局、河口派出所、先锋派出所、柯渡派出所、甸沙派出所鸡街派出所、倘甸派出所、联合派出所、凤仪派出所、金源派出所、甸沙派出所、六哨派出所、羊街派出所、功山派出所、七星派出所、仁德派出所、塘子派出所、金所派出所；C 2级转为二星级管理的单位是县委党校、残联、公安局；乡镇机关仁德镇人民政府从C3级晋升为三星级管理；C2级转由为二星级管理的乡镇是金源乡人民政府、公安局；以上部门分别由县政府兑现了目标管理责任奖。

2009年11月13日通过了云南省"企事业单位档案考评组"验收，并颁发了云南省档案工作"八项工程"考核"三星级"证书。

2010年，为继续完成档案管理转星和升星工作，1—12月，通过县档案局组织考评：县检察院从四星级晋升为五星级管理；寻甸消防大队、安监局、水务局、统战部、审计局、审计局、总工会七个单位从C1级转为三星级管理；功山镇人民政府从C1级转为三星管理。政府统一取消奖惩。

【阳光政务】 县档案局阳光政务目录：一、行政执法机关；二、行政执法职责；三、行政执法依据；四、行政执法事项；五、行政审批事项；01号管理服务事项：非国家所有的档案出卖、转让、赠送审批；02号管理服务事项：延长向国家档案馆移交档案期限的审批；六、档案行政处罚程序；七、行政赔偿程序；八.工作管理制度。

【防震减灾应急预案】 2008年，为确保县档案局发生破坏性地震时，各项应急工作高效，有序地进行，根据国务院《破坏性地震应急预案条例》，制定实施方案：一、总则；二、应急构机组成；三、临时应急行动；震后应急行动；五、其它。

【档案馆新馆项目】 2010年，县委、政府为抓住国家中西部县级综合档案馆建设的机遇，争取立项新建县综合档案馆。《寻甸回族彝族自治县档案馆建设项目可行性研究报告》通过省级专家组的评审，云南省发展和改革委员会以云发改投资[2010]2199号文件对《寻甸回族彝族自治县档案馆建设项目可行性研究报告》进行了批复。

2010年10月19日，省档案局组织专家组对寻甸县档案馆功能进行了审查，提出了原则性修改意见和建议性修改意见，县档案局根据修改意见对初步设计方案进行了修改完善，并且及时上报市住建局。

昆明市住建局对《寻甸回族彝族自治县档案馆初步设计方案》进行了批复：寻甸县档案馆建设用地面积3333平方米，建筑面积5807.4平方米，项目概算总投资1590.46万元。

2010年11月26日在北城区举行了县档案馆建设项目开工仪式。云南省档案局黄凤平局长、昆明市档案局李蔚局长、李蜀昆副局长及寻甸县副县级以上领导、科局级干部、及寻甸县档案局全体干部职工共400多人参加了开工仪式。

【表彰奖励】 2007年，通过推荐评选，经请示市人民政府同意，昆明市人事局，昆明市档案局决定对全市所辖区县综合档案馆、室等45个单位及128名人员进行表彰。其中寻甸县国家税务局综合档案室，寻甸县人事局综合档案室授与全市档案系统先进集体荣誉称号，县档案局王慧灵，县人民政府综合档案室徐秀珍授与全市档案系统先进工作者荣誉称号。2009年，为了表彰先进，树立典型。昆明市人力资源和社会保障局、市档案局对2009年全市推荐评选出的45个单位和116名档案工作人员进行系统表彰；其中寻甸地方税务局荣获全市"档案系统先进集体"荣誉称号、县档案局吴丽萍、张照艳荣获全市"档案系统先进工作者"荣誉称号。

【领导名录】

局、馆长：杨建伟(—2007.12)
梁春林(2010.2—)

副局、馆长：陈道宣
龚培分
张正琪

（撰稿　张正琪）

投资促进

【概述】 寻甸县投资促进局牢固树立"工作有轻重，唯招商最重；工作有缓急，唯招商最急；实绩有大小，唯招商最大"的招商工作理念，不断统一思想，提高认识，营造招商良好氛围，把招商引资作为"第一政绩"、"第一要务"强力抓落实，取得一定成效。

统一思想，提高再认识，营造良好氛围。召开寻工园指办全体人员会议对昆明市工作目标责任暨工业突破园区建设招商引资动员大会精神进行传达；召开全县副科级以上领导参加的寻甸县招商引资大会，兑现工作目标奖惩，对工作目标责任签状和做好招商引资工作和百日招商活动进行部署安排。动员一切可以动员的力量，调动一切可以调动的资源，全力开展招商引资工作。

落实政策，完善措施，实行招商引资责任制。根据各年市政府下达寻甸的招商目标任务，结合实际，制定招商引资计划任务，并与各乡镇和责任单位签定目标责任书。为确保全县总体目标的完成，经县委政府研究决定，自加压力，将目标任务分解到各14个乡(镇)、特色产业园区及44个招商分局共59家责任单位。层层抓落实，拟定责任状，实施招商引资"一把手"工程。实行实职副县级以上领导对应联系招商引资目标责任制，县级领导经常深入联系单位，确保县委、县政府下达的招商引资目标考核指标在责任单位得到全面完成。完善重大项目县级领导联系推进制。结合寻甸实际，开展招商引资百日竞赛活动。创新招商方式方法，积极主动，采取电话联系、登门拜访、朋友介绍、亲属引荐、同学牵线、老乡搭桥等形式，引进项目，广泛招商。同时，强化载体建设，搭建好网络招商信息平台，利用寻甸政务信息网络，在网上发布重点招商项目，借助网络招商，有效地提高了招商效果。

积极主动，做好招商项目的基础工作。结合全县工业产业规划中收集筛选项目进行包装，搞好服务工作。当好向导。利用一切交流机会向投资商介绍寻甸地理位置、人文环境、投资环境、基础设施、资源情况、优惠政策等，解除投资商后顾之忧，做到招得来，留得住，增加投资商的投资兴趣和安全感。主动服务。加强与41个招商分局的沟通联系，对接服务好招商分局引入寻甸洽谈项目的相关事宜。提供有关招商分局要了解寻甸各方面的资料。积极协调有关职能部门做好投资企业的前期服务工作，加强投资企业的资金投入与项目建设的跟踪跟进力度，及时汇报协调处理好企业建设中的困难与问题，做好企业周边群众的思想教育工作，化解热点纠纷、努力解决土地、道路、水电供应等方面问题。提高办事效率。加快项目审批手续的办理，推动项目建设，保证项目顺利完成，争取早日投产达效，做到争分夺秒谋发展，加快节奏办实事。招后服务，保持联系，是增强投资商决心和信心的基础。针对已经引进的项目，经常与企业保持联系，加强沟通和联系，了解企业所急所需，实实在在地为企业办实事，办好事，坚持经常深入到项目单位，掌握情况，沟通信息，征求意见，搞好招后服务，保证企业健康发展；定期或不定期召开外来投资企业座谈会，帮助解决企业存在困难和问题的同时，加强与企业的交流与沟通。根据在手项目，按照"意向抓协议，协议抓开工，开工抓建设，建设抓竣工，竣工抓投产，投产抓达效”的方法步骤，对项目步步紧盯，步步落实，找准工作着力点，采取针对性措施，扎实推进招商引资进度。

借助平台，以会招商，筹展好昆交会。积极组织参加昆交会、珠洽会、厦洽会、农博会等会展活动，借助会展平台，抓住机会招商引资。签约项目有新的突破。会期中县级领导参加了云南电视台的专访和新浪网专访，另在昆明日报上专版宣传寻甸县招商引资和昆交会情况。强化服务宣传推介取得实效。会展期间接待客商1000余人(次)，推出招商项目37个，发放各种宣传资料各1000余份。

切实开展好招商引资回头看工作。县人大、县政协对2008、2009年招商引资“回头看”工作进行专项视察，县人大、县政协在2010年3月底前组织了2008、2009年招商引资“回头看”工作专项视察。全县结转在建新建大小项目229个，实际到位市外资金50.9亿元，合同利用外资2523.9万美元，实际利用外资1114.1万美元。

【机构设置】 2004年在县贸易经济合作局的基础上组建县投资促进局，主抓招商引资工作。2008年成立县工业突破园区建设招商引资指挥部，指挥部下设办公室在县投资促进局负责日常工作，另外成立县招商引资考核领导小组及办公室在县委组织部，具体负责对招商引资工作的考核认定。对全县招商引资工作统筹安排。内设机构有办公室、项目合作科、联络服务科、综合调研科、外事侨务办公室、投资服务中心。

【招商引资】 2007年，引进投资50.89亿元的褐煤洁净化实验示范项目；投资6000万元的年产5万立方米中高密度纤维板生产线项目；投资6000万元的仁德镇农贸市场开发建设项目；投资4000万元的县城四星级宾馆建设项目；投资5000万元的硅藻土综合开发利用项目；投资2600万元的电力器材生产项目；风能发电项目；投资3725万元的2万亩优质蚕桑生产基地建设项目；投资1500万元的农林废弃物资源化利用、有机农业开发项目；总投资500万元的寻甸县树英牧业有限公司奶水牛养殖项目；总投资300万元的辽宁省小酱果研究中心投资的蓝莓种植项目共11个，协议投资总额53.77亿元，结转在建和引进项目，实际到位县外资金8.07亿元，实际到位市外资金6.5亿元，实际到位市外资金占市政府下达实际到位资金5亿元的130%，；合同利用外资388.9万美元，实际到位外资239.1万美元占市下达目标任务100万美元的239.1%。

2008年，寻甸县新批外商投资项目2个(含1个增资项目)，同比增长100%；合同利用外资2135万美元，同比增长107%；实际利用外资635万美元(2007年实际利用外资239.1万美元)，同比增长2.7倍，完成年计划的105.8%。引进市外资金项目44个，项目协议资金93亿元，实际到位资金10.92亿元(2007年实际到位资金6.48亿元)，同比增长57.4%，完成年计划的102%；其中省外项目20个，实际到位省外资金3.88亿元。

2009年市下达寻甸县的目标任务是内资10亿元人民币、外资100万美元。县委、政府下达到61个责任单位的是内资24亿元(市外20亿元，市内县外4亿元)、外资600万美元。全县2009年接转在建引进项目101个，经市考核办考核认定实际到位市外到位资金15.39亿元，占市下达目标任务的153.9%；外资完成240万美元，占市下达目标任务的240%。结合寻甸招商引资工作的实际，经县考核办考核认定全县62家责任单位完成市内县外资金24.7亿元，占县政府下达24亿元目标任务的103%。

2010年市下达寻甸县招商引资目标任务为市外到位资金15亿元，实际利用外资150万美元，为确保市下达的目标任务的完成，县委、政府自加压力，下达到59家责任单位的招商引资目标任务是引进市外到位资金30亿元，市内县外到位资金8亿元，实际利用外资600万美元。全县招商引资实际到位资金结转往年在建、新建项目62个，实际到位市外资金109824.31万元，实际到位市外资金占市政府下达实际到位资金15亿元的73.22%，占县下达目标任务30亿元的36.61%；市内县外项目18个，实际到位资金10778.94万元，占目标任务8亿元的13.47%；实际到位外资无。

【招商方式】 2010年，成立了以县委书记刘荣为政委，县长马慈明为指挥长的县工业突破园区建设招商引资工作指挥部负责统筹全县招商引资工作，指挥部下设办公室在县投资促进局，负责指挥部日常工作；为切实加强三个招商工作组的组织领导，以县工业突破园区建设招商引资工作指挥部的寻工园指[2008]2号成立各招商工作组领导小组，并下设各招商工作组领导小组办室分别在县农业局、经济和商务局、旅游局。召开了招商引资工作动员大会，动员一切可以动员的力量，调动一切可以调动的资源加大招商引资力度，营造全县上下全力参与招商引资的浓厚氛围。坚定不移地把招商引资作为经济工作的主旋律、作为经济社会发展的主抓手、作为各级干部建功立业的主战场，将招商引资工作放在更加突出的位置，持续不断地抓、持之以恒地干，努力开创招商引资工作新局面。

招商方案。2008年初，制定了《关于在县直部门成立招商工作组及与市招商分局对口借势招商工作方案》、《2008年寻甸县招商引资工作方案》和《关于下达2008年全县招商引资责任目标的通知》

项目包装。围绕全县“三个定位”、工业产业规划和金所工业园区建设，筛选、储备、包装、推介招商项目，共宣传、包装、推介重点招商项目19个。在县级领导的高度重视下对来寻洽谈项目，只要有投资意向的，无论项目投资大小，都牢固树立诚信招商的理念，与客商广泛接触、洽谈，促成了一批项目于2007年昆交会上签订协议。深入乡镇搞好调研，一方面听取乡镇对招商引资好的意见或建议，一方面指导、引导帮助乡镇做好招商引资项目的储备、包装。

会展招商会展是招商的重要平台，是目前的招商主方式之一。2007年昆交会共签了6个协议投资总额53亿多元的项目，即投资额50.89亿元建设年产100万吨甲醇、40万吨甲醇制油项目；投资额6000万元中高密度板生产项目；投资额6000万元 仁德镇农贸市场开发建设项目；投资额4000万元县城四星级宾馆建设项目；投资额5000万元硅藻土综合开发利用项目；资投额2600万元电力器材生产项目。

2008年，第十六届昆交会，寻甸县加强领导，精心筹备，抓好布展，作好宣传，重点抓项目签约，此次昆交会共签订了5个项目，即投资1.52亿美元的白石岩——凤龙湾景区旅游开发项目项目；投资1.6亿元的年产25万吨磷酸铵盐(ABC)干粉灭火剂项目；以商招商投资4900万元人民币的腐植酸生物化工项目；投资3.3亿元人民币的污水处理、供排水治理综合开发项目；投资30亿元人民币年产1万吨海绵钛项目。其中外资项目1个，协议投资总额1.52亿美元。内资4个，协议投资总额35.39亿元人民币；签合同3个，框架协议2个。

2009年第十七届昆交会寻甸县申报一个投资促进摊位，做好旨在竭力宣传寻甸五大资优势和投资环境的宣传布展工作。认真挑选4工业项目参加第七届东盟华商投资西南项目推介会暨亚太华商论坛对接洽谈。结合招商引资百日竞赛活动开展以来新增项目的实际，上报4个项目(寻甸回族彝族自治县人民政府与华仁建设集团有限公司合作开发钛深加工项目、寻甸回族彝族自治县人民政府与昆明骏宝机电技术开发有限公司合作开发新型摩托车发动机组装厂项目、寻甸回族彝族自治县人民政府与福建百利康环保科技有限公司以BO方式合作建设县城生活垃圾燃化发电厂项目、寻甸回族彝族自治县人民政府与国电云南电力有限公司合作开发寻甸县清水海风电场项目)协议投资总额38亿在昆交会上签约。

2010年，签约项目比往年有新的突破。根据年初以来的洽谈情况和推进实际，精心选出4个协议总投资56.1亿元人民币的项目于开幕的当天参加专场签约，比上年38亿元人民币增28.1亿元人民币。宣传力度加大。展会期中县级领导参加了云南电视台的专访和新浪网专访，另在昆明日报上专版宣传寻甸县招商引资和昆交会情况。强化服务宣传推介取得实效。会展期间接待客商1000余人(次)，推出招商项目37个，发放各种宣传资料各1000余份。

【招商服务】 2007年，切实强化服务意识，为投资者当好顾问、做好参谋，大力倡导"减少一道办事环节，增加一项服务内容，提高一个服务档次"的工作作风和"争创一流服务"的工作精神，不断创新服务方式，全力为投资者"助跑"。对新项目，主动上门，提前介入，为客商答疑解惑；对2007所签约项目从同意进县、立项、选址、征用土地、到落地实施，都做好全方位服务，努力解决存在的困难和问题；对大项目和特殊项目，县委、政府主要领导亲自出马，采取一事一议、特事特办的工作方式，促使项目在较短时间内落地。

2008年，对重大招商引资项目18个实行县级领导挂钩联系推进制，对在建和新建项目，对项目建设中遇到的困难和问题能及时得到协调解决。对所签约项目从同意进县、立项、选址、征用土地、办理各种相关手续、到落地实施、投产达产，都做好全方位服务，努力解决存在的困难和问题。治理软环境抓得很紧。结合昆明打造"创业最宽松、社会最文明、人居最安全和低交易成本、低生产成本、低行政成本、低社会成本"的"三最四低"的投资发展软环境，切实抓好。大力推行立即办、主动办、上门办、跟踪办、公开办的"五办"作风。三做好各招商项目的框架协议或合同的草拟、审定、签约仪式的组织、签章、归档等服务工作。

2010年，主要是从各乡镇各单位征集和结合我县工业产业规划中收集筛选项目进行包装；加强与41个招商分局的沟通联系，请其宣传推介；对接服务好招商分局引入寻甸洽谈项目的相关事宜；提供有关招商分局要了解寻甸各方面的资料。

【招商引资项目结构】 2008年，项目在一、二、三次产业所占比重情况。在44个项目中，工业项目15个，占项目总数的34%，实现到位资金7.2亿元，占到位内资总额的70.6%；农业项目14个，占项目总数的32%，实现到位资金0.33亿元，占到位内资总额的3.2%；三产项目15个，占项目总数的34%，实现到位资金2.67亿元，占到位内资总额的26.2%。

工业项目规模情况：目前，全县亿元以上项目8个，工业项目占6个，到位资金5.96亿元，占到位内资总额的58%。其中：亿元以上5亿元以下项目4个，到位资金2.78亿元；5亿元以上10亿元以下项目1个，到位资金2.98亿元；10亿元以上项目1个，到位资金0.2亿元。全县亿元以下5000万元以上工业项目3个，到位资金0.87亿元；5000万元以下3000万以上工业项目1个，到位资金0.2亿元。

招商引资项目投资来源。2008年，全县内资项目投资来自江苏等全国11个省市，在全县6个省外投资3000万元以上内资项目中，苏、浙、沪、鲁四地投资项目达3个，到位资金0.8亿元，占到位内资总额的7.8%。其中：江苏投资项目2个，到位资金0.64亿元；浙江投资项目1个，到位资金0.16亿元；上海投资项目0个，到位资金0亿元；山东投资项目0个，到位资金0亿元。

在全县6个省外投资3000万元以上内资项目中，闽、苏、川、浙、陕四地投资项目达6个，到位资金3.44亿元，占到位内资总额的34%。其中：福建投资项目1个，到位资金1.98亿元；江苏投资项目2个，到位资金0.64亿元；四川投资项目1个，到位资金0.55亿元；陕西投资项目1个，到位资金0.11亿元。

【外事侨务工作】 走访慰问。加强对外事侨务政策法规学习宣传贯彻执行，认真做好春节期间走访慰问归侨侨属工作，2007年走访慰问侨属20户；2009年，春节期间走访慰问归侨侨属6户，每户送去300元的慰问金，把党的关怀和温暖送到归侨侨属家中。积极争取市外侨办支持，为金所乡竹沟村委会魏所村困难归侨侨属太自珍争取广东省珠海市丰利制衣厂张志豪厂长资助特困大学生资助费2000元。

捐赠与帮扶。2007年在县委统战部引进香港胡文虎基金会胡仙博士投资30万元与市、县、乡政府合作完成投资100万元的羊街镇新街侨爱小学建设的基础上积极争取省、市侨办的支持，向羊街镇新街侨爱小学争取香港吴黎少霞女士捐资4.08万元，用于购置新街侨爱小学课桌椅200套，讲桌8套。另外，积极争取市外侨办的有偿无息扶贫贷款9000元，扶持贫困归侨侨属3户发展生产。

侨务调查统计。据调查，全县海外侨务工作对象，华侨、华人11户，37人；港澳同胞21户，104人；国内侨务工作对象，侨眷51户290人；散居农村归侨侨眷36户，194人；1991年1月1日至2005年12月31日期间归侨侨眷参政议政共计6人，提交议案30件，属省政协委员的侨眷1人政共计6人，提交议案30件，属省政协委员的侨眷1人；

外事侨务服务 2007年办理因公出国人员相关手的续报批工作，重点做好我县自组磷化工出访美国的考察团10人的所有呈报审批事项，现各项准备工作就绪；认真做好荷兰驻华公使司徒荷思先生2007年4月9日到我县参观范登博思PSOM种球项目基地的有关接待工作。

2008年，加强对外事侨务政策法规学习宣传贯彻执行，认真做好春节期间走访慰问归侨侨属工作。

2009年，做好昆明市寻甸县与意大利共和国皮埃蒙特大区政府建立友好城市关系请示的相关工作。做好寻甸县到香港、加拿大借壳上市融资考察团报批相关工作。做好侨务信访、清理华侨华人、港澳同胞捐赠学校情况上报工作。做好寻甸县贯彻落实坚决制止公款出国(境)旅游活动相关材料的上报工作。九是作好2010年因公出国出访计划。

【国企改革】 牵头配合企业做好县旅游服务公司的医保、社保移交等扫尾工作，现各项扫尾工作圆满完成；寻甸县原商业总公司倘甸分公司的改制工作，县人民政府暂借改制资金117万元，推进改制工作。

【县投资服务中心】 2007年，县投资服务中心现到位人员2人，工作初步开展。办理事业法人机构代码等相关手续。积极参加2007昆交会的筹展。积极配合局内做好国企业改革。四是做好在县便民服务中心设立的投资服务中心窗口的工作。

2008年，在积极做好投资服务中心工作的同时，配合做好局内招商引资洽谈等相关工作。积极参加2008昆交会的筹展。积极承担特色产业园区的招商引资相关工作。

2009年，在积极做好投资服务中心工作的同时，配合做好局内招商引资洽谈等相关工作。积极参加2009昆交会的筹展。积极承担特色产业园区的招商引资相关工作。

【领导名录】
局　长：周利辉(—2010.03)
　　　　马克凯(2010.03—)
副局长：马克凯(—2010.03)
　　　　马成翠(—2010.03)

烤烟生产办公室

【概述】 2007－2010年，是寻甸县烤烟恢复性增长的关键时期，在县委、县人民政府高度重视烤烟生产工作，从育苗到移栽、中耕管理及收购的各个生产环节层层把关，一级抓一级，层层抓落实，各项工作扎实有力。围绕市委、市政府下达的烤烟种植计划和收购任务，树立烤烟支柱地位不动摇和实现烤烟产业恢复性增长的思想不动摇，做到考核到位，双控到位，科技措施到位，着力解决烟用物资问题，技术力量薄弱的问题，烟农种烟主动性问题，抗御自然灾害问题。实现五个突破：整地理墒的规格质量实现整体突破；强化区域化、连片化种植实现突破；平衡施肥实现突破；中后期管理实现突破；三者利益实现突破。

【烤烟种植】 全面实现烤烟恢复性增长的目标，2007－2010年，全县进一步优化烤烟种植品种结构，种植烤烟品种为：云87、云97、红花大金元、K326；2007年全县种植烤烟12.8万亩，收购烟叶1747万千克，实现产值2.25亿元，均价12.47元，实现税收4950万元；2008年，全县烤烟种植面积14.4万亩，收购烟叶2080万千克，（含市政府追加给我县的80万公斤收购任务），均价14.51元，产值3.02亿元，实现税收6638；2009年全县烤烟种植烤烟14.52万亩，收购烟叶2150万千克，均价15.31元，产值3.29亿元，实现税收7240万元；2010年全县种植烤烟16.61万亩，实现产值3.52亿元、均价14.12元，实现税收7746万元、烟农户均收入8000元。

【烤烟考核】 针对全县烤烟生产的实际，2007年制订了《全县烤烟生产四阶段考核实施方案》，每个阶段根据实际情况由县纪委牵头组织县委目督办、县政府目督办、烟办、烟草公司等部门对全县各栽烟乡镇的育苗、移栽、中耕管理、收购四个环节进行考核，进一步督促各乡镇抓好烤烟生产各项工作，全县的烤烟生产考核奖惩机制进一步得到完善。

【烤烟双控】 农户向乡(镇)提出申请、乡(镇)按申请与烟农签订种植合同，减少行政干预，提高了烟农种烟的积极性。自2007起绝大部分乡镇推行由烟农向当地村委提出书面种烟申请，然后签定种植合同，大大减小了烤烟种植过程中产生的干群矛盾。

【抗御自然灾害】 由于寻甸自然灾害频发，烟农种烟风险过大，2007—2010年，加大了对防雹网络的建设力度，共投入600多万元建设18个防雹点，大大降低了冰雹对烤烟生产的影响，为抗灾夺丰收提供了可靠保障。2007年全县共建成防雹点13个；2008年15个；2009年建成18个，2010年，全县建成了18个防雹点，防雹网络基本可以覆盖全县千亩以上的烤烟连片种植区域。

【烤烟管理】 结合实际，强化了对全县的整地理墒工作的督察指导力度，4年共投入200多万元对烟农农机械购买进行补助。强化区域化、连片化种植，截止2010年，千亩以上的面积5片，最大的连片面积达3000亩以上，500－1000亩的23片，基本杜绝了随意种植、零星种植的现象。对栽烟地块进行测土配方施肥，做到节本增效，改变历年部分烟农施肥的随意性和化肥不对路的情况。由于烟农忙于烟叶烘烤，忽视了中后期管理工作，派出检查组进行专项督察，中后期管理得到了加强。

【烤烟惠农】 2007年，全县烟农总收入2.25亿元，均价12.74元，实现税收5000万元；2008年，全县烟农总收入达到了3.02亿元，烟叶农特税达6638多万元；2009年，全县烟农总收入达3.29亿元，烟叶农特税达7238万元；2010年。全县烟农总收入达到了3.52亿元，烟叶农特税达7720多万元，均价达14.12元，实现了历史性突破。

【烤烟基础设施建设】 2007年，烟田基础设施建设投入资金1368.43万元，新增受益面积共2.04万亩；2008年，投入1895.5万元的烟水工程建设，全县新增受益面积2.42万亩；2009年大力推广卧式密集烤房和普通标准化烤房建设，投入1500万元建设密集式烤房500座，逐步完善标准化烤房建设和对原有旧烤房的改造，投入3020万元建设烤烟水浇地，新增受益面积2.78万亩；2010年投入3300万元的烟水工程建设项目于4月20日全面竣工，全县新增受益面积2.5万亩。

【烤烟生产先进县】 2007年，寻甸县为昆明市的烤烟第一种植大县和收购大县，被评为“烤烟生产先进县”；2008年、2009年、2010年全县的烤烟种植面积逐渐加大，收购量逐年增加，烟叶品质全面提高，连续4年被省、市评为“烤烟生产先进县”，其中2010年被省政府评为“抗旱保增收突出贡献奖”。

【领导名录】
主　任：李绍斌(2005.08—)
副主任：郭宝莲(2005.08—)

（撰稿人：赵有强）

政协寻甸回族彝族自治县委员会

【重要会议】

县政协六届五次会议 中国人民政治协商会议寻甸回族彝族自治县第六届委员会第五次会议，于2007年3月5—10日召开。会议听取和审议了《政协寻甸回族彝族自治县第六届委员会常务委员会工作报告》、《政协寻甸回族彝族自治县第六届委员会常务委员会关于六届四次会议以来提案工作情况的报告》，审议通过了县政协第六届常委会工作报告和提案工作情况报告；听取和协商讨论了《政府工作报告》及其它重要报告。通过了中国人民政治协商会议寻甸回族彝族自治县第六届委员会第五次会议决议，选举产生政协寻甸回族彝族自治县第六届委员会主席。

县政协六届二十次常委会议 2007年1月29日，县政协召开第六届委员会第二十次常委会议。县政协主席张国友，副主席马仁龙、杨朝旺、张光凤及六届县政协常委出席会议，县政协助理调研员马顺明，县政协委室主任、副主任，各乡镇政协委员组长列席了会议。会议由县政协副主席、县委统战部长马世贵主持。

会议讨论通过了县政协六届五次会议召开时间，常委会工作报告及提案工作报告报告人，六届五次会议议程、日程(草案)等相关工作，对当前工作进行安排部署。

县政协六届二十一次常委会 2007年6月18日，县政协召开第六届委员会第二十一次常委会。县政协主席张国友，副主席倪自祥、马仁龙及六届县政协常委出席了会议，县政协委室主任、副主任，涉及旅游开发的有关乡镇政协委员组长列席了会议。会议由县政协副主席马仁龙主持。

会议总结了县政协上半年工作，安排部署下半年工作。会议期间，与会人员到河口、七星、塘子对旅游开发项目进行了巡察，并提出了很好的意见建议。

县政协六届二十二次常委会议 2007年10月16日，县政协召开六届二十四次常委会，县政协主席张国友，副主席马仁龙、杨朝旺、张光凤出席会议，县政协助理调研员马顺明，县政协委室主任、副主任，各乡镇政协委员组长列席了会议。会议由县政协副主席、县委统战部长马世贵主持。

会议对县政协1—9月份工作进行了总结，对近期工作进行了安排部署，传达学习了市、县换届工作会议精神，通过了有关人事任免，并听取了县安全生产监督局负责人对全县安全生产工作的专题汇报。

会议指出，县政协2007年1—9月份工作成效明显：政治协商有新进步；民主监督领域有新拓展；参政议政有新成效；促进经济发展有新作用；构建和谐有新进展；联谊交往有新发展；学习中央5号文件有新成绩。会议强调，县政协换届在即，做好后三个月的工作意义十分重大。要认真学习贯彻党的十七大精神，多渠道、多形式地开展学习活动，坚持正确的政治方向；要认真学习市、县换届工作指示精神，做好换届相关工作；各专委会要认真总结五年来的主要工作，充分利用后三个月时间扎实抓好2007年的各项工作任务，要超前谋划、提早准备，做好2008年的工作计划；各委员组对五年来的履职情况进行总结。

【参政议政】 2007年，围绕事关全县经济社会发展大局开展视察调研。4月7—8日，组织部分政协委员、县水务局、林业局、环保局等单位领导，对清水海水源区保护情况进行调研，提出六条意见和建议：尽快出台清水海水源保护条例；制定完善水费征管体系；坚决贯彻执行国家法律法规；四是加大水土保持力度；五是加强对水污染的防治；六是加大宣传力度，增强节水护水意识。5月22—24日，组织委员对全县农村最低生活保障工作进行视察，提出六条意见和建议：积极向上级争取指标和配套资金；进一步提高认识，加大宣传力度；认真协调衔接好农村各种社会保障制度；对低保对象实行动态管理；整合管理人力资源；保障金要及时发放到特困人员手中。6月18日，组织有关委员对旅游开发项目进行视察，提出七条意见和建议：加强领导，提高认识，进一步加大宣传促销力度；尽快研究出台旅游规划管理办法；进一步加强旅游基础设施建设；进一步加大旅游招商力度，提高对旅游资源的开发利用能力；注重开发与保护相结合；重视旅游管理及服务两支队伍建设；鼓励发展第三产业，重视旅游产品开发。6月26—28日，组织部分委员对工业园区和招商引资工作进行视察，提出九条意见建议：统一思想，提高认识，全力抓好工业经济；突出规划，规划先行；创造良好的投资环境，加大招商引资力度；优化服务，把引进项目做强做大；尽快成立县工业园区管委会，配齐配强领导班子；县人民政府要出台招商引资优惠政策；认真解决好失地农民的出路问题；认真处理好资源开发和环境保护的关系；切实转变增长方式，大力发展循环经济。7月17—20日，组织部分委员对城镇化工作进行调研，提出五条意见和建议：加强领导，提高认识，积极推进城镇化建设；认真做好城镇规划工作；因地制宜，做好户籍管理工作；加大城镇基础设施建设力度；发展生态型城镇，走可持续发展战略。8月10日，召开失地农民基本生活保障专题协商会，提出六条建议：充分认识建立失地农民基本生活保障制度的重要意义；进一步规范现行征地制度，切实保护农民群众的根本利益；进一步加大农田基础设施建设力度，努力提高农业生产水平；建立并完善失地农民基本生活保障办法，建立并完善失地农民社会保障体系；积极探索以土地换保障、以保障促就业、以就业促发展的土地流转新机制。8月27—31日，组织部分市、县政协委员对我县磷矿资源管理工作进行调研，提出四条建议：有关乡镇党委政府和职能部门要依法加强对磷矿资源管理；县人民政府要尽快制定磷矿管理有关政策，整顿磷矿开采经营秩序；严格执行国家产业政策，严格市场准入；全面贯彻落实科学发展观，促进全县磷矿资源的有效保护和合理开发。9月25日至10月20日，为认真贯彻落实县委十届四次全会精神，县政协主席张国友率有关部门领导对我县非公经济发展进行调研，提出六条意见和建议：进一步做好非公经济发展产业布局规划；进一步做好土地储备及配套政策服务；进一步做好大项目的实施工作；进一步健全和完善各项非公经济政策；进一步优化投资环境；建议召开一次县域经济工作会议。同时，还组织专委会委员对蓝莓种植、民族地区双语教师情况等课题进行调研，针对存在的问题提出合理化建议和意见。配合省政协对我县伊斯兰教协会工作、清水海保护情况进行调研，参与市政协对我县动物疫病防控体系建立和完善情况、大型畜产品市场规划建设情况等课题的视察。

【提案工作】 2007年3月5—10日，召开县政协六届五次会议，会议期间共收到委员提案133件，在立案的提案中，涉及农、林、水、电等基础设施建设方面的25件，占18.8%；发展农村经济方面的11件，占8.3%；道路交通建设方面的31件，占23.3%；城镇建设方面的15件，占11.3%；科教文卫方面的22件，占16.5%；民族宗教方面的9件，占6.8%；旅游开发方面的4件，占3%；生态环境保护方面的3件，占2.3%；政法方面的1件，占0.8%；组织人事方面的1件，占0.8%；工矿企业方面的4件，占3%；其他方面的7件，占5.3%。按照“分级负责、归口办理”的原则，133件提案分别落实到31个单位负责办理。截止2007年12月底，133件提案全部办理回复完毕，回复率达100%。从办理结果分类来看，对133件提案中提出的问题，已经得到解决或基本解决的有

66件，占49.6%；已列入计划逐步争取解决的有65件，占48.8%；因目前条件限制暂时不能解决的有2件，占1.6%。通过政协委员提案的办理，获得了良好的社会效益和经济效益，为促进全县经济社会又好又快发展起到了积极的推动作用。

2007年领导名录

主席、党组书记：张国友(2007.02～)
副主席：倪自祥(兼)
　　　　马仁龙
　　　　马世贵(兼)
　　　　杨朝旺(兼)
　　　　张光凤
助理调研员：马顺明
秘书长：许文忠
常　委：胡光文　马加仁　李冬梅
　　　　赵德伟　刘德富　唐永昌
　　　　李绍荣　马献文　迟雁鸿
　　　　张正荣　龚艳琼　姚仁安
　　　　张正升　林　岚

政协机关各委室主任名录

办公室主任：许文忠(～2007.10)
副主任：沐兴贵
　　　　何金平
提案委员会主任：杨文兰
副主任：孙俊云
民族宗教委员会主任：高丽华
副主任：张建华
文史资料委员会主任：胡光文(～2007.12)
副主任：李慧莲
经济科技委员会主任：陈应文(～2007.12)
副主任：陈丽芬
教科文卫体委主任：曹全科(2007.10～)
副主任：缺
城乡建设和环境保护委员会主任：缺
副主任：缺

【重要会议】

县政协六届二十三次常委会议　2008年1月16日，县政协召开第六届委员会第二十五次常委会议，县政协主席张国友，副主席倪自祥、马仁龙、杨朝旺、张光凤及六届县政协常委出席了会议，县政协助理调研员马顺明，不是常委的县政协委室主任、副主任列席了会议。会议由县政协副主席、县委统战部长马世贵同志主持。

会议对县政协第七届委员会第一次会议的有关事宜进行了研究，通过了有关人事任免事项，听取了各专门委员会五年工作报告。会议对县政协六届委员会任期五年来的工作进行简要回顾。县政协第六届委员会任期的五年，是继往开来的五年，是与时俱进的五年，是开拓创新的五年。加强学习，思想政治建设取得新成绩；坚持科学发展观，履职建设取得新成果；与时俱进，自身建设取得新进步。

会议指出，县政协五年来的工作富有成效，在寻甸的发展史上写下了绚丽的篇章，为人民政协事业在我县的健康发展积累了宝贵的经验，提供了重要的启示。一是坚持中国共产党的领导，坚持和完善中国共产党领导的多党合作和政治协商制度，是人民政协开展工作必须遵循的根本原则。二是坚持以马列主义、毛泽东思想、邓小平理论和“三个代表”重要思想为指导，深入贯彻落实科学发展观，是人民政协坚持正确政治方向的思想保证。三是围绕中心，服务大局，是人民政协履职的基本要求。四是坚持团结和民主两大主题，是人民政协继往开来的神圣使命。五是推进履行职能的制度化、规范化和程序化建设，是人民政协工作取得成效的关键。六是加强政协自身建设，不断提高履行职能的能力与水平，是人民政协做好各项工作的重要基础。

县政协七届一次会议　中国人民政治协商会议寻甸回族彝族自治县第七届委员会第一次会议，于2008年1月25—29日召开。会议听取和审议了《政协寻甸回族彝族自治县第六届委员会常务委员会工作报告》、《政协寻甸回族彝族自治县第六届委员会常务委员会关于提案工作情况的报告》，审议通过了县政协第六届常委会工作报告和提案工作情况报告；听取和协商讨论了《政府工作报告》及其它重要报告。通过了中国人民政治协商会议寻甸回族彝族自治县第七届委员会第一次会议决议。

县政协七届一次常委会　2008年4月2日，县政协召开第七届委员会第一次常委会，县政协主席张国友，副主席马桂英、杨朝旺、张光凤，秘书长沐兴贵以及七届县政协常委出席会议，副调研员马顺明，县政协委室主任、副主任，县政协委员组组长、副组长、负责人建议人选列席了会议，会议由县政协副主席李国兴主持。

会议集体学习了《中国人民政治协商会议章程》、《中共中央关于加强人民政协工作的意见》、《中共寻甸回族彝族自治县委关于加强人民政协工作的实施意见》，以及全国、省、市政协全会决议；分组讨论并协商通过了《政协寻甸回族彝族自治县委员会工作制度》等六个工作制度；审议讨论了《县政协2008年工作要点》、《县政协专门委员会工作计划》；协商通过了有关人事任免事项。

会议指出，本届政协常委会任期的五年，是认真贯彻落实中共十七大精神，夺取全面建设小康社会新胜利，开创中国特色社会主义新局面的重要时期，也是我们迈向新征程、步入新发展的五年。我们要高举中国特色社会主义伟大旗帜，以邓小平理论和“三个代表”重要思想为指导，深入贯彻落实科学发展观，深入学习贯彻中共十七大精神，坚持以科学发展观统领政协工作，把促进我县经济社会发展作为第一要务，继承和发扬光大历届县政协工作中形成的好的经验和做法，进一步加强思想政治建设、履职建设和自身建设，努力提高履职能力和工作水平，不断开创政协工作新局面。大力解放思想，大气改革开放，在创新政协工作上有新作为；加强学习，注重效果，在提高整体素质树立形象上有新作为；坚持科学发展观，促进科学发展，在政协履行职能的能力建设上有新作为；围绕中心，服务大局，在促进全县经济社会又好又快发展上有新作为；发挥优势，做好团结稳定工作，在构建和谐寻甸上有新作为；求真务实，扎实工作，在加强自身建设上有新作为。

县政协七届二次常委会议　2008年7月22日，县政协召开第七届委员会第二次常委会议，县政协主席张国友，副主席马桂英、杨朝旺、张光凤，助理调研员马顺明，秘书长沐兴贵以及七届县政协常委出席会议，县政协委室主任、副主任，县政协委员组组长、副组长、负责人列席会议，会议由县政协副主席李国兴主持。

会议认真总结了县政协2008年上半年工作，安排部署了县政协2008年下半年主要工作任务，通过了有关人事任免事项，听取了县人民政府副县长周利辉对全县工业经济运行情况、安全生产与节能减排工作情况的通报，组织与会人员到塘子工业片区对安全生产与节能减排工作进行了视察。

县政协七届三次常委会议　2008年10月20日，县政协召开第七届委员会第三次常委会议，县政协主席张国友，副主席马桂英、杨朝旺、张光凤，助理调研员马顺明，秘书长沐兴贵以及七届县政协常委出席会议，县政协委室主任、副主任，县政协委员组组长、副组长、负责人，机关全体工作人员列席了会议，会议由县政协副主席李国兴主持。

会议学习贯彻了党的十七届三种全会公报及中共昆明市委关于进一步加强和改进人民政协工作的意见精神，讨论通过了县政协第七届委员会委员活动经费使用管理规定，听取了县委常委、副县长黄宝金对全县医疗卫生改革工作情况的通报，塘子、先锋等四个委员组交流汇报了委员组工作情况，组织与会人员到功山镇卫生院对医疗卫生改革工作进行了视察。

县政协七届四次常委会议 2008年12月12日，县政协召开第七届委员会第四次常委会议。县政协主席张国友，副主席李国兴、马桂英、杨朝旺、张光凤，助理调研员马顺明，秘书长沐兴贵及七届县政协常委出席会议，县政协委室主任、副主任，县政协委员组组长、副组长、负责人列席了会议，会议由县政协副主席李国兴主持。

会议总结了2008年以来的工作，认为县政协2008年做了大量卓有成效的工作，主要表现在：抓思想政治建设；抓履职建设；抓自身建设。

【参政议政】 2008年，县政协领导牵头，委室负责，有关委员参与，对工业发展与园区建设、安全生产与节能减排、农村人畜饮水工程建设、通村公路建设、扶贫开发等工作进行了视察调研，形成视察调研报告10个，提出了建设性意见建议。就工业发展与园区建设工作提出5条建议：统一思想，提高认识，进一步改善发展环境。尽快启动园区调整修编，为工业快速发展作准备。成立园区管委会，为园区建设发展提供组织保障。改善投资环境，完善招商引资政策，提高招商质量。加大节能减排督查力度，建立循环经济责任制。就安全生产工作提出3条建议：坚持“安全第一、预防为主、综合治理”的方针；依法行政，加强监管；建设一支高素质的安全生产监管队伍。对节能减排工作提出5条建议：统一思想，提高认识；充分发挥政府的引导、监管、服务功能；充分发挥企业的积极性和自觉性；严把新上项目节能减排关；认真贯彻落实“四全”工作会议精神。对农村人畜饮水工程建设工作提出5条建议：加强水资源保护和合理开发利用；把握原则、讲求实效、兼顾长远、统一规划、分步实施；建立责权明晰的管理体制和良性运行机制；抓住“引清济昆”机遇，着力解决工业园区周边人畜饮水困难；立足规划，做好我县人畜饮水工程项目的近期和远期规划工作。就其他工作也提出了许多有价值、有分量的意见建议，供党委政府参考。

【提案工作】 2008年1月24—29日，召开县政协七届一次会议，会议期间，共收到委员提案172件，其中委员组提案7件、小组提案20件、专委会提案10件、委员联名提案23件、集体提案59件、委员个人提案53件。经提案审查委员会审查，确定立案171件，立案率为99.4%。在立案的提案中，涉及农田水利基础设施建设方面的30件、发展农村经济方面的15件、道路交通建设方面的28件、城镇建设方面的26件、科教文卫方面的25件、民族宗教方面的4件、电力通讯方面的8件、旅游开发事业方面的4件、保护生态环境方面的8件、政法方面的5件、组织人事方面的9件，其它方面的9件，对未立案的1件提案，作为委员来信转有关部门处理。截止2008年12月31日，171件提案已全部办理完毕，办复率为100%。提案所提问题已经解决和正在解决的78件，占45.61%；列入计划逐步解决的91件，占53.22%；因多种原因，目前不具备解决条件并已作出说明的2件，占1.17%。提案人对提案办理满意和基本满意率有大幅度提升。经主席会议审定5件提案为重点提案，分别由主席、副主席督办。

2008年县政协领导名录

主席、党组书记：张国友

副主席：李国兴

马桂英

杨朝旺

张光凤

副调研员：马顺明

秘书长：沐兴贵

常　委：高丽华　杨文兰　李建忠

蒋儒坤　徐　林　丁世云

吴兴平　赵永禄　李文忠

张正荣　刘学成　章云丽

朱富强　刘德富　罗轼森

李伟恒　苏海燕　盘晓汤

胡永庚　季光明

县政协机关各委室主任名录

办公室主任：沐兴贵

副主任：何金平

胡吉坤(2008.06～)

提案委员会主任：杨文兰

副主任：孙俊云

民族宗教委员会主任：高丽华

副主任：张建华

文史资料委员会主任：缺

副主任：李慧莲

经济科技委员会主任：缺

副任任：陈丽芬

教科文卫体委主任：曹全科(～2008.04)

副主任：猫良坤

城乡建设和环境保护委员会主任：缺

副主任：缺

【重要会议】

县政协七届二次会议 中国人民政治协商会议寻甸回族彝族自治县第七届委员会第二次会议于2009年1月9—11日召开。会议听取和审议了《政协寻甸回族彝族自治县第七届委员会常务委员会工作报告》、《政协寻甸回族彝族自治县第七届委员会常务委员会关于七届一次会议以来提案工作情况的报告》，协商讨论了《政府工作报告》及其它重要报告。围绕推进我县“十一五”规划、加快经济社会科学发展、和谐发展，提高政协工作水平等方面坦诚建言，提出了一些关系全县改革、发展、稳定具有宏观性、前瞻性的建议，反映了一些人民群众普遍关心的热点、难点问题。会议还协商补选了县政协常委。

县政协七届五次常委会议 2009年1月4日，县政协召开第七届委员会第五次常委会议。县政协主席张国友，副主席马桂英、杨朝旺、张光凤，秘书长沐兴贵及七届县政协常委出席会议，副调研员马顺明，县政协委室主任、副主任，县政协委员组组长、副组长、负责人，机关全体工作人员列席了会议，会议由县政协副主席李国兴主持。

会议审议通过了关于召开县政协七届二次会议的决定；审议了《县政协常委会工作报告》并决定报告人；审议了《县政协常委会提案工作报告》并决定报告人；协商通过了县政协七届二次会议议程(草案)、日程(草案)和秘书长、副秘书长名单(草案)；协商通过了县政协七届二次会议执行主席、大会主持人名单(草案)；听取了县委组织部有关人事事项说明。会议还对开好县政协七届二次会议做出安排部署。

县政协七届六次常委会议 2009年1月11日，县政协召开七届六次常委会议。县政协主席张国友主持会议，县政协副主席李国兴、马桂英、杨朝旺、张光凤，秘书长沐兴贵及七届县政协常委出席会议，各组召集人、大会副秘书长列席会议。

会议协商通过了县政协七届二次会议决议(草案)；听取了酝酿讨论县政

协七届二次会议选举办法（草案）情况的报告；协商通过了县政协七届二次会议选举办法（草案）；听取了酝酿补选县政协第七届委员会常委候选人名单（草案）情况的报告；协商通过了县政协第七届委员会增补常委候选人名单（草案）；协商通过了总监票人、监票人名单（草案）。

县政协七届七次常委会议　2009年3月30日，县政协召开七届七次常委会议。县政协主席张国友，副主席马桂英、杨朝旺、张光凤，副调研员马顺明，秘书长沐兴贵及县政协常委出席会议，县政协委员组组长、负责人及县政协机关委室副主任列席会议。会议由县政协副主席李国兴主持。

会议传达学习了县委批转的县政协2009年工作要点，讨论修改了县政协关于对政府部门实行民主监督推动工作落实的意见征求稿，通过了有关人事事项，对全县工业发展进行了座谈。

会议指出，要认清形势，明确目标，努力完成各项工作任务。县政协在履行职能中要着重围绕“三保”（保增长、保民生、保稳定）积极建言献策。同时，要加大各项工作的督促检查力度，确保工作落到实处。要提高认识，精心组织，深入开展学习实践科学发展观活动。要把握方向、抓住关键，结合实际、突出重点，注重实践、务求实效，丰富内容、体现特色，发扬民主、集思广益，确保学习实践活动不走过场，取得实效。要转变作风，提升效能，增强政协组织的执行力、凝聚力和创新力。要以开展该项活动为契机，进一步增强政协机关干部职工的大局意识、纪律意识、服务意识，领导干部要身体力行、率先垂范，积极营造风清气正、奋发有为的团结干事氛围，努力建设学习型、服务型、创新型、效能型机关。

县政协七届八次常委会议　2009年6月30日，县政协召开七届八次常委会议。县政协主席张国友主持会议。县政协副主席李国兴、马桂英、张光凤，副调研员马顺明，秘书长沐兴贵及七届县政协常委出席会议，县政协委员组组长、负责人及县政协机关委室副主任列席会议。

会议学习贯彻了市委政协工作会议精神，协商修改了《政协寻甸回族彝族自治县委员会关于2009年1—6月全县主要工作目标任务完成情况视察报告》，对全县新农村建设工作进行座谈，并对2009年上半年县政协常委会工作进行总结，安排部署了下半年工作。

会议指出，上半年，县政协认真学习实践科学发展观，认真贯彻落实县第十次党代会第二次会议和县“两会”精神，解放思想，创新工作，紧紧围绕全力加速工业化、强力突破城镇化、奋力拓展市场化和“543”倍增计划的全面实施，履行好政治协商、民主监督、参政议政职能。对下半年的工作，要继续开展好深入学习实践科学发展观活动。要用科学发展观统领政协工作，不断增强贯彻落实科学发展观的自觉性和坚定性，始终坚持把科学发展观贯穿于履行职能、开展工作的全过程。要认真学习贯彻落实好市委政协工作会议精神。认真学习贯彻落实好市委政协工作会议精神，是县政协当前的一项重要政治任务，要深刻领会仇书记、张市长、田主席的重要讲话精神，不断推进政协工作的向前发展。要确保全年各项主要目标任务落到实处。按照县政协2009年工作要点，认真对照检查，逐一落实，强化措施，确保全年各项主要目标任务落到实处。

县政协七届九次常委会议 2009年9月23日，县政协召开第七届委员会第九次常委会议。会议由县政协主席张国友主持。县政协副主席李国兴、马桂英、杨朝旺、张光凤，副调研员马顺明，秘书长沐兴贵及县政协常委出席会议，县政协各委室副主任，各委员组组长、负责人列席会议。

会议传达学习了《中国共产党第十七届中央委员会第四次全体会议公报》、《胡锦涛总书记在庆祝中国人民政治协商会议成立60周年大会上的重要讲话》，通报了寻甸县恢复重建文笔塔工作进展情况，协商通过了有关人事任免事项，学习传达了县委经济运行分析会精神。

会议指出，认真学习领会党的十七届四中全会精神和胡锦涛总书记在庆祝人民政协成立60周年大会上的重要讲话精神，是一项重要政治任务。县政协要高举中国特色社会主义伟大旗帜，以邓小平理论和“三个代表”重要思想为指导，全面贯彻落实科学发展观，深入贯彻落实市委工作会、县委经济运行分析会精神，以维护广大人民群众最关心、最直接、最现实的利益为出发点和落脚点，紧紧围绕团结和民主两大主题，认真履行好政治协商、民主监督、参政议政职能，围绕“保增长、保民生、保稳定”大局，充分发挥好职能作用，全力做好县政协各项工作。

会议强调，县政协要统一思想，提高认识，始终把保持经济平稳较快发展作为首要任务，围绕中心，服务大局，把维护社会和谐稳定作为重要责任，认真履行职能，坚定信心、迎难克艰，为全面建设小康社会，加快推进社会主义现代化凝聚强大力量，积极建言献策，发挥应有作用。要充分发挥政协优势，认真履行职责。要不断加强学习，提高理论素养和业务水平，注重实践提升能力，联系实际谋求发展，为促进寻甸经济社会的科学发展奠定坚实的思想和理论基础；要通过开展有关活动来广泛集聚政协委员、各族各界人士的智慧，提出意见建议，为党委科学决策、民主决策提供依据，做到协商有高度，监督有力度，参政有深度，创造一流的工作水平和工作业绩，切实发挥好政协在经济建设和社会发展中的作用。

县政协七届十次常委会　2009年12月17日，县政协召开七届十次常委会议。县政协主席张国友，副主席马桂英、杨朝旺、张光凤，秘书长沐兴贵出席会议，县政协各委室副主任，各委员组组长、副组长，负责人列席会议。会议由县政协副主席李国兴主持。

会议协商通过了县政协七届三次会议召开的时间地点、会议议程、秘书长、副秘书长建议名单、列席人员和分组人员名单以及各次会议执行主席、大会主持人名单，协商通过了《县政协常委会工作报告》和《提案工作报告》，协商修改了《县政协关于对全县2009年主要工作目标任务完成情况的视察报告》和《县政协2010年工作要点》，研究确定了2010年省市政协全会提案，通报了文笔塔恢复重建工作的进展情况，各专委会报告了2009年工作。

会议指出，2009年，县政协坚持团结民主主题，紧紧围绕“保增长、保民生、保稳定”，认真履职，取得了明显实效。齐心协力保增长，促进科学发展的能力不断提高。群策群力保民生，突出为民发展的能力不断增强。同心同德保稳定，推动和谐发展的能力不断提升。

【参政议政】　2009年，县政协充分发挥政协人才荟萃、智力雄厚的优势，就全局问题、重大问题、关键问题和热点问题，提出具有针对性、科学性、前瞻性的意见建议，参政参到点子上，议政议到关键处。提案工作重质量，提案从数量型向质量型转变。县政协七届二次会议以来提案共立案120件，其中，经济建设方面49件，科教文卫体方面17件，城镇建设管理方面33件，政法人事统战方面19件，其他方面2件。政府提案交办会后，县政协高度重视提案的督办工作，主席、副主席亲自督办重点提案，强化经常性检查工作，提案办理质量不断提高，提案在促进经济社会又好又快发展中的作用日益彰显。广泛征集提案线索，提交省政协《关于立项实施寻甸县“引清济昆”、“引牛补滇”水源替代项目的提案》，提交市政协《关于上级专项资金县级实行零配套政策的提案》、《关于加快寻甸工业产业培育和发展的提案》、《关于调整公务员津补贴和事业单位绩效工资标准的提案》、《关于在公务员和事业单位专业人员招录（招聘）中对民族自治地区适当给予政策倾斜的提案》等。调研视察工作做到把握全局性、突出针对性、注重监督性、发挥实效性。按照“精心准备—组织实施—征求意见建议—修改完善”流程，开展好调研视察活动，提高调研视察报告质量。常委会对全县安全生产与节能减排、工业发展、新农村建设、城乡规划建设、乡村规划等工作进行专题调研，对全县新型农村合作医疗、“四创两争”、清水海水源替代项目、中小学标准化学校建设和危房改造、“五五”普法与“四五”依法治县等工作进行专项视察活动，组织政协有关常委赴省外对农业产业化、土地流转等工作进行考察学习，共形成调研视察考察报告共12个，针对工作中存在的困难和问题，共提出意见建议56条，有的意见建议得到了采纳。文史工作进一步加强，以新中国成立60周年、人民政协成立60周年、改革开放30周年为主线，编辑出版15万余字的《寻甸文史资料》第十四辑。积极参与全县的招商引资工作，县政协领导牵头、县政协委室积极参与县乡招商责任单位赴省内外开展招商引资活动，推介招商引资项目，千方百计促成项目落地资金到位。全力支持市民运会在我县的举办，县政协领导各司其职，县政协机关全体总动员提供服务保障。

【提案工作】 2009年1月8—11日，召开县政协七届二次会议，会议期间，共收到委员提案123件，经提案审查委员会审查立案120件，立案率为97.6%。在立案的提案中，委员个人提案91件，占75.8%；集体提案29件，占24.2%。提案内容涉及经济建设方面的49件，占40.2%；教科文卫体方面的17件，占13.9%；城镇建设与管理方面的33件，占27%；政法人事统战方面的19件，占15.6%；其它方面的2件，占3.3%。立案的提案分别送交31个部门办理。对未立案的3件提案，已转交相关部门作为工作参考。截止2009年12月31日，120件提案已全部办复完毕，办复率为100%。提案所提问题已经得到解决的67件，占55.84%；正在解决或列入计划逐步解决的51件，占42.5%；目前尚不具备条件解决并已作回复的2件，占1.66%。绝大部分提案人对提案办理工作表示满意和基本满意。有10件提案经主席会议确定为重点提案，分别由主席、副主席督办。提案工作对促进我县经济社会发展的作用日益彰显。

2009年县政协领导名录

主席、党组书记：张国友

副主席：李国兴
马桂英
杨朝旺
张光凤

副调研员：马顺明

秘书长：沐兴贵

常 委：高丽华 杨文兰 李建忠
蒋儒坤 徐 林 丁世云
吴兴平 赵永禄 李文忠
张正荣 吴飞云 章云丽
朱富强 刘德富 罗轼森
李伟恒 苏海燕 盘晓汤
胡永庚 季光明 马义鹏
骆林超

【县政协机关各委室主任名录】

办公室主任：沐兴贵

副主任：何金平
胡吉坤

提案委员会主任：杨文兰

副主任：孙俊云

民族宗教委员会主任：高丽华

副主任：张建华

文史资料委员会主任：缺

副主任：李慧莲

经济科技委员会主任：缺

副主任：陈丽芬

教科文卫体委主任：缺

副主任：猫良坤

城乡建设和环境保护委员会主任：缺

副主任：张良宪（2009.06～）

【重要会议】

县政协七届三次会议 中国人民政治协商会议寻甸回族彝族自治县第七届委员会第三次会议，于2010年1月21—25日召开。会议听取和审议了《政协寻甸回族彝族自治县第七届委员会常务委员会工作报告》、《政协寻甸回族彝族自治县第七届委员会常务委员会关于七届二次会议以来提案工作情况的报告》，协商讨论了《政府工作报告》及其它重要报告。围绕实施我县“十一五”规划、推进“十二五”规划编制、加快经济社会科学发展、和谐发展，提高政协工作水平等方面坦诚建言，提出了一些关系全县改革、发展、稳定具有宏观性、前瞻性的建议，反映了一些人民群众普遍关心的热点、难点问题。会议同意张国友主席代表政协寻甸回族彝族自治县第七届委员会常务委员会所作的工作报告，同意杨朝旺副主席代表政协寻甸回族彝族自治县第七届委员会常务委员会所作的提案工作情况报告。会议赞同代理县长唐琪代表县人民政府所作的《政府工作报告》，赞同《寻甸回族彝族自治县2009年国民经济和社会发展计划执行情况与2010年国民经济和社会发展计划草案的报告》、《寻甸回族彝族自治县2009年地方财政预算执行情况和2010年地方财政预算草案的报告》。赞同《寻甸回族彝族自治县人民法院工作报告》和《寻甸回族彝族自治县人民检察院工作报告》。会议认为，政府工作报告实事求是地全面总结了过去一年的工作，提出了2010年政府工作的总体思路和主要工作目标任务，符合我县实际。过去的一年，寻甸经济社会实现平稳较快发展，全面建设小康社会进程加快。

县政协七届十一次常委会议 2010年3月25日，县政协召开七届十一次常委会议。会议由政协主席张国友主持。县政协副主席李国兴、马桂英、杨朝旺、张光凤，副调研员马顺明，秘书长沐兴贵及七届县政协常委出席会议，县政协各委室副主任，各委员组组长、负责人列席会议。

会议学习贯彻了全国，省、市政协会议精神；学习贯彻了县委批转的《县政协2010年工作要点》；协商通过了有关人事事项。

会议指出，2010年是实施“十一五”规划的最后一年，做好今年的经济社会发展工作，对于保持我县经济社会平稳较快发展、为“十二五”规划启动实施奠定良好基础，具有十分重要的意义。要把思想和行动统一到全县经济社会发展的总体部署上来，在圆满完成全县今年各项目标任务上作出新贡献。统一思想，明确目标，增强做好政协工作的责任感和使命感。县政协要把认真学习贯彻县第十次党代会第三次会议精神作为一项重要任务，全面、准确、深刻地领会和把握精神，坚定不移地把认识和行动统一到市县委关于今年工作的各项决策部署上来，努力为推动全县经济社会平稳较快发展、促进社会和谐稳定作出新的更大贡献。围绕中心，服务大局，把握做好政协工作的主动性和创造性。加快经济发展方式转变，实现经济平稳较快发展是今年经济工作的首要任务。我们要把促进经济发展方式转变和结构调整作为履行职能的主攻方向，自觉围绕党委政府的重大决策部署谋划工作，紧扣党委政府的工作重点开展工作。在提高政协统战工作水平上下功夫，通过制度创新和工作方法创新，不断提高政协工作的整体水平。四是要立足当前，着眼长远，突出做好政协工作的针对性和时效性。

县政协七届十二次常委会议　2010年6月25日，县政协召开第七届委员会第十二次常委会议，县政协副主席李国兴、马桂英、张光凤，副调研员马顺明，秘书长沐兴贵及七届县政协常委出席会议，县政协各委室副主任，各委员组组长、负责人列席会议。会议由县政协副主席杨朝旺主持。

会议对县政协深入开展“效能寻甸”建设和创先争优活动进行再动员、再部署，总结了县政协2010年上半年工作，安排部署了下半年工作。

会议指出，2010年以来，县政协围绕县第十次党代会第三次会议提出的全县经济社会发展目标，按照县政协2010年工作要点安排，认真履行职能，推动寻甸经济社会跨越发展。围绕中心，推动科学发展，调研视察质量高；服务大局，促进社会和谐。勇挑重担办实事。文笔塔建设各项工作有条不紊开展。牵线搭桥做好事。在省政协的关心、支持下，省政协委员、奥宸地产（集团）有限公司董事长邹建民为寻甸县新一中捐资400万元建设科技楼。竭尽所能解难事。投身抗旱救灾工作，投身森林防火工作，投身春耕备耕工作。强化效能，提升工作水平。做到效能建设夯基础，创先争优做保障，三化建设促规范，积极推进政协履职的制度化、规范化和程序化建设。

会议强调，要圆满完成县政协2010年各项工作目标任务，要突出三个方面的工作：一是学习与履职做到两促进。二是效能建设与创先争优做到两结合。三是立足本职与服务发展做到两不误。团结和民主是政协工作的主题。

县政协七届十三次常委会议　2010年9月27日，县政协召开七届十三次常委会议，县政协主席张国友主持会议。副主席李国兴、杨朝旺、张光凤，副调研员马顺明，秘书长沐兴贵及七届县政协常委出席会议，各委室主任、副主任，各委员组组长、负责人列席了会议。

会议学习贯彻了县委工作会议精神，协商修改了产业结构调整和城镇化建设考察报告，通过了有关人事事项。

会上，县政协主席张国友传达学习了县委工作会议精神，对今年最后三个月的重点工作进了安排部署，县政协副主席李国兴传达了县政协关于政协常委赴内蒙古考察产业结构调整的情况报告，县政协副主席张光凤传达了县政协关于政协常委赴宁夏、陕西考察城镇化建设的情况报告，与会人员紧密结合我县实际，从各自不同的职能，对产业化调整、城镇化建设两个考察报告提出了很好的意见建议，对两个考察报告的进一步修改完善起到很好的借鉴作用，县政协将采纳好的意见建议，认真修改完善两个考察报告，供县委政府决策参考。

县政协七届十四次常委会议　2010年12月30日，县政协召开第七届委员会第十四次常委会议，县政协主席张国友主持会议，副主席李国兴、马桂英、张光凤，副调研员马顺明，秘书长沐兴贵及七届县政协常委出席会议，县政协委员组组长、副组长，负责人，县政协参加单位负责人及县政协委室主任、副主任、主任科员列席会议。

会议对召开县政协七届四次会议的有关事项进行研究，协商修改了县政协2011年工作要点，通过了有关人事事项，县政协各专委会向常委会报告了工作。

会议指出，2010年以来，在县委的正确领导下，县政协高举中国特色社会主义伟大旗帜，以邓小平理论和“三个代表”重要思想为指导，全面贯彻落实科学发展观，深入学习贯彻落实党的十七大、十七届五中全会和省市县委会议精神，围绕中心，服务大局，解放思想，创新工作，认真履行政治协商、民主监督、参政议政职能，有力地推动了全县经济社会又好又快发展。常委会一年来在围绕中心推动科学发展、围绕服务大局促进社会和谐、围绕强化效能提升工作水平等方面做了大量卓有成效的工作，取得了一定成绩。

会议强调，做好县政协2011年工作，要做到“三个创建”即创建学习型政协，增强履职能力；创建效能型政协，增强履职动力；创建创新型政协，增强履职活力。

【参政议政】　2010年度，县政协努力提高调研视察质量，按照调研视察出精品的要求，常委会对开展每一次调研视察活动都高度重视，专题研究方案，提出具体要求，精心组织开展调研视察活动。在调研视察活动前，组织相关人员学习有关政策法规，了解相关情况，带着问题去思考，提出的意见建议做到有的放矢。3月，组成学习考察组到省外考察打黑除恶工作；组成3个调研组，对全县少数民族地区经济社会发展情况进行调研；组成5个视察检查组，对全县14个乡（镇）及县直招商引资责任单位2009年招商引资项目落地及建设推进情况进行检查。4月，组成2个调研组，对寻甸工业产业培育发展情况进行调研。5月，组成2个调研组，对我县乡（镇）规划建设情况进行调研；县政协5位县级领导、5位常委参加县少数民族学习参观考察团，赴上海等地学习考察发达地区经济社会发展情况。6月，组成5个视察组，对2010年上半年全县主要工作目标任务完成情况进行视察；组成3个视察组，对全县社会维稳工作进行视察；组成考察组到滇西考察政协履职“三化”建设。7月，组成2个视察组，对“引清济昆”水源替代项目和“引牛入滇”工程建设情况进行视察；组成3个视察组，对全县食品药品安全工作进行视察。8月，组成2个考察组，赴省外对产业结构调整、城镇化建设进行考察。9月，对县“十二五”规划纲要（草案）进行专题协商。10月，组成5个视察组，对2010年1－9月全县主要工作目标任务完成情况进行视察；组成5个视察组，对全县“四创两争”工作进行视察；组成调研组到滇中地区、乌蒙山区，就抓住国家西部大开发的重大发展战略机遇，寻甸经济社会发展的对策进行调研。11月，组成5个检查组，对县政协七届三次会议以来的委员提案办理情况进行检查；组成5个检查组，对县政协24个委员组“六个一”活动开展情况进行检查。12月，组成4个视察组，对全县主要工作目标任务完成情况进行视察。形成一批高质量的调研、视察、考察、检查和专题协商报告，送交县委政府及有关部门，部分意见建议已得到县委政府的重视和有关部门的采纳。

【提案工作】　2010年1月20—25日，召开县政协七届三次会议，会议期间，共收到委员提案158件，经提案审查委员会审查立案152件，立案率为96.2%。在立案的提案中，委员个人提案71件，占46.7%，集体提案81件，占53.3%。提案内容涉及经济建设方面的57件，占立案数的37.5%；教科文卫体方面的26件，占17.2%；城镇建设与管理方面的35件，占23%；政法人事统战方面的20件，占13.1%；其他方面的14件，占9.2%。立案的提案分别送交县委、县人民政府所属的30余个部门办理。对未立案的6件提案，已转交有关部门作为工作参考。截止2010年12月31日，152件提案已全部办理完毕，办复率100%。提案所提问题已经得到解决的81件，占53.3%；正在解决或列入计划逐步解决的69件，占45.4%；目前尚不具备条件解决并已作回复的2件，占1.3%；绝大部分提案人对提案办理工作表示满意或基本满意。有5件提案经主席会议研究确定为重点提案，分别由主席、副主席进行督办。提案为党委政府科学民主决策提供参考，为推动寻甸科学发展、社会和谐发挥了积极作用。

2010年县政协领导名录

主席、党组书记：张国友
副主席：李国兴
马桂英
杨朝旺
张光凤
副调研员：马顺明
秘书长：沐兴贵
常　委：李建忠　蒋儒坤　徐　林
丁世云　吴兴平　赵永禄
李文忠　张正荣　吴飞云
章云丽　朱富强　罗轼森
李伟恒　苏海燕　盘晓汤
胡永庚　季光明　马义鹏
骆林超

县政协机关各委室主任名录

办公室主任：沐兴贵
副主任：何金平(～2010.03)
胡吉坤
提案委员会主任：杨文兰(～2010.07)
副主任：孙俊云
民族宗教委员会主任：缺
副主任：张建华(～2010.11)
苏海燕(2010.02～)
文史资料委员会主任：何金平(2010.04～)
副主任：李慧莲
经济科技委员会主任：缺
副主任：陈丽芬(～2010.08)
教科文卫体委主任：周玉芬(2010.02～)
副主任：猫良坤
城乡建设和环境保护委员会主任：缺
副主任：张良宪

（撰稿人：苏海燕　李慧莲　张良宪　胡吉坤　孙俊云）

人民团体

工　会

【组织机构】 寻甸回族彝族自治县总工会是寻甸各级工会组织的领导机关，是寻甸广大职工(包括农民工在内)合法权益的代表者和维护者，是广大职工自愿结合的工人阶级的群众组织。县总工会有行政编制4人，机关工勤人员2人，领导职数4人(其中：主席1人，常务副主席1人，副主席兼经审委主任1人，副主席兼女职工委员会主任1人)。内设综合办公室1个。

【学习培训】 2007年召开县工会六届六次全委扩大会议。各系统工会主席、乡(镇)工会联合会主席、工会财务人员、女工委主任共计300余人参加了学习培训。结合"四创"活动，开展"五比五赛双服务"、"践行荣辱观、当好主力军、建功'十一五'、和谐奔小康"、"春城优秀职工"等竞赛活动。主动加强工会与政府及劳动保障、就业服务、企业家协会、安全生产监督局等相关部门的沟通联系，培训安全生产监督员、劳动保护调解员、工会劳动法律监督员124人，培训率达100%。积极配合劳动部门开展失业人员就业培训，分别进行了厨师、计算机、等多种培训，培训下岗失业人员200余人。

2008年召开七届七次、八次全委(扩大)会议。全县各系统(局级)工会和乡(镇)工会联合会主席、财务人员、女工委主任200余人参加了学习培训。工会劳动法律监督委员会逐步建立健全，工会劳动法律监督员30人，劳动保障法律监督员29人，劳动争议调解委员会兼职人员63人全部进行了培训(或以会代训)，培训率达100%，90%以上的基层工会均有兼职劳动法律监督员，本年度31件劳动争议仲裁案件全部结案，查办结案率达100%。

2009年12月9日召开第八次工会代表大会在县大礼堂召开，会期三天，出席会议的正式代表182名。采取以会代训方式，培训基层工会专兼职干部300余人(次)，组织17名基层工会干部参加市总工会组织的工会主席岗位培训、工会劳动法律法规知识培训。积极开展职工技能培训工作。抓住国能化工有限公司机械检修，组织生产一线职工300余人次进行综合技能培训；配合劳动部门开展外出务工、农民工外务综合知识培训850人、下岗失业职工技能培训59人、创业理念培训50人。

2010年采取以会代训方式，培训基层工会专兼职干部300余人(次)，组织并参与工会基础理论知识，工会劳动法律法规知识培训，云南省国家级、省级扶贫开发重点县工会主席培训，2010年昆明市工会干部岗位培训，女职工干部培训，工会集体协商指导员培训，云南省工会工资集体协商推进暨培训，昆明市总工会生活保障及帮扶维权工作培训，昆明工会统计培训。

【组织建设】 2007建会21家，发展会员4952人，超额完成了市总工会下达的任务。乡(镇)和辖区的建会应建实建率达100%，入会率达到98%，同时，认真规范会籍管理制度，发放会员证4000多本，发放率达到100%。建立健全女职工委员会组织，积极开展女工工作，基层女职工委员会应建101个，实建101个，组建率达100%。各乡(镇)成立由分管工会的副书记任组长的进城务工人员领导小组，建立联络站，对2400多名进城务工人员进行动员、培训，发展4900余人入会。在160家基层工会组织中不断开展"合格职工之家"和"先进职工之家"创建评选活动，创建"合格职工之家"160家。在17家新建企业中开展"双爱双评"活动。"先进职工之家"和"双爱双评"的比例均超过80%以上。

2008年，建会98家，超额8家，外商投资企业市总工会下达建会1家，我县完成2家，村委会建会完成105家。2008年净增加154家，净增长超过170%；16个乡(镇)、7个居委会都建立了工会组织，建会率达100%，职工入会率达100%；发展会员7843人，超额4843人，净增长超过261%；以建会、建家、建制"三同步"的工作方法，313家国有(控股)企业、城镇集体企业、党政机关、事业单位的工会组织均建成县级"合格职工之家"，建家合格率达100%；县、乡(镇)均按同级党政副职配备工会主席，并明确专(兼)职工会工作人员；3家国有(集体)改制企业都重建工会组织，职能健全，女职工委员会应建101个，实建101个，组建率达100%；会员、流动会员会籍管理规范，《会员证》发放率达100%。

2009年实现全县村委建会工作的全覆盖。完成建会74家，超额44家，完成任务数的247%；发展新会员6583人，超额4583人，完成任务数的329%。全县的基层工会已发展至387家，会员30763人。

2010年14个乡(镇)都先后建立了工会联合会，完成建会64家，超额34家，完成任务数的213%；发展新会员4547人，超额2547人，完成任务数的227%，至2010年末，寻甸县总工会下属基层工会452家，会员35310人。

深入开展"广普查、深组建、全覆盖"工作，2010年根据市总要求，在全县广泛深入地进行了私营企业工会组织建设情况普查，对2010年10月31日以前未建立工会组织的私营企业昆明民心饲料有限公司等230余家私营企业组建工会，并建起了34个私营企业联合工会，覆盖251家私营企业，发展新会员680人。

【帮扶活动】　2007年，建立困难职工动态管理档案，对辖区内的80余名重病住院职工和特殊困难职工及时进行慰问和帮助。充分发挥帮扶服务分中心的作用，分别在元旦、春节、"五一"、"高考"期间不间断地开展了送温暖活动，对困难职工、困难劳模、困难职工子女入学进行帮扶送温暖。慰问困难职工212人，救助困难职工子女14人，困难劳模4人，慰问帮扶资金达8万元。加大动员宣传力度，认真组织开展了第四期职工医疗互助活动，参加职工医疗互助的单位达到130家10104人，比2006年增加7家345人，为生病住院职工报销住院医疗费556人39.49万元，积极配合劳动保障部门，促进下岗失业人员就业和再就业1207人，努力促进零就业家庭就业，全县92户零就业家庭全部实现了每家至少1人以上就业，就业率达100%。

2008年，困难职工帮扶服务分中心和农民工维权中心有固定的办公地点和工作人员，各项规章制度逐步建立和完善。各乡(镇)均有兼职人员负责困难职工、农民工的相关工作。帮扶服务、维权和送温暖工作形成经常化和制度化，经常性地开展"包户帮困"、"寒窗助学"、"党员干部结对子"等活动。2008年春节对全县32个单位171名困难职工、50多名因天灾人祸造成特殊困难的职工和21名市级以上劳模进行了帮扶送温暖慰问，支出慰问金近9万元；"寒窗助学"11人，资助金额2.6万元；开展日常帮扶救助100余人，救助金额8万余元。组织全县130家单位10543名职工参加第五期云南省职工医疗互助活动，与第四期增加人数相比，增加945人，增辐超过275%以上。截止2008年11月19日，办理住院报帐552人，报销金额25.22万元。组织塘子工业园区、金所工业园区的部分企业女职工1000余名免费健康体检，向1200多名职工进行防艾知识宣传培训。

2009年春节送温暖活动，慰问困难职工159人、困难农民工20人、市级以上劳模28人，共计207人，支出慰问金6.21万元；争取上级资金救助大病职工24人，救助金4.4万元，县总工会本级救助大病职工72人，救助金6万元；对困难职工、农民工子女"寒窗助学"，争取市总工会救助5人，救助金1.7万元，困难劳模1人，救助金6000元，本级工会救助13人，救助金2.6万元；日常帮扶救助2人，救助金6000元；五一节、国庆节慰问劳模56人(次)，慰问金2.24万元；国庆节慰问困难职工、农民工64人，慰问金3.7万元。办理职工医疗互助报帐308人，救助金15.55万元；关心女职工健康，邀请中国人口基金会7人专家组为期9天，为1119名女职工进行免费体检。召开工会、医保中心、人寿保险公司联系协调会议，解决了几年来未决的职工住院报帐单据"原件"、"复印件"问题，决定了由工会职工医疗互助代办点收原件，其他部门收取复印件，有效维护了职工的利益。至使我县的医疗互助参加单位达129家，参加人数11263人，比去年超720人，净增长6.8%，成为医疗互助开展以来参加的职工人数最多的一年。

2010年元旦、春节送温暖活动慰问困难职工118人、市级以上劳模2人，天灾、人祸救助困难农民工4人共计124人，支出慰问金5.5万元；县总工会本级救助大病职工10人，救助金2.1万元；对困难职工、农民工子女"寒窗助学"，本级工会救助17人，救助金3.4万元；五一节、慰问劳模46人(次)，慰问金1.38万元；七．一建党节慰问困难职工党员10人，慰问金5000元；中秋、国庆节慰问困难职工、农民工70人，慰问金3.8万元；拨付国能化工有限责任公司3万元职工培训费；办理职工医疗互助报帐386人，救助金19.25万元。邀请了中国人口基金会的专家组到10家企业单位为女职工进行了一次"关爱女性健康"免费体检暨防治艾滋病宣传活动，合计免费体检1003人。

【女职工工作】　全县女职工工作的指导思想是：牢固树立、全面落实、科学发展，深入贯彻实施《女职工劳动保护规定》、《妇女权益保障法》，以促进和谐劳动关系建设为维权目标，建立和完善女职工维权机制。2007年2月8日，召开全县各基层女工委主任工作会议。组织1110名女职工参加安康团体保险，投保1111份，组织12名基层女工干部参加昆明市总工会女工部的学习培训；组织开展单亲女职工专项调研。2007年3－4月，县总工会女职工委员会通过发放调查表、走访、座谈等多种形式，对全县各机关、事业、企业单位的在职单亲女职工生活、工作状况进行调研。

2008年，对单亲女职工进行了调查，建立单亲困难女职工档案。与63家企业签订女职工专项集体合同，有效维护女职工合法权益。

2009年关心女职工健康，邀请中国人口基金会7人专家组为期9天，为1119名女职工进行免费体检。

2010年7月，邀请了中国人口基金会的专家组到10家企业单位为女职工进行了一次"关爱女性健康"免费体检暨防治艾滋病宣传活动，合计免费检查了女职工1003人。

【经济技术创新】　2007年、2008年积极组织开展经济技术创新、提合理化建议、技术改造、各种技能比赛等活动。动员和组织工业企业、烟草、电力、电信、教育、卫生等行业的8683名职工参加经济技术、教育教学、医疗服务等创新、改造活动。利用职代会、教代会、厂务公开等民主渠道，广泛征集提案、议案，开展合理化建议活动，提出合理化建议309件，实施236件，创直接或间接经济效益542万元。

2008年参加劳动竞赛的职工1302人，技术革新项目5项，职工发明创造项目1项，荣获国家专利项目2项，推广先进操作法项目2项。

2010年积极开展职工技能培训工作，组织经济技术创新。推荐云南国能化工有限公司水管所为2010年昆明市"同舟共济保增长，建功立业促发展"竞赛活动技术创新先进班组。

【安全生产】　2007－2010年，配合县安全生产监督管理局和劳动保障局等部门，开展小煤窑(矿)、砖瓦厂非法用工专项检查整治等工作并提出意见、建议和整改、整治措施；开展职工伤亡事故调查处理，参加处理工伤事故13件；参与安全生产检查415次；积极组织开展"安康杯"竞赛活动；广泛开展"工人先锋号"创建活动。2007年推行"一法三卡"，开展职工安全知识普及教育活动，继续深化"十万职工技术大练兵"活动。2008年参加"三同时"审查验收项目14项。2010年建立健全工会劳动保护监督检查委员会并借劳动保障部门开展企业年检之际，采取以会代训方式培训120余人，培训安全监督员80余人；积极参与政府有关部门召开的各种安全生产工作会议，按照安全生产预警、预报机制的有关要求向有关部门及时报告安全生产方面的有关情况。

【劳模工作】 做好劳模的日常管理、培养和推荐上报工作，2007年开展市级以上劳模状况调查，建立健全劳模动态管理档案；组织市级以上劳模开展"五一"文体活动。2008年邀请市总宣讲团到我县宣讲杨丽同志先进事迹，组织700余人参加学习，以劳模和先进人物的典型事迹引导和教育职工立足岗位，敬业奉献。2007年至2010年每年走访慰问市级以上劳模22人(次)，组织召开劳模座谈会2次，了解劳模们的生产、生活和工作状况；推荐上报昆明市"五一"劳动奖章6人。2008年、2010每年推荐昆明市劳动模范7人；2010年推荐云南省劳动模范1人、上报省总工会认定云南省劳动模范1人。做好困难劳模的调查、申报和帮助工作，为4名困难劳模解决生活、医疗等困难；为劳模提供相关政策咨询服务；积极主动地配合相关部门，维护好劳模的荣誉及合法权益。

【维权保障】 2007-2010年，在全县各厂矿、企业宣传贯彻《企业工会工作条例》、《昆明市总工会劳动法律监督条例》、《昆明市企业工资支付条例》，发放宣传资料6000余份，宣传面达100%。健全工会劳动法律监督委员会或监督小组，工会劳动法律监督员30人，劳动保障法律监督员29人，劳动争议调解委员会兼职人员63人全部进行了培训(或以会代训)，培训率达100%，90%以上的基层工会均有兼职劳动法律监督员；累计查办结案31件劳动争议仲裁案件，结案率达100%；达到办证条件的124家系统及基层工会全部办理了登记认证，社团法人办证率100%。2010年在8家规模以上企业开展"共同约定"行动；与劳动保障部门相互配合，做好实施劳动合同制度三年行动计划的相关工作；深入开展"劳动关系和谐企业"创建活动；与102家企业单位全部签订(或续签)了集体合同，签订率、续签率、履约率均达100%；工资集体协商工作稳步推进；与本级劳动关系"三方协商"机制每季度都召开协商会议(每年至少召开4次)，共同研究协调劳动关系中的重大问题，企业和工业园区和谐发展，建立和完善劳动关系预警、预报机制，无群体性职工上访事件，能及时上报并将不稳定因素解决在萌芽状态，全县社会和谐、职工队伍稳定。

【扶贫挂钩】 按照县政府的统一安排，县总工会几年来都是挂钩凤仪乡大麦地村委会大奢奢村，2007年1月以来，县总工会主要领导分别到这个村委会4次帮助研究指导工作，春节前帮助困难群众解决生活特殊困难，确保挂钩点群众能过上一个祥和的春节，9月底由县总工会出资5000元，帮助村委会解决道路维修及村委会基础设施，为村委会送去价值6000元的床、沙发、桌椅等生活用品，11月下旬到村委会讲党课，鼓励广大党员积极投身于新农村建设的工作中。

2008年县总工会继续挂钩凤仪乡大麦地村委会大奢奢村，2008年1月以来，县总工会主要领导分别到这个村委会4次帮助研究指导工作，帮助困难群众解决生活特殊困难，县总工会出资8.8万元，帮助村委会建盖活动室、支砌大门、围墙、场地硬化、学生宿舍翻瓦，11月下旬到村委会讲党课，贯彻党的十七届三中全会精神，鼓励广大党员积极投身于新农村建设的工作中，把家乡建设成一个真正的社会主义新农村。

2009年下半年，县总工会的挂钩点从凤合镇的大麦地村委会大奢奢自然村调到仁德镇团结村委会小菜所村。主要领导带领相关人员深入挂钩点了解情况后，为该村办了以下实事：在烤烟收购期间，补助该村委工作经费1.3万元。了解群众生活状况，对4户特困户给予生活救助。争取上级资金70余万元，硬化小菜所村进村道路725米，机耕道1230米，维修小水库1个。扶贫挂钩工作做到了及时性和实效性的有机结合。

2010年结合新时期扶贫工作的新要求，工会全体党员干部深入挂钩点帮助群众办实事。主要领导带领相关人员深入挂钩点了解情况，帮助挂钩点解决抗旱及道路维修、饮水、春耕生产中的实际问题，解决仁德镇团结村委会小菜所村2万元的抗旱经费；在烤烟收购期间，补助该村委工作经费1万元，同时争取到16万元的省重点村整村推进项目款。通过实实在在的工作，使职工群众反映的主要问题得到了力所能及的解决，收到了明显的效果。

【招商引资】 2009年与功山镇联合招商，"河北万顺牧业有限公司"在功山镇草籽地建肉牛养殖场。共完成市内县外招商100万元，市外招商500万元，全面完成招商引资任务。

2010年与"昆明市特立亚民爆器材公司"、"昆明万顺牧业有限公司养殖场"项目与功山镇联合招商，"寻甸县四哨殡仪馆"项目与寻甸县民政局、鸡街镇人民政府联合招商，共完成市内县外招商200万元，市外招商305.51万元。

【贷免扶补】 2009年办理下岗失业人员2人、农民工8人的"贷免扶补"创业贷款，合计50万元。

2010年办理下岗失业人员5人、农民工5人的"贷免扶补"创业贷款，合计50万元。有效的解决了部分下岗、失业及农民工的创业资金难的问题。

【财务经审】 2007—2010年工会经费收缴实现了历史性的突破，2007年收缴27.92万元、2008年收缴32.84万元、2009年收缴31.50万元、2010年收缴22.24万元，合计收缴工会经费117万余元。工会财务工作严格遵守和执行国家和工会系统的财务制度和财经纪律，制度健全，核算规范。严格执行工会经费预决算制度和会计制度。年初召开常委会、经审委员会讨论通过当年的预决算报告，年终召开全委(扩大)会议公布本年的预算执行情况，配合和接受经费审查委员会的监督审查。经审组织健全，2007年基层工会建立经审组织32个，专(兼)职经审人员105人，经审活动正常，工作规范。经审台账资料完整齐全，认真开展经审竞赛评比考核、经审互助等活动。

【领导名录】

主　席：何玉昌(2001.11—2003.11)

赵文富(2008.03—)

常务副主席：何玉昌(2003.11—2009.12)

陶梅花(2009.10—)

副主席：黄必强

（兼经审委主任 2001.11—2010.03）

晏满定（兼女职工委员会主任 2005.04—）

（撰稿人：苏腊梅）

共青团寻甸县委

【团县委】　根据2002年《共青团寻甸回族彝族自治县委机关职能配置、内设机构和人员编制方案》及工作职责，县关心下一代工作委员会与团县委机关合署办公，下设2个职能科（室），即办公室（县关心下一代工作委员会）及综合科（县实施希望工程领导小组办公室）。2007年，团县委设书记1人，副书记2人；2008—2010年10月，设书记1人，副书记1人；2010年11月至今，书记空缺，设副书记1人（主持工作），共有干部2人。

【组织建设】　2007—2010年，全县共有21个基层团委，222个团总支（支部），平均团青比为86.56%。其中：2007年有团员25739名；2008年有团员29485名；2009年，有团员34731人；截止2010年7月，全县共有19个基层团委，292个团总支（支部），其中有乡（镇）团委14个，村（居）委会团支部174个（其中：倘甸镇、凤合镇、金源乡、联合乡等4个乡镇共42个村（居）委会团支部自2010年12月正式交由“两区”管委会管辖）；有38个县直机关团委、总支（支部），66个“两新”团组织，共有团员36489人。

【政治理论学习】　团县委采取集中学习、分散自学、专题培训等多种方式，深入学习贯彻省、市、县各项会议精神，坚持以邓小平理论和“三个代表”重要思想为指导，用党的十七大精神武装全团，教育青年，紧密围绕党的执政实践，引导广大团员青年深刻认识“三个代表”重要思想的本质及党的十七大精神，认真领会树立和落实科学发展观、加强党的执政能力建设等重大决策中的一系列新思想、新论断、新观点和新方法。不断激发青年学习理论的热情，牢固树立社会主义荣辱观，使邓小平理论和“三个代表”重要思想成为青年一代的强大精神动力和思想武器，把远大的理想与脚踏实地的工作结合起来，积极投身于全县经济社会跨越式发展和全面建设小康社会的伟大进程中。

【思想教育】　2007－2010年，团县委紧紧围绕县委、政府的中心工作，对广大团员青年进行思想教育工作，积极组织团员青年参加各级举办的理想信念、思想道德教育和团干部培训，参训人数累计400余人（次）；利用“三下乡”、科技周等活动以及在机电学校开展未成年人犯罪法和预防未成年人犯罪法宣传活动，参听人数共计3000余人。开展创建“青年文明号”集体、“青年文明示范村寨”、“青年文明校园”、“青年文明社区”活动；开展“知荣辱、树新风、我行动”、开展以“深化改革、扩大开放、科学发展”为主题的“解放思想、追赶发展、富民强县”演讲比赛，并在全县举行巡回宣讲活动；开展“学法守法用法，建设美好祖国”全县青少年法律知识竞赛活动、寻甸县第五届少年儿童书信文化比赛活动、庆祝新中国成立60周年“我爱我的祖国”主题教育活动，以及“青少年与科学发展观”征文活动，对广大团员青少年进行思想教育工作；积极组织青少年投身到绿化美化环境运动中，广泛开展植树造林活动，强化青少年的环保意识；隆重开展纪念“五·四”运动和建团周年，对广大团员青年进行爱国主义、集体主义和革命传统教育；举办纪念“五·四”庆“六·一”活动及弘扬雷锋精神行动活动；开展创建各类“青年文明号”活动；组织开展未成年人思想道德建设教育活动；组织学习十七大精神及学习科学、爱科学，反对封建迷信活动，激发广大青年的学科学、爱科学和报效祖国的热情。

【学习培训】　2007－2010年，团县委组织团员青年154人（次）参加省、市县等各级培训，通过学习培训，扶持建立“青年文明号”、“青年文明示范村寨”“青年文明校园”、“青年文明社区”；培养“星火带头人（标兵）”；建立“绿色科技示范园”，营造共青林600余亩。2007年7月10—12日，共青团寻甸县委举办了2007年度团干部暨少先队辅导员培训班，全县16个乡（镇）团委书记、少先队辅导员、部分村（居）委会团支部书记以及县直各团（总）支部书记共67人参加。2009年组织寻甸县各级团干部64名团干部就如何开展“青年文明号”工作进行了培训以及进行青年创业就业“贷免扶补”工作业务培训；2010年组织23名团委、总支（支部）书记参加团市委组织的团干部业务、礼仪等培训。

【“三下乡”活动】　2007－2010年，团县委参加寻甸县各年文化卫生科技“三下乡”活动，为当地的父老乡亲带去了青少年禁毒防艾教育画册、青少年志愿者培训手册、团员意识教育读本、知荣辱育新人读本等几大门类的1万余份宣传材料。

【开展建设社会主义新农村活动】　在新农村建设过程中，团县委要求全县各基层团组织要按照“宣传为主、典型引路”的原则开展“新村建设”工作，经申报审核，先锋乡普鲁村、柯渡镇可郎村等8个基层团组织被命名为新农村“基层团建”示范点。

【“青年文明号”创建】　始终坚持创建与管理并重的原则，不断建立和完善“青年文明号”的考核、命名机制，强化社会监督，拓展行业领域，使“青”字这一文明品牌创建活动扎实推进。2007年，经综合考核评定，先后认定甸沙乡畜牧兽医站等9家县级一星级“青年文明号”、县公安局警务处等16家县级二星级“青年文明号”、新命名县国税局计征科等2家县级二星级“青年文明号”、县中医院、县国税局仁德分局等12家市级三星级“青年文明号”；2008年重新认定国税局计划征收科等5家二星级“青年文明号”、新命名云南南磷集团寻甸磷电有限公司等2家二星级“青年文明号”；2009年重新认定疾控中心等2家二星级“青年文明号”，新申报云南南磷集团寻甸磷电有限公司、地方税务局规费科、寻甸县疾控中心为昆明市三星级“青年文明号”，消防中队为昆明市四星级“青年文明号”；2010年重新认定疾控中心等2家二星级“青年文明号”，新命名仁德镇二中等3家二星级“青年文明号”。

【“优秀青少年维权岗”创建】　为积极贯彻《关于进一步加强优秀“青少年维权岗”创建活动的意见》等文件精神，建立健全青少年维权服务网络系统，涌现出一批自觉履行法律和政策赋予的职能，为维护青少年合法权益，预防和减少青少年违法犯罪，营造有利于青少年健康成长的良好社会环境作出突出贡献的单位和个人。2007年，新命名寻甸县人民检察院公诉科为“2004—2006年度昆明市优秀青少年维权岗”，授予中共寻甸县委宣传部副部长马媛琳为“昆明市优秀青少年维权岗五年创建活动先进个人”；2010年新创建仁德镇二小为市级“优秀青少年维权岗”。

【"爱心助你上大学"活动】 在上级团委以及县委、政府的大力支持下，中共寻甸县委宣传部、县教育局、团县委、县关工委、县民政局和县妇联共六家单位，以团县委为活动主体单位，联合开展了2007—2010年寻甸县"爱心助你上大学"活动，并调整充实了寻甸县"爱心助学行动"领导小组，对整个活动的开展进行总体安排和管理。2007—2010年，寻甸县"爱心助你上大学"活动领导小组办公室共收到全县各乡（镇）、各单位和社会各界爱心人士捐筹的善款119.97万元，全部存入"爱心成就未来特别助学行动"专户，共资助贫困优秀高中毕业生495名圆大学梦，其中2007年共筹集善款25万元，资助120名贫困学生；2008年共筹集善款38.36万元，资助123名贫困学生；2009年共筹集善款25.22万元，资助125名贫困学生，2010年共筹集善款31.4万元，资助127名贫困学生。同时团县委还积极向省、市及爱心企业争取爱心援助，2007－2010年省市及企业共资助寻甸县贫困学生82名，其中2007年资助12名，2008年资助18名，2009年资助11名，2010年资助40名。

【劳务输出】 2007年，组织输出劳动力2000余人，利用流动团支部，宣传和鼓励外出务工青年回乡创业。认真考核本县青年递交的创业申请书，对可行性高的项目予以资金支持。争取了养牛大户马学云回乡发展。表彰了河口的张加林、倘甸的邓刚为青年返乡创业先进个人。团县委书记方文伟被授予"2006年度昆明市青年富余劳动力转移先进个人"。

【青年创业就业"贷免扶补"工作】 2009年5月8日，在金世纪大酒店会议室，举行了寻甸县青年创业就业"贷免扶补"工作启动仪式，寻甸县青年创业就业"贷免扶补"工作正式启动。2009－2010年，团县委共扶持160名青年创业，为他们发放创业贷款800万元，帮助他们成功创业。其中2009年共扶持60名青年成功创业，共发放扶持贷款300万元；2010年共扶持100名青年成功创业，共发放扶持贷款500万元。

【青年志愿者活动】 全县各级团组织以提高青少年思想道德素质为己任，树新风育新人，倡导社会文明，2007年在全县范围内广泛开展了以"以我所能，奉献社会"为主题的青年志愿者活动，活动内容涉及文明行为规范、心里健康、德育工作的重要性等，共制作宣传展板12块，发放《春城法制》300本、《青少年禁毒教育画册》120本、《保护滇池，从我做起》、《云南省禁毒条例》、《健康教育处方》等宣传单2000余份，全面深化了志愿者活动，进一步健全志愿者服务体系。2007—2010年"小红帽"青年志愿者利用每年的"三下乡"、"科技活动周""环境保护日"、"禁毒宣传日"以及在"三栽一种"农忙时节下到田间地头等志愿服务活动，同时发放保护妇女儿童合法权益图片300余张及农村实用科技等其它门类的近二十种宣传资料，共计1万余份。2007年3月11日，寻甸县创建文明县城动员大会暨启动仪式隆重举行，团县委组织团员青年志愿者40人集体"宣读市民文明宣言"。2007年4月10日，共青团寻甸县委在寻甸县金世纪大酒店举行了以"文明举止树形象，志愿服务迎残运"为主题的志愿服务主题活动启动仪式，200余名来自全县各行业志愿者和学生志愿者代表庄严宣誓，并走上街头，手持"创一流业绩，建文明城市，迎残运盛会"的宣传布标开展创建文明城市宣传活动。

2007年4月24日，以志愿者为主体仁德镇辖区内开展，不文明行为联合整治活动。活动采取暗访的形式，分小组进行整治，对不文明现象及时留下影像资料，并根据性质的严重程度和行为的普遍程度分门别类，在一定范围内给予通报或在寻甸电视台曝光，从而达到警示和规范的作用。

【主要会议】 经共青团寻甸县委研究并请示县委同意，2007年1月17日召开共青团寻甸县委第十五届三次常委（扩大）会议。参会人员包括共青团寻甸县第十五次代表大会常务委员9名（包括倘甸镇、柯渡镇、鸡街乡团委书记），以及其余13个乡（镇）团委书记和部份县直单位团组织负责人。围绕"在当前建设社会主义新农村的新形势下，团员青年怎么做"这个主题，以积极投身烤烟恢复性增长为切入点，引导全县广大团员青年尽快认清形势、明确工作目标，为建设社会主义新农村，努力构建和谐寻甸，实现经济又快又好发展做出积极贡献。

2007年8月30日召开共青团寻甸县委第十五届四次常委（扩大）会议。参会人员包括共青团寻甸县第十五届委员会委员21名和部份县直单位团组织负责人、团员青年代表。会议主要对团县委上半年工作作了总结并安排部署了下半年工作任务，并根据上级团委工作安排，选举了17名市团代会代表和2名省团代会代表。

2009年2月18日，召开共青团寻甸县委第十六届二次常委（扩大）会议。参会人员包括共青团寻甸县第十六次代表大会常务委员9名，以各乡（镇）团委书记和部份县直单位团组织负责人。会议主要对团县委2008年工作作了总结并安排部署了2009年工作任务。

【扶贫济困】 团县委积极开展扶贫济困工作，2007—2010年，共派出4名新农村建设指导员参加扶贫挂钩点的工作。其中：2007年2月7日，团县委全体工作人员，深入扶贫挂钩点柯渡镇长箐村委会达栽村，慰问贫困户5户；2007年2月9日，在县委常委、宣传部长蔡刚的带领下，团县委书记方文伟及其他部门负责人等前往鸡街乡慰问贫困老党员，并分别为他们送去了食用油、大米等慰问品。为挂钩点长箐村委会达栽村做了以下事情：一是在"三栽一种"期间，单位全体人员为结对帮扶户解决200元的生产垫本（共计1000元），并购买450公斤化肥（折币1000元）；二是单位在经费十分紧张的情况下，2000元作为挂钩点办公经费，改善其生产生活条件；三是为结对帮扶的五户贫困户提供了部分春耕种苗款并购买大米送到他们家中，为解决贫困户的生活困难提供了力所能及的帮助。

【抗旱救灾】 2010年，寻甸县遇上百年不遇的特大旱灾，团县委积极筹措资金，协调各部门及社会各界对灾区的大力资助，充分利用各项抗旱资金，开展捐水、送粮、助学、修建共青团希望水窖（池）等活动为民解难。其中：1、捐桶装水2100桶，瓶装水4900件；2、粮食405袋（每袋25公斤）；3、资助灾区贫困学生700名（每名500元），共计35万元；4、兴建"希望水窖"30个（每个3000元），计9万元，"希望水池"7个（每个3万元），计21万元，"希望水塔"1个（21万元），以上各项资金合计97.5万元。通过这些活动的开展，进一步在全社会倡导了扶贫济困的新风尚。

【工作目标管理考核】 2007－2010年，在县委、政府和共青团昆明市委的领导下，团县委对照年初与团市委签订的《共青团昆明市委目标管理责任书》的各项目标要求，扎实工作，锐意进取，较好地完成了各项工作任务。在昆明市（县）区团委年终工作考核中，经过考核小组初评、当地党委考评、县（市）

区团委互评、团市委书记班子等环节严格审核，经团市委党组会议研究授予：共青团寻甸县委为共青团昆明市委2007年度县(市)区目标管理考核工作二等奖；2008年度昆明共青团工作优秀奖；2009年度昆明共青团工作先进单位；2010年度县(市)区目标管理考核工作先进单位。

【社会实践活动】　2007年7月，西南石油大学暑期学生在寻甸开展"携手西部，走进昆明"主题暑期社会实践活动；8月5－14日，广州暨南大学在寻甸开展"践行暨南精神 服务和谐社会"主题社会实践活动。

2010年5月1日，昆明市理工大学津桥学院10名志愿者到寻甸县柯渡镇开展为期3天的"爱心帮扶，抢节令，抓栽插，抗旱救灾"社会实践志愿服务活动。他们分成5组入住五户村民家，与村民同吃、同住、同劳动，他们帮助村民栽种烤烟30余亩，向村民发放科技读物等各类宣传资料，同时走访慰问了村中3户人家，并向村中困难家庭学生分发了200余套衣物和部分学习用具。

2010年7月22日，西南林业大学暑期"三下乡"服务团50名志愿者到寻甸县柯渡镇开展"三下乡"社会实践活动。通过参观"丹桂红军长征纪念馆"，感受了长征精神，接受爱国主义教育；同时，西南林业大学团委向长箐、木克、新沙3所完小捐赠电脑3台，价值4000余元的学习用具及300余套衣物；在柯渡小集镇，挨户向群众发放"禁毒防艾"宣传资料1000余份；晚上服务团文艺队进行文艺汇演，演出以歌舞、小品的形式，紧跟时代、贴近生活、内容丰富、积极上进，所表演的16个精彩的文艺节目，以专业的水平和认真的表演为柯渡镇200多群众奉上了一场精彩的文艺演出，搏得了群众阵阵喝彩和一致好评，丰富了柯渡镇人民群众文化生活。

2010年11月20日，昆明理工大学津桥学院40名昆明理工大学津桥来到了长箐村委会"幼教班"与小朋友们开展各种形式多样的联谊活动。并向"幼教班"小朋友进行了爱心捐赠，共捐赠牛奶20余箱，书包26个，学习用具26套；为"幼教班"捐赠了教学用具；为学校及学生家长捐赠衣物600余件(套)。

【"非公"经济组织团建暨"两新"组织团建】　深化基层"党建带团建"工作，健全和完善工作机制，2010年，在原有全县非公有制企业中建团11家的基础上，成立了云南天时有限公司北大营管委会等66个"非公"经济组织暨"两新"组织团支部，不断增加团组织的覆盖率。围绕提高企业效益，开展技术革新、安全生产、优质服务竞赛等主题活动，引导青年为企业发展献技献策，积极参与企业管理，参与企业决策，在服务企业发展中发挥团组织的作用，加大"两新"经济组织的团建工作力度。

【希望工程工作】　团县委从多方面、多渠道争取资金，在日常工作中督促各乡镇团委书记收集贫困学生的资料，做好贫困生救助工作的资料储备，切实为面临失学的贫困生给予扶持，2007—2010年，共资助贫困生164人次，资助金额2.64万元。其中2007年资助贫困中小学生55人次，资助资金7300元；2008年资助贫困中小学生39人次，资助资金6080元；2009年资助贫困中小学生43人次，资助资金8170元；2010年资助贫困中小学生27人次，资助资金4860元。截止2010年12月，团县委经多方争取共援建希望小学36所，其中2007年援建凤合乡新城猜猜希望小学；2008年援建凤仪乡爱健第十二希望小学；2009年援建六哨乡江阴希望小学；2010年援建联合乡巨凝集团希望小学等4所希望小学，共投入建设资金250万元。

【"推优"工作】　认真贯彻落实县委组织部《关于进一步做好推荐优秀共青团员作党的发展对象工作的意见》文件精神，不断完善"推优"工作程序，进一步完善人才举荐机制。2007—2010年，新发展的1652名团员均是优秀的少先队员，其中2007年新增团员362名；2008年新增团员421名；2009年新增团员356名；2010年新增团员513名。推荐2113名优秀共青团员入党，共1843名成功加入党组织，"推优"成功率87.22%，35岁以下青年1399名，占成功入党人数的75.90%。其中2007年发展党员396名，35岁以下青年272人；2008年发展党员462名，35岁以下青年384人；2009年发展党员471名，35岁以下青年346名；2010年发展党员514名，35岁以下青年397名。

【信息化建设】　以"数字昆明共青团"建设为主：一是积极推进无纸化办公，采取电子邮件、电子文档、公文交换、数字云青网、县县上网等方式进行信息的报送与宣传；二是及时准确地向团全县各级团组织通报共青团的工作和动态，2007－2010年共上报信息170余篇。尤其"爱心助你上大学"活动、青年创业就业"贷免扶补"工作、党建及反腐倡廉工作开展中，准确、及时地报送活动信息，在《寻甸信息》、《(寻甸)组工信息》、《纪检信息》上发表17篇，在寻甸电视台播送新闻10余篇。信息工作的完善和加强，有效地促进了团员青年之间、各级团组织与相关部门之间的交流与沟通，从而搭建了一个互通信息、共勉提高的交流平台。

【调研工作】　2007年，团县委制定了《共青团寻甸县委机关管理制度》(试行)，其中规定了机关干部调查研究、信息报送制度。2007－2010年，团县委结合单位工作职能和具体实际，在全县组织开展了以团组织建设、毒品对青少年危害等位主题的调研并形成调研报告。其中，2007年经过调研形成了《新形势下团组织建设新的体会》、2009年经过调研形成了《毒品对青少年危害的回访调研报告》、2010年经过调研形成了《关于寻甸县留守儿童情况的调研报告》、《新农村建设的思考》等2篇调研报告。

【表彰先进】　2007－2010年，团县委积极号召全县团员、青年广泛开展争创"青年文明号"、"星火带头人"和"红旗团委、总支(支部)"等数十项创优争先活动，广大团员、青年和团组织积极响应并参与各种活动，各类先进典型层出不穷，涌现出受国家、省、市、县级表彰的优秀团干部、优秀团员、优秀少先队员、优秀学生会干部、先进青年等各类先进个人81人(次)，五四红旗团委、总支(支部)、红旗学生会、青年文明社区、青年文明示范村、青年文明校园、优秀"青少年维权岗"、先进团组织等先进集体174个。

2007－2010 年受各级表彰的先进团组织、个人统计表

单位：个(人)

项　目	集体	个人	级别	备注
扶贫开发工作		1	县级	
优秀团干部		9	省级 市级	其中： 1 8
优秀团员		27	市级 县级	其中： 12 15
优秀少先队员		2	市级	
青年文明号	59		国家 市级 县级	其中： 1 5 53
农村青年星火带头人(标兵)		1	市级	
青年绿色科技示范园	1		市级	
五四红旗团组织	14		省级 市级	其中： 1 13
十佳雏鹰大队/少年	1	1	市级	
优秀学生会干部		6	市级	
云岭先锋工程岗－青春昆明－春城青年示范岗	1		市级	青年爱心示范岗
共青团工作	4		市级	
红旗学生会	1		市级	
先进学生会	2		市级	
青年文明校园	3		市级	
青年文明社区	2		市级	
青年文明示范村	4		市级	
“昆明青年十大创业之星”		1	市级	
“昆明青年十大创优之星”	1		市级	
优秀少先队辅导员		10	市级	
希望工程工作	2	2	省级	
劳务输出		2	市级 县级	其中： 1 1

2007－2010 年受各级表彰的先进团组织、个人统计表

单位：个(人)

项　目	集体	个人	级别	备注
“青少年维权岗”	2	1	市级	
“青年返乡创业先进个人”		2	市级	
“青年新农村建设先进个人”		2	市级	
基层团建示范点	11		市级	
“爱心助你上大学”活动	1	2	市级	
中国乡村教师奖		1	国家级	
全国助人为乐模范		6	国家级	
教育工作	1		县级	
新农村建设工作		3	县级	
希望工程园丁奖	1	1	省级	
“双拥”工作		1	县级	

【寻甸县青年联合会成立】 2007年12月，寻甸县青年联合会成立大会暨第一届委员会第一次全体会议于24－25日在红色庄园召开。通过选举，产生了马义鹏等11位委员为寻甸青联第一届委员会常务委员，王沁心当选为寻甸县青年联合会第一届委员会主席，章云丽、杨笑景为副主席。青联的成立为寻甸县的青年工作奠定了广泛的群众基础，同时也为广大青年提供了一个相互交流，共同提高和实现理想的平台。

【共青团代表大会】 2008年11月22－24日，召开共青团第十六次代表大会，到会代表221人。会议听取并审议第十五届委员会工作报告；选举产生第十六届委员会；十六届委员会由21名委员组成，设常委9名，书记1名，副书记1名。

【领导名录】
书　记：方文伟(2005.03－2010.10)
副书记：王沁心(2005.03－2011.03)
　　　　赵加玲(2011.03－)

（撰稿人：尹慧芬）

关心下一代工作委员会

【县关工委】 县关工委成立于1998年。2007－2008年县关工委组成为：名誉主任4人、副主任10人、委员27人、顾问5人。2009－2010年改为4人。县委副书记肖正坤兼主任，2010年县委副书记马林奎兼主任，执行主任1人和副主任2人(一个兼秘书长)负责关工委日常工作。县以下建立16个乡(镇)关工委 和43个(其中2008－2009年42个)县直单位关工委，173个关工小组。

【青少年思想道德建设】 2007年大力宣传《未成年人保护法》及社会主义核心价值体系。组织选送2名中小学生参加7月10日在昆明举办的全国少儿歌曲电视演唱大赛云南赛区决赛，分别获BC两组二等奖。帮助雷锋希望小学举行十年庆典活动。

2008年5月在全县17所初中和所有小学开展奥运知识学习竞赛并组队参加云南太阳魂杯“庆六一、迎奥运”知识竞赛。4月28－30日组织仁德一中、仁德一、二小和倘甸部份中小学2100名学生家长参加了团中央《知心姐姐》心理健康教育巡回报告团作的“共享兰天——关爱留守流动儿童、关注孩子生存智慧”的巡回报告。组织七星完小、金所中学、塘子中学、甜荞地小学、仁德一小的5名回族学生参加暑期“云南新世纪新希望之旅——26个民族未来强者工程”活动。

2009年，以国庆六十周年为契机，在全县各中小学开展“歌颂祖国、歌颂党、歌颂社会主义、歌颂改革开放”为主题的演讲比赛。评选出160篇优秀演讲稿编辑出版《祖国在我心中》发全县各学校。组织“五老”、青少年、劳模代表参加9月20日市关工委、老干局、团市委、劳模协会在昆明举办的“五老、青少年、劳模代表‘祖国在我心中’诗歌朗颂和演讲大赛”。对机电学校重点开展法制教育。净化社会文化环境，检查清理网吧和出版、音像市场，对网吧义务监督。推荐组织仁德小学孙冬冬、杨文清、仁德二中金楚茜参加云南省第十四届华罗庚少年数学邀请赛。

2010年4月21日至5月20日，县关工委牵头，与团县委、总工会、政法委、司法局、教育局共同在全县各中小学开展法律知识竞赛，5月20日进行选拔赛、选出县一中、民中、仁德二小、仁德三小的共18名选手参加了全市决赛。4月开始组织，在仁德镇各中小学开展唱响红歌活动，并于6月12日举行全镇8所中小学代表队参加的文艺汇演。6月29日组织仁德镇团员青年150余人在道院村开展“青少年林”植树活动。敬老节开展大手牵小手活动，印发老干部段朝柱中秋节写给孙子、孙女的两封信到全县供活动 学习。

【调查研究和理论研讨】 2007年3月开展青少年违法犯罪情况调研。10月进行了特困家庭未成年人情况调查。

2008年6月16—17日配合市关工委调研组对仁德和平村和红军长征柯渡纪念馆进行“三个平台”建设调研。8月底开展毒品危害情况变化的回访调研。

2009年2月对寻甸县2007、2008两年困难家庭未成年人救助专项经费的使用情况进行回访调研。8月30—31日配合市关工委、文明办、教育局、团市委领导对寻甸县青少年校外教育活动基地情况作调研。

2010年3月25日至5月5日对全县留守儿童状况作了全面调查。2月至5月组织“五老”和青年撰写“科学发展观与青少年发展”论文41篇，参加了昆明市第三次青少年发展论坛。

【帮扶救助工作】 2007年与宣传部、团县委等六家单位共同开展“爱心助你上大学”活动。给予考上大学的140名特困大学生每人1000—3000元不等的经济补助。筹措经费给予50名特困或病残儿童每人200元补助。

2008年与县委宣传部等六个单位联合开展“爱心助你上大学”活动，募捐36.93万元，当年以5000—1000元不等的标准资助大学生117名。用专项经费2万元按规定的标准救助特困未成年35人。

2009年用省专项经费和市总工会支持经费共1.75万元救助小学生30名，初中生9名，高中生4名。与团县委等配合继续开展“爱心助你上大学”活动，筹款23.09万元，资助大学生114人。

2010年用省给专项救助经费1万元救助特困家庭未成年人16人。与团县委等六家开展“爱心助你上大学”活动，接收捐款31.40万元，按标准帮扶大学生122人。

【教育培训】 2007年全县共举办各种培训班283期78744人(次)。

2008年结合“两后双百”工程举办培训班1863期266541人(次)。

2009年以“两后”青年为主要对象，培训164期23207人(次)。

2010年以“两后”青年为主要对象，不完全统计培训150期19800人(次)。

【学习培训】 2007年5月30日下午县关工委对参加县关工委全委(扩大)会议的各乡镇关工委主任、常务副主任和办公室人员进行了业务培训。县关工委秘书长参加了省关工委于11月20日至26日在昆明举办的“全省关工委干部培训班”学习。

2008年11月县关工委执行主任、副主任参加了市关工委组织的到江西九江学习考察。12月26日在县2009年关心下一代工作会议期间对乡镇关工委主任、常务副主任进行业务培训。

2009年8月组织雷小教师杨窈芬参加了省关工委省民委组织的“26个民族小学教师赴北京天津考察团”考察学习。12月16日县关工委执行主任副主任和16个乡镇的关工委常务副主任参加了昆明市关工委举办的为期两天的“乡镇关工委负责人培训班”培训学习。

2010年8月，组织六哨中心完小回族体育教师马尧保免费到昆明“省少数民族体育教师培训班”培训。

【表彰奖励】 2007年县关工委被评为市关工工作先进集体。

2008年县关工委被评为教育工作先进集体，受到县委县政府表彰。

2010年6月县关工委被评为先进集体，受到省关工委表彰。

【领导名录】
执行主任　张朝明
副主任　张开学
副主任兼秘书长　孙　崑

（撰稿人：孙　崑）

寻甸县妇女联合会

【妇女发展项目】　2007年发放农村小额信贷370万元，受益农户1850户7400人。发放城市小额信贷30万元，帮助、扶持16名下岗失业妇女自主创业和实现再就业。在金所乡金所村委会潘所村实施"母亲沼气"项目，共建沼气182口，改灶182户，受益农户182户819人。2008年，发放农村小额信贷350万元，受益农户1750户7875人。发放城市小额担保贷款400万元，帮助、扶持134名下岗失业人员自主创业和实现再就业。2009年，发放农村小额信贷450万元，受益农户2250户10125人。发放城市小额担保贷款1000万元，帮助、扶持201名失业人员、农民工自主创业和实现再就业。发放贷免扶补贷款100万元，帮助20名大学生、失业人员和农民工实现自主创业。2010年，发放农村小额信贷800万元，受益农户2459户10865人。发放城市小额担保贷款1500万元，帮助、扶持253名失业人员、农民工自主创业和实现再就业。发放贷免扶补贷款350万元，帮助70名大学生、农民工和失业人员实现自主创业。贷款回收率100%。

【培训工作】　2007－2010年，共组织82名优秀妇女参加省、市妇联举办的培训班学习。县妇联联合县教育局、关工委等单位举办家庭教育知识培训班6期培训家长2500余人（次）。举办妇女干部培训班4期750余人（次）。县、乡、村三级妇女组织共举办各种实用技术培训班237期，培训妇女2.5万人（次）。

【妇女代表大会】　2008年11月17—19日，在大礼堂召开寻甸县妇女第十一次代表大会，来自全县各条战线的277名妇女代表、100多位特邀代表、列席代表出席了会议。大会选举产生了寻甸县妇女第十一届执行委员会委员27名，常委11名；县妇联主席1名，常务副主席1名，副主席1名。

【春蕾计划】　县"春蕾计划"实施的主要形式为创办"春蕾班"和推荐"春蕾生"到省、市"春蕾班"就读，2009年9月首次在昆明市机电学校创办"春蕾班"，2009年，全县有"春蕾学生"80名，其中：市级"春蕾生"30名；县级"春蕾生"50名。县级"春蕾生"共减免学费5万元（1000元/人）（由县财政负担），兑现学费补助2.5万元（500元/年/人），生活补贴5000元（100元/年/人）。2009年，全县各级妇联积极组织开展向昆明市春蕾少年儿童基金会捐款活动。累计捐款3.3万元。2010年，有"春蕾学生"73名，其中：省级"春蕾生"1名；市级"春蕾生"12名；县级"春蕾生"60名。兑现2009、2010年县级"春蕾生"学费补助5.5万元（500元/年/人）、生活补贴1.1万元（100元/年/人）（市财政承担）2010年，全县15名民族中学的学生得到市春蕾儿基会救助，每人1500元。

【维权工作】　结合"三下乡"活动、"三八维权周"、科技宣传周、禁毒宣传日、"12.4"普法宣传周等活动的开展，充分利用广播、电视、板报等大众传媒，认真宣传《妇女权益保障法》等法律法规和禁毒防艾知识。2007－2010年累计发放各种宣传资料4万余份。认真做好来信来访工作。2007年12月，建立维护妇女儿童合法权益联席会议制度，每年召开1次维权联席会议，通报一年来维权工作开展情况，交流经验，研究解决维权工作中的重点、难点问题。2007年县、乡、村妇联共接来信来访203件，处理199件，处理率达96.5%。2008年县、乡、村妇联共接来信来访114件，处理112件，处理率达98.2%。2009年县、乡、村妇联共接来信来访158件，处理156件，处理率达98.7%。2010年县、乡、村妇联共接来信来访203件，处理199件，处理率达96.5%。

【文明家庭创建活动】　深入开展"五好文明家庭"、"廉洁家庭"、"平安家庭"、"绿色环保家庭"等创建活动。2008年，创省级优秀助廉家庭1户。2009年，创市级"五好文明家庭"标兵户1户，"五好文明家庭"4户，县级"五好文明家庭"49户。2010年，评选表彰县级"孝廉家庭"25户，"平安家庭"50户，"绿色环保家庭"50户。

【妇儿工委工作】　认真对照寻甸妇女儿童发展规划（2001—2010年），牵头协调各成员单位组织实施，推进各项重点、难点指标的落实，按时按质按量完成各年的监测统计工作。

【创建巾帼示范村（社区）】　自2010年10月开始，在全县范围内开展创建"巾帼示范社区（村）"工作，成立了"巾帼示范村"创建领导小组，制订《寻甸县妇联创建"巾帼示范社区（村）"实施意见》，召开专题工作会议安排部署"巾帼示范社区（村）"创建工作，拨付创建经费3.3万元，共创建市级"巾帼示范社区（村）"3个、县级"巾帼示范社区（村）"11个。

【基层组织建设】　结合第四届村（社区）"两委"换届，配齐、配强妇委会主任，建立健全村（社区）妇女组织。2010年，选举产生了174个村（社区）妇委会主任，其中：妇委会主任进"两委"班子的149人，占总数的85.6%。未进"两委"的妇委会主任25人。占总数的14.4%。争取市级有关部门的支持，自2008年起，将村（社区）妇委会主任的岗位补贴列入市财政预算。（村妇委会主任200元/月/人，社区妇委会主任100元/月/人）。

【节庆活动】　2007—2010年三八节期间，县妇联都会分别与县委宣传部、县文体局、县总工会等单位联合举办妇女健身操比赛、趣味运动会，召开表彰大会、女干部座谈会等隆重纪念三八国际劳动妇女节。

2009年6月1日，深入到河口乡撒米落民族幼儿园看望、慰问小朋友和幼儿教师，给58名小朋友送去精美的文具盒等学习用品和慰问金2000元。2010年"六一"节期间，县、乡妇联共走访慰问全县14个乡（镇）因孤、残、病等原因导致的贫困儿童288名，分别为他们送去慰问金和文具，折币3万余元。

【扶贫帮困工作】　2007－2010年共走访慰问贫困母亲80名，慰问物资折币1.5万元。2008年，县妇联机关全体干部职工为汶川地震灾区捐款8900元。争取到全国妇联、美国圣徒慈善协会和市妇联的支持，捐赠了70辆轮椅残疾家庭。2010年，县妇联机关全体干部职工共捐款8100元，积极支持抗旱救灾工作。2007—2009年，牵头联系美国友人Ron Deady先后三次到七星乡中学、江外小学捐资助学。3年累计捐款2.1万元，救助了成绩优异、家庭贫困的中小学生45人(次)。争取西班牙企业华人联合会的支持，3次捐资1.85万元救助贫困中小学生30人(次)。每年的三栽一种期间、春节前后，县妇联都会深入到挂钩村委会、结对农户家中看望、了解当地的生产生活，帮助他们解决实际困难，全体干部职工每人与挂钩点的1户贫困户结对帮扶。

【争先创优工作】 2007年创省、市级优秀妇女之家各1个，省级“巾帼创新业示范基地”1个，市级“巾帼文明示范岗”1个。市级留守儿童、流动人口子女示范家长学校1所，市级妇联组织先进集体1个培养省级“巾帼建功标兵”1名，市级优秀妇女工作者4名，市级五好文明家庭户4户，市级“巾帼创新业带头人”1名。2008年，培养全国“双学双比”先进女能手1名，全国“双学双比”先进工作者1名，创市级“双学双比”活动先进集体2个，“巾帼建功”活动先进集体1个。培养市级三八红旗手1个，市级“双学双比”女能手标兵1名，市级“双学双比”女能手4名，“双学双比”进工作者2名，“巾帼建功”先进个人1名，“巾帼建功”先进工作者1名。2009年，创市级“巾帼科技致富示范村”4个，市级妇联组织先进集体2个，市级优秀妇女之家2个。培养省级“巾帼建功标兵”1名，市级关心、支持妇女工作的好领导1名，市级“巾帼创新业带头人”4名，市级优秀妇女工作者4名，市级五好文明家庭户4户。2010年，培养全国城乡岗位建功先进个人1名。创省级“巾帼创新业示范基地”1个，省级示范家长学校2所，省级留守儿童、流动人口子女示范家长学校1所，培养省级“巾帼建功标兵”1名。市级家庭教育指导中心1个，市级示范家长学校3所，市级留守儿童、流动人口子女示范家长学校3所。市级三八红旗集体1个，市级三八红旗手3个。

【人物】

“三八”红旗手名单

张永萍(昆明市2010.3)

吴红艳(昆明市2010.3)

孙树英(昆明市2010.3)

龚艳琼(昆明市2008.3)

“巾帼建功”先进个人

杨雁惠(昆明市2008.3)

【领导名录】

主　席　张永萍(2005.08—)

常务副主席　沈忠存(2005.03—)

副主席　代金翠(2002.08—)

（撰稿人：杨　丽）

工商联

【县工商业联合会】 截止2010年12月，全县共有工商联会员278人，其中：企业会员69人、团体会员2个、个人会员201人、原工商业者“三小”人员6人。

【县工商联第五次会员大会】 2008年6月25—27日，县工商联召开了第五次会员大会，200余名会员和县直各部、委、办、局级单位及各乡镇分管工商联工作的领导共300余人参加了会议。各县(市、区)工商联到会祝贺，市委统战部副部长、市工商联党组书记李和平，市工商联党组副书记何汝祥、市工商联调研处处长吴应台等领导到会指导，省工商联发来贺电对会议的召开表示祝贺。大会听取并审议通过了朱富强同志代表第四届执委会所作的工作报告，选举产生了县工商联第五届执委会，朱富强同志当选寻甸县工商联主席、商会会长，刘树平当选寻甸县工商联副主席(副会长)，马玉能等15名企业家当选寻甸县工商联副主席(副会长)，王玉芬当选寻甸县工商联秘书长。大会还对3个先进集体、14名先进会员和8名先进工作者进行了表彰。

【政治推荐】 2007年，推荐11名会员担任昆明市工商联第十次会员代表大会代表，赵德伟、杨庭岗当选市工商联第十届执行委员会委员。

2008年，推荐22名工商联会员及非公经济代表人士担任政协七届委员会委员；推荐11名会员担任昆明市光彩事业促进会第一届理事，县委常委、统战部长林克俭，县工商联党组书记、主席朱富强，县工商联副主席、云南常青树化工有限公司董事长陈爱中当选常务理事。

2010年4月，县工商联主席朱富强增补为昆明市工商联十届执行委员会委员。

【调查研究】 2007年，配合市工商联调研组一行到云南金柯制药有限公司对企业参与新农村建设情况进行调研。

2008年3月11日，省委统战部副部长、党组书记张功祥一行深入南磷集团寻甸磷电有限公司开展调研，实地考察了寻甸磷电有限公司PVC生产流程，并听取了工商联工作汇报；4月12日，省、各州(市)、县工商联负责人60余人到寻甸县调研，参观考察了南磷集团10万吨烧碱和13万吨PVC生产流程；6月份，配合省工商联做好少数民族地区非公经济状况调研工作。

2009年，会同统战部有关领导到重点联系会员企业调研，完成调研文章2篇，在调研中，听取非公有制企业意见，对他们提出的涉及用地、用电等问题，积极与有关部门进行协调；2010年完成调研文章1篇。

【参政议政】 2007年，在昆明市政协会议召开之际，为充分发挥工商联参政议政的作用，向全县各会员及会员企业发出征集政协会议提案的通知。马街分会潘文德、李楚海、赵金福等6人提出“关于加宽轿子雪山旅游线路面”、“关于恢复寻甸回族彝族自治县倘甸镇农业银行营业所”两件提案。

在2007－2010年“两会”期间，认真组织工商界政协委员围绕全县经济社会发展的热点、难点问题，积极建言献策，提出“关于加大社会主义新农村建设资金投入力度”、“关于自然村校点危房改造”等提案82件。自开展民主评议机关和行业作风以来，县工商联积极配合，组织会员对全县56个部门和20个垂直管理单位进行评议。

【学习培训】 2007年11月12—13日，工商联领导带队组织4名非公经济代表人士参加市工商联举办的非公经济代表人士培训班，就中小企业科学管理、《物权法》、十七大精神等有关知识进行了学习培训；12月5—7日，2名工商联干部参加“昆明市商会干部培训班”学习。

2008年6月2—5日和7月7—9日，先后组织两批企业会员参加昆明市工商联举办的非公经济代表人士理论培训班学习。

2009年5月4—7日组织4名会员到市委党校参加非公经济代表人士培训班学习，就参政议政知识、企业常用法律法规、学习和贯彻科学发展观、金融危机对企业的影响及企业发展对策等内容进行了学习；7月13—16日，朱富强、杨庭岗两位市工商联执委参加市委统战部举办的市级民主党派、有关人民团体干部培训班，就科学发展观、国际金融形势、坚持走中国特色社会主义道路等内容进行了学习。

2010年分别组织两批会员参加昆明市工商联举办的“中小企业管理能力建设暨企业管理远程(公益)培训”及“非公经济代表人士培训班”学习。

【服务工作】 四年来，为兼职副主席、部分执委和会员寄送《昆明商会》、《昆明市人民政府公报》、《云南工商》共1500余份；向工商联会员发放《寻甸回族彝族自治县加快非公有制经济发展的实施细则》200份、《中华全国工商业联合会章程》350本。通过发放各种资料让他们及时了解掌握省、市和县委、政府的相关政策措施。多次深入会员企业听取非公有制经济代表人士反映的意见和建议，及时协调解决非公企业发展中遇到的问题。如：2008年2月就寻甸县双龙水泥厂无法一次性缴清矿产资源有偿使用费问题与相关部门进行协调；柯渡松子加工厂因资金周转困难，工商联在2010年6月和7月期间分别向益鑫小额信贷公司和团县委为其两次担保贷款计15万元。为认真贯彻落实好艾滋病防治方针、政策，做好农民工艾滋病防治工作，深入企业宣传艾滋病防治知识，发放《昆明市农民工预防艾滋病简明读本》100册、《健康教育工作手册》20本、宣传折页230份、贴画20张。

【光彩事业】 2007年春节前夕，经县工商联牵线搭桥，昆明市工商联沧州商会、晋江商会、童装商会、果品商会到甸沙乡送温暖献爱心，捐款2万元及216套童装，慰问了甸沙乡6名百岁老人、50户特困群众、甸沙乡中学16名特困学生及苏撒坡小学贫困学生。

2008年5月12日，四川省汶川县发生8级大地震，工商联积极行动，倡议会员捐资捐物支援灾区，共捐资捐物价值51.27万元(其中云南金柯制有限公司董事长章月贵捐赠价值15万元的药品、云南国能化工有限公司董事长李国能捐资10万元)；5月22日，工商联机关4名党员干部交纳“特殊党费”5510元，为灾区人民献上一份爱心。

2009年，县工商联副主席、云南金柯制药有限公司董事长章月贵带头并组织员工为塘子蒋所村火灾受灾农户捐款7550元，帮助受灾农户渡过难关；马街分会组织会员及有关单位人员捐款1.51万元，为因车祸右腿高位截肢的陈敏小朋友解决部分医药费；积极向昆明市光彩事业促进会争取资金105万元，其中：50万元用于金源乡龙潭小学建设，50万元用于甸沙乡老村小学建设，4万元用于甸沙乡兴隆村委会小学场地建设，1万元用于塘子平潭子村人畜饮水工程；向昆明市光彩事业促进会争取了价值60万元的3000份纽徕佛牌蛋白质粉，发放到部分贫困中小学生、困难人群及老年人手中；争取到昆明市工商联南安商会捐资3万元为10名成绩优秀的贫困大学新生解决入学难的问题；昆明景天公司向甸沙乡老村完小捐赠了价值1万元的课桌椅及高低床。

2010年，在百年不遇的大旱面前，工商联机关干部及部分会员企业积极行动，共捐资捐物价值64.71万元；春节前夕，马街分会组织会员捐款1万元，慰问了26户特困户。

【扶贫挂钩】 2007年，积极筹措资金为挂钩点甸沙乡兴隆村委会腊支村购买水泥20吨，用于该村打拦河坝，防洪、减灾及恢复农田耕种；机关党员干部每人捐款100元结对帮扶挂钩点贫困党员；与统战部一起深入甸沙乡麦地心村民委员会9个自然村采集图片，保证该乡“数字乡村”工程的顺利推进。

2008年，向昆明奕标水泥有限公司争取水泥30吨为挂钩点加固拦河坝，恢复水毁农田；三栽一种期间筹资1400元补助群众生产生活。

2010年，根据县委安排，选派一名新农村建设指导员挂钩联系甸沙乡麦地心村委会，7月20日，组织全体机关干部深入联系点走访调研，了解群众的生产生活，并送去3吨大米、50床被子慰问了部分困难群众。

【贷免扶补】 为贯彻好《云南省人民政府关于鼓励创业促进就业的若干意见》精神，按照省、市工商联的工作要求，县工商联认真开展鼓励创业“贷免扶补”工作，切实把鼓励创业“贷免扶补”工作落到实处。2009年扶持6人成功创业，完成30万元贷款的发放任务。2010年扶持37人实现创业愿望，完成185万元贷款的发放工作。

【组织建设】 2008年，发展会员3批46人；会同统战部深入仁德、塘子、倘甸、柯渡、羊街、鸡街、凤仪、金所、先锋等乡(镇)，了解非公经济经营发展状况，建立了50名非公经济代表人士档案材料。

2009年2月6日，召开了县工商联五届二次执委会议，县委常委、统战部长林克俭和县人民政府副县长周利辉到会指导；3月6日，指导马街分会完成换届工作，潘文德当选会长、李楚海等8人当选副会长；完成25名非公经济代表人士档案建立工作；重点深入无会员的金源、甸沙、六哨、联合四个乡镇进行调查、摸底，发展会员25名。

2010年11月4日，成立了“寻甸食品行业商会”、“寻甸浙江商会”，填补了我县行业商会的空白；11月28日，指导仁德分会完成换届工作，此次换届是乡镇撤并(仁德镇、金所乡、塘子镇、城关乡)、区划调整后所召开的第一次会员大会，会议选举产生了新一届领导班子，寸有宾当选会长，鄢小晶、马存荣当选副会长；全年发展会员两批，新增会员56人。

【其它工作】 2008年，为纪念改革开放三十周年，县工商联深入部分会员企业调研，选定代表寻甸磷化工企业的龙头企业南磷集团寻甸磷电有限公司、代表寻甸特色食品的企业仁德食品有限公司、代表农业综合开发的企业寻甸钟灵山农业科技开发有限公司及生物制药企业云南金柯制药有限公司的资料图片，为昆明市工商联组织出版《腾飞的昆明非公有制经济》提供素材；按照《中共寻甸县委办公室、县人民政府办公室关于征集纪念改革开放30周年文稿的通知》，收集整理了1978年－2008年工商联解放思想、改革开放的主要数据、工作情况，上报有关部门。

【表彰奖励】 2007年，云南金柯制药有限公司董事长章月贵、云南旭东磷化集团董事长李文忠被评选为昆明市第二届“优秀中国特色社会主义事业建设者”；南磷集团寻甸磷电有限公司副总经理王兴、昆明恒宇印刷有限公司总经理谢波、倘甸憨宝来山庄总经理潘文德被昆明市工商联评为“先进会员”。

2009年，云南常青树化工有限公司董事长陈爱中、昆明骏骐商贸有限公司董事长马玉能被评选为昆明市第三届“优秀中国特色社会主义事业建设者”。云南常青树化工有限公司、云南国能化工有限公司积极响应党中央、国务院的号召，深入全县贫困地区开展扶贫开发工作，切实帮助贫困群众改善生产生活条件，为促进贫困地区经济社会加快发展，维护民族团结、社会和谐发挥了重要作用，为非公经济人士做出了榜样，成绩突出，被中共云南省委、云南省人民政府授予“2009年度社会扶贫先进集体”荣誉称号。

【领导名录】

主　席：赵德伟(2005～2007.08)

党组书记兼主席：朱富强(2007.11～)

专职副主席：

刘树平(2007.08～2010.09)

张永明(女 2010.10～)

兼职副主席：马玉能(2008.06～)

刘　华(2008.06～)
杨庭岗(回，2008.06～)
李文忠(2008.06～)
李国能(2008.06～)
张世伟(2008.06～)
陈爱中(2008.06～)
钱　荣(2008.06～2009.04)
罗显明(2008.06～)
桂明才(2008.06～)
龚艳琼(女 2008.06～)
章月贵(2008.06～)
廖昆生(2008.06～)
潘文德(2008.06～)
李万华(2008.06～)

秘书长　王玉芬(2008.06～)

科　协

【机构】　寻甸回族彝族自治县科学技术协会1980年成立，1993年与科学技术委员会合署办公，实行两块牌子、一班人马。2010年10月按县委机构改革方案独立建制，编制5人，其中主席一人，副主席两人(一名副主席兼秘书长)，内设办公室(组织人事科)、综合科(审计科)。

【科普培训】　2007年在全县范围内共举办各种类型的农村实用技术培训班50期8500人；2008年举办培训班50期8850人；2009年举办培训班60期1.07万人；2010年举办培训班65期1.05万人。通过培训，农户初步掌握1—2门农村实用技术，为农民增收致富奠定了一定的基础。

农函大是云南省农村实用技术函授大学的简称，目的是通过对农民进行一定学时的实用技术函授教学，使农民掌握一定的致富技能。2007年县科协相继在鸡街、柯渡、甸沙、河口等乡(镇)分别招收了中草药种植、水稻、蓝莓、板栗、核桃等15个专业农函大教学班703人。2008年在河口、甸沙、金源等乡(镇)分别招收了核桃、中草药种植、食用菌栽培等18个专业农函大教学班1011人。2009年在仁德、甸沙、河口、金源等乡(镇)分别招收了养牛知识、水奶牛养殖技术、养猪、养鸡、栽桑养蚕技术、花卉种植等31个专业农函大教学班1544人。通过考试培训，100%的参训人员均获得了省农函大颁发的培训证书。

【科普活动】　按照中国科协、国家科技部、教育、卫生等部委的要求，每年五月的第二周为全国"科技活动周"，九月十七日为"全国科普活动日"，春节前举行"科技三下乡"活动，作为科普宣传主力军的县科协，三年来积极牵头、组织、协调、参加好这"三项"大型科普活动。

科技"三下乡"活动。2007年在鸡街乡开展科技"三下乡"：制作并展出科普展板10余块；购买《云南花卉系列丛书》240册，《科学养殖猪、牛、羊》系列丛书300册，《科学防治禽流感》、《无线电管理》、《饮食与健康》等科普挂图800份及《大众科技报》、《保健时报》、《雪莲果栽培技术》等科普宣传资料3500份到现场发放；向农户赠送雪莲果种56千克。2008年在功山镇开展科技"三下乡"：展出展板10块；发放科技宣传资料2000余份，发放科普丛书1600册；现场技术咨询1000余人(次)。2009年在县城开展科技"三下乡"：展出展板9块；发放宣传资料2000余份；发放宣传画册、《防震减灾科普常识》、《心理援助》及云南花卉系列丛书等书籍1000余册。2010年在甸沙乡开展科技"三下乡"：启动仪式当天发放宣传资料1450份，发放了《饮食与健康》、《生理活动、行为医学科学知识》、《云南科技》、《昆明科技》及宣传"崇尚科学、关爱生命、远离邪教、幸福安康"日历等科普资料；帮助、协调县栽桑养蚕协会，争取云南省技术培训中心、县农业局、县社会和劳动保障局、县科技局等有关部门的支持，针对协会201人会员，邀请云南省电子信息技工学校的吴老师开展了为期七天的《栽桑养蚕技术培训》；作为防火一级单位，县科协邀请昆明市防火中心的何老师，对在寻甸县科技馆内办公、营业的所有人员进行了火灾预防知识、火灾发生的原因、火灾现场的逃生与自救、消防知识等相关培训。

科技活动周。2007年在县城开展"科技活动周"：展出展板60块；发放科技书籍1200册；赠送《畜禽现代养殖技术》、《农作物、花卉栽培及管理技术》书籍300本给和平村委会科普活动站。2008年在县城开展"科技活动周"：展出展板10块；购置发放科技书籍3300册；组织学生及市民到县科技馆观摩由湖北科技馆提供的哥氏七桥、空气泡等23件科普展品及县科协制作的科普展板。2009年在甸沙乡开展"科技活动周"：发放宣传资料2000余份；发放宣传画册、书籍3000余册。2010年在县城开展"科技活动周"：县科协、公安、计划生育、卫生等部门制作各种宣传展板10块；购置了各类科技书籍3300余册，到地震局联系防震减灾宣传册1000余份，科技活动周启动仪式当天全部发放完；5月15—20日，由县科协牵头，在县科技馆青少年科普展厅举办青少年科普展品及观看有关科普知识展板的活动，面向公众开放科技展览，观摩人数达2366人，发挥了科技馆面向公众普及科技知识、传播科学思想和方法、倡导科学精神、宣传科技成果及其作用。

全国科普活动日。2007年全国科普活动日，县科协调相关部门，安排乡(镇)科协在全县范围开展科普讲座、科普展览、科普咨询、科普演出、发放科普资料。活动期间开展《保护生态环境》讲座1次；制作悬挂科普标语100条；粘贴科普挂图500张；制作展板、出黑板报350块；设科技咨询点、科普宣传点6个；发放科技资料2万份；全县受众人数达2万人。2008年全国科普活动日期间在县一中、县职中、县幼儿园等学校开展防震避灾自救演习，为全县十余万师生开展演习起到示范带头作用；利用科普宣传栏及制作移动科普展板等形式宣传《保护生态环境倡导绿色行动》、《节能减排》等科普知识；与计生局赠送科普书籍500本给我县新田、竹沟、建设三个村委会的生育文化室；另外，县科协、防震减灾局、教育局还购置了7000本《中小学防震减灾教育读本》，500余本《心理援助》安排给全县各位教师，用于普及防震减灾知识。2009年在倘甸镇开展"全国科普日"活动：开展了义诊，农业、畜牧、卫生等专家咨询活动；发放宣传资料2.88万份；科普挂图1000余张；发放宣传画册、书籍1.3万余册及药物。2010年科普日活动期间要求各乡(镇)按照"防灾减灾、低碳生活、安全健康、和谐发展"主题，密切联系广大公众生产生活的实际需求，紧紧围绕科技创新支撑经济社会发展，坚持深入实际、深入基层、深入群众，创造性的开展活动；县科协牵头，结合"每月一课"周末课堂九月份学习活动，组织县直各单位副科以上领导干部，于9月3日下午参加了中国工程院苏君红院士所作的《现代科学与思维方式》的科普报告，参加学习人员达77人；县科协与县教育局积极组织县城附近的青少年到科技馆青少年科普展厅进行了观摩活动，观摩人员达300余人(次)；柯渡镇科协组织了与本次活动日主题相关的科普宣传挂图50套和科普宣传资料500余份，分发到各村、各单位、各企业和各学校，全镇各联办部门共制作科普主题展牌35块，张贴科普宣传标语153条，悬挂科普横幅15条，发放各类科普宣传资料5000份。

【农村专业技术协会建设及管理】 县科协作为县委领导下的群团组织，随着经济的不断发展和产业结构的调整，一家一户的单独经营已不能适应发展的要求，县科协结合我县的县情，始终把服务“三农”作为工作重点，把农村专业技术协会建设及管理作为农民增收，解决农村剩余劳动力的抓手。一方面抓农村专业技术协会的培训及引导，其次作好扶持工作。

2007年发展农村专业技术协会5个：羊街蚕桑协会、金源臭参协会、仁德窑上养渔协会、金源乡蔬菜协会、羊街高山蔬菜协会，会员600人；组织5名会长（秘书长）参加市科协举办的培训班；指导、帮助部分协会向有关部门争取协会发展资金40万元。2008年发展农村专业技术协会4个：河口乡养鸡协会、金所乡蔬菜协会、甸沙乡马铃薯协会、柯渡镇板栗协会，会员413人；县科协还组织带领我县蔬菜协会会长、副会长到昆明参加了为期三天的“中国－以色列”昆明农产品质量标准控制与保鲜、储存技术使用项目培训；仁德镇和平村委会列为“科普惠农兴村计划”示范点，5万元项目经费到位实施。2009年发展农村专业技术协会2个：即县栽桑养蚕协会、河口乡鲁冲养鸡协会，会员146人；县科协组织带领我县蔬菜协会会长、副会长到楚雄元谋参观学习了农技协先进经验，组织部分会长到昆明听了美国新西泽州大学教授、世界级生物科学家科学家狄榕博士作“生物工程给人类生活带来的变化”学术报告；县养牛协会列为“中国科普惠农兴村计划”示范点，30万元项目经费到位实施。2010年发展农村专业技术协会1个：倘甸早春马铃薯种植营销协会，会员60人；县蚕桑协会列为省级“科普惠农兴村计划”示范点，6万元项目经费到位实施。

【青少年科普】 2007年县科协组织我县部分学校的青少年的358件作品参加昆明市第22届青少年科技创新大赛，其中获市一等奖10人，二等奖30人，三等奖85人。2008年县科协组织我县部分学校的青少年的358件作品参加昆明市第23届青少年科技创新大赛，其中获市一等奖25人，二、三等奖259人，推荐省级参赛1名。2009年县科协组织我县部分学校的青少年的399件作品参加昆明市第24届青少年科技创新大赛，其中获市一等奖19人，二等奖48人，三等奖44人。2010年县科协组织我县部分学校的青少年的244件作品参加昆明市第25届青少年科技创新大赛，其中获市一等奖23人，二等奖44人，三等奖53人。

【农民专业技术职称评定】 农民专业技术职称评定是农村乡土人才科技及劳动技能的一种认定。2008年推荐6人参加昆明市农民专业技术职称评定，3人获农民高级技师职称，2人获农民技师职称。2009年推荐7人参加昆明市农民专业技术职称评定，4人获农民技师职称。2010年推荐4人参加昆明市农民专业技术职称评定，1人获农民高级技师职称，2人获农民技师职称。

【“一站、一栏、一员”建设】 “一站、一栏、一员”建设即建一个科普活动站、建一块科普宣传栏、配一名科普宣传员。2008—2010年县科协已在全县21个点完成“一站、一栏、一员”建设工作。

【优秀科技工作者推荐】 科协作为科技工作者之家，积极组织我县教育、卫生、农业、畜牧业及相应民间组织等部门的科技人员参加“昆明市优秀科技工作者”、“昆明市优秀农技协会长”等评选表彰活动，经过评选，2008寻甸县养牛协会周对发获得“昆明市优秀农技协会长”称号；2010年益康养猪协会的陈春莲、县马铃薯协会的杜春永获得“昆明市优秀农技协会长”称号；2010年县教育局马景存被评为“昆明市优秀科技工作者”。

【领导名录】

主　席：段艳芬(2005.04—)

（撰稿人：段艳芬、马东春）

残疾人事业

【县残联】 1990年成立县残疾人联合会，隶属于县民政局（副科级），1997年单列（正科级）。2007年内设：办公室、康复组织联络科、教育就业宣传文体科。县残联下属残疾人管理服务中心，原设立的残疾人劳动就业服务所、残疾人用品用具供应站、残疾人社区康复指导站、残疾人服务社四个机构并入新设立的中心，保留牌子，实行几块牌子一套人员管理。共有干部职工12人。

【残联组织】 全县共有各类残疾人32385人，其中：视力残疾5034人，听力言语残疾9802人，智力残疾8803人，肢体残疾3356人，精神残疾993人，综合残疾4397人，占全县总人口的6.35%。全县14个乡（镇）建立了残疾人联合会，167个村委7个社区建立了残疾人协会。建立了县级盲人协会、聋人协会、肢残协会、智力残疾人及亲友协会、精神残疾人及亲友协会，成立了残疾人工作协调委员会和残疾人康复工作领导小组。

【康复工作】 2007年共检查眼病患者2500余人，为549名白内障患者免费实施了复明手术。2008年为30名截肢患者免费安装假肢31条，为其节省治疗费用40余万元；美国圣徒慈善协会和全国妇联为10名残疾人赠送轮椅，县妇联向县残联赠送轮椅70辆；免费实施颚裂唇手术17例，为患者节省治疗费用12万余元；筛查聋儿16人；检查眼病患者2000余人，免费实施白内障复明手术248例，为其节省治疗费用25万元。2009年“彭年光明行动”检查眼病患者2000余人，免费实施白内障复明手术202例，为患者节省费用30余万元，发放食宿补助1万多元。长江新里程项目资助10名截肢患者免费安装假肢，为患者节约治疗费用约10万元；发放轮椅37辆，腋杖60付、手杖15付、盲杖10付；选送2名下肢残疾人到云南武警总队医院免费治疗。开展残疾人康复需求调查发放问卷调查表1000余份，对来办第二代残疾证的500余残疾人现场提问。2010年，“视觉第一中国行动”广东狮子会免费实施白内障复明手术318例，“百万贫困白内障患者复明工程”项目实施白内障复明手520例，两次共实施复明手术840余例。免费为9名截肢患者安装假肢，为2人原已装配假肢患者维修，共为患者节约治疗费12余万元。免费为3名听力残疾人安装助听器。发放轮椅58辆。线索调查统计精神病人1571人，其中重症精神病人420人。

【就业培训】 2007年按比例安排残疾人就业3人，收取残疾人就业保障金15万元，福利企业安排残疾人就业50余人；举办以脱毒马铃薯种植和肉牛冻精改良为主，烤烟栽培、水稻改良和其它经济林果为补充的种养殖培训10期，共培训残疾人400人；选送20名残疾人参加市残联组织的手机、小家电培训。2008年选派5名残疾人参加昆明市残联举办的首届残疾人职业技能竞赛，来自金所乡的下肢残疾人张玉祥获竹编项目第一名；选送12名残疾人参加市残联组织的手机维修、小家电维修、摩托车维修、冷热饮制作项目为主要内容的职业技能培训，选送4名盲人参加市残疾人就业服务中心组织的按摩培训和手机维修培训；举办以种养殖业为主要培训内容的职业技术培训班5期、600人；征收残疾人就业保障金17.5万元。2009年2名盲人参加按摩及电脑培训后就业。经调查，全县重度无业且未参加最低生活保障的残疾人达1500余人；征收残疾人就业保障金25.64万元，比2008年22.59万元增加3.08万元，增14%；完成残疾人种养殖技术培训250人。2010年选送2名低视力残疾人免费参加保健按摩培训，1名残疾人免费参加为期7天的电子商务培训，2名残疾人免费参加为期10天的3G手机培训，6名残疾人免费参加为期40天的厨师培训，2名残疾人免费参加为期40天的糕点培训，1名残疾人参加为期6个月的平面设计及装饰设计培训；征收残疾人就业保障金25.79万元，比2009年20.64万元增加5.15万元，增25%。

【扶残助学】 2007年，补助当年考取的大中专残疾学生和残疾人家庭子女共36人，9.6万元。2008年，补助当年考取的大中专残疾学生和残疾人家庭子女64人，11万余元；安排2名残疾学生到云南华夏中专就读，并减免学杂费；上报残疾人事业专项彩票公益金助学项目30人，其中走读生15人，寄宿生15人，共补助资金1.8万余元；申报昆明金鹰购物中心资助残疾学生项目2人，每人补助2500元。2009年，补助当年考取大中专的残疾学生和残疾人家庭子女56人，12.9万元。2010年，补助当年考取本科、专科的残疾学生和残疾人家庭子女56人，10.44万元。

【文体活动】 2007年，残疾人运动员鲁韦元、周颖在丹麦举行的残疾人游泳锦标赛上，共获得6枚金牌和1枚银牌；残疾人运动员鲁韦元、凡志超、周颖、周艳非在昆明举行的全国第七届残疾人运动会上，共获得游泳项目7枚金牌、5枚银牌、6枚铜牌和脑瘫足球1枚金牌并打破三项全国记录；鲁韦元在加拿大举行的世界游泳积分赛中，获得5枚金牌。2008年，在北京残奥会上，残疾人运动员鲁韦元取得100米蝶泳第五名及100米仰泳和200米混合泳第八名，以残疾人运动员樊志超为队长的七人制脑瘫足球队取得第八名。2009年，7名残疾人运动员在昆明举行的省第九届残疾人运动会上，共获得9枚金牌、1枚银牌和4枚铜牌。

为备战2011年第八届全国残疾人运动会运动员的选调工作，残疾人游泳运动员鲁韦元、周艳非、周颖和脑瘫残疾人运动员樊志超正在昆明、北京集训。2010年，残疾人游泳运动员鲁韦元在广州举行的亚洲残疾人运动会上，获得一枚银牌和一枚铜牌。

【扶残助残】 2007年，春节走访慰问贫困残疾人家庭285户，慰问款物折合人民币8万余元。助残日期间，走访慰问贫困残疾人80户。实施农村贫困残疾人危房改造36户，投入经费20万元。为挂钩点功山镇棵松村委会红石岭村民小组的贫困群众送去大米40袋；投资2000元，对该村部分残疾人进行了以脱毒马铃薯为主要培训内容的职业技术培训；投资3000元帮助村委会修建围墙及大门。

2008年，春节走访慰问贫困残疾人家庭350户，慰问款物折合人民币12万余元。助残日期间，8名盲人获得市残联“亲近奥运”活动资助的8台收音机。实施农村贫困残疾人危房改造70户，开展农村贫困残疾人极度危房户和危房户2535户统计调查。“三载一种”为扶贫挂钩点功山镇棵松村委会红石岭村民小组送去大米40袋，并为村委会解决工作经费3000元。为新农村建设指导村——功山镇八岔哨村解决经费3000元。扶持20户具有一定养殖规模的残疾人户进行养殖，每户扶持资金5000元。

2009年，春节走访慰问贫困残疾人家庭490户，慰问款物折合人民币14万余元。争取资金10万元扶持20户残疾人发展养殖业。第十九次“全国助残日”活动，到寻甸第二中学慰问残疾学生2人，每人慰问300元，到市聋哑学校走访慰问贫困残疾学20人，每人200元，为前来残联办事的贫困残疾人解决路费、生活费1000余元。市残联领导“七·一”慰问贫困残疾人党员4名，残疾人学生4名，贫困残疾人家庭4户，每户慰问300元，合计慰问3600元。新中国成立60周年大庆慰问贫困残疾人10人，每人慰问200元，共2000元。实施农村贫困残疾人危房改造40户。补助挂钩村委会经费6000元，新农村建设村委会经费3000元。

2010年，春节走访慰问贫困残疾人家庭337户，慰问款物折合人民币12万余元。第二十次“全国助残日”，慰问特困残疾人60户，每户给慰问金300元，合计1.8万元；深入各乡（镇）为200名重度残疾人核发、办理第二代《中华人民共和国残疾人证》，为其节省路费、生活费2万余元；发放150名重度残疾人“阳关家园居家托养”经费，每人800元，合计12万元。为功山镇棵松村委会解决人畜饮水经费1.5万元，为倘甸镇马街村委残协综合养殖合作社解决人畜饮水经费2万元。完成20户残疾人无障碍设施建设工作，每户500元，共计1万元。中秋、国庆“两节”期间，走访慰问贫困残疾人家庭33户，发放慰问金1万元。实施重度残疾人居家托养200人，补助经费18万元和机构托养46人，补助经费6.2万元。实施农村贫困残疾人危房改造51户，投入经费20.4万元，认真落实市残联下达的40户、44万元的农村贫困残疾人危房改造任务。

【来信来访】 2007年，受理残疾人来信来访70余件，平均办结率达95%以上。2008年，受理残疾人来信来访85件，平均办结率达95%以上。2009年，受理残疾人来信来访72件，平均办结率达95%以上，给予来访残疾人生活费、返乡费等费用近万元。2010年，受理残疾人来信来访41件，平均办结率近100%，给予来访残疾人生活费、返乡费等费用近千元。

【政策法规宣传】 2007至2010年春节、助残日、爱耳日等法定节日期间，开展了《中华人民共和国残疾人保障法》、《残疾人就业条例》、《云南省实施〈中国残疾人保障法〉办法》、《云南省残疾人优待规定》、《云南省按比例安排残疾人就业规定》、新修订的《中华人民共和国残疾人保障法》、《中共中央、国务院关于促进残疾人事业发展的意见》、《残疾人教育条例》等有关残疾人事业政策、法规的宣传教育活动，共发放宣传材1万多份，编制简报50余期、工作通报48期，使广大残疾人能知法、守法，用法律的武器来维护自己的合法权益。

【领导名录】

理事长：胡光富（1997.04—2007.09）
　　　　陈瑞云（2007.09—2010.09）
副理事长：马青竹（2007.12—2008.03）
　　　　余　平（2007.12－）

军　事

编辑：马云梅

人民武装

【县人民武装】 1950年1月组建县人民武装部，1986年5月，县人民武装部改归地方建制，称寻甸回族彝族自治县人民武装部，机构等级由正团（县）级降为副县级（团）级。1996年4月，县人民武装部收归部队建制，称中国人民解放军云南省寻甸回族彝族自治县人民武装部，级别由原来的副县（团）级升格为正团（县）级。2006年内设军事科、政工科、后勤科，级别为正营（科）级。2007年6月搬迁至龙泉路，占地13.5亩。2010年，有在编现役军人7名，在编职工11名，干部编入中国人民解放军军官序列，隶属昆明警备区，职工编入地方职工序列。

【党委班子建设】 围绕增强"三个素质"、提高"四个本领"的要求，结合党委中心组带机关理论学习，深入学习《民主集中制读本》，深入贯彻落实《党委工作条例》，制订了《寻甸人武部关于争创"标杆"、"窗口"的措施》，依据《党委工作条例》，进一步规范议事原则程序，提高党委机关和干部队伍"三个决策"水平。结合《中央军委关于进一步加强军队高中级干部作风建设的意见》，部党委从转变"五风"（思想、学习、工作、领导和干部生活）入手制定贯彻落实的措施办法。学习贯彻新《军队党委工作条例》，以《基层建设纲要》和《共同条令》学习贯彻落实为契机，着重解决基础不牢、能力不强的问题。以效能廉政建设为抓手，部党委深入抓好作风转变，坚持察实情、说实话、重实际、干实事"四实"工作法，加强党风廉政建设，落实双向讲评、双重监督、述职述廉制度，加强干部推荐使用、经费统管、工程招标等，敏感、热点问题的纪律监督。

【干部队伍建设】 全体干部职工坚持自学与培训相结合的方法，每季度集中2－3天时间组织干部进行业务培训；坚持党管干部原则，实行按级管理责任制，不断加强对干部教育管理的力度。经常对干部进行思想政治教育，规范干部的"生活圈"、"社交圈"、"工作圈"，使干部时时都在组织中，处处都在管理中；注重实践锻炼和岗位练兵，结合学习集训、应急处突和重大任务，给机关干部多交任务、多压担子，在处理难事棘事中练思想、练谋略、练技能。

【政治教育】 部党委坚持把政治理论学习和高科技知识的学习作为全面建设、贯彻落实科学发展观的主要突破口，加强政治理论学习，结合党委中心组带机关理论学习，努力增强"三个素质"、提高"四个本领"，认真落实自学述学评制度，不断开阔视野，创新思维方法，紧跟时代步伐，提高全面建设能力。认真做好干部队伍能力素质的培养。深入开展"四项重大教育"、形势战备教育、法纪教育及抵制反腐蚀等教育。在学习中，始终坚持"三个结合"（把学习实践活动与党委中心组理论学习紧密结合起来，与日常的教育管理结合起来，与转变作风提高效益结合起来），努力在"三个进入"上下功夫。在学习中注重政治氛围的营造，先后共投入2.5万元，在营区明显位置，悬挂"五句话"、"三个确保"、"优良传统"等标语内容，制作横幅8条、学习展板3块、学习橱窗2期。并开展多种形式的配合活动。组织观看了总政6个专题讲座，开展了学习"红河前哨钢二连"的活动，聘请教员教唱红色经典歌曲，组织本部人员和民兵唱红色，国庆60周年纪念活动，通过专家讲授、理论辅导、讨论交流等形式配合职工学习。扎实开展《基层建设纲要》学习活动，狠抓思想认识问题，着力解决机关干部纲要内容不熟悉、领会纲要精神不全面，部分人员不会干、不愿干的问题；再抓落实制度问题，解决落实干部意识不强、坚持不一贯、指导不力、工作作风不实、工作质量不高的问题；落实成果转化，增强按纲指导、能参能谋、督导协调的能力，培养令行禁止、求真务实、严谨细致的优良作风。

【军事训练】 2007年，完成了共计340名民兵军政教育训练任务。

2009年，与钟灵山空军部队的军民协同挂钩训练，完成315名民兵军政教育训练任务；根据上级要求，成立了由100人的抗洪抢险、应急维稳、森林防火民兵多样化分队，在警备区组织的民兵多样化分队展演示中取得了第3名。同时，以提高遂行多样化军事任务能力为目标，加强对非战争军事行动的演练，增强了处置突发事件的能力。

2010年，着力强化首长机关军事训练，提高机关干部军事体能和技能。依据《民兵军事训练大纲》，一面坚持抓好抢险救灾工作，一面坚持抓好民兵军政教育训练。2010年年完成了共计314名民兵军政教育训练任务。

【抗灾抢险】 2010年，面对百年不遇旱灾，组织了1200余名民兵，全力投入护林防火、抗旱保民生的工作中。协调住寻部队共出动兵力2725人次，车辆281台次，保障应急用水3000余方，圆满完成抗旱救灾的胜利。

【参建参治】 2010年，在全县民兵预备役人员中广泛开展“社会主义新农村”建设活动，共投放兵力3250人次，出动车辆168台次，深入一线帮助春耕生产90余亩、抗旱保苗320余亩，扑灭森林火灾6起，挽回经济损失280余万元，各种形式送水4280余立方。

【民兵整组】 2007年，全县有民兵55326人，其中基干民兵2029人，普通民兵53297人；普通民兵连以上干部1138人基干民兵排以上干部161人，全县编制信息作战支援分队数1个，人数30人。勤务保障分队共分侦察情报分队240人、工兵425人、运输100人、工程保障500人、卫勤保障200人，卫生100人等六类。编组区分：应急分队1，人数94人；应急排92，人数各40共80人；多样化任务分队1，人数100人；供水设施抢修分队1，人数30；电力设施抢修分队1，人数30；森林灭火分队1，人数100。

2008年，全县有民兵55326人，其中基干民兵2029人，普通民兵53297人；普通民兵连以上干部1138人基干民兵排以上干部161人，全县编制信息作战支援分队数1个，人数30人。勤务保障分队共分侦察情报分队240人、工兵425人、运输100人、工程保障500人、卫勤保障200人，卫生100人等六类。编组区分：应急分队1，人数94人；应急排92，人数各40共80人；多样化任务分队1，人数100人；供水设施抢修分队1，人数30；电力设施抢修分队1，人数30；森林灭火分队1，人数100。

2009年，全县有民兵55326人，其中基干民兵2029人，普通民兵53297人；普通民兵连以上干部1138人基干民兵排以上干部161人，全县编制信息作战支援分队数1个，人数30人。勤务保障分队共分侦察情报分队240人、工兵425人、运输100人、工程保障500人、卫勤保障200人，卫生100人等六类。编组区分：应急分队1，人数94人；应急排92，人数各40共80人；多样化任务分队1，人数100人；供水设施抢修分队1，人数30；电力设施抢修分队1，人数30；森林灭火分队1，人数100。

2010年，全县有民兵55326人，其中基干民兵2029人，普通民兵53297人；普通民兵连以上干部1138人，基干民兵排以上干部161人，全县编制信息作战支援分队数1个，人数30人。勤务保障分队共分侦察情报分队240人、工兵425人、运输100人、工程保障500人、卫勤保障200人，卫生100人等六类。编组区分：应急分队1，人数94人；应急排92，人数各40共80人；多样化任务分队1，人数100人；供水设施抢修分队1，人数30；电力设施抢修分队1，人数30；森林灭火分队1，人数100.

【退伍军人登记】 2007年全县共有退伍军人150人(女兵5人)，报到办理登记手续150人。成立临时核对小组和清查小组，核对小组带上历年所有卡片到县安置办核对，补充完善2006年退伍军人服预备役卡片。对县乡(镇)认真核对统计的退伍军人，2007年全县现有的退伍军人服预备役人员总数1653人。其中技术兵668人，非技术兵986人，服一类预备役1044人，二类预备役610人，超龄退出预备役34人，新进入预备役138人。

2008年全县现有的退伍军人服预备役人员总数1653人。其中技术兵668人，非技术兵986人，服一类预备役1044人，二类预备役610人，超龄退出预备役34人，新进入预备役138人。

2009年全县共有退伍军人130人(女兵3人)，报到办理登记手续130人。成立临时核对小组和清查小组，核对小组带上历年所有卡片到县安置办核对。对县乡(镇)认真核对统计的退伍军人，2009年全县现有的退伍军人服预备役人员总数1653人。其中技术兵668人，非技术兵986人，服一类预备役1044人，二类预备役610人，超龄退出预备役26人，新进入预备役130人。

2010年7月，部党委召集军事科干部、职工召开会议，对核对工作进行分析研究，成立退伍军人核对领导小组，华清责任，明确核对时间、方法、步骤和重点，确保了核对工作有条不紊的进行。对2010年退伍军人边登记边查对退伍军人证件，2010年全县共有退伍军人121人(女兵3人)，报到办理登记手续121人。成立临时核对小组和清查小组，核对小组带上历年所有卡片到县安置办核对，补充完善2009年退伍军人服预备役卡片。对县乡(镇)认真核对统计的退伍军人，2009年全县现有的退伍军人服预备役人员总数1653人。其中技术兵668人，非技术兵986人，服一类预备役1044人，二类预备役610人，超龄退出预备役34人，新进入预备役138人。

【组织培训】 2007年5月15日－25日组织乡(镇)13名武装部长参加县人武部组织的军事集训，所训科目成绩在良好以上。7月2日－9日组织全县38名专武干部进行7天的业务培训。8月－10月，利用150多小时组织干部职工进行队列训练、五四式手枪、室内战术作业训练，参训参练率为90%，及格率为92%。

2008年5月15日－25日组织乡(镇)14名武装部长参加县人武部组织的军事集训，所训科目成绩在良好以上。7月2日－9日组织我县31名专武干部进行7天的业务培训。8月－10月，利用150多小时组织干部职工进行队列训练、五四式手枪、室内战术作业训练，参训参练率为90%，及格率为92%。

2009年5月15日－30日组织乡(镇)专武干部参加县人武部军事集训，所训科目成绩在良好以上。7月2日－9日组织全县42名专武干部进行7天的业务培训。8月－10月，利用150多小时组织干部职工进行队列训练、五四式手枪、室内战术作业训练，参训参练率为90%，及格率为92%。

2010年5月15－25日，组织乡(镇)14名武装部长参加县人武部组织的军事集训，所训科目成绩在良好以上。7月2日－9日组织全县42名专武干部进行7天的业务培训。8月－10月，利用150多小时组织干部职工进行队列训练、五四式手枪、室内战术作业训练，参训参练率为90%，及格率为92%。

【战备工作】 武装部不断搞好节日战备教育，加强战备值班执勤制度的落实，强化干部、职工和基层武装部战备观念。先后筹措经费109万元(其中2007年12万元，2008年43.5万元，2009年10万元，2010年43.5万元)购置配备了战备器材，结合形势任务变化，进一步制定完善各类应急预案，提高了民兵应急分队快速反应能力。

【安全工作】 2009年，严格落实《军队预防犯罪工作条例》和《安全条例》，落实领导负责制和责任追究制，坚持每次会议不忘强调安全稳定，每逢重大节日不忘抓好安全稳定，日常生活不忘做好安全稳定，较好地解决管理松懈、作风松散、纪律松弛的现象。加强“四反”教育和重点部位、敏感特殊时期的安全管理，做到重大活动有安全分析、安全预测、安全评估。6月份，投入经费2.9万元在营区、仓库门口安装警报和监控系统，实现了整个营区可视化管理，为营门和仓库值班室配备了防暴器材和报警器，进一步提高了重点目标的安全性。

2010年，部委每月初都要定时召开安全分析会，分析前一阶段武装部安全管理中存在的问题和可能出现的安全隐患，对下一阶段安全工作做了详细、周密的部署，严格落实责任制；组织对全体干部、职工进行安全教育学习；每逢放长假，部党委都要认真组织全体干部、职工结合当前国际、国内、周边形势及现社情、民情和上级各项指示精神，进行切之有效的战备教育，要求各类值班人员，要坚守岗位。

【表彰奖励】 2007年，县武装部被昆明警备区评为“基层建设先进单位”、“征兵工作先进单位”、“安全管理工作先进单位”，1人荣立三等功，1人被警备区评为优秀职工。9个单位被县武装部评为“民兵训练先进单位”。

2008年，县武装部被昆明警备区评为“基层建设先进单位”、“民兵军事训练先进单位”、“安全管理工作先进单位”，1人荣立三等功，1人被警备区评为优秀职工。9个单位被县武装部评为“民兵训练先进单位”。

2009年，县武装部被昆明警备区评为“基层建设先进单位”、“征兵工作先进单位”、“安全管理工作先进单位”，1人荣立三等功。8个单位被县武装部评为“民兵训练先进单位”。

2010年，县武装部被昆明警备区评为“基层建设先进单位”、“民兵军事训练先进单位”、“安全管理工作先进单位”，1人荣立三等功，1人被警备区评为优秀职工。9个单位被县武装部评为“民兵训练先进单位”。

【国防潜力信息化建设】 2007年，投资1万余元维护现国防潜力信息指挥系统网。并利用1月的时间完成1万余条数据的收集和录入。2008年投资2万余元维护现国防潜力信息指挥系统网。利用1月的时间完成1万余条数据的收集和录入。2009年，认真维护国防潜力信息指挥系统网。利用1月的时间完成1万余条数据的收集和录入。2010年，投资10万余元建起现国防潜力信息指挥系统网。并利用1月的时间完成1万余条数据的收集和录入。

【全民国防教育】 2007年7月－9月，7次与县政府、驻军部队协调，成立军训领导机构，开展学生军训工作和宣传工作；7月10日－25日，在县民兵训练基地，组织130名中(小)学生参加县人武部组织的少年军校学习；8月底到9月初共组织60余名军事教员给县第一中学、民族中学等7所学校军训学生3200人。其中高级中学2050人，初级中学1150人。8月上旬武装部、宣传部、文化局共同举行一期爱国主义图片展览；8月25日武装部组织40名县副处级以上领导过“军事日”，观看国防教育片；9月18日指导县人防办公室完成县城防空警报鸣放工作。

2008年7月－9月，7次与县政府、驻军部队协调，成立军训领导机构，开展学生军训工作和宣传工作；7月10日－25日，在县民兵训练基地，组织130名8－14岁的中(小)学生到县人武部组织的少年军校学习；8月底到9月初共组织60余名军事教员给县第一中学、民族中学等7所学校军训学生3100人。其中高级中学2100人，初级中学1000人。8月上旬武装部、宣传部、文化局共同举行一期爱国主义图片展览；8月2日武装部组织35名县副处级以上领导过“军事日”，观看国防教育片；9月18日指导县人防办公室完成县城防空警报鸣放工作。

2009年7月－9月，7次与县政府、驻军部队协调，成立军训领导机构，开展学生军训工作和宣传工作；7月10日－25日，在县民兵训练基地，组织120名8－14岁的中(小)学生到少年军校学习；8月底到9月初共组织60余名军事教员给县第一中学、民族中学等7所学校军训学生3000人。其中高级中学2000人，初级中学1000人。8月上旬武装部、宣传部、文化局共同举行一期爱国主义图片展览；7月28日武装部组织35名县副处级以上领导过“军事日”，观看国防教育片；9月18日指导县人防办公室完成县城防空警报鸣放工作。

2010年7月－9月，7次与县政府、驻军部队协调，成立军训领导机构，开展学生军训工作和宣传工作；7月10日－25日，在县民兵训练基地，组织112名8－14岁的中(小)学生进行县第四期少年军校学习；8月底到9月初共组织60余名军事教员给县第一中学、民族中学等7所学校军训学生3500人。其中高级中学2360人，初级中学1110人。8月上旬武装部、宣传部、文化局共同举行一期爱国主义图片展览；8月1日武装部组织40名县副处级以上领导过“军事日”，观看国防教育片；9月18日指导县人防办公室完成县城防空警报鸣放工作。

【双拥工作】 2007—2010年间做好“八一”、“春节”期间的军民座谈会、联欢会和走访慰问工作。2007年4月6日，组织全体干部职工到柯渡镇缅怀先烈活动；6月组织干部职工参加县政府组织的植树造林活动，植树300余棵。8月省军区政治部为学校捐款2万元；征兵工作完成160名新兵征集任务。1－9月先后组织出动民兵700人次，动用车辆45余台次，参加森林扑火和抢险救灾工作；组织干部职工先后2次为灾区和贫困区学生捐物捐钱1500元，每月的第一个星期一积极组织干部职工参加城市公共场所卫生的打扫和清理。

2008年，6月24日组织干部职工参加县政府组织的植树造林活动，植树200余棵。8月省军区政治部为我县学校捐款2万元；征兵工作完成160名新兵征集任务。1－9月先后组织出动民兵700人次，动用车辆30余台次，参加森林扑火和抢险救灾工作；组织干部职工先后2次为灾区和贫困区学生捐物捐钱1200元，每月的第一个星期一积极组织干部职工参加城市公共场所卫生的打扫和清理。

2009年，6月24日组织干部职工参加县政府组织的植树造林活动，植树300余棵。8月省军区政治部为学校捐款1万元；征兵工作完成150名新兵征集任务。我部积极支持地方经济建设和各项社会事业，在全县民兵预备役人员中开展了“社会主义新农村”建设活动，充分发挥民兵在致富奔小康水平中的骨干作用。2009年，共出动600多人次，深入一线帮助春耕生产90余亩，抢险救灾6起挽回经济损失80余万元。同时，还组织民兵预备役人员积极配合驻地公安机关开展严打专项整治和昆明市第九届民运会安保任务，充分发挥了民兵预备役的“四个作用”，为寻甸“三个文明”建设做出了积极的贡献。

2010年，4月6日，全体干部职工参加县委组织的五机关到先锋乡六甲之战遗址缅怀先烈活动；6月24日组织干部职工参加县政府组织的植树造林活动，植树200余棵；省军区部队出资50万余元，对柯渡镇松林希望小学进行改扩建。8月省军区政治部为学校捐款1.85万元；征兵工作完成134名新兵征集任务。1－9月先后组织出动民兵1300人次，动用车辆50余台次，参加森林扑火和抢险救灾工作；组织干部职工先后3次为灾区和贫困区学生捐物捐钱500元，每月的第一个星期一积极组织干部职工参加城市公共场所卫生的打扫和清理。

【基础设施建设】　2007 年，投入经费 10 万余元用于基础设施和各类软硬件建设。2008 年，投入经费 15 万余元用于基础设施和各类软硬件建设。2009 年，协调价值约 10 万元树木、自筹经费 1.5 万元用于营区绿化美化；投入经费 2.5 万元，用于仓库安全设施更新，投入经费 2.8 万元在仓库安装了脉冲电网；投入经费 3.8 万元，对国动委办公设施进行了更新，新购置了 7 台电脑、安装了防盗窗；投入经费 3 万元，用于对作战室、各个办公室改造；协调经费 8 万元用于购置民兵多样化分队器材装备，家底经费也达到上级要求。新营区做到了布局合理、办公楼功能齐全、干部周转房设施配套、民兵武器仓库安全。2010 年，投入经费 60 万余元用于基础设施和各类软硬件建设，实现了功能齐全、布局合理、设施配套、规范有序的目标。

【后勤工作】　2010 年，对贵重物资进行认真清理、登记、造册，实行贵重物品管理责任制。加强食堂管理，使干部职工的生活得到改善。做好计划生育工作，保证计划生育“六率”全年达 100%。

【领导名录】

部　长：曾安祥(2008 年 4 月 - 2009 年 3 月)

　　　范学利(2009 年 4 月至今)

政委：张国柱(2006 年 4 月 - 2011 年 4 月)

副部长兼军事科科长：

吴征权(2006 年 4 月—2010 年 2 月)

政工科长：高　峰

后勤科长：吕思炯

乡镇武装部长

马仲福(仁德镇武装部)

迟金水(七星乡武装)

方文俊(倘甸镇武装部)

徐　虎(河口乡武装部)

张益军(彝族，功山镇武装部)

尹开林(羊街镇武装部)

张兴能(先锋乡武装部)

金光明(柯渡镇镇武装部)

李文华(鸡街乡武装部)

李道平(凤仪乡武装部)

石柱友(联合乡武装部)

黄顺林(金源乡武装部)

邓玉宗(六哨乡武装部)

(撰稿人：　　)

武警寻甸中队

【武警寻甸中队】　武警县中队，隶属武警昆明市支队第五大队，主要担负县看守所的外围武装警戒执勤和“处突”，抢险救灾等临时勤务。中队前身系中国人民解放军县公安中队，始建于 1950 年 4 月，1959 年 1 月改编为云南省公安厅人民武装警察总队曲靖专区武警大队寻甸县武警中队，隶属于公安机关领导。1966 年 7 月改编为中国人民解放军云南省军区曲靖分军区寻甸县 71 分队，划归军队建制领导。1976 年 4 月改编为云南省公安局人民武装警察曲靖地区公安局寻甸民警中队，隶属于公安机关建制领导。1983 年 1 月改建为中国人民武装警察部队云南省总队曲靖支队寻甸县中队，受武警部队和地方公安机关双重领导。1999 年 12 月归属东川支队领导。2005 年 6 月，东川支队与原昆明市支队合并组建为现昆明市支队，寻甸县中队隶属昆明市支队第五大队。

【思想政治建设】　坚持不懈地用党的创新理论熏陶官兵，深入学习贯彻科学发展观，组织官兵学习了胡主席关于军队及武警部队建设重要指示，增强了理论学习的质量和效果，强化了官兵的政治信念。按照支队年度教育安排，结合中队实际，深入开展各类教育，认真开展“学誓词、唱组歌、遵守则”活动，充分利用节假日、双休日等时机，广泛开展歌咏比赛、读书演讲比赛和文艺晚会等活动，大力培育战斗精神，增强了官兵的集体主义观念，强化了敢打必胜的信念，确保了部队士气旺盛，内部和谐稳定。针对近年国家大事多、喜事多、难事多的实际，在部队深入开展形势任务教育、“四不一保持”教育和“四反五防”教育，引导官兵充分认清当前形势，牢固树立“大局意识、使命意识和责任意识”，自觉抵制各种错误思潮的侵蚀和影响，确保了官兵始终与党中央、中央军委保持高度一致，广大官兵始终做到在复杂环境不迷航，在诱惑面前不失足。针对新形势下官兵思想的复杂性和多变性特点，中队党支部每月分析一次官兵思想，及时研究官兵思想中存在的问题，抓好“四个正确对待”教育，运用“三互”、“双四一”等载体，认真解决官兵实际困难和问题，采取定人定责的办法，做好一人一事的思想工作，有效防止了案件事故的发生，目前中队没有出现违法违纪现象。

【执勤、处突工作】　近年来，中队结合国内大事，喜事多，可能对中队执勤造成影响，中队党支部及时研究措施，修订完善各类执勤方(预)案，定期组织演练，结合敌社情形势，组织防灾害、防破坏、防冲击专项训练。从提高骨干素质入手促进勤务秩序正规，加大执勤检查力度，着力治理执勤“常见病”、“多发病”。坚持每月组织方案演练，重大节日和新兵下连、老兵退伍等特殊时期坚持队所联合演练，确保每名官兵熟悉情况处置原则、程序、要求。在严格执勤政审的基础上，坚持把思想工作做到每个哨位，杜绝因思想波动影响勤务安全。突出新兵上岗前培训和哨兵基本动作、“三班四哨”、哨兵反袭击、应急棍、情况处置“五步法”、夜间利用监墙灯射击等科目训练，有效提高单兵单哨及时发现、正确判断、妥善处置的“三个能力”。完成了以执勤处突为中心各项任务，受到上级的肯定。积极向地方党委政府公安局汇报工作，为中队解决执勤经费 20 万余元，建盖了监墙的两个岗楼，安装了防雷设施，更换了监墙照明线路，在监墙东南角伙房违章建筑物安装防护铁丝网和在监墙西南角监墙上安装防护栏和通道门，大大提高了执勤的安全系数。

【从严治警】　在人员管理上，加强条令条例和法纪法规学习教育，广泛开展“学法规、知法规、用法规”活动，使官兵进一步认清了遵章守纪的重要性，增强了遵章守纪的自觉性。在枪弹管理上，严格落实支队枪弹管理双人双锁、三铁两器、同进同出、进出登记、开一关一、门外领交枪、每日一查七项制度，确保静态、动态枪弹绝对安全。在内部关系上，严格落实“尊干爱兵双六条”，层层签订了《尊干爱兵责任书》，不断加强密切内部关系教育，加大对违纪苗头的处理，防止了打骂体罚和侵占士兵利益的问题发生。在治酒问题上，严格落实总队禁酒令，有效防止了因喝酒而引发各种问题。

【军事训练】　突出抓技战术课目的训练，提升单兵的执勤能力。中队紧紧围绕“科技兴训”和“四个贴近”的指导思想，以基础训练为突破，狠抓了队列、擒敌、战术、射击、投弹、专勤专训、体能等课目的训练。训练中，从理论上让官兵明确每个课目训练的作用、特点、方法，使训练理论指导训练实施，取得了很好的效果；并根据任务的需要，适时进行有针对性的训练，成立教学研究领导小组，对每一个科目先进行分析研究，后分类实施，让每一个组训者有备而上，使参训人员从理论到实际训练都得到规范统一。同时，通过发挥“三互”小组作用、开展“五小”练兵活动，增强了训练效果。加大对训练工作的组织力度。注重培养小教员。由骨干和军事素质好的战士担任各科目军事教员，拟制教学计划，实行谁任教谁负责，充分调动了骨干组训施教的主动性；注重干部组训能力的培养。有部分训练课目重新统一，为避免干部不懂不会，中队把训练课目、训练内容责任到人，促进了干部的组训参训的积极性，提升了自身军事素质；注重训练的方法。从根本上解决中队官兵训练基础薄弱的问题，中队的整体训练水平有明显的提升。

【后勤建设】 在财务管理上，严格落实经费使用论证制度、双人采购制度、实物验收制度、审计监督制度和账目公布制度，有效地杜绝了经费开支中的随意性和盲目性；在伙食费管理上，把好了采购关、报销关，落实食物定量标准，杜绝了“跑、冒、滴、漏”现象，保证了官兵的正常生活；在伙食管理上，落实了地方政府人均每天1元的生活补助；大力发展养猪种菜农副业生产，改善了官兵生活，弥补了伙食经费。中队努力争取地方党委政府支持，投入经费60余万元，改造营房和完善文体活动室建设。

【临时勤务】 2007年完成押解任务4起、“两会”保卫任务1起，公审公判大会现场警戒任务2起，共出动兵力76人次。2008年完成押解任务3起、“两会”保卫任务1起，公审公判大会现场警戒任务1起，共出动兵力58人次。2009年7月23日，出动官兵5人，担负寻甸县公安局公审公判现场警戒任务。2009年9月20日至10月20日，每天出动兵力10人，担负“国庆节和昆明市第九届少数民族传统体育运动会”期间寻甸县主城区街道武装巡逻勤务。共计300人次。2009年12月31日至2010年2月20日，每天出动兵力4人，担负“两节”、“两会”期间县主城区街道武装巡逻勤务。共计208人次。2010年4月8日出动兵力6人担负“云之南”艺术团寻甸慰问演出城市武装巡逻勤务，共计6人次。2010年8月4－31日每天出动兵力4人担负城市武装巡逻勤务，共计108人次。8月27日出动兵力11人担负“5.25”案件犯罪嫌疑人押解勤务，共计11人次。9月11日至9月21日出动兵力1人担负县公安局公安民警勤训轮换培训勤务，共计11人次。10月1日至10月7日每天出动兵力4人担负国庆节城市武装巡逻勤务，共计28人次。中队2010年度出动用兵372人次，完成了以执勤处突为中心各项任务。

【领导名录】

中 队 长：刘坤明（～2007.03调离）
中 队 长：王　巍（～2007.03至今）
指 导 员：李有明（2007.01～2010.4）
　　　　　费晓鹏（2010.4至今）
副指导员：费晓鹏（2007.07～2008.12）

（撰稿人：王　巍　周万阳）

法 制

编辑：艾国辉

公 安

【基层基础建设和公安保障情况】 全局共有民警276人。2007年，按警力充实一线的要求，对14个股所级岗位全部采取公开竞聘上岗，一批“思路清楚、明白的、能干事、会干事、干得成事”的年轻干部走上了派出所长的领导岗位，一线实战部门和派出所有警力达248人，占总警力的89.2%。同年，通过法定程序预算公用经费674.8万元，按人均2.41万元的县级公安机关经费保障标准划拨，达标率100%，此项工作已通过市公安局组织的验收组验收。

全局共有警务用车112辆，全部统一外观标识，其中用于基层所队99辆，占88.4%。按公安部单警装备的配备标准，16个派出所和刑侦、交警、禁毒、治安、经侦、国保、巡逻等基层一线实战部门，按实有民警人数，现已完成100%配备；警务处、纪委督察、政治部、法制科、监管大队按实有民警人数，完成50%的配备。

【农村和社区警务工作】 2007年，全县共完成规划建设社区9和驻村警务室25个，派驻社区民警32人，完成16个乡(镇)社区警务图绘制。按照“四个扭住不放”的要求，深入开展出租房“大盘点”和落实实有人口管理工作。以社区警务建设为载体，实现警务工作基础化、规范化。认真贯彻落实《公安部关于实施社区和农村警务战略的决定》，使民警真正深入社区开展工作，提高社区民警的“管事率”，提高人民群众的“见警率”，让警务室成为“群众家门口的派出所”。变“被动警务”为“主动警务”，变“全时警务”为“实效警务”，最大限度地把警力部署在案件高发、防范薄弱和重点节假日、便民服务时段和部位上。从而达到让上班群众安心，在家群众放心，学生上学、放学有安全感。

【信息化建设】 2007年新增计算机57台，全局共有联网计算机235台，人均拥有量达0.85台，其中16个基层派出所有计算机123台，人均拥有量达0.87台。完成全局276名民警警务信息综合运用平台脱产培训，全力推进市局统一的警务信息综合应用平台的正式使用。二级刑事技术室(加强型)建设现已完成，安装重点单位视频监控探头227个，2007年新安装了80个点的城市视频监控报警系统。

2008年按照构建人防、物防、技防“三位一体”防范思路，深入推进视频报警监视探头安装工作，至2008年全县监控探头达353个，通过视频监控系统直接抓获犯罪嫌疑人7名，破获刑事案件3件，及时查获违法人员11人，查处治安案件10余件。同时，按照公安部、省、市公安机关要求，根据仁德派出所试点经验，全面推进标准化信息采集室、DNA数据库硬件设施、双向视频系统等建设，积极推进警用地理信息系统建设和情报信息研判及运用平台等办公自动化信息系统运用。

2009年，采取内部开源节流，外部积极争取支持关心的方式，顺利完成公安网络升级改造，使县公安局接入网扩至200兆，县城区派出所接入网扩至千兆，其余15个山区派出所和看守所接入网扩至6兆；建设监控探头300个，实现对网吧、游戏室、宾馆饭店、停车场、医院等公共复杂场所的逐步覆盖；本着建点必须以进出城主要路口的原则建设机动车牌照路卡识别系统，布点3个；建设标准化信息采集室24个；为民警配置计算机269台，人均达0.89台(2009年底将实现人均达一台目标)；新增配发警务通(多普达系列)263部，对讲机140部，录音笔80支，摄录机60台。随着省厅信息自动化预警落地查控平台和市局警务信息综合应用平台50个功能组的启动应用，全警参与信息化、全警应用信息化已转化经常性的基础工作，对治安管理和侦查破案的支持度越来越高、作用越来越大。一年以来，全局共录入出租房屋2147户，暂住人口4434人，重点人群1377人，吸毒人员817人；网上流转办理行政案件3141件、刑事案件135件，向平台录入、提供信息93635条；接受预警情报信息1712条，按时处置反馈1269条；通过信息化手段侦破了刑事案件23件，打掉摩托车盗窃团伙1个，抓获逃犯9名。

2010年，围绕省厅和市局提出的信息化建设四件关键性工作狠抓落实，信息化建设投入力度加大。警务通、计算机和基层笔记本配置达100%；网上办案单位彩色打印机、扫描仪、数码相机全部按要求配备配齐；顺利完成110接警平台升级、通信指挥车、抓拍机动车辆信息系统和100个视频监控探头的建设任务。拆掉全县公安机关各部门间的信息围墙，应当进入市局警综平台的数据逐一进入，基本实现了内部信息共享。加大对其它行政管理部门、经济管理部门和社会单位的信息资源收集，目前已完成社会化信息采集26万条。注重抓情报信息的研判运用，最大限度做到对重大案(事)件的超前预警和及时化解，排查收集上报各类预警情报信息161条，归纳总结精典案例战法5例(仁德“9·20“首例雇凶伤害案、仁德利用现场及关联信息资源破获系列笔记本电脑等被盗案件、甸沙“1·04”抢劫案、“徐克继”等恶势力团伙案、“洪兴帮”涉黑团伙案)。年内，利用视频监控信息研判侦破刑事案件13件，查处治安案件10件，抓获违法犯罪嫌疑人35人；通过预警情报抓获逃犯6人，查获并处理吸毒人员13人，通过网上布控共抓获各类涉案人员22人。

【正规化建设】 2007规范县级公安机关机构设置，制定全县公安机关机构设置方案上报县编委；全力推进派出所长进乡镇领导班子，十六个派出所所长已全部进入乡镇同级党组织领导班子，担任乡镇党委副书记；狠抓队伍建设，通过开展社会主义法制理念教育、纪律作风教育整顿、机关作风专项整治、财务大检查、日常养成教育等活动，积极开展政治、业务练兵，努力提高队伍综合素质和战斗力；抓执行力建设，全局范围内全面推行涵盖“三基”工程建设、日常业务管理工作、执法质量的月工作“问效”机制，通过发放五书即：“表扬(表彰)通报书”、“提示通知书”、“警示通知书”、“批评通报书(督办通知书)”、“处罚通知书”的形式对县局确定的各项中心工作和重点工作的落实情况进行督导，全年共发放表扬(表彰)通报书36份、提示通知书32份、警示通知书8份、批评通报书4份、督办通知书3份。

【维护社会稳定】 围绕全县群体性事件的成因、规律、特点，始终把维护社会稳定作为首要任务，高度重视对敌斗争，严厉打击“法轮功”等邪教组织和各种敌对势力的破坏活动，高度重视群体性事件的预防和处置工作，有效维护了社会和谐稳定。

完善现场处置机制。2007年来共完成清水海供水和水源环境保护工程启动等安全保卫任务30余起，投入警力2000余人(次)。

2008年，以“防插手、防激化、防渗透、防恐怖”为重点，落实“四个一”管控机制，巩固“三零”目标，认真开展对“藏独”、“疆独”人员和法轮功、门徒会等邪教组织的排查工作，侦破法轮功邪教犯罪案件1件，抓获犯罪嫌疑人2人，逮捕1人，劳教1人。开展矛盾纠纷大排查、大调处工作，努力从源头上缓解社会矛盾和冲突，减少社会对抗，共排查不安定因素29起，有效预防了部分群体性事件的发生。认真落实信访工作措施，努力把各种信访问题化解在基层，解决在当地。

2009年，对辖区内的邪教活动情况进行全面排查，先后查处散发法轮功宣传品案3起，收缴法轮宣传品60余份，捣毁主神教组织1个，逮捕1人。实现了“法轮功”组织“零上访、零插播、零聚会”的三零目标，严防了境内外敌对势力、民族分裂势力、宗教极端势力和暴力恐怖势力在全县滋扰捣乱和破坏活动。全面排查涉军维权、企业改制、移民搬迁安置、山林土地纠纷、工资生活待遇等引发的矛盾，以及少数人策划串联群体性上访的不安定因素。及时发现、掌握可能干扰和影响社会政治稳定的倾向性、苗头性问题17起。积极协助党委、政府妥善处置柯渡镇因“望安寺”重建引发矛盾纠纷、金所哨上村民非法毁林开荒引发矛盾纠纷、金源乡糯勒村整体搬迁引发群众阻碍施工、功山镇白龙箐村民打砸当地石膏矿厂、丹彤温泉开发架设水管施工受阻等多起热点突发(案)事件，有效预防了部分群体性事件的发生。

2010年在百年不遇的旱灾面前，公安机关组建87人的抗灾抢险队伍，积极投入到抗大旱保民生促稳定的工作之中；在涉日抗议活动等敏感节点、时期，积极组建应急队伍，盘活警务资源，加强值班备勤和情报信息的收集、研判和上报，全力确保了全县社会治安大局稳定。

【完善信息预警机制】 2007年，共向县委、政府和上级公安机关及时反馈深层次、高质量的情报信息41条，为各级领导决策提供了可靠的依据，完善矛盾化解机制。

2008年，牢固树立情报信息主导警务的理念，采用公秘结合的方法，不断拓展情报信息来源，密切掌握社会动态，努力获取深层次、内幕性、预警性的情报信息，全年及时收集上报维稳信息155条，为市、县有关部门和领导掌握情况、准确决策提供了重要依据。

强化应急处置预案准备和实战指挥，健全完善信息网络和预案库，构建在党委、政府领导下的预防和处置群体性事件工作体系，公安机关应急处突的能力和水平得到明显提高。

2009年共收集动态信息156条，成功劝返到进京上访案件1起，因山林土地纠纷、工资生活待遇、移民搬迁安置扶持等方面原因到省、市、县规模上访17起。进一步强化网络监管。年内，及时发现、迅速处置各种网上有害信息200余条，严密监控重大政治活动、重要事件的网上反应，遏制网上恶意炒作，为公安机关开展网上斗争提供线索，为领导和相关部门决策提供参考。

2010年内，共收集上报敌情、社情、政情信息161条，互联网有害信息1500条。

【群众来信来访】 2007年来，共接待受理群众上访42起，比去年的73起下降了42.5%，先后投入办案民警152人(次)，回告上访人42次，办结42起，办结率为100%。通过查办信访案件，彻底解决了一大批疑难信访案件，切实维护了群众的合法权益，有力促进了全县的社会和谐与稳定。

2008年共接待受理群众上访13起，回告上访13人次，办结13起，办结率为100%，督办重信重访2件，停访息诉1件，确保了全县未出现进京上访，无到省、市群体越级上访的情况发生。突出重点群体稳控工作，对两案人员、复转军人、民师、企业改制人员等频繁串联准备越级上访群体，密切掌握动态，与综治维稳单位积极应对，有效劝访6次。

2009年共处理各类督办件、转办件及来信、来访件29件，办结率为100%。

2010年，接收、受理上级转、交办信访案件14件14人，办结率为100%；接待群众咨询、询问14件27人。对“两案”人员、支前民兵、民办教师上访、移民搬迁、“引板入清”工程建设、轿子雪山旅游专线建设、塘子星河温泉小镇开发等引发的10件群体性上访事件(其中到省、市上访的群体性事件4件，到县委、政府上访的群体性事件6件)，做到了及时预警，及时协调配合相关职能部门妥善处置，严防了事态扩大升级。

【严厉打击刑事犯罪】 2007年，深入开展社会治安整治行动，打防“两抢两盗”、“打黑除恶”等一系列专项行动，(1)全年共发命案12起，破12起(其中现行命案11起，积案1起)，命案综合侦破率达到100%，现行命案侦破率91.7%。(2)打掉涉黑犯罪团伙25个，破案56件，抓获团伙犯罪嫌疑人94

人；共查破寻衅滋事等妨害社会管理案件31件，打掉寻衅滋事等妨害社会管理犯罪团伙6个25人。(3)破获6件盗窃大型机动车案件、20件破坏公用电信设施案件、16件盗窃摩托车案件。(4)打好“逃犯缉捕战”，全年共抓获逃犯85人。2007年10月中旬，寻甸县公安局通过锲而不舍的努力，在浙江绍兴将杀人后外逃达6年之久，被省公安厅列为督办案件的杀人嫌疑犯杨千山缉拿归案。(5)打好“刑侦基础建设战”。一年来，共建刑事特情53名，提供犯罪线索破获各类刑事案件124件；受理评残和伤情鉴定110人(次)，检验尸体71具，出具各类检验报告280份，痕迹检验30余起；勘查十类案件现场248件，勘查率、分析率、制作率痕迹物证提取率及检定率均为100%，利用刑事技术直接破案36起。2007年，全县共立各类刑事案件883件，破获刑事案件517件，破案率为59%，与去年同期立1087件，破568件，破案率52%相比。发案减少204件，下降19%，破案率上升7个百分点。其中重特大案件立524件，破309件，破案率为59%，同比发案下降24%，破案上升7%，破案率上升27个百分点。通过破案，打击处理犯罪嫌疑人349人，全县刑事案件发案明显下降。

2008年，通过认真落实“预防为主，打防结合”的方针，坚持“零容忍”打击政策，精心组织开展“两抢”、命案侦防、打盗抢机动车、打盗窃电动自行车、校园及企业周边秩序整治攻坚战和“三电”案件专项行动，实现了刑事案件大幅下降，打击处理人数上升，人民群众的安全感和对公安工作的满意度进一步提高。截至2008年11月底，全县共立各类刑事案件565件，破获刑事案件391件，破案率为69%，与去年同期相比刑事发案减少262件，下降32%，破案率下降2%。其中，重特大案件发293件，破案177件，破案率60%，与去年同期相比发案减少194件，下降40%，破案率下降2%；命案发6件破5件，破案率83.33%，与去年同期相比发案减少4件，下降40%，破案率持平；“两抢”案件立9件，破11件，破案率为122%，与去年同期相比发案减少31件，下降78%，破案率上升77%；入室盗窃案件立案128件，破103件，与去年同期相比发案减少14件，下降11%，破案率上升19.5%；盗抢汽车案件立案7件，破案5件，破案率71.4%，与去年同期相比发案减少8件，下降53%，破案率上升38%；“三电”案件，立案61件，破案25件，与去年同期立88件破40件相比，发案减少30.6%件，破案率下降3%。通过侦查破案，抓获各类犯罪嫌疑人475人，抓获各类网上逃犯119名，其中外地逃犯8名，命案逃犯2名，刑事拘留345人，逮捕267人，移送起诉318人，与去年同期相比，刑事拘留人数下降8%，逮捕人数上升7%，移送起诉人数上升27.2%，打处率明显提升。

积极深入开展社会治安整治行动、“打黑除恶”、“两抢一盗”等行动。2009年，对反映出的11个违法犯罪团伙给予打击，处理人员79人，查处治安违法团伙案件15件58人。针对全县命案发案反弹的严峻形势，公安机关认真落实“一长双责制”及侦破重大刑事案件“6+1”工作机制，全力抓好命案侦破工作。年内，共发命案15件，破14件，破案率达93.3%，超过全市平均水平。一批重大疑难案件迅速侦破，有效震慑了犯罪分子的嚣张气焰，控制了恶性暴力犯罪的上升趋势。在有效控制“两抢一盗”发案同时，成功打击摧毁犯罪团伙11个，抓获团伙成员58名。截至2009年11月20日，全县共侦破刑事案件328件，破案率为64%。与去年同期相比，刑事发案下降49件、发案率下降8%，破案绝对数下降63件、破案率下降5%。其中，立抢劫案件5件，破3件，以去年同期相比，发案上升1件、破案率下降140%；立抢夺案件5件，破4件，破案率80%，与去年同期相比，发案持平、破案率上升20%；立盗窃案件389件，破234件，破案率60%，与去年同期相比，发案下降11件、破案率下降7%；通过侦查破案，抓获各类犯罪嫌疑人260余人，刑事拘留251人，逮捕109人，移送起诉111人。

2010年，深入组织开展打黑除恶、命案侦防、禁毒人民战争、打击经济犯罪等专项工作，加强了对仁德镇(含塘子、金所片区)、羊街镇、先锋镇的社会治安综合治理。截至11月20日，全县公安机关共立刑事案件713件，破案356件，破案率49.93%。与去年同期立刑事案件516件破328件相比，立案上升197件，破案绝对数上升28件。年内，全县命案发9件，破9件，破案率100%，与去年同期发15件破14件相比，命案发案下降67%；“两抢”案件发案45件，破34件，破案率为75.6%(立盗窃案件445件，破152件，破案率34.15%，其中入室盗窃78件，破案37件，破案率为47.43%，窃摩托车111件，破42件，破案率37.83%；盗窃汽车21件，破1件，破案率4.76%。与去年同期相比，立盗窃案389件，破234件，破案率60.15%，发案上升56件，破案率下降26%)。通过侦查破案，共抓获犯罪嫌疑人673人，刑事拘留236人，逮捕171人，移送起诉298人，抓获逃犯103名。

成功打掉涉恶涉黑团伙2个87人。其中，以“徐克继”为首的恶势力犯罪团伙案侦破中，共抓获团伙成员9人，逮捕4人，取保候审5人，侦破聚众赌博、寻衅滋事、强制侮辱妇女、非法拘禁、敲诈勒索等案件6件。以张晓东为首的“洪兴帮”涉黑团伙案侦破中。共抓获团伙成员83人，逮捕45人，移送起诉16人，收集固定涉嫌非法持有枪支弹药、聚众赌博、非法拘禁、故意伤害、寻衅滋事、抢劫等案件52件。开展公开指认现场5次，充分展示了公安机关攻坚克难的能力，坚定了严打和遏制各类刑事犯罪的决心，有效地震慑了犯罪分子的嚣张气焰，赢得了社会各界和广大人民群众的认可。

【打击毒品违法犯罪】 2007年共查破毒品案件116件，其中刑事案件49件，涉毒行政案件57件，非法持有毒品案件10件，缴获毒品海洛因6458.67克，冰毒2630.5千克，吗啡980克，毒资70万元；铲除毒品原植物罂粟12875株，打击处理违法犯罪嫌疑人72人，抓获吸毒人员137人送强制戒毒，5人送劳教戒毒。

2008年禁毒工作中，共查获涉毒案件105件，缴获毒品7353克(其中海洛因3354克，冰毒3039克，吗啡960克)，抓获涉毒违法犯罪嫌疑人108人，刑事拘留34名，逮捕30名，起诉30名，收戒吸毒人员132人，报送复吸毒品人员劳动教养12人；共查处种植毒品原植物违法案件68起，铲除毒品原植物4985株，刑事处罚1人、治安处罚67人；开展禁毒宣传3次；巩固市级命名的“无毒乡镇”10个、“无毒社区先进单位”16个，县级命名“无毒村(居)委会”157个。

2009年，积极参与到“南线扫毒”专项斗争中，最大限度减少毒品流量。全共破获涉毒刑事案件30件，抓获涉毒违法犯罪嫌疑人32人，刑事拘留31名，依法逮捕29名，起诉26名，缴获毒品10.17千克；办理毒品行政案件32件，抓获违法犯罪嫌疑人32人，行政罚款32人，铲除毒品原植物罂粟86

株，大麻5952株；收戒吸毒人员69人，强制隔离戒毒67人，社区戒毒2人；积极开展社区戒毒(康复)试点工作，选聘了29名社区戒毒专职工作人员到各村(居)委会社区戒毒办公室上岗，责令社区康复戒毒204人；组织开展禁毒防艾宣传教育12次，发放各类宣传资料4500余份，巩固无毒乡(镇)6个。

2010年，围绕减少毒品和减少吸毒人员两个根本点，狠抓禁毒目标任务的落实，先后三次积极组织民警参与到“南线扫毒”专项斗争中，最大限度减少毒品渗透和内流。截止11月20日，共侦破涉毒刑事案件57件，抓获犯罪嫌疑人59人，监视居住8人，取保候审5人，逮捕46人，起诉33人。缴获毒品17887克(其中海洛因10812克、冰毒7075克)，强制隔离戒毒112人，超额完成了市局下达的收戒任务数。办理毒品行政案件18件，处理违法犯罪嫌疑人18人，行政罚款18人，铲除毒品原植物罂粟571株，大麻6052株。选聘了29名社区戒毒专职工作人员到各村(居)委会社区戒毒办公室上岗，责令社区康复戒毒36人，组织开展禁毒防艾宣传教育12次，发放各类宣传资料30000余份，创建和巩固无毒乡(镇)10个。

【打击经济犯罪】 2007年共受理各类经济犯罪案件、线索21起，立案12件，破案11件，查获违法犯罪嫌疑人16名，缴获赃款、赃物折合人民币140万余元。

2008年，深入开展了“山鹰行动”、“捕鼠行动”等市场秩序专项整治行动，受理各类经济犯罪线索20起，立案20起，破案18起，涉案总额278.09万元；抓获犯罪嫌疑人25人，逮捕17人，移送起诉21人，抓获涉嫌经济犯罪上网逃犯2名；通过侦查破案，共缴获赃款、赃物折价342.41万元；协助税务部门查获违法违规经营户16户，收缴违规使用发票专用章1枚，收缴违规发票402份，涉及金额37万余元；协助烟草部门打掉非法经营烟叶窝点6个，缴获各种成品卷烟11253条，烟叶10.04吨，涉案价值240.73万元；打掉生产假冒食盐窝点2个，查获非盐、假盐公36.25吨。

2009年，通过与烟草、税务、金融等有关部门密切配合，以严厉打击涉税、商贸、金融等经济犯罪为重点，深入组织开展“端点行动”、“09行动”、“山鹰二号”、“百日联合执法”等专项行动，积极防范和严厉打击各种经济犯罪活动。全年共受理各类经济犯罪案件、线索18起，立案16起，破案13起，破案率为81%；通过破案，抓获犯罪嫌疑人16人，逮捕7人，依法移送起诉7人，抓获上网逃犯3名，缴获赃款、赃物折价89.91万元；办理涉烟行政案件4件，依法打掉非法经营、囤积烟叶窝点2个；共办理假币治安案件1件，缴获假币面值总额7980元；查处农资行政案件9件，罚没款82193元。

2010年，通过与烟草、税务、金融等有关部门密切配合，深入组织开展了打击假发票违法犯罪、打击银行卡犯罪、电信诈骗犯罪和烟草市场秩序专项整治行动。共立各类经济犯罪案件12起，破案13起，破案率为108%。抓获犯罪嫌疑人16人，拘留4人，逮捕2人，移送起诉4人。缴获赃款、赃物折价94.34万元。围绕昆明芙蓉养殖专业合作社涉嫌非法吸收公众存款案的侦办，认真接待群众报案200余人，收集掌握了基本情况，及时开展案件风险评估，报请县委、政府成立了“寻甸县处置昆明芙蓉养殖专业合作社涉嫌非法吸收公众存款案件协调领导小组”，积极努力开展处置工作。

【监所安全管理】 2007年以来，切实加强监所安全管理，2007年未发生安全事故，确保了刑事诉讼活动的顺利进行，全年看守所共收押1608人，现在押122人；治安拘留所共收押653人，现在押32人。

2008年，监管部门以等级化管理为主导，切实加强监所管理，全年共收押犯罪嫌疑人1074人，安全交付执行死刑1人，投牢113人，刑满释放40人，撤案释放11人、取保候审及其他处理116人。同时，通过深挖线索，破案39件。全力确保了监所安全无事故，有力地保障了侦查、起诉和审判工作的顺利进行。

2009年充分吸取晋宁县看守所和盘龙区第一看守所发生的在押人员非正常死亡案件教训，以最实的措施、最快的速度、最大的努力整改问题。进一步改善和规范了看守所夜间双人值班、民警轮流值日、在押人员一日生活、入所跟踪观察教育等制度；投入资金90余万元，重新安装监控，改造看守所北监墙安全隐患；设置有监室20间、提讯室5间、家属会见室1间、律师会见室1间、在押人员医务室1间、禁闭室1间，形成了功能齐备、各种保障齐全、整洁规范的标准化监室。一年以来，累计关押1384人，严格预防“牢头狱霸”；通过“深挖”获取各类案件线索54条，提供线索破刑事案39件。

2010年加强狱情动态分析，构建反应灵敏的监所安全预警体系，进一步改善和规范了看守所夜间双人值班、民警轮流值日、在押人员一日生活、入所跟踪观察教育等制度，投入资金90余万元，重新安装监控设施，改造看守所北监墙安全隐患，形成了功能齐备、各种保障齐全、整洁规范的标准化监室。全年累计关押人员1278人，确保了绝对安全，无任何事故。同时，通过“深挖”犯罪，获取案件线索43条，破获刑事案件27件。

【强化治安管理】 强化治安行政管理措施的落实，加强对行业场所、出租房、流动人口的管理，加大对“黄赌毒”社会丑恶现象的打击力度。2007年共查处各种治安案件2695件，与去年同比上升44.3%，查处违法人员3455人，其中，警告1686人、罚款1059人、拘留630人、其他处理80人，与去年同比多1142人。其中查处卖淫嫖娼案件25件77人，赌博案件39件165人，有效的震慑了违法犯罪活动，维护了社会治安秩序。

2008年，组织开展了治爆缉枪、剧毒化学品、禁赌、治理自行车被盗、矿山秩序整治、废旧金属收购业集中整治等一系列专项整治行动，以及“7·21”专项排查工作。全年共查处行政案件3059件，查处违法人员3636人，与去年同期查处2908件3529人相比，查处行政案件上升5%，查处违法人员上升3%。其中，警告1483人、罚款1615人、拘留348人、强制戒毒132人、其它处罚91人。查处赌博及卖淫嫖娼案件268件590人，与去年同期两类案件查处60件182人次相比，查处案件上升208件408人，全县禁赌等专项整治行动取得明显成效。

2009年，深入组织开展了“治理涉枪涉爆专项行动”、“打击盗窃破坏电信设施违法犯罪专项行动”“打击黄赌毒专项行动”、“社会治安整治专项行动”、“扫黄打非专项行动”、“打击整治电子游戏机赌博违法犯罪专项行动”“加强养犬管理整治”、“打击非法喷涂张贴散发小广告”等20多个专项行动，均做到了安排部署有方案、行动期间有战果、工作结束显成效。一年来，全县共受理行政案件3141件，查处3100件，查处违法人员3292人(次)(其中，警告1601人(次)、罚款1463人(次)、拘留142人(次)、其他86人(次)，与去年同期查处2722件、查处违法人员3259人(次)相比，查处力度明显上升，案件数增加387件、查处人员增加33人(次)。其中，查处赌博案件44件128人、卖淫嫖娼案件3件6人、打击介绍容留卖淫嫖娼案件2件3人；共收缴炸药39.15公斤、雷管2533枚，导火索44米、收缴手榴弹12枚、军用子弹154发、气枪7支、猎枪6支、小口径1支、管制刀具90把、弩1支，有效地维护了社会治安秩序的持续稳定。

截止2010年11月20日，全县共受理行政案件2360件，查处2279件(其中，一般程序997件、当场处罚1140件、调解132件)，查处违法人员2856人(次)(其中，警告819人(次)、罚款1393人(次)、拘留350人(次)、收容教育21人、治安调解143人(次)，去年同期受理3141件、查处3100件、查处违法人员3292人(次)，案件总数与人员查处数虽然都有所下降，但一般程序办理的行政案件及人员查处数明显上升。同时，交警和派出所在全面参与交通管理工作中，查处各类交通违法行为8515起，行政拘留严重交通违法行为人18人。

严打整治行动开展以来，全县公安机关共打掉刑事犯罪团伙19个87人；查处寻衅滋事、打架斗殴、赌博等违法团伙36个238人。共侦破刑事案件184件(其中，重特大案件66件，一般刑事案件118件)，打处犯罪嫌疑人103人(其中逮捕82人，直诉判决21人)，抓获逃犯68人。查处行政案件935件，行政拘留190人，收容教养21人，强戒吸毒人员81人，查获盗抢机动车6辆，收缴民用枪支6支，收缴管制刀具55把、仿真枪135支。

【强化人口管理】 2007年，稳步推进二代证换发工作，不断推进人口管理规范化管理。按照“四个扭住不放”的要求，深入开展出租房“大盘点”和落实实有人口管理工作。截止2007年10月20日，全县共有人口513448人，全县受理二代证办理379122个，受理比例为95.46%，其中16周岁以上人口二代证受理359864个，受理比例92.49%；共清理出租房1849户，清理暂住人口2206人，签订出租房屋治安管理责任书1849份，安全检查1751人次。加强重点人口管控帮教工作，列管重点人口1284人，全部录入重点人口信息系统并进行正常维护管理，纳入帮教对象1025人，建立帮教小组16个。通过列管，为预防、控制和打击违法犯罪活动提供有力服务。强化出入境管理，依法受理公民出入境，全年共受理公民出境申请、签注300人(次)。

2008年继续深入开展换发第二代居民身份证的收尾工作，集中大批量换证转入正常办证，全县共完成换证393665个，完成任务数的100.4%，制作临时居民身份1986个，办理户口登记事项4927人次；继续加强对出租房及流动人口“大盘点”工作，共清理登记管理出租房2131户，清理流动人口4681人，签订出租房管理治安责任书2131份，安全检查2014人(次)，办理居住证4681人次，并进行了网上逃犯比对和信息函查工作；共列管的重点人口1360人，全部录入重点人口信息系统，纳入帮教对象81人，建立帮教小组16个，通过帮教停止半年违法活动的14人；共列管治安危险分子27人，层层签订治安危险分子管控责任书，明确管控责任，严密了监控措施，减少了重新违法犯罪行为的发生；依法受理公民出入境，共受理公民出国境申请、签注61人次，其中因私出国52人(次)，签注9人次，登记临时住宿人员14人(次)。

2009年共完成“二代证”换证10178个，制作临时居民身份2267个，办理户口登记事项3475人(次)；受理公民办理护照186人次，办理港澳通行证172人次、签注3人(次)，大陆来往台湾通行证34人次，登记临时住宿人员58人(次)。共清理登记管理出租房2147户，清理流动人口5110人，签订出租房管理治安责任书2147份，安全检查2354人次；列管的重点人口共1377人，纳入帮教对象81人，建立帮教小组16个，通过帮教停止半年违法活动的14人；列管治安危险分子23人，层层签订治安危险分子管控责任书。

2010年人口信息管理系统为载体，“以证管人、以房管人、以业管人”的流动人口服务管理新模式的推进落实，实有人口管理开创新局面，全县2202户出租房和6631名流动人口全部纳入登记管理，1387名重点人员建立常态化的管控机制，防止了形成现实危害。

【行业场所管理】 2007年，狠抓了网吧管理，先后13次组织对网吧进行了集中突击检查，纠正管理隐患、火灾隐患、治安隐患16处，全县网吧未发生不安事故和重大违法问题。加大了宾馆、饭店、网吧、出租房屋以及废旧物品收购、机动车修理、二手手机市场等公共复杂场所的监督管理，规范了登记台帐，提高了从业人员素质及发现违法犯罪的能力。开展了校园内部及周边秩序整顿工作，对全县232所中小学校进行了检查，查纠不安全隐患115处，公安机关各兼职法制副校长均在各自任职的学校开展了法制教育课，提高了师生的法制意识，2007年以来，在校学生违法犯罪现象有了明显的减少，广大师生同违法犯罪行为作斗争的自觉性有了明显的增强，在专项行动中，我们对校园周边的游戏厅、网吧进行了彻底的清理，为学校的教学创造了良好的环境。全年配合相关部门出动警力对全县232所学校周边环境进行清理整顿和检查，工作中消除治安隐患24起，立刑事案件4件，破4件，查处治安案件6件。

2008年对71家旅馆业，全部安装旅店信息系统，并通过旅馆业信息系统抓获网上逃犯2名；对53家废旧金属收购业，进行实名制登记管理；对1家公章刻制业，联网进行网络印章刊刻；对33家印铸刻字业，100家机动车修理业，13家卡拉OK厅、11家歌舞厅、63家茶室、5家电子游戏室、42家网吧、2家桑拿按摩室、53家美容美发室，全部纳入派出所日常管理工作，严格的申请办证或备案登记制度。同时，通过专门召开业主和管理人员培训会，提高经营者依法经营、合法经营、文明经营的自觉性；通过定期不定期的安全大检查，落实安全管理防范措施，消除隐患，提高了安全意识、责任意识和自我防范意识，全县行业场所违法案件大幅下降。

2009年，结合行业场所不断发展壮大的实际，全面落实“谁主管、谁负责，谁经营、谁负责”的原则，严格申请办证或备案登记制度，开展定期不定期的安全大检查，加强业主和管理人员培训，落实安全管理防范措施。对90家旅馆业，全部安装旅店信息系统并正常上传数据，安装二代证读卡器21家；对51家废旧金属收购业、26家二手手机交易业、161家机动车修理业、2家印刷业都全部按照实名制登记制度要求管理；1家公章刻制业，已联网进行网络印章刊刻。对13家卡拉OK厅、14家歌舞厅、63家茶室、16家电子游戏室、42家电脑网吧、3家桑拿按摩室、47家美容美发厅，全部纳入派出所日常管理工作。

2010年，规范硬件设施建设作为管理的基础，坚持“谁经营、谁主管、谁负责”的原则，明确场所治安管理责任，建立了检查考核、责任追究、定期联系制度。对全县51家废旧金属收购业、26家二手手机交易业、161家机动车修理业、2家印刷业、1家公章刻制业全部进行实名制登记管理，对191家休闲娱乐服务场所全部纳入派出所日常管理，对7家涉枪单位384支公务用枪进行安全检查，对302家生产、销售、储存、运输、使用易燃易爆、剧毒等危险物品单位的管理，逐一签订安全管理责任书，落实管理责任，从源头上预防和减少行业场所内案件事故的发生。

【强化单位内部管理】 2007年，加强对企事业单位的保卫科、治安保会等群防组织的管理，组织完成了元旦、春节、县"两会"、国庆、十七大前期的各项安全大检查，促进了内部单位人防、物防、技防工作的落实。全面推进保安派驻工作，通过清理非法保安，进一步理顺了保安市场，按照规范化管理，建立了各项保安工作制度，全县机关企事业单位实行了保安服务。全县各单位派驻保安137名，有力的加强了全县安全保卫工作。

【危险物品管理】 2007年，不断规范危险物品的管理，按照"谁检查，谁签字"和"谁审批，谁负责"、"谁出错、谁负责"的原则，推行责任关口前移和责任追究前移制度，进一步强化了危险物品的管理，极大地消除了社会隐患。2007年，对民爆物品清理检查16次，检查涉枪单位10个，发出隐患并下发整改通知2份，检查剧毒化学品单位25家，发现隐患及时整改6起。收缴炸药151.5千克、雷管1205枚、导火索340.6米，收缴各类枪支7支、管制刀具89把，有效防止了丢失、被盗。

2008年，结合治爆缉枪专项行动的开展，切实加强对枪支及民爆危险物品安全监管工作力度。依法全县涉及的54家非煤矿矿山企业取消民爆物品使用资格；对7家涉枪单位384支公务用枪定期进行清理核对和安全检查；对278家全县生产、销售、储存、运输、使用易燃易爆、剧毒等危险物品单位逐一签订治安管理责任书，逐户建立使用档案，强化日常监督管理力度。期间，查处非法持有管制器具案件4件，治安处罚4人，查处非法持有枪支案件5件、非法存储危险物质案件1件，其中逮捕1人，治安处罚4人，收缴管制刀具10把、雷管12枚、导火索11.2米、枪支5支，气枪子弹184发。

【消防安全管理】 2007年，结合全县火灾隐患实际情况，认真开展火灾隐患和"城中村"、"棚户区"火灾隐患专项整治，对宾馆、饭店、学校、医院、公共娱乐场所等落实安全制度和措施进行集中检查，及时排出火灾隐患1252起，整改1246起，有效遏制重特大火灾，尤其是群死群伤火灾事故。2007年1至11月份，大队共接到各类报警56起，出动官兵286人(次)，出动车辆56台(次)。其中火灾43起，直接财产损失22.68万元，火灾致死1人；与去年同期相比，火灾次数下降41.9%，直接财产损失下降24.2%，死亡人数净增1人。抢险救援13起，抢救被困人员11人，安全疏散人员18人，抢救财产价值近150万元。

2008年，全年消防部门共接各类报警94起，受理火灾42起，直接财产损失19.68万元，火灾致死1人，与去年同期相比火灾起数下降21.05%，死亡人数持平，直接财产损失下降20.6%；参与抢险救灾52起，抢救被困人员16人，安全疏散18人，抢救财产损失近150万元。同时，在全县范围内积极开展农村房屋财产火灾保险投保工作，截止2008年底16个乡(镇)全部完成农村房屋火灾保险投保工作，投保金额达32.18万元

2009年共检查公众聚集场所173家次，发现火灾隐患126条，当场整改火灾隐患112条；将《消防法》宣传纳入"五五"普法内容，多次组织开展法律下乡宣传活动，在民族中学、16个派出所志愿消防队中开展消防安全培训班两期，培训人员180人。共接各类报警124起，出动消防车196辆次，消防官兵1016人次，抢险救援和社会救助85起，抢救被困人员32人，疏散人员268人，保护财产价值67万余元。共发生火灾39起，直接财产损失25.8万元，无人员伤亡。与去年同期相比，火灾起数上升了91.5%，死亡人数下降100%，直接财产损失上升了10.1%。

2010年，完成农村房屋火灾保险投保农户11.5558万户，投保率达94.2%。全县共发生火灾事故70起，同比上升17%。火灾事故损失折款34.33万元，与去年同期相比下降17%。

【道路交通管理】 2007年，全县公安机关以预防和减少道路交通事故为核心，结合全市预防重特大道路交通事故专项整治行动、农村地区无牌无证机动车清理整治和道路交通安全集中整治行动的开展，从关注民生、重视民生、保障民生、改善民生的高度出发，最大限度地预防特大道路交通事故的发生，最大限度地减少特大道路交通事故给人民群众生命财产造成的损失，为建设"平安寻甸"创造良好的道路交通环境。在农村无牌无证车辆的清理工作中，共清理落户无牌无证摩托车24334辆，查处交通违法行为1357起，查处违法驾驶员1356人，其中行政拘留8人；处理交通事故440起，死亡20人，受伤45人，直接经济损失155400元。交通事故起数、死亡人数与去年同期相比明显下降。

2008年，交警部门，以预防和减少道路交通事故为中心，以交通安全宣传"五进"活动为载体，认真落实"一降两保"各项工作，狠抓客运车辆安全管理，加大无牌无证车辆集中整治力度，强化事故高发路段的巡逻监控，有效遏制全县交通事故高发的势头。截至2008年11月，共查处各类交通违法行为案件13441件，查处违法驾驶员13441人，行政拘留19人。处理交通事故853起，死亡16人，受伤34人，直接经济损失25.16万元，与去年同期相比事故起数下降14 %，死亡人数下降11.1%。通过查处交通事故，办理刑事案件10件，提请批准批捕5人，移送起诉5人。

2009年，全面执行《道路交通安全法》，积极推广"丘北"经验，有组织、有计划地组织开展了酒后驾车、无证驾驶、超速、超载、低速载货汽车、拖拉机违法载人及城市道路交通秩序、涉牌涉证等违法行为专项整治行动，清理排查危化物品运输等方面存在的问题；开展多形式、多渠道交通安全宣传活动，提高全民交通安全意识；强化路面交通秩序管理和客运管理，严防特大道路交通事故；加强源头管理，遏制事故隐患，努力减少道路交通事故，保障了人民群众生命财产安全，为创建"平安寻甸"营造了安全、有序、畅通的道路交通环境。全年，车管共办理车辆注册登记2901辆，转移登记194辆，变更登记29辆，注销登记4辆，补、换号牌、行使证登记证书1336辆，申请检验合格标志18130辆。共受理初次申领1412人，增驾申请109人，补证换证2875本，注销驾驶证96本，年度体检12930人。共查处各类交通违法行为案件6117件，行政拘留交通违法行为人7人。全县发生交通事故834起，死亡7人，受伤201人，直接经济损失78.96万元。其中，重大交通事故6起，死亡

7人，受伤12人，经济损失5.1万元；按照普通程序办理的8件。与去年同期相比事故起数下降4.68%，死亡人数下降41.7%，受伤人数上升458%。办理刑事案件5件，移送起诉2件2人，提请批准批捕3件3人。

2010年，通过积极推进农村道路交通管理勤务机制改革，明确了派出所必须确定1至2名民警负责交通安全管理工作，每个村委会（社区）建立1名交通安全员负责本区域内的交通安全宣传和管理工作。派出所全面参与交通管理以来，查处交通违法行为193起，签订交通安全责任书164份，完成农村地区机动车辆“户籍化”管理12450辆，有效维护农村地区交通安全畅通。在县城区，通过积极争取县委、政府的支持，投入680余万元在县城区主要路口安装交通信号灯23套、安装电子警察33套、安装交通标志牌90余块、划设交通标线5000余米。县城建成区的交通基础设施建设和交通秩序实现根本性转变。年内全县共发生交通事故976起，死亡6人，受伤443人，直接经济损失87.14万元。（与去年同期相比，事故起数上升4.3%、死亡人数下降32.4%、受伤人数上升71.7%、直接经济损失上升7.1%），全县道路交通安全形势总体平稳。同时，交警部门侦办交通肇事案件5件、交通肇事逃逸案件1件，刑拘5人，逮捕5人。

【政务事务、文秘和调研工作】　加强公安信息工作，及时为领导决策提供了参考依据。2007年来，共收集整理情况性信息194条上报，编发《110要情快报》、《寻甸公安要情》、《寻甸公安情况》、《寻甸公安简报》等各种信息物173期，及时发放各类文件材料，送达会议事项近万份，为党委提供强有力的文秘保障。加强财务和车辆管理，保证了经费和业务用车。加强指挥中心工作，110指挥中心坚持24小时值班制度，对群众的报警求助，做到了热情周到，较好地服务了全局公安工作。在局领导的高度重视下，在局直各部门的大力配合下，历时3年多，顺利完成了《寻甸县志公安分志》的编纂工作。

【队伍建设】　2007年，加强制度化建设，推进队伍长效管理机制。县局先后制定出台了《民警日常行为规范管理规定》、《月工作“问效”机制》《2007年公安工作质量考核办法》等一系列行之有效的规章制度，以规范科所队制度化建设为载体，完善执法、执勤、会议、学习、车辆、罚没扣押财物、考核奖惩等各项规章制度，做到量化任务有指标，管理队伍有制度，推进工作有措施，落实责任有规定。通过狠抓落实，进一步推动全县公安工作和队伍建设持续健康的发展。进一步加强公安党风廉政建设。严格执行党风廉政建设责任制，进一步规范领导干部廉洁从政行为，认真落实“五条禁令”，深入开展行风评议、“三项排查”“三项治理”、“两个违规”专项治理和纪律作风整顿工作，推动党风廉政建设向纵深发展。加大警务督察力度，紧紧围绕全县公安工作的中心任务，深入开展现场督察和专项督察。一年来共开展专项督察27次。深入推进全警大练兵，提高队伍整体战斗力。借推行警务综合平台办公和市局举行首届公安运动会机会，重点开展警务综合平台等培训工作，以训促学、以比促练，进一步激发全体民警学习掌握应知基本理论、应会基本技能、应有基本体能的热情，努力提高全县公安队伍的整体素质和战斗力，加强警营文化建设。充分发挥工、青、妇等群团组织的带动作用，倡导高尚、健康的生活方式，大力宣传公安机关先进集体和先进个人，充分展示全县公安机关攻坚克难的精神、精益求精的作风和开拓创新的勇气，表彰先进、激励斗志，增强民警的职业自豪感和整体意识。落实关爱民警制度。关注民警心理健康，落实民警休假制度，完善民警体检制度，健全完善公安民警正当执法权益维护制度和慰问制度，坚持从严治警和人性化相结合的管理模式，激发了队伍活力，提高凝聚力和向心力。

2008年，以思想教育为先导，强化管理抓预防。严格公安部“五条禁令”、《云南省公务员八条禁令》和廉洁自律的各项要求，潜心抓实普遍问题，做好经常性监督教育预防，及时督促整改，促进民警养成良好的日常行为习惯，队伍形象明显改观。

着力于制度建设，真正做到用制度管人。县局制定出台了《公安工作质量考核办法》、《政治业务学习制度》、《财务管理规定》、《干部离任审计制度》、《值班备勤制度》、《装备管理制度》、《内务管理制度》、《首问负责制》、《轮流办案制》、《工作责任落实制度》、《民警奖惩激励机制》、《请销假制度》、《车辆使用管理制度》、《罚没扣押财物管理制度》、《案件研究制度》、《民警日常管理规定》、《“问效问责”机制》等近20项规章制度，并进行制度汇编成册，发到每一位民警，辅之以日常的勤务规范，约束民警的言行。在全局逐步形成“思想政治工作正常化、财务管理制度化、内务管理规范化、警种服务优质化、工作责任目标化”的规范运行机制。

2008年从6月至8月，着力于“战训合一”，提升民警素质。全局45岁以下188名基层和一线民警分5批开展为期15天的实战培训，由县局党委委员分别带队并亲任班长。培训实行全封闭式、学分制管理，党委委员与参训民警遵守同样的作息时间、制度，参加同样的训练、考核，培训中除体能、警体技能、法律法规、执法质量、公文写作等作为必训科目外，还邀请心理专家对参训民警进行心理方面的辅导和警察常见心理问题解答。同时，参训民警还作为县局处置突发事件的备勤力量，一旦有突发事件发生，第一时间赶到现场进行处置，使整个培训达到了战训合一的目的。年内，县局还组织民警参加警衔晋升培训6期，共63人；参加“8+×”培训一期，共30人；举办法律知识、公安信息化应用培训班各5期，共188人。

建立“问责问效”机制。在全局范围内全面推行月工作“问效”机制，通过每月对重点工作进行“问效”，填送“五书”进行跟踪倒查，着力克服布置工作大而化之，执行措施畏难不前、不问不动、不促不进，检查工作一浮而过的不良倾向。同时，积极推行“问责”机制，对不作为、乱作为，有令不行、有禁不止，疏于管理、违纪违法，监管不力、处置不当，态度冷漠、作风散漫，不求进取、平庸无为等15种情形，严格经济处罚、诫勉谈话、停止执行职务、取消当年评优评先资格、责令作出检查、调整工作岗位、责令辞职、免职等“问责”措施。至11月，填送表扬通报书88份、提示通知书38份、警示通知书32份、批评通知书31份、处罚通知书15份，对3名派所所长进行了诫免谈话。通过推行“问效问责”机制，进一步加强了公安机关责任体系建设，强化责任落实制，建立了科学的绩效评判机制，增强了执行力，提高了工作效能和工作水平。

着力于从优待警，增强了队伍凝聚力和战斗力。办理了局长责任险、开展职工医疗互助，形成了民警患病领导亲自探望，民警直系亲属生病住院领导登门慰问制度；组织全局302名在岗民警进行健康检查，健全健康档案，让民警及时了解自己的身体状态，做好疾病的提前诊断和预防；认真落实公休制度，民警子女中高考陪护，尽量保障民警公事、私事两不误，保证正常的休息时间；积极解决民警职级待遇偏低问题，为符合晋升（享受）副调研员、主任科员、副主任科员（待遇）的122名同志按程序上报组织部门提高职级待遇；重视立功受奖向民警向基层倾斜，引导民警投身一线，建功立业在一线，为凤仪派出所申报集体二等功，申报个人二等功1人，推荐“‘三基’基层标兵民警”4名上报表彰。

开展了以“做小辈、重小节、踏小巷、进小店、帮小厂、入小学、走小村、办小事、抓小案”为主要内容的“九小活动”，构建和谐警民关系。11名局党委班子成员与全县18个重点企业挂钩联系，67名副科以上干部与67个社会治安重点村委会对口整治，92名党员民警与47户山区贫困户结对帮扶，23名副科以上干部与全县中小学结对联姻，担任学校法制副校长，定期进校入社上法制教育课，了解学校治安状况，强化日常治安管理工作，有效消除社会治安隐患，优化和谐的社会环境。

2009年，深入学习实践科学发展观，确保思想统一。按照县委的统一部署和要求，狠抓思想发动，狠抓学习调研，狠抓分析检查，认真总结近年来公安工作和队伍建设取得的成绩，切实找准公安工作和公安队伍建设上存在的与科学发展观不相符合、与人民群众新期待不相适应的突出问题，深刻剖析影响和制约公安工作和公安队伍建设科学发展的根本原因，自觉把公安工作融入经济社会发展大局，积极服务“保增长、保民生、保稳定”工作之中。通过学习实践科学发展观，全体民警进一步加深了对科学发展观的理解，升华了必须坚持把科学发展观作为公安工作长期高举的重大指导方针的认识。

深入推进全警大练兵活动，进一步提升民警战斗力。2009年，共分11期78人按时、圆满完成司晋司、司晋督培训，分8期18人完成信访、心里健康培训、警务实战、公安局长轮训等培训；完成“8＋×”培训200人，完成都市经济知识培训306人，成功举办民警信息化应用培训班4个，对全民警进行多次轮训。

狠抓队伍教育整治，全力创建“无违纪”单位。2009年初，结合民警队伍中不同程度存在的问题，县局党委及时部署了为期一个月的纪律作风教育整治活动。根据“3·19”全省公安队伍教育整治暨党风廉政建设会议、市局“2·28”、“3·04”会议、“4.10”执法安全等会议安排部署，结合全县公安机关“行政效能提升年”和“干部作风改进年”活动、监管场所“牢头狱霸”专项整治活动的开展，队伍教育整治工作提到无限期开展的高度持续有力开展。“五条警令”“六条警规”和“公务用枪四条措施”等警纪警规，做到逢会必讲。全县公安队伍管理建设实现了“一增两降”（无违法违纪单位增加，民警违法违纪率逐步下降，执法过错单位比例下降），队伍连续两年有民警违法犯罪的被动局面得到扭转。

狠抓党风廉政建设，确保作风清廉。制订《2009年党风廉政建设责任书》，明确各科、所、队负责人在反腐倡廉工作中的责任，由局主要领导同各部门负责人逐一签订责任状，保证反腐倡廉工作的顺利有效开展，提高民警防腐拒变能力。落实纪委谈话制度。年内共发通报10期，廉政谈话25人，对出现倾向性、苗头性民警诫勉式谈话5人，适时进行帮助、教育，提高对人生观、价值观与权力观的认识，有效预防违法违纪问题的发生。积极开展一线单位的执法检查和现场警务督察。先后开展现场督察12次，通报处理违反警容警车、执行力不强等问题民警10人次、车辆6辆。

坚持从优待警，构筑警心工程。发挥维权服务职能，维护民警执法权益。对涉及民警的不实或恶意投诉，采取批评、教育或疏导方式，有效处置，坚决维护民警的执法权益。共处理群众的不实投诉2件。是坚持落实年休假制度和体检制度和“四慰问”、“三看望”、“二定期”制度。

2009年，共编发公安简报92期、公安情况22期，政工信息41期，向省、市级报刊、电台、云南公安电子政务网、云南省政府信息公开门户网、昆明市局公众信息服务网、市局新闻办上报正面宣传报道公安工作和队伍建设材料46篇，被采用12篇。

2010年，通过深入组织开展队伍纪律作风教育整治、警车和涉案车辆违规问题专项治理、整治执法中涉案人员非正常死亡专项行动、公安机关执法环节涉案财物专项审计工作，狠抓党风廉政建设和“一岗双责”责任制的落实，强化“五条禁令”、“六条警规”、“公务用枪四条措施”的贯彻执行，制定了《寻甸回族彝族自治县公安局队伍管理领导包保责任工作规范》，完善《诫勉谈话制度》，有效杜绝民警违法违纪案件的发生。以公安民警大走访、民情恳谈活动等为载体，深入开展九小活动。向人大代表、政协委员和群众代表报告工作7次，走访家庭、企业、单位等3399次，收集建议262条，化解矛盾纠纷102件，整治治安隐患106个，解决信访问题11件，投入资金15900元帮扶困难群众138人；开展宣传教育活动52场次，发放资料2000份；民警政治意识、忧患意识、大局意识和责任意识增强，杜绝粗暴野蛮执法、伤害群众感情、侵犯群众权益等问题的发生。

2010年，共派出督察民警80人（次），专项督察8次、联动督察4次、现场督察16次、明察暗访6次，纠正违规民警7人，提前介入引导苗头性、倾向性问题2个次，帮助民警维权1件1人。组织民警开展“三普教育培训”6期，社区民警培训4期，参加基层所队长培训6期，纪检监察民警培训3期，参加警务督查培训1期，心里健康咨询培训1期，开展“轮训轮值、战训合一”培训两期，培训人员260余人。在提高民警政治、业务、体能素质的同时，树立了重学习、爱学习的良好风气。通过认真落实“四慰问”、“三看望”、“二定期”、“一严格”的从优待警工作措施。通过认真推广“警民恳谈”、“民警进万家”“警营开放日”等警务活动的实践经验，完善“大走访”爱民实践活动长效机制，着力于做小辈、重小节、踏小巷、进小店、帮小厂、入小学、走小村、办小事、抓小案“九小”活动的开展，最大限度地为民解忧，凝聚民心。全年走访行政事业单位84个、企业15家、村（居）委会201个、城区家庭327户、农村家庭3958户。收集各种信息153条、广泛征求意见建议166条，集中化解矛盾纠纷82件，解决信访问题7件，整治治安隐患33个，侦破群众关注的案件14件，开展宣传教育62场次。

【治安防范网络工作】 2008年，通过加强和推进“3＋1”社会面、社区、内部单位三张防控网，大力推动保安工作社会化、市场化和专业化，在社会面组建了由民警、巡防组成的巡逻队，负责社会面的控制；在社区内部组建了群防群治队伍，负责对社区内的治安防范工作；在单位内部逐步推行保安派驻，健全了单位内部保卫组织；在银行、大型商场、超市和有条件的单位安装了技防报警设备并有专人负责管理；在全县宾馆饭店、网吧、游戏室、公共娱乐场所逐步实行由保安公司派驻保安。基本形成了主要街道和治安复杂地区由巡警、交警、便衣民警共同控制，社区、内部单位由保安、巡防和治保、内保组织控制的格局，提高巡逻防范水平。同时，结合全县发案情况，县局将16个派出所按照地理位置和区域交通状况，将辖区划分为四个防范单位，根据犯罪的时段、线路、侵害目标等规律特点，推行弹性工作机制、区域联动协作机制，实行立体化、全时空、公秘结合的巡逻方式，定点不定时、多区域协作、多警联动的堵卡查缉，全天24小时巡逻防范无缝对接，进一步挤压犯罪时空，提高捕现率，实现精确打击。2008年以来，通过巡逻堵卡，全县共抓获现行犯罪嫌疑人89人，打掉犯罪团伙22个，破获案件106件。特别是在打击盗劫机动车和"三电"案件方面工作取得显著成效，打掉盗抢机动车、破坏"三电"及市政公用设施犯罪团伙7个，抓获团伙犯罪嫌疑人27人，破案30件。

【软环境建设】 2008年，公安机关深入推进行政审批制度改革，对行政审批事项进行全面地清理、精简、和并，将5大项16个小项的行政审批事项全部转为管理服务项目，审批时限全部在7个工作日内办结。以户籍改革为突破口，对户口申报材料进行大幅精简，并在县政府便民中心增设了公安户政、出入境政审、易制毒购买、运输审批窗口，设置流程宣传栏、咨询初审点，出台延时服务和"户口专办员"等便民利民措施。同时，全面落实"四项制度"、"八项工作服务承诺"，坚持警务公开、电话公开，严格依法行政，着力方便群众，提高办事效率，使公安软环境建设迈出了坚实的步伐。

2009年，围绕县委、县政府深化"软环境"建设的要求，深入推进重大决策听证、重要事项公示、重点工作通报、政务信息查询四项制度的实施，认真落实"六个百分之百"的执法承诺，积极响应"四创两争"工作，放宽城镇户籍限制，按要求完成了招商引资任务。对公安行政执法的14项职责、95条执法依据、248项行政执法事项、7项行政许可、11项管理服务全部进行公开；政务信息公开44篇，接待96128政务咨询电话38起；办理人大代表建议、政协提案5件，"12345"市长热线6件，督促检查通知5件，市委领导来信2件，市委书记电子信箱交办件2件。

【其他工作】 2008年，紧扣"三基"工程建设、治安防控体系建设、平安寻甸建设等中心工作任务，对领导关注的重点问题、群众反映的热点问题、实践遇到的难点问题，主动思考，深入调研，先后形成各类调研材料28篇。其中，有9篇被市局《昆明警察之家》、《昆明警方》、《昆明公安》等刊物刊发。同时，充分发挥《寻甸公安》、《110要情快报》、《寻甸公安简报》、《寻甸公安情况》的交流经验、推广典型、指导工作的阵地作用，编发各类简报131篇，编印《寻甸公安》6期，有力地指导和推动了基层业务工作的开展。

2010年，县局财务在认真清理核算中央及省级转移支付资金、县级财政预算公用经费和县局预算外收入的实际情况下，合理编制了县局财务预算支出，制定了《寻甸县公安局2010年各部门公用经费保障标准》，统筹兼顾地保障了全局16个基层派出所和机关各部门的办公费、交通费、保险费、会议费、培训费、基础设施建设费等各项公务经费支出，确保资金优化配置，为财务管理和警务保障工作奠定坚实的基础。年内，县局将全部业务装备经费(185万元)用于加强信息化建设和警用装备购置与更新。为各部门办公购置台式电脑30台、笔记本电脑36台、打复印一体机1台、二代证读卡器30台、档案装订机1台、碎纸机3台；帮助刑侦购置查询终端、捺印指纹库容、现场指纹库容、图形编辑系统各1套，法医勘查箱1只、综合现场勘查箱2只、现场勘查照明灯1台等刑事技术设备；为看守所购置TCL24F09液晶电视机20台，雅马哈发电机1台及电池1套。将配置给局领导使用的笔记本电脑用台式计算机置换配发给26个社区警务室的民警使用。采购了4辆桑塔纳、7辆越野巡逻车和2辆运兵车(262.2万元)，分配到仁德、羊街、金所、功山、倘甸、凤仪等派出所及国保、刑侦、禁毒、看守所等一线实战部门管理使用，大大提高各实战部门的接处警、巡逻防范和执法办案效率和水平。积极争取支持，多方协调努力，全面启动了公安局业务技术用房工程建设于2010年2月26日开工。

【"三基"工程建设】 2008年顺利完成机构规范化设置。公用经费保障纳入县财政预算，实现了足额拨付。

基层组织建设得到加强。在16个派出所长全部进入了同级党委班子，社区民警全部下社区挂职副支书的基础上，今年8月，县委常委再次作出重要决策，16个乡镇全部成立政法委员会，政法委书记全部由乡(镇)党委书记兼任，副书记由派出所长兼任。

基础设施建设得到加强。金所、功山、柯渡三个无房派出所已完成建设并投入使用，倘甸派出所建设预计在今年12月底将全面竣工；公安科技大楼作为重点建设项目，已完成规划设计、征地等前期工作。

基层工作条件得到改善。按照公安部单警装备配备标准要求，全局共配备单警装备253套，基层一线配备率达95%以上，机关四个科室达50%，并已全部配发完毕；全县16个派出所和1个看守所已全部解决无车、无通讯工具和无电脑的问题。

基层警力不足问题有所缓解。通过在全局范围内对89个民警岗位进行交流、对23个新招录民警进行分配安置，基层一线实战部门警力达278人，占全局总警力303人的91.7%，已超出市局要求85%的标准。

基础工作得到加强。建立了26个社区警务室，均统一了外观标识和达到了"三有"(有警、有室、有制度)及"7+1"标准，在派出所均成立治安民间纠纷联合调处室。

基本功训练效果呈显。按照公安部开展"大培训、大教育"的要求，通过开展学习十七大报告、综合大比武、读书活动、"轮值轮训"、法律法规"一口清"竞赛等，进一步调动了广大民警苦练基本功的积极性、主动性，执法素质、执法能力和办案水平得到了明显提升，全局45岁以下188名基层和一线民警考核合格率为100%。

【安全保卫工作】 2009年，以"安全第一"的指导思想和"内紧外松"的原则，强化警保卫工作方案的制定和工作措施落实，先后圆满成立了"国家、省、市人口计生委到寻甸进行科技文化卫生"三下乡"活动、香港二十会云南少数民族社会文化考察团将到寻甸参观考察活动、市委工作会观摩团寻甸观摩会活动、省市领导到寻甸视察调研活动、大型明星演唱会等保卫工作任务60余场次，安全保卫工作开创了寻甸历史上的多个首次。特别是在国庆60周年、昆明市第九届少数民族传统体育运动会以及"唱响寻甸 喜迎国庆"仙客来大型明星演唱会、"唱响国歌·爱我家乡"庆祝新中国60华诞万人歌咏晚会安全保卫工作中，不等不靠，超前谋划，严字当头，强化措施，圆满完成既定目标任务，树立了公安机关的良好形象，得到了各级领导肯定。

【领导名录】

党委书记、局长：

赵春宝(彝族，2005.02—2008.08)

张　宁(2008.09至今)

党委副书记、政委：

沈兴国(1995.01—2008.09)

梅阳友(2009.06至今)

党委副书记、纪委书记：

肖秉昌(2004.11至今)

党委委员、副局长：

李　良(彝族，2001.11至今)

马继用(回族，2004.10至今)

黄　赟(2009.11至今)

朱显福(2009.11至今)

政工室党委委员、主任：

陈舜尧(2008.09至今)

黄　赟(2004.10—2009.11)

指挥中心党委委员、局长助理、主任：

王正亮(2010.10至今)

纪委监察室副主任：

马加权(回族，2008.9至今)

警务保障室副主任：

李朝林(2008.9至今)

法制室副主任：冯朝学(2008.9至今)

交通警察大队大队长：

李华洲(2004.10至今)

国内安全保卫大队大队长：

马仲凯(回族，2001.10至今)

经济犯罪侦查大队大队长：

马顺洋(回族，2001.10至今)

禁毒大队大队长：

赵光明(2004.10至今)

刑事侦查大队大队长：

李树彬(2004.10—2010.10)

马自山(回族，2010.10至今)

治安管理大队大队长：

吴显学(2004.10至今)

网络安全保卫大队副大队长：

吴玉峰(2008.9至今)

县看守所所长：梁登喜(2008.9至今)

检　察　院

【县检察院】　2010年底，县人民检察院有在编人员47名，其中政法编制45名，工勤编制2名。少数民族9人(回族6人，彝族2人，苗族1人)；党员31人；具有检察官资格的32人；大学本科38人，占80.85%，大专7人，15.22%，大专以下2人，占4.34%；全院平均年龄43岁。内设政治处、办公室、侦查监督科、公诉科、反贪污贿赂局、反渎职侵权局、职务犯罪预防科、监所检察科(其中驻县看守所检察室一个)、检察技术科、司法警察大队、民事行政检察科、控告申诉检察科、环境资源保护检察科、人民监督工作办公室14个部门和县纪委派驻纪检组。2010年11月9日，经编制部门批准，成立环境资源保护检察科，负责办理寻甸县、嵩明县、东川区涉及环境资源的刑事案件。

【刑事检察】　2007年，共受理侦查机关提请批准逮捕的各类刑事犯罪案件158件235人，经审查，依法批准逮捕151件217人，依法不批准逮捕7件18人；共受理各类移送审查起诉案件174件262人，经审查，依法向县人民法院提起公诉127件191人，报送昆明市人民检察院审查起诉28件32人，不起诉案件3件3人。2008年，共批准和决定逮捕144件231人，提起公诉152件233人，其中，报送昆明市人民检察院审查起诉25件37人。起诉案件有罪判决率为100%。2009年，受理侦查机关提请批准和决定逮捕案件154件217人，经审查，批准逮捕143件193人，不批准逮捕11件24人，结案率100%；受理各类移送审查起诉案件168件223人，审查后，向县人民法院提起公诉136件189人，报送昆明市人民检察院审查起诉29件30人，不起诉3件4人。2010年，认真贯彻宽严相济的刑事政策，依法批准逮捕各类刑事犯罪嫌疑人262人，提起公诉264人，报送市检察院审查起诉23人，依法对58名无逮捕必要的刑事犯罪嫌疑人决定不批准逮捕，对3名情节轻微的犯罪嫌疑人决定相对不起诉。建议法院对45件案件适用简易程序简化审理。

【反贪污贿赂】　2007年，按照上级检察机关的安排和部署，结合县情，把国土资源系统、农村基层组织人员等热点领域发生的职务犯罪作为查办重点。全年共受理贪污贿赂案件线索8件9人，初查后立案侦查5件6人，均已侦查终结，除1件1人依照“六部委”管辖的规定，移送临沧地区镇康县公安局处理，其余4件5人全部移送审查起诉，1件1人作相对不起诉，3件4人法院已作有罪判决，通过办案，为国家挽回经济损失71.8万元。2008年共受理初查案件线索6件10人，初查后立案侦查5件8人，其中大案4件7人，涉及正科级干部犯罪2人。通过办案，为国家和集体挽回经济损失101.6万元。2009年，共受理贪污贿赂案件7件13人，经初查立案侦查6件12人。通过办案，共为国家和企业挽回经济损失80余万元。2010年，共受理和初查职务犯罪案件线索11件20人，其中，立案侦查贪污和挪用公款案件7件9人，5万元以上大案比例从2009的50%上升到2010年的85.7%。通过办案挽回经济损失99.2万余元。

【渎职侵权检察】　2007年，开展“反渎职侵权宣传月”活动，发放《渎职侵权犯罪案件立案标准宣传手册》和《公民举报渎职侵权犯罪须知》等宣传材料1000余册。受理渎职侵权犯罪案件线索8件，初查6件，立案1件1人。2008年，受理案件线索6件，初查5件，立案侦查2件2人。开展查办危害生态环境和能源资源渎职犯罪专项工作。2009年，共受理渎职案件2件2人，初查2件2人，立案1件1人。介入安全责任事故调查2起，开展深入查办危害能源资源和生态环境渎职犯罪专项工作。2010年，立案侦查国家机关工作人员滥用职权、玩忽职守等渎职犯罪案件2件3人。加强反渎职侵权举报宣传，完善与行政执法部门的工作衔接，介入生产安全、责任事故调查4次。

【职务犯罪预防】　2007年，调整充实了新一届县预防职务犯罪工作领导小组，各单位也相继调整完善了预防职务犯罪领导机构，使社会预防系统工程有了更强大的组织保障。全县建成预防网络成员单位32个，与县工商局、县国税局、县交通局等12个单位建立系统预防工作制度，基本形成了党委领导、各部门齐抓共管、社会共同参与的社会化预防网络。注重社会宣传，培育廉政文化，深入重点行业送法上门，上法制教育课6场次，受教育的党员干部800余人(次)；参与大型普法宣传，派发廉政书签、检务公开手册和反渎职侵权犯罪立案标准等各类宣传资料1000多份，法律咨询100人(次)；创新工作机制，在县委党校设立廉政教育基地；与县纪委配合分期分批组织全县党员领导干部家属；发送手机廉政短信；实施专项预防，对廉租房建设、行政村路基路面改造工程、金所工业园区道路建设、河滨公园建设、清水海引水拆迁工程开展同步预防。2008年，开展法制宣传和警示教育13次；开展预防咨询20次；结合个案剖析，发挥预防功能，落实“一案一分析”、“一案一建议”、“一案一整顿”、“一案一教育”、“一案一回访”的制度；开展案件预防6件；开展行业预防6次；进行重点工程招、投标现场监督10次；坚持每周向全县副科级以上领导发廉政信息。2009年，结合执法办案立项开展案件预防2件，进行预防调查11次，对发案原因、特点及规律进行分析2次，并写出案件剖析材料2份，向发案单位提出预防检察建议2份9条，得到回复2份；召开预防联系会8次；组织专题讲座6场（次）；开展警示教育4次；发放预防宣传材料1800份；向全县副科级以上领导及村委会一级负责人554人发出廉政手机短信40余条；立项开展土地开发整理重点工程预防1件，参与招（投）标监督5次、现场提出违规纠正意见1次，开展预防咨询活动1次。2010年，拓展预防职务犯罪工作方式，强化检察机关侦查和预防一体化工作机制，增强工作的规范性、针对性和实效性。开展案件预防11件，预防调查151次，对32件典型案例进行犯罪分析，发出检察建议15份54条，开展预防咨询116次，重点工程专项预防2件，开展警示宣传教育152次，举办法制讲座12次，发放预防宣传材料2600份，继续向全县副科级以上领导干部发出廉政手机短信54条。

【诉讼监督】　2007年，办理立案监督案件1件4人，在对提请批捕案件进行审查中，对案件在证据方面存在的问题提出了补充要求，并口头向侦查机关提出补充侦查建议80余条，书面发出《提供法庭证据意见书》3份，书面向公安机关发出补查提纲9份，均得到整改答复，监督公安立案1件，公诉环节建议侦查机关立案2件2人，依法追诉漏罪2条。2008年，督促侦查机关对应当立案侦查而不立案的4件案件予以立案，提前介入重大疑难案件20件。如及时提前介入南磷集团内部的非国家工作人员行贿受贿案。通过办案，为企业挽回经济损失100余万元。向侦查机关提出补查建议70余次，书面发出《提供法庭证据意见书》5份，书面向侦查机关发出补充侦查提纲9份，依法对34人作出不批准逮捕决定，对3人作出不起诉决定。2009年，根据侦查机关提请逮捕的案件事实，经认真审查后改变案件定性10件，口头向侦查机关提出补查建议30余次，书面发出《提供法庭证据意见书》25份。努力拓宽立案监督案件线索渠道，强化立案监督工作措施，建立健全立案监督工作机制，办理立案监督案件6件。进一步规范提前介入案件范围、介入时间、程序、方式、内容，建立提前介入的约束机制，共提前介入和引导侦查取证重大案件20件；严把案件事实关、证据关、程序关和适用法律关，提出纠正违法意见2次，提请抗诉1件，发出检察建议2份，检察长列席法院审委会参与案件讨论4次，对法院的量刑情况提出了意见和建议并得到了采纳。完善刑事和解机制，办理相对不起诉案件2件2人。2010年，办理立案监督案件13件16人，追捕犯罪嫌疑人7件10人，发出纠正违法通知书9份、提供法庭证据材料意见书13份，提起刑事抗诉1件并获得成功；办理民事行政申诉案件9件、非抗诉案件10件，建议市检察院提请抗诉1件。

【监所检察】　2007年，推行服刑人员约见检察官制度及在押犯罪嫌疑人权利义务告知制度，保障了在押、服刑人员的控告、申诉等合法权益；在建立和完善换押证制度和案件定期通报制度等纠防超期羁押的长效机制的基础上，对办案限期的管理建立了责任明确、利于监督、便于操作的办案流程跟踪管理制度，进一步完善了羁押期限告知制度、羁押期限届满提示制度。全年开展安全防范检查20次、生活卫生检查24次，对在押人员集体教育8次，与在押人员谈话58余人（次），配合干警谈话36次、集体清监8次，约见5人（次）。2008年，加强监所检察工作的标准化建设，驻看守所检察工作坚持做到经常化、规范化、动态化。通过对监管场所的收押、换押、释放和送交执行等环节的监督，继续推行超期羁押提前告知制度、“检察官约见”制度，确保不发生超期羁押和违法羁押现象。单独和配合管教民警对在押人员进行谈话教育90余人（次），上法制教育课5次600余人，入监区巡视检查50余次，对监管改造场所安全防范设施检查10次，召开联席会议11次。向办案单位发出《法定办案时限即将到期通知书》13人（次），发出监外罪犯告知书15份18人，配合监管机关对监室进行清监12次。参加了人民法院强制执行百日大会战，派出60余人（次）对104件人民法院强制执行案件进行实体和程序等全方位的现场同步监督。2009年，共审查各类减刑、假释裁定材料13件，审查刑事判决书239份，经审查发现昆明市中级人民法院刑事判决书失误2件（经提出纠正建议，其中1件已得到纠正，另1件正在办理中）。共检查拘留证、逮捕证、释放证、决定书、通知书等各类法律文书443份；给在押人员上法制课4次，受教育人数100余人；与在押人员谈话133人（次），约见检察官谈话的29人（次）；召开联席会议16次；安全防范检查29次，发现不安全隐患4起。全年共催办案件42人（次），向本院办案部门提前预警4人（次）。落实“一线工作法”，开展法制教育活动；开展看守所监管执法专项检查活动，书面提出检察建议1次。督促看守所进一步完善和规范相关规章制度，使监管工作执法更加规范化和制度化。2010年，开展对监管场所执法情况、事故隐患清查、被监管人身体状况的专项检查活动。全年进行安全防范检查25次，上法制课25次，与在押人员谈话386人（次），集体清监16次，纠正法律文书中羁押期限认定时间错误5次，在纠防超期羁押上，对即将到期的案件进行提示71人（次），强化对监外执行罪犯217人的监督。

【民事行政检察】　2007年，受理民事行政申诉案件8件。其中，立案2件、提请抗诉1件、得到法院改判终止审查1件、作息诉处理6件。2008年，受理民事行政申诉案件6件，立案1件，建议提请抗诉1件，不立案息诉5件，办理非抗诉案件2件。接待群众不服法院判决来访7件次，接受群众民事法律咨询30余人（次）。2009年，受理民事行政申诉案件8件，其中立案5件，提抗1件；办理非抗诉案件15件（其中：执行监督6件，督促起诉1件，支持起诉3件，刑事附带民事诉讼2件，公益诉讼1件，调解监督2件）。结合检察业务工作，向相关部门发出检察建议4件。2010年，立案复查刑事申诉案件6件。推行说理制度，息诉6件。

【控告申诉检察】　认真做好接待群众来信来访工作，坚持和完善“检察长接待日制度”和“首办责任制”，2007年，受理各类举报线索12件，受理来信来访37件，其中来信25件，来访12件。2008年，接待群众不服法院判决来访7件次，接受群众民事法律咨询30余人（次）。2009年，受理各类举报线索20件，受理群众来信25件、来访20件。2010年，受理群众来信41件，接待来访85人。开展化解涉检信访积案和案件评查工作，对20件案件进行评查。

【人民监督员工作】　2007年，积极开

展人民监督员试点工作。完成了5名人民监督员的续聘工作，定期或不定期召开人民监督员联系会议，严格按照上级规定，适时通报相关案件办理情况，真诚接受人民监督员的监督。2008年，进一步探索和完善了人民监督员制度的工作机制，完成第二届人民监督员的选聘工作，并提请县人大常委会对人民监督员进行任命。定期召开工作联系会，加强与人民监督员之间的沟通和交流，充分保障人民监督员履行职责。2009年，对全院查办的职务犯罪案件中拟作撤案、不起诉处理和犯罪嫌疑人不服逮捕决定的"三类案件"，全部纳入人民监督员监督程序，依法进行监督。监督工作的开展，增强了司法透明度，强化了社会对检察工作的监督，确保了案件质量。2010年，受理群众来信41件，接待来访85人。开展化解涉检信访积案和案件评查工作，对20件案件进行评查，群众来访接待室再次被市检察院授予"文明接待室"称号，并被推荐为省级和全国"文明接待室"。

【纪检监察工作】 认真贯彻《建立健全教育、制度、监督并重的惩治和预防腐败体系实施纲要》，开展了以"学习党章，维护党纪"为专题的党风廉政教育月活动，坚持层层落实党风廉政建设责任制度，进一步完善和落实院领导上党课制度、廉政警示谈话和纪检监察部门负责人列席检察委员会制度，继续加强了党风廉政建设、检察纪律、机关作风建设动态监督管理力度，每月开展文明科室评比活动。按照省市检察院的要求，建立和实行了案件办理"一案三卡"监督制度，加强了对案件办理过程中的勤政廉政、廉洁自律工作的同步监督，用制度保证廉政建设长抓不懈。2009年，深入开展"检察效能提升年"、"干部作风改进年"、"纪律作风教育整顿"、"办案安全专项整改"等教育活动，大力推进教育、制度和监督并重的程序和预防腐败体系建设，采取有力措施对易发生问题的重点人员和环节进行监督，层层签订党风廉政建设责任状，继续实行"一案三卡"制度，完善干警执法廉政档案，进一步强化检务督察和"文明科室"评比工作。机关效能明显提升，干部作风明显得到改进，队伍整体素质明显提高。2010年，严格执行党风廉政建设责任制，强化惩防体系建设，推行检察人员问责办法。通过学习宣传和贯彻《中国共产党党员领导干部廉洁从政若干准则》、组织参加反腐倡廉成果巡回展、开展"反特权思想、反霸道作风"专项教育和效能寻甸建设，强化对检察人员的警示教育；加强检务督察，建立健全执法档案和廉政风险防控机制加强对重点执法岗位、执法人员、执法环节的监督，进一步健全了业务工作运行规范、执法质量保障规范。

【行政后勤保障工作】 努力做好各项综合业务和行政管理工作。综合部门圆满完成办文、办会、办事、后勤保障等各项任务，确保检察机关各项工作的正常运转，检察信息、档案、秘书、计财、车辆、枪支、案款案物管理等各项工作都取得了新的进展，为检察业务工作的正常开展和检察机关正常运转提供了良好的保障和服务。2010年，档案室建设和管理成功达到五星级，国有资产登记管理工作获得高检院的通报表彰。

【检察队伍建设】 2007年，以深化社会主义法治理念教育活动为契机，教育和引导干警转变执法理念，树立和落实科学的执法观，用先进的社会主义法治理念指导执法办案。以人为本抓学习，把教育培训工作纳入重要议事日程。结合社会主义法制理念教育活动和司法考试，组织了统一集中培训，干警每周讲法制课等活动。组织5名新参加工作的同志参加社会主义法制理念培训，1名参加了上岗培训，3名参加检察官任职培训，4名参加司法考试培训，4名参加8＋X培训。深入开展了社会主义荣辱观教育，开展"学习党章，维护党纪"专题教育活动，组织干警参加了演讲和篮球比赛，举行案件笔录和计算机文字录入等岗位技能竞赛活动，邀请"法律监督在基层"暨英模事迹报告团到检察院宣讲，举办首届干警书法、绘画、摄影作品展。建立和完善学习制度、奖励制度，鼓励和支持干警参加司法考试。2008年，坚持学历教育、业务培训、岗位技能训练多管齐下，着力提高检察干警的执法水平和法律监督能力。积极组织干警参加国家司法考试和各类业务及专业技能培训，开展模拟法庭比赛、办案能手评比等活动。健全使用、管理和激励机制，10名优秀年轻干部通过推荐、考核，走上中层干部岗位，全院45周岁以下干警本科学历达到100%。2007年被省检察院命名为"先进基层检察院"、市委市政府命名为"文明单位"后，控告申诉接待室被评为市级"文明接待室"，被市总工会授予"工人先锋号"称号。2009年，深入开展学习实践科学发展观活动，进一步调整和充实中层干部，对部分中层干部进行跨部门轮岗，加大对年轻干部的提拔使用力度，报请县委按照组织程序任命4名年轻干警为部门正职，其中1名年轻干警提请县人大常委会任命为专职检察委员会委员，继续开展以知识讲座、法庭抗辩赛、演讲比赛等为内容的岗位练兵活动，组织干警参加国家司法考试和各类业务及专业技能培训。全年共派出18人参加公务员"8＋X"培训，派出6人参加"都市经济"知识培训，派出3人参加省院组织的检察官和司法警官任职资格培训，派出1人参加领导素能培训，派出3人到先进院跟班学习。2010年，大力开展争先创优活动，积极开展深入学习实践科学发展观、"恪守检察职业道德、促进公正廉洁执法"主题实践活动，开展学习型党组织创建活动。严格检察官准入制度，向社会公开招录2名公务员，组织参加高检、省、市、县各种素质培训60余人(次)，全面完成"三普"教育培训和考核。

【表彰奖励】 县检察院于2009年12月被省委省政府授予"省级文明单位"于2010年2月被市委市政府授予"市级园林单位"。

【领导名录】

检察长：杨瑞云(2006.3至今)
副检察长：合成刚(1999.01至今)
　　　　　谢　勇(2004.01至今)
兼反贪局局长：李志荣(2004.10至今)
纪检组长：谢发祥(2004.10至今)
检察长助理：范丽琼(2006.01至今)
政治处主任：伏乔生(2010.04至今)
办公室主任：杨彩荣(2004.10至今)
侦查监督科科长：
　　蒋贵平(2000.06至今)
公诉科科长：
　　刘文礼(2009.06至今)
预防职务犯罪科科长：
　　李　平(2006.06至今)
人民监督办公室主任：
　　周　敏(2008.12至今)
专职检察委员会委员：
　　舒余魁(2008.12至今)
检察委员会委员：
　　丁建勇(2009.02至今)
反渎职侵权局局长：
　　罗田友(2000.12至今)
控告申诉检察科科长：
　　舒超群(2008.12至今)
民事行政检察科科长：
　　李文光(2000.06至今)
司法警察大队大队长：

王 建(2002.12至今)

(撰稿人：杨彩荣)

法院

审 判

【概述】 寻甸县人民法院现有内设机构12个，即立案庭、刑事审判一庭、刑事审判二庭、民一庭、民二庭、行政庭、审监庭、执行局、政治处、办公室、监察室、法警大队；派驻机构1个：纪检组。

派出法庭5个：即金所、柯渡、马街、仁德、河口法庭。其中仁德、河口法庭因客观原因合并吸收至院机关办公。

现有编制83人，实有72人。其中政法编75人，实有67人；工勤编8人，实有5人。

法官48人(其中四级高级法官10人，一级法官25人，二级法官1人，三级以下法官12人)，法警7人，书记员12人，工人5人。

【刑事审判】 2007年，受理刑事案件209件340人，审结206件333人，未结3件7人，结案率为98.56%。

2008年，受理刑事案件205件317人，其中公诉案件167件258人，自诉案件38件59人，审结203件306人，审结率99.02%，共对205名被告人作出了有罪判决。对严重危害公民生命健康和财产安全的多发性犯罪，特别是“两抢一盗”等严重危害社会治安的犯罪的涉案78名被告人依法判处刑罚。受理贪污贿赂类案件9件13人。判处10年以上有期徒刑4人，判处5年以上10年以下有期徒刑20人。判处5年以下有期徒刑、拘役、管制的176人，单处罚金的5人。对63人依法适用非监禁刑，免予刑事处罚的9人，对14名自诉案件被告人宣告无罪。审理刑事附带民事案件38件59人，经调解并及时执结12件，审理未成年人犯罪案件22件30人。

2009年，受理刑事案件198件307人，其中公诉案件146件224人，自诉案件52件83人，审结196件305人，审结率98.98%，共对215名被告人作出了有罪判决。受理民商事案件1193件，结案981件。调解撤诉553件，调撤率达56.37%，结案率达82.23%。惩处严重危害公民生命健康和财产安全的多发性犯罪，特别是“两抢一盗”等严重危害社会治安的犯罪。对涉案82名被告人依法判处刑罚；受理贪污贿赂类案件13件20人；对55人依法适用非监禁刑，8人免予刑事处罚，对47名自诉案件被告人宣告无罪。共审理刑事附带民事案件60件82人，经调解并及时执结16件，有效缓解了社会矛盾。审理未成年人犯罪案件22件33人。受理民商事案件1225件，审结1197件，结案率97.71%。调解和撤诉结案642件，调撤率53.63%。

2010年，受理刑事案件221件374人(含旧存2件2人)、与上年同期收案198件307人相比收案上升11.62%，结案218件365人，结案率98.64%。惩处严重危害公民生命健康和财产安全的多发性犯罪，特别是“两抢一盗”等严重危害社会治安的犯罪。对涉案224名被告人依法判处刑罚；受理贪污贿赂类案件12件18人；对78人依法适用非监禁刑(含自诉案件)，4人免予刑事处罚，对15名自诉案件被告人宣告无罪；审理刑事附带民事案件41件67人，经调解并及时执结16件；审理未成年人犯罪案件30件53人。

【民事审判】 2007年，受理民事案件962件(含旧存10件)，审结955件，未结7件，结案率为99.27%。其中调解结案367件，撤诉结案171件，调撤率为56.34%。

2008年，受理民商事案件1105件，审结1092件，结案率98.82%。调解和撤诉结案的558件，调撤率51.10%。审理婚姻、抚养、继承以及家庭财产分割案件558件；审理劳动争议类案件7件；审理交通事故等人身损害赔偿类案件151件；审理买卖、借款、租赁合同等商事纠纷案件119件。

2009年，受理民商事案件1225件，审结1197件，结案率97.71%。调解和撤诉结案642件，调撤率53.63%。审理婚姻、抚养、继承以及家庭财产分割案件591件；审理劳动争议类案件24件；审理交通事故等人身损害赔偿类案件199件；审理买卖、借款、租赁合同等商事纠纷案件184件；金所、柯渡、马街三个派出法庭共有195件案件到案发地乡镇或自然村就地巡回审判，民一、民二庭赡养、相邻、土地纠纷等案件全部做到巡回审判。

2010年，受理民商事案件1395件(含旧存28件)，与上年同期收案1225件(旧存13件)相比上升13.88%，结案1294件，结案率92.76%，与上年同期相比结案率下降4.95%。其中调解和撤诉结案735件，调撤率56.80%。审理婚姻、抚养、继承以及家庭财产分割案件688件；审理劳动争议类案件3件；审理交通事故等人身损害赔偿类案件207件；审理买卖、借款、租赁合同等商事纠纷案件233件；坚持巡回审判。金所、柯渡、马街三个派出法庭共有214件案件到案发地乡镇或自然村就地巡回审判，民一、民二、审判监督庭赡养、相邻、土地纠纷等案件全部做到巡回审判。

【行政审判】 2007年，共审查行政非诉案件6件，结6件，收行政诉讼案件2件，结2件，结案率100%。

2008年，受理审查行政非诉执行案件9件，执结9件，执结率为100%。

2009年，受理审查非诉执行案件9件，执结9件，执结率为100%。

2010年，受理行政案件3件(含旧存1件)，与上年同期收案4件相比下降25%，结案3件，结案率100%。审查行政非诉案件6件，与上年同期收案5件相比收案上升20%，结案6件、结案率100%。

【收执行案件】 2007年，收执行案件381件(含旧存43件)，已执结337件，未结44件，结案率为88.45%。全年执行到位案款558万余元。

2008年，受理执行案件387件，执结324件，涉案标的额989万余元，结案率83.72%。

2009年，受理执行案件445件，执结375件，实现债权300余万元，执结率84.26%。开展“集中清理执行积案工作”，共清理出执行积案610件，执结标的总额750余万元。清积率达100%。

2010年，受理执行案件478件(旧存70件)，与上年收案445件相比收案上升7.42%，执结432件、执结率90.38%，与上年结案375件、执结率84.27%相比执结率上升6.11%。

【信息编发】 2007年，编发工作信息28期、简报19期，县委采用2期，上级法院采用21期。文印完成各种报告等材料近1573份76322页，打印、复印各种材料2555份11万余页。

2008年，编发工作信息28期、简报26期，撰写调研文章5篇，被县委采用2篇，昆明中院采用17篇(条)，宣传稿件在各级电视、报刊等新闻媒体播发26篇(条)。召开公判大会二次，宣判罪犯15案18人。

2009年，庭审示范、强制执行、巡回审判等工作多次在省市县电视台"走进法院"、"风雷说法"及新闻等栏目报道。编发工作信息22期、简报23期，撰写调研文章1篇，被县委采用2篇，昆明中院采用8篇(条)，宣传稿件在各级电视、报刊等新闻媒体播发12篇(条)，其中在《风雷说法》栏目播出4期。同时积极利用宪法宣传日开展法制宣传活动，先后在县城、金所及马街组织召开"打黑除恶"宣判会3次。宣判罪犯12案24人。

2010年，编发工作信息15期、简报25期，撰写调研文章5篇，被县委采用2篇，昆明中院采用16篇(条)，宣传稿件在各级电视、报刊等新闻媒体播发11篇(条)，其中在《风雷说法》栏目播出4期，调研信息宣传工作有了新的突破。

【来信来访】 2007年，接待来信来访2439人次。

2008年，接待群众来访1001人次，处理各类来信7件。

2009年办理来信来访772件次，完成上级交办的1件涉法涉诉、重信重访案件化解工作。

2010年，办理来信来访494件(人)，与上年同期772相比下降36.01%。

【业务与素质提升】 2007年，组织业务培训活动8次，参加培训干警达60人次，并选派法官20余人(次)分别到中级法院、高级法院及最高法院学习培训。在抓好干警学历教育的同时，鼓励干警在职参加学历教育和司法统考。年轻干警一律准予脱产培训，共计有4名干警顺利通过了国家司法考试，并给予1000元人民币的奖励。

2008年，6名干警参加了国家司法考试顺利过关。50余名干警参加了上级法院和县委政府组织的各种学习培训。组织干警参加昆明中院"公正司法、胜败皆明、营造环境"主题培训，到中院旁听了全国模范法官、党的十七大代表、北京市海淀区法院宋鱼水法官、北京市朝阳区法院钟蔚莉法官的讲座。

2009年，共有60余人次的法官、干警参加了培训，2名院领导到北京大学参加"法官能力建设与素质提升"高级研修学习，6名干警参加了全省预备法官培训，3名干警参加了全省少数民族法官培训，2名干警晋升为审判员。

【工作成果】 2007年共受理刑事、民事、行政、审判监督案件1185件(含旧存10件)，审结1175件，未结10件，结案率99.16%。无超审限、无枉法裁判案件。审判监督庭共收再审及申诉、申请再审案件7件，结7件，结案率100%。依法审查及报批减、缓免诉讼费20余件34735元。办理诉讼保全案件2件。押解人犯130次220人，维护基层法庭秩序4人2次，出动警力493人次，值勤176天。

【基础设施建设】 2009年10月，启动金所法庭建设工程，经云南省高级人民法院批准，建筑面积826平方米，计划投资180万元(含附属工程50万元)。

【领导名录】

院　长：桂明兴(2005.03至今)

副院长：韩会荣(2010.03至今)

　　　　郑　宏(2004.12至今)

　　　　杨爱群(2002.10—2010.12)

　　　　黄克伟(1998.05—2008.09)

纪检组组长：迟乔忠(2000.08—2010.3)

纪检组组长：马卫林(2010.03至今)

院长助理：王在云(2005.12至今)

审委会专委：姜禹传(2002.12至今)

　　　　　　杜建华(2002.12至今)

监察室主任：阮云坤(2004.10至今)

办公室主任：李正洪(2002.12至今)

刑一庭庭长：谭继林(2002.12至今)

刑二庭庭长：舒应亮(2002.12至今)

民二庭庭长：王建顺(2002.12至今)

民一庭庭长：张维顺(2000.07—2010.07)

行政庭庭长：李兴逵(2002.12至今)

立案庭庭长：韩华云(2004.10至今)

审监庭庭长：陈世龙(2004.10至今)

执行局局长：王智升(2007.05至今)

法警队队长：金存德(2002.12至今)

柯渡法庭庭长：朱朝清(2009.01至今)

马街法庭庭长：吕铭辉(2004.10至今)

(撰稿人：徐白一)

司法行政

【法制宣传教育】 抓好"五五"普法与"四五"依法治县暨法治寻甸建设工作。为深入开展"五五"普法与"四五"依法治县工作，普治办分别制定下发了《寻甸回族彝族自治县2007年法制宣传教育与依法治县工作计划》、《寻甸回族彝族自治县2008年法制宣传教育与依法治县暨法治寻甸建设工作计划》、《寻甸回族彝族自治县2009年法制宣传教育与依法治县工作计划》、《寻甸回族彝族自治县2010年法制宣传教育与依法治县工作计划》，对寻甸县的"五五"普法与"四五"依法治县工作进行全面部署，并于2010年通过昆明市的考核验收。2007年成立了以县委书记刘荣同志任组长的法治寻甸建设工作领导小组，履行法治寻甸建设的组织、协调、指导、督促、检查职能。领导小组下设办公室在县司法局，具体负责研究制定法治寻甸建设的相关规划、政策和措施，建立科学的评价体系和考核办法。2007年7月制定了"《中共寻甸回族彝族自治县委关于推进依法治县建设法治寻甸实施意见》。2008年5月，县委、县人民政府制定了《关于进一步加强依法治县工作的意见》。要把依法行政、公正司法、法制宣传教育作为推动法治寻甸建设的"三驾马车"，以立法约束、制度规范、政策调节、社会动员为突破口，强势发动，强力推进，努力营造公平正义的法治环境，为全县经济社会全面协调可持续发展提供有力保障。2009年3月，县委法治寻甸建设工作领导小组印发了《"法治寻甸"建设乡(镇)考评细则》从组织保障、依法执政、依法行政、公正司法、依法管理和学法守法六个方面对乡镇法治建设情况进行考评量化。2010年制定了《关于推进依法治县建设法治寻甸工作规划(2009—2014)(草案)》。

2007年共征订发放昆明《2007年全民普法教育读本》7920本，发放宣传材料213200份，涉及《治安管理处罚法》、《物权法》、《道路交通安全法》、禁毒防艾、信访条例及其他法律法规宣传资料；2008年共征订发放昆明市《2008年全民普法教育材料》6700本，反邪教法制教育读本300册，《法治的回声》1200册，发放宣传材料180900份，涉及《劳动合同法》、《城乡规划法》、《治安管理处罚法》、《道路交通安全法》、禁毒防艾、信访条例、寻甸回族彝族自治县自治条例及其他法律法规；2009年共征订发放昆明市《2009年全民普法教育读本》600本，《反邪教法制教育读本》300册，《法治的回声》1000册，发放宣传材料206500份，涉及《劳动争议调解仲裁法》、《食品安全法》、《治安管理处罚法》、《消防法》、《寻甸回族彝族自治县自治条例》、《昆明市养犬管理条例》、禁毒防艾、政府信息公开条例及其他法律法规；2010年共征订发放昆明市《2010全民普法教育读本》600

本，宣传材料190000余份，涉及《侵权责任法》、《突发事件应对法》、《国务院流动人口计划生育工作条例》、《未成年人保护法》等教育类法规、《城镇企业基本养老保险转移接续暂行办法》、环境保护、知识产权、铁路护路、反邪教、民族政策等相关法律法规。

广泛开展形式多样的法制宣传教育活动 积极开展"送法下乡"活动，以"三下乡"活动为载体，切实开展"送法下乡"，分别于2007年2月8日在鸡街镇、2008年1月22日在功山镇、2009年1月1日在县城市民休闲广场、2010年1月17日在甸沙乡，采用方言表演、花灯剧、舞蹈等群众喜闻乐见的形式广泛宣传各项法律法规。加强青少年学生的法制教育，为推进"法律进学校"活动的深入开展，全县司法行政系统干警分别深入辖区中小学开展以《义务教育法》、《预防未成年人犯罪法》、《治安管理处罚法》、《云南省禁毒条例》等法律法规宣讲为主的法制讲座，向学校图书室赠送《云南司法》、《春城法制》等法制宣传资料，推动了寻甸县"法律进学校"工作的正常开展。认真开展"法律六进"活动 根据市普治办《关于开展昆明市"法律六进"活动的通知》要求，司法局结合全县实际，制定《寻甸回族彝族自治县"法律六进"活动实施方案》，教育广大干部群众自觉学法律、讲权利、讲义务、讲责任，进一步增强群众宪法意识和法制观念，引导广大机关、乡村、社区、学校、企业和单位依法管理，依法办事，进一步提高全社会法治化管理水平，建设法治寻甸。组织法律知识考试、认真组织开展各类普法骨干培训。2007年4月8—9日，16名法律服务工作者到市局培训班参加培训；5月21—23日，举办全县普法骨干培训；7月6—7日，全县司法行政系统55名干警参加法律援助工作专题讲座；7月10日《物权法》专题培训，全县正科级以上领导干部共132人参加学习；11月20日，各级干部参加法律知识考试。

2008年：3月12—13日，33名法律服务工作者到昆明参加培训班，学习"十七大精神"、"法律服务如何为昆明市经济社会发展软环境建设服务"；4月28—30日，市普治办普法骨干培训；7月4日，司法干警及乡镇综治办主任共80余人参加反邪教法制教育骨干培训；10月13日，全县干部法律知识考试；11月23—26日：16个所长到昆明参加业务培训班。

2009年：2月27日，1200余人参加普法骨干培训；8月28日，刑释解教人员安置帮教工作软件管理业务培训班开班。10月23日，全县干部法律知识考试。

2010年，10月10—25日，9000余名干部、职工参加全民普法考试。

开展特色法制宣传活动，每年均举办"6.26"国际禁毒日法制宣传活动，"12.4"全国法制宣传暨云南省宪法宣传周宣传活动。其中2007年结合仁德镇社会治安综合整治，在县城深入开展法制宣传教育活动；在清水海移民搬迁区开展大型法制宣传教育。2008年编印《法治的回声》，以县公处公判大会的召开为契机，认真开展法制宣传教育；在金所乡与县检察院共同开展"法律进乡村"活动。2009年，全面开展宗教场所爱国主义暨法制宣传教育活动。2010年，8月—9月在全县开展青少年法制宣传教育。

【规范化司法所建设】 按照中央关于加强"两所一庭"建设的指示和司法部关于创建规范化司法所的意见，不断加强司法所的硬件和软件建设。队伍建设。到2010年，全县共有14个基层司法所，共有编制51人，其中，政法专项行政编制17人，事业编制34人，人员全部收编上归司法局管理。规范化司法所建设。2007年至2010年，完成12个规范化司法所建设，其中先锋、甸沙两个2007年建成并投入使用，七星、河口、六哨、凤仪4个司法所，在2008年建成并投入使用；羊街、鸡街、倘甸、金源、联合、功山6个司法所于2010年12月10日全面完成并投入使用。先锋司法所建筑面积157.4平方米，总投资24.1万元，甸沙司法所建筑面积130平方米，总投资24.1万元，先锋镇新购置普通型桑塔纳一辆；河口司法所建筑面积130平方米，总投资23.8万元，购置普通桑塔纳一辆，六哨司法所建筑面积130平方米，总投资21.2万元，配置长安之星面包车一辆；七星司法所建筑面积200平方米，投资23.8万元，配置普通型桑塔纳（警车）一辆；凤仪司法所建筑面积120平方米，总投资23.8万元，配置长安之星面包车一辆。2010年，启动建设了第四批6个司法所的规范化建设，其中，鸡街司法所建筑面积180平方米，配备长安面包车一辆，羊街180平方米，配备长安面包车一辆，联合196平方米，配备长安面包车一辆，倘甸300平方米，配备长安面包车一辆，金源233.64平方米，配备普通桑塔纳轿车一辆，功山136平方米，以上每所平均投资19.8万元，总投资118.8万元。

【民主法治村(社区)创建】 2007年，全县167个村委会、7个社区开展"民主法治村"创建工作。2008年，全县167个村委会、7个社区开展"民主法治村"创建工作，其中六哨乡横河、塘子镇易隆、功山镇纲纪、河口乡北大营4个村委会被命名为市级"民主法治村"。2009年，全县167个村委会、7个社区开展"民主法治村"创建工作，柯渡镇松林、先锋镇窑上、功山镇横山、羊街镇甜荞地、倘甸镇计石宽、鸡街镇鸡街、河口镇营河、六哨乡五星、凤合镇龙池、甸沙乡甸沙、联合乡落水洞、七星镇高田、金源乡瓦房十三个村委会被命名为市级"民主法治村"，仁德镇学府社区被命名为昆明市第二批"民主法治社区"。2010年，全县167个村委会、7个社区开展"民主法治村"创建工作。仁德镇团结、仁德镇竹沟、柯渡镇猴街、先锋镇鲁土、功山镇以则、羊街镇大刘所、倘甸镇马街、鸡街镇泽和、河口镇双龙、六哨乡板桥、凤合镇务嘎、甸沙乡兴隆、联合乡松棵、七星镇七星、金源乡金源15个村委会被命名为昆明市第四批"民主法治村"，仁德镇南钟社区被命名为昆明市第三批"民主法治社区"。

【人民调解】 2007－2010年，全县各级调解组织共调解各类矛盾纠纷10031件，调解成功9783件，调解成功率达97.5%。其中：2007年受理纠纷1876件，调解成功1800件，调解成功率96%；2008年受理纠纷2342件，调解成功2268件，调解成功率96.8%；2009年受理纠纷2985件，调解成功2926件，调解成功率98%；2010年受理纠纷2828件，调解成功2789件，调解成功率98.6%。通过加大调解工作力度，将纠纷调解在基层、化解在萌芽状态，有效的防止了矛盾的激化，四年来共防止民转刑案件103件687人，防止民事案件引起自杀案件32件51人，防止群体性上访案件29件183人(次)。

调解工作推进 根据省、市关于构建"大调解"工作体系的实施意见，2009年3月初，起草了《寻甸回族彝族自治县关于成立"大调解"工作体系建设领导小组的通知》和《寻甸回族彝族自治县关于构建"大调解"工作体系的实施意见》，经县委政法委审核后，报县委、县人民政府批转下发。《意见》明确规定了人民调解与行政调解、司法调解、检察工作、信访工作的衔接方法。

人民调解"以奖代补"工作 。2010年5月，县人民政府办公室出台《寻甸回族彝族自治县人民调解"以奖代补"工作实施试行方案》方案从2010年6月1日开始实施。通过对2010年6月1日至12月31日期间的调解案件进行了考核，经考核符合人民调解"以奖代补"奖励标准的调解案件数为849件，其中口头调解的纠纷案件422件，达成书面协议的纠纷案件427件，一般纠纷案件360件；兑现奖励36000元，疑难纠纷案件66件，兑现奖励19800元；重大纠纷案件1件兑现奖励500元；口头调解422件，兑现奖励件/20元，共8440元。通过实施人民调解"以奖代补"工作，激励了人民调解员的工作积极性。2010年全年没有发生因调解案件转为刑事案件、集体上访或群体性事件的现象。

【安置帮教】 2007年，司法局认真贯彻全省电视电话会议精神，积极组织开展刑释解教人员调查摸底专项活动，查清2004－2006年内刑满释放和解除劳教人员的基本情况。经过半年多的全面摸排，945名刑释解教人员的基本情况全部查清，其中刑满释放人员847人，解除劳教98人。以减少重新违法犯罪为目标，努力探索安置帮教工作新路子。

【社区矫正】 2009年，县委、政府两办行文成立县社区矫正工作领导小组，制定《寻甸回族彝族自治县社区矫正工作实施方案》，指导全县开展社区矫正工作。8月，司法局与公安局联合行文，将2009年以前的社区矫正对象87人移交司法局进行矫正，全部建档并采取个别谈话教育的方式进行矫正。2010年，全县共接收社区矫正对象104名，其中：监外执行11名，假释67名，缓刑22名，剥夺政治权利4名，对104名矫正对象全部建立档案并采取个别谈话教育的方式进行矫正。2010年10月，在全市首家成立了社区矫正管理科，负责指导全县社区矫正工作。2010年11月，对服刑在教人员未成年子女进行全面排查，全县共有714名服刑在教人员未成年子女，县司法局采取了上门走访的形式对其进行正面引导教育，维护了社会的和谐和稳定。

【律师工作】 重视律师行业规范建设，加强对律师的管理和服务工作，组织律师参与依法行政，为政府依法决策、民主决策服务。每月安排律师参与信访接待，为群众提供免费法律咨询。2007年，仁德律师事务所共办理案件23件，其中：民事案件11件，刑事案件5件，法律援助案件8件。2008年，仁德律师事务所共办理案件25件，其中：民事案件11件，刑事案件6件，法律援助案件8件；2009年，仁德律师事务所共办理案件30件，其中：民事案件11件，刑事案件11件，法律援助案件8件；2010年，仁德律师事务所共办理案件34件，其中：民事案件11件，刑事案件10件，法律援助案件13件。

【公证工作】 开展公证队伍教育规范树形象活动，加强对公证人员职业道德和执业纪律教育。结合《公证法》和《公证程序规则》的颁布施行，进一步加强业务知识的学习，提升公证服务形象。县公证处2007年办理709件公证，2008年办理740件公证，2009年办理1397件公证，2010年办理1547件公证。

【"148"法律服务中心】 "148"法律服务中心以"将法律交给广大群众，送服务走进千家万户"为服务宗旨，为党政机关、企事业单位、人民团体、社会组织及民营企业、公民个人。提供法律服务，营造人人知法、懂法、守法、依法办事的良好氛围。2007年共接待法律咨询1320人次，其中：接待来人来访1215人次，电话咨询105人次；2008年共接待法律咨询492人次，其中：接待来人来访418人次，电话咨询74人次；2009年共接待法律咨询1200人次，其中：接待来人来访1090人次，电话咨询110人次；2010年共接待法律咨询1452人次，其中：接待来人来访1192人次，电话咨询260人次。

【法律援助工作】 2007年受理法律援助案件56件，其中民事案件54件，刑事案件2件，解答法律咨询1200余人(次)；2008年受理法律援助案件46件，其中民事案件41件，刑事案件5件，解答法律咨询1400余人(次)；2009年共办理法律援助案件54件，其中民事案件52件，刑事案件2件，解答法律咨询1560余人(次)；2010年受理法律援助案件96件，其中民事案件91件，刑事案件5件，解答法律咨询1620余人(次)。

【思想建设】 县司法局始终把加强思想建设摆在全局工作的突出位置。加强政治理论学习，加强廉政引导与监督，加强对干警的培养、使用和管理。认真开展政法部门"规范执法行为，促进执法公正"转向整改活动，使执法行为更加规范，执法工作中的突出问题得到了解决，广大司法行政干警的执法观念进一步转变，以人为本、人权保障的观念进一步增强。加强党风廉政建设，认真学习《国家公务员法》、《云南省公务员八条禁令》、《昆明市国家行政机关及其公务员行政不作为问责办法(试行)》，积极组织观看廉政影片，进一步牢固干警思想道德底线。

【荣誉表彰】 2007年被昆明市司法局评为2005－2007年全市法制宣传教育先进单位；2007年被县委、县政府评为"四五"普法与"三五"依法治县先进集体；2006年－2007年被昆明市司法局评为年度刑释解教人员安置帮教工作先进集体；2008年被县委、县政府评为教育工作先进集体；2008年获得全市司法行政系统2007年度新闻报道工作三等奖；2010年获得昆明市司法行政系统年度目标考核二等奖。

【领导名录】

局　长：马成云(2001.11——2010.2)
　　　　刘德正(2010.7至今)

副局长：孔海燕(女)(2004.1至今)
　　　　罗兴华(2006.4至今)

(撰稿人：王　华)

经济管理

编辑：陈小珍

发改委

【县发展和改革局】 1957年成立县计划委员会。1986年，财贸组、物价组、物价检查所从计委划出，分别成立财贸办公室和物价局。1996年5月，撤销县计划委员会与县统计局，成立县计划统计局。1997年3月，计划委员会与统计局分设，更名为计划局。2002年10月，物价局并入，更名为发展计划局。2005年1月，将发展计划局承担的职能和经济发展局承担的经济体制改革职能及人、财、物划入新组建的发展和改革局。2010年9月，划入综合指导全县粮食供需总量平衡和市场调控工作职责，管理县粮食局。2010年，内设办公室（组织人事科）、综合规划科（政策法规科、审计科）、固定资产投资科、经济发展科（县国民经济动员办公室）、社会发展科、价格管理科、体制改革科，设2个其它机构，县粮食局机构规格为正科，价格监督检查所机构规格为副科级，隶属县发展和改革局管理。现有人员编制36名，设局长1名，副局长4名（其中1名兼任粮食局长），专职党组副书记1名，总经济师1名，总工程师1名，粮食局副局长2名，价格监督检查所长1名；内设机构负责人11名。主要职责是承担全县经济社会中长期发展规划及年度计划编制、建设项目申报和审批、经济社会情况分析、收费项目监督、市场监管及综合指导全县粮食供需总量平衡和市场调控。

【年度计划编制】 发展思路不断优化。2007年，以科学发展观为指导，坚持以经济建设为中心，以改革开放为动力，以实现又好又快发展为主题，围绕"农业富民、工业强县"战略的实施，以大项目带动大发展，大力推进新型工业化、农业产业化、城镇化和新农村建设工程，全面发展社会各项事业，努力构建和谐社会。2008年，坚持以邓小平理论、"三个代表"重要思想和党的十七大精神为指导，认真贯彻落实科学发展观和中央经济工作会议精神，紧紧围绕县十次党代会提出的与全省同步实现全面建设小康社会奋斗目标，采取积极稳健、扎实有效、开拓创新的工作举措，全力推进经济结构调整和优化发展方式，加强资源节约和环境保护，着力解决民生问题，大力推进新型工业化、城镇化、市场化再上新台阶，促进经济社会又好又快发展。2009年，坚持以邓小平理论和"三个代表"重要思想为指导，全面深入贯彻落实党的十七届三中全会和中央经济工作会议精神，积极应对宏观经济形势变化，坚定不移地走科学发展之路，按照省、市、县党代会的部署，抓项目，增投入，强基础，调结构，促发展；全力推进工业化、城镇化、市场化进程，加快教育、文化、医疗卫生等社会事业发展，着力改善民生，加强环境保护，统筹城乡协调发展，为实现"十一五"规划和"543倍增计划"目标奠定坚实基础。2010年，以科学发展观统领经济社会发展全局，紧紧抓住中央和省、市一系列"保增长、保民生、保稳定"重大举措的继续实施和昆明市"加速北部崛起"、主城区经济发展"退二进三"的重大机遇，按照县委"东西并进"战略要求，大力抓项目，增投入，强基础，大力调整优化经济结构、积极转变发展方式，围绕强工业、兴城镇、筑基础、活商贸、稳农业、重民生等方面的重点工作，加快"三化化三农"进程，统筹城乡协调发展，攻坚2010，冲刺"十二五"，全面完成"十一五"规划目标，深入实施"543倍增计划"。

2007－2010年度主要经济社会指标计划表

指标名称	2007		2008		2009		2010	
	总量	增速	总量	增速	总量	增速	总量	增速
地区生产总值(亿元)	23．4	15	29	15	33	10	36．11	12
农业总产值(亿元)	12．5	6	15	6	18．7	7	20．37	8
工业总产值(亿元)	20	50	30	45	36	20	49．94	35
工业增加值(亿元)					8．7	15	9．27	30
财政收入(亿元)	1．38	14	1．753	14				
地方财政一般预算收入(亿元)					2．2851	9	3．04	12
固定资产投资(亿元)	14．3	20	18	16	27．3	30	40．59	35
社会消费品零售总额(亿元)	6．9	16	8．6	15	10	16	12．06	18
城镇居民人均可支配收入(元)	10730	8	11740	8	14000	8	15263	8
农民人均可支配收入(元)	2305	10	2480	7	2990	7	3303	8
人口自然增长率控制(‰)		7		7		6．5		6．5
城镇登记失业率控制(%)		4		4		4		4
规模以上工业企业增加值能耗下降(%)		5		4		4		9

【地区生产总值GDP】 地区生产总值成倍增长。2007年至2010年，县地区生产总值分别完成23.76亿元、29.99亿元、32.47亿元、38.42亿元；同比分别增长10.8%、15.3%、13.2%、11.3%。其中，一产业分别为8.74亿元、9.83亿元、10.8亿元、11.6亿元；二产业分别为4.91亿元、8.43亿元、8.31亿元、11.12亿元；三产业分别为10.1亿元、11.68亿元、13.36亿元、15.6亿元。2010年末，三次产业结构调整为30：29：41，经济结构不断优化。

【农业经济】 农业经济稳步增长。2007年，种植业结构进一步优化，粮食总产量19.3万吨，增长1.7%。烤烟种植12.8万亩，收购总值2.25亿元，均价12.74元，实现税收5000万元。畜牧业稳步发展，大小牲畜存栏76.5万头（匹、只），出栏79万头（匹、只），分别增长－0.74%和3%，畜牧业总产值6.45亿元，增长21.5%。蔬菜、花卉、中药材等生产情况良好，外销比重、产量和产值保持稳定增长。农村基础设施和公共服务设施建设力度加大，新增新农村试点村48个，投入新农村建设资金2279.4万元，硬化道路35714米，维修道路3.28万米，新建村民活动室12个，856平方米，48个试点村建设全部通过县级检查验收。实施各类水利工程549件，新增旱涝保收面积0.13万亩，新增灌溉面积2.18万亩，改造中低产田1.05万亩，治理水土流失面积1.4平方千米。新建沼气池1700口，节能改灶3000口，解决4.01万人饮水困难和饮水安全，基本完成“数字乡村”工程建设要求。2008年，全县农业总产值达17.12亿元，增长9.3%，占计划的116.7%。粮食生产再获丰收，种植面积83.9万亩，比上年增长6.7%，占计划的107.6%，产量达1.95亿千克，比上年增长1.3%，占计划的100.3%。烤烟生产取得新突破，收购总量达2080万千克，比上年增长19%，占计划的104%，均价达14.51元/千克，比上年增长16.2%，产值达3.02亿元首次突破3亿元，比上年增长7675万元，增长34.1%，占计划的107.8%。花卉、蔬菜、中药材种植等特色产业发展加快，种植业结构进一步优化。畜牧业健康发展，产值达7.4亿元，比上年增长19.4%，占计划的113.8%，林业产值达2亿元，增长14.3%，占计划的111.1%。新农村建设扎实推进。积极争取、整合投入资金启动实施24个行政村整村推进项目，完成5个自然村村容村貌整治工程，示范村建设达到“九有”目标要求，村容整洁，村貌焕然一新。扶贫工作强力推进，争取投入扶贫资金18654万元，采取整村推进、易地搬迁、农业开发、劳务输出、小额信贷、社会帮扶等项目措施，实现0.53万人绝对贫困人口基本解决温饱，3.24万人相对贫困人口稳定解决温饱。农业基础设施建设力度进一步加大，以工代赈、农业综合开发、土地开发整理项目持续推进，三月三、白龙箐、十里箐、龙潭箐、水草凹水库除险加固工程项目启动建设，完成农田水利工程572件，建成高稳农田0.2万亩，改造中低产田0.64万亩，土地开发整理3.26万亩，新增灌溉面积1.09万亩，改善灌溉面积3.14万亩，解决人饮困难3.5万人，解决畜饮困难2.98万头，水利化程度进一步提高。2009年，全年农业总产值18.84亿元，同比增长8.46%，占计划的101%。全年粮食种植面积84.06万亩，同比增长0.1%；产量达1.98亿千克，同比增长1.52%。烤烟生产任务全面完成，收购总量43万担，同比增长3.37%，占年初计划的100%；产值达3.29亿元，同比增长9%。畜牧业健康发展，总产值达9.23亿元，同比增长8.1%，占计划的114%，全年出栏大小牲畜94万头，肉类总产7.71万吨。林业产值达2.24亿元，同比增长12%，占计划的102%。2010年，上半年受旱情严重影响，夏粮损失较大，但大春作物正常生产，农产品价格行情较好，全年农业经济总体保持了稳步增长。全年农业总产值同比增长8%，达20.33亿元。全年粮食种植面积83.54万亩；产量达1.96亿千克，同比减收1.2％。烤烟生产任务全面完成，收购总量50万担，同比增长16.3%，占年初计划的112.6％；产值达3.53亿元，同比增长16.5％。畜牧业健康发展，总产值达9.54亿元，同比增长7%。林业产值达2.38亿元，同比增长6.3%。

【工业经济】 2007年，全县三次产业结构由2006年的37：23：40调整为37：21：42。工业发展提速，规模以上工业完成产值17.89亿元，增长58.27%，比重达到82%，比上年提高了9个百分点。节能减排工作深入开展，先后对南磷集团寻甸磷电项目和奕标水泥有限公司水泥项目环保不达标的生产线进行了强制拆除和技改，对8家工业企业实施清洁生产审核。生态环境继续改善，二氧化硫排放控制在2761.08吨以内，化学需氧量排放量控制在17.11吨以内，工业废水排放达标率100%。2008年，全县工业总产值达30亿元，增长39.5%，占计划的100%，工业增加值7.61亿元，增长33.2%，占计划的100.5%。其中规模以上工业企业完成产值27.02亿元，增长49.2%，占全县工业总产值的89%，完成增加值6.64亿元，增长40.1%，工业经济对国民经济增长的拉动和支撑作用进一步凸现。工业重点建设项目稳步推进，南磷集团13万吨PVC、10万吨烧碱、日产2000吨水泥熟料项目及龙蟒集团33万吨硫酸项目建成投入运行，年产25万吨干粉灭火剂项目、2万吨硅藻土沥青改性剂项目、300万吨先锋煤矿改扩建工程进展顺利，总投资38.9亿元的先锋褐煤洁净化利用试验示范项目破土动工，工业园区基础设施建设持续推进，工业发展能力进一步增强。2009年，全年工业总产值36.94亿元，同比增长21.68%（增幅比上半年回升22.4个百分点），占计划的103%。工业增加值7.17亿元，同比增长16%（增幅比上半年回升20.1个百分点），占计划的82%。其中规模以上工业企业总产值32.39亿元，同比增长19.4%；增加值6.1亿元，同比增长17.2%。2010年，虽然主要工业品总体价格和行情回升转暖，但由于煤、电、油运、淘汰落后产能、技改及产业政策限电、新增工业项目较少等影响，部份规模以上工业企业产能不足，特别是10月份工业产量同比下降，增加值大幅下滑，导致规模以上工业增加值1－10月仅增长了3.7%。全年完成工业总产值38.8亿元，同比增长4.9%。工业增加值完成9.58亿元，同比增长10.1%。其中规模以上工业企业总产值完成33.8亿元，同比增长4.2%；规模以上工业增加值完成8.5亿元，同比增长11.8%。

【第三产业】 2007年，财政收入快速增长，实现地方财政收入1.54亿元(不含2479万元基金收入)，增长27.8%，税收占财政收入比重为79%；财政支出7.14亿元，增长30%。在确保各项重点支出的同时，财政支出向基层、民生和困难群体倾斜的力度逐步加大。金融运行平稳，年末金融机构各项存款余额26.3亿元，增长20.47%；各项贷款余额14.8亿元，增长34.84%，金融支持地方经济发展的力度不断加大。2008年，旅游资源开发进程加快，天湖岛旅游项目、塘子星河温泉项目、柯渡红军长征纪念馆等一批旅游重点建设项目顺利推进，旅游基础设施明显改善，全年接待旅游人数达26.7万人，比上年增12.2%；实现旅游收入2075万元，比上年增长11.56%。金融、保险、房地产、邮电、通迅等服务业进一步发展，城乡消费市场活跃，全年社会消费品零售总额达8.67亿元，比上年增长15.4%，占计划的100.8%。金融机构各项存款余额达32亿元，增长37.53%。城乡居民储蓄存款19.2亿元，比上年增长33.9%；贷款余额达18.96亿元，比上年增长22.32%。其中中长期贷款4.8亿元，比上年增长233.3%；短期贷款14.2亿元，比上年增长6.3%，信贷规模及质量有明显提高。2009年，旅游资源开发进程加快，完成投资2.68亿元，天湖岛旅游项目、塘子星河温泉项目、柯渡红军长征纪念馆项目等一批旅游重点项目建设加快推进；全年接待旅游人数29.4万人，比上年增长10%，实现旅游总收入2650万元，比上年增长20.8%。金融、房地产业迅速发展，全年各项存款余额达40.85亿元，同比增长23.5%。其中企业存款达8.79亿元，同比增长43.55%；储蓄存款达21.64亿元，同比增长22.51％。全年各项贷款余额达25.33亿元，同比增长40.94%。其中短期贷款达16.59亿元，同比增长31.84%；中长期贷款达8.63亿元，同比增长60.93%。完成房地产投资2.59亿元，同比增长22.49%。城乡消费持续保持活跃，预计全年社会消费品零售总额达10.22亿元，同比增长18.06%，占计划的102%。2010年，旅游开发建设取得新成效，接待服务能力进一步提高。旅游资源开发完成天湖岛旅游项目、塘子星河温泉小镇项目等一批旅游重点项目建设加快推进，全年接待旅游人数34.6万人，比上年增长18%；实现旅游总收入3806万元，比上年增长48%。随着“543倍增计划”的实施，城镇建设的推进和工业的发展，城镇人口聚集，金融、保险、房地产业、邮电、通讯、餐饮业发展较快，城乡消费持续活跃，全年社会消费品零售总额同比增长20.89%，达12.81亿元。全年各项存款余额同比增长11.39%，达45.5亿元；全年各项贷款余额同比增长23.68%，达31.3亿元。

【固定资产投资】 2007年，社会固定资产投资完成15.55亿元，增长30.2%。其中：一产业投资3.09亿元，二产业投资5.5亿元，三产业投资6.69亿元，分别增长237%、－33.9%和157%；三次产业投资比重由2006年的8：69：23调整为20：35：45，一、三产业投资不断加大，发展后劲进一步增强。羊街大牲畜交易市场和屠宰加工项目建设基本完成。摩洛河水库、黑山水库建设及功山河治理工程全面完工。金所工业园区南北主干道和东西次干道路基工程、排污管线铺设基本完成；污水处理厂项目正在可行性论证中；商业服务中心正在建设；纤维板项目和电力器材厂项目已进入试生产。南磷集团三期项目已完成管道铺设主体工程；龙蟒二期硫磺制酸项目主体设备安装全面完成。褐煤洁净化试验示范项目正与云南解化集团积极对接，已确定初步合作意向。燃料乙醇项目已完成县级会审，正向省经委申请备案。塘子星河温泉酒店一期项目主体工程建设已完工，正在进行房屋内外部装修，北大营生态旅游运动项目综合办公楼主体框架建设已完工。2007年度行政村路面硬化和路基改造工程已接近尾声。河滨公园一期工程基本完成；仁德一中、二小、柯渡镇松林“八一”希望小学的标准化建设已基本完成。2008年，社会固定资产投资达20.97亿元，比上年增长34.8%，占计划的116.5%，其中工业完成投资10.7亿元，比上年增长100.4%。农田水利、交通、电力、城镇等基础设施建设明显加强，重点建设项目顺利推进，羊街纳郎水库完成基本建设任务，三月三、白龙箐、军民水库除险加固工程和磨洛河水库启动建设；完成89千米路面硬化和274千米路基改造，启动六哨至马街油路建设，鸡街、六哨、联合3

个四级客运站建成投入营运；农村电网改造工程持续推进，18条10KV线路抗冰冻加固工程、河口与马街35KV变电站改造工程、517户中西部农网改造工程全面完成；县城河滨公园和老城排污管网改造工程顺利推进，民族文化体育场馆和北城新区建设进展加快，一批社会事业公共基础设施项目建成投入使用，经济发展后劲明显增强。2009年，社会固定资产投资达30.07亿元，同比增长43%，占计划的110%。其中：一产业完成5.99亿元，同比增长17%；二产业完成15.1亿元，同比增长41%；三产业完成8.98亿元，同比增长74%。农田水利基础设施进一步加强，完成农田水利工程570件，新增与改善灌溉面积1.74万亩，解决人饮困难5.96万人，水利化率达58 %，同比提高1%；启动木嘎利中型水库建设，完成投资3800万元；完成三月三等8项病险水库除险加固工程，完成投资4679万元；完成农业综合开发、土地开发整理任务。投入1.5亿元，完成农村公路路面硬化及路基改造任务，实现104个行政村通油路，行政村道路硬化率达59%。西部农村电网完善工程深入实施，一表一户改造、变电站及输电线路新建、改造工程推进顺利。市政建设全面开展，县城基础设施建设投资达5235万元，完成寻甸县北城新区三条主干道建设工程、东片区“两纵四横一场一带”建设工程、民族文化体育馆场建设工程等；实施县城生活污水处理厂及配套管网建设、县城生活垃圾清运处理中心建设。工业园区水、电、路基础设施建设加快推进，省、市、县建成投入及续建重点工业项目推进顺利，完成工业性固定资产投资14.26亿元、工业性基础设施建设投资1.6亿元，完成土地收储2918亩，五通一平1250亩。2010年，社会固定资产投资达41.2亿元，同比增长38.3%。其中：工业投资累计完成23.73亿元，同比增长63.5%；房地产开发投资完成3.81亿元，同比增长36.2%；农村私人投资累计完成2.99亿元，与2009年持平。全年共批复立项政府性和社会性工程项目78项，共投资约13.13亿元；企业投资备案122个，概算投资约98亿元。

【招商引资】 2008年，全年引进重大项目16个，实际到位市外资金10.9亿元，占目标任务的109%；实际利用外资635万美元，完成全年利用外资目标任务105.8%。2009年，全年累计结转在建及引进项目84个，全年实际到位市外资金15.39亿元，占市下达任务的128%；实际利用外资240万美元，占市下达任务的240%。2010年，全年结转、引进项目62个，实际到位市外资金18.48亿元，占市下达任务的123.20%；实际利用外资234.12万美元，占市下达任务的156.08%。

【社会事业】 教育得到优先发展：启动实施51所中小学标准化学校、机电工程学校建设，完成中小学危房改造22.92万平方米，新一中建成使用。科技事业取得新成就：实施各类科技计划3项，实施肉牛无公害产业链建设示范、奶水牛综合开发科技示范、科技扶贫示范乡建设、绿色光亮工程、科技进村入户5个重大科技示范项目。人口卫生事业快速发展：疾病防控体系进一步完善。妇幼保健和艾滋病防控工作深入开展，甲型H1N1流感疫情得到有效防控，孕产妇死亡率和婴幼儿死亡率得到较好控制，人均预期寿命进一步增长。2007－2010年孕产妇死亡率和婴幼儿死亡率分别为56.88/10万、17.44‰；19.23/10万、19.62‰；18.34/10万、16.69‰；20.41/10万、17.75‰。人口与计划生育基本国策全面落实，人口增长呈总体下降趋势，2007－2010年人口自然增长率分别达4.02‰、3.04‰、3.66‰、3.62‰。医疗卫生条件得到很大改善。实施县医院医技楼，县妇幼保健院、住院楼，县中医院门诊楼，县第二人民医院门诊楼，县计生服务站，乡镇计生服务所等建设。卫生改革深入推进：引进和创办寻甸县微创外科医院、祥和医院等5个民办非公医院，殡葬改革强力推行。文化体育事业取得新进展：实施乡镇文化站、村文化室、广播电视村村通工程、农家书屋和村级农民体育健身工程。2009年成功举办昆明市第九届少数民族传统体育运动会及建国六十周年庆典活动。就业再就业工作稳步推进：实施职业技能培训、“两后双百”、“三就三百”、农村劳动力引导性培训、劳务输出等工程。社会保障体系更加健全：实施廉租房、农村居民地震安居工程建设工程；2007年、2008年、2009年、2010年分别有0.42万人、0.46万人、0.62万人、0.5万人纳入城市低保，2.01万人、2.03万人、2.01万人、2.3万人纳入农村低保，养老、医疗、工伤、生育、保险全面开展，覆盖面进一步拓宽。实施自然村整村推进、整乡推进工程。“平安创建”工作深入推进：普法工作深入开展，信访渠道进一步畅通，安全生产进一步加强，社会治安综合治理深入开展，平安寻甸创建活动积极推进。城乡居民收入不断增加，人民生活明显改善。城镇居民人均可支配收入，2007年达1.09万元、增长9.48%，2008年达1.30万元、增长12.5%，2009年达1.41万元、增长8.8%，2010年达1.53万元、增长8.4%。农民人均纯收入达2007年达2460元增长9.9%，2008年达2795元、增长7.13%，2009年达3058元、增长8.11%，2010年达3497元、增长8.1%。

【“十二五”编制】 于2009年7月启动，成立了县规划编制领导小组及局领导小组负责组织领导，抽调相关单位人员组成起草小组负责初稿撰写。经广泛调查研究、走访座谈、咨询论证、意见征求、专家评审，并与上级规划发展要求、项目进行充分对接，以同类区作参考，经初稿、征求意见稿、讨论稿、评审稿、报审稿、草案等16稿修改。经县第十四届人民代表大会第五次会议审核批准通过，于2011年3月完成全部编写工作。

【“十二五”主要任务】 按突出跨越发展首要任务、突出基础建设保障服务、突出做强做特产业支撑、突出包容共享基本要求、突出绿色发展低碳要求的原则，紧紧抓住西部大开发深入推进、滇中经济圈建设、“两强一堡”和昆明面向西南开放的区域性国际城市建设的机遇，以科学发展为主题，以加快转变经济发展方式为主线，以改革创新为动力，坚持差异发展和特色发展，着力推进新型工业化、全域城镇化和信息化进程，努力建设富强寻甸、和谐寻甸、生态寻甸、活力寻甸。力争用5到10年时间，将寻甸打造为昆明北部重要的工业新城和昆明北部山水生态宜居新城。

【“十二五”目标】 总体目标：经济结构进一步优化，发展方式转变取得重大进展，新型工业成为主导产业，旅游产业蓬勃发展；基础设施得到较大改善，城镇化水平较大提高，发展环境更加优良；自主创新能力进一步增强，资源综合利用效益明显提升；综合经济实力、竞争力、影响力、抵御风险能力及内生自主投融资能力显著增强；城乡居民收入普遍较快增加，人民物质文化生活水平明显提高；城乡一体化进程明显加快，城乡和地区发展差距扩大的趋势得到有效控制；各项社会事业健康发展，社会保障体系更加健全，社会更加和谐稳定；社会主义经济建设、文化建设、社会建设以及生态建设协调推进。力争通过5年的努力，把寻甸基本建设成为昆明北部新兴重化工与能源基地、优质农特产品生产加工及供应基地、重要的新型建材基地、装备制造基地、现代滇中旅游经济圈中的新亮点。量化目标：全县地区生产总值年均增长12%；三大产业结构调整为21：38：41；工业增加值年均增长19%；人均生产总值年均增长11%；地方财政一般预算收入年均增长12%；社会固定资产投资年均增长20%；社会消费品零售总额年均增长16%；城镇居民人均可支配收入年均增长8%；农村居民人均纯收入年均增长8%；按1196元测算，贫困人口减少4.6万。人均受教育年限达10.5年；人口自然增长率≤6(‰)；城镇登记失业率≤4(%)；水利化率达70%；城镇化率达35%；森林覆盖率达43%；城镇生活污水集中处理率达80%；城镇生活垃圾无害化处理率达90%。

【项目审批】 2007年共批复立项28项，总投资3.04亿元；上报争取资金13项，总投资3.16亿元，上报争取资金2.87亿元；备案项目50个，投资总额4.9亿元。2008年共批复立项54项，总投资19498万元；上报争取资金32项，总投资2.02亿元，上报争取资金17857.88万元；备案项目87个，投资总额15.24亿元。2009年共批复立项57项，总投资18.47亿元；上报争取资金51项，总投资39.58亿元，争取到资金1.01亿元(不含扩大内需资金)；备案项目96个，投资总额34.54亿元。2010年共批复立项97项，总投资19.48亿元；上报争取资金9项，总投资3.51亿元，争取到资金6366万元；备案项目140个，投资总额100.22亿元。

【项目申报】 2007年，紧紧抓住环保、红色旅游、公检法司和计生等方面的基础设施建设，上报了南磷集团废水回收利用、城市垃圾处理、红色旅游柯渡纪念馆改扩建工程以及公检法司基础设施和"两所一庭"建设、金源沙湾大沟泥石流治理工程等项目申请国债和中央资金合计2.86亿元，共争取到塘子至小横山公路项目、基层司法所补助等资金275.8万元。2008年，上报了城市生活垃圾处理、争取世行贷款、农村中小学标准化建设、中西部农村校舍改造工程、金源沙湾大沟泥石流治理工程等项目申请中央、省、市资金合计1.79亿元，共争取到资金1.14亿元。2009年，上报了城市生活垃圾处理等三期共70个小项目，项目总投资47亿元，计划争取资金38.73亿元。同时，按照市发改委要求，结合我县实际，编制《寻甸回族彝族自治县2010年中央投资计划草案和储备项目》，共编报了72个项目，项目总投资45.68亿元，计划争取资金41.76亿元。全年有42个项目获得中央新增投资支持，项目总投资2.19亿元，其中中央资金7736.4万元，省级配套1128.6万元，市级配套964万元。2010年，共争取到廉租住房、农村饮水工程、金源乡集镇供水应急水源工程、寻甸县凤仪积水片区农田水利工程等新增中央投资项目13个，项目总投资4638.46万元。其中中央资金补助3401.36万元，省级配套406.3万元，市级配套511.3万元，县级配套319.5万元。

【异地搬迁】 2007年：启动并实施了投资165.31万元的2006年易地搬迁项目，具体为：投资83.81万元的金源张家凹易地搬迁，共搬迁34户122人，建安居房34套，修建公路4.2千米，农田建设110亩，架设人饮管道6千米；投资81.5万元的功山镇秧田冲易地搬迁，共搬迁32户122人，建安居房32套，修建公路1.8千米，农田建设83亩，架设人饮管道3.6千米。2008年：实施完成了投资165.31万元的2006—2007年易地搬迁项目，工程已全部竣工，并通过县级验收，搬迁户已喜迁新居。2008－2009年，下达易地扶贫搬迁项目一件，总投资为125万元的柯渡镇白龙潭易地安置，搬迁63户250人；建设安居住房63套2520平方米，户均40平方米，住房采取农户自建；基本农田建设250亩；新修沟渠4.1千米，建蓄水池20个，管道7.08千米，新建50立方米调节池1个；改扩建乡村道路7.5千米；架设输电线路5.65千米，安装50KVI变压器1台，新建沼气池63口，编制上报了《寻甸县2010－2011年易地扶贫搬迁项目实施方案》，工程计划总投资133万元，项目涉及2个乡(镇)51户211人。2009－2010年，上级下达易地扶贫搬迁项目一件，即：功山镇甸头村委公柳树河大长地易地搬迁119户420人，总投资191万元工程已全面启动。2008—2009年下达全县基本粮田建设项目一件，即：六哨乡3000亩基本粮田建设项目，总投资210万元，建设坡改梯1500亩，生产路9500米，修谷防26道，修排沟3020米，新修路涵30道，挡墙500米，种植绿肥3500亩，目前工程已全部竣工，2010年：2009－2010年下达易地扶贫搬迁项目一件，总投资为191万元。功山镇柳树河易地安置，搬迁110户420人；建设安居住房110套2200平方米，户均200平方米；基本农田建设500亩；新修沟渠4.7千米；管道2.7千米；改扩建乡村道路1.2千米；架设输电线路1.2千米；安装变压器1台；做节柴灶110口。2010－2011年，先锋镇小评子、柯渡镇质看易地扶贫搬迁项目下达资金106万元，搬迁安置51户211人，建安居房51套，面积2040平方米，坡改梯120亩，新建水池32立方，引水管道7.3千米，架设输电线4千米，建卫星接收站1座，新建公路2千米，改建公路6千米，建节柴灶28口。

【价格管理】 2007年起，对县城自来水价格、水资源费、原水费价格、垃圾处置收费、机动车停放服务收费、污水处理费等制定了标准。在水价改革中，对居民用水实行阶梯式水价，工业用水实行定额用水管理。由于省内成品油价格不断调整，根据燃油价格联动措施，及时组织联动，平稳出台26条涉及到的客运线路调整方案，审批7条城乡公交客运票价及新投入运营的出租车票价。加强对行政事业性收费的管理，每年在3月1日至5月31日期间，组织开展云南省收费许可证年审工作。2007年，审验《云南省收费许可证》230个，年审率达100%。审验收费项目73项，收费金额4695.03万元。2008年，昆明市为营造良好的社会投资软环境，昆明市人民政府以第11号公告率先在全国免收一批行政事业性收费项目，通过清理规范，全县新核发收费许可证145个，注销收费许可证85个，保留行政事业性收费项目71项(其中中央项目61项，省级项目10项)，全年收费金额6286.38万元。2009年：审验收费许可证145个，收费项目51项，全年行政事业性收费总额6864.95万元，比上年增加578.57万元，占当年财政收入2.09亿元的32.85%。2010年，审验《云南省收费许可证》145个，年审率100%。通过年审清理，注销收费许可证6个，建设工程质量监督费、工程定额测定费、农机服务费注销收费项目3项。变更收费项目24项。遗失补办《云南省收费许可证》4个，新办《云南省收费许可证》6个。2010年全县行政事业性收费项目有48项，收费总额3018.24

万元，比上年减少3846.71万元，占当年财政收入45457万元的6.6%。

【价格监督检查】 2007—2010年，围绕服务“三农”，服务企业，服务民生，开展了涉农价费、涉企收费、中介服务收费、教育收费、医疗收费等专项价费检查。累计检查农资经营企业及医疗、教育、国土、交通、农机、畜牧等涉农涉企收费单位或部门近百家，累计实施经济制裁200.60万元。其中2007年72.12万元、2008年14.72万元、2009年67.42万元、2010年46.34万元。

围绕与群众关系密切的商品和服务价格，认真开展节日市场价格监管。每逢节假日等重点监管时段，都组织安排对群众普遍关心和关注的春节等节假日期间液化气、粮、油、肉等食品、副食品价格、春运期间的客运票价、春耕双抢期间的化肥等农资价格检查、巡查。抓好突发事件市场价格监管，及时平抑价格波动。在禽流感爆发、严重旱情出现期间，采取宣传教育、重点巡查、重点检查、依托举报查处等措施，规范相关商品价格的监管和价格秩序，及时制止乱涨价乱收费行为，发放了《关于加强价格自律维护抗旱救灾期间市场价格秩序的告诫函》、《关于稳定客运价格的提醒函》和县政府《关于在县城主城区实施临时价格干预的公告》，对部分重要商品实施了最高限价、提价申报、备案。确保流感疫苗免费接种，相关防护用品价格、抗旱物资价格的稳定，较好地化解了可能出现的市场价格异常波动，以推进价格服务进万家活动为切入点，深化监管公共服务职能。

认真做好12358价格举报工作，及时受理和查处群众来电、来访、来信的价格投诉举报。对上级交办和有关部门转办的案件做到了认真查处，及时反馈。2007—2010年，共受理价格举报和价格政策咨询36件，查办答复36件，其中2007年12件、2008年10件、2009年8件、2010年6件，办结率100%。

【价格认证】 2007年至2010年，价格认证中心共受理委托评估案件298件，案值金额410.4万元。其中，2007年受理公安机关委托价格鉴证案件78件，案值金额126.1万元；人民法院委托价格鉴证案件2件，金额18.5万元；价格认证5件，金额26.7万元；价格咨询3件。2008年，受理公安机关委托价格鉴证案件62件，案值金额60.8万元；人民法院委托价格鉴证案件2件，金额2.6万元；价格咨询8件。2009年，受理公安机关委托价格鉴证案件63件，案值金额70.2万元；价格认证5件，金额23万元；价格咨询6件。2010年，受理公安机关委托价格鉴证案件58件，案值金额65.7万元；价格认证4件，金额16.8万元；价格咨询4件。

【成本调查】 2007—2010年，全面完成了国家、省布置的农产品成本年度常规调查、直报调查、成本预测及《农民种植意向调查》、《农户存粮调查》、《农户购买农资情况调查》等专项调查任务，及时将调查数据转化为信息，分别形成内容详实、分析深入、建议具体的调查报告，为政府及其它有关部门指导农业生产、进行价格决策提供真实依据。农产品成本调查工作得到了上级的肯定，先后获得了国家、省、市级农产品成本调查先进集体和先进个人荣誉称号。

【价格监测】 2007—2010年，组织开展了重要商品市场价格波动、重要经济调控政策和调价项目出台、重大节日前后等的市场价格监测分析。对粮食价格出现快速上涨、生猪收购价格快速回落、食用植物油受原料期货价格影响出现上涨苗头等及时进行监测。定期对39个品种规格商品进行监测和分析，监测的品种规格涉及主副食品、工农业生产资料、日常消费品等生产、生活的主要领域。

【表彰奖励】 2009年，县发改局住宿小区被评为“寻甸县园林小区”。1人被国家发改委评为农成本调查工作先进个人，1人被昆明市发改委评为先进个人，1人被县委、县政府评为先进教育工作者，2人被县委、县政府授予“市民运会”先进个人称号，2人被评为新农村建设优秀指导员，1人被评为民族团结进步“模范个人”。2010年6月县发改局被省发改委授予“农产品成本工作先进集体”称号，7月在昆明市发展和改革系“五五”普法工作中被授予“先进集体”称号。

【领导名录】

局　长：徐正雄(2005.08至今)

副局长：陈顺安（兼粮食局局长，2010.07至今）

陆彦强(2007.11至今)

朱文华(2007.09至今)

董建华(2010.07至今)

（撰稿人：何　怡）

县国土资源管理

【县国土资源局】 1987年10月寻甸县国土资源局成立。下设6个职能科(室)，6个直属事业单位，12个乡(镇)国土资源所(不含托管四乡镇)，现有干部职工117人。

【耕地保护】 寻甸县国土资源局严格执行“国家实行占用耕地补偿制度”，认真落实耕地保护和实施土地开发整理。根据《昆明市人民政府耕地保护责任目标考核办法》2006－2010年目标责任要求，认真落实耕地保护措施，2006年在全县范围内建立县、乡、村网络监管体系，始终坚持对耕地保护工作的严管严控，做到责任明确，措施到位：根据基本农田划定的有关规定和标准，将基本农田保护落实到地块和农户；参照农用地分等定级的工作成果，避让城市建设的扩展边界红线后，将大面积、集中连片、质量等级较高的耕地优先划入基本农田，并按耕地等级实施差别化管理，对水田等优质耕地实行特殊保护。2006年全县共划定基本农田保护区667片，制作基本农田保护牌57块。截止2010年年底，全县耕地保有量达9.9万公顷，基本农田保护面积达8.65万公顷。2010年寻甸县被省国土资源厅确定为“省级基本农田保护示范县”。

【土地开发整理】 2007年，完成省级重点投资项目鸡街乡泽和土地整理项目，项目实施面积8804亩，总投资1232万元；2008年，完成7个土地开发整理项目，总面积3.26万亩，新增耕地4551.15亩，总投资4275.17万元；2009年，完成鸡街乡、联合乡等9乡(镇)的15个土地开发整理项目，建设规模4611.03公顷，总投资1.3亿元，新增耕地1291.98公顷；2010年，完成涉及5乡(镇)7个土地开发整理项目，项目建设总规模3.62万亩，总投资7484.25万元，实现新增耕地9026.85亩。

2007—2010年持续实现耕地占补平衡有余的目标，为寻甸县经济发展提供了有力的土地资源支撑保障。

【土地用途管制与土地资源优化配置】

强化土地用途管制，严格执行土地利用总体规划、用地年度计划和专项规划，积极盘活存量土地，严格落实工业和经营性用地招拍卖挂牌出让制度。2007至—2010年，全县以划拨、协议、招、拍、挂方式供应土地共4129.2亩，土地成交价款1.3亿元，其中以招、拍、挂方式供应土地1806.04亩。经营性项目用地占10%，供应行政办公、公益事业和工业用地占供应总量的83%，其它用地占7%。2010年完成仁德镇金所片区、倘甸镇、羊街镇、柯渡镇、功山镇土地估价定级工作，并公布实施。

为提高土地资源利用效率，进一步节约集约用地。结合寻甸县实际，2010年8月，制定《寻甸县城乡建设用地增减挂钩工作方案》，有序开展工作。根据县委、县政府下达收储土地任务，2007－2010年共收储土地1.27万亩，完成新增建设用地农用地转用审批19件，面积5410.52亩，其中城镇批次3件，面积1272.86亩，单独选址项目16件，面积4137.66亩。县国土资源局按照急用先报，确保重点的原则，积极推动寻甸县重点招商引资项目的用地报批手续，2007年完成对金所客运中转站供地8亩，完成对昆明鼎业房地产开发有限公司河滨公园供地158亩；2008年完成县消防大队搬迁和防震中心建设保障用地划拨14.62亩；2009年完成云南先锋化工有限公司供地306.03亩；2010年完成对寻甸凤梧房地产开发有限公司135.78亩，保证了一大批省市县级重大项目及城镇基础设施建设的顺利实施。

【地质环境保护】 县国土资源局高度重视地质灾害防治工作，成立由县长亲自挂帅，分管国土资源工作的常务副县长和县国土资源局局长任副组长，县政府办、国土资源局等10余个相关部门为成员的县地质灾害防治工作领导小组，坚持各乡（镇）、村级行政一把手负责制，建立地质灾害群测群防体系，落实县、乡、村、组四级网络监管体系（每年）。为加强地质灾害隐患点的排查，组成以专业技术人员为主的地质灾害点排查组（每年），对全县的地质灾害隐患点逐一排查，查清摸准全县各地质隐患点的情况，做到情况清，底子明，并编制年度地质灾害防治方案、预案，下发至各乡（镇）、县直各有关部门。在全县范围内，建立汛期24小时值班制度，向社会公布各级值班地点、值班人员及联系电话，并要求24小时通讯畅通，确保发生险情和灾情及时上报、妥善处置。2003年开始邀请省、市有关领导、专家到寻甸开展地质灾害相关知识培训，并与电信、气象部门协调开通雨季、汛期手机短信预警预报，积极做好地质灾害的预警及防范工作。2007年，发放地质灾害防灾明白卡153份，地质灾害防灾避险明白卡和地质灾害隐患点通知书各1891份，发生地质灾害45起，由于措施得当，成功预报1起，保护了3户15人的生命安全，避免直接经济损失18万元；2008年，发放地质灾害防灾明白卡和地质灾害隐患点通知书各184份，发放地质灾害避险明白卡3334份，发生地质灾害26起，造成经济损失83.45万元；2009年，发放地质灾害隐患点通知和避险工作明白卡各185份，发放地质灾害防灾明白卡3342份，发生地质灾害4起；2010年，发放地质灾害隐患通知书和工作明白卡各205份，避险明白卡3626份，发生地质灾害3起，经济损失52.8万。

【地质灾害整治】 突出重点开展地质灾害点综合治理及地质灾害搬迁工作，2009年争取资金15.4万元对金源、甸沙两乡10个地质灾害隐患点实施竹子工程135亩；2009年争取100余万元对金源、河口和柯渡3个乡（镇）5个地质灾害隐患点实施工程治理，并于年内竣工投入使用；2010年积极协调有关部门争取搬迁资金2200万元，实现全县5个地质灾害隐患点的搬迁；2009－2010年争取国土资源部投入资金1300万元对金源沙湾大沟泥石流地质灾害点进行工程治理，2009年一期投资500万元即将完工，2010年二期投资800万元准备实施。

【土地资源管理】 为提高执法监察水平，以防范和查处为手段，设立举报箱，开通"96128"、"12336"违法案件举报电话。根据上级有关部门的安排部署，县国土资源局制定了《寻甸县国土资源执法监察动态巡查责任制规定》和《寻甸县国土资源动态巡查责任制量化考核标准》，（每年）建立县、乡、村三级巡查网络，定期不定期对公路沿线、重点区域开展动态巡查。2007年，开展动态巡查38次，查处土地违法案件28件，拆除违法建筑2500平方米，罚款13万元，恢复土地耕种面积20亩；2008年，动态巡查23次，立案查处18件；2009年，组织动态巡查30次，立案查处土地违法案件4件，恢复耕地面积8.03亩，收缴罚款0.2万元；2010年，巡查20次，查处历年隐漏土地违法案件17件，面积759.69亩。

【土地卫片执法检查】 2009年，按照土地卫片执法检查工作的相关要求，县国土资源局及时对国土资源部卫星遥感监测显示全县疑似违法用地43个图斑，涉及地块52宗，面积2237.7亩，对每个图斑的建设用地进行审查核实，并对用地的合法性进行判定，组织力量对所涉及的43个疑似违法用地图斑进行实地核实，截止2010年11月3日，核实全县违法用地图斑17个，宗数17宗，违法用地面积759.69亩，违法案件立案17个，宗数17宗，面积759.69亩；共下达《责令停止土地违法行为通知书》17份、《行政处罚告知书》18份、《行政处罚听证告知书》18份、《行政处罚决定书》22份，没收建筑物9506.71万平方米，罚款28.52万元，立案率达100%，查处到位率100%。责令违法用地单位写出检讨，并依法向县纪检、监察部门提出《土地违法行为行政处分建议书》5份。结合卫片执法检查工作，2010年开始狠抓土地清理处置工作，对闲置的土地使用人，必须依法立案处置。通过清理处置，县国土资源局经过认真开展自检自查，落实到每一宗地块，按照闲置土地的有关政策界定。经核实，全县未发现一宗闲置土地，进一步加强了全县土地的利用管理，促进了土地市场秩序的有效改善。

【地籍管理】 2007年7月，全面开展第二次土地调查工作，2008年3月28日，完成农业土地调查面积3589平方千米，城镇土地调查面积6.8平方千米。通过了省市二调办验收。2007年，配合昆明市铁路局用地处完成寻甸县境内2792.10亩铁路用地发证工作；2007年，完成全县国有土地发证621本，面积为673.07万平方米，集体土地登记发证74宗，面积9020.91平方米，他项权利证书11本。2008年，完成国有土地登记发证313本，面积174.4万平方米，其中，初始登记155本，面积116.59万平方米；变更登记158本，面积57.81万平方米；集体土地登记发证73本，面积8933.57平方米，办理土地他项权利证17本。2009年，国有土地使用权登记发证1238本，面积134.65万平方米，其中，初始登记876本，面积125.88万平方米；变更登记362本，面积8.78万平方米，集体土地登记发证341本，面积5.37万平方米，办理他项权利证25本。2010年，完成农村宅基地发证331户，个人购买商品房发证891户，房改房变更登记71户。

【开发利用和保护矿产资源】 自2007年开始以挂牌有偿出让采矿权13个，收取采矿价款81.7万元，收取82个采矿权的矿产资源有偿使用费307.84万元。2008年，全面完成《寻甸回族彝族自治县煤矿资源整合方案》；完成83个采矿权和16个探矿权行政合同签订，以及2个过期探矿权、13个过期采矿权的规范处置工作，并始终坚持现场踏勘，积极引导矿山企业依法完善办证手续，对各种报件齐全，符合办理采矿权新立或延续手续的，及时予以办理；严格执行矿业权出让制度，交易均委托昆明市矿产交易中心交易，并依照公平、公开、公正的原则对采矿权出让及成交结果公示。2009年，全面完成矿权实地核查和资源利用现状调查工作，全县共实地核查探矿权13个、采矿权80个；完成全县煤、磷、铁、钛4个矿种资源利用现状调查工作，并于2009年11月通过市级验收，2010年通过省厅总项目办验收入库。

全面整顿和规范矿产资源开发秩序，完成年度矿山企业年检工作，每年定期、不定期开展全县各个采矿点、采石（砂）场的清理排查、巡查工作。2007至2010年共查处非法开采矿产资源违法行为46起，关闭无证违法开采企业86个，调查、调解矿产资源信访案件6起，有效的遏制了矿产资源开采的违法违规行为。

【行政审批工作】 2008年，将原来的9项行政审批事项精简为6项，全年受理接件1139件，其中土地登记发证140件，建设用地705件，规划用地审核4件，采矿权新立、延续手续50件，各类咨询240件。2009年，受理接件1896件，其中土地登记发证496件，农村社员建房1198件，国有土地使用权划拨1件，规模化畜禽养殖用地5件，规划用地审核5件，采矿权新立、延续手续13件，各类咨询179件。2010年，受理接件684件，其中土地登记发证502件，规划选址立项29件，采矿权延续手续13件，其它各类咨询148件。

【国土资源信息化建设】 积极与市局信息中心联系，切实加强寻甸县县级国土资源电子政务系统建设，逐步实现县国土资源局局属各科（室）之间、及与市国土资源局的互联互通。2010年，投入经费53万元，购置了一批电脑及网络设备，并已接入光纤，将国土专网、电子政务网、英特网三网分离，为使电子政务平治建设有序开展。至2010年12月，全面完成国土系统县级电子政务平台建设，包括公文流转及行政审批两个组成功能。

【办理人大建议、政协提案与调处土地纠纷】 认真回复人大代表、政协委员的建议和提案，切实做好答复办理工作。2007—2010年共承办人大建议和政协提案42件，办复人大代表建议、政协委员提案面商率和回复率达100%、满意率100%。建立健全信访问题调处长效机制，妥善处理农村土地征收信访突出问题及群体性事件，从源头上化解矛盾纠纷，从根本上减少因土地、矿业权权属争议引发的重大群体性事件。2007年，接待群众来信来访件19件36人（次），2008年接待来信来访件25件42人（次），2009年接待群众来信来访件41件62人（次），2010年接待群众来信来访件22件36人（次），来信来访调处率、回复率均达100%。

【轿子雪山旅游专线征地拆迁】 根据昆明市人民政府与寻甸县人民政府签订的《昆明市轿子山旅游专线公路建设工程寻甸段征地拆迁及施工环境保障责任书》及市政府相关会议精神和要求，寻甸县于2010年3月26日由县长主持召开协调会议，成立了轿子山旅游专线寻甸境内工程建设指挥部。开展实地放线、开挖界沟、实地丈量实物调查等工作。到2011年4月，共征地154.54公顷，完成拆迁户289户，拆迁建筑物面积132.76万平方米，补偿费兑付全部足额到位。

【队伍建设】 2007—2010年，共组织职工参加行政执法、地质灾害、都市经济等培训达600余人（次）；征订国土资源报30份，《中国土地》、《国土资源通讯》各36份，昆明日报28份，云南档案17份，支部生活60份。

【国土资源规范化建设】 全面提升乡镇国土资源所的办公条件，进一步加大基层国土资源所硬件和软件建设力度，2006年，开展了全县16个乡（镇）国土资源所（含托管四乡镇）的规范化建设。2010年，全县16个国土资源所（含托管四乡镇）现有办公用房近3500平方米，建有或购买办公用房及职工住房的国土资源所共13个，总投资达1000余万元；解决了交通工具的国土资源所有14个，总投资达220万元；配有电脑19台，13个国土所安装有办公电话，10个国土所配有传真机，国土资源基础设施建设取得明显成效。在此基础上，同年制定了乡（镇）国土资源所工作机制，基本实现了全县各国土资源所办公有房，办事有车，工作有设备，管理有制度，经费有保障，人员进出有规定的目标，切实做到了机构到位、人员到位、工作到位。

【政策法规宣传】 2007—2010年，通过“6·25土地日”和日常宣传，共出动宣传车80余台（次），大量发放“6.25”特刊、宣传单、宣传册，悬挂大幅标语，张帖各种临时性标语、固定标语。2007年在《昆明日报》、《中国土地杂志》刊登发表文章各一篇；在《昆明日报》刊登“6.25”专版一版，县委书记、县长、县国土资源局局长各自署名发表文章分别刊登在《中国土地杂志》和《昆明日报》上。通过宣传，进一步增强了广大干部群众坚守耕地红线，搞好土地开发，高效节约用地意识和国土资源管理工作政策法律法规，为严格土地管理，节约利用土地奠定了坚实的基础，营造了积极的社会舆论氛围。

【档案管理建设】 2010年，档案室库存档案有文书档案177卷，业务档案1053卷，会议档案324卷，声像档案23卷。利用档案资源，积极开展了档案编研工作，编研资料丰富，编有《全宗指南》、《荣誉史》、《寻甸县国土资源局机构组织沿革》、《寻甸国土资源志》等参考资料。

【新农村建设】 县国土资源局挂钩金源乡小村村委会中梁子、长岭村，六哨乡横河村、板桥、龙泉村委会，羊街镇。2010年，为横河村委会申请立项一个省级重点土地开发整理项目，实施面积253.66公顷，预计总投资额1054.67万元，实现新增耕地154.79公顷。2007—2010年，共捐资捐物40万元，为挂钩点打操场、修路、购置电脑、电脑桌，购买化肥、种子等。改善了当地基础设施建设。

【招商引资】 自2009年开展招商引资工作以来，县国土资源局认真主动做好招商引资工作，2009年与三月三森林公园开发、北大营旅游开发、塘子星河温泉小镇旅游开发和柯渡丹桂红色旅游开发4个项目签订合作协议，引进市外资金2000万元，市内资金400万元。

2010年4月23日与云南丹彤集团股份有限公司和云南南诏古都旅游开发有限公司合作办学——云南国际商务职业学院，总投资10亿元，一期建设总投资2亿元，累计到位资金766万元。

【阳光政务】 全面推行阳光政务，主动向社会全面公开群众普遍关注的重要工作信息，及时发布拟交易地块、土地成交及重大事项听证等信息，在《昆明日报》、《昆明国土》、《云南经济日报》等省、市各级刊物共刊登稿件50余篇；在省国土资源厅、政府门户网站及各种报刊发布土地招拍挂出让及成交公告、听证会信息20条，重大工作事项信息31条，2007年度获全市国土资源系统政务信息工作三等奖。

【表彰奖励】 寻甸县国土局2007年获昆明市人民政府颁发的2007年度昆明市资源目标责任一等奖，2010年度昆明市资源目标责任二等奖；2007年党风廉政建设知识竞赛中获得二等奖；2008年度荣获省国土资源厅地质灾害防治先进个人一名；2009年度被寻甸县国土资源部授予地质灾害群测群防"十有县"以及优秀群防群测员一名。

【领导名录】
局　　长：郭嵘桦(—2009.05)
　　　　　刘建明(2009.05—)
党组副书记：马建明
副 局 长：邓有升
　　　　　孔令锐
　　　　　李建宽(2009.12—)

（撰稿人：石连喜）

工商行政管理局

【县工商行政管理局】 县工商行政管理局主管全县工商企业和从事经营活动的单位、个人及外资企业的登记注册工作，依法监督检查市场主体的交易活动，查处垄断和不正当竞争、侵犯消费者权益及其他市场交易违法违章行为和案件的垂直管理单位。1999年5月，划归省工商局直管，更名为昆明市寻甸回族彝族自治县工商行政管理局。寻甸县工商行政管理局内设办公室、人事教育科、法制科、登记注册科、市场监督管理科、公平交易科、纪检监察室。1991年和2005年县消费者协会和个体私营经济协会分别挂靠工商局。派出机构有仁德分局、塘子工商所、羊街工商所、金所工商所、功山工商所、马街工商所、柯渡工商所、鸡街工商所。全局共有在职干部职工85人，其中男职工67人，女职工18人，公务员身份72人，工勤人员13人，平均年龄41.5岁，少数民族10人，全局共有党员61人。

【法制建设】 为提高全局依法行政水平，2007－2010年，工商局组织法制业务培训20次，召开执法经验交流培训2次，开展"抽签讲法"活动10次，并将工商常用法律法规建立成12套题库，每月进行"一月一法一测试"活动，考试成绩纳入年终的个人考核及对部门的季度考核中；办黑板报48期，发放法律宣传资料2.2万余份，张贴工商宣传法规100份，法律宣传受到了良好的效果；2007年共办理案件284件，其中一般程序案件101件、简易程序案件48件、简单方式案件135件，一件按当事人要求举行了听证、三件提请县人民法院强制执行，所有案件没有一件行政复议及行政诉讼；2008年共立案查处各类案件211件，其中一般程序案件199件(简单方式案件131件)、简易程序案件12件，两件按当事人要求举行了听证，所办案件当事人均未提请行政复议及行政诉讼；2009年正式推行了"首查不处"、"自由裁量"、行政执法"三步式"程序等规定，发出责令改正通知书325份；2009年来共提前介入办理案件24件、深入基层指导办案58人(次)、协助基层办案18件，发出责令改正通知书350余份，大力推行全员执法办案，参与执法办案人员的比例达80%以上；2010年共查办各种经济违法违章案件181件，其中一般程序案件39件，一般程序简单方式案件131件，简易程序案件11件，申请寻甸县人民法院强制执行案件3件。

【企业监督管理】 2008年，登记窗口全体工作人员正式进驻县为民服务中心，真正实现领导进中心、人员进中心、公章进中心、业务进中心。按照服务过程零障碍、服务方式零距离、服务质量零缺陷、服务效率零投诉的要求，促进市场主体平稳发展。2009年，改变现有的企业年检模式，实现企业属地管理，将企业年检工作与"经济户口"状态核实、日常巡查有机地结合起来，实现真正意义上的属地监管。2010年办理各类案件3件，罚没款4.1万元。

【企业注册登记】 采取服务指导，事前介入，指定专人负责，上门服务，全程跟踪等方式，主动掌握企业的登记需求，及时提供登记指导，搞好咨询服务。

2007年，全县共有内资企业309户，注册资金5.5亿元，其中：国有企业119户，占总户数的38%，集体企业123户，占总户数的40%，股份合作制企业及公司合计67户，占总户数的22%；有私营企业305户，净增58户，从业人员7013人，注册资金4.95亿元，与去年同期的42183万元相比，增加了7273万元。全县共有个体工商户5650户，从业人员8819人，注册资金1.43亿元。寻甸局继续落实各项优惠政策和措施，对669户下岗失业人员一律免收登记费、个体管理费、集贸市场管理费累计达25.6万元。

2008年，全县共有内资企业319户，注册资本6.97亿元；私营企业378户，投资者人数708人，雇工人数9722人，注册资本7.4亿元；共设立登记了农民专业合作61户，出资总额为3349万元，成员总数601人。共有个体工商户5761户，从业人员10557人，注册资本1.5亿元。2008年以来共为307户个体工商户减免各类费用7.55万元。

2009年，全县实有个体工商户7602户，2009年新登记2056户，实有私营企业426户，比去年同期增长了84户，实有内资企业288户，2009年新登记10户，实有农民专业合作社164户。

2010年，全县共有内资企业299户，注册资金23.40亿元，新发展17户；共有私营企业658户，从业人员13706人，注册资金13.06亿元，新发展165户；共有个体工商户8942户，从业人员19327人，注册资金3.52亿元，新发展1807户；共有农民专业合作社215户、注册资金14815万元，从业人数1501人，新发展53户，各类市场主体发展平稳。

【合同帮农】 2007年，共办理企业抵押物登记5份，抵押物价值4961万元，主债权金额1450万元；鉴证合同5份，合同金额171万元，涉农合同签订16份，金额568.8万元。通过有效的合同监管，提高了合同的履约率和企业的诚信度，防止了欺诈等行为的发生，积极开展"守合同、重信用"活动的申报评比工作，有30户企业被寻甸县政府评为："守合同、重信用"企业。2008年，充分发挥合同监管职能，认真开展"守合同、重信用"企业评比活动，评定出

35家企业呈报县人民政府批准命名，在仁德镇设立"涉农合同咨询服务站"，在金源乡设立"合同帮扶示范点"。2009年，"守合同、重信用"企业44户，推广合同示范文本7种，签订各类涉农合同19份，合同金额625万元。2010年，组织全县乡镇的分管领导、部分村社委负责人、农资经营户380余人召开了涉农合同培训会，推广合同示范文本12种，签订各类涉农合同18822份，合同金额3.62亿元，办理动产抵押27份、金额1.65亿元，发展农村经纪人42户，命名授牌"守合同、重信用"企业109户。

【保春耕专项执法行动】 2007年共出动执法人员283人(次)，车辆51台(次)，共检查农资经营户184户，其中与177户经营户建立两账两卡及签订责任书(含连锁经营户57户)。共立案查处农资违法经营案件5件，案值19万元，共处罚没款3.9万元，收缴劣质过期农药11个品种计173瓶(袋)、国家禁用农药甲胺磷13瓶、过期种子23袋(46千克)。2010年开展"红盾护农保春耕"专项执法行动中，发放宣传材料1500余份，出动执法人员1050人(次)，车辆680台(次)，检查市场175个(次)，商场超市37个，检查农资经营户1258户，发放《农资真假识别基本常识》5500份，发现进销货查验记录不健全经营户51户，没收不合格薄膜30千克；对于不合格农资商品全面清查收缴，收缴涉嫌假冒伪劣的"北玉"、"海禾"等玉米种2838千克，查扣假冒伪劣种子253千克、没收不合格"永旭牌"过磷酸钙9吨、过期农药310瓶(盒、袋)、国家禁用农药甲胺磷13瓶、过期种子23袋(46千克)，抽检化肥样品28份，立案查处农资违法经营案件17件，共处罚没款17万元。并制定农资经营进(销)货台帐500份进行发放，定期加强督促检查。为了鼓励诚信经营，2010年对符合条件的4户"农资放心店"、4个"诚信商场"进行了命名授牌。

【强化市场巡查】 2007—2010年，加强粮油、成品油、汽车、汽车配件、两烟、手机、非法出版物等重要商品市场监管，特别是对人民群众反映强烈的难点、热点问题进行集中整治，努力构建诚信的市场经济秩序。累计出动执法人员3110人(次)、车辆795台(次)、检查各类经营户1.25万人(次)，检查九小场所264个，液化气经营户35户，收缴不合格塑料购物袋近1.1万个，开展省甲级卫生县城创建工作，取缔占道经营摊点4000余个。

在农资市场整治中，2007年共出动执法人员283人(次)，车辆51台(次)，共检查农资经营户184户，其中与177户经营户建立两账两卡及签订责任书(含连锁经营户57户)。共立案查处农资违法经营案件5件，案值19万元，共处罚没款3.9万元。收缴劣质过期农药11个品种计173瓶(袋)、国家禁用农药甲胺磷13瓶、过期种子23袋(46千克)。2008年，共出动执法车辆280台(次)，执法人员329人(次)，对全县16个乡镇进行了化肥销售的"拉网式"检查，共立案查处销售劣质化肥案件10件，没收劣质化肥49.7吨，罚款5.76万元。2009年，共出动执法车辆246台(次)，人员452人(次)，检查市场86个(次)，检查农资经营户938户，发放《农资真假识别基本常识》5500份，查扣假冒伪劣种子253千克、没收不合格"永旭牌"过磷酸钙9吨、过期农药137瓶(盒、袋)，立案查处农资案件9件，罚没款9.2万元。2010年，共出动执法人员3110人(次)、车辆795台(次)、检查各类经营户1.25万人(次)，检查九小场所264个，液化气经营户35户，收缴不合格塑料购物袋近1.1万个，取缔占道经营摊点4000余个。

【农民专业合作社】 2010年发展农民专业合作社46户，注册资金3003万元，从业人数255人。

【打假制劣】 2007－2010年开展打假制劣，共查处制售假冒伪劣商品案件40件，案值11.40万元，罚没款5.70万元，没收假冒伪劣桑塔纳2000型00款转向总成2个，普通型桑塔纳鼓式制动总成2个，手机24部，海禾玉米种子41千克，TGL17寸彩电2台，长虹金品14寸彩电2台，创美14寸彩电2台，假冒伪劣卷烟制品精春城16件，红山茶9件。其中2007年全年共出动执法人员521人(次)，车辆112台(次)，累计检查经营户1509户，签订食品安全责任书817份，发放《告知书》763份。检查中收缴过期变质食品、过期饮料、调味品等七大类共计1327瓶(袋、包)。

2007年，金所、功山工商所执法人员历经4次抽样、2次送检、8进村民田间地头调查取证，成功处理了两起共46户农民集体投诉因购买某磷化工有限公司生产的不合格过磷酸钙化肥案件，工商部门和当地政府举行赔偿款发放仪式，兑现农户的损失12万余元，把工商部门关注"民生"、服务群众、服务社会，实实在在地体现在具体工作之中，得到了人民和县乡政府的称赞。

【受理消费者申(投)诉工作】 2007－2010年受理消费者申(投)诉74件，调解成功74件，接待消费者来访、咨询250余人(次)，调解成功100%，争议金额8.01万元，挽回经济损失35.56万元，销毁价值135万余元的假冒伪劣商品4.6吨。2007年，共受理处理消费者申(投)诉18件，为消费者挽回经济损失12.4万元；2008年，共受理12315投诉案件22件，已处理20件，当事人撤诉2件，为消费者挽回经济损失9.64万元；2009年，成立消费者协会分会8个，成立消费者投诉站、12315联络站174个，共受理消费者申(投)诉17件，接待消费者来访、咨询190余人(次)，挽回经济损失11.47万元，发布消费警示3期，销毁价值15万余元的假冒伪劣商品3.2吨。2010年，受理消费者申(投)诉17件，调解成功17件，调解成功100%，争议金额8.01万元，挽回经济损失2.05万元。制作上报典型案例7件，发布消费警示3期。

【3.15国际消费者权益日】 每年度会同质量技术监督局、药监局、烟草公司等单位认真开展3.15国际消费者权益日活动，共计悬挂布标20幅、展板80余块，对卷烟、药品、食盐、化肥及各种副食品假劣物品展示240余件，设立了现场咨询台和投诉服务台接受具体问题咨询1320余人(次)，取得了较好的效果。

【食品流通监督管理】 加大农村食品市场抽样检验力度，共抽检各种食品品种94种(次)，检测项目24项(次)，检测食品样品947组(次)；2007年，充分利用市局配发给我局的8个快速检测箱和1台快速检测仪，以农产品批发市场、农贸市场、超市和分散在各社区、城乡结合部的食品商店、食品摊贩、旅游景点(区)的商店为重点。共进行了甲醛、吊白块、亚硝酸盐、二氧化硫、双氧水、食用油过氧化值等十余项的测定，已检测175个样品，未发现重大产品质量问题。2007年，全年共出动执法人员521人(次)，车辆112台(次)，累计检查经营户1509户，签订食品安全责任书817份，发放《告知书》763份。检查中收缴过期变质食品、过期饮料、调味品等七大类共计1327瓶(袋、包)。

2008年，共出动执法人员3693人(次)，车辆1121台(次)，对全县食品生产企业32户、食品经营户1231户进行了全面检查，收缴各类过期变质食品2273袋/瓶，病死牲畜肉3120千克，捣毁食品制假售假窝点2个，整治城乡结合部“六小”店37个，建立食品安全示范店23个，查处食品经营违法案件9件，罚没款15.03万元。2009年，共出动执法人员1493人(次)，车辆746台(次)，检查食品经营户4170户(次)，捣毁制假售假窝点1个，收缴不合格散装菜籽油46千克，不明原因病死畜肉600千克，各种过期变质食品249袋(盒)、饮料1511袋(瓶)，制作食品安全消费宣传板报10期。2010年加大农村食品市场抽样检验力度，共抽检各种食品品种94种(次)，检测项目24项(次)，检测食品样品772组(次)。认真开展了鲜猪肉、散装白酒、蔬菜、食用油、不合格一次性筷子等专项检查行动，出动执法人员6420人(次)，执法车辆2138台(次)，检查市场155个(次)，检查商场(超市)281个(次)，检查食品经营户7460户(次)，共查处假冒伪劣食品案件74件，没收假冒伪劣过期食品174.3千克，收缴不合格散装菜籽油46千克，不明原因病死畜肉3720千克，过期变质食品3855袋(盒)，饮料1511袋(瓶)，捣毁食品制假售假窝点6个。

【“奶制品”专项整治】 2008年开展“奶制品”专项整治活动中，9月11日“三鹿奶粉”事件一经曝光，寻甸工商局于9月12日便立即拉开奶制品市场专项整治活动的序幕，通过公布投诉电话、制作消费警示，在经营户中广泛宣传等途径，争取社会各界的积极参与和共同监督，将不合格批次奶粉名单复印发送各位奶制品经营户手中，及时为经营户提供政策依据，共出动执法人员90人(次)，执法车辆20台(次)，检查经营户355户，发现“9.14”前生产的各种不合格、不规范乳制品13638瓶(袋、盒)，并督促经营户立即全部下架、停止销售、就地封存，由生产企业进行清理和批批检验及加贴绿色小标识。

【产品质量和食品安全监管宣传】 2007年，开展流通领域产品质量和食品安全监管工作，特别是针对乡镇所在地、县城集贸市场内的食品经营店及食品经营超市“两个100%的建立”、“一个彻底解决”和紧紧围绕食品安全监管长效机制的建立、多层次开展食品经营户的培训工作。印制产品质量和食品安全监管宣传资料手册2000册，诚信经营倡议书3000份，对全县各工商所(分局)辖区内的食品经营户开展流通领域食品安全和产品质量知识培训，合计培训食品经营户及食品义务监督员近800人；金所、塘子等工商所以黑板报的方式将问题商品信息通过出“消费提示”及时进行公告，并提出相应提示意见和要求。2010年，印制产品质量和食品安全监管宣传资料手册2000册，诚信经营倡议书3000份，对全县各工商所(分局)辖区内的食品经营户开展食品安全培训近800人；制作食品安全消费宣传板报10期，创建“农村食品安全示范店”46户，创建“食品安全星级示范店”10个，查处食品经营违法案件27件，罚没款35万余元。

【反垄断与反不正当竞争执法】 在反垄断与反不正当竞争执法中，坚持行政处罚自由裁量权，坚持教育为主、处罚为辅，教育与处罚结合的原则，大力推行全员执法办案，只要有执法资格均可参与办案，比例已达80%以上。

【执法检查】 执法涉及查处制假售假、医疗卫生、产品质量和食品安全，严厉打击传销，查堵政治性非法出版物等方面。2007年，结合全年开展的二十三次专项执法检查，查找案源，积极查办案件，不计办案成本、不分案件“大小”，办理的案件涉及食品、农资、家电、商标广告、两虚一逃、无照经营等坑害消费者和侵权行为，全年共办结案件284件，其中一般程序案件101件、简易程序案件48件、简单方式案件135件，罚没收入108.04万元。2010年，在打击传销中出动执法人员40余人(次)，车辆14车次，共发放禁止、取缔传销宣传贴画、手册2.3万份，张贴宣传画300余张，悬挂布标7幅，创建无传销社区1个；2010年在扫黄打非工作中，严厉查堵政治性非法出版物，出动检查人员287人(次)，车辆107车(次)，检查出版物市场67个(次)，检查店档摊位251个(次)，检查印制复制企业32家(次)。

【广告监督管理】 积极配合文明县城的创建活动认真清理户外广告，严把市场准入关，把关系人民群众身心健康和违法问题易发多发的药品、医疗、保健食品、化妆品、美容服务等广告作为整治重点。2007年，成立以工商局为主，相关部门配合的广告监测联系会议制度。共出动执法人员20人(次)，执法车辆5台(次)，深入到7家印刷企业(个体户)，检查是否有虚假违法广告印刷的行为，力求堵住虚假广告滋生源头，共对6户未经登记擅自发布户外广告的企业和个体工商户进行立案查处，共处罚款4400元，没收非法所得800元。共审查登记户外广告14件，备案登记1件，并为全县17户医疗机构建立了信用档案。

【商标监督管理】 主要采取对企业进行奖励、座谈、宣传等形式积极开展商标监督管理工作。对获得2009年度三级名牌名品称号的金柯、南磷、国能等企业进行表彰奖励，奖励资金共计26万元；邀请市工商局及县人民政府分管领导、8家监管职能部门及30户规模企业负责人召开创建“三级名牌名品”座谈会，帮扶各类企业打开创建三级名牌名品工作的思路；深入到海潮茶果、金柯制药、国能等企业宣传相关法律法规，提高企业对知识产权重要性的认识。2007年，寻甸县共有注册商标50件，对已注册的50件商标，已收集了相关材料建立了注册商标档案。我局多次深入企业，对《商标法》进行宣传活动，就商标法及企业如何发挥商标兴企进行专题讲座，要求企业保护好自己的注册商标专用权。在全县50件商标中进行筛选，推荐“云南国天力有限公司”申请参加云南省著名商标认定，并积极帮助企业办理申请手续。“牛栏江”牌化肥成为我县第二个著名商标品牌。2010年，办理商标侵权案件8件，没收假冒长城799注册商标玉米种子204千克、服装62件(套)，罚款20147元。

【商标管理登记】 要求各工商所(分局)对发展商标工作常抓常议，理清发展思路，建立商标管理登记台帐，加大商标侵权案件查处力度保护知识产权。2007年有注册商标49件，省著名商标2个、市知名商标2个；2008年共有注册商标49件，省著名商标2件，推荐了3个商标参加省著名商标认定，4个商标参加市知名商标认定；2009年有注册商标共申请注册商标21个，推荐市知名商标3个、省著名商标2个，3个市知名商标已被认定。办理商标侵权案件8件，没收假冒长城799注册商标玉米种子204千克、服装62件(套)，罚款2.02万元；2010年，查处商标侵权案件17件，案值5.25万元，罚没款2.62万元。共有注册商标159件，省著名商标3个、市知名商标6个。

【计划财务工作】 按照“制度化、规范化、程序化、法治化”建设要求，制定成本控制目标及方案，对每一笔收支票据的真实性、完整性进行认真审核，杜绝了可能发生的违反财经纪律的行为。2010年，无出国、出境考察人员，完成行政性收费24.69万元，完成市局下达预算的258%，会议支出减少72%，办公费下降55%，水费增长200%（主要是加收排污费所致）、车辆经费下降23%，全局一般性支出得到了有效控制。

【基础建设管理】 结合寻甸局基础建设较为薄弱的实际，不断改善硬件装备。2009年，投入资金172.2万元，新建了规范化工商所功山工商所，并投入维修费用1万余元，对部分工商所地面改造、水池管道等进行基本维护，于2009年2月27日正式搬迁投入使用。投资25万余元对各工商所的房屋进行了维修，并对基础设施不达标的基层部门进行了统筹规划，确保实现基层工作的全面协调发展。2010年，对3个基础条件相对较好的基层部门，投入资金11.8万元进行形象标识、政务公开及基础设施统一改造，努力创建规范化工商所。切实发挥主观能动性和创造性进行全员、全面创建，加强组织领导，落实目标任务，规范工作台帐，抓动态监督，抓跟踪督察，举全局上下之力、聚全局干部之心，一心一意谋发展、竭尽全力抓规范。

【人事教育】 为加强学习教育，分别采取集中或分散培训、案例教学、知识竞赛、网络考试、岗位练兵等形式，形成立体式干部教育培训格局。把每周五作为学习教育日，每周学习不得少于3小时，每月对全局学习教育情况进行一次督促检查。实行学习考试制度。采用普通话和幻灯片的方式，对名称登记管理、消费者权益保护基础知识、农业生产资料市场监督管理、各项业务法规等各方面知识进行了分门别类的讲解，并组织对金正昆教授《政务礼仪》、周思敏同志《社交礼仪》及《职场礼仪》、《国学》等的学习。组织好技能大练兵、岗位大比武活动。2008年，5名同志荣获“市级行政执法能手”称号。2009年，1名同志荣获市级登记注册能手称号。2010年，2名同志荣获市“级计算机能手”称号。分期分批安排执法人员到盘龙局进行为期一个月的跟班学习培训。

【机关党委工作】 全面履行党风廉政建设及纠风目标工作职责，2007－2010年签订党风廉政建设个人责任书87份。2010年，新建立寻甸县个体私营经济协会党支部1个，党总支委员会各党支部扎实开展创先争优活动。继续开展廉政文化建设活动，通过发送廉政短信、廉政公开信、廉政台历，组织听专题讲座、观看反腐倡廉影视片、签订廉政承诺书等形式，做到警钟长鸣。2007－2010年，共发送廉政短信48条，撰写廉政公开信16封，设置廉政文化走廊5个；报送廉政格言警句42条、摄影作品10幅、书法作品5幅、绘画作品3幅。2009年，开展以王彦生、王海风等为正反面题材开展警示示范教育活动。2010年，认真开展深入学习实践科学发展观活动。

【老干工作】 以贯彻落实好老干部政治、生活等方面的政策为主线，主动与老干部多沟通，真正了解他们所想、所需、所盼、所求，切实为他们解决实际生活中的困难，继续为退休干部职工办理了工会组织的医疗互助公积金，做到有病人帮我，无病我帮人。2007－2010年，共看望走访生病住院老同志45人（次），为72位离退休老同志报销医药费，组织离退休老同志召开春节及重阳节座谈会8次，为2位生病离世的老同志办理了相关后续事务。在全局营造了尊老、敬老、爱老、助老、养老的良好氛围。

【纪检监察】 出台了新的效能督察实施方案，对检查发现的问题和不足严格按考核标准进行扣分、限期整改。2007－2010年，共组织开展督察检查16轮，发出督察建议书256份，有力地促进了各项工作的开展。贯彻落实绩效管理，通过“一表一图”管理，促进“五项指标六项重点”工作取得实效。全面落实市局工作报告精神，教育引导干部职工要坚持从身边小事做起，重视“小细节”、“小动作”、“小问题”等，提升文明形象素质。开展廉政风险点管理，查找廉政风险环节39个，廉政风险点97个，制定防范措施64个。在基层工商所开展基层执法人员向监管服务对象代表述职述廉活动，测评满意率98.5%。

【消协工作】 加强“一会两站”建设。2007年，共受理处理消费者申（投）诉18件，为消费者挽回经济损失12.4万元，为消费者解答各种咨询60人（次）。在“3.15”国际消费者权益日之际，会同质量技术监督局、药监局、烟草公司等9家行政执法单位，借金所集市日之机认真开展“3.15”宣传咨询服务活动，共出动人员80人（次），车辆14台（次），悬挂布标5幅、展板20余块，对卷烟、药品、食盐、化肥及各种副食品假劣物品展示60余件，设立了现场咨询台和投诉服务台，现场接受具体问题咨询280人（次），发放各种宣传材料1.4万余份，宣传咨询服务活动收到了较好的效果。现场销毁6大类34个品种，总计500余件标值10余万元的商品。2009年，成立消费者协会分会8个，成立消费者投诉站、12315联络站174个，充分发挥“一会两站”覆盖面广的优势开展消费维权工作，积极培育典型示范分会和村级投诉举报站，确保“一会两站”发挥作用。2010年，制作上报典型案例7件，发布消费警示18期。

【个私协工作】 加强个私协会基层分会的组织建设，2009年，成立会员小组32个；切实开展“会员服务年”活动，涉及信息服务、维权服务、教育培训服务等；做好2010年“贷免扶补”工作，2010年，发放宣传资料500余份，接听电话资询80余次，收到“创业计划书”28份，40户贷免扶补创业人员经营情况均正常，扶持了20名农民工、13名失业人员、5名大学生、2名复转军人从事餐饮、小商品零售、运输、农资销售、农机修理等微利项目进行自主创业，并带动我县135人得到就业。2010年，做好县城改造施工过程中涉及到的500户经营户的思想工作，配合县总工会完成私营企业联合工会的组建，积极参与“效能寻甸”建设征求意见活动等。认真开展非公经济党建工作数据采集工作，开展培训3次，收集采集表420份，掌握了私营企业中建立党组织、工会组织等各类组织情况。制作了7000份个私协会慰问挂历，向各级理事、会员、社会各界表示诚挚的问候和衷心的感谢；联合地方政府在个私企业中开展《食品安全法》培训，发放食品安全宣材料300份、“共和国之路”爱国主义教育宣传资料550份，培训食品经营户403户。

【抗旱救灾】 2010年，个私协会员共计捐款63万余元、价值8000余元的矿泉水，并在官渡区个私协会帮助下捐资

6万元人民币修建甸沙乡苏撒坡村委会丫巴山“光彩水池”；利用“光彩服务日”活动，组建理发服务组、电器修理组现场献爱心、为3户贫困户送去9双鞋子和600元的慰问金、真情救助家中失火会员等。

【捐赠帮扶】 2008年，在抗震救灾中，积极组织本局干部职工及广大个私协会会员捐款，其中本局干部职工捐款近4万元，交纳特殊党费近3万元，个私协会会员捐款8万余元。2010年，在云南省爱国主义教育基地寻甸县柯渡镇丹桂村委会组织开展“光彩事业老区行——寻甸县个私协会理事单位救助困难群体行动”，21户因为疾病、残疾、年老体弱等原因生活仍然极度贫困的家庭接受了捐赠帮扶，共捐赠电饭锅21个、防寒被21床、捐款1.05万元；通过多种渠道想方设法，为甸沙乡苏撒坡村农民滞销的3000吨土豆寻找出路，使滞销土豆抢售而空。

【信息化建设】 利用已有软件的统计及信息查询功能，充分发挥已有信息为决策服务的作用，进一步清理数据，为数据公报提供技术支持。2009年，设立96128专线电话2部；2010年，发布内网信息1752条，外网信息275条，在寻甸政务公众信息服务网、云南省政府信息公开网、云南省阳光政府四项制度网站发布信息172条；2009年电子公文交换系统正式启用，与各单位、乡镇之间实现了电子公文交换，促进了公文处理的快速高效、安全保密；依托信息化建设开展网格化综合监管，强化了网格责任人的责任意识和服务意，实现了“痕迹式”监管和“无限责任向有限责任”的转变；投入资金12万余元，购买复印机1台、计算机13台、扫描仪1台、数码相机7个、其它相关信息化办公设备若干，为教育培训、网络信息宣传、音视频档案保存创造了有利条件，网络信息建设得到显著提高。

【表彰先进】 2008年，省工商局表彰立功受奖三等功1人。2009年，市级农村消费维权组织网络建设先进集体2个；

市级农村消费维权组织网络建设先进工作者5人。

2010年，市委市政府表彰扶贫工作先进个人1人；全省工商系统法制工作先进集体1个；“全省工商系统法制工作先进个人”1人。“全省工商行政管理系统先进法制员”1人。

2010年，共有注册商标163个，有3户企业获得“云南省著名商标”称号，有7户企业获得“昆明市知名商标”称号，有6个单位、8名个人在企业创三级名牌名品工作中做出贡献受到县人民政府表彰，县人民政府列支表彰奖励资金66万元人民币，受表彰企业分别获得10万元、2万元不等的奖励，推进商标战略工作良好开展。

【领导名单】
党组书记、局长：
刘健康（2005.01—2010.10）
高　敏（2010.10至今）
党组成员、副局长：
李志明（2005.01至今）
马家鸿（2001.10至今）
朱　荣（2010.11至今）
党组成员、纪检组长：
朱　荣（2007.01—2010.11）
谭大昆（2010.11至今）

（撰稿人：杨晓梅）

质量技术监督局

【寻甸县质量技术监督局】 1987年10成立寻甸回族彝族自治县标准计量局。1992年3月更名为寻甸回族彝族自治县技术监督局。1995年6月，技术监督局挂靠经济贸易局，保留牌子，属二级局。1999年10月，上划垂管，更名为寻甸回族彝族自治县质量技术监督局，加挂“寻甸回族彝族自治县质量技术监督局稽查队”牌子，为昆明市质量技术监督局的下属机构，实行省以下垂直管理。具体管理质量、计量、标准化、代码、特种设备工作。内设办公室、综合执法一科、综合执法二科。现有编制12人，实有人员7人。

【食品监管工作】 建立健全食品安全区域监管责任制。加强食品质量日常监管和质量抽查，定期对食品生产企业进行巡查，从源头上把住企业的产品质量关。2007年，成立县食品专项整治领导小组、制定整治实施方案，按照责任区定点、定人、定责的要求，共出动车辆86台（次），人员344人（次），检查生产企业171家，销售门店340家（次），对全县白酒、桶装水、肉制品、茶叶、饮料、面粉、植物油、面包糕点、鲜粮制品等食品生产单位进行检查监管，进行食品产品抽检73个批（次），抽查企业68家。经抽查检验，产品合格48个批（次），不合格25个（批、次），产品合格率65.75%。对不合格产品，责令其进行了整改，并对部分企业进行了行政处罚，全年共办理食品违法案件17件，共处罚款1.31万元，没收违法使用的食品添加剂56袋。全年共发放食品宣传材料1600余份，103家食品生产加工小作案签订《食品生产加工小作坊质量安全承诺书》。全年未发生重大食品安全事故。2008年，对已取得生产许可证的11家食品加工企业列为绿色企业，认真落实企业的监管措施，严格执行巡查、回访、定期检验、监督抽查、年审、等制度；对有工商营业执照和卫生许可证，但不具备生产条件的老五类、新十类、十三类生产企业共8家，列为黄色企业，帮助完善生产条件，积极申报QS认证申请；对具有工商营业执照和卫生许可证，但不具备取证条件的78家食品生产加工企业列为红色企业，进行长期监管；对既无工业营业执照又无卫生许可证的18家食品生产企业列为危险企业，责令其限期整改、取证；对在规定时间内不取证的企业，进行无条件取缔。强化食品生产企业质量意识，与全县纳入全局监管的102食品生产企业签订《食品生产加工小作坊质量安全承诺书》，使业主明白自己的责任和义务。与相关部门密切配合，对食品生产加工企业实行“四严五管一通报”的监督制度，确保对全县食品生产加工企业的监管环环相扣、及时、有效、到位，杜绝了严重的食品质量安全事故的发生。2009年，以食品生产准入制度为抓手，严格推行食品生产“一承诺、四台帐”制度，督促食品生产加工单位落实主体责任。对辖区内整在生产的小企业、小作坊、全部建立了进货台帐、食品添加剂购进和使用台帐、生产日记台帐、销货台帐，并签订《食品安全承诺书》，加强了对食品生产加工行为的监督管理。2009年，全县共有食品加工获证企业18家，食品生产加工小作坊142家，均签订了《食品生产加工企业（小作坊）质量安全承诺书》。年内认真组织开展了“食品生产非法添加非食用物质和滥用食品添加剂专项整治”、“桶装水专项整治”和“鲜粮制品专项整治”；大力开展“食糖、肉制品、乳制品及含乳制品、甜蜜素、蜂蜜、面粉”等专项检查活动，深入开展食品安全整顿，规范辖区食品生产加工行为，有效保障民运会食品安全。全年共立案查处食品违规生产案件11起，查获各类非法食品货值2万余元。结合食品生产许可证年审，大力宣传《食品安全法》和食品免检标志过渡期使用规定，积极组织食品生产企业参加比对检验，促进辖区食品生产质量保证能力的提升。先后对18家企业进行年度审核，与市局联合培训食品管理人员30人(次)。全年共接受食品定检不合格(含标签不合格)报告11份，全部按规定进行了处结，全年未发生重大食品安全事故。2010年，对取得食品生产许可证的15家食品加工企业认真落实企业监管措施，做到100%监督检查、100%年度审查、100%产品检验的“三百”工作目标；对有工商营业执照但不具备生产条件的生产企业，帮助完善生产条件，积极开展生产许可证申报工作；对不具备取证条件的171家食品生产加工小作坊，列为重点监管企业，全部签订《食品生产加工小作坊质量安全承诺书》，签订率为100%，全年未发生重大食品安全事故。

【特种设备安全监察】 2007年，对全县使用特种设备的企业(单位)进行现场安全监察5次，检查特种设备使用单位50家(次)，检查特种设备78台(次)，在监察过程中，发现安全隐患20条，发出特种设备安全监察指令书11份，责令整改11家，处罚特种设备案件3件，经济处罚1.5万元。实行跟踪监督检查，使整改意见的整改率达100%。为提高司炉人员持证上岗率，联系协调省特种设备研究院培训站到寻甸县举办司炉工培训班一期，培训司炉工29人，其中新取证人员21人，复审换证人员8人。确保了全县特种设安全监察工作全年无事故。2008年，成立了乡镇安全生产监督管理站，负责全县的特种设备安全监督管理。同时加强特种设备“两会”、“春节”、“奥运”非煤矿山的现场监察力度和起重机械、土锅炉的专项整治，对全县使用特种设备的44家企业(单位)进行现场安全监察工作120家(次)，在监察过程中，发出特种设备安全监察指令54份，提出整改意见160条，取缔违法安装使用的起重机械经营户10家，并实行跟踪监督检查，使整改率达100%。为保证及时掌握特种设备的运行情况，及早发现各种安全隐患，寻甸县质量技术监督局与云南省特检中心和使用单位相互联系，积极沟通，使全县的特种设备定检率达到100%，签订特种设安全承诺书70份，举办培训班2期，培训人员92人，实现了全县特种设安全监察工作全年无事故。2009年，认真组织开展“非煤矿山专项整治行动”、“迎国庆保民运”等特种设备安全监察专项行动，扎实开展“压力管道普查登记”、“气瓶与压力容器专项检查”、“危化品生产企业专项检查”和重大节日、重点时段等特种设备安全检查活动，全面加强对公共场所、人员密集场所以及其它重要场所的特种设备安全监管。全年共普查登记压力管道1.5千米，检查特种设备320余台，下达安全监察指令书46份，督促报检8056余台，立案查处4起，消除安全隐患45条；受理举报投诉，妥善处置有关特种设备和产品质量举报投诉共8起，及时办结市局和县委转办的有关特种设备事项5起，并组织人员参加应急事故演练；积极做好“安全生产月”“、质量安全月”活动，集中宣传《特种设备安全监察条例》，印发宣传资料2000份；积极组织特种设备培训取证，全年共举办培训班4期，培训人员180人。共建立特种设备台帐电梯19部、压力容器256台、气瓶1238支、压力管道8段共计8412.5米、场内机动车13辆。同时全面落实领导干部“一岗双责”，加强特种设备动态监管，签订领导干部“一岗双责”责任书。与各乡(镇)安监站对接，负责辖区内特种设备安全监督管理。同时加强特种设备“两会”、“春节”非煤矿山以及重点工程的现场监查力度和起重机械、锅炉的专项整治，对全县使用特种设备的企业(单位)进行现场安全监察工作82家(次)，在监察过程中，坚持“安全第一、预防为主、综合管理”的方针，认真落实特种设备监督抽查计划，发出特种设备安全监察指令34份，提出整改意见15条，并实行跟踪监督检查，使整改意见的整改率达100%，签定特种设备安全承诺书40份，举办培训班2期，培训人员68人，确保全县特种设备安全运行，全年无事故发生。

【计量监管】 2007年，对全县的强检计量器具进行了定期检定，完成加油机检定130台，医疗卫生计量器具检定20台(件)，工矿企业计量器具92台(件)，配置眼镜场所计量器具检定8件；按期完成全县9家重点工业企业节能降耗的调查、上报工作。2008年，加大重点市场计量监督检查，在全县范围内组织开展医疗卫生领域在用计量器具专项监督检查工作。深入开展计量器具监督检查，强化商品计量监管，组织开展强制检定计量器具档案建立和信息管理工作，商用衡器、加油机、公路管理速度检测仪的强制检定工作，进一步做好电能表、水表、燃气表、热能表等民用四表安装前的首次强制检定工作。加强计量基础管理，建立有效的动态监管计量器具台帐和档案。全年共录入各类强检工作计量器具266台(件)。2009年，开展“民生计量惠百姓”活动，加强执法监督，对群众关心的集贸市场、加油站、烟叶站等计量器具开展了计量监督检查，先后进行了集贸市场计量专项行动、医疗卫生单位计量专项行动、加油站专项整治、液化气充装站执法检查等专项整治行动。加强了计量基础管理，建立了有效的动态监管计量器具台帐和档案，加强辖区内的计量器具强制检定工作，全年受检率达98%。2010年，开展诚信企业示范单位活动，重点选择4家具有代表性的企业申报计量诚信示范单位，签订诚信计量承诺书，建立有效的计量器具台帐和档案。对群众反映较为突出的集贸市场计量不准问题，县质量技术监督局联系省计量院对寻甸县城区农贸市场的水果摊点、肉食摊点、水产品摊点以及蔬菜摊点使用的计量器具进行了现场检测。并于2010年9月10日举行了《加强集贸市场计量器具管理工作实施方案》重大决策听证会。

【标准化监管】 2007年，帮助企业制定标准7个，修定标准11个，制修定标准备案18个，标准登记49家企业，66个产品。根据市局关于开展农业标准化示范区工作的要求，申报了1个马铃薯农业标准化示范区项目。2008年，结合国际标准化日，利用挂布标、贴标语等手段进行标准化宣传。全年共帮助企业制定、修订标准34个，标准备案12个，标准审查65个。2009年，对采用国际标准和国外先进标准的5家水泥生产厂进行跟踪服务。按照质量安全和特种设备安全的有关要求，加强标准管理工作，对实行生产许可证管理，3C认证，获名牌产品称号的企业100%建立标准档案并进行适时更新。2009年4月，在辖区内开展了企业标准化工作现状抽样调查，了解并帮助企业标准解决化工作中的困难。2010年，加大企业标准化力度，引导和帮助企业建立标准体系，同时对辖区内的32家大中型企业进行标准登记备案。申报了1个板栗农业标准化示范区项目。

【质量管理】 为认真落实质监局的监管职责，采取日常监管和重要节假日及省市重要会议及市局临时安排的监管工作相结合的工作方式，采用立体交叉监管的形式对食品、农资、建材、特种设备、生产企业产品质量等进行日常检查、产品抽查检验等形式进行有效监管。2007年，出动车辆51台(次)，人员294人(次)，检查生产企业236家(次)，销售门店460家(次)，对99家企业的107个(批、次)产品进行抽样送检，其中食品类73个(批、次)，建材18批次，农资13个(批、次)，其它3个(批、次)。经过检验，产品合格65(批、次)，不合格42批次，产品合格率为60%。全年共办理行政案件101件(其中代码处罚49件)，立案查处31件，现场处罚70件，共计行政处罚29.33万元。2008年，共出动车辆260台(次)，人员510人(次)，检查生产企业380家(次)，销售门店610家(次)，共抽样137个，办理行政案件114件，立案查处60件，现场处罚54件，行政处罚罚没款共计92.37万元。2009年，发起成立了寻甸县质量协会，抽检了全县质量档案，搭建了推动“质量兴县”的平台，有效推动了“名牌战略”和“标准化战略”的深入开展。全面完成了对全县工业和食品加工业两个产业集群的调查摸底，摸清了全县工业和食品加工业集群的基本状况，起草上报了寻甸县推进名牌产品战略实施方案。采用多方位服务方式，帮助6家企业的9个产品申报了云南省名牌产品和昆明市名牌产品，其中云南南磷集团股份有限公司主导产品黄磷获得“云南省名牌产品”称号，云南国能化工有限公司主导产品过磷酸钙获得“昆明市名牌产品”称号。为确保产品质量，全年共抽样131个，合格率为92%，共办理各类违法案件98起，货值累计220万元，为广大企业和消费者挽回经济损失100万元。全年“两费”收入共计112万元。2010年，组织10家企业的10个产品申报了“云南省名牌产品”和“昆明市名牌产品”，其中云南南磷集团股份有限公司主导产品烧碱获得“云南省名牌产品”称号，云南正江化工有限公司主导产品过磷酸钙和寻甸仁德食品股份有限公司主导产品牛干巴均获得“昆明市名牌产品”称号。为把好源头质量关，全年共抽查企业82家(次)，合格80家(次)，企业抽检合格率为93.52%。抽查产品49批(次)，合格45批(次)，产品抽查合格率为91.8%。全年共出动执法人员260人(次)，下乡入户检查50家(次)，立案查处各类违法案件25件，两费收入合计94.68万元。

【组织机构代码】 2007年，共接待代码查询905余人(次)，办理新证108家、换证164家，年检代码636家，代码办证收入2.94万元，清理数据14条。全县库存数据总量1204条，代码电子扫描1204份，成功上报省代码中心代码电子档案1204份，有效数据合格率100%。处罚逾期换证、逾期年检49家，处予罚款1.12万元。2008年，共接待代码查询907人(次)，年检845家，新办证137家，换证186家，变更30家，代码数据库有效数据1360家，预算外收入3.81万元，对超期未检的43家作了相应的处罚，罚没合计1.31万元。2009年，共接待代码查询560人，年检736家，新办证350家，代码电子档案完成率为100%。2010年，全年共接待代码查询260人(次)，年检845家，新办证450家，代码电子档案完成率为100%。

【扶贫工作】 2007年，安排人员到扶贫挂钩点牛街镇新成村委会走访调研，指导群众生产生活，帮助解决村委会工作经费7000余元，干部职工结对帮扶慰问贫困党员群众捐款捐物合计3500元。2008年，全年到扶贫挂钩点帮扶群众生产生活4次，帮助解决工作经费5000元，捐助化肥10吨，切实解决了挂钩点贫困群众的生产生活。2009年，到扶贫挂钩点寻甸县金源乡安秧村委会走访调研，在“三灾一旱”和烤烟栽种、收购中安排人员到一线帮助指导群众解决生产生活困难，组织职工捐款捐物合计2500元，全年到扶贫挂钩点帮扶群众生产生活3次，帮助解决工作经费5000元，捐助化肥10吨。2010年，积极与扶贫挂钩点寻甸县金源乡安秧村委会联系，进行实地走访调研，帮助挂钩点安秧村民委员会解决工作经费1万元，帮助学校解决一套太阳能、一个微波炉合计5000元。联系昆明市质量技术监督局，帮助解决安秧村委会张家村人引水工程所需缺口资金3.5万元。全年共到扶贫挂钩点帮扶4次，为村委会解决办公经费，帮扶学校安装太阳及购买微波炉，共计资金5万元，化肥10吨，切实解决了挂钩点贫困群众的生产生活。在抗旱救灾工作中干部职工捐款捐物合计人民币2700元；节日期间，领导干部积极慰问贫困党员群众，合计4356元。

【领导名录】

局　　长：孔令明(回族，2010.08－)

纪检组长：马卫华(回族，2007.10－)

（撰稿人：李　伟）

安全生产监督管理局

【县安监局】 2002年9月成立县安监局，属县政府委托经济发展局管理部门。2005年1月，升格为县政府的工作部门，属一级局单位。根据县委2008年4月28日会议纪要，煤炭安全监管职能并入安监局。2010年政府机构改革中，设立寻甸回族彝族自治县安全生产监督管理局，为县人民政府工作部门，正科级。加挂寻甸回族彝族自治县煤矿安全生产监督理局牌子。内设办公室(组织人事科)、政策法规科(审计科)、矿山安全监督管理科、企业安全监督管理科、煤炭行业管理科。现有编制18人，实有人员17人。主要职能职责：对安全生产工作实施综合监督管理，监督检查、指导协调全县有关部门和各乡(镇)的安全生产工作；依法对煤矿、非煤矿山、危险化学品生产经营企业、烟花爆竹批发经营、非药品类易制毒化学品安全生产进行监管；承担工(煤)矿商贸作业场所职业卫生监督检查职责；负责全县伤亡事故的报告和统计工作，发布安全生产信息，受县政府委托组织开展生产安全事故调查处理；承担安委会的具体工作职责及其他工作。

【安全监管】 2007年，全县共有安全生产监管对象167户。其中，非煤矿山92户(金属矿山3户，非金属矿山89户；采石场62户，粘土13户，其他17户；列入市安监局挂牌监管的重点矿山5户)。全县危险化学品生产、经营、使用企业共67户。其中，生产企业6户，经营企业45户，使用企业16户。列入省安监局挂牌监管的生产企业1户，市安监局挂牌监管的企业4户。全县有煤矿8个。

2008年，全县共有安全生产监管对象167户。其中，非煤矿山92户(金属矿山3户，非金属矿山89户；采石场62户，粘土13户，其他17户；列入市安监局挂牌监管的重点矿山5户)。全县危险化学品生产、经营、使用企业共67户。其中，生产企业6户，经营企业45户，使用企业16户。列入省安监局挂牌监管的生产企业1户，市安监局挂牌监管的企业4户，煤矿8个。

2009年，全县共有安全生产监管对象353户。其中，煤矿5户，煤炭经营户14户；非煤矿山72户(地下开采3户，露天开采69户)，采石场50户，砖厂8户(取粘土)，砂厂4户，钛砂矿3户，磷矿5户，铁矿1户，石膏矿1户；危险化学品生产经营53户，其中危化品生产经营企业13户、加油站40户；烟花爆竹批发零售企业207户(批发1户)。“引清济昆”，“牛栏江—滇池补水”两个省市重点工程。

2010年，有安全生产监管对象353户。其中，煤矿5户，煤炭经营户14户；非煤矿山72户(地下开采3户，露天开采69户)，采石场50户，砖厂8户(取粘土)，砂厂4户，钛砂矿3户，磷矿5户，铁矿1户，石膏矿1户；危险化学品生产经营53户，其中危化品生产经营企业13户、加油站40户；烟花爆竹批发零售企业207户(批发1户)。“引清济昆”，“牛栏江—滇池补水”两个省市重点工程。

【效能质监】 制定安全生产“一岗双责”实施方案，各级安全生产责任制得到了进一步强化和完善。认真组织开展安全生产“三项行动”活动。按照省、市部署，在全县范围内开展安全生产执法、治理和宣传教育“三项行动”。加大安全生产执法力度，提高企业安全生产违法行为成本，对发生安全生产事故的，按照“四不放过”原则严肃追究相关单位和人员的责任，治理安全隐患与“安全生产年”的各项工作相结合，加强日常监管，打牢安全基础。开展“安全生产年”活动，弘扬安全文化、宣传安全知识。

【安全生产大检查】 以事故预防为核心，及时开展安全生产大检查。2007年1—12月，共开展安全检查106次，共出动人员410人(次)，车207辆(次)，查出隐患520条，现场整改400条，限期整改120条，下发隐患整改指令书100份，隐患整改率达100%。

2008年1—12月，认真开展了8次安全生产大检查，出动车辆157辆(次)，人员310人(次)，检查督查企业数420户，下发责令整改指令书93份。查出安全隐患278条，查出重大危险源4个，重大安全隐患4处；对重大危险源和重大安全隐患进行了登记建档并且责任到人，实施全天候的监控管理整治；对查出来的一般隐患，各职能部门及时的督促企业投入人力、物力、财力进行整改。对煤矿、非煤矿山、危险化学品重点企业专项督查面达100%，对各乡镇综合督查面达100%。

2009年，分别在4月、6月、9月、10月、11月开展了5次安全生产大检查。第一次主要检查危险化学品生产经营企业和重点建设工程项目，第二次对全县范围内的所有企业进行检查，第三次主要检查危险化学品生产经营企业及建筑工程；第四次主要针对危险化学品生产经营企业，民运会比赛场地、宾馆饭店；第五次主要检查重点工程。检查中共查出隐患535条，下发责令整改指令书166份，停产通知书一份。有效遏制了各类安全生产事故的发生。对煤矿、非煤矿山、危险化学品重点企业专项督查面达100%，对各乡镇综合督查面达100%。

2010年，开展安全生产大检查21次，同时结合重点行业、重点领域还开展各类专项整治12次。通过检查和隐患排查整治，共查出隐患456条，下发整改指令书87份，督办通知书3份，使一批安全隐患得到及时排除，有效遏制了各类安全生产事故的发生。对煤矿、非煤矿山、危险化学品重点企业专项督查面达100%，对各乡镇综合督查面达100%。

【隐患整改】 加强对危险化学品生产经营企业的监管，确定重大危险源，对重点部位进行跟踪督促检查，将全县13个危险化学品生产、储存点确定为重点监控对象，实行重点监控和定期报告制度。推行危险化学品标准化工作，已通过标准化验收4户(其中二级标准化1户，三级标准化3户)；加强对煤矿企业管理，深入开展煤矿安全生产专项整治，推进安全生产标准化建设，加强煤炭资源整合和煤矿关闭工作，依法关闭鲁支本煤矿；推进非煤矿山安全生产标准化建设工作，2010年3月、4月分别召开寻甸县东、西片区非煤矿山安全生产工作会，全县非煤矿山专项整治已初步通过市安监局组织的交叉检查，正在进行查缺补漏；整顿和规范烟花爆竹经营市场，严厉打击和取缔违法经营行为，共检查17次，参加检查人数67人(次)，打击违法经营户21户，收缴烟花爆竹13件，销毁13件，有力的打击了非法违法经营行为；对省市重点建设工程“引清济昆”、“牛栏江—滇池补水”两工程的安全综合监管，分别召开了2次专题工作会议，认真开展检查排查，加大隐患排查治理力度，确保工程建设总体安全。

【宣传教育】 2007年，全年利用集市共发放安全宣传资料1.15万份，悬挂张贴标语2650份，培训危险化学品从业人员160人、烟花爆竹管理人员155人，复审换证200人。

2008年，共举办安监站长、企业主要负责人、安全管理人员、特种作业人员培训班5期，培训人员495人(次)，进一步提高了各级各类人员的安全管理水平。

2009年，加大对安全生产培训工作力度，共举办对特种作业人员、非煤矿山主要负责人及安全管理人员；加油站主要负责人及安全管理人员、危险化品从业人员、乡(镇)村委会安全管理人员、培训班5期，1559人参加了培训。结合“安全生产年”活动，认真组织开展“六月安全月”宣传教育，各安委会成员单位、各乡镇共组织开展宣传咨询活动80余场(次)，咨询人次3.5万余人，发放宣传资料4万余份，6月12日县安委会组织了成员单位13家开展宣传咨询，参加人员1000余人，发放宣传资料8000余份，悬挂安全标语86条。

2010年，以《中华人民共和国安全生产法》、《生产安全事故报告和调查处理条例》、《国务院关于进一步加强企业安全生产工作的通知》为重点，结合“六月安全月”，广泛开展安全宣传教育活动。共巡回悬挂各类宣传挂图51幅，开展宣传咨询活动40余场(次)，接待咨询群众3000余人，发放宣传资料2万余份，悬挂安全标语53条。举办学习培训班共6期，培训1750余人次。通过培训、宣传，各级政府、部门领导、企业主要负责人安全责任意识增强，安全监管力度加大，职工的安全技能和自防自救能力有了很大提高，人民群众的安全意识逐步增强。

【安全生产应急管理】 完善应急预案，细化各项措施，做到领导、组织、队伍、预案、物资“五落实”。同时加强应急演练，保证遇到险情时能够及时有效地开展应急救援工作，把人员伤亡和财产损失降到最低程度。通过精心准备于2010年6月26日在南磷集团进行1次“大规模化学品灾害事故救援”演习，全县3个安委会成员单位、18家规模以上的企业、各乡(镇)领导及周边县区(东川、嵩明)有关单位400人参加了演习，演习得到了市安监局、市消防支队及县委高度重视，演练取得了圆满成功。

【事故调查处理】 2007年，未发生生产安全事故。2008年，共发生事故1起，7人中毒、64人皮肤粘膜刺激反应，未发生人员死亡的安全生产事故。2009年，全县共发生生产安全事故3起，死亡3人，受伤2人，直接经济损失55万元。2010年，全县共发生生产安全事故3起，死亡3人，直接经济损失110万元。2007—2010年死亡人数控制在市政府下达的指标范围内。严格按《安全生产事故报告与调查处理条例》规定处理每起事故。成立事故调查组，认真调查核实事故原因，按照"四不放过"的原则，对责任单位和责任人给予相应的处理。

【成立安全生产协会】 为增强企业之间在安全生产工作中的交流与合作。2009年，成立了寻甸安全生产协会，共吸收会员123家，其中集体会员54家。2009年3月18日，召开了第一次会议，选举产生了安全生产协会会长，副会长和秘书长，通过了协会有关章程。并组织会员到旭东化工有限工司进行了参观学习开展企业标准化建设，组织到胜峰采石厂进行参观，召开座谈会。

【安全监管机制创建】 初步建立符合全县实际的安全生产监管体制。按照构建"政府统一领导、部门依法监管、企业全面负责、群众参与监督、全社会广泛支持"安全生产工作新格局的要求，县安监局充分发挥牵头、协调、监管、查办的职能，依法对各行各业的安全生产实施综合监管，充分发挥各行业主管部门和乡(镇)人民政府的作用，建立健全各级安全监管机构和责任体系，建立工作联系和协商机制，各部门各司其职，分兵把口，协力协同，联动联管，信息互通，资源共享，形成了安全生产监管的合力。推进乡镇安监站规范化建设。8个试点乡(镇)按规范化建设的要求，从硬件和软件抓好落实，村级设置协管员，解决"有人管"的问题，真正形成"横向到边，纵向到底"的安全生产监管网络。

【招商引资】 2009年，完成招商引资1230万元，占任务数1200万元的102.5%；

2010年，完成招商引资任务3803.5万元，占任务数2200的172.8%。

【其它工作】 按县人民政府的规划编制要求，制定了寻甸县安全生产"十二五"规划，对全县的安全生产现状、特点和存在问题进行了分析，制定了安全生产工作的思路、目标任务和工作重点：

目标任务：

煤矿：百万吨死亡率控制在以0.4%内；

危险化学品：死亡人数比2010年下降15%；

烟花爆竹：不出现死亡事故；

非煤矿山：死亡人数比2010年下降15%；

工作重点：将安全生产纳入经济和社会发展规划；落实安全生产责任(企业主体责任、安监部门监管责任)；加强安全监管队伍建设；加大安全生产投入；加强安全生产行政执法。

【荣誉】

2010年2月，被县政府评为"2009年度安全生产工作先进集体"

2011年2月，被县安委会评为"2010年度安全生产工作先进集体"

2011年2月，被县委、政府评为"2010年度招商引资工作先进集体"

【领导名录】

局　长：张正喜(2008.06至今)

副局长：梁云生(2005.11至今)

　　　　周春龙(2007.11至今)

(撰稿人：田金荣)

食品药品监督管理

【县食品药品监督管理局】 1985年7月，经县人民政府批准，成立县药品检验所，承担药品质量检验职能。2002年4月成立昆明市药品监督管理局寻甸分局，实行省以下垂直管理，县药检所人员、资产整建制上划省药品监督管理局。2005年6月，在昆明市药品监督管理局寻甸分局的基础上组建县食品药品监督管理局，是昆明市食品药品监督管理局综合监督食品、保健品、化妆品安全管理和主管药品、医疗器械监管的直属正科级机构。除继续行使原药品监督机构的职能外，增加对食品、保健品、化妆品安全管理的综合监督、组织协调和依法开展对重大事故查处的职能。2010年7月，取消县食品药品监督管理局省以下垂直管理，为县政府工作部门，内设办公室(组织人事科)、政策法规科(审计科)、食品安全监管科、药品安全监管科、保健品化妆品监管科和医疗器械监管科6个科(室)，下设食品药品稽查队、食品药品检验所、药品不良反应与药物滥用监测中心3个事业单位。截止2010年底，局机关在职职工13人，承担全县药品、医疗器械质量安全以及餐饮服务环节食品、保健食品和化妆品的监督管理。

【基础建设】 2003年11月，办公用房正式立项，2004年办理完征地和建房的有关手续，2005年11月启动工程建设，2006年完成主体工程建设，2007年全部竣工并通过验收，2008年4月正式投入使用，共投入230余万元，占地5.7亩，建筑面积760平方米。执法设施设备得到加强，现有执法车辆4辆，各种打印机4台，照相机(摄像机)3台，电脑16台，办公条件不断改善。

【建立健全食品安全工作制度】 为切实履行好食品安全综合监管、组织协调和重大食品安全事故调查处理的工作职责，县食品药品监督管理局加强与相关部门的沟通与协调，积极调查研究，逐步建立完善了一套操作性较强的食品安全综合监管制度，食品安全监管工作有章可循。先后制发了县食品安全委员会的职责、各成员单位的职责、食品安全会议制度、投诉举报处理制度、信息报告及发布制度、食品安全预警公告制度、食品安全督查督办制度、食品安全事故行政责任追究制度以及《寻甸回族彝族自治县重大食品安全事故应急预案》和《寻甸回族彝族自治县重大食品安全事故应急预案操作手册》等。

2007-2010年，每年召开全县食品药品安全监管工作会，对上一年的食品药品安全监管工作进行总结，对当年的食品药品安全监管工作进行安排部署，并与各乡(镇)人民政府和7家食品安全委员会成员单位签订《食品安全工作目标责任书》。年终进行考核，并对考核结果进行奖惩，落实了食品安全监管工作责任制。

【开展食品放心工程】 为确保全县广大人民群众的身体健康和生命安全。县食品药品监督管理局代县食品安全委员会制定了《寻甸回族彝族自治县食品放心工程三年规划》(2006-2008)和年度食品放心工程实施方案，并牵头组织各乡(镇)人民政府和有关职能部门深入开展"食品放心工程",取得了较好的成绩。为有效评价食品安全整治成果,推进"食品放心工程"的全面实施,县食品安全委员会于2007年、2008年末召开食品放心工程综合评价工作会,制发了《食品放心工程综合评价工作实施方案》,并组织开展自检自查自评,迎接市食品安全委员会的考评。

【食品安全专项检查和专项整治】 县食品药品监督管理局联合农业、卫生、工商、质监、商务、畜牧等相关职能部门和各乡(镇)人民政府对"元旦"、"春节"、"五一"、"六一"、"国庆"、"中秋"、"国庆"等节日和重要活动期间食品安全进行检查与督察,确保了广大人民群众节日和重大活动期间的食品安全,杜绝了重大食品安全事故的发生。2007年,开展联合执法检查7次,出动执法人员268人(次)、车辆78台(次),监督销毁不合格食品628瓶(听、袋),约236.5千克;2008年,牵头开展了各种节日食品安全检查、清真食品专项检查、学校卫生安全大检查和"三鹿"等问题乳制品应急处置工作。在整个"三鹿"问题乳制品应急处置期间,累计下架问题奶粉及液态奶6个品种535千克,召回问题奶制品372千克;清理检查未经批批检验三聚氰胺的乳制品13638瓶(袋、合、桶),责令经营者全部下架;对全县2386名食用过含三聚氰胺奶粉的婴幼儿进行了筛查,无确诊病例。2009年,节日食品安全检查共出动执法人员2773人(次),车辆427台(次),检查食品单位3394户(次),查扣"三无"食品10千克,没收过期变质食品310袋(瓶、罐)、70千克,检出病害肉5头,按规定作无害化处理。牵头组织开展打击违法添加非食用物质和滥用食品添加剂专项整治工作,全县共出动执法人员1304人(次),检查食品生产经营单位1495家(次),整治重点地区30个,整治重点单位147家,重点品种46种,未发现添加非食用物质和滥用食品添加剂的行为。2010年,节日食品安全检查共出动执法人员658人(次),车辆109台(次),对全县14个乡镇的食品生产经营单位进行监督检查。牵头组织开展严防"地沟油"及"不合格一次性筷子"流入餐饮服务环节的监督检查,共出动执法人员61人(次),车辆17台(次),对429家餐饮服务单位、16家食用油生产单位、98家食用油经营单位及154家超市进行了监督检查,在检查过程中未发现餐饮服务单位购进和使用"地沟油"及来源不明的食用油脂的情况,使用的"一次性筷子"均做到了索证索票。

【药品安全和医疗器械管理】 强化药品、医疗器械安全监管。在做好日常监管工作的基础上,先后在全县各个乡(镇)开展各种专项整治活动,严厉打击各种制售假冒伪劣药械行为,药械市场秩序明显好转。2007年,结合全国产品质量和食品安全专项整治工作的要求,组织开展疫苗、特殊药品、易制毒化学药品、"天蚕镇痛片"、橡胶避孕套、骨结合用无源金属植入医疗器械等专项检查,共出动执法人员1027人(次),车辆192车(次),监督检查药品生产、经营和使用单位1242家(次),查办案件61件,查获假劣药械391种,价值18.45万元,罚没合计款16.95万元。2008年,开展了对"静脉注射人免疫蛋白"、"重组乙型肝炎疫苗(酵母)"、"皮内注射用卡介苗"、"刺五加注射液"、含麻黄碱复方制剂、含兴奋剂药品等专项检查,共出动执法人员849人(次),车辆288车(次),对全县16个乡(镇)的药品生产、经营和使用单位进行监督检查共672家(次),查办案件60件,查获假劣药械174种,价值3.74万元,罚没款合计15.66万元。2009年,共出动执法人员570人(次),车辆163台(次),对全县的1家药品生产企业、133家经营企业(零售及零售连锁)、245家药品使用单位和126个"两网"配送柜进行监督检查,共检查涉药单位654户(次),查办药械违法案件91件,没收假劣药品289种,价值9844.10元,不合格医疗器械39种,价值5770.50元,罚没款合计13.36万元。2010年,开展了定制式口腔义齿、甲型H1N1流感疫苗、清热解毒类中药饮片和人用狂犬疫苗等15次药械市场专项检查,共出动执法人员586人(次),车辆176台(次),检查药品生产企业4家(次),药品零售企业438家(次),医疗器械经营企业37家(次),医疗机构248家(次),城乡集贸市场15个(次),查办案件44件,共没收假劣药品116种,价值6896.60元,不合格医疗器械9种,价值561.80元,罚没款7.23万元。

【食品药品抽验】 食品抽验:2007年11月2日,县食品药品监督管理局配合昆明市食品安全委员会食品采样组,对仁德镇农贸市场食品摊点和华瑞粮店等食品经营单位的食品进行了采样。抽取了群众普遍关心的肉、蔬菜、豆腐、大米、面粉、食盐等6个品种各3件共18件样品,送省质检中心检验。2008年5月,昆明市食品安全委员会办公室反馈了品种检测指标评价结果——所有样品全部合格。

药品抽验:2007－2010年期间,共对金柯制药有限公司、县第一人民医院、县中医医院、嘉华妇科医院、鸡街乡卫生院、倘甸镇马街便民诊所、仁德镇和平村大河桥卫生所、河口营河卫生所、百姓大药房和金所益康大药房等药品生产、经营、使用单位进行药品抽样262批(次),检出不合格药品46批(次)(假药19批(次),劣药27批(次)),不合格率17.56%。其中,2007年抽样56批(次),不合格11批(次),不合格率19.64%;2008年抽样57批(次),不合格12批(次),不合格率21.05%;2009年抽样79批(次),不合格9批(次),不合格率11.39%;2010年抽样70批(次),不合格14批(次),不合格率20.00%。监督抽验工作的正常开展,为药品行政执法提供了强有力的技术支撑,切实加大了假劣药品的查处力度,有效地保证了群众的用药安全。

【药品不良反应与医疗器械不良事件监测】 2007年,县食品药品监督管理局与县卫生局协商,联合成立了"寻甸县药品医疗器械不良事件监测工作协调领导小组",并在乡(镇)以上医疗机构开通药品不良反应电子账户。2008年以来,对医疗机构采取送资料上门、认真讲解、单独培训等方式,不断提高医疗机构药品不良反应和医疗器械不良事件的上报率。2009年,召开3次协调领导小组会议,进一步建立完善工作机制,药品医疗器械不良反应/事件监测力度加强。2010年,把医疗机构的药品不良反应、医疗器械不良事件监测上报工作纳入县人民政府卫生工作目标责任考核内容,并向各医疗机构分解下达了报表监测任务,同时在开通药品不良反应电子账户的基础上开通医疗器械不良事件电子账户。2007－2010年,分别上报药品不良反应报表(医疗器械不良事件报告表)45例(0份)、75例(4份)、77例(7份)、100例(24份)。监测上报数量逐年上升,为药械质量安全监管提供科学依据。

【"GMP、GSP回头看"专项检查】 2007－2008年,分别帮助指导16家和14家药品零售企业通过GSP(药品经营质量管理规范)认证。2009年，指导帮促金科制药厂通过第二轮GMP(药品生产质量管理规范)认证。2010年，指导帮促67家药品零售企业通过第二轮GSP认证。每年均对云南省金柯制药有限公司药品生产中的原辅料、药包材及其它方面进行检查；对已通过GSP认证的药品零售经营企业(包括零售连锁店)GSP的实施情况进行追踪检查，加强对药品经营企业处方药和非处方药分类管理的检查，对存在问题的单位给予了警告、责令改正等行政处罚，进一步规范了药品生产、经营企业的管理意识及质量安全责任意识。

【许可证件办理及审查】 严格按照《药品经营许可证管理办法》及《云南省药品经营许可证管理办法实施细则》的要求，2007年，办理《药品经营许可证》(零售)13个，变更《药品零售企业许可证》(零售)5个。2008年，结合软环境建设的要求，制定了《药品经营许可证申办告知承诺书》，精简了药品经营许可的行政审批时限。办理《药品经营许可证》(零售)6个，变更《药品零售企业许可证》(零售)8个。2009年，办理《药品经营许可证》(零售)7个，变更《药品零售企业许可证》(零售)9个；办理《医疗器械经营企业许可证》证1个，换发《医疗器械经营企业许可证》14个，变更《医疗器械经营企业许可证》1个。2010年，办理《药品经营许可证》(零售)7份，换发《药品经营许可证》(零售)66份，变更《药品经营许可证》(零售)5份，办理《医疗器械经营企业许可证》3份，变更《医疗器械经营企业许可证》1份。

【"两个规范"的实施】 县食品药品监督管理局加强对通过"两个规范"即"《昆明市医疗机构药品质量管理规范》、《昆明市医疗机构器械质量管理规范》"验收的医疗机构的跟踪检查，帮助、督促所有县、乡医疗机构顺利通过"两个规范"验收。在2006年，有14家医疗机构通过"两个规范"验收的基础上，2007年又有5家医疗机构通过验收，2009年全县20家乡(镇)以上医疗机构全部通过验收。2010年，对已经通过"两个规范"的20家医疗机构采取定期、不定期的跟踪检查的基础上，对新开办的"祥和医院"和"微创医院"两家民营医院进行"两个规范"指导帮促，同时，在仁德镇金所片区的10家村卫生室实施"两个规范"建设试点工作。

【药品安全信用信息分类管理】 为构建和谐药业，营造"诚信为本、守信为荣、失信为耻、无信为忧"的社会氛围，根据国家、省、市食品药品监督管理局的要求，县食品药品监督管理局在2006年制定药品经营企业安全信用分类管理工作实施方案与信用等级评定标准(试行)的基础上，2007年又制定了医疗机构药品医疗器械安全信用等级分类管理实施方案与评定标准。每年按照信用等级标准划分信用等级(A、B、C、D四级)，实行动态管理，对不同信用等级的药品经营使用单位分别实行不同的管理办法，并在相关媒体及食品药品监督管理局政务公开栏予以公布。

【农村药品"两网"建设】 2007年，在原药品监督网的基础上整合了农村食品药品监督网络，增加了食品协管的职能，并聘请食品药品协管员16名、信息员183名，建立健全了县、乡、村三级食品药品安全监管信息网络。2010年9月，重新调整充实了寻甸县食品药品协管员、信息员队伍。为了充分发挥食品药品协管员、信息员的作用，严厉打击制售假劣食品药品违法行为，县食品药品监督管理局每年组织召开乡(镇)食品药品协管员(信息员)培训会议，并与各乡(镇)协管员签订了食品药品安全工作目标责任书，农村食品药品安全"监督网"作用得到发挥。狠抓药品供应网建设，定期、不定期地组织执法人员对全县农村药品"两网"配送柜进行了清理整治，对符合条件的农村药品"两网"配送柜进行了备案，并发放了"农村药品两网备案证"。同时，加强对农村药品供应点、柜的监督管理，对在监督检查中发现的超范围经营、药品分类不规范等问题进行处理，净化了农村药品市场秩序。特别是在2009年，对当时农村药品供应网存在的问题进行分析，修订了《寻甸县农村药品配送柜的设置条件申报程序及监督管理》，进一步完善了对配送柜的各项管理制度及监督管理措施。

【药品从业人员培训】 2007年8月6－10日，分两批对全县药品经营使用单位的457名药品从业人员进行培训。2010年，召开全县药品经营企业负责人(质量负责人)培训工作会，进一步明确药品企业负责人是药品安全质量的第一责任人，并组织对100名新上岗药品从业人员进行药械法律法规和药学综合知识培训。通过各种培训，不断提高从业人员的法律法规知识、药械安全知识和服务水平。

【食品药品安全宣传】 通过简报、网络和新闻等方式，结合食品安全宣传月(周)活动、科技文化卫生"三下乡"、和"3·15"消费者权益保护日等活动以及监督检查的开展加强食品药品安全宣传。2007年，编发《寻甸食品药品监管》简报22期，寻甸新闻播出食品药品安全信息9条，被市委办和市局各采用4条，县政府和县委宣传部各采用1条；牵头组织相关食品安全委员会相关成员单位和各乡(镇)人民政府开展了食品安全宣传月活动，并发放食品药品宣传手册2500余册，宣传资料5500余份、农村红白喜事集体用餐安全知识光盘346碟，接受群众现场咨询1800余人(次)。2008年，编发《寻甸食品药品监管》简报20期，被省局采用2篇，市委办采用1篇，市局采用45篇，县委、政府采用4篇，寻甸新闻播出食品药品安全信息12条；牵头组织相关食品安全委员会相关成员单位和各乡(镇)人民政府开展了食品安全宣传月活动，并出动宣传工作人员30人(次)，车次6台(次)，悬挂布标4条，展出展板3块，展示假劣药品50多个品种，发放药品安全知识宣传单5000份、食品安全宣传手册600本，接受群众咨询500多人(次)，公开销毁假冒伪劣药械126件共174种，价值21.3万元。2009年，共编发《寻甸食品药品监管》简报17期，登录寻甸政务网信息17条，寻甸新闻播出食品药品安全信息6条，被市局采用食品药品安全信息42条，县政府采用2条；牵头组织食品安全委员会相关成员单位和各乡(镇)人民政府开展了食品安全宣传周活动，并发放食品药品安全宣传材料2000余份，接受群众咨询500多人(次)。2010年，共编发《寻甸食品药品监管》简报13期，登录寻甸政务网信息24条，寻甸新闻播出食品药品安全信息5条，被市局采用食品药品安全信息62条，县政府采用3条；牵头组织食品安全委员会相关成员单位和各乡(镇)人民政府开展了食品安全宣传周活动，并出动宣传工作人员31人(次)，车12台(次)，悬挂布标6块，展示假劣药品26个品种，发放食品药品安全宣传资料4950份，接受群众咨询580人(次)。

【扶贫捐赠】 针对扶贫挂钩点(甸沙乡老村村委会)的实际情况，积极向贫困山区老百姓“献爱心，送温暖”。2007年，全局干部职工捐款2120元，捐赠衣物6件；协调云南东昌药业有限公司职工向大陷塘村困难群众捐赠大米64袋，衣物66件；协调县民政局提供扶贫捐赠的衣物55包、棉被10床；协调县经济和商务局，由县水泥厂无偿向老村提供水泥20吨，解决老村公益事业的需要。2008年，干部职工捐款1300元，牵头组织金柯制药厂到扶贫挂钩点试种丹参5亩，帮助扶贫挂钩点解决春耕生产、调整产业结构等实际困难。在2008年汶川抗震救灾捐款活动中，捐款1420元，交纳特殊党费8300元。2009年，投入扶贫资金1300元，情系挂钩扶贫点老村村委会的困难群众和困难大学生，干部职工捐助善款2530元。2010年，干部职工共捐款1.98万元，其中送爱心献爱心社会捐款420元，恢复重建文笔塔捐款1100元，抗旱救灾捐款1.76万元，“爱心助你上大学”捐款700元。另外，协调云南白药集团连锁有限公司寻甸店、寻甸同济堂药业有限公司对扶贫挂钩点开展“抗灾保生产爱心活动”，送去了大米250千克、5升装食用油10桶、衣物14箱、春耕生产费用2500元。

【表彰先进】 2007、2009年和2010年，县食品药品监督管理局被市食品药品监督管理局评为“先进单位”，2008年荣获“全国第二届食品安全知识竞赛集体组织奖”和“昆明市食品药品监督管理系统演讲比赛集体组织奖”。2009年，被市食品安全委员会评为“食品安全工作目标考核先进单位”。同时，每年都有2人被市食品药品监督管理局评为年度先进工作者。2010年，一举通过了“县级卫生单位”、“县级文明单位”、“市级卫生单位”、“市级无吸烟先进单位”和“市级园林单位”创建。

【领导名录】
党组书记、局长：尹正贤（2009.06～）
副 局 长：徐涌津（2010.07～）
李正辉（2002.03～2010.07）

统 计

【县统计局】 寻甸县统计局现有职工16人，在岗15人。县统计局除局机关（行政）外，下辖县普查中心（参公管理事业单位）、地方统计调查队（事业单位）、乡镇统计站。编制情况为：机关核编18人；普查中心核编9人；地方统计调查队核编7人。合计34人。

局机关设6个职能科室；行政编制18名（含领导控制数6名），内设机构负责人6名；实有在职在编人员9人。局机关下设五科一室，即办公室、综合科、农业科、工业科、社会科、政策法规科。

普查中心2004年核定编制为9人，现有人员7人。

地方统计调查队，核定编制7人，为全额财政拨款事业单位。

全县各乡镇统计站核编人员41人，实际选调在岗38人，实行乡镇与县统计局双重管理。

统计局现设立的专业、调查有：农业全面统计、农村住户调查（农民人均纯收入）、城镇居民可支配收入、贫困监测调查、退耕还林（草）调查、综合、核算、工业统计、能源统计、基本单位名录库维护、劳动工资统计、服务业统计、投资统计、建筑业统计、房地产业统计、批发零售贸易业统计、住宿餐饮业、畜禽监测调查、统计教育培训、统计法规、生物资源调查、劳动力调查、群众安全感调查、科技调查、文化产业调查等25个专业。

统计局除完成常规的统计、普查、调查工作外，还承担着一些临时性工作，如：县委、政府领导交办的事项、行风评议、警民关系调查、公信度调查、其他部门普查调查及与其他部门配合的工作等。

【普查工作】 目前，普查工作主要有三项：经济普查（每五年一次，逢年份尾数3和8进行，已经普查两次）、人口普查（每十年一次，逢年份尾数0进行，现正在开展第六次普查）、农业普查（每十年一次，逢年份尾数7进行，已经普查两次）。

第二次农业普查。国务院决定，在全国开展第二次农业普查工作。普查的标准时点是2006年12月31日，时期资料为2006年度，摸清全国农业家底，为党和国家制定科学规划和决策提供依据，以便更好的解决“三农”工作中的问题，破解“三农”难题。全县全面动员，完成了普查宣传发动、普查员选调、培训、摸底、登记、审核录入和资料开发、总结表彰等工作，寻甸县统计局获得“省级先进集体”。全县共划分为1704个普查小区，组织普查员、普查指导员和各级普查机构工作人员近2500人，填报普查表217988张。通过普查，摸清了全县农业生产经营户105385户，在农业生产经营户中，以农业收入为主的户占83.93%，全县共有农业生产经营单位80个；农村劳动力资源总量284775人（男劳动力145551人，占51.11%，女劳动力139224人，占48.89%），在劳动力资源中，未上学35762人，占12.56%；小学144620人，占50.78%；初中89479人，占31.42%；高中13729人；占4.82%；大专及以上1185人，占0.42%；农村从业人员269720人，占农村劳动力资源总量的94.71%（外出从业27876人）；农业技术人员522人；全县大中型拖拉机169台，小型拖拉机2652台；农村居民平均每户拥有住宅面积24.68平方米，人均居住面积21.18平方米，居住楼房69650户，占62.13%，居住平房42453户，占37.87%；有36001户反映获取饮用水困难，占32.11%，使用管道水住户71015户，占63.35%；使用煤65637户，占58.55%，使用液化气2107户，占1.88%，使用柴草34572户，占30.84%，使用沼气1633户，占1.46%，使用电8143户，占7.26%；设施农业状况；农业基础设施建设和基本社会服务。

第二次经济普查。国务院决定，在2008年11月1日0时，开展第二次全国经济普查，为全面完成全国第二次经济普查各阶段工作，全县上下科学分工、统筹安排，狠抓各项工作任务的落实，从机构成立，到人员选调、专业协作，经过普查工作者的共同努力，完成普查培训、普查登记、普查数据审核、普查数据录入，顺利完成普查任务，等待资料的开发利用。

第六次人口普查。国务院决定，开展第六次人口普查，普查标准时点是2010年11月1日0时，全县第六次全国人口普查自启动以来，县普查办公室认真贯彻落实普查方案，严格按照国家、省、要求，顺利完成了普查机构、人员、办公地点、工作制度的四落实；制定了我县第六次全国人口普查工作进度；完成了区划制图和地址代码的核定工作；组织了普查指导员和普查员选调和培训；在县乡村三级以及民政部门、计生部门和县乡医院建立了出生死亡人口台账；协助公安部门完成户口整顿工作；在河口镇顺利开展市级外出人口试点；组织完成了普查小区图绘制和摸底工作；在全县范围内广泛深入开展宣传活动；顺利完成入户登记和查缺补漏、快速汇总、编码、数据处理等工作，从2010年12月16日正式开始光电录入寻甸县普查表短表以来，到12月21日晚20时，寻甸县已经顺利完成了全县14个乡镇、174个普查区、2114个普查小区共计15万张短表的光电扫描、录入、校审工作。和数据处理。下一阶段，将开展经验总结及交流、资料开发和运用等工作。

【专业统计】 2007－2010年，进一步完善专业统计数据采集、整理、评估制度以及各环节专业统计数据质量控制办法，加大专业统计报表审核力度，做好统计资料汇总、上报，高标准、高质量完成年报和月报、季报等各专业报表上报任务，完成各项经济指标统计工作，做到应统尽统。做好20家规模以上工业企业统计、能源统计监测和节能降耗、地区生产总值核算、固定资产投资、建筑及房地产、劳动工资、退耕还林（草）调查、农业统计、城市住户调查、农村住户调查、畜禽监测、贸易、贫困监测、教育、统计法规、基本单位名录库维护等统计工作。2007年，建立退耕还林（草）调查、畜禽监测调查报表报送制度，并于2010年10月完成城市住户调查300户大样本和农村住户调查130户样本的抽样轮换工作。同时，完成了劳动力调查、群众安全感调查、公信度调查、R&D资源普查等临时性调查。

地区生产总值核算：全县地区生产总值2007年为237617万元，同比增长10.8%；人均4715元，同比增长9.1%。2008年为299923万元，同比增长15.3%；人均5912元，同比增长14.4%。2009年为324689万元，同比增长13.2%；人均6355元，同比增长12.3%。2010年为383200万元，同比增长11.3%，人均7901元，同比增长17.2%。2007－2010年，地区生产总值年均增长13.3%，人均地区生产总值年均增长14.6%。

（注：2010年，常住人口使用的是人口普查数字，比2009年减少了5.6万人，因此人均GDP增速超过了GDP增速。）

规模以上工业企业统计、能源统计和节能降耗：2007年实现工业增加值59036万元增长39.5%，（可比价）下同。2008年实现工业增加值76491万元增长33.3%。2009年实现工业增加值71744万元增长17%。2010年实现工业增加值95841万元增长10.1%。

主要产品产量：

	单位	2007年	2010年	累计增长%
原煤	吨	2576600	2536430	－1.55
水泥	吨	542211	481089	－11.27
黄磷	吨	33066	32838	－0.69
PVC	吨	35356	83263	135.49

能源部分：2007年全县单位GDP能耗下降7.955%；2008年全县单位GDP能耗下降4.01%；2009年全县单位GDP能耗下降4.601%；2010年全县单位GDP能耗下降8.23%。

固定资产投资：2007年，全社会固定资产投资完成15.56亿元，比上年增长30.2%。其中：城镇社会固定资产投资完成14.51亿元，比上年增长31.4%；城镇投资中，工业投资完成5.35亿元，比上年减少34.6%；农村私人完成1.04亿元，比上年增长15.7%。

2008年，全社会固定资产投资完成20.99亿元，比上年增长34.9%。其中：城镇社会固定资产投资完成19.86亿元，比上年增长36.9%，城镇投资中，工业投资完成10.72亿元，是2007年的2倍；农村私人完成1.12亿元，比上年增长8%。

2009年，全社会固定资产投资完成30.07亿元，比上年增长43.3%。其中：城镇社会固定资产投资完成25.40亿元，比上年增长27.9%，城镇投资中，工业投资完成14.52亿元，比上年增长35.4%；农村私人完成3.0亿元，比上年增长166%。

2010年，全社会固定资产投资完成41.23亿元，比上年增长37.1%。其中：城镇社会固定资产投资完成38.23亿元，比上年增长50.5%，城镇投资中，工业投资完成23.73亿元，比上年增长63.5%；农村私人完成2.30亿元，与上年持平。

房地产：2007年全县房地产开发累计完成投资4900万元。按构成分：建筑工程完成投资4750万元，其他费用150万元，按用途分：住宅投资累计完成2000万元，商业营业用房累计完成2300万元，其他投资累计完成600万元。

2007年房地产开发房屋施工销售待售情况

指标名称	计量单位	合计	商品住宅	办公用房	商业用房	其他用房
房屋施工面积	平方米	91823	78968		8956	3899
房屋竣工面积	平方米	91823	78968		8956	3899
商品房销售面积	平方米	91823	78968		8956	3899
商品房销售额	万元	17526	13972		2686	848
商品房销售套数	套		624			
空置面积	平方米					

2008年，全县房地产开发累计完成投资2.74亿元。按构成分：建筑工程完成投资1.27亿元，安装工程累计完成100万元，设备购置累计完成220万元，其它费用1.44亿元，按用途分：住宅投资累计完成2.21亿元，商业营业用房累计完成3340万元，办公用房累计完成投资321万元，其它投资累计完成1570万元。

2008 年房地产开发房屋施工销售待售情况

指标名称	计量单位	合计	商品住宅	办公用房	商业用房	其他用房
房屋施工面积	平方米	295740	198694	4500	82119	10427
房屋竣工面积	平方米	96283	78968		8956	8359
商品房销售面积	平方米	108017	99176		4060	4781
商品房销售额	万元	22197	19194		1799	1204
商品房销售套数	套		810			
空置面积	平方米	6091	1303			

2009 年，全县房地产开发累计完成投资 2.80 亿元。按构成分：建筑工程完成投资 2.02 亿元，安装工程累计完成 4178 万元，设备购置累计完成 1770 万元，其它费用 1876 万元。按用途分：住宅投资累计完成 2.14 亿元，商业营业用房累计完成 3001 万元，办公用房累计完成投资 2842 万元，其它投资累计完成 780 万元。

2009 年房地产开发房屋施工销售待售情况

指标名称	计量单位	合计	商品住宅	办公用房	商业用房	其他用房
房屋施工面积	平方米	265290	216288		4287	6515
房屋竣工面积	平方米	185823	139769		40087	5967
商品房销售面积	平方米	81372	76316		4429	627
商品房销售额	万元	17280	15178		2027	175
商品房销售套数	套		552			
空置面积	平方米	24695	18424		6212	59

2010 年，全县房地产开发累计完成投资 3.81 亿元。按构成分：建筑工程完成投资 3.05 亿元，安装工程累计完成 5931 万元，设备购置累计完成 1100 万元，其它费用 637 万元，按用途分：住宅投资累计完成 2.63 亿元，办公用房累计完成投资 960 万元，商业营业用房累计完成 3826 万元，其它投资累计完成 7033 万元。

2010 年房地产开发房屋施工销售待售情况

指标名称	计量单位	合计	商品住宅	办公用房	商业用房	其他用房
房屋施工面积	平方米	423225	349372	800	55467	17586
房屋竣工面积	平方米	54834	54037	800		
商品房销售面积	平方米	299773	266766		24543	8473
商品房销售额	万元	67701	57234		7926	2541
商品房销售套数	套		1609			
空置面积	平方米	30416	26216		4204	

劳动工资：2007 年，从业人员人数为 20396 人，在岗职工从业人员人数为 18387 人。其中，从业人员平均人数为 19851 人，在岗职工平均人数为 17866 人；从业人员工资总额为 30.84 万元，在岗职工工资总额为 30.05 万元，其中，从业人员平均工资为 1.56 万元，在岗职工平均工资为 1.68 万元。

2008 年，从业人员人数为 21096 人，在岗职工从业人员人数为 16710 人。其中，从业人员平均人数为 20853 人，在岗职工平均人数为 16478 人；从业人员工资总额为 42.88 万元，在岗职工工资总额为 39.41 万元，其中，从业人员平均工资为 2.16 万元，年末在岗职工平均工资为 2.39 万元。

2009 年，从业人员人数为 22330 人，在岗职工从业人员人数为 20286 人。其中，从业人员平均人数为 22138 人，在岗职工平均人数为 20097 人；从业人员工资总额为 58.23 万元，在岗职工工资总额为57.43万元，其中，从业人员平均工资为2.79万元，在岗职工平均工资为3.08万元。

2010年，从业人员人数为20373人，在岗职工从业人员人数为19364人，其中，从业人员平均人数为19742人，在岗职工平均人数为18733人。年末从业人员工资总额为61.0万元，在岗职工工资总额为60.97万元，其中，从业人员平均工资为3.09万元，年末在岗职工平均工资为3.26万元。

农业统计：全县粮食产量由2007年的19.26万吨增加到2010年的19.57万吨，年均递增0.53%。其中2007－2010年的粮食产量分别为19.26万吨、19.52万吨、19.81万吨、19.57万吨。2010年实现农业总产值20.33亿元，年均递增8.6%（按可比价格计算），其中2007－2010年分别为14.62亿元、17.12亿元、18.84亿元、20.33亿元。

【统计体制改革】 2008年3月，全县各乡（镇）成立统计站。全县乡镇统计体制改革自2008年3月启动，2008年6月全面完成。改革的内容为乡镇设统计站作为县统计局的派驻机构与农林水综合服务中心合署办公，乡镇统计站实行乡镇和统计局双重管理。机构性质为全额财政拨款事业单位，人员编制按镇3名，乡2名核定。

2008年2月16日，寻甸县成立地方统计调查队，机构为全额财政拨款事业单位，人员编制7名（管理人员1名、专业技术人员6名。核定单位领导职数2名）。

【统计法规】 认真学习贯彻新修订《统计法》和2009年出台的《统计违法违纪行为处分规定》。2009年5月，国家监察部、人力资源和社会保障部、国家统计局联合制定出台了我国第一部关于统计违法违纪行为处分方面的部门规章《统计违法违纪行为处分规定》，按照省、市统计局的安排部署我局积极对《统计法》和《规定》进行了学习贯彻。在第一时间将从《统计法》、《统计违法违纪行为处分规定》全文发布在内部办公平台上供全局职工学习；以发放小册子形式将《统计法》、《规定》发至乡镇统计站、相关单位、企业，要求认真学习，切实引起领导的高度重视，确保依法统计。

2009和2010年，县统计局对全县各乡镇、各部门及20家规模以上企业开展了一次大范围的统计执法检查，首先由乡镇、部门及企业自查，然后市县两级进行抽查。并对部分乡镇、部门、企业台账不健全、上报统计报表不及时、上报统计数据不全面等问题，限定时间进行整改并上报书面整改情况汇报。通过不断加强对统计数据质量的检查，确保源头数据质量，有效保证了统计数据的准确性，也使统计信誉度大为提高。

【统计服务】 2007－2010年，县统计局在政务信息网上发布统计信息80多条，并适时对目标任务所列资料通过电子公文交换进行公布。

按时向县委、政府领导提供季度经济运行分析16期；每月、每季度向县委、政府及相关部门提供各专业统计数据；向社会公众释疑解惑，提供统计咨询服务，通过直接到统计局、电话等咨询、索要统计数据300余次。

做好年度统计公报、统计年鉴的编印工作：每年年底，统计局都在第一时间发布经济和社会发展统计公报，并积极组织各专业编制寻甸县统计年鉴。

调查研究工作：为各级党政领导和有关部门做好统计服务的同时，紧紧围绕全县经济发展中的各种问题，不断根据党政领导对经济工作决策的需要，积极拓宽统计服务领域，开展各种专项调查，多角度、多方位地进行统计分析研究，提供统计信息。

【党风廉政建设】 抓好党风廉政建设，完善规章制度。统计局把落实党风廉政建设责任制度与行政项目审批、四项制度落实，政府信息公开工作和解放思想大讨论活动密切配合，紧紧围绕各年度工作要点，制定了《统计局内部管理制度》，细化部门职责和股室职责，并结合效能建设要求，按照“四项制度”的有关要求，进一步完善机关工作人员效能责任追究办法、财务收支审批制度、公务接待制度、工作人员考勤制度、车辆管理使用制度、值班制度等，做到工作有目标、有具体内容、有完成时限、有保障措施、有责任领导、有责任人。

加强党员干部教育监督。多次组织全局党员干部召开会议，认真传达贯彻党风廉政建设会议精神，学习领会重要内容实质，加强统计局党员干部职工政治思想教育。结合部门工作实际，开展学习活动与六个工作实际相结合，即：与学习法律、法规、政策文件和统计专业知识相结合，创新统计方法，提高统计数据质量，客观反映全县社会经济发展成果；与打破专业界限，加强学习，实现一岗多能；与写出高质量统计分析文章相结合，把此作为统计干部职工落实科学发展观的落脚点，为县委、政府科学决策及时提供依据；与生活和工作作风相结合，树立良好的统计干部队伍形象；与立足本职工作相结合，提高统计对外咨询服务质量，实践好“四项制度”的落实；与乡镇统计体制改革相结合，确保乡镇统计体制改革和地方统计调查队的组建工作的顺利成功。

【招商引资】 2009年，圆满完成招商引资任务。2010年，完成招商引资任务2020余万元（其中：市外资金1800万元，市内县外资金220余万元）。

【扶贫帮扶】 充分为群众办实事，办好事。2007年，在得知挂钩村受冰雹灾后，从相关部门争取大量救灾物物资送到受灾群众手中，组织职工捐款2000余元，帮助受灾群众解决生产生活中存在的困难和问题。2010年，抗旱期间，积极组织职工捐款1850元，局机关拿出1万元，投入到抗洪救灾中，并组织党员交纳特殊党费。每年都购买粮油，送到结对帮扶贫困对象（户）手中。

解决村办公经费困难问题。2009年，支持1万元帮助村委会解决办公经费。2010年，又拿出1万元解决村委会办公经费，同时拿出5000元支持购买了2套太阳能设备。2009年，积极与市统计局、市农业局畜牧处联系，争取到畜牧养殖项目一个。

【领导名录】

局　长：赵德伟（2007.10—）

副局长：秦　飞（2010.01—）

（撰稿：马会平）

审　计

【县审计局】 1983年12月成立寻甸县审计局。2010年末，有干部职工15人，内设办公室（组织人事科）、政策法规科（审计科）、财政金融审计科、农业与基建投资审计科。根据县审计局的主要职责，设1个其他机构—县经济责任审计办公室，机构规格为正科级，归口县审计局管理。县审计局（含县经济责任审计办公室）机关行政编制23名（含领导控制数8名）。其中：局长1名（正科级)，副局长3名(副科级2名，其中1名兼县经济责任审计办主任，正科级)，专职党组副书记1名(正科级)、总审计师1名(副科级)，县经济责任审计办专职副主任2名(副科级)。

【审计执法】 2007年，完成审计项目27项，查出违规资金50万元，其中收缴财政资金21万元，减少财政拨款27万元；查出管理不规范资金352万元。提出合理化审计建议35条。

2008年，完成审计项目48项，查出违规资金262万元，其中应缴财政资金216万元，已缴62万元；查出管理不规范资金1975万元，归还原渠道资金1150万元。移送检察机关案件1件，处理2人，向县纪委提出建议处理1人。提出合理化审计建议83条。

2009年，完成审计项目53项，查出违规资金264万元，其中收缴财政资金123万元；查出管理不规范资金112万元，归还原渠道资金141万元。提出合理化审计建议86条。

2010年，完成审计项目66项，查出违规资金127.4万元，其中收缴财政资金127.4万元；查出管理不规范资金124万元。移送检察机关案件1件，处理1人。提出合理化建议56条，为严肃财经纪律，维护经济秩序，促进改革开放和经济健康发展发挥了积极作用。2010年，首次向社会公告审计结果11项，增强了审计的透明度。

【财政预算执行审计】 以确保财政资金安全运行、促进提高财政资金使用效益为重点，以规范预算管理和建立健全公共财政体制为目标，按法定程序每年对县地方财政预算执行情况及其他财政收支情况、税收征管情况进行了审计，并延伸审计了公安局、农业局、经济和商务局等财政预算执行组成部门，对先锋镇、河口镇、凤合镇等乡镇的财政决算进行了审计。通过审计，促进了预算管理单位和部门加强财政资金管理，确保财政资金安全有效使用，规范了财政预算执行管理工作。针对存在问题提出的合理化审计建议得到了积极的落实整改。

【专项资金审计】 2007年，完成专项资金审计16项。2008年，完成12项。2009年，完成22项，查出违规资金119万元，应缴财政105万元，归还原渠道资金14万元。2010年，完成18项，查出违规资金31.7万元，管理不规范资金118万元。通过审计，揭示了专项资金在归集、管理和使用中存在的问题，并针对性地提出了审计意见和建议，促进被审计单位进一步完善制度，规范管理，防范风险，确保资金安全运作，做到专款专用。

【经济责任审计】 以进一步深化经济责任审计，提高经济责任审计工作的质量，促进廉政建设，为县委正确评价和使用干部提供参考依据为目标。按照县领导干部经济责任审计领导小组的安排，2007年，完成9名党政领导干部任期经济责任审计，完成了8名企业改制负责人经济责任审计的扫尾工作。2008年，完成28项，查出违规资金210万元，管理不规范资金701万元，移送检察机关案件1件，处理2人，向县纪委提出建议处理1人。2009年，完成15项，查出违规资金144万元，管理不规范资金112万元。2010年，完成14项，查出违规资金55万元，管理不规范124万元，移送检察机关案件1件，处理1人。通过审计，加强了对权力运行的制约和监督，为促进领导干部廉政建设发挥了积极作用，增强了领导干部财经法规意识和经济责任意识，同时也规范了被审计单位的财务管理，提高了资金的使用效益。

【政府投资审计】 2010年，聘请中介机构完成政府投资审计53项，项目造价总送审金额6.17亿元，审定金额5.72亿元，审减金额2473.05万元。其中18项为前移审计关口进行拦标价审核，审减工程投资382.01万元，35项为项目完成后的竣工结算审计，审减工程投资2091.04万元。通过对工程项目拦标价的审计，对公平、公正、公开的招标奠定了基础，对工程项目竣工结算审计，为县财政及相关建设单位节省了大量的资金投入。真正做到了从源头上把关，从过程中监控，从结果中促廉。

【党风廉政建设】 局党组对党风廉政建设进行统一部署，始终把廉政建设作为审计工作的“生命线”和“高压线”，以严格执行新的审计“八不准”规定为抓手，严格要求，严格管理，强化监督，强化廉政教育，提高审计队伍的战斗力和凝聚力。审计人员的依法行政、依法从审、廉政意识进一步增强，保持了审计机关廉洁从审，洁身自好的形象。

【精神文明建设】 加强机关精神文明建设。通过全局干部职工的共同努力，2007年，被县委、县政府评为“文明单位”、“平安单位”、“寻甸县爱国卫生单位”，被县妇联评为“巾帼文明岗”。2008年，被市政府评为“文明单位”、“昆明市爱国卫生先进单位”。2009年，被县政府评为“园林单位”。2010年，被省委、省政府评为“文明行业”、被市审计局评为“审计系统文明创建先进单位”。

【干部队伍建设】 通过鼓励干部职工不断进修，提高学历层次，开展多渠道、多形式和多层次的干部培训工作。2007年，选派1人参加了为期3个月的预算员资格培训考试。2008年，选派1人参加了为期3个月的预算员资格培训考试。2009年，选派1人参加省审计厅组织的中级计算机技术培训。2010年，选派2人参加省审计厅组织的中级计算机技术培训。组织审计人员参加了为期15天的“金审工程”现场审计实施系统应用培训，50岁以下人员全部考试合格，为计算机辅助审计奠定了坚实的基础，达到了学以致用，提高审计人员应用能力的目的，有效的提高了干部队伍的整体素质。2010年，全局有干部职工15人(其中30岁以下2人、30至40岁2人、40岁以上11人)；本科7人、专科6人、高中2人；中级职称2人、初级职称6人；中共党员8人。人员结构基本合理，整体素质能够适应审计工作的需要。

【扶贫帮扶】 组织党员干部结对帮扶，2007年，党员结对捐款800元，补助“三栽一种”工作经费2000元，出资1700元为挂钩村群众购买了农村新型合作医疗保险。2008年，党员结对捐款2000元，补助工作经费3000元，安装变压器支出4万元。2009年，党员结对捐款2000元，补助工作经费1万元。2010年，给山区缺水的自然村送瓶装水300箱，动员干部职工和党员两次捐款共1.21万元，为挂钩村委会安装太阳能及生活设施共支出2万元。

【领导名录】

党组书记、局长：马留安(2007.09至今)

党组书记、副局长：杨正平(2002.09副局长至今，2007.09党组书记至今)

总审计师：刘德富(2007.12至今)

(撰稿人：白丽仙)

农林水利

编辑：李巧梅

农　业

【概况】 寻甸县的农业生产工作，始终坚持以“三化”化、带、服务“三农”的思路，围绕打造“四个中心”、构建“两大平台”、推进“4210”工程建设，把促进粮食增产、农民增收、农业增效作为首要任务，在寻甸县自然灾害频繁的条件下，“十一五”期间农业生产保持良好发展势头，农民人均纯收入持续增加。2010 年，全县实现农业总产值 20.33 亿元，比 2006 年增 8.55 亿元，增 72.65%；实现农业增加值 11.6 亿元，比 2006 年增 4.91 亿元，增 73.42%；农民人均纯收入达 3497 元，比 2006 年增 1401 元，增 66.84%，全县农业农村经济取得长足发展。

【粮食生产】 2007 年，全县农作物播种面积 115.3 万亩，粮食作物播种面积 78.5 万亩，实现粮食总产 19.26 万吨。小春粮食作物播种 29.19 万亩，产量 4.51 万吨；大春粮食作物播种 49.39 万亩，产量 14.75 万吨。

2008 年，全县农作物播种面积 122.55 万亩，粮食作物播种面积 83.95 万亩，实现粮食总产 19.52 万吨。小春粮食作物播种 29.43 万亩，产量 3.43 万吨；大春粮食作物播种 54.52 万亩，产量 16.09 万吨。

2009 年，全县农作物播种面积 123.91 万亩，粮食作物播种面积 84.06 万亩，实现粮食总产 19.81 万吨。小春粮食作物播种 29.46 万亩，产量 3.08 万吨；大春粮食作物播种 54.6 万亩，产量 16.73 万吨。

2010 年，全县农作物播种面积 120.06 万亩，粮食作物播种面积 83.54 万亩，实现粮食总产 19.57 万吨，占市下达目标任务的 107.5%，比 2006 年增 0.62 万吨，增 3.27%。其中：小春粮食作物播种 29.56 万亩，产量 2.11 万吨；大春粮食作物播种 53.98 万亩，产量 17.46 万吨。

【良种工程】 结合粮食良种补贴，大力推广良种工程，水稻、玉米等主要粮食作物良种覆盖率达 95% 以上，杂交玉米包衣率、统供率达 100%。2010 年，全县实施优质粮食工程 54.97 万亩，其中优质稻 6.95 万亩，优质玉米 6.2 万亩，优质脱毒马铃薯 19.5 万亩，优质大麦 8.2 万亩，优质小麦 4 万亩，优质豆类及小杂粮 10.12 万亩。

【农田建设】 2007—2010 年，完成建设面积 5.59 万亩，共投资 5009.95 万元。2007 ~ 2009 年，投资 230 万元实施高稳产农田建设 8500 亩。其中，2007 年在凤合实施 5000 亩，投资 100 万元；2008 年在塘子、功山实施 2000 亩，投资 85 万元；2009 年在柯渡实施 1500 亩，投资 45 万元。2008—2009 年，投资 399.95 万元，实施退耕还林基本口粮田建设 3600 亩。其中，2008 年在凤合镇实施 1800 亩，投资 111.95 万元；2009 年在联合乡实施 1800 亩，投资 288 万元。2010 年，投资 4380 万元，

2010 年农业局在仁德镇实施的中低产田改造工程

实施羊街镇和仁德镇中低产田地改造4.38万亩。

【农作物科技示范推广】 2007—2010年累计完成试验131组，举办各类示范样板1.32万亩，拥有马铃薯种质资源上百个，水稻新品种40余个。2007年，全县推广完成小麦6.5万亩，大麦11万亩，蚕豆4.5万亩，小春马铃薯4万亩，水稻12.5万亩，玉米11万亩，大春马铃薯14.5万亩，食用豆4.5万亩，夏播油菜2.4万亩。2008年，全县推广完成小麦7.6万亩，大麦8.5万亩，蚕豆4.8万亩，小春马铃薯4.5万亩，水稻12.5万亩，玉米11万亩，大春马铃薯16万亩，食用豆4.5万亩，夏播油菜5.1万亩。2009年，全县推广完成小麦6.5万亩，大麦11万亩，蚕豆4.5万亩，小春马铃薯5万亩，水稻12.5万亩，玉米11万亩，大春马铃薯15万亩，食用豆4万亩，夏播油菜2.4万亩。2010年，全县推广完成小麦6.61万亩，大麦10.86万亩，蚕豆4.54万亩，小春马铃薯5.24万亩，水稻10.93万亩，玉米14.48万亩，马铃薯15.5万亩，食用豆4.08万亩，夏播油菜2.4万亩。

【蚕桑产业】 2006年，引进云南凌卓茧丝绸有限责任公司、昆明鸿运玖玖茧丝绸有限责任公司两家企业，大力发展寻甸县蚕桑产业，至2010年，全县桑园面积达1.51万亩，蚕种、良桑覆盖率均达到100%。2007年，栽桑2500亩，养蚕200张，产茧6700千克，产值13万元。2008年，栽桑8520亩，养蚕650张，产茧2.15万千克，产值42.9万元。2009年，栽桑4109亩，养蚕980张，产茧3.23万千克，产值103.5万元。2010年，养蚕1200张，产茧3.96万千克，产值138.6万元。

【杂交稻种子生产及马铃薯种薯快繁】 2007—2008年，在金源滇型杂交稻种子生产获得成功，单产达200千克以上。2007年，马铃薯试管脱毒苗大田扦插技术推广获得成功，技术成熟，使种薯快繁速度进一步加快，成本进一步降低。2008年在塘子小春马铃薯稻草覆盖全程免耕栽培技术示范获得成功，可在坝区推广。

【蓝莓产业】 2006—2007年，引进特色新兴产业蓝莓在仁德、河口、七星等乡（镇）种植217.7亩，品种13个，2009年已开始挂果。

【科技推广项目】 截止2009年农业部实施的马铃薯科技入户项目，建立10个基地，培养100名技术指导员，培育1000户科技示范户，辐射带动2万户农户，初步形成"良种良法直接到田，技术要领直接到人"的农技推广新模式。2009—2010年，实施农业部农技推广示范县建设项目，建立了10个基地，培养了100名技术指导员，培育了1000户科技示范户，辐射带动2万户农户，涉及马铃薯、水稻、蚕桑、生猪、玉米五个产业。2009—2010年共完成14片粮油高产创建。其中，2009年马铃薯2片；2010年马铃薯4片，水稻3片，玉米2片，食用豆1片，油菜2片。

【农业综合开发项目】 2007—2010年，实施农业综合开发项目，投资628万元，实施工程涉及优质稻基地建设、优质马铃薯基地建设、杂交稻示范推广等，2007年在塘子、金所等乡（镇）实施，2008年在倘甸、六哨、功山等乡（镇）实施，2009年在塘子、金源、联合等乡（镇）实施，2010年在七星、塘子、六哨、金源等乡（镇）实施。通过农业综合开发项目，使农业基础设施得到加强。全县形成了一批优质农产品基地：以六哨、甸沙、仁德、联合为主的优质马铃薯种薯、原料薯基地；在倘甸、凤仪形成了有规模、有品牌的优质小春马铃薯基地；在六哨、仁德、先锋、甸沙、倘甸、联合、功山、凤仪形成了优质油料产业带；在仁德、七星、柯渡、金源形成了优质稻产业带。

【马铃薯产业】 2007年，在三月三建成组培室500平方米，冷库800平方米，贮藏室500平方米，标准网室7000平方米，年快繁试管苗能力200万苗，原原种生产能力300万粒。2010年在六哨新建设贮藏库1350平方米，晾晒棚500平方米，标准网室7000平方米，年快繁原原种300万粒，2011年投入使用。2010年在高海拔六哨、甸沙、联合等乡（镇）建立脱毒马铃薯良繁基地1.8万亩，其中原种繁殖基地500亩，一级种繁殖基地4500亩，二级种繁殖基地1.3万亩，年繁殖各级合格种薯4万吨。全县初步形成了引、繁、推、加、销，"基地+农户+科技+公司企业+市场"为一体的马铃薯生产、流通体系。寻甸于2010年被云南省列为全省优质马铃薯种薯基地县和优质加工型马铃薯原料薯基地县。

【测土配方施肥项目】 2005年，寻甸县被农业部列为全国200个、云南省2个测土配方施肥项目试点县之一。2007—2010年，完成测土配方施肥推广普及352.43万亩，其中2007—2009年，每年完成80万亩，2010年推广普及112.43万亩。中央投资130万元（2007年50万元、2008年30万元、2009年30万元、2010年20万元），对全县10个土类、15个亚类、36个土属、72个土种进行有代表性的布点，取土分析化验1300个，检测项目1.3万项次，制定施肥配方21个；加大宣传、培训力度，张贴墙体广告6600条，发放施肥建议卡及技术宣传挂图12.5万份，建设中心示范样板8万亩，每年2万亩；实施"3414"试验23组，校正试验31组，观测点48个，同田对比测产458个。2009—2010年在清水海水源区推广测土配方施肥9.98万亩，玉米2.4万亩，油菜4.22万亩，荞子3.36万亩，占计划8.23万亩的121.2%，总投资720万元。项目区涉及仁德（金所片）、甸沙、六哨、先锋4个乡（镇）的17个村委会129个自然村，覆盖农户8612户，人口35692人。其中2009年完成4.92万亩，2010年完成5.06万亩。按照项目要求85%经费用于配方肥补贴，15%用于技术推广工作，共推广发放配方肥3733.26吨，补贴尿素832.54吨。共采集土样400个，分析化验4000项次，研制配方4个，发放配方卡4.31万份指导施肥，加大宣传力度，发放宣传杯子700个、宣传挂图2.1万份、印制测土配方施肥手册5000份。建立土壤养分长期监测点30个，培训农户1.41万人次。通过开展测土配方施肥技术，改善了农业生态环境，切实控制化肥施用量，提高肥料利用率，降低了农业生产成本，减少了化肥流失和污染。

【全国第一次污染源普查工作】 2007年，农业局成立污染源普查工作领导小组，选拔培训普查指导员8名，普查员86名。2008年3月开始普查，全县共普查了1476户，其中，种植业污染源1004户，畜禽养殖业污染源375户（养殖场3户、养殖户372户），水产养殖业污染源97户，圆满完成了全国第一次污染源普查的数据录入工作，于2007年顺利通过了省、市业务部门的检查验收。2009—2010年进行了两次数据更新

【植保工作】 2007年，农业部批准寻甸县建立"农业有害生物预警与控制区域站建设项目"，总投入资金383万元。

2010年，组建植保专业化机防队3个，提高了对病虫害的统防统治能力。2007-2010年，实施防治农作物病、虫、草、鼠害371.88万亩次，挽回粮食损失2.82万吨，农民增加收入4706.99万元；开展农作物种子产地检疫4.19万亩，调运检疫2411吨，花卉检疫1.46万盆，印发资料4000余份。四年来各级投入农作物重大病、虫、草、鼠害防控资金(含物资)合计350余万元，为全县农业生产可持续发展，搞好植保工作奠定了良好的基础。

【生态农业建设】 2007-2010年，完成新农药、植保新技术试验48组，示范推广16万亩，平均亩增产粮食34.3千克，合计增产粮食548.8万千克，农民增值1164.1万元。2008—2010年，完成示范推广水稻精确定量栽培技术6055亩，其中2008年90亩，2009年9650亩，2010年5万亩，平均亩增粮食53.26千克，合计增产粮食322.43万千克；农民增值644.96万元，节约生产成本997.18万元。2009—2010年实施绿色防控性锈剂示范技术1400亩，每亩降低成本15元，合计降低成本2.1万元；实施小麦混播控制条锈病的示范2440亩，带动辐射推广8.24万亩。2008—2010年，结合稻鸭共养生物防控项目，共养鸭1.42万只，防控虫害面积3700亩。2007—2010年举办农民田间学校12个班，培训学员415人；实施IPM示范村，引导示范村农民走高效、生态、节本、增效的农业生产发展模式。

【蔬菜、花卉】 蔬菜主要品种有大白菜、西兰花、生菜、辣椒、青笋、瓜等30多个。2007年全县蔬菜播种面积4.32万亩，同比增25.9%；蔬菜总产量8.21万吨，同比增81.1%；蔬菜总产值4926.72万元，同比增11.2%。2008年全县蔬菜播种4.51万亩，同比增4.26%；蔬菜总产量9.76万吨，同比增18%；蔬菜总产值计划6000万元，同比增21.8%。2009全县蔬菜播种面积7.26万亩，同比增61.15%；蔬菜总产量12.03万吨，同比增23.3%；蔬菜总产值1.38亿元。2010年全县蔬菜播种面积7.71万亩，同比增6.2%；蔬菜总产量15.67万吨，同比增30.2%；蔬菜总产值2.87亿元，同比增107.1%。

花卉主要品种有康乃馨、百合、蝴蝶兰、马蹄莲、玫瑰等。2007年全县花卉种植面积871亩，同比增20.7%；产量2074.8万(枝、盆、个)，同比增80.7%；产值4194.2万元，同比增14.4%。2008年全县种植花卉2164亩，同比增148%；产量4079.26万枝(盆、粒、千克)，同比增96.6%；实现总产值7875.95万元，同比增87.8%。2009年全县花卉园艺种植5055.5亩，同比增133.6%；产量9267.1万株，同比增127%；产值1.05亿元，同比增33.3%。2010年全县花卉园林绿化苗木种植面积8626.65亩，同比增70.6%；鲜切花产量3580万枝，总产值1.94亿元。

【渔业】 2007年，全县完成渔业养殖面积1.64万亩，产量4160吨，产值5261万元，其中，特种水产冷水性鲑鳟鱼养殖17亩，产量190吨，产值760万元；完成4011亩无公害水产品产地、产品认证；完成县境内牛栏江水系野生鱼资源调查，经中国科学院动物研究所专家鉴定，县境内野生鱼共3个目、8个科、21属、23种(包括土著鱼13个种，引入种10个种)。加大水产品质量安全整治力度，多次对寻甸县仁德、羊街、金所、塘子、功山等水产养殖重点乡镇的养殖场地、水产品销售市场及水生动物药品、饲料经营场所进行抽样检查，发放宣传资料，签订质量承诺书，一共发放资料412份，签订质量承诺书144份，配合市级部门完成水产品抽样检测三次，抽样数8个，检测40项(次)。筹建县渔业养殖协会，协会注册了"寻清水海鱼"品牌。共举办培训班1期，受训人员350人次。

2008年，全县完成渔业养殖面积1.64万亩，其中，池坝塘养鱼7800亩，水库养鱼6000亩，河沟养鱼1200亩，单产80千克，稻田养鱼1302亩，特种水产养殖98亩(鳟鱼流水养殖21亩)；完成渔业产量4500吨，产值5700万元。引进"南方大口鲶"及观赏鱼试验示范养殖；承办昆明市2008年牛栏江增殖放流活动，放流"滇池高背脊"鲫鱼夏花鱼种34万尾；推广稻田养鱼示范样板152亩；加大水产品质量安全整治力度，随机抽取水产品样品19个，省级检测部门精准检测氯霉素、孔雀石绿、硝基呋喃三项，均未检测出合格；完成渔业污染源普查工作；推广无公害健康养殖技术5056亩；共举办培训班2期，受训人员250人次。

2009年，全县完成渔业养殖面积1.66万亩，其中，池坝塘养鱼7950亩，水库养鱼6000亩，河沟养鱼1200亩，稻田养鱼1302亩，其它(特色水产)养殖98亩，完成渔业产量5150吨，产值5539万元；完成粗唇鮠、白缘鉠人工驯化养殖试验；推广无公害健康养殖技术面积5056亩；完成稻田养鱼170亩；引进水产龙头企业，完成大河桥农业局基地整体承包；完成无公害健康养殖技术培训会二期310人(次)。在全县范围内进行违法添加非食用物质和滥用食品添加剂专项整治，对全县养殖区域28家单位进行整治，重点整治单位有水产养殖基地及养殖企业、饲料生产企业、水生动物药品饲料经营店等11家单位，重点整治产品有鱼药、饲料、饲料添加剂、鱼产品4种；发放《水产品无公害养殖技术》技术资料450份，完成养殖记录230份，与渔药饲料经营店、水产养殖户签订承质量诺书28份。

2010年，全县完成渔业养殖面积1.63万亩，其中，池坝塘养鱼7913.3亩，水库养鱼5900亩，河沟养鱼1200亩，稻田养鱼1200亩，鲑鳟鱼流水养殖38亩。完成渔业产量5000吨，产值5480万元(其中鳟鱼产量309吨，产值1545万元)，占农业产值的6.0%，比2006年产量增20.2%，产值增4.16%。

【生物资源开发】 2007年，围绕生物创新高技术产业，经过深入调研，共筛选科技含量高、产业带动力强的4个生物资源开发创新项目上报省市争取立项扶持，获扶持资金60万元，"寻甸县板栗精深加工及新产品开发项目"和"寻甸以丹参、板蓝根为主的中药材原料种植基地建设项目"分别获得30万元的扶持。2007—2010年，全县共发展生物产业基地2.04万亩。2007年，在塘子团结、钟灵、易隆等8个村委会种植丹参2500亩，在河口乡海嘎、十甲、米德卡、糯基4个村委会种植板兰根2500亩。2008年，在河口乡种植板蓝根2500亩，在塘子镇种植丹参2500亩，举办中药材技术培训16期培训1600人次。2009年在塘子、河口、凤仪等五个乡(镇)的19个村委会种植以丹参、板蓝根为主的中药材5300亩。2010年，在仁德镇种植丹参2500亩，在河口种植板蓝根种植2500亩，在凤仪乡合理村委会种植黄芩80亩。

【农产品质量安全检测】 2007年全县4个检测站点共抽检25个蔬菜品种838个样品，合格率99.9%。2008年全县4个检测站点共抽检26个蔬菜品种2650个样品，合格率99.9%。2009年全县2个检测站点共抽检27个蔬菜品种2677个样品，合格率99.9%。2010年，全县农业局蔬菜花卉管理站蔬菜农残快速检测室、羊街镇农业科蔬菜农残快速检测站对辖区内蔬菜基地和仁德集贸市场共抽检25个蔬菜品种3122个样品，合格率99.8％。样品数比2007年、2008年、2009年分别增272.6%、17.8%、16.7%。抽检的主要品种是叶菜类、茄果类、瓜果类及豆类。

【农产品质量安全认证】 2007—2010年“三品”累计认证产品23个，其中无公害农产品13个、绿色食品8个、有机转换产品2个。规模6.96万亩，其中种植业6.55万亩、渔业4045亩，养殖业4.3万(头、羽)，年销售量9.07万吨，年销售收入7463万元。

【农业综合执法】 2007年，组织展板宣传3次，发放宣传资料1.97万份，悬挂宣传标语1条，公布了禁用的甲胺磷、对硫磷、甲基对硫磷、久效磷、磷胺、氧化乐果等高毒高残留农药7种、高毒高残留农药的混配剂119种和鱼药30种。出动执法人员320人(次)，车辆57台(次)，对农药、鱼药、鱼饲料、种子、肥料等农业投入品市场和渔业养殖户、禁渔区进行了专项检查，检查乡(村)集贸市场37个，农药经营户166户、种子经营户129户、化肥经营户115户、农膜经营户65户、鱼药、鱼饲料兼营店铺9个、渔政管理监督检查14次，没收了国家禁用的“甲胺磷”、“氧化乐果”、“克百威”等高毒高残留农药3个品种36千克，过期变质、无标签或标签残缺不清的农药9个品种19.5千克，无证经营的鼠药1.3千克，散装玉米种子31千克；查处在牛栏江寻甸地段非法捕捞人员7人，船只2条。规范农药经营手续和渔业养殖行为，办理《昆明市农药经营许可证》38个。检查了鱼饲料品种6个，鱼药品种17个，未发现销售违禁药物和饲料的行为。

2008年，办理《昆明市农药经营许可证》12个，组织展板宣传3次，发放宣传资料1.9万份，悬挂宣传标语1条。出动执法人员156人(次)，车辆52台(次)，与50家农药经营户签订了《合法经营农药保证书》，清理辖内农资经营市场19个，经营门市和摊点267个(次)。检查玉米种子51个品种(品牌)190余吨，水稻种子14个品种20余吨，农药65个品种30余吨，化肥6个品种9000余吨，农膜2个品牌10余吨。没收高毒高残留农药56.77千克，过期变质农药397瓶(袋)，劣质和未包装玉米种子340千克，收缴电捕鱼器6台。

2009年，办理《昆明市农药经营许可证》12个，共出动执法人员420人(次)。印发宣传资料1.8万份，与62经营户签订了《合法经营农药保证书》，清理辖内农资经营市场79个，经营门市和摊点314个(次)。查获过期变质农药137瓶(袋)50千克，劣质和未包装玉米种子49千克。渔政执法巡逻检查34次，突击检查5次，共接到群众举报5起，出动人员168人次，收缴电捕鱼器5台，大小渔网10张，宣传教育32人。

2010年，共出动执法人员946人(次)，印发宣传资料2.6万份。审批办理《寻甸县农药经营许可证》16个、《渔业滩涂养殖证》8个；处理群众来访、咨询案件5件；签订《合法经营农药保证书》65份，清理辖内农资经营市场79个，经营门市和摊点534个(次)；抽检农药产品25个，查获过期变质农药90瓶(袋)，不合格及过期兽药234盒(袋)，查获劣质和未包装玉米种子1847千克；9月21日组织举行了《寻甸县渔业资源保护实施方案》听证会；渔政执法巡逻检查34次，突击检查5次，共接到群众举报5起，收缴电捕鱼器5台，大小渔网25张，宣传教育32人；组织参加各类宣传活动6次，组织培训执法人员2次、《农药经营上岗证》25人，组织实施农村农田灭鼠4次；下发各类相关工作文件、通知8个，制定各类工作方案8个，报送相关工作材料及信息20份，发布公告5个，农产品质量安全工作通过了市、县级的目标考核。

【农村经济管理】 2007—2010年，继续落实各级减轻农民负担政策，加大宣传力度。继续推行和完善农民负担监督管理“五项制度”，涉及农民负担收费文件“审核制”；涉农价格和收费“公示制”；农村公费订阅报刊费用“限额制”；财务公开及农民负担“监督卡”制度；违反农民负担案(事)件“责任追究制”等，及时化解涉农负担来电来访5件；2009—2010年配合财政部门做好村内公益事业建设“一事一议”筹资筹劳政策；2009年以“蚕桑种养殖示范基地建设”、“甜柿示范园建设”和“村级农资门市部建设”为动力，努力发展壮大农村集体经济实力，积极探索解决“空壳村”新机制；认真落实反哺农业政策。2010年配合相关部门，按照国家规定，一个操作规程，积极主动落实反哺农业政策，完成了农业补贴资金4924万元。

【农村集体资产管理会计委托代理服务】 自2009年开始，按照省、市、县的要求，全面推行农村集体资产管理会计委托代理服务，至2010年底，全县已签订委托代理协议1109个，其中，村委会174个，村组935个；办理财务移交手续的783个，其中，村委会174个，村民小组609个；代管资金总额8996.3万元，其中：村委会4898万元，村民小组4098.3万元。认真开展电算化工作，已使用信息管理系统对农村报账员进行管理的有4个乡(镇)，实行会计电算化的委托代理服务机构有4个。

【农村土地承包经营权流转工作】 继续做好农村土地承包合同及权证的补发、换发、备案、登记等日常管理工作，努力指导好农村土地承包经营权流转工作，截止2010年底，全县农村土地承包经营权流转面积达9.15万亩，流转件数1.67万件，流转金额达4350.9万元，其中：转包面积2.08万亩，出租面积3.8万亩，互换面积1.59亩，转让面积1410亩，入股面积1.21万亩，其它方式流转3328亩。

【农业教育培训】 2007—2008年，完成省级、部级新型农民培训，培育“核心农民”4000人，辐射带动了4万多户，推广了新品种35个，新技术16项次，新建农民科技书屋20个。2008年完成15个乡(镇)的劳动力转移引导性培训2567人，完成动物疫病防治的职业技能鉴定58人，农业部和中央校进行了全国县级农业广播电视学校办学水平评估，被评估为B级。2007—2010年，共完成中专招生84人，办理中专毕业证48人，与中国农业大学联合办学，招生32人，办理专本科毕业证90人，现有在校学生81人。其中，中专64人，专本科17人；完成“绿色证书”培训5518人，发放“绿证”2166人。2009年完成基层推广人员培训318人。

【农业宣传】 2007年上报“三农”信息200条，培训农业信息员12人。2008年上报“三农”信息317条，培训农业信息员23人。2009年上报“三农”信息412条，培训农业信息员31人。2010年共撰写农业生产、落实支农惠农政策、生物产业、农业基础设施建设、农村经济发展的农情信息526条，整理、上报和发布526条，共向昆明市农业局办公室上报信息526条，向昆明市农业局市场信息处上报信息526条，上级采用信息总量140条；培训农业信息员40

人，全面实现农情信息收集、整理、上报和发布规范化、网络化。

【"数字乡村"工程】 2007年8月，按照省、市"数字乡村"工程建设工作会议精神，历时4个多月，完成采集、编辑、录入和上传全县16个乡(镇)、174个(居)委会和1623个自然村的文字、数据报表、图片共1812份，图片采集量23.87万张，上传16个乡(镇)、173个村委会、1623个自然村的视频制作、设备配置全部就位，新置计算机37台，打印机18台，数码相机21台，数码摄像机17台，其它设备18台(套)。累计投入人力3146人，车辆435辆，电脑63台，照相机154台，摄像机19台。2008—2010年底，"数字乡村"工程共完成乡(镇)、村级、自然村三级数据报表更新4521套，文本信息更新2.32万条，图片信息更新1.83万张，视频信息更新125个。

【农业产业化】 2007年，向市产调办申报批准农业产业化20强乡(镇)3个、特色产业基地100强村10个、龙头企业50强1个、合作经济组织50佳7个、1000名规模经营大户95户。积极争取省市扶持，不断推进寻甸农业产业化发展。2007年市级扶持资金100万元，1个农业产业化经营项目，7户龙头企业，4个协会得到扶持。2008年，市级扶持奖励资金76万元，14家企业认定为市级龙头企业(其中有9户龙头企业各扶持5万元，其余6个企业授予"市级龙头企业称号"，扶持产业化经营项目1个，扶持20万元，绿色认证1户，奖励5万元，无公害认证3户，奖励6万元)。2009年13个企业列为市级龙头企业。2010年16个企业列为市级龙头企业。

【农业产业化经济】 2009年农产品外销39.4亿元，农业产业化经济合作，组织年销售收入1.37亿元。2010年，农产品外销4.78亿元，比2009年增21%；农业产业化经济合作组织年销售收入1.69亿元，比2009年增23%；农产品加工产值完成4.23亿元，超额完成0.5%；13个市级龙头企业，实现销售收入1.31亿元，上缴税金822.52万元，从业人数1639人，带动农户2万户。其中规模以上龙头企业4户，实现销售收入8027.3万元，上缴税金317.9万元，从业人数达到809人。

【科技示范园】 县农业科技示范园2009年启动，2010被昆明市人民政府列为首批市级重点扶持的8个农业园区之一，同时列为云南农业大学现代教育科研基地、云南省昆明市都市型现代农业教育科研基地、国家级小麦、油菜夏繁基地、石林台湾农民创业园寻甸园区，园区规划面积3万亩，采用"一园多区"的基本模式，结合地理区位、土地利用规划，园区功能定位为："一心、一环、两轴、九大主题区"。"一心"，即农大教育科研基地为核心；"一环"，即利用园区主干道形成环园区交通带；"两轴"，即与城市绿带连接的科技主轴，老牛栏江以及周边绿化带形成的生态绿轴。"九大主题区"，即建立精品农业展示区、农业生产示范区、农业生产推广区、渔业养殖区、农产加工区、农业观光休闲区、仓储物流区、蓝莓种植基地、生态绿地。

2010年，委托台湾大昱公司完成3万亩园区概念性规划，云南泛亚工程设计院完成云南农业大学403亩科教基地规划建筑设计方案和可行性研究报告；完成云南农业大学403亩科教基地的环评；完成投资5926万元，其中，中低产田改造完成投资2580万元，农大科教基地完成投资2300万元；招商引资实际到位资金1046万元，占计划目标任务5000万元的118.5%，年度考核在全市8个农业园区中位列第五。

【招商引资】 2008年，落地开工的项目13个，协议总投资4.23亿元，累计到位资金1.31亿元。2009年，落地新开工的市外项目有4个，协议总投资1550万元，到位市外资金1344.61万元，上报县考核办资金完成数1344.61万元，达成投资意向项目2个，总投资6000万元。2010年上报县考核办11个项目，协议总投资7833万元，上报资金完成数4227.73万元，其中市内资金625.68万元、市外资金3602.05万元。经县考核办初步4475.31万元，占目标4000万元的112%。其中市内724.92万元，占目标800万元的90.6%；市外3750.39万元，占目标3200万元的117.2%。

【农业博览会参展】 2007－2010年，组织参与昆明国际农业博览会成绩显著。2007年24个展位，参展的类别分农副产品、茶叶、餐具、水果及农业科技展示，参展企业实现销售收入8.41万元；签订购销合同协议6项，合同成交额92.5万元；签订招商引资项目2个，协议总投资5200万元。

2008年23个展位，农口6个部门(1个政府形象展)、18个企业参展。完成招商签约项目3个，协议投资1.8亿元。县仁德食品有限公司的光明牌板栗获银奖，县沃特农业科技有限公司的有机大米和倘甸福兴绿色农业科技有限公司选送的大白芸豆分别获优质产品奖。本届参展的产品共152个，其中农产品类46个，花卉、林木类30个、茶果类37个，水果、蔬菜类29个、畜产品9个、有机肥料产品1个。

2009年20个展位，17个龙头企业参展，参展的农特产品共144种。《昆明新闻》的记者到寻甸展台进行了采访，寻甸最具特色的展台和大量的农特展品于9月21日晚在《昆明新闻》播出。农博会期间，县直有关单位，各乡(镇)组织干部群众共1210人到会观摩学习，30人先后参加了昆明都市型现代农业发展论坛、农业产业化论坛、昆明都市型现代农业资源利用与生态安全论坛，打造昆明"亚洲花都"与农业产业化论坛，云南昆明石林台湾农民创业园发展论坛共四个论坛。

2010年24个展位，1个单位、20家企业(专业合作社)参展。参展产品分10个类别79个品种。

【种子管理】 2007年，种子的生产经营和管理向种子管理的职能转变。2008年，子种部门全体干部通过培训考试获得执法证，取得上岗资格。种子经营者进行上岗证培训及考试，取得上岗证129人。2008年加强市场培育，建立了种子经营备案制度。年内引进了金耕种业有限责任公司和靖丰种业寻甸分公司落户寻甸，带动市场良性发展。每年在种子销售旺季，对全县辖区内的种子经销商进行监督检查，每年投入经费3万余元，出动120人次。2009—2010年共查处种子案件11起，没收假冒伪劣种子5000千克。其中，2009年查处种子案件7起，没收假冒伪劣种子220千克；2010年查处种子案件4起，没收假冒伪劣种子4000千克。

2007—2010年，共引进杂交稻及常规稻新品种46个，每年完成杂交玉米市区域性试验二组，每组品种12个，四年共引进玉米新品种120多个；杂交玉米制种共完成1.5万亩，收储种子442.5万千克，实现产值2093.6万元，基地农户每亩增收400元以上，调整了农业产业结构的同时保障了种子市场供给。

积极做好种子储备工作。2007年储备23.8万千克，其中大麦"V43"23

万千克，小麦“云麦42”8000千克。2008年储备30万千克，其中大麦“V43”20万千克，荞麦9.4万千克，蚕豆6000千克。2009年储备12.6万千克，其中大麦“V43”和“S-4”9.6万千克，蚕豆1万千克。2010年储备34.4万千克，其中大麦“V43”和“S-4”17.9万千克，荞麦16.5万千克。

【机耕道绿化】 2008—2010年，完成机耕道绿化46.64千米，绿化面积达341.99亩。其中：2008年在仁德（塘子片）、七星、先锋镇完成13.39千米，绿化面积80.34亩；2009年在仁德、河口、金所、羊街、甸沙、六哨6个乡（镇）完成31.25千米，绿化面积248.15亩；2010年在鸡街镇完成2千米，绿化面积13.5亩。

【表彰奖励】 2008年县农业局被农业部评为“全国粮食生产先进县”。2009年被省农业厅表彰为云南省“数字乡村”工程建设先进集体。2010年寻甸县被云南省人民政府表彰为“农民增收工作先进单位”、县农业局被中共昆明市委、市人民政府表彰为昆明市“十一五”扶贫开发工作先进集体，被市农业局评为2010年度昆明市农业系统先进集体；植保植检站2006-2007年度被省农业厅表彰为植保植检工作先进集体，2010年被市农业局表彰为全市农业系统科技成果先进集体。

【领导名录】

局　长：李学枝（2003.03-2007.07）
　　　　卯应征（2007.07-）
党总支书记：胡英俊（2010.07）
党委书记：卯应征（2010.07-）
党委副书记：马希贤（2010.2—）
副局长：保德高（1993.08-2007）
　　　　徐显科（1991.08-2007.11）
　　　　胡英俊（—2010.07）
　　　　赵正喜（2010.7—）
　　　　陈鸿庆（2010.7—）
　　　　吴玉礼（2010.7—）
　　　　肖天慧（2010.7—）
　　　　滕龙斌（2007.11—）
　　　　张才斌（2007.11—）
　　　　腾朝龙（2007.11-2010.06）

（撰稿人：桂宝林、马龙海）

林　业

【县林业局】 县林业局成立于1978年，现下设14个科（室）、站、局。其中行政科（室）有：局办公室、营林绿化科、审计财务计划科、政策法规宣传科、资源林政管理科；其它机构1个，即森林公安局（森林警察大队）；财政全额拨款事业站（室）有：营林绿化站、农村能源环保站、森林病虫防治检疫站、木材检查站、森林防火指挥部办公室、天然林保护及退耕还林办公室；自收自支事业站（管理处）有种苗管理站、三月三森林公园管理处。2010年，共有在职职工70人，其中：公务员26人，专业技术人员16人，管理人员10人，技术工人及普工18人；退休职工26人。

【森林资源现状】 截止2010年，林业用地面积为284.73万亩，占全县国土面积的52.86%。其中：有林地面积217.88万亩，疏林地面积1.88万亩，灌木林地面积24.57万亩，无立木林地面积1.14万亩，宜林地面积17.08万亩，苗圃地面积0.05万亩，人工造林未成林地面积22.15万亩；全县森林覆盖率41.63%，其中，有林地覆盖率40.45%，国家特别规定灌木林覆盖率1.19%；林木绿化率45.21%，有林地林木绿化率40.45%，灌木林林木绿化率4.56%，四旁树林木绿化率0.29%。全县活立木总蓄积量465.18万立方米，其中：有林地蓄积量451.96万立方米，占97.16%；疏林地蓄积量9440立方米，占0.20%；散生木蓄积量6700立方米，占0.14%；四旁树蓄积量11.61万立方米，占2.50%。在全县活立木蓄积中，国有活立木蓄积17.66万立方米、占3.80%；集体活立木蓄积447.52万立方米，占96.20%；个体主要为乔木经济林，没有蓄积。活立木树种主要有云南松、华山松、栎类、桤类、油杉等。全县森林林种为防护林、特种用途林、用材林、薪炭林、经济林五大类，其中：防护林蓄积339.12万立方米，特种用途林蓄积5.87万立方米，用材林蓄积107.48万立方米，薪炭林4380立方米，经济林不以蓄积计算。2007年，全县林业产值1.75亿元，2008年林业产值2.01亿元。2009年林业产值2.24亿元。2010年，实现林业产值2.38亿元。

【造林绿化】 2007-2010年，工程造林完成2.81万亩，其中2007年2600亩、2008年3100亩、2009年5000亩、2010年1.74万亩；封山育林完成6.9万亩，其中2007年1.5万亩、2008年1.4万亩、2009年2万亩、2010年2万亩，植被恢复造林2007年完成完成2490亩。2007年完成绿色通道工程造林完成400亩；市级中幼林抚育项目完成4200亩，其中2007年2300亩、2008年1900亩，2009年完成苗木基地建设3012亩；育苗完成1880.5亩，其中2007年150.4亩、2008年100亩、2009

县国有林区一角

年736.3亩、2010年893.8亩；林业样板完成8167.5亩，其中2007年2038.5亩、2008年2235亩、2009年2027亩、2010年1867亩；清水海水源区"农改林"2010年完成1万亩；义务植树完成624.83万株，其中2007年223.12万株、2008年195万株、2009年186.94万株、2010年19.76万株。

【城乡园林绿化】 2008—2010年，投资460万元，完成河滨公园绿化7.39万平方米，植树49.19万株，占计划任务的100%，合格率100%；老城区拆围透绿1906.45平方米，占计划任务2000平方米的95.3%，合格率100%；新建月华路绿化1800平方米，植树2.61万株，占计划任务的100%，合格率100%；县城西面、南面两个出口绿化1.45千米，植树928株，栽植竹子1300丛，占计划任务的100%，合格率100%；屏江北路、翠苑路(含道路改造)补绿2613平方米，植树158株，占计划任务的100%，合格率100%；生产绿地建设20公顷(北城区苗圃)，完成108.46%，成活率95%；新增绿地27公顷(三月三银杏公园)，完成100%，成活率97%；种植攀援植物5万株，完成100%，成活率95%；种植乔木(道路改造)1449株，完成102.84%，成活率93%。完成老城区绿地建设1.52万平方米，完成101.21%，成活率94%；完成11块公共绿地广场中的8块，建设绿地面积1.2万平方米。完成14个乡(镇)集镇绿化示范建设，植树11.18万株；完成54个自然村88.2千米的绿化示范建设及道路绿地建设1万平方米(北城新区道路)、附属绿地5500平方米(体育场周围2000平方米、龙苑尚居3000平方米、污水处理场500平方米)、防护林地面积建设2.03万平方米、种植攀援植物4350株、种植乔木6230株。

莲花山石漠化造林

天保工程区一角

城市面山、交通沿线面山绿化、"五采区"植被恢复造林及补植补造。2008—2010年，完成城市面山、交通沿线面山绿化及"五采区"植被恢复造林1.01万亩，栽植苗木155.74万株。完成城市面山、交通沿线面山补植补造2500亩，补植苗木6.25万株。

机耕道、进村道路绿化及补植。2008—2010年，完成机耕道和进村道绿化144.49千米，栽植苗木9.17万株。完成机耕道补植补种绿化任务2千米，补植苗木1333株。

交通沿线及金所工区园区公路绿化。2008—2010年，完成交通沿线绿化310.4千米，栽植苗木36.14万株；完成金所工业园区道路绿化9.42千米，栽植苗木2.83万株。

河堤、沟渠绿化及补植。2008—2010年，完成河提绿化27.9千米，栽植苗木13.36万株；完成补植0.75千米，补植苗木3000株。

"三沿五区"坟山墓地绿化及补植。2008—2010年，完成坟山墓地绿化818.7亩，栽植苗木12.84万株；2008—2010完成补植93.7亩，补植苗木1.46万株。

银杏"五个一"工程绿化美化。2008—2010年，完成银杏低产林改造50亩，栽植银杏2500株，工程投资7.5万元。完成银杏为主题的市民广场绿化3915平方米，种植银杏48株，其它乔木28株，工程投资80万元。完成银杏主体森林公园建设，种植银杏4420株，投资74.27万元。完成银杏为主题的景观路绿化，种植银杏1.78万株，其它苗林2.02万株，投资1184.50万元。完成银杏为主题的新农村建设试验示范点建设，种植银杏5972株，投资40万元。其它银杏工程完成北城区过渡性苗圃，共栽植银杏4000株，其它树种2.3万株，总投资40万元；金所收费站环岛绿化36亩，投资30

万元。

【天然林保护工程】 天保工程自1999年正式实施以来，全县森林资源得到有效保护，236.50万亩森林全部落实管护责任制。加强护林队伍建设，2010末全县成立护林队伍16支，招聘护林人员1108名，签订管护责任书1108份，设置森林管护宣传牌(碑)240块，落实森林管护点79个。每年对乡(镇)林业站执法人员、天保护林员、山林承包经营者进行综合法律法规培训，既防止行政执法人员违规执法、不文明执法，又避免山林承包经营者出现违法经营。加强天保专项资金的管理使用，确保管护资金发挥应有功效。开展自天保工程实施十年成效县级自查，全面掌握每个地块的绿化情况，通过市级核实、省级复查、国家抽查，顺利转入天保工程第二轮项目实施。

【公益林生态效益补偿】 公益林生态效益补偿工作2009年启动，完成生态公益林223.07万亩编制工作并通过评审，其中：国家重点公益林117.46万亩(国有林2.43万亩、集体林102.20万亩、个体林12.91万亩)，地方公益林105.61万亩(省级公益林70.26万亩、市级公益林32.74万亩、县级公益林2.62万亩)，投入资金640.93万元。其中：农户补偿费428.32万元，管护费138.97万元，监管费56.22万元，统筹费17.42万元(由林业局根据项目实施情况具体安排)。

2009年，国家级公益林5万亩，涉及5个乡(镇)，其中：国有国家级公益林0.14万亩，使用权为集体4.42万亩、个体0.44万亩进行补偿，到位资金每亩5.5元，共到位资金27.61万元。省级公益林70.26万亩，涉及16个乡(镇)，其中：国有省级公益林0.41万亩暂不进行补偿，待国家天然林保护工程后续政策出台后再统筹安排。使用权为集体和个体的69.85万亩进行补偿，到位资金每亩6元，共到位资金419.04万元。市级公益林32.74万亩，涉及16个乡(镇)，其中：国有市级公益林0.36万亩暂不进行补偿，待国家天然林保护工程后续政策出台后再统筹安排。使用权为集体的32.15万亩、个体0.23万亩，到位资金每亩6元，共到位资金194.28万元。

【退耕还林工程】 2007年，完成退耕地7.22万亩的林权证核发工作，占应发数7.3万亩的99%；退耕地还林面积中，保存率在80%以上的占98%。

2008年，完成畜牧业棚厩建设2762平方米，青贮窖建设4600立方米，饲料地建设1318亩；完成退耕地优化树种面积4500亩，新增发展特色经济林核桃种植1.5万亩；完成退耕地补植补造2405亩，完成薪炭林建设1075亩，沼气池建设249口，节柴改灶425眼，太阳能安装1075套；完成生态移民搬迁51户231人；完成1494人次技术培训工作；完成基本口粮田建设1800亩。

2009年，完成畜牧业棚厩建设2762平方米，青贮窖建设4600立方米，饲料地建设1318亩；完成新增发展特色经济林核桃种植2万亩，退耕地补植补造2405亩，沼气池建设249口，节柴改灶425眼，太阳能安装1075套；完成1494人次技术培训工作；完成基本口粮田建设1800亩。

2010年，完成基本口粮田建设3000亩，畜牧业棚厩建设8000平方米，青贮窖2000立方米，饲料地建设1000亩，种植业项目1.99万亩；开展技术培训2000人次；农村能源建设建沼气池200口，节柴灶建设2000眼，太阳能建设500户，补植补造1000亩；兑现退耕还林政策补助资金1208.40万

退耕还林示范区一角

柯渡板栗园

元，其中：粮食折现补助资金 496.76 万元，粮食调运费补助资金 70.97 万元，现金补助 47.31 万元，完善政策补助资金 593.37 万元。截止 2010 年，国家累计投入寻甸县退耕还林资金 1.32 亿元。

2009 年秋季以来到 2010 年夏季，寻甸遭遇百年一遇的特大旱灾，造成造林地损失面积 4.28 万亩，造林直接投资 2014.27 万元，直接损失 1144.62 万元。其中：报废面积 1.8 万亩，造林直接投资 439.58 万元，直接损失 439.5805 万元；成灾面积 1.7 万亩，造林直接投资 975.25 万元，直接损失 585.15 万元；受灾面积 7776 亩，造林直接投资 599.44 万元，直接损失 119.89 万元。2008 - 2009 年，巩固退耕还林成果项目因灾损失面积 3.07 万亩，造林直接投资 349.57 万元，直接损失 282.16 万元。其中：报废面积 1.66 万亩，造林直接投资 189.55 万元，直接损失 189.55 万元；成灾面积 1.33 万亩，造林直接投资 151.51 万元，直接损失 90.91 万元；受灾面积 813 亩，造林直接投资 8.52 万元，直接损失 1.70 万元。

【特色经济林种植】 2007 年，寻甸县被省林业厅命名为全省特色经济林（板栗、核桃）产业县，通过多年的培植，板栗已成为寻甸主要经济林果，保存种植板栗面积 8.47 万亩，大部分均已进入盛果期。为积极做好板栗低产改造，达到果农增产增收的目的，2008 年，对柯渡镇、鸡街乡各 500 亩板栗修剪及嫁接改造，铲草锄塘、清除萌蘖枝、杂草、培土，对柯渡镇 500 亩板栗进行地老虎害防治，对鸡街乡 500 亩板栗蛀杆害虫进行防治，组织进行施肥。2007 - 2010 年，全县范围内共种植泡核桃 19.27 万亩，其中：2007 年种植 2.43 万亩，2008 年种植 8.23 万亩，2009 年种植 3.60 万亩，2010 年种植 5.01 万亩，其中苗木费投入 1160.23 万元。由于受 2009 - 2010 年霜冻和特大干旱自然灾害严重影响，造成 19.27 万亩核桃均不同程度受灾。其中：2007—2008 年栽植的泡核桃，平均成活率为 39.7%，直接经济损失 778 万元；2009 年种植的泡核桃，平均成活率 50%，直接经济损失 94 万元。

【森林防火】 2007 年，组建了一支由 30 名队员组成全年制专业扑火队，各乡（镇）均组建不少于 30 名左右季节性扑火队；2010 年，县直部、委、办、局、企事业单位 18 岁以上，42 岁以下干部职工 811 人，组成森林防火应急分队 16 支，乡（镇）落实 650 人，组建应急分队 15 支，村级组织巡山护林队伍 3000 余人。2009 - 2010 年，购置了森林防火运兵车 5 辆，购置和贮备了充足的灭火弹、打火拖把、专用油锯、灭火水枪等灭火物资，有效提高了扑救森林火灾的机动能力。2007 - 2010 年，全县共发生森林火灾 41 起，其中 2007 年 12 起、2008 年 9 起、2009 年 7 起、2010 年 13 起，在森林火灾中，较大火灾 2 起，一般火灾 27 起，荒火 12 起；过火面积 443.13 公顷，有林地受害面积 134.98 公顷，烧死幼树 65.48 万株，烧毁成林 1389.59 立方米，造成直接经济损失 107.23 万元、间接损失 320.52 万元，火案查处 36 起、查处率 87.8%；直接投入扑火经费 42.96 万元。

【农村能源建设】 推广新型节柴改灶、太阳能。2007—2010 年，共建设沼气池 7649 口，其中 2007 年 1800 口、2008 年 1800 口、2009 年 2249 口、2010 年 1800 口；节柴灶 1.15 万眼，其中 2007 年 3530 眼、2008 年 2800 眼、2009 年 2625 眼、2010 年 2500 眼；太阳能 2175 套，其中 2009 年 1075 套、2010 年 1100 套；

金所草海子核桃采穗园

“三结合”沼气池

建设服务网点19个，其中2009年9个、2010年10个，有效降低群众对森林资源的消耗，提高了群众用能节能的文明意识，促进林业的良好发展。

【林业有害生物防治】 2007－2010年，全县范围内共发生森林病虫害面积9.13万亩。其中，2007年1.16万亩、2008年0.53万亩、2009年3.81万亩、2010年3.63万亩，重点为萧氏松茎象、小蠹虫、松毛虫、鳃扁叶蜂等，综合防治率达93%。成功举办云南省特大干旱后突发性林业有害生物防治技术暨现场培训会，充分与各县（市）、区进行经验交流。同时，为从源头上控制森林病虫害蔓延，及时开展苗木产地和调运检疫工作，实施苗圃苗木产地检疫，向苗木经营者传授苗木病虫害知识，确保进出县境内植物的安全。

【集体林权制度改革】 自2007年5月以来，经过全县各级各部门的共同努力，圆满完成了集体林权制度主体改革各项工作任务。开展深化集体林权制度改革工作以来，县级批复林改方案16个，各乡（镇）批复林改方案174个，各村（居）委会批复林改方案1590个。至2010年全县应确权集体林面积277.77万亩，其中公益林225.06万，商品林52.72万亩；已确权面积271.92万亩，其中公益林219.67万亩，商品林52.25万亩，确权率为98%。在已确权的52.25万亩商品林中，集体管理均利到户2.55万亩，集体统一经营管理1.75万亩，均山到户47.95万亩，商品林均山到户率为91%。在已确权的219.67万亩公益林中，已签定管护责任到户195.73万亩，涉及农户11.17万户，公益林均山到户率为97.4%。已均山集体林267.62万亩，集体林均山到户率96.2%。共核发林权证6.36万本，6.38万宗，其中，林改中发放林权证4.50万本，4.49万宗，退耕还林发放林权证1.89万本，1.89万宗，发证率为100%。2010年，全县共涉及林改村（居）委会174个，村民小组1590个，农户11.83万户，人口48.07万人。全县共投入林改资金837.04万元，其中，省级330万元，市级306万元，县级80万元，乡（镇）58.84万元，村（居）委会43.30万元，村民小组18.90万元。寻甸县集体林权制度主体改革于2010年4月顺利通过省级检查验收，并得到省委、省政府的表彰奖励。

作为全市林改配套改革试点县，及时启动了林改配套改革，投资30万元，完成了县林权流转管理服务中心的筹建装修工作，中心为林农提供便捷、优质的服务，成立至今共接待林农政策咨询53起、森林资源资产评估咨询12起、林权抵押贷款咨询21起，办理林权流转1宗，流转168亩，金额53.6万元。

【森林资源管理】 继续坚持从严治林，依法护林的高压态势，维护林区良好的秩序，严格执行森林资源限额采伐制度，加强征用林地管理，开展全县范围内林地资源大清查工作，积极做好重点企业、重大项目征占用林地服务、监督和管理工作，严肃查处各类林政案件。2007－2010年，审批采伐林木3.56万立方米，（其中2007年0.31万立方米、2008年0.18万立方米、2009年1.05万立方米、2010年1.96万立方米）。其中：商品材1.93万立方米，自用材1.55万立方米，烧柴0.08万立方米。依法办理林地征用65起，面积556.09公顷。审批树木移植2.66万株，查处各类涉林案件220起，行政处罚216人，依法实施处罚45.93万元，没收盗伐树木22.41立方米。其中：刑事案件31起，处理涉案人员37人；行政案件189起，处理涉案人员184人。加强对木材运输证的审核、发放工作，完善木材经营、加工许可证制度，开展花果山墓地清理工作，野生动植物得到有效保护，做好横河梁子黑颈鹤栖息地申报市级自然保护区工作。

技术人员实地查看“鳃扁叶蜂”危害

【河滨公园及三月三至金所连接线】 2007年，根据建设总体规划，河滨公园绿化美化投入460万元，在学习借鉴其它县（市）、区成功移植林木的基础上，按照依托乡土树种为主要绿化树种的指导思想，通过合理搭配树种，精心编制作业设计，将70余种树种纳入绿化树种，专门抽调营林技术人员，深入各乡（镇），与乡镇林业科技术人员一道，密切配合，按标准和要求做好树种选择定点工作。整个工程于2007年12月20日正式开工绿化，2008年5月完成主体工程，2010年12月正式移交仁德镇绿化部门管理，为市民提供一个康体、休闲、娱乐为一体的绿色宝库。

【中低产林改造及抚育间伐】 2010年，在省、市林业部门的关心支持下，成功进行中低产林改造1.95万亩。其中：鸡街镇低产低效板栗改造1万亩；树种更新改造1100亩，其中六哨国有林980亩、仁德金所片区120亩；中幼林抚育8400亩，其中七星镇3000亩、功山镇1500亩、倘甸镇200亩、联合乡400亩、仁德镇塘子片区800亩、金所片区2500亩。

【森林公安建设】 1984年10月，组建县森林公安科，2002年更名为昆明市森林公安局寻甸分局，2009年10月，正式更名为寻甸县森林公安局（加挂森林警察大队牌子），编制增加为9名，2010年，森林公安局先后充实警员5名，配备局长（兼任县林业局党组成员）、副局长各1名，人员由4名增为9名，启动森林公安刑侦办公楼建设，装备必要的武器装备，极大提高处置林区案件的能力，在打击各种涉林案件，维护林区稳定工作中发挥了积极作用。

【麟云公司建设】 2008年，按照县委、政府依托国有林资源开发林业的要求，寻甸麟云国有林开发有限公司成立。公司成立后，完成投资334.4万元，公司现有金所草海子苗圃、北城区临时苗圃建设和三月三苗圃3个基地，共育苗565亩，实现销售收入626.53万元，实现利润74.09万元。金所草海子苗圃250亩，按照租地费600元/亩/年，租期10年，截止2010年，共完成投资119.2万元；北城区临时苗圃总面积300亩，完成投资215.2万元；三月三苗圃15亩，接管苗木48万株，新增绿化苗木40万袋，苗木总数为9.74万株。公司组建以来，主要承担了北城区三条主干道、嵩待高速寻甸段绿化美化，清水海水源区"农改林"项目苗木供应和对功山麻风院国有林进行抚育间伐等工作。

【招商引资】 2007－2010年，成功引进云南滇木人造板有限公司年产60万立方米中密度板项目，引进云南滇中木业有限公司年产300万平方米仿实木强化地板项目，寻甸家炜木业有限公司参与寻甸林木开发，云南汇元生物开发有限公司培训优质乡土苗木，实现森林资源在保护中合理开发，开发中得到保护的目标，为壮大县域经济和林业的超常规、追赶型、跨越式发展作出积极贡献。

【领导名录】
党总支书记：吕肇翥(—2007.8)
党总支副书记、局长：
　　金正标(2007.9—2010.2)
　　陈元飞(2010.2—)
纪检组长：马世富(2007.11－2008.11)
副局长：李才芳(—2007.11)
　　　　张　碧(正科级)
　　　　冯明强(2007.11—)
森林公安局局长：刘朝旺(2010.1—)
森林公安局副局长：李光顺(2010.10—)

（撰稿人：任正升）

水　利

【农田水利建设】 2010年，全县已建成各类蓄水工程343件，其中：中型水库2座；小<一>型水库14座；小<二>型水库72座；小塘坝255座。2007－2010年，累计投入农田水利建设资金2.78亿元，其中：中央1.21亿元，省级6736.02万元，市级8258.41万元，县级60万元，社会捐款711万元。新增旱涝保收面积1.18万亩，新增灌溉面积3.77万亩，改善灌溉面积9.37万亩，新增除涝面积1.08万亩，改造中低产田2.68万亩，新增节水灌溉面积5.15万亩，节水能力4.39万立方米；新建小水池1931个、小水窖6969个，治理水土流失面积19.65平方千米，解决和改善了18.32万人饮水不安全问题；加高加固堤防42.23千米，疏浚河道172.05千米，清淤渠道515.6千米，支砌三面光渠道643.3千米。四年间，开工建设木戛利中型水库，启动了"引牛入滇"、"引清济昆"等省、市重点工程项目，新建摩洛河小(一)型及纳郎、黑山2座小(二)型水库；完成6件小(一)型水库及5件小(二)型水库除险加固；治理前进河、马街河、功山河、柯渡河4条河流的部分险要河堤；完成清水海、凤龙湾两个中型水库的水管体制改革；完成河底水库、格莫2件拟新建小(一)型水库的勘测设计工作。

【除险加固】 2007年以来，全县共完成三月三、白龙箐、军民、李家箐、路则冲、南海6座小(一)水库及邓家村、十里箐、大岔路、大梨树、小海5座小(二)型水库除险加固任务。

三月三水库位于县城西南方向约3千米处，始建于1956年，于1965年达到现状规模，水库控制流域面积为163平方千米，总库容291万立方米。水库大坝为均质土坝，坝高17米，坝顶宽4米，坝顶长197米，输水高涵布置于右岸坝下的无压园形钢筋混凝土管，全长82.42米，水库无溢洪道；输水低涵为布置于左岸坝下的无压隧洞，全长228.7米。水库以农业灌溉为主，兼顾发电及下游乡镇防洪。设计灌溉面积为1.5万亩，目前灌溉面积6500亩。除险加固的工程完成大坝上下游坡进行压重、削坡、培厚和增设排水棱体处理，对大坝坝体采用砼防渗墙，两坝肩进行帷幕灌浆，封堵输水低涵，新建输水隧洞和溢洪道，改造泄洪输水高涵。于2008年4月5日开工建设，于2009年9月30日全部完工，工程概算总投资1548.66万元。

白龙箐水库位于倘甸镇马鲁嘎村，水库坝址距离县城约84千米，距倘甸镇3.7千米。水库所在河流为普渡河流域洗马河的二级支流，水库蓄水靠引流蓄水，其本流区径流面积为0.5平方千米，引流区径流面积为30平方千米。水库始建于1956年，1978年扩建成小(一)型水库，其主要枢纽建筑物由主坝、副坝、输水涵洞组成，水库现状没有溢洪道。总库容为122万立方米，坝体为均质土坝，最大坝高20.4米，坝顶高程为2100米，坝顶宽4米，主坝坝轴线长130米，副坝轴线长213米，总长343米。大坝坝面均无护坡措施。除险加固的工程完成坝体、坝基防渗处理；大坝坝面整修、增加护坡措施、倒滤体翻修、下游坝坡培厚压脚；封堵原输水涵洞，新建输水隧洞。水库除险加固工程于2008年5月8日开工，于2009年8月17日全部完工，工程概算投资795.7万元

军民水库位于柯渡镇木刻村委会大窗风村上游1.5千米处，控制径流面积9.3千米。原设计总库容为200万立方米的小(一)型水库。水库大坝为均质土坝，主坝坝高25.05米，坝顶高程2554.20米，坝轴线长310.9米，坝顶宽4.0米；水库承担着下游柯渡镇6200亩的农田灌溉及距水库5.5千米的县乡公路、下游6个村民委员会、12个自然村、2500余人的防洪安全任务，保护耕地面积约2.7万亩。除险加固工程：完成主坝坝体劈裂灌浆，坝基、坝肩及结合部充填式帷幕灌浆；副坝坝基、坝肩结合部帷幕灌浆；主坝下游重建排水棱体及戗台以下坝坡采取培厚、整修；改扩建溢洪道；低涵进行内衬钢管加固、改造，出口增设工作闸阀；高涵防渗处理；水库除险加固工程于2008年12月18日工程正式开工，至2010年1月15日已工程全部完工，工程概算总投资1124.02万元。

李家箐水库位于倘甸镇政府所在地5千米处的汤郎村上游，马街河左支峡谷处，距县城93千米，水库控制流域面积为8.5平方千米，年平均降雨量1027.3毫米。水库以农业灌溉为主、兼有下游村庄的防洪保护作用，灌溉面积为4200亩。水库保护着下游人口1.42万人、耕地面积7600亩、河道8千米以及3.2千米公路。水库除险加固于2010年1月10日工程正式开工建设，2011年2月20日已工程全部完工，工程概算总投资1546.99万元。

路则冲水库位于仁德镇塘子路则冲村前的西山小河上，水库距县城17千米，距离昆明市97千米。大坝为均质土坝，平均坝顶高程1951米，最大坝高34.7米，坝底无截水槽，坝顶长

195.4米，坝顶宽4.35米，水库原设计总库容286万立方米，控制流域面积为8.12平方千米，是一座以农田灌溉为主，兼有下游防洪保护功能的小(一)型水利工程。除险加固工程：完成大坝上游坝坡进行削坡修整和抛石压脚、并进行护坡处理；对下游坝坡进行培厚加固，坝脚新建排水棱体；对坝体、坝基和坝肩进行防渗处理。对输水涵洞洞身段进行内衬钢管加固并向下游延长，抬高进口底板高程即重建进口启闭排架，重建工作桥桥面，新建出口工作闸室及出口明渠段，更换闸门和启闭设施；新建溢洪道；扩建管理所等。水库除险加固工程于2010年2月25日正式开工建设，预计于2011年6月完成，工程概算总投资2116.33万元。

南海水库位于鸡街镇大海嘎村上凹塘，坝址所处位置为东经102°47′，北纬25°34′，水库坝址与鸡街乡距离约8千米，距县城约70千米。水库大坝为均质土坝，坝顶高程2110米，坝高19米，坝顶宽3.5～4.5米。南海水库保护着南海、古城两个村委会0.46万人，鸡街至7204公路3千米的防洪保护任务，以及4000亩水田、800亩水浇地灌溉，防洪任务。除险加固工程：完成上游坝坡修整及护坡处理，坝体防渗处理，下游坝坡修整及护坡处理，封堵老输水涵洞，完善坝顶细部结构，完善观测设施及管理设施，重建倒滤体，新开输水隧洞等。水库除险加固工程于2009年12月31日正式开工建设，2010年11月全部完工，工程概算总投资1034.13万元。

邓家村水库位于倘甸镇的东南部，距倘甸镇政府所在地3千米，地处新华村民委员会邓家村上游小河上，位于东经102°55′40.5″，北纬25°40′00″，属普渡河水系。水库总库容10.1万立方米，为小(二)型水库。水库上游植被较好，控制径流面积1.8平方千米，是一座以灌溉为主，兼下游防洪的综合性工程。除险加固的工程，完成坝体套井回填粘土防渗墙处理，坝基、坝肩及结合部帷幕灌浆防渗处理，增加前坝坡防浪护坡措施，后坝坡砼网格护坡，输水涵洞内衬加固处理，新建输水涵洞，增加排水棱体及后坝坡观测设施。水库除险加固工程于2009年3月31日正式开工建设，于2009年12月30日全部完工，工程概算总投资为432.12万元。

十里箐水库位于羊街镇十里箐村西600米处，其流域范围为东经103°02′～103°06′，北纬25°25′～25°28′，水库距县城约35千米，距离羊街镇政府约7.5千米。十里箐水库坝顶高程2004.3米，坝轴线长77.7米，以灌溉为主，兼有下游农田和村镇的防洪保护，承担着下游2600亩农田灌溉及下游3400人的防洪保护作用。除险加固的工程：完成大坝修整坝坡、护坡、对坝体及两坝肩进行防渗处理、封堵原涵洞、新建输水隧洞、扩建溢洪道。水库除险加固工程于2009年4月13日正式开工建设，2010年4月30日全部完工，工程概算总投资为693.26万元。

大岔路水库位于功山镇云龙村，地理位置为东经103°23′23″，北纬25°47′47″，水库坝址与寻甸县城直线距离29千米，与功山镇政府直线距离14千米。水库总库容为22.1万立方米，为小(二)型水库。最大坝高10.7米，坝顶长114米，坝顶宽7～15米，坝顶高程2000米。除险加固的工程，完成主坝上游坝坡沿高程2000米清挖坝坡，削坡坡比1：2.5；下游坝坡清挖坡比为1：2.5；大坝坝体、坝基和两坝肩防渗采用帷幕灌浆方案，帷幕灌浆孔沿老坝轴线布置，达到大坝渗流性态安全的目的；加高坝顶，完善坝顶细部构造，重设上、下游坝坡护坡结构；对输水涵洞进行加固处理；对溢洪道进行改扩建；新建排水棱体；完善观测设施及管理设施。水库除险加固工程于2009年5月13日正式开工建设，2010年6月30日全部完工，工程概算总投资438.52万元。

大梨树水库位于金沙江流域牛栏江左岸的二级支流上，行政区划属功山镇，地理坐标东经103°24′，北纬25°49′，水库集水面积5.6平方千米。水库坝高11.5米，库容17.8万立方米。除险加固的工程，完成大坝加高；坝体、坝基、两岸防渗处理；新建排水棱体；下游坝坡整修，植草护坡，做整体排水系统；增设大坝安全监测设施；原输水涵洞加固防渗；溢洪道扩宽，加固。水库除险加固工程于2009年6月9日正式开工建设。2010年6月20日，大梨树水库除险加固工程全面完工，工程概算总投资408.02万元。

小海水库位于功山镇小海村，地理位置为东经103°20′，北纬25°48′，水库坝址距县城28千米。水库最大坝高13.2米，总库容13.8万立方米，灌溉面积4000亩，其中水田1500亩，水浇地2500亩，涉及纲纪村1356名村民饮水，是一座以灌溉为主，兼顾人畜饮水的小(二)型水库。至2009年11月工程全面完工，工程概算总投资404.99万元。

【防汛抗旱】 2007年7月10日，柯渡河上游降暴雨，造成柯渡河部分河堤被冲毁；7月18日，出现了大范围连续14天的降雨过程，造成鸡街、金源、七星、凤仪、河口、联合、柯渡、倘甸、塘子、仁德共10个乡(镇)严重受灾。农作物成灾2.05万亩，绝收3080.55亩，减收粮食5496吨，倒塌房屋63间，毁坏堤防27处4475米，冲毁沟渠81处2048米，损坏机电泵站6座，公路中断9条(次)，毁坏公路357米，损坏输电线路3200米，造成直接经济损失1010.39万元。全县共出动干部群众9400多人参加抢险救灾，投入资金150多万元，共投入编织袋4.2万

余条、木材217立方米、机动车99辆、帐篷43座。

2008年8月5至6日，功山镇境内遭受单点暴雨袭击，1座小〈二〉型水库和1座小塘坝发生了洪水漫坝险情；10月29日至11月6日期间，全县大范围持续降雨，部分乡（镇）持续降大雨或暴雨，遭受了较为严重的山洪和地质灾害，造成了较大的损失。金源大沟二、三道坝坝堤和400米沟堤被金源大河水彻底冲毁，600米沟堤滑坡、2500米沟堤受损；沙湾大沟排导槽倒塌2段303米，严重倾斜150米，直接威胁保护范围内3000余亩良田安全。安丰村委会2农户房后山体出现平均宽8厘米的裂缝，预测方量1200立方米，7人存在安全隐患。龙潭村委会糯勒村民小组山体滑坡3000余立方米，威胁139户635人的生命财产安全。沧溪村委会山体滑坡毁坏人饮管线50米，造成1800余人饮水困难；沧溪村委会大沟取水段倒塌600米，安丰村委会河堤倒塌860米，老街、淀缸村2800米人畜饮水设施被冲毁。2所村级学校因灾水管受损，供水停止，其中一所校园进水，泥土堆积厚度0.6米左右；5条乡村公路由于山体滑坡中断，1条塌方100米。房屋倒塌77间涉及30户致2人死亡，因灾存在安全隐患620间涉及282户；牲畜圈倒塌39间涉及24户，因灾存在安全隐患228间涉及133户。2008年全县山洪灾害共造成农作物4.48万亩受灾，减收粮食764.7吨；地质灾害造成2人死亡，因灾死亡大牲畜2头，倒塌房屋129间，公路中断1条，毁坏路基0.84千米，毁坏小〈二〉型水库1座、小塘坝1座，损坏堤防6处0.36千米，堤防决口3处0.75千米，损坏灌溉设施15处，山洪灾害共造成直接经济损失660.22万元。在山洪灾害防御工作中，投入各级干部360人次、县处以上干部56人次、群众3200余人次；县（市）投入防灾抢险资金10万元、群众自筹0.2万元，投入防灾抢险木材5.6立方米、编织袋2.88万条，投入抢险机械5台、各种车辆130余辆次。

2009年6月29日8时至30日8时，境内普降大到暴雨，倘甸镇56.3毫米、凤仪乡87.1毫米、联合乡146.4毫米、金源乡138.1毫米，造成4乡（镇）遭受洪涝灾害，倘甸镇因牛街河下泄洪水影响，洗马河段河堤被冲毁450米，造成烤烟800亩、水稻1100亩受灾；联合乡倒塌房屋21间，道路塌方47处，河堤损毁102米，农作物烤烟102亩、玉米504亩、洋芋341亩受灾；金源乡沙湾大沟1号坝后坡、副坝、导流渠全部被冲毁，1号坝一级坝外露，处于危险状态。新街部分农户房屋被泥石流掩埋，金凤尾水电站被泥石流掩埋，大蒜加工厂厂房被冲毁，老干沟冲毁农田200余亩；凤仪乡房屋倒塌5间、进水40间，河堤决堤19处1450米。农作物受灾1.55万亩。

2009年全县洪涝灾害造成农作物1.3万亩受灾，减收粮食456吨；因灾死亡大牲畜8头、家禽215只，房屋倒塌18间、受损131间、进水245间，道路损毁、垮塌70.5千米，堤防决口21处2075米，淹没小水电1座，损坏灌溉设施11处，全年洪涝灾害共造成直接经济损失860.22万元。在防汛抗洪工作中，防汛抢险投入各级干部460人次、县处以上干部66人次、防汛抢险人员3500余人；投入防汛抢险木材15立方米、编织袋3.58万条，投入抢险机械5台、各种车辆115余辆次。

2010年6月25日至26日，强降雨造成功山、七星、河口3个镇19个村委会不同程度受灾。2010年6月28日晚至29日，县城因排水系统仍在建设中，洪水排泄不畅，造成东盛商贸城、永兴小区、华联超市、学府社区等68户居民进水，淹水点最深近70厘米，龙泉路与月秀路交岔路口淹水20多厘米。金源乡部分山体滑坡，洪水冲毁高峰龙潭箐乡村公路30米，瓦房公路多处垮塌，金源至高峰、金源至瓦房公路中断。农村房屋倒塌2户5间，受灾群众8人，房屋受损19户76人。洪水冲毁水稻80亩，烤烟30亩。倘甸镇马街河河堤垮塌318处、315米，竹园、虎街、骂秧、计施宽4个村委会农作物受灾1575亩，其中绝收370亩，房屋进水8间，倒塌6间，道路损毁3段60米。七星镇高田村委会大碗冲小塘坝出现坝体裂缝，坝体纵向裂缝长30米。全县有6个乡（镇）不同程度受灾，造成4276人受灾，农作物受灾3863亩，其中成灾2655亩，绝收1208亩，临时转移安置人口172人，因灾死亡1人，3座水库漫坝，1座水库损坏，公路中断3条次，堤防损毁38处长315米，直接经济损失775万元。全县累计投入抢险人员439人次，其中各级抢险队员146人次，投人编制袋2.7万条。因气象部门预报及时，县乡各级积极巡查，排险及时，减淹耕地6915亩，减少受灾人口8497人，减少经济损失1474万元。

2009年10月中旬至2010年5月下旬的寻甸发生特大干旱，历时7个多月，工农业生产和城乡居民生活用水造成了严重影响。造成水田缺水4.05万亩、旱地缺水12.87万亩，牧区受旱面积135平方千米。农作物受旱面积35.98万亩：受灾9.93万亩、成灾10.94万亩、绝收15.11万亩，粮经作物直接经济损失1.3亿元；干旱造成大春作物栽插进度比往年推迟10－15天左右，且缺塘、缺苗严重。全县因旱人畜饮水困难涉及14个乡（镇）735个自然村。饮水困难总人口12.68万人：山区7.37万、半山区2.31万、坝区2.47万、学校0.53万人，其中有4.91万人口靠拉、送、背、挑水解决饮水困难，大牲畜饮水困难11.95万头（只）。农村人畜饮水困难比较突出的有：河口、功山、金所、鸡街、柯渡等乡（镇）。集镇供水发生困难的有鸡街、六哨、倘甸、金源、联合5个集镇。抗旱救灾中共投入各级、各类资金3448.4万元，投入各级各界抗旱救灾物资折合人民币662.2万元；最高日投入20.24万人/次抗旱救灾，出动机动运水车辆40辆/次、运水小马车6773辆/次，运水1830余立方米；抗旱用电16.95万度、用油608吨，出动机动抗旱设备868台（套），抗旱浇灌面积16.92万亩。在抗旱救灾中，启动了抗旱应急水源工程214件，解决或缓解了9.3万人，6.87万头（只）大牲畜的饮水困难，解决农田灌溉1.45万亩，救助困难人口3.01万人。“五小”水利工程建设完成投资7071.09万元。

【水土保持】 对开发建设项目进行监督管理，及时制止私挖乱采、无证开采、无序开采、随意倾倒弃渣废料，不按照规定堆放等行为，先后对县域境内开发建设项目进行了执法检查223次，对不认真落实水保方案的下达整改通知书，整改达到预期的要求；对未报批水保方案就擅自开发建设的10个项目下达告知书及责令停止违法通知书，并要求尽快办理审批手续。

2007－2010年，根据相关法律法规，先后审查审批了采石场、砖厂、磷矿等项目水保方案46个项目，项目水保方案申报率审批率得到显著提高。4年间共完成水土保持治理项目3件，2007年完成清水海海头小流域治理，2008年完成七星袜龙小流域治理、2010年完成板桥河小流域，综合治理面积19.65平方千米，其中，坡改梯120.6公顷、水保林592.91公顷、经果林84.73公顷、保土耕作252公顷、封禁治理867.8公顷、沟渠1.31千米、田间道路1.5千米、拦沙坝谷坊30座，完成投资498.9万元。2009年，完成河道绿化12条（段）33千米，栽种各类苗木14.17万株，绿化面积362.6亩；完成水库绿化5个，栽种各类苗木2.5万株，绿化面积112.6亩；完成板桥河、新田河、甸沙河、金源沙湾大沟4条小流域水土保持综合治理工程初步设计报告。

【饮水安全】 2007～2010年完成饮水不安全人口18.32万人，完成投资8759.75万元，建成集中式供水工程608件分散式供水2911人。

2007年，在河口、联合、先锋、六哨、金源、柯渡、鸡街、仁德、七星、功山、倘甸、凤合、羊街等13个乡（镇）的44个村民委员会，108个自然村，解决饮水不安全人口3.46万人，大牲畜3.56万头，项目总投资1143.87万元。

2008年，完成河口、联合、先锋、六哨、金源、柯渡、鸡街、仁德、七星、功山、倘甸、凤合、羊街13个乡（镇）的48个行政村，116个自然村的4.07万人的饮水不安全问题，其中集中式供水3.95万人，分散式供水（水窖）1246人，投资1988.93万元。

2009年，完成河口、联合、柯渡、鸡街、仁德、七星、功山、凤合、羊街9个乡（镇）的47个行政村，166个自然村的5.03万人的饮水不安全问题，其中集中式供水4.95万人，分散式供水（水窖）820人，投资1988.93万元。

2010年，在河口、联合、先锋、六哨、金源、柯渡、鸡街、仁德、七星、功山、倘甸、凤合、羊街等13个乡（镇）的68个村民委员会，224个自然村，解决饮水不安全人口5.75万人，大牲畜4.21万头，其中：解决饮用未经处理的Ⅳ类及超Ⅳ类地表水100个自然村，3.46万人，大牲畜2.34万头；解决饮用未经处理的污染地表水46个自然村，7956人，大牲畜5407头；解决饮用未经处理的污染地下水30个自

然村，6069人，大牲畜5407头；解决水量不达标36个自然村，6064人，大牲畜4943头；解决饮用水源保证率不达标人口12个自然村，2825人，大牲畜1978头，项目总投资3205.36万元。

【省、市重点工程项目】 昆明市清水海供水及水源环境管理项目于2007年10月30日开工，计划于2011年12月竣工。项目总投资18.63亿元，现完成投资11.59亿元。该项目主要是通过工程措施将清水海、板桥河、石桥河、新田河水库、塌鼻子龙潭、清水河左右支、恩则河及罗白河等水源的部分水量调往昆明，供呈贡新城和空港经济区的工业及城市生活用水。工程按远期引水总量1.7亿立方米进行统一规划设计，分两期实施。一期工程按引水量1.04亿立方米的规模配套实施水源及输水等工程建设。工程于2007年10月29日开工建设。涉及全县移民搬迁安置46户、187人，2010年2月前已全部搬人新居。涉及库区淹没征地工作基本结束。2010年底涉及库区淹没和工程占地的6191.87亩永久性征(占)用地及各施工进场道路、弃渣场、土料场的2080.79亩土(林)地的临时性征(占)用地的征地工作已部完成，并移交工程施工单位使用，2010年底兑现各类征地补偿资金及设施补偿资金8664.87万元，兑现移民专项资金1301.48万元。至2010年底，清水海一期18个土建标段已全面开工；清水海大坝枢纽工程建设完成；隧洞工程累计开挖49332米，隧洞衬砌累计13195千米。

牛栏江—滇池补水工程引水线路全长115.6千米，静态总投资79.85亿元。由德泽水库水源工程、干河提水泵站工程、干河提水泵站至昆明(盘龙江)的输水线路工程组成。德泽水库坝高142米，水库总库容4.48亿立方米；正常蓄水位1790米。河口干河泵站工程提水设计流量$Q=23m^3/s$，最大扬程239.88米，设计扬程209.11米；装机规模4×23MW(含1台备用)，总装机功率92MW；寻甸段引水线路约67.4千米，占总引水线路的58%，概算投资42亿元。工程于2008年12月30开工，竣工时间为2012年12月31日，现在完成投资约21亿元。寻甸县境内的核心工程有：干河抽水泵站、大公山隧洞全长27.11千米、马路坡隧洞全长7.77千米、鲁撒格隧洞全长4.91千米、竹园隧洞全长3.07千米、金奎地隧洞全长15.26千米、干河隧洞全长1.92千米及0.7千米箱涵。沿途共有22条支洞及小龙潭倒虹吸。其中：大公山隧洞10条、马路坡隧洞2条、鲁撒格隧洞2条、竹园分水闸隧洞1条、金奎地隧洞7条。隧洞设计过流断面3.8×4.6米(宽×高)，设计过流量$23m^3/s$。引水线路经过境内三个乡(镇)16个村民委员会。2010年9月工程涉及全县移民搬迁为河口镇干河村60户206人，目前已全部搬迁安置于仁德镇华隆商贸城内；2010年底共完成征地面积4508.17亩，补偿金额4545.44万元，征地工作任务完成约95%。

木戛利水库位于凤合镇洗马河的一级支流上，属普渡河水系，水库坝址以上控制径流面积31.7平方千米，水库规模属中型水库，最大坝高60米，坝顶长258米，坝顶宽8米，总库容为1173万立方米。水库灌溉受益区主要集中在马街坝子内，水库建成后可解决3.4万亩田地的灌溉用水问题，其中增灌面积2.75万亩，改善灌溉面积0.65万亩，对下游0.65万亩农田起到保护作用，保证了下游人民群众生命财产安全。2009年9月29日正式开工建设。项目施工总工期45个月，初步设计概算批复总投资23741.84万元。于2010年12月通过了省水利厅组织的验收，2010年底完成了拦河坝截流，至2010年12月工程项目完成投资10035万元。

【水行政执法及水资源管理】 2007年对仁德镇辖区内的葛根凹8户无证开发水土资源户进行整治，并按期缴纳水土保持两费，对6起水事违法情况进行查处，承办2件便民热线“县城内擅自开采地下水洗车”下发责令停止水事违法行为通知书，制止违法行为。完成寻甸西拉龙矿泉水公司进行水资源论证。组织全局相关技术人员修改“十一五”和2020年远景水利发展规划。2010年起，对清水海水源保护区、清水海重点水源保护区、重要河道等进行每月不少于4次的巡查。2009年，建立水源保护区界碑、做好水海水源保护宣传工作。2009年针对清水海海尾海当隧道打隧道时所抽取的污水排人清水海库区情况，通过接洽环保等有关部门配合进行综合治理，现排污情况施工方已自行处理好。为加强保护水资源，贯彻落实水资源有偿使用制度，促进计划用水、节约用水，1994年水务局开始执行取水许可制度，按照《行政许可法》的有关规定，按照法定的程序、条件实施行政许可，手续完备，在规定的时间办理，并进行书面台帐登记。继续强化水资源费征收管理，2010年以供水企业等较大取水单位为重点，加强与取水户的沟通，充分调动取水户缴费的积极性，为水资源费征收工作赢得了主动。

【水管体制改革】 清水海水库管理所和凤龙湾水库管理所，定性为纯公益性事业单位，县财政全额拨款，水库维修费用由县财政承担。2006年8月完成水库管理体制改革并通过省、市验收，由于县财政十分困难，经多方努力，于2008年10月县政府常务会研究决定，从2009年3月开始，清水海水库管理所和凤龙湾水库管理所人员工资由县财政全额拨款。全县的14件小(一)型和哦嘎排涝站的水管单位体制改革正在有序推进。

2010年7月，县人民政府组成调研组，深入乡(镇)、村组对如何开展好农村小型水利工程管理体制改革工作进行了专题调研，通过调研，摸清全县农村小型水利工程基本情况及管理情况，根据工程不同类别、不同规模制定《寻甸县小型水利工程管理情况调查表》，下发各乡(镇)对全县农村小型水利工程进行全面普查，通过摸底调查，全面掌握全县农村小型水利工程的工程状况及管理情况，在调查摸底的基础上，广泛征求意见后，科学制定出了寻甸农村小型水利工程管理体制改革的实施方案，明确工作任务、改革的方法步骤，完善了管理机制，建立健全了改革配套政策。为全县农村小型水利工程管理体制改革工作的顺利推进夯实了基础，迈出了最关键性的一步。2010年10月，召开全县农村小型水利工程管理体制改革工作推进会，进一步分解细化改革工作任务及完成时间段。此次改革的水利工程均以明晰工程产权为核心，以落实管理责任为目标，按照公开、公平、透明的原则，由产权所有人主持，在广大群众的参与和监督下，对工程名称、产权所有人、经营管理人、评估资产价值、改革方式等5种内容进行了张榜公示，公示期满无异议即确权发证，阳光操作，群众反映较好。主要是通过承包、租赁、股份合作、拍卖、用水合作组织管理和委托管理等6种管理方式，至2010年12月底共完成15444件农村小型水利工程的管理体制改革。

【后期移民扶持工作】 2007年3月，围绕“库区长期稳定、工程顺利施工、移民平稳搬迁、经济长远发展”的工作目标，积极开展各项工作。县水务局牵头调查统计全县自建国以来由水库建设产生的移民数量，由各乡(镇)核查。

水务局成立了移民后期扶持工作领导小组，下设办公室，并安排人员配合各乡(镇)水库移民地深入开展调查工作，根据1983年水库移民补偿登记表和根据云政办法《云南省人民政府办公厅关于印发云南省完善大中型水库移民后期扶持政策实施方案及相关暂行办法的通知》精神，对水库移民后期扶持对象实行动态管理。2008年5月22日，县人民政府为了保障真实移民的合法利益，成立了大中型水库移民身份核查领导小组，根据通知和工作组的会议精神，凤龙湾水库移民身份核查中，严格按照1983年县人民政府对1958年凤龙湾水库移民搬迁时对房屋拆迁给予补偿的名册和1982年县人民政府90号文件对凤龙湾水库移民搬迁出来又返回原地居住的15户移民名册进行登记，严格做到不重、不漏。根据入户调查、外围调查、凤龙湾水库移民于2008年6月，核查清楚移民753人。在对全县大中型水库后期移民扶持资金进行兑现工作中，按每人每年600元，扶持期限是20年的要求。各乡(镇)兑现实行一人一卡，直接兑现到移民本人。对全县移民资金实行专款、专账封闭管理，建立了严格的财务制度，并定期对移民扶持资金的到账情况、下拨情况、兑现情况进行定期督查。畅通移民信访渠道，正确引导移民通过合理合法方式反映问题，认真办理移民群众来信、来访，共接待群众来访425次，回复群众信访件34件，办结率100%。

【项目前期工作】 把握国家加大水利工程建设投资力度的时机，完成一批急待建设的水源工程项目的前期工作。2010年4月寻甸县列入西南五省区骨干水源规划的为河底、格莫两件小(一)水库，已经完成可研阶段的工作。在资金有限的情况下，2010年底由昆明市水务局同意招标，委托了设计单位对两件小(一)型、六件小(二)型水库的新、扩建项目开展前期工作。2007年以来，全县14件小(一)型水库中，2009年前列入病险的有10件，2010年底已经完成6件的除险加固任务，完成投资8178.52万元，计划2011年初开工建设的有2件。小(二)型水库72件中，2009年列入病险水库除险加固规划的有48件，2009年底已经完成除险加固的为5件，完成投资共2327.47万元，2010年底已经完成前期工作并上报市级的为9件，2011年计划开展前期工作的有12件，争取2013年内完成剩余的22件的前期工作。

【表彰奖励】 2008年荣获市人民政府授予的“2008年至2010年文明单位”；市水务局授予“昆明市2008年水利水电建设管理二等奖”；市水务局授予“昆明市2009年水利水电建设管理目标任务考核二等奖”；市水务局授予“昆明市2010年度水资源管理工作先进单位”；市水务局授予“昆明市2010年度安全生产监查先进集体”；市水务局授予“昆明市2010年度水务工作目标任务考核一等奖”。

铁宏同志2007年被市水务局评为先进个人，2009年被评为先进工作者。

代柱芬同志2009年被评为先进工作者。

彭绍清同志2009年，被评为先进工作者。

【领导名录】

局　　长：杨朝旺(－2008.02)
　　　　　李伟恒(2008.3－)
党组书记：马义留(2009.09－)
副 局 长：廖国金(2005.8－)
　　　　　施留福(2007.03－)
总工程师：秦　波(2007.09－)

（撰稿人：徐　宾）

畜牧业

【县畜牧局】 1990年5月10日成立县畜牧局。2010年7月机构改革前设有畜牧局和14个乡镇畜牧兽医服务中心。畜牧局内设办公室、畜牧科、兽医卫生监督科、法规科4个机构，下设饲草饲料站、畜禽品种改良站、动物卫生监督所3个事业单位。共有职工64人，其中，专业技术人员28人(高职6人，中职17人，初职5人)；工人14人(高级工11人，中级工2人，普工1人)；公务员11人，参公管理11人(正科1人，副科1人，主任科员6人，副主任科员14人)。2010年7月机构改革，撤销原畜牧局并入农业局加挂畜牧兽医局牌子。

【畜牧业概况】 2007年末，大小牲畜存栏76.93万头(匹、只)，其中牛存栏150758头(黄牛96652头，水牛53865头)，马属存栏52718匹(马37608匹，驴478匹，骡14632匹)。生猪存栏343755头，羊存栏222074只(山羊165245只，绵羊56829只)。家禽存栏141.29万只，占年计划130万只的108.68%；大小牲畜出栏80.33万头(匹、只)，其中肥猪出栏53.98万头，同比增4.63%，肉牛出栏9.35万头，肉羊出栏16.62万只，家禽出栏814609只。肉类总产65918.8吨，同比增6.15%，其中：猪肉51952.9吨，同比增5.71%，牛肉9974.4吨，羊肉2492.2吨，禽肉1167吨；羊毛产量151.2吨；禽蛋产量4510吨；牧业产值6.35亿元，同比增17.37%，占年计划6亿元的105.83%；牧业收入4.25亿元，同比增22.09%。

2008年末，大小牲畜存栏814848头(匹、只)，同比增5.9%。其中牛存栏160533头，同比增6.48%，马属存栏53959匹(马37679匹，驴564匹，骡15716匹)。生猪存栏374261头，比上年增8.87%。羊存栏226095只，比上年增1.8%。家禽存栏149.3万只。出栏大小牲畜840398头(匹、只)，其中肥猪出栏566053头，比上年增4.9%，肉牛出栏98636头，比上年增5.4%；肉羊出栏175709只，比上年增5.7%。出栏禽103.3万只。肉类总产69069.9吨，比去年增4.78%，其中：猪肉54572.7吨，牛肉9980.6吨，羊肉2639.6吨，禽肉1629.6吨。羊毛产量：155.3吨。禽蛋产量4821.7吨。牧业产值87984万元，比上年增38.5%；牧业收入46632.28万元，比上年增9.7%。

2009年末，大小牲畜存栏853599头(匹、只)，比上年增4.75%。其中牛存栏160973头，比上年增0.27%。马属存栏54802匹(马37924匹，驴570匹，骡16308匹)。生猪存栏399316头，比上年增6.69%。羊存栏238508只。家禽存栏158.5368万只。出栏大小牲畜935467头(匹、只)，其中肥猪出栏641817头，比上年增4.9%，肉牛出栏108048头，比上年增9.5%；肉羊出栏185602只，比上年同期增5.6%。出栏禽142.5592万只。肉类总产77784.4吨，比上年增12.6%，其中：猪肉61765.7吨，比上年增13.2%，牛肉11118.3吨，羊肉2865.5吨，禽肉2034.9吨。羊毛产量：145.2吨。禽蛋产量5849.3吨。牧业产值9.2304亿元，比上年增4.9%；牧业收入52127.2万元，比上年增11.78%。

2010年末，大小牲畜存栏90.5万头(匹、只)，比上年增6%。其中牛存栏173622头，比上年增7.85%，马属存栏52833匹(马37137匹，驴235匹，骡15461匹)。生猪存栏441226头，比上年增10.5%。羊存栏247188只，比上年增3.6%。家禽存栏1861262只。大小牲畜出栏1014389头(匹、只)，比上年增8.4%；其中肥猪出栏696390头，比上年增8.5%，肉牛出栏115803头，比上年增7.1%；肉羊出栏202196只，比上年增8.9%；出栏禽2022190只。肉类总产83491.9吨，比上年增7.3%，其中：猪肉65108.9吨，比上年增5.4%，牛肉12323.3吨，羊肉3329.9吨，禽肉2729.8吨。羊毛产量：134.8吨。禽蛋产量7085.5吨。牧业产值9.54亿元，比上年增3.35%；牧业收入57894.7万元，比上年增11%。

【畜牧兽医科技推广】 2007年，有改良站点143个，完成生猪改良33108头，其中人工授精19306窝，全县良种生猪覆盖率达70%；完成牛冻精改良配种18542头，牛的良种覆盖率达25%；完成青贮饲料128959吨，氨化饲料48114吨，推广工业饲料18412吨。2008年，有改良站点156个，完成生猪改良50128头，其中人工授精37213窝，全县良种生猪覆盖率达74%；完成牛冻精改良配种20286头，牛的良种覆盖率达27%，规模化养禽基本实现良种化；完成青贮饲料127100吨，氨化饲料48000吨，举办畜牧科技培训班224期，13124人次。2009年，有改良站点168个，完成生猪改良8.2万头，其中人工授精5.1万窝，全县良种生猪覆盖率达79%；完成牛冻精改良配种21986头，牛的良种覆盖率达30%，规模化养禽基本实现良种化；完成青贮饲料141104吨，氨化饲料48579吨，工业饲料27576吨；举办畜牧科技培训班256期，15124人次。2010年，有改良站点174个，完成生猪改良94495头，其中人工授精45368窝，全县良种生猪覆盖率达86%；完成牛冻精改良配种22774头，比上年增3.58%，牛的良种覆盖率达33%，规模化养禽基本实现良种化；完成青贮饲料103800吨，氨化饲料38500吨，全县青贮普及率已达100%，秸杆的处理利用率达95%；举办畜牧科技培训班266期，15424人次。

【疫病防控】 2007年，共免疫牲畜口蹄疫1303333头(只)，免疫密度为96.48%；禽流感免疫2072504只，禽流感免疫率为98.37%；猪瘟免疫61.13万头，免疫密度为96.86%；首次开展高致病性猪蓝耳病免疫注射，高致病性猪蓝耳病免疫50074头。2008年，共免疫牲畜口蹄疫1378596头只，免疫密度为98.2%；禽流感免疫252.07万只，猪瘟免疫664812头，免疫密度为98.14%，高致病性猪蓝耳病免疫112893头。2009年，共免疫牲畜口蹄疫132.63万头只，免疫密度为98%；禽流感免疫254.67万只，猪瘟免疫69.46万头，免疫密度为97.51%，高致病性猪蓝耳病免疫4.19万头。2010年，免疫牲畜口蹄疫152.39万头只，免疫密度为96.89%；禽流感免疫276.81万、只，猪瘟免疫77.17万头，免疫密度为98.15%，高致病性猪蓝耳病免疫40.39万头，2007—2010年，分别监测样品40份，85份，100份，230份，疫情监测预警进一步增强。2007年，实施产地检疫146738头(匹、只)，检出病害畜167头只；动物产品检疫65784头，检出病害肉64头，依法按规定进行处理，监督检查动物及动物产品经营、加工等交易市场24个，出县境检疫2387头只，对牲畜运输无检疫证明的，依法进行补检，共补检猪983头，牛461头，羊577只。各种牲畜驱虫143万头只。2008年实施产地检疫148752头(匹、只)，动物产品检疫64684头，监督检查动物及动物产品经营、加工等交易市场24个，出县境检疫3462头只，监督检查动物及动物产品经营、加工等交易市场24个，出县境检疫3378头只。2009年实施产地检疫143786头(匹、只)，动物产品检疫66293头，监督检查动物及动物产品经营、加工等交易市场24个。2010年实施产地检疫164472头(匹、只)，动物产品检疫75557头，监督检查动物及动物产品经营、加工等交易市场24个，出县境检疫2230只头，进一步完善了突发疫情应急机制，储备了一定数量的应急物资，有效控制了重大动物疫病的发生。

【饲料生产】 2007年，全县取得饲料生产企业合格证的企业有1家，生产浓缩料和配合料，全年生产饲料1900吨，产值675万元；生产饲料级磷酸氢钙的企业1家，全县推广工业饲料1.84万吨。2008年全县生产饲料2100吨，产值735万元；全县推广工业饲料2.06万吨。2009年，全县新增1家饲料生产企业，全年生产饲料2750吨。推广工业饲料2.76万吨。2010年全年生产饲料4350吨，产值1475万元。

【饲料产品质量监管】 2007年，对全县16个乡(镇)19个主要集贸市场进行检查和依法管理，全年检查饲料生产经营户189户，查出过期浓缩料320千克，过期全价料300千克，过期添加剂8个品种40小袋；查处无批号添加剂2件，依法没收销毁，对当事人作了处罚；抽检15个，饲料批次共15个样品送检。2008年除对生产经营户进行检查外，加强了对养殖场的监管，检查养殖场48个，抽检育肥猪尿样80份，未检出瘦肉精等非法添加物。2009年开展饲料质量安全整治执法年活动，以蛋白原料、自配料、和非蛋白氮，三聚氰氨、瘦肉精、镇静剂类、苏丹红等违禁药物和非法添加物为重点，严厉查处饲料中添加非法添加物的违法行为，共出动执法检查人员128人次，发放宣传资料3000多份，检查生产经营企业128个，收缴销毁自配原料28千克，查处标签造假案1起；抽检育肥猪尿样250份，瘦肉精检测全部为阴性。2010年，加强日常监管，查处不合格饲料案1起；限期整改生产企业不规范使用标签1起，收缴过期饲料80千克，抽检育肥猪尿样300份，未检出瘦肉精非法添加物。

【兽药监管和市场整治】 出动执法监督人员98人次，检查兽药经营户78户，取缔无证经营户2户，收缴过期兽药18合，变质片剂600片，完成6个品种的抽样送检。2008年，在加强监管的基础上，对新颁布的《动物防疫法》和《兽药管理条例》进行广泛宣传，发放宣传资料1000多份。2009－2010年，加强宣传力度，加大对假劣兽药的查处力度，加强对重大动物疫病疫苗和兽药使用环节的监管，检查兽药经营户78户，对有经营疫苗的3户进行查处；检查养殖场68家，监督完善用药记录和执行休药制度。对兽用精神药品进行专项整治，未发现过期失效的兽用精神药品。

【母猪保险补贴】 2007年启动能繁母猪补贴，发放母猪补贴41382头，207.11万元，受益农户28042户。2008年，启动能繁母猪保险，入保59906头，发放母猪补贴30024头，369.42万元，受益农户30024户。2009年，入保54185头，发放母猪补贴3338876.76元。2010年入保71079头，基本做到“应保尽保”。

【畜禽养殖基地建设】 2007年项目总投资295万元，在塘子易隆实施犊牛培育示范村项目，在塘子镇易隆、麦场两个村委实施优质饲料粮食基地项目，河口乡撒米罗村牛羊养殖小区建设；仁德镇道院村蛋鸡养殖小区建设；奶水牛养殖小区建设项目，建成奶水牛养殖示范小区1个。

2008年，项目总投资701万元，实施生猪标准化养殖项目，三个生猪标准化养殖小区(凯达、杨勤、兴平)建设项目，鸡街乡奶水牛养殖小区建设项目；寻甸县杂交犊牛培育示范村建设项目，本项目在河口乡海嘎村委会实施。撒米落养殖小区建设项目；羊街大牲畜交易市场建设项目。种猪繁育场建设项目：养殖规模为1200头父母代种猪，年提供优质仔猪2.4万头。河口乡羊角水草场综合开发项目：分三年建成集畜牧养殖和休闲观光为一体的生态养殖示范区。资金主要用于养殖场基础设施的标准化改造及污水处理相关配套设施建设。

2009年，项目投资609万元，建成标准化、规模化养猪小区15个；秸杆养畜示范项目总投资441万元，建设33户秸杆养畜示范户，圈舍改造8800平方立米、种植青贮玉米1500亩、种植一年生黑麦草10000亩；县级化验室改扩建及仁德、金所、六哨、柯渡、凤合、金源、甸沙兽医站基础设施共8个项目的建设。

2010年，项目总投资820万元，实施生猪标准化规模养殖场建设项目9户；现代农业发展生猪产业项目，在仁德镇扶持明盛公司养猪基地、绿源公司养猪基地、尼里公司养猪基地等养猪龙头企业建设。中央财政现代农业发展肉牛产业项目，集中在仁德镇、羊街镇、功山镇3个区域实施，其中：仁德镇区域以鹏远牧业为龙头，扶持发展2个养殖基地、4个规模养殖场，辐射带动周边1500户以杂交肉牛为主的养殖户；羊街镇以天牧肉牛公司为龙头，扶持发展1个养殖基地、2个规模养殖场，辐射带动周边600户以杂交肉牛为主的养殖户；功山镇以万顺牧业公司为龙头，扶持发展1个养殖基地、4个规模养殖场，辐射带动周边800户以杂交肉牛为主的养殖户，项目资金主要用于基础设施建设和高产饲料地建设。

【规模养殖】 2007年，全县共有年出栏肉牛：10~49头规模养殖户531户，50~99头4户，100头以上的1户；年出栏肉羊：30~100只规模养殖户489户，100只以上的6户；年出栏肥猪50~99头的养殖户120户，100~499头的56户；存鸡5000只以上的养殖大户40户；畜牧养殖专业协会6个。

2008年，全县共有年出栏肉牛：10~49头规模养殖户543户，50~99头6户，100-499头的2户，500头以上的1户，552户规模养殖户共出栏肉牛19510头，占年出栏总数98636头的19.78%；年出栏肉羊：30~99只规模养殖户518户，100只以上的7户，525户规模养殖户共出栏肉羊38032只，占年出栏数175709只的21.64%；年出栏肥猪50~99头的养殖户298户，出栏16527头；100~499头的60户，出栏17295头；500—999头的14户，出栏8360头；1000—4999头的4户，出栏10968头，376户规模养殖户共出栏53150头，占年出栏数566053头的9.39%。年出栏10000只以上肉鸡的19户，共出栏肉鸡201445只；存栏蛋鸡10000只以上的养殖大户11户，共存栏蛋鸡235907只。畜牧养殖专业协会6个。

2009年，全县共有年出栏肉牛：10~49头规模养殖户537户，出栏16574头，50~99头23户，出栏1413头；100-499头的2户，出栏434头，500头以上的2户，出栏1764头，564户规模养殖户共出栏20185头，占年出栏数108048头的18.68%。年出栏肉羊：30~99只规模养殖户537户，100只以上的6户，543户规模户共出栏肉羊36580只，占年出栏数185602的19.7%。年出栏肥猪50~99头的养殖户252户，出栏14268头，100~499头的116户，出栏32947头，500—999头的23户，出栏14565头，1000—4999头的13户，出栏23315头，404户规模养殖户共出栏85095头，占年出栏数641817头的13.2%。出栏10000只以上肉鸡的19户。存栏蛋鸡10000只以上的养殖大户9户。畜牧养殖专业协会7个。

2010年，全县共有年出栏肉牛：10~49头规模养殖户512户，出栏12687头，50~99头的36户，出栏3126头，100-499头的4户，出栏肉612，500头以上的2户，出栏1843头，1000头以上的1户，出栏1628头，555户规模养殖户共出栏19896头，占年出栏数115803头的17.2%。年出栏肉羊：30~99只规模养殖户528户；100只以上的6户，500只以上的2户，536户规模养殖户共出栏肉羊40786只，占年出栏数202196只的20%。年出栏肥猪50~99头的养殖户284户，出栏22579头，100~499头的121户，出栏37961头，500—999头的18户，出栏16638头，1000—4999头的12户，出栏27569头；10000头以上的1户，出栏17463头，436户规模养殖户共出栏122210头，占年出栏数696390头的17.5%。出栏10000只以上肉鸡的19户。出栏10000只以上肉鸡的17户。存鸡10000只以上蛋鸡的养殖大户6户。畜牧养殖专业协会7个。

【招商引资】 2008年全局招商任务为1200万元，2009年为2400万元，2010年为4000万元，合计招商引资任务为7200万元。根据年度考核部门认定，实际完成招商引资项目8个：明盛1200头种猪养殖场项目、明盛120万只肉鸡养殖项目、肉牛屠宰加工厂项目、杨光肉牛养殖场建设项目、肉羊养殖项目、绿源万头猪场项目、绿州湾黑山羊养殖项目、中集文苑华庭小区项目，累计投资5147.75万元。2008年、2009年超额完成，2010年完成910.46万元。

【禁养】 为建设生态文明城市，自2008年10月8日起，在县城规划区、流经县域的河流及河流两侧200米范围内、集中式饮水水源地、一级水源保护区、所有湖泊及水库等按政策实行禁养，禁止新建、扩建畜禽养殖场，实现禁养区养殖业零申报。

【表彰奖励】 虞建波，2008年获国家统计局"第二次全国农业普查先进个人"称号；何顺仙，2010年获农业部颁发的"全国农牧渔业丰收奖"。

【领导名录】

局　长：刘　辉(—2007.8)
　　　　赵正喜(2007.9—)
副局长：崔华柱(—2007.8)
　　　　冯明强(—2007.11)
　　　　腾朝龙(2007.11-2010.7)。

(撰稿人：杨开留)

农　机

【县农机局】 县农业机械化管理局成立于1974年，1980年并入县经委，更名为农机股，1990年恢复为寻甸回族彝族自治县农业机械化管理局，1996年变更为寻甸县农机管理服务中心，2002年机构改革恢复农机局，2010年12月并入县农机局。新址位于仁德镇大花桥嵩待延长线300米处，占地面积1.29万平方米，办公楼面积为2994平方米，现有在职在编干部职工31人(大专及以上学历24人)，退休职工14人，内设安全生产科、培训推广科、规划信息科、局机关办公室；下设农业机械技术培训学校、农业机械安全监理站、农业机械技术推广站。

【农业机械安全监理】 2007年，在册拖拉机5773台，拖拉机驾驶员2327人。结合“两节”、“3.15”、“五．一”黄金周、“六月安全生产月”、“十一”黄金周等重大节假日，出动监理车辆101台次，监理人员214次，对全县16个乡(镇)重要路段、事故多发地段检查拖拉机9496台次，纠正各类违章573人次；全县共落户拖拉机2166台，检审率98%。2007年3月，农业部印发《联合收割机驾驶证业务工作规范》和《联合收割机登记工作规范》，自2007年5月1日起施行，全面规范了联合收割机驾驶人考试、驾驶证核发、联合收割机登记、牌证管理等业务工作。5月，县农机局印发《寻甸回族彝族自治县重特大农机事故应急处理预案》，提高了农机部门处置突发事故的应急能力，确保重特大农机事故突发时实施有效的救援，减少人员和财产的损失。

2008年，紧紧围绕“治理隐患、防范事故”的总体部署，强化源头管理，开展“创建平安农机、畅通寻甸”为主题的农机安全宣传活动，发放1.5万多份农机安全宣传资料，开展农机安全隐患排查共512起；年底全县拖拉机新登记落户1201台，检审率95%。1月，印发《农田作业型拖拉机管理办法》，自2008年1月1日起实施。本办法加强了农田作业型拖拉机的管理，有效解决了此类型拖拉机未纳入牌证管理存在的脱管、漏管等安全隐患问题。制定了《寻甸县农机监理痕迹管理工作要求》，全面规范了农机监理业务、安全检查、安全宣传教育等方面的痕迹管理和档案保存等基础性工作。2007－2008年创建“平安农机”示范乡(镇)2个，示范村10个，示范户120个。

2009年，以“文明监理、优质服务为宗旨”，统一印发了“农机驾驶操作人员手册”，进一步制定完善了农机事故应急预案，组织宣传车76车(次)，人员407人(次)进行全方位宣传，共发放2.88万份农机安全宣传资料，张贴宣传标语1900条，广播电视媒体宣传10次，召开拖拉机驾驶员座谈会60余次，增强群众和驾驶员安全意识和遵章守纪意识。2月印发《农机安全监理人员管理规范》和《农机安全监理机构建设规范》，6月县农机局印发《农机安全生产执法行动实施方案》，规范全县拖拉机及农田作业机具的安全生产执法行为，维护好群众的生命财产安全。县农机局印发《开展拖拉机驾驶人交通安全集中教育活动方案》，加强了拖拉机户籍化管理，严把拖拉机落户准入关和驾驶人源头管理，增强驾驶操作人员的安全意识和责任感。8县农机局制定《拖拉机驾驶人累积记分制度管理暂行办法》，并报经县人民政府批准实施。9月正式启用《云南省农机安全监理信息网络管理系统软件》，加强了农机安全监理业务规范化和信息网络化管理建设，推动农机监理工作规范化、制度化和信息化建设步伐。同月农业部农机监理总站抽调有关省农机监理总站领导组成督查组对我寻甸的农机安全及农机监理规范化建设工作进行督查，检查组对寻甸县的农机安全监管和规范化建设的工作给予肯定，七星镇、仁德镇于2009年受到昆明市农业局的表彰，被评为创建“平安农机”示范乡(镇)工作先进单位。

2010年，在册拖拉机8168台，已检4317台。办理拖拉机注册登记70台，其中大拖拉机66台，小拖拉机4台。拖拉机驾驶人4529人。8月，县农机局印发《关于对拖拉机和驾驶操作人员进行基础信息登记工作的通知》，加强“丘北经验”推广工作力度，10月制定《拖拉机户籍化管理建档流程说明和要求》，规范和完善全县拖拉机户籍化管理工作，充分发挥农机在预防和减少农村道路交通安全事故中的积极作用。11月对已脱检两年或两年以上的730台拖拉机进行强制注销技术登记，使在册数与拖拉机实际数更加相符。监理站连续四年在昆明市农机安全目标管理考核中被考评为优秀等次。

【农业机械技术培训】 2007年，共培训车辆1728人次，其中大车类540人次，小车860人次，拖拉机328人次；举办茶艺培训班一期，培训学员36人，全部取得初级茶艺师证；举办新农村建设实用技术培训班一期，培训学员216人；举办餐厅服务员培训一期，培训学员91人；举办汽车修理工培训班一期，培训学员156人；举办水电工培训班一期，培训学员47人；与云南省综合技工学校联合举办的机电机械技工班在农机局正式开办，共招收学生64人。

2008年，投资86万元建盖教室和学生宿舍，投资30万元加强绿化、美化和亮化工作。全年共培训拖拉机驾驶员417人；汽车驾驶员理论考试1800人；举办职业资格培训620人，引导性技能培训316人；培训洗衣师33人，招收化工技校学生174人，输出机械机电班学生64人到省技工学校进行再培训。

2009年，完成大、小拖拉机培训1452人，汽车学员实作毕业发证932人，举办农机修理工培训720人，农村富余劳动力转业培训1547人，输送化工专业学生174人到省技工学校，招收一个农机化专业函授本科班34人。

2010年，完成各种培训5607人，其中大、小拖拉机培训720人，农机修理工培训720人，农村富余劳动力转移培训1547人，大、小汽车学员理论培训1452人，汽车学员实作培训毕业发证932人，化工专业技校培训236人。年内颁布《农机促进法》。

【农业机械技术推广】 2007年，全县农机化作业服务组织达4798个，农机化从业人员6394人，农业机械总动力达18974万瓦特，农机化总收入6277万元；拥有大中小型拖拉机4415台，农副产品加工机械3126部，机动脱粒机2629台，农用排灌机具891台。

2008年，农业机械总动力达24417万瓦特，农机化总收入达7800万元，拥有大中小型拖拉机8151台，农副产品加工机械3210部，机动脱粒机2650台；完成全县11个乡镇烤烟样板地机耕3.9万亩，完成小麦机收5000亩，完成跨区作业机耕2000亩；争取中央财政农机购机补贴项目资金100万元，受益对象289户，购买农机具304套；

2009年，农业机械总动力达27350万瓦特，农副产品加工机械3450台，农用排灌机具986台；完成11个乡(镇)烤烟示范区8万亩机耕工作；完成马铃薯挖掘500亩，机收小麦1.5万亩，机收水稻5000亩，新增培养农机专业户1户；争取中央财政农机购机补贴项目资金100万元，发放农机具380台(套)。

2010年，农业机械总动力达28632万瓦特，农机化总收入达8000万元；拥有大中小型拖拉机8186台，完成机耕机耙面积17万亩，投入抗旱物资48万余元，出动拖拉机运水1000余台次，发放各种抽水机294台；农机购机补贴各类农机具882台，使用农机购机补贴专项资金232万元，拉动农民自筹资金1072万元。

【招商引资】 2008年，引进4家销售农机具的销售商，新建农机大市场，投入资金920万元。

2009年，联系跟踪云南骏宝工业园区开发有限公司的新型摩托车发动机组装项目，到位注册资金300万元；完成无尘招商引资任务2000万，成立寻甸农机大市场。

2010年，微创外科医院落户寻甸农机局，一期到位资金3000万元。

【表彰奖励】 2009年被昆明市农业局授予“年度工作一等奖”称号；2009年被昆明市人民政府授予“2009年度昆明市文明单位”称号；2009年创建县级园林单位，2010年创建市级园林单位。

【领导名录】

局　　长：张正喜(2007.1－2008.6)

总支书记：陈鸿庆(2007.1－2010.12)

副 局 长：吴玉礼(2007.1－2010.12)

（撰稿：王中强）

烟　草

【县烟草公司】 寻甸回族彝族自治县烟草专卖局(公司)成立于1984年1月，隶属于曲靖市烟草企业。1999年2月1日，行政区划昆明市烟草企业。2007年1月1日，昆明市烟草企业工商分设。云南省烟草寻甸回族彝族自治县公司名称更改为：云南省烟草公司昆明市公司寻甸烟草专卖局(分公司)。2010年底，公司下设2办6科和14个烟叶站。即：综合办公室、财务会计科、专卖监督管理办公室、(专卖稽查服务中心)人事劳资科、安全保卫科、管理信息科、客户服务分中心(卷烟销售科)、烟叶管理科、烤烟技术推广站，河口烟站、七星烟站、塘子烟站、金所烟站、羊街烟站、先锋烟站、柯渡烟站、鸡街烟站、倘甸烟站、凤仪烟站、金源烟站、甸沙烟站、功山烟站。

2010年，分公司有从业人员270人，无聘用员工。

【烤烟生产】 2007年，全县种植烤烟13.16万亩，指令性收购量36.6万担，(含1.5万担出口备货)，实际收购烟叶36.32万担，占计划的99.11%。实现产值2.23亿元，均价12.40元/千克，分公司实现利润6394万元，实现税利1.44亿元。

2008年，全县种植烤烟14.98万亩，完成收购烟叶41.6万担(含2.7万担出口备货)，实现产值3.02亿元，比上年增加6375万元。上中等烟叶占92.72%，其中上等烟叶占57.75%，中等烟叶占34.97%；烤烟收购均价14.51元/千克；烤烟销售金额3.02亿元，同比增长27.84%；亩产量138.85千克，亩产值2014.37元；烤烟农特税6638.5万元。

2009年，全年种植烤烟14.52万亩，收购烤烟43万担；烤烟销售金额5.58亿元，同比增长7.32%；上中等烟叶占91.89%，其中上等烟叶占49.1%，中等烟叶占42.79%；烤烟收购均价15.31元/千克；亩产量148.07千克，亩产值2267.27元；烤烟农特税7242.6万元。全年“两烟”销售收入7.41亿元，同比增长6.89%；“两烟”税利1.68亿元，同比增长8.74%；“两烟”利润5757万元，同比减少611万元。

2010年，全县计划种植烤烟14.82万亩，指令性收购烟叶44.4万担。市局(公司)增加抗旱救灾面积1.79万亩，收购量5.6万担，实际种烟16.61万亩，收购量50万担，均价14.12元/千克，上等烟比例46.2%，中等烟33.37%，实现产值3.52亿元。

【卷烟销售】 2007年，卷烟销售1.33万箱，销售额1.63亿元，毛利率24.76%；单箱销售收入1.21万元，单箱毛利24.56%；一、二类烟比例12.32%。

2008年，全年销售卷烟1.56万箱，同比增长15.13%，卷烟销售收入19814万元，同比增长21.4%；单箱销售收入1.27万元，同比增长5.44%；毛利率24.74%；销售一、二类卷烟占销售卷烟的21.67%，同比增长9.35%；销售省外卷烟1895箱，占销售卷烟的12.53%。

2009年，全年销售卷烟1.61万箱，同比增长3.07%；综合毛利率24.89%；同比增长0.15%；单箱销售额1.32万元，同比增长4.08%；销售额2.13亿元，同比增长7.27%。

2010年，全年销售卷烟1.72万箱，同比增长6.96%；一、二类烟比例6.39%，同比增长2.25%；综合毛利率25.01%，同比增长0.12%；单箱销售收入1.52万元，同比增长14.65%；销售额2.61亿元，同比增长22.62%。

【专卖管理】 2007年，结合“风暴行动”，主动联合公安、工商部门出动“打假打私”2313人次，查处各类案件109起，其中查处无证运输案件1起，无证经营案件60起，非渠道卷烟案件35起，烟叶案件5起；查处各品牌假冒卷烟46.25箱，捣毁制假贩假藏假窝点3个，查获制假设备3台，查处非渠道卷烟18.1箱，查获违法烟叶32.6吨，查获制假烟丝1.68吨，移交公安机关立案侦查涉烟案件7起。

2008年，查处涉烟违法案件86起，查获各类假冒卷烟43.44箱，案值35万元；查获非法烟叶案件8起，查获非法烟叶105.3吨，案值214.31万元；上缴罚没款18.36万元；移送公安机关涉烟案件5起，公安、司法机关依法刑事拘留6人，逮捕4人，判刑4人。

2009年，查处涉烟违法案件55起；查获假冒卷烟135.3万支(27.06箱)，查获非法烟叶38.23吨；打掉制假窝点1个，贩藏假烟窝点2个，案值151.04万元，上缴罚没款21.55亿元；公安、司法机关依法刑事拘留14人，逮捕3人，判刑3人。

2010年，共出动执法人员2200人次，查处涉烟案件37起，查获各类假非卷烟2977.8条，查获非法经营烟叶40.29吨，螺杆式手动打包机2台；办理零售许可证286户，清理整治了140户无证经营户，取缔停业了30户，有力地净化了市场秩序，维护了国家利益，烟农日益和消费者利益。

【基础设施建设】 2007年，全县共投入烟水工程资金1295.41万元，建成项目14个，受益面积2.03万亩，投入烤房建设资金62.5万元，新建烤房群5个25座，烘烤受益面积0.05万亩。

2008年，全县共投入资金2300万元用于烟水工程建设，密集式烤房新建和改建；建成烟水工程1303件，其中：水池322个，沟渠115件(67.69千米)，管网6件，小坝塘1件，机耕路11条(6.43千米)；建设密集式烤房370座；基础设施工程受益3.47万亩，受益农户5602户；投入烤房资金925万元，建成烤房群56个370座。

2009年，全县投入3233.16万元(烟草行业补贴3232.01万元，其中，申请国家局补贴1938.04万元，省内烟草系统配套投资1293.96万元)；完成烟叶生产基础设施建设项目723件；建成水池306个，沟渠87条，管网5条，泵站3个，机耕路7.2千米，购置烟草农用机械7台；新建卧式密集型烤房

300座，烟水配套工程受益面积2.63万亩，受益农户0.47万户；投入烤房建设资金750万元，建成烤房群56个300座；投入农机设备资金1.59万元，增加农机7台(套)，作业面积0.34万亩。

2010年，全县共投入现代烟草农业基础设施建设资金2787.85万元，建成烟水工程192件，受益面积2.52万亩；投入烤房建设资金1517.5万元，建成烤房群65个607座，烘烤受益面积1.21万亩；投入农机设备资金26.82万元，增加农机24台(套)，作业面积0.78亩。

【领导名录】

党总支书记：

张勇民(-2007.10)

经理：毛学山(-2007.10)

党总支书记、局长、经理：

李树云(2007.10—)

副局长、副经理：

张树宽(-2009.03)

副书记：张树宽(2009.03 -2010.01)

工会主席：张树宽(2008.01 -2009.03)

初晓军(2010.03 -)

副局长：初晓军(2009.03 -)

副经理：马成明

薛建康(2008.07 -)

欧阳进(2010.03 -)

(撰稿人：王汉明)

工　业

工业综述

专项规划编制扎实开展，可持续发展保障有力。完成《寻甸工业产业发展规划》、《寻甸特色产业园区总体规划修编》、《寻甸特色产业园区生态发展规划》、《金所工业片区控制性详规》、《羊街装备制造园规划》；初步完成《塘子工业片区控制性详规》、《寻甸交通物流发展规划》；启动《金所工业区商业服务区修建性详细规划》和《寻甸县"十二五"工业经济暨园区发展规划》编制。这些规划的编制和组织实施，为实现工业可持续发展提供了重要保障。

工业经济总量持续增长，工业发展取得突出成就。全县工业总产值2007年20.86亿元，增长50.1%，2008年30亿元，增长39.5%，2009年36.99亿元，增长21.8%，2010年38.8亿元，增长5.5%；工业增加值2007年5.7亿元，增长42.8%，2008年7.54亿元，增长34.4%，2009年7.13亿元，增长15.5%，2010年9.58亿元，增长10.1%。全县工业企业数2007年66户，2008年116户，2009年79户，2010年79户，工业经济总量不断增长，增速加快，工业在国民经济中的主导地位明显增强。

工业结构调整加快推进，主导产业初步形成。成功引进四川龙蟒、云南煤化、云南泰康消防化工、楚雄奕标等一批企业集团入驻园区集聚发展，改造提升传统产业，推进工业转型升级，促进工业经济总体实力增强和发展水平提升。全县规模以上工业企业发展数2007年16户，实现总产值17.83亿元，增长58.27%，增加值5.1亿元，同比增长44.09%，2008年18户，实现总产值26.6亿元，增长49.2%，增加值6.64亿元，同比增长40.1%，2009年20户，实现总产值32.56亿元，增长20.5%，增加值6.03亿元，同比增长15.5%，。2010年20户，实现总产值33.8亿元，增长4.6%，增加值6.13亿元，同比增长17.2%。完成工业固定资产投资：2007年5.35亿元，增长237%，2008年10.7亿元，增长100.4%，2009年14.56亿元，增长35.76%，2010年23.73亿元，增长35%；工业发展后劲明显增强，磷化工、煤化工、建材、装备制造、生物制药、农副产品加工和现代物流七大主导产业初步形成。

工业园区建设深入推进，重化工业与能源基地初具雏形。寻甸县被列为全省40个工业发展重点县和8个特色产业园区之一，完成特色产业园区管委会组建，规范园区建设和管理机制；启动特色产业园区总体规划修编，完成金所片区3平方千米核心区控制性详规的编制；累计新征土地7995亩，完成"五通一平"及履盖面积2180亩；完成园区道路建设8.46千米；建成标准厂房21244平方米。220kV清水海输变电工程已投入使用，110kV金所输变电工程已完成工程验收。园区日处理6000立方米污水处理项目加快推进。

非公企业不断发展壮大，成为经济发展重要力量。全县非公经济增加值2007年12.32亿元，增长237%，2008年12.5亿元，增长30%，2009年15.5亿元，增长21%，2010年18亿元，增长5%；占地区生产总值的比重达50%，非公经济在繁荣经济、增加就业、改善民生等方面，发挥着越来越重要的作用。

节能减排工作扎实推进，经济增长方式明显转变。全县万元GDP能耗同比降低率分别为2007年7.99%、2008年4.01%、2009年4.6%和2010年4.7%，完成30户企业清洁生产审核、6户企业能源审计，拆除7条共36万吨立窑水泥生产线、2条共6000吨小黄磷炉生产线，2条共10万吨焦炉生产线。推广节能灯60万只。

市场体系建设日新月异，商贸流通业繁荣发展。全县建成专业市场2个，主要经营涉及农副产品、建材等领域；建成1000平米以上商场3个，省级集贸市场1个，市级集贸市场1个，乡（镇）集贸市场5个，再生资源绿色回收站（点）20个、商品物资配送中心2个、标准化农家店120个，生猪定点屠宰厂1个，食盐配送中心2个。备案家电下乡产品销售企业97户，拥有合法经营加油站（点）49座。全县社会消费品零售额2007年7.52亿元，同比增长26.6%，2008年8.65亿元，同比增长15.4%，2009年10.22亿元，同比增长18.06%，2010年12.81亿元，同比增长20.89%。

对外开放规模不断扩大，招商引资取得显著成效。2007年共引进项目11个，到位资金8.07亿元，到位外资239.1万美元，2008年共引进项目44个，到位资金10.9亿元，到位外资635万美元，2009年共引进项目101个，到位资金15.39亿元，到位外资240万美元，2010年共引进项目62个，到位资金18.48亿元，到位外资234.12万美元，累计结转在建新建项目218个，实际到位市外资金52.84亿元，实际利用外资1401.06万美元。外贸进出口创汇2007年145万美元，增长245.3%，2008年398万美元，增长175%，2009年553万美元，增长100%，2010年559.01万美元，增长1.1%。累计完成约1300万美元。

企业改革改制稳步推进，国有集体资产有效盘活。通过收购、拍卖、兼并、破产等有效方式，先后完成化工厂、化工一厂、化肥厂、金石公司、建筑公司、乡镇企业供销公司的改革改制；基本完成县日化厂、印刷厂、民族织染厂、五金厂、先锋磷矿改革改制工作。

工业经济

【工业经济运行情况】 2007年，完成工业总产值20.86亿元，同比增长50.1%；完成工业增加值5.7亿元，同比增长42.8%，其中，规模以上工业企业完成工业总产值17.09亿元，增加值5.1亿元，实现销售收入15.6亿元，利税2.17亿元。

2008年，全县工业总产值累计完成30亿元，同比增长39.5%，完成计划目标的100%；实现工业增加值7.54亿元，同比增长34.4%，完成计划目标的100.5%；其中，全县18户规模以上工业企业完成产值26.6亿元，同比增长49.2%；实现增加值6.64亿元，同比增长40.1%。全县工业固定资产投资累计完成10.7亿元，比上年增长100.4%。

2009年，累计完成工业总产值36.99亿元，同比增长21.8%；实现工业增加值7.13亿元，同比增长16%，其中，全县20户规模以上企业实现工业总产值32.56亿元，同比增长20.5%，实现工业增加值6.03亿元，同比增长15.5%。

2010年，全县实现工业总产值38.8亿元，同比增长5.5%；实现工业增加值9.58亿元，同比增长10.1%,。其中：全县规模以上工业企业实现总产值33.8亿元，同比增长4.6%；实现工业增加值8.5亿元，同比增长11.8%。全县累计完成工业固定资产投资23.73亿元，同比增长35%，全县规模以上工业企业达20户。

【工业固定资产投资】 2008年完成工业固定资产投资10.7亿元，同比增长35.76%，

2009年完成工业固定资产投资14.56亿元，同比增长35.76%，完成目标任务13.94亿元的104.4%。

【主要产品产量】 2007年，全县完成发电量58250万千瓦时，同比增长34%，原煤257.66万吨，同比增长18.6%，硫酸（折100%）13.98万吨，同比增长28%；黄磷33066吨，同比下降10.3%；水泥54.22万吨，同比下降2.4%；磷肥57509吨，同比增长46.9%；红砖14100万块，同比增长2%。

【招商引资项目引进】 牢固树立“大招商促大发展，大发展靠大项目”观念，充分挖掘潜力，努力开展招商引资工作。2007年，共引进项目11个，在昆交会上正式签订工业项目4个，协议引资52.35亿元，到位资金8.07亿元。项目涉及煤化工、装备制造等产业。

2008年，引进项目44个，其中重大项目16个，协议引进内资93亿元，外资1.52亿美元，实际到位市外资金10.9亿元，占目标任务的109%。实际到位外资635万美元，完成全年目标任务的105.8%。其中，15个工业招商引资项目到位市外资金7.5328亿元，6个建筑业招商引资项目到位市外资金3.3252亿元。全县协议引进千万元以上工业项目8个，协议引资109.63亿元，项目涉及煤化工、装备制造、有色金属、精细磷化工、建材等产业。已落地建设项目3个，即年产25万吨干粉灭火剂项目、年产20万立方米加气增压混泥土项目和腐殖酸生物化工项目。

2009年，协议引进资金9000万元，其中，南磷集团日产2000吨电石渣综合利用新型干法水泥熟料生产线项目6000万元、褐煤蜡系列产品综合开发项目2000万元，龙蟒公司氟废气深加工项目1000万元，3个项目2009年累计完成投资1亿1275万元。

2010年，全县招商引资实际到位资金结转往年在建、新建项目62个，实际到位市外资金18.48亿元，实际到位市外资金占市政府下达实际到位资金15亿元的123.2%；市内县外项目18个，实际到位资金10.8亿元，占目标任务8亿元的13.47%。实际到位外资234.12万美元，占目标任务的156.08%。

【基础设施建设】 2007年围绕把寻甸建设成为新兴的重化工与能源基地目标，按照“一园三区四组团”总体布局，为园区储备土地4000多亩。投资1800万元的金河大道建成投入使用；投资450万元的2号道路路基通过验收；投资500万元的主干道已完成90%，油路工程进入招标；3号道路已初具雏形，4号道路正进行招投标；园区商贸区全部规划及征地工作完成，土石方回填工程完成80%；园区供水管网已铺设。寻甸变电站至园区35KV配电线路已投入使用，110KV变电站，220KV变电站选址和初步设计工作已完成；南磷集团、龙蟒集团排渣场及龙蟒2×7千米排渣管道已建成使用；投资5000万元的污水处理厂项目正在论证中，建成长13千米、总投资1000万元的排污管线。

【重点项目建设】 2007年，云南南磷集团寻甸磷电有限公司年产10万吨PVC、10万吨烧碱项目累计完成投资10.7亿元；计划投资15亿元扩建年产13万吨PVC、10万吨烧碱、1.5万吨四氯化钛生产装置和150MW火力发电机组的三期项目，已开工建设。寻甸龙蟒磷化工有限责任公司20万吨饲料及磷酸盐项目已建成试车生产，配套建设余热发电装置建成投入使用，完成投资3.9亿元。滇木公司计划投资4800万元建设年产5万立方米的中（高）密度纤维板生产线项目建成投产。云南邦立圣电力器材有限公司计划投资2600万元建设16500吨/年输电线路器材生产项目，完成投资2000万元。云南东源先锋环境科技股份有限公司计划投资5000万元建设年产1万吨泥清处理剂硅藻土系列产品开发项目，完成征地和场地平整。计划投资31亿元的先锋褐煤洁净化利用试验示范项目，正在进行规划、环评等前期工作。

2009年，龙蟒公司30万吨/年饲料磷酸盐、南磷集团日产2000吨水泥熟料、泰康公司年产25万吨磷酸铵盐干粉灭火剂、东源公司年产2万吨硅藻土沥清改性剂、常青树公司年产10万吨二铵、固磊公司年产20万立方米加气增压混泥土等项目顺利投产；先锋煤业公司年产300万吨露天煤矿扩建、南磷集团39万吨/年聚氯乙烯树脂、配套30万吨/年离子膜烧碱等二期续建项目加快实施；先锋化工公司先锋褐煤洁净化利用试验示范等项目顺利开工；东山公

司日产 2500 吨新型干法水泥熟料技改等项目正积极开展前期工作。

2010 年，先锋化工公司先锋褐煤洁净化利用试验示范项目全面开工建设，累计完成投资 12.43 亿元，当年完成投资 5.7 亿元；先锋煤业公司露天煤矿年产 300 万吨扩建工程全面推进，累计完成投资 3.27 亿元，当年完成投资 0.69 亿元；南磷集团 30 万吨/年烧碱、39 万吨/年聚氯乙烯技改项目一期（10 万吨/年烧碱、13 万吨/年聚氯乙烯）已竣工，累计完成投资 6.77 亿元；东山公司日产 2500 吨新型干法水泥熟料项目开展前期工作，泰康公司年产 25 万吨磷酸铵盐（ABC）干粉灭火剂及云岭建材公司日产 2000 吨新型干法水泥熟料技改项目试车生产；龙蟒公司 33 万吨硫磺制酸项目已竣工并试车生产。

【人才培训】 对企业管理人员进行生产、经营、安全、节能等培训，培训人员 2000 余人。其中蓝色证书培训 154 人，职业技术鉴定培训 57 人。

【技术改造】 2007 年，全年累计实施工业技改项目 28 个，重点技改项目 5 个。重点技改项目计划投资 5.48 亿元，实际完成 3.96 亿元。寻甸腾隆焦化有限公司计划投资 2.5 亿元，进行 20 万吨机焦、1 万吨煤焦油、5000 吨初苯生化回收装置系统技改，完成投资 2 亿元，建成 20 万吨机焦生产线。云南南磷集团寻甸磷电有限公司计划投资 1.87 亿元，建设日产 2000 吨综合利用电石渣技改建设新型干法水泥熟料生产线，完成投资 1.2 亿元。寻甸龙蟒磷化工有限责任公司计划投资 7032 万元，进行年产 33 万吨硫磺制酸、年产 30 万吨饲料磷酸盐配套 75T 锅炉暨 6000KW 热电联产技改项目，完成投资 6000 万元。云南金柯制药有限公司计划投资 4000 万元，进行 2 亿套降解脱毒餐具及 3500 吨马铃薯全粉技改，完成投资 1500 万元，2 亿套降解脱毒餐具生产线完成技改投产。寻甸东发食品有限公司计划投资 134 万元，进行牛肉食品精品加工技改项目建成投产，实际完成投资 110 万元。

【节能减排】 2007 年，4 户规模以上工业企业通过清洁生产达标验收，1 户待验收，正在进行清洁生产设计规划的 4 户，8 户规模以上企业正在组织清洁生产审核培训等相关工作。全年淘汰拆出 3 条共 15 万吨立窑水泥生产线和 2 条共 6000 吨的黄磷生产线。

2008 年，进一步完善工业企业节能降耗目标责任制，与 18 户规模以上工业企业签订了节能减排目标责任书，推进节能减排工作。积极开展节约能源宣传活动，定期不定期地对年综合能耗在 2000 吨标准煤以上的重点耗能企业进行检测和抽查，实行季度常规检查。推进企业能源审计及评估工作。组织开展清洁生产审核，全县 18 户规模以上工业企业，累计完成 8 户清洁生产审核，其余 10 户企业清洁生产审核工作正在有序实施中。积极推行清洁生产，促进资源综合利用。旭东化工厂投资 860 万元对磷炉、电机系统、尾气综合利用进行改造，龙蟒公司投资 900 万元完成输渣管线改造，三月三水泥厂投资 60 万元安装三套玻纤布袋除尘设施，奕标公司投资 1430 万元对生活污水循环治理和窑尾废气过滤系统进行改造，国能公司启动实施了一、三系统尾气吸收塔改造工作。大力推广高效节能照明产品。在 16 个乡（镇）、县直单位、企业推广 33 万只高效绿色照明节能灯，据测算，31 万只节能灯年可节约用电 2976 万度，节约电费 1426 万元。

全县规模以上工业企业万元增加值能耗同比下降 23.7%，超额完成全县万元增加值耗能下降 6.5% 的目标。全县单位 GDP 能耗下降 5%。

2009 年，深入贯彻落实《清洁生产促进法》和《云南省清洁生产促进条例》，组织开展二期 100 余人参加清洁生产审核培训。鼓励和引导南磷集团实施 2.5 万吨黄磷生产尾气净化利用、黄磷厂 4#炉节能、褐煤蜡系列产品综合开发改造项目，改造建设县三月三水泥厂、县双龙水泥厂 60 万吨/年水泥粉磨站，推进东山公司 2500 吨/年新型干法水泥熟料生产线技改等一批项目。其中凤仪磷肥厂 50 万吨/年过磷酸钙项目完成投资 2000 万元；南磷集团 4#炉节能改造项目完成投资 640 万元；国能公司硫酸生产线改建项目完成投资 1956 万元；龙蟒公司氟废气深加工项目完成投资 1800 万元。成立淘汰落后产能清产核资领导小组，拆除东山、三月三、双龙 3 条共 26 万吨立窑水泥生产线。加强重点企业节能减排的监督检查力度，对年综合能耗在 2000 吨标准煤以上的重点耗能企业进行检测和抽查，实行季度常规检查、能耗指标月报跟进制度，认真做好规模以上工业企业能源统计监测工作。完成清洁生产审核 15 户，能源审计 5 户，节能灯推广 20 万只。

2010 年，全县万元 GDP 能耗同比下降 4.7%，规模以上工业企业万元增加值能耗同比下降 8.4%。全县 5 户企业通过清洁生产审核验收；3 户企业完成能源审计报告。完成寻甸腾隆焦化有限公司 2 条共 10 万吨焦炉、马街水泥厂 5 万吨立窑生产线淘汰、拆除工作。开展技术改造项目 10 个，推广节能灯 13.2 万只。

【改革改制】 2007 年，完成了县建筑公司的改制工作，兑现了职工身份置换金，对退休人员进行了移交。县砖瓦厂的改制工作已全面启动。县印刷厂的改革改制方案已上报审批。

2008 年，实行干部职工挂钩企业推进责任制，通过深入调研，摸清未改制 8 户国有集体企业的基本情况，对列入今年改制的县砖瓦厂、县先锋磷矿、县五金厂、县印刷厂进行强制推进。县五金厂、县印刷厂、县先锋磷矿三户企业的资产评估已全部结束，《企业改制方案》已全部制定并经全体职工会通过，已进入报批阶段；县砖瓦厂由特色产业园区出资收储 320 亩土地，用土地置换资金进行改制，现正筹措资金，资金到位即可组织实施。做好信访工作，把问题处理在萌芽状态，解决在基层，全年共接待来人来访 35 件 120 人，处理来信、县领导批转件和上级部门交办件 19 件，已办结 19 件，办结率 100%。做好最低生活保障工作，新申报 73 户，重新申报 448 户。

2009 年，推进国有企业改革改制工作，县日化厂、县印刷厂、县民族织染厂、县先锋磷矿、县乡镇企业局供销公司已基本完成在职职工身份置换，并解除了劳动合同，办理了失业证等相关手续；县农机修造厂《企业改制方案》上报审批。努力做好信访工作。共接待来人来访 6 件 24 人，处理来信、县领导批转件和上级部门交办件 10 件，已办结 10 件，办结率 100%。认真做好企业职工最低生活保障工作。新申报最低生活保障 38 户，申报基本医疗救助 25 人，申报廉租房 80 户，廉租房补贴 52 户，发放临时困难救助金 4.5 万元，惠及 69 人。

【安全生产】 2007 年，全面落实安全生产目标管理责任制，开展多种形式的安全生产宣传教育活动，建立健全安全生产台帐，深入开展安全生产专项检查，加大安全生产检查和隐患排查力度，查处存在问题并提出整改意见 102 条。

2008 年，认真贯彻落实“安全第一，预防为主”的方针，树立“安全也是生产力”的思想，把安全生产列入重要议事日程，做到主要领导亲自抓，分管领导和责任科（室）全力抓的工作机制。督促企业制定安全生产管理制度，加强企业应急管理基础工作，做好安全生产应急预案的制定和修改；开展隐患排查治理行动，进行安全生产专项督查，共编制安全生产预案48个，查出非煤矿山、重点企业、加油站、超市等各类安全隐患25条，限期整改25条。

2009年，共查处煤矿、重点企业、加油站、超市等各类安全隐患210条，现场整改203条，限期整改7条。同时围绕达产、达标、节能降耗目标，加强企业的各项内部管理工作，充分挖掘企业内部潜力，从而促进企业高速、高效、安全发展。

【非公经济发展】 2008年深入贯彻落实省、市、县关于加快非公有制经济和中小企业发展的一系列政策，着力解决好非公经济在金融支持、税费征收、土地使用、对外合作、维权保护等方面存在的困难和问题；督促企业诚信经营，依法纳税，切实承担社会责任，开展企村结对工作，已累计完成8对，积极参与公益事业建设，共同构筑新农村。按云南省著名商标、名牌产品认定办法要求，组织5户企业参与省级著名商标申创，组织5户企业参与省级名牌产品申创，组织8户企业参与市级知名商标申创，组织11户企业参与市级名牌产品申创。全县非公经济完成增加值12.5亿元，增长30%，完成计划目标12.48亿元的100.2%。非公经济从业人员达3.581万人。

2009年完成非公经济增加值15.5亿元，同比增长21%，完成目标任务15.5亿元的100%；实现税收总额1.21亿元，同比增长40.42%，完成目标任务1亿元的118.14%；从业人员达3.8354万人，新增2554人。

2010年实现非公经济增加值18.5亿元，完成目标任务18.3亿元的101.1%，增5%。非公经济增加值占地区生产总值的比重达50.87%。全县非公经济从业人员达4.01万人，新增2736人

【强化服务企业】 2008年积极扶持企业。争取省、市级新型工业化发展等各类资金扶持项目26个，到位资金达1529.5万元。其中，关闭小企业中央财政专项补助资金100万元，淘汰落后产能中央财政奖励资金75万元，省级软环境建设资金300万元，省级新型工业化资金200万元，省级节能降耗资金150万元，省级乡镇企业扶持资金130万元，市级软环境建设资金260万元，市级中小企业扶持资金190万元，市级节能减排扶持资金59.5万元，市级市场建设扶持资金40万元，市级乡镇企业贴息资金25万元。加强企业与银行部门的联系。促进银企合作，帮助企业拓宽融资渠道。加强与县直部门的协调合作。为企业和项目提供环评、土地、用水、用电、办证等全方位服务，努力创造良好的建设和发展环境。强化对企业生产经营和项目建设的综合协调服务。及时研究解决企业在煤、电、油、运、资金等生产要素供应中存在的突出问题，促进企业正常经营。每季度组织一次县企业“两会”活动。重点进行工业经济运行分析，听取和协调解决企业建设发展中遇到的困难及问题。

2009年，争取资金扶持企业。争取到位资金1195.5万元。强化电力保障，保障全县重点企业的生产用电需求。强化运力保障，为重点企业原材料购进和产品外销创造条件。强化企业生产用煤供应，为规模以上重点企业争取与阳宗海发电公司同质同价生产用煤需求。注重培训。全系统共开展和参与蓝色证书培训1075人，短期培训219期6092人，职业技能鉴定69人，煤矿从业人员复训63人，累计投入经费118万元。

【建设园区】 2008年配合园区管委会认真组织开展工业园区总体规划修编工作，其中，金所工业片区详规工作，委托昆明市规划设计院经开区分院进行金所核心区今明两年重点发展的3平方千米规划区的控制性详规编制工作，完成详规编制文本初稿。切实推进园区基础设施建设，园区累计完成总长度6.1千米的金河大道、1号、2号、4号路四条园区主干道路建设。完成龙蟒集团14千米渣管及渣场工程，完成南磷集团17千米排污管线工程。完成商贸服务区规划和土方回填工程。为龙蟒、滇木各建成35KV电力线路1条。初步完成园区220KV和110KV变电站的立项批复和选址工作。完成土地收储2847亩，其中，先锋露天煤矿300万吨扩建工程977亩，泰康公司25万吨干粉灭火剂项目200亩，先锋褐煤洁净化利用试验示范项目1170亩，多晶硅项目500亩。

【煤炭行业管理】 2008年按照“既要保证关闭到位，又要注意与资源整合、矿井改扩建等有机结合”的要求，通过多方征求意见，形成《寻甸回族彝族自治县煤炭资源整合方案（修改稿）》，经云南省煤炭资源整合工作领导小组批复。认真贯彻落实省、市电煤供应工作会议精神，加强与各煤矿企业的协调，确保阳宗海电厂、南磷集团电煤供应及县内企业生产用煤。

2009年指导、协调和督促先锋露天煤矿年产300万吨扩建工程。认真贯彻落实省、市电煤供应工作会议精神，确保阳宗海发电公司电煤及县内企业生产用煤供应。整顿煤矿生产经营秩序，强化煤矿安全隐患治理工作，确保煤矿生产经营秩序正常，未发生任何安全事故，百万吨死亡率为零。

乡镇企业

【乡镇企业发展】 2009年，完成乡镇企业增加值11.84亿元，同比增长20%，实现税收总额1.44亿元，同比增长11%。实现农产品加工总产值1.87亿元。

2010年，完成乡镇企业增加值14.22亿元，同比增长26.9%，其中，完成工业增加值8.87亿元，同比增长22.5%，完成农产品加工销售产值2.33亿元，同比增长25.3%。

【主要经济指标】 2007年，完成总产值29.88亿元，同比增长19.06%；实现营业收入27.44亿元，同比增长20.24%，完成增加值9.04亿元，同比增长26.07%；上交税金1.86亿元，同比增长63.4%。

2008年，完成总产值28.25亿元，实现营业收入53.78亿元，完成增加值7.86亿元；上交税金1.35亿元。

2009年，完成总产值40.74亿元，实现营业收入36.1亿元，完成增加值11.21亿元，上交税金1.38亿元。

2010年，全县完成乡镇企业增加值14.22亿元，同比增长26.9%，其中，完成工业增加值8.87亿元，同比增长22.5%，完成农产品加工销售产值2.33亿元，同比增长25.3%。

【企业分类】 2007年全县不含个体工商户，共有法人企业乡镇企业89户（其中规模以上企业16户）。按国民经济行业分：农林牧渔业6户，工业66户（采

矿业14户，制造业47户），建筑业6户，交通运输仓储业1户，批发零售业6户，住宿及餐饮业2户，其他2户。按注册登记类型分：集体企业13户，有限责任公司20户，私营企业56户。

2008年，全县不含个体工商户，共有法人企业乡镇企业95户（其中规模以上企业19户）。按国民经济行业分：农林牧渔业6户，工业71户（采矿业14户，制造业55户），建筑业6户，交通运输仓储业1户，批发零售业7户，住宿及餐饮业1户，其他3户。按注册登记类型分：集体企业13户，有限责任公司22户，私营企业60户。

2009年，全县不含个体工商户，共有法人企业乡镇企业102户（其中规模以上企业20户）。按国民经济行业分：农林牧渔业6户，工业79户（采矿业13户，制造业60户），建筑业6户，交通运输仓储业1户，住宿及餐饮业1户，批发零售业7户，其他2户。按注册登记类型分：国有企业2户，集体企业11户，有限责任公司30户，私营企业45户，其他14户。

2010年，全县不含个体工商户，共有法人企业乡镇企业102户（其中规模以上企业20户）。按国民经济行业分：农林牧渔业6户，工业79户（采矿业13户，制造业60户），建筑业6户，交通运输仓储业1户，住宿及餐饮业1户，批发零售业7户，其他2户。按注册登记类型分：国有企业2户，集体企业11户，有限责任公司30户，私营企业45户，其他14户。

【主要产品产量】 2007年，乡镇企业累计生产原煤257.66万吨，磷3.31万吨，石料37万立方米，砂及河沙26万立方米，粮食加工44万吨，粮食制品373吨，白酒1331吨，肉制品300吨，家具28940件，配合饲料2500吨，焦炭24.1万吨，石板材3万平方米，水泥54.22万吨，砖14100万块。

2008年，全县乡镇企业累计生产原煤258.41万吨，磷矿3.4万吨，白酒1975吨，焦炭16.46万吨，水泥45.95万吨，砖8343万块，发电6.6万千瓦时，黄磷3.38万吨，磷肥5.38万吨，硫酸14.03万吨，PVC7.4万吨，三聚磷酸钠3.64万吨，烧碱6.47万吨，盐酸4.63万吨。

2009年，全县乡镇企业累计生产原煤312.93万吨，黄磷3.45万吨，白酒5867吨，焦炭17.84万吨，水泥61.03万吨，砖22878万块，发电6.6万千瓦时，磷肥2.45万吨，硫酸14.93万吨，PVC11.4万吨，三聚磷酸钠5.82万吨，烧碱8.71万吨，盐酸3.58万吨。

2010年，全县乡镇企业累计生产原煤253.64万吨，黄磷3.28万吨，水泥48.11万吨，发电6.0万千瓦时，磷肥4.99万吨，硫酸14.2万吨，PVC8.33万吨。

商 务

【社会消费品零售总额】 2008年全县完成社会消费品零售总额8.65亿元，同比增长15.4%，完成计划目标100%。

2009年，全县完成社会消费品零售总额10.22亿元，同比增长18.06%，完成目标任务10.22亿元的100%。

2010年完成社会消费品零售总额12.81亿元，同比增长20.89%。

【万村千乡市场工程】 2007年，按照国家商务部制定的创建农家店标准，全力做好查缺补漏和跟踪服务，2个商品物资配送中心、50个标准化农家店建设已通过省级验收，新增营业面积7535平方米，35家村级农家店改造已通过市级验收，新增营业面积1423平方米。

2008年，以粮、肉、蔬菜、奶制品、豆制品等为重点，加强检测和行业管理，确保市场供应和销售稳定，把食品放心工程落到实处。以县城为中心，推进网点规划工作，加大农贸市场、超市等市场体系建设和管理，完成倘甸虎街农贸市场建设，推进仁德镇、鸡街乡农贸市场改造和建设。按照统筹兼顾，合理布局的原则，继续推进第三批20个"万村千乡市场工程"农家店改造建设，通过市级初验；在巩固提高通汇百货配送中心和供销（集团）总公司农资配送中心的基础上，新增环城商贸有限公司为第三方百货配送中心，进一步扩大农村新型商贸流通网络。实施"提倡绿色消费，培育绿色市场，开辟绿色通道"的三绿工程，开展"创建绿色商场、绿色饭店、绿色餐饮"活动，转变流通服务业的增长方式，创建金世纪大酒店为"绿色饭店"，通汇商贸有限公司为"绿色商场"，通过市级审核验收。支持海潮茶果公司、旭东公司、华甸公司等企业开拓外贸市场。

第三批20个"万村千乡市场工程"农家店通过市级验收，建成标准化农贸市场1个，即倘甸虎街农贸市场，在建2个，即仁德和鸡街农贸市场。

【"家电下乡"工作】 强化组织领导，成立县推广家电下乡工作领导小组。强化宣传发动。举行"家电下乡"推广工作启动仪式，开办专题电视宣传，利用宣传车进街道进社区进行宣传。强化销售网点备案。审核确定了65家销售商作为家电下乡产品的销售点，覆盖到全县各乡（镇）。强化监管服务。做好督促检查，设立投诉、咨询服务电话。强化财政补贴兑付。直接由销售网点代办申领并垫付补贴资金，极大地简化农民购买家电下乡产品手续，提高资金兑付率。2009年，全县兑付家电下乡产品8025台，兑付财政补贴资金153万元，兑付率98.4%；兑付汽车、摩托车补贴4268辆，补贴资金791万元。

【市场建设】 在重大节日和"黄金周"期间，以粮、肉、蔬菜、奶制品、豆制品等为重点，加强检测和行业管理，确保市场供应和销售稳定，把食品放心工程落到实处。以县城为中心，推进网点规划工作，与有关乡（镇）密切配合，加大农贸市场、超市等市场体系建设和管理，促进市场合理发展。目前，仁德镇南钟标准化农贸市场建设一期工程已竣工并投入使用，仁德镇农贸市场二期、凤合镇集贸市场改造建设项目正积极推进。继续推进"万村千乡市场工程"建设，构建农村新型流通体系。完成2008年农家店建设资金的兑现工作，对前三年的农家店进行审查和监督管理。2009年，市商务局下达我县建设改造"万村千乡市场工程"10户标准化农家店，创建日用消费品配送中心1个，全部完成建设，并通过市级验收。

2010年，全县建成专业市场2个，主要经营涉及农副产品、建材等领域；建成1000平米以上商场3个，省级集贸市场1个，市级集贸市场1个，乡（镇）集贸市场5个，再生资源绿色回收站（点）20个、商品物资配送中心2个、标准化农家店120个，生猪定点屠宰厂1个，食盐配送中心2个。备案家电下乡产品销售企业97户，拥有合法经营加油站（点）49座。

【商务秩序整顿】 2007年，认真贯彻国家商务部《成品油市场管理办法》，完成47户成品油零售经营企业资格证年度检审，开展成品油市场检查60人次，12车次，取缔无证经营成品油点2个。

2008年，加强成品油流通秩序的监督管理，协调中石化、中石油两大集团对寻甸成品油供应，保障农业和重点工业项目用油需求。认真贯彻落实《昆明市畜禽屠宰管理条例》等规定，深入开展生猪定点屠宰专项整治，规范肉制品流通秩序，实现城区生猪定点屠宰率达100%，检疫检验率达100%，确保上市生猪产品的质量。加大食盐市场整治力度，完善经营许可证和准入制度，加大《食盐专营办法》等条例的执法力度，查处假盐30余吨，有力地净化盐业市场。同时在相关职能部门通力配合下，深入开展奶粉、药品、农资、食品、酒类、美容美发、再生资源回收等市场专项整治。

2009年，加强成品油流通秩序的监督管理，确保供应充足，质量过硬，市场销售平稳，保障农业和重点工业项目用油需求。完成46座加油站年检，2座加油站建设验收，查处违规建设加油站2户。全年共屠宰上市合格生猪18830头，无害化处理病死猪53头，实现上市猪肉检疫及合格率100%。查获违规食盐60余吨，有效净化食盐市场，确保全年无食盐安全事故。整合再生资源回收企业。以仁德中桥废旧物资管理有限公司为试点，实现公司(市场)+社区绿色回收站+社区流动回收人员的再生资源回收模式，建立再生资源绿色回收站点20个，带动流动回收人员100余人。完善酒类流通企业备案和加强美容美发备案。在相关职能部门配合下，扎实开展药品、农资、食品等市场专项整治，切实维护市场经济秩序，保障人民群众的切身利益。

【生猪定点屠宰】 县经济和商务局牵头组织公安、工商、畜牧、食品药品监督、卫生、仁德镇等部门，在进行了10余次市场及定点屠宰企业调查的基础上，经过充分的前期准备，于2007年11月15日正式启动县城区生猪定点屠宰管理工作，先后出动执法人员230人次，发放相关法规500余份，取缔违法生猪屠宰点5个，日均定点屠宰生猪达40余头。

【盐政管理】 积极配合市盐务管理局执法队，组织乡(镇)经济贸易工作站开展盐业市场专项检查，2007年，出动执法人员70人次，车辆20台次，查获工业盐、不合格碘盐、违法运输盐25吨。

【领导名录】
局　长：梁　永(2006年11月～)
党委书记：任正龙(2005年3月～2007年11月)、黄生富(2009年6月～2010年7月)、梁　永(2010年7月～)
纪委书记：王治凯(2005年11月～2008年7月)
副局长：王斌魁(2005年3月～)、陆彦强(2005年3月～2007年11月)、陈庆云(2007年11月～)

（撰稿人：李自云）

特色产业园区

【概述】 寻甸县是云南省40个工业发展重点县、昆明市新兴的重化工业和能源基地和重要的农副产品生产、加工和供应基地。寻甸特色产业园区是云南省8个特色产业园区之一，寻甸特色产业园区于2006年11月组建园区筹建领导小组办公室，2008年4月30日正式成立园区管理委员会，管委会为县委、县人民政府派出机构，采取以实体化管理为主。园区规划核心区总面积23.2平方千米。2008年，园区根据发展需求，邀请苏州科技大学空间设计研究所时匡教授对工业园区总 体规划进行修编，新规划为“一核，一园三片，一基地”的空间结构，以仁德为核心，以金所、塘子、羊街三片形成一园，柯渡、先锋为原料基地。总规划面积71.45平方千米，其中金所片区32.64平方千米，以煤电磷化、新型能源、循环经济产业、建材产业链为主，集商贸服务为一体的新型重化工、能源及建材工业基地；塘子片区8.81平方千米，由磷硫一体、矿化冶产业区和生物制药、农产品加工区、温泉度假区三部分组成；羊街片区10平方千米，为装备制造园区，主要承接国内，省、市的“退二进三”项目。柯渡、先锋两基地20平方千米，定位为矿产资源基地，依托丰富的褐煤、磷矿、硅藻土等资源，为县域工业经济发展提供稳定的原材料保障。2010年末，园区共有入园企业54户，其中规模以上工业企业14户，从业人员7560人，已开发面积达6000亩。园区自成立5年以来，累计实现工业总产值111.3亿元，其中2010年实现工业总产值32.98亿元；实现工业增加值27.5亿元，其中2010年实现工业增加值8.14亿元，占全县工业增加值的84.9%。

【园区基础设施建设】 在硬件环境建设上，工业园区基础设施建设投资力度不断加大。按照工程建设“三高”的要求，积极争取省市资金支持，切实加强园区各项基础设施建设，土地收储及“五通一平”工作取得重大进展。在国家对土地实行最严格的控制和管理政策的前提下，园区协同县土地储备中心，5年来完成新征土地8737亩，完成“五通一平”覆盖面积5185亩。

水、电、路网建设。五年来，累计投资1.45亿元。2009年完成园区南北主干道1号路、东西次干道2号路、4号路等园区道路约8千米路面硬化。2010年开工建设商贸服务区土方回填及“一横三纵”道路路基、路面工程及排水工程，目前已完成雨污管的铺设。

2009年采取BOT模式建设运营，与云南汇润净化系统有限公司签订特许经营合同，建设金所片区污水处理厂，首期设计为日处理6000立方米污水，截止2010年12月，园区污水处理厂建设完成投资1740万元(含2009年投入的1500万元)。秉承“环保先行”的原则，切实加强环境保护工程建设，2006年龙蟒集团投资5000万元建设全长7千米渣管及渣场；2006年南磷集团投资1000万元，建成排污管线13千米；2009年投资30448.73万元完成220KV、110KV两座变电站建设情况。为满足褐煤洁净化项目用地需求，2010年投资235万元对龙蟒公司35KV电力线路进行改造，同时为满足褐煤洁净化项目用电需求，2010年投资800万元新建从清水海变电站到项目现场35KV输电线路一条。

园区亮化、美化工作。为提升园区形象，打造良好的投资、人居环境，五年来园区共投资546.45万元。2008年对金河路、园区已建成的1号路、2号路、4号路实施绿化工程；2009年对金河路、园区已建成的1号路、岔街实施亮化工程。

【园区规划】 园区总规修编工作。2008年在苏州科技大学空间设计研究所、苏州未来建筑设计有限公司和昆明市规划设计院的共同努力下，园区总规修编各项工作已完成，2010年1月19日县委召开规委会会议，原则上通过了总规修编方案，正积极着手报批。

园区金所片区核心区控制性详规编

制工作。2008 年由昆明市规划设计院经开区分院负责编制园区金所片区核心区控制性详规，在设计单位与园区规划部门的密切配合下，于 2009 年 3 月 11 日组织相关部门进行了评审。

羊街装备制造园规划工作。2009 年聘请昆明开发规划设计院、云南省机械研究设计院分别进行专项规划和可行性研究编制，2009 年 7 月 14 日规划和可行性研究通过评审。

【招商引资】 2007－2010 年来，园区始终把招商引资工作作为园区发展的生命线，采取有力措施，加强服务协调，全力推进招商引资和项目建设。抓招商，促落地，工业园区招商引资工作实现新突破。

四年来，共引进项目 18 个，总投资额达 120 亿余元，其中引进规模以上项目 17 个，分别是：2009 年引进云南煤化集团投资 45 亿元的褐煤洁净化利用示范项目；2010 年引进大唐新能源有限公司云南分公司投资 20 亿元的花石头风电场项目；2010 年引进国电云南电力有限公司投资 20.1 亿元的清水海风电场项目；2006 年引进先锋煤业公司投资 4 亿 3000 万元的 300 万吨煤矿技改扩建项目；2008 年引进云南固磊材料有限公司投资 2400 万元的加气增压混凝土项目；2007 年引进南磷一期投资 12 亿元的 13 万吨 PVC 及配套项目；2008 年引进寻甸龙蟒磷化工有限公司一期投资 2.8 亿元的 40 万吨磷酸盐项目；2008 年引进云南泰康消防化工集团寻甸公司投资 1.6 亿元开发建设的年产 25 万吨磷酸铵盐干粉灭火剂项目；2008 年引进龙蟒投资 9800 万元的 33 万吨硫磺制酸项目；2009 年引进南磷集团投资 1 亿 9000 万元利用工业废渣建设日产 2000 吨水泥熟料项目；2008 年引进滇木公司投资 5000 万元高密度纤维板项目；2007 年引进邦力圣电力器材有限公司投资 2000 万元的电力器材项目；2008 年引进南磷集团二期投资 10 亿元，年产 13 万吨 PVC、10 万吨烧碱、7 万吨磷酸、7 万吨三聚磷酸钠、1 万吨次磷酸钠、1 万吨三氯化磷、1.3 万吨亚硫酸、5000 吨褐煤蜡、20 万吨电石生产项目；2007 年引进昆明永逵工贸有限公司投资 300 万元的汽车配件项目；2008 年引进寻甸先锋硅藻土开发有限公司投资 3000 万元的硅藻土及附属产品项目等。2009 年引进其它项目 2 个，分别是旭东磷化集团、国能化工技改项目。

【投融资建设】 抓机遇，广开渠道，以融资破园区基础设施建设瓶颈。2008 年 6 月 3 日，管委会设立的园区发展市场开发主体——寻甸金泰投资开发有限公司完成登记注册，公司类型：有限责任公司（国有独资）；注册资本：人民币 5000 万元。公司投资的方针是：广开融资渠道，扩大投资资金的总量，提高资金的使用效率，有效运作国有资产，对园区路桥、给排水、污水处理、绿化、环保、房地产开发等基础设施建设各方面进行直接和间接投资。通过融资贷款，突破园区基础设施建设瓶颈，为园区基础设施建设提供有力的资金保障。下一步，在市、县的关心帮助下，我们将进一步加强公司的经营管理，强力推进园区商贸服务园的开发建设，努力实现国有资产保值增值，扩大公司的资本金。同时充分发挥好投融资职能，加大投融资工作力度，严格落实责任，充分发挥公司的贷款主体作用，努力为园区经济建设争取一批金融机构信贷资金，同时在国家扩大内需的政策背景下，抢抓机遇，积极向政府争取项目、资金、政策，为园区基础设施建设积累资金。

【园区管理】 创新机制，强化体制，积极探索实践实体化管理模式。按照"特区模式、封闭运行、管理统一、实体运作"的要求，园区积极推行"管委会、经济实体、社会中介组织"三位一体的开发建设管理模式，积极而有效地推动各项工作的顺利开展。2008 年 5 月，正式成立了园区管委会，组建了管委会党政班子，明确了管委会"一室五局"的组织机构，为实体化管理的顺利推进奠定了组织基础，提供了机构和载体保障。2008 年 6 月在全市各县区中率先制定出台园区实体化管理办法，为园区的科学化、规范化管理提供了体制机制保障。

2008 年 7 月完成了园区办公地点借地搬迁，增置了电脑、桌椅等办公用品，使办公条件得到较大改善。2008 年 7 月引进和借鉴苏州工业园区实体化管理模式具体办法，制定实施了包含 19 个单行制度的"园区管委会工作制度"；2008 年 9 月出台实施了"园区财政管理暂行办法"，实行 园区财政单列。2009 年出台实施了《寻甸特色产业园管委会公务用车管理办法》、《寻甸特色产业园管委会印章管理办法》、《寻甸特色产业园管委会投资项目代办制度》、《寻甸特色产业园区管委会服务企业暨招商引资七项制度（试行）》等制度，完善园区管理体制机制。

2008 年 8 月经县委同意，选聘 9 名人员到园区工作，面向全省公开招聘部分园区工作人员。2008 年 6 月完成园区经济实体金泰投资开发有限公司的组建，充分发挥其在园区土地一级开发、企业改制、经营建设项目等方面的主体作用，目前，公司正积极运作和参与土地收储、项目包装及资金申贷等园区开发经营工作。

【招商引资优惠政策】 建立服务型政府运作机制，保障省、市、县下达各项招商引资优惠政策落实到位。

1、财政扶持政策

市财政每年安排 1 亿元资金支持北部县区经济社会发展。

2、税收优惠政策

参照省对东川实行的税收优惠政策。对到北部四县投资新办重化工、能源和农产品深加工业的企业，实行增值税、企业所得税、城建税、房产税和土地使用税市、县级留成部分实征实返政策：从 2010 年 6 月 1 日起至 2015 年 5 月 31 日期间，实行实征减半返还政策，市留成部分留给县区。

3、项目保障政策

2005 年对北部县区凡是进入县域的投资项目，从项目开始申请就落实"国民待遇"，并予以全程跟踪服务。对北部县区电量供应实行"点对点"直供电价优惠政策。

4、服务环境政策

按照责、权、利相统一的原则，2008 年把市级经济社会管理权限下放实行属地管理。建立服务型政府运作机制，搞好对项目、企业、经济和社会的协调服务，努力提高办事效率和服务水平。

【软环境建设】 2008 年开展软环境建设。坚持简化手续，高效灵活，主动为客商提供优质服务。为新上项目建设排忧解难，自上而下形成主动为客商服务的良好氛围。把为客商满意服务作为工业园区全部工作的出发点，实施重点项目专人跟踪服务制度，积极主动帮助外商投资企业和新上项目协调用电、用水、用地及办理证照等具体工作。全面加强服务型机关建设，强化服务职能，提升服务质量，提高工作效率，营造亲商、安商、富商氛围，构建有利于资金、项目聚集的"洼地"。健全和完善招商引资目标责任管理体系，指派专人包挂项目，为新上项目建设全程定员跟踪服务，切实把为企业服务的职能落到实处，全力做好项目服务工作。

【领导名录】

罗永斌：园区党工委委员、书记(2011年5月至今)

唐　琪：园区党工委副书记、管委会主任(2011年5月至今)

林克俭：园区党工委书记、管委会主任(2008.5－2011.5)

姚海利：园区党工委副书记、管委会副主任(2009.9－2011.5)

李　祥：任园区党工委委员、管委会副主任(2010.7－2011.5)

徐正权：园区筹建办主任(2006.10－2008.5)

周利辉：园区管委会兼职副主任、招商局局长(行政服务中心主任)(2008年5月至今)

徐正权：园区党工委委员、管委会常务副主任，管委会土地规划建设和环境保护局局长(2008.5－2010.6)

梁　永：园区党工委委员，管委会专职副主任，兼管委会经济发展局局长(2008年5月至今)

许加龙：园区党工委委员，管委会专职副主任，兼管委会社会事业管理局局长(2008.5－2010.7)

杨正福：园区党工委委员，管委会办公室主任(2008.5－2010.11)

周　燕：园区管委会财政局局长(2008年5月至今)

白忠卫：园区管委会办公室副主任(2007年3月至今)

肖天慧：园区经济发展局副局长(2007.3－2010.11)

张良彦：园区社会事业管理局副局长(2007年3月至今)

肖玉华：园区土地规划建设和环境保护局副局长(2007年3月至今)

李吉春：园区土地规划建设和环境保护局局长(2010年11月至今)

陈庆云：园区经济发展局局长(2010年11月至今)

陈　锋：园区社会事业管理局局长(2010年11月至今)

(撰稿人：文海玲)

电力工业

【寻甸供电有限公司】　寻甸供电有限公司是云南电网公司的全资子公司，公司不设董事会，设一名执行董事和一名监事，由云南电网公司授权履行管理职能的昆明供电局委派。经理管理机构设总经理1名(由执行董事兼任)，副总经理3名，总会计师1名。设党总支书记(兼公司副总经理)1名，工会主席(兼监事)1名。公司下设办公室、人事部、财务部、生产技术部、安全监察部、电力营销部、工程部、党群工作部8个职能部门，22个二级机构，分别是电力调度中心、客户服务中心、输变电管理所、营销稽查中心、仁德供电所、塘子供电所、七星供电所、河口供电所、功山供电所、羊街供电所、金所供电所、先锋供电所、柯渡供电所、鸡街供电所、倘甸供电所、凤仪供电所、联合供电所、金源供电所、甸沙供电所、六哨供电所、大龙潭发电站、凤龙湾发电站。公司在册人员563人，其中：合同制员工367人，劳务派遣人员169人，非全日制用工27人；专业技术人员75人；大专及以上文化155人，中专、技校及高中文化156人。

公司担负着寻甸县14个乡镇共53万余人口的供用电管理，供电面积为3598平方千米。截至2010年12月31日，公司共有147175户用电客户，其中专变用户888户，户表146287户。公司坚持“对云南电网公司负责，为寻甸县经济社会发展服务”的宗旨。确保安全生产和优质服务，推进电网建设与发展，积极开拓城乡电力市场，促进寻甸县经济社会可持续发展，促进社会主义新农村建设。

【电力供应】　用电量：全县用电量由2007年的3.23亿千瓦时增加到了2010年的4.47亿千瓦时(注：不含南磷和龙蟒的用电量，下同)，增长率为38%。其中，工业用电量由2007年的2.28亿千瓦时增加到了2010年的3.22亿千瓦时，增长率为41.4%；居民生活用电量由2007年的6978万千瓦时增加到了2010年的9463万千瓦时，增长率为35.6%。

2007－2010年寻甸县用电量统计表

单位：万千瓦时

年份	供电量	工业用电	农业用电	居民生活用电	商业用电	其它用电	小计
2007	34255.05	22767.71	87.46	6977.58	819.46	1644.24	32296.45
2008	39196.76	26069.57	70.09	7736.57	1074.17	2111.24	37061.65
2009	38328.23	25532.55	80.26	8178.09	1067.24	1382.59	36240.73
2010	47131.96	32195.20	147.61	9463.05	1219.25	1674.38	44699.50

发电量：2007年，全县发电量为7048万千瓦时，其中，水电所占比例为77%，火电所比占例为23%。全县供电量中，80%的电能需外购。2008年4月18日，三月三电站停厂，同年6月，火电厂停厂。

2007－2010年寻甸县发电量统计表

单位：万千瓦时

发电站	2007年	2008年	2009年	2010年
大龙潭发电站	521	590	664	597
凤龙湾发电站	350	358	345	215

续表

发电站	2007年	2008年	2009年	2010年
三月三电站	60	13	0	0
金源小电站	142	173	161	159
板桥小电站	11	16	15	14
火电厂	1609	695	0	0
金凤发电站	4172	5105	2998	4094
金凤尾水站	100	159	81	116
杨家湾电站	81	95	45	67
合计	7048	7204	4309	5261

【节能降耗】 电力工业总产值快速增长，2010年电力工业总产值较2007年增长了62%，达到了18623.7万元。综合线损率逐年降低，由2007年5.72%下降至5.17%。

【电力安全工作】 贯彻"安全第一、预防为主"的方针，树立"一切事故都可以预防"的安全理念，强化各级安全责任制的落实，建立健全了安全监督体系、应急管理体系和安全生产风险管理体系。2007年至2010年，未发生电力生产性人身死亡事故，未发生一般电气操作事故及其他有责任的一般及以上电网、设备事故。

【电力调度】 电网运行实行"统一调度、分级管理"，以确保电网安全、优质、经济运行为原则。在电力供应不足时，严格遵循"有多少、供多少，缺多少、限多少"和"五保四压"（保人民生活、保发展目标、保节能降耗目标、保效益、保重点、压高耗能、压高污染、压低附加值、压不符合国家产业政策的企业、项目、产品）的原则，统筹兼顾，确保居民生活、党政机关、市政公用、医院、广播、交通枢纽等涉及公众利益和国家安全的重要用户的用电不受影响。为提高供电可靠性，除加强电网建设以外，采取各种有效措施，提高供电可靠性：开展供电可靠性管理体系建设，通过可靠性管理的信息化实现精细化。使用可靠性管理软件，对每次停电的停电时间、停电线路进行统计，定期分析，不断改进工作流程，减少停电时间。规范停电审批流程，加强对计划停电的审批，定期召开停电平衡会，综合考虑设备检修、电网建设所涉及的停电，避免重复停电。积极引进新技术。比如，为11座35千伏变电站安装了10千伏小电流接地选线装置，对部分10千伏配电线路加装配电线路故障定位及在线监测系统，大大缩短线路故障查找时间。2010年，城市供电可靠率为99.5086%，农村供电可靠率为97.3876%，综合供电可靠率为97.524%。

【配网管理】 建立完整的设备台帐，开展设备评级，掌握设备的运行情况，开展设备状态检修，控制设备风险。使用配网运行管理信息系统，提高配网管理的规范化和信息化水平。

【电压质量管理】 根据《国家电力监管委员会27号令》及《中国南方电网公司电力系统电压质量和无功电力管理标准》的有关规定，寻甸电网共设置各类电压监测点44个（A类11个，C类3个，D类30个）。11座35kV变电站，每座变电站的10kV母线设1个电压监测点，共设置A类电压监测点11个，35kV非专线供电用户及10kV供电的用户共设置C类电压监测点3个，公用配电变压器共设置D类监测点30个。以提高用户电压质量为目标，根据对采集到的电压运行数据的分析，有针对性地采取措施，科学合理的对电网电压进行调节。对100千伏安及以上10千伏配变加装无功补偿装置，部分10千伏线路加装自动调压器。2010年，寻甸电网综合电压合格率达到88%，比2008年提高了24.075个百分点。

【供电服务】 供电企业与用户签订《供用电合同》，双方按合同约定履行义务和承担相应的责任。供电企业不断加强营业网点建设，完善服务功能。扩展95598电力呼叫中心服务内容，实行"24×7"值班制度，受理用户的咨询、故障报修、投诉等。规范用电业务办理流程，加强对供电企业的监督。根据用户用电负荷对供电可靠性的要求和突然停电后用户的损失程度，确定重要客户等级，并将名单上报昆明市工业和信息化委员会审批备案。做好重要时期的电力保障，形成保供电机制。2007年至2010年，共圆满完成了奥运会、民运会、亚运会、抗旱保供电、节假日及寻甸县重大活动期间的保供电任务共84次。

【电网建设】 2007—2010年，寻甸电网累计投入资金超过4亿元，用于电网建设。

110千伏及以上电网建设：220千伏清水海变电站，位于寻甸县金所乡麦冲坡头村，于2010年5月26日建成投产，工程总投资1.8亿元。2条220千伏进线电源，分别来自220千伏嵩明变电站和220千伏东川变电站，设计主变容量为3×180兆伏安，现安装2×180兆伏安，110千伏出线间隔有8个，现有4条110千伏出线，分别为寻甸县境内110千伏中坝、寻甸、金所变电站提供电源，正在规划建设中的110千伏德卡变电站（位于倘甸德卡）电源也将取自220千伏清水海变电站。220千伏清水海变电站建成后，为寻甸县电力供应增加了一个新的电源点，使寻甸电网结构得到极大改善，同时对金所工业园区、天生桥工业园区内电压等级为110千伏的负荷供电。110千伏金所变电站，位于寻甸县金所乡魏所村，于2010年6月22日建成投产。工程总投资4000万元。现有2条110千伏进线，电源取自220千伏清水海变电站，设计主变容量为3×50兆伏安，现安装2×50兆伏安，可出35千伏及10千伏线路对金所工业园区和天生桥工业园区内负荷供电，满足两个工业园区的用电需求。110千伏寻甸变电站，位于寻甸县羊街镇花箐哨，有两条电源进线，电源取自220千伏清水海变电站及220千伏嵩明变电站，现主变容量为1×40+1×50兆伏安，寻甸变电站以35千伏和10千伏电压等级供电，是寻甸县东片区南磷集团、旭东黄磷厂、龙蟒集团和西片区清水海、板桥、柯渡、鸡街、马街、牛街、马街水泥厂7座35千伏变电站的主供电源，也是东片区35千伏三月三变电站及奕标水泥厂的电源支撑点，10千伏供电范围为整个羊街镇及金所乡部分地区。110千伏中坝变电站。位于寻甸县仁德镇小集镇，原电源取自220千伏马龙变电站，由110千伏马中线供电。2010年220千伏清水海变电站建成后，改由220千伏清水海变电站供出的110千伏清中线供电。110千伏马中线退出运行。现主变容量为2×40兆伏安。该站以35千伏和10千伏电压等级供电，10千伏供电范围主要为寻甸县城用电负荷，35千伏供电范围为塘子、河口、哦嘎、功山变电站及塘子化肥厂等厂矿。110千伏德卡变电站，2010年完成了初设。站址位于昆明市寻甸县倘甸镇茄棠村。概算资金约4000万元。电源取自220千伏清水海变电站，主变规模：最终规模3×40兆伏安，本期建成2×40兆伏安。

35千伏电网建设：35千伏哦嘎变电站。2007年10月完成综合自动化改造工程，投资金额63万元。2009年12月对变电站主变进行更换，更换主变2台，容量10兆伏安，投资金额602.81万元。35千伏河口变电站。2007年9月完成综合自动化改造工程，投资金额52万元。2009年5月对变电站主变进行更换，更换主变1台，容量3.15兆伏安，投资金额122.51万元。35千伏马街变电站。2007年8月完成变电站改造工程，更换主变1台，容量3.15兆伏安，投资金额221万元。2008年主变容量升至6.3兆伏安。35千伏柯渡变电站。2007年8月完成对变电站的改造工程，更换主变2台，容量4兆伏安，投资金额265万元。35千伏清水海至板桥线路改造工程。2009年9月开工，12月竣工投产，新建35千伏线路20.6千米，投资金额737.65万元。

10千伏电网建设及一户一表改造：2008年中西部农网完善工程。2008年10月开工，2008年12月竣工，投资93.52万元，完成10千伏配电变压器新增和更换8台，容量0.67兆伏安，新建改造10千伏线路2.9千米、0.4/0.22千伏线路23.94千米；改造一户一表486户。2008(第二批)中西部农网完善工程。2007年10月开工，2008年7月竣工，投资255.56万元，完成10千伏配电变压器新增和更换29台，容量1.37兆伏安，新建改造10千伏线路8.501千米、0.4/0.22千伏线路90.98千米；改造一户一表1741户。2008中西部农网完善新增中央预算国债项目。工程2009年1月开工，2009年5月竣工，投资181.2万元，完成10千伏配电变压器新增和更换23台，容量1.34兆伏安，新建改造10千伏线路14.01千米、0.4/0.22千伏线路34.73千米；改造一户一表1068户。中西部农网完善2009年第三批扩大内需中央预算项目。工程2009年9月开工，2009年12月竣工，投资1144.8万元，完成10千伏配电变压器新增和更换73台，容量4.28兆伏安，新建改造10千伏线路61.61千米、0.4/0.22千伏线路115.33千米；改造一户一表2482户。2010年10月26日，云南电网公司下发了《关于下达农村电网改造升级2010年中央预算内项目2010年度投资计划的通知》(云电计〔2010〕446号)，共下达寻甸县农网改造户数2193户，投资1178万元，工程计划于2011年5月份完工，此项工程完工后，寻甸县农网改造覆盖率将达到100%。

无电人口通电工程：工程总投资345.05万元(其中，昆明供电局投资230万元，寻甸县人民政府投资115.05万元)。工程惠及寻甸县8个乡(镇)，24个自然村，新建10千伏线路28.16千米；0.4/0.22千伏线路38.02千米；新增配电变压器19台，容量570千伏安，改造户表212户，太阳能光伏发电17户。工程于2007年11月18日竣工，结束了寻甸县无电人口的无电历史。

抗冰加固工程：2008年初，我国南方地区遭受雨雪冰冻灾害，对电网造成严重破坏。寻甸县河口、六哨、功山、甸沙等乡镇的电力线路也不同程度地遭受雨雪冰冻灾害。为加强电网抵抗冰冻灾害能力，制定了寻甸电网35千伏及以下架空电力线路抗冰加固方案，并于2008年12月完成了35千伏及以下架空电力线路抗冰加固工程项目建设，加固10千伏线路18条，新增、更换电杆480根，新增铁塔3基，更换导线75千米，工程投资245.17万元。

客户工程：为确保清水海引水工程施工用电，2008年12月开工建设清水海引水工程施工用电工程，2009年4月竣工投产，新建改造35千伏线路12.01千米，对35千伏清水海变电站、板桥变电站进行了改造，35千伏清水海变电站主变容量增容为2×3.15兆伏安，35千伏板桥变电站主变容量增容为1×6.3兆伏安，新建改造10千伏线路109千米。工程投资2148.354万元。

“引牛补滇”施工用电工程：为满足“引牛补滇”工程施工用电的需要，在寻甸县河口镇新建了3座35千伏变电站，分别是：35千伏干河变电站(主变容量8000千伏安)、35千伏营河变电站(主变容量8000千伏安)、35千伏诺嘎变电站(主变容量5000千伏安)，架设35千伏线路72千米，电源取自110千伏中坝变电站。工程于2010年6月竣工投产。

北城区10千伏电缆入地工程：为满足寻甸县城北城区发展的电力需求，同时为昆明市第九届少数民族传统体育运动会提供可靠的电力支持，2009年完成了北城区10千伏电缆入地工程，敷设YJV22－8.7/10千伏－3×240型铜芯电缆3180米。工程总投资619.71万元。

【电力体制改革】 为进一步深化电力体制改革，理顺寻甸县电力管理体制，有效整合和利用电力资源，进一步加快寻甸县电力建设，促进电力工业和地方社会的繁荣和经济的发展，实现电网“统一规划、统一建设、统一调度、统一管理”，2008年10月17日，寻甸县人民政府和云南电网公司签订了《寻甸供电有限责任公司重组协议书》，将寻甸县人民政府在寻甸供电有限责任公司中拥有的49%国有产权无偿划转云南电网公司。2009年6月5日，双方又签订了《寻甸供电有限责任公司国有产权无偿划转移交云南电网公司协议书》。2010年4月26日，国务院国有资产监督管理委员会下发了《关于德宏供电有限公司等41家云南地方供电企业国有产权无偿划转有关问题的批复》(国资产权303号)，同意自2009年1月1日起将包括寻甸供电有限责任公司在内的41家云南地方供电企业国有产权无偿划转云南电网公司。2010年5月25日办理了公司章程的修订，2010年6月8日办理了工商变更，公司的法定名称变更为“寻甸供电有限公司”。

【领导名录】

执行董事、总经理、党总支副书记：张恩源(2010年7月至今)

党总支书记、副总经理：杨凡(2010年7月至今)

副总经理：余兴能(1999年9月至今)

　　　　　沈宗怀(2007年7月至今)

工会主席：潘利云(2009年8月至今)

总会计师：李亚琳(2010年10月至今)

交通邮电

编辑：猫良伟

交通运输

【概述】 2007至2010年，寻甸交通坚持以科学发展观为指导，贯彻交通部《农村公路建设规划》，落实县人民政府是农村公路建设责任主体的建设、管理、养护体制，构建农村"路、站、运"一体化网络，走科学创新型、资源节约型和环境友好型的发展道路。对通乡（镇）公路、建制村公路实施路面硬化、路基改造工程，遵循"统筹规划、一村一路、分级负责、因地制宜、经济适用、注重环保"的原则，确保"工程安全、资金安全、干部安全"和"工程优秀、干部优秀"的目标。按照群众自筹、一事一议、竞争立项等方式选择公路项目，自下而上决策，修建经济适用、质量稳定，养护有保障、抗灾能力强的农村公路，四年中累计投资3.7亿元，实施路面硬化和路基改造工程1279.52千米，其它公路建设142.32千米。

地方公路管养实行企、事业分开的体制改革，在七个乡（镇）建立管理所，实行自主经营、自负盈亏的管养，采取日巡查、月抽查、季度检查、年度总结评定方式评定。四年共投入376.2万元，绿化、美化公路219.2千米。塘子、金所两个超限运输管理检测点相继建成投用，水运管理进一步加强，船舶档案建立，治超、执法力度加大，安全生产责任落实，排查生产隐患，治理公路"三乱"，交通运输安全事故应急预案健全。客货运输车辆均安装GPS卫星定位系统，水陆运输秩序好转。

交通行政许可审批事项全部实行"阳光政务"，一站式办结，一条龙服务。节能减排，推行使用节能环保型交通工具。城乡公交一体化进程稳步推行，四年共建13个农村客运站，2010年6月21日，县城二级客运站投入使用，原客运中心站同时关闭。

【农村公路建设】 2007年为落实交通部《农村公路建设规划》，全面启动实施建制村公路路基改造和路面硬化等路网工程。2007年4月6日县政府通过了《寻甸县"十一五"建制村公路路面和路基改造工程建设管理实施意见》。2007~2010年，市下达给县交通局路面硬化工程计划分别为101.3千米、38千米、142.4千米、77千米，累计358.7千米，而实际实施结果分别为：111.34千米、67.1千米、113.4千米、78.39千米，合计47条370.23千米，总投资2.31亿元；路基改造工程计划：277.4千米、242.6千米、171千米、329.52千米，累计1020.52千米；实际实施结果为298.2千米、266.90千米、130.44千米、213.75千米、合计909.29千米，完成总投资1.39亿元。

【其它公路建设】 农村通达工程2007年实施10条79.25千米，2009年横山至凤龙山公路15千米。2008年完成通畅工程先锋至大哨（打磨箐）、鸡街至富民东村、青平庄至团松园三条公路，累计37.09千米。寻甸至倘甸公路金所至先锋段20千米红色旅游项目。2009年10月初，与北城区和县体育中心建设同步实施的龙泉北路、北一环、北二环三条主干道油路及县城至道院3.80千米油路竣工于市"民运会"前试通车投入使用。同年5月代建六哨倘甸22.18千米油路工程竣工通车。同时配合昆明至轿子雪山二级旅游专线公路建设，至2010年已进入路面封闭施工阶段。倘甸至东川、易隆至天生桥2条二级公路，天生桥至倘甸、小街至白石岩2条一级公路，金所至柯渡公路前期工程可行性研究报告、环评、水保、设计等工作完善修改，正进入招商引资推介。

【公路养护管理】 2007年3月，为全面推进养护体制改革，寻甸县被列为云南省15个农村公路管理养护体制改革试点单位之一，按规定，县地方公路管理站实行企、事业分开，成立了公路养护公司，在7个乡（镇）成立了7个公路管理所，实行自主经营、自负盈亏。各乡镇与县政府签订"公路养护目标责任书"，具体落实"县道由县交通运输部门直接管养，乡道由乡镇政府负责管养，村道由村委会负责管养"的要求。2008年，累计投入1055万元重点对易天、金凤、海杨、河（口）北（大营）等5条县道油路94千米进行大、中修，其它公路441千米进行日常小修维修。2009年共投入873万元对金柯、易天、金杨三条进行大修、县白、戈北、道马3条20.5千米进行中修。至2009年，三月三、河口、功山、甸沙、先锋、鸡街、凤仪、金源7个管理所按各所占地1~2亩，投资150万元，建起主体办公楼。县乡公路养护资金按1000~2500元/年千米核定，当年共投入养护补助费1264万元。采取日巡查、月抽查、季度检查、年度总结评定方式评定。每年兑现拨付一次养护经费。10月24～25日，昆明市农村公路养护体制改革现场会在寻甸召开。2009年共投入873万元对金柯、易天、金杨三条进行大修，县白、戈北、道马3条20.5千米进行中修。2010年投入620万元对金柯路地磅房至火炼塘8千米进行大修。

【路政管理】 2007年《昆明市公路路政管理办法》明确了县、乡人民政府及相关部门的工作职责。当年1月、2010年10月塘子、金所两超限运输管理检测卸载站相继建设竣工投入使用。每年深入各乡镇及企业宣传公路政策法规，严格执法程序，加大公路巡查力度，严厉打击侵犯路产路权、破坏公路的行为，阶段性地开展了路政专项治理。2007～2010年，累计增设公路警示牌208块，新换420块。共查处公路两侧红线控制区违法建筑47起，收回路产1690平方米。办理路产追偿案3起，行政许可审批12起，查处各类公路违法案件45起。治超检测车辆12万辆，治超车3.86万辆，治超率分别为40%、40%、30%、24%，共挽回路产损失赔偿874.5万元。2008年、2010年共投资15.2万元分别在金杨公路、道（院）马（过河）公路建设限高构造物3道。

【公路绿化】 为实施"有路必有树，有树比成荫"目标，2007年采取委托专业绿化队方式，选定经济观赏性强的香樟、石楠两种树种对复烤厂至天生段6.5千米进行绿化、美化。在金柯、海杨公路路线两侧种植行道树、茴香花。2008年3月，交通局制定了2008～2010年三年绿化规划，当年共投资60万元，启动易天、北（大营）、必（寨）40千米及金所至县城6.7千米绿化、美化，共栽银杏1.48万株，臧柏、圣诞、杜樱、华山松等其它树4300余株。至年底，16个乡（镇）均开展绿路工作，县境道路可绿化里程1518.28千米，已绿化443.72千米，绿化率29.33%。2009年投入236.66万元在十个乡（镇）的107千米县道、14千米乡道上共植各种林木7.4万株。2010年投入69.54万元，植树4.94万株，绿化里程45千米。进一步加强了公路环境整治，提升了县城品味。

【交通战备】 2007年完成一路一桥一车一表的填报并输入军网，编制了《道路桥梁应急预案》、《道路交通运输保障预案》、《民兵运力征用预案》3个预案，并发至各乡（镇）人民政府及机关单位。2009年6月19～26日，针对南磷集团氯气泄露突发事故，由交通运输局负责组织疏散救援演练。2010年，在百年不遇的干旱时刻，交通、运政深入龙华公司，组织车辆120辆，140人组成3个运输排10个班，全力做好应急准备。同时，捐物资15万元，分两路分别赴凤合镇大麦地找水源、架自然水管；另一路到护林防火挂钩乡镇（塘子、柯渡）拉网检查、除隐患，确保不发火灾。

【公路勘测设计及工程质量监督】 2007～2010年完成了建制村路面硬化47条370.23千米，路基改造80条909.29千米的测设、试验检测工作，独立完成质量检测（除2007年路面硬化属配合市完成），同时参加完成全部工程的交工验收。2007年完成县市政建设工程的质检、试验检测。2009年完成县城樱花大道二级公路及县体育馆场地道路、进出口道路的试验检测任务，对工程进场材料、设备、构配件进行检验，对工程试验检测工作、资料的真实性、完整性进行监督检查。2010年对五个建设单位的7段施工工程37个项目指标下发整改通知，保证了工程质量的有效监督。

【水上运输管理】 2008年1月22日，昆明、曲靖两市凤龙湾水域协调会（第二次）在寻甸召开。2010年4月1日，寻甸地方海事（航务管理处）处业务由市运管局寻甸分局移交县交通局管理，工作逐步走入正轨。2008～2010年，共编制出《寻甸县水上交通安全事故应急预案》，建立船舶档案，制作发放《水上运输安全小常识》资料，完成了海事执法人员《海事行政执法证》的换证。筹建了《寻甸小坝者农村客运船舶运输有限公司》。坚持以凤龙湾水库为重点，围绕节假日、汛期等重点时段，3年来共开展安全检查25次，出动执法人员76人次，检查船舶110艘次，查出各类缺陷6项，并责令整改。

【农村客运站（点）建设】 按《寻甸县农村网络发展及运力投放"十一五"规划》及城乡公交一体化方案，"路、站、运一体化"思路，投资主体多元化，因地制宜多标准，外观形式多样化，资金筹措多渠道。根据经济发展水平和客运量大小，满足需求为原则，2007年以来，省市级以上共投资460万元，先后建起金所、甸沙、六哨、鸡街、牛街、七星、塘子、联合、牛街、倘甸、先锋、柯渡、功山13个农村客运站。各站主体工程完成，少量站的附属设施待进一步完善，现已初验待市局审定验收。为缓解县城客运交通拥堵问题，按县城发展总体规划，2009年6月县城占地45亩，建筑面积5748.6平方米（主站楼2376.6平方米、汽车检修812平方米、公用房900平方米、商铺1660平方米）的二级客运站采用BT模式在城南月秀路与龙泉路交叉口破土动工，于2010年5月13日竣工，6月21日投入使用，同时县客运中心站封闭停运。

【安全生产】 按照"谁主管、谁负责"的原则和"安全第一、预防为主、综合治理"的方针，认真开展安全生产隐患排查治理工作。年初层层签订安全生产责任书，明确责任及奖罚，健全、完善交通运输安全事故应急反应预案。2007年起，全县所有客货运输车均安装GPS卫星定位系统，治理公路"三乱"，做到责任到人，办事"三公布"、"五公开"。针对黄金周及汛期道路、水路运输安全生产工作特点，有针对性地开展安全生产月、公路"安保工程"，运输车辆安全例保和"三危"物品检查等严禁"带病车"出站。开展创平安大道，安全生产年等活动，加强源头管理和现场监管。

【交通法制建设】 完成了精简行政审批项目和压缩行政审批时限工作。经2008～2009年两次梳理出常用法规25项、行政许可11项、行政处罚48项、行政强制1项。并于2009年行政审批制度改革中，将原有7项行政许可审批事项精简、调整为4项，并进入网上实行"阳光政务"，公开行政执法的内容、程序、职责、时限，当年受理行政许可审批事项14件，均在受理时限内办结。2010年所有行政许可审批事项全部进入县行政审批中心，设立交通行政审批受理窗口，实行一站式办结、一条龙服务。

【节能减排】 围绕"节能减排、科学发展"主题，持续坚持淘汰高能耗、污染重的老旧汽车、船舶，推行使用小排量、低油耗、节能环保型交通工具，促进车船型结构优化。至2010年初步实现市节能办营业性客货车汽、柴油综合单耗下降至每百吨千米8升，营业性内河运输船舶燃料单耗下降至每千吨千米35升的节能减排要求指标。公务用车、油耗比上年同期下降2%，逐步建立节约型交通行业、实现清净运输和绿色交通。

【表彰奖励】

1、2007 年 4 月，昆明市交通局授予“2006 年度交通建设工作先进单位”

2、2008 年 2 月，昆明市交通局“授予 2004～2007 年度全市交通系统质量监督管理”先进集体

3、2008 年 4 月，昆明市交通运输局授予“2007 年度农村公路养护管理工作先进单位”

4、2008 年 2 月，中共昆明市委、昆明市人民政府授予“昆明市第一批新农村建设指导员工作先进派出单位”

5、2008 年 2 月，云南省公路局授予“云南省农村公路养护管理体制改革试点先进单位”

6、2009 年 3 月，昆明市交通局授予“2007～2008 年度公路建设先进单位”

7、2009 年 3 月，昆明市人民政府治理公路“三乱”领导小组授予“2008 年度治理公路三乱先进单位”

8、2010 年 11 月，昆明市政府授予“昆明市 2006～2010 年度森林防火工作先进单位”

9、2011 年 2 月，云南省公路局授予“云南省 2010 年度农村公路管理养护先进集体”

10、2011 年 3 月，昆明市交通运输局授予“昆明市 2010 年度农村公路建设进单位”

11、2011 年 3 月，昆明市交通运输局授予“昆明市 2010 年度农村公路管理养护先进单位一等奖”

12、连续四年被昆明市交通运输局评为“路政管理先进单位”。

【领导名录】

局　长：赵文富（　～2008.03）

副局长：胡永庚（2007.11～2010.07）

　　　　寸光友（　～2010.07）

　　　　李吉春（2009.08～2010.07）

总工程师：合倡纬（2007.11～2010.07）

（撰稿人：王景春）

寻甸邮政

【业务经营】　2007 年业务总收入完成 458.95 万元，完成年计划的 105.50%，较上年增长 19.35%。实现收差 92.78 万元，完成年计划的 125.37%。完成业务总量 456.88 万元，较上年增长 2.01%。

2008 年业务总收入完成 434.73 万元，完成年计划的 83.60%，较上年增长 5.27%，支差 30.65 万元。完成业务总量 524.87 万元，较上年增长 14.88%。

2009 年业务总收入完成 392.19 万元，完成年计划的 91.42%，较上年增长 22.67%。实现收差 244.97 万元，完成年计划的 84.47%，较上年增长 107.45%。完成业务总量 505.11 万元。

2010 年业务总收入完成 494.35 万元，完成年计划的 102.14%，较上年增长 26.05%。实现收差 167.70 万元，完成年计划的 114.25%。完成业务总量 615.50 万元。

【邮务类业务】　2007 年完成邮务类业务收入 70.47 万元，完成年计划的 82.91%。其中，函件业务收入 14.05 万元，完成年计划的 70.27%，较上年同期曾峥 2.80%；包件业务收入 11.43 万元，完成年计划的 76.21%，较上年同期增长－6.22%；报刊业务收入 38 万元，完成年计划的 102.70%，较上年同期增长 0.18%；集邮业务收入 3.76 万元，完成年计划的 47.05%，较上年同期增长－32.42%；代理信息业务收入 3.23 万元，完成年计划的 64.56%，较上年同期增长－55.35%。

2008 年完成邮务类业务收入 104.53 万元，完成年计划的 76.86%，较上年增长 48.32%。其中，函件业务：集中精力做好绿卡免费寄递帐单协议的签署工作、加强中国移动名址信息的核实工作、加大各类消费帐单的宣传营销力度，并积极开展 2009 年邮政贺卡营销工作，实现业务收入 13.26 万元。包件业务：加大营销力度，依托地方特色经济，发展批量包裹，遏制下滑趋势，实现收入 9.92 万元。报刊发行业务：在保持党报党刊稳定发行的基础上，抓重点地区、重点客户、重点报刊的营销，做好教材、教辅图书的发行工作，实现业务收入 40.14 万元，较上年增长 5.64%。集邮业务：抓住北京奥运会的机遇认真做好奥运邮品的销售，结合区域特色继续做好企业形象年册、个性化邮票的开发制作，实现业务收入 35.68 万元，完成年计划的 107.94%，较上年同期增长 847.85%。代理和信息业务：重点发展代收费业务，提高市场占有率，对邮储短信、汇兑短信和其他邮政短信业务扩大规模、提高效益，实现业务收入 5.53 万元，较上年同期增长 71.31%。

2009 年邮务类业务收入累计完成 153.83 万元，完成年计划的 114.80%，较上年增长 47.16%。其中，函件业务实现收入 29.02 万元，完成年计划的 96.73%，较上年同期增长 118.90%。转变观念，加强贺卡、DM 广告业务的发展——09 贺卡、DM 广告业务较上年均取得较大突破，贺卡收入实现 15.82 万元，制作《寻山寻水寻甸游》本册式广告并使用数据库寄递实现收入 4.19 万元；包件业务实现收入 9.07 万元，完成年计划的 82.45%，较上年同期增长－8.61%。报刊业务实现收入 56.64 万元，完成年计划的 106.86%，较上年同期增长 41.10%。2009 年大收订流转较 2008 年增长 25%，日常收订实现流转额 7 万多元；集邮实现收入 25.44 万元，完成年计划的 127.22%，较上年同期增长－35.68%；代理信息实现收入 33.66 万元，完成年计划的 168.30%，较上年同期增长 508.73%。积极开展彩票销售业务，新增业务收入 13.64 万元。

2010 年邮务类业务收入完成 223.01 万元，完成年计划的 103.72%，较上年同期增长 50.07%，占总收入的 45.11%。其中，函件实现收入 35.11 万元，较上年增长 21%。转变观念，积极培育、开发贺卡订制客户，2010 年贺卡实现订制型收入 17.55 万元、销售型收入 4.68 万元，占全年函件收入 63.32%。加大书信大赛的营销力度并精心组织，销售邮资封片 6.60 万元。进一步加强无名址函件的开发和“幸运刮刮卡”的销售工作，实现收入 2.35 万元；包件实现收入 5.80 万元，完成年计划的 144.80%，较上年增长 51.06%；报刊实现收入 60.88 万元，较上年增长 7.49%。加强投递服务管理，以服务促收订，2010 年报刊大收订一次性流转额达 195.31 万元。强化“天天都是收订日”的经营意识，日常收订实现流转额 3 万多元。教材发行业务稳步发展，征订、配送码洋达 399.09 万元。集邮实现收入 30.83 元，较上年增长 21.19%。在认真、规范做好新邮预订的基础上，加强营销工作，开发形象年册 300 册，以新春邮品、世博系列邮品销售为抓手，积极开展邮品销售工作，实现订制、销售收入 29.83 万元。代理信息实现收入 90.38 万元，完成年计划的 122.14%，较上年增长 168.51%。全局上下联动，保质保量做

好烟款代收结算项目，全年代收烟款2.6亿元，结算收入55.45万元。城西邮政支局和柯渡、马街邮政所配合县局做好“中石化”6个加油站的油款代收工作，实现收入22.93万元。

【代理速递物流业务】 2007年速递物流业务实现业务收入123.97万元，完成年计划的83.76%，较上年同期增长21.69%。其中，分销物流配送业务实现业务收入85.51万元，完成年计划的95.01%，较上年同期增长50.99%；速递业务实现业务收入38.46万元，完成年计划的66.31%，较上年同期增长-14.98%。

2008年完成业务收入131.32万元，完成年计划的120.59%，较上年增长17.49%。其中，速递业务实现业务收入25.66万元，完成年计划的50.31%；物流业务实现业务收入105.66万元，完成年计划的140.88%，较上年同期增长23.57%；2009年实现业务收入70余万元。邮政主营业务，加强思乡月“花卉+礼品”销售业务的专项营销力度，实现收入40.77万元，完成年计划的145.61%，较上年同期增长58.91%。

2010年代理速递业务收入实现51.57万元，完成年计划的103.13%，较上年同期增长12.09%，占总收入的9.20%。创新理念，整合地方特色产品，开发自主产品“寻甸印象”，有力的推进了“思乡月”业务的发展，实现收入14.57万元。速递物流独立运营板块完成业务收入103.72万元，完成年计划的115.25%，全年配送卷烟19.27万件。

【邮政金融业务】 2007年，大力发展代理开放式基金业务及其它邮政金融中间业务。实现业务收入242.14万元，完成年计划的123.54%，较上年同期增长26.97万元。其中，储蓄及中间代理业务实现收入234.09万元，完成年计划的126.34%，较上年同期增长29.29%；汇兑业务实现收入8.15万元，完成年计划的73.17%，较上年增长-16.59%。

2008年，邮政储蓄完成业务195.38万元，完成年计划的77.22%，较上年增长-19.31%。其中，储蓄业务实现收入177.65万元；汇兑业务实现收入17.73万元，完成年计划的136.38%，较上年同期增长117.54%。

2009年，代理金融业务收入累计完成195.76万元，完成年计划的73.87%，较上年同期增长5.66%。其中，代理储蓄实现收入177.69万元，完成年计划的72.53%，较上年同期增长5.45%；储蓄余额累计增长1500万元，全年日均余额保持1个亿；邮储银行稳步发展小额信贷业务和对公业务，发放贷款64笔，贷款余额1000余万元；代理汇兑实现收入18.07万元，完成年计划的90.33%，较上年同期增长7.73%

2010年，代理金融业务收入累计完成218.41万元，完成年计划的104.01%，较上年增长11.57%。其中，代理储蓄实现收入198.18万元，完成年计划的104.31%，较上年同期增长11.53%。扩大余额规模，做好兑付服务工作，累计兑付征地款3500万元，拉动储蓄余额增长1500余万元。截至12月31日，全局余额达到1.46亿元，较上年增长3858万元；加强中间业务的发展，全年销售保险132万元，实现中间业务收入24.31万元。期末，对公账户累计30余户，资金余额达8000多万；代理汇兑实现收入20.23万元，完成年计划的101.16%，较上年同期增长11.99%。

【每年一次的全县邮政工作会，总结回顾上一年度的工作，传达省市邮政、县委政府的会议精神，安排部署全年邮政工作】

【实施网点标准化改造，服务形象有力提升，服务环境有效改善】

【信息化建设】 加大邮政网络基础设施建设力度。在2006年新建城区仁德邮政所的基础上，2009年对塘子、功山、羊街、倘甸4个储蓄网点实施邮储网点标准化改造工作；2009年10月，寻甸县邮政局生产综合楼立项开工建设，2010年竣工，有效的改善了邮政生产基础设施，有力的提升了邮政对外服务形象。加快信息技术的建设与应用步伐。全局建成依托骨干光纤和帧中继线路的综合网数据通信体系，以及邮储统一版本、电子汇兑、电子化支局、投递信息管理、名址项目管理等一系列应用系统，在适应时代发展的同时极大地提升了邮政的核心竞争实力，进一步加强了企业的经营能力和服务水平。

【领导名录】

局　长　石建祖(2000.11—2010.05)

副局长　任小彪(2010.06—至今)

(撰稿人：赵国武)

寻甸县电信分公司

【要业绩指标完成情况】 2007年完成年预算的90.69%，位居郊县排名第九；2008年完成年预算96.46%，位居郊县排名第三；2009年完成年预算98.78位居郊县排名第三；2010年完成年预算103.12%，位居郊县排名第三。

【经营工作】 2007年，公司以宽带为核心，小灵通及致富通为重点，转型业务为突破，保住传统业务基本面。“接入+应用+服务”，加速宽带业务发展。抓住5.17、学校开学、节假日等契机，利用各类资费套餐大力发展宽带业务。在公司的统一安排下，开展“1拖N”整治，严格控制非法组网用户数量，同时积极开展二次营销，引导用户使用中国电信宽带增值业务，培育使用习惯，提升宽带增值业务收入贡献率.

深入挖掘农村市场潜力，大力发展致富通。采用灵活的营销措施和手段，组织客户经理下乡营销，充分利用农村统包人员和其他有利的资源，大力发展“致富通”，抢占农村有效市场，让致富通业务成为固定电话新的增长点，保证了企业的市场份额。

以传统业务为基石巩固基本面。重点针对固话、小灵通、话吧等传统语音产品进行存量保持。开展“电信百年感谢云南”、“享受固话感受家”、灵通积分回报等活动。

加强商机管控，以全球眼带动转型业务量收突破。运用洞察力营销，深度挖掘政府、企业及乡村对通信服务、行业应用和系统集成的需求，加大对员工转型业务的培训力度，建立全球眼业务演示点，经多方协调沟通，积极宣传“平安寻甸”全球眼业务，签定了城区80个监控点的建设合同。

2008年，以“商务领航”统领政企客户发展。坚持品牌统领，拓展客户规模。全面提升经营业绩，以政企客户群为商机挖掘重点，加强对前期已梳理项目的跟踪管控，挖掘商机储备，利用县上召开“两会”的契机，进行转型业务宣传，在县委宣传部的支持下，完成“两会”在昆明热线上的视频直播，为昆明市郊县首创。

参与软环境建设。积极与纪委沟通联系，争取支持，取得了需要公示的各部委办局领导的电话；组织政企客户经理主动与被公示的各单位联系，上门做“阳光政务，电信助航”政策推广服务，办理超级无绳固话和小灵通捆绑业务，在县委宣传部、软建办的统一协调下，办理了1433部“寻甸软环境建设集团彩铃”。开展“享受固话感受家”活动。针对乡镇地域广，且转网任务艰巨的实际，将7个致富通基站下的1700部450兆转为400兆，节约成本和资源，成立了四个工作小组，分片区深入到各乡镇村社进行致富通转网。

2009年，以品牌规模经营为保存提升基本面、以转型业务为突破口，保证了业务收入的持续增长。

开展信息村的建设工作。与25个村签定了信息村建设协议，通过降低通话费用，互打免费，固话和移动业务捆绑等措施，让用户得实惠。

转型业务取得新突破。全面落实企业转型战略。以寻甸电子政务网作为重点突破的转型项目，加强信息产业办公室的沟通与协调对电子政务项目的推荐、跟进、接洽。2009年2月，与县政府办签订了县电子政务网的服务合同，同时，运用电信的技术优势，与凤仪乡政府、先锋乡政府、交通局、公路管理站等单位签订了ICT项目协议，与武装部签订了全球眼协议。

从提高服务质量入手，提高预约装机率、自动配线成功率。从C网(即CDMA移动网络)首日运营以来，主营业厅的各位营业员克服了多种困难，将营业时间调整到晚上20：00，比原来延长了2个小时，方便了客户。2009年的5月，主营业厅经过前期的准备，合并了独立的业务受理及收费座席，设置了“一台清”综合座席，使整个营业厅的服务规范化、优质化。

2010年，围绕“聚焦客户创新应用”，推动重点行业应用，对重点企业、重要客户提供个性化的方便快捷服务。采取多种形式宣传电信各项业务，扩大分公司在寻甸的影响力和知名度。如：公交车身广告、墙体、气象传媒、电视媒体、宣传布标、单页等多形式宣传；同时结合寻甸特点和市公司营销政策，在分管副经理带领下，充分挖掘用户潜力，大力发展C网客户，积极拓展社会渠道建设，有了较大起色。

加强欠费管控，制定2010年寻甸分公司欠费管理办法，并与法院合作，对大额欠费用户采取了寄送支付令开展追缴工作，并取得了一定成效，库内欠费的管控较为有效，指标排名在十个郊县名列第一。

【网络建设和维护】

2007年，配合寻甸市政工程建设，启动了寻甸县城中轴大街管道建设、民族广场至烟草公司管道工程建设，馨苑小区、永兴小区配线电缆建设，为满足今后3-5年光缆业务的发展奠定了良好的基础。根据政企客户的需求，启动并完成“平安寻甸”视频监控系统一期建设工程调测安装，电力公司2M电路光缆建设以及寻甸第一期接入光缆建设工程，并开通2M电路38条，IP宽带18条任务。按时完成了全县12个乡镇农村党员远程教育网络建设工作。组织实施寻甸400兆网络优化工程，新建甸沙龙潭箐、功山哨上村、鸡街南海、先锋木龙马、六哨模式箐5个基站。积极组织开展网络安全及支撑自查工作以及宽带扩容和优化方案，完成2008~2010年网络建设规划的编制工作。

2008年，重点开展了宽带网络优化、“光进铜退”项目、光缆网络优化、资源清核四项工作，全力支撑好宽带业务、商务领航及我的E家、转型业务等重点业务的发展。持续开展了交换、接入网、致富通网络优化工作、提高基础网络质量。组织实施并完成屏江南路道路管道工程、中轴大街二期管道工程，为道路沿线新建小区通信缆线建设奠定了基础。

实施“光进铜退”项目，新建了1个

AG接入点和13个EPON接入点，解决了县城信合小区、园丁小区、河口乡北大营旅游开发区、先锋煤业公司新增用户需求。

完成接入光缆及配缆增补项目7项，及时满足了IP宽带、2M电路、ADSL等业务开通需求。

实施致富通网络优化工程，新建金所摆宰、七星高田两个基站，进一步提高了网络覆盖率。

组织开展宽带扩容及网络优化工作。完成功山、联合、先锋、金所、河口、羊街、柯渡、六哨、鸡街、金源、甸沙、塘子、普鲁、南磷集团共14个接入网点宽带扩容576线，在蒲草塘、白子村、南海、魏所、新田、双龙、白石岩、海嘎、化桃箐、鲁冲、新庄共11个接入网点新建宽带设备320线。另外，为集中用户管理和对下一步的E8支撑，对塘子、羊街等点进行了设备换型（5105换为5600设备）割接149线。为支持E8～2产品的推出，对牛街、羊街、塘子和新、老局DSLAM设备进行了改造割接，将先前的转接上联改为直联160G设备。

2009年按期完成CDMA基站建设工作。CDMA网络建设是寻甸分公司2009年三项重点网络建设工作之一。寻甸境内原来只有36个CDMA基站，仅覆盖县城和乡镇所在地，以及部分高速公路和旅游风景区，远远不能满足天翼品牌规模化的推广工作。为大力提升中国电信移动业务的网络覆盖，通过网络规划和积极向市公司申请资源，寻甸分公司2009年11月为止新建73个基站。

网络优化。通过分析网络结构和调整资源，将MA5100、MA5105和MA5605共计42套全部替换、割接，优化了组网结构。割接升级26个点，扩充了业务端口能力，并梳理网络资源情况，新组建两个SDH环，将长链改为环形，避免一直以来因为单点故障引起下挂点同时中断，提供环保护能力。

昆明市第9届少数民族传统体育运动会期间，寻甸分公司为民运会现场提供网络视频直播服务，提供在C网终端上直播或点播赛事盛况。

2010年，加强C网基站建设及传输光缆建设。为确保C网的发展支撑保障，共建设并开通了5个C网基站，功山羊毛冲、河口水冒天、柯渡上杨柳箐、倘甸骂秧、板桥大川峰。使寻甸的CDMA基站总数达到了108个。

做好龙苑小区、县客运站、公务员小区、龙华小区、玉秀苑小区、县地震局、县妇幼保健站、县拆迁安置小区等EPON建设；热点区域缆线增补和EPON扩容工程；月华片区、广场北路、学苑路、翠苑路管道建设；寻甸县城区交通配套设施工程项目建设；平安寻甸二期扩容建设。

积极抓好光缆村通工程10个点的建设工作。千村行动寻甸新建项目；宽带提质提速福兴小区EPON新建项目；县5、EPON建设项目；2010年寻甸一季度配线电缆增补新建项目；一季度接入网光缆新建项目；二季度配线电缆增补新建项目；二季度接入网光缆新建项目；三季度配线电缆增补新建项目；三季度接入网光缆新建项目。

【综合管理】 2007年，制定了《客户管理办法》、《经营分析管理办法》、《营销派单管理考核细则》、《橙色宝典检查考核办法》、《工单交接管理办法》。梳理、编制了《基础管理办法汇编》，实现企业管理的规范化、标准化和制度化，形成统一的管理语言，使全体员工做事有规范、有标准。建立健全周工作例会、月经营分析会制度。加强考勤管理，规范生产办公现场管理。加强装移机材料及终端管控，避免浪费，降低损耗。

2007年，组织开展“综合治理，保障平安”为主题宣传教育活动；组织员工一年一度“安康杯”竞赛活动；坚持不懈抓好文明创建工作同年4月被省委、省人民政府授予“省级文明单位”荣誉称号；开展“与奥运同行，电信员工健步走”活动。

2008年，在基础管理中，突出“细、实、严”。坚持抓好考勤管理；坚持召开晨会、周会、月经营分析会；坚持要求填写工作日志，并定期检查考核；进一步明确各班组、各岗位的责权利，调动员工积极性。讲求基础管理的实效，建立工作管控闭环，强调工作的计划性，要求各班组按月制定工作计划及总结。加强业务流程管理、终端管理、数据资料库管理，引导经营工作良性发展。进一步明确工作的规范及要求，教会员工解决问题的方法与技巧，实现企业管理的规范化、标准化和制度化，形成统一的管理语言，使全体员工做事有规范、有标准。

2008年6月，进行以“治理隐患，防范事故”为主题宣传教育系列活动，组织员工参加分公司的“安康杯”竞赛活动，积极响应县妇联、县总工会联合举办的“迎奥运、展风采、促和谐”健身秧歌比赛，获三等奖。

2009年，加强企业精确管理，提高工作执行力。

实施三个面向，提高工作执行力。面向市场，进行员工岗位的大胆调整；面向压力，改革绩效考核办法，坚持前端人员计件计量工作考核，后端人员专项与绩效相结合考核，收入分配向工作业绩优的员工倾斜；面向客户，为客户提供差异化服务。

加强思想建设，逐步实现以人为本的管理体制。积极做好文明单位申报，巩固和提升文明成果。

加强“安全年”宣传教育，提高防范意识。邀请县安监局领导、县消防大队以及交警大队人员来进行安全相关知识培训和防火、灭火演练；在进行以“关爱生命、安全发展”为主题宣传教育系列活动的同时，积极组织员工参加市公司工会组织的“安康杯”竞赛活动以及知识竞赛活动。

2010年，加强基础管理，提升工作效能。规范管理，强化落实。

1月和3月分别召开了两次电信工作暨员工大会，通过了新的《月绩效工资考核办法》和《综合管理办法》。在考核分配上，力求效益优先的同时，也兼顾公平。坚持每周一周例会和每月中旬月经营分析会制度，并制定了相应的流程和考核机制。

加强考勤管理，严肃劳动纪律。坚持员工每个工作日使用指纹考勤机打卡和写工作日志（或班组周工作任务计划制度）。加强安全生产基础管理，层层签订工作目标责任书。

分公司与各部室、班组签订《安全生产责任书》、《防火安全责任书》、《社会治安综合治理及维稳创安工作目标责任书》；与驾驶人员签订《驾驶员安全行车责任书》，把企业内部安全生产工作责任制层层落实到班组，落实到个人。

加强领导班子执政能力建设和党的先进性建设，继续做好“四好领导班子”建设工作。严格执行分公司《干部廉政勤政责任制》，严格效能监察，严格执行内控制度及预算管理审批制度。严格执行“企务公开，民主监督”的规定，重大事项集体讨论决定，绩效考核结果公开公布，及时通过OA网络将经营业务信息传达到每一个班组。设立企务公开宣传栏，定期通报企业重大信息，广开民主渠道。

【领导名录】
公司经理：符开彦（2007.1—2010.3）

罗　瑞(2010.3 至今)

副 经 理：罗　瑞(2007.1—2010.3)
朱学文(2007.11—2010.3)
胡建黎(2010.3 至今)
陆友波(2010.3 至今)

（撰稿人：杜蕊红）

中国联通寻甸分公司

【概况】　中国联通寻甸分公司于2003年5月16日正式挂牌成立。现有员工14人，平均年龄30岁。公司地址在寻甸凤梧路84号。2008年4月4日，中国联通与中国网通正式合并成立中国联合网络通信有限公司，同时寻甸分公司更名为中国联合网络通信有限公司寻甸县分公司。寻甸联通是国家通信全业务经营企业，经营范围包括：固网通信业务(固话、宽带、专线)，移动网通信业务(GSM2G、WCDMA3G)，国内、国际通信设施服务业务，卫星国际专线业务、数据通信业务、网络接入业务和各类电信增值业务，与通信信息业务相关的系统集成业务等。

2008年5月17日，中国联通正式启动55个城市的3G试商用。同日，中国联通网上营业厅开通3G在线客服"，提供包括3G产品、资费标准、网络覆盖、增值业务、国际漫游等咨询，并为首批186号段友好体验用户提供话费查询、交费充值、业务办理等服务。"联通3G业务正式投入试商用，大大改变了单纯语音通话的局面，中国通信市场正式进入了第三代移动通信时代，并与世界通信同步接轨。

【司标】　中国联通的公司标识是由中国古代吉祥图形"盘长"纹样演变而来。回环贯通的线条，象征着中国联通作为现代电信企业的井然有序、迅达畅通以及联通事业的无以穷尽，日久天长。

标志造型有两个明显的上下相连的"心"，它形象地展示了中国联通的通信、通心的服务宗旨，将永远为用户着想，与用户心连着心。

3G业务正式挂牌成立后，司标也由原来蓝白相间的中国结更换为中国红和水墨黑相间的"盘长"图形。

中国红：国旗色，代表热情、奔放、有活力，是中国情结最具代表性的颜色。象征快乐与好运的红色增加了企业形象的亲和力并给人强烈的视觉冲击感，与活力、创新、时尚的企业定位相吻合。

水墨黑：最具包容与凝聚力的颜色，是高贵与稳重的象征。红色和黑色搭配具有稳定、和谐与张力的视觉美感。

红色双"i"是点睛之笔，既象两个人在随时随地沟通，突出了"让一切自由连通"的品牌精神，又在竖式组合中巧妙的构成了吉祥穗造型，强化了联通在客户心中吉祥、幸福的形象。

i：发音同"爱"，延伸"心心相连，息息相通"的品牌理念；英文释义"我-i"、"信息-information"迎合"以客户为中心"的营销模式以及"向客户提供一体化的通信与信息服务"的品牌营销总体思路。

【业绩】　自公司成立以来，各项业务得到有效发展，随着市场发展和网络规模的不断扩大，各项发展指标得到有效落实和完成，公司业绩一直在不断攀升，2008年中国联通与中国网通正式合并重组后，随着3G业务和固网业务的开展，公司发展进入了一个全新时期，通信市场的发展出现了重大转变，由原来的单一型发展变成了多项和全面发展的新局面，为公司业绩提升打下了良好的基础。在各级主管部门的大力支持下，公司用户发展规模在不断扩大，市场占有得到了有效发展。

【基础设施建设】　自2008年电信行业重组以来，公司各项业务飞速发展，市场需求和网络差异问题更显突出，为满足用户需求和市场发展需要，公司加大了对基础设施的投入和建设工作。2008年5月在县城建设了3G无线网络，2010年建设固定线路网络，对县城和周边区域起到了良好的补充和加强覆盖作用。随着各项业务的发展，基础设施建设工作还在逐步完善和开展中，按公司规划和发展将在分批和逐渐对周边城乡扩散，最终实现寻甸县所有区域内的移动网和固定网网络全覆盖。2010年，县公司与广电局签订了业务合作租用协议，租用新城区的地下管网和自建新老城区的管网，建设城区宽带缆17千米，实现了宽带用户零的突破。从2010年10月又开通5个小区网络，目前宽带用户正实现稳步增长的趋势。

【通信保障】　为有效提升网络覆盖和现有网络通信保障，做好政府、企业和广大用户的通信和服务工作，自2010年开始，公司采用亲自直接抓维护的办法，由分公司调度驻点维护人员，协调配合其处理各类故障问题。

【管理】　中国联通寻甸县分公司是市公司的下设机构，工作中县级公司严格执行公司的相关流程。根据公司制度的规定，执行公司的决定。

同时积极配合省市区县政府部门开展好各项工作，在公司内部各部门之间做好上下联动和沟通协调，以高效的执行力完成好各级政府和公司领导的安排，严格执行国家通信行业和公司各项规定，提高服务和质量标准，真正建立一支纪律性强和能战斗的队伍。

【企业团队建设】　企业的发展，人是第一要务。团队就是综合了各个成员优秀的品质之后形成的，单靠一个人的力量是不能称之为团队的。我公司团队的建设首先立足于培养员工的独特性和不屈不挠的战斗作风，提高个体的综合素质。加强团队素质提升，从提高自身的素质开始，做好带头人。

【领导名录】

(2007.01—2008.03)李建波任寻甸分公司副经理主持工作；

(2008.03—2011.03)，陶成溥任寻甸分公司经理；

(2011.03至今)，赵常炜任寻甸分公司经理。

（撰稿人：马敬涵）

建设·环保

编辑：刘丽君

城乡住房建设与管理

【城乡规划】 2007年，完成了《县城控制性详细规划》、《寻甸县塘子工业区总体规划》、《塘子镇集镇总体规划》等规划的编制；启动了《寻甸县县域城镇体系规划》、《寻甸县城水景观及绿地系统规划》、《羊街镇集镇总体规划》、《功山镇集镇总体规划》、《七星乡集镇总体规划》、《金所乡集镇总体规划》的编制工作；完成了《寻甸县城北城新区的控制性详细规划》；完成了寻甸县柯渡镇达栽村、大油麦地村、上下白牡丹村（新村）、阿奇山的搬迁规划；启动了寻甸县城水景观规划；启动了寻甸县县域规划；完成了县城客运站等控制性详细规划。

2008年，完成了《寻甸县城概念规划与总体城市形态设计》和《寻甸县城北城新区城市设计和行政文化中心建筑方案设计》，启动县城总规修编工作；2008年11月完成《寻甸县城概念规划与总体城市形态设计》，启动了羊街镇、功山镇、凤仪乡、鸡街乡、七星乡的总体规划工作；编制完成《文峰塔旅游景区修建性详细规划》及主塔施工图设计、体育中心主场馆设计工作；完成了《县城户外广告设计详细规划》和《2008—2010年城乡园林绿化及生态建设总体规划》。

2009年，全面启动县城总体规划修编工作；完成除县城所在地外十五个乡镇规划编制地形图测绘工作；全面启动县城各种专项规划的编制。

2010年，完成先锋镇、金源乡、凤合镇、甸沙乡、联合乡、六哨乡、河口镇、鸡街镇8个乡镇的规划评审。除六哨乡因引清济昆工程实施专家认为不宜发展集镇建设、河口乡规划部分图件不全未经过评审外，其余6乡镇规划均通过了专家评审；完成了寻甸县金源乡糯勒、寻甸县先锋镇大石头箐等村的搬迁规划；启动了全县所有村庄规划的编制。

【城乡建设】 2007年，以“两纵四横”、河滨公园及北城新区开发建设为重点的新区建设稳步推进。县城“二纵四横”市政道路建设概算总投资4972万元，其中投资4452.4万元的龙泉路、月秀路、屏江南路通过招商引资和工程招投标由鼎业集团承建；投资519.6万元的翠苑路、旭东路、月华路交由仁德镇开发建设。完成龙泉路和月秀路绿化、亮化工程按照规划设计的高绿化率和高照明度标准的施工。河滨公园一期占地面积23.57万平方米，土建工程由鼎业集团通过招投标承建，绿化工程交由县林业局实施；公园周边的信合小区、园丁小区、南磷小区以及“公园尚居”商品房小区的开发建设也在紧张进行。随着“两纵四横一场一带”市政工程建设和周边土地开发的逐步完成，县城规模和格调都将大大提高。北城新区开发建设项目土地收储工作已全面展开，区内建设项目招商引资工作正在积极推进。

2008年，北城新区建设全面推进。主动配合凤梧公司、公投中心、仁德镇政府等有关部门，积极开展北城新区拆迁工作，完成土地收储和北一环、北二环、龙泉路延长线的放线工作，完成体育中心、公安科技大楼、新建高中、东盟医护大学选址和体育中心的招投标工作。

2009年，加速推进总占地1.25平方千米的北城新区开发建设项目，完成1509亩土地收储，总投资近6000万元的民族文化体育中心主体育场及射弩馆、陀螺馆于9月18日竣工投入使用，总长4201米的北一环、北二环、龙泉路北延段三条主干道路硬化、绿化、亮化工程9月底全面完工。招生人数5000人的县一中新校区启动建设，凤梧佳苑住宅小区建设规模约3万平方米的凤梧商务中心、建筑面积约5000平方米的凤梧展示中心开始进行施工图设计。东城新区“两纵四横一场一带”建设工程全面完成，龙苑尚居、南磷小区、群恒灵秀苑一、二期有序推进。客运站、仁德一小月秀校区启动建设。实施了总长2407.06米，宽24.5米的月秀路东延段道路建设工程，全面完成路面硬化、绿化及亮化工程，打通了县城与东部乡镇联接的快速通道。东城新区建设已初具规模。南城区建设推进迅速，妇幼保健院、常青树住宿区、国天力住宿区建成并投入使用，仁德镇回迁安置房小区、亚兴都市名苑已基本建成，与亚兴房地产开发有限公司合作建设的华隆商贸城进展顺利，龙泉路、屏江南路南延拆迁安置工作进展有序。

【两污建设】 2007年，实施老城区改造工程，进一步完善县城基础设施。按照县委、县人民政府“建设新城，兼顾老城”的思路，实施通站路道路改造工程，对城区排污管网进行建设、改造。

完成通站路改造工程设计，经11月7日县城建设推进会确定，交由仁德镇人民政府实施。老城区排污管网改造建设工程，新建污管2720米，总投资400万元。

2008年，实施了第四水处理厂建设和老城区排污管网改造工程。第四水处理厂是根据“云发改投资函〔2004〕142号”批复，投资2518万元县城供水项目的部分工程，其中投资800万元的清水海至县城13.5千米输水管线、投资200万元的第四水处理厂至县城配水管网建设项目，已于2007年建成。2008年6月投资820万元的第四水处理厂建成试车供水，县城的自来水供应能力达2万方/日。老城区排污管网改造工程投资545万元，工程建设排污管2824.24米，检查井63个，工程于9月初竣工。推进县城垃圾清运处置工程和县城污水处理厂建设。县城垃圾清运处置项目预计总投资3812.85万元，建设周期约3年，工程选址于距县城7.5千米的清水沟，于12月15日开始入场道路施工。投资32万元实施了凤梧路局部破损路面改造工程。

2009年，启动县城污水处理厂建设工程。县城污水处理厂总投资7080万元，其中污水处理厂工程2700万元，管网工程4380万元，资金来源以自筹为主，同时积极争取国家支持和社会融资。污水处理采用MSBR工艺，出水水质按《城镇污水处理厂污染物排放标准》(GB18918～2002)中的一级A标准执行。污水处理能力近期1.2万立方米/d，远期2.4万立方米/d。项目选址在寻甸县城东南侧月秀路与东仁路交叉口，占地面积30.32亩。由于寻甸县是国家级扶贫开发重点县，县财政无力投资进行污水处理厂建设，县委、政府决定拓宽融资渠道，采用招商引资方式建设污水处理厂，缓解政府投资压力，通过多方努力，和浙江通球水处理工程有限公司以BOT方式建设污水处理厂达成合作协议，主体工程于8月28日开工建设，12月13日完成主体工程。完成了北城新区龙泉路延伸段、北一环、北二环三条道路两侧8356米排污管网建设。申请利用世行贷款建设项目县城垃圾处置工程，设计日处理垃圾量70吨，库容60万立方米，占地180亩，项目总投资3808万元。初步设计于2009年6月2日由省建设厅、省发改委组织专家评审通过，地质详勘、征地、进场道路施工、施工图设计等工作已完成，争取的国家拉动内需资金1000万元已到位，与世行的贷款协议已正式签订，各项准备工作有序推进。

2010年，县城污水处理厂于2009年8月28日开工建设，2010年6月开始对县城生活水进行处理，运行状况良好。老城区排污管网改造一期工程于2010年2月2日开标，总投资1777万元，对县城月秀路、凤梧路、翠苑路、旭东路、东影路等5条街站道进行排水系统雨污分流改造，工程于2010年2月20日开工建设，8月22日全面完工，9月26日组织进行了验收，工程质量全部一次性验收合格。对县城137个单位、小区进行雨污分流管网改造。2010年，县城自来水日供水量约13000立方米，根据污水处理厂流量监测，6～12月月均处理污水量约30万立方米，县城污水处理率达70%以上。垃圾填埋场建设工程，于2010年4月28日正式开工建设，已完成副坝、下水管道、消防水池、管理用房、秤磅房建设、库区土方回填工程，建成防护栏1300米，完成总投资1500余万元。

【绿化工程建设】 2007年，县城绿化、亮化、美化水平上了一个新的台阶。为逐渐提高县城绿地率、渐步完善城市功能，争创园林、卫生、文明县城，县委、县人民政府做出了在主城区全面开展“拆围、拆临透绿”工程的安排和部署：启动了嵩待高速公路至县城连接线绿化亮化工程。按照“政府负责规划设计、业主自拆自建、所需经费自筹”的原则进行建设，12月31日前全部完成建设、绿化工作。实施了嵩待高速公路至县城连接线绿化亮化工程，工程总投资500万元，征地工作分别由仁德镇、金所乡按属地分工负责，亮化工程和绿化工程土建部分由凤梧城镇开发公司负责、规划建设局协助组织实施，绿化工程由林业局组织进行，亮化工程共安装路灯324盏。绿化工程按连接线道路两侧每边5米进行绿化，计划种植华山松1800株，胸径8—10厘米，高3.5—4米；头状四照花2700株，树高2米；云南黄馨54000株，工程于2007年11月19日动工，2008年春节前全面完成绿化亮化。

2008年，完成青云路、文苑路、凤梧路、翠苑路、嵩待高速至县城连接线、钟灵路、广气巷、南屏街、东盛小区及大花桥环岛、东门环岛的建绿补绿及绿化改造工程，新栽香樟、乐昌含笑、女贞、四照花、华山松、红花木莲、石楠、滇润楠、茶梅等乔木1789株，迎春花、满天星、毛叶杜鹃、红叶石榴等灌木4.26万株。实施了休闲广场补绿工程，在现有苗木基础上，补植野桂花、四照花、冬青、马樱花等常绿乔木212株，形成高低错落、富有层次、富于变化的绿化景观系统。在文苑广场补植马樱花、四照花11棵。完成嵩待路连接线绿化、亮化工程，共安装路灯324盏，种植华山松1800株、头状四照花2700株、云南黄馨5.4万株。做好县城路灯管护工作，年内完成路灯维护10次、路灯应急抢险29次，坚持每天巡查不少于4次，确保路灯亮灯率达95%以上。积极开展2009年度昆明市园博会申办的筹备工作。

2010年，建成公园绿地829.68平方米、道路绿化2.66万平方米、附属绿地建设6.77万平方米、防护绿化2.03万平方米，共新增绿地面积11.53万平方米。2010年底，全县城建成区面积4.8平方千米，共有绿地176.68公顷，绿地率36.81%，绿化覆盖率达41.7%。

【重点建设】 2007年度，县委组织部完成了倘甸镇虎街、计施宽，凤仪乡，六哨乡，塘子镇塘子、团结、钟灵，甸沙乡兴隆、治租九个村级组织活动场所建设，投资每个在4.9万元～9万元之间，建筑面积70～150平方米。云南鸿曦房地产开发经营有限公司开发建设寻甸公园尚居一期投资1.25亿元，5.16万平方米，建筑面积9.18万平方米，寻甸麦吉文化有限公司投资建设仁德公·云草堂敬老院，投资200万元，占地9302.18平方米，建筑面积2.1万平方米，寻甸县解决城镇低收入家庭住房领导小组建设县2007年廉租房工程，投资340万元，占地3000平方米，建筑面积3400平方米，寻甸县垃圾清运处置中心建设县垃圾清运及处置工程，投资3788.74万元，占地12.21万平方米，建筑面积1486平方米，寻甸县教育局开工建设寻甸县民族中学标准化建设项目，投资2852万元，建筑面积25578平方米，六哨乡九年制标准化建设项目，投资943.45万元，建筑面积6295平方米，甸沙乡九年制标准化建设项目，投资1354万元，建筑面积9994.04平方米，凤仪乡中学标准化建设项目，投资1341万元，建筑面积6247平方米，先锋乡中心完小标准化建设项目，投资323.2万元，建筑面积2548平方米，仁德镇第一初级中学标准化建设项目，投资1895.5万元，寻甸兴运城乡公交有限公司投资建设县城二级客运站，投资1200万元，占地27345平方米，建筑面积7439.36平方米。

2008年，云南鸿曦房地产开发经营有限公司开发建设寻甸公园尚居·雅苑，投资7500万元，占地6.18万平方米，建筑面积9.4万平方米。县教育局开工建设寻甸县羊街农村中学标准化学校建设项目，投资1682.92万元，寻甸县鸡街初级中学标准化学校建设项目，投资1108.07万元，寻甸县先锋乡富鲁寄宿制完小标准化学校建设项目，投资366.52万元，寻甸县河口乡撒米落完小标准化学校建设项目，投资481.05万元，寻甸县仁德第三完小标准化学校建设项目，投资112.39万元，寻甸县先锋乡初级中学标准化学校建设项目，投资652.3万元，寻甸县柯渡镇初级中学标准化学校建设项目，投资1280.9万元，寻甸县金所乡天生寄宿制完小标准化学校建设项目，投资617.35万元，寻甸县倘甸镇竹园逸夫完小标准化学校建设项目，投资523.79万元，寻甸县功山镇纲纪完小标准化学校建设项目，投资801.66万元，寻甸县塘子镇初级中学标准化学校建设项目，投资582.31万元，寻甸县倘甸镇初级中学西部农村初中校舍改造工程，投资620万元，寻甸县仁德镇第一初级中学标准化学校建设项目，投资1895.55万元，建筑面积7291.55平方米，寻甸县民族中学标准化学校建设项目，投资1408万元，建筑面积14085平方米，寻甸县六哨乡中心学校昆明市农村标准化学校建设项目，投资943.4万元，建筑面积5822.93平方米，寻甸县羊街初级中学标准化学校建设项目，投资2115.9万元，建筑面积14512平方米，寻甸县甸沙乡九年制学校标准化学校建设项目，投资1354万元，建筑面积9100平方米，寻甸县规划建设局寻甸县2008年廉租住房建设工程，投资702.36万元，占地2993平方米，建筑面积4700平方米，寻甸县先锋硅藻土开发有限公司年产2万吨硅藻土沥青改性剂，投资3000万元，占地40000平方米，云南滇木人造板有限公司投资7385万元，占地11330平方米，县文体局寻甸县民族文化体育活动中心体育场，投资3600万元，占地143405平方米，建筑面积8389.7平方米，云南泰康消防化工集团寻甸有限公司25T/年磷酸铵盐干粉灭火剂项目，投资4900万元，占地118400平方米，建筑面积7104平方米，云南南磷集团南磷小区，投资5677.1万元，占地20000平方米，建筑面积43670平方米，云南亚兴房地产开发有限公司亚兴都市名苑一期，投资2874万元，占地12873.34平方米，建筑面积12650平方米，倘甸镇倘甸新区道路建设，投资700万元，占地11784平方米，云南先锋煤业开发有限公司先锋露天煤矿651300万吨/年改建项目，投资42000万元，寻甸县公共投资建设管理中心寻甸县北城新区三条主干道建设，投资8000万元，占地122510平方米，仁德镇人民政府华隆商贸城，投资4500万元，占地17424.35平方米，建筑面积35146.2平方米，云南先锋煤来开发有限公司先锋乡大岭岗村搬迁项目，投资1600万元，占地8583平方米，建筑面积9924.82平方米。

2009年，云南温商地产开发有限公司寻甸分公司，金翎商业广场，投资6000万元，占地15900平方米，建筑面积35201平方米，昆明群恒房地产开发有限公司，群恒·灵秀苑住宅小区，投资3655.07万元，占地5533.6平方米，建筑面积16245平方米，云南中集房地产开发有限公司，文苑·华庭住宅小区，投资4043万元，占地13549平方米，建筑面积33767平方米，寻甸县卫生局甸沙乡，六哨乡，金所乡，综合门诊楼建设工程，昆明鼎业房地产开发有限公司，龙苑尚居，投资3000万元，占地40620平方米，建筑面积63123平方米，寻甸县教育局寻甸鸡街乡初级中学标准化建设项目，投资1108万元，占地38446平方米，建筑面积7695平方米，寻甸县第一中学新校区建设项目，投资17013万元，先锋乡富鲁完小标准化学校建设，投资288万元，占地973平方米，建筑面积2319平方米，先锋乡初级中学标准化学校建设，投资475万元，占地1142平方米，建筑面积3721平方米，河口乡撒米落小学标准化学校建设，投资400万元，占地944平方米，建筑面积2831平方米，金源乡初级中学标准化建设工程，投资1833万元，占地21527平方米，先锋乡普鲁完小标准化建设，投资368万元，占地11422平方米，建筑面积1800平方米，先锋乡白子村完小标准化建设，投资217万元，占地3895平方米，建筑面积849平方米，联合乡九年制学校标准化建设项目，投资1009万元，占地10800平方米，柯渡镇初级中学标准化学校建设项目，投资1335万元，占地37663平方米，建筑面积8498平方米，塘子镇初级中学标准化学校建设占地1202平方米，建筑面积3605平方米，金所乡天生完小标准化建设项目，投资619万元，占地1450平方米，建筑面积3755平方米，金所乡中西部农村初中校舍改造工程，投资620万元，占地2100平方米，建筑面积4961平方米，七星乡九年一贯制学校建设，投资1531万元，占地2357平方米，建筑面积8329平方米，倘甸镇中西部农村校舍改造工程，投资750万元，占地26000平方米，建筑面积7669平方米，凤仪乡集成完小标准化建设，投资590万元，占地1104平方米，建筑面积3162平方米，凤仪乡初级中学标准化建设，投资1244万元，占地3548平方米，建筑面积11469平方米，凤仪乡发来古完小标准化建设，投资588万元，占地1370平方米，建筑面积3534平方米，柯渡镇可郎小学标准化建设工程，投资417万元，占地884平方米，建筑面积2458平方米，河口乡北大营小学标准化建设工程，投资400万元，占地988平方米，建筑面积2965平方米，河口乡河口中学标准化建设工程，投资1100万元，占地2898平方米，建筑面积7523平方米，鸡街乡鸡街中心完小标准化建设项目，投资1097万元，占地2218平方米，建筑面积7801平方米，羊街镇新街完小标准化建设项目，投资760万元，占地1397平方米，建筑面积4059平方米，寻甸县公安局，技术业务用房，投资2890万元，占地15378平方米，建筑面积10935平方米，云南电网公司昆明供电局220KV清水海(先锋)输变电工程，投资18000万元，占地30183平方米，建筑面积23341平方米，云南电网公司昆明供电局110KV金所输变电工程，投资4000万元，占地9512平方米，建筑面积1253平方米，寻甸县第一医院医技楼，投资723万元，占地17197平方米，建筑面积4179平方米，寻甸县规划建设局自来水厂，寻甸县城市污水处理厂及配套管网工程，投资7080万元，占地20200平方米，寻甸县中医院住院楼建设工程，投资1000万元，占地3916平方米，建筑面积4470平方米，寻甸县第一人民医院住院楼，投资2325万元，占地1300平方米，建筑面积7687平方米，寻甸凤梧房地产开发有限公司，干部职工小区——凤梧佳苑，投资20000万元，占地90517平方米，建筑面积152000平方米，云南凤龙山生命文化艺术陵园有限公司云南凤龙山生命文化艺术陵园，投资3000万元，昆明群恒房地产开发有限公司群恒·玉秀苑，投资7000万元，占地14034平方米，建筑面积39028平方米。

2010年，寻甸县教育局寻甸县功山镇初级中学标准化学校建设，投资

2118万元，占地29604平方米，建筑面积9639平方米，仁德镇第一小学分校建设，投资1018万元，占地23347平方米，寻甸县功山镇寄宿制完小，投资1116万元，占地19687平方米，马街小学标准化建设项目，投资1822万元，占地34000平方米，七星必寨完小标准化学校建设，投资502万元，占地6296平方米，建筑面积3415平方米，羊街镇大留所完小标准化建设，投资560万元，占地9603平方米，建筑面积2953平方米，寻甸县金所乡竹沟完小标准化建设项目，投资691万元，占地15841平方米，建筑面积3560平方米，鸡街乡泽和完小标准化建设，投资690万元，占地6501平方米，建筑面积3422平方米，鸡街乡南海小学标准化建设，投资681万元，占地9070平方米，建筑面积3446平方米，河口镇营河中心完小标准化建设，投资825万元，占地1541平方米，建筑面积4508平方米，柯渡镇中心小学标准化学校建设，投资751万元，占地1320平方米，建筑面积4331平方米，金所乡中心寄宿制完小标准化建设，投资1239万元，占地2500平方米，建筑面积7146平方米，功山尹武小学标准化建设项目，投资477万元，占地4583平方米，建筑面积2356平方米，金源乡中心完小标准化建设项目，投资755万元，占地18453平方米，建筑面积3084平方米，云南里拉菲奶制品有限公司水牛奶加工厂，投资2650万元，寻甸华润燃气有限公司龙泉路、北一环、北二环燃气管道铺设，共计5702米，昆明鼎业房地产开发有限公司寻甸龙苑农贸市场，投资1540万元，占地6610平方米，建筑面积9654平方米，寻甸凤梧房地产开发有限公司龙华家园小区，投资4000万元，占地10162平方米，建筑面积22500平方米。寻甸县委组织部59个村民委员会村级组织活动场所，分别是倘甸镇鲁嘎、碑庄、新华、白章、海子、德著、竹园、新平、骂秧，柯渡镇柯渡，仁德镇道院，罢宰、麦场、易隆、云集、三支龙、坝者，鸡街镇鸡街、泽和、北屏、黑山、拖姑、极乐、四哨，河口镇营河，七星镇腊味、高田，先锋镇大窝铺、大竹箐，凤合镇积水、各嘎、牛街、发来古、杨家湾、大麦地、大箐、集成，河口镇鲁冲、营河、化桃箐、水冒田、米德卡、黑箐、北大营、鲁撒格、小街、糯基，联合乡马店、凹子、三界，六哨乡横河、马鞍山、龙泉、板桥、大村、五星，甸沙乡海尾、麦地心、红果树。

【建筑队伍管理】 2007年，全县共有施工企业21家，其中：按资质等级分，二级2家，分别是云南丹彤集团建设开发有限公司、云南卓越建筑有限公司；三级19家，分别是云南文峰实业有限公司、寻甸县仁德建筑工程公司、寻甸县仁德镇第二建筑公司、寻甸县易隆建筑有限公司、寻甸三联建安有限公司、寻甸县吉翔建安有限责任公司、寻甸县鸿基城镇建设有限公司、寻甸县第二建筑公司、寻甸县安居建筑有限公司、寻甸县东兴建筑劳务有限公司、昆明福兴永江建筑工程有限公司、昆明恒固基础工程有限公司、昆明丰辉建筑有限公司、寻甸县公路工程有限责任公司、寻甸县通安公路桥梁工程建设有限责任公司、寻甸县旭康机械工程有限公司、寻甸县供电有限公司、寻甸光明电通迅工程有限公司、寻甸回族彝族自治县群益电力器材有限责任公司；按所有行业分，建筑施工13家，分别是：云南丹彤集团建设开发有限公司、云南卓越建筑有限公司、云南文峰实业有限公司、寻甸县仁德建筑工程公司、寻甸县仁德镇第二建筑公司、寻甸县易隆建筑有限公司、寻甸三联建安有限公司、寻甸县吉翔建安有限责任公司、寻甸县鸿基城镇建设有限公司、寻甸县第二建筑公司、寻甸县安居建筑有限公司、昆明福兴永江建筑工程有限公司、昆明丰辉建筑有限公司；公路工程2家，分别是：寻甸县公路工程有限责任公司、寻甸县通安公路桥梁工程建设有限责任公司；基础工程1家：昆明恒固基础工程有限公司；矿山工程1家：寻甸县旭康机械工程有限公司；送变电工程2家，分别是：寻甸县供电有限公司、寻甸光明电通迅工程有限公司；砌筑工程1家：寻甸县东兴建筑劳务有限公司；机电设备1家：寻甸回族彝族自治县群益电力器材有限责任公司。2007年，帮助全县企业顺利过渡贰级建造师33人。在施工企业资质年检工作中，全县21家企业有20家顺利通过了年检，一家企业因为证件遗失而无法年检，县建设局积极帮助做好补证工作。云南卓越建筑公司已成功通过叁级升贰级资质的审查，全县2级施工企业达到2家。

2008年，帮助全县企业完成临时贰级建造师过渡上报150余人。并协助上级主管部门完成全县资料员、质检员188人的培训工作，全县21家企业通过了年检。

2009年，协助云南卓誉建筑有限公司房屋建筑工程施工总承包叁级、昆明丰辉建筑有限公司房屋建筑工程施工总承包叁级资质升为贰级。

2010年，协助经济商务局争取的扶贫项目对农民工的技能培训，培训钢筋工、架子工274人。

【建设管理】 2007年完成建设工程项目报建16项，办理施工许可证审批16项(总投资2.09亿元，建筑面积39.09万平方米)。其中公开招标6项，合同金额1375.45万元，企业自营自建项目4项，合同金额1.83亿元。所有国有投资项目都签订了廉政合同，年内无投诉及督办函。完成建筑工程预算审核8761.24平方米，总造价1263万元，编制《寻甸县建筑工程材料价格信息》六期。

2008年成立评标专家库共计51人，完成建设工程项目报建20项，建筑面积21.99万平方米，投资总额3.78亿元；办理施工许可证审批15项，建筑面积17.28万平方米，投资总额3.11亿元；建设工程招标投标备案13项，建筑面积9.31万平方米，投资总额1.56亿元。完成建筑工程预算审核4677.49平方米，总造价4142.51万元，核减196.45万元，编制《寻甸县建筑工程材料价格信息》8期。

2009年完成建设工程项目报建35项，投资总额2.62亿元；办理施工许可证审批22项，建筑面积21.56万平方米；建设工程招标投标备案35项，投资总额2.62亿元。完成建筑工程预(结)算编审1.02万平方米，总造价4.29亿元。其中，送审结算2.78亿元，核减300万元。收缴20个工程建筑企业劳动者保障费共计189.62万元，返退181.95万元。

2010年完成建设工程项目报建39项，投资总额1.76亿元；办理施工许可证审批30项，建筑面积30.22万平方米，合同价4.22亿元；建设工程招标投标备案39项，投资总额1.76亿元。立案查处了寻甸县仁德镇月秀社区服务体系基础设施建设项目(含镇文化站、县党员服务中心)施工招标串标的3家公司。

【清欠工作管理】 2007年共偿还拖欠工程款2497.75万元。其中，县财政安排501.1万元清欠专项资金，273.1万元用于偿还教育系统拖欠工程款。为杜绝新的拖欠发生，对新的建设项目进行严格的报建制度和施工许可制度，凡资金没有到位的项目不予备案和核发施工许可证。为保障农民工的合法权益，按上级要求对全县13家施工总承包企业开设了农民工工资保障金账户。

2008年偿还拖欠工程款2181.78万元，其中，县财政安排200万元清欠专项资金。受理拖欠农民工工资投诉3起，办理完毕2起。

【房产管理】 2007年度房产管理所，依据《中华人民共和国城市房地产管理法》、《中华人民共和国物权法》、《房屋登记办法》及《村庄和集镇规划建设管理条例》共发放产权证1662本：其中房屋所有权证1214本、房屋共有权证131本，登记建筑面积12.36万平方米；依据《房屋抵押登记办法》办理房屋他项权抵押登记486本，登记建筑面积23.76万平方米，房屋安全鉴定12宗，登记建筑面积1726.86平方米。

办理昆明鼎业房地产开发经营有限公司“尚居商业中心”项目1.38万平方米的预售许可，云南丹彤集团综合开发有限公司“温泉小镇”项目62218平方米预售许可，云南丹彤集团城镇开发建设综合开发有限公司“红树溪谷项目”7.33万平方米的预售许可。昆明鼎业房地产开发经营有限公司“园丁小区”项目4.92万平方米的预售许可。云南鸿曦开发经营有限公司“公园尚居（一期）”项目9.18万平方米的商品房预售许可。完成“尚居商业中心”“尚居雅苑”、“公园尚居”、“红树溪谷（三期）”、“星河温泉小镇”、“天岛湖温泉旅游度假村酒店”等商品房预售合同备案登记687份。

2008～2009年，房产管理所共发放产权证1858本。其中：房屋所有权证1014本、房屋共有权证121本，登记建筑面积15.88万平方米；依据《房屋抵押登记办法》办理房屋他项权登记723本，登记建筑面积43.76万平方米。房屋安全鉴定41宗，鉴定面积1.2万平方米。为提高全县规划服务中心干部职工的业务素质，组织全县乡镇规划服务中心人员40人对2008年7月1日实施的《房屋登记办法》进行为期3天的学习培训。

办理云南南磷集团瑞康房地产开发有限公司“南磷小区”项目5.19平方米预售许可，昆明鼎业房地产开发经营有限公司“龙苑尚居”项目6.31万平方米预售许可，云南亚兴地产开发有限公司“都市名苑一期”项目2.69万平方米预售许可，云南鸿曦房地产开发经营有限公司“公园尚居雅园”项目9.4万平方米的商品房预售许可。完善商品房预售合同网上备案制度，从2008年10月起做到商品房销售合同一经签署，立即进行网上登记备案。所有商品房房源、成交面积、价格、备案情况都上网公示，并可以及时准确地采集到各类市场成交数据。为广大人民群众及时准确了解掌握昆明市房地产信息提供了良好的服务平台。

2009～2010年，房产管理所共进行房屋权属登记1397件，发放权利证书2085本。其中：初始登记596件，登记建筑面积55.52万平方米；根据《云南省城镇房产交易管理暂行办法》转移变更登记192件，登记建筑面积19.64万平方米；依据《房屋抵押登记办法》办理他项权利登记592件，登记建筑面积31.84万平方米；发放房屋所有权证1248本、房屋共有权证245本，房屋他项权登记592本。对全县中小学进行房屋安全鉴定排查，鉴定面积34万平方米。

办理昆明群恒房地产开发有限公司“灵秀苑”项目1.63万平方米预售许可，昆明中集房地产开发有限公司“文苑华庭”项目3.53万平方米预售许可，云南温商地产开发有限公司“温商财富广场”项目4.47万平方米的商品房预售许可。商品房预售合同网上备案审核、合同备案登记950份，登记建筑面积11.27万平方米。

【领导名录】

局　长：马留安（　　—2007.9）

党委书记、局长：张海涛（2007.9—至今）

副局长：贺天禄（2007.3—至今）

　　　　毛连升（2009.6—至今）

党委副书记：陈兴福（2007.9—2008.6）

党委成员、副书记：徐　毅（2009.6—至今）

（撰稿人：秦正国）

寻甸凤梧城镇开发有限公司

【机构】 寻甸凤梧城镇开发有限公司于2007年10月12日注册登记，注册资金1亿元。县人民政府授权县财政局全额出资，出资总额1亿元，占注册资本的100%，其中以实物作价出资5472万元，以货币方式出资4528万元。公司性质为国有独资有限责任公司。

公司的职能是：以国家产业政策为导向，贯彻科学发展观，配合全县城市建设总体规划布局，改善人居环境，有效控制公投建设项目投资规模和国有资产投融资方向及资金流向，为城镇建设搞好综合开发服务，共创和谐社会。

公司经营范围：1、对国有资产进行投资、经营、管理；2、对城市建设资金实施组织、运作；3、城镇土地及房地产开发；4、房屋建筑及建筑装饰；5、绿化工程；6、农副产品加工及销售。

【征地拆迁安置工作】 县委、政府授予凤梧公司土地一级开发权，凤梧公司2008年收储土地1525亩启动北城新区建设，2009年为配合新一中建设又征地120余亩，合计收储土地1645亩。其中北城新区规划行政办公、教育、文化体育、道路建设、绿化等公建用地1000余亩，居住用地600余亩。

【公共基础实施建设】 道路亮化建设。公司以业主方身份和县规划建设局共同承担投资367.659万元的嵩待路金所出口至县城连接线322盏路灯亮化工程建设。工程已于2008年春节前完成并已投入使用。民族文化体育中心体育场（馆）建设。民族文化体育中心体育场（馆）于2008年12月8日开工建设。在县委、政府的领导下，在相关部门的配合、支持下，公投中心、施工、监理等单位按照建设工程相关规程严格管理、规范施工，工程建设质量合格，于2009年9月18日通过竣工验收。工程总投资约6600万元。民族文化体育中心体育场建成后成功举行了昆明市第九届民运会开幕式及部分比赛、国庆60周年文艺晚会、唱响寻甸大型演唱会。北城新区三条主干道建设：北城新区三条主干道设计总长4175米，工程于2008年7月开工建设，2009年9月建成投入使用，工程总投资约5600万元。

【引资、融资、投资】 2008年3月向中国农业发展银行云南省分行融资1.1亿元，分别投资于土地收储、北城新区三条主干道路基等工程建设。2009年以北城新区北一环、北二环、龙泉路北延线和县城至道院4条道路建设项目向国开行云南省分行融资1.3亿元。2009年以新高中建设项目向中国农业发展银行云南省分行融资5000万元，专项用于寻甸新高中建设。

【领导名录】

董事长：李贵霖（2007年10月—2010年1月），孙晓强（2010年2月—今）

总经理：张朝辉(2007年10月—今)

（撰稿人：李绍春）

环境保护

【县环保护局】 县环境保护局于2002年9月组建成立，局机关内设“一室一科”，即局办公室、监督管理科，核定编制7名。下设2个事业单位，即县环境监察大队和县环境监测站。2010年，局机关内设机构增加为“一室四科”，即办公室（组织人事科）、政策法规科（审计科）、监督管理科、污染控制科、自然生态环境保护科；行政编制调整为16名（含领导控制数6名）。下属2个事业单位中，县环境监察大队（列入参公管理）调整编制为15名，县环境监测站调整编制15名；全局共有人员编制46名。到2010年底，实有在职在编人员29名，其中：局机关9名，环境监察大队9名，环境监测站11名。

【环境监督管理】 2007年参与全县企业投资建设项目预审84项，同意受理82项，不同意受理2项（金所栽开砖厂，河口北大营采石场）；配合省、市环保部门办理环评审批13项，办理建设项目环评审批17项，办理竣工验收4项，环评执行率100%，“三同时”执行率100%。

2008年共参与全县建设项目预审65项，同意受理61项，不同意受理4项；配合省、市环保部门办理环评审批11项，竣工验收4项；县级环评审批61项，办理竣工验收1项。环评执行率100%，“三同时”执行率100%。

2009年共受理全县建设项目会审107个，同意建设的审批项目103个，不同意申报项目4个（因所建项目选址对水源有污染隐患）；审批项目资金总额52.2亿元；在审批通过的103个项目中，环境影响报告书评价项目4个，环境影响报告表评价项目33个（其中8个项目配合市局审批），环境影响登记表评价项目66个（其中2个项目配合市局审批）；环评执行率100%；环保“三同时”验收项目3个；环保“三同时”验收项目资金总额540万元；环保“三同时”执行率100%。

2010年共受理新、改、扩建设项目177个，会同有关部门对建设项目进行现场勘察177次，经会审，同意审批的建设项目171个，选址不合理不同意审批6个。在审批的171个项目中都通过环评审批，环评执行率100%。“三同时”建设项目通过验收42个，“三同时”执行率达100%。工程建设领域突出问题专项治理工作中，清理排查建设项目151个，按市、县的要求完成治理工作。

【环境监察】 2007年，对16家重点污染源企业进行现场监督检查，共出动执法人员198人次，检查污染治理设施65台（套），重点检查企业的污染排放情况、污染治理设施运转情况、限期治理项目整改情况，经检查污染治理设施正常运转62台（套），运转率95%；开展整治违法排污企业保障群众健康环保专项行动，出动环保执法人员60人次（其中餐饮业检查出动执法人员15人次，检查3家），检查企业18家，检查重点水源地2次；对建设项目进行现场检查10家，对5家未经申请和批准就试生产的新建项目和5家已投入正式生产未办理竣工验收手续的项目，作出限期补办手续的处理决定。全年共发出并产生法律效力的环保行政处罚决定书4件，已执行3件，发出环境违法行为限期改正通知书2件，已执行2件，发出环境监察现场处理决定书17件，已执行17件，发出并产生法律效力的限期治理通知书2件，已执行2件。对金所工业园区的云南昆明奕标水泥有限公司、寻甸回族彝族自治县三月三水泥厂、云南南磷集团寻甸磷电有限公司、云南大甸食品有限公司4家违法排污企业分别立案进行查处。对超标排污的云南昆明奕标水泥有限公司和寻甸县三月三水泥厂，报经县人民政府批准责令限期治理；对云南南磷集团寻甸磷电有限公司魏所大坑堆渣场，未采取防扬尘处理措施，在倾倒粉煤灰的过程中，扬尘对周边环境造成严重污染，责令限期整改；对云南大甸食品有限公司年产5000吨马铃薯淀粉生产项目不执行“三同时”制度和不符合试生产规定的违法行为，责令限期整改。

2008年，重点污染源检查共出动执法人员88人次，对16家重点污染源企业进行了现场监督检查，检查污染治理设施70台（套），经过现场监督检查正常运转70台（套），运转率100%。按照县委、政府以及上级环保部门对整治公路沿线违法排污行为的安排和部署，配合有关部门对公路沿线的4家采石场下发了现场处理决定通知书，责令停止生产，取缔采石场4家。对葛根凹8家采石场进行现场监督检查，对8家未采取任何除尘措施，生产过程中产生的粉尘对环境造成严重污染的行为下达了现场处理决定通知书，责令限期整改。建设项目“三同时”检查8个，根据《中华人民共和国环境影响评价法》的有关规定，对8个未批就建的项目下发了现场处理决定通知书，责令停止建设，限期补办手续。开展2008年整治违法排污企业保障群众健康环保专项行动。对省级挂牌督办事项跟踪检查落实情况；联合有关乡（镇）和有关部门对公路沿线采砂采石场进行专项整治，取缔采砂采石场4家，石材加工场6家；对15个乡（镇）的砖厂、采砂采石场、规模以上的餐饮业环境违法行为进行专项整治，下达现场处理决定通知书124家，其中：要求上污染治理设施的16家，要求限期补办环保手续点42家，要求完善环保手续59家，责令停止违法行为7家。组织开展环境安全隐患排查。重点对辖区内8家化工企业、1家焦化企业、两个集中式饮用水源地和3家钛矿尾矿库、1家铁矿尾矿库进行了专项检查，针对检查中存在的环境安全隐患问题，执法人员分别下达了现场限期整改通知书，并跟踪检查落实情况。严格执行《排污费征收使用管理条例》的有关规定，圆满完成上级下达的280万元排污费征收任务。

2009年开展了涉砷行业专项检查、饮用水源地后督察、环境安全隐患排查、环境违法违规零申报、整治违法企业保障群众健康等环保专项行动，进行现场监督检查233次，出动执法人员900多人次；共对23家重点污染源和32家一般污染源企业进行了现场监督检查，检查污染治理设施103台（套），检查的重点是企业的污染排放情况、污染治理设施运转情况。经过现场监督检查正常运转100（套），运转率98%；针对存在问题发出了25份《寻甸县环境监察现场处理决定通知书》；对污染治理设施擅自闲置或无故停运，污染物超标排放的2家企业依法立案查处，罚款4.5万元；检查集中式饮用水源地76人次；检查4蒸吨/小时以下（含4蒸吨/小时）锅炉39台（套），停用2台（套）。按照市委的要求，组织对牛栏江沿岸污染源情况进行拉网式排查，共检查工业污染源15个、集镇污染源8个、农村污染源130个，针对存在的主要问题制定了整治方案和整治措施。严格执行《排污费征收使用管理条例》的有关规定，按上级下达300万元的排污费征收任务，积极组织足额征收，完成309万元，完成任务的103%。

2010年紧紧围绕“牛栏江流域（寻甸段）水环境专项整治行动”和“整治违法排污企业保障群众健康环保专项行动”，集中整治牛栏江（寻甸段）及支次河流河道排污企业环境问题，加大对污染减排重点项目、重金属污染物排放企业环境违法行为的监管和整治力度，严厉查处环境违法行为。开展牛栏江流域（寻甸段）水环境专项整治行动。对牛栏江（寻甸段）及支次河流河道1000米范围内污染企业数量、行业及其分布、汇入河道排污口信息等情况进行全面排查。出动监察执法人员186人（次），排查企业（不含污水进入县城污水处理厂的排污单位）51家，其中：化工企业8家，医药1家，洗浴2家，建材1家，热镀锌1家，餐饮及其它38家；直接进入牛栏江河道企业（塘子片区）10家，汇入潘所海（金所片区）和经支次河流进入牛栏江河道41家；涉及危废6家，涉重金属7家。要求牛栏江流域13家重点企业制订切实可行的整改方案，积极组织实施，并作出书面承诺，确保2010年底实现生产、生活废水不外排。开展“整治违法排污企业保障群众健康环保专项行动”。对23家重点企业进行检查，涉重金属企业7家，并对存在环境安全隐患的5家企业下发了限期整改通知书，同时，要求制定切实可行的整治方案，并跟踪检查整改落实情况，确保牛栏江流域水质得到明显改善。加强对污染减排重点行业县城污水处理厂污染减排项目的日常监督检查，加大对已完成污染减排任务的云南邦力圣电力器材有限公司的监督监察力度，巩固污染减排成效。立案查处：寻甸龙蟒磷化工责任有限公司生活废水部分外排和厂区废水收集池废水外排对潘所海水体环境造成污染；云南滇木人造板有限公司污水未经处理私设暗管直排；云南中集房地产开发有限公司未办理相关手续进行夜间施工，噪声扰民；云南昆明奕标水泥有限公司粉尘未经处理直排，对周边环境造成污染；对以上4家企业的环境违法行为进行行政处罚，共处罚款8万元。严格执行《排污费征收使用管理条例》的有关规定，按上级下达250万元的排污费征收任务，积极组织足额征收，超额完成征收任务。

【信访工作】 2007年，办理县政府交办的人大代表建议1件、政协委员提案3件。办理污染投诉48件（含重复件8件），其中：国家、省、市环保局、广播电台“金色热线”、环保“12369”，县人民政府“2662345”便民热线、县信访局转办交办件19件，电话投诉18件，来信来访投诉11件。属于烟尘、粉尘污染10件，水污染17件，噪声污染13件，其它污染8件。调查处理48件，其中协调处理了仁德镇新发大村83户村民联名投诉南磷渣场扬尘污染造成农作物受损问题，企业赔款22万元。全年未发生重大环境污染事件和因环境污染引发的群体性事件。

2008年，办理县政府交办的人大代表建议2件、政协委员提案4件，县委交办的党代表提案1件。调查处理污染投诉54件，其中：上级转办件6件，电话投诉39件，来信来访投诉9件。属于噪声污染9件，废气污染34件，水污染11件，处理率100%。全年未发生重大环境污染事件和因环境污染引发的群体性事件。

2009年，办理县政府交办的政协委员提案2件。调查处理污染投诉43件，处理率100%。全年未发生重大环境污染事件和因环境污染引发的群体性事件。

2010年，办理县政府交办的人大代表建议、政协委员提案、党代表提案共10件。处理污染投诉36件，处理率100%，全年未发生重大环境污染事件和因环境污染引发的群体性事件。

【环境监测】 2007年共取得大气环境、水环境以及区域环境噪声监测数据2375个。完成污染源年检监测16家，监督性监测2家，建设项目“环评”基础监测3家，限期治理和建设项目环保设施竣工验收监测3家，调查监测6家；配合市环境监测中心站完成建设项目环保设施竣工验收监测2家。

2008年完成县城环境空气质量例行监测6期，监测点3个，监测项目5个，获取有效监测数据1427个，按环境空气质量（GB3095～1996）标准评价，空气质量达2级，县城环境空气质量良好。水环境质量监测断面（点）8个，其中：县域地表水监测点7个（市控点3个、县控点4个），地下水监测点位1个。共获得水质监测成果数据568个，集中式饮用水源清水海水质按《地表水环境质量标准》（GB3838—2002）评价，水质达2类水标准，水质达标率100%；完成地表水水质调查监测2次，即牛栏江塘子大桥断面、县城四清河；完成降水跟踪监测24次；完成污染源排污申报监测4家，社会委托监测2家，信访投诉监测1家，调查监测1次。区域噪声及城市交通噪声监测。获得成果数据903个，监测结果表明，县城区域环境平均噪声值达2类混合区控制标准。参与突发性环境污染事故应急监测4次，其中：水污染事故2次（牛栏江上游嵩明县镀锌厂废液泄漏、龙蟒集团输送渣管道爆裂）；空气污染2次（南磷氯气泄漏、嵩待高速路运输电石车辆发生交通事故）。

2009年县城建成区大气环境质量监测设3个点位、5个主要监测项目，共完成空气质量例行监测10期，环境质量季报3期，获得成果数据1378个，监测结果，在国家环境空气质量（GB3095～1996）二级标准控制范围内，县城总体空气质量良好；县域地表水监测点8个，其中：市控点3个、县控点5个，获得水质监测成果数据972个，集中式饮用水源点清水海水质达标率100%。县城建成区声环境监测取得数据947个，监测结果表明，县城区域环境平均噪声值达国家（GB3096～2008）二类声环境功能区控制标准值，声环境质量良好。

2010年完成县城空气质量例行监测12期，监测点3个，监测项目5个，上报环境质量季报4期，获取有效监测数据1454个，监测结果，在国家环境空气质量（GB3095～1996）二级标准控制范围内，县城总体空气质量良好；完成县域地表水监测点13个，其中：省控点2个、市控点10个、县控点1个，地下水监测点位1个，县城污水处理厂监测点2个，其中进出口各1个。完成地表水、地下水例行监测12期，县城集中式饮用水源地清水海水质监测达标率100%，其余12个地表水监测点每月进行常规监测，全年共获得水质成果数据2909个。开展2010年秋季县城建成区声环境例行监测工作，累计取得噪声监测数据909个，达国家GB3096～2008《声环境质量标准》二类声环境功能区的控制标准值，声环境质量较好。完成重点企业监督性监测59家（次），其中：涉及节能减排项目5家（次），纳入医源性污水管理的排污医院14家（次），其它40家（次）；完成建设项目“环评”基础监测3家（次），完成建设项目环保设施竣工验收监测7家，配合市中心站完成寻甸县工业环保设施竣工验收监测1家（次）；完成污染源排污申报监测28家，社会委托检测4家，信访2家次，调查监测7次；共计监测锅炉、炉窑、破碎机排口83台、水污染源14家。参与云南南磷集团电化公司氯气泄漏突发事故应急演练1次。开展生态乡镇环境质量监测工作，对柯渡镇、七星镇、六哨乡、联合乡水、气、声进行监测，地表水监测点15个，监测项目28项，环境空气监测点8个，监测项目6个（包括气象数据），声环境监测点35个，集镇污水处理设施进出口监测点4个。

【领导名录】

局　　长：李胜林（2002.09—2008.03）

马明锋（2008.03—至今）

党组书记：马明锋（2008.03—2010.06）

马希贤（2010.6—至今）

副 局 长：盘晓汤（2005.8—至今）

高　鸿（2010.06—至今）

环境监察大队队长：

刘　荣（2008.03—至今）

（撰稿人：徐绍文）

旅　游

编辑：陈小珍

旅游产业

【县旅游局】 2000年8月，寻甸回族彝族自治县旅游局成立，属主管全县旅游工作的政府直属事业单位，2010年8月机构改革，旅游局、文化局、广电局三家合并，内设旅游科。

原县旅游局围绕县委、政府《关于进一步加快旅游业发展的决定》，把旅游业培植成新兴支柱产业的目标，以寻甸旅游资源为基础，按照“一年打基础，两年初见效，三年上台阶，五年建支柱”的工作思路，突出抓旅游招商引资、旅游重大项目建设、旅游规划编制、旅游基础设施建设、旅游宣传促销、旅游市场监管、规范，全力打造“生态旅游、温泉旅游、红色旅游”三大品牌，旅游业发展取得明显成效，旅游业实现了突破性发展，旅游项目完成投资10亿元。天湖岛旅游区、塘子星河温泉小镇两个项目被列为省政府考核昆明市政府重大旅游项目，柯渡红色旅游项目列为省政府考核昆明市政府重点旅游项目，旅游业发展由无变有，旅游产业体系基本形成，旅游经济发展取得成效。

2007——2010年接待人数

年份	接待人数(万人)	(同比增减)	旅游收入(万元)	(同比增减)
2007	23.8	11.2%	1860	10.06%
2008	26.7	12.18%	2075	11.56%
2009	29.4	10%	2560	20.8%
2010	34.6	18%	3806	48%

【旅游规划】 按照《寻甸县旅游资源整合方案》，整合资源，以科学的规划总揽全局，高起点、高标准、高质量做好旅游业发展规划修编及各旅游项目的专项规划。目前已完成《寻甸县旅游发展总体规划》、《寻甸红色旅游总体规划》、《柯渡纪念馆修建性详规》、《北大营草原旅游区总体规划》、《北大营生态运动项目修建性详规》、《凤龙湾旅游区总体规划》、《白石岩溶洞群旅游区总体规划》、《三月三旅游区发展规划》、《塘子星河温泉旅游规划》、《钟灵山国家级森林公园旅游总体规划》。

【招商引资】 按照“政府主导、社会参与、市场运作、企业管理”的运行机制，通过旅游资源开发经营权出让、合资、独资、参股、租赁等多种投资经营方式，引导和鼓励社会资本、外部资本和民营资本开发旅游资源。和云南丹彤集团城建开发公司签订了投资1.2亿元进行丹桂红色旅游建设；和香港卓越环球有限公司签订了投资1.52亿美元开发白石岩、凤龙湾开发合同；与天创资产管理有限公司签订了开发三月三乡村生态旅游项目协议。

【景区建设】 天湖岛旅游项目2006年正式开工建设，共完成投资4.9亿余元，已竣工和在建项目(工程)的总建筑面积约46万平方米。1号生态球场投入运营以来共接待游客3万人(次)，实现旅游总收入1800万元。

星河温泉旅游小镇项目2005年引进丹彤集团投资开发，开工建设共投入资金3.5亿余元。一期项目包括温泉康体区、娱乐健身区、会议中心、度假酒店、岛上别墅、生态广场、商业步行街等。于2009年9月26日投入运营，共接待游客45250人(次)，实现旅游总收入1131万元。

红色旅游项目柯渡红军长征纪念馆460万元的国债资金项目，一是完成中央红军总部驻地旧址、毛泽东路居旧址、中央书记处驻地旧址11户农户的搬迁及文物主体修缮；二是复原陈列和主题展览布展，并于2010年7月6日对外接待参观者；丹桂红色旅游开发项目2008年5月与丹彤集团公司签约，预计投资1亿元，已完成一期征地、征房拆迁、场地平整，雕塑广场、旅游厕所等建设工作，正编制红军长征过云南博物馆详规；六甲之战纪念塔的迁移保护，新选址占地34亩，经多方筹措资金180万元，于2010年12月29日开工建设，2011年上半年完工。

凤龙湾项目已完成项目总体规划，地形图的测设及地质勘查，评估公司对项目区原有的投资进行了评估认定，部分项目详规已完成设计，成立了项目开发指挥部，2011年将开工建设旅游服务中心。

三月三乡村生态旅游项目2009年4月由县人民政府与河南天创资产管理股份有限公司签订了框架协议，公司已在寻甸县办理了名称为云南鹏瑞置业有限公司的注册登记，并注入注册资金1000万元。旅游区总体规划、修建性详细规划编制已完成。

伊甸园国际生态温泉休闲度假区项目2010年7月14日由县人民政府与昆明永泰田房地产开发有限公司签订了投资协议书，项目包括建设云南高尔夫职业技术学校、北城区小黑龙水景观区、云南民族文化休闲交流中心等，现已完成土地勘察、丈量等前期工作，部分征用地与当地社区签订了土地流转合同，项目总体规划已完成。

【旅游宣传】 2007～2010年来旅游局以“寻觅伊甸园”为主题，以“立足昆明”为目标，利用多种渠道、多种形式在《中国旅游报》、《云南日报》、《昆明日报》、《都市时报》、《春城晚报》、《昆明旅游服务指南》、云南电视台、昆明电视台、云南广播电台等报刊、电视、电台上宣传、推介寻甸及寻甸旅游产品。

2007年9月，由昆明市文产办、昆明市旅游局主办，昆明日报社(《昆明日报》、《都市时报》、彩龙中国网)、昆明电视台、昆明人民广播电台、新昆明网共同承办的“2007昆明市文化旅游特色村镇推选活动”，寻甸县积极提供材料，推荐柯渡镇丹桂村、塘子温泉小镇、北大营村参与推选。寻甸县柯渡镇丹桂村、北大营村荣获“2007昆明市文化旅游特色村镇”荣誉称号。

【旅游服务】

旅游景点

“生态之旅”钟灵山国家级森林公园登山寻秘，凤龙湾风景区快艇寻幽，北大营万亩草原纵马寻情，高原明珠清水海品鱼寻奇，牛栏江沿线农家乐休闲寻趣，红色庄园怀旧寻梦。“红色之旅”重走长征路柯渡红军长征纪念馆、先锋六甲之战纪念塔、鲁口哨渡江令发布纪念地，追寻红军足迹，缅怀革命先烈丰功伟绩。“温泉之旅”星河温泉小镇汤天下沐浴寻乐…

北大营天湖岛旅游区：地势平坦、景色迷人，森林湖泊环绕，骑马驰骋草原羊群之间展现在您眼前的是一幅“天苍苍、野茫茫，风吹草低见牛羊”的塞外风光。36洞高尔夫球场白云飘绕，让您仿佛置身于云端挥杆，即将建成温泉SPA度假酒店、马会俱乐部、生态运动培训学校等相配套项目，是您康体运动的理想之地。

地理位置：位于寻甸县河口镇北大营村，距县城28千米。

交通：走昆曲高速76千米至易隆道口下，沿213国道见路标往曲靖方向10余千米，或走昆曲高速至小街收费站转嵩待高速金所道口下全程80千米，过县城见路标行驶。

食宿：会员200元/标间，访客260元/标间；就餐50元/人左右。

球场收费：会员220元，嘉宾450元，团队650元，访客760元。

联系电话：0871～2655555

凤龙湾风景区：全长15千米，青山苍翠，碧水蜿蜒，怪石嶙峋、瀑布成群。在这片世外桃源里，蓝天、碧水、山色、树影与美丽的白鹭仙子融为一体，是人与大自然和谐发展的美丽画卷。也是寻甸之旅寻幽、寻秘、寻情、寻趣之所在。

地理位置：位于寻甸县七星镇，距县城12千米。

交通：走昆曲高速至小街收费站转嵩待高速金所道口下全程80千米，过县城见路标行驶；或走昆曲高速76千米至易隆道口下，沿213国道见路标往曲靖方向10余千米。

收费标准：住宿120元/标间，就餐20元/人，快艇30元/人，门票50元(团队35元)。

一日游：120元(含门票、快艇、马车、一个正餐)

二日游：200元(含门票、快艇、马车、两个正餐一早餐、住宿一晚)

联系电话：0871～2776656
13354615408

国家级森林公园钟灵山：总面积8100亩，海拔在1708米—2332米之间，森林覆盖率86.5%，地势险要，空气湿润纯净，奇花异木林立，是一个集自然景观、人文景观、民间传说、佛教圣地为一体的天然氧吧。山上的钟灵寺始建于元代，曾经是西南八大名寺之一，现存39座塔林，曾被誉为“滇东第一佛地”，是登山运动爱好者的理想之地。

地理位置：位于寻甸县仁德镇，距县城20千米。

交通：走昆曲高速76千米至易隆道口下，沿213国道往曲靖方向前行5千米。目前暂不收门票。

柯渡红军长征纪念馆：中央红军长征曾于1935年4月、1936年4月两次经过寻甸。柯渡丹桂村走进了彪炳千秋的一代伟人：毛泽东、朱德、周恩来、刘伯承、张闻天、王稼祥……。并在此作出抢渡金沙江的重大决定，由此取得了战略转移中具有决定意义的伟大胜利，丹桂村有幸见证了中国现代史上的一次重大转折。纪念馆包括中央红军长征总部旧址及毛主席路居旧址，是云南省国情教育基地及爱国主义教育基地。纪念馆山后的丹桂峡谷，景色奇妙、植被丰富，清澈的山泉在怪石间穿行，时而瀑布咆哮，银练飞流，时而蜿蜒曲折，溪流潺潺。可搭帐篷置吊床，安营扎寨，亦可攀石登山，观花赏景听鸟鸣。这条山泉因当年饮过红军的战马，洗过战士的征衣而赋予了不同寻常的意义。

地理位置：位于寻甸县柯渡镇，距县城及昆明均在80千米。

交通：走昆明至轿子雪山7204公路，黑龙潭－嵩明阿子营－柯渡大石洞－红军长征纪念馆。或走昆曲高速至小街收费站转嵩待高速金所道口下，往先锋方向至柯渡途经六甲之战纪念塔。

门票：免费

食宿：有多家伊斯兰风味农家乐

联系电话：0871—2778125

星河温泉小镇：依托千年自喷南谷硫磺温泉及牛栏江秀丽风光，打造集休闲度假、康体保健、会展商务、生态观光、特色购物为一体的温泉旅游小镇。五星级度假酒店、会议中心设施配套，温泉SPA、露天泡池风情各异，阳光沙滩岛、生态景观广场、度假别墅、休闲步行街风光如画。

地理位置：位于寻甸县仁德镇塘子村，距县城10余千米

交通：走昆曲高速76千米至易隆道口下，往县城方向见路标行驶10千米，或走昆曲高速至小街收费站转嵩待高速金所道口下见路标行驶10余千米。

住宿：水景标准间480元(团队288元)，豪华标准间780元(团队468元)，商务套房1280元(团队768元)，总统套房18888元(团队11333元)

就餐：伊斯兰风格的桌餐400元/

席、中西式自助餐40元/人，以及冷餐会、酒会、烧烤等。

温泉SPA：128元/人（含室内外温泉、干湿蒸、大厅休息区、自助餐一餐、健身房、网吧、书吧、乒乓球），10人以上可享受九折优惠。

联系电话：0871 ~2781888 传真：0871 ~2781222

红色庄园：以红色怀旧和绿色生态为主题，漫步樱花大道、梧桐大道、珍稀瓜果园，游知青商店，观农具展览、怀旧电影，品古玩鉴赏、茶艺表演，体验高尔夫挥杆训练、来一场篮球赛，更有KTV、篝火晚会让您一显身手…优美的生态环境，完备的配套设施，是参观游览、休闲度假、会议培训的理想之地。别墅、豪华套房、标准间等各类型客房，可容纳300余人住宿，同时接待1000余人就餐及会务培训。

地理位置：位于寻甸县仁德镇天生桥村（原云南农业大学校址），距县城大约10千米。

交通：走昆曲高速至小街收费站转嵩待高速金所道口下，见路标沿320国道往东川方向行驶10余千米。

收费标准：一日游38元（含一个正餐、棋牌、参观红色怀旧博物馆及蔬菜基地）；68元（含二个正餐棋牌、休闲观光大棚、乒乓球、台球、羽毛球、参观蔬菜基地及红色怀旧博物馆、导游服务）

团队138元（含二个正餐一个早餐一晚住宿，棋牌、休闲观光大棚、乒乓球、台球、羽毛球、参观蔬菜基地及红色怀旧博物馆、导游服务）

联系电话：0871 ~ 2784288、2784377

传　　真：0871 ~2784866

【旅游购物】

顺宏园食品有限公司：牛干巴、鸡枞牛干巴、油淋干巴（联系电话：2656988、13608879471）

仁德食品有限公司：礼盒牛干巴、礼盒鸡枞牛干巴、礼盒油淋牛干巴、袋装烧牛肉、盒装烧牛肉、甘栗仁、保鲜板栗（联系电话：0871 ~2662865、2663195（传真）、13987191298）

东发食品厂："伊乐牌"烧牛肉、牛肉酱、牛宝、香草鸡、香草鸭、香草鹅（联系电话：0871 ~ 2661600、13888330423）

寻甸土特产专卖店：天然蜂蜜、生态荞麦燕麦系列、蒜蓉辣椒（联系电话：13354957509、13888534433）

【旅游住宿】

金世纪大酒店（0871—2656308）
银路宾馆（0871—2651887）
邮电宾馆（0871—2668668）
电力宾馆（0871—2651999）

【"农家乐"】

牛栏江沿线　老包农家乐（13888959345）；欣兴农家乐（2781788）；云珠田园（13033384159）；林源山庄（2783027）；汤何园（2781469）。

北大营天湖岛旅游区　荣华园农家乐（2669498）；江林山庄（2669507）；海金农家乐（2669418）；惠林山庄（13700642176）；依兰农家乐（13888502623）。

凤龙湾风景区　莲花岛农家乐（2751098）；凤龙山庄（13888056151）；锦龙农家乐（13888719121）；溢洪餐厅（2751043）。

红色旅游及轿子雪山沿线　柯渡镇：秀峰宏园（2778699）；星月山庄（2778566）；长征路农家乐（2778542）；丹桂农家院（2778546）；碧水农庄（2778178）。倘甸镇：憨宝来山庄（13987657257）；李家箐旅游山庄（2766188）；回龙山庄（13888376625）；龙潭箐上庄（2766288）。先锋镇：青龙湾山庄（13312543520）。鸡街镇：盛源农庄（13354616251）。

交通沿线　羊街镇：丰乐度假山庄（2742818）；骏华隆清源农庄（15912517168）。金所：四合园（2784315）；八福园（13608877204）。仁德镇：大鱼谷（2651299）；果园山庄（13608878164）；重庆熬家鲜菜火锅（2651666）。

【领导名录】

党委书记、局长：范克有（2010.07至今）
副局长：张明喜（2010.07至今）
陶季平（2010.07至今）
朱　茜（2002.09—2010.07）
鲁兴宇（2010.07至今）

（撰稿人：杨与奎）

财政·税务

编辑：丁 慧

财 政

【综述】 2007－2010年，财政收支保持高速增长，保障能力显著增强。财政体制不断完善，公共财政框架逐步构建，财政步入了良性发展轨道。财政收入规模实现突破。2007年，地方财政总收入完成2.85亿元，2010年完成5.68亿元，是2006年的2.7倍，四年年均增幅28.4%。2007年，地方一般预算收入完成1.54亿元，2008年突破2亿元，2010年突破3亿元，完成3.42亿元，是2006年的2.9倍，年均增幅高达30.1 %，“三年倍增计划”圆满实现。

2007－2010年，财政支出规模不断扩大。县财政支出保持适度增长，较好支持了县域经济的发展。2007年，地方财政支出完成7.14亿元，2010年，完成14.37亿元，是2006年的2.6倍，四年年均增长27.2%，财政保障能力稳步提高。

2006年-2010年地方财政一般预算收入和总收入完成情况柱状图

（单位：万元）

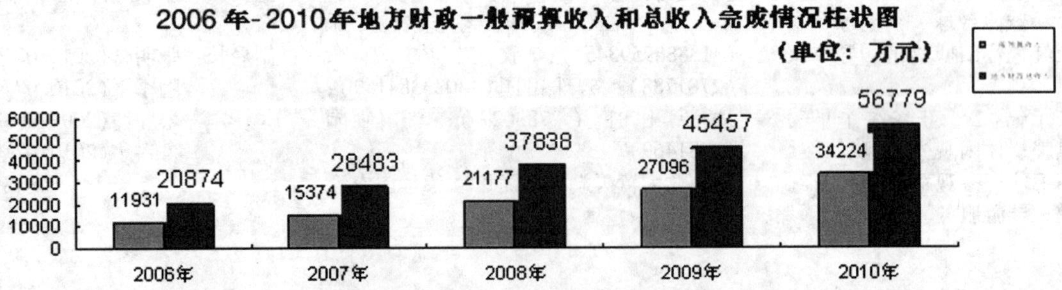

2006年-2010年地方财政支出完成情况柱状图（单位：万元）

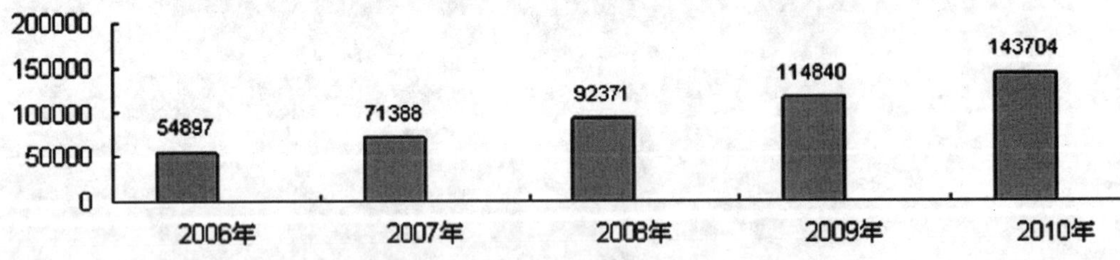

【县财政局】 2007年，内设15个职能科（室），其他机构3个。1月增设国有资产管理科。6月成立县财政局国库支付中心（副科级）。财政所16个，实行县乡（镇）双重管理。2008年10月，新成立寻甸回族彝族自治县金融工作办公室，在县财政局加挂牌子。2010年，撤消县财源建设办公室，其职责和业务并入综合科。内设机构16个，其他机构4个，归口县财政局管理，其中：县国有资产管理局（正科级）；县金融工作办公室（正科级）；县会计监督管理局（副科级）；县农业综合开发办公室（县农村综合改革办公室，副科级）。国库支付中心隶属关系性质不变。财政所由16个合并为14个（3月塘子、金所、仁德财政所合并成立新的仁德财政所）。4月，14个乡镇财政所人财物上划县财政局垂直管理，属县财政局派出机构。

【民生民计改善】 2007年以来，围绕“构筑公共财政，打造民生财政”的目标，县财政坚持以人为本、理财为民，加大对教育、医疗卫生和社会保障等民生事业的投入。在保工资、保运转、保重点的前提下，规范公务员津补贴、教师、卫生院绩效工资改革等政策全面落实，住房公积金、职工医疗保险配套标准逐步提高。教育事业全面发展，2007年来，预算内完成教育支出10.58亿元，全面实现城乡免费义务教育。建立健全了家庭困难学生资助体系，推进标准化学校建设，修缮改造学校危房，改善办学条件。支持医疗卫生事业发展。2007年来，预算内安排医疗卫生事业资金3.36亿元，建立健全了覆盖城乡的基本医疗保障体系，城乡社区卫生服务网络逐步完善，城市居民医疗保险、城镇职工医疗保险、新型农村合作医疗保险全面启动，基本实现医疗保险全覆盖。实施国家基本药物制度改革。2007年来，预算内完成社会保障和就业支出5.06亿元，逐步完善了城乡一体的社会救助体系，建立起城乡居民最低生活保障标准自然增长机制，企业退休人员基本养老金标准逐年提高，及时足额发放，财政支持就业创业的长效机制初步建立。大力支持"三农"发展，2007年来，预算内农林水事务支出6.4亿元，兑付农民的补贴逐年增加，农田水利等基础设施建设逐步改善，农业产业结构调整不断深入，现代农业产业化有序发展。

【公共财政体制构建】　围绕公共财政体制构建，深化财政改革。县直单位推行部门预算。启动乡镇财政预算管理方式改革，把乡镇作为县级财政的一级预算单位，乡镇财政收支全部纳入县级统一管理。重新制定县对乡镇财政管理体制，理顺县乡财政分配关系。强化预算执行，深化国库集中支付、政府采购、政府非税收入管理制度改革，行政事业单位资产管理体制逐步理顺。推进公务员津贴补贴改革和事业单位绩效工资改革。

【财政监管】　把制度建设作为加强财政资金管理的重点，先后制定实施多项管理制度和管理办法，逐步形成一个条块结合、易于操作、管理严格的制度网络。强化监督检查，健全事前审核、事中监控、事后检查相结合的全过程财政监督机制，使财政监督更好地服务财政管理，确保财政资金使用安全。

【财政收入】　2007年，财政总收入完成2.85亿元，增收7，609万元，增幅36.5%，其中：上划中央"四税"完成1.15亿元。地方一般预算收入完成1.54亿元，同比增收3，443万元，增幅28.9%。

2008年，财政总收入完成3.78亿元，比上年增收9，355万元，增长32.8%，其中：上划中央"四税"完成1.53亿元，比上年增收3，734万元，增长32%。地方一般预算收入完成2.12亿元，比上年增收5，803万元，增长38%。

2009年，地方财政总收入完成4.55亿元，同比增收7，619万元，增长20%。其中：上划中央"四税"1.65亿元，同比增收1，237万元，增长8%。地方一般预算收入完成2.71亿元，完成市下达必达目标任务数的114%，力争目标数的108%，同比增收5，919万元，增长28%。

2010年，地方财政总收入完成5.68亿元，同比增收1.13亿元，增长24.9%。其中：上划中央"四税"完成2.0亿元，同比增收3，549万元，增长21.5%。地方一般预算收入完成3.42亿元，同比增收7，128万元，增长26.3%。

【财政支出】　2007年，地方财政支出完成7.14亿元，同比增支1.65亿元，增幅为30.3%。通过财政安排的支出为8.37亿元，同比增支2.04亿元，增幅为32.3%。

2008年，地方财政支出完成9.24亿元，比上年增支2.1亿元，增长29%。通过财政安排的支出完成10.83亿元，比上年增支2.46亿元，增长29%。

2009年，地方财政支出完成11.48亿元，同比增支2.25亿元，增长24.3%。通过财政安排的支出达13.58亿元，比上年增支2.75亿元，增长25%。

2010年，完成地方财政支出14.37亿元，同比增支2.89亿元，增长25.1%。通过财政安排的支出完成15.61亿元，比上年增支1.98亿元，增长15%。

【财政改革】　2007年，按照"预算共编、账户统设、集中收付、采购统办、票据统管"的改革方式，功山、七星两乡镇先行推行乡财县管改革试点。在将工资、机动车保险费、住房公积金纳入国库集中支付范围的基础上，单独成立国库集中支付机构，初步拟订《试点方案》和《实施办法》。

2008年，制定《乡镇财政预算管理方式改革实施方案》，对《方案》进行修改、补充、细化、完善，《实施方案》报政府审批。《寻甸县财政国库管理制度改革试点方案》经县委批复印发，《寻甸县国库集中支付试点实施暂行办法》经政府批复印发。启动部门预算试点改革工作，县教育局、农业局、卫生局作为试点单位。

2009年，启动乡镇财政预算管理方式改革，把乡镇作为县级财政的一级预算单位，乡镇财政收支全部纳入县级统一管理。重新制定县对乡镇财政管理体制，理顺县乡财政分配关系。部门预算改革工作在总结试点单位经验的基础上，县直单位全面推行。选择县本级工资财政直接支付作为国库集中支付改革的突破口，8月，政法、农口财政供养人员工资实行财政直接支付。选择县国土资源局、防震减灾局、旅游局、残联作为试点单位，12月，正式开展国库集中支付业务试点。

2010年，全面推进乡镇财政预算管理方式改革，规范县乡财政管理体制，乡镇预算县级统编。牵头制定《寻甸县县直预算单位推行公务卡制度实施方案》、《寻甸县预算单位公务卡管理暂行办法》，启用县公务卡。制定《县级财政追加预算支出审批制度》，规范预算执行中追加预算支出事项的审批。对专款拨款审批程序和公务接待报批程序进行调整，全面强化财政内部管理。

【财政监管】　2007年，启动财政支农专项资金县级报账制工作，开展"财政支农资金管理年"活动，进一步加强和规范财政支农资金管理，确保财政支农资金专款专用。全面开展行政事业单位资产清查工作，对部分单位的清查结果聘请中介机构进行专项审计，规范和加强行政事业单位国有资产管理，按时完成全县农民补贴网的建设工作，评审上报农户114，414户，涉及农民482，301人。对16个财政所的帐制建设情况进行全面检查，对全县2004年—2006年所有财政资金的管理使用情况进行检查，全面加强行政事业单位的财务管理，提升财政资金使用效益。财源资金借款回收制订新的奖惩办法，选择羊街等乡镇开展法律手段回收财源资金，启用"支付令"程序收款办法，发出"支付令"14个，收清6户借款18.6万元，收回资金占用费6.3万元。启动"诉讼"程序收款办法，起诉14起，收清5户借款3.4万元，其他欠款户偿还借款7.5万元，收回占用费2万元。严格执行非税收入"收支两条线"管理规定，从源头上加强票据管理，理顺票据领购关系，全年核销票据1303本，保障了非税收入的增收。

2008年，在《寻甸县预算外资金管理办法》的基础上，牵头拟订《寻甸县政府非税收入管理办法》，经县第十四届人大常委会第二次会议通过，政府印发执行。清查预算单位79户（县直单位63户，乡镇16户），“小金库”资金年终滚存金额0万元。自查自纠中撤消账户6个，金额128.55万元。拖欠公款县直单位收清5户，乡镇收清7户。全力抓好财源借款回收，继续启用“支付令”、“诉讼”程序收款办法，全年回收财政资金借款266万元，占用费36万元。

2009年，制定实施《寻甸县财政资金管理办法》，强化财政资金管理，规范资金使用行为，有效防范财政运行风险。制定《寻甸县农村民居地震安全工程资金兑付暂行办法》、《寻甸县上级专款催拨通知书制度》、《深化财政综合改革创新财政管理制度若干意见及五个配套实施办法》、《寻甸县财政局重大决策听证等四项制度》，全面加强财政管理。全面启动村级会计委托代理服务工作，16个乡（镇）均成立了会计委托代理服务中心，及时进行财务清查和财务移交，迅速开展各项业务。全面开展“小金库”专项治理“回头看”工作，全县109个单位进行自查，签订承诺书109份。

2010年，牵头起草《寻甸县政府投融资体制改革实施方案》，稳步推进金融改革。认真贯彻落实重大资产处置审批制度和《国有资产管理办法》，全面开展国有资产清查工作，初步建立起国有资产管理信息平台，进一步完善国有资本收益管理制度。牵头制定实施《寻甸县行政机关行政成本控制制度实施方案》，大力节约行政开支。深入开展全县财务大检查、小金库清理“回头看”等专项工作，强化对专项资金的监管，努力提高财政资金使用绩效。

【推进企业加快发展】 2007年，争取北部县区发展专项资金975万元，新型工业化发展专项资金376万元，全力支持县域经济发展。2008年，争取工业园区专项发展资金1，574万元，促进园区基础设施的改善和规划编制等工作的顺利进行。争取新型工业化、矿产资源整合、旅游宣传等专项资金1，158万元，促进企业发展。成立特色产业园区管委会后，按照管委会机构设置和园区财政单列的要求，完成特色园区财政局机构组建、人员选配、财政制度建设、账户设置等工作，制定实施园区财政体制，全力支持园区发展。在支出压力巨大的情况下，安排龙泉公司等前期工作经费250万元，配合相关部门，做好五个公司注册过程中的服务工作。2009年，安排园区专项经费500万元，严格执行园区财政体制，兑现园区财力747万元，稳步做大园区规模。申请专项扶持项目32个，专项扶持资金1，190万元，扶持中小企业发展。2010年安排招商引资工作经费173万元，新型工业化发展资金675万元，推进寻甸县工业化进程。争取园区建设资金2，190万元，安排园区财力1，000万元，扶持园区发展。争取企业发展资金2，455万元，扶持民营企业和中小企业发展，培育财政增收亮点。

【推进社会基础设施建设】 发挥财政政策尤其是支出政策的调控作用，改善公共服务，发展社会事业。

2007年投入道路建设资金1，150万元，改善农村“行路难”状况，夯实农村脱贫致富基础。投入城镇建设专项资金400万元，促进县城镇规划集镇建设工作的推进。2008年拨付北城区及体育场建设资金3，805万元，园林绿化建设资金667万元，全面加强县城的城市建设。2008年争取国债及上级专项资金710万元，对县医院、中医院、倘甸、柯渡、甸沙、六哨、金所等卫生院进行建设，争取资金155万元，对羊街、先锋、倘甸、甸沙、鸡街、县计生服务站进行建设，全面改善寻甸县的医疗条件。投入资金171万元，对全县57个基层文化室进行建设。2009年投资近6，000万元的县体育中心已顺利完工，投入使用。总投资3，808万元的城市生活垃圾处理建设项目在建。投资2，325万元的县医院建设项目已开工。投资520万元，启动新城区配水管网建设及老城区配水管网改造工程。投资533万元，建成7个文化站和65个村文化室。2010年安排公共基础设施建设资金7，351万元，继续加快基础设施建设步伐。

【投入支农资金】 2007年投入支农资金1.64亿元，全面实施促进农业增效、农民增收、农村发展的财政措施和办法，促进农业产业结构调整，提高农业综合生产能力，改善农村生产生活条件。加大扶贫投入力度，支持异地搬迁、人畜饮水、安居温饱等扶贫项目建设，巩固和加强农业基础地位。2008年争取非公有制经济及中小企业发展专项扶持资金988万元，重点扶持农村流通、生猪养殖、农业产业化、名特优等产业发展。投入“三农”资金4.70亿元，多措并举，支持“三农”。争取资金629万元，县本级投入资金100万元，努力改善农村的通行条件。2009年投入资金1，208万元，完成省市县整村（乡）推进项目53个。按照“乡业村品”要求，围绕粮、烟、畜、果、薯等主导产业和优势产品，大力发展优势产业和特色产品，争取扶持资金605万元，重点扶持农业产业化龙头企业和专业合作经济组织。投资7，025万元，全面启动摩洛河、木嘎利、南海、路则冲、李家箐、大犁树、大岔路、邓家村、石板河等水库的建设和除险加固工程。2010年争取资金1，143万元，扶持壮大龙头企业和农村专业经济合作组织，推进农业产业结构调整，促进现代农业产业化。争取中央、省、市整村推进资金2，915万元，整乡推进资金600万元，启动146个行政村和六哨乡的整村整乡推进工作。

【拓宽投融资渠道】 2010年争取涉农贷款增量奖励资金和“贷免扶补”小额贷款贴息648万元，努力缓解三农、下岗职工、大学生创业等融资难的问题。充分发挥金融办和2个国有公司的职能作用，加强银政、银企合作，进一步扩大信贷规模，拓宽投融资渠道，全方位筹集发展资金。2010年融资到位资金8.95亿元，其中政府性项目融资2.04亿元，完成年初融资计划的101%。成立小额贷款公司2户，筹建1户，成立融资担保公司1户，建立和完善农村金融服务体系。

【优化财政支出结构】 2007年，投入资金972万元，对农村低保进行扩面，享受人数由7，000人增至20，136人，保障了农村低收入人群的基本生活需要。城镇居民医疗保险工作启动实施，城市居民最低生活保障标准稳步提高。投入资金2，054万元，确保了新型农村合作医疗工作的顺利推进。投入再就业资金160万元，解决了部分改制失业人员的再就业问题。继续启动廉租住房建设，大力解决城镇部分低收入人群的住房困难。增加支出191万元，提高干部职工住房公积金配套标准，配缴比例由8%提高到10%。继续做好清理规范津贴补贴工作，按时报送资料，认真测算标准，保障职工应得利益。

2008年，投入资金3，836万元，

稳步推进新型农村合作医疗，参合农民47.5万人，参合率98.6%。县本级投入资金60万元，实施城镇居民医疗保险扩面工作。投入资金2，527万元，继续实施城乡最低生活保障制度建设，有效解决24，573人的生活困难；县本级投入资金220万元，争取资金557万元，建成廉租住房94套。筹措资金4，200万元，确保公务员津补贴规范增资政策的及时兑现。

2009年，安排新型农村合作医疗支出6，206万元，努力提高农民群众的基本医疗水平，全县参合农民48.4万人，参合率99.3%。发放农村低保金1，900万元，20，336名农村低收入人口纳入保障范围。争取中央补助资金230万元，支持全县就业再就业工作。开展企业退休人员基本养老金调整工作，采取普调与倾斜相结合办法，对企业退休人员基本养老金进行调整，企业离退休人员1，853人共计领取养老金2，413万元。发放城镇低保金806万元，实现动态管理下的“应保尽保”。投入资金176万元，收缴养老金1，886万元，启动3，694名被征地人员的养老保险工作。投入资金244万元，全面实施城镇医疗保险，完成城市居民医疗保险、城镇职工医疗保险、新型农村合作医疗保险的无缝对接，基本实现人人享有医疗保险的目标。争取中央省市资金475万元，县本级投入200万元，建成廉租住房67套。安排资金6，425万元，完成教师绩效工资改革和发放事业单位职工生活补助。

2010年，投入资金58万元，全面实施城镇居民医疗保险。安排新型农村合作医疗支出6，169万元，全县参合农民49.3万人，参合率99.8%。发放农村低保金2，107万元，23，336名农村低收入人口纳入保障范围。争取资金300万元，促进全县就业再就业工作。发放企业退休人员基本养老金2，917万元、城镇居民最低生活保障金903万元、被征地人员的养老保险金420万元，努力构筑全面覆盖的社会养老保险体系。投入资金1，384万元，积极推进基层医疗机构实施基本药物制度。投入资金600万元，建成廉租住房60套。安排资金4，000万元，为津补贴规范年均4200元的提标工作做好准备。投入资金683万元，完成基层医疗机构、公共卫生服务人员绩效工资改革工作。安排资金3，656万元，职工住房公积金配套标准由10%提高到12%。安排资金2，714万元，逐步提高城镇职工医疗保险配套标准。

【义务教育专项资金管理】 2007年，投入教育专项资金4，852万元，全部免除农村义务教育阶段学生学杂费，提高义务教育阶段中小学公用经费保障水平，对农村义务教育阶段贫困家庭寄宿生发放生活补助，免费提供教科书，排除了仁德小学、鸡街完小、先锋中学等20个学校的D级危房9，281平方米，对仁德一中、仁德二小、柯渡松林完小等进行农村中小学标准化建设，改善一中、民中、功山云龙、杨柳完小等基础设施条件，促进教育事业健康发展。

2008年，投入专项资金4，355万元，推进农村义务教育经费保障机制改革政策落实。县本级安排资金529万元，争取资金2，540万元，启动县民族中学、先锋乡中学、六哨乡中学的标准化建设工作。争取中央预算内中西部农村初中改造国债专项资金1，370万元，对倘甸镇初级中学、金所乡初级中学进行改造建设。为解决民办教师的遗留问题，县本级安排专项资金120万元。

2009年，投入资金2，384万元，确保农村义务教育阶段学校经费保障机制改革各项政策的全面实施。投入专项资金2，806万元，对农村义务教育阶段贫困家庭寄宿生发放生活补助，免费提供教科书。投入资金1.98亿元，启动17所中小学标准化建设工作。投入资金1，526万元，全面进行校舍维修改造。

2010年，投入专项资金6，498万元，推动农村义务教育经费保障机制改革各项工作的落实。投入资金1，218万元，中小学免费提供教科书。投入资金1，691万元，化解历年义务教育欠债。

【惠农补贴】 2007年，全县农民补贴网建设工作完成，通过“一折通”兑付农民惠农补贴3，209万元。其中：能繁母猪补贴207万元，良种补贴120万元，农业生产资料综合直补1，066万元，退耕还林直补资金1，816万元。

2008年，兑付惠农补贴金额5，320.3万元。其中：综合直补资金3，210.1万元，水稻、玉米、油菜良种补贴378.5万元，退耕还林补助1，263.5万元，能繁母猪补贴资金368万元；完善退耕还林补助70.2万元，新增粮食种植面积补助30万元。

2009年，兑付惠农补贴金额4，946.2万元。其中：综合直补资金3，200.4万元，水稻、玉米、油菜良种补贴522.6万元，退耕还林补助873.3万元，能繁母猪补贴资金69万元；完善退耕还林补助280.9万元。

2010年，兑付惠农补贴金额5，700.7万元，其中：综合直补资金3，226.7万元，水稻、玉米、油菜良种补贴502.6万元，退耕还林补助678.7万元，能繁母猪补贴资金333.9万元；完善退耕还林补助430.5万元，马铃薯原种补贴100万元，公益林补贴428.3万元。

【家电下乡】 寻甸县自2009年4月启动家电、汽车摩托车下乡工作。启动时采用“财政所审核并兑付”的方法办理。

2007年　优质马铃薯基地项目

为方便广大群众，减少农民兑付补贴往返次数，提高补贴兑付率，从2009年10月1日起，全县家电下乡补贴兑付实行由“销售企业代办申领并垫付补贴资金”的办法，由备案销售企业到属地财政所办理垫付资金申报、清算和拨付工作。

2009年，兑付家电下乡产品8，025台，补贴资金155万元，兑付率97%；汽车、摩托车4，268辆，补贴资金791万元，兑付率99.8%。

2010年，全年兑付家电下乡产品24，966台，补贴资金541万元，兑付率100.9%；汽车、摩托车6，903辆，补贴资金1，409.7万元，兑付率100.1%。

【规范政府采购管理】 2007年，实施政府采购66批，采购资金1，104万元，节约资金110万元，节约率为9%。2008年，实施政府采购54批，采购资金606万元，节约资金99万元，节约率14％。因落实控购政策，采购规模大幅下降。2009年，实施政府采购83批，采购资金1，100万元，节约资金119万元，节约率9.8%。2010年，实施政府采购90批，采购资金1，641万元，节约资金131万元，节约率9.3%。

【农业综合开发投入】 2007年，项目计划总投资1，189万元，其中：中央财政资金448万元，省级财政资金179万元，市级财政配套资金288万元，自筹资金274万元(以物折资17万元，投工投劳119万元，企业自筹资金138万元)。实施项目涉及中低产田改造，优质饲料粮基地建设，优质马铃薯种薯基地，肉牛养殖基地新建，畜牧养殖，杂交犊牛培育示范村建设。

2008年，项目计划总投资1，357.5万元，其中：中央财政资金497万元(有偿资金75万元)，省级财政资金197万元(有偿资金30万元)，市级财政资金349万元，自筹资金314.5万元(以物折资21万元，投工投劳折资146万元，企业自筹资金147.5万元)。实施项目涉及优质稻基地建设，优质马铃薯基地建设，滇型杂交粳稻制种及示范推广，无公害蔬菜栽培示范推广，羊街牛市大型畜产品综合交易市场扩建，优质犊牛培育示范基地建设，市级优质马铃薯基地建设。

2009年，项目总投资1，452万元，其中：中央财政资金555万元，省级财政资金222万元，市级财政配套资金365万元，自筹资金310万元。实施项目涉及优质饲料粮基地建设，优质稻基地建设，优质马铃薯基地建设，滇型杂交粳稻制种及示范推广项目，奶水牛养殖基地新建，市级中低产田改造。

2010年，项目总投资1，164万元，其中：财政资金925万元(中央426万元，省级170万元，市级329万元)，自筹资金238万元(投工投劳折资126万元，现金或以物折资9万元、企业自筹资金105万元)。实施项目涉及功山镇优质稻基地建设，仁德镇中低产田改造项目，加工型白皮大蒜集约化栽培技术示范推广项目，高原杂交粳稻良种繁育及示范推广项目，自然灾害损毁修复的项目，羊街镇无公害蔬菜基地建设项目，优质肉牛养殖基地新建项目。

【“一事一议”财政奖补】 2008年，开始试点并建成项目390个，项目覆盖自然村476个，占全县自然村总数1，576个的30.2％，受益村民人数12.25万人，占上年末乡村人口总数48.5万人的29.2%。资金投入合计9，812.5万元，其中，政府资金4，141.9万元(省市“一事一议”财政奖补资金预拨投入547万元，其它财政资金投入2，547.1万元，县乡配套1，047.8万元)，其它资金投入5，671.14万元(村民筹资捐资4，267.79万元，村集体资金实际投入50.36万元，暂垫暂借671.28万元，社会捐赠赞助资金15.42万元，村民以工折资645.29万元，村民以物折资21万元)。建成项目中，村内道路建设项目202个(主干道327条，全长142.23千米，支道138条，全长25.43千米)，小型农田水利29个，人畜饮水工程项目57个，村容村貌整治项目10个，卫生设施项目9个，文化体育设施项目9个，其它项目74个。

2009年，实施“一事一议”财政奖补项目320个，占自然村总数1，576个的20.30%，完成计划总投资3，345万元，财政奖补资金1，332.31万元，占计划总投资的39.82%(县级财政配套252万元)。项目直接受益农户32，640户，占全县乡村农户总数121，426户的26.9%，直接受益乡村人口13.1万人，占全县乡村人口总数48.5万人的27%。具体实施项目为：硬化村内道路项目294个，其中：主干道300条，里程151.33千米，支道95条，里程16.6千米；人畜饮水项目24个，修建储水池43个487立方米，架设引水管道57条120.8千米；兴建村内公共活动室2个192平方米。

2010年，实施“一事一议”财政奖补项目272个(普惠制257个，示范村3个，新农村重点建设村12个)，占自然村总数1，581个的17.2%，完成总投资4，152.69万元(普惠制投资3，443.35万元，示范村投资176万元，新农村重点建设村完成投资533.34万元)，财政安排奖补资金1，721.8万元，占计划总投资4，115.48万元的41.83%(财政资金投入2，011.22万元，其中县级财政配套236万元)。项目实施直接受益农户32，790户，占全县乡村农户总数121，426户的27%，直接受益乡村人口13.5万人，占全县乡村人口总数49.14万人的27.5%。项目实施道路建设158个、村级活动场所87个、人畜饮水23个，小型水利4个。具体为：硬化村内道路328条，其中主干道212条，里程119.75189千米，支道116条，里程26.172千米；修建排水沟21条10.7091千米，支砌挡墙145堵9，926.35立方米，架设桥涵84座；新建村内公共活动室84个14，840平方米；新建公房2个60平方米；新建篮球场3个1，870平方米；新建露天活动场所13个3，795.08平方米；架设引水管道104条安全饮水管道118.7936千米，修建小水窖2个储水446立方米，支砌蓄水坝取水池17个容积1，079立方米；维修水利沟渠4条3，980米。

【招商引资】 2009年，县下达招商引资任务市外资金2，000万元，市内资金400万元，实际引进市外资金2，453万元，占任务数的102.2%。2010年，县下达招商引资任务市外资金3，200万元，市内资金800万元，实际引进市外资金2，246万元，占任务数的70.2%；引进市内资金456万元，占任务数的57%。

【队伍建设】 紧紧围绕“依法理财、规范理财、廉洁理财、高效理财”和“内强素质、外树形象”的总体目标，切实推进解放思想大讨论、软环境建设、科学发展观、效能建设等专项活动，坚持做到“四抓四促”，全面提高队伍素质，提升行政效能，树立部门良好形象。抓学习促提升。选择与财政工作紧密联系的内容，精心制定培训计划，认真组织干部培训学习，拓展干部视野，扩大知识面，有效提升干部队伍理财能力；抓建设促规范。以健全完善内部管理制度为着力，逐步形成靠制度管人，依制度办事的工作机制。强化业绩奖惩考核，推动制度执行，促进工作规范化和科学化；抓教育促廉洁。严格贯彻执行廉政建设规定，加强对干部职工行为的约束，杜绝为政不廉、律己不严、服务不优等现象。抓创建促和谐。以创建和谐机关、文明机关为载体，开展积极向上、健康文明的创建活动，丰富机关文化生活，引导干部职工坚守职业操守、增强团队精神，提高队伍凝聚力、向心力、战斗力。

【创先争优】 2007年，县财政局先后被评为市民政工作先进集体、县统一战线工作先进集体、县民族团结进步模范集体、县平安单位、县无毒单位、县防火安全成员单位先进奖；1人被评为市人口与计划生育工作先进个人，1人被评为“四五普法”与“三五治县”先进个人，1人被评为县统一战线工作先进个人，1人被评为县劳动力转移培训就业工作先进个人及县“五好家庭”。

2008年，县财政局先后被评为市财政系统学习十七大知识竞赛活动先进单位、市财政系统信息工作三等奖、市财政系统县域经济发展先进集体、县教育工作先进集体、县财政局党总支被评为先进基层党组织；倘甸财政所、仁德财政所被评为县级文明单位；1人被评为县先进教育工作者。

2009年，县财政局先后被评为县双拥工作先进集体；1人被评为县双拥工作先进个人，2人被评为第九届少数民族传统体育运动会县先进个人。

2010年，县财政局先后被评为昆明市2008－2010年平安建设先进集体、县工业园区突破先进集体；1人被评为市优秀工会积极分子、县安全工作先进个人，1人被评为县优秀共产党员，1人被评为县孝廉家庭，先锋财政所被评为县级文明单位。

【领导班子】

党组书记、局长：

李顺华(～2008年)

李建忠(2008.02至今)

党组成员、副局长：

高永莲(～2010.02)

迟新人

张朝辉(2007.09至今，兼任寻甸县凤梧城镇开发有限公司总经理)。

（撰稿人：马为良）

国　税

【税收收入】 寻甸县国税局严格按照“依法征税，应收尽收，坚决不收过头税，坚决防止和制止越权减免税”的组织收入原则，采取有力措施确保税收收入及时、足额入库，圆满完成了各级下达的税收任务。2007年－2010年，共组织税收收入7.61亿元，组织地方一般预算收入1.75亿元。

2007年至2010年税收收入情况及地方一般预算收入情况表

年度 / 项目	2007	2008	2009	2010	合计
任务数	12030	15800	19340	21480	68650
完成数	14711	18655	19468	23249	76083
超任务	22.29%	18.07%	0.66%	13.52%	10.83%
同比增	34.72%	26.81%	4.36%	19.42%	——
地方一般预算收入	3223	4386	4531	5388	17528

2007年至2010年期间税收收入任务与实际入库情况柱形图

（单位：万元）

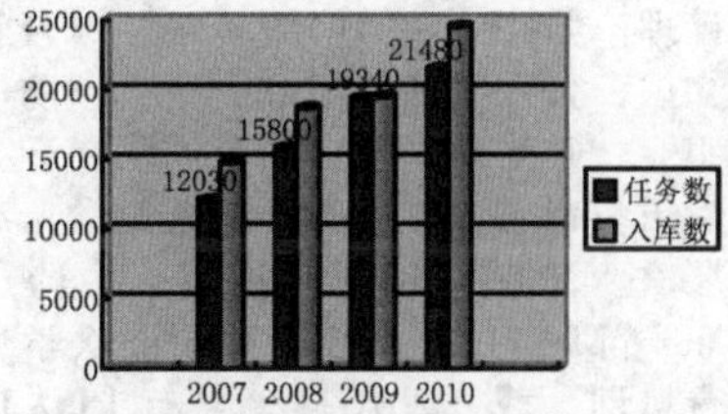

2007年至2010年税收收入任务与实际入库情况折线图

（单位：万元）

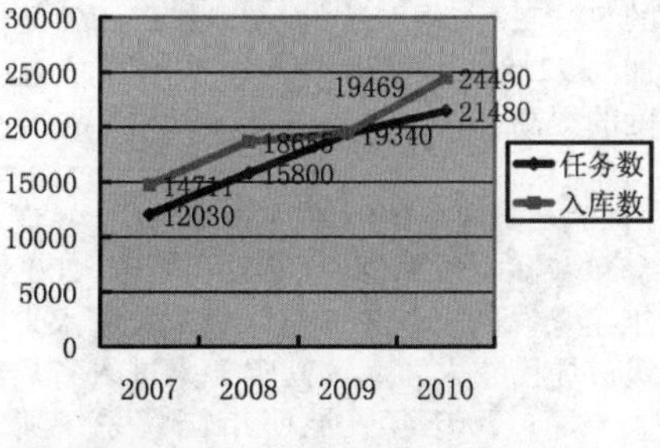

【分税种收入】 在组织收入工作中，县国税局根据税源实际情况，采取有效措施，坚持“聚财为国、执法为民”的税收工作宗旨，对全局干部职工强化爱岗敬业、公正执法、诚信服务、廉洁奉公的职业道德教育；大力开展税收宣传，倡导诚信纳税意识，积极营造良好的税收氛围；加强稽查工作力度，进一步整顿和规范税收秩序；加大对税源的监控力度，及时掌握重点税源动态变化情况，争取工作的主动性。通过这些措施的实施，强化了税收征管，增加了税收收入，提高了服务县域经济发展的能力。

2007年至2010年分税种入库情况结构表

（单位：万元）

年度 / 项目	2007	2008	2009	2010	合计
增值税	10346	16078	16171	18890	61485
消费税	14	15	28	33	90
企业所得税	3981	2289	3053	4163	13486
个人储蓄存款利息所得税	337	215	101	44	697
车辆购置税	34	58	115	119	326

2007年至2010年分税种入库情况结构图（单位：万元）

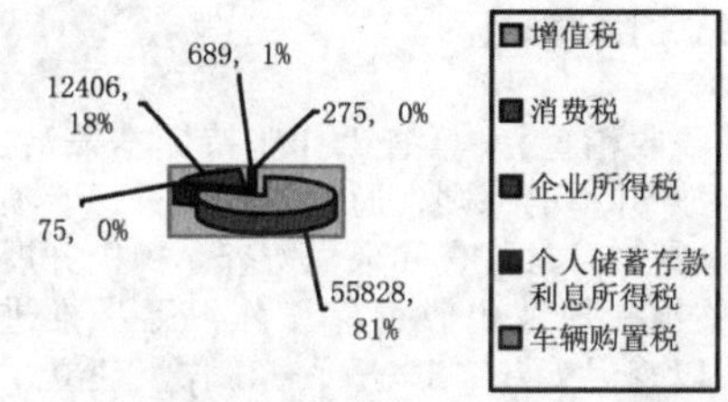

【依法治税】 寻甸县国税局把“五五”普法和依法治税工作结合起来，长期坚持五项原则。坚持把普法教育和依法治税工作列入重要议事日程；根据纳税人的需求有针对性重点宣传税法，提升纳税人的纳税遵从度，切实营造“有法必依，执法必严，违法必究”的浓厚氛围；保护纳税人的合法权益，更好地服务纳税人；提高税务干部的执法能力，提升税务干部的执法水平。

【税收管理】 2007—2010年，共受理增值税免税销售额22.61亿元；办理减免退税额5，579.47万元；减免企业所得税8，970.02万元；受理出口退税额125.60万元(其中：外贸企业115.8万元、生产企业9.8万元)；为符合减免退税政策的企业注入了新的动力，扶持了弱势群体，营造了和谐的税收环境；对100户企业开展纳税评估，补缴增值税967.22万元、进项税额转出0.7万元、加收滞纳金5.5万元、弥补亏损额2，134万元。

2007年受理增值税免税销售额月2.87亿元；办理减免退税额2，044万元；减免企业所得税3，240万元；受理出口退税额45万元；2008年受理增值税免税销售额月4.67亿元；办理减免退税额1，391万元；减免企业所得税3，278万元；受理出口退税额25万元；2009年受理增值税免税销售额月

5.45亿元；办理减免退税额960万元；减免企业所得税1，046万元；受理出口退税额32万元；2010年受理增值税免税销售额月9.61亿元；办理减免退税额1，183万元；减免企业所得税1，404万元；受理出口退税额22万元。

【税收执法检查】 县局对税收执法检查和专项检查工作统一组织实施，从制定涉税文件、税收政策执行、财产损失及呆帐核销审批、减免税管理、欠税鉴定管理、税务稽查案件查处、税务机关代开发票、税收执法考核及税收征收管理等方面严格进行自检自查。严格做到依法治税，规范执法，促使各项税收政策特别是税收优惠政策不折不扣地落实到位，坚决杜绝变通执行政策，越权减免税等违法行为。

【税收稽查】 稽查工作坚持标本兼治、内外并举的原则，通过专案检查、专项检查、日常稽查和金税协查，积极开展整顿和规范税收秩序工作，逐步推进“以查促管”、“以查促查工作。建立了与工商、公安、地税、检察院的信息传递、反馈制度，建立了税警、税检的联动机制，依法打击税收违法行为，积极营造税收征管综合治理的良好环境，最大限度地堵塞税收征管漏洞，减少税款流失，保障国家税收的稳定增长。2007—2010年期间共对107户纳税人的账户进行检查，其中有问题户82户，查补收入总额723.72万元(税款480.82万元、滞纳金41.59万元、罚款201.31万元)。2007年共对32户纳税人的账户进行检查，其中有问题户14户，查补收入总额66.55万元；2008年共对43户纳税人的账户进行检查，其中有问题户36户，查补收入总额139.07万元；2009年共对20户纳税人的账户进行检查，其中有问题户20户，查补收入总额130.18万元；2010年共对12户纳税人的账户进行检查，其中有问题户12户，查补收入总额387.92万元。

【纳税服务】 坚持以组织收入为中心，以优质服务为宗旨，以提高素质为主线，以工作磨合为重点，不断创新工作思路，优化纳税服务。提高服务质量，树立窗口形象。在日常工作中坚持做到文明服务、首问服务、弹性服务、灵活服务、监督服务，同时优化窗口服务，为实现纳税人办税“一窗式受理、一站式办结、一户式查询、一条龙服务”；注重行风建设，提高服务水平。以“一切为纳税人服务、为一切纳税人服务”为宗旨，按照市“和谐、平安、一流”的要求，以创建优秀办税厅为载体，以抓行风、抓业务为切入点，积极探索和创新服务方式，努力开创纳税服务新局面。

【信息化建设】 2007年—2010年，根据国家金税工程的统一安排和部署，成功推行应用多个软件系统。2007年3月15日，成功上线运行企业所得税申报管理软件；同年7月1日，成功上线运行增值税专用发票网上认证系统；2008年11月1日，成功上线运行“个体工商户计算机定额核定系统”；同年6月1日，成功上线运行网络申报系统；同年12月29日，成功上线运行税收管理员辅助信息系统。

【队伍建设】 县国税局始终把培养、选拔、任用人才作为队伍建设的中心工作，抓好落实，努力打造一支政治过硬、业务精通、责任意识强的国税队伍。2007—2010年期间，选拔任用副局长1名，选拔任命中层干部10名，中层干部岗位轮换5人。认真组织在职人员业务培训。2007—2010年期间，组织参加各级举办的各类学习培训70期，累计245天、1033人次，培训内容包括理想信念教育、税收政策法规、会计理论知识、业务应用系统、综合管理知识、公文处理、纪检监察、预防职务犯罪、政治理论等方面。加强在职人员学历教育培训，提高全局人员学历结构层次。2007—2010年期间，共选送在职干部职工24人参加不同层次学历教育培训，截至2010年，共有15人取得本科学历，1人取得专科学历。大专以上学历由2006年39人增加到2010年的50人，占总人数的比例由55.7%增加到72.8%，学历结构层次有了大幅度的提高。

【创先争优】 增强职工在各级业务竞赛和考试中争先创优的荣誉意识。2009年在全省稽查业务考试中，3人进入上级市局稽查人才库，其中1人进入省局人才库；2007年，昆明市国税系统第七届业务能手竞赛活动中，取得团体三等奖的好成绩，6名参赛选手有2名获得市局“业务能手”称号，其中1名同志又代表市局参加省局竞赛，获得省局“业务能手”称号。2010年，昆明市国税系统第八届业务能手竞赛中，1名同志获得市局“业务能手”称号。

【扶贫帮困】 2007年—2010年，党员干部为扶贫点群众捐款3.89万元，争取补助资金7.7万元，协调救助大米7932公斤、基础设施建设用水泥60吨、救助化肥10吨，折合人民币5.59万元；向汶川地震灾区捐款3.55万元；向寻甸县鸡街镇中学捐赠不适应税收征管工作的旧电脑24台，为乡村学生搭建了学习计算机的平台。

【精神文明创建】 2007年，国税局被昆明市人民政府授予昆明市“园林单位”称号；2008年1月，再次被昆明市国家税务局命名为“文明单位”，同年2月，被昆明市人事局、档案局授予昆明市档案系统“先进单位”称号，同年9月，机关档案室经档案局“档案星级管理考评领导小组”考评验收，晋升为“五星级”管理，同年10月，被昆明市爱国卫生运动委员会评为“爱国卫生先进单位”；2009年1月再次荣获云南省国税系统“文明单位”称号，同年12月再次被云南省委、省政府授予“文明单位”称号；2010年3月，被寻甸县直属机关党委评为“党建工作示范点”。

【表彰先进】 2007年1月，寻甸国税务局领导班子被云南省国家税务局授予“先进领导班子”称号。同年8月，2人被省市国家税务局授予“业务能手”称号；同年10月，2人被昆明市国家税务局授予“优秀税务工作者” 称号；2008年2月，1人被云南省国家国家税务局授予“精神文明建设先进工作者”称号；同年12月，1人被昆明市国家税务局授予“网络申报、税收管理员辅助信息系统推行、计算机定额系统推行先进个人”称号；2009年3月，1人被昆明市国家税务局授予“2008年优秀信息员” 称号；同年4月，1人被共青团昆明市委授予“2007－2008年度优秀团干部” 称号；同年7月，2人被昆明市国家税务局授予“精神文明建设先进工作者称号” 称号；2010年1月，1人被云南省国家税务局授予“精神文明建设先进工作者称号” 称号；1人被昆明市总工会授予“昆明市和谐家庭” 称号；同年3月，1人被昆明市国家税务局授予“2009年优秀信息员” 称号；同年5月，2人被昆明市总工会授予“昆明市荣誉工会积极分子” 称号；同年6月，2人被云南省国家税务局授予“优秀共产党员” 称号；同年7月，2人被昆明市国家税务局授予“优秀共产党” 称号。

【领导名录】

党组书记、局长：

周荣清（2001.07至今）

党组成员、副局长：
鲁兴友（1986.09～2009.10）
孙忠辉（2001.07至今）
王培顺（2009.12至今）
纪检组长：肖复舜（1999.06至今）
（撰稿人：赵娅玲）

地　税

【县地方税务局】 寻甸县地方税务局于1994年7月29日正式成立。2010年，内设9个科室，1个稽查局，5个基层局。即：办公室、人事教育科、税政科、征收管理科、计划统计科、政策法规科、规费征收管理科、监察室、信息中心，稽查局，征收一分局、管理二分局、管理三分局、管理四分局、管理五分局。主要负责营业税、企业所得税、个人所得税、资源税、城镇土地使用税、印花税、房产税、车船税、教育费附加、地方教育附加、土地增值税、烟叶税、耕地占用税、契税以及社会保险费的征收。2010年，有管户1183户。其中：企业类纳税人513户（外商投资7户，内资企业506户），占纳税人总数的43.36%，个体纳税人670户，占纳税人总数的56.63%。

【税收计划完成情况】 2007年共组织地方税费收入1.97亿元，同比增长44.2%，增收6，025万元，其中：各项税收1.34亿元，同比增长40.6%，增收3，864万元；县级收入11.14亿元，同比增长32%，增收2，762万元；社会保险费收入6，020万元，综合征缴率为103%，同比增长50.4%；增收2，019万元，其他各类基金255万元，同比增收142万元，增长125.6%%。地方税费增长幅度和增长总量均为历史最高，税收收入总量首次破亿元。2008年共组织税费收入2.61亿元，同比增长32.9%，增收6，459万元。其中，地方税收收入1.84亿元，占市地税局下达计划1.70亿元的108.6%，同比增长38%，增收5，073万元；县级收入1.58亿元，同比增长38.5%，增收4，382万元；社会保险费收入7，575万元，同比增长25.8%，增收1，555万元。其他各类基金86万元。2009年，共组织税费收入3.41亿元，比上年同期增长30.53%，增收7，968万元。组织地方各税收入2.47亿元，比上年同期增长33.69%，增收6，215万元。其中：中央级收入2，499万元，比上年同期增长38.6%，增收696万元；省级收入1，141万元，比上年同期增长32.21%，增收278万元；县级收入2.10亿元，比上年同期增长33.23%，增收5，242万元。征收社会保险费9，181万元，平均征缴率达101.9%。圆满完成市局下达的2.45亿元税收计划和县委、县政府下达的2.1亿元县级收入计划。2010年，共组织税费收入4.33亿元，同比增长27%，增收9，216万元。其中，各项地方税收收入3.15亿元，同比增长27.7%，增收6，822万元；社会保险费收入1.16亿元，同比增长26%，增收2，385万元。综合征缴率为103.33%，其他各类基金收入236万元。税收收入中完成地方一般预算收入2.66亿元，同比增长26.7%，增收5，606万元；完成市局下达计划的100.55%，完成县政府下达计划的100.85%，圆满完成地方税费收入任务。2007～2010年县地方税务局共组织地方税费收入12.31亿元，每年增收均在6，000万元以上，年增长率均在两位数以上。

【税政管理】 按照科学化、精细化管理的要求，从管住、管好税源入手，认真贯彻执行好新的《企业所得税法》、《耕地占用税暂行条例》、《车船税暂行条例》和《城镇土地税暂行条例》，做好所得税汇算，抓好12万元以上个人所得税纳税申报工作；强化税收政策落实情况的跟踪检查和税收政策执行情况反馈；加强对重点工程税源的监控管理，充分利用分析数据掌握监控企业涉税经济活动；围绕“全面操升税收政策管理水平和效能”的目标，大力抓好加强税收政策管理的各项措施，实实在在地提升了税收政策管理水平和效能；认真落实税收优惠政策，严格按照法定权限和法定程序执行各项税收法律、法规和政策，加强和规范减免税审批管理。

【税务稽查】 以整顿和规范地方税收秩序为目的，以税收专项检查工作为重点，通过与公安、国税、工商等管理等部门联合协作，实现信息互通，资源共享，对烟草行业、房地产业、建筑安装业、交通运输业、个人所得税代扣代缴、车船税代扣代缴、服务行业税收、发票使用和管理等行业、税种进行了认真检查。同时，找准日常工作中的税收征管薄弱环节和问题多发领域，与公安、国税部门联合开展“捕鼠”、“闪电”等专项行动，加大执法检查度和震慑力；充分发挥了稽查“利剑”作用，达到促收、促管、促廉的目的，营造了公正、公平、和谐的税收环境。通过对辖区内管户开展稽查检查、查补等措施，2007年稽查查补税款24.75万元，罚款10.33万元，滞纳金1.76万元。2008年稽查查补税款86.11万元，罚款5824.65元，滞纳金843.93。2009年稽查查补税款197.44万元，罚款33.76万元，滞纳金22.19万元。2010年稽查查补税款377.09万元，罚款26.86万元，滞纳金5.73万元，2007～2010年，通过检查，查补税款、罚款、滞纳金共计786.68万元，通过严肃的检查和处理，既规范了税收管理，整顿了税收秩序，也有力促进地方税费增长增收。

【税收征管】 2010年，对全县50户营业税年纳税额在10万元以上的重点税源管户，建立税源管理档案，完善和规范监控数据分析制度和考核制度。完善税收管理员制度，科学合理配置人力资源，优化管理员队伍，提高税源管理能力。完善税收经济分析、税源监控和税务稽查的互动机制。按照公开、公平、公正的原则，加强个体工商户核定征收管理，大力开展漏征漏管户的清理和整顿工作，根据经济发展情况和个体户盈利状况，及时调整营业额。强化了税源管理。

抓好规费征管工作。强化费源监控，加大征缴力度。强化欠费清缴，加大清欠力度，探索社会保险费征管规律，落实税费同管同查同征机制。

加强发票管理，强化以票控税。严厉打击虚开、代开、阴阳票和“大头小尾”等发票违章行为，做好发票的协查工作，进行动态跟踪管理，加大“以票控税”的力度。密切与公安、国税的联系和协作，加强监管，严厉打击发票违法行为。大力推广税控收款机，从2009年开始至2010年已推广应用税控机76台。

严格代扣代缴和委托代征工作。截止2010年12月，与67户企业和单位签订了代扣代缴和委托代征协议，重点加强对建筑业、销售不动产、交通运输业的管理，落实“源泉控管”措施，防止税收流失。优化纳税服务。创新和拓展服务的形式与内容，细化和量化服务的规范和要求。

开展纳税评估工作。认真做好辖区内纳税人纳税信用等级评定工作，共评定出B级企业45户。2009年7月，寻甸县地方税务局实行了征收、管理、检查"三分离"的征管模式。

【信息化建设】 推进信息化建设，为各项工作开展提供有力的信息技术支持。2009年6月1日，实现规费数据大集中系统顺利上线，同年6月29日，实现工商税大集中系统顺利上线。2010年，县地税局加强信息化建设投入，简化纳税申报，进行储蓄扣税，并于2月5日成功上线运行，为寻甸县地税局的多元化申报奠定了基础。

【队伍建设】 认真贯彻党的民主集中制原则，健全完善党组议事决策制度，强化工作决策的科学化、民主化，高质量落实民主生活会和中心组理论学习活动，领导班子思想、组织、作风和党风廉政方面建设得到加强，求实、务实、落实的理念和能力得到巩固和提高。完成机构改革；认真开展教育培训工作，有组织、有目标、有步骤、有实效的开展税收政策业务、征管法律法规、"读好书、求新知"、"忠诚教育"、行政能力提升、思想政治教育、普通话培训、新出台法律法规普及培训、学历教育等；认真贯彻落实《党政干部选拔任用工作条例》，创新抓好中层干部的调整工作，共调整5名中层干部，使新任职人员和退职人员各得其所、各尽所能；以加强教育培训为主要保障，以健全管理制度为根本方法，以完善考核奖惩为督促和激励，切实强化干部队伍的思想建设、道德建设、能力建设和作风建设，扎实有效的队伍建设举措使干部队伍保持锐意进取、奋发有为、攻坚克难、廉洁自律的工作状态和工作作风。

【廉政建设】 始终把抓好党风廉政建设工作作为保障地税工作科学发展、健康发展、和谐发展的重要措施来研究和落实。认真学习党的路线方针政策和理论学习，开展"效能政府"建设学习活动，学习贯彻落实《领导干部廉洁自律若干准则》，强化思想政治防线；全面加强干部作风建设，围绕地税中心工作加强监督制约，确保权力正确行使；健全完善制度措施，加大源头防治腐败力度，坚决惩治腐败和各种不良风气；强化问责和惩处，确保党规党纪和各项法律法规制度以及各项工作部署落到实处；纪检监察队伍建设进一步加强，纪检监察力量得到充实，纪检监察干部的自身素质和履职能力明显提升。突出的党风廉政建设和反腐败工作得到市局和县纪委的充分认可和肯定。

【精神文明建设】 以创建文明单位为载体，以创促建，加强精神文明建设。2008年寻甸县地税局被评为昆明市园林单位、昆明市卫生先进单位、无吸烟先进单位，在全市地税系统"庆七一、展风采"序列活动中获三等奖，被市总工会命名为"模范职工之家"，以县直51家单位第一名的优越成绩被县政法委评为综治工作一等奖，在全县开展的民主评议机关作风中名列垂管单位第二名。一分局被授予昆明市"五一巾帼文明岗"称号，1名同志被云南省总工会授予优秀工会积极分子称号。局机关党支部连续两年荣获县直机关先进党支部，一分局纳税服务厅荣获昆明市"工人先锋号"称号；产生1名昆明市劳动模范，1名昆明市诚实守信模范，1名昆明市新农村建设优秀工作队队长，2位干部在昆明市地税系统第二届书画摄影比赛中获佳绩、受表彰。2009年被评为省级文明单位。

2007—2010年连续4年被评为全市地税系统"六好"创建"一级局"，是全市地税系统中唯一一家创此佳绩的县区局；从2008—2010年连续3年被市地税局评为内部管理先进单位；从2007—2010年连续4年被市地税局评为党风廉政建设先进单位。

【领导名录】

局　　长：管彦军(2007.04至今)
纪检组长：张正富
副 局 长：段　伟
副 局 长：储　瑞(2007.04至今)

（撰稿人：鲁宸呈）

金融·保险

编辑：丁　慧

人民银行寻甸支行

【人民银行寻甸支行】 1950年4月，中国人民银行寻甸县支行成立，是新中国建国后在寻甸建立的第一家金融机构。2007年，支行设有党组1个，党组成员3人。其中党组书记、行长1人，副行长1人，纪检组长1人；党支部1个，党小组2个；团支部1个；工会1个。内设办公室、基础业务科、综合业务科、保卫科4个科室，并专设了纪检监察审计室1个。2010年，寻甸县辖区内设有：货币当局1个，即中国人民银行寻甸县支行；设有监管当局1个，即中国银行业监督管理委员会云南监管局寻甸办事处；银行存款类金融机构5个，即中国农业发展银行银寻甸县支行（营业网点1个）、中国农业银行寻甸县支行（营业网点3个）、中国建设银行寻甸县支行（营业网点1个）、中国邮政储蓄银行寻甸县支行（营业网点7个）、寻甸县农村信用合作联社（营业网点27个）等5家；保险业金融机构7家，即中国财产、中国人寿、中国平安、中国太平洋、年安、泰康、德豪等7家保险业金融机构的分支机构；其它金融机构2家，即寻甸益鑫小额贷款公司、锐鑫小额贷款公司等2家。

【存款】 2007年12月末，全县金融机构人民币各项存款余额26.31亿元，同比增加4.47亿元，增长20.47%。其中：企业存款余额4.55亿元，同比增加7，120万元，增长18.68%；储蓄存款余额14.34亿元，同比增加2.36亿元，增长19.74%。人均储蓄存款为2758元（按全县52万人计算）。

2008年，全县金融机构人民币各项存款余额33.07亿元，同比增加6.76亿元，增长25.71%。其中：企业存款余额6.11亿元，同比增加1.59亿元，增长35.12%；储蓄存款余额17.66亿元，同比增加3.32亿元，增长23.17%。人均储蓄存款为3397元（按全县52万人计算）。

2009年，全县金融机构人民币各项存款余额40.85亿元，同比增加7.78亿元，增长23.53%。其中：企业存款余额8.79亿元，同比增加2.67亿元，增长43.74%；储蓄存款余额21.64亿元，同比增加3.98亿元，增长22.51%。人均储蓄存款为4161元（按全县52万人计算）。

2010年，全县金融机构人民币各项存款余额45.51亿元，同比增加4.65亿元，增长11.39%。其中：企业存款余额5.60亿元，同比减少3.18亿元，降36.21%；储蓄存款余额27.18亿元，同比增加5.54亿元，增长25.59%。人均储蓄存款为5226元（按全县52万人计算）。

【贷款】 2007年12月末，全县金融机构人民币各项贷款余额14.80亿元，同比增加3.82亿元，增长34.84%。其中：短期贷款余额13.36亿元，同比增加3.89亿元，增长35.45%；中长期贷款余额1.44亿元，同比减少668万元，下降4.43%。

2008年，全县金融机构人民币各项贷款余额17.97亿元，同比增加3.17亿元，增长21.42%。其中：短期贷款余额12.58亿元，同比减少7，720万元，减少5.78%；中长期贷款余额5.36亿元，同比增加3.92亿元，增长272.32%。

2009年，全县金融机构人民币各项贷款余额25.33亿元，同比增加7.36亿元，增长40.96%。其中：短期贷款余额16.60亿元，同比增加4.01亿元，增长31.87%；中长期贷款余额8.63亿元，同比增加3.27亿元，增长60.93%。

2010年，全县金融机构人民币各项贷款余额31.32亿元，同比增加6.0亿元，增长23.68%。其中：短期贷款余额19.44亿元，同比增加2.84亿元，增长17.12%；中长期贷款余额11.88亿元，同比增加3.25亿元，增长37.71%。

【现金】 2007年，全县金融机构现金年累计收入50.08亿元，比去年同期增加10.07亿元，增长25.19%；现金年累计支出54.06亿元，比去年同期增加8.59亿元，增长18.88%；收支相抵，现金净投放3.99亿元，比去年同期减少1.49亿元，下降27.19%；百元现金回笼率为92.62%。

2008年，全县金融机构现金年累计收入62.76亿元，比去年同期增加12.68亿元，增长25.32%；现金年累计支出65.26亿元，比去年同期增加11.19亿元，增长20.70%；收支相抵，现金净投放2.50亿元，比去年同期减少1.49亿元，下降37.29%；百元现金回笼率为96.17%。

2009年，全县金融机构现金年累计收入70.01亿元，比去年同期增加10.03亿元，增长16.72%；现金年累计支出74.86亿元，比去年同期增加12.17亿元，增长19.40%；收支相抵，现金净投放4.85亿元，比去年同期增加2.14亿元，增长0.79%；百元现金回笼率为93.52%。

2010年，全县金融机构现金年累计收入94.79亿元，比去年同期增加18.89亿元，增24.89%；现金年累计支出96.01亿元，比去年同期增加15.26亿元，增18.89%；收支相抵，现金净投放1.22亿元，比去年同期减少3.63亿元，降74.85%；百元现金回笼率为98.73%。

【内部管理】 2007年，全年共归档544件，其中长期144件、30年期72件、10年期149件，基建档案179件，经县档案局年检合格。全年报送信息70余篇，人民银行昆明中心支行采用4篇。

2008年，1月20日，支行制定印发《中国人民银行寻甸县支行财务收支审批制度》。鼓励干部职工参加学历教育和资质考试，提高综合素质，全年共有6人参加在职学历教育，5人参加会计资格考试，4人参加中级职称考试。结合落实要害岗位人员考核制度，在职工中开展经常性的交心谈心活动。

2009年，支行通过整合盘活人力资源，基本达到每个业务岗位均有一对称职的AB角，释放了工作人员的时间和空间，解决了“顶岗难，休假难问题”。认真梳理岗位职责，落实岗位责任制，制定了支行《工作业绩综合考核实施细则》；出台了支行《信息工作奖惩办法》，实施信息工作科室包干责任制，进行量化管理，全年上报各类工作信息65篇，上级行采用了9篇；

2010年6月10日，支行完成中层干部竞聘工作。9名中层干部竞聘后，4人轮岗，4人得到提拔任用。本次竞聘中层干部任期为3年一任。2010年上报各类信息62篇，被上级行采用15篇，信息工作评分在人民银行昆明辖区12个县支行中名列第一。

【应急演练】 2008年10月，开展“国库业务系统突发事件”应急演练，11月开展“央行会计核算系统(ABS)应急切换”演练。

2009年8月开展“发行库反抢劫”应急演练。

2010年，开展“TBS系统主备机切换”、“调查统计信息系统”、“发行库危机”3项应急演练，有效提高了现场应急处置能力。

【信息安全管理】 2007年，对干部职工计算机信息安全轮训2遍，查找和排除信息安全隐患16起，实现了信息系统安全保障工作强在末端。做好昆明中心支行开发的《科技综合管理系统》的推广使用及上线运行工作。

2008年6月，支行制定了《中国人民银行寻甸县支行涉密移动存储介质管理暂行规定实施细则》并印发执行。

2009年，为提高信息安全，支行对U盘的使用进行清理整顿，建立系列号、保密编号、密级等管理台帐，监控U盘的使用；配备专用计算机，专门处理外来的媒体和介质，杜绝了内外网存储介质交替使用，有效防范信息系统风险。

2010年，支行积极开展2010年全国信息网络安全状况暨计算机终端病毒疫情调查活动。于12月9日上报了《2010全国信息网络安全状况暨计算机移动终端病毒疫情调查表》。

【节能减排】 2008年3月，制定《中国人民银行寻甸县支行节能减排工作实施方案》印发执行；6月，发放《节能减排我行动》宣传手册，向职工宣传节水、节电、节油等节能减排知识。

2009年，支行在办公区楼道设置宣传镜框50余块，建立“节能减排文化长廊”，强化对节能减排理念和知识的宣传。

2010年6月12日—18日开展“我为节能减排做贡献”、“绿色出行日”、“能源紧缺体验日”等系列活动，7月6日支行组织全行24名职工参加云南省百万职工节能减排百题知识竞赛。

【纪检监察】 2007年，组织全体职工学习《中国人民银行岗位风险防范指南》9次，各科室集中学习平均在8次以上，参照指南整改风险隐患，实现了岗位风险防范与纪检监察工作双纳入、双促进。开展“艰苦奋斗、廉洁为公”主题教育活动，制定《人行寻甸支行2007年党风廉政建设及案件防范责任分工实施方案》、《中国人民银行寻甸县支行建立健全惩治预防腐败体系工作制度》；建立“廉政监督卡”制度等规章制度。

2008年，支行按类别、时间、变更等多种信息，区分支行、科室和业务岗位三级，分别建立了逐级汇总、相互衔接的《制度台账》。组织汇总各级制度372件、完善本级制度7个。全行查找出有章难循的问题5个、有章不循的问题4个、无章可循的问题5个，其中本级能解决并已解决的问题6个、需上级行解决的问题7个、本级能部分解决并已部分解决的问题1个。建立了一套风险控制清单，解决了制度细节多执行常有疏漏的问题。从147件制度中提取要点，聚焦于业务，进行集成应用，建立了一套《寻甸县支行业务风险点规范化控制指引》，增强了制度落实的科学性。本次活动的做法和成效在人民银行昆明中心支行作了经验交流发言，在成都分行作为先进典型通报。

2009年，突出加强作风建设，落实“关于改进作风、简化公务接待有关规定”；制订和实施行风行貌检查制度，2009年共进行了5次监督检查和讲评，对支行严格内部管理产生了积极的促进作用。开展正反典型警示教育活动，组织学习王瑛等模范事迹、《党员干部不能做的150件事》、《中国人民银行系统经济案件资料汇编》等，支行人均完成学习15学时，剖析案件5件次，熟悉规章26件次；结合人民银行总行在全国人民银行系统开展的“案件治理”专项活动，支行以发现问题“挂帐”管理、解决问题“挂牌”整改、督促整改“挂号”督办的方法开展活动。活动期间，支行共“挂帐”管理风险隐患30件次、“挂牌”整改27件次、“挂号”督办3件次，支行案件治理专项活动的经验做法被昆明中心支行《纪检监察信息》选刊。

2010年8月18日，支行组织党员干部和职工赴云南省嵩明监狱接受警示教育；11月19日，全国“金融系统反腐倡廉建设展巡展”昆明巡展在昆明国贸中心隆重开幕。支行党组成员、部分中层干部、职工代表一行7人，前往参观学习，接受教育；2010年认真执行《廉政监督卡》制度和行风创建与评议活动，各项评价均在较好以上。

【内控管理】 2007年，完成审计项目5项。其中，支行自定专项审计4项，配合昆明中心支行完成对支行1名行长的履职审计1项。支行自行完成了《计算机机房运行管理》、《国库业务工作》、《会计核算业务》和《支付结算业务》4项专项审计，查找出问题49条，提出了18条整改意见，规范和促进了支行相关业务管理。

2008年，完成《印章管理》、《计算机运行安全》、《国库业务》、《档案管理》4个专项审计，查找问题28项，提出17条整改建议，年内整改建议全部落实。

2009年，开展《贷款卡审批》和《银行结算账户审批》2个专项审计，查找问题10项，提出整改意见7条，有效监督了支行行政审批权、行政许可权的合法合规行使。

2010年，开展《工会财务管理》、《计算机信息安全》2项专项审计，共整改了存在的10个问题；在案件治理暨制度落实年活动“回头看”工作中，回顾和新查找出风险93件；整改内控专项检查问题29项，纠正离岗不签退等3类易复发问题，有18个问题在被发现后，第一时间落实了整改，占问题总数的60%；开展了“全员”岗位风险排查，列举风险点702项，梳理防范措施603项，排查出内控风险6项，案件隐患3件，年内全部落实整改。

【货币信贷】 2007年，中央确定实施稳健的财政政策和货币政策，实现消费、投资、出口相协调。支行加强了对经济金融运行情况的分析，关注辖区经济金融运行变化情况，推动房地产，助学贷款、金融支持民族发展及金融支持新农村建设等货币政策的贯彻落实情况。结合寻甸县的产业发展思路，制定《信贷指导意见》。积极支持农村信用社体制改革，对寻甸县农村信用合作联社改革试点资金支持方案实施进展情况，按月、季开展非现场监测，对其增资扩股、降低不良贷款、完善法人治理结构及转换经营机制等工作进行现场监督检查。对农村信用社1000万元央行票据进行股本金、盈亏情况、资本充足率、流动性及财务状况等按月、按季进行监测，对存在的问题及时督促落实和整改。

2008年，中央确定实施稳健的财政政策和从紧的货币政策，防止经济增长由偏快转为过热。支行认真研究从紧的货币政策目标，制定《信贷指导意见》，提出2008年寻甸县金融机构计划各项贷款新增5亿元、努力控制在5.5亿元的目标，采取有保有压政策，确保“三农”资金的支持力度，向农村信用社发放了3000万元的支农再贷款。在全年新增近4亿元的贷款中，“三农”贷款占90%，突出信贷支持重点。根据国际金融形势，国家货币政策调整为适度宽松的大环境，支行从9月起，切实履行人民银行的“窗口”指导职能，及时把政策目标由从紧引导到适度宽松上来。

2009年，中央确定实施积极的财政政策和适度宽松的货币政策，扩大内需保持经济平稳较快增长。支行通过制定《信贷指导意见》，引导优化信贷结构，支持县域经济重点领域，12月末全年新增贷款达7.36亿元，有效缓解了金融危机对县域经济的不利影响；加强政策指导，积极支持“三农”信贷投放。12月末，全县金融机构新增涉农贷款突破3亿元，占全部新增贷款的41%。

2010年，中央确定实施积极的财政政策和适度宽松的货币政策，保持宏观经济政策的连续性和稳定性。支行通过召开政、银、企三方联席会，确定新增贷款7.7亿元的目标，12月末，贷款余额比年初增6亿元；三季度末，涉农贷款余额比同期人民币贷款增速快14.9个百分点，比全省平均高9.6个百分点，有力支持了全县“三农”发展；12月末，不良贷款余额1.5亿元，不良贷款率4.9%，比年初下降3.6个百分点。

【金融稳定】 2007年，按照人民银行昆明中心支行《金融突发事件总体应急预案》，探索逐步健全金融稳定工作组织体系，细化维护金融稳定的目标和职责，进一步完善金融稳定协调机制，及时掌握辖内金融机构的经营和风险情况。做好对辖区金融机构利率执行情况监督工作，重点指导农村信用社完善利率定价机制和人民币存款准备金率调整后其流动性及头寸的监测工作。对设立的羊街和金所两个民间借贷利率监测点进行认真监测，及时做好数据上报及分析工作。

2008年，支行加强了金融风险识别和防范，对农信社改革试点期间认购央行票据情况进行了监督检查，认真其审核法人治理结构、增资扩股、提高资本充足率和降低不良贷款比例等关键指标，注意防范和处置可能出现的支付风险，确保改革平稳进行，顺利完成1000万元央行专项票据兑付工作，使中央银行对信用社的资金支持作用得到拓展；及时掌握金融稳定再贷款管理、应用及筹资还贷情况。

2009年，支行对农业银行寻甸县支行改革情况；对辖区金融机构贷款集中度情况、地方法人银行业金融机构新增贷款投向情况、中小企业贷款相关费用情况、中小企业融资情况等进行专题调研，形成调研报告上报，为上级行决策提供信息支持。

2010年，支行关注农发行业务拓展和农行改革进展情况，对农村信用联社不良资产占比及时进行警示；开展民间借贷利率监测，关注地下钱庄、洗钱、制贩假币非法金融活动。12月末，全县金融机构不良贷款余额为1.54亿元，比年初下降0.62亿元，不良贷款率为4.92%，比年初下降3.58个百分点。

【调查统计】 2007年12月28日，支行按照人民银行昆明中心支行要求，由原来的单机行，调整为双机同步备份，同时运行金融统计信息系统，提高了金融统计系统的防风险能力。

2008年，经过试运行，《金融统计监测管理信息系统经济调查子系统——企业商品交易价格指数调查》系统于2008年6月开始正式运行，寻甸辖内的云南南磷集团电化有限公司、云南国能化工有限公司、云南先锋煤炭开发有限公司、云南金柯制药有限公司4家企业的8种商品被作为样本数据，按月采集录人系统中。

2009年5月起，寻甸县辖内银行业金融机构不再向人民银行寻甸县支行直接报送金融统计数据，而直接向其上级行垂直报数。人民银行县区支行可从全国《金融统计监测管理信息系统数据上报程序》中，可直接生成《寻甸县金融统计月报》。此举，有效减轻了各银行业金融机构统计工作的工作量。11月20日，支行组织寻甸辖内的6家企业，召开银企座谈会，对适度宽松的货币政策、企业商品交易价格调查、工业企业景气调查等情况进行交流。

2010年4月，寻甸县首家小额贷款公司——寻甸益鑫小额贷款公司，开始向人民银行报送金融统计数据，并由人民银行县支行通过《金融统计监测管理信息系统数据上报程序》向省级人民银行汇总。4月《中国人民银行企业景气调查系统Version3.0》在支行正式运行，县辖云南南磷集团电化有限公司、云南国能化工有限公司、云南金柯制药厂3家企业被选为定点调查企业，按规定向人民银行上报财务数据和调查问卷，录入《中国人民银行企业景气调查系统Version3.0》中，5月《中国人民银行企业景气调查系统Version3.0》与其升级版本的《企业景气调查系统》(数据集中网页模式)并列运行，至2010年12月，《中国人民银行企业景气调查系统Version3.0》正式停用，正式启用新型系统《企业景气调查系统》(数据集中网页模式)。举行了《中国人民银行景气调查定点企业》授牌仪式，向云南南磷集团电化有限公司、云南国能化工有限公司、云南金柯制药厂等3家企业授予中国人民银行统计制作的《中国人民银行景气调查定点企业》牌匾。年内，辖内现有营运中的小额贷款公司2家，筹备建设中的1家，12月末，辖内小额贷款公司人民币各项贷款余额为2，013万元。

【金融调研】 2007年，认真开展调查研究和分析预测工作。全年组织《县域经济基本情况的调查》、《寻甸县农村信用合作社体制改革及其对农村经济支持情况的调查》、《寻甸县金融机构支持城镇建设的调查》和《中小企业融资问题思考》等调查，形成调查报告近20篇，其中有10篇被《时代金融》刊登。

2008年，开展了关于《促进县域经济发展的金融服务问题研究》、《从寻甸县农村信用社现状入手谈县农村信用社的改革与创新问题》、《贫困地区现金流通的特点及建议》调查研究3次。开展“民间借贷发展状况”，“农业发展银行改革情况”、“民族贸易及民族用品生产贷款情况”、“农户小额信贷发展状况”、“寻甸支库非税收入状况”、“寻甸县国库经收业务”、“加强国库监管工作的几点思考”及“寻甸县财政专项资金财产的调查与思考”等10个专项调查，其中“寻甸县财政专项资金财产的调查与思考”一文被人民银行昆明中心支行及人民银行总行采用。

2009年，完成调研和理论探讨课题16项，有8项被采用，及时反映了辖区经济金融热点、热门话题和动态。其中《惠农卡为农户开了一扇方便之门》、《中小企业融资不难之中有“难言”》、《浅议县域“个性化”金融统计空白问题应当改变》、《基层央行同级监督难的成因与化解探讨》等8篇调研和理论文章在《时代金融》杂志刊出。

2010年，完成了《寻甸县六哨乡扶贫资金互助社的个案调查》、《寻甸县农村金融合作组织的调查》、《对中小企业发展及民间借贷情况的调研》、《“十一五”期间寻甸县民贸民品优惠利率贷款调查》、《关于干旱灾情对寻甸县金融机构影响情况的调查》、《促进小额贷款公司持续发展的思考》等6个调研项目；完成《小额贷款公司的发展及面临的困难》、《贫困地区农村支付结算服务环境存在的问题及建议》、《对县及以下农村信用体系建设情况现状的调查与思考》等3个重点调研课题；《贫困地区农村支付结算服务环境存在的问题及建议》、《寻甸县2009年银行业金融运行情况分析及建议》在《时代金融》杂志刊出。

【征信管理】 2007年，全年共办理发放贷款卡业务9笔，变更业务1笔，征集中小企业信用信息36户，进一步充实了征信数据。加强与地方政府和金融机构沟通和联系，及时召开专题会议，就辖区中小企业信用体系建设工作进行全面的贯彻和安排。做好银行信贷登记咨询系统工作，充分发挥该系统对金融机构信贷行为的监控和有利于金融机构借款人资信咨询的职能。

2008年，全年共办理发放贷款卡17笔，变更1笔、挂失1笔、查询2笔，其中中小企业征集发卡15户。组织各金融机构的39名干部职工，开展征信知识宣传活动，悬挂宣传布标40幅，摆放宣传展板38块，张贴征信知识宣传图画50张，赠送《百姓征信知识问答》2000余份，向百姓征信知识热点解答400余人。

2009年，开展征信宣传，张贴宣传图画80张，赠送宣传资料5000余份，提供咨询800余人，征信报告“经济身份证”的作用广而告之。

2010年6月11日，对寻甸县30名纪检干部进行征信知识培训。年内，强化了征信系统数据核查工作。受理贷款卡年审114户，年审合格114户，合格率100%。发放贷款卡21户，办理企业征信查询5户，个人征信查询83户，接受个人信用报告异议申请2份，个人信用报告异议回复函2份。受理贷款卡发放申请累计24户，实际发放贷款卡24户，其中：中小企业征集发卡24户；查询8户；变更1户。深入推进农村信用体系建设工作。建立农户信用档案6.7万户。结合全国第三个“6·14信用记录关爱日”活动，开展主题为“读懂我的信用报告，维护好自己的信用权益”、“珍爱信用记录，维护信用权益”等的征信知识宣传活动，联合各金融机构网点，深入社区开展征信知识宣传活动，悬挂宣传布标80幅，张贴征信知识宣传资料92份，摆放征信知识宣传材料4400余份，向百姓征信知识解答2000余人。。对60名非公经济人士代表进行信用评级。年内，在寻甸县委、政府主持编写的《寻甸人手册》上，发布了《贷款卡申领及使用须知》、《办理人民币银行结算账户须知》、《开立各类人民币银行结算账户需提供的资料清单》和《征信查询指南》4项信息资料，扩大了宣传范围。

【支付结算】 2007年6月25日，“支票影像交换系统”在寻甸正式上线运行，实现了支票全国通用。支票影像交换系统是指运用影像技术将实物支票转换为支票影像信息，通过计算机及网络将支票影像信息传递至出票人开户银行提示付款的业务处理系统。支票影像交换系统定位于影像信息交换，资金清算则通过中国人民银行的小额批量支付系统处理。它是中国人民银行在立足国情、借鉴吸收的基础上，为支票清算搭建的高速公路，也是中国人民银行在继中国现代化支付系统之后为商业银行搭建的又一支付清算平台。它提高了清算效率，有力地支持了支票全国通用。年内，大额、小额支付系统平稳运行；支票影像交换系统稳定运行。至年末，共处理业务3笔，金额4.5万元；票据交换业务平稳运行。至年末，共组织票据交换255场，处理票据16025笔，清算资金20.74亿元，日均处理票据63笔，日均清算资金813.14万元；结算账户管理工作有效开展。核准各类账户202户，向账户管理系统报备105101户，办理各类账户撤销140户，年末单位结算账户数量1550户，年末个人结算账户数量275426户。

2008年，大额、小额支付系统平稳运行；支票影像交换系统稳定运行。至年末，支票影像交换系统共处理业务2笔，金额3万元；票据交换业务平稳运行。至年末，共组织票据交换255场，处理票据17211笔，清算资金23.47亿元，日均处理票据67笔，日均清算资金920.36万元。结算账户管理工作有效开展。核准各类账户266户，向账户管理系统报备2795户，办理各类账户撤销141户，年末单位结算账户数量1482户，年末个人结算账户数量277955户。

2009年，大额、小额支付系统平稳运行；支票影像交换系统稳定运行。至年末，支票影像交换系统共处理业务2笔，金额1.5万元；票据交换业务平稳运行。至年末，共组织票据交换255场，处理票据22692笔，清算资金32.45亿元，日均处理票据89笔，日均清算资金1272.58万元。结算账户管理工作有效开展。核准各类账户444户，向账户管理系统报备245217户，办理各类账户撤销279户，年末单位结算账户数量1654户，年末个人结算账户数量522556户。

2010年，大额、小额支付系统平稳运行；支票影像交换系统稳定运行。至年末，支票影像交换系统共处理业务2笔，金额1.5万元；票据交换业务平稳运行。至年末，支票影像交换系统共处理业务0笔，金额0元；票据交换业务平稳运行。至年末，共组织票据交换255场，处理票据31019笔，清算资金33.04亿元，日均处理票据122笔，日均清算资金1295.55万元。结算账户管理工作有效开展。核准各类账户475户，向账户管理系统报备68970户，办理各类账户撤销273户，年末单位结算账户数量1855户，年末个人结算账户数量590850户。

【货币发行】 2007年，调入发行基金8.83亿元，投放10.19亿元，回笼5.35亿元，净投放4.85亿元，回笼损伤券6，713万元，完整券4.88亿元，提高了流通中人民币的整洁度。按季开展现金管理检查，规范现金收支行为。4次组织对辖内8个金融机构网点进行现金管理检查，参加检查人数32人次，检查天数34天，检查账户数量4758个，检查开户单位大额现金支取业务笔数607笔，其他现金业务1072笔，发现违规账户1户，发出整改通知7份，及时纠正和督促整改存在问题，使我县的现金管理逐步规范。

2008年，调入发行基金8，634万元，投放7.27亿元，回笼4.21亿元，净投放30.61亿元，回笼损伤券6，710万元，完整券3.54亿元。按《不宜流通人民币挑剔标准》，积极回笼残损人民币，提高了流通中人民币的整洁度。

2009年，调入发行基金7.63亿元，投放9.37亿元，回笼4.87亿元，净投放4.51亿元，回笼损伤券8，202万元，完整券4.05亿元。组织23个营业网点共计63人进行现金管理工作培训，促进了工作开展。

2010年，调入发行基金9.64亿元，投放8.15亿元，回笼6.54亿元，净投放1.61亿元，回笼损伤券6.48亿元，完整券556万元。

【反假币工作】 2007年12月22日，支行配合县公安局鸡街派出所、公安局经侦大队成功破获建国以来寻甸最大一起假币案。共缴获假人民币20.98万元整，全属第五套2005年版人民币100元券。人民银行决定给予寻甸县公安局鸡街派出所奖励人民币3万元。年内，组织辖区内45个金融机构及网点参加反假币宣传，宣传中坚持以农村为重点，注重实效的原则，采取金融机构网点柜台设点和重点区域集中宣传与深入学校、农村进行走访宣传相结合，宣传人员达150余人，设点45个，悬挂布标55幅，发放各类资料2万余份，宣传品500余份，接待群众咨询6万余人(次)，全年共收缴假人民币23.46万元。

2008年7月20日，利用寻甸县城赶集日，支行组织辖内农发行、农行、建行、信用联社及邮政储蓄银行等5家金融机构，在县城人流量大，较为繁华地段设摊开展反假人民币宣传，重点介绍了第五套(1999年版2005的版)人民币防伪知识；开展反假宣传月活动，集中各金融机构宣传人员150余人，设立宣传点46个，深入学校、农村等地区进行集中宣传，悬挂布标55幅，发放各类资料2.5万余份，接待群众咨询4万余人(次)，全年共收缴假人民币24.93万元。

2009年，组织反假宣传3次，发放宣传资料5000份，宣传品200多份，接受群众咨询6000余人(次)，全年共收缴假币5127元。

2010年，对辖内6家金融机构共23个营业网点的119人进行反假货币工作上岗资格培训考试。6月19日培训结束后进行了反假货币上岗资格证考试，合格率达100%，全年共收缴假币400元。

【反洗钱工作】 2007年，深入贯彻落实《反洗钱法》，强化账户管理和账户检查。切实履行人民银行作为反洗钱牵头单位的作用，加强对保险业反洗钱信息报送的执行情况的检查，加大反洗钱金融信息的搜集力度，提高对大额和可疑交易信息的分析处理能力。

2008年3月20日，在辖区内的农发行、农行、建行、农村信用社、财产保险公司、人寿保险公司、太平洋保险公司等金融机构开展反洗钱宣传，挂宣传画150份、摆放反洗钱知识宣传册子200份。开展了对保险业反洗钱执行情况的检查。

2009年8月17～21日对中国建设银行寻甸县支行2009年反洗钱工作开展情况进行了现场检查。针对存在的问题经昆明中心支行反洗钱处报昆明中心支行行政处罚委员会批准，对中国建设银行寻甸县支行进行行政处罚20万元，对中国建设银行寻甸县支行有关责任人处罚1万元。反洗钱法律制度和相关知识得到有效普及，辖区银行、保险机构的反洗钱工作意识得到有效促进。

2010年，按季度开展非现在监管，向上级人民银行上报《金融机构反洗钱非现场监管信息表》等报表。

【经理国库】 2007年，全年累计办理各级预算收入8418笔，金额3.16亿元，其中，中央级收入1.18亿元，省级收入1，945万元，地方(市)级收入75万元，县级收入1.79亿元。办理地方预算支拨2192笔，金额6.84亿元。办理各级预算收入退库64笔，金额2，706万元。对寻甸辖内8个国库业务经收处进行现场检查，责成各经收处认真整改账户开立使用不正确、延压税款报解等问题。积极配合财政局开展了国库集中支付业务和非税收入检查，掌握了非税收入和集中支付业务的情况，为集中支付改革打下基础。

2008年，全年累计办理各级预算收入10134笔，金额3.91亿元，其中，中央级收入1.55亿元，省级收入1，885万元，地方(市)级收入72万元，县级收入2.20亿元。办理地方预算支拨2275笔，金额8.69亿元。办理各级预算收入退库88笔，金额1，553万元。完成了对县辖8个国库经收处的税收入库检查，进一步规范各项业务操作规程。

2009年，全年累计办理各级预算收入13764笔，金额5.10亿元，其中，中央级收入1.69亿元，省级收入2，794万元，地方(市)级收入62万元，县级收入3.12亿元。办理地方预算支拨2432笔，金额10.59亿元。办理各级预算收入退库58笔，金额955万元。2009年，全年共收纳各级预算收入5.1亿元，比2008年同期增收29.25%，办理预算支出10.6亿元，比上年同期增支21.88%。对8个金融网点的国库经收处税款收纳业务进行检查，规范国库经收处的业务流程和操作。12月23日，寻甸支库成功办理了第一笔财政预算资金授权支付。

2010年，全年累计办理各级预算收入18651笔，金额5.80亿元，其中，中央级收入1.60亿元，省级收入2，997万元，地方(市)级收入103万元，县级收入3.89亿元。办理地方预算支拨1755笔，金额10.21亿元。办理各级预算收入退库101笔，金额599万元。针对春季发生的严重旱情，为保证抗旱资金及时到位支行国库为抗旱防火开通了绿色通道，2月21日，寻甸县财政紧急拨付了111万元的省级和市级抗旱资金，支行国库部门及时拨付了抗旱资金。6月18日，在与财政、代理银行等相关单位积极协调后，实现国库直接办理工资发放业务。9月25日，国家金库寻甸支库实现财税库银横向联网，当天，国家金库寻甸支库收到了TBS(国库会计核算系统)通过内部往来划来的横联税款资金100元，并从TIPS(国库管理子系统)导入TBS，实现了与寻甸县国税局预算收入的横向联网。12月末，国家金库寻甸支库运用"一机多库”模式，成功运行昆明倘甸产业园区轿子山旅游开发区支库，为及时支持园区建设奠定了基础。

【安全保卫】 2007年1月，被昆明市政府表彰为2006年“平安创建”先进集体；4月，寻甸县支行被寻甸县委、县政府表彰为平安创建“平安单位”。

2008年6月，对县辖各行、社办理进出发行库业务人员，实行指纹办证规范化管理。

2009年3月和8月，分别组织了枪弹法规培训、防暴枪操作培训和发行库反抢劫应急演练。

2010年6月22日，支行安防综合管理系统通过验收正式投入使用。11月26日，支行与寻甸县公安局110指挥中心，开展联合应急演练。

【领导名录】

行　　长：付正明(2004.04至今)

副 行 长：李　凯(2004.03至今)

纪检组长：王光武(2006.01～2008.02)

王　瑞(2008.05至今)

（撰稿人：黄志聪）

寻甸银监办

【基本情况】 截止2010年6月，辖区内共有银行业金融机构39个，其中县级机构5个。银行业机构从业人员311人。

【金融管理】 2007年，加强对农村信用社贷款分类研究和总结，充分了解贷款5级分类的偏离度和其它问题，对农村信用社有效降低不良贷款，提高信贷资产质量提供帮助和指导。

2008年，协助指导邮政局做好寻甸邮政储蓄银行挂牌开业工作。

【现场检查】 2008年，对农业发展银行、信达资产管理公司的现场检查，累计投入95个工作日。

2009年，积极安排人员参加省局非银行处组织的现场检查，投入30余个工作日。

【非现场监管】 2007年，做好对农村信用社的非现场监管，加强对非现场监管资料的分析和利用，最大限度的发挥了非现场监管在化解金融风险工作中的作用。2007—2010年，不论办事处领导或具体经办人员都非常重视这项工作，领导亲自协调非现场监管中存在的问题，给经办人员以最大的支持，经办人员认真核对数据，按时按量完成上报工作。

【工作调研】 2008年9—10月，办事处对农业发展银行经营商业性业务和辖内民间借贷情况进行调查。2009年，对银行支持的地方矿业开发和寻甸县邮政储蓄经营情况进行调查。

【银行业监管综合分析报告】 银行业监管综合分析报告是综合反映辖内银行业的风险状况和监管情况的综合性报告，有利于上级了解本辖区的风险情况，了解政府的投资计划，产业结构调整，商业银行的信贷计划，重点信贷项目的运营情况，市场情况，然后收集整理，综合分析，最后形成报告。2001年～2010年，银监办都做出辖内银行业监管综合分析报告。

【领导名录】

主　任　毕　睿(2007.01～2007.10)

刘树芬(2007.10至今)

（撰稿人：杜友龙）

中国农业银行寻甸县支行

【县农业银行】 中国农业银行寻甸县支行自1980年成立后，就成为农村经济领域占主导地位的国有商业银行。2009年1月15日，中国农业银行由国有独资商业银行整体改制为股份有限公司，寻甸支行更名为“中国农业银行股份有限公司寻甸回族彝族自治县支行”。2010年7月15日农业银行成功上市，上市后农行的市场定位为“面向三农，服务城乡”，寻甸支行成为一家城乡联动、综合经营的大型商业银行。寻甸支行2006年有8个营业网点，股改上市前因为对低效益营业网点撤并改革，于2006年8月撤并倘甸营业所、塘子营业所、金所营业所、城关分理处和东影分理处5个营业网点。2007～2010年设有支行营业室、仁德分理处、羊街分理处3个营业网点。2007年，有全行共有在职员工62人，离退休员工37人。2008年，共有在职员工64人，离退休员工33人。2009年，共有在职员工68人，离退休员工33人。2010年，有在职员工68人，离退休员工33人。

【存款】 2007年末，各项存款余额7.43亿元，其中储蓄存款3.13亿元，对公存款4.30亿元。

2008年末，各项存款余额9.10亿元，同比增加1.68亿元，其中储蓄存款4.07亿元，同比增加9，392万元，对公存款5.04亿元，同比增加7，371万元。

2009年末，各项存款余额10.32亿元，同比增加1.22亿元，其中储蓄存款5.02亿元，同比增加9，568万元，对公存款5.30亿元，同比增加2，622万元。

2010年末，各项存款余额达10.55亿元，同比增加1.90亿元，比2007年增加3.13亿元，增长42.1%，其中储蓄存款5.95亿元，同比增加9，221万元，比2007年净增2.82亿元，增长90.1%，对公存款4.61万元，因为烟草存款现金管理平台上划1.67亿元，所以同比减少6，908万元。比2007年净增3，085万元，增长7.2%。

【贷款】

2007年末，寻甸农行各项贷款余额为4.74亿元，其中个人贷款余额1.05亿元，全年发放新增贷款1.60亿元，重点支持了云南南磷集团磷电公司、昆明骏骐商贸公司、国天力集团公司等一批AA级以上优质客户和大量个人信贷客户，取得较好的经济效益和社会效益。

2008年，寻甸农行贷款余额3.20亿元，同比减少1.53亿元，贷款余额减少主要是法人客户贷款负增长5，419万元，不良资产剥离1.10亿元。贷款涉及5个行业，分别是化工4，610万元、水泥3，281万元，电力1.18亿元，批发和零售业1，200万元、个人贷款1.11亿元，合计贷款余额3.20亿元。

2009年各项贷款余额5.67亿元，同比增加2.46亿元，其中私营企业及个体贷款1.52亿元，同比增加4，101万元，公司类贷款4.14亿元，同比增加2.05亿元。个人住房贷款1.01亿元，同比增加1，362万元。全年累计发放贷款3.58亿元，累计收回1.12亿元。

2010年各项贷款合计6.07亿元，同比增加4，085万元，比2007年增加1.34亿元，其中个人贷款1.99亿元，同比增加4，683万元，比2007年增加

9，416 万元；法人类贷款 4.08 亿元，个人住房贷款 1.13 亿元，同比增加 1，147 万元。全年累计发放贷款 4.04 亿元，（其中法人贷款 2.87 亿元，贴现 330 万元，住房按揭贷款 3，785 万元，个人其他消费贷款 782 万元，惠农贷款 5，938 万元，个人助业贷款 778 万元、小额质押贷款 49 万元）。累计办理银行承兑汇票 6 笔 6，000 万元。

【"惠农卡"发放工作】 2008 年 4 月，农总行推出了支农的主打产品"惠农卡"。寻甸农行以惠农卡为载体，不断扩大惠农覆盖面，推行村社带动发卡和放贷。2008 年发放惠农卡 2644 张，授信 439 户；2009 年累计发卡 2652 张、授信 594 户；2010 年惠农卡新增发卡 5533 张、授信 566 户。2011 年新增发行惠农卡 11706 张，激活率达 99.2%，授信 1146 户、新增授信额度 3，647 万元。

【中间业务及电子化建设】 寻甸支行依托主体业务，充分发挥网络优势，宣传推广使用电子银行产品，进一步加大对科技基础设施的投入和维护，在县城附近周边乡镇布放 2 台 ATM 机和 75 台 POS 机，提高业务分流率和办事效率。同时，充分发挥大堂经理引导作用，培养客户的用卡习惯，推动寻甸支行电子银行业务的发展，提升服务质量和办事效率，促进业务快速发展。另外积极做好公务卡制度的改革和发卡工作，寻甸支行与县上 69 家预算单位签订了《代理预算公务卡服务协议》。

2007 年实现中间业务收入 355 万元；全行新增发卡量达 300 张，卡存款余额达 9，804 万元；网上银行开户 331 户；增加 POS 特约商户 1 户，电话银行 54 户；代理寿险保费收入 86 万元，财险保费收入 101 万元，实现代理保险手续费收入 11 万元；借助股市行情代理销售基金 1.18 亿元。

2008 年中间业务收入 335 万元，其中代理基金手续费 22.4 万元，代理保险手续费 10.3 万元，托管业务手续费 31.8 万元；发放贷记卡 1014 张；代理销售基金 3800 万元，营销保险 173.5 万元。

2009 年中间业务收入 381.9 万元；发放贷记卡 822 张；网上银行开通 508 户；电话银行 1033 户；银联达标商户 19 户；代理销售基金 1，123 万元；第三方存管业务签约 188 户；代理保险手续费 18 万元。

2010 年中间业务收入达 555 万元，比 2007 年增加 200 万元，增长 56.3%。开通个人网上银行 3643 户，企业网上银行 32 户；三方存管业务 261 户；个人电话银行 612 户，企业电话银行 10 户；个人手机银行 2271 户；贷记卡发卡 1546 张；银联商户 10 户；个人短消息服务 4098 户，企业短信业务 122 户；代理销售基金 654 万元；代理保险保费 678.64 万元。

【不良资产情况】 2007 年，为认真落实营业部股改工作安排，对老仁德分理处、新大街老支行、塘子营业所、倘甸营业所及金所营业所闲置资产通过公开拍卖进行处置，对在用固定资产进行清理完善相关手续；对 106 户 5818 万元不良贷款进行了清查摸底，并进行分类排队。2007 年，累计清收不良贷款本金 817 万元，清收表外利息 95 万元，潜在风险客户退出 462 万元，不良贷款余额 14，184 万元.

2008 年清收不良贷款 1，390 万元，不良贷款余额 7，747 万元，比年初的 14，184 万元减少 6，401 万元。不良贷款率为 24.18%，较年初下降 6.8 个百分点。

2009 年寻甸农行清收不良资产 5，811 万元，其中自营不良资产清收 5，600 万元，委托资产清收 211 万元。年末不良资产余额 3，360 万元，占比为 5.93%，不良贷款呈现双降趋势，不良贷款余额比上年下降 4，387 万元，不良贷款占比由 2008 年的 24.18% 降为 5.93%。

2010 年清收自营不良贷款 216 万元，委托资产清收 56 万元。不良贷款余额 3，240 万元，比上年下降 120 万元。不良贷款率为 5.33%，比上年下降 0.6 个百分点。

【经营状况】 寻甸支行强化成本管理，严格控制了非生息资产的增长，加强资金计划管理，提高资金运用的效率与效益，收益渠道呈现多元化发展，进一步提高了盈利水平。2007 年实现经营利润 1，440 万元；2008 年实现经营利润 1，516 万元；2009 年实现经营利润 1，434 万元；2010 实现经营利润 1，995 万元，比 2007 年增加 555 万元，增长 38.54%。

【内部管理及安全防范工作】 "安全就是效益"，寻甸支行不断加强会计、信贷等职能部门的自律监管工作，深入开展案件专项治理和合规文化教育活动，贯彻学习各种规章制度及员工积分管理办法，进一步加强了违规违纪查处力度，加强了安全意识教育和员工行为排查力度，有效遏制了案件的发生。

2010 年上级行在县农行实行风险经理派驻制，支行相应设置了各线条风险经理，明确分管领导，建立健全组织机构。强化授信执行情况监管。支行风险经理每月对上个月内上级行和本级行审批的信贷业务进行全面检查，对低风险信贷业务确保每半年进行一次全面检查；强化条线自律监管。自律监管主要针对信贷基础管理、会计出纳制度执行情况，把工作中的薄弱环节作为每季自律监管工作的重点；另外抓好发现问题的整改和后续督查。做好对各类检查发现的问题整改督促工作，杜绝类似问题再次发生。同时认真做好安全保卫和反洗钱工作。加强组织领导，全面落实安全责任制。年初，全行逐级签订了安全保卫责任书，把安全责任层层分解，落实到每个员工，落实到每个岗位。各部门、各网点能够认真履行安全保卫工作的有关规定，重点做好枪、库、钱、证的管理；保卫部门加强日常检查，强化安全保卫设施和保卫专业人员的管理。连续 10 余年无任何重大案件发生。

【队伍建设及企业文化】 寻甸支行从加强职工培训、关心职工生活入手，全面提高职工队伍素质，增强企业合力，为全行经营工作提供原动力。积极推进农行企业文化建设，按照"爱岗敬业、诚实守信、勤勉尽责、依法合规"的要求，有目的、有计划、有措施、有办法地将企业文化建设贯穿于经营活动的各个方面，营造出浓厚的企业文化氛围。包括在全行塑造浓厚的风险管理文化，使操作风险、信用风险、道德风险、信贷风险、市场风险的警钟在全行上下长鸣，培育健康合规的信贷文化，使风险控制和合规原则成为支行信贷文化的核心理念；倡导效率文化，努力引导全行员工办事讲效率，促使企业内部运作流程最流畅；培育和睦、和谐、和乐的沟通文化，支行党委以人为本，立足存量人力，通过全方位沟通来整合员工的向心力和创造力，陶冶员工情操，在潜移默化中加强员工思想政治教育，培育人人平等的沟通文化，使之成为全行员工不懈进取的内在动力；关心员工生活，加强与社会互动。工作之余，围绕传统节日，寻甸支行坚持开展各类主题活动，达到愉悦员工身心和思想教育为一体的目的。每年举行"三八"、"七一"节日员工联谊会，开展创先争优评比活动，组织和引导员工在各自平凡岗位上积极体现高度的职业文明、创造一流的工作业绩。

【社会公益活动】 从2007～2010年连续4年开展“大行德广，伴你成长，爱心圆梦”捐资助学活动，4年共捐助寻甸县32名考取一本的贫困大学生每人5000元，共计16万元爱心捐款，帮助贫困家庭的大学生圆了大学梦。2007年以来，寻甸支行连续多次向省市农行为县上扶贫挂钩点累计协调争取资金达50多万元，用于建盖学校及通村公路建设等公益活动。2009年寻甸民运会召开之际，出资15万元对县城主轴大街凤梧路临街两旁的单位建筑物进行环境美化和景观亮化。2007～2010年每年抽调人员参加县上的新农村建设工作组，协助搞好新农村建设工作。

【表彰奖励】

在创先争优活动中，寻甸支行多次获得上级行及当地县委政府的表彰。

2007年，寻甸支行被昆明市政府评为文明单位。寻甸支行内控管理被云南省分行评为先进单位。

2008年，寻甸支行被云南省分行评为先进单位。

2009年，寻甸支行被云南省公安厅评为全省企事业单位治安保卫工作先进集体。寻甸支行被中国农业银行股份有限公司评为全国农行案件防控先进单位。

2010年，寻甸支行被昆明市政府评为二星级园林小区。寻甸支行被昆明市行评为党风廉政建设先进单位。寻甸支行被云南省分行评为内控管理先进单位。

【领导名录】

行　长：杨正科(2007.01～2010.12)

副行长：路　宏(～2008.04)

文亚林(2008.11～)

马继军(2008.09～)

行长助理：文亚林(～2008.11)

(撰稿人：张学芬)

寻甸县农村信用合作联社

【县农村信用合作联社】 寻甸县农村信用合作联社成立于1985年4月，2005年完成以县级联社为统一法人的产权制度改革，2008年实施了以人事管理、劳动用工和薪酬分配为内容的“三项制度”改革。“三项制度”改革后，联社机关内设办公室、人力资源部、会计部、信贷业务部、科技信息部、资产风险管理部、审计监察部、安全保卫部8个职能部门，县联社下辖1个营业部、17个基层信用社、9个分社，全县共有27个营业网点。2007年有在职员工179人，2008年有在职员工189人，2009年有在职员工186人，2010年有在职员工195人。

【存　款】 2007年末，各项存款余额15.44亿元，比年初增加4.05亿元，增长35.57%，完成市联社下达全年任务的120%。2008年末，各项存款余额18.96亿元，比年初增加3.52亿元，增长22.81%，完成市联社下达全年净增计划的241%。2009年末，各项存款余额23.64亿元，比年初增加4.68亿元，增长24.69%，完成市联社下达全年净增计划的180%。2010年末，各项存款余额27.78亿元，比年初净增4.14亿元，增长17.52%。

【贷　款】 2007年末，各项贷款余额达8.91亿元，比年初净增2.47亿元，增长38.33%。2008年末，各项贷款余额11.73亿元，比年初净增2.82亿元，增长31.70%；2009年末，各项贷款余额15.11亿元，比年初净增3.38亿元，增长28.82%；2010年末，各项贷款余额19.04亿元，比年初净增3.93亿万元，增长25.98%。

【收　入】 2007年末，实现业务总收入9，345万元，比上年多增收2，364万元；2008年末，实现业务总收入1.27亿元，比去年多增收3，400万元；2009年末，实现业务总收入1.54亿元，比上年多增收2，695万元；2010年末，实现业务总收入1.84亿元，比上年多增收3，007万元。

【支农成效】 贷款投向更加突出“三农”重点，信贷结构不断优化，支农成效突出。2007年末，涉农贷款余额6.11亿元，比年初增加2.14亿元，增长53.97%，涉农贷款占各项贷款的68.57%。2008年末，涉农贷款余额8.59亿元，比年初增加2.49亿元，增长40.72%，涉农贷款占各项贷款余额的73.26%，新增涉农贷款占比88.07%。2009年末，涉农贷款余额12.17亿元，比年初增加2.45亿元，增长25.15%，涉农贷款占各项贷款余额的80.56%，新增涉农贷款占全部贷款累放数的83.87%。2010年末，涉农贷款余额17.96亿元，涉农贷款占各项贷款余额的94.33%，支农成效显著。

【资产质量】 资产质量持续改善。2007年末，不良贷款四级分类占比5.98%，较年初下降了2.02个百分点。自2008年全面实行贷款五级分类管理。2008年末，不良贷款占比9.37%，较年初下降了3.73个百分点。2009年末，不良贷款占比7.62%，较年初下降了1.75个百分点。2010年末，不良贷款占比4.20%，较年初下降了3.42个百分点。

【中间业务】 增强创新意识，拓展中间业务，多渠道创收，优化收入结构。2007年末，实现中间业务收入110万元。代付全县烤烟款2.3亿元，创历年最高水平。发行金碧卡16030张。营销拓展“安贷宝”及惠农“一折通”代理业务，向全县农户发放各种惠农补贴资金1，186万元；2008年末，实现中间业务收入71万元。代付全县烤烟款40余万笔，金额3.1亿元，创历年代付最好水平，保证烤烟收购资金及时足额兑付给烟农。发行金碧卡18163张，“金碧校园卡”实现零的突破。办理“安贷宝”业务462笔，代理保费收入11.4万元。将财政综合直补、退耕还林、良种玉米补贴、油菜补帖、能繁母猪补贴通过惠农“一折通”发放到11万户农户手中，代理兑付金额4，017万元。2009年末，实现中间业务收入165万元。代付烤烟款3.4亿元。认真贯彻落实中央、省、市多项惠农政策，向广大农户兑付惠农资金综合直补、油菜补贴、退耕还林补贴和粮食补贴等共4，946万元。发行金碧卡24691张，其中推广发行金碧惠农卡5909张。做好“家电下乡”和“手机下乡”代理业务。按照国务院、省政府实施“家电下乡”工程的总体部署和要求，对购买家电的农民和经营“家电下乡”的商业流通企业，给予积极的信贷支持，促进扩大内需政策的落实，将家电下乡补贴资金253万元发放到农民手中，农民及时享受到了党的惠农政策。代理“零首付”手机9097部。2010年末，实现中间业务收入224万元。代付烤烟款3.7亿元。发行金碧卡28039张，其中发行金碧惠农卡11016张。向全县农户发放各项惠农补贴资金4，797万元，家电下乡补贴资金1.17亿元及时发放到农民手中。代理“零首付”

手机 10，286 部。代理“安贷宝”2360 笔，保费收入 80 万元，手续费收入 20 万元。自开办此项业务以来，共理赔案件 4 起，赔付金额 40 万元。

【科技信息】 电子化建设日新月异。2007 年，新增设 4 台 ATM 机，共有 7 台 ATM 机为广大客户提供 24 小时不间断服务。发行的金碧卡加入中国银联网络，集“多币种，全储种，多功能”于一卡，具有转账结算、存取现金、购物消费等功能，在全国乃至香港、澳门地区联网通用，做到了“金碧卡在手，城乡任您走”，并开通农民工银行卡业务，发行金碧校园卡。2007 年 9 月，开通了农信银支付清算业务系统，该系统的上线运行，开通实时汇兑、银行汇票、个人账户通存通兑业务。大额支付系统、小额支付系统以及支票影像系统的开通上线，使资金在全国范围内汇兑实时到账，支票在全国内通用，畅通的结算渠道，为广大客户提供了更快捷、安全方便的服务。第一台 POS 机安装在寻甸通汇商贸有限公司通汇家世界超市，POS 机特约商户实现了零的突破，方便客户刷卡消费。2008 年，布放 4 台 ATM 机，对现有 11 台 ATM 机安装了醒目、美观的防护罩。2009 年，新增 4 台 ATM 机，共有 14 台 ATM 投入使用。特约商户从原来 1 户增至 7 户，新增 6 台 POS 机。财务管理系统、信贷管理系统、OA 办公自动化系统先后成功上线，提高管理的精细化、流程化水平，提高了办公效率。2010 年，新安装 POS 机 27 台，新发展特约商户 25 户，共有特约商户 33 户，POS 机 35 台；新安装 ATM 机 2 台，补登折机 2 台，共有自助设备 18 台，促进了刷卡消费。

【提升资本实力】 2007 年末，股本金比年初增加 225 万元，股本金余额达 1，587 万元。2010 年，增资扩股 1，413 万元，股本金余额达 3000 万元，资本充足率 10.75%，比年初提高 3.18 个百分点；拨备覆盖率 180.62%，比年初提高 51.70 个百分点；贷款损失准备充足率 203.35%，比年初提高 36.13 个百分点。

【服务创优】 2007 年，在全县系统内开展文明规范化服务活动，员工统一着装、挂工号牌上岗，各网点营业厅设立客户意见箱、意见簿，并向社会公开服务监督电话。重新制作营业网点户外标识，部分网点添置了桌椅板凳、老花镜、笔、饮水机等便民设施，保持营业场所的整洁、舒适。2008 年，制定规范化服务考核办法并加大检查力度，推广实行综合柜员制。2009 年，全面推开“服务创优”工程，加强制度建设，成立组织领导机构，制定“服务创优”工程实施细则，配套制定服务应急预案、服务规范指导意见等服务制度。将“服务创优”工程纳入目标管理，与绩效挂钩。开展客户调查，倾听客户的评价和意见。发放客户问卷调查表，强化客户对营业窗口的服务监督。在营业网点柜台设置客户意见簿，公布投诉电话，进行现场服务监督。抓好日常检查督导，及时通报限时整改。服务创优工作检查领导小组每季度对所辖营业网点进行一次全面的服务大检查，平时定期不定期采取抽查、不通知的突击检查方式，对检查结果及时进行通报，限时整改服务中不规范的现象和行为。开展评优评先活动，推行“星级员工”和“星级网点”的评选，年内评选出 2 个“星级网点”和 3 名“星级员工”，并给予表彰奖励。2010 年，继续推进“服务创优”工程，加强服务软硬件建设。联社年初与各基社签定责任书，改善服务硬件设施。统一制作了机构网点名称牌、营业时间牌、电子利率牌，重新制作了新颖美观的工作牌及工号牌，5 个营业网点安装了 LED 电子显示屏，宣传服务用语滚动播映。加大检查处罚力度，对个别社在环境卫生、员工着装方面，联社服务检查组对违反服务规范的 45 个当事人给予了经济处罚，合计处罚金额 1.3 万元。

【央行票据兑付】 2008 年 6 月，1000 万元央行票据成功兑付，获得专项扶持资金支持。

【“三项制度”改革】 寻甸县农村信用社被确定为第三批“三项制度”改革试点单位之一。2008 年，推行人事管理、劳动用工和薪酬分配“三项制度”改革，完成中层干部及员工的聘任聘用工作，通过竞争，有 28 名员工新提拔到中层干部岗位，有 36 人进行了异地岗位交流，10 名员工内退，初步建立起“双向选择，竞争上岗，优胜劣汰”的用人机制。2009 年，改革的重点放在薪酬分配和劳动用工上，年初，按照业务经营规模认真测算，把全辖营业网点划分为五个类别社，绩效工资按季严格按责任书内容加大考核力度，按责任、风险、贡献大小适当拉开收入差距，体现多劳多得，建立起收入与绩效挂钩的薪酬分配体系。与在岗员工签订了三年、五年、无固定期限三种不同期限的劳动合同，进一步规范了劳动用工。新招录 10 名大学生，有效缓解“三项制度”改革后人员紧缺的局面。2010 年，加强干部队伍管理，对基层信用社主任、副主任、员工进行岗位轮换。其中对“三项制度”改革以来不适应工作的 2 名基社主任、3 名基社副主任进行免职，按照德能勤绩考察提拔使用了 3 名基社主任和 4 名基社副主任，对 37 名员工进行了岗位轮换；坚持员工招收录用制度，新招应届大学毕业生 10 名，队伍结构得到进一步优化。

【风险防控】 2008 年，加大稽核检查和违规处罚力度，促进依法合规经营。开展全面稽核检查，对违规人员加大处罚力度。县联社组成 2 个稽核组，于 2008 年 3 月 18 日至 4 月 14 日对全辖 17 个基社的信贷、财务、内控制度进行稽核检查。对存在问题的相关责任人给予经济处罚，处罚金额合计达 17.6 万元。对市联社组织的财务会计管理专项审计中存在问题及时落实整改并对违规责任人作出严肃处理。对管理不到位，工作责任心不强的相关责任人给予经济处罚并全辖通报批评，处罚金额合计 7000 元。2009 年，先后组织开展了计算机网络及内部控制制度、会计决算财务会计真实性、信贷管理 3 个专项稽核审计项目，完成主任、会计离任稽核审计、职工调动(内退)离任审计 2 个离任审计项目，检查了 15 个基层信用社 51 次，检查面达 100%。提出整改意见 23 条。2010 年，投入 20 个工作日，完成了全县 5 个基层信用社的计算机网络安全专项稽核审计，通过稽核审计，问题个数整改率达到了 100%，笔数整改率达到了 61.9%，金额整改率达到了 100%。提出整改意见 7 条，对 ATM 机管理、权限控制、计算机网络存在的部分风险进行了有效的控制。

【安全保卫】 2007 年，采取人防、物防、技防相结合的措施确保资金、财产和人身安全。实行安全保卫工作“一把手”负责制、一票否决制和责任追究制，年初县联社与各基层社主任签订《安全保卫责任书》，各基层社主任与员工签订责任书，责任落实到人，形成一级对一级负责，上下联动，齐抓共管的安全保卫工作。对 3 个营业网点进行了装修改造，11 个营业网点安装了电视监控录像，20 个营业网点安装了可视对讲互锁联动门。2008 年，实现守押运社会化，5 月 1 日，辖内 27 个营业网点的款项正式交由昆明市保安服务总公司寻甸县保安公司押运，实现现金押运社会化。将东片区13个网点所有库房撤并集中统一管理，设联社中心库房一个，中心库守库工作由昆明市保安服务总公司寻甸县保安服务公司承担守护，金库守护实行全年365天，全日24小时双人双岗武装坐班值守。守押工作社会化，有效降低了经营风险。2009年，加强安防教育，增强员工防范意识。及时下发各类安全保卫制度、管理办法、案例通报，组织员工学习，并在各类业务工作会议上反复强调安全保卫工作的重要性，提出各阶段的具体要求，安全保卫工作做到逢会必讲。加强日常安全检查，加大违规处罚力度。每两个月对全辖营业网点进行不少于一次全面安全检查。利用晚上时间突击检查，对违反制度的2个社给予经济处罚各2000元。对屡查屡犯的责任人2人给予经济处罚600元。增加安全防卫费投入，对营业场所硬件设施进行改造。全年增加灭火器112只，安装摄像头24个，增加ATM机及金库震动报警器22个，改造营业网点2个，2个营业网点取得云南省公安厅颁发的安全防范合格证，改造了6个网点金库门，增设了保安。2010年，加强预案演练，增强技防能力。选择3个网点进行防毒、持爆炸物、防尾随抢劫演练，组织西片区网点守库人员进行了防暴枪实弹射击训练。采取节假日全面检查与日常抽查相结合的方式进行检查，对不按规定值夜班、违反款箱交接管理、违反枪支管理的责任人给予经济处罚合计13，500元，现场批评教育10余人。

【扶贫救灾】　2007年，出资3万元帮助扶贫挂钩点六哨乡柒核子村修路，改变该村落后贫穷面貌。2008年，为扶贫挂钩点六哨乡广大农户送去了价值4万多元春耕生产急需的化肥物资。5月，寻甸县联社全体员工及党员向5.12四川省汶川县地震灾区伸出援助之手，党员交纳“特殊党费”捐款活动，两次捐款合计5.07万元。2010年，抗旱救灾捐款合计6.69亿元。购买价值9000元水泥30吨(325型)送到龙街村委会，帮助修善村子生产生活道路；帮助龙街村委会小学安装太阳能2套(价值5277.5元)；为龙街村委会小学学前班至3年级学生(共计66人)购买冬服66套，价值7000元。

【组织建设】　2007年，寻甸县联社成立党委及纪委。11月28日，举行了中共寻甸回族彝族自治县农村信用合作联社委员会成立挂牌仪式。按照属地就近原则，成立了8个党支部，选举产生各党支部委员。

【表彰奖励】　2009年10月30日，被昆明市文明委考评验收为“市级文明单位”；连续10多年被县政府授予“守合同重信用”企业；2009年，被昆明市政府评为“市级园林单位”；寻甸县联社信贷管理专项稽核审计项目被云南省农村信用社和昆明市联社评为2009年优秀稽核审计项目；县联社保卫部经理1人被云南省公安厅评为2009年全省企业事业单位治安保卫工作先进个人；2010年，县联社理事长1人被云南省农村信用社评为先进工作者，稽核审计工作被昆明市联社表彰为2010年度先进单位。

【领导名录】
党委书记、理事长：
　　陈世能(～2008.03)
　　杨永庆(2008.03至今)
党委副书记、主任：许光三
党委委员、纪委书记、监事长、工会主席：梅老所(～2008.02)
纪委书记、监事长：邹兴柱(2009.06至今)
党委委员、副主任：
　　胡耀参(～2009.06)
　　虞燕林(2009.06至今)
　　杨宏健(2010.07至今)

（撰稿人：李珊花）

中国农业发展银行寻甸县支行

【县农发行】　中国农业发展银行寻甸县支行于1996年12月成立，人员及业务范围均由农行分离出来，2007年有编制23人，内设有办公室、客户业务部、会计结算部和营业室。负责办理粮棉油收购、储备、调销贷款，农、林、牧、副、渔业范围内的产业化龙头企业、加工企业贷款及农村基础设施建设贷款、农业综合开发贷款、农业生产资料贷款；经中国保监会批准的人身险、财产险。强基础、强管理，支行2010年被评为省分行2007～2009年度先进集体，省分行文明单位，同时也被推荐为农发行云南省分行唯一的总行级“学习型银行标兵单位”；抓存款，抓中间业务，在会计结算产品服务方面有了新突破。

【业务经营】　2007年，县农发行以精细化管理为手段，以“提质增效”为目的，坚持科学发展观，深化内部综合改革，牢固树立以农为本的理念，努力提高风险防控水平，工作取得较好的成绩：实现帐面利润79万元，比2006年增加44万元；存款工作取得突破，年末各类存款余额2，103万元，比2006年同期增加639万元，增幅为78.57%，特别是通过多方的努力和协调增加了410万元的企业定期存款，在省分行营业部的协调帮助下，从其他金融机构新转存到农发行的财政性存款最高余额达4，985万元，迈出农发行与寻甸县政府银政企合作的第一步；向云南金柯制药有限公司发放了省分行营业部的第一笔农业小企业贷款500万；向省分行营业部上报了寻甸梧桐城镇综合开发公司申请农业基础设施建设贷款2.6亿元的贷款请示，做好项目储备工作。

2008年，县农发行业务经营情况为：银政合作见成效，利润、贷款、存款等各项经营考核指标大幅增长，全年实现利润514万元，比2007年同期79.26元增加了435万元，增幅550%；信贷规模大幅度提升，各项贷款余额1.91亿元，比2007年同期上升1.20亿元，增幅166.65%；各项存款余额5，342万元，比2007年同期上升3，238万元，增幅153.90%。国际业务有所突破，实现国际业务结算手续费207.44元。

2009年，发放农村基础设施贷款1亿元，年末实现利润841万元，比2008年514万元利润增加了327万元，增幅高达63.62 %。支行认真研究贫穷落后地区资金市场特点，从财政性存款、派生性存款和回笼货款入手，开拓创新“银政合作”的良好模式，加大了组织专项存款、其他财政性支农资金和各项财政存款的工作力度，组织营销存款资金共51笔，金额1.41亿元，截止12月末，存款余额达1.61亿元，比2008年增加1.08亿元，增幅202.11%。实现代理保险业务收入8.19元，超额完成上级行下达指导性计划任务，同比增幅为485%。

2010年，向地方政府融资平台公司发放了1.2亿元农村基础设施建设贷款，这是2010年省分行营业部第1笔农村中小学标准化建设贷款。

【信贷业务】 2007年，支行各项贷款余额为7，181万元；各项存款余额2，103万元，比去年同期增加639万元，1－12月累计各项收入507万元，比上年同期增加56万；累计各项支出428万元，实现利润79万元。年末各项考核指标完成情况为：不良贷款控制为零；资产利润率0.99%；收入成本率43.65%；人均利润4.95万元/人；人均存款145.53万元/人；贷款计划完成率100%；人均中间业务收入1075元/人。

2008年，坚持稳中求进，好字优先，大力支农，确保业务稳健发展。始终把粮油信贷作为业务发展的重中之重，支持企业跨年度及夏粮收购，做好粮食收购、调销和储备资金的供应和管理，支行全年累计发放市县储备粮贷款570万元，粮食收购贷款2，190万元。严格按照贷款发放要求，发放了1.1亿农村基础设施建设贷款，支持建设、改造农村公路25千米，确保人均贷款余额、人均日均存款余额、人均利润三个翻一番。坚持巩固银政合作的良好模式。吸收了财政性存款1371万元。截止2008年12月31日，支行人均日均存款达415.91万元，比上年同期增加270.38万元，增幅达186%。支行还积极运用与寻甸县政府合作的成功经验，向嵩明县政府宣传营销，嵩明县富嵩投资有限公司向寻甸县支行申请1亿元的农村基础设施贷款，获省分行的批准。截止2008年12月31日，支行各项贷款余额为1.91亿元；各项存款余额5，342万元，1－12月累计各项收入1，273万元，比上年同期增加766万元；累计各项支出759万元，实现利润514万元。各项考核指标完成情况为：不良贷款控制为零；资产利润率3%；收入成本率20.08%；人均利润34.29万元/人；人均日平均存款415.95万元；人均中间业务收入1049元/人。

2009年，主体业务稳步发展。支持企业跨年度及夏粮收购，做好粮食收购、调销和储备资金的供应和管理，支行全年累计发放市县储备粮贷款390万元，粮食收购贷款1，300万元。“两翼”业务保持较快发展。支持当地农村基础设施建设力度取得较大进展，1～12月农业基础设施建设贷款及县域城镇建设中长期贷款余额比年初增加1.39亿元，支持农村基础设施建设及县域城镇建设项目2个，建设公路4.3千米、搬迁新建中学1所，有力促进了当地农业农村生产生活条件、教育条件的改善和地方经济的发展，在取得“银政”双赢的同时也提升了农发行在当地的形象和地位；积极支持农业小企业发展，1～12月共发放农业小企业贷款500万元。

截止2009年12月31日，支行各项贷款余额为3.16亿元；各项存款余额1.61亿元，1－12月累计各项收入1，902万元，比上年同期增加629万元；累计各项支出1，061万元，实现利润841万元。各项考核指标完成情况为：不良贷款控制为零；资产利润率2.88%；收入成本率15.75%；人均利润60.06万元/人；人均日平均存款844.54万元。

2010年，严格按照“一保、一控、一择优”的经营方针，稳中求进，切实做到了巩固好、维护好、服务好、发展好传统业务。2010支持企业跨年度及夏粮收购，做好粮食收购、调销和储备资金的供应和管理，支行全年累计发放市县储备粮贷款1，554万元，粮食收购贷款2000万元。特别针对西南大旱，及时发放动态储备粮贷款450万元。突出农村基础设施贷款，早计划、早落实，一季度发放了1.2亿元农村基础设施贷款用于支持嵩明县农村中小学标准化建设。择优支持农业产业化龙头企业，有目的的选择了当地成长性较好、带动面广、信用度高的涉农企业，向云南金柯制药发放了500万元农业产业化龙头企业贷款。截止2010年12月末，支行全年累计发放贷款1.65亿元，贷款余额4.28亿元，比去年同期增加1.12亿元，增幅35.42%，完成了上级行增幅30%的目标。

抓存款业务、抓中间业务，在努力降低信贷资金运营成本的同时，增加支行多元化收入。坚持“项目引存”的理念，积极引进财政资金。4月份吸收了嵩明富投资有限公司的活期存款1亿元。吸收办理嵩明职教基地管委会通知存款5笔，存款金额9，260万元。强化与政府投融资公司、交通、水务、教育等部门的联系沟通，通过多种渠道加大对企业其它资金转存农发行的营销。同时，进一步强化财政补贴资金管理，积极督促两级财补资金及时足额到位，对已拨补到位的财补资金做好监督拨付和存量巩固工作。截止2010年12月末，支行各项存款余额8，745万元，人均日均存款949万元，比去年同期增加95.2万元，增幅11.15%，完成上级行增幅10%的指标。

2010年，寻甸支行各项贷款余额为4.28亿元，比2009年同期增加1.12亿元，增幅35.42%；各项存款余额为8，745万元，人均日均存款949万元，比2009年同期增加95.2万元，增幅11.15%；实现账面利润1，006万元，各项经营指标完成如下：(1)人均利润67.12万元；(2)资产利润率2.72%；(3)收入成本比23.03%；(4)不良贷款率0；(5)人均日平均存款949万元；(6)人均中间业务收入7590元。

【中间业务】 2009年，支行中间业务也大幅度发展，自实施经营考核指标以来，代理保险业务手续费收入指标一直是寻甸支行业务发展的难点，2007年代理保险业务收入为1.68万元，仅完成上级行下达指标46.15%；2008年代理保险业务收入1.4万元，完成上级行下达指标23.3%，2009年，支行延续银政合作优势，克服畏难思想，锲而不舍的加强营销，严格落实“双单作业”，积极实施捆绑销售，截止12月末，累计代收保费27.3万元，实现手续费收入8.19万元；不仅攻克了业务发展难点，还提前4个月超额完成上级行下达的7.76万元指导性计划任务，与2008年末相比增幅为485%；办理国际结算业3笔，金额5.5万美元，实现国际业务结汇收入1321.49元。人均中间业务收入6093元/人。通过积极的营销，完成代理保险手续费收入10.46万元；首次办理了银行承兑汇票1笔200万元，取得手续费收入1000元，2010年支行实现人均中间业务7590元，比2009年同期增加1902.98元，增幅33.46%。这不仅完成了上级行增幅10%的指标，也使支行收入多元化，银行的服务功能进一步增强，同时为明年结算产品业务的全面推广积累了经验，打下了基础。2010年人均中间业务收入为7590元，比上年同期增加1902.98元，增幅为33.46%。

【信贷管理】 2007年支行有效防范和化解信贷风险，不断加强信贷基础管理工作。全面推行客户信用评级和内部授信管理，区别不同企业，完成两户粮油购销企业信用评级评定，评定结果一户粮油购销企业为BBB级，另一户评定为BB级；完成寻甸凤梧城镇开发有限公司信用等级评定，评定结果暂定为A级。共上报粮食收购贷款4笔，报批金额3，701万元，农业小企业贷款1笔，报批金额500万元，全年累计发放贷款3，398万元。完善贷后监测、检查、分析、评价管理工作，落实贷后评价制度，搜集反映贷款审查审批后的综合信息，定期对已发放的贷款进行检查评价。对粮油购、销、储贷款，重点是加强库存监管，保证第一还款来源的稳定性和可靠性，2007 年共收回粮食收购贷款4，271 万元，农业产业化龙头企业贷款200 万元；针对农业小企业贷款，进一步加强贷后管理的研究，在保证抵押物有效的同时，加强资金使用、去向的跟踪检查。

2008 年，深化细化信贷管理。在继续做好常规性信贷工作的同时，提高办贷的质量和效率，建立健全有关岗位的纵横制约机制，加强对领导和办贷管贷人员的行为约束，做到规定细、责任明，抓检查、促落实，违者纠、重必罚。把好贷款准入关口和动态监测贷款使用情况，确保贷款安全。扎实做好评级授信工作，2008 年共报批准政策性贷款客户2 户，项目法人客户2 户，农业小企业客户2 户，均评级为A 级。进一步细化信贷管理的业务流程，认真履行贷前调查职责，确保资料的真实、准确，全年共组织上报粮油收购贷款4 笔，报批金额3，390 万元；政策性粮油贷款3 笔，报批金额570 万元；商业性贷款4 笔，报批金额2. 2 亿元。不断提高风险管理水平。建立以信用风险管理为主、有效防控操作风险和市场风险的全面风险管理体系，实现风险资产管理向资产风险管理转变，提高风险防控能力，进一步提高贷款风险五级分类管理水平，充分认识正确辨别、细化分类的难度，强化法律事务工作，加强法纪教育，增强依法合规经营意识。认真开展粮食库存核查工作，全面摸清企业粮食库存底数，切实加强信贷监管。支行与粮食主管部门配合，选派信贷骨干人员，结合贷款“三查”制度自查自纠工作，重点检查粮食库存数量、库存金额和银企库存台账差异等方面的情况。经核查，在收购季节末，辖内粮食购销企业库存数量、金额与银行台帐未存在差异。

2009 年，深化细化信贷管理。扎实做好评级授信工作，2009 年共报批一般法人客户3 户，特殊类客户5 户，A 级客户（含＋，～）企业4 个，BB 级客户（含＋，～）企业4 个。进一步细化信贷管理的业务流程，认真履行贷前调查职责，确保资料的真实、准确，全年共组织上报粮油收购贷款3 笔，报批金额2520 万元；商业性贷款3 笔，报批金额1. 75 亿元。进一步落实抵押担保手续。加强对信贷资金流向的检查工作，接受省银监局对支行信贷资金流向的检查，未出现任何问题。提高风险管理水平。建立以信用风险管理为主、有效防控操作风险和市场风险的全面风险管理体系，实现风险资产管理向资产风险管理转变，提高支行的风险防控能力，进一步提高贷款风险五级分类管理水平，充分认识正确辨别、细化分类的难度，强化法律事务工作，加强法纪教育，增强依法合规经营意识。支行认真落实客户退出机制，为严控风险，支行合理退出了1 户农业小企业贷款户。

2010 年，深化细化信贷管理。扎实做好评级授信工作，2010 年共报批非经营性融资客3 户，3 户均为A ＋级客户；准政策性融资客户2 户，均为A 级客户；挂账类融资客户2 户，为A ～级客户；商业性融资客户1 户，为＋级客户。紧紧抓住政府清理地方融资平台公司这个契机，支行作为牵头行，积极主动联系银监、相关债权行与地方政府及融资平台公司进行“集体约谈”，在不改变主合同的前提下，积极协调落实两县土地一级开发应收账款质押或土地预抵押作为担保，确保每一笔债务都有对应的抵押、质押物。同时落实两县收储的土地流转出让后的资金作为还款来源，协调两县土地收储中心出让金账户在支行开立，加强对出让金的管理，确保百分之百覆盖贷款本息。进一步细化信贷管理的业务流程，认真履行贷前调查职责，确保资料的真实、准确，加强贷款的投放、贷后的管理和监管工作，认真落实银监会贷款支付办法，做好动态监管和预警工作，及时据实登记信贷台账和客户经理《尽职记录》，准确掌握并反馈贷款企业资金使用变动情况，防范金融风险。全年共组织上报粮油收购贷款2 笔，报批金额2，060 万元；商业性贷款4 笔，报批金额4. 25 亿元，收回贷款5，311 万元。

【财务管理】 2007 年，支行加强财务管理，增收节支成效明显。严格费用管理，牢固树立勤俭办行的思想，坚决制止铺张浪费行为，控制招待费、会议费等非经营性费用支出，深入推进“节约型银行”的建设，坚持大额费用集体审议制度，全行费用坚持“一支笔”审批。同时加大收息工作力度，严格执行利率政策和会计核算原则，全面落实各项贷款收息资金来源，做到应收尽收，特别是在新新财务挂帐利息的落实上，通过加强与财政的协调，现利息每季都能按时拨付到位。全面做好支票影像系统、定期合同数据库系统、公民身份核查系统、人民币帐户管理系统二期的推广应用工作。

2008 年，加强财务会计管理，建立有效的财务运行机制。继续推进“节约型银行”建设，加大成本管理理念，加强会计监督管理，完成综合业务系统综合改造，安装了会计远程监控系统，在业务经营成绩大幅提高的同时，也提高了会计结算服务的安全性、速度和质量。截至2008 年12 月31 日，支行各项财务收入为1，273 万元，比各项支出759 万元，实现盈利514 万元，比2007 年同期增加435 万元，支行实现了跨越式的发展。

2009 年，及行财会管理工作以“加强收息管理、规范财务行为、提高核算水平、遵守财经纪律”为财务管理的中心工作，以“增收节支”为管理原则，加强我行的财务收支和结算管理。注重成本核算，提高经营效益，确保贷款利息应收尽收。严格业务管理费用支出。按照营业部报帐制的要求，加强财务监管，严肃财经纪律；倡导“增收节支，勤俭办行”的管理思想，严格执行“一支笔”审批和大额费用集体研究、先议后支的规定，使各项费用开支合规合法，确保了每一分钱都用在业务发展最需要的地方。加强结算管理，严格结算纪律，规范会计核算行为。切实做好综合业务系统的升级以及柜员的切换工作。

2010 年，按现代银行的成本管理模式，加强财务会计管理，合理配置财务资源，为经营管理提供保障。注重成本核算，提高经营效益，确保贷款利息应收尽收。严格业务管理费用支出。加强财务监管，严肃财经纪律；倡导“增收节支，勤俭办行”的管理思想，严格执行“一支笔”审批和大额费用集体研究、先议后支的规定，加强报账系统的使用和管理工作，使各项费用开支合规合法，确保了每一分钱都用在业务发展最需要的地方。加强结算管理，严格结算纪律，规范会计核算行为。

【内控管理】 2007 年，深化内部改革，强化内控机制建设。实施精细化管理，不断提高贷款调查、审批、资金汇划、结算等各个环节的工作效率，努力提高服务质量。大力推进收入分配制度的改革，严格执行省分行营业部的《绩效工资分配办法》，实行密薪发放。认真做好社会保障统筹工作。不断进行技术创新，稳步推进支行信息化建设，在上级行的帮助下更新了计算机设备，完成了县级支行三级备份网络改造工程，为各项业务的顺利安全运营提供有力的技术支持。加强统计管理，不断提高统计资料质量。加强现金管理和检查，确保企业现金收支合规合法，积极做好利率政策的宣传和执行。充分发挥内部审计的监督作用，配合总行、省分行营业部做好合规性和真实性检查。不断提高办工自动化水平，在上级行的帮助下，配齐了CM2006上线所需的全部设备。

2008年，深化内部改革，强化内控机制建设。推进人事制度和收入分配制度的改革，完成业务岗位竞聘过渡工作，完善落实全行统一的基本薪酬制度。做好社会保障统筹工作。不断进行技术创新，稳步推进支行信息化建设，加强信息基础档案工作。加强统计管理，熟练应用统计新系统。加强现金管理和检查，确保企业现金收支合规合法，做好利率政策的宣传和执行。充分发挥内部审计的监督作用，做好合规性和真实性检查。不断提高办工自动化水平，加大对各类应用系统的培训工作。

2009年，深化内部改革，强化内控机制建设。继续深化县级支行改革，完成营业部县支行领导班子岗位竞聘。实施精细化管理，不断提高贷款调查、审批、资金汇划、结算等各个环节的工作效率，努力提高服务质量。认真做好社会保障统筹工作。不断进行技术创新，稳步推进支行信息化建设，增加了电子固定资产投资，完成了支行网络会议系统建设，同时支行加强信息基础档案工作，为各项业务的顺利安全运营提供有力的技术支持。加强统计管理，熟练应用统计新系统，不断提高统计资料质量。加强现金管理和检查，确保企业现金收支合规合法，积极做好利率政策的宣传和执行。加强行务公开。做好安全保卫工作，通过对职工进行安全保卫知识教育，按照上级行要求以及本行实际情况制定的防暴预案实施方案组织职工进行演练，确保了安全保卫案件为零的目标的实现。

2010年，继续深化内部改革，推进现代农业政策性银行建设。继续深化内部改革，按要求完成支行员工聘用合同签订工作，积极配合省分行营业部完成5个平台建设。实施精细化管理，落实各项管理办法制度，优化工作流程，重点落实岗位绩效考核和违规积分管理等办法和制度，实现依法合规稳健经营；加强办文、办会和督办工作，规范办公秩序，不断提高贷款调查、审批、资金汇划、结算等各个环节的工作效率，努力提高服务水平。做好社会保障统筹工作。继续推进支行信息化建设，加强对各种设备的维护管理工作，同时支行加强信息基础档案工作，为各项业务的顺利安全运营提供有力的技术支持。加强统计管理，熟练应用统计新系统，不断提高统计资料质量。加强现金管理和检查，确保企业现金收支合规合法，积极做好利率政策的宣传和执行。加强行务公开，充分发挥民主，维护职工的知情权和参与权。严格按照公平、公正、公开的原则，进行行务公开。

【领导名录】

行　长：杨朝洪(2007.01－2009.07)
　　　　赵　安(2009.12至今)
副行长：赵　安(～2009.11)
　　　　刘　颖(2010.01至今)
行长助理：李　韬(2010.01至今)

（撰稿人：刘　颖）

财产保险

【县财产保险公司】 中国人民财产保险股份有限公司寻甸支公司位于仁德镇凤梧路70号(市民休闲广场南侧)，公司下设经理室、综合部、客户服务部、营销部、查勘定损部，现有员工33人(其中，农网7人，倘甸营销服务部1人，鸡街营销服务部1人，柯渡营销服务部1人，羊街营销服务部1人，金所营销服务部1人，仁德营销服务部1人，功山营销服务部1人。主要办理机动车辆保险，对出险保险车辆和能繁母猪、农户房屋保险进行现场查勘)。

中国人民财产保险股份有限公司寻甸支公司自成立以来，一贯坚持"人民保险造福于民"的宗旨，恪守"以人为本、效益优先、笃守信誉、稳健经营"的立业之本，秉承"以客户为中心，以市场为导向"的经营理念，在上级公司的指导、帮助及全县各级各部门的关心支持下，全体员工团结拼搏、积极进取，各方面的工作成效显著。

【业务发展】 2007年，实现保费收入1，401.6万元，完成年计划的95.35%。

2008年，实现保费收入1，582.01万元，完成年计划的94.67%。

2009年，实现保费收入2，062.25万元，完成年计划的104.68%。

2010年共为全县各类财产提供了10亿元的风险保险，保费签单计划2，304万元，实现保费收入2，676.85万元，完成年计划的116.18%。

【理赔】 保险事故发生后，被保险人在事故现场拨打95518专线报案，公司派员现场查勘，确定保险财产损失金额，告知被保险人索赔时所需证件、材料，手续齐备后，公司根据理赔金额大小(3万元以下的7日内赔付，3万元以上的15日内赔付)。

2007年，共处理各类赔付案件4786件次，支付赔款715.92万元，上缴税金60.21万元。

2008年，共处理各类赔付案件5111件次，支付赔款1，072.93万元，上缴税金60.97万元。

2009年，共处理各类赔付案件5128件次，支付赔款1，055.41万元，上缴税金104.51万元。

2010年，共处理各类赔付案件6380件次，支付赔款1，013.34万元，上缴税金82.97万元，为地方经济发展和社会稳定作出了积极贡献。

【捐赠活动】 2010年4月6日，争取昆明市分公司与寻甸县支公司一起到河口镇白石岩支援民众抗旱自救，送水200箱，捐赠抗旱资金人民币4.7万余元。2010年4月12日，到金所乡新田村支援抗旱救灾，捐款1万元，，并赠送新田小学0.8万元的树苗。

【荣誉表彰】 2007年、2008年公司被评为市、县级"重合同、守信用"先进企业。2010年被全市系统评为"维稳、综治先进单位"。2010年2人被省市两级公司评为先进工作者。

【企业优势】 县财保公司享有品牌、市场、人才、产物、客户、理赔等优势。品牌优势 PICC品牌具有六十年的历史，在国内、国际上都享有声誉。

市场优势 ：人保财险是国内最大的非寿险公司，在非寿险市场处于领先地位，主导着非寿险市场的成长。公司首要经营财产保险、短期意外健康保险业务，在大型商业风险、政府采购、行业统保等集中性营业以及车辆保险、家财险等险种处于绝对领先地位。

人才优势 ：多年来，人保财险培育了许多优秀骨干人才，拥有一批具有丰富经验的打拼人才和爱岗敬业、团结奋进的员工队伍。

产物优势：截至2004年末，人保财险共开发保险产品1246个，其中主险567个，附加险679个；全国性险种725个，区域性险种521个。公司平均天天开发推广1个新产品。

客户优势：公司拥有国内非寿险市

场最大规模的客户群，成立了稳定、不变的客户关系，具有强大的顺应市场转变、满足客户需求的产品开发和客户理赔能力。

理赔优势：公司率先在全国开通365天24小时理赔专线95518，现已遍布国内324个地市，并经过ISO9000质量系统认证，向客户供给快、优、全、广的咨询、投诉、回访、救援、预约投保等多功能、个性化理赔。公司还推出了以全员全流程跟踪的"金牌理赔工程"，以确保理赔从规范、效率、质量三个方面不断提高，继续保持同业理赔第一品牌。

【自身建设】 2007年，有员工26人（其中：职工7人，代办员19人）。公司随着业务不断增强，员工队伍也随之壮大，到2007年11月，组建农村保险服务网点7个，增员7人。公司营业场所宽敞明亮，整洁有序，柜台服务人员服装统一，用语规范，挂牌上岗，全体员工为公司树立良好形象，得到了客户的高度评价。

【领导名录】
经　理：周庭昆（2007～2009.03）
　　　　保德清（2010.07至今）
副经理：保德清（2003.10～2009.03）

（撰稿人：李志军）

中国人寿保险股份有限公司寻甸支公司

【人寿保险公司】 中国人寿保险股份有限公司寻甸支公司位于寻甸县仁德镇凤梧路16号。2008年在羊街、柯渡、凤仪、河口、七星创建保险先进村6个。

【业务经营】 自1996年4月分业经营以来，业务规模由1996年分业经营时的420万元，增加到2010年1500万元。固定资产由分业经营时的16万元增至410万元。业务人员由分业经营时的9人（其中：正式员工6人，代办员3人），发展到125人（其中：正式员工12人，内勤管理人员8人，营销员105人。）面对日益激励的市场竞争，寻甸公司上下紧紧围绕"夯实发展基础，优化业务结构，全面强化风险管控，着力提升市场竞争力"的工作思路，坚定"信心比黄金更主要，执行比口号更重要"的信念，齐心协力、共谋发展，公司在经营管理、业务结构优化、队伍建设等方面取得了一定成绩。业务规模在寻甸寿险市场上占主导地位，占70%以上市场份额。每年承保客户达10万人（次），支付各种赔款及满期金高达500余万元，为寻甸县的积极发展和社会稳定提供了强有力的保险保障。

2007～2010，年中国人寿共捐资近40万元用于修缮寻甸县六哨乡龙泉村委会小学、六哨乡大村人饮工程及村委会基础设施建设、六哨乡中心学校绿化及功山镇羊毛冲小学食堂等。

【表彰奖励】 2007年10月寻甸人寿11名员工荣获昆明分公司精英表彰，载入中国人寿昆明分公司"辉煌十周年"史册。

【领导名录】
经　理：张万幸（2007.05～2009.05）
　　　　曾　捷（2009.05至今）
书　记：柳建国（2008.10至今）
副经理：刘少有（2010.06～2010.10）

（撰稿人：李正芬）

贸　易

编辑：猫良伟

供销合作社

【机构】 寻甸县供销合作社下属单位13个(基层供销社7个，县直公司6个)，县社机关内设5个科(室)：办公室、财会审计科、人事教育科、经济发展科、合作指导科，在职人员17人，其中：政府直属事业单位参照公务员管理人员9人，县供销社(集团)公司8人。县供销社系统有5个基层供销社(环城、金所、羊街、先锋、柯渡)、5个直属公司(农资公司、土产公司、民族贸易中心、宫霄大酒店、供销社车队)、5个重组企业(七星供销社有限公司、塘子供销社有限公司、倘甸供销社有限公司、鸡街供销社有限公司、联合供销社有限公司)，有专业合作社2个，有行业流通协会2个，日用消费品店17个，有村级综合服务社112个，发展农资经营连锁店57个，烟花爆竹经营网点98个。全系统有职工439人，其中：县社机关16人(县社党政领导班子有成员3名，主任1名，党组书记1名，副主任1名，事业编制职工6名，企业借调8人)、未改制企业在职职工80人、已解除劳动合同但未兑现身份置换金的62人(河口20人、金所12人、先锋13人、柯渡17人)，退休人员281人(企业改制移交县社146人)、按改制政策享受内部退养9人；精减下放人员8人、遗属72人。

【两社一会】 结合“万村千乡”农家店建设机遇，有计划、有重点的发展好农村综合服务社、专业合作社。实行基层社兴办专业合作社、村级综合服务站，联合社兴办农产品加工企业，把农工商、产加销连结起来，推进农业产业化经营，初步形成了以基层社为依托，以专业合作社和村级综合服务站为前沿、各种社会力量广泛参与的农业产业化经营服务体系。2007年发展综合服务社42个，专业合作社2个；2008年发展综合服务社30个，专业合作社14个，行业协会2个；2009年发展综合服务社44个，专业合作社21个，行业协会2个；2010年发展标准综合服务社8个，专业合作社15个；截止2010年12月，共发展农民专业合作社52个，发展综合服务社186个，协会6个，标准化综合服务社8个。

【经营状况】 2007年商品购进总额8557万元(其中：生产资料购进6362万元，生活资料购进2195万元)。商品销售总额8580万元，(其中：生产资料销售3790万元，生活资料销售3679万元)。其中化肥购进总额52359吨，化肥销售55790吨，化肥库存3621吨。2008年商品购进总额9656万元(其中：生产资料购进6840万元，生活资料购进2816万元)。商品销售总额9560万元，(其中：生产资料销售4499万元，生活资料销售4691万元)。其中化肥购进总额46027吨，化肥销售54339吨，化肥库存5246吨。2009年商品购进总额10649万元(其中：生产资料购进7345万元，生活资料购进3304万元)。商品销售总额11128万元，(其中：生产资料销售5313万元，生活资料销售5660万元)。其中化肥购进总额51420吨，化肥销售54003吨，化肥库存3158吨。2010年商品购进总额16776万元(其中：生产资料购进95627万元，生活资料购进78851万元)。商品销售总额13540万元，(其中：生产资料销售84634万元，生活资料销售71094万元)。其中化肥购进总额62112吨，化肥销售68403吨。

【四进五有】 按照“四进村”即便民超市进村、信息服务进村、市场知识培训进村、行业管理服务进村和“五个有”即每个村有一个综合服务社、有一个专业合作社、有一个专业协会、有一个集贸市场、有一批农民经纪人的总体要求，采取先试点，后完善，再规范，以点带面，典型引路，逐步推开的办法，2007年在七星、柯渡、倘甸3个乡(镇)进行试点，试点乡(镇)分别确定了七星乡戈垮、柯渡镇可朗、倘甸镇虎街3个建制村为试点村。

具体实施办法是：围绕培育新型农民，对乡村干部、农村党员、农民经纪人和供销基层干部职工进行市场知识、实用技术的全面培训，帮助他们牢固树立流通促生产，流通促增收，流通促文明的观念，提高经营素质，增强服务本领。突出供销社行业指导、协调、服务的职能，宣传党和政府在农村流通方面的政策，发挥联结政府与农村、农村与市场的桥梁作用，完善基层网点建设，确保重要农业生产资料供应，抵制和杜绝假冒伪劣商品的经营，净化农村消费环境，维护广大农民群众的合法利益；开展调查研究，反映农民心声，协调各方关系，争取政策支持，搞活农村流通。

【化肥经营】 2007年化肥购进52358

吨，比去年同期55759吨减少3401吨，下降6.1%；其中：尿素8465吨，比去年同期9286吨减少821吨下降8.8%；碳铵17711吨，比去年同期22557吨减少4846吨下降21.5%；钙镁磷肥108吨，比去年同期103吨增加5吨增长4.6%；普钙20445吨，比去年20408吨增加37吨增长0.02%；复合肥5630吨比去年3445吨增加2185吨增长38.8%。

2007年化肥销售55790吨，比去年同期54693吨增加1097吨，增长2%；其中：尿素8789吨，比去年同期7728吨增加1061吨增长13.7%；碳铵20765吨，比去年同期23260吨减少2495吨下降10.7%；钙镁磷肥132吨，比去年同期157吨减少25吨下降8.4%；普钙21319吨，比去年20399吨增加920吨增长4.5%；复合肥4785吨比去年3149吨增加1636吨增长52%。

2007年化肥库存3621吨，比去年6488吨减少2867吨下降44.2%。

2008年化肥购进46027吨，比去年同期52359吨减少6332吨，下降12.1%；其中：尿素6226吨，比去年同期8465吨减少2239吨下降26.5%；碳铵14058吨，比去年同期17711吨减少3653吨下降20.6%；钙镁磷肥382吨，比去年同期108吨增加274吨增长353%；普钙21186吨，比去年20445吨增加741吨增长3.6%；复合肥4175吨比去年5630吨减少1455吨下降25.8%。

2008年化肥销售543390吨，比去年同期55790吨减少1451吨下降2.6%，其中：尿素6411吨，比去年同期8789吨减少2348吨下降26.7%；碳铵16643吨，比去年同期20765吨减少4122吨下降19.9%；钙镁磷肥494吨，比去年同期132吨增加362吨增长374%；普钙24773吨，比去年21319吨增加3454吨增长16.2%；复合肥5988吨比去年4785吨增加1203吨增长25.1%。

2008年化肥库存5246吨，比去年3621吨增加2867吨增长44.9%。

2009年化肥购进51420吨，比去年同期46027吨增加5393吨增长11.7%，其中：尿素5942吨，比去年同期6226吨减少284吨下降4.6%；碳铵14947吨，比去年同期14058吨增加889吨增长6.3%；钙镁磷肥442吨，比去年同期382吨增加60吨增长15.7%；普钙24417吨，比去年21186吨增加3231吨增长15.3%；复合肥5672吨比去年4175吨增加1497吨增长35.9%。

2009年化肥销售54003吨，比去年同期54339吨减少336吨下降0.6%；其中：尿素6517吨，比去年同期6411吨增加76吨增长1.2%；碳铵16372吨，比去年同期16643吨减少272吨下降1.6%；钙镁磷肥392吨，比去年同期494吨减少102吨下降20.6%；普钙25053吨，比去年24773吨增加280吨增长1.1%；复合肥5674吨比去年5988吨减少314吨下降5.2%。

2009年化肥库存3158吨，比去年5246吨减少2088吨下降39.8%。

2010年化肥购进58735吨，比去年同期51420吨增加7315吨增长6.2%，其中：尿素7710吨，比去年同期6517吨增加1193吨增长18.3%；碳铵16972吨，比去年同期14947吨增加2025吨增长13.5%；钙镁磷肥510吨，比去年同期442吨增加68吨增长15.3%；普钙22070吨，比去年24417吨减少2347吨下降0.9%；复合肥11473吨比去年5672吨增加5801吨增长200.2%。

2010年化肥销售58959吨，比去年同期54003吨增加4956吨增长0.9%，其中：尿素8250吨，比去年同期6517吨增加1733吨增长26.6%；碳铵18045吨，比去年同期16372吨增加1673吨增长10.2%；钙镁磷肥512吨，比去年同期494吨增加18吨增长0.4%；普钙21290吨，比去年24773吨减少3483吨下降8.6%；复合肥10862吨比去年5988吨增加4874吨增长81.4%。

2010年化肥库存2812吨，比去年3158吨减少346吨下降8.9%。

【体制和机制改革】 全面置换身份和企业产权，创新组织体系和经营机。2007年完成改制工作的有六哨、倘甸、联合、鸡街、塘子、七星、功山、金源、甸沙9个基层社（其中：六哨、功山、金源、甸沙4个基层社资产整体出让，职工全员置换身份；倘甸、联合、鸡街、塘子、七星5个社选择了重组；临近扫尾的有甸沙基层社正待改制结算）的资产依照有关政策、法律程序从集体所有制企业中退出、注销和终止集体所有制企业资格；2008年完成凤仪供销社改制工作；2009年完成河口、金所供销社改制工作；2010年完成马街商场、农资公司的改制工作。

2004年7月通过“以产权制度改革为核心”的企业改制，按照“两终止、一退出”的要求，2004年7月至2009年10月有9个基层社的资产依照有关政策、法律程序从集体所有制企业中退出、继而还需要注销和终止集体所有制企业资格；有196个职工与原企业解除了劳动合同关系，135人领取安置费、补偿金或购买了部分资产后以个体形式在自谋生计，其中有37人以自愿组合的形式入股515万元购买了部分资产成立了有限公司；37人办理了内部退养手续。另外，还有4个基层社的61个职工虽然已在2004年底就办理了与企业解除劳动合同手续，2006年相继建立了农业生产资料流通协会、烟花爆竹行业协会履行行业自律、协调、服务、维权的职能，成为农业社会化服务体系的重要组成部分。切实转变联合社职能，2003年机关经费列入同级财政预算，2009年机关工作人员正式批为行政事业单位参照公务员管理，依法行政，政务公开，接受社会各方面的行政监督。坚持开放办社，立足系统，面向社会，积极引导各类合作经济组织的发育和发展，在自愿互利的前提下，吸收不同形式、不同类型的合作经济组织入社（农业合作经济组织、农业合作社、行业协会、综合服务社、农家店，指农民，个体户、家庭经营为主的农业小生产者为了维护和改善各自的生产及生活条件，在自愿互助和平等互利的基础上，遵守合作社的法律和规章制度，联合从事特定经济活动所组成的企业组织形式），或为其提供服务，密切了供销社与当地党委、政府和农民的关系，为构建农村和谐社会作出了新的更大的贡献。

【烟花爆竹经营】 2007年整个销售燃放期间，共向54家零售经营户批发配送烟花爆竹，批发63万元，零售26万元，销售总额89万元。

2008年整个销售燃放期间，共向32家零售经营户批发配送烟花爆竹，批发68万元，零售36万元，销售总额92万元。

2009年整个销售燃放期间，共向38家零售经营户批发配送烟花爆竹，批发74万元，零售38万元，销售总额105万元。

2010年整个销售燃放期间，共向20家零售经营户批发配送烟花爆竹，批发86万元，零售42万元，销售总额112万元。

【领导名录】 党组书记：孔令福（2007.07至今）

主　任：许文忠（2007.10至今）

副主任：周家英(2004.01至今)

粮食局

【粮食局】　县粮食局2002年属县人民政府直属事业单位，2004年11月国有企业改革，终止国有职工身份，实行经济补偿，置换国有职工身份，组建国有控股粮食收储有限公司，县粮食局与粮食收储有限公司实现政企分开。2010年8月机构改革，粮食局合并县发展和改革局，为县发改局的部门机构(正科级)。改革后，内设科室由原来的3个改为4个，原办公室改为综合科，财务科改为财务统计科，撤消业务科，增设粮食流通和产业发展科、粮食监督检查科，原业务科职责分别划入粮食流通和产业发展科、粮食监督检查科。2007年11月，154名原企业退休人员移交社区(仁德社保站)管理。现粮食局管理的人员有：退休25人(其中财政供养12人)、原企业退养17人、遗属42人、落实政策4人。县粮食收储公司共有人员15人，有羊街、金所、功山、仁德、浦草塘等5个粮食储存和收购点。

【粮食行政管理】　积极宣传贯彻《粮食流通管理条例》，实行粮情监测，专人负责，建立价格监测点6个，对县城和乡镇临时点适时进行监测，并上报日报、周报、月报。自2005年开始开展社会粮食流通统计调查工作，对全县乡村农户、城镇居民进行抽样调查，了解农户粮食生产、储备、消费以及生产生活情况，共对15个乡镇38个自然村、40户农户进行调查，为加强和改善粮食宏观调控、维护粮食安全管理提供决策依据。2008年，制定完成《社会粮食流通统计制度》，2007年11月，县人民政府将“粮食收购许可”由“行政审批”改为“管理服务”，至2010年底，累计办理粮食收购资格许可12户，审验粮食收购资格许可证9户，依法取消3户。《粮食收购许可证》在办理过程中，严格按照政策要求和服务承诺接办，上网公示，依法办理，审批时间由15个工作日压缩到5个工作日，年检做到提前预约，上门服务，不收任何费用。

2005年9月，制定“寻甸回族彝族自治县粮食应急预案”，2006年12月进行修订，2010年8月进行再次修订，确保在紧急情况下粮食的供应，维护粮食安全维护社会稳定。2007年9月，制订下发《寻甸回族彝族自治县粮食局粮食行政执法职责》，确立执法职责、处罚权限、执法范围；2009年8月，县编办批准成立“粮食监督检查科”，履行粮食监督检查职能。

【企业改革】　县粮源粮油贸易有限公司(原粮油工业公司)，1999年破产重组后，属于国有控股粮油加工企业，2007年5月，进行二次改革，国退民进，实现民营化，原52%的国有股份全部退出，由新组建的股东(原企业职工)接收。2007年处置企业改革资产2宗，即：柯渡老点、马街粮管所(公开拍卖)。2008年根据政府批复有偿转让联合粮管所给联合乡人民政府。2009年7月，以招商引资为契机，将塘子粮库转让给云南中储粮收储经销有限公司在寻甸设立粮食储备库。

【粮油经营】　2007～2010年，县粮食局与昆明市粮食局年初签订目标考核责任书，与企业签订经营目标责任书，围绕经营目标责任，做好增收节支，完成县政府和昆明市粮食局下达的考核指标。国有控股粮食企业所属粮食收储公司,，主要从事粮油经营，承储各级储备粮食，公司按现代企业管理模式运行，自主经营自负盈亏。

2007年至2010年粮食经营情况统计表

单位：万元、吨

项目 年度	粮食收购	粮食调入	粮食销售	粮食调出	年末库存	销售收入	实现利润
2007	10778.7	5611.0	2478.0	16527.4	5914.0	2945	11.2
2008	15969.3	4037.5	2278.9	14790.1	6950.0	2800	13.6
2009	10709.0	6398.0	2609.6	16692.9	6762.6	3043	13.9
2010	4090.9	11296.9	4444.3	10668.3	7224.6	3361	15.5

【粮食储备】　为做好县级储备粮管理，维护县域粮食安全，2008年11月县人民政府办公室制订下发《寻甸县县级储备粮管理办法》，县粮食局严格执行，按时对库存粮食进行安全检查，按时做好各级储备粮轮换，各级储备粮数量真实、质量可靠，做到平时管得住，用时拿得出，实现“一符三专四落实”，库存粮食达到“四无”标准。2008年，新增县级粮食储备200万千克，使县级粮食储备规模达到400万千克，其中小麦300万千克、稻谷100万千克。2010年建立县级动态储备大米50万千克，粮食应急能力进一步加强。2007年至2010年共维修改造废旧仓库8600平方米，改善粮食库容1000万千克，库存粮食的储存条件得到进一步改善。

2009年3月，开展全国性的粮食清仓查库，县人民政府成立了以分管副县长为组长，县政府办副主任、县粮食局局长任副组长，县发改局、监察局、财政局、农业局、审计局、质监局、统计局、粮食局和农发行等相关部门负责人为成员的粮食清仓查库工作领导小组，设立办公室在县粮食局，负责组织落实粮食清仓查库的各项具体工作。清查工作前购置了容重器、钢尺、特制大容器等必备器材，对称重、计量器材均由有资质的技术监督部门进行校正和检测，于2009年3月26日至3月31日，按照“有仓必到、有粮必查、有帐必核、查必彻底”的原则，对全县国有控股的粮食收储有限公司所属库点的所有粮食进行清查。共清查库点6个、1个外地储存点和2个门市部，检查各种粮食8000余吨。经检查，库存真实，账实相符，储粮安全，库存与贷款相符，相符率100%。

【粮食行政首长负责制】 自2008年起，昆明市全面实行粮食行政首长负责制目标考核，考核对象为县人民政府主要负责人、分管领导和相关负责人，粮食局、财政局、农业局、农业发展银行等相关部门责任人。主要考核七方面：发展粮食生产，提高粮食综合生产能力。包括耕地保护、高稳产农田建设、重大科技措施推广、政府对农业和粮食生产的投入、粮食种植面积等；切实落实好对种粮农民直接补贴政策。包括粮食风险基金管理使用情况、粮食直补资金执行情况、良种补贴执行情况；搞好粮食供求平衡，发展粮食产业化经营，保证市场粮食供应，保持价格基本稳定。包括当年粮食供求平衡情况、粮食安全应急预案制定情况、大力发展粮食产业化经营等；管好地方各级粮食储备，加强储备粮食管理与机制创新。包括加强储备粮安全管理、制定储备粮管理办法和创新储备粮管理机制、完善和提升粮食储备基础设施功能、提高储粮技术水平等；积极培育和规范粮食市场，建立统一开放、竞争有序的粮食市场体系。包括加强粮食市场监管、培育发展和规范多种粮食市场主体、完善社会粮食流通统计报告制度、加强和充实粮食行政管理部门监督检查和社会粮食统计的机构及其人员和工作经费等；不断深化国有粮食购销企业改革，加大国有粮食购销企业扭亏增盈力度，提高企业竞争能力。包括加强对深化国有粮食购销企业改革工作的领导、加大国有粮食购销企业扭亏增盈力度、加大国有粮食企业改革改制扶持力度；全面推进新型粮食流通服务体系建设，深入推进放心粮油进农村和社区，粮食行业加强行业自律，继续推进“放心粮油”工程，提高放心粮油的普及率和市场占有率。

2007～2010年，县财政每年配套116万元，市级财政配套117万元作为粮食风险基金，实行专款专用。

2008年11月，粮食收储公司建立全县首家“放心粮店”，由昆明市粮食局授牌，专门从事放心粮油经营。2009年开展粮食供应应急演练1次，强化工作人员在粮食应急供应情况下的应变能力。

【政策性粮油供应】 军粮供应由市级统一筹措粮源，县粮食收储公司负责供给，在品种、数量、质量上保证驻地部队需要，自觉接受部队的监督。在2010年抗旱救灾中，昆明市粮食局捐给大米10吨，分别捐给甸沙、七星乡各5吨，折币4万元。

【扶贫工作】 2007～2010年，共对扶贫点甸沙乡鲁鲁村委会投入资金15万余元，局机关个人共捐资7000余元，用于当地困难群众生产生活帮扶、学校基础设施建设、村委会基础设施建设、抗旱、群众饮水、森林防火等方面。

【社会治安综合治理】 安全生产、安全保卫、消防安全和社会治安综合治理工作，与日常工作相结合，做到常检查、常督促，成立专门安全工作机构，切实加强对安全工作的领导，与所属企业签订责任书，建立各粮食收购站月、季安全检查制度，在进行经常化的宣传教育基础上，定期或不定期进行检查督促，排查整治安全隐患，做好群防群治，对出现的问题及时提出整改措施，限期整改，确保安全，多年来未出现安全事故。

【领导名录】
局长（党组书记）：
　　陈顺安（2007.01—2010.07）
　　陈顺安（2010.07起任发改局党组副书记、副局长、粮食局局长）
副局长（党组成员）：
　　杨永昆（2007.01—2007.11）
　　杨永昆（2007.11—2008.11任党组成员、纪检组长）
副局长（党组成员）：
　　董建华（2007.01—2010.07）
　　董建华（2010.07—任发改局党组成员、副局长，粮食局副局长）
局党总支书记：胡耀伟（2008.03—至今）

（撰稿人：胡耀伟　桂应全）

科学技术

编辑：陈小珍

科技管理

【科学技术局】 2007年11月成立中共寻甸回族彝族自治县科学技术局（科协）党组。寻甸回族彝族自治县科学技术局是主管全县科学技术工作的县政府工作部门。县科学技术协会与县科学技术局合署办公。2008年，成立寻甸回族彝族自治县知识产权局，为政府直属事业单位，隶属县科学技术局管理。内设办公室、农村科技科、科技管理科、科普学会部。

【科技发展与管理】 加强组织领导，建立健全科技工作机制。寻甸县牢固树立“科学技术是第一生产力”的思想，坚持把加快科技进步与创新作为支撑寻甸经济社会发展的不竭动力，制定出台了《寻甸县科学技术奖励办法》，2008年召开了全县科技大会，确定了全县科技工作的主要思路、目标任务和工作措施。

坚持不懈地广泛深入宣传，全民科技意识明显增强。坚持以每年的“科技活动周”、“科普宣传日”、“知识产权宣传日”、“科技文化卫生三下乡”等为主要阵地，组织县直相关部门采取发放宣传资料、开展咨询服务、举办培训班等多种方式，广泛深入宣传国家《科学技术进步法》、《科学技术普及法》和云南省《科学技术进步条例》，在全县上下形成了崇尚科学、学习科学、运用科技的浓厚氛围，每年接受宣传的群众达10万人（次）。

实施科技示范，科技支撑力明显提升。围绕重点产业发展，着力抓好无公害肉牛产业链建设示范、奶水牛综合开发富民强县科技示范、科技进村入户示范、绿色光亮工程示范等科技示范项目，充分发挥科技示范工程的辐射、示范和带动效应，促进产业结构调整优化、农民增收和经济发展。全县主要实施了以下科技示范工程：2005—2007年实施的农村产业结构调整科技示范工程——无公害肉牛生态产业链建设，共争取到国家、省、市科技项目经费600万元。项目按照“政府引导、企业为主、技术协作、部门参与、培植大户”的要求，以“公司+基地+农户”的生产模式，初步构建起“生产、加工、养殖、销售一体化”的格局，总投资2709.6万元，到2007年底项目直接扶持的示范户共出栏肉牛3600头，销售收入达1296万元，带动全县农户养殖肉牛9万头、增收2736万元。实施科技进村入户工程，市科技局投入项目资金30万元，通过对100户示范户进行扶持，带动了1000户农民增收。2008—2010年实施的富民强县工程——奶水牛无公害养殖，连续三年投入150万元扶持资金，示范企业养奶水牛508头，增收1508.77万元，实现净利润122.44万元。全县完成扶持示范户1012户，养奶水牛5520头，增加农民收入5525万元。2008—2010年实施绿色光亮工程太阳能光伏路灯项目，先后在河口、甸沙乡、六哨乡建成太阳能路灯66盏。积极组织相关单位、企业申报科技计划项目和中小企业科技创新基金项目，共申报国家、省、市项目47项，项目资金达1566万元。

推进科技创新，科技服务工作成效明显。紧紧抓住昆明市被列为全国专利试点城市的机遇，强化宣传，扎实开展整顿、规范市场经济秩序和流通领域专利执法检查专项行动，不断加强知识产权的保护、申报工作，全县专利申请和授权取得新突破，累计达58项。积极组织企业申报省、市中小企业科技创新基金支持，开展技术创新工作，共获得省市中小企业创新基金支持项目19个，资金530万元。

【科技计划】 2007年，拨入县科技局三项科技费80万元，由县科技局拨付给农业局50万元安排农业科技项目。县科技局30万元支持项目11项。

2009年，“云药之乡建设”，“寻甸科技辅导员培训”、“寻甸县科技服务能力建设”等三个项目获得经费46万元，已分步实施。大蒜新品种引进及无公害大蒜产业化开发示范、豪猪无公害及规模化养殖技术示范、高寒山区苦荞新品种引进及产业化开发、清水海水源区生态保护示范等一批市新列科技计划项目和中小企业创新项目，已实施，取得一定成效。

2010年，积极组织乡镇、企业向科技部及省、市申报科技项目，今年共计向省、市申报项目13项，获批准7项，其中省级2项，市级5项。大蒜新品种引进及无公害大蒜产业化开发示范、豪猪无公害及规模化养殖技术示范、高寒山区苦荞新品种引进及产业化开发、清水海水源区生态保护示范等4项市列科技计划项目实施，取得较好成效，于12月26日通过了昆明市科技局组织的专家验收。“云药之乡建设''，“寻甸科技辅导员培训”等项目已全面实施。

【科技培训】 着力抓实科技培训。坚持把农函大培训与绿色证书培训、集中培训与分散培训、干部素质教育培训与农民田间地头培训、请进来培训与走出去培训等多种培训紧密结合起来，共举办各种培训班1500期，培训干部群众15.5万余人(次)，其中县科技局直接培训41期5261人(次)，农函大培训28期2028人，提高参训者技能，拓宽劳动者增收致富的渠道。2007年，全县共举办科技培训班824期78920人(次)，共发放科技资料30.56万份(册)，其中由科技局直接组织的培训12期1400人(次)，发放资料3万份(册)。培训内容主要有蓝莓、板兰根、沼气利用、果树栽培、科学种植、肉牛养殖技术。

2008年，全县各单位、各乡镇、各村社开展多层次、多形式的科技培训，共培训310期38260人(次)。其中县科技局直接培训10期1000人(次)。

2010年，围绕农业优势产业发展开展培训，全年直接开展中药材栽培、奶水牛养殖、特色水产养殖、，板栗栽培等培训4期，人数达600人(次)。

【科技下乡】】 2007年1月18日在鸡街乡启动"科技、文化、卫生"三下乡活动。

【科技活动周】 2007年，"科技活动周"以"倡导科学、文明、健康的生活方式，建设创新型城市"为活动主题，有20个单位积极参加活动、共投入经费(包括物资折价)12万多元，动用车辆80多辆(次)，参加科技人员500多人(次)，参与的群众达20多万人(次)，发放科技宣传资料1.03万份、发放书籍、杂志、画册2.46万多册，展出展板60块，发放各类药品(包括农药)3.15万多瓶，价值2.38多万元，放映电影40场(次)，张挂宣传布标40条，开展现场咨询宣传20场(次)，参与宣讲咨询科技人员230人(次)，参与群众1.5万人(次)，现场培训、讲座、晚会8场(次)，1000多人(次)。

2008年5月18日，在县城金世纪大厦举行了以"建设创新型云南，推进寻甸软环境建设"为主题的科技活动周启动仪式。参加干部100人以上，接受教育的群众达1万人以上，各乡镇政府、各企业自行组织分场活动，参加的干部在20人以上，接受教育的群众5000人以上。并组织科技小分队深入金所、仁德等乡村巡回宣传指导，发放科技宣传资料5.5万份，书籍画册1.25万册，宣传展板70块。

2009年5月24日，在甸沙乡举行了以"推动自主创新，促进寻甸和谐发展"为主题的科技活动周启动仪式，参加干部100人以上，接受宣传教育的群众3000人以上。各乡镇政府、各企业按要求自行组织分场活动，参加的干部均在20人以上，接受教育的群众5000人以上，并组织科技小分队深入金所、仁德等乡村巡回宣传指导，发放科技宣传资料5.5万份，书籍画册1.25万册，宣传展板70块。4月26日，在县城举行了"世界知识产权日"宣传活动，发放资料1000多份，宣传画册300多份。

2010年，以"科技活动周"、"科普宣传技文化卫生三下乡"等为主要形式，牵头组织日"、"知识产权宣传日"、"科县直单位、乡镇开展科普宣传活动，接受宣传的群众累计达万人次，发放资料49813份，"崇尚科技、学习科技、运用科技"的风气初步形成。

【科技特派员试点】 2007年，开展市级科技特派员试点工作，市颁发市级科技特派员证书1人，指导开展中药材种植5500亩，培育丹参、当归、桔梗等药材5000万株，带动农户1100户种植中药材。

2008年，选派市级特派员5人，在塘子、河口、仁德、功山等乡镇开展奶牛养殖、中草药种植、肉牛养殖等技术指导工作。

2009年，继续开展市级科技特派员试点工作，6人已取得市县级颁发的科技特派员证书。在塘子、河口、仁德、功山等乡镇开展奶牛养殖、中草药种植、肉牛养殖等技术指导工作。

2010年，结合农业资源开发，通过选派5名科技特派员，指导农民，在中草药、奶水牛、蓝莓、蚕桑等发展中发挥科技作用，实现增产增收。

【考核工作】 2007年被科技部考核为"2005——2006年度通过全国县(市)科技进步考核"，被省政府考核为"通过2005——2006年度县市区科技进步考核"。

2007年，科技管理业务工作被昆明市科技局表彰"2007年度昆明市县(市)区科技管理一等奖单位"。

2009年，寻甸县被国家科技部考核为"通过2007—2008年全国县(市)科技进步考核"。

【县乡科技进步责任制】 市、县、乡均签订《党政一把手科技进步责任书》，县科技局积极协助县组织部做好县级科技进步目标的相关工作落实。2007年，书记、县长均被考核为优秀。

县委、政府把乡镇党政一把手科技进步目标考核列为一类责任书考核，并按照"责任到人，奖惩分明"的原则，年初由县委书记、县长与各乡镇党委书记、乡镇长签订目标责任书，县委组织部、县科技局负责业务指导和检查督促责任制的落实，年终进行考核。2007年12月11日至14日，抽调43人组成综合考核组进行考核，评选出"优秀党政一把手"23名，"良好党政一把手"8名。

【科技投入】 2007年，全县共投入科技资金6141万元，其中财政投入994万元。

2009年，县财政年初预算科技三项费173万元，年底调整预算时调整到600万元达到省市要求的占本级财政预算支出的1%的比例，并按规定划拨到科技局帐户上管理。积极建立政府、企业、金融及社会各界共同参与的多渠道、多层次、多元化的科技投入机制，认真落实国家和省、市有关促进技术创新的优惠政策和措施，运用经济杠杆和政策手段，鼓励、引导企业、农户对科技项目的投入，使其逐步成为科技投入的主体。

2010年，科技投入占本级财政预算支出的1.3%，达到上级要求的1%以上，并划拨到科工贸局帐户上管理。年初财政预算科技三项费765万元，落实国家和省、市有关促进技术创新的优惠政策和措施，运用经济杠杆和政策手段，鼓励、引导企业、农户对科技项目的投入，使其逐步成为科技投入的主体。

【科技示范工程】 无公害肉牛综合技术示范——富民强县科技示范工程，是县人民政府与市人民政府签订责任书的科技项目，实施期限为2005—2007年，县科技局作为项目的具体组织实施单位，将其做为全年重点工作抓，组织协调天牧肉牛公司及项目涉及的仁德、塘子、金所、羊街、畜牧局等单位和养殖户积极实施，取得了较好成绩，被市科技局组织的专家组中期评估为优良。

科技示范工程共争取到省、市科技项目经费300万元，项目按照"政府引导，企业为主，技术协作，部门参与，培植大户"的工作要求，以"公司＋基地+农户"的生产模式工作，初步构建起"生产、加工、养殖、销售一体化"的格局，2007年项目完成时直接扶持的示范户年出栏肉牛5000头，销售收入1800万元，纯收入319.8万元，带动全县出栏肉牛6万头，销售收入1.9亿元，纯收入6000万元，促进全县畜牧业收入稳步增长。由项目实施前2004年的4.4亿元增加到2007年达6.4亿元。项目获得无公害认证，取得新品种2个，取得2项新技术，申请获得专利1项，培训农民1000人(次)。

【科技进村入户工程】 2007年，县科技局与仁德镇签订了实施合同，组织12人组成的进村入户科技服务队，通过开展技术培训，现场指导帮扶，在7个村委会辐射带动农户1000户。其中100户示范户养牛达2300头、经济收入650多万元。开展技术培训16期840人，发放书面资料1100份、音像资料10套，配套农资5.3亿元，组织80人(次)的技术服务队进村服务，解决技术难题20项。

【人才工作】 县科技局与县委组织部对全县乡土人才进行了调查，登记出乡土人才4333名，全县共有各类人才16721人。

【奶水牛产业链建设集成技术示范项目】 寻甸县奶水牛生态产业链建设集成技术示范项目是市政府提出的"实施县(市)区富民强县县科技示范工程"的载体项目，也是市政府作为县(市)区党政一把手科技工作实绩年度考核主要指标的重要项目，县人民政府为责任主体，县科技局为具体组织实施部门，云南尼里拉菲奶制品有限公司为项目承载单位。合同实施期限为3年，即2008—2010年，共争取市科技项目经费150万元，(每年列项扶持50万元)。项目计划总投资2540万元，其中2008年计划投资898万元，实际完成1297.18万元．企业养殖奶水牛261头，扶持5头以上示范户100户，养殖500头。带动300户养殖。

2009年，继续实施，完成示范户3000户，养奶水牛1620头(合同数示范户2000户，养奶水牛1000头)。超额完成了年度合同任务指标。

2010年，全县完成扶持示范户1012户，养奶水牛5520头，增加收入5525万元，超额完成了合同任务指标，已于10月份通过市科技局组织的专家验收。

【"绿色光亮科技示范"工程】 "绿色光亮工程"是由市科技局确定的，在我县社会主义新农村建设中推广应用太阳能技术，实施"绿色光亮"工程，项目实施期3年，2008—2010年，投资60万元，重点示范推广应用太阳能光伏照明系统，解决农村街道、公共活动场所、学校、机关的公共照明，从而实现开发太阳能，节约电能，节能减排，环保安全的目的。2008年在河口乡北大营村实施，建太阳能光伏路灯22盏完工验收。

2009年，"绿色光亮科技示范"工程在甸沙乡实施，建太阳能光伏路灯22盏，完工验收。

2010年，在六哨乡实施，建太阳能光伏路灯25盏。

【硅藻土研发】 县硅藻土开发领导小组办公室设在县科技局，通过积极协调，寻甸先锋硅藻土开发公司通过了各种审核，已获批准成立，并举行了奠基仪式，年产2万吨沥清改性剂生产线建厂投产。

知识产权保护与管理

【县知识产权局】 县知识产权局是县人民政府主管全县专利工作和统筹协调知识产权工作的直属事业单位，列入参加国家公务员管理，隶属县科技局。其主要职责是：统筹协调全县知识产权工作，负责知识产权管理保护，负责专利行政执法等工作。

【知识产权宣传】 2007年，认真贯彻落实《昆明市知识产权试点城市工作方案》，加强对知识产权工作的领导，县科技局指派一名副局长分管知识产权工作，一名工作人员兼职负责知识产权的日常工作。4月19日，召开乡镇科技助理员工作会议，组织学习知识产权保护法律、法规，提高科技助理员的知识产权保护意识，把知识产权保护工作与科技推广工作有机结合。5月20日，抓住科技活动周这一宣传机遇，认真组织开展知识产权法律法规宣传，展出宣传图片6张，发放知识产权报36余份，咨询服务30余人(次)。

2008年，利用"科技三下乡"、"科技活动周"活动，在功山镇、仁德镇、金所乡开展知识产权宣传工作，共发放《知识产权普及手册》100册，《中国知识产权报》150份，"4.26"宣传画100余份，开展知识产权业务咨询130人(次)。同时，主动上门服务，为专利申请人提供业务咨询。

2009年，在科普宣传日、科技活动周、"4·26"世界知识产权日期间，由县知识产权局牵头，县工商局、县公安局、县质监局、县药监局等相关部门及13个乡镇，分别利用集市开展了主题为"保护知识产权，促进创新发展"的宣传活动。采取悬挂横幅、标语、街头咨询、悬挂张贴宣传画、展板等多种形式，开展了面向群众、贴近生活、有针对性的"知识产权"宣传活动，集中宣传了国家保护专利权工作的法律法规及保护商标专用权、著作权，整顿和规范出版发行市场，严厉打击假冒质量标志侵犯知识产权行为，规范音像市场经营秩序等保护专利权的方针政策、保护专利权专项整治行动的进展情况和取得的效果等相关内容，在知识产权宣传日活动中，共活动16次，悬挂横幅、标语10条、展出各类展板30余块，散发宣传资料2万余份，参加活动的工作人员30余人，接受咨询的群众1000余人，受教育的群众达5000余人。

2010年，在"三下乡"活动、科技活动周、"4·26"世界知识产权日活动期间，县知识产权局与县文体局、工商局、食品药品监督管理局等相关部门及14个乡镇，分别利用赶集天开展了主题为"创造．保护．发展"为主题的知识产权宣传周活动。通过悬挂横幅、标语、街头咨询、悬挂张贴宣传画、展板等多种形式，开展了面向群众、贴近生活、有针对性的"知识产权"宣传活动，集中宣传了国家保护专利权工作的法律法规及保护商标专用权、著作权，整顿和规范出版发行市场，严厉打击假冒质量标志侵犯知识产权行为，规范音像市场经营秩序等我县保护专利权的方针政策和原则立场、保护专利权专项整治行动的进展情况和取得的效果等相关内容。全县在知识产权宣传活动中，共活动5次，散发宣传资料8000余份，参加活动的工作人员32余人，接受咨询的群众1200余人，受教育的群众达6000余人。通过一系列活动的开展，进一步提高了社会公众的知识产权保护意识，增强了企业运用知识产权制度维护自身权益的能力，营造了保护知识产权的良好氛围，有力地维护了我县市场经济秩序。

【摸底调查】 2007年，根据市局召开

的会议精神和合同要求，对县内企业知识产权保护工作进行调查研究，据初步调查，县内企业知识产权保护意识薄弱，企业尚未建立知识产权管理机构，专利拥有量较少，科技含量不高，自主开发能力低，在调查的基础上，确定1家企业为知识产权试点企业。

【专利统计工作】 2007年，寻甸县取得专利申请和授权10件，其中申请7件，授权3件。到2007年底，我县共取得国家授权专利17件，其中发明专利4件，实用新型专利10件，外观设计专利3件。

2008年，全县新增专利申请和授权13件。其中专利授权5件，专利申请8件。

2009年，我县新增专利申请和授权10件，其中专利授权5件，专利申请5件。

2010年，全县新增专利申请和授权30件。其中专利申请18件，专利授权12项。

寻甸回族彝族自治县专利统计表

（2010年12月31日止）

发明专利（20）条	实用新型专利（26)条	外观设计专利（12)条
序号	申请号	专利名称
1	03105303．3	烧烫伤喷雾剂及其制备方法
2	93120256．6	多元素高效复合肥
3	99117347．3	植物育苗培养介质
4	200710066241．6	直接还原磷矿制取高浓度磷酸的方法
5	200710066243．5	一种窑法磷酸吸收脱氟的方法
6	200710065807．3	一种高强度耐用窨井盖及其制备方法
7	200710065806．9	一种硫酸钙晶须及磷酸的制备方法
8	87211884	带胶水的圆珠笔
9	88221228．1	开放式多功能洗胃器
10	98200605．5	一种牙梭
11	00223004．6	太阳能热水器防冻装置
12	01213920．3	活塞式电磁针疗罐
13	01206802．0	一种活动铅笔
14	02221486．0	多功能烧烤桌
15	200720104806．0	移动式多功用黑板
16	200720105078．5	一种电热护膝
17	200720104970．1	双拼式节能型工业隧道窑
18	200720105028．7	用于窑法磷酸的组合精馏复式立窑
19	200420061546．X	环保型低消耗发电装置
20	200730109085．8	燕麦炒面手提盒
21	200730109086．2	燕麦炒面包装盒
22	200530100135．7	肥料包装袋(有机质磷钾肥）
23	200710066239．9	直接还原中低品位磷矿制取高浓度磷酸的方法
24	200710127620．1	SIM卡网络销售、管理系统
25	200810233472．6	一种高温窑气的热能回收和净化方法
26	200810233473．0	一种人造陶粒及其制备方法
27	200810233586．0	一种汽车用气动发动机
28	200710066416．3	磁动力发电机
29	201010169203．5	铟电解精炼前真空除镉的方法
30	201010169155．X	全湿法提取火法冶炼坩埚渣中铟、锗的方法
31	201010169188．4	一步法从含铟、锗物料中富集回收铟、锗的方法
32	200910094301．4	一种微囊化药肥及其制备方法和应用

续表

序号	申请号	专利名称
33	200910094316．0	电磁发电机
34	201010555358．2	一种生猪饲料配方
35	201010517816．3	用锌焙砂电炉冶炼生产金属锌粉的方法
36	03234600．X	棕绳编织床垫
37	200620019451．0	抗拉膨胀螺栓
38	200720105034．2	用于窑法磷酸的精馏复合式立窑
39	200820081099．2	一种装卸货装置
40	200820080901．6	一种地下电动垃圾收集箱
41	200820081528．6	汉字分合识字法教学用具
42	200820199995．9	一种汽车用气动发动机
43	200920110879．X	一种用于墙体绿化的支架
44	200920111412．7	一种用于墙体的绿化架
45	201020149387．4	一种乳饼成型机
46	200920111871．5	MP3 音乐陀螺
47	201020252710．0	一种液体抽吸装置
48	201020278324．9	一种用于前列腺给药的导液管
49	201020283454．1	带稳固支撑钢架的棕绳编织垫
50	03339282．X	酒罐
51	03339283．8	酒罐篮
52	03336326．9	包装盒
53	201030114645．0	花盆（木制方形）
54	201030206314．X	包装盒
55	201030124675．X	金绳花边口木盆
56	201030110522．X	花盆（木制桶形）
57	201030501192．7	标贴（绿茶）
58	201030501193．1	标贴（红茶）

【知识产权服务】 2009 年，围绕县产业发展重点，加强知识产权工作调研。积极争取将知识产权工作融入工农业等产业管理中。围绕特色农产品和有机食品产业，做好知识产权保护服务工作。

针对企事业单位的知识产权工作存在的问题，深入各企业、民营科技企业、科研单位进行调研。通过座谈、研讨等形式，加大宣传力度，不断提高企事业单位知识产权保护意识。协助专利实施企业申报专利立项或科技立项。进一步做好专利管理工作，在做好已取得专利统计的同时，积极正确引导专利权人实施专利技术，鼓励有创新的科技人员积极申报专利。

2010 年，围绕全县产业发展重点，加强知识产权工作调研。积极争取将知识产权工作融入我县农业等产业管理中。围绕特色农产品和有机食品产业，做好知识产权保护服务工作。针对企事业单位的知识产权工作存在的问题，深入各企业、民营科技企业、科研单位进行调研。通过座谈、研讨等形式，加大宣传力度，不断提高企事业单位知识产权保护意识。协助专利实施企业申报专利立项或科技立项。进一步做好专利管理工作，在做好已取得专利统计的同时，积极正确引导专利权人实施专利技术，鼓励有创新的科技人员积极申报专利。

【知识产权保护】 2007 年 10 月下旬，县知识产权局深入寻甸大型超市、连锁店、部分零售商场进行知识产权保护调查，经过调查，未发现假冒、冒充专利现象。

全县各部门齐心协力，工商、药检、文化、农业、卫生等单位认真组织开展知识产权保护联合执法行动，开展对非法出版物、盗版音像制品的治理，出动了 358 人（次），检查出版物市场 62 家、摊点 42 家，查缴非法盗版物 3467 册（盒），开展药品市场专项整治，检查 156 户药品经营单位，查获假劣药品 663 种；开展农资市场整治，查获假劣敌杀死 1200 盒，检查玉米种子 21 个品种，没收假劣杂交玉米种子 172.5 千克。

2008 年，对辖区内的假冒专利行为和专利诈骗行为等知识产权违法情况进行先期摸底排查，重点对关系民生的大型超市、建材市场等的涉及知识产权商品登记制度、索证制度建立和落实情况进行抽查，经过调查，未发现假冒专利的行为和专利诈骗行为。

组织开展以“打击假冒伪劣，维护民生利益”等为主题的“雷雨”知识产权执法专项行动。行动重点是与人民群众生活密切相关的食品、药品等领域，严厉打击冒充和假冒他人专利等违法行为，维护人民群众的生命安全和切身利益。一年中，与县药监局配合对全县16个乡镇的药品生产、经营和使用单位进行监督检查共672家(次)，查处案件60件，共查处假劣药械174种，价值3.74万元。在“国庆、中秋”两节前夕，各有关成员单位结合自身职能，对各类食品市场开展知识产权执法检查，有效打击各种知识产权违法行为，确保人民群众节日食品安全。对建材超市开展联合执法检查，查处假冒专利行为及其他知识产权违法行为，指导超市完善知识产权管理制度。

县知识产权和公安局加强合作，集中力量查处涉及地域广、受骗群众多、社会影响恶劣的案件，建立和完善侵犯专利权违法犯罪案件的移送机制，对发现违法犯罪线索及时移送，及时侦破，提高执法效率，严厉打击违法犯罪分子的嚣张气焰。2008 年 7 月至 10 月，县知识产权局和县公安局对寻甸县辖区范围内的专利诈骗行为进行先期摸底调查，开展持证人员座谈会。通过宣传单及时向社会公布专利欺诈行为的常见形式，告诫社会公众引起注意、谨防上当受骗，并公布投诉举报电话。对群众电话举报的案件实行登记追踪管理，建立健全案件线索档案管理制度。

2009 年，加强与工商、文体、法制办等部门及司法机关的工作联系，加强执法协作与执法信息交流。积极参与整顿规范市场经济秩序工作。结合“3.15”消费者权益日和“4.26”世界知识产权日，联合公安、工商、技术监督、文体等部门进行联合执法大检查，保护消费者及知识产权权益人的合法权益。

2010 年，县人民政府成立了县知识产权保护工作领导小组，并下设办公室在县知识产权局，负责具体日常工作。加强与县工商、文体、法制办等部门及司法机关的工作联系，加强执法协作与执法信息交流。积极参与整顿规范市场经济秩序工作；结合“3.15”消费者权益日和“4.26”世界知识产权日，联合公安、工商、技术监督、文体等部门进行联合执法大检查，保护消费者及知识产权权益人的合法权益。

【领导名录】

科学技术局(科协)党组书记、局长：

刘德正(2004.04—2010.07)

副局长(副主席)：

杨志鹏(2003.03—)

苏海燕(彝族)(2007.11—2010.02)

马存选(回族)(1999.01—2008.05)

纪检组长：

张瑞德(彝族)(2007.11—2008.11)

科协主席、(副局长)：

段艳芬(女)(2004.04—2010 年 8 月)

科协副主席：

马丽苹(女、回族)(1997.06—2007.11)

知识产权局局长：

保明慧(女、回族)(2009.07—2010.08)

(撰稿人：李自云)

防震减灾

【县防震减灾局】 1970 年 5 月，寻甸防震抗震领导小组及防震抗震办公室成立。1971 年 2 月，防震抗震办公室更名为地震办公室。1994 年与县科委、县科协合署办公，机构改革后地震办公室挂靠科技局(原科委)。1997 年 3 月，县委常委会议决定地震办公室单独建制改为地震局，重新委任领导。1997 年 10 月 15 日，起启用“寻甸回族彝族自治县地震局”印章。2002 年 6 月，机构改革后，保留地震局为政府直属事业单位。2002 年 8 月 10 日，县地震局核事业编制 5 名(人员列为国家公务员管理，含领导职数 2 名)，内设机构为设 2 个职能科室。2003 年，增加事业编制 4 名，列为参照国家公务员管理。2004 年，县地震局纳入(参照)国家公务员管理单位，单位工作人员过渡为国家公务员。2008 年 4 月，报经县委批准正式更名为“寻甸回族彝族自治县防震减灾局”。2010 年，县委对寻甸县防震减灾局重新进行了“三定”工作，核定为县人民政府直属事业机构，正科级，核定事业编制 15 名(含领导控制数 5 名)。

【县防震减灾中心】 寻甸县地处小江活动断裂带，东西两支断裂纵贯寻甸境内而过，全县大部分地区为地震烈度区划的九度烈度区(最高烈度)，是云南省的地震重点监视防御区。为了提高全县的防震减灾综合能力，落实中央、省、市关于建立健全地震监测预报、震灾预防和紧急救援三大工作体系的工作部署，寻甸县防震减灾局报经昆明市防震减灾局和寻甸县人民政府批准，筹建“寻甸县防震减灾中心”。建设项目于 2003 年 9 月经寻甸县计划局批准立项，于 2010 年 1 月完工。工程总投资 380 万元，占地面积 3132 平方米，建筑面积 1291 平方米，借鉴国内已建立防震减灾中心的范例，结合寻甸县的实际，满足寻甸地震监测预报、震灾预防和紧急救援业务工作，主要由地震监测预报、震害防御、抗震设防、法规宣传、应急指挥等五大系统组成。

【地震群测群防】 县防震减灾局于 2006 年在全县 16 个乡(镇)及 4 个宏观观测点设立由 21 人组成的地震宏观信息联络员、地震科普知识宣传员、地震灾情速报员三员合一的地震群测群防工作队伍。自宏观联络员队伍建立以来，防震减灾局每年都组织宏观联络员到昆明参加由市防震减灾局开展的学习培训，通过培训和加强管理，使宏观联络员在平时能定期、主动收集宏观信息资料，在地震短临跟踪期间又能迅速投入工作，发挥作用。2008 ~ 2010 年连续获得“昆明市宏观联络员先进集体”奖。

【地震监测预报】 自 1975 年开始进行水氡观测至今，地震观测人员每天都严格按照规范，认真完成各项观测任务，及时报送观测数据，对出现的观测异常数据逐项进行调查核实。全年每天 24 小时震情值班，发现异常及时落实、上报。为全县的地震监测预报工作提供了有力保障，为监视全县及全省震情动态提供了及时、准确、连续、可靠的第一手资料。截止 2010 年，全县共有数字地温、水氡、水电导、二氧化碳、八方位电磁波、数字水位、空壳气压计等前兆观测手段。2009 ~ 2010 年，地震短临预报和地震中期预报成绩在昆明市名列前茅；数字化水温获云南省优秀奖，水氡观测获昆明市优秀奖。除了进行日常观测外，防震减灾局还多次深入实地落实宏观异常。2007～2010年，每年调查落实宏观异常3～5次；2007～2009年根据发震情况，不定期编写《震情跟踪情况》上报县委、县政府，自2010年起每月编写《震情跟踪月报》上报。在接到地震宏观联络员或群众的异常报告后，由局领导带队在第一时间赶赴异常现场进行调查核实，作出初步分析意见后及时向上级业务部门汇报，同时注意稳定当地舆论和群众情绪，确实发挥防震减灾工作的社会作用。

2007～2010年寻甸县内未发生2.5级以上地震，2.0级以上地震有3次，分别为2007年4月18日2.1级（北纬25°40′，东经103°08′）；2009年3月19日2.1级（北纬25°28′，东经102°54′）；2009年10月8日2.4级（北纬25°38′，东经103°06′）。

【地震科普宣传和应急救援】 县防震减灾局每年都组织开展有关防震减灾的法律、法规和方针政策以及地震技术标准和地震、防震、避震、自救互救科普知识、技能的宣传教育培训工作。在全县积极推行防震减灾宣传进机关、进学校、进社区、进企业、进乡村的"五进"活动，每年4～6次深入到机关、乡（镇）、学校等开展防震减灾知识宣传活动。结合"科技三下乡"、"5.12防灾减灾日"等活动，每年开展各类宣传培训活动3～5次，发放各类宣传资料累计7万余册，每年举办2～3次地震知识科普讲座。在大力开展宣传的基础上，积极协助地方政府组建和培训地震应急救援队，协助有相关队伍的单位和部门进行防震减灾应急救援培训。2007～2009年分别组建了仁德、倘甸，东、西部各一支地震应急救援队，并进行训练，以切实提高应急救援队伍的应急救援能力。

【领导名录】
局　长：伏乔生（～2010.3）
　　　　诸利祥（2010.3～）
副局长：李云娇（2007.11—）
（撰稿人：浦少云）

气　象

【县气象局】 气象站成立于1958年8月，1990年改名为寻甸回族彝族自治县气象局。实行昆明市气象局与本级人民政府双重领导，以上级气象主管机构领导为主的、局站合一的管理体制，规格为正科级。2006年通过业务技术体制改革，单位内设业务科、人工影响天气办公室、雷电中心、气象科技服务中心4个科室。在职职工10人，退休职工1人，本科以上学历6人，其余全部为专科学历。根据授权承担本区域内气象工作的政府行政管理职能，依法履行气象主管机构的各项职责。承担着地面气象观测、天气预报服务等基础气象业务工作；开展气象科学研究；组织实施人工增雨、防雹、防雷等防灾减灾工作；完成县委、县政府安排的挂钩扶贫等其他工作。

【农业气候年景综述】 2007年，寻甸气温偏高，降雨正常略少但分布不均，日照时数正常略少。年内主要灾害性天气有雪灾、干旱、雷击、大风冰雹、洪涝及强降水引发滑坡、泥石流灾害。全年光热水条件较好，适宜于农作物的生长发育。全年的气候条件对全县农业生产影响属中等偏上年景。

2008年，寻甸气温偏高，雨季开始偏早，降水丰沛，对农业生产较为有利，但在此期间光热和水资源时空分布不均，光温水匹配不佳，寡照突出，低温雨雪冰冻、强对流天气、洪涝等异常气候事件多发，对全县的农业生产造成了一定的不利影响。从总体上看，2008年的气候条件对全县的农业生产而言属中等年景。

2009年，降雨异常偏少和气温特高是全县最显著的气候特征。年内冬春旱和秋旱明显，旱灾较常年偏重，洪涝、滑坡、泥石流等地质灾害较常年偏轻。对农业气象生产条件而言属中等偏下年景。

2010年，寻甸是一个光热资源充足，降雨量偏少的年景。年内冬春季旱情严重，主汛期降雨量正常略少，但局部大暴雨造成洪涝及滑坡灾害损失较重，秋季多次出现间断性的连阴雨天气。对农业生产条件而言光温水条件配合较差，属偏差年景。

【气象要素】 2007年，年平均气温为15.1℃，与历年同期平均值相比偏高0.3℃，属偏高范围。年降水为982.9mm，与历年同期平均值相比偏少38.0mm，属正常略少范围；年日照时数为1750.9小时，与历年同期平均值相比偏少368.1小时，属正常略少范围。

2008年，年平均气温为15.1℃，与历年同期平均值相比偏高0.6℃，属偏高范围。年降水量为1258.8mm，与历年同期平均值相比偏多237.9mm，属偏多范围；年日照时数为1802.3小时，与历年同期平均值相比偏少316.7小时，属正常略少范围。

2009年，年平均气温为16.0℃，与历年同期平均值相比偏高1.5℃，属特高范围。年平均气温突破历史同期最大值15.7℃（2003年）。年降水为814.5mm，与历年同期平均值相比偏少206.4mm，属偏少范围。年降雨量位于历史第3少（仅次于1988年的732.5mm和1992年的710.7mm），是1993年以来的历史最小值。年日照时数为1916.2小时，与历年同期平均值相比偏少202.8小时，属正常略少范围。

2010年，年平均气温为16.3℃，与历年同期平均值相比偏高1.8℃，属特高范围。年平均气温突破历史同期最大值16.0℃（2009年）。年降水为966.3mm，与历年同期平均值相比偏少54.6mm，属正常略少范围。年日照时数为1779.6小时，与历年同期平均值相比偏少339.4小时，属偏少范围。

【主要气象灾害】

2007年主要气象灾害有：

2月1～2日出现降雪天气。共造成四个乡镇小春作物受灾4.21万亩，成灾350亩；

2月16日至4月2日连续46天无降水，春旱偏重，造成豌豆0.1万亩、小麦0.4万亩绝收，损失产量90余万斤；蚕豆损失50万千克。

5月29日15时左右，先锋乡大窝铺村委会雷击致使1人死1人受伤，另有5头牛、5只羊在此次雷击中死亡；5月29日17时左右，金所乡新田村委会马嘎村1人被雷击死亡。

7月18日～8月2日，9个乡镇因持续强降水出现洪涝和地质灾害。冲毁公路、道路、沟渠、河堤共22620米；塌方土方近2万立方米；房屋倒塌69间，损坏房屋204间，紧急转移安置灾民169户629人；冲毁高压电杆38根，桥梁1座；猪死亡2头；公路多处塌方，河道漫堤9千米；冲毁耕地200亩，农田45亩；造成农作物受灾13853亩，其中绝收3192亩。

5～8月单点暴雨、冰雹、大风强对流天气频发，造成全县农作物受灾13918亩，绝收3405亩。

2008年主要气象灾害有：

2月出现了历史罕见的低温冷冻天

气，28～29日，受冷暖气流共同影响全县普降中～大雪，月内冰凌、冻雨、降雪灾害性天气对农作物、设施、牲畜等造成了严重影响。灾害造成我县冬季粮食作物受灾268649亩，成灾90222亩，绝收41942亩。此次灾害过程累计造成经济损失9032.56万元。2月26～3月1日，达到了“倒春寒”标准。

7月11～15日，因雷击造成3人死亡，6人受伤，6间房屋成危房。8月1日，2头水牛因雷击死亡。

6～8月，单点暴雨、冰雹、大风强对流天气频发，造成全县农作物受灾59800亩，成灾32900亩，绝收7800亩。

11月1～6日，受冷空气和西南暖湿气流共同影响，全县出现了持续7天的连阴雨“烂土黄”天气。此次连阴雨天气过程共造成农作物受灾37410亩，成灾12600亩。

2009年主要气象灾害有：

2009年1月1日至2月28日，全县降雨量仅有5.2毫米，1月25日至2月25日，连续32天滴雨未降。进入3月、4月后，气温仍然偏高，降雨持续偏少。加之进入冬春季大风季节，地面蒸发大，空气湿度低，我县旱情持续发展，出现冬春连旱。造成全县农作物受灾220740亩，成灾41660亩，绝收5000亩。

3月14日夜间，我县出现重霜冻造成农作物受灾251673亩，成灾151079亩，绝收15518亩，农作物减产1275.7万千克；经济林果受灾8100亩；蚕桑受灾1.2万亩。此次灾情直接经济损失2785.66万元。

汛期我县受暴雨、大风、冰雹等袭击，共造成农作物受灾69735亩，成灾48293亩，绝收17528亩；果树受灾200亩。另外还造成倒塌房屋58间（其中牲畜圈13间），受损417间（主要是房屋进水），道路受损47处（近5千米），河道受损5652米，冲毁自来水管道3540米，200只鸡死亡，90箱蜜蜂被冲走，树木受灾1500棵。

2010年主要气象灾害有：

2009年9月至2010年3月，我县出现了百年不遇的秋、冬、春、初夏连旱，造成全县人畜饮水困难85500人，大牲畜87500头，农作物受灾316261亩，成灾230581亩，绝收134431亩。牧区受旱面积135平方千米。

汛期我县受暴雨、大风、冰雹等袭击，共造成农作物受灾88614亩，成灾40630亩，绝收24490亩。另外造成1人死亡，造成3人受伤，倒塌房屋47间，受损房屋187间，冲毁道路、沟渠、坝堤共6040米，倒塌围墙472米，冲毁河道小桥7座，涵洞4座，损毁200立方米水池1个、取水坝坝体15米，大牲畜因灾死亡3头，冲走家禽100余只，粮食损失208万千克，共造成直接经济损失2956.9万元。

【基础业务】 2007～2010年，县气象局进一步规范基础业务管理体系，加强对基础业务的管理和学习。连续4年地面气象测报错情率为0.0‰，报文上行传输及时率为98%以上，系统故障率低于0.2%。短期天气预报准确率为73%，中期天气预报准确率为68%；月温度预报准确率为92%，月降水预报准确率为67%。气象信息网络系统保障工作好，气象技术装备没有发生重大事故，未使用超检仪器。对关键农事期的天气预报，力求做准做细。各种农事关键期如“倒春寒”、“雨季开始期”、“干旱”、“洪涝”、“抽扬低温”、“连阴雨”、“雨季结束期”等的趋势预报准确率也得到了大幅度提高。在严格管理、加强业务学习的前提下，县气象局的基础业务质量和水平不断提高，工作取得了可喜的成绩。

【气象服务】 2007～2010年，县气象局始终把服务作为立业之本，注重强化以决策服务为首位的各项气象服务工作。制定决策服务周年方案，并按方案开展工作。4年来，向县委、政府及相关部门提供每天1次的短期天气预报和5天1次的中期天气预报；每月定期向有关单位发送长期天气预报《寻甸气象》共48期3828份和《寻甸气象实况简报》共45期1040份；向县委、政府及相关部门发送《重要天气专题气象服务》共14期305份；全年向相关部门发送《气象情况反映》共43期980份；《春耕生产专题气象服务》13期160份；利用短信平台向县委、政府领导、乡镇领导及相关部门领导发布天气预报、灾害性天气预警、各乡镇雨情等气象信息共262期70519条；向市局发送《气象灾情情况反映》共50期；向县委、政府发送举行重大社会活动（国庆文艺晚会）天气预报决策服务《专题天气预报》共8期，为相关单位举行文体活动和现场办公会提供天气预报保障服务共27次；根据雷达回波连续监测资料，及时用电话向政府分管领导和相关部门、乡镇发布单点大暴雨、持续降雨、冰雹等灾害性天气短时临近预报预警信息。

【气象防灾减灾】

人工防雹。2007～2010年县人民政府和相关部门高度重视人工防雹工作，逐年加大投入，防雹点在2006年8个点的基础上，2007年增加到10个点，2008年新增2个标准化固定作业点、3个流动作业点。2009年新增了3个流动作业点，新建1个标准化固定作业点。到2010年，共设人工防雹作业点20个，在全县逐步形成了一个防雹网络。为保证作业效果及作业安全，2010年引进5门安全性能较高的陕西中天火箭厂WR～1D6000米火箭架，逐步完善安全、高效的防雹作业支撑体系，为防雹技术更好的发挥其作用效果创造条件。县气象局防雹工作在总结历年指挥经验、管理经验的基础上，不断提高全体指挥人员、作业民兵的科技素质。防雹工作中县气象局始终坚持“以人为本、安全第一”的工作方针，统一思想，团结一心，加强管理，艰苦奋战，使整个防雹工作沿着“安全、有序、科学、高效”的方向顺利实施，为全县农业、农村工作稳定发展作出了积极贡献。

人工增雨。2007年～2010年县气象局根据出现的旱情及增雨的有利时机适时进行了人工增雨作业。尤其2009～2010年全县出现了百年不遇的秋、冬、春、初夏连旱，旱情对人畜饮水、农业生产、森林防火等造成了严重影响，全县抗旱面临严峻形势。为最大限度做好水库保蓄工作，按照市气象局、县防汛抗旱指挥部安排，结合本县蓄水实际，加大了人工增雨力度，2010年在水库上游甸沙海尾、羊街纳郎、鸡街泽和设3个人工增雨作业点，抓住有利天时机适时开展了人工增雨作业，效果相当明显，使不断加剧的旱情得到了有效缓解。工作实践证明人工增雨作业效果明显，为农业生产、森林防火、库塘蓄水等发挥了重要作用，得到全社会的认可。为抗旱减灾贡献了力量。

人工消雨。为使2009年10月14日昆明市第九届少数民族传统体育运动会在寻甸顺利开幕，在省、市人影中心，市气象台的技术指导下，我局在距中心体育场15千米以外的作业点层层设防。18时32分至21时09分，4辆人工消雨作业车对中心体育场东北方、东南方、南方的局地对流云适时实施了人工消雨作业，作业后效果明显，体育场周围未出现降水，首次人工消雨效果明显，为民运会开幕式的顺利进行提供了气象保障服务。

防雷减灾。2008年积极协调县安全生产监督管理局、城建局、消防大队、经贸局等有关单位，在全县范围内开展防雷安全执法工作和防雷减灾工作。对于防雷设施检测不合格的单位，提出合理的整改意见和整改措施，为有效地避免和减轻雷电灾害造成的损失提供了有力保障。

【区域自动站建设】 2007～2010 年，在市局专项资金和地方配套资金的支持下，县气象局在全县各乡镇安装了性能稳定的温雨两要素自动气象站 16 套，基本完成了寻甸区域自动站建设，形成了乡镇气象监测网。有效提高了中小范围和局地性灾害天气的预测能力。监测站所获取的气象资料能更好地为我县气候资源、山地资源开发、农业结构调整以及生态旅游建设规划等提供科学依据。为切实做好汛期气象服务工作，及时为县委、政府提供乡镇气象监测信息和灾害性天气预警服务，保障人民生命财产安全奠定了坚实的基础。

【基层农村气象监测预警系统建设】 为进一步做好农村气象灾害防范应对工作，打通长期以来困扰气象部门“气象服务最后一千米”瓶颈，最大程度减轻灾害损失，确保人民群众生命财产安全，保障社会主义新农村建设，结合国家、省、市气象局对基层农村气象监测预警的总体部署，根据我县农村气象监测预警现状，迫切需要建设农村气象综合信息服务系统，该系统包括农村气象灾害预警信息机和新农村气象传媒 LCD 显示屏。

在市级财政资金和地方财政配套资金的支持下，于 2009 年 12 月在全县 174 个村委会安装了气象预警信息机。每天定时发布天气预报，及时发布气象预警信息。气象信息通过该机以语音方式由广播自动播报，实现了气象信息进村入户。在县委、县政府和各乡镇安装了 17 块新农村气象传媒 LCD 显示屏。该传媒基于电信 ADSL 宽带进行时时通信，能够时时发布文字、图片、视频等多媒体信息。在每天发布气象信息的同时，还通过该系统循环播放了 2010 年党代会和两会期间会议实况，被县委宣传部列为信息宣传方式之一。进一步拓宽了乡村气象综合信息服务系统建设。

【加强天气预报和气象灾害预警信息服务工作】 根据昆明市人民政府办公厅《关于进一步加强天气预报和气象灾害预警信息服务工作的通知》要求。2010 年 11 月 5 日，我县“气象信息绿色通道”建设活动在县民族休闲广场正式启动。通过这次活动，为我县下一步手机短信服务工作的大力推进，为防灾减灾，构建农业气象服务体系和农村气象灾害防御体系打下了良好基础。

【环境保护观测】 县气象局依法加大气象探测环境保护力度，完成了气象探测环境保护专业规划，在县法制办、县规划建设局等相关管理部门进行了备案。2008 年 3 月与市局签订了《昆明市气象观测环境保护责任书》，并严格按照责任书落实责任。

【领导名录】
局　长：赵丽芬（2007. 4 至今）
副局长：翟立峰（2008. 8 至今）

（撰稿人：冯艳林）

教　育

编辑：艾国辉

【教育概况】 县教育局设办公室、教育科、德育科、人事科、计财科、监察审计科、安全和卫生科7个职能科(室)；教育局下属电教中心和教科所两个事业单位；县政府在教育局设立了招生办和督导室两个机构。2009年3月根据教育事业发展需要设立职成教科和教育工会，2010年7月设立民办教育科和党委办公室。现有行政编制29名，事业编制38名。

2010年，全县共有各级各类学校391所，其中高中4所、初级中学17所、小学201所、幼儿园166所、教师进修学校1所、职业中学2所；在校学生95011人，教职工6255人(民办学校687人)；学校占地面积2675825平方米，校舍建筑面积862539平方米。整个发展呈现学前教育高速扩张，义务教育逐渐走向规模化，高中阶段教育完全集中于县城的态势。

基础设施不断完善。自2007年首批启动3所学校标准化学校建设以来，截止2010年年底，共计启动53所标准化学校建设(2007年3所，2008年18所，2009年17所，10年15所)，项目计划总投资6.07亿元，其中：市级承担近4.19亿元，县级配套1.88亿元。总建筑面积为348478平方米。2006年以来，全县共排除中小学D级危房66840平方米。

队伍建设切实加强。努力解决教师不足的问题，2006年以来，公开招聘教师1139人(其中2010年全县招聘特岗教师299人、高中教师28人、双语教师10人)；抓好教师培养工作，2006年以来参加省级培训200余人、市级培训600多人，县级培训15000余人次。全县高中、初中、小学教师合格率分别为95.64%、99.45%、95.82%，中等职业学校为76.85%。现有国家级特级教师1人，省级特级教师1人，省级优秀教师8人，市级优秀教师45人，市级骨干教师29人，市级学科带头人6人。在2010年昆明市第九届“杰出园丁”、“优秀园丁”评选活动中，1人获“杰出园丁”称号，7人获“优秀园丁”称号。建立进退新机制，不断优化队伍结构，2010年，124名老教师提前三年退休。

学校布局更加科学。按照“高中集中到县城；初中逐步集中到县城；小学5年级以上集中到乡镇，小学1—4年级分区域集中”的原则，扩大高中容量，筹建新高中，扩大民族中学。新征土地176亩，筹资2.3亿元，按照省一级高完中的学校标准，规划建设了一所新高中，建筑总面积为81420平方米，学校可容纳全日制在校学生5000余人，开设100个教学班。以集中办学为方向，合理收缩教学点，2010年撤并了全县现有一师一校点的90%。分段集中，逐步收缩，努力推进小学集中到乡(镇)的工作。目前，全县10个乡(镇)中，已有5个乡(镇)小学高段年级的学生集中到乡(镇)中心学校就读。六哨整乡集中办学的试点工作不断推进。

教学质量稳步提高。全面实施中小学课程改革，注重培养学生创新精神和实践能力、倡导自主探究与合作的学习方式，全面推进素质教育；以人文学科为载体，以课堂教学为主阵地，注重实践和体验，着力抓好“三生”教育，促进学生全面发展。加强教学研究，减轻学生课业负担，提高课堂效率，切实提高教学质量，2006至2010年，高考上线率分别为85.63%、89.12%、92.23%、93.78%　、99.23%。2010年，2197名考生参加高考，比上年增加196人，上线2180人，上线率99.23%，比上年提高了5.45个百分点；7063名考生参加中考，最高分为663分，600分以上324人，昆明市区学校在寻甸县录取214人。

教育现代化管理体系建设加快。以人为本，尊重教师，关心学生的管理思想逐渐树立，优化育人环境，美化校园环境，努力构建和谐校园的工作不断得到落实。树立现代教育管理理念，健全工作制度，注重过程管理，实施精细化、规范化管理的工作在2010年强势推进；责任到人、层层落实、横向到边、纵向到底、协调联动、工作主动、激励能动的管理机制与体系初步形成。四是现代化建设步伐加快，目前全县已建成了现代远程教育IP接收点136个，多媒体光盘教学播放点65个，建成多媒体教室22个，计算机教室22个，校园局域网23个。

职业和学前教育发展步伐加快。通过招商建立和建设了昆明机电工程学校，在校生近2000人，目前设立24个专业，学校与捷安特(中国)公司、上海日立公司、上海大众集团、昆山富士康电子公司、昆山六和集团、上海宝钢集团、日本中央可锻公司等40多家世界500强外资企业签订了“定向培训协议”；在上海、苏州、南京、广州等地建立办事处，就业网络覆盖了长三角、珠三角等发达地区多家优秀企业。通过订单式办学，不断拓宽学生就业渠道，定向培养，努力提高学生技能素质，促进了全县职业教育加快发展。2006——2010年，全县职业教育招生数分别为226、236、505、3626、320人，在校生分别为 508、505、927、3667、1995 人。

加快民办化，促进学前教育快速发展。2010 年，寻甸县有幼儿园(班)166 所(公办 2 所，民办 164 所)，班数 443 个(其中学前班 221 个)，在园人数 13518(其中学前班 7307 人)，民办化率达 92%，4～6 周岁幼儿入园率为 71.7%。

教育改革不断深化。2007 年，全县全面完成 16 个乡(镇)中心学校和 5 所高中阶段学校校长的公选工作。完成了全县 5317 名教职工聘任工作。其中，有 2 名教师拒聘，初中转岗到小学聘任的 9 人，小学转岗到初中聘任的 19 人。2009 年，全县各学校实行了教师绩效工资制。2010 年，寻甸一中的校长和教师都实行了公开招考和选调。根据《寻甸县 2010 年面向全国公开考调新高中教师公告》，共考入新高中教师 313 人，其中原县一中考调入 133 人，县二中考入 29 人，县三中考入 84 人，县内其它学校考入 60 人(特岗教师 20 人)，县外考入 7 人(在职在编教师 5 人，在职不在编教师 2 人)。

各类教育协调发展。全力做好督导评估和"两基"迎"国检"工作。全县小学适龄人口入学率城镇保持在 99.5%，农村 99% 以上；初中适龄人口入学率城镇保持在 99%，农村 98% 以上；义务教育巩固率达到 99% 以上。高中阶段教育在规模上已经基本满足人民群众的教育需求。职业教育进一步拓宽办学渠道。四是学前教育加快普及步伐，在各乡镇的共同努力下，扩张了数量，提高了质量，全县学前幼儿教育民办化率达到 92% 以上。

【学前教育】　学前教育是学校教育结构的外延，它包涵幼儿园、学前班两种办学形式。幼儿园教育对象是 3～6 岁幼儿，学制 1～3 年，分大班、中班、小班；学前教育对象是 6～7 岁的儿童，学制几个月至 1 年。

2007 年，全县有幼儿园 30 所，另有举办学前班的学校数 174 所，班数 352 个(其中学前班 266 个)，在园在班幼儿 8863 人(其中学前班 6322 人)。

2008 年，制定了关于加快民办教育发展的实施意见，建立了对民办学校的奖励机制，为民办幼儿园的发展提供的更广阔的空间。自 2008 年起，凡国家机构以外的社会组织或个人，投资新建民办幼儿园、总投资在 300 万元以上的，均按 10 % 的比例给予一次性奖励，所需资金由同级财政列支。市财政设立民办教育发展专项资金，对办学条件较好的民办幼儿园，按在园幼儿数实施年度奖励，规模达 300～500 人的奖励 10 万元，500 以上的奖励 15 万元。

2008 年 3 月，按学前教育民办化率达 90% 的要求，全面开展学前教育民办化调研、推进工作。

2008 年，全县有幼儿园 96 所，另有举办学前班的学校数 167 所，班数 404 个(其中学前班 239 个)，在园在班幼儿 10713 人(其中学前班 5813 人)。

2009 年，《寻甸回族彝族自治县突破性发展民办教育整体推进工作意见》出台，有力的促进了全县民办教育事业的健康发展，满足人民群众日益增长的教育需求，学前民办学生的比例也在稳步提高。全县民办幼儿园(班)为 92 所，另有举办学前班的学校数 103 所，班数 403 个(其中学前班 203 个)，在园在班幼儿 11615 人(其中学前班 5627 人)。学前三年幼儿入园(班)率、学前教育民办化率进一步提高，至 2009 年秋季学期，全县学前幼儿入园(班)民办比例达 71 %。

从 2009 年起，所有小学校不再设学前班，学前班设在幼儿园，统称幼儿园大班。

2010 年，全县有幼儿园(班)166 所(公办 2 所，民办 164 所)，班数 443 个(其中学前班 221 个)，在园人数 13518(其中学前班 7307 人)，民办化率达 92%，4～6 周岁幼儿入园率为 71.7%。

自 2008 年以来，先后出台了《关于加快民办教育发展的实施意见》等五个文件的通知、《寻甸回族彝族自治县民办幼儿园(班)管理细则》的通知和开办须知、《寻甸回族彝族自治县学前教育民办化实施细则和民办幼儿园评估量化表》等规范性文件，鼓励、引导创业者不断加大投资，积极改善办园条件，完善内部设施。坚持依照标准严格年检，对检查不合格幼儿园，责令限期整改，整改不合格的坚决关闭；进一步规范了办园行为，有效保证了民办幼儿园教育教学活动的正常开展，促进民办幼儿教育的健康发展。

【小学、中学教育】　2007 年，全县有小学 347 所(点)，其中：完小 181 所、教学点 166 个(其中：一师一校点 102 个)，当年招生 7443 人，在校学生 55915 人，入学率 99.51%，辍学率 0.98%；有初级中学 17 所，当年招生 9376 人，在校学生 26057 人，毛入学率 102.81%，辍学率 2.34%；有普通高中 4 所，当年招生 2537 人，在校学生 7423 人；有职业中学 1 所，当年招生 236 人，在校学生 505 人。

2008 年，全县有小学 341 所(点)，其中：完小 181 所、教学点 160 个(其中：一师一校点 76 个)，当年招生 6784 人，在校学生 52692 人，入学率 99.54%，辍学率 0.53%；有初级中学 17 所，当年招生 9738 人，在校学生 26883 人，毛入学率 106.11%，辍学率 2.84%；有普通高中 4 所，当年招生 3084 人，在校学生 7846 人；有职业中学 1 所，当年招生 544 人，在校学生 927 人。

2009 年，全县有小学 286 所(点)，其中：完小 142 所、教学点 107 个(其中：一师一校点 57 个)，当年招生 6428 人，在校学生 48832 人，入学率 99.58%，辍学率 0.85%；有初级中学 17 所，当年招生 9894 人，在校学生 27321 人，毛入学率 106.49%，辍学率 2.15%；有普通高中 4 所，当年招生 2691 人，在校学生 8237 人；有职业中学 1 所，当年招生 3622 人，在校学生 3667 人。

2010 年，全县有小学 201 所(点)，其中：完小 116 所、教学点 65 个(其中：一师一校点 5 个)，当年招生 7017 人，在校学生 45338 人，入学率 99.58%，辍学率 0.18%；有初级中学 17 所，当年招生 9968 人，在校学生 27940 人，毛入学率 105.62%，辍学率 1.55%；有普通高中 3 所，当年招生 3034 人，在校学生 8233 人；有职业中学 2 所，当年招生 320 人，在校学生 1995 人。

四年来，全县小学减少 165 所(点)，其中：完小减少 65 所、教学点减少 120 个(其中：一师一校点减少 113 个)；当年招生减少 1852 人，在校学生减少 13099 人，校均规模由 174 人增加到 226 人，入学率、巩固率稳中有升。初中招生由 8917 人增加到 9968 人，增加了 1051 人；在校学生由 25008 人增加到 27940 人，增加了 2932 人；校均规模由 1471 人增加到 1644 人；毛入学率由 98.85% 增加到 105.62%，增加了 6.77 个百分点，辍学率由 2.6% 降到 1.55%，降低了 1.05 个百分点。普高招生由 2280 人增加到 3034 人，增加了 754 人；在校生由 6947 人增加到 8233 人，增加了 1286 人；校均规模由 1737 人增加到 2744 人。职业中学由 1 校发展为 2 校，招生和在校学生规模逐年增加。

2007 年 4 月，仁德镇第一小学晋升为云南省一级三等小学，17 日举行授牌仪式。

2007年5月13～15日云南省教育督导团对寻甸县进行"两基"年审。

2007年12月，仁德镇一中、金所中学、功山中学创建昆明市农村示范初中通过市级评估验收。

2007年，全县23198名小学生，11798名初中生享受到两免和一补，分别占全县在校生的41.5％和45.3％。积极争取对高中贫困生和考取大学学生的救助；认真落实贫困高中生生活补助，按昆教中〔2006〕13号文件精神，对全县高中阶段贫困学生2716名（其中：一中650人、民中1100人、二中350人、三中350人、职中266人）发放生活补助每生400元。

2008年6月，市教育局专家组对寻甸三中申报云南省二级二等高完中进行评估认定。

2008年12月，倘甸中学、凤合中学创建昆明市农村示范初中通过市级评估验收。

2008年12月21、22、23日，云南省教育厅专家组对民族中学晋升云南省一级三等高完中进行评估认定。

2009年2月，县教育局通过组织专家组评估，认定塘子中心幼儿园为"云南省三级一等幼儿园"。

2010年4月，中国发展研究基金会在我县开展的儿童早期发展教育项目志愿者考试、培训和启动仪式相继举行。

2010年4月14日，按照"高中集中到县城，初中集中到乡镇和逐步集中到县城，小学五、六年级分片集中或集中到乡镇，一至四年级分区域集中，一师一校点向完小或初小撤并"的原则科学布局中小学校：

扩大高中容量。通过筹建5000人规模的新高中，实现了一中和三中的有效整合。同时扩建民族中学，使其达到3000人的招生规模。

以集中办学为方向，合理收缩教学点。300人以下农村公办小学调整情况：2006年寻甸县有300人以下农村公办小学136所，2010年还有91所，撤并45所。1000人以下农村公办普通初中调整情况：2010年寻甸县1000人以下的六哨、七星、甸沙、联合农村公办普通初中基本建成了九年一贯制学校，完成了布局调整的目标任务。非"一师一校"教学点调整情况：2006年寻甸县有非"一师一校"教学点67个，2010年有60个，撤并了7个。"一师一校"教学点调整情况：2006年我县有"一师一校"教学点118个，2010年有5个。撤并了113个。

通过中小学布局调整，寻甸县鸡街、甸沙、六哨、联合已经实现小学高段集中到乡（镇）政府所在地办学的目标，河口、七星、羊街、金所、功山等乡镇已经实现小学高段分片集中和集中到乡（镇）政府所在地办学的目标，六哨、七星、甸沙、联合四所基本建成了九年一贯制学校。合理收缩了村小和教学点，提高了办学集中度，实现了基础教育资源的优化配置，形成了"非一师一校教学点——九年一贯制学校"和"非一师一校教学点——寄宿制完全小学——初级中学"并存的办学格局。

2010年10月，制定下发《寻甸县中小学规范化管理实施方案》，全县中小学规范化、精细化管理工作全面启动。

【成人教育】 2007年结合各乡（镇）地理位置和就业方向的要求，因地制宜，多形式、多渠道、多类型地开展实用技术培训和新技术推广工作。据统计，前后共举办了失地农民培训班7期，开设的课程有：商品营业员培训，物业管理员培训，家政服务员培训，烤烟移植，马铃薯栽培等等，"绿色证书"培训，共开设33个班，培训1086人，完成了全年的任务。进行劳动力转移培训800人。

2008年，抓好"两后双百"培训，7月寻甸县下发了《关于推进"两后双百"工程的实施意见》为农村新增劳动力和剩余劳动力的就业拓宽渠道，全县共培训"两后生"1529人，已转移输出1416人，培训专业涉及电焊、电工、保卫员、收银、美发师、餐厅服务、客房服务、计算机、洗衣师、挖掘机10个专业34个培训班。进行劳动力转移培训1200人。

2009年，根据寻甸县农村剩余劳动力中有一定的文化基础的青年人居多、年青妇女居多，而为青年人提供的适合他们就业的岗位不多，青年人只有选择走出农村到外地谋求职业的现状。举办了家政服务员培训（共有148人通过了职业资格证书的考核）、计算机操作员技能培训、中式面点制作培训等，进一步提高了劳动者的自身素质，拓宽了他们的就业渠道。根据企业实际需要，主要开展了一期特种岗位操作人员上岗证书培训班，全县共有1186人参加培训并顺利通过了上岗证书的考核；积极开展绿色证书培训工作，全县共开办29个班，共有1447人参加并取得了合格证书。做好"两后双百"工程，全县共培训"两后生"1130人。进行劳动力转移培训1800人。

2010年12月争取市级资金5万元，用于仁德成人文化技术学校建设。继续抓好"两后双百"培训工作，组织"两后生"技能性培训16期计1130人。因地制宜，多形式开展实用技术培训和新技术推广工作。进行劳动力转移培训1800人。

【职业教育】 2007年3月职中新校长上任，在市教育局支持下，装备了一个50台机子的多媒体教室。县政府、教育局配备110万元资金重建学校大门、食堂、厕所等。当年招生236人。

2008年职中分别与市农校、市技校、铁路机械学校、昆明学院签订联合办学协议，加大宣传力度，落实招生措施，实现当年招生505人。12月，县政府通过招商引资，与江苏省泗阳县新东方中等专业学校签订办学协议，寻甸利用资产净值3400万元的原寻甸县烟叶复烤厂，江苏省新东方中等专业学校投资1.2亿元建设昆明机电工程学校暨寻甸职业教育中心。

2009年2月10日，昆明机电工程学校暨寻甸职业教育中心举行开工仪式。3月23日，江苏省泗阳县新东方中等专业学校正式接管学校，接管后，校名保留。8月14日新建学校开学，报到新生3626人。2009年寻甸县职高招生数与普高招生数比例达到1.12：1，基本实现了职业教育和普通高中教育协调发展的要求，民办职业教育成为寻甸县教育工作的亮点之一。

2010年，省政协主席王学仁、省委副书记李纪恒、市委书记仇和、副市长黄云波等领导分别到校考察。"三校生"高考取得喜人成绩，280人参考，279人达线，其中43人达本科线。11月26日，全市职业学校旅游专业口布折花技能竞赛中，学校5名选手全部获奖，3人获二等奖，2人获三等奖，在接下来的12月11日——12日全市职校学生导游专业技能比赛中，学校获得一等奖。学校申报创省重点职业学校，在市级专家组评估中，获903分的好成绩。2010年高毕业的500人中，除152人升入高等继续学习外，其余学生已全部安排在苏州、上海的国内外大中型企业就业。

【教师素质教育】 为进一步提高教师的业务能力，更好地搞好教育教学工作，教育部门每年都要组织不同形式的教师培训。经过多年发展和完善，形成了以县教师进修学校为中心，各乡(镇)中心学校、各中学等共同组成的教师培训网络。

2007年，全县3090人次参加了履职晋级培训考试。举办了一期100人参加，由各校校长带队的骨干教师培训。组织了3名校级领导，6名中小学教师到昆明主城区挂职煅炼和进修学习。派出42名标准化建设学校及重点扶持村完小骨干教师到昆明参加市级培训；11名中小学英语教师参加"美国环球志愿者"英语教学培训；3名教务(教科室)主任到昆明参加市级培训；1名职中教师参加"双师型"教师赴工厂企业实践培训；安排了9名中小学教师参加市级骨干培训。校长培训：57名新任小学校长培训结业；12名标准化学校建设项目及重点扶持村完小校长参加市级培训；1名中心学校校长参加"中国移动西部农村中小学校长培训项目"的培训。共有4438名中小学教师报名参加"新一轮民族贫困地区中小学教师综合素质培训"。对964名新教师进行基本功考核。82名中小学班主任参加了省级远程骨干班主任培训；130名中小学班主任参加市教育局组织的班主任工作专题培训。

2008年，全县有3654人次参加了履职晋级培训考试。骨干培训：①23名标准化建设学校的中小学骨干教师参加市级培训；②12名中小学英语教师参加"美国环球志愿者"英语学科的教学培训；③6名中小学教师参加市级骨干培训；④2名中学政教主任参加市级培训；⑤2名"双语教师"参加省级双语教师培训；⑥6名中小学教师参加省级骨干培训。校长培训：①3名中心学校、初级中学校长参加市级培训；②1名中心学校校长参加"中国移动西部农村中小学校长培训项目"的培训。共有4377名中小学教师报名参加"新一轮民族贫困地区中小学教师综合素质培训"89名高中数学、英语教师参加《教学策略与实践》远程培训。275名中小学特岗教师参加省教厅组织的《教学能力》远程培训。130名中小学班主任参加市级骨干培训；300名中小学班主任参加远程教育班主任的专题培训。

2009年，全县有4337人次参加履职晋级培训考试。骨干培训：9名中小学教师参加了市级骨干教师培训；14名中小学英语教师参加了"美国环球志愿者"英语教学培训；4名民办幼儿园教师、园长参加了市级专题培训；9名中小学教师参加了省级农村学校的骨干教师培训。校长培训：7名中心学校、初级中学校长参加了市级校长培训；3名初级中学校长、3名村完小校长参加了香港真道书院云南省中小学校长培训项目的培训；1名高中学校校长参加了云南省高完中校长岗位培训；42名新任小学校长参加了县教育局组织的校长岗位培训。9名中小学英语教师参加了"农村烛光—初中英语教师培训"。246名小学语文、数学教师参加了市教育局组织的远程教育培训。100名中小学班主任参加为期十天的"知行中国—中小学班主任教师培训项目"的远程教育。

2010年，全县共有2749人次参加了履职晋级培训考试。骨干培训：8名中小学教师参加了市级骨干教师培训；8名中小学英语教师参加"美国环球志愿者"英语教学培训。3名中心学校、初级中学校长参加了市级校长岗位培训。寻甸县组织了159名中小学教师参加"国培计划"相关项目的培训。"三普"教育培训工作，培训考核普通话1836人次，计算机1711人次，英语2871人次，老挝语3351人次。126人参加了昆明市现代教育示范学校建设工程2010年度署假培训。540名小学教师参加了寻甸县开发的地方性选修课程专题培训。299名新招考的特岗教师参加了县级组织的上岗培训。教育局1名副局长、8名科长，15名中小学校长参加了国家级示范远程教育培训。42名新任小学校长上岗培训，今年八月培训结业。

考　核：对中小学、幼儿园教师的考核，由各乡(镇)中心学校、县直属学校及县教育局共同配合考核。

2009年7月，根据《昆明市义务教育学校教职工绩效考核实施办法(试行)》、《昆明市事业单位实施绩效工资工作领导小组办公室关于同意寻甸回族彝族自治县义务教育学校绩效工资实施办法的批复》和《寻甸回族彝族自治县义务教育学校实施绩效工资办法》等文件要求，对全县教职工和校长进行考核，全县义务教育学校实施绩效工资。

【教师队伍建设】 2007年招聘教师215人，其中特岗教师145人，高中教师30人，"三支一扶"支教教师40人。2007年有教职工数5030人(公办学校教师4915人，民办学校教师115人)，其中有专任教师4346人。另有代课教师580人。2007年具有高级职称的91人，中级职称的1641人，初级职称的2277人。

2008年招聘教师214人，其中特岗教师136人，高中教师30人，"三支一扶"支教教师42人，幼儿教师6人。2008年有教职工数5376人(公办学校教师5020人，民办学校教师356人)，其中专任教师4702人。另有代课教师429人。2008年具有高级职称的108人，中级职称的1713人，初级职称的2571人。

2009年招聘教师243人，其中特岗教师200人，高中教师29人，"三支一扶"支教教师4人，双语教师10人。2009年有教职工数5804人(公办学校教师5248人，民办学校教师556人)，其中专任教师4999人。2009年具有高级职称的136人，中级职称的1824人，初级职称的2365人。

2010年招聘教师337人，其中特岗教师299人，高中教师28人，双语教师10人。2010年有教职工数6255人(公办学校教师5509人，民办学校教师746人)，其中专任教师5333人。在6255名教职工中，幼儿园教师587人，职业学校教师266人，中学教师2400人，小学教师3002人。2010年具有高级职称的177人，中级职称的1690人，初级职称的2285人。

代课教师的辞退，按市委、市政府"规范教师队伍，优化教师结构，替换代课教师"的要求，寻甸县于2007对代课教师进行全面替换，2007年辞退代课教师63人。2008年辞退代课教师151人。2009年辞退代课教师429人。至2009年全部清退完代课教师，自2009年9月后不再使用代课教师。

已辞退民办教师待遇，2008年6月，依照《寻甸回族彝族自治县第十三届人民政府第十四次常务会议纪要》和《十届县委第十九次常委会会议纪要》精神，由寻甸县教育局、财政局和人事局三家联发了《关于对被辞退民办教师给予生活补助的实施办法》2008年10月，经请示县人民政府领导同意，由寻甸县教育局、财政局和人事局三家再次联发了《关于对被辞退民办教师给予生活补助的补充通知》。依照从事教育工作年限(教龄)以及年龄确定，分为离岗退养、一次性补助和按月补助三类。

结合文件精神，教育局及各乡(镇)中心学校严格按照程序分两个阶段对全县符合兑补条件的近2000名原民办教师进行生活补助费发放，生活费发放分一次性补助和按月补助两类。2008年落实符合条件按月补助年满50周岁原民办教师619人，共计兑现补助经费410168元；2009年落实符合条件按月补助年满50周岁原民办教师646人，共计兑现补助经费424650元。

2008年、2009年落实符合条件一次性补助1256人，共计兑现补助经费917120元；2010年落实一次性补助2人，兑现补助经费1280元，落实符合条件按月补助年满50周岁原民办教师672人，共计兑现补助经费453775元。县人民政府在县财政十分困难的状况下，尽了最大的努力于每年年底前给予原民办教师生活补助发放，至今已兑现补助经费2206965元。以现在兑现的情况计算今后每年还需按月补助经费近50万元。

全县已落实符合按月补助条件，但未满50周岁人员145人，补助自年满50周岁之月起落实兑现。

【教学设施】 2007年，全县学校占地面积2090347平方米，校舍建筑面积511784平方米，校舍面积中：有危房42423平方米，占总面积的8.29%；2007年投入资金657.56万元，排除危房面积9281㎡，排危校数达18校。2007年全县中小学校舍建设26个项目，新建校舍建筑面积25702平方米，总投资2865万元。2007年7月，昆明市农村中小学标准化学校建设启动仪式在寻甸仁德镇一中举行；12月，搬迁新建的仁德镇第二小学竣工投入使用。寻甸县农村标准化学校建设项目于2007年首批启动寻甸仁德镇一中、寻甸县仁德镇二小、柯渡镇松林小学三所学校标准化学校建设，工程项目总投资2117.94万元，市级补助1505.87万元，县级配套612.07万元，2007年完成甸沙乡九年制学校、先锋乡中心完小、民族中学、六哨乡九年制学校、凤仪乡初级中学等5所学校标准化建设的前期规划论证及征地等工作。

2008年，全县有各级各类学校460所(点)，学校占地面积2161984平方米，校舍建筑面积553276平方米，校舍面积中：有危房57480平方米，占总面积的10.39%。2008年拆除、改造危房3803平方米，新建18所农村中小学标准化学校(县民族中学、凤仪中学、六哨乡九年制学校、甸沙乡九年制学校、先锋乡中心完小、羊街镇初级中学、先锋初级中学、鸡街初级中学、金所天生寄宿制完小、塘子镇初级中学、倘甸镇逸夫小学、功山镇纲纪完小、先锋乡富鲁完小、河口乡撒米落完小、仁德镇第三小学、联合乡初级中学、柯渡镇初级中学、倘甸镇马街中心完小)，建筑面积113362.26平方米，总投资达17856.51万元。

2009年，全县有各级各类学校402所(点)，学校占地面积2372695平方米，校舍建筑面积720917平方米，校舍面积中：有危房290175平方米(D级125586平方米)，占总面积的40.25%。2009年拆除、改造危房33686平方米，新建17所农村中小学标准化学校(七星乡九年制学校、金源乡初级中学、仁德镇第一小学、仁德镇第四小学、仁德镇第二中学、功山镇中心完小、功山镇初级中学、寻甸县、羊街镇新街完小、先锋乡普鲁完小、先锋乡白子村完小、柯渡镇可郎完小、鸡街乡中心完小、倘甸镇初级中学、河口初级中学、河口乡北大营完小)，建筑面积122883.8平方米。5月，合并寻甸三中选址新建寻甸一中；9月，搬迁新建仁德镇第一小学分校、功山镇中心完小。

2010年，全县有各级各类学校391所(点)，学校占地面积2675825平方米，校舍建筑面积862539平方米，校舍面积中：有危房251227平方米(B级84673平方米，C级82779平方米，D级83775平方米)，占总面积的29.13%；砖混及以上结构校舍819717平方米，占总面积的95.04%。2010年拆除、改造危房8908平方米，新建15所农村中小学标准化学校(七星镇必寨完小、仁德镇金所竹沟完小、仁德镇金所初级中学、羊街镇大刘所完小、河口乡营河中心完小、鸡街乡南海小学、鸡街乡泽和小学、功山镇尹武小学、倘甸镇鲁嘎小学、柯渡镇中心完小、羊街镇羊街中心完小、仁德镇塘子云集中心完小、仁德镇金所寄宿制中心完小、金源乡中心完小、凤仪乡中心完小)，建筑面积67808.7平方米，并完善运动场、道路、绿化、围墙、大门等附属工程，项目计划总投资1.264亿元，其中：市级承担1.022亿元。5月，搬迁新建仁德镇塘子中心完小、羊街镇中心完小、倘甸镇鲁嘎完小、凤合镇中心完小；10月搬迁仁德镇第二中学。

几年来，各级政府采取了有效措施，大力推进寻甸县农村标准化学校建设项目，极大地改善了农村中小学办学条件，有效促进了农村义务教育均衡发展，

【领导名录】
党委副书记、局长：
马金华(2006～2008.5)
季光明(2008.5至今)
党委副书记、纪委书记：
杜继高(2006～2009.3)
杨庆国(2010年10月任职)
副局长：周昌莉(2006～2010.3)
张中飞(2006至今)
平卓承(2007.3至今)
党委书记：马明锋(2007.12～2008.6)

(撰稿人：李晓菲)

文化·体育

编辑：陈小珍

【文体广电旅游局】 寻甸县文体广电旅游局于2010年9月寻甸县机构改革由原文化体育局、广播电视局、旅游局三个局合并而成立。内设9个职能科室：办公室（党委办公室）、政策法规科（审计科）、规划发展科、文化科、体育科、广播电影电视科、旅游科、计划财务科、组织人事科（纪检监察室）。管理文体广电旅游综合行政执法队、文化馆、图书馆、柯渡红军长征纪念馆、文物管理所、广播电视台、有线电视技术服务中心。截止2010年12月底，全局现有干部职工（人力资源）总数共133人。其中有行政人员29人，工人46人，参公管理事业人员5人，专业技术人员53人。各类专业技术人员53人，占总人数的39.8%。民族民间艺术团体182个，非物质文化遗产传承人10人。

【公益性文化体育设施建设】 2007—2010年，累计投入1338.8万元，新建文化站10个，文化室176个，农家书屋105个，农民体育健身工程32个，农民体育健身广场4个，农民体育健身路径10套。其中，争取国债资金投入460万元，对红军长征柯渡纪念馆文物主体进行修缮及陈列布展；对省级文物保护单位"凤龙湾战斗水库纪念碑"进行迁移保护，已投资35万元；对县级文物保护单位"六甲之战纪念塔"进行迁移保护，已投资180万元；投资120万元新建文化资源共享工程寻甸支中心及6个农民素质教育网络培训学校建设。

【群众文化活动】 2007年，春节前夕为鸡街群众义务书写春联300余幅。春节期间，精心组织龙灯队和猪八戒背媳妇等节目共70余人组成的群众游演表演队，于大年初一、二在县城主干道、县民族休闲广场及县委、政府、人大等机关大院设点演出12场，观众达1万余人（次）；组织舞台表演队于大年初二在县民族休闲广场搭台演出，观众达1万余人；举办"迎春书画、摄影展"，展出各类优秀作品130多幅，参观人次达3000余人（次）；在正月十六塘子镇"落灯节"文艺晚会中，为晚会提供节目主持，音响、灯光设备和技术服务，并演出两个小品《报药费》、《木匠与屠夫》。全年共参加大型广场文艺演出9场（次），演出节目分别是《健身秧歌》、《报药费》、《大妹子》、《阿老表》、《美丽的大脚》、《圣洁》、《大裤脚》、《木匠与屠夫》等，这些节目除了参加广场演出外，还到鸡街"三下乡"演出、参加昆明市春运文艺巡回演出。每周六晚上7：30－8：30，文化馆工作人员组织辅导广大市民，在休闲广场举行"民族团结舞大家跳"活动，通过活动，倡导广大市民树立健康文明的精神风尚，丰富了广大市民的业余文化生活。文化馆人员分别到检察院、法院、老年大学、仁德镇、金所中学、六哨乡、药监局、武警中队、民族中学、寻甸一中、老年大学、中医院、卫生局、马街"老来乐艺术团"等单位进行歌舞、小品等节目的辅导，共辅导大小团队27个。其中，辅导民间歌手尹新春到楚雄参加"酒歌大赛"获三等奖；导排舞蹈《春风又绿》、《春满人间》、《共唱卫生发展歌》、《感恩的心》和花灯小戏《妇幼关怀到农家》参加了寻甸县"创文明县城，树行业形象"卫生系统广场文艺演出；辅导《回族方队》、《苗族方队》、《彝族方队》参加"清水海供水及水源环境管理工程开工仪式"演出；辅导合唱《没有共产党就没有新中国》、《村支书》、《孔繁森》，小品《你就是我们的亲爷爷》，器乐葫芦丝，舞蹈《银铃》、《欢乐打跳》、《回族姑娘》等节目参加各种大型活动，得到广大观众的好评。在做好以上工作的同时，积极为县直各单位、社会团体开展的各项活动提供音响、灯光设备和技术服务30场（次）。

2008年，参加六哨乡人代会演出，表演《报药费》、《葫芦丝独奏》等4个文艺节目，观众200人（次）；为积极响应"和谐文化进山乡"的号召，组织文艺骨干到功山开展"三下乡"活动，为功山群众表演舞蹈《踩云彩》、花灯小戏《恩怨情怀》等10余个文艺节目，同时组织我县书法爱好者6人为当地群众义务书写春联50余幅；春节期间，精心组织龙灯队和舞蹈队等节目共70余人组成的群众游演表演队，于大年初一、二在县城主干道、县民族休闲广场及县委、政府、人大等机关大院设点演出15场，观众达2万多人（次），观众达1万余人；举办"迎春书画、摄影展"，展出各类优秀作品130多幅，参观人次达5000余人（次）；参与组织县人代会演出活动，为保证演出质量，县文化馆精心组织人员编排了《糠箩箩、米箩箩》、《恩怨情怀》等6个文艺节目；在塘子镇正月十六"落灯节"文艺晚会中，为晚会提供节目主持，音响、灯光设备和技术服务，并为前来参加落灯节的观众表演乐《欢庆秧歌》、《美丽的大脚》等8个节目；在县市民休闲广场参与组织全县"庆三八、迎奥运"健身操比赛；参加倘甸二中文体艺术节开幕式演出，为全校师生表演《黑板报》、

《还是二中好》等9个节目；参与组织举办寻甸县庆祝中国共产党成立87周年文艺晚会，创作编排的小品《通》、彝族舞蹈《迈塞克》、山歌对唱《妹家门前有条狗》得到观众一致好评；参加昆明市首届新农村文艺汇演，县文化馆创作编排的彝族原生态舞蹈《迈塞克》、小品《通》，荣获二等奖，并选送参加云南省新农村文艺汇演；参加云南省新农村文艺汇演，彝族原生态舞蹈《迈塞克》获三等奖，小品《通》获得表演、创作三等奖。每周六晚上7：30—8：30，文化馆工作人员组织辅予广大市民在休闲广场举行"民族团结舞大家跳"活动，倡导广大市民树立健康文明的精神风尚，丰富广大市民的业余文化生活；文化馆人员全年分别到县委、政府、检察院、法院、仁德镇二中、金所乡、甸沙乡、羊街镇、农业局、民族中学、寻甸一中、老年大学、卫生局等25个单位进行歌舞、小品等节目的辅导，共辅导大小团队27个，辅导的《健身操》、《彩绸舞》、《塞哩哩》、《健身秧歌》、《街舞》等节目在全县大型活动中多次获奖。

2009年1月11日，参加国家计生委在寻甸县市民休闲广场举办的"三下乡"送温暖演出活动，为现场的上万名观众表演了彝族山歌说唱《糠箩箩，米箩箩》，回族快板歌舞《大棚下的春天》，取得较好的演出效果，在活动现场组织书法爱好者7人免费为群众书写春联600余幅。春节期间，举办一系列群众文化活动，组织龙灯队和舞蹈队等共70余人组成的表演方队，大年初一、二在县城主干道、县民族休闲广场等地设点演出15场，观众2万多人(次)；大年初二在市民休闲广场搭台演出，为上万名群众表演了舞蹈《秋之情》、独唱《寻甸我的家乡》、小品《搬沙》等群众喜闻乐见的文艺节目；举办"迎春书画摄影展"，展出各类优秀作品130多幅，参观人次达5000余人；参加塘子镇正月十六"落灯节"文艺演出，为上万名观众表演了《甘摸阿妞》、《葫芦丝独奏》等4个节目。2月12日，应河口乡政府邀请，到河口乡基诺村委会象鼻岭村参加新农村文艺演出活动，为2000余名观众表演了取材当地新农村建设中的感人事迹、自编自演的小品《通》等4个文艺节目。参加昆明市第二届"群星荟萃"书画展，9幅书画作品入选，其中3件作品获优秀奖，1件摄影作品获三等奖。9月26日，参与组织的明星演唱会在体育场举行。9月27日，参与组织在体育场举行的庆祝新中国六十华诞万人歌咏晚会。9月29日～10月20日举办迎国庆书画摄影展。在昆明市第九届少数民族传统体育运动会上，6个节目参加表演项目竞赛，获二金、二银、一铜。积极参加全县各项活动，参加市体委在甸沙乡举办的体育"三下乡"工程启动仪式，在活动现场，表演了彝族健美操《格伯左》；参加昆明市人大联谊会演出，演出回族舞蹈《圣洁》、《回娘家》等4个文艺节目；参加国天力集团举办的演出活动，演出《美丽的大脚》、《甘摸阿妞》等3个文艺节目；参加联合乡举办的农村文艺汇演，演出了回族快板说唱《大棚下的春天》等4个节目；参加消防队"八一"建军节联欢晚会；选送绘画作品一幅、书法作品3幅参加云南省军分区书画作品展。

2010年，积极响应"和谐文化进山乡"的号召，组织全馆文艺骨干到甸沙乡参加"三下乡"启动仪式，为群众表演舞蹈《彝族健身操》、小品《通》、独唱《大妹子》等节目。参加省农业厅举办的"迎新春"文艺汇演，表演舞蹈《圣洁》、《烟筒趣》，受到观众的欢迎。积极组织群众开展春节活动，初一至初六到金所老年活动中心、七星乡蚂蝗塘村指导当地村民开展春节活动，协助红色庄园开展丰富多彩的春节群众文化活动，观众达3万人(次)；参加塘子镇正月十六"落灯节"演出，为观众演出舞蹈《彝族健身操》、器乐独奏《一个美丽的地方》等文艺节目。服务"云之南"艺术团在我县市民休闲广场举办的慰问演出活动，到处观众多达1万余人。参加交通局在甸沙乡举办的"交通道路安全法"宣传仪式，为参加活动的5000余名观众演出舞蹈《大裤脚》、谐剧《便宜的代价》等文艺节目。参加功山镇欢送抗旱救灾部队演出活动，为部队官兵深情演出了小品《谢谢》、独唱《见到你们格外亲》等节目。参加市工会第一届系统内汇演，小品《巧》获得三等奖。参加由宣传部主办的"创先争优"巡回演出，根据在全县抗旱救灾工作中奉献出自己生命的梅阳林同志的生前事迹，创作排练小品《梅阳林我们永远不会忘记你》，到全县14个乡(镇)巡回演出15场(次)。参加消防大队"建军节"演出活动，自编自演小品《奉献》，得到官兵的好评。参加昆明市举办的"笑咪乐呵新昆明小戏小品比赛"自创小品《大兴出门》获得市级二等奖，谐剧《晒包谷》、故事小品《梅阳林我们永远不会忘记你》获得市级三等奖。协助县老年书画诗词协会举办"迎县庆书画诗词展览"，展出作品百余幅，观众1万余人。为县直各单位、社会团体开展的各项活动，提供音响、灯光设备和技术服务20场(次)，并为全县大型活动提供舞台设计与制作。

【文艺创作】 2007年，《浅谈昆明市寻甸县非物质文化遗产的保护与开发》、《对少数民族非物质文化遗产保护工作的认识》、《正月十六赶夜街》3篇论文在《云南群众文化》上发表；收集整理的多首童谣被收录在《老昆明童谣》中。书法作品(对联)和油画作品各一份被昆明市选送省文化厅参加第五届"群星奖"竞赛；油画《风景》参加昆明市的美术作品展；四幅书法作品参加市县老年书画诗词协会展览，其中一幅书法作品由市推荐到省参加"云南省彩云书画展"，彝族山歌说唱《糠箩箩，米箩箩》获"第三届全国少数民族曲艺展演"一等奖和最佳作品奖双项大奖；《恩怨情怀》获"云南省花灯小戏电视大赛"银奖和编剧奖；民族健身操《葛咪格柏佐》获"昆明市少数民族健身操比赛"三等奖；《报药费》获"福宝杯"小戏、小品大赛三等奖，小品《罗半仙》参加寻甸县"创文明县城，树行业形象"卫生系统广场文艺演出，为民族中学创作并导排的小品《这才是我的好儿子》在县民族中学艺术节活动中获得一等奖。

2008年，《浅谈昆明市寻甸县非物质文化遗产的保护与开发》、《对少数民族非物质文化遗产保护工作的认识》、《绚丽多彩的民族服饰》等5篇论文参加昆明市举办的论文评选。油画《窥》参加西部风情展。针对寻甸县新农村建设取得的成果，创作了《娶亲》、《搬沙堆》、《通》、《新农村、新农民》、《争星星》5本剧本。由县文化馆编辑的《中国民间故事全书昆明卷寻甸分卷》顺利完成，由民间文艺家协会出版发行。

2009年，市九届民运会在寻甸县召开，回族礼仪舞获金奖、傣族建美操获金奖、技巧类《障碍纺线》获金奖、竞技类《抛团戏》获银奖、健身操类《叠肩》获银奖、综合类《烟筒情》获铜奖。论文《广场文化刍议》发表在《云南群众文化》2009第四期上。完成剧本《种荞》、《欢乐的背箩》、《登山》、《传麦勒》、《滚花箩》、《丢窗》、《滚箩卜》创作。油画《余晖下的红土地》参加昆明市第二届"群星荟萃"美术书法摄影作品展，荣获三等奖。油画《青棚一喜寨》入选中国第一届油画展，云南分组展。一副书法作品入选昆明市第二届"群星荟萃"美术、书法摄影展，获优秀作品奖。

2010年，论文《名俗学意义上的寻甸彝族"立秋节"与群众文化活动》发表在《云南省群众文化》第一期，小说《村事》发表在《滇池》杂志2010第五期。油画《青棚——婚宴》入选《庆祝中华人民共和国建国60周年，云南省美术作品展、作品集》一书。由文化馆主编的《美术书法摄影作品选——庆祝中华人民共和国成立60周年暨寻甸回族彝族自治县成立30周年》一书出版发行，书中收录了全县广大美术书法摄影爱好者的作品，这些作品充分反映了寻甸县成立30年来的可喜变化。创作完成谐剧《便宜的代价》、《一点心意》，小品《巧》、《奉献》等。其中小品《巧》参加昆明市总工会演出获三等奖，参加昆明市举办的"笑咪乐呵新昆明小戏小品比赛"；小品《大兴出门》获得市级二等奖，谐剧《晒包谷》、故事小品《梅阳林我们永远不会忘记你》获得市级三等奖。

【宣传展出】 县文化馆美术工作室人员利用宣传橱窗，对党的方针、政策及计划生育和科技知识等进行宣传。2007年共出橱窗6期，42块版面；2008年完成6期对外宣传橱窗，共出橱窗6期，44块版面；2009年完成3期、22块版面橱窗宣传，2010年完成6期，24块版面橱窗宣传。结合县委、政府的中心工作，积极参与全县各种文化活动的摄影、摄像工作，做好图片、影像资料的收集和整理工作。2007年举办"迎春书画、摄影展"，展出作品130多幅，参观人次达3000余人。2008年春节期间，举办"迎春书画、摄影展"，展出作品140件，观众达1万余人(次)。2009年，春节举办"迎春书画摄影展"，展出作品147件，参观人数达5000余人。5月选送美术作品一件、书法作品3件参加云南省军分区书画作品展。县文化馆创作的油画《余晖下的红土地》参加昆明市第二届"群星荟萃美术书法摄影作品展"，荣获三等奖；油画《青棚—喜宴》入选中国第一届油画展云南分组展。一件书法作品入选昆明市第二届"群星荟萃美术书法摄影作品展"，获优秀作品奖。2010年，美术工作室负责编辑出版了《美术书法摄影作品选》，春节期间举办了"寻甸县民族民俗展览"，展出作品1000余件，参观人数达2000余人。

【非物质文化遗产】 2007年，正式成立县非物质文化遗产保护中心，2007年收集整理发嘎彝族文化保护区、牛干巴制作技艺，申报批准为昆明市市级非物质文化遗产保护名录。

2008年，建立市级以上名录数据库，县级以上名录资料库。

2009年，申报发嘎彝族文化保护区彝族传统民居垛木房。

2010年，申报了11名县级传承人：音乐类徐登早、王真林、李荣光、金自才；牛干巴制作技艺铁四龙、廖明元；口述文学《昭蒡俭和高帕施》传承人马慧成、杨美秀；刺绣舒余仙、李德芬；芦笙舞陶海金。马慧成、舒余仙、李德芬、廖明元、陶海金入选市级传承人。建立省级名录《昭蒡俭和高帕施》传承点1个。建立市级名录牛干巴制作技艺传承基地1个。

【辅导培训】

2007年，暑期培训班舞蹈班招大班一个58人、小班一个40人，美术班大班一个22人、小班一个13人，书法班一个17人；少儿艺术团全国业余艺术等级考级培训招生61人，通过等级考试61人。

2008年，暑期培训班舞蹈班招大班一个66人、小班一个53人，美术班大班一个22人、小班一个12人，书法班一个22人；少儿艺术团全国业余艺术等级考级培训招生63人，通过等级考试63人。

2009年，暑期培训班舞蹈班招大班一个62人、小班一个40人，美术班大班一个18人、小班一个16人，书法班一个18人；少儿艺术团全国业余艺术等级考级培训招生66人，通过等级考试66人。

2010年，暑假少儿培训班共招收学生200余人；开设少儿艺术团常年开班，全年招收学员110人，分大小两个教学班，所教学生参加四级、六级艺术舞蹈等级考试，全部顺利通过。

【表彰奖励】

2007年——2010年县文化馆获市级以上奖励情况明细表

时　间	作　者	获奖节目名称	参演获奖情况
2007年9月	编剧：杨正芬 作曲：妥国权	彝族山歌说唱《糠箩箩，米箩箩》	第三届全国少数民族曲艺展演一等奖、最佳作品奖
2007年9月	涂志祥	论文《县级文化馆开展非物质文化遗产工作思路》	省文化厅论文研讨会二等奖、中国群文学会论文优秀奖
2007年9月	妥国权	小品《报药费》	昆明市"福宝杯"小戏小品大赛三等奖
2007年3月	潘道伟	油画《暖冬》	昆明市"百年经典"政府收藏奖
2007年5月	陈文斌	彝族健美操《格伯佐》	昆明市少数民族健身操比赛三等奖
2008年	潘道伟	油画《盛夏》	云南省首届"三农"书画摄影展绘画类三等奖
2008年9月	涂志祥	书法作品《录毛泽东诗词》	湖南省长沙市文化艺术界联合会"毛泽东诗词"全国书画大赛金奖
2008年10月	向世开	小品《通》	云南省首届新农村文艺汇演表演三等奖、创作三等奖
2008年10月	编剧：集体 编舞：杨正芬、范一兰	彝族舞蹈《迈塞克》	云南省首届新农村文艺汇演表演三等奖
2008年12月	涂志祥	书法作品《三农对联》	云南省首届"三农"书画摄影展优秀奖

续表

时 间	作 者	获奖节目名称	参演获奖情况
2008 年	潘道伟	油画《余晖下的红土地》	昆明市第二届“群星荟萃”美术、书法、摄影展优秀作品奖
2008 年	编剧：杨正芬 作曲：妥国权	彝族山歌说唱《糠箩箩米箩箩》	昆明市文学创作“茶花奖”银奖
2008 年	向世开	小品《通》	昆明市文学创作“茶花奖”铜奖
2008 年	潘道伟	油画《暖冬》	昆明市文学创作“茶花奖”铜奖
2008 年 9 月	编剧：集体 编舞：杨正芬、范一兰	彝族舞蹈《迈塞克》	昆明市首届新农村文艺汇演二等奖
2008 年 9 月	向世开	小品《通》	昆明市首届新农村文艺汇演二等奖
2009 年 9 月参加昆明市第九届少数民族传统体育运动会		技巧类《依木各黎》	开幕式回族礼仪舞获金奖
		技巧类《障碍纺线》	获金奖
		傣族健美操	获金奖
		竞技类《抛团戏》	获银奖
		综合类《烟筒情》	获铜奖
2009 年 9 月	潘道伟	油画《余晖下的红土地》参加昆明市第二届“群星荟萃”美术书法摄影作品展	第三届全国少数民族曲艺展演一等奖、最佳作品奖
2009 年 9 月	潘道伟	油画《青栅一喜寨》	入选中国第一届油画展，云南分组展
2009 年 9 月	涂志祥	一件书法作品对联	入选昆明市第二届“群星荟萃”美术、书法摄影展，获优秀作品奖。
2010 年 4 月	向世开	参加市工会第一届系统内汇演，我馆编创演出的小品《巧》	获得三等奖。
2010 年 9 月	向世开	小品《大兴出门》，谐剧《晒包谷》、故事小品《梅阳林我们永远不会忘记你》获得	参加昆明市举办的“笑咪乐呵新昆明小戏小品比赛”分别获得市级二等奖、三等奖。
2010 年 4 月	杨正芬	辅导我县马街老来乐艺术团舞蹈《簸箕舞》、县老体彝族健身操	参加昆明国际旅游节、民族民间舞蹈大赛，其中马街老来乐艺术团获得三等奖

县文物管理所

【文物保护宣传】 2007 年，利用“文化遗产日”及“三下乡”活动讲解并发放《中华人民共和国文物保护法》宣传画册和《文物知识百题问答》等有关资料，让社会各界和广大人民群众逐渐了解掌握了文物法知识、文物知识、增强了文物保护意识，取得了较好的社会效果。

2008 年，利用“文化遗产日”及“三下乡”活动发放文化遗产知识问答册子及文物保护法相关知识，增强群众的文物保护意识。同时还发放了昆明市博物馆地图册，让群众了解了昆明市区域以内的博物馆情况。自第三次全国文物普查开展以来，积极营造氛围，加强宣传，提高了广大人民群众参与文物普查的积极性和主动性。

2009 年，建立健全“两月一次”的巡查制度，发现文物保护单位及其保护范围和建设控制地带受自然损坏现象或存在自然损坏隐患，及时采取妥善保护措施。对检查巡视过程中发现的问题及时处置，并按有关规定及时上报。巡视检查应做出记录，内容包括检查参与人员、检查时间、检查路线、发现的问题及处置意见等。为加强对寻甸县不可移动文物的保护，及时将境内新发现的背来头古墓群公布为县级文物保护单位，对其进行了有效保护。

2010 年，利用“文化遗产日”及“三下乡”活动发放文化遗产知识问答册子及文物保护法相关知识，增强群众的文物保护意识。同时，广大普查工作队员还利用走村串户的时机，大力宣传文化遗产保护工作，宣传文物普查的意义和作用。普查队员每到一个乡镇，都要向乡镇领导和群众散发第三次文物普查工作的宣传资料，进行普查知识的普及与宣传，从而使文物普查家喻户晓，人人皆知，为普查工作的开展奠定了良好的基础。

【馆藏文物】 全县有可移动文物百余件，登记在册69件，其中13件经文物鉴定专家鉴定为国家三级文物，其余皆未鉴定。13件国家三级文物分别为：螺纹铜手镯（对）、单耳流嘴罐、敞口花藻纹青花瓷碗、青釉小罐、敞口卷旋纹青花瓷碗、裤币、青铜鑁、长胡螺旋纹铜戈、铜带钩、湖州镜、昭明镜、双鱼镜、规矩镜。

【博物馆事业】 2008年，寻甸县国有博物馆为红军长征柯渡纪念馆。为保护利用好红军长征柯渡纪念馆这一宝贵文化遗产，充分发挥红色旅游经典景区在爱国主义教育中的引导示范作用，该馆将遵循"修旧如旧，恢复原貌"的原则，对纪念馆进行闭馆维修和陈列展览改造。纪念馆工作人员为丰富纪念馆馆藏文物，多次到民间征集红军长征过寻甸遗留下来的革命文物，极大的充实了纪念馆的陈列内容。积极响应省、市号召，"大力兴办博物馆"，经过对红色庄园的实地考查，把红色庄园的白玉兰会所办成民办博物馆，并经过昆明市文化体育局授牌定名为丹彤文化博物馆。丹彤文化博物馆收集了大量民国、文革时期的文物及其他一些文物，藏品达350余件，展厅面积200平方米，专职管理人员2人；自挂牌开馆以来共接待游客1.3万余人。

截至2009年底，寻甸县全国第三次文物普查对境内下辖14个乡镇，173个村委会，1668个自然村进行了实地田野调查，对原有17项不可移动文物保护单位及17项第二次文物普查登记文物进行了复查，在第二次文物普查中发现的17项登记文物有4项已变更为消失文物。在此次普查中，共普查文物149项，其中复查30项，新发现115项，消失文物4项，在普查新发现文物中有古遗址6项，古墓葬21项，古建筑73项，石窟寺及石刻8项，近现代史迹7项。拍摄图片4000余张，绘制平面图、地理位置图近300幅，基本能做到图纸完整规范，照片准确反映文物的位置、环境、本体及结构特征。填写文物普查登记表145份，文物消失表4份，均按照国家档案要求规范来做，为申报数据材料做好准备。

2010年，我县国有红军长征柯渡纪念馆经过2年的闭馆维修和陈列展览改造后，已取得了满意的效果，重新开馆以来接待游客2.6万余人，充分地发挥了红色旅游经典景区对爱国主义教育中的引导示范作用。继续改进和完善丹彤文化博物馆，使其对我县的民营博物馆其带头示范作用，吸引全社会公众对博物馆事业的了解、参与和关注。积极响应省、市号召，"大力兴办博物馆"，以我县民间收藏为主要展览内容的民族民俗展览馆开展，展厅面积300平方米，藏品达1000余件，共接待了中外参观人员2000余人，得到了极大的肯定和赞扬。应国家和省市上级部门的要求，对我县13件国家三级馆藏文物进行了数据采集，并将相关信息录入到"云南省馆藏文物数据库管理系统建设项目"，实现对我县馆藏文物的数据化管理。

【文物保护及文物保护单位"四有"规范工作】 2007年，建立健全"两月一次"的巡查制度，并作了上报。完成了下古城清真寺、柯渡回辉村清真寺叫拜楼德局部维修及"四有"工作。对省级文物保护单位凤龙湾战斗水库纪念碑碑亭进行了新建和碑体搬迁工作，并开展了"四有"工作；同时开展了对县级文物保单位寻甸府城墙遗址及何正聪烈士墓的"四有"工作。

2008年，建立健全"两月一次"的巡查制度，并作了上报。完成寻甸县第三次全国文物普查方案，开展第三次全国文物普查方案的前期工作，并与有关部门协调开展寻甸县第三次文物普查培训事宜；对各种普查仪器熟练操作使用，整理培训材料，做好培训准备工作。开展了寻甸县第三次文物普查培训会，各乡镇到会情况理想，请省、市专家讲课，取得预期效果。完成省保凤龙湾战斗水库纪念碑碑亭新建和碑体搬迁，并完成"四有"工作；同时完成县保单位寻甸府城墙遗址及何正聪烈士墓的"四有"工作。做了省保单位凤龙湾战斗水库纪念碑的纸质文档及电子文档，并作了上报。

2009年，建立健全"两月一次"的巡查制度，发现文物保护单位及其保护范围和建设控制地带受自然损坏现象或存在自然损坏隐患，及时采取妥善保护措施。对检查巡视过程中发现的问题及时处置，并按有关规定及时上报。巡视检查应做出记录，内容包括检查参与人员、检查时间、检查路线、发现的问题及处置意见等。为加强对全县不可移动文物的保护，及时将境内新发现的背来头古墓群公布为县级文物保护单位，对其进行了有效保护。

2010年，建立健全"两月一次"的巡查制度，对检查巡视过程中发现的问题及时处置，并按有关规定及时上报。将我县全国第三次文物普查中发现的具有艺术价值、历史价值又处于县城内的仁德镇青石板路、北营街清真寺公布为县级文物保护单位。积极推荐了12项文物保护单位、保护点参加昆明市第五批市级文物保护单位专家评审会评选，最后有5项被成功推荐为市级文物保护单位。同时将我县境内干石洞遗址等12项急需保护的文物点公布为登记文物。

【考古调查】 2009年，在县境内的仁德第四小学标准化建设用地施工过程中，发现有青铜器的出土。及时请昆明市博物馆考古队对该施工区域进行了实地勘探，初步查明该施工区域内存在有青铜时代墓葬群。出土随葬器物初步统计有41件，按质地分为青铜器、铜铁合制器、陶器、玉石器。其中青铜器26件，铜铁合制器1件，陶器9件，玉石器4件。地层采集品22件，有青铜器、陶器、玉石器、瓷器、钱币。其中青铜器4件，瓷器1件，陶器9件，陶罐6件，陶纺轮3件；玉石器7件，石范5件主要为斧范、矛范，2件玛瑙扣；1件崇祯通宝钱币。

2010年，寻甸县第三次全国文物普查工作队在对金源乡古城的田野调查中，了解到该村大部分村民在建房挖地基时，都曾挖到过青铜器和陶器。及时请昆明市博物馆考古队对该区域进行了实地勘探，初步查明该区域内存在有青铜时代墓葬群。勘探中发现的15座墓中有随葬品的11座，空墓4座，随葬品有青铜器、陶器、木器和石器等；随葬品均放在墓底。其中铜器有14件（征集铜戈1件），陶器约50余件，陶器碎片千余片。除极少数稍好，可以修复复原外，绝大部分均已破碎成碎片。其中尤以红陶盘最为严重。已修复的器物中，红陶盘小者仅10厘米，最大直径达18厘米，内外器表可明显看出有稻粒印痕。陶罐大者高达40厘米，小者仅高10厘米。

县图书馆

图书工作

【春季"三下乡"活动】 2007年1月，县图书馆到鸡街乡，参与县委、县政府启动的春季"三下乡"活动，发送科技小报200余份、赠送图书35种500余册。配合局机关写春联400余幅。

2008年1月，县图书馆到功山镇，参与县委、县政府启动的春季"三下乡"活动。发送科技小报200余份、赠送图书35种500余册。配合局机关写春联400余幅。

2009年1月，县图书馆到河口乡，参与县委、县政府启动的春季"三下乡"活动。发送科技小报150余份、赠送图书37种400余册。

2010年1月，县图书馆到甸沙乡，参与县委、县政府启动的春季"三下乡"活动。发送科技小报150余份、赠送图书30种300余册。

【迎春游园活动】 2007年2月，县图书馆开展了一年一度的迎春游园活动，本次活动写谜语1000余条，游园活动7项，总发出奖票5000余张，价值6000余元，参与人员8000余人。

2008年1月，开展迎春游园活动，本次活动写谜语8000余条，游园活动6项，总发出奖票4000余张，价值5000余元，参与人员7000余人。

2009年1月，开展迎春游园活动，本次活动写谜语1000余条，游园活动7项，总发出奖票5000余张，价值6000余元，参与人员9000余人。

2010年2月，开展迎春游园活动，本次活动写谜语800余条，游园活动6项，总发出奖票4000余张，价值6000余元，参与人员8000余人。

【图书借阅】 2007年全馆外借读者9810余人(次)，外借册次2.57万余册(次)，阅览人次9840余人(次)。

2008年全馆外借读者9680余人(次)，外借册次2.9万余册(次)，阅览人次9660余人(次)。

2009年全馆外借读者1.14万余人(次)，外借册次3.28万余册(次)，阅览人次1.1万余人(次)。

2010年全馆外借读者9186余人(次)，外借册次2.36万余册(次)，阅览人次8906余人(次)。

【村级文化室建设】 2008年启动的村级文化室建设52个点，县图书馆在2009年上半年下乡到52个村级文化室建设点进行图书分编工作，共分编4.16万余册，遍及13个乡(镇)。

2009年启动村级文化室建设65个点。

2010年上半年下乡到65个村级文化室建设点进行图书分编工作，共分编5.21万余册，遍及13个乡(镇)。

【新华书店图书销售、捐赠】

2007年，寻甸分公司紧紧围绕《昆明市文明单位创建管理办法》将物质文明、政治文明、精神文明建设有机结合协调发展，把精神文明建设纳入单位的目标管理，创建活动摆上重要的议事日程，成立专门机构，制定了工作计划和措施，明确了工作责任，结合云南省新华书店店庆70周年活动，进行广泛宣传营造了良好的工作氛围，实现销售1369.78万元。

2008年，严格执行征订发行纪律，做好中标教材的发行工作，加大书城图书品种、数量，扩大门市零售业务，全年完成销售956.4万元。

2008年1月参加寻甸县"文化三下乡"启动仪式向功山镇农村群众赠春联、传统年画900多套。2008年5月向灾区捐款7830.00元。支援县三中、职中、尹武学校校园图书室建设，捐赠图书2446册，价值5万多元。

2009年，投资600多万元扩建装修新华书店大楼，投入使用，卖场陈列图书由原来70多万册增至200多万册，全年实现销售999.6万多元。

2010年，图书、音像、文化用品、电子产品销售逐渐有了新的突破，书城图书销售169.8万元、文化用品及电子数码产品销售106.5万元，与上年同期相比增长14.2%；教材教辅实现销售1132.3万元，以往年相比社会效益和经济效益有了明显提高。

文化市场管理

【网吧专项整治】 网吧管理一直是整顿和规范文化市场经济秩序一项重中之重的工作。对网吧管理采取建章立制，加强日常督查，严格限制网吧审批数量，严禁在学校周边200米范围内开设网吧，合理布局网吧的开办位置。注重经营者素质提高.

2007年举办4次网吧业主培训班，学习《互联网上网服务营业场所管理条例》的内容，逐户签订经营责任书，严格要求其合法经营，并在每户网吧经营场所制作了"禁止未成年人入内"的警示标志牌。

严惩网吧违规经营行为，2006年设立了"黑名单"红、黄牌警告制度，加强对多次违规接纳未成年人并容留未成年上网的网吧经营户的管理，全县有10家网吧被红牌处罚，13家网吧被黄牌限制。2007年，县文化市场稽查队对40家网吧检查383家(次)，开展12点、18点和零点行动15(次)，完成市稽查大队督办的案件2起，共查处违规经营行为75起，进行行政警告处罚的场所37个，对26家因身份登记不规范或存在安全隐患的经营场所下发了限期整改通知书和停业整顿行政处罚，行政处罚违规接纳未成年人案件12起。会同公安、工商、教育等部门对网吧进行集中整治。1月2日，县文化市场稽查队联系公安、工商部门对全县文化市场进行了一月的专项整治行动，共出动车辆14台次，检查文化市场70余家，其中网吧20余家，处罚违规接纳未成年人上网的网吧3家，取缔"黑网吧"2个。6月14日凌晨12时15分，县文化市场稽查队联系金所中学的配合对金所网吧市场进行突击行动。在这次行动中，共检查网吧5家，查处1起接纳未成年人并容留未成年上网的违规案件。7—8月，县文化市场稽查队在暑假期间对网吧进行3次专项整治行动，查处违规接纳未成年人并容留未成年人上网的违规案件6起。通过专项治理，全县网吧违规接纳未成年人和超时营业现象已基本得到控制，文化市场环境得到了有效改善。

2008年，对城区现有网吧实行大规模整合，到2009年上半年，城区网吧经营场所压缩至6家。

2010年举办13次网吧业主培训班，学习《互联网上网服务营业场所管理条例》和整顿行动文件精神，严格要求其合法经营，并在每户网吧经营场所制作了"禁止未成年人入内"的警示标志牌。

严惩网吧违规经营行为，县文化市场稽查队对营业34家网吧检查383家次，开展12点、18点和零点行动15(次)，完成市稽查大队督办的案件2起。共查处违规经营行为75起的，进行行政警告处罚的场所30个；对26家因身份登记不规范或存在安全隐患的经营场所下发了限期整改通知书和停业整顿行政处罚；行政处罚违规接纳未成年人案件4个。通过专项治理，网络文化市场环境得到了有效改善。

【"扫黄打非"专项行动】 组织从业人员认真学习《音像制品管理条例》、《出版物管理条例》，提高经营者素质，增强抵制盗版能力。着重加强对印刷厂、车站、书店、学校的监管，注重从印刷、流通、销售、使用四个环节入手构建市场监管的立体格局，严把印刷关、流通关、销售关、使用关，打击零售、出租非法政治性出版物、盗版教辅和淫秽制品的违规经营行为。

2007 年，出动检查人员 163 人(次)，检查各种出版物经营场所69 家，取缔关闭 13 家，行政处罚 6 家，共查缴非法盗版音像光碟 300 余张，色情、淫秽光碟 131 张；中、小学生非法盗版教辅读物 125 册；收缴非法政治性出版物 5 本。

【娱乐场所专项整治】 扎实开展娱乐场所专项整治，配合公安机关对“黄、赌、毒”违法犯罪进行严厉打击。

2007 年，配合公安、工商部门开展三次专项行动，出动检查 103 人(次)，11 车(次)，对涉及的 28 家歌舞厅，13 家电子游戏室进行全面彻底的清理整顿。查处电子游戏室违规接纳未成年人案件 5 起，歌舞厅、KTV 量贩未按《娱乐场所管理条例》进行从业人员登记或营业日志记录的案件 12 起，行政处罚案件 3 起。

2010 年 3 月 24 日，召开娱乐场所经营业主大会，传达整治文件，学习法律、法规。全年，配合公安、工商部门开展 3 次专项行动，出动检查 103 人(次)，11 车(次)，对涉及的 28 家歌舞厅全面彻底的清理整顿。查处歌舞厅、KTV 量贩未按《娱乐场所管理条例》进行从业人员登记或营业日志记录的案件 3 起，行政处罚案件 3 起。

【演出市场管理】 为全面整顿治理演出市场，县文体局积极引进群众欢迎的各类演出团体，并对进入寻甸县的各类演出团体、各类演艺人员作出了如下规定：对外来表演团体要严格把关，严格审查。必须到文化部门批准、公安部门的备案、工商部门的审批才能演出；对未经许可、无证、证照不全，擅自进行营业性演出活动的要严肃查处，坚决取缔；对证件齐全的外来表演团体，在节目内容上要严格审查，严禁色情表演和三点式艳情表演；严禁歌舞娱乐场所播放有危害社会稳定、败坏民族风俗的音像制品；严禁歌舞娱乐场所接纳无证、证照不全的各类演艺人员；严禁表演内容庸俗低下的节目；严禁节目主持人“粗口”搞笑观众；严禁接纳河南、安徽的“草台班子”；对表演淫秽、色情的表演团体要坚决打击，情节严重的移交司法部门处理，吊销其《营业性演出许可证》，驱出辖区；两名稽查队员对演出情况进行全程监督，一有违规演出行为及时查处。

2007 年，共接待中介演出团体 15 个，演出 33 场，由于监督到位县内从没发生过一起违规演出。

2010 年，共接待中介演出团体 15 个，演出 33 场，由于监督到位我县从没发生过一起违规演出。

【电子游戏室管理】 2007 年，共检查电子游戏室 43 家(次)，查处非节假日接纳未成年人玩游戏的违规经营行为 5 起，行政处罚 5 件。

2010 年，严格落实《关于开展电子游戏经营场所专项整治行动的通知》文件精神，深入开展电子游戏经营管理专项整治行动，我局结合本县实际，制定了《2010 年寻甸县电子游戏经营场所专项整治行动工作方案》，成立以局长为组长、副局长为副组长，成员由市场科、稽查队组成的寻甸县文体局电子游戏经营管理专项整治行动工作领导小组，负责整个专项行动的工作部署，工作协调、组织安排、日常检查、总结等，领导小组下设办公室，办公室设在市场科。工作重点是严厉查处电子游戏经营场所设置具有赌博功能的电子游戏机型、机种、电路板等游戏设施设备的违法行为，坚决打击利用电子游戏机进行赌博的违法犯罪行为，严厉查处无证经营违法行为，同时重点解决五方面的问题：(1)接纳未成年人；(2)学校周边；(3)超时经营；(4)摆放“禁止未成年人进入”标志、禁毒标语；(5)消防安全通道、设施。与县公安局和工商局紧密配合，通过各级相关部门的共同努力，专项行动取得了阶段性成效。整治期间召开 3 次会议，参加人数 60 人(次)，出动执法人员 60 人(次)，车辆 25 车(次)，检查电子游戏经营场所 16 户，查处具有赌博功能的电子游戏机 16 台，查处接纳未成年人案件 2 起，处予停业整顿一个月的行政处罚。通过整治，电子游戏违规经营的现象得到有效遏制，电子游戏经营秩序得到了明显改观。

【消防隐患排查专项整治】 2007 年内，开展元旦、春节、五一、十一和十七大等重大节日和重大活动消防安全大检查 5 次，检查各类场所 135 个，排查各种安全隐患 50 多个，限期整改 48 个，停业整改场所 1 个，限期搬出有重大安全隐患的场所 1 个，并对检查的隐患进行了登记备案。

2008 年，查处消防器材摆放不当、通道堵塞等安全隐患 7 起，当场整改 7 件

2010 年，开展元旦、春节、五一、十一和十七大等重大节日和重大活动消防安全大检查 5 次，检查各类场所 135 个，排查各种安全隐患 50 多个，限期整改 48 个，停业整改场所 1 个，限期搬出有重大安全隐患的场所 1 个，并对检查的隐患进行了登记备案。

【文化市场经营现状】 2007 年，文化市场在稳定中发展，新增打字复印店 2 家；有 3 家音像制品出售商店申请停业；全县网吧成良好态势发展。

2008 年，全县有 5 家歌舞娱乐场所报停。新增 1 家书报刊零售商店，2 家打字复印商店，2 家书店自动停业。

2010 年，全县新增 KTV 量贩 6 家，新开 1 家打字复印店，1 家歌舞娱乐场所申请重开。2 家电子游戏室自行停业。

【电影放映】

2007 年放映 2004 场。

2008 年放映 2004 场。

2009 年放映 2004 场。

2010 年放映 1670 场。数字电影 385 场，合计 2055 场。

【体育运动】 2007 年—2010 年参加昆明市传统体育学校运动会 8 次，其中田径 4 次，自行车 4 次，在比赛中共获一个团体第 3 名、一个团体第 4 名、两个团体第 5 名。

2007 年，参加昆明市第三届运动会获得武术单项团体第五名、男子乒乓球单项团体第七名；金牌 9.5 块、银牌 5 块、铜牌 3 块。

2008 年，参加昆明市第六届农民运动会获得女子篮球第二名、男子篮球第五名、武术单项团体第五名、田径单项团体第四名；代表团团体总分第四名。

2009 年，2010 年参加昆明市第四届、第五届外来务工人员运动会获得五个一等奖、三个二等奖、六个三等奖。

2009 年，参加第九届少数民族传统体育运动会获金牌 16 枚、银牌 22 枚、铜牌 15 枚；一等奖 2 个、二等奖 2 个、三等奖 1 个；团体总分第二名。

2010 年，参加昆明市舞龙舞狮闹元宵比赛获两个二等奖。

【向上级输送体育人才】

2007 年，向上级输送体育人才 15 人(射箭、田径、摔跤、自行车等)。

2008 年，向上级输送体育人才 23 人(射箭、田径、摔跤、自行车等)。

2009 年，向上级输送体育人才 20

人(射箭、田径、摔跤、自行车等)。

2010年,向上级输送体育人才22人(射箭、田径、摔跤、自行车等)。

【表彰奖励】

2007年,参加昆明市第三届运动会获体育道德风尚奖、突出贡献奖。

2008年,获昆明市第二届健身气功交流赛二等奖;云南省民族体育先进单位;全民健身运动优秀组织奖;参加昆明市第六届农民运动会获体育道德风尚奖、优秀组织奖。

2009年,获昆明市第三届健身气功交流赛二等奖;全民健身日活动二等奖;参加昆明市第九届少数民族传统体育运动会获体育道德风尚奖、先进集体奖;

2010年,获昆明市第四届健身气功交流赛二等奖;被评为"云南省群众体育先进单位"

【农民体育健身工程】

2007年—2010年争取上级项目建农民体育健身工程篮球场32块,投入资金121.6万元;健身广场4块,投入资金43.2万元;健身路径10套,投入资金86万元。

广播电视

【新闻宣传】 舆论引导有力,广播电视新闻宣传取得新突破。寻甸电视台从2008年1月1日起单独设立频道,《寻甸新闻》由原来每周两组改为三组,加大和提高了新闻的信息量和时效性。寻甸电视台播出节目时长由过去30余分钟提升到5个多小时,新闻由每周二组增至三组,全年播出新闻1400余条以上,新闻宣传服务的能力和水平明显增强。

【数字电视转换】 启动数字电视整体转换工作。2007~2010年,共投入资金300多万元对城区、城郊网络实施了光缆升级改造,扩大了网络覆盖面,提升了传输质量。2010年8月初,正式启动县城数字电视整体转换工作。到2010年底,完成整转任务3000户。

【调频广播】 投资20多万元在县城后山打枪坡建成100W调频广播台,使以城区为中心的周边地区能够收听调频广播节目,进一步丰富了人民群众的精神文化生活。

【"村村通"工程】 至2010年先后建成"村村通"工程15278座。在"村村通"项目实施过程当中,对公路沿线和集镇周围的行政村采取光缆联网方式解决;对光纤一时难以覆盖的边远村采取了小片网、开路发射、卫星直播等方式解决。通过项目实施,广播电视综合覆盖率已达90%以上。构建农村广播电视综合服务体系。积极争取上级资金,先后在7个乡镇建成服务示范站。

【领导名录】

局　长:范克有(2003.04~2010.07)
副局长:张明喜(2007.09~2010.07)
　　　　朱　茜(2010.07至今)
　　　　鲁兴宇(2007.09~2010.07)

(撰稿人:杨与奎)

寻甸回族彝族自治县文学艺术界联合会

【县文学艺术界联合会】 1997年2月20日,成立寻甸县文学艺术界联合会(以下简称县文联),核定事业编制1人,与县文化体育局合署办公。设有七专业协会:文学工作者协会、艺术工作者协会、美术摄影工作者协会、书法工作者协会 、群众文艺工作者协会、电影工作者协会和老年诗词书画协会。2006年12月,成立了寻甸县民族文化研究会,为社会团体组织,返聘两位退休老同志驻会开展工作,与县文联合署办公。2010年9月,设立寻甸回族彝族自治县文学艺术界联合会,为群众团体组织,其机关为县文联办事机构,正科级。内设办公室(组织人事科),综合科(审计科)2个职能科室。核定机关事业编制5名(含领导控制数3名),其中:主席1名(正科级)、副主席2名(副科级,其中1名兼秘书长)、内设机构负责人2名。

【创办《寻甸民族文化》杂志】 2007年3月,县文联原来所办的文艺刊物《清水海》改刊为《寻甸民族文化》,县文联和县民族文化研究会一起合办《寻甸民族文化》杂志,为寻甸县第一本固定的综合性文艺期刊,按季度出版,大32开本,平均每期80个页码(其中包括20个彩页)。至2010年底,已出版14期,发表文学艺术作品、民族民间历史文化资料、各类时政及文艺信息800余篇,计100余万字,发表新闻图片、摄影作品千余幅。为寻甸县扩大对外宣传,促进全县民族文化艺术事业发展,推动非物质文化遗产的保护起到了积极的作用。

【举办"昆明地区少数民族作者暨青年作者培训班"】 2008年4月13日至19日,由昆明市文学艺术界联合会、昆明市民族事务委员会主办,昆明市文学院承办的"昆明地区少数民族作者暨青年作者培训班"在寻甸县举办。整个培训过程中,县文联工作人员积极做好后勤等保障工作,保障培训工作有条不紊地开展,取得预期的成效,受到了培训主办方及参训学员的好评。培训班的学员来自昆明市四区以外的10个辖区内县、市、区的少数民族作者和青年作者,大多都是当下活跃在文坛的中青年作者。县文联协助配合组织全县文学艺术爱好者积极参训、交流。通过学习,有效地提高了全县文艺创作队伍的素养。

【县民族文化研究会第一届第二次理事大会召开】 2009年7月15—16日,县民族文化研究会第一届第二次理事大会召开,全县文学艺术界各行各业文艺工作者160多人参会,对全县文学艺术的发展与繁荣提出了奋斗的方向,并对一段时期内我县各界文艺工作者提出了努力的导向。大会选举了县长马慈明同志为县民族文化研究会会长,补选了分管文化工作的副县长郑波同志为副会长,增补了王高潮、余文飞两位同志为常务理事。

【承办歌咏晚会】 2009年9月,县委宣传部主办,县文联、县民族文化研究会和县文化体育局共同承办了全县庆祝新中国60华诞万人歌咏晚会。

【编辑出版】 2010年3月,县文联和县民族文化研究会联合编辑了《寻甸民族文化丛书》(以下简称《丛书》)第一辑,由云南民族出版社公开出版。《丛书》共六册,分别是《寻甸舞台艺术作品选》、《寻甸小说作品选》、《寻甸散文作品选》、《寻甸诗歌作品选》、《寻甸史迹拾遗》、《云来云往》。《丛书》内容丰富多彩,体裁灵活多样,小说、散文、新体诗、旧体诗词、剧本、曲谱、史迹资料等等。收录了自新中国建国以来寻甸文学艺术创作的精英作者的优秀作品,涉及作者70余人,文学艺术作品近500篇(首),总计90余万字。反映了寻甸文艺队伍老、中、青作者梯次发展的良性轨迹。

2010年3月，县文联和县民族文化研究会联合编辑出版了一部反映寻甸县经济社会、发展建设、人文地理、风土人情的画册《寻甸风情物语》。

【电视纪录系列片《长征·云南不朽记忆》拍摄工作】 2010年8月，由云南省文联、省民委、省老干局、省旅游局联合云南博延影业文化传媒有限公司共同摄制的电视纪录系列片《长征·云南不朽记忆》摄制组到寻甸县拍摄。在县委宣传部的安排部署下，县文联积极协调组织，分别到寻甸县柯渡红军长征纪念馆、回辉村清真寺、可朗大村等地进行实地采访拍摄，取得了良好的效果。

【采风工作】 2010年9月，昆明市文联"亮点昆明"大型文艺家采风创作和乡镇文化定位工作团一行到寻甸县考察采风。在县委宣传部的协调安排下，县文联积极参与组织。采风团一行先后参观考察了星河温泉小镇、北大营天湖岛生态旅游项目、河滨公园、新一中、金所工业园区、红色庄园等亮点工程、开发项目、市委工作会观摩点。县文联积极负责全县乡镇文化定位的一手材料的搜集、整理、撰写及上报工作。

【文艺创作】 2007年8月，创作和组织花灯小戏《恩怨情怀》、小品《报药费》参加昆明市文联举办的"福宝杯"小戏小品汇演，分别获得一等奖和三等奖。2007年9月，组织推荐曲艺节目《糠箩箩·米箩箩》参加全国少数民族曲艺展演，获得节目一等奖和最佳新作奖双项大奖。2007年10月，组织排练花灯小戏《恩怨情怀》参加云南省首届花灯小戏电视大赛，荣获银奖，剧作者荣获编剧奖。

2008年12月，组织全县艺术工作者参加"云南省首届'三农'书画摄影展"。摄影作品《晨耕》、《勤》均获摄影类一等奖；油画作品《盛夏》获绘画类三等奖；另有摄影作品、绘画作品、书法作品3个获优秀奖。组织推荐的寻甸县文艺作品参加"昆明市第四届优秀文艺作品创作'茶花奖'"评选。花灯小戏《恩怨情怀》获一等奖；创作的彝族山歌说唱《糠箩箩·米箩箩》获二等奖；油画《暖冬》，方言小品《通》均获三等奖；诗集《山河赋》，《打开一扇窗》均获新作奖。

2009年9月，主办了县民族文化研究会理事马清凯同志的个人书法艺术作品展。

2009年10月，昆明市第九届少数民族运动会在寻甸县召开，县民族文化研究会和县文联工作人员积极，宣传报道运动会盛况，受到了县委政府的肯定和表彰，荣获1个集体表彰，县文联负责人张艺良同志荣获个人表彰。

2010年1月，组织寻甸县摄影爱好者张艺良、马克军的摄影作品《晨耕》、《彝家儿女》参加曲靖市首届"珠江源古镇杯"摄影大赛，均荣获一等奖。2010年3月，组织寻甸县文学爱好者参与昆明市文联和昆明市教育局联合举办的"中华赞·乡土情——昆明市诗词歌赋创作大赛"，作者马能俊、余文飞荣获二等奖，李存梅、王汉明荣获三等奖，县文联荣获得优秀组织奖。2010年9月，县文联艺术工作者协会会员，县民族文化研究会理事向世开同志创作的谐剧《晒包谷》、小品《大兴出门》、《梅阳林，我们不会忘记你》参加昆明市第七届"笑咪乐呵新昆明"小戏、小品、曲艺大赛，小品《大兴出门》获得二等奖；谐剧《晒包谷》、小品《梅阳林，我们不会忘记你》获得三等奖。

【县文联文学工作者2007年至2010年公开出版情况】

序号	作品名称	作者名	出版时间	体裁	出版社	发行量
1	《寻甸回族彝族自治县概况》(修订本)	马开尧	2008年3月	史志	北京民族出版社	2500本
2	《打开一扇窗》	马成云		诗集		
3	《山河赋》	马开尧	2008年5月	诗集	云南民族出版社	2000本
4	《今夜无眠》	马成云		诗集		
5	《读诗札记》	马成云	2008年8月	评论集	云南人民出版社	1000本
6	《寻甸史迹拾遗》	马能俊	2008年8月	评论集	云南人民出版社	1000本
7	《云来云往》	马成云	2009年5月	史料集	云南人民出版社	2000本
8	《寻甸舞台艺术作品选》	马能俊 主编 张艺良 副主编	2009年12月	诗集 戏剧集	文化艺术出版社	2000本
9	《寻甸诗歌作品选》	马开尧 主编 余文飞 副主编	2010年3月	诗集	云南民族出版社	3000本
10	《寻甸散文作品选》	马开尧 主编 余文飞 副主编	2010年3月	散文集	云南民族出版社	3000本
11	《寻甸小说作品选》	余文飞 主编 张艺良 副主编	2010年3月	小说集	云南民族出版社	3000本

【县文联文学工作者2007年至2010年在市级以上报刊发表作品情况】

序号	作品名称	作者名	发表时间/期号	体 裁	杂志/报刊名
1	《冷》	余文飞	2007年第1期	诗歌	《新国风》
2	《狐狸与葡萄的雅思俗想》	余文飞	2007年第1期	评论	《文艺天地》
3	《余文飞诗选》	余文飞	2007年第2期	组诗	《文艺天地》
4	《亦风作品》	余文飞	2007年第3期	组诗	《文艺天地》
5	《余文飞诗选》	余文飞	2007年第3期	组诗	《青海湖・下半月刊》
6	《走进贫穷》	马成云	2007年第4期	组诗	《燕赵诗刊》
7	《残疾证问题》(外一篇)	余文飞	2007年第4期	小小说	《文艺天地》
8	《延安窑洞》(外一首)	马开尧	2007年第10期	诗歌	《民族文学》
9	《星月映春城》	马成云	2008年第1期	散文	《回族文学》
10	《很久都没有写诗》(外一首)	余文飞	2008年第1期	诗歌	《文艺天地》
11	《我的眼睛模糊了，中国》	余文飞	2008年第2期	诗歌	《遵义文艺》
12	《我长在山村》(外二首)	余文飞	2008年第2期	诗歌	《文艺天地》
13	《狗王》	余文飞	2008年第3期	小说	《中国文学》(香港)
14	《中国力量》/《余文飞的诗》	余文飞	2008年第3期	评论/组诗	《文艺天地》
15	《孩子，别哭》(外三首)	余文飞	2008年第3期	诗歌	《陕北文学》
16	《今非昔比》	马成云	2008年第4期	诗歌	《岁月》
17	《孩子，别哭》(外二首)	余文飞	2008年第4期	诗歌	《中国文学》(香港)
18	《武松再过景阳冈》	余文飞	2008年第4期	小小说	《文艺天地》
19	《艳遇》(外一首)	马成云	2008年第6期	诗歌	《滇池》
20	《一束阳光穿透森林》(外一首)	余文飞	2008年第6期	诗歌	《滇池》
21	《渔网》	余文飞	2008年第8期	小说	《中国文学》(香港)
22	《红色印象》	马成云	2008年第10期	组诗	《民族文学》
23	《大孔小孔》	马成云	2008年第10期	小说	《滇池》
24	《打开一扇窗》	马成云	2008第12期(增刊)	组诗	《星星诗刊》
25	《孩子，别哭》	余文飞	2008年	诗歌	《同饮长江水 川海血脉情》(文汇出版社)
26	《在生活中生活》	余文飞	2009年第1期	组诗	《中国文学》(香港)
27	《一辆进不了城市的马车》(外二首)	余文飞	2009年第1期	诗歌	《新国风》
28	《南云小小说二题》	余文飞	2009年第1期	小小说	《文艺天地》
29	《垂直的阳光》	马成云	2009年第2期	评论	《文艺天地》
30	《余文飞小小说二题》	余文飞	2009年第2期	小小说	《文艺天地》
31	《关索岭》	马成云	2009年第3期	散文	《回族文学》
32	《捡来的儿子》	余文飞	2009年第3期	小说	《荒原文学》
33	《意外》(外二首)	余文飞	2009年第3期	诗歌	《文艺天地》
34	《初雪》	余文飞	2009年秋季号	诗歌	《葡萄园诗刊》(台湾)
35	《收不住的脚步》	马成云	2009年第4期	评论	《珠江源》
36	《捡来的儿子》	余文飞	2009年第4期	小说	《中国文学》(香港)
37	《秋风瑟瑟》	余文飞	2009年第4期	小说	《文艺天地》
38	《我那个时代的英雄》	王晋昆	2009年第5期	小说	《滇池》
39	《矿难》	马成云	2009年第6期	诗歌	《星星诗刊》
40	《救赎》(外二首)	马成云	2009年第8期	诗歌	《滇池》
41	《话忧伤，最酷是无题》	马成云	2009年7月24日	评论	《廊坊日报》
42	《在野外》	余文飞	2009年7月25日	诗歌	《中国建材报》
43	《在野外》	余文飞	2009年9月15日	诗歌	《宁夏日报》
44	《两岸》	余文飞	2009年冬季号	诗歌	《葡萄园诗刊》(台湾)
45	《果马坝子》	马成云	2010年第1期	散文	《回族文学》
46	《武曌》	余文飞	2010年创刊号	诗歌	《春风诗人》
47	《节日的牵挂》	余文飞	2010年第1期	组诗	《文艺天地》
48	《捡来的儿子》	余文飞	2010年1~2期	小说	《青海湖・下半月刊》
49	《墓地》《墓碑》	余文飞	2010年2月总116期	诗歌	《新大陆诗刊》(美国)
50	《七夕》	余文飞	2010年第2期	诗歌	《诗潮》
51	《城里人・乡下人》	余文飞	2010年第2期	组诗	《鲁西诗人》
52	《一束阳光穿透森林》	余文飞	2010年第2期	组诗	《文艺天地》
53	《牛抬头》	余文飞	2010年第3期	中篇小说	《文艺天地》
54	《节日》	余文飞	2010年第4期	组诗	《文艺天地》
55	《三杀》	余文飞	2010年第5期	小说	《荒原文学》

领导名录：

主　席　张艺良(2005.08至今)

副主席　马成云(2010.2—2010.12)

(撰稿人：余文飞)

卫　生

编辑：马云梅

医疗卫生管理

【县卫生局】 1971年9月，撤销文卫组，成立卫生局。2007年，经县委批准成立县卫生局党委。2010年9月，县卫生局机关设10个职能科室：办公室（党委办公室）、政策法规科（审计科）、医政科、药政科（中医科）、疾病控制科（艾滋病防治科）、妇幼卫生科、基层卫生科（新型农村合作医疗管理科）、科技教育科、计划财务科、组织人事科（纪检监察室）。设1个其它机构县爱国卫生运动委员会办公室。

【医疗卫生机构】 2010年，全县设置国家医疗卫生机构22个。其中，县级有7家：县一院、二院、县中医院、县疾病预防控制中心、县妇幼保健院、县卫生执法监督局、县新型农村合作医疗管理委员会办公室；乡（镇）卫生院15个。全县公立医疗机构门诊50.35万人（次），住院5.11万人（次）。医疗机构业务收入1.16亿元，药品收入5370.7万元。全县173个村委会均设有村卫生所，有乡村医生410人。截止2010年底，全县各级各类医疗机构196个，床位1333张，卫生技术人员728人，平均每千人拥有床位2.56张、卫技人员1.4人、执业医师0.66人、护士0.42人。

【卫生改革】 2008年对公立医疗机构负责人实行公推公选和公推直选。探索了功山卫生院托管模式，将县第二人民医院人员、业务、财产全部划给县第一人民医院，由县第一人民医院进行经营和管理。药品购销改革不断深化，2007年实行药品集中招标采购，2010年全面实施国家基本药物制度，实行药品零差率销售。积极探索医药分开改革试点，在中标价的基础下，价格再下降10%，全部让利给老百姓。

【基础设施建设】 2007年，全县有109个村卫生室列入项目建设，项目总投资469.8万元。其中，市级资金339万元，县级配套130.8万元，项目改扩建村卫生室业务用房6540平方米并投入使用。县保健院国债建设项目，新建业务用房1673平方米，项目总投资260万元。其中，国债资金60万元，市级资金50万元，单位自筹40万元。现业务用房已竣工并投入使用。

2008年，全县有4所乡镇卫生院列入国债建设项目（柯渡、甸沙、金所、六哨），改扩建及新建业务用房2543平方米，项目计划投资170万元。其中，中央资金140万元，配套资金30万元，项目实际完成投资297万元。县一院医技楼国债建设项目，新建业务用房4191平方米，项目总投资660万元。其中，国债资金200，市级资金50万元，单位自筹410万元。县中医院国债建设项目，新建业务用房4467平方米，项目总投资794万元。其中，国债资金100，市级资金70万元，单位自筹624万元。

2009年，全县有4所中心乡镇卫生院列入中央内需建设项目（柯渡、功山、羊街、倘甸），改扩建及新建业务用房3017平方米，项目计划投资336万元，其中中央资金300万元，配套资金36万元，项目实际完成投资450万元。县一院住院楼国债建设项目，新建业务用房9300平方米，项目总投资2325万元。其中，国债资金1800，省级资金157万元，市级资金200万元，县级配套168万元。

【爱国卫生】 切实加大创卫工作力度，巩固和扩大创卫成果。2007年取得昆明市灭鼠、灭蟑螂先进县城称号，2008年河口乡象鼻岭村成功创建为“云南省卫生村”。顺利通过云南省第八次卫生县城检查，取得云南省甲级卫生县城称号，2009年，全县8家单位获得昆明市爱国卫生先进单位称号，7家单位获得昆明市无吸烟先进单位称号，仁德镇月秀社区获得昆明市卫生社区称号，8个村被评为“卫生村”，35家单位创建为爱国卫生先进单位，50家单位（小区）被评为“昆明市门内卫生达标单位”。被云南省爱卫会命名为云南省灭鼠、灭蟑先进县城称号。2010年，3家单位通过市级爱国卫生先进单检查验收，3家通过市级无吸烟先进单位检查验收；1家单位通过云南省卫生先进单位的检查验收。全县共组织了80余次大规模的环境卫生大整治活动，进行了12次卫生检查评比活动。截止2010年底，农村改水受益率达90.66%，农村卫生厕所普及率达57.43%。并取得云南省甲级卫生县城称号。

【艾滋病防治工作】 2007年，开展大型宣传活动6次，发放宣传材料3.45万份，安全套6万只，覆盖14.45万人次。入户宣传12.03万户，覆盖48.47

人次，义务宣传覆盖 9.97 万人(次)，农民工宣传覆盖 2.25 万人(次)，共发放宣传资料 7.51 万份。培训各级各类人群 2943 人；针对高危人群开展干预活动 281 次，覆盖 2605 人(次)，提供安全套 2.08 万只，宣传材料 1850 份；完成重点人群艾滋病监测检测 9470 份，检出阳性 4 例；累计报告感染者/病人 90 例，死亡 6 例，存活 84 例，随访管理 31 例。

2008 年，开展大型宣传活动 7 次，发放宣传材料 2.16 万份，覆盖 2.36 万人。入户宣传 12.03 万户，覆盖 48.48 万人(次)，农民宣传覆盖 5109 人(次)，义务宣传覆盖 8.81 万人(次)，共发放宣传资料 4.15 万份。培训各级各类人群 3090 人；针对高危人群开展干预活动 309 次，覆盖 2350 人(次)，提供免费安全套 2.49 万只，宣传材料 2196 份；完成重点人群艾滋病监测检测 9758 人份，检出阳性 5 例；累计报告感染者/病人 109 例，死亡 7 例，存活 102 例，随访管理 29 例。关怀救助感染者及家庭 11 人，总金额 9700 元。

2009 年，开展大型宣传活动 6 次，发放宣传资料 7.32 万份，安全套 1.25 万只，覆盖 8 万人。入户宣传 6.70 万户，覆盖 2.96 万人(次)，农民工宣传覆盖 1.13 万人(次)，义务宣传覆盖 3.77 万人(次)，共发放宣传材料 4.29 万份。培训各级各类人员 1727 人；完成重点人群艾滋病监测检测 1.08 万人份，检出阳性 16 例。累计报告感染者/病人 138 例，死亡 11 例，存活 127 例，随访管理 59 例。关怀救助感染者及家庭 30 人，总金额 2.29 万元。

2010 年，开展大型宣传活动 3 次，发放宣传材料 1.29 万份，覆盖 23.06 万人。入户宣传 4.68 万户，覆盖 19.41 万人(次)，农民工宣传覆盖 7459 人(次)，义务宣传宣传覆盖 12.82 万人(次)的，共发放宣传材料 9.39 万份，安全套 2585 只。培训各级各类人员 3088 人；完成重点人群艾滋病监测检测 1.3 万人份，检出阳性 16 例；累计报告感染者/病人 166 例，已死亡 13 例，存活 153 例，随访管理 92 例。关怀救助感染者及家庭 57 人，总金额 4.74 万元。

【科教工作】 2007 年，与昆明医学院联合办学，对 41 名学员进行大专学历教育，对 51 名医务人员进行本科学历教育。与昆明市卫校合作对 39 名护理人员进行大专学历教育。配合好医生网站对 59 名乡村医生进行中专视频学历教育和执业助理医师考前辅导。选送了 26 名学员到省中医学院、省卫校影像大专班进行函授学习。选送了 16 名乡镇卫生院医务人员参加市卫生局组织的骨干医师培训，2 名中医人员参加省卫生厅组织的骨干医师培训。选送了 16 人参加市卫生局组织的急救知识培训。开展学术讲座、派人参加学术会议，外请专家主讲 12 次，受益 865 人，本系统人员主讲 123 次，受益 1920 人，13 人参加各种学术会议，发表学术论文 9 篇。对县直四家医疗卫生单位的卫技医学教育对象实行学分管理，40 人报市级参加学分审验，均获学分审验合格证书。推行网上继续医学教育，330 人进入北京健康在线好医生网站学习。

2008 年，与昆明医学院联合办学，对 78 名学员进行大专学历教育，对 46 名医务人员进行本科学历教育。与昆明市卫校合作对 40 名护理人员进行大专学历教育。配合好医生网站对 59 名乡村医生进行中专视频学历教育和执业助理医师考前辅导。选送了 33 人参加市卫生局组织的急救知识培训。组织 24 名医务人员参加住院医师规范化培训考试。先后组织 40 人参加了 6 场次的公共卫生突发事件应急培训。

2009 年，与昆明医学院联合办学，对 51 名学员进行大专学历教育，对 22 名医务人员进行本科学历教育。与昆明市卫校合作对 37 名护理人员进行大专学历教育。配合好医生网站对 74 名乡村医生进行中专视频学历教育和执业助理医师考前辅导；4 名中医人员参加省卫生厅组织的骨干医师培训。选送了 33 人参加市卫生局组织的急救知识培训。组织 424 人参加了省市县乡四级艾滋病防治工作知识培训。对 372 名乡村医生进行了防保专门业务、卫生法律法规、突发公共卫生事件、中医药知识培训。全年共有进修人员省级培训 52 人，市级 94 人，县级 23 人。

2010 年，与昆明医学院联合办学，对 15 名学员进行大专学历教育，对 6 名医务人员进行本科学历教育。与昆明市卫校合作对 6 名护理人员进行大专学历教育。3 名骨干医师参加全科医师培训。外请专家主讲 37 次，受益 286 人，本系统人员主讲 249 次，受益 1920 人，9 人参加各种学术会议，发表学术论文 9 篇。

【中医工作】 初步建立了县中医院、各乡镇卫生院、各村卫生室为主的中医工作体系。县中医医院成立于 1989 年 3 月，是在原县城关卫生院基础上改建而成的一所二级乙等中医医院，是云南中医学院教学实习定点医院。医院占地面积 8600 平方米，业务用房面积 6470 平方米，固定资产 2800 万元。现有在职职工 96 人，离退休职工 29 人，本科学历 40 人，大专学历 45 人，高级职称 1 人，中级职称 29 人。设住院病床 218 张，急诊观察床 15 张。开设内一科、内二科、外(骨)科、妇产科、急诊科、针灸科、口腔科、五官科等临床科室；有省级重点中医专科 1 个(针灸科)，市级重点中医专科 1 个(老年病科)；设放射科、检验科、功能科、药剂科等医技辅助科室；拥有全自动生化仪、彩色多普勒 B 超诊断仪、经颅多普勒、500mAX 光机诊断机、CR、体外超声碎石机等大型设备。其中，2007 年引进日本进口奥林巴斯全自动生化仪 1 台，2008 年引进 CR 成像系统 1 台、荷兰进口飞利浦彩色 B 超 1 台、2009 年引进电子胃镜 1 台、电子阴道镜 1 台。

【中医药宣传】 2009 年 3 月 28 日由县中医院组织了“中医中药中国行”大型科普宣传活动暨寻甸县中医医院义诊活动。发放常见病治疗手册等及医院制定的健康教育处方等共计 2000 余份。老中医义诊免费为患者开中药处方 20 余张，免费给患者针灸 10 余人，测血压 50 余人次，向老百姓免费发放价值 500 元的中成药。制作了 3 块展板，对医院基本概况，重点中医专科针灸科、肛肠科特色疗法进行了宣传。2010 年 9 月 12 日在金世纪广场组织了“中医药科普知识宣传周”活动暨义诊活动。发放“健康教育处方共计 800 余份。免费为患者开中药处方 20 余张，免费给患者针灸 10 余人，测血压 50 余人次。并对在中医院住院实行减免门槛费以及中医诊疗二次报账进行了宣传。

【红会工作】 2007 年，开展救灾慰问活动，筹集大米 5.4 吨及衣物、鞋子、被子价值 6.31 万元的物资，分别对 5 个特困户和受灾户进行了慰问。组织社会爱心捐款 11970 元救助患者。争取 3.5 万元的书籍、书架为功山镇菜地小学，金所乡哨上小学、竹沟小学、119 希望小学、海子小学建立“红十字书库”。

2008 年，筹集大米 3 吨及衣服、鞋子、被子价值 3 万余元物资，对 5 个乡镇麻风病患者及畸残者进行慰问。组织募捐救灾款 21 万余元对四川省汶川县地震救灾。组织社会爱心捐款 11170 元救助了金所乡新田村委会小学生肝移植及柯渡镇磨腮村委会租则村白血病救治，组织本县的红十字会自愿者，社区机关工作人员、仁德二中、仁德二小、仁德三小、金所中学及东发社区相关人员5577人进行了红十字卫生救护培训。

2009年，筹集物资军用被服8床、旅游鞋10双、饼干4箱、衣服16套救助功山镇小横山村发生火灾受灾户。筹集被服170床、饼干20箱对8个乡镇的受灾户及孤寡人员及伤残人员进行慰问。3月1日，邀请昆明市中心血站在金世纪大酒店开展无偿献血活动，发放资料1000多份，84人参加了无偿献血，献血24000ml。

2010年，筹集被服140床、大米4吨对凤仪镇和功山镇的受灾户及孤寡人员及伤残人员进行慰问。积极实施“春雨行动”，争取上级抗旱救灾资金120万元，80万元用于购买大米、矿泉水、食用油，40万元用于建设仁德镇道院村委会庙坡村和六哨乡板桥村委瓦窑村饮水工程。协调康明斯中国投资有限公司云南办事处捐款34255.38万元在河口乡十八车苗族村修建12座博爱水窖。发放大米17.78万千克、矿泉水1000件，食用油1506桶到8个乡镇的受灾农户。发放无偿献血宣传资料1000多份，92人参加了无偿献血，共抽取27600ml血液。

新型农村合作医疗

【筹资标准】 2007年，农民人均筹资10元，中央财政和省财政人均各配套20元。2008年，农民人均筹资10元，中央财政和省财政人均各配套40元。2009年，农民人均筹资20元，中央财政和省财政人均各配套40元。2010年，农民人均筹资20元，中央财政和省财政人均各配套60元。

【参合情况】 2007年，应参合农民478746人，实际参合农民470748人，农民参合率98.33%。2008年，应参合农民481824人，实际参合农民475309人，农民参合率98.65%。2009年，应参合农484878人，实际参合农民483856人，农民参合率99.78%。2010年，应参合农民493995人，实际参合农民493007人，农民参合率99.8%。

【补偿方案】 2007年，门诊报销。实行门诊统筹，参合农民每次的门诊费用都可以按照25%的比例进行减免，每年门诊减免封顶线为100元。住院报销。乡级：住院报销起付线80元，报销比例60%；县级：住院报销起付线200元，报销比例50%；市级：住院报销起付线500元，报销比例40%；省级：住院报销起付线600元，报销比例35%。封顶线。每人每年住院报销封顶线为0.5万元。

2008年，门诊报销。实行门诊统筹，参合农民每次的门诊费用都可以按照40%的比例进行减免，每年门诊减免封顶线为200元。住院报销。乡级：住院报销起付线80元，报销比例70%；县级：住院报销起付线200元，报销比例60%；市级：住院报销起付线500元，报销比例40%；省级：住院报销起付线600元，报销比例35%。封顶线。每人每年住院报销封顶线为1.5万元。

2009年，门诊报销。实行门诊统筹，参合农民每次的门诊费用都可以按照40%的比例进行减免，每年门诊减免封顶线为200元。住院报销。乡级：住院报销起付线50元，报销比例70%；县级：住院报销起付线150元，报销比例60%；省市级：住院报销起付线500元，报销比例50%；封顶线。每人每年住院报销封顶线为2万元。

2010年，门诊报销。实行门诊统筹，参合农民每次的门诊费用都可以按照25%的比例进行减免，每年门诊减免封顶线为100元。住院报销。乡级：住院报销起付线50元，报销比例70%；县级：住院报销起付线150元，报销比例50%；市级：住院报销起付线500元，报销比例35%；省级：住院报销起付线600元，报销比例30%；封顶线。每人每年住院报销封顶线为3万元。

【资金筹集及使用】 2007年，共筹集新农合资金2353.74万元，其中农民个人缴费470.74万元，中央财政配套941.5万元，省财政配套941.5万元。全年累计报销233575人(次)，报销1735.56万元，其中门诊报销209064人(次)，报销190.39万元，住院报销24511人(次)，报销1545.17万元，资金使用率为73.74%。

2008年，共筹集新农合资金4753.09万元，其中农民个人缴费475.3万元，中央财政配套1901.23万元，省财政配套1901.23万元。全年累计报销743425人(次)，报销3483.23万元，其中门诊报销710756人(次)，报销838.71万元，住院报销32669人次，报销2644.52万元，资金使用率81.43%。

2009年，共筹集新农合资金4838.56万元，其中农民个人缴费967.71万元，中央财政配套1935.42万元，省财政配套1935.42万元。全年累计报销640703人(次)，报销5778.45万元，其中门诊报销596846人(次)，报销1024.87万元，住院报销43857人(次)，报销4753.57万元，资金使用率119.42%。

2010年，共筹集新农合资金6902.09万元，其中农民个人缴费986.01万元，中央财政配套2958.04万元，省财政配套2958.04万元。全年累计报销405123人(次)，报销6103.82万元，其中门诊报销345789人(次)，报销469.34万元，住院报销59334人(次)，报销5634.48万元，资金使用率88.43%。

卫生监管

【食品卫生监督】 2007年，共发放食品卫生许可证1417份，体检食品从业人员2606人，检出不得从事食品生产经营的工作人员21名，调离了食品工作岗位。全面实施了餐饮经营单位卫生监督量化分级管理工作。餐饮经营单位量化分级管理覆盖率达95%。制定了《寻甸县卫生局食品卫生许可清理整治方案》，开展食品生产企业卫生安全专项整治工作，共监督检查食品生产加工单位267户(次)，警告并限期整改41户，发出《卫生监督意见书》62份，罚款2户，共1200元。开展对县农贸市场食品卫生秩序专项整治。共检查食品生产经营单位118户，其中熟食品和凉菜销售摊点21户，小吃店33户，生肉销售17户，其它食品生产经营单位47户；通知83份。开展县城餐饮消费安全专项整治。10月30日在电视台公布了《寻甸县卫生局关于开展餐饮业食品安全专项整治的通告》。制作《寻甸县餐饮单位食品采购进货验收台帐》250本、发放相关法律法规资料1000余份，对餐饮经营单位进行量化评定，使餐馆经营单位量化分级管理覆盖率达95%

以上。取得卫生许可证的单位建立原料进货索证制度已达100%。警告并限期整改182户，发出《卫生监督意见书》439份，罚款12户，共计人民币7200元。

2008年，对违反《食品卫生法》的89户食品生产经营单位进行了处罚，罚款人民币3.85万元。开展餐饮经营单位卫生达标检查。制定《寻甸县卫生局关于进行餐饮业经营单位卫生达标大检查的实施方案》，成立检查工作领导小组，于5月12日—8月29日，在全县范围内开展了餐饮业经营单位卫生达标大检查工作。对县城237户餐饮单位逐户进行了2次卫生专项检查。开展对乡镇食品生产经营单位卫生巡回巡查，换发卫生许可证，对食品从业人员进行体检和卫生知识培训工作。监督检查食品生产经营单位1230余户。换发食品卫生许可证1624份，其中，餐饮业和集体食堂417份，食品生产加工79份，食品经营1128份；体检培训食品从业3302人。检出职业禁忌从业人员17名，并调离食品工作岗位。对全县的保健食品销售市场进行专项检查，共检查成人用品店5户，保健食品销售店2户，药店和食品超市37户，现场没收销毁不符合的食品4件，价值约5000余元，对3户严重违反《保健食品管理办法》的经营单位进行了处罚。实施食品卫生监督量化分级管理制度。对发证的417户餐饮业和集体食堂都进行了量化，A级餐饮业卫生单位3户，B级餐饮业卫生单位32户，C级餐饮业卫生单位382户。开展"创甲级卫生县城、迎接民运会"专项检查。开展了全县餐饮业、公共场所经营单位卫生专项检查。对县城餐饮单位和幼儿园餐具消毒情况进行了检测，共采集餐具样品463件，检测合格315件，合格率为68.03%。

2009年，共监督检查从事餐饮经营单位465户次，出动卫生监督员200余人(次)，检测食品样品78份，参加2次县政府组织的法律法规知识宣传工作，发放宣传资料1500余份，播出食品安全专项检查电视新闻2条。开展食品消费环节打击违法添加非食用物质和滥用食品添加剂专项整治工作，共检查餐饮单位425户，出动卫生监督执法人员115人(次)，车辆26台(次)，同时做到10天报送一次整治工作报表或信息材料。在县电视台播报监督信息2条，悬挂标语横幅1条，发放宣传单450份，培训餐饮业负责人和从业人员613人次，共发放整治通告300份，自查自纠登记表300份，收回80份，收缴销毁标识不全或无标示的食品原料11包。8月24日—10月9日，对257户餐饮单位进行了食品安全专项监督检查，其中旅游景点餐饮服务单位10户，对存在问题提出卫生监督意见，并责令10月14日以前整改到位。开展集中式餐具消毒配送单位监督检查，对仁德镇4户集中式餐具消毒配送单位进行检查，对存在的问题提出整改要求，责令限期整改。完成了昆明市第九届民运会期间食品安全保障工作。从10月10日重点对33户餐饮、住宿接待单位进行高标准监督检查，12日派驻18名卫生执法人员，对接待单位进行全天候蹲点监督检查；加强食品安全保障工作，9名卫生专业人员及9名卫生监督执法人员，进驻32户定点接待单位，做好食品卫生保障；对7户定点接待单位餐具、蔬菜、肉类进行现场检测，采集样品78份，其中，合格68份，不合格10份，合格率为87.2%。针对不合格样品，卫生监督员纠正了经营单位在消毒工作、食品采购及食品加工中存在的问题。

2010年，完成了省甲级卫生县城餐饮行业复审、验收工作，进行食品安全宣传周活动，重大节日前后对学校食堂(含幼儿园)、餐饮单位和旅游景点及交通沿线餐饮单位进行专项监督检查等工作。共监督检查从事餐饮经营单位513户次，出动卫生监督员200余人(次)，责令整改260余户完成重大接待和重要活动卫生保障10(次)，发放宣传手册1000余份，播出食品安全专项检查电视新闻2条。8月—11月，共对257户餐饮单位进行了食品安全专项监督检查，其中旅游景点餐饮服务单位10户。对存在问题提出卫生监督意见，并责令10月20日以前整改到位。对仁德镇4户集中式餐具消毒配送单位进行检查，对存在的问题提出整改要求，责令限期整改。

【医疗服务卫生监督】 2007年，共出动为生监督员360人(次)，执法车辆100辆(次)，监督检查医疗机构205个。其中，县级医疗单位3个、乡镇卫生院16个、村卫生室160个、私人诊所26个。共取缔"黑诊所"25个，取缔非法牙科诊疗摊点21个，没收医疗器械6件，药品8箱，罚款人民币4万余元。对3家县级医疗机构、16家乡(镇)卫生院、30家村卫生室、15家个体诊所进行传染病防治、医疗废物管理监督检查。进行卫生法制宣传活动3次，发放宣传资料1000份。

2008年，严厉打击非法行医。重点加强对城乡结合部、集贸市场内游医、牙医的打击力度。对3家临床用血医疗单位进行了专项检查。对各乡(镇)非法牙科诊疗摊点进行专项检查、整治。共取缔非法牙科诊疗摊点3户、游医2户，没收器械、广告牌2块、药品2件。加强卫生行政许可规范化管理。对医疗单位到期的《医疗机构执业许可证》进行审核、换发许可证，共计换发《医疗机构执业许可证》12户。开展医疗执业情况检查。全县共有医疗机构220家，其中，非营利性医疗机构194家、营利性医疗机构26家，检查非营利性医疗机构171家，营利性医疗机构18家，监督覆盖率达86%。检查中发现无证擅自开展诊疗活动的医疗机构25家，超出核准登记范围开展诊疗活动的医疗机构6家，使用非卫生技术人员从事医疗卫生技术工作的医疗机构18家。通过检查，责令改正10家，责令暂停执业活动1家，立案查处38起，没收药品、医疗器械3件，罚款人民币6.04万元。开展传染病防治、医疗废物管理工作专项检查。共检查县级医疗单位4家，乡镇卫生院5家，社区卫生服务中心(站)2家。医疗机构消毒工作检查。对全县153家医疗单位消毒灭菌器械、物品、消毒液、重点部门空气消毒质量、一次性用品进行采样检测，共采集样品553份。此次检测，共有45家医疗单位的样品检测不符合国家标准，依照有关法规对45家医疗单位进行查处，罚款人民币1.75万元。

2009年，共监督检查医疗机构127户，取缔"黑诊所"、牙科摊点79户，没收医疗器械、药品87件、广告牌4块，监督覆盖率达86%，责令改正10家，立案查处38起，发放相关法律法规相传资料2000余份，换发《医疗机构执业许可证》16份。开展医源性污水处理情况检查。共计检查县级医疗单位4家，乡镇卫生院5家，社区卫生服务中心(站)2家。

2010年，继续打击非法行医和非法采供血专项行动，4月，对9个乡(镇)医疗服务单位进行常规检查。共监督检查56户，查处违法相关法律、法规医疗机构38户，处罚23户，处罚金额共计4万余元，没收医疗器械及药品47件，责令限期整改23户，发放相关法律法规宣传资料2000余份，播出打击非法行医电视新闻1条。对全县医疗单位传染病防治、医疗废物管理和医源性污水管理进行检查。全年共对20户医疗机构、20所学校、6户餐具集中消毒配送单位，进行传染病防治工作检查。共计检查县级医疗单位4家，乡(镇)卫生院5家，社区卫生服务中心(站)2家。

【公共场所卫生监督】　2007年，全面实施公共场所量化分级管理制度。体检公共场所从业人员58人，培训公共场所从业人员58人。按照昆明市卫生监督量化评分表进行了量化分级评分。开展公共场所卫生许可制度，共发放公共场所卫生许可证70个。

2008年，深入开展公共场所量化分级管理工作。发放“关于在寻甸县全面实施公共场所卫生监督量化分级管理的通知”50余份。对开展量化分级管理的经营单位进行宣传、指导及监督检查，要求他们对照量化分级管理的评分表自检自查，并进行整改，共督促整改35家。开展公共场所卫生监督执法活动，全年监督覆盖率达100%。对无卫生许可证、从业人员无健康培训合格证、不符合卫生标准等违法行为进行查处，立案15起，检出职业禁忌从业人员1名，现已调离公共场所工作岗位。没收过期及“三无”化妆品50余件，责令改正15家，罚款人民币2000元，下发卫生监督意见书5份。

2009年，共监督检查公共场所经营单位47户，出动卫生执法人员150人次，监测经营单位134户，采集样品1735份，发放、效验餐饮服务许可证474份、公共场所卫生许可证173份。对空气质量、公共卫生用品、用具进行现场卫生状况检测，共监测经营单位133户，采集样品1735份。在县城开展对旅店业、公共浴室、美容美发、游泳池四类场所的量化分级管理工作，发放资料50余份，督促整改35家。

2010年，共监督检查公共场所经营单位217户，出动卫生执法人员1953人次，监测经营单位41户，采集样品382份，实施量化分级管理，评定C级经营单位7户，B级经营户2户。开展文化娱乐场所公共卫生用具、空气质量监测。共监测经营单位41户，采集样品382份。发放资料50余份，督促整改76家。

【饮用水卫生监督】　2007年，共监督检查县级集中式供水单位、桶装水生产单位、乡(镇)简易自来水厂19户，县级集中式供水单位和桶装水生产单位持卫生许可证5份，持证率100%；乡镇简易自来水厂持有效卫生许可证4份，持证率29%。对饮用水卫生从业人员进行持证上岗检查，共现场检查从业人员89人，持证率为100%。对县自来水厂和4户桶装水生产单位进行了2次巡回检查，对县自来水厂进行饮水卫生安全专项检查2次，乡镇简易自来水厂14户进行监督检查1次。采集桶装水生产单位水源水和成品水水样共8件送检，其中水源水和产成品水水样各4件，合格率100%。对县自来水厂的出厂水、末梢水监测，全年共抽检水样72件，合格69件。全面实施了桶装水生产单位食品卫生监督量化分级管理工作，对4户桶装水生产单位都进行了量化分级管理评定，覆盖率100%，全部为C级。

2008年，对包装水生产、销售单位专项检查和水质抽检。5月6日—5月15日，对全县4户桶装水生产单位，7户销售单位进行了专项检查，并采集桶装饮用水样品7份、瓶装饮用水样品1份，送县疾病预防控制中心检测，8份样品均为合格。8月19日，对3户桶装水生产单位进行专项检查，并采集水源水样品3件、成品水样品3件，送昆明市疾病预防控制中心检测，成品水样品3件均为合格，水源水样品合格2件。对集中式供水单位进行了专项检查。对县自来水厂进行了3次专项检查，每月进行一次水质监测，全年共采集水样72份。对生活饮用水生产过程不符号卫生要求，水质检测不合格的行为进行了处罚，共计罚款3000元。对乡(镇)简易自来水厂进行了一次卫生监督巡查，对供管水人员进行了一次体检培训。

2009年，开展了全县生活饮用水消毒剂专项检查。共有县级集中式供水单位1户，乡镇简易集中式供水单位14户。县自来水厂使用液氯进行消毒；14户乡镇简易集中式供水单位无必要的水质净化消毒设施，只是简单取水—蓄水—配水，基本不对饮用水进行消毒，无相应的卫生管理制度，对工作人员已经进行了预防性健康体检；各单位内部使用的二次供水水箱(池)很少进行消毒，偶尔使用漂白粉进行消毒。未发现违规使用消毒剂的情况。对集中式供水单位进行了专项检查。对县自来水厂进行了2次专项检查，每月进行一次水质监测。

2010年，对县级1户集中式供水单位，乡(镇)14户简易集中式供水单位进行监督检查，并对25所学校(其中幼儿园10户)进行饮用水卫生专项检查。每月对县水厂进行水质监测，对1户二次供水单位进行水质监测。对全县二次供水单位进行现场监测。10月份，对金世纪大酒店二次供水设施进行检查，采集二次供水水样1份，疾控中心进行检测，监测结果为合格。

【学校卫生监督】　2007年3月和9月，县卫生局与教育局组织学校进行了2次学校卫生专项检查。

2008年，学校食品、饮用水和传染病专项检查。1月7日—18日，对全县中学进行了学校卫生安全专项检查，对存在问题较多的11户学校提出了卫生监督意见，要求在寒假期间进行整改。4月7日—4月18日与县教育局，开展了春季学校卫生安全专项检查，对全县中学、部分小学和幼儿园共39户进行了检查，对1月份提出整改意见，整改不符合要求或未进行整改的4户学校进行了处罚，共计罚款3500元。全年共对17户学校和幼儿园进行了秋季学校卫生安全专项检查，对严重违反《食品卫生法》的2户学校进行了处罚，共计罚款人民币8000元。幼儿园手足口病防控专项检查。4月28日—5月23日，联合教育局对全县幼儿园进行了手足口病防控专项检查，对存在问题要求限期整改。5月26日—6月2日，对仁德镇7所幼儿园餐具、用具、玩具消毒进行了监测，共采集样品25件，合格16件，合格率为64%。对餐具消毒不合格的3所幼儿园进行了处罚，共计罚款2000元。5月7日，对仁德镇辖区内的小学校长、幼儿园园长进行了手足口病预防控制知识培训。

2009年5月—11月，与县教育局认真组织开展了对全县部分学校和幼儿园专项检查，共检查学校29户，其中幼儿园11户。对存在问题提出整改意见，要求限期整改。10月25日—30日，对全县的中心学校、中学、部分小学和幼儿园进行了专项检查，主要检查学校的食品安全、甲流感防控、饮用水安全情况，并对近期的学校卫生工作提出10点卫生要求。

2010年，从3月9日开始，联合县教育局认真组织开展了对全县部分学校和幼儿园专项检查。共检查学校25所，其中幼儿园10户。对存在问题提出整改意见，要求限期整改。

【化妆品卫生监督】　2007年，重点对化妆品经营、使用单位的化妆品生产企业卫生许可证、检验报告证明及包装标识进行清理检查，按要求组织开展了化妆品专项检查，共出动执法人员18人次，车辆4辆次，检查大型化妆品批发销售单位及美容院15户。对柜台、库存的化妆品逐一进行清理检查并进行了登记。

2008年，广泛宣传相关法律法规，开展化妆品专项检查两次，检查化妆品经营使用单位43家，没收“三无”产品及超过保质期化妆品20余件。

2009年，开展化妆品专项检查两次，检查化妆使用单位24家，没收“三无”产品及超过保质期化妆品20余件。

2010年，开展化妆品专项检查两次，检查化妆品经营、使用单位24家，没收“三无”产品及超过保质期化妆品15余件。

【职业卫生监督】 2007年，在市卫生执法监督局的指导下，对12家存在职业病危害的企业进行了监督检查，对违反规定的6家企业给予了警告，责令限期改正。10月17日，由县卫生局牵头，联合县职能部门举办《中华人民共和国职业病防治法》实施5周年座谈培训会。对接触职业病危害的工人456名进行了职业健康检查，对企业职业病危害作业场所进行了危害因素检测。

2008年，全县存在职业病危害项目的单位有400多户，其中规模以上企业18户，接触职业病危害因素的劳动工人3000多人。其中接触粉尘危害因素600多人；接触化学危害因素2400多人；接触物理危害因素500多人；接触其它职业危害因素500多人。全年对12户存在职业病危害的企业进行了一次监督检查。

2009年，于4月24日~5月1日开展了《职业病防治法》宣传活动，共深入8户企业进行宣传，出动宣传人员12人次，出动宣传车2辆次，张贴宣传画15张，发放《职业病防治法》和《云南省职业病防治条例》420份，发放要求企业张贴宣传画37张。

2010年，协调云南省第三人民医院对全县17户企业接触职业病危害因素3415名从业人员进行职业危害健康体检。

【执法宣传活动】 2007年，“3·15”消费者权益保护日，县卫生监督执法队与消协成员单位联合开展宣传咨询活动，出动监督人员4人，发放各种宣传资料3000余份，现场咨询15人次。在县电视台播报卫生执法监督新闻5次。

2008年9月7日，参加全县统一的食品安全宣传月启动仪式，发放宣传材料200多份，卫生培训教材52本，制定宣传展板1块，悬挂宣传布标1条。制作了3期食品卫生监督检查的工作简报发到各相关单位，联系县电视台播报了3条食品安全监督检查的新闻稿。对食品生产经营负责人及从业人员3302人进行卫生基础知识、操作要领、食品污染控制、卫生法律法规及卫生标准等方面的培训和指导。联系县广播电视局制作打击非法行医电视专题节目，节目对“黑诊所”真正面目真实的揭露，极大地震撼了各种非法行医者；通过法制宣传月、周将卫生法律法规知识宣传工作深入农村，深入城乡结合部，深入基层百姓，制作“打非”图片展板3块，发放宣传资料2000份。

2009年5月15日，参加在河口乡统一的宣传活动启动仪式。出3名卫生监督员、执法车辆1台，发放宣传材料500多份，制作展板1块，接受现场咨询5人。县卫生局和餐饮单位共悬挂宣传布标4条。组织县城的16户大中型餐饮单位负责人进行《食品安全法》座谈，发放宣传手册47份。4月24日~5月1日开展了《职业病防治法》宣传活动。深入8户企业进行宣传，出动宣传人员12人次，出动宣传车2辆次，张贴宣传画15张，发放《职业病防治法》和《云南省职业病防治条例》420份。

2010年5月25日，参加在功山镇举行的食品安全宣传周活动启动仪式。派出6名卫生监督员参加，发放宣传材料200余份，制作展板1块，接受现场咨询5人。悬挂宣传布标2条。对县城部分的大中型餐饮单位负责人进行宣传教育，发放宣传手册43份。

【卫生保障工作】 2007年，重大节假日前后对县城餐饮单位、食品批发销售单位、旅游景点和交通沿线食品生产经营单位进行专项监督检查，完成“引清济昆”工程启动仪式卫生保障工作。

2008年，重大节日前后对学校食堂、县城餐饮单位和旅游景点及交通沿线餐饮单位进行专项监督检查。完成重大接待和重要活动卫生保障5次。

2009年，重大节日前后进行学校食堂(含幼儿园)、县城餐饮单位和旅游景点及交通沿线餐饮单位进行专项监督检查。完成昆明市第九届民运会期间食品安全等重大接待和重要活动卫生保障5次。

2010年，重大节日前后进行学校食堂(含幼儿园)、县城餐饮单位和旅游景点及交通沿线餐饮单位进行专项监督检查。完成重大接待和重要活动卫生保障10次。

疾病预防控制

【鼠密度监测】 2007年，在仁德镇北观、中桥设置两个固定家栖鼠监测点共布放鼠笼7991个，捕鼠74只，捕鼠率为0.93%。在固定野栖鼠监测。监测点监测范围内的山地，布放鼠夹3500个，捕鼠2只，室外捕鼠率为0.06%，放鼠笼7991个，捕获家鼠74只，室内捕鼠率为0.93%。采集血清57份、鼠肝脾76份，进行血清学、病原学检测，结果全部为阴性。配合县爱卫会开展了春季灭前灭后的鼠密度监测。灭鼠前家鼠监测：放鼠笼300个，布放3天，捕鼠6只，捕鼠率为2.00%。野鼠监测：放鼠夹400个，捕鼠4只，捕鼠率为1.00%。灭鼠后家鼠监测：放鼠笼400个，捕鼠2只，捕鼠率为0.5%。所捕鼠经实验室检测结果全部为阴性。

2008年，鼠密度常规监测共放鼠笼6870个，在固定监测点监测范围内的山地，放鼠夹3996个，共捕鼠69只，血清49份，肝脾70份，结果全部阴性。配合县爱卫会开展了春季灭前灭后的鼠密度监测。灭鼠前监测：重点单位布粉块277块，有效粉块数264块，阳性粉块5块，阳性率1.89%。灭鼠后监测：布粉块293块，有效粉块数282块，阳性粉块1块，阳性率0.35%。

2009年，共放鼠笼6000个，在固定监测点和流动监测点范围内的山地，放鼠夹4000个，共捕鼠109只，其中家鼠101只，褐家鼠69只、黄胸鼠19只、小家鼠13只；野鼠8只，霍家鼠4只、高山姬鼠4只，血清78份，肝脾112份，结果全部阴性。

2010年，共放鼠笼7200个，在固定监测点和流动监测点范围内的山地，放鼠夹4800个，共捕鼠60只，血清30份，肝脾60份，检蚤4匹，为不等单蚤，结果全部为阴性。

【以霍乱为重点的肠道传染病防制】 2007年，每周对县城7家宾馆旅社进行巡诊，共巡诊336家次，住宿人员59325人次，未发现霍乱疑似和确诊病例。县级医院常年坚持开设肠道门诊，县医院共接诊腹泻病例109份，采集排泄物培养38份，培养率为34.86%；中医院共接诊腹泻病例37份，培养排泄物13份，培养率为35.14%；疾控中心采样培养31份，结果为阴性。在县城设置5个外环境Ⅱ号菌监测点，每月进行两次采样监测，共监测120件，结果全部为阴性。

2008年共巡诊54873人次，未发现霍乱疑似和确诊病例。县级医院1－10月共采集腹泻病人粪便标本97份，其中疾控中心40份，县医院28份，中医院29份，经培养检测全部为阴性。坚持每月两次，5个外环境Ⅱ号菌监测点进行监测，共采样监测110件，腹泻病人粪便监测培养40份，结果全部为阴性。

2009年共巡诊49352人次，未发现霍乱疑似和确诊病例。县医院肠道门诊数106人，培养58人，培养率54.72%；县中医院肠道门诊数20人，培养18人，培养率90%；疾控中心登记27例，培养27例。以上培养全部为阴性。坚持每月两次3～5个外环境监测，共监测74个点次，水海产品监测113件。Ⅱ号菌监测结果全部为阴性。

2010年共巡诊116074人次，未发现霍乱疑似和确诊病例。县医院肠道门诊数36人，培养36人，培养率100%；县中医院肠道门诊数29人，培养29人，培养率100%；疾控中心登记39例，培养39例，培养率100%；。以上培养全部为阴性。坚持每月两次3～5个外环境监测，共监测77个点次，水海产品监测172件。Ⅱ号菌监测结果全部为阴性。

【结核病防治】　2007年，共接待初诊病人338人，给予免费摄片，对摄片异常的229例病人均给予免费痰检，共查出项目病人119人，其中初治涂阳病人104例，涂阴病人15例，无复治涂阳病人，对以上病人均进行手工病案登记及电子病案录入，并及时上卡管理，上卡管理率为100%。2月末痰菌阴转情况：2007年初治涂阳病人104人，痰菌阴转104例，阴转率为100%。

2008年，共接待初诊病人262人，免费摄片150人，免费痰检173人，共查出项目病人110人，其中初治涂阳病人104例，涂阴病人6例，无复治涂阳病人。对以上病人均进行手工病案登记及电子病案录入，并及时上卡管理，上卡管理率为100%。2月末痰菌阴转情况：初治涂阳病人104人，其中阴转103例，阴转率为99.04%。

2009年，共接待初诊病人263人，都给予免费摄片及查痰，结防科共收治病人114例，其中初治涂阳105例，复治涂阳7例，涂阴2例，上卡管理率100%，涂阳病人归口管理101例，归口管理率100%。“五率”指标：医疗机构病人报告率：医疗机构应报告人数138人，漏报0例，实报告138例，报告率为100%。病人转诊率：需转诊病人138人，转诊138人，转诊率为100%。追踪到位率：追踪138人，到位129人，追踪到位率93.48%。病人系统管理率：114例病例，全部纳入系统管理，系统管理率100%。病人家属筛查率：对112例涂阳病例家属全部进行筛查，共有家属283人，筛查283人，筛查率100%。

2010年，共接诊初诊病人305人，痰检219人，确诊并收治项目病人110人，其中初治涂阳病人105人，复治涂阳2人，初治涂阴3人。涂阳病人二月末阴转率100%，涂阳病人治愈率90%，涂阴病人完成疗程率100%。对病人均按项目要求进行专报系统病案录入，并及时上卡管理，上卡管理率为100%。

【麻风病防治】　2007年，全县各乡（镇）共上报疑似麻风病病例22例，经诊断麻风病7例，占31.81%，7例麻风病病例全部进行了规范化疗，治疗率100%。2007年对有麻风病史472户进行调查，实际调查了467户，应调查人口数为1773人，实际调查1773人，调查率分别为100%。2007年有39例麻风病人仍在康复村治疗，经复查无复发病例。配合国际爱心扶贫组织到康复村修复溃疡24例，对留院治疗的麻风病人腹股沟瘤1例、倒睫1例、眼白内障4例送昆明进行手术，并对院外新病人溃疡修复1例。麻风病患者家属筛查工作。应检70人，实检70人，检查率100%，未发现麻风病患者家属患病情况。

2008年开展中央转移支付补助云南省麻风病项目。全县共开展线索调查22197人，查出可疑线索105人。对病人家属密切接触者检查76人，检查率100%。发现6例多菌型麻风病人，已全部开展联合化疗，规范治疗率、麻风反应处理率、化疗监测率全部达到100%。截止2008年，管理病人20例，监测病例29例，并定期进行随访。配合省市两级搞好麻风病防治工作现状调查。

2009年确诊7例多菌型麻风病人已纳入治疗管理。

2010年确诊病例1例已纳入治疗管理。

【甲型H1N1流感防治】　2009年3月，全国暴发甲型H1N1流感，县委政府召开全县防控工作大会，成立了甲型H1N1流感防控应急处理机构、应急处理领导小组。县疾控中心召开甲型H1N1流感防制全员培训，做好应急物质储备，加强疫情监测与报告。共报告三起甲型H1N1流感聚集性疫情，报告病例20例，收治住院20例，出院20例，无重症病例及死亡病例报告。对三起确诊甲型H1N1流感疫情进行了及时处置，疫情得到有效控制。

【抗旱防病工作】　2009年，发生了百年不遇的严重旱灾，长期干旱，肠道传染病暴发流行的危险因素增加，为有效控制肠道传染病暴发和流行，组织相关专业人员积极配合市疾控中心、教育部门、水利部门人员多次到各乡镇进行检查，指导饮水消毒工作。制订并下发了《寻甸县干旱期间疾病预防与控制工作方案》、《寻甸县抗旱防病技术方案》，并及时组织相关人员进行了学习。与县水务局多次对旱情严重的乡（镇）饮用水进行了采样化验。组织广大党员和群众捐款，支援抗旱救灾工作。制作了《寻甸县抗旱防病卫生知识宣传》资料，通过县广播电视台进行循环播放；利用黑板报、橱窗、宣传单、折页等广泛宣传抗旱防病卫生知识，进行抗旱防病卫生知识宣传9次，发放宣传材料158040份。加强疫情监测，及时发现和报告传染病疫情，分析传染病流行的趋势，以便尽早采取预防措施。

【免疫规划工作】　2007年常年开设计划免疫接种门诊，各乡（镇）均能按照年初签订的目标责任书开展基础免疫工作，并按时上报报表。出生数5839人，接种率分别为：卡介苗（5839/5763）96.69%、脊髓灰质炎（5839/5537）94.83%、百白破（5839/5457）93.46%、麻疹疫苗（5839/5504）94.26%、乙肝疫苗（5839/5516）94.47%；四苗覆盖率（5839/5340）91.45%。1月，开展了1轮脊髓灰质炎疫苗和麻疹疫苗强化免疫，长住儿童应种24129人，实际接种23063人，接种率为95.58%；麻疹疫苗实际接种1839人次。针对全县麻疹疫情态势，3～4月在7个乡（镇）开展了7岁～30岁人群麻疹疫苗强化免疫，鸡街、凤仪2个乡（镇）在有麻疹病例发生的周围人群中进行了麻疹疫苗应急接种。共接种67945余人次。在全县范围内开展了风疹疫苗的预防接种工作，共计接种风疹疫苗47190人次。卡介苗、卡痕率、脊髓灰质炎疫苗、百白破菌苗、麻疹疫苗、乙肝疫苗及时率、乙肝疫苗全程、四苗覆盖率分别为100%（2210/210）、86.19%（181/210）、

96.19%（202/210）、95.24（200/210）%、95.24%（200/210）、85.71（180/210）%、92.86%（195/210）、90.00%(189/210)。1.5岁—2岁组百白破菌苗(187/210)88.57%，麻疹疫苗(187/210)88.57%；4岁组脊髓灰质炎疫苗(167/210)79.52%；6岁组麻疹疫苗(196/210)92.86%。卡片质量合格率，共抽查1500张卡片，合格卡片1476张，合格率为98.40%。

2008年，1月开展第二轮脊髓灰质炎疫苗强化免疫，长住儿童23592人，实际服苗22949人；流动儿童1522人，实际服苗1472人。11月10日开始对全县范围内8月龄至14周岁人群进行麻疹疫苗强化免疫接种，经摸底调查全县范围内应种106983人，截止11月25日全县累计接种104398人次，接种率为97.58%，圆满完成强化免疫工作。加强儿童预防接种信息系统建设。全县16个乡镇和疾控中心门诊共安装客户端软件17个。17个单位开展了2005年1月日以后出生儿童的信息录入。开展病毒性肝炎的预防控制工作。制定了《寻甸县甲型肝炎疫苗接种实施方案》。4月25日到6月30日止，全县共领用甲肝疫苗32978人份，实际接种甲肝疫苗31457人次，领用乙肝疫苗3431人份。

2009年调查接种率基础免疫为：卡介苗100%、脊髓灰质炎疫苗98.57%、百白破96.66%、麻疹疫苗94.29%，四苗覆盖率90.95%；乙肝疫苗及时接种率91。90%、全程接种率99.05%；乙脑疫苗89.52%，流脑疫苗第1针90%。调查接种率加强免疫为：1.5岁组百白破89.05%、麻腮疫苗90%、甲肝疫苗85.71%(省要求为80%)。2～3岁组乙脑疫苗85.71%(省要求为80%)。3～4岁组流脑A+C90.48%。4～5岁组脊髓灰质炎疫苗92.38%。6～7岁组90.48%。麻疹疫苗查漏补种及应急接种。针对河口乡十甲小学的麻疹、风疹疫情，在河口乡十甲村委会开展35岁以下人群进行应急接种。全县查漏补种摸底调查应种人数4452人，到4月25日止全县共计查漏补种麻疹疫苗4289人次，接种率为96.348%。河口乡十甲村委会应急接种摸底调查应种人数1003人，在市疾控中心的支持下，对15岁以下儿童接种麻疹风疹二联疫苗450人，麻疹疫苗2人；15～35岁人群接种麻疹疫苗538人；8月龄～35岁共计接种990人，接种率98.7%。在5～7月期间羊街镇长冲村委会应急接种147人、新街村委会应急接种800人；金所乡应急接种2712人。全县第二轮麻疹查漏补种摸底调查应种人数15184人，到8月25日止全县共计查漏补种麻疹疫苗14747人次，接种率为97.12%。对高中在校学生进行乙肝疫苗接种。9月对县直属的第一中学、民族中学、第二中学第三中学、昆明机电工程学校的5000余名学生进行了乙肝疫苗的接种。对全县的重点人群进行了甲型H1N1流感疫苗的接种，共接种6459人。

2010年对全县30个接种点的抽样调查结果：基础免疫：卡介苗接种率100%，卡痕率90.95%；脊髓灰质炎疫苗接种率99.52%；百白破菌苗接种率98.57%；麻疹疫苗接种率94.76%；四苗覆盖率为92.86%。乙肝疫苗及时率91.90%，乙肝疫苗全程合格率97.62%；乙脑疫苗94.76%；流脑疫苗第1针99.52%，第2针86.67%。加强免疫：1.5岁—2岁组百白破菌苗89.52%，麻腮疫苗91.43%，甲肝疫苗90.48%；2岁组乙脑疫苗88.10%；3岁组流脑A+C95.24%；4岁组脊髓灰质炎疫苗95.24%；6岁组白破二联疫苗93.81%。流脑A+C82.86%。卡片质量合格率：共抽查1500张卡片，合格卡片1475张，合格率为98.33%。开展麻疹疫苗、脊髓灰质炎疫苗强化免疫。9月在全县范围开展一轮麻疹疫苗强化免疫，全县应接种儿童数37630人(其中本县35819人，外地1811人)，实际接种儿童数36961人，(其中本县35221人，外地1808人)，接种率98.22%。其中：2003年前出生的831人，为部分乡镇在接种结束后将剩余疫苗进行接种。2010年1月份出生满8月龄儿童接种了68人。12月对全县2006年1月1日以后出生的儿童开展了一次脊髓灰质炎疫苗强化免疫，应种儿童27958人，实种27538人，报告接种率98.50%；其中常住儿童应种25871人，实种25458人，报告接种率98.40%；流动儿童应种2087人，实种2080人，报告接种率99.66%。“零剂次”儿童免疫，此次应接种儿童214人，占免疫儿童总数的0.77，其中常住儿童205人，流动儿童9人。“零剂次”儿童均为小于1岁儿童，主要分布在5月龄以下。开展学校春季呼吸道传染病预防控制。2010年4月开展全县流脑ACYW135疫苗和水痘疫苗的接种。到5月31日止实际接种流脑(ACYW135)疫苗11998人份、水痘疫苗3432人份。开展麻疹抗体监测。，在全县范围内按分层抽样法，随机抽取了羊街、塘子、功山3个乡镇，对8～25岁人群进行麻疹IgG抗体监测。于6月底完成了438例调查对象的现场调查和标本采集工作，10月20日完成数据录入。开展紫癜发病基线调查。6月对县人民医院、县中医医院2007年、2008年、2009年的住院病例进行调查。2007年度搜索病例数12056例，查出紫癜病例40例，占住院病例0.33%，发病率7.77/10万；2008年度搜索病例数13376例，查出紫癜病例35例，占住院病例的0.26%，发病率为6.69/10万；2009年度搜索病例数15124例，紫癜病例35例，占住院病例的0.23%，发病率为6.60/10万。2007～2009年共查出紫癜病例110例，其中血小板减少性紫癜2例，过敏性紫癜118例。15岁以下病例88例，占总病例数的80%。开展GAVL项目基线调查。在七星、塘子、功山3个乡(镇)开展了GAVL项目基线调查，孕妇知识态度行为调查45名，适龄儿童母亲知识态度行为调查45名。开展15岁以下人群乙肝疫苗补种工作。完成了94、95年人群乙肝疫苗第三针和96、97、98年人群乙肝疫苗第一针、第二针的接种工作。开展新生入托入学预防接种证查验工作。全县16个乡镇有幼儿园123个，入学新生7693人，预防接种证查验人数7579人，无证人数447人，补证人数372人。有小学166所，入学新生6443人，预防接种证查验人数6443人，无证人数294人，补证人数294人。初级中学17所，验证的有8所，入学新生5944人，无证人数866人，补证人数819人。开展二类疫苗接种。县疾控中心门诊接种情况：乙肝疫苗(10ug)144人份、20ug乙肝疫苗2830人份，狂犬疫苗672人份，流感疫苗(成人)376支、水痘疫苗387支，Hib280支，甲肝疫苗240支，乙脑疫苗50支，无细胞百白破145人份，乙肝免疫球蛋白100单位70支，狂犬病免疫球蛋白267支，23价肺炎疫苗111支，轮状病毒口服液148人份，进口乙肝疫苗120支，微卡20支。各乡(镇)接种情况：10ug乙肝疫苗205人份、20ug乙肝疫苗156人份，狂犬疫苗2250人份，流感疫苗(成人)216支、水痘疫苗20支，甲肝疫苗50，腮腺炎疫苗940支，乙脑550支，狂犬病免疫球蛋白20支，轮状病毒口服液13人份，Hib50支。对全县16个乡镇卫生院防保组扩大国家免疫规划疫苗/接种器材管理、儿童预防接种信息管理系统、儿童预防接种表卡管理、计划免疫基础资料及上墙资料等方面进行了督导。开展疾病监测与防制。AFP监测，每个月都对哨点医院进行主动监测，按时上报每月的主动监测报表，完成3例AFP病例的随访；把麻疹病例纳入专病系统进行管理，对4例出疹性病例进行个案调查和标本采集，通过实验室监测，排除了疑似病例和临床诊断病例，全年无麻疹病例发生。

【法定传染病报告】 2007年，共发生传染病11种，其中，甲类传染病0种，乙类传染病11种。发病849例，年发病率为(849/515187)164.79/十万，发病率与去年同期相比上升17.27%。艾滋病、肝炎、麻疹、伤寒、疟疾5种疾病发病与去年同期比明显上升。乙型脑炎、出血热、痢疾、肺结核、淋病、梅毒6种疾病发病与去年同期比明显下降。病死2例(艾滋病、乙脑个一例)，死亡率为0.39/十万。

2008年全县共发生乙类传染病11种共计589例，年发病率为(589/511987)115.04/十万，发病率与去年同期相比下降31.03%。发病数排前五位的疾病是：肝炎(396例，占传染病发病部数的67.23%)、肺结核(100例，占16.98%)、麻疹(22例，占3.74%)、伤寒(发病18例，占3.06%)、痢疾(17例，占2.89%)。淋病、梅毒、狂犬病发病与去年同期比明显上升的疾病有：淋病、梅毒、狂犬病3种，艾滋病、肝炎、麻疹、伤寒、出血热、痢疾、伤寒、猩红热8种发病与去年同期比明显下降。死亡2例(狂犬病)，死亡率为0.39/十万。

2009年，共报告发生乙类传染病14种共计605例，年发病率为(605/514719)117.54/十万，发病率与去年同期相比上升2.17%。发病数排前五位的疾病是：肝炎(361例，占传染病发病部数的59.67%)、肺结核(127例，占20.99%)、梅毒(24例，占3.97%)、伤寒(发病21例，占3.47%)、甲型H1N1流感(20例，占3.31%)。艾滋病、甲型H1N1流感、肺结核、伤寒、猩红热、梅毒6种疾病发病与去年同期比明显上升，肝炎、麻疹、淋病、疟疾等4种疾病发病与去年同期比明显下降。死亡9例(艾滋病/HIV 3例、狂犬病2例、结核病4例)，死亡率为1.75/十万。

2010年共发生乙类传染病10种共计452例，年发病率为(452/514719)87.81/十万，发病率与去年同期相比下降23%。发病数排前五位的疾病是：肝炎(257例，占传染病发病部数的56.86%)、肺结核(103例，占22.79%)、梅毒(44例，占9.73%)、菌痢(发病17例，占3.76%)、伤寒(13例，占2.88%)。发病与去年同期比明显下降的疾病有：肝炎、甲型H1N1流感、肺结核、伤寒、麻疹、狂犬病、猩红热、疟疾发病与去年同期比明显下降，淋病、梅毒发病与去年同期比明显上升。死亡6例(艾滋病2例、狂犬病1例、结核病3例)，死亡率为1.17/十万。

【慢性非传染性疾病报告及防治】 2007年共完成死因监测2594人，开展了35岁以上医院首诊测量血压工作，首诊测量血压4943人次，检出高血压176人。在仁德镇开展高血压高危人群的筛查，对62例高血压患者建档，进行随访管理和干预指导工作，开展社区慢性病健康教育和宣传工作，促进慢性病防制工作的健康发展。开展了冠心病、脑卒中、糖尿病、恶性肿瘤、慢性阻塞性肺部疾患(COPD)的监测，监测冠心病3人，脑卒中3人，糖尿病10人，COPD99人，恶性肿瘤1人。5月8—11日，由中国疾病预防控制中心信息中心组织盘龙区、寻甸县两个样本县相关人员参加的培训会。会后，抽调专业人员组成3个调查组抽取我县鸡街乡鸡街村、仁德镇建设村、功山镇菜地村为调查点。

2008年完成死因监测2982人，并要求对死亡医学证明书/调查表填写完整，死因链清晰准确，根本死因选择和编码正确。开展35岁以上医院首诊测量血压工作，完成首诊测量7572人，检出高血压559人。在仁德镇社区卫生服务中心的学府、南钟、东发开展高血压高危人群的筛查，对508人高血压患者建立健康档案，随访管理和干预指导工作。

2009年完成死因监测3208人。开展35岁以上医院首诊测量血压工作，完成首诊测量10423人，检出高血压3942人。在仁德镇的学府、南钟、东发开展高血压高危人群的筛查，378人高血压患者建立健康档案，随访管理和干预指导工作。新建糖尿病健康档案数107份，糖尿病患者系统管理人数97人。3月20日，召开了县重型精神疾病防制试点工作启动会。试点乡镇选择为羊街镇，于6月10日至18日进行初筛登记，7月7日—7月8日配合县第一人民医院到羊街镇各村委会对初筛出的102个病人作进一步的筛查(可疑诊断)。7月13日—7月14日请云南省精神病院对县级(可疑)诊断的重型精神疾病患者进行肇事肇祸危险性评估。通过评估对贫困患者免费服药治疗10例，免费住院5例。2009年起寻甸被列为儿童口腔疾病综合干预项目县。3月20日，举办了项目培训班。4月～10月，对8个乡镇开展筛查、封闭工作，共筛查3592人，应封闭3347人，实际封闭2182人(8120颗牙齿)。超额完成了120颗牙齿的封闭，合计8120颗。

2010年完成死因监测3054人，检出高血压10288人，建档管理3090人；管理糖尿病病人494人。开展重性精神病患者筛查与登记。重性精神病患者社区监管与随访指导746例，重性精神病患者肇事肇祸行为应急处理16例，完成重性精神病患者管理信息录入415例。对有危险行为的贫困患者进行免费服药治疗，共对50人给予免费服药管理，并全部进行了免费复诊、实验室检验；对有危险行为倾向的贫困患者提供免费住院治疗，共有10人进行了免费住院治疗；解锁救治关锁病人2人；对有危险行为病人的家属进行管理和护理知识培训300人。开展儿童口腔疾病综合干预项目工作。对乡镇开展筛查、封闭工作，共筛查3136名适龄儿童，应封闭2853人，实际封闭3169人8229颗牙齿，超额完成封闭任务(任务数8000颗)，完成率102.86%。

【地方病防控工作】 2007年开展碘缺乏病防治。碘盐监测在9个乡(镇)。其中：中部一个乡(镇)，每个乡(镇)抽取4个村委会，每个村委会抽8户居民食用盐。9个乡(镇)共采集盐样288份，其中，合格碘盐257份，占89.24%；不合格碘盐7份，占2.43%；无碘盐24份，占8.33%；碘盐食用率占91.67%，碘盐合格率97.35%，合格碘盐使用率89.24%。羊街、金所、仁德、河口、塘子、鸡街6个乡(镇)为克山病病区，常年开展知识宣传。寻甸县属布鲁氏杆菌病监测县，在河口乡双龙村委会对94名畜牧养殖人员进行了标本采集，同时发放宣传材料150余份。采集的标本地方病防治所帮助检测，结果全部为阴性。

2008年4月抽取9个乡(镇)，每个乡(镇)抽取4个行政村，每个行政村抽取8户，共36个行政村，288户采集居民食用盐进行碘含量检测。经检验，共检出合格碘盐283份，无不合格碘盐，非碘盐5份。

2009年抽取9个乡(镇)，每个乡(镇)抽取4个行政村，每个行政村抽取8

户，共36个行政村，288户采集居民食用盐进行碘含量检测。经检验，合格碘盐281份，非碘盐3份，不合格碘盐4份。

2010年4月抽取9个乡(镇)，每个乡(镇)抽取4个行政村，每个行政村抽取8户，共36个行政村，288户采集居民食用盐进行碘含量检测。经检验，合格碘盐261份，非碘盐11份，不合格碘盐16份。

【公共卫生突发事件处理】 2007年全县发生食物中毒事件2起，职业中毒1起，其它2起，均全部得到及时有效的处理。

2008年共处理6起，涉及199人，死亡1人。其中，毒鼠强中毒涉及8人；婚宴甜白酒腊样芽胞杆菌中毒涉及34人；水痘暴发涉及83人；氯气泄漏中毒事件涉及71人，狂犬病疫情涉及犬伤3人，死亡1人。经及时处置，未造成进一步危害。根据突发事件上报标准，对毒鼠强中毒、水痘暴发、狂犬病疫情进行网络直报。

2009年共收到并处置了20起突发事件。2起进行了网络直报。河口乡十甲完小风疹疫情，波及人数270人，发病46人；鸡街乡泽合完小水痘疫情，波及人数275人，其中发病21人。两起事件无死亡病例发生。9月份处置了8起流感疫情，其中通过实验室确诊的有县民族中学、县仁德镇一中、县鸡街中学甲型H1N1流感疫情。及时对三起疫情进行了及时处置，疫情已得到有效控制。

2010年共调查处置12起突发公共卫生事件，其中一起达到网络报告要求进行了网络直报。

【健康教育与健康促进】 2007年开展大型宣传活动7次，出动宣传人员163人，悬挂布标28幅，发放宣传画5000份，宣传折页45000份，宣传单49813份，展出宣传板块73块次，发放宣传VCD30张。播放宣传片20小时。举办健康教育培训班8期，其中县级5期，县乡防疫人员培训1期，培训教师1期，培训县乡妇女干部1期，累计受训人员893人。

2008年共开展大型健康教育宣传活动12次，出动宣传人员458人次(其中疾控中心出去宣传人员140人次)，悬挂布标79幅，发放宣传画3600份、宣传小折页11550份、宣传单71550份、宣传手册700份，展出宣传板块32块次，免费发放安全套4880个，结核病防治围裙1000个，艾滋病宣传钥匙扣500个，进行现场培训1040人次，接受群众咨询4600人次。举办健康教育培训班4期，其中县级3期，全县乡、村防疫人员培训1期累计受训人员476人。

2009年开展大型宣传活动12次，出动宣传人员277人，悬挂布标32幅，发放宣传画5350份，宣传折页65000份，宣传单79073份，展出宣传板块90块次，发放宣传VCD30张。播放宣传片12小时。举办健康教育培训班4期，其中县级3期，县乡防疫人员培训1期，累计受训人员650人。

2010年全年开展大型宣传活动12次，出动宣传人员105人，悬挂布标25幅，发放宣传画5000份，宣传折页55000份，宣传单91287份，展出宣传板块43块次，播放宣传片15小时。举办健康教育培训班4期，其中县级3期，县乡防疫人员培训1期，累计受训人员673人。

妇幼保健

【基础妇幼保健工作】 2007～2010年，县妇幼保健院以提高两个管理率和降低两个死亡率为中心工作，开展了不同层次的母婴保健系列服务。为确保各项妇幼工作顺利实施，制定了乡村两级妇幼卫生工作责任目标书，把工作层层分解，认真组织实施。加强基层保健工作，对全县乡、村进行业务督导，其中乡镇督导18次。每月召集乡级妇幼专干做月报表，每季度召开妇幼卫生工作例会，及时通报妇幼卫生信息，安排落实各项工作。采取以会代训、设置专题讲座形式培训妇幼专干，其中县级产、儿科培训11期113人次；培训乡级16期326人次；培训村级2期421人次。年内派出80人次深入全县16个乡(镇)。下基层时间达292天。2008年，政府按人均15元投入对公共卫生乡、村级服务项目购买：孕产妇系统管理、高危管理、妇女病普查、儿童系统管理、儿童体检、产后访视、高危儿童管理、健康教育均归入服务购买的范围。县妇幼保健院每年对各乡村分别做半年和年终考核后由卫生局兑现经费。

【主要指标完成情况】 2007～2010年，孕产妇死亡率从56.88/10万下降至17.75/10万，新生儿破伤风发生率为0，孕产妇系统管理率从92.76%上升至98.44%；新法接生率从97.57%上升至99.95%；住院分娩率从85.21%上升至96.97%；高危筛出率从15.31%上升至21.88%；高危住院分娩率从93.42%上升至99.35%；0—2岁儿童系统管理率从65.32%上升至85.46%；0—6岁儿童保健管理率从65.22%上升至88.69%；高危儿童筛出率从11.16%上升至17.48%；但婴儿死亡率从17.44‰上升至20.41‰。

年度	2007	2008	2009	2010
孕产妇死亡率	56.88/十万	19.23/十万	18.33/十万	17.75/十万
孕产妇系统管理率	92.76%	94.92%	98.11%	98.44%
新法接生率	97.57%	98.15%	99.52%	99.95%
住院分娩率	85.21%	89.65%	94.88%	96.97%
高危筛出率	15.31%	16.38%	17.46%	21.88%
婴儿死亡率	17.44‰	19.62‰	16.68‰	20.41‰
儿童死亡率	21.24‰	24.24‰	21.27‰	23.96‰
儿童系统管理率	65.32%	71.79%	77.87%	85.46%
儿童保健覆盖率	65.22%	76.34%	85.04%	88.69%
高危儿童筛出率	11.16%	11.85%	14.91%	17.48%

【贫困孕产妇救助】　按照《寻甸县农村孕产妇救助资金管理方案》开展工作，加强对救助资金的管理，逐级入户核实，乡、村张榜公示。开展合理、有效的孕产妇住院分娩救助工作。2007～2010年共救助贫困孕产妇12187人，使用项目救助经费470·18万元。2009年增加了农村孕产妇住院分娩补助项目。

【危急孕产妇抢救通道】　危急孕产妇抢救小组运行良好，保证了危急抢救的及时性，“让每位孕妇知道呼救电话”成了县、乡、村妇幼工作者努力的目标。2007年抢救41例，成功38例；2008年抢救28例，成功28例；2009年抢救16例，成功16例；2010年抢救287例，成功286例。2007－2010年共出动车辆、医护人员抢救孕产妇372次，抢救成功368例，抢救成功率98.9%。

【孕产妇系统管理】　按《昆明市孕产妇系统管理工作常规》开展系统管理工作，每年普查孕妇5000多人，县妇幼保健院带教乡镇的普查工作，对高危因素进行有效干预和管理。使高危筛出率和高危住院分娩率明显提高。2010年7月开始，全县所有乡镇及有妇产科的医疗机构将孕产妇系统管理统一上“昆明市妇幼信息系统”网络管理，包括孕妇建册、产检、产后分娩记录、产后访视、《出生医学证明》的打印等。2007、2008、2010年对“降消”项目工作和妇幼保健工作突出的乡镇防保组给予表彰奖励。

【儿童保健管理率】　县妇幼保健院督促、带教乡级的儿童系统管理工作，对于集体儿童，每年2次于开学前由妇幼保健院或当地卫生院把好入园儿童体检质量关。2008年开展了微量元素(7种)检测，市卫生局对我全县170个村配发了体重称、婴儿体重称、婴儿量床、身高座高计等4种设备。2010年开展了儿童口腔保健和眼保健工作。儿童眼病筛出率近20%。

【妇女病普查工作】　2007年对县城及周边单位女职工进行一次妇女病普查，2008年开展了阴道镜检查、宫颈刮片项目；2009年与金域检验中心合作开展HPV、TCT等项目，开展了宫颈癌及癌前病变的检查和筛查。2010年，7～8月，每天派出主治医生5人分别到21个村对妇女进行免费妇女病普查，共普查4075人，查出患病人数为2281人，患病率56%。

【孕产妇死亡、儿童死亡检测评审】　按《昆明市孕产妇死亡监测方案》、《昆明市五岁以下儿童死亡监测方案》的要求，每年召开死亡评审会，孕产妇死亡6例。5岁以下儿童死亡489人，2010年死因排位为早产、出生低体重、意外、肺炎、新生儿窒息、先天异常。

【健康教育】　结合“降消”项目和各项妇幼工作，开展了形式多样的健康教育活动，县妇幼保健院编印制作了“无钱住院生孩子，救助资金帮你忙”、“住院分娩好”、“预防艾滋病母婴传播”“、“健康家庭、美满婚姻”多种健康教育彩色处方3万份。利用赶集日和科普知识宣传周多次上街做宣传活动。利用婚姻登记窗口和医疗机构门诊发放。

【艾滋病防治】　2009年内县、乡举办艾滋病母婴阻断培训班23期。完成免费孕产妇自愿咨询检测19188人，免费结婚登记人员艾滋病自愿咨询检测13412人。检测出艾滋病阳性22人，每年均超额完成市级下达的咨询检测数。2010年起对准婚人员进行免费梅毒检测，共检测2706人，9月，由政府买单对准婚人员进行免费婚前医学检查，完成598人体检。

【加强《出生医学证明》的管理】　依法监督和使用《出生医学证明》，建立健全《出生医学证明》管理制度，在城乡实行《出生医学证明》与妇幼保健联动管理。全县统一使用《围产保健手册》和《儿童保健手册》。填写合格率达96%，对非住院分娩，未接受围产期保健者，不予签发《出生医学证明》，发放《出生医学证明》18981本，补发《出生医学证明》1520本。

【加强内部建设】　坚持“大保健，小临床”原则，全心全意为妇女儿童服务的原则开展工作。每年保健门诊人数万人，业务收入由2007年的43.8万元增长至2010年的107万元。无医疗责任事故和技术事故发生。2007年争取到业务楼建设的国债项目，2008年省发改位批复搬迁建设，12月动工建设。2009年9月竣工验收。2010年10月1日从仁德镇文苑路40号搬迁至月华片区新建的妇幼保健中心。

2010年12月昆明市卫生局、市妇女儿童保健中心授予县妇幼保健院“2010年妇幼保健工作一等奖”、“降消项目”优秀奖等表彰。

【领导名录】
局　长：曹全科(～2007.9)
局　长：朱选高(2007.9至今)
总支书：李竹琴(～2007.9)
党支书：李竹琴(2007.9至今)
党委副书记：杨美修(2010.11至今)
纪委书记：妥报陆(2007.12～2010.11)
纪委书记：余兴梅(2010.11至今)
副局长：张正波(2007.9至今)
副局长：张兆勤
卫生执法监督局局长：李国雄(2007.3至今)

(撰稿人：邱彦平)

社　会

编辑：盛有文

人口与计划生育

【机构】 1979年成立县计划生育办公室。1983年改为计划生育委员会，成立党支部。1996年6月改为计划生育局，成立计生局党支部。2003年7月，成立党总支。2004年12月改为人口和计划生育局。人口和计划生育局内设局办公室、协会办公室、政策法规科、宣传教育科、科学技术科、流动人口管理科，有干部职工12人。计划生育事业机构为县计划生育宣传技术药具服务站，有干部职工13人。

【指标完成情况】 2007～2010年，寻甸县人口与计划生育工作每年都圆满完成市人民政府、市人口和计生委下达的人口和计划生育指标任务。

年度	已婚育龄妇女	全县出生人口	人口出生率	计划生育率	人口自然增长率	完成本期三术
2007	107102	4588人	8.9‰	98.17%	4.02‰	6880例
2008	107401	3853人	7.42‰	98.75%	3.04‰	5037例
2009	105870	4311人	8.27‰	98.47%	3.66‰	6609例
2010	107000	4525人	8.66‰	98.94%	3.62‰	6017例

【健全目标责任】 按照“党政牵头、部门配合、群众参与”的要求，形成党政一把手亲自抓、负总责，分管领导全力抓，实行严格考评，重奖重罚，全县上下形成了齐抓共管、层层负责的目标管理责任制；每年年初召开全县人口和计划生育工作会议，传达学习省市人口计生工作会议精神，安排布置新一年工作，并与各乡（镇）签订当年人口和计划生育目标管理责任书；召开全县流动人口管理工作领导小组协调会。

围绕国家“一法三规”和省《条例》的学习贯彻落实，按照市计生委的安排布置，每年组织乡（镇）分管领导、计生干部、技术人员参加业务培训，提高依法行政能力；加大依法行政、依法管理人口与计划生育工作的力度。一方面坚决杜绝乱收费、乱罚款行为，切实维护广大群众的合法权益；另一方面加大对违法生育征收社会抚养费工作的力度，通过政策兑现，杜绝计划外生育。开展人口和计划生育基层文明执法专项行动。开展了人口和计划生育基层文明执法自检自查，通过查工作方式、查收费罚款、查技术服务、查办事效率、查奖励优待、查执法主体“六查”工作，全面纠正计生工作中方法简单粗暴，乱罚款，技术服务不规范，违反计划生育手术常规施术等问题，进一步解决群众办事难，行政效率低下，个别违规向群众收取计划生育技术服务费，不依法落实手术并发症患者鉴定及补偿等问题，同时，全面纠正执法主体不规范，不具有执法资格的人员从事具体执法工作，超越法定权限进行执法等问题。通过全面查找在执法理念、执法作风、执法行为等方面存在的问题，进一步推进全县人口和计划生育规范化和制度化建设，树立以人为本、执法为民、依法维权、优质服务的工作原则。对于梳理出的问题，仔细分析，认真整改，主动走访群众，听取群众意见，接受群众监督，健全完善计生工作文明执法长效机制。

【政策法规宣传】 2007年，开展“出生缺陷干预”、“奖励扶助”、“婚育新风进万家”、“关爱女孩”等活动和计划生育政策法规、避孕节育、出生缺陷、优生优育、生殖保健等人口计生义演活动。2008年，举办培训班100余期，有效组织全县乡（镇）、村（居）计生干部学习《决定》精神，发放《决定》宣传小册子及各类宣传资料、宣传品5万余份，悬挂大小标语口号200多条，固定宣传牌及灯箱6个，定做1万个传播生育文明的特色环保手提袋，还印制了《出生缺陷一级预防服务指南》1万份《流动人口计划生育服务指南》2万份。

2009年，利用“中国13亿人口日”、“营造幸福家庭，构建和谐县城”、“倡导生育文明、促进新农村建设”等一系列主题宣传活动，组织乡

(镇)开展各类宣教，配合国家人口计生委“三下乡”到寻甸宣传活动，开展了以“生育关怀”为主题的宣传服务，为200户独生子女家庭及双女户送去500元慰问金；建设了16个生育文化示范村，营造了全社会关注支持人口计生工作的深厚氛围；在国家、省、市人口计生委的关心支持下，金所乡竹沟村委会新庄村“新家庭文化屋”建成，室内配有电视机一台、DVD一台、书架、各种书籍650册、碟片260碟。“新家庭文化屋”做到专人负责、专人管理。2009年2月，国家人口计生委纪检组长勾清明同志在省、市、县相关领导的陪同下，视察了新庄村新家庭文化屋，并给予了高度评价。

2010年共组织宣传活动15次，发放宣传资料20万份，发放安全套2万只，投入宣传经费22万元。结合《公开信》发表30周年纪念活动，开展“寻找人口计生001”活动等系列服务宣传，营造了全社会关注、关心和支持人口计生工作的浓厚氛围；围绕全面落实“三为主”工作方针，开展以“婚育新风进万家”为主题的一系列内容丰富，形式多样的宣传教育活动，组织计生干部、计生助理员深入重点人群家中进行宣传，做到了“三上门”，即：《人口与计划生育法》、《条例》上门、送生殖健康知识上门、送避孕药具上门；利用乡(镇)赶街天，组织宣传小分队多次深入到人口较多的乡(镇)进行宣传活动，接待义诊，发放避孕药具，发放各类宣传资料。以“新农民、新风貌、新家庭、新观念、新行为、生育政策落实好”为主要内容，积极推进生育文化示范村建设，进一步引导广大群众自觉树立科学、文明、进步的婚育观念；悬挂大小标语口号300多条，固定宣传牌及灯箱6个，以图片、漫画等形式宣传关爱女孩、男女平等、关注男性健康等新型生育文明；“5331”工程达标率98%以上。“5331”工程即：每个县城所在地有永久性宣传标语5条，有公示板1块；每个乡镇有永久性宣传标语3条，有公示板1块；每个村(居)民委员会有永久性宣传标语3条，公示板一块；每个村民小组有永久性标语一条，公示板一块。

【流动人口管理工作】　2006年11月，在人口和计生局内设流动人口管理科，乡(镇)均明确了流动人口计生责任专干，按《昆明市流动人口计划生育管理条例》的要求，纳入常住人口的日常管理。2007—2008年流动人口信息交换平台运转正常，按要求及时反馈信息，回复比例达100%。随着流动人口不断增多，每年都专题研究流动人口管理与服务工作，紧紧抓住办证、租房、节育等措施的落实和医疗保健等环节进行查证验证，与公安、工商、住建、劳动、卫生等部门签订了流动人口服务管理责任书，促进流动人口计划生育服务和管理工作规范化。

2009年，以建立流动人口计划生育综合管理服务机制为主线，以突出县内流动人口管理为重点，以人口计生信息联网交换为途径，以乡(镇)、村(居)委管理为基础，以部门联动综合治理为契机，进行跟踪管理、定期服务。金所乡就进驻企业成立流动人口计划生育管理工作协会之家，并有专兼职人员定期反馈情况，由计生服务所技术员定期提供简单技术服务。仁德镇就如何从流动人口的管理与服务上进行落实，逐步提高注入人口与常住人口的亲和力。

2010年9月，全县有流动人口2.9万人，其中，流入3247人(持有婚育证的2370人，持证率达72%)，流出2.6万人(持有婚育证12985人，持证率达51%)；应录入个案信息5905条，已录入信息5610条，信息录入率达95%以上；应反馈信息2483条，已反馈信息2359条，信息反馈率达95%；共出动流动人口专项清理检查200余人次，组织为流动人口进行的政策、技术服务宣传3次，发放免费避孕药具2800人(次)。

【奖优免补】　2007年狠抓“奖优免补”政策的宣传动员，落实农业人口独生子女办证工作。申报过程中，按政策要求通过反复核查，确认上报112人，同时抓好已办证户的巩固工作。

2008年，完成一次性奖金申报77户，完成养老生活补助申报913人，其中：独生子406人，独生女392人，无子女115人，完成初中升学加分72人，高考加分12人的申报核实工作。4月计生局组织三个检查组，分别到乡(镇)对新申报的养老生活补助对象进行检查复审，对奖扶对象资格认定、归档材料、奖扶对象见面情况、奖扶对象公示情况、协会理事评议情况等方面的检查，规范奖扶工作。按国家计划生育家庭特别扶助政策，对符合扶助条件的141人进行了审核申报。

2009年，全县办理农业人口独生子女父母光荣证63户，申报养老生活补助836人，其中新增58人，退出21人；享受特殊奖扶130人；审核申报高考加分12人，中考加分63人。享受秋季入学奖学金63人，其中：高中54人，专科5人，本科4人。享受教育奖学金1834人，其中：初中431人，小学1404人。独生子女享受合作医疗1.82万人，其中独生子女父母9381人，独生子女4378人，双女绝育户4390人。享受独生子女保健费4388户，其中：农业人口独生子女3884户，非农业人口双方无工作单位502户，总合计74.63万元。

2010年共审核申报享受一次性奖励19户，其中：1000元的16户，500元的3户，享受国家养老扶助865人，其中：独子435人，独女430人；享受特别扶助138人，其中：子女伤残9人，无子女129人；享受市特别扶助736户，其中：独生子女低保家庭622户，子女死亡家庭107户，子女伤残家庭6户，放弃再生育家庭1户。积极配合做好独生子女教育奖励政策工作。中高考加分81人，其中：高考加分14人，中考加分67人；协助完成享受教育奖学金1915人，其中：初中435人，小学1406人，高中58人，大学专科3人，大学本科13人。配合完成独生子女享受合作医疗申报1.68万人，其中：独生子女父母8570人，18周岁以下独生子女3822人，双女绝育户4446人。落实兑现独生子女保健费3453人，共计57.3万元。

【计划生育协会工作】　多年来，寻甸县各级计生协会紧紧围绕人口和计划生育工作中心，充分发挥五老会员(老党员、老干部、老先进、老模范、老科技致富能手)在人口和计划生育工作中分布面广、贴近群众、宣传深入、工作主动的重要作用，共同抓好人口和计划生育工作，要求乡计划生育协会干部每人每年接受一次不少于3天、村宣传员协会秘书长不少于2天的培训，实际乡协会干部每年接受了二次不少于4天，村级协会干部不少于两天的培训；要求理事会参加“奖优免补”政策监督评议。

2008年，积极配合市计生协会在寻甸县七星乡开展的送温暖，献爱心下乡宣传活动。启动了寻甸县“生育关怀行动”。计生协会对9户独生子女因灾，独生子女父母生病等特困家庭，进行了慰问并发给慰问品及慰问金3000元；响应市计生协会发起的交一次“特殊会费”的活动，积极发动协会会员捐资5020元。

2010年通过市计生协会检查考核，

完成计划生育村级协会评估认定工作。截止2010年4月底，全县14个乡(镇)173个村(居)委会计生协会通过县级评估认定。5月，寻甸县村级协会评估认定工作顺利地通过了市级验收。完成计划生育基础信息核查工作，以村居委会为单位，抽调专门力量，逐户逐人开展入户采集工作，顺利完成数据采集工作，建立完善相关台帐，基础信息核查登记表的录入工作已经完成。

【计生服务】 2007年，开展以“六个好”为标准的计划生育优质服务。药具管理规范化，认真落实县、乡、村的“七帐八表”、“二帐二表一板”、“一册一卡”。严格执行技术服务规范，上半年，组织完成了对21名手术并发症患者和4名独生子女病残儿童鉴定工作，开展孕情健康检查和免费服务。开展孕情健康检查64次，应查对象18.07万人，实查15.53万人，参查率达86%，查出意外怀孕164人，均得到有效补救。完善科学技术服务网络。同年申报乡级服务所建设项目四个，柯渡、联合两个2006年申报的乡级服务所完成验收。

2008年3月27日，召开科技大练兵动员大会，并于5月13～17日完成科技大练兵。乡级服务所专业技术人员计划生育技术理论培训及考试，参训人数48人；县服务站专业技术人员计划生育技术理论培训及考试12人。县避孕药具管理做到专人管理，帐面与库存相符。库存量已达到省、市要求。

2009年，坚持以人为本，强化服务，积极做好人口与计划生育优质服务达标创建工作。全年共开展生殖健康咨询1.5万人(次)，为育龄妇女检查3.1万人(次)，治疗疾病700多例。全县药具应用率、及时率、随访率均达到96%以上，服用药具的育龄妇女基本知情率达79%以上，全县优质服务水平大幅度提升。按照省、市建立稳定增长的计生财政投入保障机制要求，计生工作经费纳入了公共财政管理，确保了法定奖励优惠政策，计划生育工作人员报酬、年度计生经费50万元等各项计生工作经费列入县财政预算。并新增投入35万元，用于建设县计生服务站国债项目。加强干部教育培训，共举办县乡计生服务站(所)的技术员及县计生局干部参加的培训班2期。积极做好计划生育优质服务创建工作。根据计划生育优质服务达标创建工作要求，积极做好，争取硬件与软件设施同步到位工作。硬件方面，共新建乡(镇)服务所5个(甸沙、鸡街、凤合、倘甸、先锋)，县服务站工程改扩建圆满完成，新购置了必要的设备和仪器，使站容站貌、所容所貌焕然一新；软件方面，制定完善了各站(所)规章制度，实行规范化管理，强化技术服务能力建设。

2010年共制作宣传版面247块，开展生殖健康咨询1.8万人(次)，为育龄妇女检查3.2万人(次)，治疗疾病900多例。全县药具应用率、及时率、随访率均达到98%以上，育龄妇女服用药具基本知情率达到80%以上，全县优质服务水平大幅度提升，顺利通过省、市计生委检查考核，成功创建“省级计划生育优质服务县”。

【其它工作】 为切实加强防治艾滋病工作的组织和协调，县成立了推广使用安全套防治艾滋病领导小组，下设办公室在计生局，负责日常工作。投入经费3万元进行艾滋病防治工作，安排计生局科技科专门负责此项工作。100%的旅馆和娱乐服务场所摆设安全套或设置安全套发售设施。同时开展出生缺陷干预工程及出生人口性别比综合治理。县成立了“人口出生缺陷干预工作”协调领导小组，制定了实施人口出生缺陷干预工作计划，认真落实对育龄妇女的医学监护工作，孕前检查率达到80%以上。

为进一步开展出生缺陷一级预防工作，全面贯彻落实2010年市计生会议精神，及时召开全县会议，以通知形式下发文件，安排布置增补叶酸预防神经管缺陷项目的规范实施，进一步明确责任主体，分解任务，强化宣传，服务到户，随访到人，增强项目的顺利实施。目前，已按出生计划发放叶酸4500份，农村计划内怀孕妇女已全部领取免费叶酸。前几年群众自费购买，现在《云南省增补叶酸预防神经管缺陷项目》在全省有计划地免费推广，全县计生技术人员宣传发放，为优生提高人口素质创造条件。

【领导名录】

党组书记、局长：王云辉(2005.04—)

副书记：山朝云(2010.04—2010.07)

党组成员、副局长：刘定美(2005.04—)

（撰稿人：刘云学）

人民生活

【城镇居民收入】 据全县50户城镇居民家庭的抽样调查显示：2007年全县城镇居民家庭人均可支配收入为10870.48元，首次突破万元大关，同比增长9.48%；2008年城镇居民家庭人均可支配收入为12988.65元，同比增长19.49%；2009年城镇居民家庭人均可支配收入为14132.09元，同比增长8.8%；2010年城镇居民家庭人均可支配收入为15324.33元，同比增长8.4%；2010年比2007年增长了43.7%，年均增长12.13%。

【居民消费支出】 2007年全县城镇居民人均消费支出为8635.96元，同比增长11.2%；2008年全县城镇居民人均消费支出为10249.55元，增长19.68%；2009年全县城镇居民人均消费支出为11730.39元，同比增长14.4%；2010年全县城镇居民人均消费支出为11161.85元，同比下降4.85%；2010年比2007年增长了29.25%，年均增长8.93%。

【城镇居民食品消费】 2007年居民家庭食品消费支出人均为3238.26元，同比增9.62%；2008年居民家庭食品消费支出人均为3777.28元，同比增16.65%；2009年居民家庭食品消费支出人均为4151.88元，同比增9.92%；2010年居民家庭食品消费支出人均为4142.62元，与2009年基本持平；2010年居民人均食品消费比2007年增长了27.93%，年均增长8.56%。

【城镇居民衣着消费】 2007年城镇居民人均衣着消费为1138.21元，同比增长12.97%；2008年城镇居民人均衣着消费为1281.21元，同比增长12.56%；2009年城镇居民人均衣着消费为1346.48元，同比增长5.1%；2010年城镇居民人均衣着消费为1452.56元，同比增长14.56%；2010年居民人均衣着消费比2007年增长了27.62%，年均增长8.47%。

【城镇居民家庭设备用品消费】 2007年城镇居民人均家庭设备用品消费为398.76元，同比增长52.27%；2008年城镇居民人均家庭设备用品消费为

535.58元，同比增长34.31%；2009年城镇居民人均家庭设备用品消费为702.59元，同比增长31.18%；2010年城镇居民人均家庭设备用品消费为522.25元，同比下降25.67%；2010年城镇居民人均家庭设备用品消费比2007年增长了31%，年均增长9.42%。

【城镇居民医疗保健消费】 2007年城镇居民人均医疗保健支出为931.95元，同比增长60.32%；2008年城镇居民人均医疗保健支出为708.72元，同比下降23.95%；2009年城镇居民人均医疗保健支出为726.3元，同比下降了2.42%；2010年城镇居民人均医疗保健支出为834.85元，同比增长14.95%。

【城镇居民交通和通讯消费】 2007年城镇居民每百户拥有家用汽车18辆、助力车8辆、摩托车32辆，到2010年全县城镇居民每百户拥有家用汽车达34辆、助力车22辆、摩托车24辆。随着通讯事业的迅猛发展，移动电话在普通居民中迅速普及，极大地方便了人们的信息交流。2007年全县城镇居民每百户拥有移动电话212部，到2010年全县城镇居民每百户拥有移动电话达222部。2007年城镇居民人均交通与通讯支出为1337元，到2010年城镇居民的交通与通讯支出已达2447.5元，增长83%。

【城镇居民教育文化娱乐服务消费】 2007年全县城镇居民人均教育文化娱乐服务支出为792.89元，到2010年已达到1093.91元，增长了37.96%，年均增长11.32%。

【城镇居民居住水平】 2007年城镇居民人均住房建筑面积为30.8平方米，到2010年城镇居民人均住房建筑面积为32.62平方米。2010年100%的居民已独用自来水，90%的居民家庭有厕所浴室，88%的居民家庭使用罐装液化气。

（陈俊贤）

【农民人均纯收入】 2007年全县农民人均纯收入2318.35元，增幅达10.6%。2008年，农民人均纯收入2795.23元，增幅达7.13%（扣除物价因素）。2009年，农民人均纯收入3057.79元，增幅达8.11%（扣除物价因素）。2010年，农村农民人均纯收入为3497.31元，增幅达8.1%，均创历史最高水平。

2007年农村居民家庭总收入人均4197.4元，同比增22%。其中：工资性纯收入388.86元，同比增19.6%；家庭经营纯收入1722.72元，同比增5.9%；转移性收入88.03元，同比增46.9%。2008年农村居民家庭总收入人均4417.67元，同比增6%。其中：工资性纯收入422.32元，同比增8.6%；家庭经营纯收入1837.35元，同比减1.4%；转移性收入146.13元，同比增66%；财产性收入389.41元，同比增227%。2009年农村居民家庭总收入人均4789.34元，同比增9%。其中：工资性纯收入554.79元，同比增31.3%；家庭经营纯收入1682.09元，同比降8.4%；转移性收入243.52元，同比增66.6%。2010年农村居民家庭总收入人均5236.17元，同比增10%。其中：工资性收入804.07元，同比增44.9%；家庭经营收入2029.32元，同比增20.64%；转移性收入236.63元，同比降2.83%；财产性收入427.29元，同比降26%。

【农民支出大幅增加】 据调查，全县农村居民人均总支出2007年3566.92元，同比增20.5%。其中家庭经营费用支出1593.95元，同比增31.9%。2008年农村居民人均总支出为3994.03元，同比增8.3%。其中：家庭经营费用支出1392.46元，同比降13.3%。2009年农村居民总支出为4299.88元，同比增7.6%。其中：家庭经营费用支出1526.26元，同比降9.6%。2010年农村居民总支出为4161.23元，同比降3.22%。其中：生产费用1350.12元，同比降3.15%；

【农民生活消费支出】 2007年生活消费支出1904.75元，同比增14.5%。2008年生活消费支出2381.34元，同比增18.3%。2009年生活消费支出2349.65元，同比降1.3%。2010年生活消费支出2501.71元，同比增6.47%。随着收入的增加，农村居民生活水平和质量进一步提高。

【农民住房和生活条件】 2007年人均住房面积同比降12%；2008年人均住房面积同比增25%；2009年人均住房面积同比降6%；2010年人均住房面积同比降9%；虽然住房面积减少，但住房质量提高：2007年钢筋混泥土的房屋面积同比降62%；2008年钢筋混泥土的房屋面积同比增330%；2009年钢筋混泥土的房屋面积同比增59%；2010年钢筋混泥土的房屋面积同比降22%。主要耐用消费品拥有量（每百户）呈现增长势头：2007年主要耐用消费品拥有量为洗衣机17台，电冰箱3台，摩托车34辆，固定电话28部，移动电话50部，彩色电视机85台。2008年主要耐用消费品拥有量为洗衣机11台，电冰箱2台，摩托车11辆，固定电话7部，移动电话16部，彩色电视机22台。2009年主要耐用消费品拥有量为洗衣机7台，电冰箱1台，摩托车11辆，固定电话5部，移动电话22部，彩色电视机22台；2010年末主要耐用消费品拥有量为洗衣机59台，电冰箱7台，摩托车55辆，固定电话12部，移动电话166部，彩色电视机87台。

（张照群）

人力资源和社会保障

【机构】 2010年机构改革后，根据政府“三定”方案，人力资源和社会保障局下设9个科室，分别为：办公室（组织人事科）、政策法规科（审计科）、就业促进科（人力资源市场管理科）、公务员管理科、事业单位人事管理科、工资福利科、职业能力建设科、劳动关系仲裁科（军官转业安置科）、社会保险综合科。核定机关行政编制35名，领导职数6名。下属8个财政全额拨款事业单位（其中参公单位4个），五个副科级单位，核定事业编制65人。目前有机关工作人员35名，其中领导4名；事业单位职工42名，副科级干部2名。设党总支一个，五个党支部（机关党支部、高校毕业生流动党支部、劳动就业服务局党支部、医疗保险中心党支部、社保党支部），共有党员55名。

【就业再就业】 2007－2010年，寻甸县采取积极有效措施，促进就业再就业工作蓬勃开展，为应对国际金融危机带来的就业压力，为服务全县经济社会发展，服务招商引资，推进工业化作出了贡献。

开展就业岗位，稳定就业方面，四年间全县共收集提供有效就业岗位4976个，举办招聘会29场（次），通过广泛收集有效就业岗位，扩大了就业覆盖面、增加了就业容量。新增就业人员6285人，解决困难群体就业3068人，共开发公益性岗位624个，安置符合条件的人员566人，通过积极努力，实现了"零就业"家庭动态清零。

积极争取上级就业扶持资金，促进企业发展，服务地方经济。共争取各项资金2150.93万元，其中：失业保险基金785.73万元、再就业资金988万元、缓企稳岗资金377.19万元；发放小额担保贷款和"贷免扶补"创业小额贷款2803万元，扶持失业人员、农民工、大学生、复转军人617人成功实现创业，带动了1542人实现就业；通过相关补贴政策的有效落实，共发放各项补贴2204万元，促进14189人(次)实现稳定就业，其中：社保补贴944万元、失业保险金780万元、公益性岗位补贴323万元、培训补贴127万元、鉴定费30万元。通过积极争取各项资金，有效促进和保持了全县就业局势稳步发展。

加大培训力度，增强劳动者就业能力。四年来依托各类培训机构完成各种培训7243人，培训合格率达97%，其中，就业培训人2360人，技能培训3037人，创业培训442人，两后生培训4067人；培训专业涉及计算机操作、烹调、汽车驾驶、花卉、果树、家畜饲养、家政服务、水电、烟草、绿化工、茶艺、收银员、电焊工、物业管理等诸多领域。

2007—2010年各年就业完成情况

项目	2007	2008	2009	2010
城镇新增就业	1653	1486	682	1271
其中：安置困难人员	605	870	602	1226
开发公益性岗位	113	119	169	220
各类培训	2079	2211	1410	1543
收集提供有效就业岗位	1095	1161	879	1841

【公务员管理】 贯彻落实科学发展观，服务全县招商引资、城镇建设、工业发展及基层组织建设大局，坚持公开、平等、竞争、择优原则，坚持盘活与使用人才，科学谋划、精心组织，大力招录补充科学发展新跨越所需的党政人才。四年来，累计招录补充公务员130名，其中党群口11名，政府口111名，定向招录村委会(社区)干部8名，招募大学生"村官"230名。

创新培训方式，优化培训内容，加大培训力度，扎实组织开展各类专题培训，四年来，共举办公务员"8+x"、"四项制度"、"公务员素质教育培训"、"政府信息公开条例"、"都市经济"、"三普"教育等10个专题培训，累计培训公务员19.81万人(次)。公务员队伍能力素质进一步提升。

加强公务员日常管理。2007年完成全县政府口994名公务员和206名参公公务员登记和职务确定工作；2007年报批143家事业单位参照公务员法管理，现省已批65家；根据《云南省公安机关执法勤务机构人民警察警员职务套改实施办法》规定，完成县公安局、森林公安局符合警员职务套改的215名警员职务套改工作；加大公务员考核奖惩力度，四年来累计开展机关工作人员年度考核8531人（次）；严格执行公务员纪律规定，加大惩处力度，疏通出口，四年来，累计开除公务员1名；严格调配规定，大力推进公开考调，累计办理公务员（机关工作人员）调配103人。

做好军转安置工作。认真贯彻落实军队转业干部安置、管理服务政策，妥善安置军转干部2名，接收自主择业军转干部1名，切实做好全县5名自主择业军队转业干部管理服务及46名企业军转干部解困维稳工作，累计发放解困金19.74万元；认真做好选聘高校毕业生到村（社区）任职工作，自2008年开展以来累计选聘大学生村官211人，基层人才队伍进一步夯实。

【职称评聘】　巩固职称评聘工作成果，持续深化职称制度改革，积极探索完善与科学发展相适应、与人事制度改革相统一的充满生机与活力的职称制度，2008年启动实施“评聘分开”办法，2009年全面启动实施“事业单位岗位设置”工作，形成以岗位管理为核心，评聘分开为动力、开放与竞争为导向的评聘机制，职称评聘工作的科学化水平进一步提升。四年来，累计评审高级职称159名、中级721名、初级898名。截止2010年，全县拥有专业技术人员5810人，其中高级资格241名、中级资格2362名，初级资格3207名，聘任高职222名，中职2304名，初职3205名。（详见择年统计表）

自2008年起，在全县事业单位实施专业技术“评聘分开”，在职称评聘工作中全面引入竞争机制，在评的环节上实现全面参与，在聘的环节上形成有序竞争。

按照“因事设岗、精简高效、结构合理、群体优化、重点突出”的原则，2009年，完成全县212个事业单位岗位设置工作，核准专业技术岗位7881个，其中管理岗339个、专业技术岗7224个、工勤技能岗318个。聘任专业技术人员5597人，其中管理岗78人、专业技术岗7224人、工勤技能岗120人，并于2010年1月起兑现了新一轮岗位薪酬，岗位管理的科学化水平进一步提升。

附：2007—2010年全县专业技术资格评审和聘任情况

资格数（人）/年份	高级	中级	初级
2007	144	2065	3558
2008	157	2113	3562
2009	194	2268	3269
2010	241	2362	3207

聘任数（人）/年份	高级	中级	初级
2007	133	2046	3553
2008	137	2057	3558
2009	183	2226	3261
2010	222	2304	3205

【事业单位人事管理】　公开招聘、选调工作。坚持城乡社会事业统筹、协调发展、坚持凡进必考制度，大力推进以教育、卫生为重点的社会事业紧缺急需专业技术人才公开招聘、选调工作，为全县社会事业快速发展提供强有力的人才支撑和智力支持，四年来，累计招聘事业单位专业技术人员523名，其中，教育483名、卫生40名。基层人才项目招募734名，其中“三支一扶”97名、特岗教师637名。研究生以上学历6名、本科学历1112名、专科学历139名。累计公开选调专业技术人员328名。

推进事业单位人事改革工作。巩固2003年事业单位人事制度改革成果，深入推进2008年以教育、卫生为重点的新一轮事业单位人事制度改革，全面推行和完善全员聘用合同制、公开招聘制、中小学校长、卫生院长公开聘任制等改革办法和措施，稳步推进和完成事业单位岗位设置、绩效工资实施，进一步健全完善了以岗位管理为核心、综合评价入手的职称评聘机制，以公开、公平、竞争、择优为原则的事业单位选人用人机制，以岗位聘用合同制管理为核心，以市场化、社会化为导向，人员能进能出、职务能上能下、待遇能高能低，重业绩、重贡献，充满生机与活力的事业单位人事管理新机制。截止2010年，共在全县400余事业单位签订聘用合同6611余份；在教育、卫生分设教育、卫生人才分中心，人事代理工作全面开展；完成全县14个乡（镇）卫生院公共卫生部和医疗服务部分设及加挂乡镇卫生院牌子，全县公选中小学校长52名、卫生院长10名；完成212家事业单位7881个岗位设置；“评聘分开”全面实施，竞争有序的职称评聘机制进一步完善；完成全县事业单位8655名工作人员绩效工资套改实施，以绩效论考核、以考核论薪酬的事业单位新的收入分配激励机制。

事业单位人员管理。四年来，累计考核事业人员27974人（次），其中，考核优秀3918人（次）、合格24026人（次）、基本合格6人（次）、不合格24人（次）；分流6人；结合人事制度改革、人事调研等，深入开展人事执法检查，进一步规范人事行政行为，严肃人事政策法规。

【人力资源管理和队伍建设】　坚持人才工作优先投入、人才资源优先开发、人才结构优先调整、人才队伍优先建设，把握好人才引进、培养、使用环节。四年来，累计公开招录（聘）党政人才128名、专业技术人才1257名；举办各类培训20期48773人（次）；面向县内外企业推介人才300余名，提供人才信息服务200余次2183条。截止2010年12月31日，全县人才总量达39851人，其中，党政人才1777人，专业技术人才7249人；经营管理人才662人；技能人才1552人；乡土人才19232人。引进人才24人，引智项目5个。

【职业能力建设】　深入城乡劳动者职业技能培训、人才培养激励、公务员、专业技术人员继续教育培训政策和规划，全面推进以职业技能培训、职称、职业资格评审、技术等级评定为核心的职业能力建设工作。四年来，累计评审各类各职级专业技术人员3397名，组织协调指导开展各类职称、职业资格考试取得各职级资格117名，其中，高职159名、中职721名、初职898名。培训和评定工人技术等级1269名，其中技师69名、高级工262名、中级工318名、初级工620名。城乡劳动者整体素质和职业能力进一步提升。

【工资福利】　圆满完成2006年新一轮工资制度改革。精心组织、周密部署、严格审批，按时保质完成全县机关、事业单位9605名工作人员新一轮工资制度改革工资套改审批工作，其中机关1455人，月增资41万元；事业8150人，月增资170万元；离退休人员2136

名，月增离退休费61万元。套改增资从2006年7月1日起执行。

圆满完成公务员津补贴规范、事业单位绩效工资实施工作。深入贯彻落实公务员津补贴规范及事业单位绩效工资实施工作，一是完成机关（参公单位）1910名在职工作人员津贴补贴规范，月增资114.7万元；离退休人员611人，月增资23.8万元，事业单位离休干部比照机关离休人员规范津贴补贴22人，于2007年7月1日起执行。且先后于2008年、2009年两次调整津补贴标准最终人均达到2.1万元。二是稳慎推进事业单位绩效工资实施工作，先后组织完成全县义务教育学校、公共卫生与基层医疗卫生事业单位、其他事业单位在职和离退休人员共8655名绩效工资审批实施工作。其中义务教育学校5826人，月增资293万元，于2009年1月起执行；公共卫生与基层医疗卫生事业单位在职和退休人员571人，月增资30.7万元。于2009年10月起执行；其他事业单位在职和离退休人员2258人，月增资524万元，于2010年1月起执行。三是从2010年1月起，调整全县机关、事业单位在职和离退休人员津贴补贴和绩效工资标准。在2009年执行的平均水平2.1万元的基础上平均增加20%，年人均增加0.42万元，达到2.52万元。

加强工资福利日常管理工作。2007—2010年，累计审批事业单位年度考核合格以上人员正常增加薪级工资4次28568人（次），平均月增资18.9万元；累计审批机关工作人员正常晋升级别岗位工资档次2次3048人（次），平均月增资5.75万元；审批机关公务员达到上一级别工作年限晋升级别（滚动升级）1094人（次），平均月增资0.5万元；办理机关事业单位209人退休手续、171人病故抚恤和安葬费及遗属生活困难补助费（2007年退休51人，2008年退休48人，2009年退休53人，2010年退休57人），4年累计发放离退休费3734人（次）9967万元。

【养老保险】 2007－2010年，全县养老保险由2007年的8281人增长到12900人，养老保险发放率达100%，无推迟、拖欠养老金发放的现象。积极协调，稳步推进企业退休人员社会化管理服务工作。2010年底，全县共有企业离退休人员1953人，人均月领养老金1450元。22家改制企业939名退休人员顺利移交社区实现社会化管理，社区管理率100%。

【失业保险】 2007年以来通过广泛宣传《云南省失业保险条例》，积极开展以事业单位和非公有制经济组织参保为重点的失业保险扩面工作，对符合参保的对象做到应保尽保。为做好失业保险扩面征缴工作，截止2010年失业保险参保人数达16851人，失业保险覆盖率达90%以上。

【城镇基本医疗保险】 截止2010年底，城镇职工基本医疗保险共有参保单位263家，城镇职工基本医疗保险参保人数达21288人，城镇居民基本医疗保险享受人数达到了19078人。为更好的为参保人服务，针对基本医疗保险个人自付比例偏高的客观实际，县医保中心于2007年4月建立了团体补充医疗保险，到2010年12月，已有4656人享受团体补充医疗保险待遇532.5万元，个人自付比例由2006年的25.82%下降到了10.11%，极大地减轻了参保患者住院负担，真正降低参保人员的疾病风险。

为妥善解决破产关闭企业退休人员的医疗保险问题，2008年、2009年先后将县供销联社、县农机公司、县民族织染厂，县日化厂、县砖瓦厂计250人退休职工纳入城镇职工医疗保险统筹范围，享受中央财政补贴，免费参保，解决了他们的医疗后顾之忧，有效的化解了社会矛盾。

【机关事业单位工伤生育保险】 根据《寻甸回族彝自治县人民政府关于印发寻甸县机关事业单位工作人员工伤生育统筹实施办法（试行）通知》精神，寻甸县医保中心于2009年12月份启动了机关事业单位工作生育保险，2010年，参保单位86家，参保职工8651人，已有90人享受到相关待遇，享受金额达21.3万元。

【企业工伤、生育保险】 2007－2010年，寻甸县继续深入贯彻落实《工伤保险条例》，规范基础管理服务工作，以高风险企业、外来务工人员特别是农民工为参保重点，加强工伤预防、工伤补偿相结合的工作制度，保障工伤保险工作顺利开展。工伤保险参保9459人，生育保险参保7137人。为进一步做好机关事业单位职工的社会保障工作，认真做好前期摸底调查工作，经县人民政府第十四届人民政府第二十次常务会议研究后，于2009年12月全面启动。

【农村养老保险】 截止2010年底，全县累计参保5417人，农保基金滚存结余556.30万元；有260人领取了养老金，月领取金额最高176元，最低2元，发放率达100%；被征地养老保险于2008年启动，目前参保人数达4658人，收缴养老保险资金1586.95万元，人均缴费4395.98元。

2007－2010 年社会保险完成情况

项　目	2007	2008	2009	2010
城镇职工养老保险	8281	10072	10879	12900
失业保险	12992	14107	14134	16851
城镇职工基本医疗保险	17400	18499	19610	20802
城镇居民基本医疗保险	未启动	16309	17595	19078
工伤保险	5846	8497	8802	9400
生育保险	4009	5551	5683	7134

【基金监督】　充分发挥劳动保障基金监督委员会的职能作用，逐步建立和规范社会保险申报、核定工作和失业保险基金发放反欺诈工作的长效机制，强化内部制度控制，加强稽核力度，开展专项检查，坚决纠正瞒报、漏报缴费基数行为，严厉打击骗取冒领保险金、挤占挪用基金行为，维护社会保险基金安全和完整。每年对离退休人员开展养老保险金待遇资格认证，避免了养老保险金的流失；几年来共查实 25 名失业职工再就业后仍领取失业保险金的欺诈行为，暂停发放失业保险金 5.25 万元；对“两定”协议单位医保政策执行进行进行检查 81 次，提出整改意见 145 条，对违反规定的四个定点药店进行了相应处罚。初步建立医疗保险稽核制度，全年共对 24 家单位 5325 人(次)进行了书面或实地稽核。

【劳动监察】　采取日常监察、举报专察、专项检查等方式，加大劳动保障执法力度，维护了用人单位和劳动者双方的合法权益，促进社会和谐发展。2007－2010 年共巡查用人单位 850 户，出动执法监察人员 128 人(次)，共为 2276 名农民工追讨拖欠工资 1817.08 万元。

【劳动关系与仲裁】　四年来，以加大劳动合同制度的推行力度。以建立“规范有序、公平合理、互利共赢、和谐稳定”的新型劳动关系为目标，全面推行劳动合同制度，提高劳动合同签订率。加大企业工资分配行为的规范力度。加强对城乡各类企业工资收入分配的宏观调控和指导，健全工资指导线、劳动力市场工资指导价位等制度。2010 年底劳动合同签订率为 99%，农民工劳动合同签订率达 98%，符合受理规定的劳动争议受案率达 100%，劳动争议结案率达 100%。

【劳务输出】　劳动输出作为寻甸县促进农民增收的一项重要工作，县委、县政府高度重视，每年都将劳务输出列为重点督办事项之一。县劳动和社会保障局对此项工作进行提前安排，每年春节期间，通过在各乡镇召开返乡农民工座谈会的形式，邀请外出务工人员代表、有外出务工意愿青年参加座谈会，加大宣传动员力度。县劳动和社会保障局抽调工作人员 15 名，分为 5 个组分别联

系指导全县各乡镇开展劳务输出。县劳务输出办根据每年工作实际，结合工作推进重点，每年年初出台《劳务输出工作实施方案》，将工作目标任务分解到各乡镇，形成层层抓落实的工作局面。在工作实际中，不断加强宣传动员及中后期跟踪管理服务，引入中介机构，加大培训务工人员力度，提高输出质量。2007－2010年，全县共完成农村劳动力转移培训84170人，劳务输出65939人，累计实现劳务经济收益3.7亿元。

【扶贫挂钩】 县人力资源和社会保障局历年来高度重视扶贫工作，将加快扶贫点经济发展，农民增收列入工作日程，每年通过开展多种形式扶贫挂钩活动：深入扶贫挂钩点，利用讲党课、召开座谈会等形式帮助他们想办法，出点子，通过一对一帮扶，由全局党员每人挂钩一户贫困户，帮他们找致富门路，给予适当经济资助。加大扶贫点基础设施建设投入。四年来共为挂钩点功山云龙、河口海嘎村委积极协调资金近100万元，帮助扶贫挂钩点修缮大街，投资2万元建设引水工程1件，本部门直接投入资金2.4万元帮助挂钩点群众修缮人畜饮水设施，极大地改善扶贫点的生产生活条件。在2010年抗旱工作中，及时在全县各乡镇组织开展“移民就水送岗下乡”活动15场，动员有志青年外出务工增收。结合部门实际，发挥部门优势，认真扎实开展异地开发扶贫劳务输出工作。

【系统自身建设】 加强系统内部管理。结合机构合并工作实际，2010年对内部管理制度进行了修改和完善，转变了工作作风，提高了工作效率。同时对各经办机构实行工作目标责任制考核，并首次把乡（镇）劳动和社会保障站纳入工作考核范畴，劳动保障系统建设迈出新的步伐。提高干部队伍素质。坚持每周学习制度，开展政治理论学习和业务理论的培训，提高干部职工的综合素质。在全局党员干部职工中加强理想信念教育和社会主义思想道德建设，树立社会主义荣辱观，大力弘扬昆明精神，为干部职工在日益繁杂的工作中提供源源不断的精神动力。加强前沿阵地建设。对各乡（镇）社会保障事务所业务骨干进行了计算机操作培训，每站购置了一台电脑，实现了人力资源和社会保障信息网络的全覆盖。四是经过积极向上级争取，寻甸县就业和社会保障服务中心项目经省发改委评审通过，报国家发改委立项，将于2011年开工建设。

【领导名录】

县劳动和社会保障局

局总支书记、局长：吴芝环（—2010.06）

副局长：马怀明（—2010.06）

副局长兼医疗保险中心主任：杨剑芬（—2010.06）

副局长：林祖文

县人事局

局长：郭嘉森（—2008.02）

党组书记、局长：徐林（2008.02－2010.07）

副局长：王永祥（—2010.06）

副局长：马永坤（—2010.06）

县编办副主任：山在东（—2010.06）

县人力资源和社会保障局（2010.07－）

党组书记、局长：徐林

党组副书记、副局长：吴芝环

党组成员、副局长：王永祥

党组成员、副局长：杨剑芬

党组成员、副局长：马永坤

机构编制

【机构设置】 2010年9月，县委机构编制办公室（简称“县委编办”）列为县委工作部门，机构规格正科级，其前身为县机构编制委员会办公室。负责全县行政管理体制与机构改革及机构编制管理工作。行政编制15名，内设综合科（组织人事科）、政策法规科（监督检查科、审计科）、机关事业科3个职能科室。县事业单位登记管理局（副科级）归口县委编办管理。县行政管理体制研究室、县机构编制技术信息中心2个事业单位隶属县委编办管理。现有在职在编人员4人。

【政府机构改革】 根据市委、市政府批准的《寻甸回族彝族自治县人民政府机构改革方案》，县委、县政府于2010年7月组织实施了政府机构改革工作。将科学技术局、经济和商务局、投资促进局、政府信息产业办公室整合组建科学技术和工业经贸信息化局，加挂中小企业局、投资促进局牌子；将人事局、劳动和社会保障局整合组建人力资源和社会保障局；在规划建设局基础上组建住房和城乡规划建设局，加挂城市管理综合行政执法局、园林绿化局牌子；将文化体育局、旅游局、广播电视局整合组建文体广电旅游局；将畜牧局、农业机械化管理局并入农业局，加挂畜牧兽医局牌子；将交通局更名为交通运输局；将粮食局并入发展和改革局；将煤炭行业管理办公室并入安全生产监督管理局；将政府扶贫开发办公室调整为政府工作部门；将政府便民服务领导小组办公室更名为政府政务服务管理办公室并入政府办公室；上级下划1个省垂直管理的食品药品监督管理局交由县管理后，列为政府工作部门；保留设置政府工作部门18个，即：政府办公室、发展和改革局、教育局、民族宗教事务局、公安局、监察局（与纪委机关合署，不计数）、民政局、司法局、财政局、国土资源局、环境保护局、农业局、林业局、水务局、卫生局、人口和计划生育局、审计局、统计局、安全生产监督管理局，保留部门管理机构1个（人民政府法制办公室）。通过改革至2010年10月，政府机构由37个（县政府工作部门27个、议事协调机构2个、部门管理机构1个、政府直属事业机构7个）调整整合设置政府工作部门25个、部门管理机构1个，政府直属事业机构3个，共计精简机构11个，精减率29.73%。

【行政管理体制调整】 根据行政管理体制相关政策，2009年3月完成塘子镇、金所乡并入仁德镇机构编制的调整。2010年12月倘甸镇、凤合镇、联合乡、金源乡托管倘甸产业园区管理委员会和轿子山旅游开发区管理委员会（简称：“两区”管委会）管理，同时完成四个乡镇机构编制及13个派驻乡镇单位机构编制的调整和托管移交至“两区”管委会管理。2010年3月结合农业技术推广体系改革在仁德镇试行设置农业、林业、水务技术推广派驻站。2010年10月结合政府机构改革，调整和明确了242个事业单位的管理体制。2010年12月结合教育改革，调整3所高中学校管理体制。

【机构编制管理】 认真贯彻执行国务院《地方各级人民政府机构设置和编制管理条例》和《云南省机构编制管理条例》。坚持机构编制集中统一领导原则①和“一支笔”审批制度②，结合工作需要，2007年6月设置国库支付中心；2007年7月设置县委目标管理督查办公室和政府目标管理督查办公室。2008年3月设置16个乡镇统计站；2008年4月设置密码管理局、地方统计调查队、公共投资建设管理中心。结合“四创两争”和创建国家卫生县城、招商引资中心工作需要2010年12月设置“四创两争”办、创卫办、考核办。2010年

12月结合管理调整和审批了18个单位的机构编制，撤销了2个事业单位。

【实名制管理】 2009年，在全县机关事业单位中全面推行机构编制实名制管理，按照《云南省机构编制实名制管理办法》的规定，下发了319个单位机构编制管理证，对9159名在职人员颁发了编制实名证，实现了机构编制实名制和工资基金管理月审制度。严格执行省、市机关事业单位领导职数和岗位，人员编制和进人指标“双控”管理，实现编制和人员的单位、组织人事、财政、编制部门的联审互动互控管理，完善了编制使用计划申报和“一卡通”人编管理办法。

【事业单位登记管理】 依法推进事业单位登记管理，落实国务院《事业单位登记管理暂行条例》，建立健全事业单位法人登记管理制度。2007年共办理事业单位法人登记17户，其中新设立登记3户，变更登记8户，注销登记6户，年检81家。2008年共办理事业单位法人登记13户，其中新设立登记1户，变更登记7户，注销登记5户，年检94家。2009年共办理事业单位法人登记9户，其中新设立登记1户，变更登记6户，注销登记2户，年检106家。2010年共办理事业单位法人登记11户，其中新设立登记1户，变更登记5户，注销登记5户，年检113家。2010年开展事业单位网上登记管理推行工作，建立网上登记办理事项和事业法人机构数据库，实现电子化登记管理。截止2010年底，全县共办理事业单位法人登记287户，其中县委政府直属事业10户、县各部门所属事业单位148户、乡镇所属事业单位129户。

【领导名录】
主　　任：徐　林(2008.02—)
专职副主任：山在东(2004.01—)

（撰稿人：胡振彪）

扶贫开发

【目　标】 寻甸县的扶贫工作紧紧围绕国务院提出：“解决温饱、巩固成果、缩小差距、构建和谐”的扶贫开发目标，以减少农村贫困人口和逐步缩小发展差距为主题，以实现解决温饱和巩固温饱为目标，以人为本注重民生，以贫困自然村为扶贫开发主战场，以贫困人口为重点扶持对象，以增加贫困农户收入为核心，以创新扶贫开发机制为动力，始终坚持走“政府主导、社会参与、自力更生、开发扶贫、全面发展”的原则，结合寻甸县实际，明确提出了“围绕一个目标、突出两个重点、抓好三项建设、落实四项扶贫、实现五个转变，达到六个效果”的扶贫工作总体思路。“围绕一个目标”，即以解决温饱和实现脱贫致富为目标；“突出两个重点”，即突出以贫困村，贫困户为重点；“抓好三项建设”即抓好基础设施、产业、农民素质建设；“落实四项扶贫”，即落实以刚性投入为主的项目扶贫、抓好以改善农户发展基础为目的的小额信贷扶贫、抓好以非农手段增收的劳务输出扶贫、抓好非政府主导的社会扶贫；“实现五个转变”即实现生产方式由低效规模型向高质高效型的转变、生活方式由传统方式向现代方式的转变、观念意识由传统向现代的根本性转变、增收渠道由单一性向多元性的结构性转变、发展方式由外援式向自主式的转变；“达到六个效果”，即农村基础设施要有新改善、农民生活水平要有新提高、农民素质要有新提升、村容村貌要有新改变、产业建设要有新突破、农民收入要有新增长。

【扶贫开发概况】 始终坚持解决温饱和巩固温饱同步推进、基础设施条件和贫困村生活环境同步改善、经济社会发展水平和贫困人口素质同步提高、扶贫开发工作力度和资金投入总量同步加大，加快推进贫困农村的经济社会发展，为全县全面建设小康社会奠定坚实基础。

2007—2010年，经过积极争取，共投入扶贫资金45019万元，其中：财政扶贫资金19481.5万元，整合部门资金14332.5万元，小额信贷资金9750万元，慈善扶贫资金1455万元。实施农田水利56件，农田建设7200亩，修建水库坝塘15座蓄水58万立方米，建三面光沟渠134.3千米，新增灌溉面积2.23万亩；人畜饮水工程191件，建引水管道1043千米，建水池593个，解决了6.25万人和牲畜6万头的饮水困难和安全用水；电力建设21件，架设输电线78千米，安装变压器10台，解决了21个自然村1250户5000人的用电问题；交通建设712件，修建公路790条1070千米，建桥22座，涵洞1510个，解决了780个自然村5.75万户21.2万人行路难、运输难的问题；经济作物项目89件，种植优质水稻、玉米、洋芋、豆菜、花卉、臭参、丹参、中药材等4.2万亩；经济林果项目226件，种植优质核桃、柿子、雪桃、蓝莓等1.5万亩；养殖项目544件，购养种牛、种猪、种羊等5500头（只），畜厩改造8700户，建青贮窖700个，种牧草5600亩；财政资金和小额信贷专项产业扶贫，扶持24个企业和专业合作社发展种养业；科技培训407件，培训2810期，参训24.67万人；安居工程180件，建安居房16.8万平方米，为3600户1.8万人解决了安全住房；节能生态建设857件，新建太阳能8840套、沼气池2130口、节柴灶1.07万眼，建卫生厕4900个、垃圾池52个；教育文卫项目234件，建校舍170间，活动场所30个，建文化室68间，安装电视接收760套，建卫生室22间；民生保障和基层建设24件，解决农村低保1100人，特困救济5000人，救助五保50户，慈善资金发放贫困户7275户，扶持致富党支部2个、村民小组20个、致富带头人500人；发放小额信贷4.04万户，扶持专项产业2个；农村劳动力技能培训1.49万人，劳务输出5.46万人。在此基础上，加大社会扶贫投入力度，省级3家、市级52家、县级76家挂钩扶贫单位，共投入资金和物资折价4060万元，解决了特困村、特困户、贫困学生的实际困难和改善了生产生活条件。

贫困人口大幅减少。2006年末，全县农村人口年人均纯收入低于925元以下贫困人口有18.8万人。2007年减少3.77万人，2008年减少3.77万人，2009年减少3.77万人，2010年减少3.23万人，4年合计减少14.54万人，贫困人口降至4.26万人。

【整乡推进】 2009年，省、市下达寻甸县实施六哨乡整乡推进，全乡11个村委会，75个自然村18626人。在规划和建设中，按照中央提出“生产发展、生活富裕、乡风文明、村容整洁、管理民主”的发展思路，按昆明市社会主义新农村建设农户、自然村、行政村各自要达到“九有”目标体系的要求，立足寻甸县实际，坚持“缺什么、补什么”的原则，深入调研，精心规划，严格评审。做到：规划一本书，建设一盘棋，投入一站通，产业一条龙，绩效一杆秤。实际规划实施项目工程185件，总投资8379万元，其中：财政资金1400万元（省级财政600万元、市级财政

600万元、县级财政200万元），整合部门资金5297万元，群众自筹1682万元。具体实施项目66件，总投资2955万元，其中：省级财政71万元，市级财政244万元，县级财政170万元，整合资金1910万元，群众自筹560万元。涉及11个行政村75个自然村，受益4585户1.86万人。其中农田水利实施项目工程1件，总投资217万元，建设基本农田3500亩；人畜饮水实施项目工程26件，总投资565万元，架设引水管道208千米，新建水池28个，蓄水1680立方米，受益7个行政村26个自然村1758户6939人及7000头牲畜；通路工程实施项目工程14件，总投资1752万元，新建道路硬化24条25千米，砂石路7条57千米，油路1条10千米。受益11个行政村75个自然村4585户1.86万人；安居工程实施项目工程14件，总投资316万元，新建安居房603户，受益2485人；道路绿化实施项目11件，总投资54万元，道路绿化43.2千米，植树2.7万株；街道亮化实施项目1件，总投资5万元，安装路灯76盏；产业发展，实施项目34件，总投资2344万元，受益2638户1.08万人；种植业实施项目12件，总投资1080万元，栽植雪桃1000亩，优质马铃薯2万亩，受益615户2410人；养殖业实施项目16件，总投资579万元，引进种牛700头，种猪200头，购进种羊550只，种植牧草4400亩；旅游业实施项目6件，总投资686万元，建立秋场一块7500平方米，文化中心1幢1600平方米，农家乐2户，民俗文化村2个；生态能源实施项目35件，总投资1220万元；建太阳能实施项目6件，总投资200万元，补助群众安装太阳能1000套；建节能灶实施项目6件，总投资30万元，新建节能灶1000眼；建卫生厩实施项目6件，总投资230万元，农户1800户新建卫生厩2.7万平方米；厨房改造实施项目6件，总投资123万元，厨房改造1500户；村容村貌整治实施项目11件，总投资637万元，建筑面积52.3万平方米；社会事业实施项目22件，总投资1555万元，新建文化活动室6间600平方米，新建学校1所6620平方米；新建卫生室7间420平方米，新建门诊楼1幢3层690平方米，新建厕所1200个；科技扶贫实施项目11件，总投资50万元，科技培训75期，参训群众5000人（次）；民生保障总投资215万元，实施项目24件，解决农村低保1100人、五保户43人，贫困户救济5000人，农村合作医疗17494人。农村基层组织建设总投资40万元，创建带头致富党支部2个、村民小组20个，培养致富带头人500人（次）。

【行政村整村推进】 2008—2009年，省、市下达全县实施社会主义新农村建设整村推进24个村委会，实际规划实施项目工程840件，总投资10581.15万元，其中：财政资金4800万元（市级财政2400万元，县级财政2400万元），整合部门资金2717.48万元，群众自筹3063.67万元，实施24个行政村项目，受益233个自然村1.7万户6.77万人。具体实施项目：基础设施建设方面实施项目272件，总投资5306.42万元，其中：市级财政943.01万元，县级财政1242.65万元，整合资金1951.39万元（农业64.3万元、水利535.21万元、交通736.18万元、扶贫48.65万元、以工代赈79.8万元、文卫98.33万元、城建388.92万元），群众自筹1169.37万元，涉及24个行政村190个自然村，受益1.48万户5.91万人；农田水利实施项目工程28件，总投资652.78万元，其中：县级财政96.64万元，整合部门资金408.82万元（农业15.5万元、水利313.52万元、以工代赈79.8万元），群众自筹147.32万元。加固小（二型）水库1座蓄水49.8万立方米，修缮小坝塘12个蓄水7.06万立方米，新建沟渠12.72千米，支砌防洪坝4.4千米，改善灌溉面积1.54万亩，建交通桥3座、便民桥20座，受益7个行政村29个自然村4800户2.74万人；人畜饮水实施项目工程41件，总投资626.39万元，其中：市级财政85.74万元，县级财政161.5万元，整合水利资金221.69万元，群众自筹157.46万元。架设各类引水管道259.49千米，新建150立方米水池6个、100立方米1个、70立方米4个、50立方米8个、30立方米13个、18立方米13个、1立方米取水池25个、便民池249个，购安消防栓16套，受益12个行政村48个自然村4181户1.85万人及2.1万头牲畜，通路工程实施项目工程161件，总投资3375.36万元，其中：市级财政812.07万元，县级财政942.34万元，整合资金926.26万元（农业48.8万元、交通736.18万元、扶贫42.95万元、文卫98.33万元），群众自筹694.69万元。扩建乡村公路329条233.7千米，其中：道路硬化303条141.28千米、砂石路26条92.42千米，建便民桥3座，支砌涵洞623个，支砌挡墙6450米，排水沟912米，过水路面2道，受益24个行政村194个自然村1.18万户4.96万人；安居工程实施项目工程42件，总投资651.89万元，其中：市级财政45.2万元，县级财政42.17万元，整合资金394.62万元（扶贫5.7万元、城建388.92万元），群众自筹169.9万元。新建安居房56户，加固357户，涉及13个行政村42个自然村，413户2185人改善了居住环境条件；产业发展实施项目185件，总投资1614.34万元，其中：市级财政201.3万元，县级财政254.61万元，整合资金346.64万元（农业96.1万元、林业120.24万元、畜牧114.85万元、扶贫14.85万元、旅游0.6万元），群众自筹811.79万元。涉及24个行政村196个自然村，受益1.59万户5.8万人；经济林果实施项目47件，总投资248.15万元，其中：市级财政12.68万元，县级财政26.09万元，林业112.24万元，群众自筹97.14万元。种植经济林果7523亩，其中：优质泡核桃6847亩，日本脆柿240亩，日本红梨200亩，改造黄梨200亩，涉及10个行政村48个自然村，受益3571户1.41万人；经济作物实施项目24件，总投资496.15万元，其中：市级财政38.85万元，县级财政87.94万元，整合资金117.85万元（农业96.1万元、林业8万元、扶贫13.75万元），群众自筹251.51万元。种植经济作物8219亩，其中：生菜500亩，浅水藕50亩，冬马铃薯1030亩，青花菜300亩，马铃薯繁种1300亩，无公害蔬菜930亩，丹参279亩，杂交玉米制种2500亩，毛竹100亩，花卉230亩。涉及14个行政村53个自然村，受益4713户2.22万人；畜牧扶贫实施项目113件，总投资866.04万元，其中：市级财政149.17万元，县级财政140.58万元，整合资金115.95万元（畜牧114.85万元、扶贫1.1万元），群众自筹460.34万元。引进种猪244头，其中：种公猪40头，母猪168头，纯种野猪36头；购进种黑岭山羊91只，奶水牛20头，肉牛160头，种牛44头。扶持发展养殖户40户，购置獭兔养殖设备一套，卫生厩改造2237个4.92万平方米，涉及18个行政村95个自然村，受益7600户2.34万人；旅游业实施项目1件，总投资4万元，其中：市级财政0.6万元，旅游0.6万元，群众自筹2.8万元。扶持农家乐旅游业4户，受益28人；生态能源建设方面实施项目326件，总投资3075.71万元，其中：市级财政1016.87万元，县级财政713.1万元，整合资金298.15万元(林业135.18万元、畜牧35.4万元、扶贫15.5万元、科技17.1万元、城建94.97万元)，群众自筹1047.59万元。涉及24个行政村231个自然村，受益1.71万户6.77万人；建太阳能实施项目53件，总投资540.38万元，其中：市级22.52万元，县级218.68万元，整合资金37.23万元(林业26.23万元、扶贫11万元)，群众自筹261.95万元。补助群众安装太阳能2589套，涉及15个行政村51个自然村，受益2715户1.01万人；建节能灶实施项目45件，总投资155.41万元，其中：市级23.92万元，县级59.38万元，整合林业资金40.23万元，群众自筹31.88万元。新建节能灶2402眼，涉及11个行政村48个自然村，受益2402户1.14万人；建沼气池实施项目6件，总投资16.8万元，其中：市级12.62万元，群众自筹4.18万元。补助群众新建沼气池112口，涉及2个行政村5个自然村112户451人；建卫生厕实施项目60件，总投资189.86万元，其中：市级50.48万元，县级34.34万元，整合资金40.4万元(畜牧35.4万元、城建5万元)，群众自筹64.64万元。建卫生厕所1171个，其中：新建公共厕所121个，补助群众改造厕所1050个，涉及19个行政村71个自然村，受益4600户1.71万人；墙面粉刷实施项目101件，总投资1923.29万元，其中：市级882.03万元，县级368.77万元，整合资金54.51万元(扶贫2.5万元、城建52.01万元)，群众自筹617.98万元。补助群众墙面粉刷115.43万平方米，翻瓦8.9万平方米，焊瓦7.9万平方米，改造庭院4.29万平方米，涉及24个行政村88个自然村，受益4900户2.46万人；民房加固实施项目1件，总投资40万元，其中：城建32万元，群众自筹8万元。补助80户群众民房抗震加固，涉及1个行政村1个自然村，受益361人；厨房改造实施项目2件，总投资13.26万元，其中：县级9.54万元，群众自筹3.72万元。补助群众改造厨房1920平方米，涉及2个行政村3个自然村，受益90户420人；绿化工程实施项目23件，总投资170.45万元，其中：市级24.7万元，县级16.43万元，整合资金76.68万元(林业68.72万元、扶贫2万元、城建5.96万元)，群众自筹52.64万元。绿化行道植树9.96万株，草坪860平方米，涉及18个行政村66个自然村，受益3950户1.89万人；建垃圾池实施项目34件，总投资7.26万元，其中：市级0.6万元，县级4.06万元，群众自筹2.6万元。新建垃圾房2间，垃圾池32个，涉及20个行政村40个自然村，受益2450户1.24万人；村庄亮化实施项目1件，总投资19万元，其中：县级1.9万元，科技部门17.1万元。安装路灯19盏，涉及1个行政村1个自然村，受益300户1200人；社会事业方面实施项目33件，总投资351.68万元，其中：市级119.82万元，县级79.64万元，整合资金117.3万元(扶贫68.6万元、文卫16.3万元、城建32.4万元)，群众自筹34.92万元。新建活动室22个3461平方米，修缮活动室1个100平方米，购桌椅303套，新建球场一块500平方米，购篮球架一套，购广播电视7套，安装有线电视558户，新建卫生室一个112平方米。涉及21个行政村180个自然村，受益1.5万户4.48万人；科技扶贫方面实施项目24件，总投资233万元，其中：市级119万元，县级110万元，整合资金4万元(交通3万元、扶贫1万元)。科技培训850期，参训群众8.05万人(次)。涉及24个行政村231个自然村，受益2.4万户8.05万人。

【自然村整村推进】 2007—2010年，省、市下达我县实施扶贫开发自然村整村推进508个村，其中：省级236个村，市级272个村。2007年145个村，2008年122个村，2009年96个村，2010年145个村。按照“科学规划、政府统筹、社会参与、群众为主、综合开发、整村推进”的思路，从解决贫困户最关心、最迫切、最现实的切身利益入手，以“基础设施、产业开发、村容村貌、节能生态”为重点，坚持“缺什么补什么”的原则，实施方案做到：起点高，内容实，规划细。加快改善贫困村的基本生产生活条件，增加贫困群众的经济收入，增强贫困地区、贫困群众的可持续发展能力。实施项目工程2371件，总投资15000万元，其中：财政资金10160万元(省级财政3540万元，市级财政6620万元)，整合资金1624万元，群众自筹3216万元，直接受益508个自然村3.81万户15.24万人。具体实施项目；通水工程实施项目工程102件，总投资1280万元，其中：省级214万元，市级365万元，整合资金466万元。架设输水管道463千米，建水池211个，安装水表89套，消防栓10套，解决了102个自然村8170户3.18万人及2.62万头牲畜的安全用水难题；通电工程实施项目工程5件，总投资14.4万元，其中：省级资金9.4万元，市级3.7万元。架设输电线路1.7千米，变压器一台，改电420户，解决了5个自然村460户1800人的用电困难；通路工程实施项目工程517件，总投资6449万元，其中：省级1540万元，市级3684万元，整合资金483万元。新建、扩建乡村公路646条565千米，其中：水泥路477条262千米、砂石路169条303千米，建桥19座，支砌涵洞1102个，挡墙3.38万米，排水沟2000米，受益489个自然村3.86万户17.18万人；产业发展实施项目629件，总投资3225万元，其中：省级672万元，市级1107万元，整合资金242万元，覆盖1180个自然村，受益2.08万户8.6万人；种植业方面种植泡核桃2130亩，日本甜柿120亩，雪桃1132亩，加州李400亩，其它林果711亩；种植优质粮经作物1.02万亩，其中：水稻1800亩，玉米660亩，洋芋4560亩，豆菜1550亩，其它1190亩，丹参800亩，臭参300亩。养殖业方面购养种牛810头、种猪1010头、种羊650只，种兔480只，改建畜厩6190户30.95万平方米，青贮池700个，种牧草1140亩；扶持加工业1个，建厂房1200平方米，农家乐8户；养蚕房28户500平方米；生态能源实施项目473件，总投资2092万元，其中：省级645万元，市级779万元，整合资金39万元，受益454个自然村2.28万户9.62万人；安装太阳能5010套，建节能灶6600眼，建沼气1926口，绿化植树6500株，改厨220户3300平方米，庭院改造30户1500平方米，改善村容村貌墙面粉刷586户8.19万平方米，安亮化灯80盏，改厕2300个，建垃圾池18个；社会事业实施项目95件，总投资499万元，其中：省级140万元，市级155万元，整合资金136万元。建文化室64间3270平方米，建活动场28块8300平方米；科技扶贫投入资金363万元，其中：省级161万元，市级202万元，科技培训1844期，参训15.85万人(次)；安居建设实施项目172件，总投资919万元，其中：省级151万元，市级289万元，整合资金170万元。建安居房545户4.68万平方米，危房加固1042户，庭院建设481户2.66万平方米，墙面粉刷25.23万平方米。

【易地开发扶贫】 在易地开发中，按照“政府引导、农户自愿、有土安置、脱贫致富”的思路，围绕“搬得出、稳得住、能致富”的目标，着力解决遭受地质等严重自然灾害特困群众的安居乐业问题。2007—2010年，省、市下达我县实施易地搬迁16个自然村，785户3151人。其中：2007年7个村202户815人，2008年3个村126户518人，2009年4个村179户840人，2010年2个村278户978人。实施项目工程128件，总投资6513.5万元，其中：财政扶贫资金1321.5万元，整合资金4400万元，地方政府债券资金254万元。具体实施项目：安居工程实施项目16件，总投资2413万元，其中：财政资金948.1万元，整合资金955万元，债券资金106万元。新建安居房785套5.26万平方米，受益16个自然村785户3151人；通路工程实施项目16件，总投资300万元，其中：财政资金108.7万元，债券资金54.3万元，整合资金84万元；新建公路20条51.8千米，其中：砂石路11条44.1千米，硬化路9条7.7千米，挡墙30米，涵洞4个，支砌排水沟920米，受益15个村748户2960人；通水工程实施项目16件，总投资184万元，其中：财政资金79.2万元，整合资金44万元，债券资金25.4万元。架设管引90千米，建水池29个，16个村入户供水785户，受益3151人和牲畜3090头；通电工程实施项目16件，总投资161万元，其中：财政资金83.8万元，整合资金22万元，债券资金33.2万元。架设输电线77千米，安装变压器9台，受益16个村785户3151人；农田建设实施项目11件，总投资3004万元，其中：财政资金32.8万元，整合资金2961万元，债券资金1.8万元。坡改梯202亩，新增农田690亩，征地2000亩，新修沟渠6条3.3千米，受益10个村508户1950人；产业发展实施项目13件，总投资117万元，其中：财政资金27.4万元，整合资金62万元，债券资金23.7万元。购种牛70头，猪种470头，种羊16只，改厩295户，种植日本甜柿49亩7350株，其它林果200亩，经济作物10亩，受益12个村864户3300人；生态建设实施项目23件，总投资270万元，其中：财政资金25万元，债券资金6.6万元，整合资金230万元，新建太阳能235套，沼气池67口，节能灶638眼，改厕210个，植树1100株，受益16个村705户2830人；科技培训实施项目9件，总投资19万元，其中：财政资金8万元，整合资金8万元，债券资金3万元，种养殖业技术培训40期，参训2600人(次)；文教卫生实施项目8件，总投资44.3万元，其中：财政资金8.9万元，整合资金34万元，建校舍3间90平方米，电视接收器200套，卫生室2间60平方米，受益学校1所师生100人和2个自然村240户800人。

【革命老区建设】 寻甸是解放战争时期的云南省41个革命老区县之一。2008年省、市下达财政扶贫资金15万元，2010年下达20万元，两年合计35万元，实施项目2件。2008年用于柯渡丹桂红军纪念馆15万元，新建水泥路3条，全长234米；2010年用于功山镇功山村委会郭家湾村20万元，修建村间硬化道路10条，全长1933米。

【专项产业开发】 产业发展，是贫困农户增收的根本保证，也是增强贫困农村发展后劲的重要途径。围绕产业发展逐步营造“规模做大、实力做强、产品做优、效益做高、品牌做响、市场做广、形象做美”的总体思路，以公司加基地加农户的专项产业开发和一村一业、一户一品的专业村、专业户发展模式，重点扶持种植业和养殖业。

2007—2010年，省、市扶贫办下达实施专项产业开发项目19件，总投资7115万元，其中：省级财政资金971万元，企业自筹6144万元，扶持企业19个。2007年，扶持企业3个，扶贫资金175万元；2008年，扶持企业6个，扶贫资金246万元；2009年，扶持企业5个，扶贫资金280万元；2010年，扶持企业5个，扶贫资金270万元。具体实施项目内容：购养种牛1640头，种猪2200头，种羊910只，种鹅1万羽，畜厩改建550户3.12万平方米，种草2150亩；种植核桃2000亩，柿子1000亩，雪桃700亩，蓝梅200亩；种植臭参1000亩，丹参1000亩，球根花2000亩。

【劳务输出扶贫】 2007—2010年，按照“实际、实用、实效”的原则，紧扣“提高、转移、维权、增效”四部曲，以定点培训、定向培训、订单培训、定向输出的模式，采取引导性与技能性培训结合、校与乡结合、校与校结合、校与企结合的方法，以实施“两后双百”工程培训为着力点，配合职业校等部门完成了技能性培训1.53万人和引导性6.16万人，实际劳务输出6.71万人，投入扶贫资金660万元。按年度划分：2007年，投入资金140万元，培训1.45万人，输出1.31万人；2008年，投入资金170万元，培训2.02万人，输出1.37万人；2009年，投入资金170万元，培训1.4万人，输出1.39万人；2010年，投入资金180万元，培训1.42万人，输出1.4万人。

【小额信贷扶贫】 积极稳妥地加快推进小额信贷扶贫，是实现贫困农民增收的一项有效途径，也是一项点多面广、业务量大的艰苦工作。在实施中，按照“贷女不贷男、贷穷不贷富、贷小不贷大、整贷零还”的要求，走村访户，深入调查，审定对象，认真培训，加强指导，围绕“放得出、收得回、有效益”的目标，严格按照“坚持条件、规范管理、加强指导、逐步推广”的工作方针和“一准、三落实、六到户”的原则，规范程序，加快发放，强化回收，严格管理，着力实施，确保效益。2007—2010年上级下达小额信贷指标9750万元，实际完成9750万元，获贷贫困农户4.03万户15.9万人，扶持企业2个，当年还贷率100%。按年度划分：2007年，1350万元，7000户；2008年，1300万元，6350户；2009年，2000万元，1万户；2010年，5100万元，1.7万户，扶持企业2个。通过小额信贷扶贫，加快了农村产业结构调整步伐，逐步培植了一批以种植蔬菜、优质洋芋，竹器编织，养殖、加工等专业村和专业户。同时，小额信贷的中心组活动，提高了贫困妇女发展意识、科技意识、文化素质、社交能力和社会地位。小额信贷扶贫的实施，促进了农村产业发展、农民经济增收，达到了政府满意，部门满意，群众满意的目的。

【面上插花扶贫】 2007年，市级按照“政府适当补助为辅、群众投工投劳为主”的原则，尽力扶持面上插花贫困自然村建设项目，批准实施项目9件，总投资76.4万元，其中：市级财政扶贫资金34万元，群众三投折款42.4万元，受益13个自然村2400户9500人。实施人畜饮水工程6件，总投资51.7万元，其中：财政资金23万元，自筹28.7万元。架设引水管道23.7千米，建水池6个，解决6个村617户2390人和牲畜2600头的吃水困难问题。村间道路建设2件，总投资16万元，其中：财政资金7万元，自筹9万元。村间硬化道路建设4.2千米，受益2个村1548户6140人。农田水利工程1件，总投资8.7万元，其中：财政资金4万元，自筹4.7万元。修复沟渠1条，石方支砌670立方米，改善灌溉面积2000亩，受益5个村235户973人。

【慈善资金扶贫】 2010年，在中国扶贫基金会及省、市扶贫办的大力关心支持下，全县争取到曹德旺曹晖扶贫善款项目，累计向7275户3万多人发放扶贫善款1455万元，使受助贫困户基本实现了减贫、缓贫、脱贫。

【探索扶贫模式】 为探索创新扶贫开发模式，2010年在六哨乡启动实施扶贫互助资金试点村1个，投入财政扶贫资金100万元，吸收互助协会会员250户，吸纳农户入社资金4万元，有效解决了贫困户发展产业缺乏资金的问题。

【社会帮带扶贫】 社会扶贫，是解决农村贫困问题的助推器，也是密切党群干群关系的重要途径。按照扶贫济困"省级领导联片包县、州市领导联乡包村、县级领导联村包户、党员干部结对帮扶"和"党委重视、政府扶持、自力更生、社会扶贫、合力功坚"的要求，省、市、县加大了帮扶力度，尽心竭力帮穷村扶穷户，努力实现好、维护好、发展好贫困地区、贫困群众的根本利益。

2007—2010年每的年省级3家、市级52家，走村访户5680人(次)，直接投入帮扶资金3267万元，物资折价266万元。

2007—2010年，县直76个单位挂钩帮扶村委会和自然村，共下挂钩点7350人(次)，投入资金865万元，物资折价280万元。每年县乡两级结对帮扶贫困户3000余户，帮扶贫困学生1000余人，科技培训1万余人次。通过挂钩帮扶，为贫困乡村的基础设施建设、劳动力转移、教育、卫生、文化、科技等方面做了大量实实在在的工作，促进了贫困地区经济社会又好又快发展。

【领导名录】
主　任：马希贤（2003.04—2007.08）
　　　　杨妙福（2007.08—2010.02）
　　　　许加龙（2010.02—）
副主任：张正升（2005.04—2007.09）
　　　　陈明科（2006.03—2010.07）
　　　　张大光（2007.09—）

（撰稿人：朱世聪）

民　政

【区划地名工作】 2007年对16个乡(镇)合计121456户的门牌清理，完成117149户门牌的制作，全面启动门牌普查、清理、整顿及编号工作(含小区、街道命名)。核实、登记、数据录入、门牌制作、安装等过程，完成30780户的安装。各乡(镇)命名57条街道。地名信息数据库的建设录入地名数据库2913条，即：行政区划17条、地片315条、群众自治组织174条、居民点1664条、铁路2条、公路26条、县城街路巷44条、车站4条、桥梁138条、水库76条、蓄泻洪区12条、发电站14条、电力通讯2条、纪念地5条、风景区7条、房屋建筑4条、企事业单位66条、河流21条、湖泊2条、山299条、洞穴21条；完成金所乡撤乡设镇报批工作。

2008年，完成嵩明寻甸、盘龙寻甸两条98511米行政区域界线的联合检查任务；撤销金所乡、塘子镇并入仁德镇的材料上报工作；完成七星乡、河口乡、先锋乡、鸡街乡、凤仪乡撤乡设镇的材料上报工

2009年，完成东寻线的县级行政区域界线联合检查工作。"东寻线"，东起东川、寻甸、会泽三县(区)交汇点，西止东川、寻甸、禄劝三县(区)交汇点，全长110.74千米，共埋设6棵界桩，(其中4棵双面型界桩)。完成仁德镇、金所乡、塘子镇合并报批手续，完成新建置仁德镇的界线勘定工作；完成了七星乡、河口乡、先锋乡、鸡街乡、凤仪乡撤乡设镇的工作。安装各类门牌12.2万块，其中：户牌119.54万块、单元牌28块、栋号牌177块、乡镇大门牌14块、街道大门牌2427块。

2010年，完成了河口、七星、先锋、鸡街、凤合5个撤乡设镇工作。门牌设置安装12.2万牌。编制了《寻甸回族彝族自治县行政区域图》、《寻甸回族彝族自治县街路巷地名图》。

【社会团体】 2007年对登记在册的社团、民办非企业进行了免费年检。大力培育和发展农村专业经济协会，全县共有社会团体46个，其中农村专业经济协会20个。

2008年，注册登记了甸沙乡马铃薯协会等7个社团，七星乡向阳幼儿园等4个民办非企业，变更登记社会团体1个。

2009年，登记在册的民间组织共123个，其中：社团51个，民办非企业单位72个，农村专业经济协会增至27个。

2010年，注册登记了寻甸县微创外科医院等14个民办非企业，社团1个，年检社会团体6家，民办企业28家。并对社会团体"小金库"进行了全面的清理。

【基层政权建设】 2007年完成全县第三届村民委员会及第二届居民委员会的换届选举，全县16个乡(镇)167个村委会的换届选举，从3月12日召开动员大会开始，至4月20日全面结束。支部书记村主任"一肩挑"比例83.8%，达到了市委三分之二的要求。在选举过程中，全县共登记选民316330人，依法推选产生新一届村民代表6234人，并严格按照相对多数(以得票多少)的办法确定正式候选人1349人，全县共有301105名选民依法参加选举，参选率为95.2%，选举产生新一届"两委"委员1058人，平均年龄40.3岁，其中：村委委员884人，主任167人，副主任200人，在"两委"成员中，中共党员872人，占82.4%；妇女171人，占16.2%；少数民族327人，占30.9%；高中(中专)以上文化349人，占33%；村"两委"委员交叉任职664人，比例达到75.1%。仁德镇7个社区选举产生居民委员会班子成员各5人，(其中：主任1人，副主任1人，委员3人)，支书、主任"一肩挑"的有2人。

2008年，全县投资200多万元，用于新建和改建社区活动用房，增加活动用房1000多平方米。争取上级资金71万元，改善部分村委会办公条件，其中：下拨7个社区办公经费8万元；下拨东发社区办公用房经费18万元；下拨学府社区办公用房经费25万元；为凤仪乡合理村委会争取办公用房经费10万元；为倘甸镇海子村委会争取办公用房经费10万元。在月秀社区开展了"一站式"服务，推行以企业化管理与居民自治管理相结合的模式。从抓硬件投入向提升管理水平转变，从抓文体活动向社区服务转变，从抓基础工作向特色工作转变，打造社区"一区一品"。

2009年，在全县16个乡(镇)开展了17个农村社区建设试点工作(其它乡(镇)1个，仁德镇2个)。完成了建设社区、月秀社区居委会办公用房报批立

项工作，并争取到建设建设资金60万元。

2010年，第四届村(社区)“两委”换届选举工作。全县174个村(居)委会共选举产生“两委”委员1451人，4名优秀退役士兵顺利进入“两委”班子。其中：村(居)委会委员943人，村委会副主任257人，党小组长1182人，村(居)民小组长1787人。经县委常委会、政府常务委会议讨论决定，提高村干部岗位补贴(其中：副支书、副主任700元、分设的支书、主任800元、一肩挑900元和村委会工作经费2万元。

【社会救助】 2007年7月1日，《昆明市城市医疗救助暂行办法》颁布实施，全县筹集资金100.5万元解决特困居民就医难问题，全县城市低保2014户4161人，月发放保障金48.86万元；农村最低保障1568人(户)，年支出救助金459.05万元。8月27日，县政府联席会议讨论通过了《寻甸回族彝族自治县农村居民最低生活保障暂行办法》，10月23日，县农村居民最低生活保障工作领导小组召开第一次会议，通过会议讨论审批，全县20136人纳入低保范围，从2007年1月起享受农村低保，年发放保障金966.53万元。12月，64户家庭告别无房生活迁入廉租新房；同月经县人民政府第三十七次常务会讨论，决定将现人武部31.63亩的民兵训练基地划拨给民政局建盖中心敬老院。

2008年，城市低保2394户4662人，88户低保家庭入住廉租房，告别无房生活，特困居民住房难问题进一步缓解；根据县民政局《寻甸回族彝族自治县城市医疗救助暂行办法》、《寻甸回族彝族自治县城市医疗救助操作规程》的规定，全年支出城市医疗救助资金9.82万元，救助城市就医难居民304人，缓解了部分城市困难居民就医难问题。对农村1553患大病困难居民医疗救助450.81万元。

2009年按照《寻甸回族彝族自治县城市低保操作规程》要求，城镇低保补助标准由169元提高到214元。全县共有城市低保对象2764户4863人，发放城市低保资金706.34亿元；对2008年1月前享受城市低保待遇的城市低保对象资格进行了重新认定，清退了417户1108人，做到了“动态管理”。全县共有农村低保对象20336人，人均补助60元，共计发放保障金1098.14万元。2009年1月1日起，每个农村低保对象补助标准由每月每人60元提高到每人每月70元。审批城市医疗救助对象802人次，发放补助金20.82万元；农村医疗救助审批116人次，发放补助资金67.73万元。

2010年，城市低保2863户5043人发放保障金79.28万元；农村低保23336人，发放补助金1680.02万元；农村医疗救助627人，支出救助资金31.72万元，城市医疗救助510人，支出救助资金380万元；对587户农村低保及低保边缘家庭进行了临时生活救助，救助资金为31.9万元；4～5月发放农村低保对象旱情补助23336人，补助金额70.01万元，城市低保对象5005人，补助金额20.02万元。

【优抚安置】 2007年义务兵家庭323户，兑现优待金47.48万元，户均优待标准1470元，优待面达100%。支付退役士兵待分配期间生活补助费2.44万元。建立了涉军案件合议庭，先后受理维权案件2件。全年领取定期定量补助的优抚对象有1372人，其中在乡老复员军人724人，“三属”83人，革命残疾军人140人，失散红军1人，带病回乡退伍军人424人，发放优抚对象定期定量补助经费300余万元。解决优抚对象“三难”93人次，其中：解决住房难10人次，支出资金3万元；解决治病难48人次，支出资金6万元；解决生活难35人次，支出资金3万元；接收退役士兵137人，其中转业士官1人，农村退役士兵105人。符合安置工作的32人。考试考核安置到中央、省、市属企业的12名，占安置总数的37%；安置到事业单位的6名，占安置总数的19%；本人自愿申请经安办批准办理自谋职业的14名，占安置总数的44%，支付自谋职业补偿金51万元，安置率达100%。

2008年，全县有义务兵家庭290户，兑现优待金46.98万元，户均优待标准1620元。对立功的27名官兵按标准人均兑现奖金3600元。搞好优抚对象定期定量补助金的发放工作：做好优抚对象定期定量补助发放的测算工作。全县2008年享受定期定量补助的重点优抚对象2840人，其中，在乡老复员军人724人，“三属”83人，失散红军1人，革命残疾军人144人，带病回乡退伍军人424人，“两参人员”1464人。全年共计发放各种优抚对象定期定量补助资金535万元。对全县1827份“两参人员”及出国参战民兵民工申报材料进行审核认定。通过严格审核档案材料，确认第一批“两参人员”1464名，发放生活补助费。为全县2007年冬季退伍回乡的2名残疾军人、2名申请评定残疾等级退役军人及1名调整等级的残疾军人申报了相关的认定材料，经省民政厅审查后得到认定。为切实解决优抚对象“三难”问题；一年来共筹措资金22万元，解决优抚对象“三难”72人次，其中：解决住房难25人(次)，支出资金11万元；解决医疗难17人(次)，支出资金6.5万元；解决生活难30人(次)，支出资金4.5万元。

2009年，开展好“寻甸县争创省级双拥模范县”活动，投入25万专项经费制作永久性双拥宣传牌一块，在县城主要街道设6块永久性的灯箱宣传牌；支出慰问经费99.61万元。其中：慰问部队支出经费31.3万元；慰问重点优抚对象、军队离退休干部、县直各有关单位军属及困难企业中的复退转军人3388人，支出经费58.61万元；召开全县重点优抚对象座谈会支出经费10万元；为全县174个村(居)委会安排了8.7万元的慰问活动经费。9月1日，寻甸县被评为省第八届双拥模范先进县。全县重点优抚对象2469人，其中在乡老复员军人589人，“三属”67人，革命残疾军人141人，带病回乡退伍军404人，“两参人员”1268人。全年共计发放各种优抚对象定期定量补助资金603.3万元；为4名残疾军人申报了相关的认定材料，兑现283户义务兵家庭优待金55.47万元；发放荣立三等功以上的现役军人104人的奖励金1.04万元；筹措资金21.3万元，解决优抚对象“三难”182人(次)。其中：解决住房难20人(次)，支出资金8万元；解决医疗难80人(次)，支出资金8.7万元；解决生活难82人(次)，支出资金4.6万元；接收2008年冬季退役士兵134名，其中退伍义务兵78名、复员士官51名、转业士官5名。符合政策纳入2009年城镇安置的退伍军人37名，本人自愿申请经安办批准办理自谋职业的20名，支付自谋职业补偿金117.5万元；支付退役士兵待分配期间生活补助费2.74万元；回农村安置的97人。

2010年共接收2009年冬季退役士兵116名，其中符合城镇安置的19人，回农村安置的97人。免费为30余名退役士兵进行计算机操作培训，支出培训费用6.2万元。符合安置的19名退役士兵中，安置到行政事业单位的2名，安置到企业的4名，本人申请自谋职业并办理手续的13名，支付自谋职业补偿金95.76万元，支付退役士兵待分配期间生活补助1.37万元。做好303户义务兵家庭优待，兑现64.87万元，户均优待标准2141元。36名荣立三等功兑现奖励金3700元。筹措资金108.3万元，解决“三难”；制定了《寻甸回族彝族自治县优抚对象医疗保障实施细则（试行）》。全年为2541人重点优抚对象定期定量补助发放，共发放优抚金938.87万元。

【救灾救济】 2007年，全县先后遭受火灾、冷冻、雷击、山体滑坡和洪涝等各种灾害73起，造成农作物受灾18.64万亩，绝收面积1.62万亩；因灾死亡3人；死亡大牲畜85头（匹、只）；倒塌民房369间，损坏民房555间；直接经济损失4425.1万元，农业经济损失1753.55万元。新增加地质灾害隐患点34处，449户群众面临搬迁。全县共购买大米220吨，救济灾民、贫困户1.1人万（次）；下拨地质灾害搬迁补助资金220.8万元，紧急转移安置灾民1154人，帮助736户受地质灾害威胁农户进行搬迁；拨30万元民房修复资金，帮助因灾倒塌住房的灾民修复住房。

2008年，全县发生了冷冻、风雹、洪涝、泥石流、山体滑坡等各种自然灾害造成，农作物受灾52.92万亩，绝收3.75万亩；受灾人口37.8万人，紧急转移安置人口854人，因灾死亡人口6人，伤病1人；死亡大牲畜135头（只）；倒塌民房177户387间，损坏民房208户519间；直接经济损失4695.55万元，农业经济损失3328万元，家庭损失1367.55万元。全年下拨地质灾害款30.3万元，帮助101户受地质灾害威胁农户进行搬迁；采购了大米230吨，棉被2000床，下拨了救灾款169万元。5月12日，四川汶川大地震发生后，全县社会各界踊跃捐款捐物，支援灾区抗灾救灾，共接收社会各界捐款278.27万元，捐物折币15.5万元，全部汇往市接收捐赠办公室转送灾区。

2009年全县境内先后遭受到冷冻、雪灾、旱灾和洪涝等自然灾害。造成农作物受灾37.38万亩，绝收21.86万亩，受灾人口30.3万人，因灾死亡2人（雷击），因灾倒损民房377户942间，死亡大牲畜42（头），直接经济损失1.3亿元，农业经济损失1.22亿元。转移安置灾民1738人，筹集资金121万元，购买大米30万千克，棉被2500床，保障灾民基本生活；调运救灾帐篷300顶，紧急安置转移灾民1738人；支出救灾资金35万元，帮助312户灾民修建住房613间；下拨地质灾害搬迁补助资金60万元，协助搬迁受地质灾害威胁农户200户；探索建立乡（镇）自然灾害应急预案，逐步规范救灾应急机制。

2010年，遭受洪涝、旱灾等自然灾害，全年农作物受灾44万亩，受灾人口45万，转移安置灾民521人，因灾死亡人口2人，伤病3人，死亡大牲畜45头（匹），倒损民房820间。及时制定了春荒群众救助方案，购买救灾粮50万千克（折合资金199.5万元），共救助33628人（次）；下拨186.5万元抗旱金费，用于各乡（镇）抗旱保人饮。全年共接受捐赠款645.3万元，大米7.23万千克，矿泉水1436箱等救灾物资

【社会福利】 2007年，县社会福利院有床位50张，收养人员35人，其中孤寡老人22人，孤儿5人、弃婴8人。在院5名孤儿中2人于2007年高中毕业后，已分别被昆明理工大学文理学院和湖南长沙环境保护职业学院录取，另外2人在读高中，1人在读初中。

2008年，社会福利服务机构建设取得突破。县社会福利院（暨县中心敬老院）完成扩容搬迁。从4月份开始对新址原有的五幢旧房进行修缮改造，8月29日工程通过验收，9月3日从北观社区搬迁到大河桥（原民兵训练基地），9月16日举行了中心敬老院暨社会福利院的挂牌仪式。通过扩建后，收养各类人员150人，其中孤寡老人139人，孤儿、弃婴11人。福利企业管理日趋规范。全县6家福利企业共有在职职工543人，其中健全职工271人，安置残疾职工272人。残疾人就业权益得到有效保障。“重生行动”资助贫困家庭。帮助4名贫困家庭唇腭裂儿童接受手术治疗，并完成全县323名孤（残）儿童信息录入工作。根据《中国公民收养子女登记办法》，全年共办理收养登记14件。

2009年，全县有五保老人1345人，其中分散供养的945人，集中供养400人（其中孤寡老人384人，孤儿12人、弃婴4人）。县中心福利院新建二期工程1620平方米的供养住宿楼，于4月通过竣工验收，供养了400名五保老人。开办回族食堂，让回族五保老人得到基本的照顾。

2010年，五保供养人数为1700人，其中分散供养的1300人，月供养标准为190元，集中到县中心敬老院供养的400人。

【救助工作】 2007年，救助流浪乞讨人员142人（次），其中：老年人42人，青壮年30人，残疾人60人，儿童10人。对全县6家社会福利企业进行检查。“四残”人员职工都有残疾人联合会核发的《残疾证》；残疾职工都有适当的工作岗位，残疾职工上岗率达80%。

2008年，救助场所得到落实，救助工作正常开展。为整合和利用好现有资源，救助站搬迁到原福利院，救助功能得到实质性提升，全年共救助流浪乞讨人员76人（次），其中：送昆明救助站医治的5人，接收昆明市救助站送到我站的6人，临时救助65人。

2009年，救助流浪乞讨人员78人，老人38人，青壮年26人，青少年14人，其中昆明市救助站护送到寻甸救助站的6人。

2010年，救助各类流浪乞讨求助人员176人，送昆明精神病医院医治的7人。

【婚姻登记】 2007年，全县婚姻登记4229对，比上年同期的2228对增长了101%，其中：结婚3220对，离婚93对，复婚6对，补领157对，补办755对。

2008年，共办理婚姻登记3924对，其中：结婚2653对、补办822对、补领296对、离婚134对、复婚19对。办理未婚证明117人。

2009年，办理婚姻登记3824对。其中结婚2218对，补办858对、补领559对、离婚163对、复婚26对、出示未婚证明386人。

自2010年6月1日起启用了全国统一编码后，共办理婚姻登记6202对，离婚350对，补领858对，补领离婚8对，出具未婚证688人。

【老龄工作】 2007年，全县60岁以上老年人54408人（其中，60岁2532人；61岁2724人；62岁2856人；63岁3094人；64岁3404人；65至69岁13230人；70至79岁20605人；80岁至99岁5941人；100岁以上22人）。老年人数占全县总人口的10.7%。为60岁以上老年人2464人办理和更换老年人优待证。慰问百岁老人15人，每人300元；慰问80岁以上特困老人60人，每人300元；发放助医特困老人64人助医金，每人200元。

2008年，老龄事业健康发展。紧紧围绕“六个老有”工作目标，认真抓好《云南省老年人权益保障条例》、《昆明市老龄事业发展“十一五”规划纲要》和“163”计划的贯彻落实，为老服务质

量和老年人优待方面得到提升。以实施“百村建设”计划为契机，申报了塘子镇易隆村和小海子村、金所乡金河老年活动服务中心建设项目；经过摸底调查，建立台账，全面掌握了55周岁以上老年人基本情况，对60岁以上老年人进行了摸底普查，截止2008年6月，全县共有60岁以上老年人55656人；全面展开80岁以上老年人保健补助工作，完成了6619名老年人保健补助信息的录入和保健补助的发放工作；积极争取省市资金，在敬老节期间为198名特困老人送去了每人300元助医、助养金，对21名百岁老人进行了慰问；认真落实老年人优待政策，为5986名老年人办理或更换了优待证。

2009年，为3257名60岁以上老年人办理或更换了优待证；免费为32863名老年人照办证照片；为7988名80岁以上高龄老人保健补助金113.55万元；新组建174个村(居)委会老龄领导小组。

2010年，共建立了174个老年协会，协调人民法院和乡镇司法所为老年人提供法律援助，保障老年人合法权益，接待老年人信访80余次，回复率达100%。提供法律援助20人(次)。办理老年证3000余份。

【殡葬管理】 2007年，县第十三届人民政府第三十五次常务会议讨论决定了经营性公墓选址和招商建设问题：经营性公墓建设选址在塘子镇麦场村委会小弥树山，并按程序报请县委审定，采取招商引资的方式，引进有实力、有经验的企业开发建设公墓。全县火化遗体62具。为16家丧属提供了服务，帮助领取丧葬费的家属出具无火化设施证明22份。

2008年，殡葬管理工作取得新进展。殡葬服务设施建设加快，引进云南姜氏科技公司投资开发我县殡葬服务和园林艺术项目，一期工程正式启动；农村公益性公墓建设启动。投入资金10万元，启动4个农村公益性公墓建设。

2009年，引进云南姜氏科技公司投资开发寻甸县殡葬服务和园林艺术项目，经营性公墓陵园建设规划面积1000亩，其中殡仪馆400亩、公墓600亩。项目建成后，主要服务功能有火化区、祭祀服务区、墓葬区、加工区、园林景观区、业务办公区。4月10日，云南凤龙山生命文化艺术陵园举行奠基仪式。全年全县共迁坟250冢，对“活人墓”发现一冢，平毁一冢，拆除平毁“活人墓”54冢，其中群众自行拆除49冢，县乡(镇)组织平毁5冢。编制“三沿五区”绿化方案，全县在“三沿五区”可视范围内需要采取搬迁、深埋、绿化遮盖的坟墓10607冢，规划植树遮盖，在墓前共栽种树苗33919株，对嵩待高速路4750冢分散在耕地里的坟墓，采取植树绿化，共种植苗木、竹子16.6万株(塘)，基本突现视野范围内不见墓地的要求。县委、政府调整充实了县殡葬改革工作领导小组，各乡(镇)相应成立了领导小组、殡葬执法队。建立全县殡葬改革工作进度及死亡人口信息报告制定。清理殡葬用品销售点19个，清理查封墓碑加工点17个，举办大型宣传活动3次，发放殡葬宣传品26万余份。投入资金100万元，完成5个农村公益性公墓建设工作。

2010年，除国家规定允许土葬的少数民族除外，死亡人口一律实行火化，并对“三沿五区”可视范围坟山墓地实施搬迁、平毁、绿化，对“活人墓”一律拆除，并从2010年1月1日起，对本县户籍的农村居民和城镇低保对象死亡火化的，每具遗体补助1300元。全年死亡遗体2593具，其中回族35具、外地人口11具、无名尸体1具，火化2558具，火化率达100%。清理殡葬用品销售点31个，取缔墓碑加工点23个，制止装棺土葬现象26次。“三沿五区”墓前栽种树苗19.99万株，迁坟250冢，拆除平毁“活人墓”56冢。

【开展双拥活动】 2008年，广泛开展形式多样的双拥活动，促进军地军民团结。支出经费32万元在节日期间开展走访慰问活动。在春节、八一来临之际，组织召开了由县五班子领导、县直有关单位领导参加的军政军民座谈会，同时，还组成慰问团(组)对驻寻部队和重点优抚对象进行走访慰问；支出经费3.1万元慰问驻寻某部抗震救灾回撤部队。县委、县政府到驻寻某部召开座谈会、并与部队官兵开展联欢活动，欢迎抗震救灾回撤部队官兵，支出活动经费1万元，并送去慰问金2万元。同时，还看望了在“5.12”抗震救灾中荣立二等功臣的寻甸籍现役军人梁忠飞的父母，送去1000元慰问金。

领导名录

局　长：李孝伟(2004—2008.02)
　　　　李顺华(2008.02—2010.02)
　　　　方正平(2010.02—)
副局长：妥报陆(1998.12—2008.12)
　　　　李晓兰(2001.01—2010.03)
　　　　李才芳(2008.02—2010.02)
　　　　李云芬(2010.03—)
总支书记：保　荣(2010.03—2010.10)
总支副书记：刘福云(2010.03—)
老龄办专职副主任：马春燕(2009.07—)

民族·宗教

【工作机构】 1983年成立寻甸县民族事务委员会，1991年成立寻甸县宗教局(一级局)，主管宗教。1995年，民委、宗教局合并成立寻甸回族彝族自治县民族宗教事务局，属政府组成部门。核定公务员编制15名，工勤人员编制1名，其中领导职数3名。2007年派驻一名纪检组长。2010年机构改革后，核定行政编制17名(含领导控制数5名)，其中：局长1名(正科级)、副局长3名(副科级)，专职党组副书记1名（正科级)，内设办公室、宗教事务科、经济发展科、政策法规科、社会事务科5个职能科室。

【扶持少数民族地区发展资金】 少数民族发展资金主要用于寻甸县少数民族聚居村的水、电、路建设改造、民族产业发展、民族校舍建设、新农村示范区建设等。

2007年争取省、市少数民族发展资金433万元，扶持项目40个。企业贷款贴息补助1个12万元。

2008年争取市少数民族发展资金429.2万元，扶持项目43个。杜敏副市长到寻甸县调研民族工作，落实资金120万元，解决了全县最大的两个纯彝族聚居村功山镇朵马嘎村和甸沙乡苏撒坡村的人畜饮水困难。

2009年争取省、市少数民族发展资金642万元，项目32个。

2010年，做好项目库建设工作，按照制度创新要求，研究制定出争取少数民族专项扶持资金项目申请办法，坚持“基础设施优先、产业扶持优先、拾遗补缺为主”的原则，加大对全县贫困地区，尤其是少数民族聚居区的扶持力度。争取市级少数民族专项扶持资金745万元，扶持项目49个。

【宗教工作】 全县有佛教、伊斯兰教、基督教三种宗教，依法登记的宗教活动场所191所，占昆明市宗教活动场所的31.3%。有信教群众8.5万人，占全县总人口的16.51%，其中信仰伊斯兰教的约6.1万人，信仰佛教的约1.6万人，信仰基督教的约0.8万人。191所宗教活动场所建立了民主管理委员会组织。

2007年4月24日，召开宗教工作会议。组织4名穆斯林赴沙特朝觐。争取县卫生局支持，为在寻甸县服务的外地宗教教职人员办理新型农村合作医疗保险。

2008年依法备案登记的宗教教职人员189人，其中阿訇79人，比丘5人，居士26人，基督教有牧师1人、长老24人、传导员5人、执事49人。完成宗教活动场所房产统计，佛教寺院30所，占地面积2.64万平方米，总建筑面积9296平方米；伊斯兰教81所，占地面积8.35万平方米，总建筑面积4.55万平方米；基督教80所，占地面积1.31万平方米，总建筑面积9691平方米。完成基督教专项调研，全县依法登记的基督教堂有80所，分布于14个乡(镇)42个村(居)委会。有信教群众7615人，其中受洗5289人，慕道友2326人，占全县总人口的1.48%，有6个待批活动点。全年有17位宗教界人士当选为县第七届政协委员，3位当选县政协常委，1人当选市政协委员。年内制定了《寻甸回族彝族自治县民族宗教群体性突发事件应急预案》。组织6名穆斯林赴沙特朝觐。四川汶川地震，全县宗教界人士积极向灾区捐款4.12万元。海会寺重建大雄宝殿，新建念福堂。

2009年2月13日县人民政府依法拆除柯渡老望安寺。按照省、市的安排部署，对全县192所宗教活动场所开展爱国主义法制宣传教育活动。开展民间信仰活动调研，全县有民间信仰场所169所。年内组织9名穆斯林赴沙特朝觐。争取市伊斯兰教协会资助寻甸县12所清真寺完成危房改造工程。

2010年按照省、市宗教局安排，在全县193所宗教活动场所中开展民主管理建设。完成了《寻甸回族彝族自治县宗教活动场所规划》，全县宗教活动场所分为旅游型和服务型两类，其中旅游型7所服务型186所，规划中拟定再逐步开放42所宗教活动场所，以满足广大信教群众的宗教生活需要。支持县佛教协会和基督教三自爱国会建盖办公用房，改善办公条件。伊斯兰教组织6人朝觐。7月23—30日，仁德镇海会寺举行水陆修斋祈福法会。12月30日，倘甸、凤合、金源、联合四个乡(镇)划归倘甸工业园区管理，划出宗教场所62所，其中清真寺13所、教堂41所、佛教寺院8所，现有宗教场所131所。

【民族政策法规宣传教育】　2007年5月科技周系列活动和10月食品安全宣传月期间，制作宣传展板三块，出动宣传车辆3辆(次)，发放《中华人民共和国民族区域自治法》、《云南省实施〈中华人民共和国民族区域自治法〉办法》、《昆明市清真食品管理办法》等宣传材料2000多份。

2008年重点做好新修订的《云南省寻甸回族彝族自治县自治条例》的学习宣传贯彻工作，印制《条例》宣传册1万册。

2009年结合改革开放30周年和建国60周年庆祝活动，迎接市第九届少数民族传统体育运动会，开展民族工作成就调研和宣传活动，总结自治县成立30周年以来民族工作取得的成绩，利用党校、电视台进行宣传党的民族政策。

2010年4月23日，民宗局与县委组织部共同组织，举办了一期民族团结教育宣讲活动，邀请云南师范大学历史系主任周智生教授作专题辅导。全县各乡(镇)、县直各单位及上级垂管单位担任实职副科以上领导干部、办公室主任、各乡(镇)民族宗教工作助理员、县直属学校负责人、各乡镇中心学校负责人、中学校长以及县委宣传部、县委统战部、县民宗局全体干部职工，三个宗教团体驻会人员共400多人参加了教育活动。

【宗教培训工作】　2007年4月11—18日，县委统战部、县民宗局组织宗教界人士20人到华东五省(市、区)参观考察学习。4月12—14日，昆明市北部三县区伊斯兰教教职人员培训班在寻甸县举办。来自寻甸、嵩明、东川三县区97所清真寺的阿訇等110人参加了培训。7月2—4日，在县城举办基督教教牧人员培训班，120位教牧人员参加了培训。7月23日，邀请中国伊斯兰教经学院院长助理、办公室主任杨淑丽到寻甸县开展伊斯兰教文化知识讲座。

2008年寻甸县第四期中青年干部培训班，局长马加仁被邀请作民族宗教政策专题辅导。4月10日，举办民族宗教助理员培训班。4月27—30日，局分管领导及16个乡(镇)助理员到省委党校参加昆明市宗教局举行的宗教干部及宗教界人士培训。6月10—13日，组织宗教界人士14人到昆明市委党校参加昆明市宗教界人士培训班学习。9月1—3日，在县城举办苗族致富带头人、科技能人培训班。10月10日，举办基督教专项调研工作培训，县统战民族宗教协调领导小组成员单位负责人、各乡(镇)分管领导、派出所长、助理员参加培训。

2009年举办培训班7次，累计培训教职人员403人(次)。

2010年5月21—30日，组织宗教团体负责人、部分宗教活动场所负责人组成的上海世博参访团32人赴上海、山东、苏杭等地考察学习。11月7—9日组织宗教界人士15人参加市委统战部在市委党校举办的社会主义核心价值体系学习培训班。

【少数民族干部】　截至2009年11月底，全县有科级以上干部443人，其中处级少数民族干部9人，占23%；正科级少数民族干部44人，占28.2%；副科级少数民族干部59人，占23.7%。基本实现少数民族干部数与人口比例相适应。

【扶贫挂钩】　2007年与市宗教局共同争取资金13万元，帮助扶贫挂钩点金源乡安丰村完小打围墙，修通进村道路，硬化村委会场院。

2008年安排5000元给金源安丰村委会作为灌溉经费，2000元改善办公条件，局机关干部职工捐资2000元，对口扶持贫困户。年内争取市宗教局协调资金17万元，帮助挂钩点金源乡安丰村委改造生产道路，修复水利设施。

2009年全局干部职工捐资捐物，对口帮扶到户，局机关从办公费中安排3000元帮助金源乡安丰村委会改善办公条件。争取市宗教局协调资金15万元，解决了挂钩点大刺棚村的人畜饮水困难。

2010年配合市宗教局做好扶贫挂钩工作，争取扶贫专项资金15万元，用于扶贫挂钩点的基础设施建设。

【矛盾纠纷调处】　坚持“团结、教育、疏导、化解”的八字方针和“四个维护”的工作原则，妥善调处民族、宗教矛盾纠纷。

2007年，配合河口乡政府，妥善处理河口乡海嘎村委会小村彝族村民因四户汉族村民在密枝林内盖厕所、堆粪草引发的纠纷。

2008年4月9—12日，配合相关部门到凤仪乡调处两村因山林之争发生的械斗一事。5月20日，妥善处理羊街镇三台寺管理人员之间及与部分信教群众的矛盾。6月20日，通过协调，解决了仁德镇建设居委会海子屯清真寺与电力公司的矛盾纠纷。10月8日，处理了功山镇基督教会因教堂选址与镇中学发生的矛盾纠纷。

2009年4月10日，配合金所乡化解了清海、大村彝族村民因"引清济昆"项目搬迁引发的纠纷。2月—8月，配合相关部门，深入塘子镇塘子村委会、丹彤公司、塘子清真寺做工作，化解了丹彤公司与塘子村民因水资源权属引发的争执。6月9日，协调六哨乡政府做好板桥村委会糯谷村基督教信众的工作，解决教堂选址问题。8月20日，配合仁德镇解决镇海寺用地争议的问题。8月25日—9月1日，配合凤合镇做好多姑村大杨梅山因采石引发的村民与施工单位械斗事件。

【民族教育政策】 2007年，县人民政府决定，在县民中、二中各特设2个民族班，采取低于最低控制线录取少数民族学生，每年从民族机动金中划拨4万元作为民族班学生的补助。

2009年县二中民族班合并到县民族中学办班。6月12日，全县特招彝族、苗族双语教师10名。

2010年5月13日，再次特招彝族、苗族双语教师10名。

【回族公墓】 2007年，按照县委、政府的安排部署，在有关部门的配合和金所乡政府的支持下，回族公墓选址在金所乡草海子村委会黄家坟村，公墓占地150亩。2008年办理了回族公墓建设用地的使用证，规划建设工作稳步推进。2009年，与姜氏科技有限公司签订回族公墓建设项目协议。

【民族团结进步表彰】 2007年4月3日，召开"寻甸回族彝族自治县民族工作会议暨第五次民族团结进步表彰会"。县主要领导、分管联系民族宗教工作的领导及16个乡（镇）的党委书记、乡（镇）长、分管领导等250余人参加了会议。表彰了29个模范集体96名模范个人。

2009年9月29日国务院召开第五次全国民族团结进步表彰会，寻甸回族彝族自治县人民政府第三次被表彰为"全国民族团结进步模范集体"。

2010年，昆明市召开第五次民族团结进步表彰会，寻甸县民宗局、被表彰为"民族团结进步模范集体"，马良友等五人被表彰为"先进个人"。

【云南首届回族企业家研讨会】 2007年4月18—22日，云南首届回族企业家研讨会在寻甸红色庄园召开。《世界知识》杂志总编时延春，国家民委民族经济司副司长张志刚等专家学者，就中国与阿拉伯国家的商贸关系、中国南向合作、企业的创新与协作、企业家队伍建设等问题作了专题演讲。

1989年，我县制定并实施《云南省寻甸回族彝族自治县自治条例》。2007年，由于部分条款已不能适应新形势下民族工作的需要。在省、市的关心与指导下，《云南省寻甸回族彝族自治县自治条例（修订）》，于11月29日，经云南省第十届人民代表大会常务委员会第三十二次会议批准，12月18日由寻甸县人大常委会正式公布施行。

【清真食品管理】 2008年9月25日，由统战部、民宗局、工商局、卫生局等单位组成检查组，对全县回族聚居的乡（镇）开展清真食品检查。

2009年民宗局协调工商、卫生、质监、药监等部门组成联合检查组，于4月、7月、9月、10月，分别对县城辖区内的208家清真餐馆、清真食品生产企业及清真餐具消毒企业进行严格检查，对存在问题及时进行整改。

2010年寻甸县辖区内共有回族食品加工、餐饮服务场所240余所，属于昆明市清真食品管理的重点县区。

【全国回族学会研讨会】 2008年11月22—25日，全国回族学会第17次研讨会在寻甸红色庄园召开，来自全国各地的500多名会员到会就回族的发展与合作进行研讨。

【昆明市第九届少数民族传统体育运动会】 2009年，民宗局争取市级少数民族发展资金200万元，争取民运会补助经费50万元，作为体育场建设补助经费，配合文体局做好运动员选拔、集训工作，协助组委会做好民运会接待工作。争取鼎业集团赞助，定做1000套民族服装。

2009年10月14—20日在寻甸县举办昆明市第九届少数民族传统体育运动会。寻甸县获团体总分第二名。

【招商引资】 2009年12月30日，经县招商引资考核办认定，完成招商引资任务979万元。

2010年12月30日，经县招商引资考核办认定，南磷集团5000吨四氯化钛项目，完成招商引资任务1964万元。

【民族团结示范区建设】 2007年开展塘子镇易隆村委会民族团结示范村，钟灵村委会小海民族温饱示范区建设，倘甸镇新华村委会邓家村新农村示范区建设。

2010年开展仁德镇塘子村委会塘子村民族团结示范区建设。

【抗旱救灾】 2010年做好全县少数民族地区受灾情况调研统计工作，争取市民委解决抗旱救灾专项资金30万元，帮助金源乡妥托村委会土羊圈村解决全村人畜饮水困难。争取社会各界广泛支持，落实省内外各地捐款、捐物共计10万余元，支持河口镇的救灾工作。3月11日，市宗教局长马慈明率市五大宗教团体到寻甸金源捐款5万元，进行抗旱救灾。

【民族宗教工作调研】 2007～2010年以来共组织开展了少数民族地区特殊困难群体调研、少数民族地区自然村基本情况调研、少数民族人才队伍情况调研、少数民族务工经商情况调研、清真食品行业基本情况调研、宗教活动场所基本情况调研、基督教私设聚会点情况调研、少数民族地区旱灾情况调研。通过调研，民宗局向县委、县政府及上级主管部门提交了一系列调研报告，为领导决策民族宗教工作提供了依据。

【领导名录】

局　长：马加仁（—2010.02）
　　　　马良友（2010.02—）
副局长：黄有能（—2007.12）
　　　　李冬梅（—2009.03）
　　　　马光文（2007.12—）
　　　　高丽华（2010.02—）
纪检组长：陆慧琼（2007.12—2008.09）

（撰稿人：梅所宏）

住房公积金管理

昆明市住房公积金管理中心寻甸管理部按照"管委会决策，中心运作，银行专户存储，财政监督"的原则和"统一管理、统一制度、统一决策、统一核算"的工作目标要求，认真履行《住房公积金管理条例》赋予的职能，树立"以人为本、服务第一"的思想，坚持依法行政，在提高执行力和狠抓工作落实上下功夫，促进和推动了全县住房公积金管理的规范发展。

【昆明市住房公积金管理中心寻甸管理部】 寻甸县住房公积金管理中心成立于1996年11月26日，于2005年9月29日由县财政局上划昆明市住房公积金管理中心直管。

【信息化建设】 从2007年开始，昆明市住房公积金管理中心开始对信息网络系统进行全面建设，初步完成了新系统建设方案的专家论证和立项审批工作。年底，网络机房、主机房改建完成。2008年，住房公积金管理网络信息系统全面建设完成并投入使用。2010年2月昆明市住房公积金归集、提取、财务核算子系统成功上线，6月贷款子系统成功上线。形成一套业务处理集中、核算集中统一、标准统一规范的资产风险集中控制体系。新的业务系统将公积金的归集、提取、贷款及财务核算子系统有机统一，实现了数据大集中，统一了业务平台，规范了业务流程，提高了数据处理能力和效率，使住房公积金的信息、决策、执行三者集成化，切实提高了决策质量、管理能力和运行效率，确保了资金安全高效运行的同时，真正从源头上控制了操作环节风险。

【党建工作】 2007～2010年，昆明市住房公积金管理中心寻甸管理部积极参加学习实践科学发展观活动、创先争优等活动，积极参加市级机关工委、团市委组织的各类演讲、征文比赛、知识竞赛等活动；积极参加了市住房公积金管理中心组织的“春节职工联欢活动”“迎奥运水上运动会”“纪念改革开放30周年公积金中心、工、建、农、富滇银行职工文化摄影、书法比赛暨展览活动”“健康工作、快乐生活、携手2010、共创未来、夺标趣味运动会”等活动；积极培养入党积极分子，使党支部的战斗堡垒作用和党员的先锋模范作用明显增强。

【归集管理】 2007～2010年，昆明市住房公积金管理中心寻甸管理部结合全县社会经济发展的实际情况和地方经济特点，采取了积极的住房公积金归集管理措施。住房公积金覆盖面从原来的以机关事业单位为主，逐步向企事业单位、非公企业扩展。为提高职工购房支付能力，经云南省住房和城乡建设厅、云南省财政厅批准，昆明市住房公积金管理中心与昆明市财政局联合下发《关于调整住房公积金缴存比例的通知》，在严格实行“控高保低”政策的基础上，从2010年1月1日起将住房公积金缴存比例由10%调整为12%，全县住房公积金归集额有较快增长。从2007～2010年，寻甸管理部住房公积金归集额逐年增长，分别为3496.29万元、5409.43万元、6202.45万元、9311.62万元。

【贷款管理】 从2010开始，借全市住房公积金综合业务管理信息系统上线之际，进一步精简了住房公积金提取审批材料。推出了住房公积金委托扣划还贷业务服务，使借款职工享受到利用当月缴存住房公积金自动还贷的便利。结合寻甸县具体实际情况，加大贷款力度，严格控制贷款风险，贷款额逐年提高。2007～2009年，寻甸管理部住房公积金贷款额分别为：2854.60万元、4515.90万元、5795.90万元。2010年，累计发放贷款688笔，金额12348.20万元，完成年初计划的213%。

【住房公积金提取、转移管理】 2008年8月5日，正式执行《昆明市住房公积金提取转移实施细则》，按照《细则》，寻甸管理部切实加强住房公积金提取、转移管理。2007年～2010年，全县住房公积金提取金额逐年递增，分别为1828.81万元、2119.22万元、3495.29万元、5636.02万元。

【外树形象内强素质】 昆明市住房公积金管理中心寻甸管理部始终把“以人为本、以客为尊”作为工作宗旨，牢固树立服务观念，强化服务意识，提高服务质量，把广大职工群众的满意作为第一追求，把服务的好坏作为检验和衡量工作的标尺。全体职工做到统一着装，佩证上岗，文明办公，对来咨询的职工有问必答，有疑必解。强化“窗口”建设，进一步完善为民、利民、便民服务措施。按照“抓班子、带队伍，内强素质、外树形象”的思路，以提高领导班子决策能力、管理水平和全体干部职工综合素质为重点，切实加强和改进干部职工的政治建设、思想建设、作风建设。

【公积金网上客服平台的建立】 公积金中心网上客服是公积金中心与广大缴存职工良性互动的平台，提供的服务有公积金缴存及贷款账户查询、资料下载、业务咨询、业务指南等服务。网上查询公积金和业务咨询逐渐成为缴存职工获取公积金信息的主要渠道。2010年住房公积金综合业务管理信息系统上线后，住房公积金缴存职工的个人账号已升级为113开头的12位账号，缴存职工凭借12位账号和本人身份证号码就可以在网站查询到自己的公积金账户、账户余额及缴交明细。缴存单位用户凭借用户号就能查询到单位公积金账户缴存情况。缴存职工网上咨询的问题，公积金中心由专人负责解答，及时解决职工问题。

【领导名录】
主　任：马　辉（2007.03—）

（撰稿人：马照金）

人　物

编辑：陈小珍

【2007——2010年昆明市劳动模范】

张顺发　男，汉族，1966年9月出生，大学本科学历，硕士研究生结业，中共党员，寻甸县第一中学语文教师，1988年参加工作，中学一级教师。从教以来，在全国20多种期刊发表教研论文100余篇，获国家级重点课题奖2次，省级重点课题奖1次，40余次受到全国学术团体及省、市、县各级组织表彰，其中17次受到寻甸一中党总支表彰。2000年，被中国教育学会中学语文教学专业委员会、语文报社表彰为“全国优秀语文教师”；2002年，县教育局评选为“中学语文学科带头人”；2003年县教育局表彰为“优秀教师”；2004年，先后被中共寻甸县委、中共昆明市委表彰为“优秀共产党员”，同年10月，昆明市人民政府表彰为“昆明市有突出贡献专业技术人才”；2005年，昆明市教育局表彰为“市师德师风建设标兵”，同年，被寻甸县委组织部评选为“优秀专业技术人才”；2002年、2004年和2006年，三次被全国中语会课堂教学研究中心表彰为“优秀语文教师”和“优秀研究员”。教书育人，为人师表，笔耕不辍，有10余篇教学论文被市教科院、省教科院评为“一等奖”。爱岗敬业，乐于奉献，三尺讲台书写人生精髓。2007年获得“昆明市五一劳动”奖章；2008年评为“昆明市劳动模范”。

邓新民　男，纳西族，1961年8月出生，中专文化，中共党员，寻甸县公安局仁德镇派出所户籍民警。1979年10月参加工作，1979年至1982年在解放军某部服兵役，1982年10月至今在寻甸公安局仁德派出所工作。平凡岗位演绎精彩人生，践行执政为民宗旨，1996年至2004年连续9年评为“优秀共产党员”，1998年获“优秀人民警察”称号。1997年以来，他把工作重点放在户籍窗口建设上，不断增强自身素质，把群众满意作为工作标准，按照服务好、质量高、投诉少的目标，积极争创文明窗口。2003年，仁德派出所户政窗口被市公安局授予“文明窗口”，2004年、2005年，连续两年被市公安局授予“人民满意的户政窗口”。2007年获得“昆明市五一劳动”奖章；2008年评为“昆明市劳动模范”。

马巧明　女，回族，1962年5月出生，高中学历，中共党员，寻甸县第一人民医院财务科主任，助理会计师，1979年12月参加工作。29年的服务工作，她从无怨言，兢兢业业，逐步完善医院内部财务管理制度和内部监督机制，担任医院工会副主席职务，积极组织全院职工捐款捐物献爱心，组织开展丰富多彩的文体活动，代表医院累计探望慰问困难职工1079人(次)。2000年至2004年，连续5年被寻甸县直属机关党委评为“优秀共产党员”；2003年被评为“昆明市优秀文明市民”；2004年昆明市总工会授予“优秀工会积极份子”；2006年县人民政府授予“文化体育先进个人”；2006年获得“昆明市五一劳动奖章”；2008年评为“昆明市劳动模范”。

马兴平　男，汉族，1970年6月出生，大专学历，中共党员，寻甸兴平牧业有限责任公司总经理。1993年攻读中国农民大学畜禽饲养管理函授大专班。2003年，在倘甸镇开办了兴平养殖场；2006年成立兴平牧业养殖有限责任公司，积极探索“公司+农户+基地”的能繁母猪改良技术，推动了当地产业结构调整步伐；2007年成立云南为民养猪专业合作社，带动当地3700户养殖杂交母猪4500余头，成为带动群众致富的能人。2004年，寻甸县人民政府授予“先进养殖大户”称号；2006年，被共青团昆明市委、昆明市科学技术局授予“昆明市农村青年带头人”；2008年被评为“昆明市劳动模范”。

李明飞　男，汉族，1965年6月出生，小学文化，寻甸县河口镇人，左手残疾，昆明皓盛昌房屋拆迁有限公司和创建房屋拆迁有限公司董事长兼总经理。他身残志坚，自强不息，18岁离开寻甸到昆明打工，2004年4月，成立昆明皓盛昌房屋拆迁有限公司，2007年9月，成立创建房屋拆迁有限公司，成为拥有员工200余人，固定资产2000余万元的知名企业家。2005—2007年，拆除房屋约358万平方米，运送城市垃圾800余万方，为现代新昆明建设做出了突出贡献。回馈社会，情暖人间，先后帮助200余农民工就业创业；捐资助学，奉献爱心，先后捐款8万余元，帮助家乡50余名贫困失学儿童重返校园。2004年5月，县人民政府授予“弘扬人道主义精神，捐资助残献爱心”荣誉称号；2005年，中国全国工商联合会授予他“热心公益杰出人物”称号并获“促进中国公益事业发展成就奖”；2007年，中国民营企业家高峰论坛组委会授予“杰出民营企业家”荣誉称号，同年，第七届残运会组委会授予“支持中华人民共和国第七届残疾人运动会，为残疾人做贡献”荣誉称号；2008年被评为“昆明市劳动模范”。

杨丽春　男，汉族，1978年1月出生，大专学历，中共党员，寻甸县地方税务局办公室副主任。1997年参加工作，2005年竞争上岗任局办公室副主任。工作以来，忠实实践“聚财为国，执法为民”的税务工作宗旨，践行“爱岗敬业、公正执法、诚信服务、廉洁奉公”的职业道德，负责的办公室工作成绩突出。1998年、1999年、2000年、2006年被评为“优秀公务员”；1998年、1999年、2003年县委、县人民政府授予“财税工作先进个人”称号；2006年昆明市地方税务局评为“计算机操作能手”；2007年被县直机关党委评为“优秀共产党员”；2008年被评为“昆明市劳动模范”。

赵光用　男，汉族，1955年8月出生，大专学历，中共党员，云南国天力化工有限公司工程师。1976年参加工作，现任国天力化工有限公司调度室主任。1991年，带头实施技改，攻克低硫矿酸工艺，让企业15年盈利累计达4200万元。2002年，任调度室主任，理顺利益分配关系，实行绩效工资制，极大调动了职工工作积极性。他持之以恒探索低品位矿提硫制酸技术，与云南铜业集团合作，进行锌矿和铜矿脱硫，产酸由2003年7万吨增加到2007年15万吨。1998年获“云南省石油化工厅设备管理先进个人”称号；2006年获“省化工协会安全生产先进个人”称号；2008年被评为“昆明市劳动模范”。

【2007——2010年昆明市五一劳动奖章获得者】

李锡霜　男，汉族，1966年11月出生，本科学历，中共党员，寻甸回族彝族自治县总工会职工。1989年参加工作，从事工会办公室工作20余年，找准位置，把握角色，立足岗位不越位，做好服务不教条，办文、办会严谨细致，先后撰写各类典型材料、调研报告400余篇。1994年，被县委、政府表彰为“山区民族工作先进个人”；1996年被县委、政府表彰为“优秀村建队员”；2001年，县委表彰为“优秀共产党员”；2005年，昆明市总工会表彰为“新建企业建会先进个人”；2007年，被县委、政府表彰为“统一战线先进个人”；2008年，被县委、政府表彰为“先进教育工作者”，同年，获得“昆明市五一劳动”奖章。

朱显富　男，汉族，1971年11月出生，本科学历，中共党员，寻甸县公安局副局长。1993年参加工作，他默默践行人民公安为人民的誓言，处处带头，不计得失，敢打硬仗，从一名普通警员成长为县公安局副局长。2006年2月，他出任金所派出所所长，惩恶扬善，公正执法，金所工业园区社会治安明显好转；2007年4月至2008年3月，任寻甸公安局局长助理，仁德镇党委副书记、派出所所长期间，依法严厉打击治安、刑事犯罪，推出以“平安寻甸”创建为载体，以人防、物防、技防为手段，在辖区的单位和住宅小区强力推行小区物业化治安管理模式，仁德镇辖区社会治安取得根本性好转，仁德镇派出所连续两年被昆明市公安局评为“集体三等功”，被昆明市政府授予“创建无毒社区先进单位”、创建“平安社区”先进单位，被寻甸县委、政府授予“严打综合整治”先进集体。他2003年、2004年两次被昆明市公安局授予“个人三等功”；2008年获得“昆明市五一劳动”奖章。

陈　涛　男，回族，1978年10月出生，本科学历，中共党员，寻甸县交通局地方公路管理站站长、支部书记，助理工程师。1996年参加工作，随着寻甸实现乡乡通油路，70%的行政村路面硬化及路基改造工程力度的加大，作为寻甸地方公路管理站的负责人，他深感责任重大。2007年，寻甸县被确定为养护机制改革试点县后，着手制定《寻甸县农村公路养护改革实施方案》，规范了寻甸农村公路养护体制，完善了精细化养护决策、标准、执行、考核四大体系，全面落实“链条式”即“局—站—乡—管理所—农户或中标人”责任目标管理模式，寻甸农村公路养护质量逐年提高。2007年、2008年、2009年连续三年获“全市养护工作一等奖”，2008年、2009年连续两年被省公路局评为“先进集体”。2010年，获得2010年“昆明市五一劳动奖章”。

【新闻人物】

梅阳林　男，汉族，1972年6月出生，大专学历，中共党员，寻甸县七星镇江格村委会发达小村人。1995年开始，历任七星镇江格村委会发达小村村长、江格村委会副主任（兼文书）、主任；江格村党支部副书记、江格村党总支书记；第六届、第七届乡、镇党代表，第八届至第十届乡人民代表、第一届镇人民代表。2005年7月，被七星乡党委表彰为“优秀共产党员”；2007年10月至2009年12月，他参加了“一村一名大学生”函授大专班的学习，并取得了大专文凭，成为了一名名副其实的大学生“村官”；2008年7月，被县委表彰为“优秀共产党员”；2009年，被云南省农业普查工作领导小组表彰为“第二次全国农业普查先进个人”。梅阳林同志生前是寻甸县七星镇江格村党总支书记，2010年6月26日凌晨，七星镇高田村、江格村发生特大单点暴雨，多处坝塘、堤岸出现险情。接到镇防汛办通知后，梅阳林冒雨只身前往查看汛情，不幸遇难，献出了年仅38岁宝贵生命。2010年7月，被镇党委、县委、市委、省委追授为“优秀共产党员”；2010年12月被中组部追授为“防汛抗救灾优秀共产党员”。

张家营　男，寻甸县羊街镇羊街办事处龙池村人。1973年5月出生，中共党员，，初中文化。1998年5月从事农村广播义务宣传至今。2000年因走村窜寨宣传党的十二大精神被昆明日报等媒体报道，一直坚持宣传党的路线方针政策和法律法规，把党的声音即时传递到农村千家万户。2007年11月被中宣部领导批示为全国宣传典型人物进行广泛宣传，张家营的先进事迹被中央、省、市媒体进行报道。同年十二月当选为县人民代表。2009年5月在羊街镇建成义务宣传广播站。2009年6月被评为昆明市“好人”称号。2009年6月被选为昆明市市长热线代表。

乡（镇）概况

编辑：李巧梅　盛有文

仁德镇

【乡镇概况】　仁德镇是寻甸县城所在地，地处北纬25°27'至25°41'、东经103°7'至103°18'之间，距昆明91千米，东与马龙县、七星镇、河口镇接壤，南与嵩明县、羊街镇为邻，西与先锋镇、甸沙乡、六哨乡相连，北与功山镇相依。2007年，全镇辖区总面积130.36平方千米，辖4个社区居委会、6个村委会；全镇耕地面积2.81万亩，其中水田1.84万亩，旱地9267.6亩。2008年，辖3个村委会和7个社区居委会，156个村（居）民小组，其中43个城区居民组，70个农村居民组，43个村民小组，82个自然村，10个社区（村委）全部通车、通水、通电、通电话、通邮。辖区面积130.36平方千米，全镇耕地面积2.7万亩，其中水田1.77万亩，旱地9267.6亩。仁德坝子南北约18千米，平均宽约3.8千米。2009年11月8日撤销原仁德镇、塘子镇、金所乡，合并成为新的仁德镇。2010年仁德镇国土总面积570.56平方千米，耕地总面积8.96万亩。年平均气温14.5℃，境内最高海拔2871米，平均海拔2169米，年均日照2000—2500小时以上，无霜期330天左右，年均降雨量1100毫米。全镇辖7个社区居民委员会和21个村民委员会，113个居民小组，234个村民小组。有汉、回、彝、苗等17个民族，镇党委下设党总支45个，党支部150个，共有党员4343人，其中少数民族党员953人。

【经济综述】　2007年，全镇完成生产总值5.52亿元，比上年增长12.5%。其中一产业实现增加值7482.24万元，增长17.6%；二产业实现增加值2559.23万元，增长7.7%；三产业实现增加值4.42亿元，增长12%；三次产业比重由上年的1.3：0.7：8调整为1.4：0.5：8；非公经济增加值1.92亿元。

2008年，完成生产总值6.18亿元，比上年增长12%；农村经济总收入1.93亿元，增长10.6%；农民人均纯收入2514元，增长9.1%，粮食总产量1471万千克。

2009年，县、镇级收入完成6000.3万元，非公经济增加值完成2.11亿元。

2010年，地方财政一般预算收入1.31亿元，财政支出0.28亿元，城镇居民人均可支配收入1.42万元，农民人均纯收入2789.4元。

【人口与计划生育】　2007年末仁德镇总人口71759人，城区人口31129人，乡村户数10681户，乡村人口42826人，少数民族人口比例为24%。认真贯彻执行国家《人口与计划生育法》、《流动人口管理条例》及计划生育"奖、优、免、补"等政策，共办理31户《农村独生子女父母光荣证》，人口自然增长率控制在8‰以内。

2008年，认真落实"两免一补"政策，探索流动人口计划生育管理与服务的新机制，把管理与服务融为一体，切实维护流动人口育龄妇女计划生育权益。

2009年，切实抓好人口和计划生育工作，人口自然增长率控制在6.5‰以内。

2010年，总人口131001人，其中农业人口106662人；做好人口和计划生育工作村民自治，人口自然增长率达控制在6.5‰以内。

【农田水利建设】　2007年，总投资200余万元，完成各项农田水利建设工作93件（包含清淤工程），完成土石方12.12万立方米，总投劳力4.94万个工日，加强河道、闸站管护，协助做好城市供排水、防洪、排涝、排污等各项工作。

2008年，启动三月三水库除险加固工程，积极开展冬修水利工作，清淤三面光渠道1.4万米，清理河道3600米；解决胜利小可依村、和平新村、中桥中鲁贝村、中下鲁贝村4652人饮水安全问题；投资80多万元建设1500亩烤烟水浇地工程。

2009年，完成窑上、土官塘人畜工程，白家村、石门坎、三眼井人畜工程，积极配合做好三月三除险加固工程，全镇水利化程度已达到58%。

2010年，实施各项农田水利建设工作93件，总投资280余万元；完成6件农村人畜饮水安全工程，实施三月三水库等5件病险水库除险加固工程；面对百年不遇的大旱，实施抗旱应急饮水工程213件，投资256万元。

【粮食生产】　2007年，全镇完成粮食播种面积2.53万亩，粮食总产量1.48亿千克。农业基础地位进一步得到巩固，产业结构从单一型向多元化转变，种植结构不断优化。种植浅水藕23.5亩，调运藕种10.3吨；以蚕桑产业为切入点，努力发展特色农业，以云南凌草茧丝绸有限公司为龙头，努力推进农村经济发展、农民增收和生态环境建设有机统一。全镇已种植蚕桑600亩，可产茧2000千克；着力推进耕地流转服务工作，全镇经耕地流转中心流转服务的土地达700余亩。

2008年，完成生产总值6.18亿元，比上年增长12%；农村经济总收入1.93亿元，增长10.6%，农民人均纯收入达2514元，增长9.1%，粮食总产量1471万千克。着力推进耕地流转服务工作，流转服务的土地已达1763.3亩，为农业企业介绍用工近8000个劳动力，为农民向非农产业转移、向农业产业工人转变作了有益的探索。

2009年，粮食总产量1118万千克；完成烤烟种植1750亩，占计划数的100%。比去年的1100亩多种650亩增59.1%，完成烤烟总产量26.95万公斤，产值415万元；扩大粮食直补、粮种补贴、农机补贴，使用国家补贴资金2.19万元补贴购置农机26台；完成生物多样性3000亩，省级示范多样性250亩，完成下达的各类优质作物生产目标任务。

2010年，粮食播种面积14.81万亩，总产2870万千克，同比增长0.35%；完成玉米"温饱工程"1.81万亩，优良水稻种植3.1万亩、优质脱毒马铃薯2.31万亩。

【烤烟生产】 2010年，种植"云87"品种7500亩，"红大"品种1.39万亩，累计2.14万亩；收购总量290.22万千克，均价13.56元(含边贸烟)，在大灾之年圆满完成县上下达烤烟收购任务。

【畜牧业生产】 2007年，以养殖大户为龙头，积极引导农户参与"公司+农户+基地"的模式，建立奶水牛养殖小区一个，饲养奶水牛206头，租地153亩种植牧草；规范引导道院、和平两个养鸡小区的建设和发展，以小区发展带动了养禽业的发展；实现畜牧业产值7041万元，畜牧业收入5027.3万元。

2008年，积极开展养殖园区建设，在学府等社区后山片区征地1016亩建设绿旺畜牧养殖园区，在胜利村委会半工田规划1287亩锦秀养殖园区。指导和规范养殖小区的建设，重点扶持奶水牛产业发展，新增奶水牛养殖253头。尼里拉菲奶水牛养殖示范小区、鹏远牧业肉牛养殖小区、树英牧业生猪养殖小区的建设和发展得到进一步巩固和加强。以冻精改良为突破口，认真抓好畜禽品种改良工作，努力提高良种覆盖率，切实做好畜禽防疫工作。

2009年，全面贯彻在县城规划建设范围内实施禁止养殖及今后畜牧业发展的实施方案，在东发、学府、南钟3个建城区4.3平方千米范围内实行全面禁养；绿旺养殖小区由尼里拉菲公司负责建设和经营，已投入项目建设资金214.2万元；投资120万元建设2000平方米的肉牛养殖场，养殖肉牛300头；实现畜牧业产值6580万元。新增奶水牛78头。全镇共养殖奶水牛429头，涉及养殖农户180多户。

2010年，完成牛冻精改良6286头，肉类总产2.11万吨，畜牧业产值达2.37亿元；推进奶水牛养殖，发展5头以上规模养殖户9户，发展肉牛规模养殖户9户。

【林果蔬生产】 2007年，实施莲花山石漠化治理工程230亩，异地造林及植被恢复完成106亩；对莲花山1000亩新造林地块进行了病虫害全面防治，防治率、监测覆盖率达100%；林业产值1026万元，完成计划的100.6%；全镇林地面积9.05万亩，涉及林改9829户，共计39241人口；帮助四家公司建成250亩韭黄种植基地、234亩葡萄种植基地、50多亩花卉种植基地、100余亩荷兰豆种植，成为寻甸最大的农业产业园区。

2008年，完成莲花山漠化治理1000亩植树13.6万株；五采区治理50亩植树1万株；面山墓地绿化726亩植树1万株；点播模拟飞播地块350亩，点种车桑子450千克；对历年退耕还林地块复查验收补植补造129亩，对1000亩经济林泡核桃、公路沿线1100亩退耕还林地进行规划；推广浅水藕种植107亩，完成蚕桑种植447.8亩，进一步拓宽了农民增收渠道。

2009年，完成泡核桃种植2000亩；完成沼气池27口，完成节柴改灶50眼；完成林业绿化1898亩，实施墓地绿化补植补造127亩，植树4000株；集体林权制度改革工作稳步推进，应均山到户面积6.87万亩，已均山到户面积6.15万亩(其中商品林1.1万亩，公益林5.05万亩)，均山到户率为95%；种植秋荞3700亩、蔬菜2000亩、黄白萝卜600亩；积极发展块状特色农业经济，完成蚕桑种植1696亩，花卉250亩。

2010年，实施镇政府样板林100亩、县政府样板200亩，经济林(核桃)栽植作业设计4360亩，绿化育苗130亩；沼气池建设300口，新型节能灶建设580眼，森林管护29.33万亩；进行机耕道路补植补种，补植藏柏4200株，柳杉2100株；全镇林业产值达5622.71万元，森林覆盖率达35.26%，集镇绿化率达40.1%；实施蔬菜改扩种2220亩，速生绿叶蔬菜扩种790亩，蚕桑种植1160亩，建设浅水藕生态农业示范观光种植基地600亩；积极引进7家蔬菜种植公司及11户蔬菜种植大户，发展蔬菜生产、加工产业。

【乡镇企业】 2007年，引进农业企业4家，投资75万元，发展葡萄、花卉、蔬菜等种植700余亩；国光泵发有限公司计划投资6680万元对农贸市场进行改、扩建和提升；乡镇企业增加值完成7650万元，税金完成785万元，从业人员6520人，工业增加值完成2850万元，非公经济增加值完成1.92亿元。

2008年，引进云南凌卓丝绸有限公司投资3725万元建设2万亩优质蚕桑生产基地；引进云南温商地产开发有限公司投资6000万元对仁德农贸市场进行提升改造；引进亚兴房地产开发公司垫资4000万元建设回迁房。

2009年，首次采用BT模式与亚兴房地产开发公司合作建设华隆商贸城安置小区，目前安置小区14幢全部断水封顶；亚兴房地产开发公司开发的商品房楼盘都市名苑建设正加紧推进；进一步加快城乡统筹协调发展，推进城乡一体化，加快城市建设和引导农业向产业化、规模化、节约化、品牌化发展，鼓励、支持、引导村集体按照县城规划要求进行商业开发，以参股形式整合失地农民补偿资金，建设民族特色专业市场等用于租赁或经营，壮大集体经济，以保证失地农民的长远生计；建设顺宝汽车修理市场、文苑农贸市场建成并投入使用；完成全社会固定资产投资3.23亿元，非公经济增加值完成1.82亿元，占任务数2.11亿元的86.25%；实现营业收入9374元，利润总额437万元，上交税金387万元，工业增加值2417万元。

2010年，实现工业总产值31.53亿元，同比增长12.25%；实现工业增加值9.46亿元，同比增长9.46%；完成工业利税5542万元，同比增长5.21%；工业固定资产投资完成17.27亿元，同比增长292%；全镇规模以上工业企业达14户，实现总产值26.96亿元，同比增9.74%；非公经济增加值完成

13.75亿元，同比增15.28%。

【交通、邮电、电力】 2007年，电力、通讯、信息等基础设施发展迅速，人民群众生产生活条件不断得到提升。"数字乡村"工程建设完成镇、村委会、自然村三级的室外数据和图片、视频采编工作，完成网站建设并投入使用。

2008年，按照"以城市建设为中心，以中心村建设为重点，以公路沿线为纽带，整治城中村，开发城中地，统筹城乡发展，努力实现城乡一体化"的要求，抓好新农村建设规划；投资50万元对全镇进行中心村规划，对市级试点村和平村委会金家村整合资金80余万元，解决了金家村的人畜饮水、农业灌溉、居民住房、节能减排等问题；抓好道院小法古、中桥雨布村新农村建设的巩固提升工作，使村容村貌进一步改善，农村生产生活环境进一步优化。

2009年，完成县城至塘子15万平方米银杏大道主体工程建设，积极配合交通局完成县城到道院3.8千米，樱花大道绿化工程；配合规划建设局完成金所收费站至县城至红色庄园道路两侧绿化工程，完成农田机耕道绿化规划设计7千米，河道绿化规划设计13.9千米，城市面山退耕还林1247亩，其中银杏61亩。

2010年，实施14个自然村整村推进项目，完成进村砂石路1300米，村内道路硬化5900米。协助开展1平方千米的土地收储，0.5平方千米的"五通一平"工程；完成天浩酒业30亩征地、褐煤洁净化生活区180亩征地及华润燃气56亩征地等工作；完成胜利村委会大可依村、必茂村及团结村委会大滴水村土地开发整理项目，总投资930万元。已竣工工程包括广场北路安置小区及道路基础设施、旭苑安置开发小区、月华路、旭东路延长线、翠苑路延长线工程；在建工程包括华隆安置小区、月华片区8条道路及旭苑安置小区步行街工程。

【财税金融】 2007年，实现财政总收入2900.35万元，镇级收入完成2665.18万元，镇体制性收入入库2163.09万元，剔除鼎业返税597.39万元，体制性收入完成1565.7万元，同比增收309万元，增长24.59%；财政支出完成1039.16万元，为调整预算数1307.5万元的75.67%；完成非税收入财政专储资金42.49万元，税收收入2983万元；完成县乡收入2658万元，完成体制性收入2155万元。

2008年，实现财政总收入4383.06万元，体制性收入3130.37万元，为调整预算数3195.7万元的100.64%；完成财政支出1665.05万元，为调整预算数2716.12万元的58.04%。

2009年，地方税收收入完成6566万元，镇级体制性收入入库4719.4万元，同比增1589万元，增长50.76%。

2010年，地方财政一般预算收入1.31亿元，比2009年0.9981亿元增收0.31亿元，增长31.1%；财政支出0.28亿元，比2009年0.3亿元减支0.02亿元，下降7.01%。家电下乡补贴资金236.51万元，汽车、摩托车下乡补贴资金184.53万元；居民储蓄存款余额达14.37亿元。

【村镇建设】 2007年，全面完成西门河改道及河堤路面硬化，兔耳河、北门河并道工程；翠苑路延伸段、旭东路延伸段工程及绿化、亮化已投入使用，投资3万余元改造南屏街绿化带；安置小区建设工程式稳步推进，农村居民安居用地工程前期准备工作已基本就绪，引进7家企业进入月华片区建设住宅及商务区，国天力主体工程接近尾声；配合县城建设，投资近320万元征地新建取土场；完成了大花桥片区改造设计方案；配合县直有关部门完成河滨公园拆迁及征地扫尾工作，完成嵩待调整公路连接线绿化用地的征地工作，完成龙泉路以东500亩土地储备，营造良好的开发环境；彻底解决好园丁小区、信合小区、龙泉路的历史遗留问题，全面推进河滨公园的建设，确保建设顺利实施；完成南磷集团住宿小区交地工作；全面完成北城新区征地1480亩的群众丈量工作；完成绿化、环卫的移交，在确保原职能和工作的基础上，稳步推进绿化、环卫的改革，制定出台了《寻甸回族彝族自治县城区环境卫生和绿化综合管理暂行办法(试行)》、《寻甸回族彝族自治县城区"门前三包"责任制管理暂行办法》，努力提高县城环卫绿化管理水平；"门前三包"已签订责任书和上牌1957户，清运垃圾4万余吨，清运、清掏公厕粪便1000余吨。

2008年，积极做好北城新区的拆迁安置和工程项目协调保障工作，确保县级项目顺利推进；龙泉路、月秀路、旭东路、翠苑路建成贯通，"两纵四横"格局基本形成。指导村组集体开发建设，南钟玉屏一组广场北路建设工程、南钟南屏村民小组、东发马街子一、二组开发、南钟西门组开发稳步推进；建设社区汽车修理市场、中桥旧金属废旧物品收购市场建成并投入使用；首次采用BT模式建设华隆商贸安置小区，南城区镇级开发工作稳步推进；围绕"四创两争"工作，切实加强城市管理。加强城区和城郊结合部卫生环境综合整治，做到全覆盖，不留死角，加大力度完成拆临拆违(危)、建绿透绿、市政基础设施建设等重点工作，全力提高城市管理水平；认真落实"门前三包"责任制，积极探索城市管理长效机制，环卫工作按社区辖区制负责管理，实行"组保洁、村收集、镇运输、县处置"，垃圾做到日产日清；对石碑加工、废旧物品收购等影响城市环境及违反县城建设的经营点进行清理取缔；投资120余万元对辖区道路、街道、城镇面山、"五采"区、河堤、墓地进行绿化。引进绿化公司对县城规划区储备土地进行过渡性绿化建设150亩。

2009年，完成中心村一期规划，积极配合各种县城市政建设改造及环卫绿化工作。垫资6000万元收储龙泉路以东土地923.19亩，垫资2363.31万元完成钟灵绿化工程，垫资371.46万元完成北城区拆迁安置；收储南城区土地431.34亩，完成县城规划区220户拆迁户并支付拆迁款1800万元。已竣工工程包括广场北路安置小区及道路基础设施、旭苑安置开发小区、月华路、旭东路延长线、翠苑路延长线工程。在建工程包括华隆安置小区、月华片区8条道路及旭苑安置小区步行街工程。围绕"四创两争"工作，切实加强城市管理。加强城区和城郊结合部卫生环境综合整治，加大力度完成拆临拆围(危)、建绿透绿、市政基础设施建设等重点工作，全力提高城市管理水平。调动社区积极性，动员市民参与，形成公众监督、社会共建共管的城市管理工作氛围。认真落实"门前三包"责任制。对石碑加工、废旧物品收购等影响城市环境及违反县城建设的经营点进行清理取缔。深入开展全国环境优美乡镇创建工作。环境优美乡镇规划评审已通过。目前创建工作正在按规划及指标要求，积极开展各项创建工作，申报全国环境优美乡镇。

2010年，按照城乡规划全覆盖的要求，协助完成县城总体规划修编工作，启动南城区控详规编制工作。莲花安置小区等项目工程建设有序推进，新建屏月北路、翡翠西路、凤苑路；南城区建设进展顺利，华隆安置小区、仁德一小分校全面竣工；全面建成月华片区城德路等9条市政道路，长3490米，投资3223万元。先锋化工集团住宿区、龙华家园小区等项目顺利推进；县城建设启动东拓，开工建设东仁路；推进城乡一体化，道院村迁村并点集中居住区已完成前期规划，其他集中居住区正在组织项目选址。"四创两争"工作深入开展，城市管理机制逐步健全。全面开展市容环境整治活动，实行班子成员带班督查和责任单位轮流值周制度；建立和完善"数字城管"体系；污水管网、雨污分流一期工程全面完成；严格落实河(段)长负责制，牛栏江流域(寻甸段)水污染防治工作全面推进；爱国卫生运动深入开展，省甲级卫生县城顺利通过检查评审，成功创建三支龙下村等4个省级卫生村；完成了国家级生态乡镇申报创建工作，正准备迎接专家检查验收；城乡园林绿化及生态建设迈出新步伐；拆临拆违工作得到加强，全年共查处违法违章建设134户，完成拆迁和拆临拆违0.2万平方米；县城新增绿地面积165亩，补植补种各类绿化苗木5.4万株；"四全"和"六清六建"工作扎实推进。

【科教文卫】 2007年，实施镇卫生院和村卫生室改扩建，医疗条件明显改善，健全卫生防疫、保健网络，扎实推进新型农村合作医疗，参和率达100%，参和农民住院报销933人，报销费用58万元；组织26支文艺队广泛开展活动，引导和促进群众文化体育活动进广场、进社区、进校园、进企业、进家庭，镇财政投入5万余元用于开展群众性文体活动；组织干部职工参加以"爱我家乡，建设魅力仁德"为主题的演讲活动；创办《魅力仁德》刊物，树立仁德对外新形象；启动实施农村中小学标准化建设，全面完成义务教育"九年一贯制"管理体制改革，推进新一轮教育资源整合，教育教学环境进一步优化，教育教学质量明显提高。

2008年，扶持社区(村委)组建业余文艺队33个，开展丰富多彩的群众文艺活动，促进社会和谐；加强文化市场的清理整顿工作，长期对网吧、茶室、电子游戏室等文化场所进行监督管理；发行《魅力仁德》8期，对耕地流转、农业产业化、养殖园区化等起到宣传、引领和推动作用，丰富了农民文化生活，帮助农民致富。全省首个信息村在胜利村委会挂牌。

2009年，积极开展家电下乡、农业、计生、畜牧、法律咨询科普宣传；积极推进教育综合改革，初中适龄人口入学率达99%以上，全面完成职业中学招生任务，启动实施2009年仁德镇农村中小学标准化建设；新建3个村级卫生室，3个行政村级文化活动室(道院、月秀、东发)，3个自然村文化活动室(中桥雨布村、和平金家村和王家村)；完成7个自然村(北观社区白龙潭、小龙潭、雨起莫、雀吃沟、三眼井、石门砍、大村子)广播电视村村通工程，共配备直播卫星接收设备210套；全年新型农村合作医疗实际参合人数42405人，占应参合数43181人的98.2%。

2010年，仁德镇辖区内有高中2所、初中4所、完小27所、幼儿园32所，有镇级卫生院3所，村级卫生所27所；镇党委、政府切实抓好科技活动周等各种科普宣传活动，配合县委宣传部、县科技局、县科协举办了2010年科技活动周启动仪式，全年开展科普活动4次；完成仁德一小分校、仁德四小、金所中学、竹沟小学标准化学校建设，启动实施云集小学、119希望小学标准化建设项目；落实镇文化站建设用地，因地制宜将县党员服务中心、仁德镇文化站、仁德镇月秀社区建设项目进行整合实施，已完成大楼主体的工程，附属工程正在施工中；完成中桥、建设、学府、摆宰、张所、团结、塘子7个村文化室建设任务。对胜利、北观、和平3个文化活动室配备了电视、功放、音响、无线话筒、DVD等多媒体设施，并配备图书1400册；开展新型农村合作医疗，参保人数为104243人，参合率达99%。

【精神文明建】 2007年，创市级文明单位3个、文明村1个，创建县级文明单位11个，县级文明村9个。

2008年，共发展33支群众文艺队，对花灯、拉二胡、耍龙灯等民族民间文化资源进行全面传承。年内创市级文明单位3个、市级文明村2个，创建县级文明单位3个，县级文明村7个，文明社区2个。

2009年，创建省级文明村1个，创建市级文明单位1个、市级文明村2个，创建县级文明单位6个，县级文明村9个。

2010年，强化理论学习，构建学习型党组织。深入推进干部职工日常理论学习，健全和坚持党委中心组理论学习制度，着力提升核心价值体系；广泛开展"做一个有道德的人"等主题实践活动，加大未成年人思想道德建设；开展精神文明创建活动，申报创建1个市级文明村(单位)、10个县级文明村(单位)，积极开展"十星级文明户"评比工作。

【民政扶贫】 2007年，深入开展农村贫困户结对帮扶活动，共组织党员干部191人参与帮扶，投入党员自筹资金1.91万元，争取扶贫项目8项，实行统一立项、分步实施，争取扶贫资金160万元；设立仁德爱心基金，全年共筹集爱心资金8.56万元，实施救助1.05万元，全年共发放各种民政救济款67.11万元，救济粮6140千克，棉被70床，救助灾民贫困群众479户1437人次；启动1002人失地农民最低生活保障金的发放；完成劳动力转移输出1248人。

2008年，深入实施农村最低生活保障制度，共兑现农村特困居民、重特大病医疗救助金11.33万元，救助26人(户)，全年共发放低保金13.3万元；启动被征地人员基本养老保险2215人，缴费931.47万元；积极做好企业离退休人员社会化管理服务工作，完成对全县17个改制企业844人的社会化服务移交工作；完成劳动力转移1393人；完成道院小法古、胜利窑上村(省级)、和平金家村(市级)、中桥雨布村(市级)整村推进扶贫开发项目的实施。

2009年，全面实施以"整村推进"为重点的扶贫开发项目，整合投入农村基础设施建设资金353.69万元共解决5个自然村2987人饮安全，6个自然村路面硬化；解决农村低保1456人，城镇低保328户539人，申报失地农民养老保险2218人，其中已领取失地农民养老保险999人；发放救济粮155户362人5020千克，发放救灾款5.94万元(房屋修建和临时救济)；启动了1643人失地农民最低生活保障金的发放；完成劳动力转移输出900人；积极做好企业离退休人员社会化管理服务工作，失地农民养老保险参保2218人，城镇居民医疗保险完成3275人。

2010年，实施10个整村推进项目，积极开展结对帮扶活动，共结队帮扶农村贫困户510户；全年解决绝对贫困人口711人，解决低收入贫困人口4663人；共发放救灾救济资金1.97万元，救济大米3.89千克，被子87床，发放因灾民房修建款2.9万元，修建民房15间，实施城乡医疗救助234人，发放救助金81.27万元；共发放定期定量补助和抚恤费88.34万元；实施好农村房屋火灾保险，共投保22933户，收缴投保资金68799元；发放小额信贷150万元，还款率100%；落实办理"贷免扶补"创业贷款16户，每户5万元；全年完成劳务输出4928人，其中省外669

人，省内县外2137人，县内2122人；深入实施殡葬改革，积极做好农村公益性公墓选址建设工作，除允许土葬的少数民族外(回族)，死亡人口火化率达100%。

【人民生活】 2007年，完成农业总产值1.27亿元，比上年增长7.7%；农业经济总收入1.74亿元，增长9%，粮食总产量1.48亿千克；投资450万元，在仁德镇范围内各主要路口、巷道和治安敏感地区安装了实时监控摄像头80个，奠定了坚实的基础，形成打、防、管、控一体化的网络体系；全面铺开镇、村委会、自然村三级的室外数据和图片采集工作，完成网站建设并投入使用；农业和农村信息网络已经初具规模，使乡村基础信息上传到网站，构建乡村两级办公网络。

2008年，完成生产总值6.18亿元，比上年增长12%；农村经济总收入1.93亿元，增长10.6%；农民人均纯收入达2514元，增长9.1%。

2009年，流转耕地750亩，完成耕地流转面积4286亩，涉及农户2850户。

2010年，居民储蓄存款余额达14.37亿元，同比增22.6%；城镇居民人均可支配收入1.42万元，同比增9.7%；农民人均纯收入2789.4元，同比增11%。

【行政区划调整】 按照省政府《关于同意昆明市部分县人民政府驻地镇行政区划调整的批复》(云政复〔2009〕25号)和市委、市政府《关于部分县政府驻地镇行政区划调整工作的实施意见》(昆通〔2009〕21号)要求，2009年9月，撤销塘子镇、金所乡，并入县政府驻地仁德镇。严格按有关要求顺利实施了行政区划合并工作。

领导名录

党委书记：马兴留(－2009.9)

县委常委、镇党委书记、镇长：李祥(2009.9－)

党委副书记、镇长：尹才能(－2010.10)

党委委员、纪委书记：范天明(－2009.11)

人大主席：李兴发(－2010.07)
李玉成(2010.10 －)

党委副书记、纪委书记、金所便民服务中心主任：许加龙(－2010.02)

党委副书记、仁德便民服务中心主任：尹才能(－2010.10)

党委副书记、塘子便民服务中心主任：马良友(－2010.02)

党委副书记、政法委书记：朱显福

党委副书记、副镇长：方文伟(2010.10－)

塘子便民服务中心副主任：李玉成(－2010.10)

金所便民服务中心副主任：马明(－2010.02)

党委委员、纪委副书记：金正高(－2010.10)

副镇长：李吉洪、陈则正、王明昌(－2009.11)、周丽琼
朱再祥、杨晓涛、
陈锋、马如林
胡万琪(2010.02 －)
周玉芬(－2010.05)
张兴莉(－2010.02)
杨培伟(－2010.02)

武装部长：姚克荣(－2010.10)
马仲福

武装部副部长：
姚克荣(－2010.10)
顾金义(－2010.10)

党委委员、党政办主任：毕堃(－2010.02)

党委委员、组织委员：李翠芝(－2009.11)

(撰稿人：王兴能　蔡朴勇)

金所乡

【乡镇概况】 金所乡地处寻甸县中部，位于东经103°7′—103°19′、北纬25°31′—25°41′，东与本县仁德镇、河口乡接壤，南与羊街镇相邻，西与先锋、六哨乡毗邻，北与甸沙乡、功山镇相连，乡政府所在地距县城10千米。全乡国土总面积283.76平方千米，耕地总面积4.25万亩。海拔2900.4米—1955.6米之间，气候温凉，属北亚热带季风气候，最高气温28℃，最低气温～5℃，年平均气温13.4℃，年平均降雨量1116毫米，蒸发量1260毫米，全年无霜期226天左右，年日照数2087.4小时。辖金所、泽铁、竹沟、张所、天生、草海子、摆宰、小多姑、清海、新田10个村委会58个自然村，居住着汉、回、彝、苗4种民族，截止2009年11月8日区划调整并入仁德镇，全乡总人口36372人，其中农业人口33775人。

【经济综述】 金所乡是寻甸县的主要工业经济区，2006年申报评定为省级八个特色工业园区之一。境内有省属企业1户(云南省种羊场)，大型民营企业6户(云南丹彤公司金所开发区、云南南磷集团寻甸磷电有限公司、龙蟒磷化工集团、云南奕标水泥有限公司、邦立圣电力器材公司、滇木纤维板厂)。2007年，完成工业投资近35亿元，实现总产值8.2亿元，工业增加值2.22亿元；完成乡级财政收入591.5万元，财政支出779.7万元；全年人均有粮462千克，农民人均纯收入1479元。

2008年，乡级一般预算收入885.8万元，一般预算支出725.5万元；工业总产值14.5亿元，工业增加值4.1亿元；农村经济总收入8677.59万元，农民人均纯收入1656元。

2009年，截止10月末，县乡一般预算收入1946.9万元，乡级一般预算收入990.7万元，一般预算支出815万元。社会固定资产投资达1.5亿元，工业总产值14.92亿元，工业增加值4.03亿元，规模以上工业企业户数达8户。农民人均纯收入增长12%，达1854.72元，人口自然增长率控制在6.5‰以内。

【计划生育】 2007年，县下达出生指标400例，实际出生162人。人口自然增长率6.2‰。完成农业人口独生子女办证数7户，累计达580户，办理养老补助36人。

2008年，县下达出生指标300例，实际出生296人，人口自然增长率控制在6.5‰以内，严格按照计划生育村民自治有关精神，圆满完成了全乡10个村委会计划生育村民自治工作；按照生育文化示范村的“五个一”标准建设生育文化示范村1个——竹沟村委会新庄村。

2009年，县下达出生指标394人，实际出生378人。计划生育率达98%，持证生育率100%，农业人口独生子女巩固率95%。

【农田水利建设】 2007年，新建马家箐小(二)型水库1座，除险加固大麦地小(二)型水库1座；修复北干渠、西干渠和胜利渠等水毁工程16件，治理水土流失坡改梯和水土保持林工程2件；新建坡改梯地800亩，完成高稳产农田建设1500亩；新建精饲料基地2000亩；实施烤烟水浇地建设工程4件，面积6200亩；完成7个村委会24个自然村人畜饮水工程。

2008年，实施水利建设工程30件，夏修抢险工程1件及2008年度农村安全饮水项目和国债农村人畜饮水项目1个；完成土石方量15.01万立方米，投劳30.2万工日，工程投资292.5万元；新增防渗渠道干支渠道50千米，新增蓄水能力3万立方米，改善灌溉面积0.8万亩，解决、改善人饮0.66万人，畜饮0.02万头，解决温饱人口1564人，巩固温饱人口709人。

2009年，投入各类建设资金586.06万元，实施五小农田水利工程4件，烤烟水浇地建设1件，农村安全饮水工程4件，水源保护区环境建设项目1件，绿化工程1件，其它工程建设2件；新增防渗渠道干支渠道7千米，田间渠道6.77千米，新建小型水源工程水池72个，新增灌溉面积水浇地0.37万亩，新增蓄水能力0.14万立方米，新增供水受益人口2008人。

【粮食生产】 2007年，粮食总播面积6.25万亩，粮食总产1631.9万千克，比计划的1608万千克增23.9万千克，增1.5%。

2008年，粮食总播面积6.7万亩，总产1565.3万千克，比计划的1551.3万千克增14万千克，增0.9%。

2009年，粮食总播面积6.45万亩，总产1497.56万千克，比计划增56.56万千克，增3.9%。

【烤烟生产】 2007年，种植"云87"烤烟7022亩，产量95.85万千克，产值1247.98万元，均价13.11元，中上等烟比例达98.24%，取得了全县收购均价第二名的优异成绩；严格按昆明市KMZ—I型烤房建筑技术规范新建烤房141座。

2008年，市级优烟样板种植烤烟面积7500亩，品种为云87，其中优质示范样板2800亩(市优烟500亩，县优烟2300亩)；完成收购量106.5万千克，产值1544.25万元，均价达14.50元(含出口备货)，中上等烟比例达95%；全面完成烤房改建工作，共改建烤房369座。

2009年，市级优烟样板烤烟种植面积7500亩，品种为NC297，其中田烟3000亩；完成烟叶收购2.15万担，产值1594.85万元，均价15.52元(含出口备货)。全乡共新建密集式烤房35座。

【畜牧业生产】 2007年，全乡大小牲畜存栏61420头(匹、只)，出栏90298头(匹、只)；实现畜牧业产值5185万元，畜牧业收入3765万元；全年改良大小牲畜12672头(匹、只)，推广青贮饲料16885吨，推广氨化饲料4426吨，推广工业饲料1235吨；共发放能繁母猪补贴资金19.55万元，2360户农户(养殖场)受益。

2008年，大小牲畜存栏65146头(匹、只)，出栏94295头(匹、只)；家禽存栏78455只，出栏47267只；肉类总产5780吨，羊毛产量17.2吨，产禽蛋208吨；实现畜牧业产值5735万元，畜牧业收入4050万元；改良大小牲畜12996头(窝、匹、只)，其中牛冻精改良2612头；推广青贮饲料17378吨，推广氨化饲料4284吨，推广工业饲料1485吨；投入资金180万元实施了益康养殖有限公司、清泉养殖场、天生桥养殖小区、金所养殖小区4个生猪标准规模化养殖建设项目；乡党委、政府划拨专项扶持资金16.12万元，大力培育奶水牛养殖产业，年底5头以上奶水牛规模养殖户达9户，奶水牛128头，其中养殖规模达60头以上的1户。

2009年，全乡生猪存栏33921头，出栏52533头；大牲畜存栏17716头，出栏8446头；山绵羊存栏18512只，出栏38765只；家禽存栏82411只，出栏53215羽；家禽肉类总产6494吨，羊毛产量17.2吨，产禽蛋217.5吨。实现畜牧业产值7004万元，畜牧业收入4492万元；通过两年大力培植奶水牛养殖，年底奶水牛规模养殖存栏已达494头，奶水牛产业已成为金所乡调整产业结构的亮点及新的经济增长点。

【林果蔬生产】 2007年，实施征占用林地异地造林300亩，清水海环湖绿化造林250亩，市级项目退耕还林中幼林抚育1200亩，森林管护139959亩；建设沼气池200口，完成旧池改造105口；林业防治面积达3140亩。因地制宜发展特色种植，共完成雪莲果种植200亩，洋蓟种植1200亩，蔬菜种植500亩，百合种植100亩，蚕桑种植200亩。

2008年，实施天保工程造林补植补造200亩，模拟飞播补植补造420亩，乡政府样板林100亩，县政府样板200亩，难造林地块918亩及嵩待高速公路6.5千米的"绿色通道"绿化造林。完成四旁义务植树17.8万株，经济林(核桃)栽植作业设计4200亩，沼气池建设100口，新型节能灶建设100眼，森林管护任务139959亩。全乡林业产值1377万元。按时间步骤顺利推进全乡10个村委会的集体林权制度改革工作。加大产业培植力度，因地制宜发展农业特色产业。完成桑树新增栽培180亩，累计达400亩；完成雪莲果种植500亩，洋蓟种植1100亩，蔬菜种植3500亩(辣椒300亩，大白菜3000亩、番茄200亩)，花卉(以百合鲜切花、马蹄莲为主)种植150亩。

2009年，完成退耕还林补植补造300亩，优化树种造林300亩，巩固退耕还林新增发展特色经济林1000亩，乡政府样板林100亩，面山绿化720亩及清海新哨、新田马嘎两个生态村的绿化工作；完成交通沿线面山918亩的补植补造和嵩待高速公路绿化补植补造64亩，完成全民义务植树12.09万株、农村"四旁"义务植树11.59万株；林业产值达1645万元；农村能源沼气建设476口，节能改灶161眼，太阳能建设40个，全乡集体林权制度改革工作顺利通过验收，共签订承包合同232份，发放林权证310份，落实改革面积143217.08亩，占应改任务150845.58的95%；调运桑树苗"农桑12号"60万株，栽植桑树400亩，种植雪莲果500亩，蔬菜3300亩(辣椒300亩，大白菜3000亩)，花卉150亩，甜脆玉米500亩；通过招商引资建成一个占地12亩、库容1500立方米的蔬菜冷库，自7月投入运行以来，已收销各类蔬菜4000吨。

【乡镇企业】 2007年，全乡共有投资超亿元工业项目3个，总投资约15亿元，全部建成后可新增产值10亿元；全年实现工业总产值8.2亿元，工业增加值2.22亿元；主营业务收入完成5.85亿元，实现利税总额1.22亿元，上交税金5163万元，从业人员达2676人。

2008年，在完成云南滇木纤维板厂高密度纤维板生产建设项目、邦立圣电力器材项目、寻甸龙蟒磷化工有限责任公司33万吨硫磺制硫酸生产线项目等9个招商引资竣工验收项目的基础上，顺利实施了褐煤洁净化利用实验示范项目、年产2万吨硅藻土沥青改性剂生产线建设项目、寻甸民俗文化旅游项目、寻甸浩恒磷矿经贸有限公司摆宰磷矿开发项目、云南明盛养殖有限公司生猪养殖项目、凤龙山艺术园林项目等开工项目，完成招商引资项目18项，合同项目资金97.51亿元，实际到位4.63亿元；全乡工业总产值达14.5亿元，工业增加值达4.1亿元。

2009年，完成招商引资结转项目12个，新增项目6个，意向性引资项目5个，其中亿元以上工业项目开工2个，即南磷13万吨pvc项目及10万吨烧碱项目、先锋褐煤洁净化利用实验示范项目；投资38.9亿元的先锋褐煤洁净化利用试验示范项目已完成土方工程70万立方米，完成投资2.52亿元；启动东川再就业特区天生桥异地产业园区建设，规模以上工业企业户数达到8户；凤龙山生命文化艺术陵园项目已基本完工，位于草海子村委会的全县首个火化场——凤龙山火化场于2009年11月1日建设竣工投入使用，对推进寻甸县殡葬改革工作起到了极大的促进作用；做好“引清济昆”、“引牛补滇”、110kv、220kv及寻板线输电线路建设征地、施工等协调服务工作。

【交通、邮电、电力】 2007年，投资1800万元的金所工业园区金河大道已建成投入使用；启动建设宽40米，长1200米的一号主干道和宽24米，长2100米的二号主干道；建成长1.3万米的排污管线，总投资800万元；乡村公路路面硬化6.5千米，铺沙填石86千米。

2008年，实施整村推进项目9个村，实施道路硬化7条4638米，修建1条长300米的砂石路面；积极与市级扶贫挂钩单位云内动力沟通协调，争取资金30万元，对马场至小多姑、马场至格莫、马场至小新村长1.03万米的路面进行了铺沙填石。

2009年，完成摆宰村委会摆宰大村、海子村委会黑泥沟村，草海子村、新龙村，竹沟村委会新庄村5个村的整村推进项目，实施路面硬化2956米，修建排灌沟150米；完成金所工业园区1号路自南向北延伸1280米的征地工作；完成金所工业园区1号、4号道路路面绿化、亮化、硬化2.2千米；完成工业园区“五通一平”通水、通电、通路、通网、通讯、平整土地面积430亩。

【财税金融】 2007年，财政总收入1361万元，其中乡级财政收入591.5万元，财政支出779.7万元。全乡金融机构各项存款余额7600万元。

2008年，乡级一般预算收入完成885.8万元，完成年初预算450万元的196.8%，比上年同期增收199.6万元，增长29.1%；全乡一般预算支出完成725.5万元，完成年初预算550万元的131.9%。

截止2009年10月底，县乡一般预算收入完成1946.9万元，完成必达目标2008万元的96.9%；乡级一般预算收入完成990.7万元，完成年初预算1020万元的97.1%；全乡一般预算支出完成815万元，完成年初预算835万元的97.6%。

【村镇建设】 2007年2月，投资130余万元的老渡河坡脚公路扩建工程正式竣工；筹资300余万元，实施金所小集镇“绿化、亮化、美化”工程，完成小集镇1.6千米路段排水、供水系统改造、路灯安装、绿化带建设和乡政府办公楼及停车场改造；在完成对金所工业经济园区规划的同时，及时对金所其它三个园区(农业科技示范园区、商贸服务园区、旅游观光园区)进行规划。

2008年，在竹沟村委会新庄村实施农村民居地震安全工程建设，拆除重建113户，加固改造150户；开展金所乡第一次全国污染物普查工作；以小集镇和中心村整治为切入点，对小集镇范围内影响市容市貌的广告、标语、匾牌、雨篷和乱搭乱建物进行整治清理，与沿街各单位、农户及商户签订“门前三包”责任书，变被动管理为主动规范，提升小集镇的品味和居民的整体素质；狠抓城乡园林绿化工作，加强“绿色村镇”建设，完成田间机耕道绿化13条16千米，拆临拆违透绿、建绿面积2万平方米，行政村道路绿化54.15千米；完成全乡30%的村委和自然村7000平方米绿地系统建设；对地处金所工业园区的老渡河路段空地进行了绿化，绿化面积6000平方米。

2009年，做好拆临拆违和整治违法加层无序建房工作，在完成辖区内全部建(构)筑物的的普查工作的基础上，共出动各种机械50余台次，出动执法人员300余人次，拆除各类临违建筑和挤占公共空间设施168户，拆除总面积为22611.3平方米，拆除比例达100%；清理公路沿线及农村“五堆”400余户6067.5立方米。

【科教文卫】 2007年，顺利完成教育综合改革，实现了“九年一贯制”管理体制；实行校长公开竞争上岗制，完成中心学校校长公选；推进教育资源优化整合，改善办学条件，投资近60万元征地20亩有序启动实施金所乡初级中学标准化建设，多方争取资金30余万元启动新田完小危房改造工程；文化事业健康发展，乡、村两级共设有文化站1个，图书室2个，文艺宣传队6个；做好儿童计划免疫接种、饮用水监测消毒、结核病筛查和联合化疗工作。实施2007年贫困孕产妇救助项目，对全乡72名贫困孕产妇实施了救助；全乡农民参合率达100%。2003年9月至2007年已为全乡49528名参合农民报销费用273.75万元，农民群众受益面达90%，因病致贫、因病返贫现象得到有效缓解。

2008年，教育发展实现新突破，中考成绩名列全县同类区第一名；稳步推进金所初级中学国家中西部农村初级中学校舍改造工程，启动天生完小标准化建设；建设有线电视光纤入网基站5座，涉及5个自然村，入网户数886户，全乡电视覆盖率达98%(含地面卫星接收)；全乡参合人数3.3万人，参合率达95.55%，补助农民医药费154.5万元。

2009年，金所初级中学、天生小学标准化建设已完工并投入使用，金所初级中学、竹沟完小、119希望小学正在进行勘测设计，准备启动实施深层次的标准化建设；新建村级组织活动场所9个，完成有线电视网改造2000米，完成15套电视节目转换工作；全面实施4个行政村文化活动室建设，完成农村广播电视“村村通”建设任务，涉及36个自然村1080户；巩固提高农村新型合作医疗水平，参合率达95%；完成金所卫生院门诊综合楼50万元国债项目建设；加强H1N1流感、手足口病的预防、宣传和监测，产生了良好的社会效益。

【精神文明建设】 2007年，建党节期间，金所乡在全县率先开展了大规模的评比表彰活动，共命名表彰先进集体10个和先进个人(户)80人；投入资金23万元资金制作宣传展板，其中交通要道路口大型社会宣传板面5块；加强文明单位创建，全乡创建市级文明单位2个、市级文明村1个，县级文明单位4个，县级文明村3个。

2008年，制作大型公益性宣传版面5块，累计10块；年内创市级文明单位2个、市级文明村2个，创建县级文明单位2个，县级文明村3个；金所小集镇2008年被市委、市政府命名为市级文明小集镇。

2009年，突出打造“五项文明工程”和营造“五个优良环境”，有效推进全乡文明创建提高工作，年内创市级文明单位1个、市级文明村1个，创建县级文明单位4个，县级文明村2个。

【民政扶贫】 2007年，解决贫困户924人，解决2800人温饱问题；实施8个自然村整村推进项目。实施清海村委会小天生47户、149人的易地搬迁工作；小额信贷发放100万元，还款率达100%；党员干部结队帮扶贫困户130户；共完成劳务输出人数778人。

2008年，发放小额贷款90万元，涉及3个村委会12个自然村，受益农户450户，受益人口1400余人，还款率达100%；党员干部结对帮扶农村贫困户130户；实施"民工培训"工程1137人，"两后双百"培训2期109人，劳务输出人数836人；发放救济大米9841千克，被子150床；为10户危房户解决修复资金1.5万元，为15户房屋因灾倒损农户解决修复资金3万元，对1242人低保对象发放最低生活保障金74.52万元；组织广大广大党员干部、团员青年为四川汶川"5·12"大地震灾区捐款11.01万元。

2009年，解决绝对贫困人口142户300人，解决低收入贫困人口692户2500人温饱问题；劳务输出人数为817人(两后生36人)；共为117人办理了失地农民基本养老保险，其中82人已开始领取养老金，发放救济大米9950千克，对"两参"人员96人发放定期定量补助149760元，对低保对象发放最低生活保障金894240元；大力抓好"三沿五区"绿化及殡葬改革工作，清理活人墓8家，辖区内口火化率达100%。

【人民生活】 2007年，农民人均纯收入达1479元，增长10.04%；全乡金融机构各项存款余额7600万元，增长34%。着重抓好3个新农村建设试点村(市级新农村试点村1个，县级1个，乡级2个)的建设推进工作及6个村委会8个自然村"整村推进"项目工程；搞好村级卫生所建设，改善农村基层医疗卫生条件；全面启动"数字乡村"工程建设，确保在10月底完成基础信息采集任务。全面完成金所乡农村土地承包补换发工作，共补换发经营权证7653户。

2008年，农民人均纯收入达1656元，增长12%；共实施整村推进项目9个村，4月底完成张所土地整理项目1.71万亩；投资2128万元，对马场至小多姑、马场至格莫、马场至小新村长1.03万米的路面进行了铺沙填石。

2009年，农民人均纯收入达1854.72元，增长12%；实施5个村的整村推进项目，实施村内路面硬化2956米、排灌沟150米；完成危房改造18户，并实施了种植业、养殖业技术培训及配套农艺措施。

【行政区划调整】 按照省政府《关于同意昆明市部分县人民政府驻地镇行政区划调整的批复》(云政复〔2009〕25号)和市委、市政府《关于部分县政府驻地镇行政区划调整工作的实施意见》(昆通〔2009〕21号)要求，2009年11月，撤销塘子镇、金所乡，并入县政府驻地仁德镇。严格按有关要求顺利实施了行政区划撤并工作。

【领导名录】

县长助理、乡党委书记：徐正权
乡党委副书记：刘中政(—2007.08)
许加龙(2007.09—)
朱志强(—2007.11)
赵知侯(2007.09—)
乡党委委员、纪委书记：金正高
乡　长：刘中政(—2007.08)
许加龙(2007.09—)
乡人大主席：裴增林(—2007.11)
马　明(2007.11—)
乡党委委员、副乡长：张兴莉
副乡长：杨培伟
副乡长：陈锋(2007.11－)
乡党委委员、武装部长：马仲福

(撰稿人：王兴能、蔡朴勇)

塘　子　镇

【行政区划】 塘子镇位于寻甸县城东南15千米处，东经103°11′至103°22′，北纬25°20′至25°30′之间。地处昆明、曲靖两市中心地带，距两市均不足80千米，是寻甸的南大门。东接马龙县，南邻嵩明县，西连羊街镇，北依仁德镇、七星乡。昆曲高速公路、昆沾铁路复线、贵昆铁路、320国道贯穿南北，易天公路、土金公路、东川铁路支线连接东西。牛栏江由北向南从境内穿过。镇人民政府驻地为云集村委会刘家庄村。全镇辖云集、团结、塘子、麦场、易隆、钟灵、三支龙、坝者8个村民委员会、87个自然村、109个村民小组。2009年11月8日，区划调整，并入仁德镇。

【自然状况】 全镇国土总面积为156.8平方千米，主要为山区。最高海拔2330.5米，最低海拔1868米，平均海拔高度1900米。总耕地面积2.29万亩，其中水田1.16万亩，旱地1.13万亩；林地面积10.61万亩，森林覆盖率达46.56%；年平均气温14.5℃，年平均降雨量1100毫米，年平均日照数2000～2500小时，无霜期320～340天。

【人口和计划生育】 2007年底，全镇总人口29528人，其中：农业人口26820人；回族4380人，苗族806人，其他少数民族10人，少数民族人口占总人口的18%；全年出生147人，其中一孩72人，二孩74人，计划生育率达100%，持证生育率达100%；人口自然增长率控制在7‰以内。

2008年，全镇总人口29578人，人口密度为每平方千米189人，其中：农业人口6882户，27036人，非农业人口2542人；回、苗等少数民族人口占总人口的18%；出生155人，其中一孩75人，二孩80人，计划生育率达98%，持证生育率达100%；人口自然增长率控制在7‰以内。

2009年，全镇总人口30012人，人口密度每平方千米191.4人，其中：农业人口6895户，27355人，非农业人口2657人；回、苗等少数民族人口占总人口的18%；全年出生163人，其中一孩79人，二孩84人，计划生育率达98%，持证生育率达100%；人口自然增长率控制在7‰以内。

【经济综述】 2007年，全镇农村经济总收入1.67亿元，其中：第一产业1.11亿元，第二产业0.36亿元，第三产业0.2亿元；工业总产值6.1亿元；人均纯收入2417元；完成地方财政收入930万元，其中镇本级财政收入483.1万元。

2008年，全镇实现农村经济总收入1.9亿元，比上年增长13.8%；完成镇本级财政收入708万元，比上年增长46.6%；农民人均纯收入达2706元，比上年增长12%。

2009年，全镇实现农村经济总收入2.1亿元，比上年增长12%；完成镇本级财政收入955.8万元，比上年增长35%；农民人均纯收入达3003元，比上年增长11%。

【农田水利建设】 2007年，投资70万元，完成易隆人畜引水工程；投资265万元，完成塘子镇农业综合开发项目；投资200万元，完成钟灵烟点建设；投资107万元，完成麦场优质饲料基地建设和易隆犊牛培育示范村建设；投资130万元，完成钟灵水浇地工程；投资12万元，改造工业园区引水工程；投资5万元，用于沟渠建设。

2008年，完成钟灵车站村180公顷土地开发整理项目，云集王岗屯烤烟水浇地工程、云丰村高稳产农田建设，集镇绿化建设植树1500株，建设村级卫生室5所，完成创建优美乡镇的规划工作及塘子村防震保安工程、启动易隆村防震保安工程。

2009年，投资106万元完成15个自然村人畜饮水工程；加强农田水利设施建设，解决2000人饮水安全问题；配合启动实施路则冲水库除险加固工程。

【粮食生产】 2007年，全镇各类农作物播种面积6.01万亩，其中粮食作物3.76万亩，粮食总产1.04万吨，比上年增长0.87%。

2008年，全镇各类农作物播种面积6.22万亩，其中粮食作物3.91万亩，粮食总产1.04万吨，比上年增长0.29%。

2009年，全镇各类农作物播种面积6.32万亩，其中粮食作物3.91万亩，粮食总产1.04万吨，比上年增长0.2%。

【烤烟生产】 2007年，全镇烤烟种植面积1.09万亩，收购总量达158万千克，收购金额1990万元，均价为12.52元，完成农特税390万元，镇本级财政收入156万元。

2008年，全镇烤烟种植面积1.2万亩，收购总量达171.4万千克，产值达2512万元，完成烤烟特产税554万元，其中镇本级收入201万元，比上年增收41万元。

2009年，全镇烤烟种植面积1.17万亩，收购总量达180万千克，均价15.28元以上，总产值达2750万元，中上等烟比例达95%。

【畜牧业生产】 2007年，全镇大牲畜存栏8606头(匹)，其中：水牛存栏4975头，黄牛存栏2234头，马属动物存栏1397匹；大牲畜出栏8876头(匹)，其中水牛出栏5671头，黄牛出栏3205头；生猪存栏14503头，出栏25529头；山绵羊存栏7207只，出栏6959只。全年肉产量3824吨，其中猪肉2681吨，牛肉976吨，羊肉104吨，禽兔肉62吨，禽蛋产量311吨。全年完成畜牧业产值3688.5万元，实现畜牧业收入2606.1万元。

2008年，全镇大牲畜存栏9655头(匹)，出栏肉牛9334头，生猪存栏15018头，出栏28620头；完成肉类总产达4206.8吨，实现畜牧业产值4468.8万元，畜牧业收入3078万元；新建养殖小区7个，发展奶水牛养殖户4户，畜种改良5133头(匹)。

2009年，全镇大牲畜存栏10207头(匹)，其中：水牛存栏5854头，黄牛存栏2754头，马属动物存栏1582匹；大牲畜出栏9750头(匹)，其中水牛出栏4950头，黄牛出栏4800头；生猪存栏16092头，出栏33043头；山绵羊存栏9183只，出栏7076只。全年肉产量4350.5吨，其中猪肉3139吨，牛肉1033.5吨，羊肉105.9吨，禽兔肉72.1吨，禽蛋产量104吨。全年完成畜牧业产值4700万元，实现畜牧业收入3290万元。新建养殖小区1个，新增专业养殖户4户，新增奶水牛养殖24头，完成牛冻精改良579头。

【林果蔬生产】 2007年，全镇完成林地占用恢复造林100亩，市级人工造林150亩，低产林改造300亩。纳入天然林保护工程的森林面积95439亩，四旁义务植树9万株，完成育苗30亩。全镇实现林业产值1020万元。塘子镇作为全县集体林权制度改革试点乡镇，全年完成林改面积106110亩，占总面积的87%；林权证发放19本；调处村委之间林权纠纷15起，村组之间45起，农户之间49起。

2008年，全镇实现林业产值1020万元，完成团结、塘子两村委会11条机耕道，10.3千米及集镇所在地10条街道，3200米长的绿化任务，栽种各类树木7000余株，面山绿化537亩，坟地绿化栽种树木7000余株；样板林建设140亩，四旁义务植树9万株；集体林权制度改革顺利推进，对106116亩林地进行了核权发证工作，发放林权证245本，规划核桃种植面积7700亩。

2009年，全镇林改整改工作全面完成，实现林业产值2193万元，种植泡核桃7630亩，完成面山绿化600亩，完成四旁义务植树9万株，新建沼气池50口，节柴改灶100口。

【乡镇企业】 2007年，全镇共有非公经济实体523个，其中私营企业17户，个体工商户506户，从业人员2850人；工业经济固定资产投资总额3.6亿元，上缴国家税收2000万元；全镇共完成工业产值6.1亿元，营业收入6.3亿元，工业增加值达1.8亿元。工业产值在国民经济中的比重由原来的40%上升为60%。全年工业企业新增固定资产投资平稳增长，腾龙焦化厂投资1500万元进行粗苯及煤焦油提炼技改项目顺利投产；钟灵山农业开发有限公司投资4800万元的生态SPA温泉谷项目投入资金4700万元，热水井已打出热水；投资2亿元的星河温泉工程项目进展顺利；麦场免烧砖厂已顺利投产。

2008年，全镇实现工业总产值7.2亿元，比上年增18%；工业增加值1.87亿元，比上年增3.9%；完成营业收入6.68亿元，比上年增6%；上缴国家税金1900万元，比上年增5.6%。全年招商引资实际到位资金1.55亿元，其中：云南泰康消防化工有限公司投资1.6亿元的25万吨干粉灭火剂项目落户塘子，并完成投资8700万元，即将投入试运营；天浩锌业有限公司计划投资195万元的粗二氧化锗精加工项目完成投资150万元，即将投入运营；腾隆焦化厂投资3000万元的煤焦油回收技改项目全面完成，并已投入生产。

2009年，全镇实现工业总产值8.28亿元，比上年增长15%；实现工业增加值2.15亿元，完成营业收入7.68亿元，上缴国家税金2355万元；招商引资实际到位资金1.62亿元，其中：丹彤集团星河温泉小镇旅游项目完成投资1.42亿元，并已投入试运营；泰康公司25万吨/年干粉灭火剂项目完成投资1003万元，并于7月份投入试生产；常青树公司年10万吨磷酸装置项目完成投资981万元，并于6月底投入了试生产。

【交通、通讯、电力】 2007年，投资800万元启动麦场至塘子老公路改造项目建设；投资20余万元，完成麦场叫坑凹、象鼻岭无电村的通电工程；全镇报刊征订数量为600余种，8000余份，信件投递11330余份，包裹投递1570个，特快邮件投递4320件；完成供电量826.8万千瓦时，售电量780万千瓦时，回收电费405.6万元；完成电视节目卫星转星工作和坝者、三支龙、易隆、麦场、钟灵“村村通”工程维修维护工作，同时启动了有线电视并入昆明市有线电视网的光缆改网工作，塘子、云集、麦场3个村委会完成并网用户1453户。

2008年，投资1000余万元，完成塘子村至大地、小横山砂石路建设，塘子至麦场老公路柏油路建设；启动坝者、团结(石板沟、大滴水)路基改造工程、塘子至西山道路硬化工程；完成1500户有线电视改网工程。

2009年，投资600万元完成易隆村

至麦浪、团结村委至石板沟、石板河至坝者村、塘子村委至小横山等4条道路路基改造；完成塘子村委至西山、团结村委至大滴水、襄阳村及老板桥道路路面硬化；完成广播电视“村村通”工程21个。

【财税金融】 2007年，全镇完成各项税收930万元，其中镇本级财政收入完成483.1万元；全年财政支出完成672.4万元，其中镇本级支出612.3万元；全镇共有塘子信用社和邮政储蓄所2家金融分支机构，年末储蓄存款余额为1.13亿元，其中信用社1.05亿元，邮政770万元；发放贷款4200万元，其中发放企业贷款2户，金额800万元；对农支持率占全镇总户数的60%；邮政“三农服务”销售额1万元。

2008年，全镇完成本级财政收入706.1万元，完成年初预算收入429.9万元的164.25%，比上年483.1万元增收了246万元，增长了46.16%；财政支出完成548.05万元，剔除上级专款31.85万元，镇本级支出516.2万元，比上年减支156.2万元。

2009年，完成镇本级财政收入955.8万元，比上年增长35%；全年地方财政支出安排1619.29万元，比上年548.05万元增长195%。

【村镇建设】 2007年，全镇严格控制农村建设用地审批手续，完成土地储备210亩。强化集镇管理、繁荣集镇市场、推动集镇建设，全年审批建房40户，建筑面积5500平方米，办理房产证40户；投资8.4万元，完成化肥厂至供销社290米长、6.5米宽的路面硬化工程；投入资金203.62万元(其中：整村推进项目资金173.62万元，新农村建设项目资金15万元；国天力化工冶炼有限公司出资15万元)，为水渣凹村修建道路800余米，组织实施了腊水田、小滑坡、石头咀、周高村、平坦子、干海子6个整村推进项目建设；在新农村建设工作中，完成了塘子、下三支龙、水渣凹3个试点村的规划及建设；加强环境保护工作，加大环境卫生清扫力度，全年清扫街道12条，清理垃圾800余吨；加强对工业“三废”整治力度，督促各企业、厂矿对污染设备进行技改，做到达标排放。

2008年，投入新农村建设资金620.5万元，其中，投资80万元，完成了窑冲、王岗屯、山后、下三支龙4个整村推进项目建设；投资525.5万元，启动实施1个新农村建设行政村整村推进项目及6个自然村整村推进项目；投资15万元，在云集云丰村实施村容村貌整治工程。完成拆临拆违9000平方米，集镇建绿1500平方米，乡村绿化灌木地被植物1000平方米。在塘子大村、易隆村实施防震保安工程；完成危房拆除重建共84户，加固改造850户。

2009年，投资225万元，实施了1个新农村整村推进工程，完成了6个自然村整村推进工程；投资110万元完成易隆村委会5个自然村防震保安工程建设，其中完成拆除重建88户，加固改造1006户。

【科教文卫】 2007年，开展各种科技培训共57期，培训人员达2520人次，印发各种科技宣传资料2520份；全镇有初级中学1所，完小8所，村小教学点17个(一师一校点13个)，幼儿园1所。初级中学有教学班24个，在校学生1361人，有教职工87人。小学在校学生2817人，有教职工178人；全镇共有业余文艺队7支，队员95人，其中老年业余文艺队有队员14人，另6支文艺队有队员81人，在各村集体活动。农历正月十六塘子村举行“落灯节”参加人数达3万余人；有镇级卫生院一所，职工15人，有村级卫生所8所，乡村医生28人，全镇新型农村合作医疗参合人数24682人，参合率达99%；全年报销医药费43万元，其中门诊报销8.2万元，住院报销34.8万元。

2008年，全镇共组织科普宣传及技能培训62期，受训人员达5420人；教育投入资金100万元，改善了钟灵、三支龙、坝者、塘子、易隆学校办学条件，启动塘子中学标准化建设；文化广电工作进一步加强，投入资金21万元，新建3所农村书屋、1所农村文化室、4个农民体育健身工程；卫生事业健康发展，投入资金近30万元，启动实施了5个村级卫生室建设，新型农村合作医疗参合人数26190人，参合率达97.04%，报销医疗费161万元。

2009年，全镇共组织科普宣传及技能培训65期，受训人员达5510人；教育投资563.67万元完成塘子中学标准化建设，投资130万元完成坝者完小、三支龙完小校舍建设，改善了办学条件；文化广电工作深入推进，完成村文化室建设4个，惠及群众630户，2520人；卫生事业健康发展，已完成卫生院改革试点，加强药品卫生执法2次，新型农村合作医疗参合率达96%。

【精神文明建设】 2007年，塘子镇创建和挂牌上星的“十星级文明户”共112户，其中十星级9户，九星级12户，八星级27户，七星级46户，六星级18户；创市级文明村1个：钟灵村委会平坦子村；县级文明村2个：塘子村委会塘子村和麦场村委会中麦场村；县级文明单位3个：塘子司法所、塘子信用社和塘子派出所。

2008年，深入学习贯彻党的“十七大”精神，加强对文明单位、文明户的管理工作，广泛宣传科普知识、科学思想，倡导科学精神；上报三支龙下村(市级)和水渣凹村、易隆村(县级)文明村创建工作，开展“乡风文明”评比活动和文明村创建活动，按照“十星级文明户”评比管理办法，文明户挂牌651户。

2009年，围绕和谐塘子、文明塘子建设，切实加强对文明单位、文明户的管理工作，广泛宣传科普知识、科学思想，倡导科学精神；开展“乡风文明”评比活动和文明村创建活动，按照“十星级文明户”评比管理办法，开展文明户挂牌活动。

【民政扶贫】 2007年，全镇共发放救济粮1.72万千克，棉被159套，棉衣135件，解决了682户，1546人生活困难问题；发放因各种自然灾害导致住房有安全隐患的各项救灾救济费12户2.1万元；发放农村最低生活保障金359户，377人，8.01万元；发放农村因大病导致生活、生产困难救济金21户，7.79万元；慰问看望优抚对象10户，五保、特困群众、高龄老军人22户，发放慰问金4500元；发放复退军人抚恤费15.68万元；发放小乡干部社会救济费4.05万元；搞好农村低保工作，上报农村低保对象912户，943人；实施扶贫开发工作，全镇共有贫困村45个，绝对贫困人口528户1630人，低收入人口1132户4817人，五保户44户50人，民政救济户178户469人。通过6个新农村建设整村推进项目的实施，完成投资173.62万元，受益群众320户1220人；投入资金110万元，解决了王岗屯、小横山、老板桥、石板河、易隆大村、周高村的人畜饮水困难问题，受益群众达500户约2000人。

2008年，对特困户共发放救灾款0.77万元，大米2.7万千克，发放农村最低生活保障金62.7万元，共910户943人，发放5.8万元大病救助14户；投入救灾资金5.43万元，帮助支持灾民修建倒损房屋40间。全年投入项目扶贫资金605.5万元，实施4个整村推进项目建设，完成投资80万元；投入资金525.5万元，启动实施1个新农村建设行政村整村推进工程项目及6个自然村整村推进项目。

2009年，发放城市低保医疗救助15人3000元；农村大病救助136人16.14万元，困难救助3户2000元，各类优抚支出21.37万元；五保供养5.66万元。农村住房火灾保险投保5912户，投保金额1.77万元；投资225万元，实施了1个新农村整村推进工程，完成了6个自然村整村推进工程，正争取新启动4个行政村整村推进工程。

【人民生活】 2007年，农村经济总收入1.67亿元，农民人均纯收入2417元；粮食总产1.04万吨，人均有粮386千克；完成农村富余劳动力转移1138人，其中省外310人，省内593人，县内232人；农村养老保险征管工作进展顺利，吸收参保人员202人，积累资金37.07万元；认真做好再就业工作，举办4期农民工引导性培训，共培训农民工1102人。

2008年，全镇实现农村经济总收入1.9亿元，农民人均纯收入达2706元；粮食总产1.04万吨，人均有粮383.97千克。完成农村富余劳动力转移1290人，其中省外392人；农村养老保险吸收参保人员204人，积累资金38万元，办理失地农民养老保险223人，积累资金105万元；各项支农惠农政策全面落实，切实加大对“一折通”、“一事一议”等支农、惠农政策的监管，督促落实各项补贴资金按时、足额发放到群众手中，全年发放各项补贴资金270万元。

2009年，全镇实现农村经济总收入2.1亿元，农民人均纯收入达3003元；粮食总产1.04万吨，人均有粮380.26千克；加大培训就业力度，举办3期农民工引导性培训，共培训农民工310人；认真抓好劳务输出，完成农村富余劳动力转移就业650人；“两后生”就业培训工作已在全镇各村委展开，培训人数达到200余人，完成县上下达的职业教育中心招生指标任务122人；完成城镇居民医疗保险32人，被征地农民养老保险233人。切实加大对“一折通”、“一事一议”等支农、惠农政策的监管，督促落实各项补贴资金按时、足额发放到群众手中，已发放良种直补26.48万元，粮食直补6467户152.6万元，农机购置补贴13户5万元。

【行政区划调整】 按照省政府《关于同意昆明市部分县人民政府驻地镇行政区划调整的批复》(云政复〔2009〕25号)和市委、市政府《关于部分县政府驻地镇行政区划调整工作的实施意见》(昆通〔2009〕21号)要求，2009年11月，撤销塘子镇、金所乡，并入县政府驻地仁德镇。严格按有关要求顺利实施了行政区划撤并工作。

【领导名录】

党委书记：陈元飞
镇　　长：马良友(回族)
人大主席：李兴发(—2007.11)
　　　　　李玉成(2007.11—)
党委副书记：戴汝辉(—2007.11)
　　　　　周玉芬(2007.11—)
　　　　　李绍勇(2007.09—)
纪委书记：姜德良(—2009.06)
副 镇 长：朱再祥
　　　　　张瑞德(彝族，—2007.11)
　　　　　许加林(2007.11—)
　　　　　马如林(回族，2007.11—)
　　　　　杨晓涛(2007.11—)

(撰稿人：赵永波　钱学明)

七星镇

【行政区划】 七星镇位于寻甸县东部，地处东经103°17′至103°25′，北纬25°28′至25°23′。东接马龙县，西、南与仁德镇毗邻，北连河口镇。镇政府驻七星村委会勒塘村，距县城7千米。明嘉靖年间，彝民刘聪带人在牛栏江上建了一座七拱石桥(《新纂云南通志州册》记载有七孔)，名七星桥，镇由桥而得名，境内有著名的凤龙湾风景区。明清时属甸头里，民国末期属凤梧乡、钟灵乡，1987年12月改为七星乡，2009年7月称七星镇。辖七星、腊味、江外、必寨、高田、江格、戈壁7个村民委员会，64个自然村，70个村民小组。

【自然状况】 全镇国土面积127平方千米，平均海拔1870米，属高原丘陵地形，地势总体东北高，西南低，山区与坝区海拔悬殊不大，年平均气温14.5℃，年平均降雨量1013毫米，土壤属酸碱性(红土及窑泥、沙壤土)，耕地1.99万亩。有林地8.11万亩，森林覆盖率39.4%。

【人口与计划生育】 七星镇居住着汉、回、彝、苗等民族。2007年，全镇总人口为4610户18802人，其中，农业人口4411户，18205人；非农人口597人。回族1196人，苗族711人，彝族60人；全镇新增人口159人，死亡82人；人口自然增长率控制在6.5‰以内。

2008年，全镇总人口为4714户19127人，其中，农业人口4511户，18517人，非农人口610人；回族1211人，苗族733人，彝族71人；全镇新增人口113人，死亡98人；人口自然增长率控制在6.5‰以内。

2009年，全镇总人口为4866户19325人，其中，农业人口4663户，18715人，非农人口610人；回族1231人，苗族784人，彝族81人；流入人口127人，全镇新增人口162人，死亡78人；人口自然增长率控制在6.5‰以内。年内完成全镇7个村委会计划生育村民自治工作，开展了省级优质服务达标验收。

2010年，全镇总人口为4870户19444人，其中，农业人口4671户，18819人，非农人口610人；回族1240人，苗族787人，彝族83人，流入人口127人；全镇新增人口161人，死亡82人；人口自然增长率控制在6.5‰以内。

【经济综述】 2007～2010年，全镇农村经济总收入由5304万元增至8137万元，年均增长15.33%；农民人均纯收入由1617元增至2348元，年均增长13.24%；地方财政一般预算收入由516.6万元增至835.6万元，年均增长17.39%；全镇生产总值由8574万元增至1.43亿元，年均增长18.5%。

2007年，全镇农村经济总收入5304万元，农民人均纯收入1617元；地方财政一般预算收入516.6万元，全镇生产总值8574万元。

2008年，全镇农村经济总收入6471万元，农民人均纯收入1920元；地方财政一般预算收入511.2万元，全镇生产总值9178万元。

2009年，全镇农村经济总收入7312万元，农民人均纯收入2128元；地方财政一般预算收入562.6万元，全镇生产总值1.31亿元；启动实施了村财镇管，成立镇财务管理中心，取消全镇7个村委会资金账户，实行报账制，在不改变资金所有权、使用权的前提下，把村集体资金全部纳入财务管理中心管理。

2010年，全镇农村经济总收入8137万元，农民人均纯收入2348元；地方财政一般预算收入835.6万元，全镇生产总值14266万元；2010年1月1日实行了"预算县编、账目统设、集中统办、票据统管"的预算管理方式。

【党建组织】 截至2010年，镇党委下设党总支8个，党支部8个，党小组63个，有党员813人。2007—2010年，共发放70岁以上困难老党员补助104人，投入资金55万元，完成七星、江外、必寨、江格、戈必5个村委会的党员活动室建设，建筑面积470平方米。

2007年，完成了镇管站所深化机构改革工作。经过开展述职和民主测评，组织竞岗考核，按照职能把镇管站所合并组建为4个中心，2个综合职能办公室，科学确定了编外在岗过渡分流人员。

2008年，结合软环境建设，在全镇实行民情恳谈，创新开展了镇机关党员深入农村党小组开展宣讲活动，听取党员群众的意见和建议，为群众排忧解难。10月14日，召开七星镇七届二次党代会，会议审议并通过中共七星镇党代表常任制实施办法，听取镇党委2008年党代表提案办理情况报告，评议提案承办单位，这次会议标志着七星党代表常任制、党代表提案制开始启动并步入正轨；汶川发生地震后，党委政府组织全体党员缴纳特殊党费13万余元，支援地震灾区建设。

2009年6月，镇党委首次实施"公推直选"，在5家机关单位党总支（支部）中"公推直选"出14名支委委员，4名支部书记，1名总支副书记。9月，镇党委开始开展深入学习实践科学发展观活动，历时半年，经过广大基层党员700余人、群众6000余人的积极参与，全面完成了各阶段的工作任务。10月，结合撤乡设镇实际，按照"五个有利于"的基本原则，所有行政村撤销村党支部建制，成立行政村党总支部委员会，全面完成建制村党组织优化设置工作。11月，在7个村党总支实行兼职委员工作，从机关单位党员领导干部、县直单位挂钩扶贫的党员领导干部、各类协会的经纪人、非公企业党组织负责人、新农村建设指导员中聘请9名兼职委员，并颁发了聘书。试点开展了大学生村官当选村委副主任，在全市率先探索到村任职大学生发挥作用的有效作用。

2010年4月，进行了村"两委"换届选举，通过全面实行"两推一选"，成功选举产生了新一届村"两委"班子，村支部书记和村委会主任实现"一肩挑"6人，比例达86%，产生村党组织支委成员37人，村委成员38人，村"两委"班子成员交叉任职17人，比例达45%。2010年5月开始，镇党委深入开展创先争优活动，通过召开动员大会，制定活动方案，精心设置载体，设岗定责，公开承诺等方式在全镇党组织和党员中深入开展创先争优活动。在创先争优活动涌现出梅阳林同志先进典型。梅阳林同志先后被镇、县、市、省、中组部追授为优秀共产党员。2010年10月，在政府办公楼一楼改建了160平方米的为民服务大厅，配置了办公桌椅，安装了10M的宽带光纤，为民服务大厅进驻25家部门，设立25个窗口，建立40人组成的工作队伍，稳步推进了基层公共服务体系建设。

【农田水利建设】 2007～2010年，全镇投入各级资金2740.96万元，依托水源建设、以工代赈、烟水综合配套、农业综合开发等建设项目，大力推进基本农田建设，新建水窖183个、规模蓄水池372个，增加蓄水2.4万立方米，新建泵站9座，装机719千瓦，新建、改建渠道79.03千米，新增供水管道225.02千米，解决和改善灌溉面积9830亩。

2007年，投入烟草配套资金215.85万元，实施了七星、江外、戈必、腊味、高田、必寨6个村委会烟水配套工程，完成水窖建设183个、新增蓄水3660立方米，新建水池74个、新增蓄水634立方米，新建干渠6条5479米，支渠7条5685米，排洪渠1条397米，新建提灌站2座；投入资金84.4万元，完成建设鲁口哨、大我香、小我香、水平子、水平街、雨海、戈跨、总必、向阳9个村人畜饮水工程，解决人饮2981人，畜饮3290头。

2008年，投入资金143万元，完成13个村人饮工程建设，解决791户、3204人、畜饮3559头的饮水困难。

2009年，投入烟草配套资金815.18万元，实施七星、江外、戈必、腊味、高田、必寨6个村委会烟水配套工程，新建水池158个，新增蓄水3550立方米，新建干渠2条7277米，支渠19条4762米，排洪渠1条1900米，新建供配水管网38866米，新建提灌站3座，新建机耕路3条3165米；投入以工代赈资金122.5万元，实施江外大沟防渗加固工程，完成渠道建设4336米，渠系配套建筑物15座；投资400余万元，完成以得姑2286亩土地复垦项目；投入中央国债资金131.66万元，完成龙潭冲、可格等11个自然村的人饮工程，解决2589人和1929头大牲畜饮水困难；投入民族机动金28万元，完成高田等3个自然村的人饮工程。

2010年，投入烟草配套资金1375.43万元，实施七星、江外、戈必、腊味、高田、必寨6个村委会烟水配套工程，新建水池140个，新增蓄水16270立方米，新建干渠4条5454米，支渠30条27928米，排洪渠7条8726米，新建供配水管网186160米，新建提灌站4座；投入农业综合开发资金162万元，完成渠道建设6820米；投入省级农资综合补贴资金50万元，新建高田蚂蝗塘、戈必小新村小塘坝2件，新增蓄水2.5万立方米；投资136万元，完成集镇周边9个村人饮管网改造建设项目；投资222万元，完成七星坝子优质稻基地灌溉沟渠、机耕道建设工程，解决3300亩水田灌溉问题；投入资金80.98万元，完成7个村人饮工程建设，解决405户1640人、畜饮1822头的饮水困难。

【粮食生产】 2007年，全镇种植粮食面积4.36万亩，粮食总产852万千克；落实水稻生物多样性种植8000亩，引进种植早春洋芋400亩，推广种植V43品种早熟大麦8050亩，推广种植英国红优质食用豆种植3000亩，舟波黑豆试种10亩；完成数字乡村网站建设。

2008年，全镇种植粮食面积4.36万亩，粮食总产880.5万千克；落实水稻塑盘育秧50亩，引进新优品种啤酒大麦种植100亩，引进油菜种植300亩，在茶厂蓝莓示范园种植蓝莓70亩；组织新型农民培训4个班，2000人次。

2009年，全镇种植粮食面积4.36万亩，粮食总产892.4万千克；完成水稻精确定量栽培核心样板300亩，杂交稻推广种植600亩，水稻生物多样性示范种植1500亩，推广新优品种啤酒大麦1000亩，实施稻田养鸭4000只；组建IPM农民田间学校一所，学员390人，培训10次；组织农民科技培训15期3000人次。

2010年，全镇种植粮食面积4.36万亩，粮食总产909.6万千克；推广杂交稻种植2000亩，落实水改旱种植1400亩，生物多样性示范2000亩，完成水稻高产创建基地一个，农业综合开发优质稻基地一个，稻田养鱼示范50亩，稻田养鸭2000只，引进玉米新优品种种植60亩；实施农技推广体系改革与建设科技入户60户，开办农民田间学校一个班，学员45人，培训13期；绿色证书培训200人，其它技术培训800人。

【烤烟生产】 2007年，全镇种植“红大”优质烟叶1.63万亩，完成收购203.4万千克，产值达2345.9万元，烟农人均收入达1741元。

2008年，全镇种植“红大”优质烟叶1.85万亩，完成收购量253.1万千克，产值达3508.1万元；全镇烟农户均烤烟收入达1.08万元、人均达2466元，加上“红大”补助，烟农收入达4490.9万元。

2009年，全镇种植“红大”优质烟叶1.77万亩，完成烤烟收购量230.4万千克，均价15.16元，产值达3498万元，加上“红大”补助，烤烟产值达4420万元。

2010年，全镇种植烤烟1.89万亩，完成收购量264.6万千克，均价13.61元，产值达3601万元，加上“红大”补助，烤烟产值达4372万元；全镇烤烟种植户4130户，户均收入1.06万元，人均2633元。

【畜牧业生产】 2007年，大小牲畜存栏35836（头、匹、只），出栏41737（头、匹、只）；肉类产量3535.3吨；完成畜牧业产值3930.7万元，畜牧业收入2401.8万元。

2008年，大小牲畜存栏38197（头、匹、只），出栏43171（头、匹、只）；肉类产量3754吨；完成畜牧业产值3918.9万元，畜牧业收入2625.4万元。

2009年，完成大小牲畜存栏40953（头、匹、只），出栏50550（头、匹、只）；完成牛冻精改良716头，马属改良304匹，羊改良1875只，猪种改良5672头；实现肉类总产4354.4吨；畜牧业产值达4489.2万元，畜牧业收入3046.5万元。

2010年，完成大小牲畜存栏47177（头、匹、只），出栏52545（头、匹、只）；家禽存栏86942羽，出栏16.1万羽；肉类产量4445.1吨，禽蛋产量85吨；完成科技畜种改良9098头（匹），推广草料4905吨，实现畜牧业产值5560万元，畜牧业收入达3509万元。

【林果蔬生产】 2007年，完成育苗3亩，“四旁”义务植树7万株，林业样板100亩，机关义务植树120亩，公益林造林444亩；启动林权制度改革工作，完成外业堪查工作，转入内业填证、资料整理阶段；完成整理宗地资料430亩，制证15本；完成林业产值850万元。

2008年，完成育苗20亩，“四旁”义务植树5万株，面山造林510亩，落实泡核桃种植580亩，政府样板造林100亩；集体林权制度改革工作全面完成，完成确权换证面积73362亩，发放林权证书1860本；实现林业产值978万元。

2009年，落实泡核桃种植3138亩、城市面山造林453亩，政府样板造林100亩，机关义务植树100亩；实现林业产值1089万元。

2010年，完成泡核桃种植5138亩，机关义务植树42亩，政府样板造林100亩，公益林造林105亩，公益林生态效益补偿35227亩，森林病虫害防治1500亩，中低产林改造2700亩；集体林权制度改革工作代表全县通过省级验收；实现林业产值1120万元。

【乡镇企业】 2007～2010年，七星镇企业从4家增加至7家，总投资额1265万元，年平均产值达551万元，从业人员达400余人；企业增加值从150万元增至180万元；非公经济增加值从400万元增至555万元；营业收入从520万元增至614万元。

【交　通】 2007年，对七星至江格、七星至腊味两条乡村道进行了铺砂填石，交通状况逐步改观。

2008年，完成红石岩至北大营21千米的油路建设，实施了小坝者至麦场砂石路建设；对七星至江格、七星至腊味的公路进行了养护。

2009年7月中旬，启动实施了七星大桥建设，实施了凤龙湾至钟灵山通达公路路基建设，七星至腊味、戈夸至高田公路硬化全面完成，实施了江格至戈宜、高田至小碗冲路基改造项目。

2010年，七星大桥建设全面竣工投入使用，七星至江格、戈必通村道路硬化工程全面完成，实现全镇通村道路全部硬化，完成小坝者至麦场路面硬化工程；完成草子地至蚂蟥塘、汤沽至鲁口哨、大坝塘进村道路、则嘎进村道路4条路的路基改造；启动实施了农村三级客运站建设。

【村镇及生态建设】 2007年，实施集镇亮化美化工程，投资48万元，建成安装照明路灯49盏；投资160万元，对集镇街面12米宽进行路面浇混、人行道小板铺设，雨落水口、检查井及集镇给排水管网进行改造建设，在集镇街道两旁移栽华山松103株，在小集镇两旁新建绿化带500米，新建统一的垃圾收集房3座；完成《七星乡总体规划》编制，核发准建证38本，办理房产证9本；全面实施七星镇江外村委会新房子村农村民居防震保安工程，共完成农房加固18户，拆旧建新2户。

2008年，完成集镇拆临拆违3200平方米，建绿、透绿4300平方米，种植灌木及地被植物1900株，乔木911株；完成七星至水文站公路沿线绿化3千米、河道绿化3千米、机耕道绿化2.34千米、墓地绿化87亩；核发准建证24本，办理房产证5本；完成七星辖区内的全国第一次重点污染源普查工作，普查重点餐饮业13家，重点工业污染源1家，一般工业污染源2家；完成农房加固240户，拆旧建新68户；完成七星集贸市场设置方案，将七星市场划分为牲畜市场段、百货市场段、粮食、禽蛋市场段、蔬菜市场段等类别，进行划行规市。

2009年，拆临拆违9200平方米，建绿、透绿6300平方米；核发准建证80本，办理房产证20本；实施七星镇必寨村委会总必村及小我乡村农村民居防震保安工程，完成农房加固112户，拆旧建新1户；完成30户五保、低保和特困户危房改造；投资30万元完成七星镇政府大门新建、七星完小围栏建设。

2010年，投资20万元完成七星大桥休闲广场绿化建设，绿化3600平方米，安装体育器械一套13件；投资25万元，新建集镇污水处理设施，建成过滤池、沉淀池等硬件设施，申报创建国家级生态乡（镇），于11月通过市级评审验收，准备接受省级验收；完成12户五保、低保和特困户危房改造；实施七星镇必寨村委会水平子村农村民居防震保安工程，完成农房加固75户，拆旧建新10户；完成24个自然村绿化，栽种樱桃、柳树苗木4800株。

【教　育】 截至2010年底，全镇共有村完小8所，在校小学生2107人，教职工86人；中学1所，有在校中学生1437人，27个教学班，87名教职工。

2007年，七星通过理论考试、民主测评、专家评审、组织考察在全县范围内公选产生了中心学校校长，对领导班子进行调整充实。小学入学率达99.7%，巩固率达100%；小学升初中入学率达100%，初中毕业生304人，升学人数126人，升学率41.3%。

2008年，通过理论考试、民主测评、专家评审、组织考察在全县范围内公选产生七星完小校长、江外完小校长，争取资金改善雨海教学点校舍，完成江外小学教师周转房建设和腊味小学球场硬化、修善戈必小学教师宿舍；全镇小学一年级入学230人，入学率100%，初中入学283人，入学率100%；初中辍学8人，辍学率0.07%；全镇中考报名294人，高中上线112人，上线率38.1%。

2009年，投资1400万元启动实施了七星中学标准化建设；投资70万元完成草子地完小危改工程；全镇适龄入学儿童349人，入学率100%；初中在校学生辍学10人，辍学率0.98%；中考报名305人，高中上线62人，上线率20.32%。

2010年，中学标准化学校竣工并投入使用，投资700万元实施必寨完小标准化建设，完成腊味完小危房改造工程；撤销雨海教学点，全镇实现了小学五年级以上高段集中到必寨小学和七星中学集中就读；全镇适龄入学儿童349人，入学率100%；初中在校学生辍学10人，辍学率0.98%；九年级毕业生296人，高中上线人数86人，上线率29.05%，向上一级学校输送学生206人(含各种中专、技校82人，职业中学38人)。2010年4月全镇启动了早教工作，设置早教点7个，有早教志愿者8人，覆盖全镇62个自然村，参加早教幼儿181人，项目覆盖率92.72%(含民办幼儿园)。

【文化】 七星镇是中国工农红军一、二方面军长征的经过地，1935年4月29日，红一方面军长征路居七星鲁口哨、大汤姑，中央军委总部在此发布了《关于我军速渡金沙江在川西建立苏区的指示》，即《4·29渡江令》。

2008—2009年完成14个自然村，848户有线电视光缆联网工程。2009年完成20个自然村，1050户“村村通”地面卫星接收机安装、调试任务。2008年建成七星、腊味、必寨、高田4个村级文化室。2009年建成江外、江格、戈必3个村级文化室，为每个文化室配发图书2000册、书柜3个、电视、音响等设备；2008年建成七星村委会农家书屋、2009年建成必寨、江格两个村委会农家书屋。新建草子地农民体育健身广场和高田村篮球场。2010年完成第三次全国文物普查工作，确定了11项县级以上文物点，其中战斗英雄纪念碑为省级文物保护单位、必寨村委会窝子田村村民陆秀花被定为市级苗族歌舞传承人、马惠成被定为市级苗族口述文学传承人。2009 ~2010年投资37.23万元建成七星镇文化综合楼，建筑面积286.4平方米。

【卫生】 截至2010年全镇设有卫生院一个，村卫生所7个，医务人员38人，其中，卫生院有专业技术人员20人，在职职工12人，聘用工8人，中职3人，初职4人，员职5人。卫生院开设病床28张，设有内、外、妇、儿、中医科、检验科等科室，配备有200MAX光机、B超、心电图、半自动生化分析仪等设备。2007—2010年全镇婴儿死亡率由12‰。人口平均寿命由71岁增至72.96岁，儿童计划免疫“12苗”接种覆盖率达到95%；0－7岁儿童系统保健覆盖率90%以上；孕产妇系统保健覆盖率95%。

2007年，新建了卫生院综合楼，投资64万元，修建2所村级卫生室，解决医疗设备16台，组织医疗技术人员培训60余人次；免费为全镇党员干部226人进行了全面体检；全镇参合人数达17783人，参合率为98%；全年共有24615人次报销门诊费，报销费用16.2万元，住院报销887人次，报销费用55.1万元。

2008年，全镇参合人数达16876人，参合率为96.55%；全年共有654人次报销门诊费，报销费用46万元，住院报销654人次，报销费用45万元；开展药品降价让利活动，自5月1日起，所有药品降价20%，全年让利金额达10万余元。

2009年，全镇新型农村合作医疗参合人数17394人，参合率95.86%；全年门诊住院共报销202万元。

2010年，全镇新型农村合作医疗参合人数18126人，参合率100%；住院报销2191人次，报销费用198.11万元。

【精神文明建设】 2007年，全镇申报创建文明单位(村)23个，其中：窝子田创建为省级文明村、小坝者创建为市级文明村，县级文明村4个，县级文明单位17个；平安创建工作通过昆明市验收，先后被昆明市评为“平安创建先进单位”、“平安农机示范乡”、“安全生产示范乡”，被县委、政府命名为“平安乡(镇)”。

2008年，镇完成政府机关、财政所、供电所、江格完小、草子地完小、考武村、桥上村等文明单位和文明村申报创建工作。

2009年，小坝者省级文明村申报创建通过检查验收，市级文明小城镇创建通过初步验收，申报创建市级文明村1家，县级文明单位3家，县级文明村1家。

2010年，新房子市级文明村申报创建通过检查验收，创建县级文明村1家，县级文明单位2家。

【抗灾、救济、救灾】 2007年，发放救济粮8580千克，解决348户568人的缺粮问题；发放牺牲病故一次性补助6人8256元，伤残抚恤1人4350元，在镇复员军人定期定量补助40人80222元，带病回镇退伍军人补助20人35300元，义务兵家属优待金10人14550元；镇干部定期补助37人61858元，大病统筹医疗救助4人49873元；自然灾害及特困救助11人8500元，发放军功退休金1人22200元；发放农村低保256人58560元。

2008年，发放救济粮14174千克，解决428户，997人的缺粮问题；发放牺牲病故一次性补助3人11176元，伤残抚恤1人6430.5元，在镇复员军人定期定量补助43人106786元，带病回镇退伍军人补助20人30690元，发放两参定补47人31920元，发放支前民兵、民工补助12人7920元，义务兵家属优待金22人29880元；镇干部定期补助34人53584元；农村、城市医疗救助27人103995元，发放农村低保256人101580元；五保供养67人36180元；发放高龄老人保健费246人39720元；发放社会救济及危房改造29人67050元。

2009年，发放救济粮18170千克，解决389户，952人的缺粮问题；发放牺牲病故一次性补助3人17049元，伤残抚恤1人7293元，在镇复员军人定期定量补助43人123830元，带病回镇退伍军人补助20人41010元；发放两参定补53人92940元，发放支前民兵、民工补助2人720元，义务兵家属优待金16人27100元；镇干部定期补助34人63564元；农村、城市医疗救助137152元；发放高龄助医助养8人2400元；发放农村低保575人414000元；五保供养67人113215元；发放高龄老人保健费246人46680元；发放自然灾害及特困救助19人37600元。

2010年，发放救济粮21735千克，解决551户，1623人的缺粮问题；发放牺牲病故一次性补助3人15070元，伤残抚恤2人15007元；在镇复员军人定期定量补助43人122694元，带病回镇退伍军人补助20人48690元，义务兵家属优待金11人23551元；镇干部定期补助34人58194元，发放重点优抚对象粮补47人10710元，发放重点优抚对象一解三难60000元；农村、城市医疗救助36人123995元，发放农村低保705人507600元，五保供养67人165691元，发放高龄老人保健费246人49200元，发放高龄助医助养7人2100元，发放自然灾害及困难群众临时救助10600元，发放危房修缮及自然灾害救助25户、71500元。2009年8月至2010年5月，全镇遭遇百年一遇的特大旱灾，全镇党员干部前后两次捐资共166240元

【扶贫】 2007年，实施新房子村、老村、江外、高田、赵回上村5个自然村的扶贫整村推进项目；投入财政资金100万元，完成村间水泥路硬化道路3791米，改造砂石路面11千米；结合整村推进项目，完成黑麦地、新房子2个村的社会主义新农村试点村建设。

2008年，完成三岔河、勒塘二社、赵回上村、白排、鲁口哨、大塘、上裤笼、桥头8个自然村扶贫整村推进项目；投入财政资金260万元，实施道路硬化9628米，2.8万平方米；结合扶贫整村推进项目，完成了桥头、桥上、勒塘一、二社、考武等5个自然村的社会主义新农村试点村建设。

2009年，完成雨得姑整村推进和重点村建设、小我乡整村推进项目和三岔河村容村貌政治项目，投入财政资金65万元；结合扶贫整村推进项目，实施了雨得姑、小我乡、大碗冲、大新村等10个自然村的社会主义新农村试点村建设，进行了墙面粉刷、村间道路硬化、庭院硬化、绿化等基础建设；开展镇村党员干部结对帮扶工作，全镇党员干部帮扶资金1.29万元，帮扶物资价值1600元。

2010年，完成草子地、老长地、乌龙潭、窝子田、戈垮、考武、总必扶贫整村推进项目、乌龙潭村容村貌整治和11个村的“一事一议”财政奖补项目，总投资273.8万元，进行了村间道路硬化、农户墙体粉刷加固、修建蓄水池、支砌挡墙、修建涵洞等基础建设。

【领导名录】

2007年领导名录

党委书记：张朝辉（~2007.08）
曾　华（2007.09~）
党委副书记、镇长：凡　星
人大主席：杨国亮
党委副书记：杨美修
姚　云（兼派出所所长）
镇纪委书记：杨福春（—2007.10）
贺天龙（2007.11—）
副镇长：刘亚芳
袁贵洪（—2007.10）
迟金水（2010.02—12）
党政办主任：马继浦
武装部长：迟金水（—2010.01）
方文俊（2010.02—）

（撰稿人：陈艳林）

河口镇

【行政区划】 河口镇位于寻甸县东北部，距离县城20千米，全镇属山区半山区，海拔高程1725—2555米，镇政府所在地1868米，地理位置东经103°16′至103°22′，北纬25°38′至25°49′。全镇16个村委会175个村民小组235个自然村。2010年末有农村党总支14个、支部2个，机关党总支1个、支部8个，在册党员1264名。

【自然状况】 全镇国土总面积441平方千米，有耕地面积3.58万亩；林地44.5万亩，森林覆盖率49.07%；有草地2.46万亩，水面、荒山荒地等其它面积15.61万亩。年最高温度28℃，最低气温~1℃，年平均气温14.4℃，年平均降雨量1062毫米、蒸发量500毫米，太阳辐射102624千卡/平方厘米，雨季6—9月，霜期120天，年主导风向为西南风。

【人口与计划生育】 河口镇有汉、回、彝、苗四种民族，2007年总人口35410人，其中少数民族7175人；2008年总人口35590人，其中少数民族7205人；2009年总人口35717人，其中少数民族7235人；2010年总人口36070人，其中少数民族7255人。

2007年，全年出生人数347人，人口自然增长率5.89‰；兑现各项奖补资金，发放独生子女保健费4万元、独生子女教育奖学金1.07万元、计生家庭合作医疗金0.8万元。

2008年，全年出生人数306人，人口自然增长率5.59‰；发放独生子女保健费1.41万元、独生子女教育奖学金3.9万元、计生家庭合作医疗金0.8万元。

2009年，全年出生人数298人，人口自然增长5.27‰；发放独生子女保健费3.4万元、独生子女教育奖学金1.7万元、计生家庭合作医疗金1.7万元。

2010年，全年出生人数271人，人口自然增长5.02‰；发放独生子女保健费2.9万元、低保家庭计划生育奖励扶助1.1万元、计生家庭合作医疗金1.7万元。

【经济综述】 2007年，全乡农村经济总收入达7989万元，农民人均纯收入达1076元；地方一般预算收入329.2万元。

2008年，农村经济总收入1.24亿万元，农民人均纯收入达1496元；地方财政一般预算收入493.1万元，完成固定资产投资1.13亿元。

2009年，农村经济总收入达1.69亿元，同比增36.23%；农民人均纯收入达1977元，同比增32.16%；实现一般预算收入1464万元，完成固定资产投资1.66亿元，较上年增46.5%。全年完成招商引资10040万元，占下达内资任务数6000万元的167%。

2010年，全镇农村经济总收入达1.86亿元，同比增长10%；农民人均纯收入达2155元，同比增9%。地方一般预算收入1938万元，同比增32.37%。完成固定资产投资1.82亿元，同比增9.3%。完成招商引资1.16亿元，是任务数的115.6%。

【农田水利建设】 2007—2008年实施烤烟水浇地工程两件，2010年实施烟水工程一件，共建成三面光沟渠2.8万米，安装管道1.3万米，建成生产水池81个、取水坝2座、提水泵站2个、灌桩716根，输配水管网延及各地块。工程的实施，改善了1.3万亩农地水浇条件，提高了项目区土地生产能力。实施水利基础设施建设工程1件，建成抽水机房1间，配套变压器、水泵、水管、引水槽等设施，受益农田320亩。

【农业综合开发】 2009年，投资495万元，实施优质饲料粮基地项目工程2件，建成灌溉渠道13条1万米、机耕道4条0.8万米，建成50立方米青贮池10个，改畜厩500平方米，项目实施后，5100亩优质饲料粮生产基地每年亩可增收160—170元。2009—2010

年，总投资2592万元，实施土地开发整理工程4件，项目建设总规模940公顷，新增耕地3300亩。

【粮食生产】 河口镇主要农作物有水稻、玉米、小麦、马铃薯、烤烟等。2007年粮食总播种面积4.81万亩，总产量1.15万吨，同比增1%，人均产粮324千克；2008年粮食总播种面积5.41万亩，总产量1.04万吨，人均产粮292千克；2009年粮食总播种面积5万亩，总产量1.1万吨，同比增5.8%，人均产粮308千克；2010年粮食总产量1.13万吨，同比增3%，人均产粮313.5千克。

2007年推广新优品种5个，种植措施2.4万亩，增粮88万千克；2008年推广新优品种4个，推广种植措施2.5万亩，增粮92万千克；2009年推广新优品种5个，推广种植措施5.4万亩，增粮200万千克；2010年推广新优品种6个，推广种植措施5.2万亩，增粮192万千克。大力开展农民素质教育工程，2008年举办种植、营销等专业新型农民培训6个班，培训学员300名，120名农村种、养能手取得种养技术应用培训“绿证”；坚持抓好粮食生产技术常规培训工作，利用春秋两季，开展农业实用技术培训7000人次。

【烤烟生产】 2007—2010年来，共建新型标准化烤房1350座、密集烤房102座。2007年全镇种植烤烟2万亩，产值3800万元，亩产值1900元；2008年种植面积2.3万亩，总产值5093.3万元，亩产值2214元；2009年种植面积2.33万亩，总产值5601.67万元，亩产值2403元；2010年种植面积2.82万亩，总产值7037万元，亩产值2497元。4年间，全镇烤烟种植面积增1.4倍，总产值与单位面积产值分别增1.9和1.3倍，历获县级“烤烟生产先进单位”、市级“烤烟生产收购先进乡镇”荣誉称号，在全市树立了烤烟大镇、烤烟强镇形象。

【畜牧业】 2006年更新人工草场6000亩，2008年实施杂交犊牛培育示范村项目1个，2009年实施农业综合开发优质饲料粮基地建设项目两个村委会，建成灌溉渠道1万米、机耕道8000米，5100余亩饲料玉米种植基地灌溉条件得到改善，饲料玉米青绿秸秆生产能力大幅提升，为河口畜牧业发展打下了坚实基础。2007—2010年，全镇大小牲畜存栏量年平均增长4200头，出栏量年平均增长5270头，以蛋鸡为主的家禽饲养量年平均增长8万只；畜牧产值由5040万元增至9800万元，畜牧收入由3720万元增至6680万元，分别增长1.9和1.8倍。2007年末，大小牲畜存栏80236头(匹、只)，出栏71730头(匹、只)；肉类总产5351吨，禽蛋产量68吨，全乡畜牧业产值5040万元，牲畜业收入3720万元；完成畜种改良9230头(匹、只)，科技培训6期，900人次。2008年末全乡大小牲畜存栏82500头(匹、只)，大小牲畜出栏73200头(匹、只)；肉类总产6039吨，全年畜牧业产值7581万元，畜牧业收入4439万元；完成畜种改良11090头(匹、只)，发展专业养殖户12户，有效进行科技培训5期2000人次。2009年末全乡大小牲畜存栏90046头(匹、只)，大小牲畜出栏92600头(匹、只)；肉类总产6962.5吨，全年畜牧业产值8346万元，畜牧业收入5896万元；完成畜种改良12558头(匹、只)，发展专业养殖户19户。2010年末全乡大小牲畜存栏97300头(匹、只)，大小牲畜出栏头92820(匹、只)；肉类总产8010吨，禽蛋产量2300吨。全年畜牧业产值9800万元，畜牧业收入6680万元；完成畜种改良14850头(匹、只)，发展专业养殖户24户。

【林业生产】 生态和经济林建设稳步推进，2007年泡核桃种植3387亩，天保工程封山育林1800亩，人工造林693亩；2008年泡核桃种植6426亩，天保封山2340亩，退耕还林成果巩固造林1990亩，市级项目造林600亩；2009年泡核桃种植4109亩，中央预算内投资造林569亩，第四批扩大内需公益林建设造林1969亩，封山育林2000亩，面山造林633亩；2010年泡核桃种植1712亩，异地造林200亩。

截止2010年，全镇经济林果面积达1.52万亩，其中优质泡核桃1.5万亩，板栗168亩。2007年实现林业产值1736万元；2008年实现林业产值2608万元；2009年实现林业产值2878万元；2010年实现林业产值3000万元。

通过四年的努力，林权制度主体改革已于2010年全面完成，发放林权证1536本，均山到户集体商品林2.87万亩，配套改革正全力推进。

【乡镇企业】 2007年，全乡有乡镇企业4家，从业人员80人，全年实现乡镇企业总产值2110万元、营业收入784万元。2008年，实现乡镇企业总产值2225万元、营业收入894万元；2009年实现乡镇企业总产值2501万元、营业收入1101万元；2010年乡镇企业总产值2750万元，营业收入2490万元。

【金融】 金融工作以服务“三农”、支援农村发展为宗旨，适时调整信贷方向，加大第一产业放贷比重。2007—2010年，支农贷款放贷总额逐年攀升。从2007年起，支农贷款放贷规模以每年31.7%的速度增长：2007年发放支农贷款4000万元，2008年发放支农贷款5270万元，2009年发放额6935万元，2010年放贷总额达7800万元，有力支援了农业农村的发展。

【交通、通讯、电力】 2009年投资1974万元，建成河口至白石岩28千米通村主道油路，改善了沿线5个村委会通行条件，1.3万名群众受益；投资24.7万元，完成河口小新桥改扩建工程，加固桥墩，扩宽桥面，确保了通行的安全、顺畅。2009—2010年投资486万元，完成39个自然村共35.1千米村间道路硬化和5个村通村砂石路建设。

2007年新建移动机站4个，2008年新建移动机站2个、电信机站3个，2009年新增移动机站4个、电信机站6个，到2010年，累计建成机站28个，电信、移动通讯网络覆盖全镇。

电力工作以农村电网改造工程为重点，2007年，投资100余万元实施了河口至海嘎、撒米落两条输电线路改造工程，组织实施了海嘎老土塘等6个未通电村电网改造工程，解决了132户538名群众用电难题；2008年，投资75.7万元，对3个村委会8个村社进行农网改造，解决237户用电问题；2009年，投资115万元实施海嘎村委会黑脸田、河口中学等8个未改电单位447户1786人农电改造扫尾工程；2010年，全镇农网改造全面完成，全镇235个自然村已全部用上了安全电、低价电。

【村镇建设】 集镇建设。2008年，投资73.87万元，完成长380米、宽20米的北大营村级集镇路面硬化工程；2009年，投资138.56万元，完成白石岩、双龙、撒米落三个村级集镇路面硬化建设(白石岩集镇长300米，宽6.5米，双龙集镇长280米，宽17米，撒米落集镇长300米，宽14米)，集市商贸、人居环境得到彻底改善。

民居抗震加固。2007—2010年，累计投入资金117.8万元，完成7个自然村民居抗震加固415户，拆除重建16

户。2007年完成鲁冲村委会长房子村民居抗震加固51户；2008年完成营河村委会河口村民居抗震加固100户，拆除重建12户；2009年完成营河村委会窑房村民居抗震加固73户，拆除重建4户；2010年完成营河村委会河口村民居抗震加固73户，糯基村委会糯基村民居抗震加固68户，糯基村委会老荒地村民居抗震加固18户，北大营村委会东瓜岭村民居抗震加固32户；投资45万元完成农村危房改造45户，年内完成农村危房改造30户。

新农村建设。2007—2010年，总投资1071万元，完成省、市、县、乡级新农村6个村，其中：2007年完成鲁冲村委会长房子村县级新农村和双龙村委会白草皮村乡级新农村建设；2008年完成北大营村委会石板河村、北大营行政村2个市级新农村建设；2009年完成小街村委会石洞门村省级新农村建设；2010年完成沙谷渡村委会旧村省级新农村建设。

【商业贸易】 2007年，全镇有个体工商户250家，全年完成非公经济总产值1825万元，实现增加值870万元；2008年，全镇有个体工商户390家，全年完成非公经济总产值1700万元，实现增加值490万元；2009年，全镇有个体工商户400家，全年完成非公经济总产值1740万元，实现增加值510万元；2010年，全镇个体工商户增至407家，全年完成非公经济总产值4350万元，增加值1450万元。

【教育】 教育工作以全力抓好“两基”迎国检和标准化学校建设为重点。2007年通过了“两基”省级复查年审。2010年顺利通过了国家检查验收。2007年，全乡共有校点22个(一师一校点1个，两师一校点2个)，私立幼儿园1所，其中初级中学1所，30个教学班1682人，中学教师108人，小学114个教学班3534人，小学教师195人；小学入学率99.34%，完学率99%，初中入学率98.08%，升入高中146人。2008年，全乡共有校点24个(一师一校点1个，两师一校点2个)，私立幼儿园3所，其中初级中学1所，30个教学班1693人，教师104人，小学111个教学班3331人，教师199人；小学入学率100%，完学率99%，初中入学率103.48%，毕业率100%，升入高中135人。2009年，全乡共有校点21个，私立幼儿园1所，其中初级中学1所，30个教学班1668人，中学教师110人，小学103个教学班3082人，小学教师197人；小学入学率99.63%，完学率99%，初中入学率106.17%，毕业率100%，升入高中103人。2010年，全乡共有校点16个，私立幼儿园16所，其中初级中学1所，30个教学班1632人，教师113人，小学91个教学班2960人，小学教师204人，小学入学率99.57%，完学率99%，初中入学率97.03%，毕业率100%，升入高中123人。

至2010年，全镇撤并为16所学校，完成了撤米落、北大营片10所村完小五、六年级集中办学工作。积极争取项目，改善条件。2007年以来，镇党委政府积极争取国家评议工程项目、危改项目、标准化学校建设等项目资金3400余万元，2010年完成了河口初级中学和撒米落、北大营、营河4所完小标准化学校建设，2008——2010年完成鲁撒格、黑箐、十甲、鲁冲完小校舍危房改造工程，为改善学校办学条件、创造良好育人环境、创建和谐平安校园、实现“两基”国家检查验收奠定了坚实基础。

【文化广电】 2007—2010年，累计投资135万元，完成25个自然村1907户群众有线电视安装工程，其余电视用户全部完成“村村通”卫星直播工程建设，实现了全镇电视收看全覆盖；加强文化阵地建设，2010年投资90万元，建成545.04平方米文广中心综合楼，建成16个村级文化室，各文化室均配备桌椅、书柜、图书、电视、功放、音响等电教设施，有力推动了全镇文化事业的健康发展。至2010年末，全镇已有各类民间文艺演出队伍56支，民间艺人290人。

【卫生】 2007—2010年，全乡卫生院有村卫生所16所，卫生院附属门诊1个，个体诊所1家，卫生院有职工17人，乡村医生42人。2007年新型农村合作医疗参合人数人34368人，参合率为100%，年报销费用99.5万元；2008年新型农村合作医疗参合人数人33669人，参合率99.97%，年报销费用231万元；2009年农村合作医疗参合人数34232人，参合率98.1%，报销费用339.8万元；2010年农民合作医疗参合34578人，参合率99%，年报销费用308万元。

【精神文明建设】 2007年，1个村获“文明村”、6家单位获“文明单位”、450户农户获“十星级文明户”称号；2008年，2个村获“文明村”、8家单位获“文明单位”、470户农户获“十星级文明户”称号；2009年，3个村获“文明村”、9家单位获“文明单位”、480户农户获“十星级文明户”称号；2010年，3个村获“文明村”、9家单位获“文明单位”、500户农户获“十星级文明户”称号。

【民政扶贫】 2007—2010年，实现1880名绝对贫困人口基本解决温饱和9700名低收入人口稳定解决温饱；共举办农村实用科技培训528期2.6万人次；劳务输出扶贫4651人。2007年实施19个自然村整村推进工程，建沼气池70口，安装太阳能68套，新装新型节能灶183眼；2008年实施整村推进项目19个村，建成卫生厕55个，安装太阳能916套，安装新型节能灶1070眼，改厩363户；2009年投资161.1万元完成整村推进项目6个，建成卫生厕25个，安装太阳能192套，安装新型节能灶300眼；2010年完成11个村整村推进项目。2008—2010年累计投资1112.3万元，完成村间道路水泥硬化建设28.02千米99992平方米，村外砂石路建设12.81千米；2009年完成鲁撒格村委会石头嘴村37户145人省级易地搬迁项目。

2007年，发放农村低保金、大病统筹救助款等15类救助金240万元，发放救灾棉被110床、衣服3800件、救灾救济粮食50吨；2008年，发放农村低保金、大病统筹救助款等15类救助金245万元，发放救灾棉被200床、衣服4000件、救灾救济粮食57吨；2009年，发放农村低保金、大病统筹救助款等15类救助金275万元，发放救灾棉被220床、衣服3700件、救灾救济粮食55吨；2010年，发放农村低保金、大病统筹救助款等15类救助金264万元，发放救灾棉被230床、衣服3500件、救灾救济粮食56吨；五保老人、孤残儿童得到妥善安置：五保老人福利院集中供养150人、分散供养183人，救助孤残儿童28人；自2009年开展殡葬制度改革以来，镇党委、政府高度重视，殡葬改革工作落到实处，符合火化条件死亡人口火化率保持100%。

【抗灾工作】 从2008—2010年，河口镇连遭冰冻、干旱灾害，连续三年小春绝收，尤其是从2009年入秋至2010年春，河口镇遭遇了罕见的秋—冬—春三季连旱，水窖和水库、坝塘蓄水量严重不足。旱灾给全镇群众生产生活带来了严重困难，161个村民小组2.9万人、18所学校5000余名师生饮水困难，2.8万亩小春作物受灾，绝收96.7%；44.5万亩山林不同程度出现林木因旱死亡，绿化保苗缺水严重。旱灾期间，上级下拨救灾资金303.5万元，全镇干部职工向群众捐款7.4万元、共产党员抗旱救灾特别捐献资金19.8万元；包括部队、企业、群团组织在内的46家爱心单位向河口镇捐赠大米、食用油、矿泉水、学生用品等价值69万元物资；镇党委、政府购买抽水泵110台、架设饮水管道5万余米、建小泵站46个、购发电机9台，新建生产生活水窖2390个、小坝塘8个。

【人民生活】 2007年，全镇农村经济总收入7989万元，人均纯收入1076元；2008年全镇农村总收入1.24亿元，农民人均纯收入1496元，较上年增43%；2009年，全镇实现农村经济总收入1.69亿元，较上年增36.22%；2010年农村经济总收入1.86亿元，较上年增10%，农民人均纯收入2155元，较上年增9%。交通工具有了较大改变。2007年，全镇农村汽车拥有量122辆；2008年达145辆，较上年增18.9%；2009年达200辆，较2008年增38%；2010年全镇农村汽车拥有量达268辆，较上年增34%。农用运输车、拖拉机、摩托车分别增137、164和905辆。住房状况得到改善：2008年，全镇农村砖混结构住房433户，较2007年406户增6.7%；2009年净增50户，达483户，增11.5%；2010年净增68户，增14%；2008年全镇砖木结构住房320户，较上年147户增173户，增117.7%；2009年达520户，净增200户，增62%；2010年较上年净增142户，增27%，全镇砖混结构住房总量达662户；235个自然村通村主道全面贯通，农村通行条件大为改善。

【表彰奖励】 2010年，党委书记张应良被成都军区评为“抗旱救灾先进个人”，被昆明市森林防火指挥部评为“2006—2010年度昆明市森林防火工作先进个人”；

何丽萍，被市委组织部评为2010年优秀大学生村官。

【领导名录】

党委书记：方正平(—2009.2)
张应良(2010.2—)
乡　　长：诸利祥(—2009.3)
夏　芳(2010.3—)
人大主席：马仲成
纪委书记：马兴祥(—2008.1)
刘明忠(2007.11—2011.3)
党委副书记：李昌宏(—2008.2)
杨德明(2007.9—)
李红松(2010.10—)
副乡长：袁德芳(—2011.5)
刘明忠(—2011.3)
郑世兴(2007.11—2008.11)
徐　虎(2010.3—)

（撰稿人：吕国锦）

功山镇

【行政区划】 功山镇位于寻甸县城北部，镇政府距县城26千米，距昆明市95千米，地处东经103°9′15″—103°28′45″，北纬25°38′15″—25°51′45″之间，东接河口镇，南连仁德镇金所工业园区，西与甸沙乡、金源乡接壤，北与东川区阿旺乡、会泽县驾车乡、田坝乡毗邻。全镇辖功山、棵松、八岔哨、菜地、三保、甸头、以则、朵马嘎、横山、羊毛冲、纲纪、杨柳、白龙、云龙、尹武、哨上16个村民委员会、134个自然村、132个村民小组。

【自然状况】 全镇国土总面积404.65平方千米，境内有丘陵，最高海拔3094米，最低海拔1862米，镇政府所在地海拔1891米。主要河流有摩洛河、功山小河、尹武河、云龙小河等4条，拥有大小水库6座，坝塘20个，年畜水量约305万立方米。区域内年均气温在14.4℃，最高气温30℃，最低气温~4℃，年降雨量约1098毫米。主要矿产资源有磷矿、铁矿、石膏矿等。2010年，总耕地面积3.71万亩，其中水田9018亩，旱地2.81万亩(含水浇地2280亩)，农民人均占有耕地0.95亩。主要种植水稻、玉米、小麦、荞麦、马铃薯、豆类等，经济作物以烤烟为主。林业面积34.97万亩，有林地面积29.49万亩，森林覆盖率48.77%。

【人口与计划生育】 辖区内居住着汉、回、彝、苗等民族，2007年末，全镇总人口为10676户40645人，其中农业人口39508人，非农人口1137人；少数民族人口3974人，占总人口的9.78%，其中回族1755人、彝族2007人，苗族166人，其它少数民族46人；全年出生432人，死亡207人，人口自然增长率5.57‰，办理独生子女证10户。

2008年，全镇总人口为10815户40773人，其中农业人口39598人，非农人口1175人；少数民族人口4033人，占总人口的9.9%，其中回族1787人、彝族2024人，苗族166人，其它少数民族56人；全年出生296人，死亡146人，人口自然增长率3.69‰。

2009年，全镇总人口为10938户40961人，其中农业人口39766人，非农人口1195人；少数民族人口4124人，占总人口的10.07%，其中回族1812人、彝族2054人，苗族184人，其它少数民族74人；全年出生354人，死亡223人，人口自然增长率3.21‰。

2010年，全镇总人口10919户41256人，农业人口40040人，非农业人口1216人；少数民族人口4366人，占总人口的10.6%，其中回族1855人、彝族2220人，苗族186人，其它少数民族105人；全年出生424人，死亡199人，人口自然增长率5.4‰。

【经济综述】 2007—2010年，全镇农村经济总收入由9192万元增至1.19亿元，年均增长6.6%；农业现价总产值由1.05亿元增至1.64亿元，年均增长11.7%；农民人均收入由985元增至1255元，年均增长6.2%；财政一般预算收入由387.9万元增至1104万元，年均增长29.9%。

2007年，全镇农村经济总收入9613万元，农业总产值1.33亿元，农民人均1015元，地方财政一般预算收入212万元。

2008年，全镇农村经济总收入1.03亿元，农业总产值1.54亿元，农民人均1086元，地方财政一般预算收入339万元。

2009年，全镇农村经济总收入1.1亿元，农业总产值1.55亿元，农民人均1162元，实现县乡财政一般预算收入910万元。

2010年，全镇农村经济总收入1.19亿元，农业总产值1.64亿元，农民人均1255元，实现县乡财政一般预算收入1104万元。

【招商引资】 中石化云南昆明分公司功山加油站落户功山梧桐经济服务区，完成投资4300万元，其中2008年1200万元，2009年1390.79万元；昆明万顺牧业有限公司落户菜地村委会草籽地，计划投资1000万元，2009年投资552万元，完成养殖场建设，2010年完成畜种投资166.05万元。2009年与中央国家机关老干部科学健康协作组织云南常务理事单位云南林丰生态资源科技开发有限公司签订投资意向协议，主要在功山投资开发白萝卜汁深加工、生态旅游、特色养殖、矿产品开发经营等方面，项目成熟一个开发一个；引进云南海牛农业科技有限公司投资金银花种植项目，完成投资475.38万元。

【农田水利建设】 2007年完成摩洛河水库主体工程建设；投资120万元，完成功山河水毁恢复治理工程，共恢复河堤41段2081.5米；投资20万元，改善功山集镇供水及白沙坡人畜饮水工程2件，投资340万元，完成纲纪、横山、羊毛冲烤烟水浇地改善灌溉渠道建设，灌溉面积3825亩；投资30万元，完成以则村委会小新庄烤烟水浇地改善灌溉渠道建设，灌溉面积320亩；投资20万元，完成纲纪村委会河湾冲村排浸、灌溉渠道建设，灌溉面积400亩；投资90.3万元，完成功山片区7个自然村安全饮水工程。

2008年，投资171万元，完成纲纪、横山、羊毛冲3个村委会改善灌溉面积3825亩，现浇支渠10622.6米；投资232.8万元，完成哨上村委会烤烟水浇地工程建设，灌溉面积1500亩；投资120万元，完成纲纪蒲草塘、大塘子优质马铃薯种薯基地建设项目的水利配套设施建设，灌溉面积2300亩；投资86万元，完成人畜饮水安全11件；完成高稳产农田建设1000亩，新建沟渠7条3866米。

2009年，完成菜地村委会梧桐村等25个自然村人饮安全工程，解决7212人的饮水困难问题；完成纲纪、杨柳投资260万元的烟水配套工程。

2010年，完成24个自然村抗旱应急人畜饮水困难，解决3100户，12436人、16343头大小牲畜饮水困难问题，建水窖105个，建抽水站1个；完成26个自然村饮水解困工程，解决1857户7244人饮水困难问题；投资1251.53万元，完成小海、大梨树、大岔路水库除险加固工程；实施完成功山村委会杨梅山土地开发整理项目。

【农业生产】 2007—2010年，累计推广水稻旱育秧1900亩，优质稻1.3万亩，蜂巢式栽培7200亩，水稻新优品种示范4个，玉米新优品种推广2.4万亩，玉米高产栽培1万亩，优质脱毒马铃薯推广4.3万亩，优质食用豆推广1.3万亩；立体农业种植推广玉米/马铃薯1000亩，玉米/豆类1.2万亩，马铃薯/荞麦8000亩；经济林果/粮食作物5000亩；推广各类农作物测土配方施肥示范面积8.17万亩；开展各类农业技术培训301次，7000余人，发放技术资料1.7万余份；巩固尹武玉米制种基地300亩，建设纲纪马铃薯种薯基地2250亩。

2007年，全镇农作物播种面积10.11万亩，其中粮食作物播种面积6.39万亩，单产220千克，粮食总产1405.57万千克，农民人均有粮355千克；蔬菜种植4500亩616万千克。

2008年，全镇农作物播种面积10.85万亩，其中粮食作物播种面积7.51万亩，单产188.8千克，粮食总产1418.14万千克，农民人均有粮358千克；蔬菜种植4000亩586.66万千克。

2009年，全镇农作物播种面积11.43万亩，其中粮食作物播种面积7.56万亩，单产190.9千克，粮食总产1443.42万千克，农民人均有粮352千克；蔬菜种植4500亩570.24万千克。

2010年，全镇农作物播种面积11.84万亩，其中粮食作物播种面积

摩洛河水库大坝

立体种植技术推广（玉米—马铃薯）

7.5万亩，单产194.5千克，粮食总产1457.6万千克，农民人均有粮364千克；蔬菜种植5504亩667.85万千克。

【烤烟生产】 2007—2010年，烤烟种植恢复性增长，烤烟种植面积由8000亩增至1.65万亩，实现烤烟产值3207.79万元，烤烟种植面积和烤烟产值分别比2006年增加8450亩1979.19万元，农民烤烟户均收入达3162元，人均收入达801元。

2007年，完成“云87”烤烟移栽8900亩，烟叶收购126.5万千克，均价13.13元，实现总产值1677.67万元。农民户均烤烟收入1663元，人均烤烟收入425元。

2008年，完成“云87”烤烟移栽1.2万亩，收购烤烟180.2万千克，均价14.4元，总产值达2595.72万元，农民户均烤烟收入2570元，人均烤烟收入655元。

2009年，完成“云87”烤烟移栽1.22万亩，烤烟收购192.5万千克，均价15.18元，实现烤烟产值2922.77万元。农民户均烤烟收入达2881元，人均烤烟收入达735元。

2010年，完成“K326”烤烟移栽1.66万亩，烤烟收购236.66万千克，均价13.55元，实现烤烟产值3207.79万元。农民户均烤烟收入达3162元，人均烤烟收入达801元。

【畜牧业生产】 截止2010年，全镇现有养殖小区4个，养殖场8个，年出栏羊10只以上规模户91户，年出栏猪10头以上规模户270户，年出栏牛5头以上规模户61户。发展野猪、奶水牛、梅花鹿、大雁、獭兔等特色养殖，野猪存栏192头、奶水牛存栏118头、梅花鹿存栏38只、大雁存栏352只、獭兔存栏1376只。

2007年，全镇存栏大小牲畜71464头(匹、只)，其中牛12357头、马属动物6244匹、猪25387头、羊27476只；出栏大小牲畜58281头(只)，其中出栏牛6813头、羊13656只、猪37812头；出栏家禽42938只；完成肉类总产440万千克，羊毛产量1.8万千克，禽蛋产量6.2万千克，蜂蜜产量2500千克。

2008年，全镇大小牲畜存栏73813头(匹、只)，其中牛12248头、马属动物6210匹、猪28744头、羊26611只；出栏大小牲畜71702头(匹、只)，其中牛7135头、羊14037只、猪38559头；家禽出栏39482只；肉类总产463.63万千克，羊毛产量完成1.81万千克，禽蛋产量7.5万千克。

2009年，全镇大小牲畜存栏76690头(匹、只)，其中牛13503头、马属动物6122匹、猪29050头、羊28015只；出栏牛7511头、羊14217只、猪43031头、家禽40226只、兔1556只；肉类总产510.39万千克，羊毛产量1.5万千克，禽蛋产量完成7.65万千克。

2010年，大小牲畜存栏86234头(匹、只)，其中牛13691头、马属动物6138匹，猪38072头，羊28333只；出栏牛7515头、羊17510只、猪45132头、家禽45159只；肉类总产5257.5吨，羊毛产量15吨，禽蛋产量77吨。

梅花鹿养殖

【林业生产】 2007年，全镇实施完成森林管护32.88万亩，四旁义务植树14.5万株；征、占用林地易地造林100亩，育苗10亩，羊毛冲林业样板100亩，特色经济林种植1.07万亩；完成嵩待高速公路绿化造林、封山育林规划设计工作，涉及5个村委会24个自然村，规划涉及面积1.71万亩，其中耕地8547亩，耕粮间作造林4096亩，封山育林4480亩；森林病虫害防治控制面积5800亩，防治面积4524亩，成灾面积2亩；完成农村能源建设沼气池250口，新型节能灶改灶400眼；扎实推进全镇集体林权制度改革工作，完成16个村委会、137个自然村的勘界工作，10个村委会外业调查、图纸勾绘工作，勾绘面积约22万亩；调处村间林权界线纠纷12起。

2008年，全镇实施天保森林管护32.69万亩；完成历年天保工程、退耕还林项目工程造林(含飞播种造林)、封山育林地块3.37万亩保存率检查及补植补造工作；完成市级项目低产林改造造林150亩，镇级样板林100亩，林木采伐更新造林5400株，四旁义务植树造林14.5万株，乡村公路绿化30.5千米3万株，乡村绿化3个村，全镇面山及公路沿线墓地绿化2.85万株，绿化面积299.8亩，育苗10亩；完成农村能源建设沼气建池120口，节能改灶350眼；完成特色经济林泡核桃种植1.95万亩；稳步推进全镇集体林权制度工作，完成外业调查16个村委会，勾绘面积35.48万亩，总宗数518宗，林权证发放250户；调解山林纠纷25起，未调解纠纷3起。

2009年，全镇实施天保森林管护32.69万亩；完成历年天保工程、退耕还林项目工程造林(含飞播种造林)、封山育林地块3.69万亩保存率检查及补植补造工作，落实到退耕农户补植3.34万株，巩固退耕还林成果优化树种工程造林500亩，新增造林2000亩，天保工程封山育林520亩，市级项目低产林改造造林400亩，镇级样板林100亩，四旁义务植树造林16.52万株，育苗12亩；完成农村能源建设沼气建池52口，新型节能改灶100眼，太阳能安装155户；对2008年城乡园林绿化及生态建设全面进行检查和补植工作：乡村绿化补植苗木4085株，墓地绿化补植1.33万株，集镇绿化补植260株。实施完成2009年乡村绿化1个村1.8万株，河堤绿化4.6千米2300株；完成特色经济林泡核桃种植1002亩和历年来的特色经济林核桃种植地块3.02

万亩补植实补造工作，折合栽种面积1.49万亩；稳步推进全镇集体林权制度工作，全镇林地使用面积34.25万亩，已确权面积33.98万亩，未确权面积2641.5亩，确权率为99.2%，共534宗，现已办证529宗，办证率达99%，办林权证272本，发证率达100%。商品林均山到户工程涉及129个村组3257户12588人3.85万亩，现已完成3.16万亩，完成率82%。集体公益林统一管理24.24万亩，已签订管护合同，完成计划的100%。全镇林权纠纷28件。现已调解林权纠纷27件，其中镇政府裁决1件，维持原调解4件，调解21件，未调解纠纷还有1件，纠纷调处率达到96%。合同纠纷村组不同意办理林权证3宗。

2010年，全镇实施天保森林管护32.69万亩；巩固退耕还林成果，新增造林和补植补种85亩、封山育林2000亩，人工造林2444亩，异地工程造林50亩；完成特色经济林泡核桃种植补植补造面积约2.5万亩，镇、村四旁义务植树造林13.26万株，育苗7亩；对2009年城乡园林绿化及生态建设全面进行检查和补植工作：乡村绿化4个村，墓地绿化补植300株，集镇绿化补植260株，河堤补种绿化2千米3400株；完成农村能源建设沼气建池30口，新型节能改灶30眼，太阳能安装101户。

【农机推广】 2007—2010年，共推广农机具162台，其中，国补机具89台（大中型耕作拖拉机6台，收割机1台，手扶微耕机49台，离心泵21台，割灌机19台），共兑现国家补贴资金32.8万元；培训轿车驾驶员55名，拖拉机驾驶员80名，摩托车驾驶员1300多名；路检路查1300余台（次），张贴文明行车宣传标语40余份，挂宣传布标12条，发放各种安全资料400余份，与农机驾驶员签订《承诺保证书》350余份。

2007年，全镇农业机械总动力1405.1万瓦特，其中大型拖拉机4台24万瓦特，小型拖拉机52台46万瓦特；机耕面积1万亩，机电灌溉面积1800亩，机械植保面积1100亩，机械收获面积1200亩。

2008年，全镇农业机械总动力1302万瓦特，其中大型拖拉机15台60万瓦特，小型拖拉机60台53万瓦特；机耕面积1.41万亩，机电灌溉面积2000亩，机械植保面积600亩，机械收获面积1500亩。

2009年，全镇农业机械总动力1648万瓦特，其中大型拖拉机20台112万瓦特，小型拖拉机50台91万瓦特；机耕面积1.44万亩，机电灌溉面积2650亩，机械植保面积600亩，机械收获面积2000亩。

2010年，全镇农业机械总动力1660万瓦特，其中载货大中型拖拉机280台、小型拖拉机17台，大中小型耕作型拖拉机58台，联合收割机1台，农副产品加工机械260部，机动脱粒机35台，农用排灌机具49台；机耕面积1.4万亩，机电灌溉面积3000亩，机械植保面积600亩，机械收获面积2500亩。

【乡镇企业】 抓好节能减排工作，推广节能灯12805盏；继续实施好“万村千乡”市场工程，发展农村小超市9家。2010年，功山境内有限责任公司及其分支机构11个、私营企业22个、农村专业合作社10个、个体工商户414个，非公经济从业人员达2290人，实现非公经济增加值2010万元，上缴税金200万元。

【交通、通讯、电力】 全力实施乡村道路硬化和通达工程，改善农村出行条件。2008年完成纲纪等7个村委河湾冲—横山、蒲草塘—云龙的行政村道路硬化工程，全长53千米，完成杨柳—白龙的路基改造工程。2009年完成功山—棵松—朵马嘎，纲纪化香箐—弯地山—横山二道沟，白龙箐—苍卜塘，横山大坝河—天生桥等4条46千米的公路路基改造工程。2010年完成羊毛冲—高石岩—云龙、朵马嘎大村—腰子洞等2条17千米的路基改造工程项目。2010年末全镇公路里程137千米。

2008年，实施完成电信CDMA基站建设8个，项目总投资415万元。2010年，全镇有移动基站13个，CDMA基站9个，实现通讯网络全覆盖。

2007—2010年，共实施完成51个自然村2588户的农村电网改造工程。2010年全镇用电量485.5万千瓦时。

【财税金融】 2007年，实现地方财政一般预算收入212万元，财政支出649万元，投入扶贫资金265万元。

2008年，实现地方财政一般预算收入339万元，财政支出648万元，投入支农资金52.3万元。

2009年，完成县乡财政一般预算收入910万元，镇本级财政一般预算收入396.9万元，财政支出739万元；积极做好各项补贴工作，兑现家电补贴202户4.3万元，汽车摩托车补贴213户39.5万元，兑现粮食补贴资金276.8万元；加强支农资金管理，全镇投入支农项目资金809.6万元；完善和规范村级财务管理工作，对全镇16个村委会的财务进行全面的清理和移交，成立了农村财务管理中心，统一集中核算，维护了村集体和农民群众的合法权益。

2010年，完成财政一般预算收入1104万元，其中，烟叶税705万元，国税19万元，地税征收380万元；财政支出1220万元。积极做好各项补贴工作，兑现家电补贴1089户24.29万元，摩托车补贴254户，12.79万元，微型客车81户，29.69万元；经型载货车64户，27.91万元；兑现粮食补贴资金366.91万元，其中粮种补贴45.29万元；农资综合补贴287.10万元；森林生态效益补贴34.78万元。加强支农资金管理，全镇投入支农项目资金564.98万元。

全镇共有功山、蒲草塘信用联社和功山邮政储蓄3个金融分支机构。居民储蓄存款余额2007年0.50亿元；2008年0.76亿元；2009年1.11亿元；2010年1.08亿元。

【村镇规划建设】 2007年，开展蒲草塘、哨上集贸市场规划、拆迁开发工作，投资97万元完成蒲草塘集贸市场土建、排水、街面硬化工程，开发面积4100余平方米。

2008年，开展污染处理监控工作，全年共查处投诉案件3起，城建相关法律法规宣传200人（次）。完成第一次污染源普查，城乡绿地系统普查，街道绿化2000平方米，行政村、自然村庭院绿化6000平方米；完成拆临拆违4600平方米；民居抗震保安工程哨上村委秧田冲组109户，其中重建53户，加固56户；完成蒲草塘、哨上集贸市场街面硬化。

2009年，开展城建相关法律法规宣传200人（次）。积极配合环保主管部门做好环境优美乡镇规划及评审工作，完成集镇绿化补植260株，申报环卫示范镇及2个环卫示范村建设；完成抗震保安民居工程：八岔哨村委大龙潭一组重建41户，加固72户；杨柳村委会杨柳村加固128户；白龙村委会白龙箐村加固48户。

2010年，开展城建相关法律法规宣传200人（次），积极配合环保主管部门做好环境优美乡镇规划及评审工作，完成集镇绿化补植180株，完成菜地村委会石板桥42户抗震保安民居工程，危房改造4户。

【商业贸易】 境内建有功山、尹武、蒲草塘、甸头等4个农村集贸市场。2010年末有个体工商户414个，50平米以上综合商店或超市23个。

【教育工作】 2007年，全面完成义务教育"九年一贯制"管理体制改革及全镇校长公选。全年实施"两免一补"学生2615人，补助教材费10.6万元，生活费15.7万元，合计补助26.3万元。在校小学生4216人，151个教学班，入学率100%，巩固率达98.8%；在校中学生初中2207人，35个教学班，入学率达97.3%，初中毕业生577人，毕业率100%，升学人数227人，其中普通高中170人、职业学校57人，升学率39.3%。

2008年，认真落实农村义务教育"两免一补"政策，全年义务教育保障机制经费(公用经费)小学94.86万元，中学82.76万元；中小学生教材费全免，兑现中学寄宿生贫困生生活补助1804人135.3万元，兑现小学生贫困生补助436人21.8万元。在校小学生3901人，143个教学班，入学率100%，巩固率达100%；在校初中生2173人，35个教学班，入学率达100%，巩固率达98.3%；初中毕业生693人，毕业率100%；升学人数334人，其中普通高中209人、职业学校125人，升学率48.2%。

2009年，纲纪完小标准化学校建设竣工并投入使用，完成投资47996平方米663万元；完成腰子洞、小石岩小学排危工程；启动功山中心完小、功山中学标准化学校建设。化香箐、横山、羊毛、杨柳、白龙的六年级学生和部分五年级学生集中纲纪学校就读，全镇撤并19所一师一校，圆满完成撤校并点工作。认真落实农村义务教育"两免一补"政策，中小学生教材费全免，兑现中小学生生活补助：初中生1752人65.7万元；小学生536人13.4万元。在校小学生3534人，131个教学班，入学率99.68%，巩固率达100%；在校初中生2153人，35个教学班，入学率达100%；初中毕业生620人，毕业率100%；升学人数358人，其中普通高中195人、职业学校163人，升学率57.8%。

2010年，全镇有中学1所，中学教师135人，初中在校学生2127人；小学17所，小学教师248人，小学在校学生3107人；幼儿园16所(含学前班)，在班学生517人。

2010年，投资2760万元完成功山中学、功山小学标准化建设，工程已竣工投入使用；完成三保、棵松、羊毛冲、甸头等4所小学排危工程，排危1500平方米；投资498万元启动尹武小学标准化学校建设。朵马嘎、棵松、八岔哨、菜地、三保、甸头、以则的六年级学生集中功山完小就读，撤并柳树河完小和上平地村小。认真落实农村义务教育"两免一补"：中小学生教材费全免，兑现中小学生生活补助140.36万元：其中上半年补助初中生1665人62.44万元，小学生383人9.58万元；下半年补助初中生1588人59.56万元，小学生352人8.8万元。全镇学前教育民办化，在班学生517人。小学入学率100%，巩固率达100%；初中入学率达97.3%，巩固率达98.6%；初中毕业生668人，毕业率100%；升学人数297人，升学率44.5%。

【文化市场管理】 2007年，全镇共有老年文艺队和其他文艺队3支；对全镇网吧、茶室、台球室等娱乐场所开展安全检查，加大对未成年人上网的管理力度；投资4.7万元新建村级篮球场1块，乒乓球桌2张；加强对有线电视的管理，逐步实施网络升级改造，进一步提升电视节目传输质量。

新建的标准化学校——功山完小

2008年，对全镇文化市场检查15次，共收缴盗版光碟2000张，盗版书刊150本；网吧茶室检查9次，禁止文化娱乐场所组织赌博等违法行为，对未成年人进入网吧上网处理1次；在5月19日至21日全国哀悼日期间，通知14家茶室及网吧暂停营业；协助村委会搞好农民健身工程的场地选址工作13处；完成2008年"村村通"(光缆联网)建设11座。

2009年，开展文化市场检查10次，共收缴盗版光碟800余张，盗版书刊50本，移交文体局稽查队处理3人；网吧茶室检查6次，禁止文化娱乐场所组织赌博等违法行为，对未成年人进入网吧上网处理2人(次)，对网吧业主进行批评教育和处罚；完成61个自然村"村村通"1800座卫星直播接收机安装建设工程任务；完成6个村级文化室建设，启动功山镇综合文化站建设。

2010年，开展文化市场检查15次，共收缴盗版光碟600余张，盗版书刊60本；网吧茶室检查5次，禁止文化娱乐场所组织赌博等违法行为，对未成年人进入网吧上网处理3人(次)，对网吧业主进行批评教育和处罚；完成功山镇综合文化站建设，配齐图书、多功能媒，实现图书正常借阅。

【卫生工作】 2008年，功山中心卫生院由县第一人民医院托管，成立县第一人民医院功山分院。进一步改善乡村医疗卫生条件，2007年完成14个村级卫生所建设，2009年4月至2010年完成寻甸县第一人民医院功山分院住院楼建设。2010年寻甸县第一人民医院功山分院有医生17人、护士4人、病床60张；全镇有村级卫生室16所，有乡村医生37人。

2007年，门诊减免报销人次20936人，报销金额14.66万元，定点医疗机构住院报销715人，报销金额32.77万元；新型合作医疗，参保人数3.9万人，参保率98.2%。

2008年，门诊减免报销人次46628人(次)，报销金额33.09万元，定点医疗机构住院报销1049人，报销金额57.21万元；新型合作医疗参合人数37953人，参合率95.8%。

2009年，完成门诊减免报销人次63563人(次)，报销金额81.92万元，完成住院报销2722人，报销金额249.35万元，合计报销66285人(次)331.27万元；积极开展2009年新型合作医疗筹资工作，参保人数38606人，参保率97.49%。

2010年，门诊减免报销人次10851人(次)，报销金额15.76万元，住院报销3625人，报销金额207.69万元，合计报销14476人(次)233.44万元；积极开展2010年新型合作医疗筹资工作，参合人数38650人，参合率97.18%。

【新农村建设】 2007年，实施完成羊毛冲村委会羊毛冲村、哨上村委会秧田冲村、杨柳村委会格来河南村等3个新农村试点村建设，总投资86.85万元。

2008年，实施完成杨柳村委会新农村建设行政村整村推进项目工程，总投资436.4万元。

2009年，实施完成2个村新农村建设项目工程：羊毛冲村间水泥路硬化700米，投资5万元，受益农户72户270人；秧田冲村建人饮管线7000米，50立方米3蓄水池1个，投资8万元，受益农户32户123人。

2010年，实施完成二道沟、康复村2个村新农村建设项目工程，总投资60.94万元，村内硬化道路4条，1038米，危房改造30户，建活动室4间120立方米，旱厕1个，植树300株。

【扶贫工作】 2007年，完成云龙上村等7个村委会13个自然村的省、市级整村推进项目工程，总投资288.7万元，受益总户数1702户6377人；完成市级扶贫村建设1个杨柳村委会格来河南，受益总户数318户1153人，总投资8.6万元；完成哨上村委会秧田冲村省级扶贫易地扶贫搬迁32户，122人，总投资79.08万元；党员干部挂钩帮扶贫困户210户、744人。

2008年，完成白龙得胜坡等9个村委会19个自然村的省、市级整村推进项目工程，总投资425.06万元，受益总户数1398户5447人；完成棵松村委会象鼻岭村市级扶贫易地扶贫搬迁35户123人，总投资61.5万元；发放贫困农户救灾物资16个村委123个自然村绝对贫困806户2540人，碳酸氢氨872包3.49万千克，包谷种子1699千克。

2009年，完成朵马嘎村委会大村等17个自然村的省、市级整村推进项目工程，总投资429.7万元，受益总户数1121户4980人；完成八哨岔村委会大龙潭一组省级扶贫易地扶贫搬迁41户158人，总投资126.36万元；积极配合做好昆明市挂钩帮扶单位投资基建项目：市滇池管理执法局挂钩帮扶棵松村委会樟木箐村校点房屋工程，投资13.5万元；市土地投资开发有限公司挂钩帮扶云龙村委会上村村间道路砂石路面2044米，投资19.3万元；市国资委挂钩帮扶尹武村委会穿风洞村的人畜饮水工程，架引水管4000米，投资13.9万元，受益农户33户132人。

2010年，完成10个自然村的省、市级整村推进项目工程，总投资262万元，受益总户数550户1526人；完成投资279万元的纲纪村委会水槽箐村50户188人的市级扶贫易地搬迁工程项目；完成投资541万元的甸头村委会柳树河村119户420人的省级易地搬迁工程项目。

2007—2010年，共投放小额扶贫信贷资金850万元，扶持农户3455户。

【精神文明建设】 2007年，创建市级文明单位2家：功山镇财政所、功山镇功山中心完小；创建市级文明村1个：横山村委会大横山村；创建县级文明单位2家：八岔哨完小、三保完小；创建县级文明村2个：大麦地村、羊毛冲村；"十星级文明户"评比挂牌560户。

2008年，创建县级文明单位2家：功山镇计划生育工作站、功山派出所；创建县级文明村3个：大龙潭一组、大街村、梨园村；"十星级文明户"评比挂牌665户。

2009年，创建县级文明单位3家：功山镇工商所、甸头完小、纲纪完小；创建县级文明村2个：三道沟村、格来村；"十星级文明户"评比挂牌756户。

2010年，创建市级文明单位2家：功山镇财政所、功山镇功山中心完小；创建县级文明单位2家：功山卫生院、羊毛冲完小；创建县级文明村2个：二道沟村、弯地山村；"十星级文明户"评比挂牌819户。

【法制建设】 认真办理人民代表提出的建议和政协组成员提案、议案。2007年共办结人大代表和党代表所提建议、议案11件，其中农田水利4件、医疗卫生1件、人饮安全2件、乡村道路2件、农村电网改造2件。2008年共办结人大代表和党代表及政协组所提建议、议案27件，其中乡村道路建设3件、教育2件、河堤治理2件、农田水利7件、人饮安全7件、农村电网改造6件。2009年共办结人大代表和党代表所提建议、议案15件，其中农村电网改造2件、乡村道路补偿1件、通讯设施建设1件、农田水利7件、乡村道路建设2件、人饮安全2件。2010年共办结人大代表和党代表所提建议、议案24件，其中乡村道路管理1件、农田水利7件、乡村道路建设3件、人饮安全3件、林权制度改革1件、教育3件、村镇规划1件、土地开发整理1件、村级财务监管1件、危房改造1件、整村推进项目1件、环境治理1件。

抓好法制宣传教育工作，提高化解矛盾纠纷和维护社会稳定的能力。2007年共调处各类纠纷16件，其中土地纠纷3件，赔偿纠纷3件，赡养6件，其它4件；代写法律文书6份，接待各类咨询30件，代办公证1件。2008年共调处各类纠纷22件，其中土地纠纷5件，赔偿纠纷3件，赡养10件，其它4件；代写法律文书10份，接待各类咨询20件60人(次)，代办公证2件。2009年共调处各类纠纷56件，其中宅基地纠纷8件，人身损害赔偿纠纷8件，赡养、抚养18件，婚姻纠纷5件，邻里纠纷5件，其它12件，调解率100%，成功调解率达98%；提供法律援助1件，代写法律文书10份，法制讲座2次，接待各类咨询110人(次)；法制宣传3次，发放宣传材料2500余份。2010年共调处各类纠纷217件，成功调处208件纠纷，调解率100%，成功调解率达98%；提供法律援助14件，接待各类咨询367人(次)；法制宣传3次，发放宣传材料2600余份。

认真做好信访工作，及时化解矛盾纠纷。2007年共处理群众来信来访158件，其中，信访事务窗口10件，法律服务窗口11件，规划建设服务窗口7件，农业科技服务窗口15件，水务10件，计划生育服务窗口28件，经济贸易服务窗口6件，国土资源25件，林业8件，农机服务23件，劳动保障15件；调查处理上级信访交办件5件。2008年共处理群众来信来访200件，其中，信访事务窗口9件，法律服务窗口11件，规划建设服务窗口7件，农业科技服务窗口20件，水务13件，计划生育服务窗口31件，经济贸易服务窗口6件，国土资源32件，林业4件，农机服务45件，劳动保障22件；调查处理上级信访交办件3件。2009年共处理群众来信来访件313件，其中，党员服务13件，法律服务23件，规划服务15件，农业科技服务26件，水务服务32件，计划生育服务30件，经济贸易服务26件，国土资源服务19件，农机服务70件，劳动保障服务59件；调查处理上级热线电话、信访交办件25件。2010年共处理群众来信来访件357件，其中，党员服务18件，法律服务24

件，环保规划服务26件，农业科技服务27件，水务服务20件，计划生育服务29件，经济贸易服务33件，国土资源服务21件，林业科技服务26件，农机服务75件，劳动保障服务58件；调查处理上级热线电话、信访交办件23件。

强化社会治安综合治理，全力维护社会稳定。2007年共接警130件，立刑事案件20件，破案5件，刑事拘留5人，共立治安案件38件，查处结案38件，共查处违法人员72人，其中行政拘留27人，罚款28人，强戒4人，警告3人，其它处理7人，调解纠纷30起；查处影响校园环境案件2件，刑事拘留4人，教育处理功山中学违法学生10人；加强户口规范化管理，共换发二代证18126人，完成率64%，办理居民身重点人口建档管理59人，清理暂住人口办证27人；完成全镇门牌清理工作。2008年共接警110件，立刑事案件4件，破坏公用点信设备2件，故意毁坏财物案1件，盗窃牲畜案1件，放火案1件，刑事拘留1人；共立治安案件63件，查处结案38件，共查处违法人员38人，其中行政拘留8人，罚款21人，警告2人，其它处理7人，调解纠纷30起；查处影响校园环境的案件2件，民警下警区共40余人次。为中小学上法制课20堂次，组织社区群众召开法律、法规宣传会10场次，张贴宣传标语260条幅，基层受教育群众达5000余人；对辖区内旅馆业3家，出租房33家，网吧1家，重点单位6家(2家金融单位，4家加油站)全都按期进行安全检查并建档管理；加强户口规范化管理，共换发二代证31248人，完成率85%，办理居民身份重点人口建档管理59人，清理暂住人口办证27人。2009年共立刑事案件16件，破获刑事案件12件，抓获犯罪嫌疑人11人，打掉1个摩托车盗窃团伙；查处结案治安案件93件，行政拘留13人，强制戒毒1人，特别是查处了一起非法种植罂粟案，有效地促进了功山禁毒工作的开展；对辖区内旅馆业2家，出租房50家，网吧1家，4家茶室，重点单位6家(2家金融单位，4家加油站)全都按期进行安全检查并建档管理。2010年共立刑事案件7件，破获刑事案件7件，逮捕4人，起诉4人，查处结案治安案件61件，行政拘留21人，罚款61人，强制戒毒1人，警告2人，其它处理7人，调解纠纷22起；对辖区内旅馆业2家，出租房50家，网吧1家，4家茶室，重点单位6家(2家金融单位，4家加油站)全都按期进行安全检查并建档管理。

【社会保障】 2007年，救济灾民59户200人，其中：生活救济15户46人，住房修建救济44户154人；发放救济金57610元，救济无粮、缺粮户671户1688人，发放救济大米18860千克，救助被子135户217人，救助发生火灾困难户5户21人，发放农村低保金76.9万元，发放农户1510户1583人，按政策做到了应保尽保；利用"春节"、"八·一"建军节走访慰问复员军人11人，发放重点优抚对象定期定量补助115人次，20.57万元，安置回乡退伍军人6人。发放小乡干部32人次，50122元。组织劳务输出1107人，其中：省外输出212人，省内输出854人，县内转移41人。落实城镇就业家庭65户43人，年检就业优惠证、失业证73人，年度劳动法年审16家。举办"民工培训班"3期，培训916人次。组织患有白内障征兆的群众312人到镇中心卫生院进行白内障检查，实施复明手术72例；完成3户残疾人危房改造。

2008年，救济灾民111户423人，其中：生活救济23户68人，住房修建救济88户355人，发放救济金11.47万元；完成甸头村委磨洛河村13户45人异地搬迁，新建住房28间，发放民政救助金3.9万元；救济无粮、缺粮户577户1125人，发放救济大米13765千克，救助被子151床，涉及150户182人；救助发生火灾困难户3户14人。利用"春节"走访慰问优抚对象20人，支出资金4000元，发放重点优抚对象定期定量补助243人次，26万元；发放小乡干部29人次，4.7万元；新批分散供养五保户123人，发放五保供养金8.8万元；发放医疗救助7人4184元。全镇共有78户134人享受城镇低保，1359户1462人享受农村低保。组织劳务输出1520人，其中省外输出220人，省内输出845人，县内转移475人。年检就业优惠证、失业证38人，完成8户下岗工人的小额贷款和赔款收缴工作。全年办理117人城镇居民医疗保险。举办4期在就业技术培训班，其中电焊工103人，餐饮、服务员48人，保安57人。完成15户残疾人危房改造，发放残疾人轮椅两套，价值1600元，假肢手术4人3.2万元。

2009年，全镇共发生火灾6起，涉及17户61人，其中，横山2起5户20人，哨上2起2户9人，杨柳1起1户1人，云龙1起9户31人。救济灾民49户194人，其中：特困户生活救济20户64人；因灾住房修建、新建搬迁救济32户130人；发放民政救济救助金7.77万元；救济无粮、缺粮户348户905人，发放救济大米12505千克。救济五保、特困群众被子145户332人，151床。利用"春节"走访慰问优抚对象10人，支出资金2000元。发放重点优抚对象定期定量补助"两参"人员105人，16个村委召开烈军属、复、退、伤残军人座谈会，支出资金8000元。发放小乡干部补助30人。全镇五保供养128人，送县福利院集中供养28人，分散供养100人，已按时足额发放了补助。全镇共有90户146人享受城镇低保，1404户1470人享受农村低保。扎实推进殡葬改革工作，完成墓地绿化56亩4500株，全镇遗体火化26具，焚烧15具。完成技能培训168人，其中电脑操作员115人，电工53人，种植养殖引导性培训300人。组织劳务输出1642人，其中：省外输出243人，省内输出1028人，县内转移371人。年检就业优惠证、失业证45人，完成12户下岗失业人员的小额贷款申报工作，发放6户自主创业贷款。办理新增12人城镇居民医疗保险，其中低保9人，其它人员3人。对全镇45人城镇居民医疗保险卡进行续费。2009年在横山康复村实施了68万元的残疾人危房改造工程21间，解决47人麻疯病人住房困难问题。在八岔哨村委会投资1.2万元实施12户残疾人抗震加固工程项目。对全镇大专以上在校残疾学生实行救助6人1万元，争取解决残疾人拐杖10付，联系白内障手术11例，养殖技术培训50人(次)。

2010年，救济灾民1066户3976人，利用"春节"走访慰问优抚对象12人，支出资金2400元。发放重点优抚对象定期定量补助"两参"人员205人，16个村委召开烈军属、复、退、伤残军人座谈会，支出资金8000元。发放小乡干部补助30人。全镇五保供养146人，送县福利院集中供养46人，分散供养100人按时足额发放了补助。全镇共有89户149人享受城镇低保，1584户1650人享受农村低保。扎实推进殡葬改革工作，完成墓地绿化6亩，植树300株，全镇遗体火化147具，火化率达100%。完成技能培训1872人，组织劳务输出1753人。年检就业优惠证、失业证50人，完成9户下岗失业人员的小额贷款申报工作，发放了6户自主创业贷款。办理新增50人城镇居民医疗保险。对全镇50人城镇居民医疗保险卡进行续费，完成40户失地农民养老保险。实施残疾人危房改造3户，联系实施白内障手术15例。

【人民生活】 2007年，全镇农村经济总收入9613万元，人均所得1015元；粮食总产1405.57万千克，人均有粮355千克；城镇居民可支配收入1.1万元，年末居民储蓄存款余额5028万元，城乡居民人均存款1237元。

2008年全镇农村经济总收入1.03亿元，人均所得1086元；粮食总产1418.14万千克，人均有粮358千克；城镇居民可支配收入1.19万元，年末居民储蓄存款余额7642万元，城乡居民人均存款1874元；全镇拥有电脑10户，拥有电话6804户（含移动电话），拥有彩电7909户。

2009年，全镇农村经济总收入1.1亿元，人均所得1162元；粮食总产1443.42万千克，人均有粮352千克；城镇居民可支配收入1.28万元，年末居民储蓄存款余额1.11亿元，城乡居民人均存款2699元。

2010年，全镇农村经济总收入1.19亿元，人均所得1255元；全年粮食总产1457.6万千克，人均有粮364千克；城镇居民可支配收入1.38万元，年末全镇居民储蓄存款余额1.08亿元，城乡居民人均存款2616元；全镇142户拥有电脑，拥有电话9838户（含移动电话），拥有彩电9355户。

【领导名录】

党委书记　李　钢（2007—）
镇　　长　谷有祥（2007—）
人大主席　朱政全（彝族）
　　　　　（2007—2010.2）
党委副书记　徐　毅（—2007.11）
　　　　　　马仲斌（回族）
　　　　　　（2007.11—2010.10）
　　　　　　刘朝旺
　　　　　　（2007.11—2010.2）
　　　　　　董金旺（新农村队长）
　　　　　　（2010）
　　　　　　乔继景（2010.12挂职）
纪委书记　张天存
副 镇 长　张学稳（2007—2010.2）
　　　　　杨培伟（2010.3—）
　　　　　马世富（—2007.11）
　　　　　周玉芬（—2007.11）
　　　　　廖　文（2007.9—）
　　　　　马炳芬（2007.11—）
武装部长　张益军
党政办主任　杨柱苍

（撰稿人：赵昌福）

甸沙乡

【行政区划】 甸沙乡地处寻甸县城西北部，位于东经103°00′—103°10′，北纬25°33′—25°54′，东接功山镇，南倚仁德镇，北邻金源、凤仪镇、西靠六哨乡。1980年划板桥、金源、功山、金所4个公社的部分地区成立甸沙公社；1984年改称甸沙区；2010年，全乡辖甸沙、海尾、鲁六、苏撒坡、麦地心、兴隆、红果树、老村、治租9个村委会，80个自然村，90个村民小组。

【自然状况】 全乡共有国土面积206.3平方千米，耕地面积2.97万亩，其中水田2710亩，旱地2.7万亩，主要种植水稻、玉米、小麦等农作物。林业用地13.29万亩，森林覆盖率达31.5%。乡政府驻地海拔1965米，最低海拔1640米，最高海拔2896米，年平均气温为14.5℃，属亚热带季风气候。

【人口与计划生育】 甸沙乡居住着汉、回、彝、苗4种民族，2007年末总人口18755人4958户，其中农业人口18292人；回族479人113户，汉族13557人3458户，彝族3741人947户，苗族515人135户。2008年末总人口18992人5008户，其中农业人口18507人；汉族13713人3464户，回族476人113户，彝族3788人650户，苗族530人136户。2009年末总人口19052人5186户，其中农业人口18562人；汉族14134人3466户，回族528人115户，彝族3850人978户，苗族540人137户。2010年末总人口19171人5301户，其中农业人口18674人；汉族13778人3563户，回族482人115户，彝族3875人997户，苗族539人137户。

计划生育工作，坚持“三不变”，全面落实”三为主”方针，落实农业人口独生子女“奖、优、免、补”政策，强化避孕节育措施，推进优质服务。2007年出生185人，其中一孩82人，二孩103人，计划生育率96%；开展孕检人次12649人，农业办独生子女2户，农业独生子女户累计166户，清理整治非计划生育户76户；人口自然增长率5.3‰。2008年出生180人，其中一孩73人，二孩107人，计划生育率96%；已婚育龄妇女孕检人次达12528人，办理农村独生子女证1户，人口自然增长率5.3‰。2009年出生227人，其中一孩106人，二孩121人，计划生育率98%；开展已婚育龄妇女孕检11146人次，办理农村独生子女证1户，农村办理独生子女证累计84户，查处非计划生育户70户；人口自然增长率为5.3‰。2010年出生198人，其中一孩107人，二孩91人，计划生育率96%，开展已婚育龄妇女孕检10229人次；人口自然增长率4.8‰。全面清理无证、抢生、非婚生育户共计265户，查处顽固超生户7户。

【经济综述】 2007年全乡农村经济总收入4852万元，同比增6.4%；农村社会总产值6609万元，同比增7.1%；人均纯收入1093元，同比增6.3%；乡级财政收入完成357.45万元，同比增85.65%。2008年全乡农村经济总收入5274万元，同比增8.7%；农村社会总产值7109万元，同比增7.6%；人均纯收入1189元，同比增8.8%；乡级财政收入完成413.24万元，同比增15.61%。2009年全乡农村经济总收入5733万元，同比增8.7%；全乡农村社会总产值8979万元，同比增26.3%；人均纯收入1292元，同比增8.7%；乡级财政收入完成531.72万元，同比增28.67%。2010年全乡农村经济总收入6232万元，同比增8.7%；农村社会总产值完成9764万元，同比增8.7%；人均纯收入1405元，同比增8.7%；乡级财政收入完成750.88万元，同比增41.22%。

【农业生产】 2007年粮食总播种面积3.51万亩，总产量8458吨，同比增1.3%；人均产粮462千克。2008年粮食总播种面积3.87万亩，粮食总产9538吨，同比增0.95%；人均产粮461千克。2009年，粮食总播种面积4.04万亩，总产量9452.2吨，同比增10.7%；人均产粮509千克。2010年粮食播种面积3.94万亩，总产量8911吨，遭遇大旱，粮食产量同比下降5.7%；人均有粮477千克。

烤烟生产方面，甸沙乡连续11年种植“红大”，面积从3000亩发展到2010年的10075亩。2007—2008年，烤烟面积分别为8200亩、8900亩，产量分别为935和1221吨，实现产值分别为668.48万元、2161万元，均价分别为12.03元、13.65元。2009年，栽种面积9050亩，产量达1176.5吨，实现产值2317.8万元，均价15.57元。

2010年，栽种面积1.01万亩，总产量1480吨，实现产值2103万元，均价14.45元，2010年11月，被评为市级烤烟收购优秀乡镇。

2007—2010年，森林管护面积每年9.47万亩，封山育林3200亩，公益林管护4万亩，全乡森林覆盖率达31.5%。积极推广太阳能、沼气池、节柴改灶建设。其中，2007年建沼气池100口，节柴改灶100眼，实现林业产值845万元；2008年建沼气池130口，节柴改灶240眼林业产值875万元；2009年安装太阳能80套，建沼气池195口，节柴改灶260眼，林业产值达1000万元；2010年安装太阳能100套，建设沼气池160口，节柴改灶300眼，集体林权确权到户率86%，实现林业产值1010万元。林果产业方面，2009年在麦地心改良黄梨品种300亩，在兴隆种植甜脆柿175亩；2010年种植泡核桃1000亩，黄梨、脆柿产量达144.5吨。

【农田水利建设】 2007年，投资42万元，完成治租、麦地心两个村委会6个自然村人畜饮水工程建设。2008年，投资2800万元，完成了苏撒坡、红果树、鲁六、甸沙四个村委会1.7万亩的土地整理项目；投资194.7万元，解决16个自然村4600余人的饮水困难。2009年2月，投资570万元，建设16千米大沟，覆盖7000余亩的灌溉面积；争取资金410.22万元，解决海尾、甸沙、鲁六、老村、兴隆5个村委会21个自然村共计6150人饮水安全问题；投资110万元，对兴隆2000亩农田进行综合开发；完成了治租河堤坝建设300米、1590立方米，有效防止洪涝灾害。2010年1月，投入抗旱资金266万元，对干海子、石碑、大陷塘、草海子4个坝塘进行清淤扩容，建成爱心水窖95口，对全乡干旱期间人畜饮水及农田灌溉的困难进行有效排查。2010年11月，投资1203.59万元，实施麦地心、甸沙2个村委会5341.8亩的土地整理项目，工程在建设之中。

【财政、金融】 2007年，地方财政收入101.6万元，财政支出366.7万元；金融机构居民储蓄存款余额2500万元，贷款1700万元，通过“一折通”发放粮农补贴48.8万元，优质稻补贴1.92万元，能繁母猪补贴6.55万元。2008年地方财政收入174万元，财政支出433.4万元；金融机构居民储蓄存款余额3240万元，贷款1920万元。2009年地方财政收入238万元，财政支出564.68万元；全乡居民储蓄存款余额4200万元，发放贷款2300万元。2010年地方财政总收入785万元，财政支出800.2万元；居民储蓄存款余额5900万元，贷款2800万元；发放家电下乡补贴57万元，惠农补贴1188.4万元；招商引资完成6870万元，完成任务的118.4%。

【畜牧业生产】 积极推广科技培训、畜种改良，畜牧业快速发展。在全乡9个村委配置9台专用冰箱用于防疫，重大动物疫病免疫密度达100%。2007年大小牲畜存栏35450头(匹、只)，出栏27370头(匹、只)；肉类总产2127.3吨，全乡畜牧业产值2250万元，牲畜业收入1550万元；完成畜种改良5979头(匹、只)，科技培训12期，670人次。2008年全乡大小牲畜存栏37100头(匹、只)，大小牲畜出栏29000头(匹、只)；肉类总产2234吨，全年畜牧业产值2440万元，畜牧业收入1700万元；完成畜种改良6974头(匹、只)，发展专业养殖户10户，有效进行科技培训10期，721人次。2009年全乡大小牲畜存栏41400头(匹、只)，大小牲畜出栏37500头(匹、只)；肉类总产2988吨，全年畜牧业产值3000万元，畜牧业收入1960万元；完成畜种改良6974头(匹、只)，发展专业养殖户10户。2010年全乡大小牲畜存栏头44500(匹、只)，大小牲畜出栏头40000(匹、只)；肉类总产3076.6吨，全年畜牧业产值3800万元，畜牧业收入2318万元；完成畜种改良7265头(匹、只)，发展专业养殖户10户。

【劳动保障】 2007年农村养老保险参保171人，劳务输出720人，劳务经济收入691.2万元。2008年农村养老保险参保173人，劳务输出746人，实现劳务经济收入716.16万元。2009年农村养老保险参保人175人，劳务输出856人，劳务输出经济收入826.76万元。2010年农村养老保险参保人176人，劳务输出1283人，实现劳务经济收入1231.68万元。

【安全生产】 2007—2010年，严格执行《中华人民共和国安全生产法》及相关法规，坚持“安全生产，预防为主”的方针，积极落实安全生产责任制。对“引清济昆”遂道工程、辖区内的建筑业，加油站、旅社、出租房、液化汽、食品生产加工和销售等进行定期和不定期检查，每年检查次数不低于12次，人次不少于40人次。截止2010年底，全乡没有发生重特大安全事故和一般安全事故，死亡控制指标为零。

【村镇规划工作】 集镇建设和民房防震加固建设大幅提高。2007年4月，投资300余万元，完成集镇兴迎街建设，栽种集镇绿化树木1000余株，安装路灯88盏(其中太阳能节能灯22盏)；投资25.6万元，完成大清河、得秋哨72户防震加固。2008年9月，投资150万元，启动治租村委会治租集市建设；投资138万元，完成麦地心村及兴隆小冲冲村378户防震加固建设，争创《国家级生态乡镇》建设；对集镇“三纵三横”1.5万元平方米街道和海尾至麦地心22千米沿线进行绿化，栽种香樟、天竺桂、藏柏3万余棵。2009年，1万平方米的治租集贸市场正式投入使用，极大方便了周边村民生产生活；投资14万元，完成《甸沙乡集镇总体规划》，投入金额93.8万元，完成麦地心村委会、兴隆村委会266户防震加固及危房改造；投资125万元，建成垃圾集中处理池1个，污水处理点2处、公共卫生而3个，购买垃圾清运车1台；2010年投资280余万元，完成麦地心村委会干海子村新农村建设及绿化、亮化工程；投资43.6万元，对老村村委会158户民房进行防震加固及危房改造。

【科教文卫】 教育工作进一步发展。2007年，全乡共有校点29个(一师一校点15个，两师一校点4个)，私立幼儿园1所，其中初级中学1所，16个教学班917人，中学教师45人，小学67个教学班2114人，小学教师90人；小学入学率99.47%，完学率98.4%，初中入学率99.1%，升入高中64人。2008年，全乡共有校点27个(一师一校点13个，两师一校点4个)，私立幼儿园1所，其中初级中学1所，17个教学班921人，教师58人；小学64个教学班1945人，教师98人；小学入学率99.53%，完学率98.6%，初中入学率98.7%，毕业率99%，升入高中91人。2009年，全乡共有校点11个(两师一校点1个)，私立幼儿园1所，其中初级中学1所，16个教学班864人，中学教师59人，小学50个教学班1679人，小学教师102人；小学入学率99.2%，完学率98.7%，初中入学率98%，毕业率98.8%，升入高中106人。2009年3月“九年一贯制”学校建成正式投入使用，校园面积由43亩增至73.5亩。

2010年，全乡共有校点11个（两师一校点1个），私立幼儿园1所，其中初级中学1所，17个教学班859人，教师62人，小学46个教学班1655人，小学教师116人；小学入学率99.6%，完学率99.2%，初中入学率99.6%，毕业率99.1%，升入高中85人。

文体广播事业快速发展。2007年底，完成广播电视"村村通"工程20座，架设光缆线29.38千米，电视节目由2007年2套广播12套电视节目发展到2010年底的5套广播42套电视节目。截止2010年底，甸沙乡9个村委会的村级文化室已全部建成并投入使用，其中，2007年建2个，2008年建2个，2009年建3个，2010年建2个；全乡有2支民间文艺队；移动电话覆盖9个村委会80个自然村，覆盖率达100%。

2007—2010年，全乡有村卫生所9所，附属医疗点3处，卫生院附属门诊1个，个体诊所7家。乡卫生院有职工12人，乡村医生22人。2007年新型农村合作医疗参合人数人17996人，参合率96.5%，年报销费用56.03万元。2008年新型农村合作医疗参合人数人18045人，参合率96.9%，年报销费用112.71万元；乡卫生院引进价值10.8万元的X光机及洗机片。2009年农村合作医疗参合人数18077人，参合率97.7%，报销费用185.69万元；购置妇科多功能治疗仪及新增B超1台，合计价值9.3万元。2010年农民合作医疗参合人18109人，参合率97.5%，年报销费用205.59万元，成立中医科，投入12万元购置相应配套设备；投资15.8万元，强化生化功能，购置全自动血液生化仪及血球分析仪。

【基础设施建设】 2007年，投资160万元，建成浑水塘、红果树、麦地心、兴隆4所小学教学楼建设。2008年投资1200万元，实施标准化学校建设；投资350万元，建盖司法所、天然林保护所、卫生院住院楼及机关综合办公楼，并对机关大院进行绿化、亮化改造。2009年，投资600万元，建设集休闲、娱乐、健身为一体的1万平方米的甸沙休闲广场；投资200余万元，征地30亩，建成塑胶环形跑道1块、篮球场5块，校园面积由43亩增至73.5亩；投资90万元，建成牲畜市场、粮食市场各1个；投资50万元，建盖计划生育服务所办公楼。2010年，投入79万元，完成麦地心、海尾、红果树三个村级活动场所建设，建盖水务科、规划站、文广中心办公楼，价值170万元，现已投入使用；投入资金60余万元，完成甸沙300平方米农贸市场的建设并投入使用；投入321.5万元，完成老村完小、甸沙潮汕希望小学、中心学校办公楼、住宿楼的建设。

2007年投入资金600余万元，实施甸沙至老村、大清河至帕山、以礼坡至兴隆52千米的通达工程及中期改造工程。2008年，投资558万元，实施55.8千米路基改造和通达工程建设，解决了7个村委会之间道路晴通雨阻的交通问题。2009年初，投资780万元，完成4个村委会之间64.8千米通达工程建设，修建兴隆村委会腊支大桥；投资7万元，完成59千米的公路养护；2010年，投资250万元，完成22.4千米的涉及9个自然村道路进行改扩建及路面硬化。

【精神文明建设】 2007—2010年，深入开展"十星级"文明户的创评活动和"文明村"、"文明单位"创建活动。2007年，全乡创建文明单位(村)12个，其中市级文明单位2个，市级文明村1个，县级文明村3个，县级文明单位6个。2008年全乡创建文明单位（村）7个，其中市级文明村1个，县级文明单位6个，县级文明村2个。2009个创建县级文明单位2个，县级文明村1个。2010年，创建县级文明单位4个，县级文明村2个。

【服务"引清济昆"工程】 乡党委政府积极主动服务于"引清济昆"工程，2007年底，先后完成水淹区1300余亩征占地的测量工作、31户搬迁户的实物评估和22亩搬迁点的征用，256亩大坝占地的征用工作。2008年完成水淹区31户移民的搬迁房屋建设，征地157亩，搬迁坟地22冢。2009年完成大坝取土征地11.199亩，发放征地款15.31万元，31户移民户已分房入住，拆除31户移民户原住房9300平方米；完成海丹隧洞施工场地10号路建设，临时征114.46亩土地，发放临时征占费17.84万元。

【扶贫、新农村建设】 2007年，投资140万元。实施整村推进7个，其中设人畜饮水管网31151米，解决了4个自然村352户1416人、大小牲畜2005头（只）的饮水困难；硬化村间路面4条2453米7359平方米，受益4个自然要306户1200人；建设沼气池169套，举办种养殖业科技培训35期3500人次；发放支农小额信贷200万元。2008年，整乡推进共投入市、县级资金900万元，其中，硬化村间路面9个村委会23个自然村，2386米，74187平方米，受益7250人；建砂石路19条，122千米；墙体粉刷17个自然村857户；发放小额信贷150万元。2009年，实施整村推进6个，投入120万元，其中，硬化村间路面2474米，7422平方米，受益4个自然村186户721人；投资220万元，对老村村委会石窝铺村及兴隆村委会小冲冲村实施异地搬迁，涉及86户440人；安装太阳能122套；举办科技培训30期，1500人次；发放小额信贷200万元。2010年，投资120万元，实施整村推进项目6个，其中，村间路面硬化3300米，11655平方米，安装太阳能130套；发放曹德旺善款1743户348.6万元，小额信贷共发放300万元。

【经济贸易】 2007—2010年，积极发展非公经济和个体工商户，增加农民收入，成立"万村千乡农家店"3家，认真落实节能减排政策，大力推广和发放节能灯。2007年，全乡非公经济有340个，完成总产值973万元，增加值292万元；从业人员512人；在海尾村设立"万村千乡农家店"1家。2008年，非公经济344个，实现总产值983万元，增加值295万元；从业人员525人；全乡9个村委会发放节能灯3570支。2009年全乡有非公经济360个，总产值1000万元，增加值300万元；从业人员550人，在红果树村设立"万村千乡农家店"1家。2010年全乡非公经济376个，实现总产值1270万元，增加值381万元；从业人员581人；在甸沙村委会洒井村设立"万村千乡农家店"1家，发放节能灯3200支。

【法制建设】 2007年，共立刑事案件16件，破获12件，抓获涉案人员9人；查处各类治安案件126件，打处违法人员89人。2008年，立刑事案件10件，破8件，抓获并批捕犯罪人员10人；立各类治安案件112件，查处110件，打处违法人员78人。2009年，立刑事案件10件，破5件，抓获并批捕犯罪人员6人；立治安案件123件，查处123件，处理违法人员140人。2010年，立刑事案件10件，破6件，抓获犯罪嫌疑人8人；立治安案件87件，处理违法人员113人。

【民政优抚】 2007年，发放救济粮13460千克，领取农村低保898人941户，发放定补金额74.3万元。2008年，发放生活救济粮18570千克，领取农村低保901人944户，共计金额75.02万元。2009年发放救济粮11540千克，领取农村低保903人946户，共计金额75.5万元；全面落实殡葬改革政策，死亡人口火化率100%。2010年，发放救济粮42780千克，领取农村低保1025人1070户，发放金额85.1万元；落实殡葬法，绿化墓地10亩，死亡人口火化率100%。

【人民生活】 2007年全乡农村经济总收入4852万元，同比增6.4%；人均纯收入1093元，同比增6.3%；粮食总产量8458吨，人均产粮462千克。2008年全乡农村经济总收入5274万元，同比增8.7%；人均纯收入1189元，同比增8.8%；粮食总产9538吨，人均产粮461千克。2009年全乡农村经济总收入5733万元，同比增8.7%；人均纯收入1292元，同比增8.7%；总产量9452.2吨，人均产粮509千克。2010年全乡农村经济总收入6232万元，同比增8.7%；人均纯收入1405元，同比增8.7%；总产量8911吨，人均有粮477千克。

【表彰奖励】 2009年甸沙乡被评为全国环境优美乡(镇)。

【领导名录】

党委书记：杨朝云(2007.09—)
乡　　长：李学武
人大主席：张　碧(—2007.10)
　　　　　孙志映(2007.10—)
副 书 记：刘彦宏(—2007.10)
　　　　　张应堂(2007.01—)
　　　　　徐　毅(2007.11—2008.12)
　　　　　盛炳全(2010.10—)
纪委书记：杨世荣(—2007.10)
　　　　　盛炳全(2007.10—2010.9)
副 乡 长：倪万生
　　　　　马连升(—2007.10)
　　　　　彭义敏(2007.10—2008.12)
武装部长：王树清(—2008.12)

(撰稿人：马丽娟)

羊街镇

【行政区划】 羊街镇地处东经103°02′24″至103°11′48″之间、北纬25°23′48″至25°32′30″之间。东与仁德镇塘子山水相连，南与嵩明县相接，西与先锋镇相邻，北与仁德镇金所毗邻，距昆明62千米，距寻甸县城27千米。境内213国道、东川铜矿公路、嵩待高速公路贯穿，交通通讯便捷，区位优势明显，属寻甸县"南大门"和重要交通枢纽乡镇。全镇辖12个村民委员会，58个自然村，81个村民小组。

【自然状况】 全镇有国土面积168平方千米，有耕地3.88万亩，其中：水田1.74万亩，旱地2.15万亩。年平均气温14.4℃，最高气温35℃，最低气温~5℃，5—8月是全年气温最高时，平均气温为19℃。历年平均终霜日为4月2日，无霜期229天，年降雨量1100毫米。

【经济综述】 2007年经济总收入1.28亿元，2008年经济总收入1.44亿元，2009年经济总收入1.6亿元，2010年经济总收入1.79亿元。2007年财税收入212.9万元，2008年财税收入291.9万元，2009年财税收入960万元，2010年财税收入1443万元，年均递增99.5%。

【人口与计划生育】 2007年全镇总人口44687人，其中：农业人口43084人，非农业人口1603人。2008年全镇总人口45896人，其中：农业人口44199人，非农业人口1697人。2009年全镇总人口46315人，其中：农业人口44599人，非农业人口1716人。2010年全镇总户数11846户，人口47370人，其中：农业户10898户，人口45302人，非农户数948户，非农业人口2068人；农业人口中，乡村劳动力资源总数28586人，劳动年龄内人口数27438人；从事农林牧渔业人数21408人；从事二、三产业人数为4592人，分别占农村劳动力资源总数的75%和16%。

2007年，出生254人，其中一孩出生140人，计划内生育140人，计划生育率达100%；二孩出生114人，计划内生育112人，计划生育率达99%；全镇已婚育龄妇女达8529人，已采取各种避孕节育措施的人数为7677人，避孕节育率达90%；基础知识教育率达95%；政策知晓率达98%；人口自然增长率3.45‰。2008年，出生256人，其中一孩出生140人，计划内生育138人，计划生育率达98.57%；二孩出生116人，计划内生育114人，计划生育率达98.28%；全镇已婚育龄妇女达8533人，已采取各种避孕节育措施的人数为7863人，避孕节育率达90.04%；基础知识教育率达92.5%；政策知晓率达98%；人口自然增长率3.41‰。2009年，出生263人，其中一孩出生152人，计划内生育152人，计划生育率达100%；二孩出生109人，计划内生育109人，计划生育率达100%；全镇已婚育龄妇女达8715人，已采取各种避孕节育措施的人数为7960人，避孕节育率达91.34%；基础知识教育率达90%；政策知晓率达95%；人口自然增长率2.33‰。2010年出生253人，其中一孩出生161人，计划内生育161人，计划生育率达100%；二孩出生90人，计划内生育90人，计划生育率达100%；全镇已婚育龄妇女达9838人，已采取各种避孕节育措施的人数为8958人，避孕节育率达91%；基础知识教育率达95%；政策知晓率达98%；人口自然增长率2.43‰。

【农田水利建设】 2007—2010年，共完成各项水利工程40件，投资2769.4万元，解决41831人饮水困难，新增(改善)灌溉面积1.61万亩，产生经济效益213万元。2007年，完成牛街村人饮工程、古城、黄家屯人饮工程、吴所、花箐哨烧烟水浇地工程，投资189.91万元，解决2510人饮水困难，新增(改善)灌溉面积3460亩，产生经济效益79万元。2008年，完成集镇供水、纳郎水库新建、羊山冲水库除险加固工程，投资1162.95万元，解决6520人饮水困难，新增(改善)灌溉面积8640亩，产生经济效益63万元。2009年，完成十里箐水库除险加固，核桃村人饮、多合村人饮、陡箐村人饮、古寨河人饮、十里箐人饮、何家村人饮、白楼房人饮、唐家庄人饮、新街村人饮、跨基村人饮、迟所村人饮、放羊村人饮、小留所村人饮、羊毛河村人饮、大刘所饮水安全工程，投资1272.10万元，解决1.52万人饮水困难，新增(改善)灌溉面积4000亩，产生经济效益53万元。2010年完成余家屯、深沟村、集镇支管改造、小黄坡村、丰乐村、纳郎主管改造、丰乐红石岩400立方米水池、和平村主管改造、牛街主管延伸、李子箐人饮、黄梨山人饮抗旱应急工程，大坝河村、大坟村饮水安全工程，纳郎水库闸门改造，投资144.443万元，解决1.76万人饮水困难，产生经济效益18万元。

【粮食生产】 2007年，农作物总播面积为8.06万亩，粮食作物面积为6.19万亩，其中水稻1.3万亩，玉米9000亩，小麦7800亩，大麦9000亩，豆类8100亩，薯类1.05万亩；种植蔬菜3600亩，油菜1500亩，其它农作物播种面积达4150亩；粮食单产248.9千克，总产1.54万吨。

2008年，农作物总播面积为8.21万亩，粮食作物面积为6.37万亩，其中水稻1.3万亩，玉米1万亩，小麦8000亩，大麦9000亩，豆类7500亩，薯类1万亩；种植油菜1300亩，蔬菜3600亩，其它农作物播种面积7200亩；粮食作物单产242.7千克，总产1.55万吨。

2009年，农作物总播面积为7.96万亩，粮食作物面积为6万亩，水稻1.3万亩，玉米9000亩，小麦6000亩，大麦9500亩，豆类7500亩，薯类1.1万亩；种植油菜1400亩，粮食单产255.1千克，总产1.53万吨。

2010年，农作物总播面积为7.81万亩，粮食作物面积为5.88万亩，水稻9000亩，玉米1.35万亩，小麦6000亩，大麦9500亩，豆类7500亩，薯类1.1万亩；种植油菜1300亩，粮食单产258.6千克，总产1.52万吨。

【烤烟生产】 2007年，种植"云烟85"9400亩，其中种植田烟3000亩、地烟6400亩、水浇地覆盖6000亩，综合示范区面积3100亩，种烟农户3054户；收购烤烟137.86万千克，产值1691.57万元。

2008年，种植"云烟87"1.01万亩，其中种植田烟3000亩、地烟7100亩、水浇地覆盖9000亩，综合示范区面积3600亩，种烟农户2525户，收购烤烟142.83万千克，产值2015.48万元。

2009年，种植美引品种"NC102"烤烟1.01万亩，其中种植田烟3000亩、地烟7100亩、水浇地覆盖9000亩，核心示范区面积4750亩，种烟农户1151户；收购烤烟147.46万千克，产值2154.41万元。

2010年，种植"云烟87"9660亩，其中种植田烟3000亩、地烟6600亩、水浇地覆盖9000亩，标准化核心示范区面积5500亩，种烟农户1130户；收购烤烟133万千克，产值1840.02万元。

【畜牧业生产】 2007年大小牲畜存栏4.24万头，出栏3.48万头；畜牧业产值5240万元，收入3668万元。2008年大小牲畜存栏4.72万头(匹、只)，出栏5.14万头(匹、只)；家禽存栏8.84万只，出栏6.11万只；畜牧业产值5386万元，畜牧业收入3770万元。2009年大小牲畜存栏5.19万头(匹、只)，出栏6.7头(匹、只)；家禽存栏11.39万只，出栏7.73万只；畜牧业产值6048万元，畜牧业收入3931.2万元；2010年大小牲畜存栏5.51万头(匹、只)，出栏6.01万头(匹、只)；家禽存栏12.1万只，出栏13.53万只；全年实现畜牧业产值6749万元，畜牧业收入4517.8万元。

【林业生产】 羊街镇土地总面积1.63万公顷(合24.37万亩)，其中：林业用地面积为8616公顷(合12.92万亩)，占全镇土地总面积的53.03%；非林地面积为7631公顷(合11.45万亩)，占全镇土地总面积的46.97%；森林覆盖率为37.47%。在林业用地面积中：有林地面积12.14万亩，灌木林地面积16605亩，未成林造林地面积2797亩，宜林地面积6289亩；无立木林地面积2298亩。

2007—2010年，植树造林总面积(含四旁义务植树折合绿化面积)7683亩；完成森林病虫害防治总面积3750亩；森林管护总面积8.21万亩。

2007年林业产值1178.12万元；2008年林业产值1232.2万元；2009年林业产值1345万元；2010年林业产值1414.67万元。

【乡镇企业】 全镇辖40余家工业企业，其中规模工业企业有云南旭东有限责任公司、东山水泥有限公司2家。非公经济增加值从2007年的5800万元增加到2010年的9167万元，增长58.05%；营业收入从2007年的1.87亿元增加到2010年3.23亿元，增长126%；上缴税金从2007年的562万元增加到2010年的876万元，增长55.87%；从业人员从2007年的2180人增加到2010年的4469人，增长105%。工业增加值从2007年的4000万元增加到2010年的8049万元，增长101.23%。

【交通·通讯·电力】 2009年，投资186万元建成羊街汽车站(四级农村客运站)，客运站占地面积3780平方米，客运站建成后，在原羊街至昆明班线的基础上，增加了羊街至寻甸、羊街至先锋、羊街至嵩明的城乡公交车，改变了广大人民群众过去乘车难、出行难的状况。年平均日客流量有2400多人。

2007年邮政储蓄957.49亿元，2008年邮政储蓄973.01亿元，2009年邮政储蓄1121.65亿元，2010年邮政储蓄1493.23亿元，从2007年到2010年增长了535.75亿元，代发全镇126户农计生用户的奖励扶助金等，为中小企业以及农村用户发放小额贷款、个人商务贷款。物流配送为全镇146户烟草零售户提供了优质、快速、方便的资金入帐业务，承担全镇烟草零售户的卷烟配送业务。

全镇固定电话已发展近1300户，宽带用户已增长至600余户。为满足广大用户的不同层次的消费需求，推出了e8系列套餐、e9系列套餐、幸福e家套餐及包月118套餐(包月)48套餐(包月)。建立了羊街接入网、甸龙接入网、大留所接入网，覆盖了整个羊街镇各乡村的固定电话的通信需求。2010年在羊街镇多和村委会、纳郎村委会、长冲村委会、吴所村、小黄坡村、丰乐村、清水沟村、新街村新建e盘通信设备，实现了羊街镇80%的乡村都能装宽带网络的通信需求。

全镇有10kV线路5条(引牛入滇线这条线属于公司管理)。东山水泥厂线、丰乐线、羊街Ⅱ回线、羊街Ⅲ回线属于羊街供电所的考核线路)。羊街供电所管辖范围内10千伏线路全长118.78千米，400V线路全长226.84千米，供电变压器160台(其中公用变压器87台，专用变压器73台)总容量18015千伏安，居民生活用电户11855户。2007年供电量为967.27万千瓦时，售电量为885.86万千瓦时。2010年供电量为1841.39万千瓦时，售电量为1651.61万千瓦时。与2007年供、售电量相比，分别增加90.37和86.44个百分点。

2007年投资72.48万元，对十里箐、磨盘寺、李子箐、石门坎4个村39户的通电，新建10千伏线路6.77千米，0.4千伏线路4.26千米，安装变压器4台。2008年投资299.46万元，新建羊街Ⅲ回线路，解决了羊街用电负荷大问题。2009年引清济昆工程落户羊街，安装变压器9台，投资125.48万元，维护了甸心，甜荞地、黄土坡支线的正常运行，改造了村庄多处隐患。2010年引牛入滇工程落户羊街，开始施工建设。开通95598保修服务热线，投运了PMS管理系统，供电可靠率、电压检测率、配网运行管理系统等，开通了电费短信系统，营业室安装了监控设施。

【财税税收】 2007年，地方财政收入

212.9万元，比上年同期增长22%，其中工商税收72.2万元，烟叶产品税136.6万元，耕地占用税1.6万元，契税2.5万元；财政总支出486万元，比上年同期减支1%，其中公共服务支出278万元，文化体育支出6万元，教育支出17万元，社会保障支出37万元，农林水事务支出113万元，其它支出35万元。

2008年，地方财政收入291.9万元，比上年同期增长37%，其中工商税收91.9万元，烟叶产品税160万元，耕地占用税30万元，契税10万元；财政总支出531万元，比上年同期增长11%，其中一般公共服务支出281万元，文化体育支出11万元，教育支出18万元，社会保障支出51万元，农林水事务支出137万元，其它支出31万元，卫生支出2万元。

2009年，财政收入县乡收入960万元，比上年同期增长304%，其中工商各税478万元，烟叶产品税481万元，耕地占用税7万元，契税9万元；财政总支出653万元，比上年同期增长22.9%，其中一般公共服务支出318万元，文化体育支出5万元，民族专项支出27万元，社会保障支出50万元，农林水事务支出219万元，其它支出34万元，到2009年底止，结余61.9万元。

2010年取消乡级财政，实行乡财县管，县乡财政收入为1443万元，比上年同期增长35%，其中地税收入1160万元，国税收入273万元；财政总支出1330万元，比上年同期增长203%，其中，一般公共服务支出499万元，文化体育支出6万元，社会保障支出58万元，农林水事务支出659万元，其它支出78万元，商业服务事务支出30万元。

【村镇建设】 羊街镇于2009年完成集镇规划编制。镇直单位人员坚持每星期四早上7：30分到划定区域进行卫生清扫，集镇已安装路灯65盏，二环路已列入亮化计划。集镇现有农贸市场2个，有规范性四级客运站1个。集镇建有初级污水养化塘1个。按照牛栏江源头污水排放必须达到3类水排放要求，集镇污水处理设施和垃圾处理设施已列入规划治理中。

【商业贸易】 截止2010年底，辖区有内资企业12户，内资企业注册资金总额378万元，从业人员54人；私营企业39户，私营企业注册资金总额1.46亿元，从业人员650人；有外资企业2户，外资企业注册资金802.46万元，从业人员23人；个体工商户602户，注册资金总额1020万元，从业人员1248人；农民专业合作社25户。羊街镇有5户私营企业进入县私营企业50强，分别是云南旭东磷化集团旭东化工有限公司(注册资金4100万元)，云南亮达电力安装有限公司(注册资金2000万元)，昆明东山水泥生产有限公司(注册资金1500万元)，云南旭东磷化集团文峰建筑有限公司(注册资金980万元)，寻甸光明电力通讯工程有限公司(注册资金800万元)。

全镇有集市贸易3个，分别是羊街集贸市场、新街集贸市场、羊街车站农贸市场。羊街集贸市场于2002建成投入使用，占地面积30亩，投资额300万元，2010年投入70余万元对场地进行硬化，建成市场大棚2个。羊街集贸市场能容纳1万人赶集，辐射金所、先锋和嵩明县，年成交额9000万元。羊街车站农贸市场于2009年建成投入使用，占地面积5亩，投资额为120万元，有市场摊位200个，主要满足集镇居民购物及消费。新街集市为以路为市的街天集市，能容纳2000人赶集，年成交额900万元。

【科教文卫】 2007—2010年，累计征收土地53.1亩，新建羊街小学、改扩建初级中学、新街、大刘所4所标准化学校，新建长冲全框架结构教学楼一栋，累计新增校舍建筑面积2.79万平方米；完成危房改造任务，拆除D级危房2986平方米，搭建活动板房面积860平方米，先后撤并古寨河、余家庄、陡箐、小被单、夸基、迟所、大坝河、小黄坡、花箐哨、上丰乐、东山箐、和平、深沟、十里箐、新发村、白楼房、牛街18个教学点。截止2010年，羊街镇有中学1所，小学16所，幼儿园12所，校园新增绿化面积6936平方米；民办幼儿园达12所，民办化率达95%；“两基”巩固提高成效明显，控辍保学措施力度不减，初中入学率达100.1%，小学入学率达100%。

2007年9月，完成广播电视“村村通”60户以下的安装任务76户，完成“乡镇广播电视覆盖体系”的建设。2008年启动有线电视网络改造工程，完成村级文化室建设。2009年完成5个村级文化室建设、20户以下“电视村村通”工程。2010年完成5个村级文化室建设和镇文化综合楼的建设。

羊街镇中心卫生院创建于1956年，占地面积5500平方米，设有外科、内科，妇产科，小儿科、中医科等临床科室，设置病床59张，医院配置有彩色B超、全自动生化分析仪、麻醉机、呼吸机、x光机、心电图机等检查和手术设备。全院人事编制30人，现有职工22人，学历为本科2人，大专16人，中专3人，有中职4人，助职16人，其他2人，临时聘用13人。农村新型合作医疗工作有序开展，2007年参合人38630人，报销182.97万元；2008年参合43806人，报销117.29万元；2009年参合42779人，报销361.45万元；2010年参合40781人，报销272.39万元。

【民政工作】 截止2010年12月，全镇共有农村低保对象1760余人、三无人员110人、城镇低保对象200余人、优抚对象及小乡干部等170余人。

2007年，发放大米8450千克，救助105户37人；发放被子90床，救助66户197人；农村社会救济5.02万元，自然灾害救济2.15万元。2008年，发放大米1.66万千克，救助226户628人；发放被子123床，救助56户131人；自然灾害救济15.46万元。2009年，发放大米1.64万千克，救助193户601人；发放被子118床，救助74户207人；自然灾害救济4.16万元。2010年，发放大米2.84万千克，救助459户1252人；发放被子71床，救助31户105人；农村社会救济5400元；自然灾害救济16.25万元。截止2010年底，全镇发放救济大米5.89万千克，解决989户1757人次，发放被子200余床，解决100户、400人次问题，发放救灾资金30余万元，修复修建民房50余间，完成20名孤儿信息录入核对，补助足额发放。

完成了全镇门牌号的清理核查和上牌工作。2007年开始，对全镇各自然村的9848户、富羊路52户和兴羊路152户建档立卡；做好“三沿五区”整治及活人墓平毁工作。2010年以来共清理平毁活人墓8尊，机耕道绿化6.2千米、4170株，高速公路绿化15151株，河埂绿化2.1万株，厂区及道路绿化1800株、99亩，单位绿化426株清理坟墓4750冢、坟地植树9923株，栽竹子21.6万塘；切实做好殡葬改革工作。到2010年底，已火化270余人，火化率100%。

【扶贫开发】 2007—2010年，完成秦家庄、大坟、牛街、凹子地等23个自然村整村推进项目，投入财政资金460万元，有关部门整合及群众投工投劳折资872.60万元。完成村内道路硬化28.42千米，11.1万平方米。解决962户，3101人人饮困难；完成纳郎村委会新农村建设工程，投资120万元，群众投工投劳折资78.40万元，全面解决该村委会村内道路硬化。全镇党员干部帮扶困难户162户，614人。投资7.36万元。帮扶共计投入468人次，困难户帮助89户，330人脱贫。

【人民生活】 2007年人均纯收入1894元，2008年人均纯收入2109元，2009年人均纯收入2403元，2010年人均纯收入2661元。

【党建工作】 2007—2010年，投入党建工作经费8万元，培养入党积极分子396人，发展党员147人，发放建国前老党员关爱补助3万余元，发放70岁以上老党员补助21.8万元，节日慰问老党员0.63万元，表彰先进党支部20个，先进党小组7个，优秀党员43人。2010年百年不遇的干旱发放共产党员抗旱救灾特别捐献资金44万元。2010年换届中，建立党总支13个，支部39个。

【新农村建设】 2007年以来，羊街镇新农村建设工作通过加大宣传，群策群力，进村入户，调查研究，制定项目规划，落实项目工程，实施项目推进及管理。使长冲村委白鸡凹苗族自然村、中村，羊街村委第六村民小组，新街村委新街一组，纳郎村委纳郎村等社会主义新农村建设项目高标准、高质量，全面实施完成，使实施项目的自然村水、电、路、基础设施完善，产业发展和家庭经济得到全面发展。

【领导名录】

党委书记：马明润
党委副书记：胡春海
马超功(2010.10—)
杨天能(2007.9—)
王顺祥(2010.11—)
明　亮(2010.2—，新农村建设工作队长)
马兴祥(2007.11—2010.2)
孙志映(—2007.11)
人大主席：刘彦宏(2007.11—)
镇　　长：胡春海
纪委书记：马东云
副 镇 长：孙羡桦
毕　堃(2010.2—)
马德选(2010.9—)
陈道宣(—2010.2)
武装部长：尹开林

（撰稿人：杨明学）

先锋镇

【行政区划】 先锋镇位于寻甸县城西南部，距县城42千米，北依六哨、东接羊街、金所，西邻柯渡，南与嵩明县及盘龙区接壤。乡政府驻窑上村委会鲁支本村，海拔1925米，辖普鲁、富鲁、鲁土、窑上、大窝铺、大竹箐、白子村、木龙马、打磨箐9个村民委员会，104个自然村，89个村民小组。2009年7月1日撤乡建镇后，改称先锋镇。全镇辖9个村(居)委会91个村民小组104个自然村。

【自然状况】 全镇国土面积156平方千米，境内最高海拔2940米，最低1890米，年平均气温14.2℃，年平均降雨量1100毫米。全镇总耕地面积1.59万亩(水田4810亩，旱地1.11万亩)，人均耕地0.72亩，林业用地面积8010.1公顷。境内储有丰富的褐煤、磷矿、硅藻土等资源。其中：褐煤储量达2.9亿吨，平均发热量3700～4000卡/千克；磷矿储量5000万吨，平均品位30%；硅藻土储量1.9亿吨，平均品位28%。辖区内共有10家工业企业(先锋煤业公司、南锋公司、鲁支本煤矿、郭家山煤矿、贾白山煤矿、没租哨磷矿、龙海砖厂、普鲁砂场、且买姑采石场和木龙马砂场)和一个运输企业(先锋龙华公司)。全镇地势呈现“两山夹一槽”，槽子区域属典型的河谷地带，分布普鲁、富鲁、鲁土、窑上、白子村和木龙马6个村委会，两边山梁区域属高寒山区，分布大竹箐、打磨箐和大窝铺3个村委会，普鲁、富鲁和鲁土3个村委会，依托资源开发，带动了运输业的迅猛发展，经济发展较快；窑上、白子村和木龙马3个村委会，主要以烤烟和粮食生产为主；大竹箐、打磨箐和大窝铺3个村委会，依靠小区气候和土地优势，主要发展脱毒马铃薯、特色蔬菜和花卉种植。

【经济综述】 2007年，全乡国民生产总值1.36亿元，固定资产978.7万元；乡级财政收入692万元，财政支出768.3万元。2008年，全乡国民生产总值1.49亿元，固定资产完成633.2万元；乡级财政收入938万元，财政支出633.2万元。2009年，全乡国民生产总值1.86亿元，固定资产完成14784万元；乡级财政收入1073万元，财政支出769.6万元。2010年，全镇国民生产总值2.35亿元，固定资产完成20.78亿元；乡级财政收入2705万元，财政支出1084.96万元。

【农田水利建设】 2007年，投资55.1万元，完成白子村450亩和木龙马1959亩的烤烟水浇地工程；利用国债资金完成6个自然村219户817人的人畜饮水工程。

2008年，筹资140万元，完成白子村村委会干河村、窑上村委会恶歹村1300亩水浇地工程；筹资85万元启动实施木龙马片区沟渠配套建设工程；筹资30万元组织实施打碑沟、中村、宿家村、白子村、贾白山、团结村、木龙马等7个自然村人饮工程，解决495户1774人的饮水困难和安全问题。

2009年，完成木龙马沟渠配套工程，现已投入使用；先锋河小流域一期治理工程初步设计工作已经过专家评审；投资1600万元，组织实施大竹箐土地开发整理项目工程。

2010年，组织实施团山、鲁克山等14个村人饮工程，解决1604户6416人饮水困难和安全问题；大竹箐土地开发整理项目工程建设圆满完成，富鲁基本口粮田建设项目启动实施。

【农业生产】 2007年，农业总产值6410.5万元，增长26%；粮食总产675万千克，人均有粮314千克；种植烤烟4400亩，实现产量57.8万千克，收购均价12.48元，产值721.6万元。全年大小牲畜存栏3.86万头(匹、只)，出栏3.51万头(匹、只)；畜种改良6370头(匹、只)；实现畜牧业产值3264万元，畜牧业收入2050万元。林业生产得到了加强，四旁植树6万株，完成占用征地造林100余亩，实现林业产值730万元。

2008年，农业总产值6832.8万元，同比增长10%；种植粮食作物1.58万亩，粮食总产708万千克，产值699万元；种植烤烟“NC297”4500亩，收购64.9万千克，均价13.82元，实现产值896.9万元。全年大小牲畜存栏4.06万头(匹、只)，同比增长4%；出栏大小牲畜3.65万头(匹、只)，实现畜牧业产值3292万元，同比增长7.9%；完成四旁植树7.8万株、公路及集镇绿化植树4万株、煤矿排土场植树5万株，机耕道绿化3千米，进村道路绿化1.5千米；种植泡核桃2511亩；完成封山育林1750亩，实现林业产值770万元。

2009年，实现农业总产值7964万元，同比增长16.6%；种植经济作物(生菜、莴菜、油菜、秋蚕豆等)8400亩，实现产值986万元；种植粮食作物2.63万亩，产量6760吨，实现产值1384万元；农、林、牧服务业等产值达242万元；种植烤烟4180亩，收购59.1万千克，均价16.35元，产值966万元；畜牧业收入2281万元，同比增长3%；实现林业产值885万元，占年初任务847万元的104.4%。全年筹资30余万元，植树4.3万株。

2010年，农村经济总收入1.54亿元；农民人均纯收入达2450元；实现农业总产值9458万元；实现烤烟产值1063.24万元，税收233万元；畜牧业实现产值4280万元，比2005年增长98.6%；实现林业产值908万元。

【特色蔬菜种植】 采取"公司+基地+农户"的形式，以生菜种植为主，莴菜、秋蚕豆、白萝卜、韭黄种植为辅，全面发展特色蔬菜种植。2007年，种植莴菜2000亩、秋蚕豆500亩、生菜300亩，实现产值411.2万元。2008年，种植生菜1000亩、秋蚕豆1000亩、莴菜4500亩、白萝卜800亩，实现产值850万元。2008年经省农业厅认定无公害蔬菜5000亩，其中(生菜2000亩、大白菜1500亩、秋蚕豆1000亩、其它500亩)。2009年种植生菜1200余亩，秋蚕豆1200亩，莴菜5000亩，白萝卜1000亩，实现产值980万元。2010年种植生菜1500亩，秋蚕豆1200亩，莴菜5000亩，韭黄50亩。截止2010年，先锋镇特色蔬菜种植业产值突破1000万元。

【乡镇企业】 2007年，整合松富煤矿、且买姑煤矿并入云南省先锋煤业开发有限公司，实施65—300万吨改扩建项目，通过对松树地井田煤炭资源的科学整合，合理配置资源、市场、人才、资金、技术等经济要素，加大对煤炭行业的资金投入力度，进一步实现了煤炭的综合开发和合理利用，实现年产量223万吨，产值1.7亿元。硅藻土开发项目稳步推进，全年乡镇企业产值达2.73亿元。2008年，依托300万吨/年改扩建项目，全力整合资源，全年完成工业增加值7500万元，同比增长18%。2009年完成工业总产值2.79亿元，同比增长13.4%；实现工业增加值1.01亿元，同比增长12%。2010年实现工业总产值3568万元，工业增加值1.3亿元；乡镇企业增加值1.59亿元；非公共经济增加值完成1.87亿元。

【招商引资】 2008年完成县外实际到位资金15417万元。2009年完成实际到位资金16640.48万元，占年初目标任务1.2亿元的138.67%。对"先锋温泉开发、先锋硅藻土开发、六甲之战纪念园"建设3个项目进行包装推介。2010年完成实际到位资金21032.66万元。年底成功引进实施云南先锋煤业公司300万吨改扩建项目、四川龙蟒集团没租哨磷矿开发项目、南锋公司30万吨改扩建等重点建设项目，促进了资源集约化、规范化开采。

【交通、邮电】 2007年，投资9万元对三个山区乡村公路进行扩建维修；组织实施大竹箐和打磨箐的路基改造工程，投资60余万元，完成征地、拆迁补偿；投资3万余元，完成羊棚子至宿家村断面公路的扩建工程；投资5万余元，新修白子村至后沟箐的乡村道路；筹资5万余元，对境内金凤公路进行养护，清理侧沟12千米。

2008年，完成打磨箐、大竹箐2个村委会路基改造工程；投资300余万元，完成征地拆迁补偿，组织实施了普鲁村机耕道建设工程和打磨箐的路基硬化工程，启动实施大竹箐至梨花海段、窑上至大窝铺的路基改造工程。

2009年，完成打磨箐道路硬化、金凤公路且买姑至石洞门段大修、普鲁改道硬化、窑上至大窝铺、墩子至大窝铺和大竹箐至梨花海乡村道路路基改造工程；完成石头地至洗卡里至富尔阁道路硬化和普鲁小黑箐村、没租哨村村内道路硬化工程。

2010年，成立公路管理所，境内公路实行路长制，进一步加强公路管理；实施紧风口至大竹箐路基改造硬化工程、普鲁至墩子村道路硬化和石洞门至木龙马公路大修工程。

强化电力、电信和邮政工作，全镇辖区内用电线路逐步规范，农村电网改造成果得到巩固；电信网络进一步升级，邮政服务水平明显提高。

【财税、金融】 2007年，完成税收2843万元，乡级收入692.4万元；各项存款余额7230万元，贷款余额5422万元。2008年，完成税收3243.7万元，乡级收入937.5万元，同比增长35.4%；各项存款余额11874万元，贷款余额达4405万元。2009年，完成财政总收入3979万元，实现地方一般预算收入2282万元；完成乡本级财政收入1078.3万元；各项存款余额达1.75亿元，同比增长22%；贷款余额1.12亿元，同比增长33%。2010年，完成地方一般预算收入4161.7万元，占目标任务4134万元的100.6%；农村信用社存款余额1.94亿元，贷款余额1.73亿元。

【集镇、商业贸易】 2007年，投资50万元，对七甲街集镇进行了扩建。实施集镇拓展和硬化、绿化、亮化、美化工程，强化集镇管理，增强集镇服务功能，提升集镇品位。四级客运站建设稳步推进。

依托资源开发，交通运输业不断发展壮大，龙华公司车辆由组建时的96辆发展到680辆，全乡大中型运煤车辆达1200余辆。在工业交通运输业快速发展的同时，经过产业结构调整，稳步推进集镇建设，充分带动了乡内批发零售业，住宿餐饮业，社会服务业的协调共同发展。2007年实现第三产业总产值3231万元，比上年增长7%。2008年实现第三产业总产值3525万元，同比增长36%。2009年实现第三产业总产值1.16亿元，同比增长41%；实现增加值3860万元，同比增长38%。2010年实现第三产业总产值1.48亿元。

【教育】 2007年，全镇共有学校20所，其中：初级中学1所，村完小9所，教学点8校(一师一校3校)，私立幼儿园2校，108个教学班(学前班11个，幼儿园2个)在校学生3719人，少数民族学生1723人，占在校生总数的46.3%；有教职工215人，其中公办教师180人，代课教师及临时工35人；小学入学率99.74%，完学率98.2%，初中入学率99.2，初中毕业率98%，升入高中38人。

2008年，全镇共有学校18所，其中：初级中学1所，村完小9所，教学点8校(一师一校3校)，95个教学班(学前班11个)；私立幼儿园8校。在校学生3749人(其中初中在校967人，小学在校2254人，学前儿童528人)；义务教育阶段少数民族学生1510人，占在校生总数的46.9%；全乡有教职工221人，其中：公办教师180人，合同制工人6人，代课教师24人，临时工11人。全乡学校占地176亩，建筑面积2.37万平方米(框架结构1817平方米，砖混结构1.75万平方米，砖木校舍4067平方米，土木校舍274平方米)。小学入学率99.65%，完学率98.4%，初中入学率99.03%，初中毕业率98.5%，升入高中43人。

2009年，全乡共有学校22校，其中中学1校，完小9校，教学点4校，私立幼儿园8校；在校适龄儿童3678人(中学在校1001人，小学在校2209人，在园幼儿468人)，86个教学班；公办学校有教职工191人，实现了全乡学校无代课及临时工；小学入学率98.05%，完学率99%，初中入学率95.56%，初中毕业率98.3%，升入高中62人；实施5所标准化学校建设项目，学校框架结构校舍由2008年的1817平方米增至1.48万平方米。

2010年，全镇共有学校22所，其中：初级中学1所，完全小学9所，教学点4校，私立幼儿园8校；公办学校有教职工211人，在校适龄儿童3602人(中学在校952人，小学在校2118人，在园幼儿532人)，84个教学班。小学入学率98.05%，完学率99%；初中入学率95.56%，初中毕业率98.3%，升入高中62人。小学入学率99.1%，完学率98.7%；初中入学率95.75%，初中毕业率99%，升入高中87人。2010年，全镇通过了省级教育督导评估验收及国家级"两基"检查验收。

【文化、广电】 2008年开通了全乡电视光缆；2009年完成4个村级文化活动室建设，组织实施"村村通"工程，全镇28个自然村840户直播卫星接收机安装完毕，进一步提高了全镇电视收看质量。2010年基层文化室建设顺利推进，全面完成9个村(居)委会的文化室建设。

【卫生】 2007年，全乡新型农村合作医疗参合2.11万人，参合率达100%；全乡门诊4581人次医疗费用10.67万元，补助2.64万元，住院1014人次费用133.98万元，补助金额44.93万元，合计补助金额达门诊、住院47.57万元，报销5595人次。新一轮参合2.13万人，除独生子女减免713人，民政救助1688人外，实际参合2.18万人，参合率102.32%。2008年，投资33万元，建成6个村级卫生室；全乡5458户2.16万人参加新型农村合作医疗，参合率100.32%。2009年3.88万人参合，报销3994万元，补助金额2489万元。2010年收缴新合医参合费61.12万元，参合2.18万人，参合率99.22%。

【人口与计划生育】 2007年辖区内居住着汉、回、彝、苗等民族，全乡总人口2.22万人，其中：农业人口2.16万人；少数民族9392人，占总人口的42.3%；出生296人，出生率13.33‰；死亡人口96人，死亡率4.32‰；自然增长率9.01‰。

2008年，全乡总人口2.25万人，其中：农业人口2.19万人；少数民族人口9585人，占总人口的43%；出生171人，出生率7.59‰；死亡112人，死亡率4.97‰；人口自然增长率2.62‰。

2009年，全乡总人口2.27万人，其中：农业人口2.2万人；少数民族人口9673人，占总人口的43%；出生211人，出生率9.31‰；死亡93人，死亡率4.10‰；人口自然增长率5.21‰。

2010年，全镇总人口2.32万人，其中：农业人口2.25万人；其中(汉族1.27万人、回族8541人、彝族884人、苗族384人、其它少数民族18人)，少数民族9836人，占总人口的44%；出生299人，出生率12.89‰；死亡121人，死亡率5.22‰；人口自然增长率7.67‰。

【旅游资源】 为纪念1936年4月9日红军二、六军团"六甲之战"，1978年4月9日在先锋乡贾白山建立"六甲之战"革命烈士纪念塔和烈士墓。纪念塔呈四方形，高8.5米，由底座和碑身组成。碑身正面镶刻"六甲之战纪念塔"七个大字，背面刻有"英勇奋斗的红军万岁"字样，铭载了部分烈士姓名、籍贯等。烈士墓建在纪念塔旁，墓长3米，宽1.2米，碑高3.6米，宽1.9米，纪念塔和烈士墓区域四周青松掩映，是先锋主要的爱国主义教育基地。以红色旅游开发为契机，在县文化局的大力支持下，镇党委政府积极争取上级有关部门支持，2010年立项组织实施"六甲之战"纪念园建设项目工程，将原贾白山纪念塔迁至六甲之战原战址——石腊塔，新建"六甲之战"纪念园，总投资1034.9万元。截止2010年底，已征地11.5亩，组织实施一期项目工程建设，预计投资180万元。

【法制建设】 2007年，投资60余万元，为派出所购买车辆、新建警务室、增加联防队员；提高全乡9个村委会治安员和人民调解员待遇，每人每月补助100元，并列入财政预算；及时化解社会矛盾纠纷，司法所、派出所及人民调解委员会调解各类矛盾纠纷50件，调解率达100%，狠抓安全生产工作，煤矿及非煤矿山严格执行每周一次安全大检查，危化品和食品安全严格实行专项治理；道路交通安全建立健全长效机制，实行"平时路查、街天堵卡、定点检查"。

2008年，共受理刑事案件40件，侦破46件，破案率为115%；调解各类矛盾纠纷22件，调解成功率达98%；共接待来信来访76件89件次，办结67件，办结率88%；接县政府热线、县信访局交办信访件14件，均已办结，办结反馈率达100%；全力抓好安全生产，全年对煤矿、非煤矿山、危险化学品等行业进行综合检查118次，发现隐患61条，重大隐患1条，现场整改27条，限期整改26条，下发安全隐患整改指令19份，查处违法开采行为6起34次。

2009年，共受理刑事案件11件，立案32件，破案率为100%，同比下降了57.5%；调处和化解各类矛盾纠纷25件，其中重特大2件，调解率达100%；受理来信来访46件次，办结43件次，办结率93%；办结县信访局、政府热线交办主要信访件32件次，办结反馈率达100%；对全镇境内5个煤矿、5个非煤矿山、2个加油站、10所学校、200余个个体经营户进行了96次安全生产监督检查，下发安全整改令11份，发现非煤矿山安全隐患56条，现场整改30条，限期整改26条；发现在建工程安全隐患8条，现场整改8条；查处违法开采团伙12个，偷挖盗采36次。

2010年，清理毁林开荒71.96亩，依法取缔24户非法经营矿产品经营户；全年共发刑事案件13件，立案24件，破获刑事案件24件，刑事拘留34人，逮捕起诉37人，抓获逃犯33人；受理各类行政案件266件，查处266件，查处率为100%；调解各类矛盾纠纷11件，调解率100%；共接待来信来访115件次，办结102件，办结率89%；接县信访局、县政府热线交办信访件30件，办结反馈率达100%。

【精神文明建设】 2007年，在3个村委4个村民小组572户中开展了"十星级文明户"评选活动，评选出星级文明户541户，其中：十星级文明户38户，九星级文明户26户，八星级文明户64户，七星级文明户81户，六星级文明户56户，一至五星级文明户276户。评选推荐市级文明单位1个，县级文明单位2个，县级文明村4个，社会文明程度进一步提高。

2008年，在全乡9个村委会中开展“十星级文明户”创建活动。评选推荐普鲁村委会且买姑村为市级文明村，寻甸地税三分局为市级文明单位，大窝铺村委会羊棚子村为县级文明村，普鲁村委会没租哨小学为县级文明单位。

2009年，在全乡8个村委会中开展“十星级文明户”创建活动。共评出十星级文明户24户、九星级文明户71户、八星级文明户188户、七星级文明户223户、六星级文明户109户、一至五星级文明户79户。推荐省级文明村1个并已通过验收，推荐申报市级文明村1个、县级文明村2个，县级文明单位2个。

2010年，在全镇9个村委会中开展“十星级文明户”创建活动。推荐申报市级文明村1个，推荐申报县级文明村1个、县级文明单位2个。

【民政扶贫】 2007年，741户808人纳入农村低保范围，全年共发放最低生活保障金38.78万元；在救灾救济工作中，搭建救灾帐篷12顶，转移安置灾民24户116人，发放救灾专款1.6万元，粮食1200千克，争取救灾安置资金24万元；发放困难群众救灾粮7540千克，棉被160床，救助金1.64万元，临时救助31户；认真落实优抚政策，为62名优抚对象、18名义务兵家属等发放定期生活补助10.42万元，核实上报参战退伍军人53人，支前民兵7人；加大扶贫开发力度，全年解决150名绝对贫困人口温饱问题，巩固温饱1200人；共帮扶130户450人，帮扶资金1.4万元。

2008年，共发放农村低保金750人53.25万元、五保供养金58人5.76万元，办理城镇居民基本医疗保险75人；发放救灾救济粮1.74万千克，救济1046人次，发放救济棉被61床；农村大病医疗救助17人，发放救助金10.67万元；加大扶贫开发力度，全年解决150名绝对贫困人口温饱问题，巩固温饱1200人；扎实开展结对帮扶工作，共帮扶121户412人，帮扶资金1.22万元。

2009年，救灾救济、优抚安置工作有序推进，养老、失业、基本医疗保险等保险面进一步扩大；全年解决150名绝对贫困人口温饱问题，巩固温饱1200人。

2010年，办理失地农民养老保险50人，制定出台《先锋镇被征地农民最低生活保障实施方案》，启动农村被征地农民最低生活保障工作；共收到上级下拨抗旱资金76.62万元，社会捐赠1.5万元，自筹11.037万元；收缴党员爱心捐款14.25万元，党费1.9万元。下拨抗旱救灾资金44万元，救助救济全镇880户3478人，下发救济粮2.15万千克，救济757户2306人；投资53.29万元，完成输水管安装28千米，新建小坝塘2个，解决14个自然村、1所完小，共6416人饮水困难；发放农村低保金890人64.8万元、五保供养金58人13.22万元；全年解决168民绝对贫困人口温饱问题，巩固温饱1200人；共帮扶184户412人，帮扶资金2.79万元。

【新农村建设】 2007年，筹资62.7万元，组织实施乡级试点村三家村和汪家箐、县级试点村羊棚子和市级试点村且买姑的新农村建设工程，共硬化路面4000余米，建盖公厕2个，垃圾池6个，安装路灯50余盏。

2008年，完成104个自然村的新农村建设规划；筹资184万元，完成鲁土、三家村等6个自然村的整村推进项目工程，实施项目23件；筹资409.8万元，启动实施一个行政村(白子村)和团山、热呼洞等8个自然村新农村建设整村推进项目工程，实施项目56件。

2009年，整合资金405万元，组织实施白子村行政村新农村建设和鲁支本、团山、大转弯等12个自然村的整村推进项目建设工程，各项工程已全面竣工，并通过有关部门验收。

2010年，组织实施海洋哨、鲁土等8个自然村整村推进项目建设工程；筹资300万元实施没租哨新村建设工程，组织实施代理堡箐和发多箐异地搬迁工程，启动实施窑上地质灾害滑坡安居点建设工程。

【人民生活】 2007年农村经济总收入9551万元，农民人均纯收入1503元。2008年农村经济总收入1.29亿元，农民人均纯收入1954元。2009年农村经济总收入1.39亿元，农民人均纯收入2187元。2010年农村经济总收入1.54亿元，农民人均纯收入2405元。

【领导名录】

党委书记：李兴学(2007.11—)
副书记：刘玉春
　　　　余响云(2010.12—)
乡　长：马仲敏(2007.11—2010.2)
副乡长：马余功
　　　　赵　洋(2007.11—2010.11)
人大主席：朱志祥(2007.11—)
纪委书记：黄金文
武装部长：张兴能

(撰稿人：马誉英)

柯渡镇

【乡镇概况】 柯渡镇地处寻甸县西南部，位于东经102°50′—102°51′、北纬25°30′—25°41′之间。东邻先锋镇，西连鸡街镇，北毗六哨乡、昆明倘甸产业园区管委会倘甸镇，南与盘龙区阿子营街道、富民县款庄镇接壤，国土总面积272平方千米。2010年，全镇辖13个村委会、148个自然村、189个村民小组。镇政府所在地距县城72千米，距昆明85千米。

【自然状况】 耕地总面积31692亩，人均占有耕地0.85亩。主要农作物有水稻、小麦、玉米，经济作物有烤烟、板栗等。境内最高海拔2963米，最低海拔1716米，相对高差为1247米，境内资源丰富，拥有全县海拔最高的水库—军民水库，探明的褐煤储量达4000多万吨，易开采的3600万吨，年产量可达45万吨。全年平均气温13.8℃，无霜期243天，年降雨量654.5毫米。

【人口与计划生育】 柯渡镇居住着汉、回、彝、苗等民族，2007年末总人口38694人9738户，其中：农业人口37681人；回族12480人3011户，汉族23156人5922户，其他民族3058人805户。2008年末总人口38912人9764户，其中：农业人口37732人；回族12532人3024户，汉族23267人5942户，其他民族3110人816户。2009年末总人口39013人9746户，其中：农业人口37756人；回族12597人3018户，汉族23260人5919户，其他民族3098人809户。2010年末总人口9736户39153人，其中：农业人口8955户37976人；少数民族比例占总人口的41%。

2007年，全年出生154人，其中一

孩98人，二孩56人，计划生育率96%；人口自然增长率控制在2.4‰。2008年，全年出生245人，其中一孩157人，二孩88人，计划生育率97.3%；人口自然增长率控制在2.14‰。2009年，全年出生297人，其中一孩189人，二孩108人，计划生育率97.8%；人口自然增长率控制在1.13‰。2010年，全年出生290人，其中一孩197人，二孩93人，计划生育率100%，持证生育率100%；全镇人口自然增长率控制在6‰以内。全镇累计办理农业人口独生子女家庭《父母光荣证》547户，“计划生育村民自治”工作全面实施。

【红军长征柯渡纪念馆】 红军长征柯渡纪念馆位于丹桂村，1977年修建，馆内陈列红军号、红军印章、手枪、衣服、被褥等200余(件)物品，馆内有多媒体展厅1个，展馆4处。1983年被云南省政府定为省级文物保护单位，1992年被列为省近、现代史及国情教育基地，1997年被云南省委、省政府命名为省爱国主义教育基地，是全国十大精品旅游线路之一，自建馆以来累计接待游客80余万人(次)。

【经济综述】 2007年实现农村经济总收入13470万元，2008年实现农村经济总收入14413万元，2009年实现农村经济总收入15641万元，2010年实现农村经济总收入达16903.5万元(其中：第一产业达8703.6万元，第二产业达3589.4万元，第三产业达4610.5万元)，是2007年13470万元的1.25倍，年均增长8.5%；三产结构比由2007年的2.5：1：1.28调整为2010年的2.4：1：1.3；农民人均纯收入达2471元，是2007年1885元的1.31倍，年均增长10.4%。

【农田水利建设】 2007年以来，柯渡镇扎实推进农田水利设施建设。2008年投资1100余万元实施军民水库除险加固工程、新庄生产大沟防渗加固、柯渡河道治理工程。2009年，实施了新村生产大沟防渗加固工程，磨腮小高田，可郎、甸尾、乐朗等烤烟水浇地工程，提高了全镇农田水利化程度。2010年实施了猴街生产大沟防渗加固工程，猴街节水农业项目建设，投资960余万元实施了军民水库灌区烟水配套工程，覆盖磨腮、可郎、新沙、甸尾等4个村委会近万亩农田。2010年以BT模式引进企业投资450万元实施柯渡集镇供水自来水厂一期项目建设。四年来，累计投资600余万元，解决磨腮、乐朗等近70个自然村1.5万人的饮水困难。

【粮食生产】 柯渡镇主要农作物有水稻、玉米、小麦、马铃薯、烤烟、油菜、荞子等。2007年粮食总播种面积4.44万亩，总产量11272吨，人均产粮299千克；2008年粮食总播种面积4.34万亩，粮食总产11388吨，人均产粮302千克；2009年，粮食总播种面积5.61万亩，总产量11184吨，人均产粮296千克；2010年全镇粮食总播种面积4.34万亩，总产量11380吨，人均产粮300千克。

【农业科技推广】 2007年以来，柯渡镇切实抓好以粮食生产为主的农业生产，加快推进农业科技发展，广泛开展脱毒马铃薯、优质蔬菜、杂交玉米的推广种植，大力推行水稻旱育稀植、生物多样性栽培、蜂巢式栽培等技术。2008年，完成甸尾大坪地土地开发整理923.7亩，进一步提高土地生产力。2010年积极开展粮食高产创建活动，建成木刻、乐朗两个村委会400亩玉米高产创建样板，建成甸尾500亩优质高产水稻核心示范区1个，实施粮食间套作1.85万亩，提升大面积粮食单产水平。在甸尾、柯渡、丹桂建成3个水稻测土配方施肥长期观测点。

【烤烟生产】 烤烟生产从2007年的8900亩发展到2010年的9980亩。2007年，栽种面积8900亩，产量达1224.2吨，实现产值1555.7万元，均价12.55元；2008年栽种面积9000亩，产量达1278吨，实现产值2095万元，均价14.91元；2009年栽种面积9230亩，产量达1425吨，实现产值2137.6万元，均价15.7元；2010年栽种面积9980亩，产量达1579.3吨，实现产值2193.6万元，均价15.8元。2008、2009年，连续两年被县委、县政府授予“烤烟生产表扬乡镇”称号。

【畜牧业生产】 先后建成甸尾河对门生猪养殖小区，新沙上下白牡丹养殖小区。2007年末，大小牲畜存栏52977头(匹、只)，出栏57971头(匹、只)，肉类总产4876吨，全镇畜牧业产值4672万元，畜牧业收入3108万元；完成畜种改良4500头(匹、只)，科技培训6期420人(次)。2008年，大小牲畜存栏55522头(匹、只)，出栏64042头(匹、只)；肉类总产5691.3吨，全镇畜牧业产值5896万元，畜牧业收入3508万元；完成畜种改良5480头(匹、只)，科技培训8期450人(次)。2009年，大小牲畜存栏60692头(匹、只)，出栏70681头(匹、只)；肉类总产6103.8吨，全镇畜牧业产值6623万元，畜牧业收入4350万元；完成畜种改良7800头(匹、只)，科技培训12期1000人(次)。2010年，大小牲畜存栏63003头(匹、只)，出栏76050头(匹、只)；肉类总产6550.1吨；全镇畜牧业产值7485万元，畜牧业收入5109万元；完成畜种改良8734头(匹、只)，科技培训12期1050人(次)。

柯渡镇全景图

【林果蔬生产】 2007—2010年，完成四旁义务植树58余万株，森林管护面积每年24.8万亩，封山育林9467亩，林木绿化率由2007年的60.5%提高到2010年的62%；森林覆盖率达54.36%。2007年建沼气池50口，节柴改灶100眼，实现林业产值1020万元；2008年实现林业产值1065万元；2009年建沼气池50口，节柴改灶50眼，实现林业产值1239.4万元；2010年建沼气池30口，安装太阳能100套，实现林业产值1420万元。2007年启动集体林权制度主体改革工作，于2010年全面完成主体改革工作，林地确权率达98.7%，均山到户率96.5%。2008年加大泡核桃等经济作物种植，至2010年，泡核桃种植面积达0.8万亩，板栗种植面积达4.6万亩60余万株，已挂果40余万株，年产量已达280万千克。大力发展生态农业、特色农业，2007年以来，全镇广泛推广小春洋芋、优质食用豆、优质玉米、鲜销蔬菜等种植，促进农业增效，农民增收。2008年，柯渡籍自然人注册成立昆明宏斌蔬菜花卉种植有限公司，主要流转土地进行蔬菜、花卉种植，成为全镇首家农业发展的市级农业产业化龙头企业。

【乡镇企业】 2007年以来，柯渡镇积极发展工商经济，不断繁荣活跃农村经济。截止2010年末，全镇共有个体工商户349户，乡镇企业5家。非公经济增加值从2007年的4010万元增至2010年的5120万元。

【交通 邮电 电力】 2007年以来，柯渡镇切实加大基础设施建设力度。道路交通方面，2007年完成大石洞至丹桂、柯渡街至7204公路连接线油路建设。2008年完成“六柯公路”柯渡段、“青团公路”柯渡段油路建设，可郎至称板房路面硬化，完成新沙至木刻至松林、甸头至长箐通达工程建设。2009年完成新庄至乐朗浑水塘、新庄至猴街环山道路建设。2010年完成磨腮至可郎连接线路面硬化，猴街至落木哨、岩峰哨至布斯箐通达工程建设，实施新村村委会连接线0.8千米硬化，全镇已实现10个行政村通油路，行政村硬化率达77%。2010年，轿子山旅游专线建设正式启动，柯渡镇成立工作组负责协调推进相关工作，完成征房20户，征地930亩，兑现征房征地补偿款1200万元，各项工作按照序时进度全面推进。邮政电信建设方面，2007年建成移动、联通、电信等基站，全镇有90%的自然村能够接收移动电话，100%的行政村通程控电话。报刊、书信100%送达到行政村。电力发展方面，2010年全镇189个村民小组实现农村电网改造，累计完成8955户农村电网改造，改造率达100%，切实解决了人民群众用电难、用电贵问题。

【财税 金融】 2007年实现镇本级财政收入192.8万元，财政支出507.03万元；金融机构居民储蓄存款余额6100万元，贷款3500万元。2008年实现镇本级财政收入219.9万元，增长17%，财政支出601.7万元；金融机构居民储蓄存款余额8130万元，贷款5650万元。2009年实现县乡两级一般预算收入759.5万元，财政支出633.7万元；金融机构居民储蓄存款余额1.12亿元，贷款6809万元。2010年实现县乡两级一般预算收入978.1万元，增长28.8%，财政支出684.9万元；金融机构居民储蓄存款余额1.27亿元，贷款1.16亿元。

【招商引资】 2007年引进的新沙煤炭资源开发项目已完成167户农户搬迁安置。2008年，引进的丹桂红色旅游开发项目二期项目正稳步推进。2009年实际利用内资6350万元，其中市外资金6200万元，市内县外资金150万元。2010年实际利用内资9100万元，其中市外资金7500万元，市内县外资金1600万元。2009年引进的蔬菜花卉种植、畜牧养殖等项目均取得明显成效。2010年，以BT模式引进企业投资450万元实施柯渡集镇供水自来水厂一期项目建设，现已顺利供水。

【村镇建设】 2007年实施了丹桂村、柯渡德祥村、新村回龙村、可郎村十组等新农村建设；实施新沙上下白牡丹，长箐达哉村易地搬迁安置工程；启动实施了新沙煤炭资源开发项目，完成167户农户搬迁安置。2009年启动长箐德宽、松林白龙潭村易地搬迁安置。2008年以来，年实施了新庄小村、甸尾河对门等29个自然村整村推进项目。进一步加大重点村落建设，2007年，启动实施了丹桂红色旅游开发项目，目前累计完成21户农户房屋的征房拆迁工作，征用安置用地85亩，完成雕塑广场、商铺、水景观、旅游公厕建设，2010年二期安置区场地平整、地基划分已结束，现已有10余户农户建房，目前项目正稳步推进。小集镇开发建设方面，2007年实施了柯渡集镇绿化、亮化、美化工程。2009年实施了猴街集贸市场硬化、绿化、亮化工程，市场硬件环境明显改善。2010年，多方努力配齐集镇环卫设施，配备垃圾清运车1辆，建成污水氧化池1个，建成集镇公厕1个，集镇供水自来水厂一期项目建设已完工。2010年集镇农贸市场、汽车客运站等配套设施在建中。

2008年完成面山绿化、公路沿线绿化、墓地造林等共500亩，完成14千米道路和9个自然村绿化工作。2009年，实施了26个自然村示范绿化、9千米公路绿化及柯渡河绿化。2010年，实施了26个自然村绿化。全镇主要道路绿化普及率达96%，截止2010年集镇公共绿地面积4.28万平方米，人均12.22平方米。强力推进拆临拆违工作，2008年顺利拆除老望安寺500平方米，成功解决了历史遗留问题，2008年以来，拆除小集镇、各村委会以及公路沿线近1万平方米的临违建筑，同时清理五堆40户面积1270平方米。2010年加大道路、河流两侧管理控制，大力实施“路长”、“河长”责任制，全面抓好环境卫生整治，严格建房审批，2010年对柯渡境内的县、镇、村道两旁房屋进行登记照相，进一步加大管理、治理力度。2010年柯渡镇创建国家级生态镇通过市级验收。

【商业贸易】 柯渡镇境内有柯渡、可郎、猴街三个集贸市场，覆盖柯渡全镇及周边镇镇商贸活动，主要以粮食、水果蔬菜、服装、饮品，建材五金等交易活动为主。柯渡集镇3千米范围内从事餐饮服务的共有17家，最多的可接待400余人就餐。从事旅店服务的有7家，可容纳500余人住宿。有较大的超市2家，商品齐全，物美价廉。

【教科文卫】 教育工作进一步发展。2007年，全镇共有校点21个(一师一校点6个，两师一校点0个)，私立幼儿园0所，其中初级中学1所，小学入学率99.8%，完学率99.6%，初中入学率99.5%，升入高中198人；2008年，九年一贯制标准化立项，激发了学校的活力。2008年，全镇共有校点19个(一师一校点2个，两师一校点0个)，私立幼儿园2所，其中初级中学1所，小学入学率99.51%，完学率99.48%，初中入学率99.6%，升入高中158人；2009年，全镇共有校点19个(一师一校点1个，两师一校点0个)，私立幼儿园3所，其中初级中学1所，小学入学率99.2%，完学率

98.7%，初中入学率99.7%，升入高中255人；2010年，全镇共有校点25个（一师一校点0个，两师一校点0个），私立幼儿园10所，其中初级中学1所，小学入学率99.01%，完学率98.5%，初中入学率99.8%，升入高中278人。

科技推广扎实有效。2007年以来，共开展科普宣传活动7次，举办各种科技培训40期4200人。其中，2008年开展新型农民培训20期1600人，2009年举办餐饮、茶艺等职业技能培训8期450人，提高农民工就业的准入率。全镇形成了学科技、懂科技、用科技的良好局面，切实提升了农民的科技素质，提高了农业的科技含量。

文体广电事业蓬勃发展。不断加大广播电视基础设施建设力度，2010年末已实现12个村委会126个自然村3300户有线电视覆盖，相继建成13个村级文化室。2010年，投资4.5万元修缮文广中心办公楼，增添了办公设备，提升了服务质量。2010年，镇文化广播电视服务中心被评为市级村村通工程先进单位。广泛开展群众喜闻乐见的民族文化体育活动，丰富群众文化生活。加大新闻轶事宣传报道，充分发挥文化宣传主阵地作用。2007年，国债项目投资460万元的红军长征柯渡纪念馆修缮工程启动实施，2010年开门迎客。

卫生事业全面发展。抓好医疗基础设施建设，2009年国债项目柯渡卫生院住院部、13个村级卫生室相继建成投入使用，医疗设施明显改善。认真开展好新型农村合作医疗工作，全镇参合率从2007年的96%提高至2010年的99.5%，2007—2010年，累计报销医疗费用1130余万元。2007—2010年，每年全镇卫生院有村卫生所13所，附属医疗点1处，乡村医生52人。2007年新型农村合作医疗参合人数36174人，参合率为96%，年报销费用380万元。2008年新型农村合作医疗参合人数35845人，参合率为95%，年报销费用200万元。2009年新型农村合作医疗参合人数35926人，参合率为95%，年报销费用300万元。2010年新型农村合作医疗参合人数37555人，参合率为99.5%，年报销费用250万元。切实减轻农民看病负担。强化疾病预防控制，广泛开展食品卫生专项整治、妇幼保健、爱国卫生等活动。卫生乡镇创建正按照要求顺利推进。

【教育基础设施建设】 2007年以来，先后实施了柯渡、甸尾、长箐小学危房改造，新沙、磨腮小学围墙、球场建设等，2009年投资1335万元实施的柯渡中学标准化建设，2010年投资418万元实施的可郎小学标准化建设现已建成并投入使用，并将磨腮、可郎、新沙、木刻四个村委会的五六年级集中到可郎办学，柯渡完小标准化建设正在推进，教育教学设施不断改善。初中适龄入学率由2007年的98.95%提高到2010年的104.64%，辍学率由2007年的1.82%降低为1.46%。

【精神文明建设】 认真贯彻《公民道德建设实施纲要》，弘扬爱国主义精神，加强社会公德、职业道德和家庭美德教育，大力倡导“爱国守法，明礼诚信，勤俭自强，敬业奉献”的精神，以创建文明单位、文明村、十星级文明户为重点，广泛开展讲文明、讲卫生、讲科学、树新风活动，培养健康文明的生活方式，全镇精神文明建设更上新的台阶。2007—2010年，累计有3个村被评为县级文明村，有1个村被评为省级文明村，有12个单位被评为县级文明单位。其中：2007年有县级文明村1个，文明单位3个；2008年有县级文明村1个，文明单位3个；2009年有省级文明村1个，文明单位3个；2010年有县级文明村1个，文明单位3个。积极推进民主法治建设，进一步规范依法行政行为，增强人民群众的法律意识，积极推进党务、政务、村务、财务公开。高度重视民族宗教事物工作，广泛开展爱国主义教育，全力维护民族和谐团结的大好局面。强化信访维稳工作，组建信访办公室，加强对信访工作的接待、处置力度，累计接待信访460余人(次)，处理信访件190余件(次)。其中：2007年接待信访70人(次)，处理信访件28件(次)；2008年接待信访84人(次)，处理信访件36件(次)；2009年接待信访156人(次)，处理信访件60件(次)；2010年接待信访150人(次)，处理信访件66件(次)；切实关爱妇女儿童，做好留守儿童的帮扶工作。2010年，认真做好第六次全国人口普查，完成入户登记汇总和编码工作，人口管理工作得到加强。关心下一代、老龄工作、人民武装、民族宗教、档案管理等各项工作有效开展。

【抗旱救灾】 2010年，面对百年不遇的特大旱情，柯渡镇全镇干部职工从2月27日起一律取消双休，全面投入抗旱救灾及护林防火工作。累计投入抗旱资金200余万元，完成水源工程建设40项，爱心水窖建设520个，小坝塘建设6个。投资340万元解决磨腮、乐朗等30个自然村人畜饮水困难；投资32万元的猴街生产大沟防渗加固工程，经多方协调、多方争取，实现当年建设当年投入使用。发放救灾农膜4800千克，发放救灾玉米种子500千克。有效扑灭森林火情4起，打赢了抗旱救灾及森林防火攻坚战。

【社会保障工作】 抓好最低生活保障和救灾救济工作，2007—2010年，累计发放优抚对象生活补助306.8万元，发放救济粮3.09万千克，发放救灾救济款148万元。农村民居房屋火灾保险参保率达100%。深化殡葬改革，累计强制火化195人，火化率达到100%。抓好“两后双百”、“四全”工程，完成农村劳动力转移就业培训8650人，转移输出3860人。其中：2007年完成转移就业培训1078人，转移输出1438人；2008年完成转移就业培训1191人，转移输出1352人；2009年完成转移就业培训1783人，转移输出902人；2010年完成转移就业培训1868人，转移输出1636人。

【扶贫开发工作】 2007年，启动实施新沙村委会上下白牡丹村易地搬迁安置工作，2008年，实施了新庄小陷塘、松林扎塘两个自然村整村推进，实施了龙潭箐等2个省级重点村、磨腮等6个市级整村推进项目，实施了甸尾村委会新农村建设整村推进建设。2009年，完成长箐达哉村整村易地搬迁安置。启动松林白龙潭村易地搬迁工作。2010年，完成磨腮租则箐、乐朗白土克2个扶贫工程扫尾工作，完成长箐罗坡、木刻村委会上木刻、新庄白土坡3个市级重点村整村推进项目。实施了新庄小村、新沙上沙朗、磨腮小高田3个自然村整村推进项目和可郎马桑棵等18个财政奖补一事一议项目。2007—2010年，累计解决温饱人口960人，返贫率控制在3%以内。

【党组织建设】 2007—2010年，分别进行全镇13个村“两委”的换届选举工作，进一步夯实基层组织建设，为基层发展增添了动力。2008年1月，召开柯渡镇第十次人民代表大会第一次全体会议，选举产生了新一届镇人民政府，并明确了未来五年政府工作的指导思想、目标任务和主要措施。2008年，招录2名大学生村官到村任职。2009年，招录11名大学生村官到村任职。2010年，优化党组织设置工作，13个农村基层党支部改设党总支，下设支部37个。新建140平方米的为民服务中心正式投入使用。通过近年来的不断努力，全镇实现经济形势企稳向好，镇村建设统筹发展，群众生活不断改善，平安建设稳步推进，政府效能明显提高。一个新兴的生态大镇、旅游名镇、经济强镇正向前迈进。

【人民生活】 全镇人民生活水平进一步提高。农民人均纯收入从2007年的1885元增至2010年的2471元，年均增长7.8%。2007年农民人均纯收入1885元，粮食总产量1.13万吨，人均产粮299千克。居民储蓄存款余额0.61亿元；2008年农民人均纯收入2091元，粮食总产量1.14万吨，人均产粮302千克。居民储蓄存款余额0.81亿元；2009年农民人均纯收入2280元，粮食总产量1.12万吨，人均产粮296千克。居民储蓄存款余额1.15亿元；2010年农民人均纯收入2471元，粮食总产量1.14万吨，人均产粮300千克。居民储蓄存款余额1.27亿元。

【领导名录】

党委书记：朱其祥(2007.01~2007.09)
刘中政(2007.10~2009.08)
马仲敏(2010.02—)
镇党委副书记：
马顺芬(2007.01~2007.09)
马仲斌(2007.01~2007.11)
马加斌(2007.10—)
朱玉林(2008.01—)
余文学(2010.10—)
陈昌平(2010.11—，挂职副书记)
人大主席：陈学院(2007.01—)
镇　长：马顺芬(2007.01~2007.09)
马加斌(2007.10—)
副镇长：马如林(2007.01~2007.11)
张玉万(2007.01~2010.07)
余文学(2007.12~2010.09)
胡万琪(2007.11~2010.02)
纪委书记：李顺龙(2007.01~2007.10)
李秀兰(2007.10~2010.02)
人武部长：金光明(2007.01~2010.02)
孙志奎(2010.02—)

(撰稿人：赵庆良)

六哨乡

【乡情概况】 六哨乡位于寻甸县中西部，距县城56千米，距昆明市120千米，属昆明市1小时经济圈范围。东靠甸沙、仁德，西连倘甸，南邻先锋、柯渡，北接凤合镇。全乡有11个村委会75个自然村96个村民小组，少数民族人口比例较大，以彝族、苗族为主，属全县彝族最为集中的乡镇。海拔2100米至2900米，年平均降雨量1200毫米，日照时间2400小时，积温3800℃，平均气温9℃至10℃，无霜期180天。全乡国土面积246平方千米，在全县排列第四。总耕地面积48450亩，森林覆盖率43.4%。土地资源、水资源和森林资源较为丰富，属于昆明空港经济开发区主要水源地和昆明清水海引水工程最主要的水源保护区。世界濒危的珍稀动物黑颈鹤越冬地已规划为市级保护区。六哨乡主要以马铃薯种植为主导产业，畜牧业为第二大产业，其他作物主要有玉米、油菜、苦荞、蔓菁、萝卜、青稞等。

【人口】 2007年人口4552户17938人，其中，彝族6816人，苗族191人，少数占全乡总人口的39.6%。2008年人口4678户18597人，其中，彝族7066人，苗族210人，占全乡总人口的38.8%。2009年人口4690户19115人，其中，彝族7163人，苗族232人，占全乡总人口的38.69%。2010年人口4721户19191人，其中，彝族7254人，苗族248人，占全乡总人口的37.8%。

【经济综述】 六哨乡经济基础较为薄弱，可用财力极为有限，主要靠工程项目税收及少部分工商税收支撑，建设资金主要靠向上级有关部门争取解决。2007年全乡国民生产总值1.48亿元，固定资产投资累计完成3860万元，乡级财政收入21.8万元，财政支出：451.9万元；2008年全乡国民生产总值1.63亿元，固定资产投资累计完成4340万元，乡级财政收入44万元，财政支出：431.9万元；2009年全乡国民生产总值1.76亿元，固定资产投资累计完成4820万元，乡级财政收入75万元，财政支出：504.6万元；2010年全乡国民生产总值1.8亿元，固定资产投资累计完成5140万元，乡级财政收入232万元，财政支出964.8万元。

【农业农村经济】 2007年，全乡农村经济总收入2366.44万元，按经济形式划分：乡办企业收入625万元。农民家庭经营收入2359.74万元。按行业划分：农业收入：1170万元，林业收入22万元，畜牧业收入764万元；农民人均纯收入875.1元；2008年，全乡农村经济总收入2620.70万元，按经济形式划分：乡办企业收入750万元。农民家庭经营收入2613.99万元。按行业划分：农业收入：1275.99万元，林业收入47.85万元，牧业收入845.2万元；农民人均纯收入939元；2009年，全乡农村经济总收入2888.07万元，按经济形式划分：乡办企业收入820万元。农民家庭经营收2880.16万元。按行业划分：农业收入：1396.67万元，林业收入54.6万元，牧业收入919.87万元；农民人均纯收入1032元；2010年，全乡农村经济总收入3333.23万元，按经济形式划分：乡办企业收入860万元。农民家庭经营收入3324.23万元。按行业划分：农业收入：1711.08万元，林业收入140.86万元，牧业收入950.98万元；农民人均纯收入1125元。

【马铃薯产业】 2007年，马铃薯种植面积达4万亩，年产量7.2万吨。2008年达4.2万亩，年产量8.4万吨。2009年达4.52万亩，年产量5.4万吨。2010年建成1.2万平方米脱毒马铃薯种薯示范园区，共建设马铃薯规范性交易市场5个，农产品集散和销售网络建设不断健全。品质优良的脱毒马铃薯畅销昆明市场，远销我国沿海及东南亚国家。2010年马铃薯种植达6万亩，年产量达13万吨，总产值达1.6亿元。农民人均纯收入增长15%，达1184元。

【特色农业种植】 2009年，种植核桃583亩。2010年推广种植1400亩雪桃，产值由652万元增加到1107.5万元，增长41.11%，2010年种植花卉8200亩。

【畜牧业】 2007年全乡肉类总产2814吨，大小牲畜存栏达46260头(匹、只)，出栏大小牲畜36706头(匹、只)，畜牧业总产值由2800万元增加到3150万元；2008年全乡肉类总产2908吨，大小牲畜存栏达47960头(匹、只)，出栏大小牲畜39178头(匹、只)，畜牧业总产值由3150万元增加到3400万元；2009年全乡肉类总产3079吨，大小牲畜存栏达50780头(匹、只)，出栏大小牲畜42060头(匹、只)，畜牧业总产值由3400万元增加到3800万元；2010年全乡肉类总产32099吨，大小牲畜存栏达52668头(匹、只)，出栏大小牲畜44250头(匹、只)，畜牧业总产值由2800万元增加到4100万元，畜牧业发展形势喜人。

【林业】

2007年完成造林1100亩，义务植树6.6万株。

2008年完成造林580亩，义务植树7.16万株，核桃栽植530亩。

2009年完成造林100亩，义务植树8.9万株，安装太阳能256套、建沼气池4口，生态移民搬迁15户。

2010年完成造林440亩，义务植树6.1万株。

2007年实施集体林权制度改革，改革前后情况：

林改前林业现状：林业用地17.01万亩，其中：生态公益林12.69万亩，商品林4.31万亩(在商品林中，国有1.44万亩，集体2.87万亩)。在集体商品林中，人工商品林2.49万亩，经济林507亩，天然商品林3324亩。

林改后林业现状：全乡应确权面积17.06万(含国有林和乡有林)，实际确权面积17.06万亩，确权宗地4577宗，涉林户数4507户，按林类分公益林12.62万亩，商品林4.44万亩。12.62万亩公益林中：集体统一经营公益林10.91万亩，均山1.43万亩，自留山1621亩，其它方式承包林地1219亩。4.44万亩商品林中：国有林1.69万亩，自留山2187亩，均山1.43万亩，承包林地495亩，集体统一经营3472亩。商品林均山到户率87.4%，集体林均山到户率97.7%；集体公益林10.91万亩已与农户签订《集体公益林管护到户责任书》；共发放林权证2205本，领到林权证农户数1650户，发放均利证4400本。2010年集体商品林均山到户率达85.8%。

【水利】 2007年完成人饮工程8个村，2300人；完成六哨乡退耕还林规划。

2008年完成人饮工程14个村,,316人；完成五小水利工程4件。

2009年完成人饮工程5个村，治理水土流失23平方千米，完成六哨乡农林综合开发设计。

2010年完成人饮工程8个村，1761人；完成五小水利工程5件，抗旱应急工程4件。

【招商引资】 2010年引进云南兴盛水业开发有限公司，投入资金1618万元，新建矿泉水厂，产品热销市内各县区，实现乡镇企业增加值428万元。解决农村富裕劳动力就业1486人。同年，以生态、低碳、环保型项目，作为六哨乡招商引资的标杆，积极筹备开发六哨乡优质的水资源和丰富的风力资源。引进县外资金1618万元。清水海风电场项目正在进行前期风力测试，由县管委会统一调配，六哨乡成立横河、柏栎两个招商服务小组认真做好项目的服务工作。2010年引进资金5888万元，其中，引进市外资金4270万元，县外资金1618万元，招商引资任务全面完成。

【交通】 2007年新建砂石路19千米，计划实施村内硬化工程，并扩宽横河等5个村委会到板桥村委会的公路，总长度达18千米。

2008年着手实施村内硬化工程，总计硬化面积达1.9万平方米；计划实施村村通工程，改扩建拖期等4个村委会到板桥村委会的公路，总长度达到14千米；完成板桥村委会临街道路硬化，总长度2千米。

2009年新建板桥到柯度油路，完成村村通工程计划，实现各村委会、各村民小组到集镇都通公路，并在原来基础上扩宽、沙石化已有道路；实施村内硬化2.91万平方米。

2010年新建油路11.73千米，改扩建通村砂石路74千米，实施村内硬化4.92万平方米，修建机耕道3.9千米；

【新农村建设】 2006年实施新农村建设以来六哨乡以卡西、板桥、大村等16个村为试点，逐步按照新农村的规划实施建设，截止2010年新建公厕8个，安装太阳能206套，改造厨房350户，该厩60个，新建节能灶200个，解决8748人饮水困难问题。

【教育】 2007年六哨乡有1所中学，19所小学，7所一师一校点，无民办幼儿园。2007年深化教育综合改革，集中全乡6年级学生到九年一贯制学校就读，享受优质教育资源；实行《班级周综合考评制度》、《班主任津贴绩效考核方案》，抓两级毕业班工作；成立六哨乡民办教师情况落实领导小组，调查落实民办教师补贴政策；建立教师绩效考核制度，每位教师从13月奖励性工资中拿出1000元进行再分配；实施9年的PRA项目结题。

2008年全面实施农村中学标准化建设工程，转变作风、狠抓作风建设，推动教育改革，加强软环境建设；大力发展民办教育，学期民办率60，新增加1所民办幼儿园，建成并投入使用明信公证希望小学，启动江阴楼项目建设。

2009年农村中学标准化建设项目工程竣工，江阴楼项目建设完成；收缩撤并一师一校点10个，集中全乡4、5、6年级学生到九年一贯制学校就读。缩撤并后六哨乡有1所中学，19所小学，无一师一校点；

2010年新征地36.98亩。启动“全乡一所学校”建设，撤并所有一师一校点和马鞍山、恩甲完小，新办民办幼儿园8所。建设学校校园网络，改善办公条件，解决学校饮水困难，建成学校公共浴室并投入使用。围绕“两基”目标，深化教育综合改革，合并中心学校、中学、中心完小，实现三校合一，2010年有1所中学，8所小学。新建教学楼及附属设施6620平方米，对小学低段、小学高段、初中段的教育和教学实施统一管理，完成“九年一贯制”标准化学校建设。不断加大教育投入，改善办学条件，加强教师队伍建设，提高教育人才队伍素质。中考升学率平均达45%以上，辍学率控制在1%以内。大力发展民办教育和职业教育，新建民办幼儿园8所。大力发展民办教育和职业教育，广泛开展科技培训、科技入村入户活动，一批先进适用技术在农业生产中得到充分应用。

【文化】 2009年大力发展完成50个自然村“村村通”地面卫星设施配发安装工程，2008新建文化活动室4个，2009年新建文化活动室4个，2010新建文化活动室3个，民族文化活动场立秋场建设全面竣工。每年举办彝族传统节日“立秋节”系列活动，扩大对外开放，大力宣传我乡的自然风光、民族文化、人文风情，巩固和发展平等、团结、和谐的社会主义新型民族关系，很多少数民族居住的自然村均自发组织了自己的民族歌舞队，茶余饭后，载歌载舞，用自己的方式表达对生活的热爱。

【合作医疗】 2007—2010年，参合率达100%。

2007年门诊报销407.34万元，住院报销3627.49万元，门诊收入1126.51万元，住院收入13.53万元。2008年年门诊报销687.75万元，住院报销1555.50万元，门诊收入2628.96万元，住院收入1909.98万元。2009年年门诊报销1207.39万元，住院报销9685.53万元，门诊收入2628.96万元，住院收入4016.01万元。2010年年门诊报销852.93万元，住院报销5806.18万元，门诊收入3065.22万元，住院收入4471.84万元.

2007—2010年，六哨乡有340人纳入城镇居民基本医疗保险，开展大病救助5.7万元，社会保障体系逐步完善，缓解了因病致贫，因病返贫的现象。

【计划生育】 2007年开展育龄妇女健康检查共检4次，全年累计检查16748人次，孕检率达97%；新增农业人口独生子女办证4户，全乡234人享受农村合作医疗减免，其减免金额达4680元。148人享受独生子女保健费，金额达1.13万元。56人享受奖学金，金额达8690元。34人享受养老扶助，金额达1.88万元；在控制人口增长方面，2007年年末人口18328人，出生142人，死亡80人，自然增长率为3.38‰。

2008年开展育龄妇女健康检查共检4次，全年累计检查16864人(次)，孕检率达97.5%；新增农业人口独生子女办证8户，全乡293人享受农村合作医疗减免，其减免金额达5860元。146人享受独生子女保健费，金额达1.66万元。63人享受奖学金，金额达1.09万元。33人享受养老扶助，金额达1.87万元；在控制人口增长方面，2008年期末人口18621人，出生134人，死亡86人，自然增长率为2.58‰；

2009年开展育龄妇女健康检查2009年共检4次，全年累计检查17068人(次)，孕检率达97%；全乡563人享受农村合作医疗减免，其减免金额达1.69万元。95人享受独生子女保健费，金额达1.5万元。55人享受奖学金，金额达1.04万元。17人享受养老扶助，金额达1.2万元；在控制人口增长方面，2009年期末人口18613人，出生172人，死亡122人，自然增长率为2.26‰；

2010年开展育龄妇女健康检查2010年共检4次，全年累计检查17140人次，孕检率达98%。认真抓好计划生育奖、优、免、补工作，2010享受农村合作医疗减免全乡为535人，其减免金额达1.61万元。78人享受独生子女保健费，金额达1.38万元。56人享受奖学金，金额达1.61万元。26人享受养老金和特别扶助。在控制人口增长方面，2010年期末人口19228人，出生170人，死亡96人，自然增长率为3.84‰。

全年开展育龄妇女孕检4次，孕检率达96%以上。圆满完成独生子女“奖优免补”工作任务，人口自然增长率控制在8‰以内，实现人口与自然协调发展。

【社会治安综合治理】 2007年侦查各类刑事案件21件，破案10件，查处行政案件36起，调解民间纠纷21起，解决各类矛盾纠纷和突出问题72余起。2008年侦查各类刑事案件8件，破案5件，查处行政案件41起，调解民间纠纷25起，解决各类矛盾纠纷和突出问题64余起。

2009年侦查各类刑事案件7件，破案6件，查处行政案件53起，调解民间纠纷29起，解决各类矛盾纠纷和突出问题83余起。2010年各项措施，坚决打击各种犯罪活动，侦查各类刑事案件21件，破案16件，查处行政案件58起，调解民间纠纷24起，解决各类矛盾纠纷和突出问题100余起。社会治安状况进一步好转，发展环境进一步改善，人民安全感和满意度进一步提高。

【乡镇企业】 有1家乡镇企业—云南兴盛水业有限公司。云南兴盛水业有限公司成立于1996年，是一家专业从事“西拉龙”珍稀软矿泉桶装、瓶装饮用水生产及销售的企业，2010年初由昆明群恒房地产开发公司斥资收购。本着“群力拓新，恒筑经典”的企业方略，公司在并购后追加投资5000余万元开始二期工程建设。公司生产区占地100多亩，拥有四条先进的矿泉水生产线，年生产量达18万吨，箱装450万件，桶装水540万桶，产品主要满足云南市场，远销北京、上海、广州、深圳、重庆等大城市，解决当地农村剩余劳动力150人，人均年收入1.2万元。

【精神文明建设】 以“抓学习、强素质，知荣辱、树新风，抓落实、促工作”为精神文明建设工作思路，积极创建学习型机关(单位)，全力培养职工的政治意识、全面意识、责任意识和服务意识，使精神文明建设以及社会治安综合治理工作也取得了好成绩。2007年以来，共创建文明户946户。2008加大对农民的综合素质教育力度，深入“五进农家”活动。2010年围绕整乡连片开发设计创先争优活动取得成效。

【整乡推进工作】 2009年六哨乡被确定为昆明市唯一省级整乡推进试点乡，共投入资金8430万元开发整乡连片开发项目。扶持建设种植、养殖示范村2个，生态民俗文化村2个，新农村示范建设1个；新建立秋场7500平方米，新建商铺78个，建筑面积1.1万平方米。2010年集镇街道绿化3.2千米，安装路灯76盏。

【扶贫开发】 2007年投入资金200万元实施扶贫安居工程，317户农户直接受益，实施易地转移安置工程1项，发放小额信贷200万元，巩固温饱贫困人口1500人，解决低收入贫困人口300人，返贫人口控制在3%以内；2008年投入资金120万元实施扶贫安居工程，直接受益农户200户，实施易地转移安置工程1项，发放小额信贷200万元，巩固温饱贫困人口2000人，解决低收入贫困人口400人，返贫人口控制在3%以内；2009年投入资金220万元实施扶贫安居工程，200户农户直接受益，实施易地转移安置工程1项，发放小额信贷200万元，巩固温饱贫困人口2200人，解决低收入贫困人口500人，返贫人口控制在3%以内。2010年投入资金220万元实施扶贫安居工程，直接受益农户200户，实施易地转移安置工程1项，发放小额信贷300万元，巩固温饱贫困人口2200人，解决低收入贫困人口500人，返贫人口控制在1%以内，农村经济增长幅度较大，

【民政工作】 2007年，发放抚恤金217人(次)，共计4.87万元，其中伤残2人、复原5人、带病回乡9人、义务兵12人、复退军人慰问及座谈会88人。发放社会救济福利事业费563人(次)。共计15.48万元，其中小乡干部19人、农村基层最低生活最低保障540人、农村大病救助4人。救助自然灾害168人次，共计9.81万元，其中扶持灾民生产救助3户(8人)、转移安置灾民36户(162人)。发放救济粮536户(1753人)，总计1.72万千克。发放棉被230床，共计211户(476)人。

2008年发放抚恤金252人(次)，共计11.34万元，其中伤残2人、复原5人、带病回乡9人、义务兵13人、两参人员29人、复退军人慰问及座谈会178人。发放社会救济福利事业费220人次，共计8.66万元。其中小乡干部19人、农村基层最低生活最低保障422人、五保人员43人、80岁以上老人109人、城乡困难补助7人。救助自然灾害618人次，共计20.03万元，其中扶持灾民生产救助3户(8人)、转移安置灾民36户(162人)。发放救济粮350户(1103人)，总计1.16万千克。发放棉被106床，共计98户(237)人。

2009年发放抚恤金247人(次)，共计13.70万元，其中伤残2人、复原5人、带病回乡9人、义务兵11人、、两参人员33人、复退军人慰问及座谈会181人。发放社会救济福利事业费105人次。共计12.67万元，其中小乡

干部21人、农村临救38人、城市临救3人。80岁以上补助135人，1.93万元。城市救助3人，共计600元。农村大病救助41人，共计11.98万元。低保1024人。自然灾害救助56人（次），共计4万元，其中转移安置灾民16户（56人）、共计4万元、发放救济粮416户（1316人），总计1.24万千克。发放棉被213床，共计206户（250）人。火化30人，火化率100%。

2010年，投入抗旱资金8万元，解决3653人饮水困难问题，实施搬迁和灾后重建16户，救助资金3万元。发放救济大米3.28万千克，棉被180床，1177人纳入农村低保，对2335名55周岁以上分年龄段老年人落实有关救助政策。慰问困难户502户，按时发放生活补助21次，民生逐步得到改善。农村房屋火灾保险投保4565户，投保率达100%。严格执行殡葬改革政策，火化遗体115具，实现了100%火化的目标。

【抗旱救灾】 2009年气候极端异常，六哨乡遭遇严重旱灾。全乡8个自然村（白泥克、大箐、倮耳朵、上老村、小老村、河底村、上洋萨拉、下洋萨拉）共5000余人、4560头牲畜饮水困难，农作物3000多亩受灾（其中蔬菜成灾400亩、绝收400亩；青稞受灾500亩、绝收2500亩；豌豆受灾90亩、绝收320亩受灾等）。

干旱严重影响全乡群众生活和农业生产，抗旱形势异常严峻。六哨乡通过在全乡范围宣传节约用水，科学用水，循环用水并在全乡范围内寻找新的水源，净化利用，以及发动干部职工开展抗旱救灾捐款活动（捐款1.4万元）等措施保障抗旱救灾取得成效。

【领导名录】

乡党委书记：杨妙福（—2007.09）
　　梁春林（2007.09—2010.02）
　　张建华（2010.02—2010.12）
乡人大主席：李国升（2002—）
乡长：李昌宏（2007.09—）
党委副书记：
　　孙永春（2004.03—2007.09）
　　徐嘉良（2007.09—）
纪委书记：马明秀（2006.01—）
武装部长：邓玉宗（2002.06—）
副乡长：刘文虎（2010.05—）
　　沈全伟（2007.03—）
　　高兴奎（2002.03—）

（撰稿人：张宇锋）

鸡街镇

【镇情概况】 鸡街镇地处寻甸县最西部，距县城87千米，距昆明116千米，属三县五乡（镇）的结合部（东与倘甸镇、柯渡镇为邻，南与富民县的东村乡接壤，西北与禄劝县的翠华乡、九龙镇为界），2009年7月1日经上级批准撤乡设镇，辖鸡街、泽和、耻格、极乐、黑山、南海、拖姑、古城、彩己、北屏、四哨11个村民委员会87个自然村99个村民小组。

国土面积226.8平方千米，全境地形狭长，为南北走向，略呈椭圆形。境内山脉属乌蒙山系，东西两边山梁隆起，由北向南海拔逐渐升高，最高点为四哨村委会的野格山丫口，达2870米，最低点为北屏村委会的以则宽，海拔为2022.6米，高低相差847.4米，平均海拔2080米，镇政府所在地海拔2038米。

全镇耕地面积40126亩。其中旱地22386亩，占耕地面积的55.8%；水田17740亩，占耕地面积的44.2%。气候属亚热带季风性气候，年内最高气温30℃，最低气温零下6℃，年平均气温13.6℃，年日照时数2028.8小时，年平均降雨量1119毫米。气候季节差别悬殊，具有低纬度高原季风气候的特点，每年2月至4月会出现低温霜冻天气，有霜期一般为11月20日——次年的3月底，5月上旬末雨季开始，至10底基本结束，无霜期219天（每年3月20日——11月20日左右）。

【人口与计划生育】 鸡街镇居住着汉、彝、苗、回等民族，少数民族占总人口的17.2%。彝族主要居住在四哨、拖姑、泽和、耻格、鸡街、极乐、黑山七个村委会，苗族主要居住在黑山、拖姑、四哨、北屏4个村委会。2007年末总人口31246人7571户，其中农业人口31166人，回族12人4户，汉族26302人6303户，其他民族：4932人1254户。2008年末总人口32308人7868户，其中农业人口31401人，回族12人4户，汉族26369人6604户，其他民族5020人1260户；2009年末总人口32507人7546户，其中农业人口31643人，回族12人4户，汉族26594人6386户，其他民族5037人1871户；2010年末总人口7672户32818人，其中农业人口31889人，人口密度平均每平方千米141人。

计划生育工作严格执行“控制人口数量，提高人口素质”的方针，认真贯彻落实农村独生子女“奖、优、免、补”政策，2008年建设生育文化示范村1个，2008年实行计划生育村民自治，群众生育观念逐步转变，人口自然增长率一直控制在6‰以内。2007年出生人数212人，其中一孩128人，二孩84人，计划生育率100%，人口自然增长率为5.8‰，办领农业人口《独生子女光荣证》7户，申报办理农村计划生育家庭养老补助5户。2008年出生人数223人，其中一孩145人，二孩78人，计划生育率99%，人口自然增长率为6‰，申报办理农村计划生育家庭养老补助14户。2009年出生人数242人，其中一孩134人，二孩108人，计划生育率98%，人口自然增长率为6‰，申报办理农村计划生育家庭养老补助11户。2010年出生人数210人，其中一孩133人，二孩77人，计划生育率99%，人口自然增长率为5.6‰。

【经济综述】 2007年鸡街镇农村经济总收入为9103万元，2008年达1.09亿元，2009年达1.17亿元，2010年达1.35亿元，年均增长14%。

【农田水利建设】 2007年完成了投资1263.39万元的泽和、鸡街、彩己片区土地开发整理项目，项目建设总面积587.03公顷，新增耕地76.67公顷；完成投资320万元的黑山小（二）型水库建设工程；完成投资70万元的秧菜地建设项目，建成秧菜地650亩。2008年完成了投资170万元的7个自然村人饮工程，完成投资540万元的极乐、北屏烤烟水浇地建设工程。2009年完成投资3768万元的南海等六村土地开发整理工程，完成投资240万元的拖姑鲁等13个自然村人畜饮水工程。2010年完成投资2147万元的彩己片区土地开发整理项目，完成投资556万元的南海等30个自然村人畜饮水工程、投资78万元的卡白、新哨小坝塘建设和投资35万元的5座小塘坝扩建项目，实施了投资1034万元的南海水库除险加固工程，启动投资140万元的极乐小流域治理工程。四年间水利化程度由52%提高到了68%。至2010年底，鸡街镇已建成不同层次的高稳产农田9000亩，农业生产条件得到进一步改善，粮食生产安全得到保障。

【粮食生产】 鸡街镇立足实际，面向市场，大力克服严重自然灾害等影响，狠抓科技推广，粮食生产四年稳步增长。2007年种植优质粮食作物6.4万亩，大小春粮食总产1397万千克；2008年种植粮食作物6.6万亩，粮食总产1450.2万千克；2009年种植粮食作物7.3万亩，粮食总产1454.1万千克；2010年种植粮食作物7.04万亩，粮食总产1409.5万千克。

【烤烟生产】 鸡街镇紧紧抓住气候适宜、土地宽广、种植经验丰富等优势条件，在烤烟生产的每一环节中认真进行科学指导、精心管理，实现了烤烟生产的恢复性增长，把烤烟产业培育成了鸡街镇经济发展的支柱产业，连续几年得到了市、县两级的表彰。2007年种植烤烟1.3万亩，实现产值2640万元，被昆明市人民政府表彰为烤烟生产先进乡。2008种植烤烟1.6万亩，实现产值3784万元，被县委、县人民政府表彰为烤烟生产先进单位。2009年种植烤烟1.65万亩，实现产值3889万元，被昆明市人民政府表彰为烤烟生产表扬乡镇。2010年种植烤烟2.14万亩，实现产值4747万元，被县委、政府表彰为烤烟生产表扬单位。

【畜牧业生产】 坚持以增加农民收入和建设现代畜牧业为目标，以资源为依托，以市场为导向，以科技为动力，稳定生猪生产，发展壮大牛羊养殖，畜牧业实现了持续健康发展。2007年大小牲畜存栏55684头(匹、只)，完成肉类总产4278吨，实现畜牧产值3560万元。2008年大小牲畜存栏60668头(匹、只)，出栏56189头(匹、只)，肉类总产4823.3吨，实现畜牧业收入2780万元，畜牧业产值4020万元。2009年大小牲畜存栏66063头(匹、只)，牲畜出栏64255头(匹、只)，肉类总产5553吨，实现畜牧业产值4650万元。2010年大小牲畜存栏69177头(匹、只)，牲畜出栏65350头(匹、只)，肉类总产5207吨，实现畜牧业收入达3120万元，畜牧业产值5200万元。四年间畜牧业产值年均增长13.5%。

【林果蔬生产】 结合中低产林改造项目后续产业发展和天然林保护工程项目的实施，积极做好经济林改造和推广工作。2007年义务植树9万株，育苗15亩。2008年种植泡核桃5113亩，义务植树10万株，育苗22亩，工程封山育林2395亩，完成沼气池建设360口，节能改灶400眼。2009年巩固退耕还林成果泡核桃种植1.06万亩，义务植树11万株，育苗60亩，工程封山育林2000亩，完成沼气池建设802口，节能改灶800眼。2010年低产板栗林改造种植泡核桃1万亩，义务植树12万株，育苗63亩，工程封山育林2000亩，完成沼气池建设1200口，节能改灶1100眼，实现160415亩生态公益林核权发证，59678.5亩商品林均山到户并核发林权证。2007年实现林业产值1299.5万元，2008年林业产值达1380万元，2009年林业产值达1560万元，2010年林业产值达1780万元，林业产值年均增长11%。

种植产业结构调整效果逐渐凸显，花卉、鲜销蔬菜、林果等种植渐成规模。2010年鸡街镇种植百合花750亩，产量600万枝；种植蔬菜、瓜果3400亩，产量3400吨；种植苹果43亩，产量50吨；种植梨36.1亩，产量55吨；种植桃35.2亩，产量65吨；种植板栗2.6万亩，产量780吨；核桃产量263吨。

【乡镇企业】 鸡镇镇以实现乡镇企业二次创业为目标，着力提高经济发展速度和运行质量，乡镇企业快速增长，经济效益明显提高。至2010年底，乡镇企业达288户，从业人员569人，实现乡镇企业增加值383万元，总产值1275万元，营业收入完成1400万元，上交税金34万元。

【交通】 鸡街镇紧紧抓住通乡油路建设机遇和“通达工程”项目的实施，积极上报争取公路建设项目，大大改善了道路交通状况，促进了地方经济社会的发展。2007年完成了投资130万元的古城至四哨11千米路面、投资55万元的彩已村至朵古村5.36千米路面和投资105万元的鸡街至东村10.3千米路面路基改造工程，完成投资2300万元的九龙至7204公路28.75千米油路建设项目。2009年完成了投资830万元的鸡东公路建设，完成鸡街农村公路养护管理所建设，完成南海、耻格、泽和三个村的路面硬化工程。2010年完成了投资200万元的耻格至黑山、抓地龙至北海路基改造工程，轿子山旅游专线公路建设进展顺利。

【邮电】 2007—2010年，鸡街镇邮电通信事业发展迅速，公用通信网整体水平显著提高，规模容量，管理工作进一步加强，服务水平和服务质量有新的提高，邮电业务持续、快速、平稳发展，较好地适应了经济和社会各方面对通信多层次、多样化的需求。至2010年底，移动通信基站数有7个，光纤上网带宽可达30兆，局用电话交换机容量达2000门，移动通信交换机容量达2万门，电话用户1200户，宽带ADSL上网用户255户，年业务总量100万元。

【电力】 鸡街镇供电工作坚持“优质、方便、规范、快捷”的服务方针，树立“忠诚、敬业、责任、服从”的理念，狠抓电力基础设施建设，2007年至2010年四年间电力发展取得了可喜的成果，为鸡街镇经济社会发展提供了有力的支持。自2006年开始大力实施农网改造项目，至2010年底，农网改造覆盖率达100%，实现了城乡用电“同网同价”。2010年完成10KV鸡街线7.2KM改造项目，新建10KV鸡街线南海支线2.3KM，完成农网改造配电变压器7台。至2010年底，鸡街镇已改造配电台变92台，全镇共有配电变压器122台，总容量达到8010KVA，供电客户8800多户，减负受益客户8300多户。2010年，全年供电量达668.3万Kwh，售电量589.2万Kwh，10KV综合线损率11.8%，400V综合线损率5.68%。

【财税】 财政税收管理工作力度加强，严格税收支出管理，财税收入逐年增加。2007年完成财税总收入546万元，2008年完成839.7万元，2009年完成1085万元，2010年完成1233万元，财税收入年均增长31.2%。

【金融】 2007年至2010年，鸡街镇金融机构保持平稳运行，存贷款持续增加，对经济社会发展提供了积极的支持。2007年金融机构存款余额3900万元，贷款余额2300万元。至2010年金融机构存款余额已达1.01亿元，贷款余额达5027万元。

【村镇建设】 重视资源科学利用与生态环境保护的协调统一，依法对土地资源进行管理与开发，全面清理乱建乱占土地案件，打击土地违法行为，2007年至2010年四年共依法审批建房555户，占地面积73597平方米。大力实施农村居民防震保安工程和危房改造工程，四年间共实施房屋重建226户，投资177.9万元；实施房屋加固351户，投资92.45万元；实施危房改造15户，投资15万元。2007年安装路灯25盏，亮化集镇街道1.6千米。2008年种植香樟、杜英960株，绿化集镇街道2.6千米。2009年在集镇新建垃圾房2个，配备垃圾清运车1辆、垃圾桶37个、保洁员6名，做到垃圾日产日清，垃圾无害化处理率达100%。2010年种植各种苗木7万余株，完成36个自然村村庄绿化。2010年编制完成《寻甸县鸡街镇总体规划》，严格规划控制，加快小城镇建设步伐，增强集镇在农村经济社会发展中的整体功能。

【商业贸易】 加快第三产业发展速度，积极把旅游、商贸、服务等产业培育成鸡街镇的后续产业。至2010年底，鸡街镇个体工商户达225户，从业人员355人，实现增加值222万元，总产值595万元，营业收入完成764万元，上交税金10万元。

【教育】 2007—2010年，鸡街镇大力实施"科教兴乡"战略，努力改善学校软硬件设施，创造良好的育人环境，加强师资队伍建设，多渠道开展师资培训，大力开展素质教育，教育教学水平逐年提高，连续4年鸡街镇教育综合水平居寻甸县前列。2007年8月，公选中心学校校长，并通过公开、公平、公正的方式组建了新的领导班子，学校通过建章立制，整合教育资源，理顺管理模式，实行从上到下垂直管理，进一步提高了工作效率，调动了教职工的工作热情。2007年，全乡共有校点16个(一师一校点2个，两师一校点2个)，私立幼儿园2所，其中初级中学1所，小学入学率99.72%，完学率99.72%，初中入学率99.89%，升入高中173人；2008年，全乡共有校点15个(一师一校点1个，两师一校点2个)，私立幼儿园5所，其中初级中学1所，小学入学率99.64%，完学率99.68%，初中入学率99.89%，升入高中192人；2009年，全乡共有校点15个(一师一校点1个，两师一校点2个)，私立幼儿园4所，其中初级中学1所，小学入学率99.62%，完学率99.62%，初中入学率99.92%，升入高中209人；2010年，全镇共有校点12个，私立幼儿园7所，其中初级中学1所，小学入学率99.67%，完学率99.67%，初中入学率97.62%，升入高中212人。2009年完成了鸡街初级中学、鸡街希望小学标准化学校建设，2010年启动南海小学、泽和小学标准化学校建设，极大地改善了学校基础设施，实现了6年级集中办学。

【科技推广】 2007年全面落实党政一把手科技进步目标责任制，建立健全科技工作领导小组，把科技工作列入政府的重要议事日程。2008年健全了镇村两级科技推广网络，逐步完善科技服务体系。2009年、2010年大力举办《加强绿色证书》、《新型农民》等各类科技培训。广大干部群众的科技意识逐步增强，科学技术对农村经济的推动作用日益明显，科技已成为农民增收的一大法宝。

【文化广播】 2008年新增中央电视台3、5、6、8频道，转播频道增至22个。广播电视普及率逐年提高，至2010年底广播电视普及率达92%，满足了人民群众日益增长的文化生活需求。2007年开始实施"村村通"工程，至2010年底建成村村通卫星直播用户940户。2008年开始实施村级文化室建设，至2010年底建成村级文化室11个。每年围绕春节、彝族"火把节"、苗族"花山节、""九九重阳节"等节庆，开展丰富多彩的文体活动，注重挖掘民族文化潜力，弘扬民族文化精神，不断丰富了广大群众的文化生活。

【卫生】 深入开展爱国卫生运动，宣传疫病防治知识，计划免疫和妇幼保健等工作得到全面加强，人民群众自我保健意识不断增强，健康水平有了新的提高。2004—2010年七年间新建村级卫生室10个，2007年新增卫生业务用房1650平方米，2009年新增卫生医疗设备11件，医疗条件和服务质量逐步改善，医疗队伍进一步得到加强，初步形成镇、村两级医疗、预防、保健网络，防病治病能力明显增强，真正做到大病不出镇，小病不出村。至2010年底，全镇卫生院有村卫生所11所，附属医疗点11处，乡村医生27人，镇村卫生体系建设逐步完善。新型农村合作医疗工作稳步推进，切实缓解了农村群众因病返贫、因病致贫、看病难、看病贵等问题。2007年新型农村合作医疗参合人数29670人，参合率为97%，年报销费用197.8万元。2008年新型农村合作医疗参合人数29270人，参合率为97%，年报销费用231.6万元。2009年新型农村合作医疗参合人数29560人，参合率为95%，年报销费用211.8万元。2010年新型农村合作医疗参合人数26520人，参合率为90%，年报销费用138.5万元。

【精神文明建设】 围绕提高公民思想道德素质、科学文化素质和培养"四有"公民目标，深入开展精神文明创建活动，提高人民群众的文明意识和文化素质，精神文明建设得到长足的发展，为促进鸡街镇经济社会的全面发展提供了精神动力、智力支持和思想保证。2007创建县级文明单位1个，文明学校1所，文明村2个，"十星级文明户"挂牌110户。2008年创建市级文明村1个，县级文明单位4个，文明村2个，"十星级文明户"挂牌810户。2009年创建县级文明单位2个，文明学校2所，"十星级文明户"挂牌860户。2010年创建县级文明单位2个，文明村1个，文明学校1所，"十星级文明户"挂牌270户。

【抗灾】 充分利用电视、广播、传单等形式，加强应急知识宣传，提高全社会防灾减灾意识。2007年起每年在中小学校举行一次地震应急避险演练。2008年起加大对新建工程的抗震设防管理力度，严格要求新建工程按照抗震规范的要求进行设计、施工。2009年修订完善了《鸡街镇突发公共事件总体应急预案》、《鸡街镇地质灾害应急预案》、《鸡街镇防汛抗旱应急预案》、《鸡街镇抢险救灾应急预案》、《鸡街镇破坏性地震应急预案》、《鸡街镇森林防火应急预案》、《鸡街镇水库突发事件应急预案》、《鸡街镇学校地震应急预案》、《鸡街镇集中式饮用水水源地突发性环境污染事故应急预案》等应急预案，提高了预警和处置能力。至2010年，全镇已建立健全了应急工作程序、层级管理，大大提高了应对突发事件的能力。

【社会保障】 认真履行民政工作职责，切实做好救济和优抚工作，至2010年鸡街镇农村低保人数达1301人，五保供养131人。2007年发放救济粮1.08万千克、小乡干部定期定量补助11232元、退伍军人定补及军烈属抚恤费9.39万元，办理老年优待证980份，实施危房改造户71户，办理结婚登记208对。2008年发放救济粮2.96万千克、小乡干部定期定量补助11232元、退伍军人定补及军烈属抚恤费140450元、高龄补助6942元，办理老年优待证1723份，实施危房改造户123户，办理结婚登记235对。2009年发放救济粮2.1万千克、小乡干部定期定量补助35322元、退伍军人定补及军烈属抚恤费196158元、高龄补助69780元，办理老年优待证320份，实施危房改造户158户，办理结婚登记343对。2010年发放救济粮6.82万千克、小乡干部定期定量补助38016元、退伍军人定补及军烈属抚恤费381141元、高龄补助84480元，办理老年优待证120份，实施危房改造户26户，办理结婚登记420对。

【扶贫】 2007年实施整村推进3个村的12个子项目，总投资为65.84万元，其中：财政投资60万元，群众自筹5.84万元。完成人饮工程3件，解决175户，689人饮水困难；厨房建设3件175户；节能灶建设2件，安装节能灶140眼；太阳能安装52套；科技培训15期1500人(次)。2007年扶贫易地搬迁一个自然村，总投资54.7万元，其中：国家投资48.5万元，群众自筹6.2万元。建设安居房23套1380平方米。实施通电工程建设一件，人畜饮水工程一项，解决23户102人饮水困难，安装节能23眼，坡改梯农田建设102亩，科技培训5期400人(次)。2008年实施大油麦地扶贫易地搬迁，工程总投资238.74万元，其中财政扶贫资金85万元，整合资金40.7万元，群众自筹113.04万元。建设砖混(含砖瓦)结构房34套，户均90平方米，共3060平方米。建沙石路1条长3800米，人畜饮水工程建设，解决34户170人饮水问题，通电工程建设一项，建节能灶34眼，坡改梯170亩，举办种养技能培训6期400人(次)。2008年度社会主义新农村建设行政村整村推进一个，总投资327.77万元，其中：市级财政专项资金100万元，县级财政配套资金20万元，部门整合资金72.97万元(一事议资金13.47万元，水利部门整合资金59.5万元,)，企业捐赠及群众自筹134.8万元，村间水泥路面硬化3个自然村，8700平方米，实施1个自然村人畜饮水工程建设，解决54户232人饮水困难，住房改善11户，产业开发三项，蔬菜种植示范91亩，养鹅示范一户，畜圈改造20户；太阳能安装57套，村容村貌改善1个自然村，墙体粉刷87户，庭院建设57户，卫生厕所改造10个；建设科普文化室72平方米，举办科技培训10期，5000人(次)。2008年实施了7个自然村整村推进，总投资222.02万元，其中省级财政资金45万元，市级财政资金95万元，部门整合24.62万元，群众自筹57.4万元。村间路面硬化7个自然村10条，共12194平方米，建设科普文化室72平方米，建设畜圈162户，共2048平方米，购买种羊8只，核桃苗基地建设12亩，36万株。建设厨房54户，共868平方米。建设节能灶54眼。安装太阳能162套。改造危房13户。养殖业培训9期，种植业培训14期，沼气利用1期，共2700人(次)。2009年度实施整村推进五个自然村，投入财政资金100万元，其中：省级资金60万元，市级资金40万元，实施项目19件，建村内水泥路3条，长2190米，平均宽3米，共7580平方米，建设沙石路一条，1.8公里，住房改善12户，蚕桑种植100亩，建设蚕房28户，户均18平方米，共504平方米．改善住房12户，安装太阳能50套，建设畜圈6户，种、养殖业实用技术培训24期800人(次)2010年度实施整村推进七个自然村，实施项目22件，总投资335.04万元，其中财政扶贫资金140万元，整合资金109.24万元，群众自筹85.8万元。村内水泥路建设16条，住房改善5件35户，太阳能安装50套，畜圈建设23户，购种羊5只改良本地山羊品种。2007年鸡街镇贫困人口4743户17107人，2010年底贫困人口下降为1987户7553人。

【人民生活】 农村社会基础设施逐步完善，人民生活逐年提高。2007年农民人均有粮446千克，农民人均纯收入1614元。2008年农民人均有粮463千克，农民人均纯收入达1915元。2009年农民人均有粮460千克，农民人均纯收入达2055元。2010年农民人均有粮444千克，农民人均纯收入达2209元。四年间农民人均纯收入年均增长11%。至2010年底，鸡街镇11个村委会已全部通路、通自来水、通电话。

【领导名录】

党委书记：卯应征(—2007.09)
　　　　　李东华(2007.09—2010.02)
　　　　　赵洪钟(2010.02—)
党委副书记、镇长：李东华(—2007.09)
　　　　　鲁桥林(2007.9—)
党委副书记(挂职)：唐秀琴(2010.12—)
人大主席：鲁桥林(—2007.09)
　　　　　潘崇雄(2007.09—)
党委副书记、派出所长：管智文
纪委书记：李秀兰(2007.01—2008.01)
　　　　　李顺龙(2008.01—)
副镇长：陈和玉
　　　　　张兴强(2007.9—)
　　　　　李文华(2010.2—)
武装部长：张兴富(2007.01—2008.01)
　　　　　李文华(2008.01—2010.02)
　　　　　张　智(2010.02—)

（撰稿人：高凤林）

倘甸镇

【行政区划】 倘甸镇在县境西北部，东邻凤仪乡，南接六哨乡，柯渡镇，鸡街乡，西连禄劝县，北靠联合乡。镇人民政府驻马街村委会马街村。全镇辖鲁嘎、碑庄、新华、白章、马街、海子、新平、德著、竹园、虎街、骂秧、计施宽等12个村委会，77个自然村，91村民小组。倘甸是北部五县区的地理中心和重要交通枢纽，自古以来就是周边地区最主要的码头和商贸集散地。倘甸坝子地势平坦，生态良好。2009年8月17日昆明市政府明确提出把倘甸片区建设成为科学发展的样板区、新型产业的集中区、宜居城市的新兴区、城乡统筹的示范区、改革开放的先行区和北部崛起的引领区。2009年9月4日昆明倘甸产业园区管委会和昆明轿子雪山旅游开发区管委会正式挂牌成立，相关机构进驻开始办公。“两区”管委会托管东川区舍块乡、红土地镇，禄劝县转龙镇、乌蒙乡、雪山乡和寻甸县倘甸镇、凤合镇、金源乡、联合乡共九个乡镇，94个村民委员会，963个村民小组，托管国土面积1837.54平方千米，人口22.3万人。

【自然状况】 全镇国土面积212.2平方千米，耕地面积41387亩，其中水田14855亩，旱地26532亩。主要出产水稻、烤烟、小麦、蚕豆、马铃薯、油菜等农作物。森林面积156921.9亩，森林覆盖率49.3%。最低海拔为1992米，最高海拔为2905米，平均气温为14.3℃，年平均降雨量达884毫米。

【人口与计划生育】 辖区内居住着汉族、彝族、回族、苗族等民族，彝族主要居住在鲁嘎村民委员会。2007年总人口41813人；农业人口40140人，非农业人口1673人；少数民族人口3261人，占总人口的7.8%。2008年总人口41930人；农业人口40208人，非农业人口1722人；少数民族人口3267人，占总人口的7.8%。2009年末总人口42023人；农业人口40326人，非农业人口40326人；少数民族人口3289，占总人口的7.84%。2010年末总人口43095人；农业人口40951人，非农业人口2144人；少数民族人口3731人，占总人口的8.66%。认真抓好人口与计划生育工作，全面落实“三为主”方针，切实抓好农业人口独生子女“奖、优、免、补”工作，始终坚持党政领导“一把手”亲自抓、总负责的人口与计划生育目标管理责任制和计划生育“一票否决”制。强化避孕节育措施，推进优质服务，进一步加强流动人口管理。2007年6月对倘甸镇第三届计划生育协会进行了换届。2009年建成以医疗、技术服务、宣传教育为主体的倘甸镇计划生育中心服务所，并完成全镇12个村委会计划生育村民自治工作。四年来“三为主”巩固率均达95%，同时认真开展好每一年的妇检工作。2010年开展流动人口大排查工作。严格按照政策规定征收社会抚养费，做到入户、账卡和计算机信息三统一。加大对中央《决定》、“一法三规”及《云南省人口与计划生育条例》的宣传工作。全年共举办12期培训班。开展“关爱女孩”及返乡农民工预防艾滋病等宣传活动。做好农村计划生育家庭奖励扶助调查摸底、审核录入工作。2007年出生人口290人，人口自然增长率为1.98‰，出生率6.93‰；2008年出生人口297人，人口自然增长率为1.84‰，出生率7.8‰；2009年出生人口289人，人口自然增长率为2.8‰，出生率6.88‰；2010出生人口374人，人口自然增长率为3.38‰，出生率6.88‰。人口密度平均每平方千米203人。

【经济综述】 2007年，全镇农村经济总收入达1.95亿元，比上年增10%，农民人均纯收入达1720元，比上年增9.97%。镇级财政收入完成247.2万元，比上年增加21.95%。烤烟收购量138.38万千克，收购总值达1731.07万元，均价每千克达12.81元，均价比上年增加21.3%。粮食总产达1977.8万千克，比上年增3.3%。非公经济营业总收入达5086万元。2008年，全镇农村经济总收入达1.18亿元，比上年增8%。农民人均纯收入达1860元，比上年增8.14%。镇级财政收入完成272.38万元，比上年增加10.2%。烤烟收购量139.16万千克，收购总值达2066.12万元，均价每千克达14.85元，均价比上年增加15.9%。粮食总产达2002万千克，比上年增1.22%。全镇乡镇企业增加值完成1500万元，非公经济增加值2855万元，工业增加值完成460万元。2009年，全镇农村经济总收入达1.33亿元，比上年增12.6%。农民人均纯收入达2008.8元，比上年增8%。镇级财政收入完成344.2万元，比上年增加26.4%。烤烟收购量147万千克，收购总值达2037.5万元，均价每千克达16.5元。粮食总产达2023.3万千克，比上年增1.01%。全镇乡镇企业产值完成1500万元。其中工业产值完成457万元。税收总额完成92万元。农产品加工销售产值完成247万元。非公经济营业总收入达3362万元。非公税收总额完成52万元。非公从业人员2004人；2010年，全镇农村经济总收入达1.44亿元，比上年增8.3%。农民人均纯收入达2235元，比上年增8.2%。县乡财政收入完成986万元；烤烟收购量185.24万千克，收购总值达2761.85万元，均价每千克达14.91元。粮食总产达2023.8万千克，比上年增0.3%。全镇国民生产总值2.05亿元，同比增长5.1%。全年完成县乡级税收2174万元。非公经济营业总收入达4880万元。固定资产投资1.26亿元。

【工业】 2010年全镇实现工业总产值1571万元，同比增长20.84%。2010年马街水泥厂从年产4万吨发展到年产水泥6万吨，年经济总收入达2000万元，水泥厂已完成了“关停并转”，日产2000吨技改项目已得到省市工信委的批准。招商引资稳步推进。2009年倘甸复混肥厂顺利进行改扩建，2010年年产复混肥3万吨，总产值达3600万元。2007年利民薄膜厂年产值达800万元。

【农业生产】 2007年全镇小春粮食种植面积3.72万亩，总产600.9万千克。大春粮食种植面积3.68万亩，总产1357万千克，全年粮食总产量达1957.9万千克，比上年增2.3%。农业人口人均占有粮487.8千克。种植烤烟9900亩，收购烤烟138.38万千克，收购总值1731.07万元，均价每千克达12.81元，均价比上年增加21.3%，上等烟比例58%。

2008年全镇小春粮食种植面积3.74万亩，总产602.2万千克。大春粮食种植面积3.68万亩，总产1399.8万千克，全年粮食总产量达2002万千克，比上年增1.22%。农业人口人均占有粮497.9千克。种植烤烟9800亩，收购烤烟139.16万千克，收购总值2066.12万元，均价每千克达14.85元，均价比上年增加15.9%，上等烟比例99.8%。对8个村委会进行农业污染源普查。

2009年全镇小春粮食种植面积3.3万亩，总产675.3万千克。大春粮食种植面积3.68万亩，总产1348万千克。种植小春旱洋芋2.05万亩，实现产值2767.5万元。蚕桑种植664亩。双低油菜种植1500亩。全年粮食总产量达2023.3万千克，比上年增1.2%。农业人口人均占有粮501.7千克。种植烤烟9520亩，收购烤烟147万千克，收购总值2307.5万元，均价每千克达16.5元。3月14日降霜全镇小春农作物严重受灾。

2010年全镇遭受百年一遇旱灾。由于秋冬持续干旱，全镇小春作物大部绝收。全年全镇小春粮食种植面积3.3万亩，总产642.7万千克。大春粮食种植面积3.68万亩，总产1381.1万千克。种植小春旱洋芋2.53万亩，实现产值1.26亿元。全年粮食总产量达2023.8万千克，比上年增0.3%。农业人口人均占有粮494.2千克。种植烤烟1.22万亩。严格“双控”，完善基础，强化科技，推广入户预检和集中统一运输。收购烤烟185.24万千克，收购总值2761.85万元，均价每千克达14.91元，居全县首位。全镇粮食增产增收，烤烟经济支柱地位得到进步巩固和提高。

【品牌农业】 在党委、政府的领导下，在发展“品牌农业”上下功夫。全镇冬马铃薯是农民增收的一个亮点，达到一乡一业一村一品。2007年9月经中国绿色食品发展中心审核，该产品符合绿色食品A级标准，2万亩冬马铃薯获得农业部绿色食品证书，同时被中华人民共和国国家工商行政管理总局商标局商标注册为《雄甸牌》。2007年种植马铃薯2万亩，单产1800千克，实现产值4320万元；2008年种植马铃薯2.2万亩，单产2000千克，实现产值5280万元；2009年种植马铃薯2.3万亩，单产1900千克，实现产值5681万元；2010年种植马铃薯2.5万亩，单产1800千克，实现产值1.13亿元。

【林果蔬菜业】 2007年实行集体林权制度改革，10月完成外业踏勘定界工作。全镇林业产植1286万元，有护林人员85人。全年育树苗15亩，天保工程森林管护面积15.5万亩，全年完成造林330亩，完成义务四旁植树12万株，森林病虫害防治620亩。全年新建沼气池150口，节柴改灶350户。2008年全镇实现林业产值1350万元。全年造林887亩，义务四旁植树12000万株，封山育林2200亩，完成森林管护155023亩，林业有害生物防治1900亩。完成林改15.6万亩，核权发证174本379宗，林权证率98%。完成农村能源沼气50口，节柴改灶350口，规划落实泡核桃种植16258亩。全年没有发生森林火灾。2009年种植外销蔬菜1541亩，花卉110亩。完成全镇12个村委会84个自然村173386亩林权改革，完成外业勘界工作。全镇林业产植1523万元。完成育苗基地118亩，天保工程森林管护面积155023亩。全年完成人工造林1.63万亩，泡核桃种植1万亩，义务四旁植树15.6万株，森林病虫害防治1615亩。完成重点绿化示范村建设1个，植树687株。完成城乡园林绿化及河道绿化植树2.83万株。全年发生一次森林火灾，受灾面积4亩。新建沼气池100口，节柴改灶300口。2010年种植外销蔬菜2000亩，花卉243亩，绿化观赏性苗木30亩，蚕桑300亩，泡核桃种植1万亩。全镇林业产植1571.4万元。完成育苗基地437亩，“五采区”造林80亩。天保工程森林管护面积155023亩。全年完成义务四旁植树14万株，森林病虫害防治1615亩。全年没有发生森林火灾。新建沼气池50口，节柴改灶200口，太阳能安装100台。

【机构改革】 2007年倘甸镇共有在职人员101人(镇领导9人，公务员21人，专业技术人员52人，工人11人，管理人员8人)，其中聘用制干部21人。参加竞争上岗的79人，其中公务员16人，公务员岗位空编4个。按机构改革的要求，9个事业单位合并为4个事业中心，共计63人，其中2人自愿申请提前退休。根据镇深化机构改革方案，2007年3月21日通过民主推荐投票产生农林水综合服务中心，村镇规划建设服务中心，文化广播服务中心、畜牧兽医服务中心中心主任4人。3月23日，各单位职工竞岗演说，民主评分后，确定上岗人员36人，分流人员23人。并对结果进行张榜公示。通过民主推荐产生中心内科室负责人4人，连同中心主任，由党委、政府进行任命。

【“两委”换届】 在“两委”换届指导组的指导下，“两委”换届通过选民登记，民主提名候选人等法定程序，并按照“两推一选”的要求，于2007年4月9日选举产生了第三届村民委员会主任、副主任和委员，4月14—16日民主选举产生了村委会党支部委员、副支书和支书。全部实现村党支部书记和村民委员会主任两职“一肩挑”的目的。

【农机工作】 加强农机安全生产管理，预防和减少农机安全事故，做好农机推广、农机检审、落户、农机培训及农机机械化作业等工作。2007年完成机耕旱地4000亩，烤烟栽培旋耕碎垡5000亩，水田旋耕种植大麦800亩，冬季早洋芋田旋耕1000亩，农机新机具、新技术推广示范100亩。加大农机宣传力度，预防重大交通事故，全年共组织人员路检路查1000余人(次)，纠正违法驾驶及罚款处罚300余人(次)。完成“黑车黑户”落户24台，新车落户20台，农机检审178台，完成率95%。完成大小车辆培训和农机培训100余人。2008年完成冬早洋芋田深耕碎垡3000亩，烤烟栽培旋耕碎垡5000亩，烤烟苗床地碎垡100亩，水稻栽培耕作1000亩，小麦种植耕作1000亩。全年组织路检路查7次3500台。2009年争取国家农机直补资金13万元。完成机耕旱地2.5万亩，占耕地面积的53.2%。农机化水平达到25%。2010年全面贯彻落实《中华人民共和国农业机械化促进法》，紧密围绕发展现代农业，加快提高农业综合机械化水平和设施装备水平，促进农业增长方式转变。截止6月底，倘甸镇已拥有大中型农业机械8台，小型农业机械60台，微耕机125台，灌溉机械800台。全年培训学员40人，安全教育200人(次)。完成机耕田地1.85万亩。

【农田水利】 农田水利建设设施进一步完善。农村经济持续健康发展。2007年完成各项水利建设工程22件，投入资金累计316.68万元，完成者已、小克头、小杨家村、阿三丹、兔街子、汤郎、李家箐、鲁嘎等自然村整村推进扶贫工程基础设施建设。完成新华村委会大小阿三丹两村道路连接，邓家村引水渠，马六嘎村道路建设。完成投资8万元的碑庄村引水渠建设。完成碑庄村到白那卡村路面硬化。完成新平村委会李家箐村、放马哨，白章村委会小杨家村，鲁嘎村委会小铺子、山杂，海子村委会北海村、新海村，骂秧村委会李资树、窑头村的人畜饮水安全项目。实施了投资180万元的鲁嘎、虎街烤烟水浇地工程。完成了虎街村委会大新村、阿基彩和德著村委会腊机卡、德著大村、下甸尾村的人畜饮水安全及竹园村农业综合开发及测设。完成了邓家村水库、白龙箐水库和李家箐水库除险加固前期准备工作。完成了马街河道治理评审论证工作。现已投入资金对马街河部份河床进行治理。全镇水利化程度达63%；2008年投资150万元完成马街河1.5千米分段治理工程。投资420万元完成竹园村农业综合开发项目。投资992万元完成白龙箐水库、邓家村水库除险加固工程。计划投资250万元的13个自然村人畜饮水工程，已完成找水源，测水质，水质化验，部分村社管网规划工作，现正在施工中；2009年完成各项水利建设工程15件，投入资金累计1329.86万元。完成邓家村水库除险加固工程及白龙箐水库除险加固一期工程。完成德著、腊机卡、小凤头、上甸尾、下甸尾、山都哨、旧治北、小龙街、竹园村、姑鲁、大新村、阿基彩、戈责务等十三个自然村8344人安全饮水项目。马街河道治理二期工程正在进行中。全镇小型水库11件，总库容量510万立方米，由于干旱、水库除险加固等原因，蓄水量仅260万立方米；2010年完成投资121万元人畜饮水工程27件。投资408万元完成鲁嘎、汤朗饮水安全项目，马街河道治理二期工程，李家箐水库水源工程项目。全镇蓄水量与去年同期相比减少300万立方米，灌溉用水紧张。

【财政收入】 强化税收征管及预算外资金管理、支农资金管理工作,，努力增收节支，严格执行“收支两条线”管理的规定。做好“一事一议”项目工作。抓好财源建设工作，积极回收财源建设贷款。2007年镇级财政收入完成247.2万元，比上年增加21.95%，完成农民补贴“一折通”工作。2008年镇级财政收入完成272.38万元，比上年增加10.2%，完成农民补贴“一折通”工作及“一事一议”项目申报工作。2009年镇级财政收入完成344.2万元，比上年增加26.4%。完成农民补贴“一折通”工作。2010年县乡级财政收入完成986万元，同比增长24.85%。完成农民补贴“一折通”工作，全年共发放惠民补贴307.68万元。

【畜牧业】 加强兽医防疫防制工作，大力推广良种改良，抓好市场检疫工作及饲草饲料。加大执法力度，严厉打击销售经营兽药、兽用疫苗、假饲料的不法行为。2007年末生猪存栏30799头，比上年增0.59%；出栏56751头，比上年增9.2%；大小牲畜存栏47173头（匹），出栏66487头（匹），其中：山绵羊存栏7869只，比上年增1.8%；出栏6215只，比上年增6.9%；肉类总产量5590吨，羊毛产量5.5吨。禽蛋产量855吨，比上年增0.35%；畜牧业产值5287万元，比上年增3.5%；畜牧业收入3810万元，比上年增6.7%；推广青贮饲料7132吨，氨化饲料417吨。工业饲料4150吨。开展畜牧兽医适用技术培训班五期，培训达250人次。加强高效致病性禽流感防控及口蹄疫防治工作，申报兴平牧业有限责任公司养猪小区，吉翔养猪小区，上级补助50万元用于养猪小区开发资金。全镇无重大动物疫病发生；2008年末生猪存栏33552头，比上年增8.49%，其中能繁母猪4230头；出栏56489头，比上年减0.46%；大小牲畜存栏50321头（匹），出栏66980头（匹），比上年增0.74%，其中：山绵羊存栏7819只，比上年减0.46%；出栏7869只，比上年增6.1%；家禽存栏11.4出栏，出栏5.63出栏；肉类总产量5929吨，比上年增6.1%，羊毛产量6.35吨，比上年增15.5%，畜牧业产值5774万元，比上年增9.21%；畜牧业收入4039万元，比上年增6%；开展畜牧兽医适用技术培训班十期，培训达3000人（次）。全镇有仔猪繁育场10个，能繁母猪540头，。猪种改良站点36个，山绵羊改良站点20个，牛冻精改良站点2个。投资31万元建成竹园优质饲料基地建设工程，建成青贮窖2100立方米。对鑫旺、凯达、竹园三个养殖小区进行了改造。因受雨雪震害影响，全镇17户厩舍损坏，冻死猪100头。同年12月25日启动能繁母猪保险。全镇无重大动物疫病发生；2009年末生猪存栏35718头，比上年增6.5%；出栏61910头，比上年增9.6%；大小牲畜存栏53401头（匹），比上年增6.1%；出栏76883头（匹），比上年增1.5%；其中：山绵羊存栏8828只，比上年增1.3%；出栏8828只，比上年增1.2%；家禽存栏11.1万只，出栏7.41万只；肉类总产量6858吨，比上年增1.6%；羊毛产量6.15吨。禽蛋产量649吨；全镇畜牧业产值6700万元，比上年增1.6%；畜牧业收入4560万元，比上年增1.3%；全年改良大小畜牧8186头（匹、只）。推广青贮饲料7887吨，氨化饲料444吨。工业饲料4350吨。投入资金45万扶持正森养殖场、天紫养殖专业合作社、昌伟养殖合作社。技术扶持周勤养羊合作社、小胖猪养殖专业合作社母猪一基地、竹园猪场等六个养殖场。全镇无重大动物疫病发生；2010年末生猪存栏40574头，比上年增13.6%；出栏67447头，比上年增8.9%；大小牲畜存栏60809头（匹），比上年增13.9%；出栏80365头（匹），比上年增4.5%；其中：山绵羊存栏10089只，比上年增14.3%；出栏7426只，比上年减15.9%；家禽存栏10.1万只，出栏7.41万只；肉类总产量7130吨，比上年增4%；羊毛产量6.2吨，比上年增0.8%；禽蛋产量863吨，比上年增33%。全镇畜牧业产值7439万元，比上年增11%；畜牧业收入5138万元，比上年增12.7%；狠抓科技措施，加大科技宣传和培训力度。抓好能繁母猪参保工作，全年参保数5050头。全年改良大小畜牧1.28万窝。推广青贮饲料8574吨，氨化饲料444吨。工业饲料4470吨。全镇注射高致病性蓝耳病疫苗2.13万头。全年猪瘟死亡初生仔猪48头。

【劳动保障】 认真做好劳务输出工作，对各用人单位法律法规的执行情况进行检查，协助开展劳动执法监察、监督用人单位依法签定劳动合同。参加劳动执法年审工作及各用人单位统计工作，搞好各单位职工基本养老、医疗、失业、工伤、生育保险工作。做好失地农民调查工作，大中专毕业生下岗失业人员就业与再就业工作及农村养老保险工作。深入贯彻执行"三就三百"、"四全工程"精神，继续做好"两后三百"及农民工技能培训工作。2007年共输出农村富余劳动力2369人，其中县内输出627人，省内输出1360人，省外376人，国外6人。全年完成劳动技能培训1660人，印发培训材料1000余份；2008年共输出务工人员2237人，其中县内输出513人，省内输出1359人，省外365人。全年完成劳动技能培训1300人，印发培训材料1000余份。全镇348人参加了城镇居民医疗保险；2009年共输出务工人员2304人。实现劳务经济收入9177万元。全年开展劳务输出引导性培训1200人，印发培训材料1200份。开展职业介绍1230人（次）。完成小额担保贷款收缴工作。2010年共输出务工人员2531人。实现劳务经济收入957.88万元。开展执法监察720人（次）。城镇居民医疗保险参保416人。全年开展劳务输出引导性培训1200人，开展职业介绍1280人（次）。发放创业贷款30万元。全镇有238人参加失地农民养老保险，204人领取养老待遇。

【乡镇企业】 2007年乡镇企业非公经济营业总收入5086万元，工业产值1680万元，比上年增3.7%。增加值完成1362万元，比上年增19.9%。实交税金84万元，比上年增5%。从业人员1653人，比上年增10.9%；2008年乡镇企业经济增加值完成1500万元，非公经济增加值完成2855万元，工业增加值460万元，三项增加值均完成计划数。实现第三产业产值2000万元，完成1890万元；2009年全镇乡镇企业产值完成1500万元。其中工业产值完成457万元。税收总额完成92万元。农产品加工销售产值完成247万元。非公经济营业总收入达3362万元。非公税收总额完成52万元。非公从业人员2004人；2010年全镇乡镇企业总产值7650万元，乡镇企业增加值完成2302万元，非公经济增加值完成4360万元。乡镇企业非公经济营业总收入7321万元。

【安全生产】 安全生产事关社会经济、社会稳定的协调发展。2007年共组织安全生产大检查52次，查出和整改不安全隐患9条，层层签订责任状，成立安全生产委员会，全面开展安全生产专项整治检查，进行道路交通安全、矿山安全、化学药品、鸣爆物品、食品、药品、公用设施、建筑工程、水利设施、公共聚集场所消防安全等各项检查。全年发生人员死亡3人；2008年进一步建立健全安全生产责任制，实行目标管理和奖惩制度，强化对镇内液化气、加油站的检查管理力度。全年查出隐患95条，现场整改63条，责令停产整顿2户。全年未发生安全生产事故；2009年全镇建立健全各种安全应急预案。抓好重大事故防范工作。完成农村房屋火灾保险9214户，投保率100%。全面落实安全生产责任制，进一步加强对非煤矿山的监督管理，对存在安全隐患的进行全面整顿和排查。2010年切实加强安全生产监督管理工作，有效预防遏制各类生产安全事故。全面对危险化学品、特种设备、非煤液化、加油站进行安全监督大检查，全年查处隐患47条，现场整改36条，限期整改11条。签订安全责任书32份。非煤行业管理实施"建档立卡"管理，并成立"一企一办"健全制度，台账记录登记齐全。进一步完善安全生产管理的软硬件建设。

【村镇规划】 走农村城镇化道路，加快集镇建设步伐。2007年按照我镇集镇总体规划建设要求，招商引资对原粮管所、供销社1.7公顷的老城片区旧城进行了规划工作，建成商业新区。争取资金570万，征地170亩，建设集镇南面新区；2008年投资105万元完成老街路面改造9200平方米。投资60万元建成占地763平方米的农贸市场1个。投资70万元安装林邮路、过境路和老街路灯142盏。投资5.6万元实施了4个绿化示范村，2个环卫示范村。全年未发生重大隐患；2009年完成新区171.6亩土方回填工作及雨水、污水管网建设；完成老街子道路亮化工程；完成新变电站地形图测设；2010年开展大规模拆临拆违联合执法行动。为促进轿子雪山旅游专线建设，进行沿线房屋拆迁、补偿工作。同时进一步加大临危建筑和无序建房整治力度。

【基础设施建设】 2007年投资432.75万元，面积3500.08平方米的寻甸县第二人民医院门诊大楼竣工。将投入资金50万元，安装全长3242米集镇街道路灯130。投资21万元，新建5个村级卫生所。投资120万元建成马街中心法庭。引进资金800万元，新建马街客运站；2008年投资516万元的倘甸中心卫生院门诊楼验收投入使用。完成投资76万元的140户农村抗震加固工程。完成镇中心计生服务所、马街交警中队标准化建设工程及派出所扩建工程；2009年投资850万元，建盖完工初级中学学生宿舍、学生餐厅。投资1200万元建盖初级中学标准化建设综合楼预计2010年3月完工。投资1800多万元新建倘甸中心完小，目前主体工程基本完工。投资50万元进行骂秧小学危房改造。投资450万元建成竹园小学标准化学校，并已投入使用，附属工程正在施工中。选定鲁嘎小学标准化学校新校址。完成投资140万元的县第二人民医院拉动内需的国债项目建设；2010年集镇规划建设与管理工作得到加强，集镇规模不断扩大，由2008年的1.21平方千米扩大到2010年2平方千米。2006—2010年累计投资260.46万元，新建12个村级活动场所。电力设施逐步完善，2002年全面实现了用电“同网同价”。通信事业快速发展。5年来新建移动通讯机站6座，移动电话覆盖率达100%。建设卫星地面接收站12座，广播电视覆盖率达95%。全镇安装路灯147盏。

【市场经济秩序整顿和规范】 市场经济秩序整顿和规范工作，关系到人民群众身体健康和生命安全。2010年对“两烟市场”，医药器械、市场销售、文化网吧、非煤矿山、危化销售点进行了排查，查出大小隐患135条，现场整改75条，限期整改44条，责令停业生产、经营、销售共15家16条。全年未发生重大隐患。

【环境保护】 2007年对集镇内的化工、建材、采矿、能源转化、销售服务、食品加工、餐饮服务、卫生医疗服务、畜禽养殖，机动车辆维修等9个行业70家进行了检查和监督，发现问题36处，下整改通知书28份。现场整改8处，口头整改360余次。马街环卫队对集镇内街道进行每日清扫；2008年对全镇8个行业54家进行全国第一次污染源普查。投资96万元栽植树木2.3万株，草地绿化45亩，绿化集镇面积3.51万平方米。全年未发生重大工农业污染事故；2009年新购环卫车一辆，设置垃圾桶50只。开展进行环境优美镇文本编辑工作；2010年成立镇环卫督导组及环卫站。全年清理生活垃圾1500余吨。安装垃圾桶70只，新建垃圾房6个。集镇区卫生实行门前“三包”政策。新建休闲小广场1个，占地面积800平方米。全年维修集镇道路650米。

【新农村建设】 2007年倘甸镇新农村建设现已启动新华村委会邓家村（市级）、碑庄村委会兔街子（镇级）、鲁嘎村（市级）、虎街村委会大新村（县级）和马街村委会者己村（镇级）五个试点村。已投资295万元，硬化村内道路1.53万平方米。其中邓家村已建成文化中心主屋、厨房及活动中心场地硬化，绿化建设，完成主干道两旁宣传画、宣传标语及绿化建设，改厕、改圈、改灶140户。兔街子安装太阳能80户，建沼汽池56户。其它试点村正在建设中；2008年新农村建设工作在试点的基础上继续加大力度。完成马街达卡村新农村建设材料申报工作。投资812.66万元启动了计施宽新农村建设整村推进项目。完成12个村委会新农村建设的规划设计工作。新农村建设工作队为全镇争取资金30.57万元。全镇试点村“九有”目标验收考核达到考核指标；2009年抓好计施宽村新农村建设扫尾改造工程。投资105万元实施新华村等七个村组的省级新农村建设工作。投资12万元进行沟渠建设及邓家村文化中心建设。争取资金25万元补助养殖场；2010年进一步抓好新华村二组、马六嘎二组、碑庄村六、九、十组、东山村、祝家坡等七个村组省级新农村建设扫尾工作。

【扶贫开发】 积极向上级申报扶贫开发项目，做好整村推进工作。2007年对上年实施并投资277.85万元的省、市级11个整村推进项目进行扫尾验收，初步验收为合格工程。省级整村推进项目马街村委会者己村、碑庄村委会兔街子村，现已投入资金40万元，正在建设中。全年解决温饱人口4000人，巩固温饱人口2000人，小额贷款70万元；2008年实施整村推进扶贫项目21个村，建设项目98个，总投资541.7万元。发放扶贫化肥632包，玉米种子1192千克。节能改灶政府无偿提供灶心，泡核桃种植无偿提供优质苗，同时每苗补助普钙5千克，沼气池补助1200元，太阳能每套补助1000元；2009年完成投资160万元的阿基彩西村等8个省市级整村推进工程。完成投资200万元的者已村十四队等10个村省市级整村推进工程。完成投资1200万元的乡村路面硬化17千米。实施了投资76.46万元的16个自然村7646人的“一事一议”财政奖补项目；2010年实施整村推进14个，解决温饱人口300人，巩固1680人。实施路面硬化57千米，完成路基改造8千米。投资147.06万元，完成9个村路面硬化，10个村级文化室。

【抗震安居】 为预防地震，减轻地震灾害，进一步加强了地质环境保护和地质灾害防治责任制，安排各隐患监测人员进行监测。2008年结合5.12汶川地震，编制完善《倘甸镇2008年地震震害防治方案》。2009年投资96.1万元，抗震设防加固211户，重建41户。2010年抗震设防加固150户，拆除重建10户，危房改造15户。

【招商引资】 2008年全年招商引资1150万元。引进寻甸福坤食品有限公司，投资1088万元，进行大白芸豆、松子仁、野生菌深加工，现到位资金700余万元，项目正在进行中。引进投资450万元以经营日用百货、服装、食品及文化用品销售的寻甸倘甸佳乐购物中心；2009年全年完成招商引资4700万元，其中内资810万元，外资3890万元，完成计划数的78.33%。2010年完成招商引资7578.96万元，其中内资1207.72万元，外资6371.24万元。

【经贸工作】 2009年全镇经济经营户724户，计划完成总营业额11579万元。已建乡级农家店2户，村级农家店9户，绿色饭店1户，再生资源回收体系项目工程1户。完成清洁生产整治2户；2010年全镇个体工商户327户，实现营业收入2740万元。改建“万村千乡”店1个，新建宾馆、酒店2家，农家乐2户。完成“绿照工程”工作，发放电子节能灯1万套。

【农村妇女小额信贷】 2009年成立小额信贷工作站，发放小额贷款300万，受益农户1500户6750人。2010年发放小额贷款700万，受益农户3500户1.48万人。

【科技示范】 大力推广青贮饲料、氨化饲料，工业饲料。加强畜禽疫病防治工作。科技培训力度和科技推广工作进一步加强。2007年举办各类科技培训30余期，参训达4188人(次)。全年共配冻改牛615头，改良大小牲畜6079头；2008年办各类科技培训93余期，参训达1.73万人(次)。全年改良大小牲畜8168(匹、只)；2009年全年举办各类科技培训43余期，参训达2.6万人(次)。全年共改良大小牲畜8186头。畜禽疫病防治累计20.67万头(只)。2010年全年举办各类科技培训60余期，参训达3.98万人(次)。全年冻改牛2315头。

【教育】 坚持以改革创新发展为主线，以教学工作为中心，以提升教育教学质量为目标，认真抓好教育工作。2007年实行教育综合改革，精减人员。倘甸中心小学设有完小15所和一所中学，小学在校生4616人，初中在校生2277人，学前幼儿班954人。在教职工372人。免费义务教育全面免除学杂费24.62万元。投资66万元，建盖初级中学学生宿舍1幢。投资74.3万元建盖碑庄小学教学楼一幢。投资80万元，建盖新平小学综合楼一幢。开展领导班子“四好”建设，完成省市县“普九”复查验收工作；2008年围绕课程改革，开展教育科研。全年新增加7所民办幼儿园，给14所所民办幼儿园。有学前班14个405人，幼儿园736人。小学在校生4256人，初中在校生2327人，在教职工345人。春季学期小学共免教材费16.16万元，补助学生生活费2.38万元，中学全部免除教材费，补助学生生活费79.98万元，全镇小学教育教学质量同类区第一，中考创历史最高水平。全镇教育系统向四川汶川地震灾区捐款5.6万元。投资850万元完成镇初级中学西部农村示范中学改造。投资530万元完成竹园小学标准化建设。投资200万元的马街中心完小标准化学校建设正在施工中；2009年倘甸中心小学设有完小12所、一所中学及13所民办幼儿园。小学在校生3775人，初中在校生2383人，学前班677人。在教职工387人。中考成绩居全县同类区第二，小学初考、统考成绩居全县第一。参加中小学继续教育培训190人。开展各种纪念日庆祝活动，“一人植一树”活动。做好学校传染性甲型HINI流感预防工作。投资30万元配备寄宿制小学冰箱、消毒柜、菜架及新华小学食堂、碑庄小学厕所等；近几年来，全镇共投资近5000多万元对7所学校进行了建设和改造。2010年倘甸中心小学设有完小12所、一所中学及13所民办幼儿园。小学在校生3506人，初中在校生2344人，学前班1407人。中考上线率达50.4%，居全县首位，初考成绩居全县同内区第一，小学综合考评全县第一。为整合资源，实现学校集团化、规模化效益。三所小学六年级并入竹园逸夫完小，五所小学高阶段学生并入马街完小。一年来学校没有出现乱收费现象。

【文化】 2007年抓好电视网络建设改造和地面卫星接收转星工作，进一步提高广播电视服务质量。实施“数字乡村”工程。全年制作传送寻甸新闻4条。加大文化市场监管力度，对网吧、娱乐场所、音像制品销售等进行专项整治，收缴淫秽盗版光碟800余盘，非法出版物200余册。全年组织举办送戏下村4次，老年协会演出2次，篮球友谊赛11场次；2008年坚持以打造“文化旅游乡镇”为核心，积极进行文化建设。收缴淫秽盗版光碟600余盘，非法出版物1000余册，查处网吧2家，歌舞厅娱乐场所2家。完成6个“村村通”网络升级改造，全镇有线电视入网户1800户。建成新华、新平、计施宽、碑庄4个村级文化室。举办送戏下乡2次，篮球友谊赛9场，组织老年协会演出3次。完成30个“村村通”建站建设任务900套。实施行政村通光缆工程400户。完成4个村级文化室建设；2009年完成有线电视光缆新增入网户370户。全年制作传送寻甸新闻70条。加大文化市场监管力度，对网吧、娱乐场所、音像制品销售等进行专项整治，收缴淫秽盗版光碟500余盘；2010年坚持“二为方向”、“双百方针”，积极推进先进文化。进一步加大文化市场监管力度，发挥好图书室和书店文化阵地作用，积极做好倘甸“工业强镇”、“农业强镇”的新闻报送。

【卫生】 2007年倘甸镇有1所卫生院12个村级卫生所。卫生工作从加强艾滋病防治工作及食品安全检查、督查，对全镇饮食、娱乐、发廊、足疗等从业人员进行培训考试、健康体检。提高儿童“四育”接种率达95.3%。疫苗强化2816人，儿童体检2000人，高危儿童管理1210人。发放碘盐管理条例350份，安全知识宣传270份；2008年加大农村卫生事业改革力度，实行药品集中招标采购制度。投资32万元，完成最后5个村卫生所建设。镇中心卫生院门诊楼投入使用，部分科室已搬入；2009年进一步加强艾滋病防治工作及食品安全检查、督查，对全镇饮食、娱乐、发廊、足疗等从业人员进行培训考试、健康体检。提高儿童“四育”接种率及疫苗强化工作；2010年加强手足口病救治、甲型HINI流感及艾滋病防治工作。加大医务人员人才培养。认真实施国家基本药物制度。妇幼保健工作取得长足发展，疾病预防控制基础进一步夯实，卫生执法和食品药品监管得到加强，群众看病难、看病贵的问题得到有效缓解。

【土地工作】 以科学发展观统领国土资源工作，严把土地闸门，大力整顿和规范矿厂资源开发秩序，深入开展土地执法百日行动。全面落实乡、村耕地保护目标责任制，进一步加强和规划土地市场建设、强化地质灾害防治措施。完善建设用地审批续，严格执行资源规划及管理办法。2007年安排各隐患监测人员15人。建立执法监察动态巡查责任制。全年上报审批耕地建房75户共1.13万平方米，发放三卡一书374份，全年发生滑坡一处，没有造成人员伤亡。查处违法违规用地3件，制止违法用地行为3件，无证开采钛沙矿1件，接待群众来信来访3件，悬挂布标3条，张贴临时标语178条，发放宣传材料786份，电视宣传12次。完成土地储备证地171.5亩；2008年整顿规范6个采石场开发秩序工作，招商引资征地49.83亩。结合5.12汶川地震，编制完善《倘甸镇2008年地震震害防治方案》。上报审批住宅43户共7.69万平方米。投资1400万元完成者已村、达卡村土地开发整理项目。全年发生滑坡一处，没有造成人员伤亡；2009年上报审批耕地建房56户共1.05万平方米。投资531万元完成达卡土地开整理项目。为昆明新机场建设提供补充耕地1563亩；2010年依法拆除违章建筑13户，清查少批多占67户，制止盗采钛沙矿1件。为配合轿子雪山旅游专线公路建设，征地660余亩，拆迁房屋180多户，补偿金2200多万。

【新型农村合作医疗工作】 新型农村合作医疗工作稳步开展，2007年完成了33782人的参合工作，参合率达98.7%，全年共计报销合作医疗资金130万元9586人(次)。有效地缓解农民看病难问题；2008年完成了40600人的参合工作，参合率达98.76%；2009年完成了39967人的参合工作，参合率达99.4%。全年共计报销合作医疗资金4777524.7万元41847人(次)；2010年完成了39967人的参合工作，参合率达100%。全年共计报销合作医疗资金4777524.7万元41847人(次)。

【5.12四川汶川地震捐款】 积极响应上级号召，支援灾区。全镇党员缴纳特殊党费51186元，社会捐款17.8万元。

【第二次经济普查】 第二次经济普查从2008年开始至2009年完成。完成全国第二次经济普查全镇的普查登记、审核、录入工作，共录入登记普查单位750余个，个体户724家。

【"家电下乡"工程】 2009年我镇开始实施"家电下乡"工程，全年补助资金51.5万元，购买汽车、摩托车250辆。补助资金5万元，购买电视机、洗衣机、电冰箱、手机等264台；2010年全年"家电下乡"补助资金34.77万元，汽车、摩托车补贴资金107.43万元。

【精神文明建设】 2007年，深入开展精神文明建设创建活动，积极宣传《公民道德建设实施纲要》，"八荣八耻"社会主义荣辱观和"诚信发展，开放创新，富裕和谐"的倘甸精神。通过各部门的努力，共创建市级文明村1个，县级文明村1个，县级文明单位1个。开展道路交通安全法讲座人，参学人员1.3万人(次)，发放宣传材料4000份，张贴宣传图片118幅。反邪教讲座4期4200人(次)，发放材料8200份，宣传面达95%。防艾滋病讲座3期180人，发放宣传材料6100份。拔出经费7000元，对全镇1325名党员进行培训，培训率达95%。全年上报信息48篇，县级采用18篇，市级采用4篇，省级采用5篇。全年完成14个文明单位(村)的届满考核工作。加强对27个文明单位(村)的管理。在12个村委会12个自然村1565户6828人中开展"十星级文明户"的创建活动；2008年共创建市级文明村1个，县级文明村3个，县级文明单位5个。举办骨干培训班2期280人(次)，开展道路交通宣传2次，法制宣传2次，防艾滋病宣传2次，反邪教宣传4次，迎奥运宣传3次，共发放宣传材料3.99万份。投资1万元对12个党支部党员干部、入党积极分子、妇代小组长等1600人(次)进行为期12天的培训；2009进一步建立健全宣传思想和精神文明建设工作领导小组，认真学习省、市、县关于行政效能提升年和干部作风转变活动、党风廉政建设、宣传思想和精神文明建设等文件精神。共创建县级文明村6个。认真开展道路交通安全、反邪教、防艾、法制、甲型HINI流感防治宣传工作共17次。发放各种宣传材料3.25万份。在12个村委会12个自然村1080户6828人中开展"十星级文明户"的创建活动，挂牌率90%。2010年全镇精神文明建设工作围绕"突出质量抓创建，突出规范抓管理，突出主题抓教育，突出重点抓示范"的工作思路进行；2010年开展交通宣传6次，防艾滋病宣传3次，反邪教宣传2次，甲型HINI流感防治宣传4次，法制宣传3次，抗震减灾宣传5次，人口普查宣传4次。在12个村委会1126户中开展"十星级文明户"的创建活动，挂牌率90%。

【民主法制】 紧紧围绕维护社会稳定和促进经济发展大局，继续推进普及法律知识和依法治镇进程，以构建平安和谐倘甸为核心，积极支持自觉接受镇人大主席团的法律监督。开展及推进创建"无邪教乡镇"和"平安倘甸"工作。4年来全镇政治稳定，民族团结，社会和谐发展。2007年开展"五五"普法工作，公民法律意识得到提高。认真做好两劳人员安置工作。加强倘甸镇社会矛盾排查调处中心的管理，坚持月排查，季分析社会矛盾隐患，调处各类矛盾纠纷，提供法律政策服务，同时，强化司法所的司法调解和普法宣传职能以及派出所的治安打击防范职能。坚持"打防结合，标本兼治，重在治本"的方针，全力维护社会稳定。全镇矛盾排查43件，调处41件，社会矛盾纠纷78件，司法调解67件。受理治安案件307件，查处303件，查处违法人员391人。共立刑事案件83件，破获65件。抓捕涉案人员34人。查验车辆11000余辆，扣留违法机动车450辆，处罚违法人员768人次。发生交通案件302件，办结297件，挽回经济损失80余万元。认真办理群众来信来访19件，办结率100%。坚决落实安全生产责任制，加强安全生产监督及整治。强化公众聚集场所安全工作，开展重点行业和领域的安全生产专项整治，深入开展各种"严打"整治专项行动；2008年受理治安案件276件，查处271件。共立刑事案件44件，破案32件。查处各类交通违法行为273起，结案269起。建立健全治理公路"三乱"及公路养护工作机构。查处违法车辆1250辆。完成虎街、骂秧，鲁嘎辖区等重点路段7.5千米的养护工作。完成碑庄、海子辖区内4.5千米路段绿化工作。开展综合性普法宣传4次，发放宣传材料42.7万余份。受理各类诉讼案件130件，办结129件。推行领导干部"大接访"、"大下访"机制，深入一线处理信访和矛盾纠纷28件，解决20件。全年回归刑释劳教人员9人。完成8125户防火保险工作。开展重点行业和领域的安全生产专项整治及各类"严打"整治专项行动；2009年以构建和谐倘甸、平安创建工作为目标，深入开展法制宣传教育工作。完善村民自治工作，在建设新华村委会市级民主自治村的基础上，创建计施宽村委会市级民主自治村。认真做好两劳人员安置工作。进一步深化打黑除恶工作。全年调处各类纠纷176件。各类刑事案件立案46件，破案39件。查处各类交通违法行为426起，检查车辆5375辆，审验机动车驾驶证849本。法庭受理案件160件，结案138件。发放《倘甸镇普法教育读本》1500本。办理二代身份证1585本；2010年狠抓住影响社会治安和社会稳定的因素，深入推进社会矛盾化解、社会管理创新、公正廉洁执法及综治维稳基层基础设施建设三项重点工作。以强化综治维稳为核心，以深化平安创建为载体，推进打黑除恶和严打整治工作。全年排查影响社会稳定矛盾纠纷6件，调处各类纠纷120余件，受理治安案件176起，各类刑事案件立案53件，破案31件。查处各类交通违法行为698起，全年发生交通事故417起，5人死亡，40人受伤。检查车辆1.5万辆，审验机动车驾驶证1989本。完成全镇农村住户房屋财产火灾保险9624户，达100%。全年没有发生影响恶劣、危害严重的恶性案件。

【党风廉政建设】 两年来全镇成立农村党风廉政建设、财务审计、纠风、工程招标、创先争优、行政效能提升和干部作风、学习实践科学发展观等工作领导小组。2009 年培训党员干部 1390 人。开展反腐倡廉教育 4 期 60 人，农村 50 名干部开展述职述廉，民主测评站所 11 个、村委会 12 个。对全镇 107 个村民小组开展财务清理，并实行村级会计代理服务。投资 11 万元，建成廉政文化示范村 2 个；2010 年开展反腐倡廉教育 5 期 300 人，农村 50 名干部开展述职述廉，民主测评站所 11 个、村委会 12 个。建立为民服务中心 1 个，服务站 1 个。对全镇 107 个村民小组开展财务清理，并实行村级会计代理服务，共涉及收入资金 104.07 万元，支出资金 104.3 万元。对 12 个村委会固定资产、资金、资源进行清理。

【民政优抚】 2007 年发放各项社会救济款和优抚费 54.3 万元，共涉及 207 人(次)；发放救济粮大米 1.16 万千克，共涉及 960 人(次)。办理婚姻登记 238 对。农村最低生活保证金领取户 1499 户，城镇最低生活保证金 106 户，共发放低保费 90.58 万元。县民政局拨款 1.2 万元作为倘甸镇敬老院工作经费。完成国防教育和国防动员工作，完成新兵征集 12 名。顺利实施了门牌清理工作；2008 年完成全镇 13 条街巷标识、路标、路牌工作。全镇 1521 人领取农村最低生活保证金，118 户 223 人领取城镇居民最低生活保证金。发放农村人口低保金 86.28 万元，城镇居民低保金 20.24 万元，发放其他补助、救济款、救助资金 401 人 40.74 万元。办理婚姻登记 256 对。建立整治公路沿线面山乱葬行为长效机制，搞好墓地绿化工作。全镇 85 名残疾人享受最低生活保证金。投资 3.2 万元建盖残疾人住房 4 户，办理残疾证 49 份，发放轮椅 6 把，装假肢 2 人，实施白内障复明手术 42 人，落实高龄老人保健补助 614 人。完成新兵征集 11 名。争取资金 8170 元用于“民兵之家”建设。成立 170 人组成的应急小分队应付突发事件；2009 年做好民政优抚、农村城镇低保及殡葬改革工作。全年发放各项社会救济款、优抚费及其他补助 62.67 万元，共涉及 304 人(次)。发放救济粮大米 4060 千克，共涉及 609 人(次)。办理婚姻登记 247 对。农村最低生活保证金领取户 1417 户，城镇最低生活保证金 130 户，共发放低保费 150 万元。截止 9 月，全镇死亡 24 人，火化 24 人，发放火化补助费 5.7 万元。开展“全国助残日”活动；完成国防教育和国防动员工作，完成新兵征集 12 名；2010 年继续做好民政优抚、农村城镇低保及殡葬改革工作。全年发放各项社会救济款、低保金、优抚费及其他补助 246.99 万元，共涉及 2043 人(次)。其中农村最低生活保证金领取户 1573 户，城镇最低生活保证金 168 户，共发放低保费 156.89 万元，发放救济粮大米 9018 千克，共涉及 1481 人(次)。办理婚姻登记 356 对。截止 11 月，全镇死亡 231 人，火化 231 人。完成国防教育和国防动员工作，完成新兵征集 6 名。2010 年认真做好残联老龄工作：全镇 60 周岁以上的老人 5197 人，80 周岁以上的 818 人。全年发放高龄补助 11.36 万元。全镇残疾人 1250 人，共发放救济金、慰问金等费用 5.38 万元。全年为 12 位老人免费做白内障复明手术。

【人民生活】 全镇人民生活逐年提高。2007 年全镇农村经济总收入达 10945.94 万元，比上年增 10%。农民人均纯收入达 1720 元，比上年增 10%。农业人口人均有粮 487.8 千克，比上年增 2.03%；2008 年全镇农村经济总收入达 11821.59 万元，比上年增 8%。农民人均纯收入达 1860 元，比上年增 8.14%。农业人口人均有粮 497.9 千克，比上年增 2.07%；2009 年全镇农村经济总收入达 13311.9 万元，比上年增 12.6%。农民人均纯收入达 2008.8 元，比上年增 8%。农业人口人均有粮 501.7 千克，比上年增 0.76%；2010 年全镇农村经济总收入达 14400 万元，比上年增 8.3%。农民人均纯收入达 2235 元，比上年增 8.2%。农业人口人均有粮 494.2 千克，比上年减 1.5%。

【领导名录】
党委书记：杨劲松
(2005.04—2010.03)
党委书记代理镇长：
孙永春(2010.02—)
党委副书记：
邓仕顺(2005.04—2010.02)
段绍华(2004.11—)
周　蔚(兼派出所所长)(2007.09—)
潘文涛(挂职)(2010.11—)
刘应祥(新农村工作队队长)(2010.03—)
镇人大主席：戴汝辉(2007.11—)
镇纪委书记：余伟军(2005.03—)
镇　长：邓仕顺(2005.04—2010.02)
副镇长：袁桂洪(2007.11—)
副镇长：杨继灿(2007.09—)
副镇长：彭君燕(2007.11—)
副镇长：杨加荣(2010.09—)
武装部长：方文俊(2004.08—2010.04)
武装部长：金光明(2010.04—)

(撰稿人：李　锋)

凤合镇

【行政区划】 凤合镇位于县城西北部，距县城 98 千米，地处东经 102°53′36″~103°5′45″、北纬 25°42′56′——25°45′51″之间。东与金源乡接壤，南与甸沙乡和六哨乡相邻，西与倘甸镇连接，北与联合乡和东川红土地相依。辖杨家湾、合理、大箐、务嘎、集城、牛街、积水、龙池、发来古、新城、大麦地、多姑、驻基 13 个村民委员会，106 个自然村，134 个村民小组。经县委批准，2009 年 7 月 1 日“凤仪乡”更名为“凤合镇”。2011 年 1 月 1 日划入“两区”托管。

【自然状况】 全镇国土面积 233.4 平方千米，耕地面积 30834 亩，粮食作物主要有水稻、洋芋、麦子、荞子、杂豆，经济作物主要有烤烟和油菜籽等。有林地面积 14.3 万亩，森林覆盖率 35.05%。最高海拔 2560 米，平均海拔 2287.5 米，年均日照 2100 小时以上，无霜期 270 天左右，年均降雨量 1132 毫米。

【经济综述】 2007 年凤仪乡经济总收入 6380 万元，同比增 12.9%；乡级财政收入 131.6 万，同比增 21.8%；农民人均纯收入 1014 元。2008 年实现经济总收入 7285 万元，增 14.2%；完成地方财政收入 168.9 万元，增 28.7%；农民人均纯收入 1191 元，增 17.5%。2009 年，实现经济总收入 8264 万元，增 13.4%；完成地方财政一般收入 602 万元，增 36%；农民人均纯收入 1302 元，增长 9%。2010 年，实现经济总收入 9275.5 万元，增 12.2%；完成地方财政一般收入 708.5 万元，增 17.6%；农民人均纯收入 1474 元，增长 13.2%。

【人口与计划生育】 辖区内居住着汉族、回族、彝族、白族、苗族五种民族。2007年末全乡9728户，总人口38479人，其中农业人口9070户37445人；非农业人口658户1034人。全年人口出生195人，死亡人口148人，人口自然增长率1.8‰，办理独生子女光荣证15例。2008年有人口9830户39079人，其中农业人口9119户37733人，非农业人口711户1346人；汉族30417人，占总人口的79%；回族4258人，占总人口的11%；彝族4370人，占总人口的11.2%。全年人口出生195人，死亡人口144人，人口自然增长率控制在5‰以内。2009年有人口9830户39079人，其中农业人口9119户37733人，非农业人口711户1346人；汉族30417人，占总人口的79%；回族4258人，占总人口的11%；彝族4370人，占总人口的11.2%。全年人口出生195人，死亡人口144人，人口自然增长率控制在5‰以内。2010年有人口9841户40121人，其中农业人口9206户38936人，非农业人口682户1185人；汉族31393人，占总人口的79%；回族4287人，占总人口的11%；彝族4389人，占总人口的11.2%。人口自然增长率控制在5‰以内。

【农业生产】 2007年，农业农村经济稳步发展，农业总产值6253万元，同比增11%。全年粮食总产13161吨，产业调整推广啤饲大麦"V43"样板3000亩、冬季马铃薯1万亩、优质食用豆3045亩。全年种植烤烟7900亩。收购总量106万千克，产值1361.4万元，均价12.84元。畜牧业以良种良法为基础，以疫病防治为保障，积极引导适度规模养殖，全年大小牲畜存栏43392头(匹、只)，出栏38248头，肉类总产3373.3吨，禽蛋产量75吨；冻精改良牛2456头，种植多花黑麦草2000亩。产值3364万元，同比增11%。加强森林保护和水土流失治理，天然林保护13.27万亩，工程造林585亩，封山育林826亩，四旁植树18万株，生态环境进一步改善。建设沼气池338口、节能改灶1373眼。全乡100片主要林区责任到人，组建森林扑火队150人，坚持24小时值班。

2008年农业农村经济稳步发展，实现农业总产值7710万元，增19%。全年完成农作物种植81036亩，其中粮食播种62131亩，实现粮食总产13429吨，增长2%；烤烟种植8000亩，实现产值1671万元，同比增23%。同时，科技措施有效落实，实施旱育秧300亩、优质稻5000亩，玉米温饱工程1万亩、新优品种推广4500亩，优质脱毒马铃薯1万亩、加工型脱毒马铃薯7000亩，优质特色小杂粮4000亩，优质啤酒大麦"v43"样板种植3000亩，优质食用豆3500亩，优质夏播油菜1800亩。完成冬季马铃薯种植1万亩。畜牧养殖业健康发展，重大动物疫病防治有效开展，免疫密度达100%。实现大小牲畜存栏4.57万头(匹、只)，出栏42776头(匹、只)，完成计划的100%；肉类总产3767.95吨；新发展专业养殖大户7户。不断优化种群结构，完成513头劣质杂公牛去势。冻精改良扎实推广，改良牛2502头。大力发展奶水牛养殖，建成范点1个，发展大户3户，带动养殖户24户，共存栏奶水牛52头；实现畜牧业产值达3567万元，增6%。能繁母猪保险扎实开展，共收取保费24192元2016头，为养殖户理赔41头4.1万元，充分调动农民发展畜牧养殖的积极性。农村生态进一步改善，完成城乡园林绿化及生态建设任务，集镇种植常绿树苗7864株，公路沿线面山绿化810亩，补植工程造林1330亩，工程造林100亩，机关义务植树30亩，全民义务植树12.15万株，完成4个示范村绿化任务，植树2430株。实施泡核桃3978亩种植。集镇种植常绿树苗7864株，绿地绿化710平方米，集镇绿地率增长3.2个百分点，绿地覆盖率指标增长4.1个百分点。拆临拆违5010平方米。加大能源建设力度，建设沼汽池112口、节能灶214眼。进一步完善森林防火机制，切实做好护林防火工作，全年未发生森林火灾。扎实推进集体林权制度改革，实现林业产值1066万元。

2009年实现农业总产值8170万元，增6%。种植结构进一步优化，严格执行各项强农惠农政策，兑现种粮农民直补252.82万元，充分调动农民种粮的积极性。完成粮食总播种面积58152亩，其中小春粮食播种面积2.1万亩，大春粮食播种面积37152亩，实现粮食总产13606吨，同比增长1.3%；烤烟种植8400亩，实现产量126万千克，同比增长3.2%。实现产值1952.3万元，同比增长8.6%。优质高效作物示范推广工作全面落实，完成优质脱毒马铃薯高效示范6500亩、优质玉米高效示范5000亩、优质食用豆高效示范3000亩、优质高效外销蔬菜500亩、玉米抗旱节水节肥新技术2000亩推广示范工作。加大冬季农业开发力度，圆满完成优质小麦2000亩、优质大麦3000亩、鲜销蚕豆、豌豆2000亩种植任务，确保农民增收。畜牧养殖业健康发展，重大动物疫病防治有效开展，口蹄疫强制免疫81098头、注射禽流感苗142311只，密度达100%，注射狂犬病疫苗700只。实现大小牲畜存栏47590头(匹、只)，出栏47207头(匹、只)，完成计划的100%。肉类总产4210.6吨，占计划100%。不断优化种群结构，完成224头劣质种公牛去势。冻精改良扎实推广，改良牛2602头。发展肉牛规模养殖户5户。以冻精改良为依托，大力发展奶水牛养殖，建成奶水牛养殖示范点一个，发展奶水牛养殖55头。实现畜牧业产值达4106万元，增15%。畜牧业收入2663万元，增6%。农村生态进一步改善，认真抓好"四创两争"、"一湖两江"、"四全"工作，切实改善农村生态环境。实施园林绿化工程，完成集镇绿化540米、植树128株；公路绿化15.6千米、植树1.58万株。完成1个绿化示范村建设；完成"三沿五区"墓地绿化31处植树5986株，完成牛街河、新城河河道绿化9千米2万株。继续加强生态建设，完成样板林植树100亩；机关义务植树30亩；补植补造3000亩；全民义务植树12.03万株。退耕还林补植补造200亩，建设苗木基地2处占地95亩。建立有效的森林防火机制，切实保护森林资源，全年未发生森林火灾。加大能源建设力度，安装太阳能135套，建设沼气池22口。集体林权制度改革主体整改工作全面完成。实现林业产值1174万元。

2010年实现农业总产值8170万元，增6%。种植结构进一步优化，严格执行各项强农惠农政策，兑现种粮农民直补292.3万元，充分调动农民种粮的积极性。完成粮食总播种面积6.66万亩，其中小春粮食播种面积2.81万亩，大春粮食播种面积3.85万亩，实现粮食总产13339.6吨，完成任务的100.4%；烤烟种植8940亩，实现产量138.57万千克，实现产值2069.06万元，增长6%。优质高效作物示范推广工作全面落实，完成优质稻示范种植5000亩，优质脱毒马铃薯高效示范种植6500亩、优质玉米高效示范种植5000亩、优质食用豆高效示范种植3000亩、优质高效外销蔬菜种植500亩和玉米抗旱节水节肥新技术9200亩推广示范工作。畜牧养殖业健康发展，重大动物疫病防治扎实开展，口蹄疫强制免疫4.97万头(只)、注射禽流感疫苗6.5万只，密度达100%。实现大小牲畜存栏4.81万头(匹、只)，出栏3.67万头(匹、只)，完成计划的100%。肉类总产4210.6

吨，占计划 100%。不断优化种群结构，改良大小牲畜 7740 头，冻精改良扎实推广，改良牛 1873 头。实现畜牧业产值达 4913 万元，同比增长 19.7%。畜牧业收入 2663 万元，增 6%。

【基础建设】 2007 年，切实加快新农村建设步伐，完成上宜格、凤家河、阿世卡、小冲四个新农村建设。投入水利建设资金 250 万元，实施凤龙水厂一期工程建设，3600 人饮水问题得到有效解决。投入 108 万开工建设鲁机卡大沟。投入 25 万元，完成 4 件入村饮水工程，解决 1000 人饮水安全问题。投入 100 万元，完成大箐村委至牛街村委 3000 亩中低产田改造。投入 130 万元，完成发来古 500 亩、新城 400 亩、集城 1200 亩烟水配套工程建设。完成 47 千米的公路通达工程建设，乡村道路交通发生前所未有的变化。集镇功能不断完善，投资 4.7 万元建成主街道一条，安装路灯 18 盏、小河护栏 405 米和体育路径器材 1 套。

2008 年整合资金，实施龙池新农村整村推进，完成道路硬化 900 米，实施民房重建 67 户。投入资金 100 万元完成鲁机卡大沟建设，有效改善 3000 亩农田灌溉；实施凤龙水厂二期牛街至龙池主管架设和磨姑鲁村入户管网建设，解决 3500 人的饮水安全；建成 4 个村饮水工程，解决 650 人饮水；修复水毁工程 3 处；投资 855 万元，实施龙池、合理两个村土地开发整理项目。完成多姑至大麦地、大石桥至竹园 23.6 千米路基改造工程和务嘎、龙池 2.7 千米路面硬化；启动建设 7.85 千米的路基改造工程；实施 21 个村整村推进项目，完成村内道路硬化 5.5 千米；积极推进公路管理所和四级交通客运站建设。完成务嘎、驻基两个信息村建设，信息化程度不断提高。完成凤家河地震安居保安工程，拆除重建 114 户、防震加固 160 户；邓家沟易地搬迁工程圆满完成，农户如期搬入新居；人民群众居住条件明显改善。按照“规划先行、循序渐进、节约发展、合理布局”的原则，做好集镇总体规划前期准备工作；投资 12.8 万元，建成占地 4.5 亩、日交易量 1000 头以上的牲畜交易市场。启动龙池、务嘎抗震民居“保安工程”和务嘎村委搬迁重建。完成 2009 年烟水工程规划评审论证，待审批后实施。完成积水片区农田建设规划工作。

2009 年，继续加大基础设施建设力度，完成 6500 亩水浇地工程项目建设，烤烟种植条件明显改善。投资 139 万元，完成 10 个自然村人畜饮水项目建设，解决 5500 人的饮水安全。投资 180 万元，实施 9 个自然村整村推进项目，完成道路硬化 3092 米 1.23 万平方米，沙石铺路 4500 米，安装人畜饮水管道 1.02 万米，新建畜厩 298 个 5196 平方米。投入资金 1415 万元，实施牛街至多姑 15.5 千米油路建设和 30 千米路基改造项目建设；完成四级客运站和公路管理所主体工程建设，道路交通条件明显改善，逐步形成以集镇为中心，四通八达的交通网络。投资 69.9 万元，完成 72 户拆除重建、41 户抗震加固安居工程，改善人居条件。圆满完成合理大海子、龙池土地开发整理项目，土地质量进一步提高。投资 130 万元，实施农贸市场建设，着力改善集镇服务功能，加快集镇发展。投入资金 33 万元，实施集镇亮化工程，安装节能路灯 106 盏，着力提升集镇品位。积极做好木戛利水库建设的协调服务工作，项目顺利实施。

2010 年，全力做好木戛利水库建设征地丈量、补偿兑现、移民搬迁等服务工作，完成总投资 4538 万元，工程形象进度 21%；投资 404.63 万元，启动 34 个自然村饮水安全项目，解决 7859 人的饮水安全。投资 146 万元，启动积水大沟以工代赈项目建设，改善 4300 亩农田耕作条件。投资 167.3 万元（其中一事一议奖补资金 81.8 万元，群众自筹 21 万元，投劳折币 64.5 万元），完成 2009 年 22 个一事一议财政奖补项目建设，完成道路硬化 53067 米，安装人畜饮水管道 11774 米；完成 2010 年 18 个项目申报。投资 116.19 万元，完成 1800 亩退耕还林基本口粮田建设任务，土地耕作条件进一步改善。启动 12 个自然村整村推进、17 千米路基改造、82 户抗震安居工程和 15 户危房改造项目建设，改善农村发展条件。

【社会保障】 2007 年，年输出农村富余劳动力 1358 人，完成任务 181%，其中省外 151 人，省内 853 人，县内 354 人。开展技能培训 184 人，引导性培训 1769 人。

2008 年，做好“三就三百”、“两后双百”、“四全”工程的调查核实、宣传发动、组织培训等基础工作，完成 2007 年前未就业的两后生及农民工技能培训 116 人，转移就业 112 人。多方动员引导 2008 年未升入上一级学校的两后生 260 人职业学校。全年共转移培训 1517 人，完成转移就业 1084 人。完成农村最低生活保障 1518 人、城镇居民最低生活保障 91 人参保工作；解决 17 人农村医疗救助 42876 元和 17 人城市医疗救助 5100 元；城镇居民基本医疗保险参保 112 人、完成被征地人员 50 人的养老保险参保工作，做到应保尽保。

2009 年，做好“两后双百”工作及“四全”工作，组织开展收银员、茶艺工技能培训 107 人，引导 263 人就读职业学校。做好劳务输出工作，完成引导性培训 1030 人，占计划的 103%；转移就业 1025 人，占计划的 108%，超目标任务数 25 人。做好社会保险扩面工作，完成城镇居民 130 人医疗保险续保、被征地人员 72 人养老保险和 219 人农村养老保险的参保工作，努力做到应保尽保。抓好最低生活保障和救灾救济工作，完成五保供养 87 人 3.13 万元、生活救助 109 人 1.13 万元、灾后恢复重建 9 户 36 人 8000 元的发放工作，救灾救济工作得到全面落实。

2010 年，完成引导性培训 1925 人、转移就业 1850 人，完成计划的 101%。做好“两后双百”工作及“四全”工作，组织开展收银员、茶艺工技能培训 80 人。做好社会保险扩面工作，完成城镇居民 130 人医疗保险续保和被征地人员 31 人养老保险参保工作，努力做到应保尽保，社会保障体系进一步完善。民政优抚政策有效落实，1427 户 1528 人纳入农村最低生活保障。

【个私经济】 2007 年，全乡有个体工商户 174 个，企业 4 个，从业人员 1408 人，比上年增 78 人。营业收入 3606 万元，比上年增 0.4%；实现增加值 1350 万元，占计划的 100.4%；缴纳税金 38 万元。

【安全生产】 严格落实安全工作“一把手”责任制，贯彻执行“安全第一，预防为主、防治结合”的工作方针，认真贯彻执行上级安全生产工作会议和文件精神，切实加强安全生产领导和监督管理工作，成立乡村两级安全生产工作领导小组，层层签订目标责任书，2007 年开展安全生产培训 2 期 83 人，组织专项检查 12 次，全年无重特大安全事故发生。2008 年，完善防范突发事件、重大自然灾害的预警应对机制，督促 9 家企业建立安全应急预案。严格落实安全生产责任制，签订责任书 21 份。加强对非煤矿山、危险化学品经营、道路交通、农机、消防、食品、药品及其它公共场所的安全监管，加强对各种自然灾害的防范和处置，累计开展专项检查

10次，查处安全隐患42条，整改42条，切实保障好人民群众生命财产和健康安全。2009年，完善防范突发事件、重大自然灾害的预警应对机制，督促9家企业建立安全应急预案。严格落实安全生产责任制，签订责任书21份。加强对非煤矿山、危险化学品经营、道路交通、农机、消防、食品、药品及其它公共场所的安全监管，加强对各种自然灾害的防范和处置，累计开展安全生产大排查及专项检查10次，查处安全隐患32条，整改32条，及时整改存在的问题，消除安全隐患，全镇未发生安全责任事故。

【村镇规划】 坚持“科学规划”、“前瞻性规划”、“因地制宜”和“实用性”原则，按照科学发展观的要求，使规划工作更好的为凤仪经济、社会发展和建设社会主义新农村服务。充分运用市场机制，加快乡镇和重点村的建设与发展，着力改善乡镇与村庄人居环境，全面提高规划建设管理水平。

【农机工作】 2007年，加大农机推广力度，共有5台大中型耕作机投入烤烟生产，有各种拖拉机近100台在田间地头生产。加强农机监管，组织拖拉机年审146台。加大路检路查力度，检查162人(次)、各型拖拉机456台(次)，发放宣传资料300余份，书写和粘贴标语44条，全年未发生重大交通事故。

【科教文卫】 科技事业稳步推进，科技推广得到加强，实用技术广泛应用，青少年科普宣传扎实有效开展。教育发展取得新突破，2007年凤仪乡辖区内有中学1所，小学14所，幼儿园2所，小学升学率达91.12%，初中阶段毛入学率达99.89%，初中升学率达43%。“两基”成果进一步巩固，教育教学质量步入同类区中上水平。卫生事业进一步发展，卫生服务网络不断扩大，完成卫生院住院部及办公楼改造及驻基、多姑两个村委会卫生室建设。凤仪乡2007年辖内有中心卫生院1所，村级卫生所13所，从业人员32人，新型农村合作医疗深入开展，完成参合36161人，参合率达96.59%，全年为参合农民报销医药费70余万元，新型合作医疗走上正轨，参保、报销、资金管理各项制度健全。强化文化市场监督管理，保障文化市场健康发展。开通文艺、电影、体育等“3、5、6、8”频道，群众文体活动丰富多彩。

2008年，认真实施“科技兴乡”战略，科技推广得到加强，实用技术广泛应用，完成实用科技培训58期11203人(次)。全力推进教育综合配套改革，统筹发展义务教育和学前教育，推行学前教育社会化，今年实施“九年一贯制”教育改革，改革后中学1所，小学12所、幼儿园13所。今年新增学前教育点13个。“两基”成果进一步巩固，教育教学质量步入同类区中上水平，初中升学率达40.5%。全力推进中学标准化建设，完成新城“猜猜”希望小学和罗则小学教学楼建设，进一步改善办学条件。注重学校安全，完成中小学15所学校建筑32处7140平方米安全隐患排查。认真落实“两免一补”政策，中小学生学杂费全部免除。医疗卫生事业健康发展，投资12万元完成大箐、集城、积水三个村卫生室建设，卫生服务网络不断扩大；有中心卫生院1所，村级卫生院13所，从业人员32人新型农村合作医疗有序开展，完成参合35878人，参合率达95.53%，累计为参合农民报销医疗费用102.5万元，广大农民得到了更多实惠。加强食品质量和食品安全监管，开展专项检查6次，人民群众食品消费环境明显改善。文体事业蓬勃发展，启动“村村通”和有线电视网络升级改造工程，已完成改造1400户和8个村委测设绘图工作，网络覆盖面积不断扩大。做好宣传发动工作，完成务嘎、驻基两个信息村建设，信息化程度不断提高。规范和整顿文化市场，开展专项检查5次，保障文化市场健康发展。完成乡镇统计体制改革。完成2008年龙池、合理、驻基、新城4个村级文化室建设。

2009年，认真实施“科技兴乡”战略，完成实用科技培训177期11689人次。继续巩固“九年一贯制”教育管理体制改革成果，提高教育教学质量，小学阶段入学率达99.5%，与控制指标相比，上升0.5个百分点；初中生辍学率为1.3%，下降0.2个百分点。教育教学条件明显改善，9月底完成中学标准化建设，启动集城、发来古2所完小标准化建设，工程进度按计划顺利实施。大庆完小危房改造全面完成，办学条件进一步改善。高度重视学校安全管理工作，成立学校安全重大事故处理指挥机构，实行“一把手”负责制、目标考核责任制、责任追究制，建立学校安全工作联席会议制度和学校安全工作责任制，全年未发生学校安全事故。认真落实上级有关职业中学招生文件精神，完成职业中学招生263人，超任务数45人。继续深化卫生体制改革，深入开展行业作风建设，严格执行“德、能、勤、绩”为标准的考核制度，实行绩效管理，医疗卫生得到长足发展，医疗水平大幅提升，现有医护人员26名，床位60个，完成营业收入625万元。妇幼、保健、防疫、H1NI流感防治、新型农村合作医疗等各项工作有序开展。新型农村合作医疗参合农民达3万5085人，参合率95.66%，累计为参合农民报销医疗费340万元，广大农民得到了更多实惠。启动“村村通”和农村文化室建设。完成有线电视网络升级改造53个自然村，网络覆盖率达50%。做好宣传发动工作，完成2个信息村建设，信息化程度不断提高。规范和整顿文化市场，开展专项检查7次，保障文化市场健康发展。

2010年，认真实施“科技兴镇”战略，完成实用科技培训177期11689人次。继续巩固“九年一贯制”教育管理体制改革成果，落实绩效激励机制，教育教学质量明显提高，小学阶段入学率达99.6%；初中生辍学率控制在1.3%；初中升学率达45%，中考成绩再创新高，600分以上36人，考取昆一中3人，昆三中3人，教育水平再上新台阶。投资1242.48万元，完成集城、发来古2所完小标准化建设，办学条件进一步改善；投资1150.7万元，启动牛街完小标准化建设，现已完成征地补偿、地质勘查等前期工作。继续深化卫生体制改革，实行绩效管理，医疗卫生事业得到长足发展，医疗水平大幅提升。2010年有中心卫生院1所，村级卫生院13所，从业人员32人。新型合作医疗参合农民达37691人。参合率达99.35%，累计为参合农民报销医疗费390万元，广大农民得到了更多实惠。妇幼、保健、防疫等各项工作有序开展。加强食品质量和食品安全监管，开展专项检查8次，人民群众食品消费环境明显改善。规范和整顿文化市场，开展专项检查7次，保障文化市场健康发展。完成有线电视网络升级改造53个自然村，网络覆盖率达50%。

【精神文明】 2007年，积极开展“十星级文明户”和文明单位创建工作，全年共评比出六星级以上星级户318户、县级文明单位1个，县级文明村2个；充分发挥党、团员和妇女干部带头作用，加强思想道德建设。

2008年，做好宣传思想工作，建立周一学习制度，认真开展“四个一”和“五向”学习教育活动，全面完成各类党报党刊的征订，坚持正确的舆论导向，在集镇悬挂“十不”文明公约公益广告1块，发放宣传画及其它宣传材料共计900余份，建成15个中小学《公民道德建设实施纲要》二十字方针壁画，在128个自然村制定了“村民公约”。精神文明创建活动扎实开展，创建文明村1个，县级文明单位2个，评比出十星级文明户128户，九星级128户，八星级124户、七星级123户，六星级125户。积极开展“廉政文化进万家”活动。努力培育“四有”公民，开创精神文明建设的新局面。

2009年共参加学习培训3500余人(次)。发放市民“十不公约”宣传画及其它宣传材料共计800余份，建成15个中小学《公民道德建设实施纲要》二十字方针壁画，在128个自然村制定了“村民公约”。创建文明村1个，县级文明单位2个，评比出十星级文明户130户，九星级121户，八星级1115户、七星级114户，六星级120户。

【民主法制】 2007年认真实施普法工作，增强公民的法律意识和依法办事能力；健全和完善行政执法责任制，严格执法、公正执法、文明执法。巩固村级民主政治建设，健全村组机构，进一步完善村民自治制度。做好村级财务审计工作，坚持政务、村务公开制度。

2008年，认真实施普法工作，增强公民的法律意识和依法办事能力；健全和完善行政执法责任制，严格执法、公正执法、文明执法。巩固村级民主政治建设，健全村组机构，进一步完善村民自治制度。做好村级财务审计工作，坚持政务、村务公开制度。

2009年民主法制建设加快推进，“五五”普法和“四五”依法治镇工作深入开展。健全和完善行政执法责任制，严格执法、公正执法、文明执法。巩固村级民主政治建设，健全村组机构，进一步完善村民自治制度。做好村级财务审计工作，坚持政务、村务公开制度。

2010年，镇党委把维稳工作列入工作重要议事日程和全年目标考核，建立健全领导机构，落实责任，与村委会签订了维稳工作责任书，切实抓好社会治安综合治理。深入开展打黑除恶专项整治，始终保持对犯罪分子的高压态势，依法严厉打击各种违法犯罪活动，破获刑事案件12件，破案率达70 %；查处治安案件101起，查处率100%，社会治安明显好转。严厉打击毒品犯罪，切实加强防艾工作。认真解决群众来信来访46件，办结率达99%，坚持每个季度排查一次社会矛盾隐患，全年调处矛盾纠纷22起，调解率达100%，切实把矛盾化解在基层，解决在萌芽状态，社会和谐稳定。社会突发公共事件应急救援体系进一步完善，防范和处置突发公共事件的能力有效提高。严格落实安全工作“一把手”负责制，组织安全专项检查7次，及时整改存在的问题，排除隐患22件，全镇安全形势平稳。注重消防安全，积极开展火灾保险，参保率100%。加强交通安全管制，查处交通违法案件49件，及时消除安全隐患，平安创建取得实效。切实加强民族宗教工作，大力宣传党的民族宗教政策，积极引导宗教与社会主义相适应，防邪反邪教效果显著，巩固了“无邪教乡镇”的荣誉。

【民政优抚】 以“贫有所济，灾有所求，老能所养，困有所帮”为工作重点，2007年共发放救灾救济粮13985千克，解决381户981人的缺粮问题。发放各项事业费1431人(次)40.2万元，发放棉被139床，救济136户218人。全年发放各种优抚对象定补11万元、小乡干部定补8万元。完成农村低保新增982人的落实、公示、审核、上报工作。共办理结婚登记210对，离婚1对。

【人民生活】 高度重视“三农”问题，以经济建设为中心，紧扣快发展的主题，不断优化农业产业结构调整，促进科技成果向现实生产力转化，实现了农业的稳步发展和农村经济的繁荣。2007年全乡农业总产值6253万元，农民人均纯收入1014元。2008年，深入推进扶贫开发，投入62万元实施1个自然村的异地搬迁，造福30户127人。投资420万元实施21个自然村的整村推进工程，受益2131户8349人。争取各级挂钩单位扶贫帮困资金及物资折币合计54万元，开展一对一结对帮扶活动，扶持农村贫困户140户，受益群众485人，帮扶资金及物资折币1.3万余元。实施“万村千乡市场工程”，建农家店1户，人民群众消费环境明显改善，实现农民人均纯收入1191元。

2009年，实现农民人均纯收入1369元，增长15%。300名绝对贫困人口基本解决温饱，2500名低收入人口稳定解决温饱。深入推进扶贫开发，共争取扶贫资金517.25万元。其中：省市专项财政资金180万元，小额信贷资金200万元，市县挂钩单位扶贫78.5万元，引导群众自筹58.75万元。实施项目33件，受益22个自然村1665户6843人。实施“万村千乡市场工程”，建农家店1户，人民群众消费环境明显改善。

2010年，实现农民人均纯收入1474元，增长13.2%。300名绝对贫困人口基本解决温饱，2500名低收入人口稳定解决温饱。深入推进扶贫开发，共争取扶贫资金1013.71万元。其中：省市专项财政资金240万元，小额信贷资金600万元，市县挂钩单位扶贫74.43万元，引导群众自筹99.28万元，实施项目27件，受益16个自然村1865户6943人。

【招商引资】 2008年招商引资项目6个，到位资金1450万元，利用市外资金574.2万元，完成年初计划的114.8%。其中华吉苗木基地到位资金500万元，永鑫百货超市到位资金400万元，为经济发展增添新的活力。乡镇企业增至8户，实现增加值399万元，增14%，上缴税金40万元，增5.26%。从业人员1420人。

2009年，始终坚持优化发展环境，筑巢引凤，招商引资成效显著。全年实际到位市外资金4670万元。其中华吉苗木基地建设到位资金150万元；寻甸民生生物工程有限责任公司到位资金410万元；寻甸永鑫商贸有限公司到位资金150万元；寻甸正江责任有限公司到位资金2100万元；寻甸凤牧养殖合作社到位资金385万元；寻甸科宏建筑材料有限公司到位资金920万元；寻甸凤厦房地产开发有限责任公司到位资金555万元。考核认定实际到位市外资金3954.5万元，完成目标任务的104%，为经济增长注入了新的活力。

2010年累计结转在建及引进项目6个，实际到位资金4127.17万元，完成目标任务5800万元的71.16%，完成市外资金4200万元的98.27%。磷肥厂、有机肥厂、虹鳟鱼养殖场、松茸酒厂、石材厂等明业化硫一批带动效应强，发展前景优的基础项目先后落地凤合，为镇域经济发展注入了强劲活力。

【领导名录】

党委书记：马兴礼(—2010.3)
人大主席：山朝云(—2010.3)
党委副书记、代理乡长：任正龙(2007.11—)
党委副书记：余艳生(2006.02—)
孟顺杰(2007.10—)
孙粉梅(挂职2010.12—)
纪委书记：盛炳全(2006.02—2007.11)
马成银(2007.11—)
乡　长：马仲敏(2005.01—2007.11)

副乡长：张正跃(2001.11—)
张国娅(—2010.03)
武装部长：李道平(2007.11—2010.03)
保德思(2010.03—)

(撰稿人：李廷强)

联合乡

【行政区划】 联合乡位于寻甸县西北部，东南部与凤仪乡接壤，西部与倘甸镇相连，北与东川区红土地镇毗邻。距昆明165千米，距寻甸县城127千米。地处东经120°43′～103°33′，北纬25°20′～26°50′之间，东西最大横距16.7千米，南北最大纵距14.2千米。全乡辖马店、北河、松棵、联合、三界、凹子、法安、落水洞8个村委会，91个自然村，95个村民小组。

2010年8月17日市委、市政府成立昆明倘甸产业园区和昆明轿子山旅游开发区(以下简称“两区”)，托管相应区域。

联合乡是距寻甸县城最边远的贫困乡，两区托管后，距两区行政中心(倘甸镇)33千米，区位优势凸显，发展潜力剧增。

【自然状况】 全乡国土面积169.5平方千米，耕地面积2.97万亩，其中旱地2.95万亩，人均耕地2亩以上。粮食作物有马铃薯、玉米、小麦、荞子、青稞等，以马铃薯、玉米为主。林业用地12.07万亩，森林覆盖率达46.8%。境内最高海拔3251米，最低海拔2210米，平均海拔2732米，年平均气温12.7℃，无霜期230天，年平均降雨量为1341毫米。

【资源】 土地广阔，耕地面积近3万亩，人均2亩以上；丰富的矿产，品位26%以上的磷矿储量5000万吨以上，远景储量上亿吨，还有丰富的铅锌矿、煤矿、铁矿、花岗岩等资源；充足的水量，年产地表水达0.9亿立方，境内罗白河、恩泽河是引水补清的主要水源，总投资15.3亿元、规划建设6000万方的罗白河水库及其调水工程，已申报列入国家西部水利建设项目工程；风能资源，2010年6月由中电投集团建设四个风力测试塔进行勘测，初步估测可装机容量为15～20万千瓦以上。

【基层组织】 联合乡党委下设12个党总支(支部)，农村党总支(支部)8个，乡直机关党总支(支部)4个，共有586名党员，其中：少数民族党员108人，占党员总数的19%；女党员82人，占党员总数的14%；60岁以下党员462人，占党员总数的79%。党员中初中以上学历230人，占39%，高中以上学历182人，占31%。全乡95个村民小组于2010年分设党小组，实现了村民小组党员全覆盖。

【特色产业】 2008年，联合乡注册有三家燕麦、苦荞农产品加工厂，主要产品有燕麦、苦荞系列面条、营养面、炒面等，其中 年艾燕荞麦产品加工厂获QS安认证。2009年注册一家彝家梁山肉食品加工厂，开发联合独特的五花肉、老火腿。2010年注册一家老三界青稞酒厂。

【人口与计划生育】 2007年总人口12832人，其中农业人口12476人，非农业人口356人，少数民族人口3218人，占总人口的25%。2008年总人口12872人，其中农业人口12500人，非农业人口372人，少数民族人口3223人，占总人口的25%。2009年末总人口13017人，其中农业人口12664人，非农业人口353人，少数民族人口3228人，占总人口的24.8%。2010年末总人口13347人，其中农业人口12961人，非农业人口386人；少数民族人口3362人，占总人口的25.2%。

计划生育工作严格执行“控制人口数量，提高人口素质”的方针，认真贯彻落实农村独生子女“奖、优、免、补”政策。2007年，全年出生76人，其中一孩40人，二孩36人，计划生育率100%，人口自然增长率控制在4‰，办领农业人口《独生子女父母光荣证》9户，申报办理农村计划生育家庭养老补助1户；2008年，全年出生60人，其中一孩32人，二孩28人，计划生育率100%，人口自然增长率控制在3.8‰，办领农业人口《独生子女父母光荣证》0户，申报办理农村计划生育家庭养老补助0户；2009年，全年出生82人，其中一孩46人，二孩36人，计划生育率100%，人口自然增长率控制在3‰，办领农业人口《独生子女父母光荣证》0户，申报办理农村计划生育家庭养老补助3户；2010年，全年出生49人，其中一孩31人，二孩18人，计划生育率100%，持证生育率100%，全镇人口自然增长率控制在5.3‰以内，办领农业人口《独生子女父母光荣证》0户，申报办理农村计划生育家庭养老补助1户。

【经济综述】 2007年末农村经济总收入2110万元，农村社会总产值2834万元，财政收入完成46万元，增长95%；固定资产投资1123.2万元。

2008年农村经济总收入2324万元，农村社会总产值3322万元，财政收入完成113万元，增长146%；固定资产投资4444.5万元。

2009年农村经济总收入2561万元，农村社会总产值3720万元，财政收入完成223万元，增长98%，固定资产投资5644万元。

2010年农村经济总收入2826万元，农村社会总产值4167万元，财政收入完成270万元，增长20%；固定资产投资6672万元。

【农业生产】 联合乡主要农作物有水稻、玉米、小麦、马铃薯、烤烟、油菜、荞子等。2007年粮食总播种面积5.12万亩，总产量8368吨，人均产粮670千克；2008年粮食总播种面积5.12万亩，总产量8518吨，人均产粮681千克；2009年粮食总播种面积5.11万亩，总产量8878吨，人均产粮701千克；2010年粮食总播种面积4.84万亩，总产量9198吨，人均产粮709千克。

大力发展特色林果：2008、2009两年间，在马店、北河、松棵、三界4个村委会推广种植泡核桃2000亩2.4万余株。

烤烟生产得到巩固：联合乡种植K326品种，面积逐年增加，从600亩发展到2010年的1100亩。2007烤烟面积为600亩，产量为83吨，实现产值124万元，均价15元。2008年，栽种面积600亩，产量达84.4吨，实现产值127.3万元，均价15.08元。2009年，栽种面积900亩，产量达13.46吨，实现产值207万元，均价15.38元。2010年，栽种面积1100亩，产量达170吨，实现产值262万元，均价15.38元。

畜牧业快速发展：2010年已培养养殖大户20户。到2010年已注册三个规模性养殖基地，分别是一个养羊基地，一个养牛基地，一个野猪养殖基地(2008年注册)，2007年大小牲畜存栏24650头(匹、只)，其中大牲畜存栏6500头(牛5000头、马1500匹)，生猪存栏1万头，山绵羊存栏8150只，家禽存栏2.4万只；实现畜牧业总产值

1.3元，畜牧业总收入920万元；2008年大小牲畜存栏27047头(匹、只)，其中大牲畜存栏6865头(牛5565头、马1300匹)，生猪存栏11219头，山绵羊存栏8963只，家禽存栏3.18万只；实现畜牧业总产值1778万元，畜牧业总收入1310万元；2009年大小牲畜存栏29370头（匹、只)，其中大牲畜存栏6920头(牛5720头、马1200匹)，生猪存栏12650头，山绵羊存栏9800只，家禽存栏3.18万只；实现畜牧业总产值2280万元，畜牧业总收入1300万元；2010年大小牲畜存栏31810头（匹、只)，其中大牲畜存栏6920头(牛5820头、马1100匹)，生猪存栏14545头，山绵羊存栏10345只，家禽存栏3.73万只；实现畜牧业总产值3030万元，畜牧业总收入1760万元。

林业工作稳步发展。联合乡有广阔的天然草场、草山资源。林地12万余亩，活林木蓄积达20万立方米，海拔2500米以上的天然草山10万亩。2007—2010年，森林管护面积每年1.2万亩，封山育林2933亩，公益林管护2.95万亩，全乡森林覆盖率46.8%。积极推广太阳能、沼气池、节柴改灶建设，有效管护森林资源，减少滥砍滥伐现象发生。2007年实现林业产值790万元；2008年建沼气池30口，节柴改灶250眼，实现林业产值847万元；2009年建沼气池35口，节柴改灶300眼，实现林业产值959万元；2010年建沼气池0口，节柴改灶150眼，实现林业产值1016万元。2010年完成人工造林180亩，封山育林2800亩，四旁义务植树5万株，乡级样板100亩，生态效益偿国家级3300亩、省级1.4万亩、市级1.28万亩，林改167亩，绿化投资25万元7000平方米，完成森管护12.07万亩；为有效预防森林火灾的发生，2007年在各村委会设立护林防火组织机构8个。建护林防火义务扑火队9支850人，确保了森林安全。

【农田水利建设】 2007年投资96万元，实施小白龙、老柱基、落水、凹子人饮工程及马店500亩旱地水浇工程，完成冬春修建工程17件，完善维修工程16件。多方筹资，完成三界、法安、联合村委会办公、住宿、门、围墙及场地等硬件建设完善工作，基层组织的工作和生活环境进一步改善。

投资188万元，实施市级人饮工程39件，投资131.5万元，实施落水、凹子、小白龙人饮扫尾工程。2008年投资800余万元在凹子村委会凹子一二三组和马店村委会刺栎树进行4900亩土地开发整理，在北河村委投入320万元实施农业综合开发项目，投资36万元完成水利建设新工程21件，维修工程16件，共完成管道32.8千米。投资80余万元实施5个村委会18个自然村的人饮安全工程，共建取水池22个，畜水池21个，主支管道61.48千米，解决了2580名群众和2840头牲畜的饮水困难。2009年精心组织实施农村人畜饮水安全工程18个自然村，建设蓄、供水池548立方，水网管线68.7千米，总投资85.3万元，受益农民2126人，大大改善了农村人畜饮水设施。小春完成农作物总播面积1.26万亩，实现小春粮食总产1200吨；完成大春总播面积4.55万亩，其中油料作物6000亩及青饲料1000、杂粮3500亩。2010年多方筹措投入600余万元解决受旱作物浇灌和人畜饮水困难问题。实施17个自然村农村安全饮水工程，建设取水池48个、供水池36个，架设水管线道90余千米，让全乡2046人享受优质安全饮水，使全乡范围老化陈朽引供水设施达到全面更新。在松棵投入720万元进行土开发整理，投入350万元在落水实施退耕还林基本口粮田项目。

【技能培训】 以培养造就新型农民为目标，推进农村二三产业发展，针对不同行业、不同工种、不同岗位，大力开展定向、定岗的农民职业技能培训，重点对务工人员进行职业技能培训，自2007年起，每年举办技术工培训班2期，每年完成农民培训1500人(次)。以促进农民增收为目的，转移输出、扩大就业为主线，全面推进我乡农村剩余劳动力快速转移，2010年全乡经培训共输出劳务人员达1260人(次)，其中省外79人、县外省内858人，累计收入152万元。

【集镇建设】 小集镇建设成效显著。2009年在落水村委会落水洞村采用BT模式筹措投资400万元，建成联合乡小龙街，完成了通水、通电、道路硬化、美化、亮化等基础设施建设，搞活小龙街市场；2010年多方筹措投入150万元在小龙街建成联合乡民俗风情园，打造轿子山到红土地风景区旅游线上的民族风情驿站，开发联合乡旅游资源，同时对联合乡集镇(马店村)进行绿化，扩建街灯、新建垃圾房、公厕，购置垃圾车等，并对2个集镇规划管理，进行街道规划和摊位划分，界定了商品交易地点，规范了市场经营秩序。

【治安工作】 定期研究、分析社会治安形势，全面加强社会治安综合治理，严厉打击各类刑事犯罪活动，以确保节假日安全为重点，开展安全教育，实施综合治理，认真维护社会和谐稳定。利用“安全生产月”、“法制宣传月”、“6·25”土地日和“6·26”国际禁毒日为契机，以乡政府牵头，组织计生、司法、派出所、国土所、中心学校等相关部门和单位开展了创建“平安联合”法制宣传活动。

【交通】 自2007年起大力实施路基改造工程，乡内交通基础得到巩固加强，投资229万元，完成马店至北河，落水至三界公路路基改造。投资91.8万元，完成落水洞、小田坝、李资沟、大龙潭路面硬化及基卜、大坪地、老屋基、双风口道路改扩建，共实施42千米。2008年完成称秆至马店烟点、东阿公路114至北河、林场至双龙潭等21.5千米路基改造工程，实施三界多数、法安新房子、凹子砂子坡、凹子白泥塘、落水撒基嘎、马店二社、松棵乌龙棚等村庄道路硬化工程，完成砂子坡、小竹箐、大山、大梨树、汉泥排计30千米的砂石路改扩建，完成养护26.5千米。2009年加快道路交通发展，完善的乡村公路框架逐步形成。通过实施农业综合开发、整村推进、路基改造工程等项目，共建成农村水泥路12.5千米、砂石路40.9千米，新建通村公路16千米，新建排水沟渠9.49千米。在已有凤联油路、联红公路、落三公路的基础上，北河接铜矿公路、马店接秤杆公路完工，完成马店至龙树路基改造工程，东接凤合镇、北连红土地公路网全线畅通。2010年完成联红公路至弯麦地2千米、叉河至三棵树3千米、凤联路至双龙潭3.6千米、铜矿路至乡政府(乡政府经刺栎树达龙树)8千米，完成三棵树至铜矿路经三棵树至汉泥排6千米，三界路至小竹箐3千米、三界路至沙子坡8千米、新修三界村委会丁家队、马家队、王家队公路4千米，新修松棵村委会火麻场、免吃水、槽子沟、松棵头自然村公路计25千米，工程实施至全乡91个自然村中还有三界村委会多素大凹子、凹腰河，凹子村委会腰岩，联合村委会的石灰窑，松棵村委会大箐5个自然村未通车。

【科教文卫】 2007年共有校点10个(一师一校点1个)其中初级中学1所，12个教学班542人，中学教师36人，小学49个教学班1441人，小学教师56

人；小学入学率100%，初中入学率99.8%，升入高中48人。

2008年，全乡共有校点9个，其中初级中学1所，12个教学班585人，中学教师38人，小学41个教学班1327人，小学教师78人；小学入学率100%，初中入学率99.1%，升入高中42人。

2009年，全乡共有校点9个其中初级中学1所，12个教学班610人，中学教师48人，小学39个教学班1230人，小学教师59人；小学入学率100%，初中入学率98%，升入高中39人。

2010年将全乡四年级以上的学生全部集中到新校区办学，创新打造联合乡九年一贯制学校。全乡有中心学校1所(初中部、小学部)，7个教学点(除马店外的7个村委会保留三年级以下的年级)，代课教师于2010年全部辞退，现有公办教职工113人。现有四至九年级学生共24个教学班1317人，其中小学阶段12个班667人，初中阶段12个班650人，全校共有寄宿学生1235人。

自2007年起，联合乡已举办三届民族文化节，规定每年火把节(农历六月二十四)前一周的周六为联合乡每年的民俗文化节。自2007年起，认真开展农村电影工程，现有数字电影设备一套，8个村委会每月放映电影1场，群众文化生活不断丰富。2008年多方争取到标准化学校建设项目后，乡政府筹资50万元新征地52.6亩，共投入1009万元将原联合乡初级中学搬迁新建，新学校于2009年秋季投入使用，乡级又投入近50万元架设学校饮水专线、进行了校园绿化美化及道路硬化等，使学校具备饮水、交通、用电等方面的安全条件。2010年全乡有通信机站(塔)12个，移动通信实现全覆盖，集镇信息网络有线无线全覆盖。

2008年投入150万元新建联合乡文化体育中心、投入300万元进行机关五期工程改造，机关面貌焕然一新；2010年搬迁新建马店村委会、新建三界凹子党员活动室，全乡8个村委会办条件全面改观，基层组织阵地建设得到有力加强；2010年创建国家级生态乡镇建设通过市级审核上报省级验收。

2007—2010年，每年全乡卫生院有村卫生所8所。从2009年起，由乡财政出资代交新农合个人筹资部分(25万元/年)，新型农村合作医疗参合人数1.3万人，年报销费用67.34万元，全乡人口参合率达104%。2010年，新型农村合作医疗参合人数1.27万人，年报销费用49.16万元，全乡人口参合率达100%。公共卫生医疗服务体系得到进一步完善，进一步规范村级医疗机构，提高农村卫生医疗机构的综合服务能力。

【扶贫、新农村建设】 2007年投资191.8万元，完成8个省、市级整村推进项目，涉及4个村委会8个自然村659户2656人，实现101户412人绝对贫困人口解决温饱，253户1000人低收入人口稳定解决温饱；投资78.5万元，完成大龙潭易地搬迁，有效改善了人居环境；投资63.86万元，推进落水洞、马店二社、李子沟新农村建设。

2008年投资60余万元实施落水洞、马店二社、李子沟新农村建设示范工程，投资41.55万元实施落水洞农村居民防震安全工程，拆除重建41户，加固改造25户；投资200万元完成10个自然村整村推进项目，解决400人绝对贫困人口温饱问题，稳定提高1000人低收入人口的收入水平。完成李子沟、基普、小田坝、大龙潭4个省级和大坪地市级整村推进项目。

2009年实施新房子、小竹箐、大山、砂子坡4个省级和多数、老住基、白泥塘、汉泥排、马店二社、乌龙棚6个市级及落水洞行政村推进项目，实施好大地、火麻厂、兔吃水三个省级，新田、支利、丁家队、王家队、小白龙、大刺棚、松棵头7个市级扶贫整村推进项目，更大程度地改善村容村貌和农村基础条件，促进产业发展。大力抓好通村通组公路建设，逐步建立县、乡、村农村公路三级养护长效机制，确保农村公路安全畅通，争取实施1至2条公路路基改造建设、砂石路面建设和联红油路硬化工程。2010年共实施28个整村推进项目，新农村建设得到大力推进，完成联合、落水两个集贸市场后续工程建设，完善服务功能，构筑发展平台，为集镇人口倍增和聚集经济效应打牢基础，满足人民群众生产生活需要。

【招商引资】 2008年，引进梁山彝家肉食品加工厂、联合元泰农产品开发公司，招商引资完成630万元。

2009年，引进梁山彝家肉食品加工厂、联合元泰农产品开发公司、鑫盟林木开发有限公司、永钧矿业有限公司、大弯磷矿。招商引资完成3881万元。2010年，大弯磷矿、联合元泰农产品开发公司、文棋花卉有限人公司。招商引资完成3438.76万元。

【人民生活】 2007年全乡农村经济收入2834万元，农民人均纯收入916元；2008年全乡农村经济收入3322万元，农民人均纯收入989元；2009年全乡农村经济收入3720万元，农民人均纯收入1078元；2010年末全乡农村经济收入4167万元，农民人均纯收入1187元。

【领导名录】

党委书记：张国昌(2006.08—)
党委副书记
李正升(2007.09—)
段如选(2006.03—)
乡　长：李　刚(2007.09—)
副乡长：毛连升(2008.01—2009.04)
杨晓林(2008.01—)
人大主席：刘福云(2001.11—2010.03)
纪委书记：何宾华(2007.11—)
武装部长：石柱友(2008.01—)

(撰稿人：康国宝)

金源乡

【行政区划】 金源乡位于寻甸县城西北部，东接功山镇，南邻甸沙乡，西连凤仪乡，北毗东川区，乡政府距寻甸县城64千米。南北长17千米，东西宽9千米，全乡辖金源、沧溪、小村、妥托部、高峰、瓦房、安丰、安秧、龙潭9个村委会101个村民小组86个自然村。2011年1月1日划归"两区"管委会。

【自然状况】 国土总面积154平方千米，耕地19054亩，林地9743公顷，森林覆盖率27.2%。山区与坝区温差较大，年平均气温差异大。海拔1600米以下的沧溪及金源村委会为河谷槽区，年平均温度为16℃-16.5℃，无霜期320天，年降水量900毫米，为中亚热带气候，土壤以水稻土为主；海拔1700—2000米的半山区，年平均温度为13.8℃-15.5℃，年降水量900-1100毫米，土壤以山地红壤为主；海拔2000—2450米为中山区，年平均温度为11.2℃-13.8℃，年降水量1100-1200毫米，土壤以黄棕壤和红壤为主；海拔2450米以上的地貌为高中山及残存的高原面，年平均温度为11.2℃，年降水量1200-1400毫米，气候冷凉，土壤依次为黄棕壤、棕壤、暗棕壤和亚高原草甸土；海拔2800—3200米为高山灌丛，草甸。河谷槽区有稻谷、玉米、红薯、烤烟、甘蔗、花生、生姜、冬早蔬菜、柿子、柑桔、石榴等；山区、高寒山区主产玉米、洋芋、杂粮，芸豆、臭参、中药材等。特色农业以优质大米、玉米制种、烤烟生产、生姜、大蒜、冬早蔬菜、臭参种植为主。辖区内含有丰富的磷矿、铅锌矿、铁矿等矿产资源。过去因槽区山清水秀、稻麦飘香，四甲河盛产鲤鱼而闻名全县，俗称"鱼米之乡"，50年代初得名为"金源乡"。

【人口与计划生育】 2007年，全乡总人口29663人，总户数7924户，其中：农业人口29178人，回族1160人，295户，彝族5182人，1128户；2008年，全乡总人口29793人，总户数7949户，其中：农业人口29308人，回族1170人，298户，彝族5195人，1140户；2009年，全乡总人口29960人，其中：农业人口29460人，回族1180人，301户，彝族5206人，1352户；2010年，全乡总人口30495人，总户数7990户，其中：农业人口29990人，回族1190人，313户，彝族5256人，1146户。

认真做好人口和计划生育工作。2007年，全年出生人口数286人，其中：一孩136人，二孩148人。计划内三孩2人。计划生育率90%。开展孕情检查16245人(次)。办理农业人口独生子女证4户，累计339户；人口自然增长率5.10‰。2008年出生274人，其中：一孩141人，二孩出生133人，计划生育率90%，办理农业人口独生子女证3户，累计342户，人口自然增长率5.0‰，查处非计划生育(无证生育，抢生二孩，非婚)等26户，以作处罚。2009年出生288人，一孩151人，二孩135人。计划内生育第三孩2人，计划生育率93%。开展已婚育龄妇女孕情检查15276人(次)，办理农业人口独生子女证3户，累计344户，查处非婚生育17户，已做处罚。人口自然增长率5.0‰。2010年出生275人，其中：一孩138人，二孩115人。计划内三孩2人，计划生育84%，开展已婚育龄妇女孕情检查13572人，办理农业人口独生子女证1人，累计346户，人口自然增长率4.9‰。在"六普"期间，全面清理整治历年来无证生育，非婚生育，抢生二孩等153户。查处历年超生户8户，其中再婚家庭4户，(上术所查出来的违法生育户)已作处罚。

【经济综述】 2007—2010年，国民生产总值增加到8075.8万元，增长4023.8万元，年均增长12%。财政收入增加到140万元，年均增长6%；地方财政增加到356万元，年均增长2.6%。农民人均纯收入增加到1154元，年均增长9.5%。其中2008年实现生产总值9044.9万元，比上年增长10%，人均生产总值由2746元提高到3060元，增长11.4%。农业生产总值8671万元，增长6%。粮食生产再获丰收，达到950.1万千克，增长0.8%，人均有粮328千克。烤烟完成红大品种种植3000亩，产值564.2万元，实现税收48.8万元；畜牧业呈现出牲畜出栏增加，存栏稳步上升的良好势头，实现畜牧业产值2490万元，增长5.2%；林业产值达659万元，增长4.9%。2009年，全乡实现生产总值8346.7万元，其中：农业6520万元，工业113.14万元，第三产业1712.8万元；固定资产投资达3800万元，非公经济达207万元，县、乡两级财政收入完成236.8万元，其中乡本级财政完成93.4万元，较上年的79.8万元增收13.6万元，增长17%，农民人均收入1345元，比上年增长7.9%。2010年，全乡实现生产总值1.23亿元，其中：农业8649万元，工业1916万元，第三产业1712.8万元；固定资产投资达3800万元，非公经济达207万元。财政收入完成279万元，完成县政府下达任务数的100%，较去年增42万元，增17.7%。农民人均收入1480元，比上年增长10%。

【农业生产】 农业农村经济稳步发展。2007粮食总产量由8715吨增加到1.03万吨，优质稻、新优品种杂交稻种植得到推广，畜牧业发展迅速，冻精改良等新技术得到推广应用，养殖水平不断提高，畜牧产值由1358万元增加到2366万元。农业产业结构不断优化，生菜、臭参、烤烟等特优农产品种植得到推广，杂交玉米制种达2350亩，种植结构多元化的格局初具规模，农业发展潜力得到进一步挖掘。2008年农业生产总值8671万元，增长6%。达到950.1万千克，增长0.8%，人均有粮328千克，有效保障了粮食安全；烤烟完成红大品种种植3000亩，产值564.2万元，实现税收48.8万元；畜牧业产值达2490万元，增长5.2%；林业产值达659万元，增长4.9%。2009年，全面落实种粮农民直接补贴政策，补贴资金达11.63万元。种植红大烤烟3230亩，收购42.5万千克，均价达15.09元，烤烟产值641.33万元，实现税收51.31万元；玉米制种面积增加至4000亩，覆盖金源、安秧、沧溪三个村委会，引种冬早生菜300亩试种成功，臭参种植面积达1000亩；实现畜牧业总收入2592.4万元。2010年，全乡实现农村经济总收入8649万元，比上年的6520万元增32%。粮食生产在克服百年不遇旱灾的情况下仍然保持了稳定增长，总产达9138.7吨；烤烟生产平稳发展，收购总量42.5万千克，均价达15.09元，产值641.33万元，实现税收51.31万元；玉米制种面积达4000亩，覆盖金源、安秧、沧溪三个村委会，产值达550万元；引种冬早生菜300亩试种成功，臭参种植面积达1200亩；实现畜牧业总收入2592.4万元。同时，全面落实"一折通"粮种直补等支农、惠农政策，全年发放各种惠农资金7项375.2万元，惠及全乡8056户农户3万多农民。

林业稳步发展。2007～2010年，森林管护5.77万亩，封山育林1720亩，公益林管护8.89万亩，全乡森林覆盖率达27.4%。积极推广太阳能、沼气池、节柴改灶建设，有效保护森林资源，减少乱砍滥伐等林业行政违法行为的发生。2007年建沼气池100口，节柴改灶50眼，实现林业产值540万元；2008年建沼气池224口，实现林业产值585万元；2009年安装太阳能120套，建沼气池180口，节柴改灶230眼，实现林业产值620万元；2010年安装太阳能100套，建沼气池300口，节柴改灶100眼，集体林权确权率达98%，实现林业产值720万元。

【农田水利建设】 2007年投资40万元，完成金源大沟险段治理工程建设，集镇人饮改造工程；2008年投资17.1万元，完成田坝心、脑子田两村人畜饮水工程建设；2009年投资562万元，完成沙湾大沟一号坝汛期应急抢险工程建设，金源大沟首段防渗工程建设，马桑井、长岭子两村人畜饮水工程建设；2010年投资225万元，完成小坝塘建设三件，集镇应急水源工程建设一件，其它应急水工程建设12件，完成马槽坑、土羊厩、龙潭村三件人畜饮水工程建设，苦荞地、小凹子、老源黑山、庄田、槽子上、粪荞地、新龙村七件人畜饮水工程建设。

【财政、金融】 财税工作成效明显。2007年地方财政收入140万元，财政支出356.1万元，金融机构居民储蓄存款余额3381万元，贷款2322万元，通过"一折通"发放各种惠农补贴263.4万元。2008年地方财政收入196万元，财政支出410.9万元，金融机构居民储蓄存款余额4049万元，贷款2564万元，各种惠农补贴380.9万元。2009年地方财政收入237万元，财政支出522.1万元，金融机构居民储蓄存款余额5256万元，贷款2890万元，通过"一折通"发放各种惠农补贴395万元，兑付家电、汽车摩托车下乡补贴28.8万元。2010年地方财政收入279.6万元，财政支出355.4万元，金融机构居民储蓄存款余额7376万元，贷款3232万元，通过"一折通"发放各种惠农补贴343.8万元．兑付家电、汽车摩托车下乡补贴70万元。

【畜牧业】 2007—2010年，积极推广科技培训、畜种改良，畜牧业发展迅速。全乡9个村委会配置9台防疫专用冰箱。重大动物疫病免疫密度100%。2007年，大小牲畜存栏3.37万头(匹、只)，出栏3.06万头(匹、只)，肉类总产2560吨。全乡畜牧业产值2300万元，畜牧业收入1550万元；完成畜种改良2900头(匹、只)，科技培训6期，269人(次)。2008年全乡大小牲畜存栏3.84万头(匹、只)，出栏3.34万头(匹、只)，肉类总产3080吨，全年畜牧业产值2800万元，畜牧业收入1900万元；完成畜种改良5000头(匹、只)，发展专业养殖户8户，科技培训8期，445人(次)。2009年全乡大小牲畜存栏5.02万头(匹、只)，出栏4.18万头，(匹、只)肉类总产3348吨，畜牧业产值3260万元，畜牧业收入1940万元；完成畜种改良6203头(匹、只)，发展专业养殖户10户，完成化验室建设。2010年全乡大小牲畜存栏42760头(匹、只)，出栏43443头(匹、只)，肉类总产3412吨，全年畜牧业产值3917万元，畜牧业收入2401万元；完成畜种改良6588头(匹、只)，发展专业养殖户10户，科技培训6期，365人(次)。

【劳动保障】 积极稳妥转移农村富余劳动力，有效增加农民收入，同时，大力宣传农村养老保险政策，扩大农村养老保险的覆盖面。2007年劳务输出总目标600人，其中县内转移就业230人，省内县外转移就业310人，省外转移就业60人。导性培训，310人(次)以上。完善宣传标语的刷写和发放工作，用赶集日发放申报《失业证》和《再就业优惠证》所需条件的宣传材料100多份。农村养老保险领取人员20人，农村养老保险缴费人员259人，农村养老保险已退保人员21人。发放劳务输出培训补助费3500元(到会人均10元)，上报县就业服务局的转移输出数为614人，其中省外转移输出60人，省内县外转移输出320人，县内转移输出234人。2008年事业单位符合失业保险参保对象37人的调查核实和应缴纳金额的核对上报工作以及人员变动情况工作。完成城镇居民基本医疗保险25人续保任务（其中2人转出），新增13人参保。2008年上报县就业服务局的转移输出数为870人，其中省外转移输出93人，省内县外转移输出404，县内转移输出373人。2009年各项社会保障工作和劳务输出工作总目标600人，其中县内转移就业300人，省内县外转移就业250人，省外转移就业50人；农村劳动力转移培训300人；技能培训100人，其中农民工培训70人，初中毕业生培训30人。农村养老保险领取人员34人，农村养老保险缴费人员303人，农村养老保险已退保人员30人。3月中旬开办保卫员员培训班一期，培训学员67人，合格66人，除少部分人自谋职业外，90 %以上成功推荐就业；6月中旬举办农艺工培训班一期，培训学员50人，已全部就近实现就业；7月中旬举办电焊工培训班一期，培训学员57人，合格56人，除少部分人自谋职业外，80 %以上成功推荐就业。2010年完成农村劳动力转移培训800人；转移就业1100人，其中省外160人，省内县外600人，县内340人；农民工技能提升培训150人。2010年10月全年上报县劳务输出办的转移输出数为1417人，其中省外转移输出123人，省内县外转移输出751人，县内转移输出543人。农村养老保险领取人员40人，农村养老保险缴费人员303人，农村养老保险已退保人员30人。

【安全生产】 2007—2010年金源乡全面宣传、贯彻、执行《中华人民共和国安全生产法》、《云南省安全生产管理条例》及相关法规，以高度的政治责任感和使命感充分认识抓好安全生产工作的重要性和必要性，切实加强领导，树立安全重于泰山、稳定压倒一切的思想，以科学发展观统揽全局，按照"安全第一、预防为主、综合治理"的方针抓好安全生产工作。坚持"依法治理、标本兼治、突出重点"的原则，按照"依法整顿、综合治理、巩固提高、强化监管、务求实效"的总体要求，对辖区内的泥石流沟、滑坡地段、砂场、石场、学校、电站、加油站、液化气销售点、建设工程、烟花爆竹、特种设备、民房、交通安全、防火等监督检查、坚持每月不少于一次安全检查、每年不少于12次、68人次。四年中没有发生一起安全生产事故。

【村镇规划工作】 2008年集中清理整治乱占乱建无章建筑18户、拆除房子21间、厕所5个，有效的维护了国家集体土地不受侵犯。制定了《金源乡集镇管理办法》、严格执行实行划行归市，2009年购置环卫保洁车一辆4.6万元建设一个998平方米垃圾填埋场。投资68万元修复街道损毁断面和集镇绿化1000米、980株，安装路灯40盏、较好的提升了人民群众的生活和居住环境，2007—2010年，投资331.6万元实施抗震安全工程347户、危房改造55户。

【园林绿化工作】 2007—2010年全乡园林绿化及生态建设工作要按照突出重点、体现亮点，弥补盲点的原则开展工作。2007—2010年投资19万元建设示范村8个，栽种香樟1050株、小叶榕2250株、集镇绿化。投资3.39万元栽种香樟146株、叶榕100株。投资16.3万元进行村庄绿化29个，栽种藏柏6万株、栏安13万株、柳杉2万株。投资11.05万元进行道路绿化、22.1万株，面山绿化800亩、20.8万株、10.4万元。投资3.36万元墓地绿化284座、栽种树木246株。完成公园绿化及建设任务，占地6.5亩、投资15.72万元。四旁植树26.3万株，共植树90.56万株、完成总投资96.32万元。

【科教文卫】 科教文卫事业健康发展。2007—2010年，全乡卫生院有村卫生所9所，个体诊所7家，卫生院有职工10人，乡村医生20人。2007年新型农村合作医疗参合人数人28708人，参合率为100%，年报销费用68.8万元。2008年新型农村合作医疗参合人数人28230人，参合率为98%，年报销费用135万元；2009年农村合作医疗参合人数27789人，参合率96%，报销费用213万元；投资9万元购置妇科多功能治疗仪及全自动血气分析仪1台。2010年农民合作医疗参合人28329人，参合率95.9%，年报销费用175万元，投入3万余元购置电脑相应配套设备。

文化广电工作进一步加强，2007

年完成有线电视安装650户；2008年完成4个村文化室、1个农家书屋和实施了5个项目点200户广播电视"村村通"工程，发展有线电视160户；2009年完成3个村文化室、2个农家书屋，发展有线电视120户；2010年完成2个村文化室、3个农家书屋，实施了31个项目点940户广播电视"村村通"工程，发展有线电视用户110户。

教育工作进一步发展。2007年，全乡共有校点27个(一师一校点13个，两师一校点1个，完小12所，初级中学1所)，小学104个教学班2948人，教职工106人，初中20个班1151人，教职工68人，小学入学率99.25%，完学率98.5%，初中入学率85.8%，升入高中103人；2008年，全乡共有校点33个(民办幼儿园6所，一师一校点13个，两师一校点1个，完小12所，初级中学1所)，幼儿园9个班286人，小学97个教学班2799人，教职工111人，初中22个班1260人，教职工72人，小学入学率98.08%，完学率98.6%，初中入学率90.08%，升入高中104人；2009年，初中标准化学校开始实施，极大的激发了学校的活力，校园面积达55亩，全乡共有校点33个(民办幼儿园6所，一师一校点13个，两师一校点1个，完小12所，初级中学1所)，幼儿园13个班372人，小学80个教学班2590人，教职工113人，初中22个班1217人，教职工72人，小学入学率99.35%，完学率98.3%，初中入学率90.05%，升入高中128人。

【科学发展、创先争优】 乡党委政府结合金源乡的实际，带领乡直各单位、各村委认真学习科学发展观及创先争优，顺势而谋，科学发展，真正做到理论与实际的结合，为十一五规划划上圆满句号。四年来，以邓小平理论和三个代表重要思想为指导，深入贯彻科学发展观，大力解放思想，实事求是，以发展为主题，坚持以人为本，把提高人民生活水平作为工作的出发点，牢固树立全面、协调、可持续的发展观。加强农业基础地位，强化交通、集镇及水利基础设施建设，依靠科技增效益，推进农业产业化、基础设施现代化和乡村城镇化联动发展。树典型、重示范、抓特色，实现跨越式发展。坚持以提高全民素质，创造和谐稳定的社会环境、公正廉明的法治环境和科学文明的人文环境为目标，推进物质文明、政治文明和精神文明建设，切实转变政府职能，努力改变和提高干部职工的工作作风和办事效率，抓落实、办实事、求实效，促进全乡经济社会再上新台阶。

【民主法制建设】 四年来按照建设"平安金源"、"和谐金源"的总要求，全力维护社会稳定，严厉打击各种犯罪活动，营造良好的社会环境；认真做好热点问题、重复上访问题排查，及时解决群众来信来访、各种纠纷，将矛盾化解在萌芽状态。不断加强民主法制建设，认真开展全民普法教育活动，逐步完善"一事一议"制度，切实维护农民的民主权利，落实社会治安综合治理责任制，扎实开展"无毒乡"的巩固工作。2007年，共立刑事案件16件，破获13件，抓获涉案人员25人，查处各类治安案件135件，打处违法人员96人；2008年，全年立刑事案件11件，破9件，抓获并批捕犯罪人员21人，立各类治安案件107件，查处107件，打处违法人员84人；2009年，全年立刑事案件10件，破6件，抓获并批捕犯罪人员7人，立治安案件125件，查处125件，处理违法人员110人；2010年立刑事案件13件，破8件，抓获犯罪嫌疑人12人，立治安案件89件，处理违法人员140人。

【民政优抚】 四年来，认真履行民政工作职责，社会救助体系进一步健全。2008年，85个五保人员纳入供养，发放农村特困户救灾粮1.2万千克，发放军烈属抚恤金、退伍军人、复原军人定补、两参军人定补10.7万元；投资149.6万元，完成187户农村民居抗震安全重建工程；2009年发放救济粮3.78万千克，领取农村低保1585人1509户，共计金额110.95万元，全面落实殡葬改革政策，死亡人口火化率100%；2010年，发放救济粮45180千克，领取农村低保1898人1829户，发放金额203.09万元。

【扶贫工作】 2007年，整村推进项目共下达6个村，其中省级2个、市级4个，下达资金120万元。共完成27个子项目的建设。硬化村间道路三个村2650米，5725平方米；新修通村道路2条，8千米；人饮工程一处，合计安装各类管线4800米，新建取水坝一道，取水池2个，蓄水池60立方米，入户安置84户，解决84户290人95头大牲畜饮水困难；新建三面光排灌渠500米，C15砼120立方米，新建挡2段100米，新增灌溉面积225亩；电改工程计划185户；危改工程计划13户；节能灶工程完成432眼；改厩完成135户，2280平方米。科技培训项目培训3000人(次)。

【经济贸易】 2007—2010年积极发展非公经济和个体工商户，增加农民收入，成立"万村千乡农家店"3个，认真落实节能减排政策、全面推广节能灯。2007年全乡非公经济有132个，完成总产值1380万元，增加值460万元，从业人员530人，在沧溪、施嘎村设立"万村千乡农家店2家；2008年全乡非公经济有136个，完成总产值1410万元，增加值470万元，从业人员550人，全乡9个村委会发放节能灯15612支；2009年全乡非公经济有136个，完成总产值1770万元，增加值590万元，从业人员580人；在安丰村设立"万村千乡农家店1家；2010年全乡非公经济有156个，完成总产值2760万元，增加值890万元，从业人员650人。

【新农村建设】 全乡市、县、乡三级新农村示范村各一个，分别是多红村、高家村、张家凹村，合计计划下达资金21万元，分别是多红村12万元、高家村7万元、张家凹村2万元，主要用于村建道路硬化和村容村貌的改善。多红村新建村间水泥路620米，宽3.7米；高家村由村社自己组织群众投工投劳380个，出动小马车17辆16天，合计270天(次)。清理乱堆乱放、搬运土方121立方米，拉沙342立方米，村间道路硬化230米，支砌挡墙31立方米。张家凹村由乡政府组织修复老街至村子的水毁路面，共完成开挖土方659立方米，回填土方956立方米。

2008年金源乡整村推进项目共下达8个村，其中省级3个村(黑山、凉山、场上)，市级5个村(上五里、马槽坑、老田、脑子田、妥托)，下达省市专项资金120万元。共完成32个子项目的建设。

交通建设：完成村间道路硬化17条总长4957.5米，13.7万平方米，新建涵洞35个155米，三面光排水沟渠519米，暗沟513米，新建路沿挡墙595.5米，改造村间道路4.79千米，路面铺沙填石4432平方米。电力建设：补助235户实施农村电网改造。种植业：完成补助扶持137户群众种植臭参137亩，补助种植优质无公害生菜120亩。养殖业：完成新建2立方米青贮池98个，补助户群众404户均改造卫生厩10立方米，合计改厩4040平方米．购买、引进种猪10头。科技培训项目培训：完成举办科技培训班49期，培训群众3500人(次)。生态能源建设：完成新建节能灶眼227眼，新建6立方米沼气池40口。社会事业发展工程：新建砖混结构活动室三间160平方米。金源村委会新农村整行政村整村推进项目：下达资金情况：市级扶贫专项投资100万元，整合一事一议资金53.68万元，合计投资153.68万元。道路工程：大转弯道路硬化工程：市级投资24.4万元，完成硬化道路899米。老街大村道路硬化工程：市级投资15.3万元，完成硬化道路557.1米。中五里道路硬化工程：市级投资11万元，完成硬化道路347.5米。下五里村：投资10.02万元，道路硬化长720米。老街、中五里村：投资18.55万元。完成转弯至老街三社道路硬化655米。采取乡人民政府补助水泥，群众投工投料的方式，硬化村间支道21条(其中：十一条在建)，长1623米。大坡头村：投资3.69万元(实施投资8万元)。完成道路硬化315.5米。沙湾村：投资6.21万元。新修道路长480米。古城村：投资4.74万元，完成硬化道路400米，支砌路沿挡墙320米。

人饮工程：投资4.04万元为半山村修复小坝塘一个，M7.5支砌块石156立方米，制安U型管600米（注404人，人均4个工）；老街、古城片区人饮改建工程：市级投资34万元。甸岗人饮改建工程：市级投资2.6万元，完成新建20立方米蓄水池一个，2立方米取水池3个，4米拦挡坝1道，架设D25热镀管300米，D20热镀管160米。

生态能源建设：市级投资6万元，整合大转弯一事一议资金6.43万元，对大转弯、大坡头、五里松公路沿线74户群众的房屋墙面进行加固、粉刷，共计完成房屋粉刷9000平方米。市级投资1.2万元，补助古城安装有线电视工程120户。

2009年度投入金源乡重点村扶持项目共有5个，资金100万元，共涉及3个村民委员会5个自然村，共计完成补助50户群众种植臭参150亩，新修三面光沟渠326米；新修道路3条总长5380米；完成硬化村间道路11条，长2364米、6430平方米，支砌路沿挡墙848.3立方米，暗涵54米；新建便民桥二座；架设管网1242米，新建公厕5所，垃圾池12个，节能灶353眼，补助40户群众建设沼气池，新建彝族多功能活动场所二块784平方米，配篮球架一套，举办科技培训15期，培训群众2000人(次)。

2010年度共实施了14个村整村推进项目，省、市两级总投资280万元，共完成基础设施、生态能源建设、产业发展、社会事业四大类型的项目工程47件。产业发展项目7件：引进脱毒马铃薯原种种薯进行品种改良157.8亩，其中：补助二伍哨村78户群众种植56.8亩，补助长岭子村35户种植40亩，补助庄田四社82户群众种植61亩；引进杜洛克公猪2头，长大二元杂母猪7头，其中：补助张家凹村群众养殖公猪1头、母猪5头，补助庄田四社群众养殖公猪1头、母猪2头；引进金银花1.3万株，补助魏家半山村54户群众种植50亩。基础设施13件：通路工程5件：张家凹村完成新修通村道路一条，全长3000米，安装涵管14道144米；上克基村完成硬化村间道路7条，全长549米，1428平方米，安装涵管7道52米，新建三面光沟渠100米；下克基村完成硬化村间道路8条，全长605米，1586平方米，安装涵管8段54米，新建三面光沟渠110米；庄田四社完成硬化村间道路1条，全长600米，1800平方米，安装涵管3道18米，支砌挡墙6段254米；大刺棚村完成改造通村道路1条，全长2496米，新建挡墙6段65米，新建三面光渠道350米，暗涵57米，大凹子村完成硬化村间道路2条，全长560米，2316平方米，支砌挡墙4段90米，新建三面光沟渠120米；魏家半山村完成硬化村间道路3条，全长607米，1517平方米，安装涵管14道84米，支砌挡墙4段40米，新建三面光渠道140米；二伍哨村完成硬化村间道路3条，全长520米，2366平方米，安装涵管7道42米，支砌挡墙1段5米；小村完成改造通村砂石路一条，全长1200米，新建三面光渠道91米，支砌挡墙5段104米；长岭子村完成新修通村道路一条，全长3800米，安装涵管9道50米，支砌挡墙1段11米；小尾井村完成硬化村间道路3条，全长857米，2409平方米，安装涵管5道32米，支砌挡墙1段8米；花椒树村完成硬化村间道路7条，全长1090米，2156平方米，安装涵管28道166米；大坝子村完成改造通村道路一条，全长6000米，硬化村间道路5条，全长870米，新修三面光渠道180米。人畜饮水工程2件：完成了新建30立方米蓄水池一个，架设管网7492米，入户安置101户，其中：小村村完成新建30立方米蓄水池一个，架设管网4294米，入户安置62户，马槽地村完成架设管网3198米，入户安置39户。生态能源13件：购买新型气化节能灶入户304眼，补助安装20管太阳能57套，新建公厕3所。社会事业12件：新建文化室12个，活动场所1585平方米，补助2户改善住房。沧溪村新农村建设。总投资10万元，完成硬化村间道路22条，全长1901米5053平方米。

【人民生活】 人民生活不断改善。2007农民人均纯收入增加到1154元，年均增长9.5%，全乡各项存款余额增加到3300万元，增加2338万元，年均增长23%。2008年末农民人均纯收入1246元，比去年增长8%。2009年农民人均收入1345元，比上年增长7.9%。农民人均收入1480元，比上年增长10%。全乡经济发展、社会稳定、民族团结，人民群众生活不断改善。

【领导名录】

党委书记：许加龙(2006.03—2007.09)
　　　　　王庆武(2007.09—)
乡　　长：王庆武(2005.04—2007.09)
　　　　　孔祥英(2007.09—)
副 乡 长：秦　飞(2007.09—2010.03)
　　　　　杨　伟(2010.03—)
　　　　　刘正福(2006.01—)
人大主席：马顺芬(2006.03—)
纪委书记：杨世荣
武装部长：黄顺林
派出所长：李国贵(2007.04—)
　　　　　杨智斌(2007.04—)

（撰稿人：李　宁）

附　录

寻甸回族彝族自治县2010年国民经济和社会发展计划执行情况与2011年国民经济和社会发展计划草案的报告(书面)

——2011年2月11日在寻甸回族彝族自治县第十四届人民代表大会第五次会议上

寻甸回族彝族自治县发展和改革局

各位代表：

受县人民政府委托，现将寻甸回族彝族自治县2010年国民经济和社会发展计划执行情况与2011年国民经济和社会发展计划草案提请县第十四届人民代表大会第五次会议审查，并请各位县政协委员和列席人员提出意见。

一、“十一五”国民经济和社会发展情况回顾

“十一五”以来，全县各族人民在县委、县政府的坚强领导下，认真贯彻落实科学发展观，以结构调整为主线，以改革开放为动力，抢抓发展机遇，增创发展优势，强力推进新型工业化、城镇化、市场化进程，加大城乡统筹力度，推进经济社会又好又快发展，为“十二五”全面建设小康社会奠定了坚实的基础。

“十一五”时期我县经济社会发展主要呈现以下特点：

(一)规划执行情况良好，经济社会发展跃上新台阶

“十一五”规划总体执行情况良好，基本实现跨越式发展。主要经济指标快速增长，工业经济成效显著，经济总量大幅提高，经济结构进一步优化，人民生活水平明显提高。具体表现为：生产总值由2005年的17.61亿元增加到2010年的38.32亿元，年均增长12.7%，其中：一产年均增长6.6%，达11.6亿元；二产年均增长20.89%，达11.12亿元；三产年均增长13.8%，达15.6亿元；人均生产总值由3496元增加到7400元，年均增长11.8%；地方财政一般预算收入由0.94亿元增加到3.42亿元，年均增长29.3%；三次产业结构由“十五”末的40：19：41调整为30：29：41；农业总产值由10.94亿元增加到20.33亿元，年均增长8%；粮食产量由1.88亿吨增加到1.95亿吨，年均增长1.4%；工业总产值由9.74亿元增加到38.8亿元，年均增加32%；工业增加值由2.72亿元增加到9.58亿元，年均增长21.3%；社会消费品零售总额由4.85亿元增加到12.81亿元，年均增长19.3%；固定资产投资由9.19亿元增加到41.2亿元，年均增长35.8%；城镇居民人均可支配收入由9152元增加到15324元，年均增长10.8%；农民人均纯收入由1890元增加到3497元，年均增长8.8%；人口自然增长率控制在6‰以内；城镇登记失业率控制在4%以内。

(二)各项投入不断加大，发展环境明显改善

“十一五”期间，各项基础设施建设的投入力度不断加大，发展环境得到明显改善。①新农村建设深入开展，农村基础设施明显改善。第一产业完成固定资产投资19.27亿元，年均增长69.8%。实施病险水库除险加固，中小型水库建设，农村人饮安全，整乡(村)推进，土地整理，农业综合开发，以工代赈，中低产田改造，农村能源建设等工程。“引清济昆”、“引牛入滇”、木戛利型水库等重大项目顺利推进。②工业园区建设大力推进，工业发展基础进一步夯实。第二产业完成固定资产投资61.14亿元，年均增长42%。园区基础设施建设加强，完成了园区1、4号道路、园区南北主干道延长线路基、园区商贸服务区4条道路、园区1号路延长线路

基、金所片区污水处理厂等工程建设。引进一大批重大工业项目落户：先锋褐煤洁净化利用试验示范项目，泰康消防有限公司年产25万吨磷酸铵盐干粉灭火剂，南磷三期建设，龙蟒磷化工，国电、中电投和大唐风力发电，东山公司日产2500吨新型干法水泥熟料等项目。规模以上工业企业达20户，实现总产值达33.6亿元。③三产投入不断加大，城乡面貌焕然一新。电力、交通、市政、社会事业等三产投资累计达47.92亿元，年均增长40%。新建110KV以上变电站3个，35KV变电站20个，输电线路493千米。全面实现乡乡通油路目标，城乡公交通达率达100%，行政村道路硬化率达59%。完成县城"两纵四横"、民族体育文化中心、河滨公园、北城区新区主次干道等市政建设。县城建成区绿化覆盖率由25.1%上升到40.01%；生活垃圾无害化处置率达20%；县城建成区面积由3.16平方千米提高达4.8平方千米，城镇化率由15%提高到18.3%。全县森林覆盖率由31.49%提高到41.64%；工业废水、废气达标排放及工业固体废物处置利用率分别达100%、100%、95%；环境质量综合指数达89%。

(三)各项事业全面发展，社会更加和谐稳定

①教育投入大幅增加。累计投入教育资金12.56亿元，实施了县一中、县二中、民族中学扩建及县一中新校区、昆明机电工程学校新建等工程；完成了5.5万平方米中小学校舍安全工程建设，2所中西部农村初中校舍改造，53所农村中小学标准化建设，标准化学校学生的覆盖率约达92%。"十一五"末小学及初中阶段适龄人口毛入学率分别达99.7%、108%；2010年高中毛入学率达65%，高考上线率达90%，创建省一级学校1所。②医疗条件更加完善。总投资4065万元，完成县人民医院医技楼和住院楼、县中医院门诊楼、县疾控中心检验综合楼、县妇幼保健院业务楼、10个乡镇卫生院业务用房改造、113个村卫生室等工程建设，新增医疗卫生设备141件，形成了比较健全的县、乡、村三级医疗预防保健网络。积极开展乡镇基础卫生医疗体制改革，并成功引进了祥和、嘉华、微创、五洲等民营医院。③文体事业发展加快。总投资7300万元，完成174个村文化室、21个农家书屋、25个村农民体育健身工程及县城体育场馆建设，修建实施了柯渡红军长征纪念馆文物主体修缮及陈列布展，成功举办昆明市第九届少数民族传统体育运动会，广播电视综合覆盖率提高到93%，移动网络覆盖率达98%以上。④科技创新和推广应用力度不断加大。科技投入力度进一步加大，2010年科技三项费用占地方财政支出的1%。"十一五"末，农业科技推广率达60%、农机化程度达40%、农作物良种覆盖率达95%，规模以上企业技术改造面达80%，科技增长贡献率达46%。⑤社会保障体系进一步完善。2010年新农合覆盖率达99.8%；"十一五"期间，我县农村城镇低保实现从无到有，现享有低保约11.3万人，五年共支出低保金约9.2千万；建设完成了县中心敬老院，促社会养老体系进一步健全。⑥城乡居民收入差距缩小，贫困人口减少。城乡居民收入差距由"十五"的4.8：1变为"十一五"的4.4：1；贫困人口由22.3万人减少为7万人，绝对贫困人口由4.3万人减少为1.8万人。⑦精神文明和民主法制建设加强。强力推行殡葬改革，推行文明健康的殡葬方式。民主法制建设进一步加强，开展"五五"普法与"四五"依法治县等法制宣传教育，创建14个民主法治示范村；大力开展社会治安综合治理与平安创建工程，成功创建省级先进平安县；第三次被国务院表彰为"全国民族团结进步模范集体"。

二、2010年国民经济和社会发展执行情况

2010年，全县地区生产总值增长11.3%，达38.32亿元，其中：第一产业增长6.9%，达11.6亿元，占计划的106%；第二产业增长12.9%，达11.12亿元，占计划的112%；第三产业增长13.5%，达15.6亿元，占计划的106%。全社会固定资产投资增长38.3%，达41.2亿元，占计划的102%；社会消费品零售总额增长20.89%，达12.81亿元，占计划的107%；地方财政一般预算收入增长26.3%，达3.42亿元，占计划的113%；农民人均纯收入增长8.1%，达3497元；城镇居民人均可支配收入增长8.4%，达15324元。

(一)农业经济平稳增长

今年上半年受旱情严重影响，夏粮损失较大，但大春作物正常生产，农产品价格行情较好，全年农业经济总体保持了稳步增长。全年农业总产值同比增长8%，达20.33亿元。全年粮食种植面积83.1万亩；产量达1.96亿千克，同比减收1.2%。烤烟生产任务全面完成，收购总量50万担，同比增长16.3%，占年初计划的112.6%；产值达3.53亿元，同比增长16.5%。畜牧业健康发展，总产值达9.54亿元，同比增长7%。林业产值达2.38亿元，同比增长6.3%。

(二)工业经济增速缓慢

虽然主要工业品总体价格和行情回升转暖，但由于煤、电、油运、淘汰落后产能、技改及产业政策限电、新增工业项目较少等影响，部份规模以上工业企业产能不足，特别是10月份工业产量同比下降，增加值大幅下滑，导致规模以上工业增加值1～10月仅增长了3.7%。全年完成工业总产值38.8亿元，同比增长4.9%；工业增加值完成9.58亿元，同比增长10.1%；其中规模以上工业企业总产值完成33.8亿元，同比增长4.2%；规模以上工业增加值完成8.5亿元，同比增长11.8%。

(三)服务业发展加快

旅游开发建设取得新成效，接待服务能力进一步提高。旅游资源开发完成天湖岛旅游项目、塘子星河温泉小镇项目等一批旅游重点项目建设加快推进，全年接待旅游人数34.6万人，比上年增长18%，实现旅游总收入3806万元，比上年增长48%。随着"543倍增计划"的实施，城镇建设的推进和工业的发展，城镇人口聚集，金融、保险、房地产业、邮电、通讯、餐饮业发展较快，城乡消费持续活跃，全年社会消费品零售总额同比增长20.89%，达12.81亿元。全年各项存款余额同比增长11.39%，达45.5亿元；全年各项贷款余额同比增长23.68%，达31.3亿元。

(四)社会事业协调发展

①教育基础不断加强。集中办学试点工作顺利推进，新一中建成使用，实现了初中到乡(镇)、高中到县城集中办学的目标；通过了省市对"两基"的验收；启动15所标准化学校建设，已建设完成成10所；完成中小学危房改造20182平方米。②人口卫生事业不断提高。引进和创办寻甸县微创外科医院、祥和医院等5个民办非公医院；完成"云南省人口和计划生育信息化"基础信息的核查登记表录入工作，实施"省级计划生育优质服务县"创建；县医院、县中医院、县妇幼保健院等部门医疗设施得以进一步完善。殡葬改革强力推行。完成第六次全国人口普查的登记汇总和编码工作。③文体事业发展加快。投资679万元，实施6个乡镇文化站、52个文化室、33个农家书屋、2个自然村农民体育健身设施建设，以及"六甲之战"纪念塔迁移。完成广播电视村村通6962户。④社会保障更加有力。实施自然村整村推进145个，投入资金2900万元；新增城镇低保217人，农村低保3000人；纳入五保供养1700人；实施医疗救助847人，免费实施白内障复

明手术840例；建成廉租房72套并实现搬迁入住，实施农村民居抗震安居工程1400户；积极组织抗旱救灾，得到社会各界捐赠款645.3万元，大米72.25吨，矿泉水1436箱。⑤社会服务不断完善。加强儿童收养登记管理力度，提高儿童收养办理的质量和水平，做好脱残儿童申报工作；认真做好退役士兵的安置工作；积极推进老年协会的创建工作。

（五）固定资产投资快速增长

全社会固定资产投资达41.2亿元，同比增长38.3%。其中：工业投资累计完成23.73亿元，同比增长63.5%；房地产开发投资完成3.81亿元，同比增长36.2%；农村私人投资累计完成2.99亿元，与去年持平。全年共批复立项政府性和社会性工程项目78项，共投资约13.13亿元；企业投资备案122个，概算投资约98亿元。

（六）招商引资取得新成效

对外开放战略深入实施，紧抓昆交会、农博会等有利时机，充分调动各单位积极性，不断扩大招商领域，招商工作取得新成效。全年结转、引进项目62个，实际到位市外资金18.48亿元，占市下达任务的123.20%，实际利用外资234.12万美元，占市下达任务的156.08%。

2010年是全县广大干部群众在县委、县政府的正确领导下，艰苦奋斗、顽强拼搏、不断克服发展中的各种困难，全县经济社会呈现出前高后低，总体平稳较快发展的态势，为“十一五”规划顺利收官划上了较为圆满的句号。在认真总结“十一五”规划和年度计划执行过程取得成绩和经验的同时，对目前存在的困难和问题、以及今后面临的机遇和挑战进行深刻分析，全县上下一定要坚定信心、埋头苦干、团结拼搏、进位争先，为“十二五”规划执行开好局、起好步，出色完成国民经济和社会发展年度计划。在新的一年里，着力解决投融资困难问题，为加强基础建设和经济持续增长创造条件；着力解决一、二、三产业重点财源建设问题，为财政持续快速增长创造条件；着力解决经济结构调整和产业优化问题，为统筹城乡发展、改善民生、增加群众收入创造条件。

三、2011年经济社会发展的总体思路和主要目标任务

2011年，是我县实施“十二五”经济社会发展规划的开局之年，我们要抓紧和抓好新一轮西部大开发，“两强一堡”建设，滇中城市经济圈建设，昆明市面向西南开放建设区域性国际城市，以及昆明倘甸产业园区和轿子山旅游开发区建设的历史性机遇，深入贯彻好党的十七届五中全会、省委八届十次全会和市委九届七次全会、县委十届十二次全会精神，为“十二五”规划顺利实施奠定坚实基础。

2011年经济社会发展总体思路是：以科学发展观为主题，以经济结构调整为主线，以改革创新为动力，以加大投入为重点，以招商引资为关键，以和谐平安为保障。扎实推进“工业强县”战略，扎实推进路水电等基础设施建设，扎实推进农畜产业优化升级，扎实推进市场体系和信息化机制体制，扎实推进全域城镇化及重点城镇化建设，扎实推进社会事业发展和人民群众生活质量和水平提高，扎实推进平安创建和社会和谐局面，促进经济社会又好又快发展。

按照上述要求，2011年经济社会发展主要指标建议为：

——全县生产总值增长12%以上；

——地方财政一般预算收入增长12%以上；

——固定资产投资增长20%以上；

——社会消费品零售总额增长16%以上；

——城镇居民人均可支配收入实际增长8%以上；

——农民人均纯收入实际增长8%以上；

——人口自然增长率控制在6‰以内；

——城镇登记失业率控制在4%以内；

——单位生产总值能耗下降2%左右；

——二氧化硫、化学需氧量比上年削减0.5%以上。

2011年国民经济和社会发展主要任务和措施

（一）加速新型工业化进程，实现工业经济的再提升

立足发挥县资源优势，推进主导产业技术进步和结构优化发展，加快传统产业的改造升级，积极培育新能源、新材料、农产品深加工等低碳、新型产业，将工业经济增长转变到依靠技术进步和提高劳动者素质的轨道上，走一条科技含量高、经济效益好、资源能耗低、环境污染少、人才能得到充分利用的新型工业化发展道路，切实提高工业发展的质量和效益，实现“规模企业上台阶”和“中小企业进规模”工程。力争年内新开工亿元以上工业项目2个，新增规模以上工业企业1户。

1. 加大招商力度。为确保全年实际到位市外资金17亿元，实际利用外资170万美元，今年的招商引资工作，将继续创新招商机制，优化投资环境。把优化投资环境作为加快发展的生命线，建立优化投资环境的长效机制。实施全民招商、以商招商、重点招商，积极引进一批规模大、产出高、带动力强的重大产业项目。紧紧围绕煤磷化工、机械、建材、农副产品加工等重点产业，建立项目动态储备制度，强化项目策划包装，逐步形成储备一批、开发一批、投产一批的良性循环。

2. 强化园区建设。园区建设始终坚持高起点规划、高标准建设、高水平管理。首先，不断完善园区硬件设施，重点加强园区的道路、供水、电力、通讯等公共设施和配套服务设施的建设。完成金所工业片区东西向5号路路基工程和羊街装备制造园南片区主干道路基工程，推进园区商务中心、管委会业务用房、金所片区污水处理厂、凤龙湾引水工程及配套实施建设；加快推进塘子片区规划建设工作；力争启动天然气入园工程，推进园区仓储物流基础建设，完成8万平方米标准化厂房建设；收储工业用地2500亩，完成2000亩熟地的基础设施配套；全力支持倘甸产业园区、轿子山旅游开发区和东川——寻甸天生桥特色产业园区建设。

3. 突出重点项目。着力培育发展优势企业，培育一批龙头骨干企业、高新技术企业，进一步做大做强南磷、龙蟒、先锋煤业、金柯制药等龙头企业；放开放活中小企业，限制淘汰一批落后企业；培育出口创汇大户，选择5户科技创新型、资源节约型、优势成长型和劳动密集型中小企业加以扶持；重点支持龙泉公司上市融资；培育新能源产业，抓住中缅油气管道和石油炼化项目实施及央企入寻发展的机遇，大力发展碳一经济；加强协调管理，促重点工业项目实施，加快推进国电清水海风电场和中电投河口风力发电项目、褐煤洁净化利用实验示范项目、先锋褐煤300万吨改扩建项目、东山日产公司2500吨新型干法水泥熟料项目、江苏新世纪盐化工集团精细化学品生产、正奥薄壁轻钢项目、荣兴“聚苯硫醚”项目、华卿亿安有机肥项目和黄玉建筑塑料模板等项目建设。全年实施工业重大项目建设14个以上，概算投资36.6亿元以上。

（二）大力建设现代农业，实现农民增收新突破

1. 加快推进城乡统筹发展。坚持“工业反哺农业，城镇支持农村”的方针，大力推进我县工业化进程，形成“以工促农、以城带乡”的良好局面。全面落实农民增收各项扶持政策，进一步加大对农业和农村的投入和支持力度，大力改善农业农村的生产生活条件和整体面貌，新增和改善灌溉面积5.9万亩，解决5.5万农村人口饮水安全问题；对柯渡镇、河

口镇、功山镇片区实施以工代赈；继续争取土地整理项目，实施土地开发整理2536公顷。大力推进农田水利建设，完成1.33万亩中低产田改造任务，力争完成南海、李家箐、路则冲水库除险加固工程；争取启动化桃箐、新村、二件小一型水库除险加固工程；确保木戛利水库建设顺利进行；积极配合做好"引牛入滇"、"引清济昆"工程建设；努力完成市级下达的"五小"水利工程建设任务；进一步开展水土保持和河道沟渠绿化工作。

2. 加快发展现代农业。抢抓昆明市农业产业"东移北扩"战略机遇，优化农业产业结构，切实转变农业增长方式，加快农业和农村经济结构战略性调整，积极推进农业产业化经营，大力推进农业产业化进程。大力推进农村劳动力转移，增加农民非农业收入。大力扶持蔬菜、花卉、中药材、板栗、泡核桃、蓝莓、烤烟等特色农业，实现农业科技示范引导。积极培育发展园区农业基地，加快发展园区种养殖业，逐步形成"一村一品"、"一镇一业"的产业布局，积极推进云南英茂花卉项目和云南农业大学都市型现代农业研发示范基地建设，投资1.3亿元在河口、鸡街等乡镇实施现代烟草农业基地和多个乡镇改造烤烟烤房，投资1200万元在3个乡镇实施标准化养殖基地建设。

（三）拓宽服务业领域，大力发展第三产业

1. 努力提升旅游业，积极发展第三产业，培育新的经济增长点。继续坚持"政府主导、部门联动、社会参与、市场运作"方针，以"寻找心中的伊甸园"为主题，全力打造生态旅游、温泉旅游、红色旅游三大品牌，围绕自然、人文两大优势，以招商引资为突破口，以制度创新为动力，以营造诚信服务为保障，紧扣"吃、住、行、游、购、娱"六大要素，有重点、多渠道地开发我县旅游资源，全面发展第三产业，使旅游成为我县经济的新增长点，逐步使寻甸成为集旅游观光、休闲娱乐、健身度假、体育竞技、会议商务为一体的复合型旅游强县。具体做到：一是加快推进天湖岛、星河温泉旅游小镇二期、红色旅游项目等重点项目建设，力争早日完工；二是加快凤龙湾、钟灵山、三月三乡村生态旅游等项目的开发步伐；三是加快推进宾馆和乡村旅游点的星评工作，提高接待能力；四是积极开发旅游商品，规范引导旅游商品超市、购物中心建设，完善旅游服务功能。

2. 繁荣商贸服务业。县城、以及集镇面积不断扩大，人口的集聚，为我县商贸服务业的繁荣提供有利条件。进一步完善县、乡、村三级网络，规划布点综合商贸服务市场，将建成七星镇旅游集镇、先锋镇七甲街建设、羊街镇小康村农贸市场建设。促进县城商业区快速发展，鼓励"三级名牌"和"三级品牌"创建。

（四）加强财税金融工作，强化监督检查力度

狠抓财源建设，强化财政监督和税收征管，加强非税收入管理，规范财政支出，优化支出结构，促进财政收入较快增长。提高金融业服务水平，关注金融机构与企业，事业单位之间的诚信关系，正确引导信贷投向，增强金融对经济社会发展的支持力。以财政增收节支为中心，大力推进部门预算、国库集中收付试点工作，强化政府投资项目质量效益评估和审计监察监督力度，确保项目资金安全高效。

（五）统筹社会事业发展，构建和谐寻甸

1. 科教文卫取得新进展。坚持教育优先发展战略，继续落实"两免一补"和贫困学生救助政策，继续巩固提升农村义务教育水平，巩固提高"两基"成果，进一步完善农村标准化学校基础设施和教育教学设备，加快推进六哨乡全寄宿制学校建设，不断扩大集中办学规模。新建县特殊教育学校，改造中小学危房1万平方米，推进云南工艺美术学院运动与管理分院建设。结合卫生医疗业务用房建设实际情况，计划改扩建部分业务用房，加快民营医院发展，新建民营医院1所、改扩建民营医院1所。全面加强人口和计划生育服务工作，继续稳定低生育水平。进一步实施新型农村合作医疗。基本完成县城数字电视整体转换和20户以下自然村广播电视"村村通"工程，力争启动"三网融合"工程。

2. 加大扶贫开发力度。进一步加强扶贫工作，对老区的基础设施修行修整，进一步加大产业开发、危房改造、劳务培训（劳务输出）、小额信贷等。抢抓市委、市政府进一步加大对第三板块扶持力度的机遇，强化扶贫开发，力争把寻甸列为乌蒙山区扶贫开发重点县。组织实施整乡推进项目1个，自然村整村推进80个以上。大力发展劳务经济，培训农村剩余劳动力1.3万人、转移1.1万人。积极争取资金和项目支持，力争社会扶贫资金达1000万元以上。

3. 加快县城开发建设。随着"543倍增计划"的深入实施，以人口聚集为途径，继续强化县城建设，进一步提升县城功能，加快推进县城基础功能建设。新建480套廉租住房；计划完成凤梧佳苑一期，力争二期开工，综合档案馆、县公安局科技大楼、文苑华庭、莲花安置小区、龙华家园、玉秀苑、温商财富广场、中央公园暨园博园等项目建设；加速推进中央商务区、北城区城市综合体、先锋化工集团职工住宿区建设项目；启动凤梧商务展示中心建设；规划县城东拓建设方案，完成东仁路及主次路网建设工程；完善县城路网等配套设施，全面完成刘家坝拆迁安置工作，启动龙泉路南延工程。

4. 加快信息网络建设。以加强网络宽带化、高水平信息平台和网络的互联互通建设为重点，加快信息网络基础设施建设。以寻甸县政府网络平台为基础，以社会宏观经济、县园区开发建设、特色产业以及风土人情四大综合信息数据库为重点，加大信息资源综合开发利用。充分利用信息技术改造传统产业，逐步实现农业、工业、服务业信息化。

5. 强化交通电网基础设施建设。进一步加大农村公路建设：完成7条公路的路面硬化，3条公路的路基改造。全力配合加快推进轿子雪山旅游专线、县城至倘甸一级公路建设；启动易隆至天生桥、易隆至白石岩、金所至柯渡一级公路建设；横山至羊场、二金路至苏撒坡公路等公路等级提升；新修北城区二级客运站和北大营、功山等三级客运站。完成县城电网改造和农网改造升级，完成一户一表电力改造，开工建设110KV德卡变电站，启动建设先锋、塘子、鸡街、联合35KV变电站和三金线输电线路改造工程。

（六）推进节能减排，强化环境保护

切实加强节能减排和环境保护工作，继续推进重点企业强制性清洁生产审核，加快节能技术改造，淘汰落后生产能力，对污染物排放超标的企业坚决实行停产整顿，限期达标，单位生产总值能耗下降2%左右，二氧化硫、化学需氧量比上年削减0.5%以上。围绕提高资源利用效率，全面推进资源节约、资源综合利用，鼓励企业循环式生产，促进产业循环式组合。结合新农村建设，继续实施"乡村六清六建"工程，重点抓好沼气、节柴改灶和太阳能综合利用；大力推广测土配方施肥，进一步控制农业面源污染。加强对节约型建筑、节能建筑材料的推广应用；大力实施饭店、宾馆、商场等节能减排，促进商业节能。加快推进污染治理市场化进程，建立健全污水排放和垃圾处置收费机制，对工商企业和居民用水全面开征污水处理费，从源头上强化污染治理。在清水海流域实施"农改林"1万亩；各乡镇新增人工造林，共计约1万亩；补种植特色经济林10万亩；"一池三改"沼气池1800

口；安装太阳能热水器2000套。

（七）转变工作作风，提高行政效能

以深入开展“争先创优”活动为契机，深入推进勤政廉政建设，不断转变工作作风，进一步提高行政效能。机关行政效能涉及群众切身利益，体现党和政府形象，事关改革发展大局，全县各级各部门和广大干部要按照县委、县政府的统一部署，充分认识开展机关行政效能建设的重要性，切实把思想和行动统一到省、市、县的决策部署上来，紧紧围绕提高效能、优化环境、促进发展，以精简行政审批为基础，以转变机关作风为保障，努力实现办事效率明显提高、工作作风明显转变、履职能力明显增强、社会管理和公共服务明显改进，创造规范、高效、诚信、开放的政务环境和创业环境，确保行政效能建设受到明显成效。

各位代表，2011年，机遇与挑战并存，希望与压力同在，全县经济社会改革和发展的任务艰巨而繁重，让我们在县委的坚强领导下，在县人大、县政协的监督支持和帮助下，全面落实科学发展观，大力解放思想，坚定发展信心，攻坚克难，开拓奋进，扎实工作，为全面完成各项经济社会发展计划目标而努力奋斗。

谢谢大家！

寻甸回族彝族自治县
2010年地方财政预算执行情况和
2011年地方财政预算草案的报告(书面)

——2011年2月11日在寻甸回族彝族自治县第十四届人民代表大会第五次会议上

寻甸回族彝族自治县财政局

各位代表：

受县人民政府委托，现将寻甸回族彝族自治县2010年地方财政预算执行情况和2011年地方财政预算草案提请县第十四届人民代表大会第五次会议审查。

一、2010年地方财政预算执行情况

2010年，是"十一五"规划的收官之年。一年来，在县委的正确领导下，在县人大及常委会的依法监督下，在上级财政部门的关心和支持下，各级各部门紧紧围绕人代会通过的收支预算，树立科学的发展观，努力推进"工业强县"战略的实施，坚持做大收入总量、做优支出结构、做强可用财力，采取有力措施，抢抓关键机遇，狠抓关键环节，解决关键矛盾，取得关键突破。财政收支保持高速增长，保障能力显著增强，有力支持了全县经济社会事业的快速发展，圆满完成了县第十四届人大三次会议确定的收支目标任务。

(一)全县财政收支预算执行情况

2010年，全县财政总收入完成56，779万元(一般预算收入+上划中央"四税"+上划省级收入)，比上年增收11，322万元，增长25%。地方财政收入完成46，967万元，完成调整预算数的104%，比上年增收15，768万元，增长51%；地方财政支出完成143，704万元，完成调整预算数的100%，比上年增支28，864万元，增长25%。

地方财政一般预算收入完成34，224万元，完成调整预算数的100%，比上年增收7，128万元，增长26%；地方财政一般预算支出完成130，363万元，完成调整预算数的100%，比上年增支21，777万元，增长20%。

全县地方财政一般预算收支平衡情况是：当年地方财政一般预算收入34，224万元，加各种补助收入95，606万元，加调入资金809万元，收入方合计130，639万元；地方财政一般预算支出130，363万元，加上解支出2，320万元，支出方合计132，683万元，收支相抵，汇编上报赤字2，044万元(以省、市决算批复为准)。

全县基金收入完成12，743万元，比上年增收8，640万元，增长211%；基金支出13，341万元，完成预算的100%，比上年增支7，087万元，增长113%。

基金收支平衡情况是：基金收入12，743万元，加上年结余180万元，加省、市专款补助1，163万元，收入方合计14，086万元；基金支出13，341万元，支出方合计13，341万元，收支相抵，基金结余745万元(以省、市决算批复为准)。

(二)地方财政预算执行的特点

一是财政收入保持高速增长。地方财政一般预算收入完成34，224万元，比上年增长26%，超额完成市、县下达的收入任务。

二是财政保障能力稳步增强。地方财政总支出完成163，029万元，其中：地方财政支出143，704万元，直拨资金19，325万元。比上年增支26，712万元，增长20%。支出的安排，保证了工资正常发放、机构正常运转和重点工作的资金需求，有力支持了全县经济社会事业的发展。

三是财政负担日趋沉重。规范公务员津补贴，提高村委会(社区)干部工资，住房公积金、医疗保险配套比例按上级要求文件执行，基层卫生院工资全额纳入财政，同时，考虑县级对公共基础设施建设的投入、中央扩大内需等项目县级配套、政策性和重点支出及融资贷款还本付息等，财政负担日趋沉重，"吃饭财政"特征更趋明显，财政运行风险加剧。保工资、保运转、保重点，实现收支平衡仍将是我县今后一段时期财政工作的主旋律。

二、关于2011年地方财政预算草案

2011年预算安排的指导思想是：以邓小平理论和"三个代表"重要思想为指导，深入贯彻落实科学发展观，按照党的十七届五中全会、中央经济工作会、省委八届十次全会、市委九届七次全会、县第十次党代会第四次全会的安排部署，围绕确定的全县经济社会发展奋斗目标，根据公共财政的要求，坚持"保工资、保机构运转、保社会保障支出，突出公共基础设施建设投资，压缩非生产性支出增长"的原则，强化依法征税依法理财意识和措施，积极组织财政收入，着力优化支出结构，深化财税改革，提高理财水平，为全县经济社会事业健康快速发展提供财力支撑。

根据上述指导思想和原则，2011年地方财政一般预算收入拟安排为35，781万元，比2010年实际完成数增长12%(剔除托管4乡镇收入2，276万元)。分项目预算是：税收收入32，317万元(增值税留地方部分5，000万元，营业税11，567万元，企业所得税留地方部分1，200万元，个人所得税590万元，资源税2，200万元，城市维护建设税1，200万元，房产税350万元，印花税360万元，城镇土地使用税470万元，土地增值税340万元，车船税260万元，耕地占用税480万元，契税1，100万元，烟叶税7，200万元)，非税收入3，464万元(专项收入1，160万元，行政事业性收费收入1，274万元，罚没收入1，000万元，国有资源资产有偿使用收入30万元)。地方财政一般预算支出安排69，907万元，分项目预算是：一般公共服务6，442万元、国防30万元、

公共安全2，622万元、教育22，910万元、科学技术748万元、文化体育与传媒437万元、社会保障和就业8，243万元、医疗卫生2，876万元、节能环保414万元、城乡社区事务1，040万元、农林水事务4，255万元、交通运输171万元、资源勘探电力信息等事务2，164万元、商业服务业等事务91万元、国土资源气象等事务374万元、住房保障和就业3，124万元、粮油物资储备管理事务163万元、预备费300万元、其他支出13，503万元。

2011年财政收支预算平衡情况是：地方财政一般预算收入35，781万元，加上级补助收入37，190万元，加统筹资金4，336万元，扣除倘甸园区财力5，000万元，资金来源方合计72，307万元；地方财政一般预算支出69，907万元，加上解支出2，400万元，资金运用方合计72，307万元，收支相抵，预算收支平衡。

各位代表，2011年财政预算草案编制有三个问题需要说明：

（一）收入预算任务十分艰巨。2011年我县财政增收亮点不多，同时，2010年为确保市委、市政府调整下达任务的全面完成，我县对原未纳入预算的非税收入全面清理纳入预算，非税收入增幅大，非正常增长因素过多，部分企业退税延缓到今年，一定程度上影响增收。且4乡镇托管后，烤烟种植面积随之减少，烟叶税也将相应减少，给全年收入任务完成带来不利。

（二）各种刚性支出大幅增加。一是随着规范公务员津补贴、教师、卫生等部门绩效工资再调整，提高村委会干部待遇、提高住房公积金配套比例、卫生院改革人员工资全额纳入财政等，我县刚性支出在去年基础上需增加近亿元；二是市委、市政府要求县级财力投入的公共基础设施建设资金为5100万元；三是上级要求配套的民生项目，保障县委、县政府确定重点工作的资金需求等，预算执行压力巨大。

（三）收支矛盾十分尖锐。综合分析，收入上，2011年我县地方财政一般预算收入将处于低速增长，部分税收会出现负增长状况。加之市对县一般性转移支付补助资金有减无增，尤其是4个乡镇的托管，上级扣减我县财力数额较大。支出上，由于兑现增资政策，公共基础设施建设资金投入和上级要求县级配套资金规模不断扩大等因素，新增支出大于新增财力的状况难于改观，盘活财力结构的空间十分狭窄，在保工资、保机构运转、保重点支出和政策性支出的情况下，年度财政平衡面临巨大困难。

三、保障收支预算顺利执行的工作思路

2011年，是“十二五”规划的开局之年。新开局，新考验。如何审时度势，准确把握我们面临的经济财政形势，对做好开局之年的工作，打牢“十二五”发展基础至关重要。由于诸多因素影响，我县地方财政增收十分困难，同时，刚性支出巨增，财政负担日趋沉重，收支矛盾十分尖锐。因此，财政收支预算顺利执行，必须牢固树立过紧日子的思想，狠抓增收节支，深化财政改革，强化资金监管，推进财政工作科学发展。

（一）重发展，全面培植财源。遵循加速新型工业化，提升全域城镇化，拓展高端信息化，推进农业产业化的要求和措施，巩固现有财源，培育后续群体财源。结合工业强县发展目标，充分发挥资源区位等优势，继续加快招商引资步伐，扶持壮大骨干企业，将资源区位优势转化为经济优势，确保财政增收有可靠的税源。继续巩固发展烤烟支柱财源地位，强化“科技兴烟”，抓好烤烟的生产与收购，为完成全年预算收入任务奠定基础。优化产业结构，突出发展现代服务业，凸现财政增收亮点。

（二）强征管，积极组织收入。全面加强财源税源监管，对纳税大户、重点工程，建安营业税等重点税种实行全程监控。建立健全税收任务奖惩激励责任制，建立财政、审计、监察等部门全方位依法协税护税机制。结合本次会议通过的预算收入任务，财税部门要将任务层层分解落实到基层税收征管单位，落实到具体的税源、税种。切实加强税收征管，加大对欠税和一次性税收的清缴力度，严防“跑、冒、滴、漏”，努力做到应收尽收。加大非税收入收缴力度，严格执行相关政策，加强对罚没收入、行政性收费收入的管理，及时全额纳入预算，减少资金滞留预算单位现象，为财政增收创造条件。

（三）调结构，加大民生投入。进一步优化支出结构，按照“有保有控”，坚持做到保工资发放、机构运转和重点支出。继续加大“三农”投入力度，健全城乡社会保障体系，加大支出向发展、民生、科教等领域倾斜力度。严格执行行政成本控制制度，严格按照预算指标控制部门预算，在保持收入稳步增长的同时，有效控制财政支出规模，努力实现年度财政收支平衡。

（四）促改革，提高理财水平。加强人员经费管理，完善公用经费包干管理办法，加大对全县财政供养人员的审查力度，坚决剔除不属于财政供养范围的支出和人员，最大限度减轻财政负担。稳步推进乡镇财政管理体制，强化财政宏观调控能力。全面推行部门预算和国库集中支付制度改革，进一步整合部门经费来源，增强预算约束力。积极研究省对下新一轮财政体制政策，全面、深入分析全县财政收支现状、结构、存在困难和问题，加强汇报，争取支持。强化政府性债务管理，合理控制债务规模。加强对财政资金的监管，确保资金使用依规、履程、高效、安全。

各位代表，2011年的财税工作目标已确定，任务已明确，年度收支预算顺利执行尚存在一些不确定因素，会面临着诸多的困难和问题。但我们坚信，有县委的正确领导，有人大的依法监督，有各位代表的鼎力支持，通过各级各部门的共同努力、扎实工作，我们有信心、有决心推进预算收支的顺利执行，为全县经济社会事业发展做出新的贡献！

谢谢大家！

寻甸回族彝族自治县人民法院工作报告

——2011 年 2 月 13 日在寻甸回族彝族自治县第十四届人民代表大会第五次会议上

寻甸回族彝族自治县人民法院院长　桂明兴

各位代表：

我代表县人民法院向大会报告县人民法院 2010 年的主要工作和 2011 年的工作意见，请予审查，并请政协委员和列席会议的同志提出意见。

2010 年主要工作

2010 年，是十一五规划的最后一年，我院在县委的正确领导及县人大的监督下，在县人民政府、县政协和社会各界的关心支持及上级法院的指导下，紧紧围绕构建社会主义和谐社会总体目标，认真学习贯彻党的十七届四中、五中全会精神，深入学习实践科学发展观，坚持"党的事业至上、人民利益至上、宪法法律至上"，为大局服务，为人民司法，着力抓好审判执行工作、队伍建设、法院改革、廉政建设，忠实履行宪法和法律赋予的职责，全力服务于和谐寻甸、诚信寻甸与法治寻甸的建设，为加快实现寻甸科学发展新跨越提供良好的法律服务和保障。全年共受理案件 2103 件(含旧存 101 件)，审结 1990 件，分别比上年同期上升 11.74% 和 11.73%。

一、坚持以审判执行工作为中心，全力维护社会稳定

1. 依法惩处犯罪，全力维护稳定。一年来审结了一大批社会反响大，富有教育意义的典型案件，如被告人刘云廷、杨雄伟、余继明、陈晓燕、张福荣、李太强等律师、警察相互勾结，伪造证据的徇私枉法案；被告人李锡玉、李正聪聚众抬尸进入学校，扰乱社会秩序、侮辱教师案；被告人金鑫、徐克继等强制侮辱妇女、非法拘禁、赌博、寻衅滋事、敲诈勒索团伙系列犯罪案；被告人夏文军、昆明市鑫洺房地产经纪有限公司向单位行贿案等。在刑事审判工作中，正确把握治安形势，坚持贯彻打击与保护并重的方针，正确把握宽严相济的刑事政策，确保案件审判质量，维护社会稳定。坚决打击杀人、抢劫、绑架、伤害等严重危害社会治安的暴力性犯罪以及寻衅滋事等危害群众安全感的犯罪；依法惩处制假贩假、偷税骗税和聚众赌博等破坏社会主义市场经济秩序和精神文明的犯罪。深入开展"打黑除恶"专项斗争，震慑犯罪分子，鼓舞人民群众，充分运用法律手段惩治贪污腐败，推进反腐倡廉建设，净化社会环境。2010 年，共受理刑事案件 221 件 374 人(含旧存 2 件 2 人)，审结 218 件 365 人，结案率 98.64%。

2. 化解矛盾纠纷，营造和谐环境。随着我国改革开放和经济社会的快速发展，当前民事审判工作呈现涉及范围广、案件数量大、增长速度快、新型案件多、审理难度大等新特点。我院始终坚持"调解优先、调判结合"的工作方针，注重人文关怀，促进社会和谐，保障了经济安全，促进了公平发展。我院在民事审判工作中，更加注重强化民权意识，坚持平等保护和公开审判原则，力求案结事了。重点强化了对婚姻家庭、土地争议、合同纠纷等案件的审理和监督，切实落实"巡回审判"等便民措施。2010 年，金所、柯渡、马街三个派出法庭共有 316 件案件到案发地开展巡回审判，民一、民二、审判监督庭赡养、相邻、土地纠纷等案件全部做到巡回审判，使人民群众的合法权益得到及时、有效保障。2010 年，共受理民商事案件 1395 件(含旧存 28 件)。与上年收案 1225 件(旧存 13 件)相比收案上升 13.88%。审结 1331 件，其中调解和撤诉结案 756 件，调撤率 56.80%。

3. 妥善处理行政争议，促进依法行政。坚持合法性审查原则，依法审理各类行政案件，维护行政相对人合法权益，支持行政机关依法行政。对涉及企业改制、劳动和社会保障等社会热点问题引发的群体性行政争议，注重正确适用法律，最大限度采取协调和解方式审理，促进社会和谐稳定。在审理重大、复杂、社会影响大的群体性案件时，坚持主动及时向党委和上级法院的报告制度，重视疏导，防止矛盾激化和事态扩大。坚持推行行政审判司法建议"白皮书"制度，促使行政机关对行政执法中存在的问题进行认真研究改进。2010 年，共受理行政案件 3 件，审结 3 件，审查行政非诉案件 6 件，依法支持了行政机关的行政行为。

4. 着力破解执行难，维护司法权威。一是全力开展集中清理执行积案活动。按照中政委的统一部署，在县委的高度重视和县委政法委的领导协调下，我院努力克服审判任务持续上升的压力，狠抓执行"清积"工作，举全院之力全力以赴攻克执行积案。二是积极创新执行方法。建立执行威慑机制，将执行案件和被执行人资料纳入全国执行信息网跟踪监督，采取与媒体合作设立"曝光台"、催告专栏、财产有奖举报等措施，敦促被执行人主动履行债务。建立执行工作联动机制，加强与政府职能部门、金融单位、新闻媒体的联系配合与信息共享，形成多部门联动、社会各界广泛参与的局面。三是不断规范执行行为。制定和完善执行工作制度，进一步规范执行工作程序、严格执行纪律、强化执行人员管理、提高执行效率。成立了寻甸县人民法院执行指挥中心，建立了执行工作联席会议制度等一系列执行工作长效机制。执行工作走在了全市法院前列，得到了县委及上级法院的充分肯定。2010 年共受理执行案件 478 件，执结 432 件，执结率 90.38%，执结标的款 1000 余万元。与上年相比，收结案分别上升 7.42%、15.2%，执结率上升 6.11%。

5. 关注民生，高度重视涉诉信访。2010 年，我院共办理来信来访 494 件(人)，与上年 772 件(人)相比下降 36.01%。对涉法涉诉、重信重访案件化解工作，实行领导包案、带案下访、督促考核的方式，多做说服工作，落实稳控措施，切实解决信访人的合理诉求，完成清理涉法涉诉信访积案 16 件，化解 12 件。得到党委和上级法院的充分肯定。同时继续完善便民利民措施，切实解决群众告状难、申诉难问题，重视对诉讼弱势群体的司法救济，设立爱心法庭和爱心服务岗，加大司法救济力度，对农村贫困户、城市低保户和下岗失业等人员进行减、缓、免诉讼费用20余万元。

二、以机制创新为动力，推动工作不断发展

1. 结合实际 注重实效 狠抓创先争优。在开展创先争优活动中，根据县委和上级人民法院的部署要求，结合本院实际，注重在“创”字上做文章，在“先”字上重实效，在“争”字上求突破，在“优”字上见行动，不断创新工作机制和工作方法，认真整改思想上、理念上、工作上存在的不符合科学发展的突出问题，活动进展情况和总体效果良好。创先争优活动取得了初步成效，法院党建科学化水平有了新提高，人民陪审制度得到进一步完善，量化考核得到较好落实，2010年，人民陪审员共参与审理案件60余件。全力推动了学习型党组织建设，法院党组织战斗堡垒作用有了新增强，提高了党组织的凝聚力和向心力，调动和激活了党员干警的主体意识，促进了法院各项工作的发展进步，法院干警精神面貌有了新改观，有力推动了各项工作的顺利完成。

2. 建立执行案件特困救助机制。针对执行工作中反映突出的执行困难群体的救助问题，市中级法院与市财政局、民政局、劳动和社会保障局联合制定《昆明市执行案件困难人员救助办法》，形成政府主导、法院推动、社会参与的司法救助体系，为化解“执行难”创造了条件。2010年，我院经过多方努力，积极争取，共向申请执行特困人员76人发放救助金27万余元。为有效化解社会矛盾，构建和谐社会，缓解执行压力做出了有益的尝试。

3. 探索实施检察长列席审判委员会会议制度。根据市中级人民法院与市检察院共同制定的《检察长列席同级审判委员会会议实施办法》，为进一步健全和完善诉讼活动监督制约机制，保障司法公正。2010年共邀请检察长列席审判委员会会议7次，主动接受检察机关的法律监督。

三、以增强司法能力为目标，大力加强法官队伍建设

1. 深入学习实践科学发展观提高政治素质。“为大局服务，为人民司法”是新时期人民法院的工作主题。要践行好这一主题，就必须加强法官的政治纪律教育。我院通过深入扎实地组织开展学习实践科学发展观、社会主义法治理念教育、“人民法官为人民”主题实践活动，以集中封闭学习，组织开展大讨论等形式，引导广大法官干警按照“公正、廉洁、为民”的司法核心价值观要求立身做人，树立正确的权力观和良好的职业道德。积极投入经费，大力加强队伍培训。2010年，共投入各类学习培训经费20余万元，法院干部及人民陪审员等共220余人次参加了国家法官学院西南政法大学及省市法院组织的学习培训活动。严格执行上级法院《工作问责办法》、《首问负责制》、《限时办结制规定》等一系列制度，深入实际、深入一线调研督查、集中精力解决实际问题，狠抓工作落实，特别是针对审判和执行工作中出现的因工作简单粗糙、严重不负责任造成不良影响等问题，加大问责力度，对违规违纪的4名干警进行了问责，增强了机关的执行力、创新力和凝聚力。

2. 落实“一岗双责”狠抓党风廉政建设。严格执行最高人民法院“五个严禁”的规定及云南省高级人民法院《关于对违反“五个严禁”规定实行终身追究的实施办法》，把“五个严禁”纳入党风廉政责任制考核，定期通报违规违纪情况，确保规定落到实处。实行廉政监督员制度，强化对审判、执行权的直接监督。逐步完善各项规章制度，健全内部监督机制，完善案件评查制度，不断提高自身预防、纠错机制。案件质量评查有效推进，使审判工作中存在的问题与不足，得到及时总结和整改。同时还邀请人大代表、政协委员等社会各界人士参与庭审观摩，增强了审判工作的透明度。

3. 重视从优待警，积极开展扶贫帮困工作。一年来，共投入三万余元完善老年活动室、干警健身房，丰富了干警文化生活。并组织离退休老同志及全院干警进行了每年一次的例行体检。去年8月底以来，云南发生60年不遇的严重旱情，我院积极行动，全力投入抗旱救灾工作。院领导带领相关人员迅速到旱情较为严重的扶贫挂钩点调研旱情，与镇党委政府共同研究抗旱工作。捐款58400元，送到受灾困难群众手中，并积极响应县委、政府的号召，组织全体干警发扬“一方有难、八方支援”的中华民族优良传统，捐款99411元抗旱救灾，为夺取抗旱救灾的胜利贡献绵薄之力。此外，我院还为扶贫挂钩的河口镇水冒田和化桃箐村委会投资3万元建设太阳能；投入5000元慰问扶贫挂钩点帮扶对象、困难老党员，为他们解决生活困难；捐款34710元，购买八台抽水泵及水管、电源线，建起了一个简易梯级抽水站，购买五吨大米送给扶贫挂钩点，缓解了贫困群众的生活困境。

四、以基层基础建设为重点，提高司法保障水平

一是加大对基层法庭的监督指导。注重深入基层，了解基层面临的困难和问题，对重大典型案件和普遍性问题定期分析指导，实行分片区、分层次、分案件类型进行有针对性指导，促使审判质量提高。二是大力推进基层基础建设。投资200余万元建成金所人民法庭审判办公楼和住宿楼，并投入使用。三是加大对人民法庭人、财、物等方面的保障，为一线审判提供必要的执法条件。分别为三个派出法庭更新配置了办案车辆、电脑、传真、摄像机、碎纸机，开通了互联网，更换了审判及办公桌椅；为保障巡回审判工作，根据法庭管辖范围、案件数量等因素，还分别给予了法庭一些工作经费上的补助；为维护庭审秩序，保障法庭安全，配置了安保人员，切实改善了一线法官的办公条件，提高了工作效率。

总之，一年来，我院的各项工作均取得了长足的进展，新建金所法庭建成投入使用；干警学历层次、执法水平大幅提升，无违法违纪办案现象；车辆及办公硬件保障大大改善；年审判执行案件数突破2000件；档案库存量达三万余卷，管理升级为三星级；2010年，我院再次晋升为市级文明单位，执行清积工作被市委授予先进集体荣誉称号。法官形象和法院公信力均得到了社会各界的充分肯定。在肯定成绩的同时，我们也清醒地认识到工作中存在的问题和困难：一是审判职能的有效发挥与服务寻甸跨越式发展的要求还有差距。二是队伍的整体素质需要进一步提高，审判管理和工作作风需要进一步改进。三是对新情况、新问题及时了解掌握不够。四是审判任务与审判力量，经费保障、执法条件与形势任务发展不相适应的矛盾突出，执行难问题仍然存在。存在的这些问题和困难，恳请各位代表、各位委员和列席人员多献言献策，我们将在今后的工作中采取切实措施努力加以解决。

2011年的工作意见

今年是我国全面建设小康社会的关键时期，是深化改革开放、加快转变经济发展方式的攻坚时期。我院改革与发展的总体思路是：全面贯彻落实党的十七大、十七届五中全会精神和中央经济工作会议精神，以科学发展观为指导，认清形势，坚定信心，不断推进社会矛盾化解、社会管理创新、公正廉洁执法三项重点工作，更加充分有效地发挥审判职能，为实现“十二五”规划和寻甸科学发展新跨越提供良好的法律服务和保障。

一、要狠抓思想政治建设，确保法院工作政治方向

要围绕保障改善民生践行司法为民，要坚持抓党建带队建促审判的工作思路，不断深入学习领会十七届四中、五中全会的重要意义，深入学习领会“十一五”取得的巨大成就和宝贵经验，深入学习领会中央对国际国内形势的科学判断，深入学习领会“十二五”规划的指导思想、主题主线、目标任务和重大举措，深入学习“十二五”规划对党的建设提出的新要求，把握全会精神实质，把学习贯彻党的十七届五中全会精神作为当前和今后一个时期的重大政治任务，真正把思想和行动统一到全会的要求和部署上来。要以党组中心组学习为龙头，加强党员干部的学习、培训工作，在干警中掀起学习贯彻五中全会精神的热潮。切实把学习贯彻的过程转化为系统谋划科学发展、破解法院发展难题、提升服务保障水平的过程，努力把法官培养成政治上有方向，思想上有追求，精神上有动力，工作上有干劲，生活上有准则，言行上有分寸。要使法院工作让县委感到放心，群众觉得满意，社会各界认为工作是“给力”的。

二、要狠抓司法能力建设，不断提升法院公信力

要深入开展“人民法官为人民”主题实践和司法公信建设，全面树立新时期人民法院和人民法官的良好形象。要按照建设学习型法院的要求，高度重视抓好全院干警的政治素质和作风效能提高，牢固树立审判工作服从、服务于党和国家工作大局的意识，完善督促检查、绩效考核和责任追究等制度，形成任务具体、责任明确、考评有据、奖惩分明的有效机制。要继续采取走出去、请进来，与名牌院校挂钩、与专家合作，举办学习讲座等方式，多渠道、多投入、大力度抓好队伍素质培训，不断提高法官干警释法析理、定纷止争的能力。要根据案件情况，科学设计量化考核指标，重点将调解执结率、服判息诉率、自动履行率、涉诉信访率、上诉率、上诉改判率、发回重审率、强制执行率等纳入岗位目标考核。要充分发挥职能作用，规范市场经济秩序，打击和遏制因垄断市场、操纵价格、不正当竞争而导致市场出现“豆你玩”、“姜一军”、“蒜你狠”、“药你苦”等违法行为，努力为加快转变经济发展方式，促进经济结构战略性调整，保障和改善民生，建设资源节约型和环境友好型社会，推进社会矛盾化解和社会管理创新有新作为。

三、要狠抓审判质量提升，努力促进社会公平公正

刑事审判要准确把握和贯彻执行宽严相济刑事政策，继续深入开展“严打”整治和打黑除恶专项斗争，把毒品犯罪、暴力犯罪、有组织犯罪、破坏社会主义市场经济秩序、贪污贿赂等职务犯罪和多发性侵财犯罪作为打击重点，维护国家安全和社会和谐稳定。民事审判要依法妥善审理国家在加强宏观调控、扩大消费需求、调整优化投资结构过程中引发的各类合同纠纷、企业破产、股权纠纷、公司清算案件，依法妥善审理涉农案件、劳动就业、社会保险、教育医疗、住房消费等涉及人民群众切身利益的民生案件，为“调结构、促转变、保增长”和改善民生提供有力的司法保障。同时开展对破坏生态环境案件的审判，促进社会创新能力和经济社会科学发展。行政审判要把探索化解行政争议新机制作为重点，进一步加大行政机关负责人出庭应诉制度的落实，逐步完善行政审判司法建议“白皮书”制度，积极推动构建化解行政争议的互动联动机制。执行工作要继续巩固集中清理执行积案成果，探索新的执行思路和机制，积极开展“无执行积案法院”争创活动，进一步改进完善执行工作联动机制、威慑机制和困难救助机制，形成党委领导、人大监督、政府支持、法院主办、社会各界参与配合的综合治理“执行难”格局。

四、要狠抓审判方式改革，提升司法管理水平

要创新审判工作机制，积极探索量刑程序规范化改革，不断深化执行案件特困救助机制、环境司法保护机制、行政机关法定代表人出庭应诉制度和涉法涉诉信访机制的建立与发展。创新审判管理机制，加强审判质量和效率管理，完善常态化的案件质量评查机制，落实裁判文书文检制度，继续开展优秀裁判文书评选活动，强化均衡结案，注重审限内结案率，促进案件质量与效率的统一。要加强审判流程和绩效管理，对立案、开庭、裁判、执行、归档等各个流程环节进行监控管理，将审判绩效考评结果引入到对法官的奖惩考核中，激励法官多办案、快办案、办好案。要健全和完善人民陪审员量化考核机制，强化案件质量评查管理，做到经常化、规范化、制度化。要强化司法为民措施的落实，严格立案期限，完善诉讼指导制度，加大法律释明，为残疾人、老年人、孕妇等救助对象开通立案绿色通道。要积极推行诉讼与非诉讼相衔接的矛盾纠纷“大调解”机制，坚持“调解优先、调判结合”工作原则，将调解工作贯穿于立案、审判、执行、申诉、信访等各个环节，注重发挥司法调解、人民调解、行政调解“三位一体”的功能，及时、有效调处纠纷。积极做好涉诉信访工作，在坚持院长、庭长、承办法官三级接待制度的基础上，实行重大敏感案件排查协调制度，与信访部门定期联系制度，法官判后答疑制度，认真完成上级交办的涉法涉诉、重信重访案件的督办和矛盾化解工作。

五、要狠抓公正廉洁执法，努力提升服务水平

要继续深入开展“公正、廉洁、为民”司法核心价值观的教育，大力加强法院文化建设，确保法院正确的政治方向。结合“效能寻甸”建设狠抓作风转变，加大对审判纪律、工作作风的检查力度，严格落实问责制度。关注法官职业风险，把从严治院与从优待警结合起来，切实把法官、干警的积极性调动好、保护好、发挥好。狠抓党风廉政建设不放松，深入贯彻执行“五个严禁”规定，抓好示范教育和警示教育，实行廉政监督员制度，强化对审判、执行权的直接监督，确保公正廉洁执法。

要坚持面向基层、服务基层、建设基层的工作原则，重视基层人民法庭基础建设，改进物质装备、办案条件，加快科技强警，推进法院信息化建设，逐步实现派出人民法庭审判职业化、管理规范化、设置合理化、装备现代化的目标。

各位代表，寻甸跨越式发展赋予了我院更高的社会责任、更重的工作任务和更新的职责要求。在新的一年里，我院将在县委的正确领导下、在人大的法律监督和政协的民主监督、在政府及社会各界的大力支持下，紧紧围绕县委全力加速新型工业化、提升全域城镇化、拓展高端信息化，开创寻甸经济社会跨越发展新局面的战略目标，进一步解放思想、更新观念、开拓进取，以更加务实的作风和更加有力的措施抓好各项工作的落实，为实施“十二五”规划开好局、起好步，为努力实现寻甸科学发展新跨越作出新的贡献！

寻甸回族彝族自治县人民检察院工作报告

——2011年2月11日在寻甸回族彝族自治县第十四届人民代表大会第五次会议上

寻甸回族彝族自治县人民检察院检察长　杨瑞云

各位代表：

我代表寻甸回族彝族自治县人民检察院，向大会报告五年来的检察工作，请予审查，并请各位政协委员及全体列席人员提出意见和建议。

一、充分发挥法律监督职能，五年检察工作取得新进展

五年来，县检察院在县委和上级检察机关的领导下，在县人大及其常委会的法律监督、县政协的民主监督、县政府及有关职能部门的大力支持下，认真学习和实践“三个代表”重要思想和党的十六大、十七大会议精神，以社会主义法治理念教育活动为载体，以“强化法律监督，维护公平正义”为主题，以“加大工作力度，提高执法水平和办案质量”为总体要求，牢固树立社会主义法治理念和“立检为公、执法为民”的执法观，大力加强队伍建设和基础设施建设，服从和服务于县委、政府的中心工作，切实履行宪法和法律赋予的职责，各项检察工作创新发展，为我县的社会稳定、民族团结和经济发展作出了贡献。

（一）认真履行检察职能，工作力度明显加大

切实履行宪法和法律赋予的职责，紧紧围绕“强化法律监督，维护公平正义”这一主题，加大各项检察业务工作力度，取得了明显成效。

批捕、起诉工作进一步加强。致力于维护社会稳定，依法惩治刑事犯罪活动，促进平安和谐寻甸建设。五年来，共批准逮捕犯罪嫌疑人1145人，向县人民法院提起公诉1106人，报送昆明市人民检察院审查起诉172人。办案中，一是严格依法办案，严把案件质量关，严格适用法律，准确定性；二是加强与侦查机关和审判机关的配合，形成合力，对重大、有影响的案件积极依法开展提前介入工作，及时引导侦查取证，突出打击重点，做到依法快捕快诉；三是强化监督意识。在加强自身监督的情况下，不断强化对侦查活动和批捕执行情况的监督，进一步维护司法公正。如在我县仁德社会治安综合整治过程中，办理的犯罪嫌疑人桂××等五人敲诈勒索、寻衅滋事一案，经审查发现，犯罪嫌疑人张××、保××、马××等四人涉嫌参与敲诈勒索九家企业和个人，数额达50余万元，其行为已涉嫌犯罪，但侦查机关并未立案，针对这一情况，我院通过立案监督，依法追捕、追诉了四名犯罪嫌疑人，使犯罪嫌疑人受到了法律的惩处。五年来，在案件数量逐年上升的情况下，努力提高执法水平和办案效率，保证了依法、准确、有力地打击犯罪。

查办职务犯罪工作持续深入。针对职务犯罪的新特点、新变化，推进检察工作一体化机制建设，提高发现线索、突破案件的能力，实现了办案工作平稳、健康发展。共受理和初查国家工作人员贪污、贿赂、渎职等犯罪案件58件77人，立案侦查22件30人，其中大案10件；提起公诉18件26人，通过办案，为国家挽回直接经济损失415万元。工作中，一是高度重视查办职务犯罪工作，始终坚持领导精力向办案一线凝聚，业务骨干向办案一线集中，检务保障向办案一线倾斜，确保查办职务犯罪工作的顺利开展；二是突出办案重点，坚决查办群众反映强烈的职务犯罪大案和影响社会稳定的案件，重点查办基层干部滥用权力、严重损害群众切身利益的案件，努力化解社会矛盾，维护社会稳定。如办理先锋乡大竹箐村委会原支部书记杨××涉嫌挪用扶贫资金一案时，走访调查80余人，严格依法收集、固定证据，形成各类证据100余份，追缴被挪用的涉及30余户农户的扶贫资金5.56万元。该案侦查终结后，从切实维护人民群众的根本利益出发，我院将依法追缴回来的扶贫资金全部兑付给当地群众，受到了广泛好评；三是着力提高执法水平和办案质量。执法办案讲政策、讲策略、讲时机、讲效果，在不违反政策和法律的情况下，凡是有利于正常生产和工作秩序、有利于企业的发展、有利于当地的社会稳定的，坚决做好。

立足检察职能，不断深化职务犯罪预防工作。在县委的领导下，调整充实了县预防职务犯罪领导小组及成员单位，两次召开了全县预防工作会议；先后开展了廉租房建设、行政村路面路基改造及通达工程等建设项目的同步预防；行业和系统职务犯罪预防工作进一步得到加强，先后与预防网络单位召开联席会议19次，进行职务犯罪预防法制讲座10次，受教育人数达2000余人；积极配合县纪委组织全县副科以上干部及其配偶到昆明监狱和五华监狱接受警示教育；在县委党校及公务员培训中增设预防职务犯罪专题讲座；结合办案工作开展个案预防，共发出检察建议18份，帮助相关单位建立和完善规章制度6项；通过短信平台，定期给全县副科以上领导干部发送预防职务犯罪的手机短信；连续两年制作廉政周历2100份，分送到各有关单位，对广大干部进行经常性的警示教育。

对诉讼活动的法律监督不断强化。坚持有罪追究、无罪保护、严格依法、客观公正，完善监督机制，狠抓薄弱环节，全面开展对刑事诉讼、民事审判、行政诉讼和刑罚执行活动的法律监督。依法监督应当立案而未立案的案件7件，依法追捕5人、决定不批准逮捕130人，依法追诉4人，不起诉17人，既防止打击不力，又注重保障人权；继续推行人民监督员制度，完成了第二届人民监督员的选任工作，人民监督员对我院办理的职务犯罪案件进行监督；受理民事行政申诉案件28件，立案审查14件，对认为确有错误的民事行政判决、裁定，依法提请和建议提请抗诉8件，人民法院均作了改判。如我院立案审查的毛××诉张××合同纠纷一案，张××不服县、市两级人民法院的判决，向我院提出申诉，经审查后，认为其申诉理由成立，原判决认定事实错误，即依

法启动审判监督程序，向上级检察机关提请抗诉，该案历经三年之久，在经过县、市、省三级检察机关和审判机关所有的民事诉讼程序后，最终得以改判，维护了当事人的合法权益，维护了司法公正；加强对刑罚执行活动的监督，继续深化和完善检务公开制度、在押人员约见检察官制度，办理服刑人员重新犯罪案件2件，监督和纠正检查中发现的问题17件次，向办案单位发出《办案期限倒计时提示通知书》394份，向侦查机关发出纠正违法通知书3份，口头纠正违法20余次，有效防止了超期羁押的发生，驻看守所检察室二级规范化建设达标通过省、市检查验收。

（二）大局观念不断增强，服务发展卓有成效

坚持服从、服务于全县工作大局和上级检察机关的重大决策部署，抓住群众反映强烈的问题，有针对性地加强和改进工作，着力保障经济发展，促进社会和谐。

扎实开展专项法律监督工作。在抓好经常性监督的同时，相继开展了一系列专项监督工作。着眼于为经济发展创造良好的法治环境，开展了经济犯罪立案监督，打击制假售假、侵犯知识产权犯罪立案监督、集中查办破坏社会主义市场经济秩序渎职犯罪等专项工作；着眼于依法尊重和保障人权，开展了集中清理纠正超期羁押、严格查办国家机关工作人员利用职权侵犯人权犯罪等专项工作；着眼于保障严格执法和公正司法，以纠正违反规定不交付执行和违法减刑、假释、保外就医等问题为重点，共清理出违法留所服刑罪犯29人，已全部纠正并送监狱执行，对185名监外执行罪犯脱管、漏管情况开展清理检查，发现并纠正违法减刑、假释、保外就医3人。通过开展专项工作，取得了良好的法律效果和社会效果。

认真贯彻宽严相济刑事司法政策。按照构建社会主义和谐社会的要求，坚持严格依法、区别对待、注重效果，依法准确把握批捕、起诉条件，慎重适用强制措施，努力做到该严则严、当宽则宽、宽严适度，化消极因素为积极因素。五年来，共对主观恶性较小、犯罪情节较轻、无逮捕必要的31名犯罪嫌疑人依法作出不批准逮捕决定，对9名犯罪嫌疑人依法作出不起诉决定。通过回访调查，上述40人回归社会后，没有发现有违法犯罪的情况，起到了良好的社会效果。同时，注重从机制上保障宽严相济刑事司法政策的落实，从执法办案实际出发，建立快速处理轻微刑事案件工作机制，依法扩大简易程序和简化审理程序的适用，完善未成年人犯罪案件办案方式，促进了社会和谐。

积极做好化解矛盾纠纷工作。畅通信访渠道，认真对待每一起群众来信来访，实事求是地处理每一起涉检上访案件，始终坚持检察长接待日制度，依法妥善处理群众的合理诉求，努力把问题解决在基层，解决在首办环节。共办结各类控告申诉案件44件，受理各类举报线索65件，受理群众来信104件、来访75件，均在规定的期限内办结。认真开展集中处理涉检信访问题和涉检信访排查化解专项工作，有针对性地建立健全长效机制。

（三）执法活动更加规范，办案质量稳步提高

把规范执法行为作为提高办案质量、保证公正执法的基础性工作来抓，扎实开展专项整改，不断推进执法规范化建设。深入开展了不起诉、无罪判决案件专项复查和扣押冻结款物、刑事赔偿案件专项清理以及逮捕工作专项检查等活动；以容易发生问题的执法环节和部位为重点，采取案件清理复查、案件回访等方式，认真查找办案中存在的执法不规范问题，及时进行整改；组织专门人员，围绕重点部位、重点环节和重点问题建章立制，按照《云南省检察机关执法办案工作规范》的要求，健全、完善规章制度41项；积极推进检察业务、队伍和信息化“三位一体”机制建设，使执法活动步入了规范有序的轨道。通过加强规范化建设，促进了办案质量的提高。

（四）队伍建设全面加强，整体素质明显提高

坚持业务工作与队伍建设两手抓，毫不放松地加强检察队伍建设，着力解决队伍建设与业务工作相关联的突出问题，检察干警的思想政治素质和业务水平不断提高，促进了各项检察工作的健康协调发展。

思想政治建设不断加强。树立“立检为公、执法为民”的执法观，开展“强化法律监督、维护公平正义”、“规范执法行为，促进执法公正”专项整改活动，加强检察队伍作风和纪律建设，防止和纠正以权谋私、执法违法的行为和不正之风，维护检察队伍的良好形象；深入开展社会主义法治理念教育，引导检察人员从执法思想、执法行为、执法作风上找差距，努力使社会主义法治理念内化于心，外践于行；迅速掀起学习贯彻党的十七大精神的高潮，坚持用党的最新理论武装头脑、指导工作，使检察工作更好的体现时代性、把握规律性、富于创造性。

队伍业务建设进一步加强。以人才兴检为目标，采取“以讲促学，以考促学”的方式，开展专题讲座18讲，组织了业务知识考试，计算机操作技能考试，建立和完善学习制度、奖励制度，促进了全院的政治业务学习。积极组织干警参加上级检察院举办的专项业务培训，持续开展岗位练兵活动，鼓励和支持新进人员参加司法考试培训，实现了司法考试的突破。2005年前通过1人，2006年通过1人，2007年通过3人。目前，全院大专以上学历占97．5%，33人通过了全国计算机等级考试。

不断强化党风廉政建设。坚持层层落实党风廉政建设责任制，不断完善党风廉政建设组织领导机制，落实廉政建设各项目标任务，严格执行考核追究责任；以清廉公正为目标，加大检察纪律、机关作风建设力度，始终坚持对纪律作风、检察业务实行动态监督管理，及时发现问题，解决问题，2006年以来，开展了文明科室创建活动，建立了良好的机关工作作风和纪律作风。

（五）执法保障显著改善，基础建设长足发展

在上级检察院、省、市、县党委、人大、政府、政协及有关部门的关心、支持、帮助下，建盖了总面积为3500平方米，集计算机信息网络、公共安全监控、审讯监控和指挥系统为一体的检察业务办公用房；建成了检察综合信息网络，基本实现办公办案自动化；充分发挥监控设施、录音、录像设施在办案工作中的作用，基本实现了审讯职务犯罪案件嫌疑人全程录音录像；实现了机要文件网络传输和远程网络教育。检察工作的科技含量和整体效能进一步提高。

五年来，县检察院队伍和业务建设不断取得进步。2005年，反贪局荣立集体二等功，2006年，我院被昆明市人民检察院评为先进检察院，2007年，申报市级文明单位通过验收，被省人民检察院表彰为先进基层检察院。同时，20余人次立功受奖，受到省、市、县各级表彰。

以上成绩的取得，离不开县委的正确领导，离不开人大的法律监督和政协的民主监督，离不开政府和有关部门的大力支持，离不开在座的各位代表和列席人员的关心厚爱。在此，我谨代表县人民检察院，对一向关心支持检察工作的全体人大代表和列席人员表示衷心的感谢和崇高的敬意！

各位代表，在总结成绩的同时，我们也清醒的认识到，我们的各项工作还存在一些问题和困难：部分检察干警的执

法理念还不能完全适应新形势的要求，法律监督、检察队伍整体素质还有待进一步提高；规范化建设还要进一步加强；现有的政法专项编制已远不适应检察工作发展的需要，内设机构还需进一步完善。为此，我们将高度重视，认真分析，积极争取县委、人大、政府、政协和上级检察机关的领导和支持，在创新和发展中逐步解决。

二、深入贯彻落实科学发展观，努力推动新时期检察工作全面协调可持续发展

按照省、市检察院的安排部署，在县委的领导下，结合我县实际，2008 年，我县检察工作的总体思路是：坚持以邓小平理论和“三个代表”重要思想为指导，以维护社会和谐稳定和公平正义为目标，以执法规范化、队伍专业化、管理科学化和保障现代化为方向，认真贯彻落实科学发展观和党的十七大精神，更加注重维护社会稳定，更加注重服务经济发展，更加注重保障和改善民生，更加注重促进社会和谐，更加注重促进反腐倡廉，更加注重维护司法公正，为构建平安和谐寻甸、实现全县经济社会又好又快发展提供有力的司法保障。围绕这个思路，要重点抓好以下三个方面的工作：

（一）深入学习和贯彻好党的十七大精神，正确把握检察工作的政治方向

要把深入学习贯彻好党的十七大精神作为今年检察工作的头等大事，在前一阶段学习教育取得初步成效的基础上，进一步采取有效措施，把学习贯彻党的十七大精神不断引向深入。通过学习教育，使全体干警更加自觉地接受党的领导和人大监督，进一步增强贯彻落实科学发展观的自觉性和坚定性，紧紧围绕县委和政府的中心工作，全面正确履行法律监督职能，惩治和预防犯罪，化解矛盾纠纷，维护司法公正，不断从人民群众的新要求、新期待出发，改进检察工作，努力推动检察工作全面协调可持续发展。

（二）切实履行法律监督职能，促进社会和谐稳定

一是要依法严厉打击各种刑事犯罪，为营造稳定和谐的社会环境服务。重点打击故意杀人、故意伤害等严重暴力犯罪、“两抢一盗”等多发性侵财犯罪和影响群众安全感的犯罪，加大对盗抢机动车犯罪的打击力度，深入开展打黑除恶专项斗争，努力营造和谐稳定的社会环境。

二是要继续深入推进查办和预防职务犯罪工作平稳健康发展。深化和实践“教育、制度、监督并重”的反腐败斗争的总体部署，进一步加大工作力度，提高执法水平和办案质量，着力查办与民生密切相关的行业和领域的职务犯罪。要结合办案，充分发挥检察机关在预防职务犯罪中的职能作用，积极推动社会化防范机制建设，完善与相关行业系统的预防制度建设，确保各项工作平稳健康发展。

三是要全面加强诉讼监督工作，努力营造公平公正的司法环境。要依法监督纠正有案不立、有罪不究、以罚代刑、遗漏罪犯、重罪轻判、逃避刑罚执行等问题，又要坚决纠正滥用刑事追诉手段插手民事经济纠纷、违法立案，严重违反程序、滥用和随意改变强制措施，轻罪重判，超期羁押等问题。要充分利用民事诉讼法修改这一契机，着力加强民事审判监督工作，对侵害社会公共利益和弱势群体利益的案件，对违反法定程序、行政干预、地方保护、贪污受贿、徇私舞弊导致错误裁判的案件，要集中力量办理，切实维护司法公正。

四是要深入贯彻宽严相济的刑事司法政策。要把贯彻好宽严相济的刑事司法政策作为检察机关服务和谐社会建设的重要途径，下更大力气、采取更有力的措施，把这一政策落实到执法办案的各个环节，切实做到宽严结合，该严则严，当宽则宽。要加强与公安、法院等有关部门的沟通协调，进一步完善相互间的衔接机制。

（三）继续抓好检察队伍建设，不断提高队伍整体素质

要把队伍建设作为检察工作永恒的主题，进一步加强思想政治建设。要突出抓好领导班子建设，大力加强队伍专业化建设；要切实提高领导班子贯彻科学发展观的能力、驾驭全局的能力、处理复杂利益关系的能力和务实创新的能力，突出抓好业务培训和人才培养工作；要积极开展检察文化建设，切实加强纪律作风建设，确保严格、公正、文明执法，不断提高检察队伍的整体素质。

各位代表，新的一年里，我们决心在县委和上级检察机关的领导下，主动接受人大及其常委会的法律监督和政协的民主监督，积极争取县人民政府和社会各界的支持，认真落实本次会议决议，解放思想，开拓创新，扎实推进各项检察工作全面、协调和可持续发展，为落实党的十七大提出的战略目标、确保我县经济社会又好又快发展作出新的贡献！

谢谢大家！